中国国有企业践行
“四个革命、一
能源安全新战 例集

（上）

国务院国资委研究中心
国家能源集团技术经济研究院◎编

中国石化出版社
HTTP://WWW.SINOPEC-PRESS.COM

在“四个革命、一个合作”能源安全新战略指引下，我国能源革命不断向纵深推进，能源事业持续在高位推动，走出了一条中国特色能源低碳转型与高质量发展之路。

这是矢志不渝、不负时代的十年，这是滚石上山、爬坡过坎的十年，更是以坚毅勇为和坚韧步伐砥砺前行迈向伟大复兴的十年。

能源发展，企业先锋，中国能源企业用实干之力、实效之求、实绩之为书写着新时代的答卷，为中国能源安全保障与“双碳”战略落地奉献了中国力量和中国担当，为全球能源普惠与可持续发展贡献了中国智慧和中国方案。

中国国有企业践行“四个革命、一个合作”能源安全新战略案例集

（上）

国务院国资委研究中心
国家能源集团技术经济研究院◎编

中国石化出版社
HTTP://WWW.SINOPEC-PRESS.COM

图书在版编目（CIP）数据

中国国有企业践行“四个革命、一个合作”能源安全新战略案例集（上下册）/ 国务院国资委研究中心，国家能源集团技术经济研究院编 . -- 北京 ：中国石化出版社，2024. 7. --

ISBN 978-7-5114-7596-1

Ⅰ. F279.241；F426.2

中国国家版本馆 CIP 数据核字第 2024R0N212 号

中国石化出版社出版发行

地址：北京市东城区安定门外大街 58 号

邮编：100011　电话 :（010）57512500

发行部电话 :（010）57512575

http://www.sinopec-press.com

E-mail:press@sinopec.com

全国各地新华书店经销

*

710 毫米 ×1000 毫米 16 开本 66 印张 1150 千字

2024 年 7 月第 1 版　2024 年 7 月第 1 次印刷

定价：268.00 元

壮阔东方潮　奋进新时代

中国国有企业奋力推进能源安全新战略走深走实

能源安全关系国计民生，是须臾不可离的“国之大者”。面对错综复杂的国际国内形势，习近平总书记于2014年创造性地提出“四个革命、一个合作”能源安全新战略，即推动能源消费革命，抑制不合理能源消费；推动能源供给革命，建立多元供应体系；推动能源技术革命，带动产业升级；推动能源体制革命，打通能源发展快车道；全方位加强国际合作，实现开放条件下能源安全。“总动员令”发出后，从夯基垒台、立柱架梁到全面推进、积厚成势，再到系统集成、协同高效，这个重要论述为推动新时代能源发展提供了战略指引、根本遵循和行动指南，我国能源发展方式实现了全方位、深层次、根本性的转变。

春发其华，秋收其实。从理念到共识、从规划图到实景图、从“大写意”到“工笔画”，中国国有企业心怀“国之大者”，办好“为民小事”，敢于担当、善于作为，通过中国方案贡献中国智慧，打造了一个个“国家地标”“民生工程”“合作丰碑”，绘就了一幅幅接地气、聚人心、有温度的壮阔画卷，不断深化能源安全新战略的内涵和外延，为助力构建人类命运共同体提供了更生动的具体实践。

从调整结构到能源供给革命，多元供应体系日臻完善。深化供给侧结构性改革，是党中央基于我国经济运行规律和外部发展环境变化作出的战略部署。中国国有企业全力当好能源保供"顶梁柱"，坚持常非并举、海陆并重，推动重要能源和矿产资源增储上产，坚持高精尖产品研发应用，发展应急储备项目，夯实国家能源安全的根基。大力推进煤炭清洁高效利用，实现了从"一煤独大"的资源依赖到多元支撑的历史性跨越，增强边境地区能源供给能力，打造多功能、综合性、现代化能源运输大通道，能源多元化供应体系日趋完善。全力当好绿色转型"先行军"，研究"新能源＋氢能"产学研用产业新生态，打造大型多能互补风光电基地，建成世界最大清洁能源走廊，开展第四代核能技术综合应用探索，实现从"跟跑并跑"向"创新主导"加速转变，供给技术不断提升。

从节能降耗到能源消费革命，能源节约型社会加快形成。能源消费革命的首要原则是坚持节约优先，随着国家治理内涵不断拓展延伸，能源消费革命贯穿于经济社会发展全过程和各领域。中国国有企业以能耗"双控"为关键抓手，聚焦工业、建筑、交通"三驾马车"，推动重卡用能油改气，氢能交通亮相博鳌论坛和北京冬奥会，打造创新融合充电业务生态。旧物焕新颜，已开发近六十年的传统油气田"向绿"蜕变，"城市老电厂"工业遗址变身"零碳文创园区"。绿色成风尚，结合新型城镇化、农业现代化建设，建成世界上距离最长的高寒地区供热项目，打造零碳智慧能源和源网荷储一体化示范项目，因地制宜提升农村终端电气化水平，充分调动人民群众的积极性、主动性和创造性，创新社会用电需求响应模式，增加能源消费弹性。

从科技创新到能源科技革命，赋能产业发展提档升级。科技创新是人类发展的重要引擎，是应对许多全球性挑战的有力武器。中国国有企业做好科技创新"答题人"，着力打造原创技术"策源地"和产业链"链长"，持续完善创新体系、增强创新能力、激发创新活力，赋能百企加快发展新质生产力，投身绿色发展新时代。大国重器智领未来，从关键零部件到整机系统，中国能源制造高端化、智能化、绿色化、国际化趋势更加明显，从"制造大国"嬗变成"制造强国"。实现化石能源清洁化、清洁能源规模化、多种能源综合化、终端能源再电气化，多项技术进入世界领先技术行列，重型燃气轮机实现新突破，推动中国由核电大国走向核电强国，把创新和发展的主动权牢牢掌握在自己手中。

从推动变革到能源体制革命，能源发展驶入“快车道”。能源体制机制改革是我国经济体制改革的重要组成部分，为能源事业高质量发展提供坚强保障。中国国有企业提高电力、油气、煤炭能源商品市场化交易水平，加快公开透明、功能完善的能源交易平台建设，建设适应能源转型的电力现货市场，切实为市场在资源配置中发挥决定性作用创造条件。引导全社会绿色消费，研究建立可再生能源绿色电力证书制度，以科技创新体系改革，推动高水平科技自立自强，种好能源综合改革创新“试验田”，推广农村能源革命试点，助力乡村绿色发展与全面振兴。对标世界一流，推进组织重塑，大型国有发电企业瘦身健体，推进央地资产融合重组，创新能源管理机制，植入绿色化发展评价体系，真正形成“有为政府”和“有效市场”相结合的可复制、可推广、可商业化运营的能源体制革命经验。

从区域合作到加强国际合作，实现开放条件下能源安全。十年来，中国国有企业借助深化与共建国家的互利合作，建设更紧密的全球能源伙伴关系，汇集着人类共同发展的最大公约数。中国国有企业借助“一带一路”的“东风”，积极参与国际能源治理，增强国际能源事务话语权，扎实推进基础设施“硬联通”，严格遵守东道国生态环保法律法规和标准规范，打造了一批绿色发展样板，为相关国家和地区保障能源安全、优化能源结构发挥了重要作用。积极推动规则标准“软联通”，打造开放式创新生态，支撑发展中国家绿色低碳发展，加快能源央企跨境人民币结算渠道建设，在项目建设、运营、采购等环节将中国标准推向世界。全力促进民生领域“心联通”，积极开展民生项目，支持发展中国家减贫事业、民生设施建设，积极贯彻本地化用工原则，解决了当地一批就业、民生问题，让合作成果更好惠及全体人民。

十年间，“四个革命、一个合作”能源安全新战略犹如一颗种子，落地生根、开花结果。本书共收录来自数十家中央企业和地方国有企业的 163 个高质量案例，以能源供给、能源消费、能源体制、能源技术和国际合作五大板块的方式归纳和呈现，涵盖了煤炭、电力、石油化工等多个重点领域，多维度、多层次、立体全面地展现了十年来国有企业高质量建设能源安全新战略的特色亮点、实践成果和先进经验，以期为更多投身能源安全新战略的企业提供可持续、可复制、可推广的经验总结，在更高起点上持续推进能源安全新战略走深走实，为民族复兴作出新的更大贡献。

CONTENTS 目录

第一篇　能源供给革命

煤化工与新能源耦合关键技术研究与应用实践……003
牢记重大嘱托　推进供给革命　全力当好能源保供“顶梁柱”……008
打造“新能源云”数字经济平台，促进新能源高质量发展……015
创新驱动　氢启未来　奋力构建河北“新能源＋氢能”产学研用产业新生态……020
华电在疆高质量建设国家第一批、第二批大型多能互补风光电基地，着力打造新型电力系统示范区……027
东方页岩气革命——中国石化涪陵百亿方页岩气田建设……034
强化智能建设数字赋能　打造煤炭行业智能化建设标杆示范……040
山东能源集团有效履行“一保障两优化”主体责任的转型升级管理……046
高温气冷堆替代燃煤电厂　助力“双碳”目标实现……052
构建重载铁路智慧多元供应体系　为能源供给革命提供坚实的运力支撑…060
构建综合智慧能源新模式……066
向地球深部进军——中国石化油气勘探开发深地工程实践……073
把握能源革命趋势　聚力打造工控领域国家战略科技力量……079
建强大电网　构建大通道　打造大基地　高质量服务新时代西部大开发…085
张北的风，点亮北京的灯……091
新时代背景下传统能源企业转型发展实践……098

增强边境地区能源供给能力的实践……103
引领未来能源产业——全球首个万吨级光伏绿氢示范项目投营……108
践行能源安全新战略　助力新疆能源产业新发展……115
建设世界最大清洁能源走廊　引领中国水电勇攀新高峰……120
夯实能源供给，加快建设中国海油陆上非常规万亿大气区……125
以“沙戈荒”大基地＋沙漠治理新模式　协同推进降碳、减污、扩绿、增长……132
建设运营北京燃气天津南港液化天然气应急储备项目保障能源安全……136
新疆交通路域服务区智能分布式光伏用能自洽系统……142
打造大型流域水风光一体化基地，助力国家能源安全和“双碳”目标实现151
中国大唐统筹能源保供与绿色低碳转型的发展实践……157
服务国家能源战略，推动多能互补发展　加快建设国家水风光一体化示范基地……165
立足能源安全战略，赋能煤电转型升级……171
热电联产智慧能源基地建设……177
稳抓海上风电机遇　拥抱海洋能源革命……187
铸造水电国之重器　赋能绿色低碳中国……194
加强央地合作、省际合作，构建能源发展新格局，保障区域能源安全……200
高寒高海拔薄弱电网下长时新质构网型储能技术支撑高比例新能源电力系统的应用研究……206
茶光互补入傣寨　边疆团结新样板……215
加强抽水蓄能及新型储能等电力系统调节能力建设　服务构建新型电力系统　促进能源绿色低碳转型……222
构建新能源并网服务体系，促进大规模新能源消纳，助力能源结构绿色低碳转型……228

中国能建超超临界二次再热煤电项目建设能力走在世界前列……………234
“点亮一张网”——配电网数字化建模技术 …………………………241
新能源耦合生态恢复 开辟矿山治理新境界………………………246

第二篇 能源消费革命

渤海油田超大规模岸电工程建设：记海上油田开发深度电气化变革………253
中国华电“城市老电厂”变身“零碳新地标” …………………………260
积极构建 LNG 车辆加注生态圈 推动交通领域用能绿色低碳转型 ………269
雄县第二人民医院零碳智慧能源项目…………………………………275
“一体化”先行先试首个项目——乌兰察布源网荷储一体化示范项目 ……282
推动绿能交通，试点“交通强国” ……………………………………289
全面构建工业领域能效诊断公共服务体系………………………………295
做“优”存量 以“热”破局
——伊敏电厂至海拉尔长距离供热工程建设运营实践……………………301
打造“交能融合”能建样板 助力构建新型交通能源体系…………………309
创新广东社会用电需求响应模式 推动电力用户适应能源电力消费革命
新趋势……………………………………………………………314
打造创新融合充电业务生态 助力新能源汽车产业高速发展………………319
因地制宜推动农产品电能替代加工 持续提升农村终端电气化水平………325
打造“东数西算”数能融合建设新模式…………………………………330
创新打造“零碳乡村”，助力乡村振兴 …………………………………337
淮北矿业集团清洁能源利用的开发与实践………………………………341
以电能替代促进能源消费绿色转型……………………………………348

第三篇　能源体制革命

适应能源转型的电力现货市场建设……………………………………357
种好能源综合改革创新“试验田”，助力长丰县获国家首批农村能源革命试点县……………………………………365
基于融合能源供给与消费的电力多边交易市场体制改革探索与实践………371
对标世界一流　积极改革创新　打造供电领域“前海模式”……………378
全面推进组织重塑，促进绿色低碳转型……………………………………383
推动能源体制改革，引导全社会绿色消费，研究建立可再生能源绿色电力证书制度……………………………………389
持续完善绿电绿证交易机制，助力新能源高质量发展……………………395
持续推进央地电网融合重组　打造广西“一张网”促进城乡供电服务均等化……………………………………400
推进全国首个区域电力市场建设　打造电力体制改革标杆典范……………406
深化现代化管理体制机制改革　提高油气主业核心竞争力………………412
大型国有发电企业瘦身健体改革实践……………………………………417
以科技创新体系改革　推动高水平科技自立自强…………………………425
妥善应对全球发展新挑战，打造核电现代化“华龙一号”产业链，坚决扛起国家能源安全政治责任……………………………………431
创新开展矿权区块内部市场化流转　全力推进油气增储上产……………438
创新能源管理机制，植入绿色化发展评价体系……………………………446
推广农村能源革命试点，助力乡村绿色发展与全面振兴…………………453
聚焦“源网荷储碳数”金融保险创新变革护航新型能源体系和新型电力系统建设……………………………………457

第一篇

能源供给革命

煤化工与新能源耦合关键技术研究与应用实践

一、基本情况

中国神华煤制油化工有限公司（以下简称化工公司）是国家能源投资集团有限责任公司的全资子公司，于2008年6月27日成立，前身为2003年6月12日成立的中国神华煤制油有限公司。化工公司主要从事煤制油、煤化工等煤炭清洁转化利用相关业务，是现代煤化工行业的开拓者、先行者、引领者，在煤炭清洁高效利用领域为巩固和发挥技术优势及产业优势、提升国家战略安全保障能力作出了重要贡献。经过20年的发展，成功建设并运营了世界唯一的鄂尔多斯百万吨级煤直接液化项目、世界首套60万吨级煤制烯烃项目等一系列国家级示范工程，在煤直接液化、煤间接液化和煤制化学品等领域取得了多项自主知识产权的研发成果，“煤制油品/烯烃大型现代煤化工成套技术开发及应用”获得国家科学技术进步奖一等奖，“百万吨级煤直接液化关键技术及示范”荣获2011年中国煤炭科学技术奖特等奖，“一种煤炭直接液化的方法”获得第十四届中国专利金奖。在新的发展时期，化工公司作为国家能源集团化工产业的专业平台公司，聚焦能源化工项目前期开发建设、战略性新兴产业孵化及工程示范、专业化人才培养、煤制油化工关键共性技术研发、煤制油战略项目技术支持保障功能定位，大力践行“四个革命、一个合作”能源安全新战略，加快打造战略性新兴产业集群，加速发展新质生产力。

“双碳”目标下我国正加快推动从“能耗双控”向“碳排放双控”转变，现代煤化工产业发展面临巨大的减排压力和竞争压力。通过引入绿电和绿氢将煤化工与新能源耦合可显著降低燃烧端和工艺端的碳排放，是未来我国实现碳中和与保障能源安全不可或缺的技术手段。实践中，煤化工与绿电绿氢耦合全流程的技术工艺、设备选型、材料选择、参数设计、各系统最优匹配等方面都没有标准、规范和成熟经验可以借鉴，实现高比例新能源连续供电、制氢、供氢仍面临着很多技术挑战。因此，有必要系统开展煤化工与绿电绿氢耦合关键技术研究，探索一条切实可行的融合发展新路径。

二、实践经验

化工公司以光伏发电制绿氢绿氧、高效储热为切入点，依托集团公司2022年十大重点科技攻关项目“煤化工与新能源耦合关键技术研究与示范”（GJNY-22-18），在榆林化工煤基可降解材料项目的独立整套草酸二甲酯加氢装置上，通过掺混10%的绿氢和绿氧以及提供光热等方式进行“光伏+储能+制氢+制氧+储热”与化工装置耦合可行性和运行平稳性试验研究。

（一）开展煤化工与新能源耦合关键技术研究

1. 电解水制氢技术

在技术层面，根据电解槽隔膜材料的不同，通常将电解水制氢分为碱性水电解（AWE）、质子交换膜（PEM）电解水以及高温固体氧化物水电解（SOE）。其中，AWE是最早工业化的电解水技术，已有数十年的应用经验，最为成熟，在解决近期可再生能源的消纳方面易于快速部署和应用。但从技术角度看，PEM电解水技术的电流密度高、电解槽体积小、运行灵活、利于快速变载，当发电的波动性和随机性较大时，具有良好的工艺匹配性。

化工公司根据目前国内外电解水制氢技术进展，综合考虑产氢效率、设备响应速度、成本效益，研究确定了碱性电解槽和质子交换膜电解槽组合的电解制氢方案。

2. 光伏发电储热技术

储热是储能领域中重要的组成部分，具有低成本、寿命长、容量大、环保无污染等诸多优点，同电储能相比，热储能应用的历史更长，应用场景更为广泛。

化工公司利用煤直接液化装置的副产品，开发煤液化沥青制备储热材料技术。煤液化沥青是一种高灰分物质，具有低黏度、高流动性和良好的加工性，适合于制备高导热储热材料。化工公司通过对比分析液化沥青的反应过程及结构特性，研究液化沥青制备储热材料过程中结构衍化与物理性能的关系、过程工艺参数对储热材料结构性能的影响，并确定液化沥青制备高性能储热材料的工艺方案。

（二）开展煤化工与新能源耦合方案研究

1. 绿氢与煤化工耦合

考虑榆林化工草酸二甲酯加氢装置用氢压力、流量和反应特点，与光伏发电出力曲线及电解水制氢的供氢特性，通过研究储氢设施规模、输氢方式、辅助设施配置等，探索绿氢与化工装置耦合的技术指标及运行参数；开展间断掺混绿氢评估，确定装置稳定运行前提下可接受最大波动范围、最经济的制氢、储氢及用氢的配置方案及应急预案。开展非定态草酸二甲酯加氢工艺技术工作，提供最优的供氢方式，形成非定态草酸二甲酯加氢工艺操作规程、技术指标控制和应急处置预案等，实现绿氢与煤化工的高效耦合。

2. 光伏 + 储能与煤化工耦合

根据化工装置用电特点，选取化工生产单元不同用电设备用电需求，研究全部采用光伏 + 储能供电方式下的设备运行曲线与供电出力曲线的匹配性，为化工装置大规模使用绿电提供技术经验支持。

3. 光伏储热制蒸汽与煤化工耦合

化工装置用蒸汽具有蒸汽等级多、压力温度高、用量大和连续稳定等特点。通过高性能液化沥青储热炭材料的开发，设计储热、换热耦合系统，并与化工装置用蒸汽特点相匹配，可提供不同等级蒸汽（4.1 兆帕、1.1 兆帕和 0.46 兆帕过热蒸汽）使用需求。通过分等级评估光伏发电储热制蒸汽耦合化工过程的影响，摸索最大可接受波动限值，形成耦合运行工艺技术方案和控制方案。

（三）开展“光伏 + 制氢 + 储能 + 储热 + 煤化工”耦合示范工程建设和应用实践

1. 分布式光伏发电系统

化工公司利用榆林化工厂前区、污水处理厂和危废填埋场等区域的现有建筑屋面和部分水池顶盖进行光伏布置，采用“自发自用，全额消纳”模式建设 11 兆帕分布式光伏电站。

2. 电解水制氢系统及应用实践

化工公司匹配 1 套 AWE 电解水制氢装置和 1 套 PEM 电解水制氢装置，研发低能耗、高可靠性电解水技术，建设单槽 1200~1500 标立方米 / 小时碱性电解水制氢示范装置，开展工艺优化运行，解决现有电解水技术由输入电流波动和结构设计造成的内部传质阻抗增大、可靠性以及响应性不足带来的安全和能耗等问题，延长使用寿命，降低投资及运营成本。

为保障光伏供电条件下的电解水制氢的稳定性与效率，提供稳定的电源供应，确保在无光情况下电解水装置正常运行，化工公司研究了两种运行方案：①在离网运行条件下，电源仅为屋顶光伏，与电解水制氢用电负荷相当。电解水制氢装置白天随光伏波动运行，在无光伏发电的时段，将储能电量完全利用，剩余时间停机保温。②在并网运行条件下，电解水制氢装置由 3 种电源联合供电：屋顶光伏、储能电池、大电网每日低谷电。电解水制氢装置白天随光伏波动运行，半夜低谷电时段利用大电网的电满负荷运行，在无光伏发电的非低谷电时段，设备利用储能电量保持最低负荷运行。

3. 高温储热系统

化工公司利用光伏发电加热高温储热材料，通过高效换热器系统产生蒸汽，将光伏电能转化为高品质热能进行储存。每日光伏峰值发电时段对储热材料加热，连续产生蒸汽，部分电能对备用容量的储热材料进行加热蓄热。光伏低谷或夜间无光伏发电时，利用储热装置蓄热释放加热蒸汽，保证蒸汽的连续稳定供应，同时保证光伏发电的消纳能力和最大利用率。

根据总体方案设计，主体试验分为三个阶段：①大电网连续稳定供电，连续稳定输出蒸汽；②大电网 + 光伏耦合供电，白天采用光伏发电，夜晚利用电网低谷电，连续稳定输出蒸汽；③光伏独立供电，调节储热材料放热过程，连续稳定产生蒸汽。目前已全部完成各分系统调试，通过整理测试获得包含电力系统、储热系统、换热系统和蒸汽系统等在内的各项参数数据，对实验数据进行分析，获得示范装置的各项性能指标以及不同批次煤液化沥青制备的储热材料在不同负荷率下的热导率、抗压强度、储热密度、稳定性等性能参数。储热材料的性能参数良好，示范装置各项指标表明其可满足下游化工装置需求。

三、取得的成效

化工公司创新利用“光伏 + 制氢 + 储能 + 储热”与现代煤化工装置耦合协同匹配，提高系统整体的稳定性和经济性，解决由于绿电绿氢不稳定对化工系统安全、连续、稳定运行造成威胁的难题，初步实现了现代煤化工原料和动力需求绿色替代，探索出了一条可复制、可推广、可借鉴的现代煤化工与新能源耦合新路径，为促进现代煤化工产业绿色低碳发展提供了“国能”方案。

一是突破煤化工与新能源耦合多项关键技术。突破了碱性电解槽灵活控制技术，通过优化氢气纯化系统、电解槽配置系统的运行以及开展工艺运行的能量优化等研究，解决了现有电解水技术由输入电流波动和结构设计造成的内部传质阻抗增大、可靠性以及响应性不足带来的安全和能耗等问题，提高了不稳定供电条件下电解水制氢的安全性和效率，延长了系统使用寿命，降低了投资及运营成本，实现国际、国内领先和行业引领。首次开发出基于煤液化沥青的高温储热炭材料，基于碳基储热材料的高热导率、高温稳定性，形成了自主知识产权的高温储热材料及技术。该储热材料热导率高，传热速度快，大幅提升了储热密度与储 / 放热性能，可以满足高温蒸汽对快速放热的需求。同时，完成了光伏发电储热制蒸汽中试验证，利用光伏发电加热高温储热材料，通过高效换热器系统产生蒸汽，将光伏电能转化为高品质热能进行储存，每日光伏峰值发电时段对储热材料加热，连续产生蒸汽，部分电能对备用容量的储热材料进行加热蓄热，光伏低谷或夜间无光伏发电时，利用储热装置蓄热释放加热蒸汽，保证蒸汽的连续稳定供应，同时保证光伏发电的消纳能力和最大利用率，满足化工系统用热需求。

二是开发氢电深度耦合智能微电网。首次集光伏发电系统、碱性电解水制氢系统、液流电池储能系统、储热系统、储氢系统、智能微电网控制系统和通信系统等于一体的氢电深度耦合智能微电网，系统调度微电网内的光伏、储能和储热负荷，在离网运行时实现光伏发电 100% 消纳，保证离网运行时微电网内的安全、可靠、经济供电；在并网运行时具备为电网提供辅助服务的能力，在用电低估时通过制氢、储热、储能系统满负荷运行吸收电网低谷电，在用电高峰时实现光伏发电和储能电量上网，实现主动响应时间不超过 50 毫秒。

三是首次实现以新能源为主的新型电力系统绿电力、制氢、制蒸汽与现代煤化工的全方位深度耦合。通过以新能源为主的制氢、储能以及制蒸汽实现对煤化工生产需要的原料（氢）、用电、用热等用能的绿色替代，同时对可再生能源进行了充分消纳，为新能源耦合煤化工技术推广至大规模工程应用提供了解决方案和建设、运行经验。在绿氢与煤化工装置耦合方面，研究探索出连续高效耦合的技术指标参数。同时，在进行间断掺混绿氢评估试验时，得到装置稳定运行前提下最大可接受波动范围，有效制定出最经济的制氢、储氢及用氢的配置方案及应急预案。在光伏 + 储能与煤化工耦合方面，根据化工生产单元不同用电设备的用电需求及装置的用电特点，研究得到在仅采用光伏 + 储能供电方式下，各类设备运行曲线与供电出力曲线的匹配特性，为绿电在化工装置稳定供应及大规模使用提供了技术经验支持。在光伏 + 储热与煤化工耦合方面，通过评估不同蒸汽等级下光伏发电储热制蒸汽与煤化工耦合过程的影响，获得最大可接受波动限值，形成了耦合运行工艺技术方案和控制方案，成功实现新能源制蒸汽与煤化工工艺耦合。

（由国家能源投资集团有限责任公司供稿）

牢记重大嘱托　推进供给革命
全力当好能源保供“顶梁柱”

能源安全是关系国家经济社会发展的全局性、战略性问题，对国家繁荣发展、人民生活改善、社会长治久安至关重要。党的十八大以来，习近平总书记站在统筹中华民族伟大复兴战略全局和世界百年未有之大变局的高度，提出了“四个革命、一个合作”能源安全新战略，围绕推动能源消费革命、能源供给革命、能源技术革命、能源体制革命，全方位加强国际合作，实现开放条件下能源安全，提出一系列新理念新观点新要求，构成了习近平经济思想的“能源篇”，为新时代我国能源高质量发展指明了方向、提供了遵循。特别是习近平总书记对能源央企寄予厚望，并在2023年通过视频连线看望慰问塔里木油田基层干部员工时强调，“中央企业是能源保供的‘顶梁柱’”。中国石油天然气集团有限公司（以下简称中国石油）作为国内最大的综合性能源与化工企业，始终牢记习近平总书记重大嘱托，完整、准确、全面贯彻新发展理念，大力推进能源供给革命，加快建设多元供应体系，坚决当好能源保供“顶梁柱”。

一、基本情况

中国石油是国有重要骨干企业，是国家独资设立的国有公司和国家授权投资机构，是集油气和新能源、炼化销售和新材料、支持和服务、资本和金融等业务于一体的综合性国际能源与化工公司。公司在国内拥有大庆、长庆、新疆等16家油气田企业，大连、独山子、兰州等33家炼化企业，分布于全国各省（区、市）的一批成品油销售和天然气销售企业，以及一批技术服务、科技研发、金融支持等单位。在海外拥有一批从事油气田勘探开发、管道运输和国际贸易企业，形成中亚—俄罗斯、中东、非洲、美洲、亚太5个油气合作区，在全球32个国家运营88个油气合作项目，在120多个国家从事贸易、服务等业务，建成西北、东北、西南、东部海上四大油气战略通道，以及亚洲、欧洲、美洲3个国际油气运营中心。截至2023年底，公司员工总数为101.9万人（含外籍雇员5.3万人），现有各级党组织3.1万个、党员46.6万人。

2023 年，公司在世界 50 家大石油公司综合排名中位居第三，在《财富》杂志全球 500 家大公司排名中位居第五。

二、实践经验

10 年来，中国石油深刻领悟能源安全新战略的丰富内涵与核心要义，深入贯彻习近平总书记对做好能源工作的重要论述精神，以及对中国石油和中国石油相关工作系列重要指示批示精神，坚决扛起推进能源供给革命的重大责任，以科技为支撑，以改革为动力，以党的建设为保证，加大国内油气勘探开发力度，加快绿色低碳发展和产业转型步伐，全面深化国际能源合作，全力以赴提升能源高效供给能力、保障国家能源安全。

（一）坚持常非并举、稳油增气，夯实立足国内保障国家油气能源安全的根基

推进能源供给革命，国内资源稳定供应是前提。中国石油认真贯彻落实习近平总书记关于大力提升勘探开发力度的重要指示批示精神，突出国内增储上产，全力以赴端牢能源“饭碗”。

1. 全面强化高效勘探，推进规模效益增储

以增加规模经济可采储量、提高 SEC 储采比为“牛鼻子”，深入落实新一轮找矿突破战略行动，加强盆地基础研究、整体研究，推进理论技术创新发展，强化重大预探领域风险勘探、年度专项投入由 10 亿元提高至 50 亿元，开展重点盆地、重点区带集中勘探，加大成熟探区精细勘探，石油探明储量回升向好，比 10 年前增长 7%，天然气探明储量大幅增长 56%，超额完成七年行动方案阶段性目标。部署实施两口万米深井，吹响向地球深部进军的号角，深地塔科 1 井 2024 年 3 月 4 日突破万米大关并刷新亚洲最深直井纪录。

2. 科学组织生产运行，推进油气产量稳定增长

坚持“平稳、均衡、受控”原则，统筹上中下游、产运储销、老区稳产与新井上产，全面实施效益开发、低成本开发和油藏经营管理，新区坚持规模建产、集中建产、快速建产、效益建产，老区突出控递减和提高采收率两条主线、深入实施“压舱石”工程，大力开展探明未开发储量效益动用专项行动，努力提高油气开发水平，原油实现 1 亿吨以上稳产，天然气产量比 10 年前大幅增长近 60%。

3. 大力发展非常规油气业务，拓宽油气供给新赛道

成立领导小组和工作专班，制定实施专项工作方案，按照“加强基础、

搞清资源、突出重点、攻关试验、积极推进”的工作思路，优化勘探开发布局，引进、消化吸收、再创新国际先进技术，建立完善勘探开发理论和技术体系，3个页岩油、2个页岩气国家级示范区建设取得良好成效，页岩油气产量实现大幅增长。深层煤岩气取得重大进展、新增探明地质储量超2000亿立方米。

（二）加强国际合作，提升油气多元化供给能力

推进能源供给革命，海外资源是重要支撑。中国石油坚持立足长远、多元合作、互利共赢的方针，持续加强能源宽领域、多层次合作，全力打造能源合作的利益共同体和命运共同体。

1. 完善合作布局，提升海外油气资源供给能力

以“一带一路”沿线国家为重点，加强海外能源资源供应基地建设，坚持做优中亚—俄罗斯、做大中东、做强非洲、做特美洲、做实亚太，着力优化海外资产结构、业务结构和区域布局，卡塔尔北方气田、巴西布兹奥斯等一批新项目落地见效。创新合作方式，坚持经济与外交并重、投资和贸易并举，发挥资本和资金优势，资源开发与基础设施建设实现深度融合。

2. 强化贸易及战略通道建设，提高能源资源互补互济水平

充分发挥欧洲、美洲、亚太三大油气运营中心作用，优化全球贸易网络和资源渠道，加强自主可控运力建设，国际贸易量突破5亿吨/年。坚持“陆海兼顾、分散多元、留有余地”原则，深化油气战略通道建设，深入推进“一带一路”国家和地区能源互联互通，狠抓通道关键节点风险管控，安全畅通的能源输送大通道进一步巩固加强。

3. 积极参与国际能源治理，增强国际能源事务话语权

广泛开展务实交流合作，积极搭建“一带一路”油气合作圆桌会议、中国石油国际合作论坛等国际合作交流平台，及时有力发出中国石油声音。支持发展中国家开发清洁能源和保护生态环境，认真履行社会责任，大国央企良好形象进一步树牢。

（三）强化综合保障，把牢安全供给主动权

推进能源供给革命，综合保障能力是关键。中国石油始终保持忧患意识、危机意识，构建涵盖储备应急体系、天然气保供等综合保障体系。

1. 强化储备体系建设，提升应急供给能力

认真落实国家能源储备部署要求，完善能源储备设施布局，增强长期战略性储备、平时和应急调峰性储备能力。加大原油储备能力建设，提升战略

储备和商业储备规模。加快地下储气库、液化天然气应急调峰站等建设，提升天然气应急调峰能力，有效平抑油气价格波动、减缓国际市场变化对国内油气供应的冲击。

2. 强化政治担当，提高天然气保供能力

坚持人民至上理念，勇担天然气保供重大责任，加强组织领导和专班建设，健全完善应急准备、内外部协调、工作例会等机制，压紧压实各专业、各层级天然气保供责任，千方百计筹措资源，全面统筹需求侧管理，高质量完成历年迎峰度夏、冬季保供等重点时段和重大活动的天然气保供任务，2023 年市场份额占六成以上。

（四）加快绿色高端转型步伐，把准能源供给革命的发展方向

推进能源供给革命，绿色高端是重点，新兴产业和未来产业是方向。中国石油主动适应、积极融入全球能源发展大势，加快布局攻坚，全力推动结构调整和转型升级。

1. 加速推进绿色低碳发展，持续提升清洁能源供给能力

把“绿色低碳”纳入公司发展战略，将新能源纳入公司主营业务，制定实施“清洁替代、战略接替、绿色转型”三步走总体部署，充分发挥中国石油在土地资源、绿电消纳等方面比较优势，大力推进大庆绿色低碳可持续发展示范基地等“六大基地”和清洁能源替代工程等“五大工程”建设，新能源开发利用能力达到 1150 万吨标准煤。加快发展林业碳汇、二氧化碳化工利用等负碳业务，引领 CCS/CCUS 产业整体提升。

2. 加快炼化业务转型升级，增加高品质能源与化工产品供给

瞄准绿色智能方向和产业链中高端，有序推进一批重大炼油化工转型升级项目建设。坚持分子炼油理念和“产品巨人”策略，大力实施新材料提速工程，着力在优化产业布局、装置结构、产品结构上下功夫，加快推动企业从炼油为主的炼化基础产业向“炼化生精材”产业链中高端转变。公司高端高附加值产品占比不断提高，石蜡产量稳居世界第一，船燃终端市场份额居国内第一，乙烯产量大幅增长，2023 年达到 800 万吨。

3. 全面布局新兴产业和未来产业，加快发展新质生产力

立足国家所需、产业所趋、转型所急、企业所能，加快开辟能源供给新领域、新赛道，制定实施《中国石油战略性新兴产业发展规划（2023—2030 年）》，研究布局非常规油气、伴生矿产资源、新能源、新材料、高端装备制造、绿色环保、数智产业七大新兴产业，以及深地深海能源、可控核聚变等

终极能源、合成生物学三大未来产业，着力发展能源领域新质生产力，培育打造"第二增长曲线""第三增长曲线"。

（五）强化技术创新改革管理，激发能源供给革命的动力活力

推进能源供给革命，科技创新是核心，改革管理是基础。中国石油着力推进国家战略科技力量、能源与化工创新高地建设，持续深化内部改革和强化管理，全面释放高质量发展新动能。

1. 强化技术研发攻关，支撑能源供给革命和产业转型

坚持"四个面向"，坚持支撑当前、引领未来，健全完善"揭榜挂帅""赛马制"等机制，构建开放创新生态，推进产业链、创新链、价值链深度融合。一方面，在"快速突破"层面大力推进油气增储上产、非常规油气资源开发、新能源发展等领域关键核心技术攻关和工程转化；另一方面在"久久为功"层面坚定开展科学无尽前沿的基础性前瞻性研究，努力创造新知识、储备新技术。大力推进"数智中国石油"建设，实施信息化补强工程，构建全球共享服务体系。2023 年，中国石油入选"全球最具创新力公司 50 强"。

2. 深化重点领域改革，着力破解制约推动能源供给革命的"瓶颈"

落实中央深化石油天然气体制机制改革的部署要求，大力实施国企改革三年行动和新一轮国有企业改革深化提升行动，完善公司治理顶层设计，组建油气和新能源、炼化销售和新材料、支持和服务、资本和金融四大子集团，完成海外业务体制机制改革，实施事业部制改革和天然气业务体制改革，深化支持服务业务专业化重组，加大三项制度改革力度，持续完善市场化运行机制，稳步推进矿区内部流转与优化配置，公司组织运行质量、资源配置效率和发展活力明显提高，2023 年全员劳动生产率达到 118 万元 / 人、比 2014 年大幅提高 115%。

3. 全面强化企业管理，夯实能源供给革命基础

深入践行经营上精打细算、生产上精耕细作、管理上精雕细刻、技术上精益求精的"四精"理念，坚持严谨投资、精准投资和效益投资，重点向油气勘探开发、炼化转型升级、新能源等业务倾斜，优化生产运行和供应链管理，全力降低油气生产、炼油化工、物资采购、市场营销等成本，提高投资资本回报率，努力为社会供应高质量、低成本的能源资源。

（六）加强党的领导党的建设，增强能源供给革命的坚强保证

推进能源供给革命，党的领导党的建设是根本保证。中国石油以政治建

设为统领，纵深推进全面从严治党，努力把党建优势转化为推进能源供给革命的发展优势。

1. 加强政治建设，把牢前进方向

坚持“第一议题”制度，深学细悟习近平新时代中国特色社会主义思想和习近平总书记关于能源安全新战略、“端牢能源饭碗”、当好能源保供“顶梁柱”等一系列重要指示批示精神，制定实施《深入学习贯彻习近平总书记重要指示批示精神落实机制》，健全完善计划—执行—检查—改进（PDCA）循环机制，精准化、常态化开展政治监督，确保习近平总书记重要指示批示精神和国家重大战略部署在中国石油落地见效。

2. 加强组织建设，实施人才强企工程

坚决贯彻新时代党的建设总要求和新时代党的组织路线，制定实施基层党建“三基本”建设与“三基”工作有机融合机制，推进基层党建与基层管理全面融合、全面进步、全面过硬。坚持人才是第一资源，建立干部“选育管用”和人才“生聚理用”机制，以工程思维推进人才队伍建设，加快培养一支政治坚强、本领高强、意志顽强的领导干部队伍和高素质、专业化人才队伍。

3. 弘扬石油优良传统，文化引领实干攻坚

认真贯彻习近平文化思想，立足自身优势特点，大力弘扬石油精神和大庆精神、铁人精神，传承“苦干实干”“三老四严”的优良作风。以“转观念”为首要任务，持续开展主题教育活动，打造新的独特文化优势，积极引导百万石油员工弘扬优良传统，转变观念作风，全身心投入推进能源革命、建设新型能源体系、保障国家能源安全的伟大事业。

三、取得的成效

经过10年的不懈努力，特别是近五年实施的一系列开创性举措、推进的变革性实践，中国石油能源高效供给能力和供给质量不断提升，有效履行了保障国家能源安全、维护油气产业链供应链稳定的重大责任，在五个方面取得了明显成效。一是油气保供“顶梁柱”作用充分发挥。油气业务形成“三个一亿吨”格局并不断巩固发展，国内原油产量在1亿吨基础上持续稳定增长、支撑全国产量重上2亿吨，天然气产量年均增长5.6%，产量当量超过原油，海外油气产量保持稳中有增，权益产量当量突破1亿吨。10年来，中国石油国内累计生产原油10.5亿吨、天然气11872亿立方米，分别占全国总产量的52.5%、68.7%；国际贸易能力持续提升，累计供应国内油气当量14亿

吨。油气储备调峰体系加快成型，原油储备规模持续增长，天然气调峰能力达到196亿立方米，极端情景应急能力进一步提升。二是新兴产业跑出“加速度”。截至目前，累计获取清洁电力指标3640万千瓦、累计建成风光装机522万千瓦、年发电22亿千瓦时；对外地热供暖面积超3500万平方米，其中承建的曹妃甸新城地热供暖项目被国家地热能源开发利用研究及应用技术推广中心、能源行业地热能专业标准化技术委员会授予“地热能开发利用示范项目”。累计建成加氢站21座、充换电站923座、光伏站1730座。CCUS全产业链实现快速发展，2023年埋存CO_2 159万吨。2023年生产新材料137万吨。三是高品质能源与化工产品供给能力显著增强。广东石化等一批世界级、标志性炼油化工转型升级项目陆续投入商业运营，10年来公司国内累计加工原油16.1亿吨，年均增长2.7%，炼油化工主要产品产量持续增长。营销网络进一步完善，成品油年均销量保持在1.1亿吨以上，占国内市场份额1/3。四是打造了一批能源领域核心技术利器。先后在超深超高压天然气勘探开发理论技术、全球首台1.2万米特深井自动化钻机、万米深地科探预探工程、百万吨级乙烷制乙烯成套技术、绿氢制备储运技术等方面取得一批重大标志性成果，打破了相关技术“依赖进口、受制于人”的被动局面，累计获得30项国家级科技奖励，其中国家科技进步奖一等奖6项，授权专利数量位居央企第一方阵，公司自主创新能力基本实现从跟跑为主、局部领先向部分领跑、整体提升的深刻转变。五是锤炼了一支能源领域高水平人才队伍和创新团队。在上海、深圳、日本、迪拜、北京建设5家新型研发机构，建成7家院士专家工作站、4家国家引才引智示范基地、35家博士后科研工作（流动）站、34个国家级技能大师工作室。初步构建了具有中国石油特色的人才发展机制，现有两院院士24人，1名个人和1个团队荣获首届“国家工程师奖”，309人获批享受政府特殊津贴，为深入推进能源革命夯实了人才基础。

展望未来，中国石油将以习近平新时代中国特色社会主义思想为指导，坚定不移落实国家能源安全新战略和习近平总书记系列重要指示批示精神，踔厉奋发、苦干实干，努力在推进能源革命、建设新型能源体系、保障国家能源安全的砥砺奋斗中当好标杆旗帜，为强国建设、民族复兴伟业作出更大贡献！

（由中国石油天然气集团有限公司供稿）

打造“新能源云”数字经济平台，促进新能源高质量发展

一、基本情况

习近平总书记指出，要适应能源转型需要，进一步建设好新能源基础设施网络，推进电网基础设施智能化改造和智能微电网建设，提高电网对清洁能源的接纳、配置和调控能力。我国能源资源总量丰富，但人均占有量和优质能源相对较少。且能源资源与需求整体呈逆向分布，我国能源资源多集中在“三北”地区，而以工业为代表的能源消费主体多集中于东中部地区，尤其西部能源基地与东中部负荷中心距离普遍在1000~3000千米。为加强区域能源供需衔接、优化能源开发利用布局、提高能源资源配置效率，我国相继出台《“十四五”现代能源体系规划》等文件，提出完善能源生产供应格局，加强电力和油气跨省跨区输送通道建设，并不断加大能源就近开发利用力度，积极发展分布式能源等重点举措，推动我国能源配置平台化发展。

在“双碳”目标及构建新型电力系统背景下，我国以风、光为代表的新能源将持续快速发展，党中央、国务院印发的《中共中央国务院关于完整准确全面贯彻新发展理念　做好碳达峰碳中和工作的意见》提出积极发展非化石能源，国家能源局组织编制的《新型电力系统发展蓝皮书》进一步明确电力供应主体将逐渐向新能源转变。促进清洁能源及时同步并网是促进能源配置平台化的重要目标。电网作为电力资源传输平台，积极服务新能源发展，推动能源清洁低碳转型背景下新能源高效利用将成为能源配置平台化的关键。

二、实践经验

国家电网顺应能源革命与数字革命相融并进的趋势，主导建设新型能源数字基础设施新能源云平台，将新一代信息技术与新能源全价值链、全产业链、全生态圈的业务深度融合，聚集全数据要素，提高整体资源配置效率，服务新型电力系统构建和新型能源体系规划建设，构建“横向协同、纵向贯通”和“全环节、全贯通、全覆盖、全生态、全场景”的开放服务体系，为

促进新能源发展、推动能源转型提供重要支撑。

（一）提供“云”服务　促进新能源并网消纳

新能源云平台于2018年6月启动系统设计，2019年5月在宁夏开展试点建设，2020年6月在27家省级电力公司全面部署应用，2021年4月20日新能源云正式发布上线。新能源云基于云计算技术，实现各种终端设备之间的互联互通，是新一代信息技术与新能源、新型电力系统、新型能源体系和碳达峰碳中和等业务深度融合形成的新型能源数字经济平台。新能源云的“云”端服务，可以连接产业链上下游共同发力、协同发展。目前，新能源云累计服务3800余个新能源项目在线接网，服务各类企业1.6万余家。平台汇聚风能太阳能、生态红线、地形地貌、土地性质等资源数据，辅助开展新能源发电出力预测和风光资源开发潜力研究，为规划编制和建站选址提供参考；平台提供新能源发展与消纳、场站运行出力等信息资讯，在服务社会大众、促进新能源行业发展等方面逐步发挥重要作用。

在新能源云平台上，建站并网、消纳分析、补贴申报等全流程服务一目了然，广大电源客户通过新能源云外网PC或手机APP即可办理接网业务，还可在线实时查询项目接网业务流程和办理进度，实现业务网上办、进度线上查。平台功能不断创新，客户范围逐步扩大，业务办理也更加公平、公开、公正。

国网甘肃省电力公司深化应用新能源云，全力服务甘肃“沙戈荒”大型风电光伏基地项目等重大项目建设并网，大幅缩减新能源发电项目并网业务办理时长；国网河北省电力有限公司应用新能源云跟踪重要新能源发电项目建设进度，有序推进并网申请、合同签订以及并网验收各环节工作，为新能源发电项目规划、建设、并网等提供全流程线上服务。

此外，新能源云还可以滚动计算分区域、分省份新能源消纳能力，预测年度及中长期的新能源发电量、利用率、新增消纳空间等指标，引导新能源科学开发和合理布局，促进新能源发电量和利用率齐升。2023年4月，国网华北分部组织开展了京津唐电网“十四五”“十五五”新能源消纳分析集中工作，基于新能源云平台科学搭建与实际运行情况更加吻合的电力系统生产模拟模型，开展了2025年、2030年京津唐电网新能源消纳利用率测算，支撑提出促进新能源消纳利用的综合措施。

（二）打造“云”生态　保障产业链安全稳定高质量发展

新能源云涵盖风光资源、开发规划、电站建设、接入并网、补贴结算等新能源产业全寿命周期环节和上下游全链条企业，推动产业链供应链数字化转型升级。新能源行业涉及规划、建设、并网、运行、交易、补贴、结算等多个环节，其中补贴环节对保障产业链供应链安全稳定意义重大。截至2023年底，新能源云累计对外公布44批补贴项目共计超4.5万个、装机超2.1亿千瓦。这些新能源企业经新能源云补贴申请及确权获得国家可再生能源补贴资格的同时，还可以结合地方相关政策申请绿色贷款，扩充运转资金。

除了补贴申报业务流程外，新能源云还提供相关辅助服务，如汇聚风光储氢新能源全产业链图谱、产业集群分布及产能分析，支撑新能源产业链规划布局；新能源发输用储全过程数据信息，包括新能源发展与消纳、保障性收购、场站发电出力、政策技术等，为各级能源主管部门提供相关决策及资讯服务；还有电价百科归集各省各区域燃煤基准电价、可再生能源上网电价信息对外展示，方便发电企业用户查看历年上网电价与补贴信息。

此外，新能源云在推动分布式光伏配网承载力计算方面也发挥了重要作用。2022年以来，河南新增分布式光伏装机容量一直保持全国第一位，2023年进一步跨越至“月增百万千瓦”新常态。在装机规模快速增加的同时，由于信息不对称，相关企业和用户不了解电力供需形势。2023年10月26日，国网河南省电力公司依托新能源云开发建设的河南省分布式光伏承载力与可开放容量发布平台正式上线运行，承载力与可开放容量计算结果以乡镇为单位呈现红色、黄色、绿色区域，引导分布式光伏有序接入、推动分布式光伏高质量发展，为社会各类公众选取分布式光伏接入区域提供参考。

平台计算数据来源于实际系统运行数据，能够真实反映各地当前电力供需形势，同时及时将负荷增长、储能建设等有助承载力提升的建设成果应用到计算过程，保证计算结果更加准确；计算过程中电网拓扑关系和运行数据全自动关联，大幅提升计算、审批、发布全流程效率。

新能源项目接网全部公开透明线上办理、补贴申报管理全过程线上服务、新能源产业规划布局及产能分析、分布式光伏承载力与可开放容量评估等一系列云端赋能新举措，显著提高了服务效率，助力新能源企业“早并网、早发电、早收益”，促进新能源有序发展友好发展。

（三）开辟“云”路径　节能降碳助力实现“双碳”目标

依托新能源云试点碳中和支撑服务，国家电网公司为各类主体提供碳管理服务，赋能绿色低碳发展。在国家电网公司总部，实现公司“双碳”贡献力监测分析，推进公司各级单位办公楼宇绿电消费全覆盖，助力公司碳管理提质增效。

“一镜芙蓉外，千山睥睨中”。浙江湖州于2021年开展新能源云碳中和支撑服务试点建设，成为新能源云的“碳路先锋”，助力守护绿水青山。新能源云浙江湖州碳中和支撑服务试点，以测、评、用、治为导向，对煤、油、气、电等39类消费数据和经营数据进行定期智能归集后进行统计与核算，创新构建“碳效码”智能对标体系，一码显示企业碳排放水平、碳利用效率及碳中和进程。基于新能源云碳效评价，湖州供电公司为用能企业开展“供电+碳效”服务，帮助企业优化用能方案，并可获得政府部门给予企业贷款等方面的政策优惠和支持。

在天津，宝坻区九园工业园区和小辛码头村分别依托新能源、新材料、高端装备产业集群和绿色乡村旅游被称为“一园一村”。新能源云天津碳中和支撑服务平台接入了九园工业园区181家企业和小辛码头村88家农户的能源消费数据，通过全时、全景、全流程的动态碳排放监测，推动园区产业升级和乡村生态高质量发展。

三、取得的成效

截至2023年底，国家电网公司新能源云平台已累计接入风光场站超过550万座，入驻企业1.7万余家，以数字化智能化手段服务“双碳”目标落地。

一是全流程一站式线上电源接网服务，各类电源（含储能）客户通过新能源云外网PC或手机APP即可办理接网业务，实现“业务网上办、进度线上查”，一方面支撑电源项目高效便捷接网，另一方面为能源主管部门及时掌握电源接入情况提供全面准确的信息。

二是全面支撑补贴项目在线申报审核，方便电源用户、电网企业、能源主管部门线上申报和审核相关补贴项目，加快补贴项目确权，解决了一批新能源投资企业的痛点、难点。

三是全景规划布局和建站选址服务，通过新能源出力预测、风光资源开发潜力研究等，为政府部门编制新能源规划、发电企业建站选址提供参考。

四是提供运行监测和信息资讯服务，为能源主管部门和发电企业提供新能源发展与消纳、保障性收购、消纳责任权重、场站出力等信息。

五是全域新能源消纳协同计算与发布，支撑政府确定年度建设规模，服务发电企业合理布局新能源建设项目，促进新能源科学发展。

六是创新服务国家能源监管工作，支撑华北能源监管局线上开展新能源规划计划、开发建设、并网管理、运行管理等监管工作。

七是试点新能源云碳中和支撑服务，推出了碳监测、碳账户、碳效码、碳金融、碳普惠、碳实测、碳红娘等多应用场景，上线基于新能源云的浙江工业碳平台，建成新能源云浙江湖州碳中和支撑服务平台，服务政府碳管理和企业节能降碳。

国家能源局、科学技术部印发《“十四五”能源领域科技创新规划》，提出“深化应用推广新能源云，打造新型能源数字经济平台”。下一步，国家电网公司将紧紧围绕碳达峰碳中和，携手各方深化新能源云应用推广，加强产业链上下游协同合作，助力新型电力系统构建和新型能源体系规划建设，推动产业链融通和高质量发展，为促进能源清洁低碳转型发挥新的更大作用。

（由国家电网有限公司供稿）

创新驱动　氢启未来 奋力构建河北“新能源 + 氢能”产学研用产业新生态

为深入贯彻落实国家“四个革命、一个合作”能源安全新战略，按照河北省委、省政府，省国资委和河北建投集团关于推动国有企业改革和能源工作安排部署，新天绿色能源股份有限公司（以下简称新天公司）全面准确理解新发展理念，深刻认识和把握新质生产力的内涵和特点，瞄准河北省重大战略需求，以新能源 + 氢能为突破口，真抓实干、开拓创新，切实增强科技研发投入力度，不断健全完善科技创新工作体制机制，创造科技创新良好环境，凝聚科技创新强大引擎，促进产业转型升级和提质增效。

一、基本情况

新天公司成立于 2010 年 2 月 9 日，由河北建投集团发起设立，注册资本金为 41.87 亿元，主营业务为天然气销售及风力、太阳能发电。新天公司是我国华北地区领先的综合能源供应商，国内首家于香港和上海两地上市的风电和天然气运营上市公司。截至 2023 年底，公司资产总额达到 790.17 亿元，实现营业收入 202.82 亿元，利润总额 33.68 亿元，净利润 27.34 亿元，平均净资产收益率常年保持在 10% 以上，系统企业劳动合同员工 2696 人。

新天公司主营业务主要分为新能源和天然气两大板块，是华北地区领先的清洁能源开发与利用公司。新能源板块。新天公司以河北为依托，在全国范围内投资开发风电及光伏项目，并积极寻找海外适宜投资项目，是河北省省属企业中唯一一家主营新能源业务的企业。截至 2023 年底，风电光伏管理装机总量 6850.47 兆瓦，全年发电量 142.54 亿千瓦时。天然气板块。新天公司在河北省内运营天然气输配设施，通过天然气分销渠道销售天然气，是河北省内最大的天然气分销商。截至 2023 年底，新天公司累计运营管道 9741.57 千米，天然气输气量 51.14 亿立方米。目前，新天公司成为河北省新型能源强省建设重要抓手，有效助力中国式现代化建设河北场景落地落实。

新天公司先后投资建设了届时全球最大、全国首个可再生能源制氢项目——张家口沽源大规模风电制氢产业示范项目，全国首个基于直流微网技术的风光可再生能源电解水制氢项目——崇礼大规模风光储互补制氢关键技术与应用示范项目，国家示范工程、北方容量最大的海上风电项目——唐山乐亭菩提岛海上风电场以及国家重点工程、全国最大的 LNG 接收站项目——唐山 LNG 接收站。2022 年，经报请河北省政府同意，在河北省发展改革委指导下牵头建设河北省天然气调度控制中心，承担全省天然气运行调度和应急保供任务。2023 年，新天公司作为主要参与单位协助集团申报成立中国电工技术学会氢能产业与装备专业委员会，承担国家能源氢能与可再生能源协同技术研发中心建设。

二、实践经验

国有企业是国民经济发展的支柱，是践行创新发展理念的排头兵，是实施能源安全新战略的骨干力量。新天公司认真贯彻落实国家战略，真抓实干、开拓创新，切实增强科技研发投入力度，为进一步高质量发展蓄势赋能。

（一）找定位

坚持践行“四个革命、一个合作”能源安全新战略，全面强化顶层设计，牢牢把握改革方向，有效抢抓新发展机遇，加快发展新质生产力，凝心聚力推动管理提升工作落到实处，持续做强做优国有企业，努力实现“高质量发展”与“高水平安全”协同共促，打造成为行业领先、国际一流的绿色电力提供商和天然气综合服务商，成为河北省新型能源强省建设重要抓手。

（二）寻方向

氢能是构建新型电力系统的重要载体，其开发与利用技术已经成为新一轮世界能源技术变革的重要方向，是替代化石能源实现“双碳”目标的重要选择。国家和河北省高度重视氢能等前沿新兴产业的发展。新天公司瞄准河北省重大战略需求，充分发挥新能源和天然气板块优势，以发展绿氢为产业突破口，加大重点技术布局和全链条融合创新力度，推动基础研究、应用研究、产业化全链条融合发展，大力推动可再生能源电解水制绿氢、天然气掺氢研发示范，加快布局新赛道、新领域，在关键核心技术上不断取得新突破，促进产业转型升级和提质增效，助推河北氢能产业发展。

（三）增投入

新天公司积极贯彻落实河北省和集团公司研发投入“三年上、五年强”专项行动，把科技创新作为首要任务，在平台建设、创新创业、科技人才激励等方面持续加大投入，有效激发科技创新动能。2020—2023年研发经费投入分别为4842万元、8680万元、68675万元、83637万元，研发投入强度分别为0.39%、0.54%、2.72%、3%，2022年以来研发投入经费快速增长，达到原投入强度的5倍以上。

（四）育人才

加大高层次创新人才引进力度，通过市场化选聘方式积极引进重点产业、重要领域创新型领军人才。统筹抓好高层次科技创新人才、高素质技术技能人才和专业化科技管理人才队伍建设，促进人才发展与企业发展深度融合，推动人才队伍提质增量。截至2023年底，公司研究生以上高学历人才达到326人（其中博士4人、硕士322人）、本科学历人才1757人，本科以上人才占比达到77.3%，人员构成中专业技术研发人员达到254人。

（五）找伙伴

联合清华大学、中国科学院、河北工业大学、河北科技大学、中船集团七一八所等京津冀知名高校、科研院所和优势企业等大力开展新能源制氢、液氢以及天然气管道掺氢等核心关键技术研发攻关，研制接入直流微网的风电变流器、光伏变流器、储能和电解水制氢装置，不断提升技术研发、工程实践和创新平台优势，充分发挥战略性新兴产业关键领域研发示范引领作用，助力新型能源强省建设。

（六）建机制

为科技创新提供一个更加灵活、稳定和规范的环境，目前新天公司已累计颁布《科技项目管理办法》《科研成果奖励管理办法》《科技项目专家咨询管理办法》《产学研合作管理办法》和《知识产权管理办法》共计5项科技创新管理办法，初步具备科技创新管理制度体系雏形，为公司科技创新工作的规范化管理夯实了基础。

（七）重应用

新天公司以可再生能源电解水制氢产学研用一体化发展为核心，依托新能源板块优势，敢于人先、勇于创新，谋划布局了全球首个具有万千瓦级制氢负荷的风电制氢示范项目（河北建投沽源风电制氢综合利用示范项目）和全球首个基于高效直流微网的风光储联合制氢项目（河北建投大规模风光储互补制氢关键技术与应用示范项目）。沽源制氢项目于 2021 年全部建成投产，得到国家能源局、河北省人民政府、德国勃兰登堡州政府等多方认可，对开创我国可再生能源消纳途径与推动氢能源发展具有重大意义。崇礼制氢项目不仅是我国也是全球首个基于高效直流微网的风光储联合制氢项目，且拥有完全自主知识产权。

（八）抓落实

新天公司在每年科技创新工作考核基础上将系统企业研发投入情况纳入年度考核内容，新增研发投入目标考核，明确目标任务和管理责任，鼓励引导企业加大研发投入。坚持过程管控原则，加强重要节点和定期检查相结合的过程管理和项目执行情况的数字化管理，实现科技项目全过程高效管控。

三、取得的成效

新天公司以创新为驱动，以未来产业布局为突破，充分发挥清洁能源板块核心优势，找准定位、持续发力，积极助力河北构建新能源 + 氢能产学研用产业新生态，取得的成效主要包括以下六个方面。

（一）有力保障 2022 北京冬奥会绿氢供应

2022 北京冬奥会是绿色奥运的重大里程碑，低碳、环保在这里实现了最大限度的发展，采用 1000 多辆氢燃料电池汽车参与交通服务与保障。为践行“绿色冬奥”理念，张家口赛区氢能供应全部采用风电、光伏等可再生能源电解水制氢，实现零排放、零污染。依托公司技术和管理优势，沽源制氢和崇礼制氢两个风光电解水制绿氢项目全部于冬奥会之前建成投产，制氢能力达到 6 吨 / 天以上，有效地保障了冬奥会绿氢供应。

（二）取得国内首张绿氢认证证书

2024 年 3 月 26 日，在中国氢能联盟、中国电力企业联合会等联合主办的北京中国氢能展上，新天公司崇礼制氢项目河北建投阳坡制氢站取得国内首张绿氢认证证书，成为国内首家申请并获得可再生氢认证的企业。崇礼制氢项目作为国内较早具备生产能力的可再生能源制氢项目，于 2023 年开始联合国际知名权威认证机构必维国际检验集团和中国氢能联盟在国内率先启动了可再生氢认证探索工作，通过对制氢整个生产环节碳排放的追踪、分析和统计，评估制氢站氢气碳排放水平。2024 年 1 月，河北建投阳坡制氢站顺利完成可再生氢认证评估工作，3 月 26 日取得绿氢认证证书。

（三）综合创新能力大幅提升

新天公司充分发挥省属企业带头作用，利用产业、资金、技术、人才和管理多重优势，承担了 10 项河北省科技研发任务，如表 1 所示。建成河北省风电 / 光伏耦合制氢及综合利用工程实验室、河北省风电新能源技术创新中心、“碳基能源材料”河北省工程研究中心、河北省先进碳材料技术创新中心 4 个研发平台，作为主要参与单位协助集团申报成立中国电工技术学会氢能产业与装备专业委员会，为河北省乃至全国氢能产业高质量发展提供科技平台支撑。

表 1　公司承担河北省科技项目课题汇总

序号	课题名称	类别	审批单位	专项资金
1	纯氢长输管道关键技术研究与应用示范	省部级	河北省科学技术厅	100 万元
2	孤岛模式的风电—质子交换膜（PEM）纯水电解制氢集成关键技术与应用示范	省部级	河北省科学技术厅	200 万元
3	宁晋超深盐穴储气库建设关键技术研究与应用	省部级	河北省科学技术厅	100 万元
4	崇礼风光耦合制氢项目	省部级	河北省发展改革委	700 万元
5	大规模可再生能源耦合制氢关键技术及应用示范	省部级	河北省科学技术厅	900 万元
6	基于直流微网的风光互补制氢关键技术及示范	省部级	河北省科学技术厅	150 万元
7	风电制氢集成系统关键技术研究与示范	省部级	河北省科学技术厅	70 万元
8	基于大数据技术的风电“智慧舱”云管理平台的构建与应用	省部级	河北省科学技术厅	60 万元
9	面向新能源及水务的智慧监测管理系统	省部级	河北省科学技术厅	100 万元
10	蔚涞工业负荷消纳分布式可再生能源联合研发	省部级	河北省科学技术厅	40 万元

（四）科技创新成果日渐丰硕

截至2023年底，新天公司累计授权发明专利59件、实用新型专利403件，取得软件著作权155件，在国家级期刊及各类会议上发表论文73篇，2020—2023年，先后获得河北省科学技术进步奖一等奖1次、河北省科学技术进步奖二等奖2次、中国电工技术学会科技进步奖一等奖和中国电力企业联合会电力科技创新奖二等奖各1次：公司承担的边缘电网的风电“机—场—网”协同主动支撑技术及其应用项目取得2023年河北省科学技术进步奖一等奖，风电机组 / 场群调频控制关键技术及规模化应用课题获得2022年度河北省科学技术进步奖二等奖，基于大数据云平台的风电集群智慧调控与高效消纳技术及应用课题获得2020年度河北省科学技术进步奖二等奖，风电一次调频控制理论与关键技术课题同时获得中国电工技术学会科学技术进步奖一等奖和中电联电力科技创新奖二等奖。

（五）科技创新促进国家研发中心落地

依托新天公司新能源+氢能产业新生态优势，河北建投集团牵头申报了国家研发中心项目——国家能源氢能与可再生能源协同技术研发中心。目前，已取得国家批复，成功入围“十四五”第一批“赛马争先”创新平台名单，正在加快推进各项研发工作。可再生能源制氢与氢能应用国家创新平台将围绕可再生能源制氢与氢能应用相关重点领域和关键技术，开展应用基础研究、核心技术攻关、重大装备样机及其关键部件研制及检测试验，建立现代绿氢能源技术创新体系；推动重大和前沿技术装备示范，为氢能行业技术进步提供先进成熟的技术、装备、工艺和产品；着力解决绿氢的大规模、高效率、高质量、低成本发展需要，解决绿氢产业科技创新能力不足的突出问题，牢牢掌握创新主动权形成自主知识产权的成果，支撑国家创新体系和清洁低碳、安全高效的能源体系建设。

（六）科技创新助力能源供给侧改革

一是助力公司氢能应用相关重点领域技术突破。赤峰绿氢生物发酵合成蛋白示范项目已开工，厂房已基本建成，设备正在生产中，预计年内完成中试项目投产工作。崇礼孤岛PEM制氢项目已完成初设，预计年中建成投产，为后续离网制氢提供实例验证依据。二是助力河北加快构建新型能源体系建设，早日实现碳达峰、碳中和目标。公司绿电年生产能力达到141亿度以上，绿氢年生产能力近2000吨，天然气年分输气量达到51亿立方米，清洁能源综合供应能力位居省内第一，年二氧化碳减排量达2000万吨以上，有效地保障了河北清洁能源安全稳定供应和能源结构清洁低碳转型。

新天公司作为河北省新能源和清洁能源产业科技创新的骨干力量，下一步将按照国家能源安全新战略部署要求，立足新发展阶段、贯彻新发展理念、构建新发展格局，以助推河北能源高质量发展和高水平安全为目标，积极发展新质生产力，进一步推动创新链、产业链、资金链、人才链深度融合，打好科技创新“组合拳”，关键核心技术实现重大突破，新能源＋氢能产业生态进一步完善，为河北新型能源强省建设和中国式现代化河北场景实现提供绿色能源支撑。

（由河北建设投资集团有限责任公司供稿）

华电在疆高质量建设国家第一批、第二批大型多能互补风光电基地，着力打造新型电力系统示范区

以习近平同志为核心的党中央高度重视能源工作。党的十八大以来，习近平总书记多次就能源工作作出重要指示批示，提出“四个革命、一个合作”能源安全新战略，明确“双碳”目标，要求加快规划建设新型能源体系。习近平总书记高度重视新疆工作，2022 年、2023 年连续两年亲临新疆视察并发表重要讲话，强调要加快构建体现新疆特色和优势的现代化产业体系。新疆维吾尔自治区（以下简称自治区）党委、政府深入贯彻落实习近平总书记关于新疆工作重要讲话重要指示精神，完整、准确、全面贯彻新时代党的治疆方略，牢牢把握新疆在国家全局中的战略定位，加快建设国家能源资源战略保障基地，聚焦“八大产业集群”，出台了一系列能源改革举措支持项目发展，积极建设现代化产业体系。

中国华电集团有限公司（以下简称中国华电）深入贯彻“四个革命、一个合作”能源安全新战略，围绕碳达峰、碳中和目标，完整、准确、全面贯彻新发展理念，积极服务国家战略，主动融入自治区发展大局，牢牢把握新时代新征程国资央企新使命、新定位，认真落实国务院国资委关于中央企业加大产业援疆工作部署，将自治区作为最重要的发展区域，赋予自治区“战略性清洁能源基地”的战略定位，与自治区签订《战略合作协议》，举全集团之力支持自治区发展。统筹发展与安全，深入开展“绿能行动”，着力发挥电力多能互补在能源保供中的重要作用，积极推进能源供给侧革命，在自治区全面实施存量煤电机组灵活性改造，加快推进国家以沙漠、戈壁、荒漠地区为重点的大型风电光伏基地开发，加快推动电力系统向适应大规模高比例新能源方向演进。通过高质量建设国家第一批、第二批大型多能互补风光电基地，推动能源电力绿色转型升级，加快构建新型电力系统和新型能源体系示范区，为在中国式现代化征程中更好建设美丽新疆贡献华电力量。

一、基本情况

华电新疆发电有限公司（以下简称华电新疆公司）是中国华电全资子公司，负责中国华电在自治区地区资产的经营和管理，2003年成立以来始终以“奉献清洁能源、创造美好生活”为使命，忠实履行央企政治、经济和社会责任，积极服务自治区能源强区建设，为自治区国民经济发展和打赢脱贫攻坚战、蓝天保卫战贡献了华电力量。截至2023年底，华电在自治区管控企业32家，运营电力装机2295万千瓦，承担自治区电力供应和10个地州14个县（市）1.85亿平方米230万用户供热保障，是自治区集“风光水火储”多种能源协同发展的最大能源发电企业。

二、实践经验

2020年9月22日，国家主席习近平在第七十五届联合国大会上宣布，中国力争2030年前二氧化碳排放达到峰值，努力争取2060年前实现碳中和目标；2021年10月12日在《生物多样性公约》第十五次缔约方大会领导人峰会上宣布，中国将大力发展可再生能源，在沙漠、戈壁、荒漠地区加快规划建设大型风电光伏基地项目。自治区在运煤电装机规模大，可再生能源资源储量巨大，风能、太阳能资源均居全国前列。“十四五”以来，自治区风光电发展迅速，随着新能源大规模开发、高比例并网，电力支撑能力与常规电源相比存在差距，未能形成可靠替代能力，其间歇性、随机性、波动性特点使得系统调节更加困难，系统平衡问题逐渐显现；部分网架薄弱、缺乏同步电源支撑的大型新能源基地，系统支撑能力不足。综上，受电力系统调峰能力不足影响，在新形势新任务下，自治区新能源难以实现跨越性发展。

2020年底，按照国务院国资委煤电资源区域整合工作部署，中国华电牵头在疆完成17家煤电企业整合，华电新疆公司成为自治区煤电装机规模最大的能源企业，中国华电在疆清洁能源装机占比下降至16.5%，绿色转型发展任务艰巨。在此背景下，华电新疆公司率先提出统筹疆内存量煤电电力调节能力和疆内风光电资源，有序推进电力调峰能力提升和风光电规模化、集约化开发的发展思路，积极参与和推动自治区完善能源电力发展相关政策体系，加快存量煤电机组灵活性改造和国家大型风电光伏基地协同开发建设，助力自治区能源电力低碳转型发展。“十四五”以来，中国华电在疆核准新能源项目1827万千瓦、火电项目332万千瓦、抽水蓄能140万千瓦，开发建设包括国家第一、第二、第三批合计895万千瓦大型风电光伏基地和“疆电入渝”

配套200万千瓦火电及610万千瓦新能源等在内的一批重点能源项目，仅用3年时间清洁能源装机占比由“十四五”初期的16.5%提升至近36%，新能源发展成效在自治区和中国华电均居首位，预计“十四五”末装机规模突破4000万千瓦，非化石能源装机占比力争达到60%，为保障自治区能源安全稳定供应、加快推动新型电力系统建设提供了有力支撑。华电在疆能源保供、绿色发展、乡村振兴等工作获得自治区主要领导批示肯定，国务院副总理张国清到南疆喀什调研时，对华电援疆工作给予了充分肯定。

（一）全面实施华电在疆在运煤电机组灵活性改造，提升新能源供给消纳能力

1. 高站位谋划灵活性改造

将实施煤电机组“三改联动”作为加快绿色发展重要抓手，积极推进多能互补。制定《煤电机组灵活性改造实施方案》，明确煤电机组灵活性改造时间表和路线图，计划用3年时间（2022—2024年）开展19家火电单位41台机组共计1438万千瓦灵活性改造。建立上下联动、内外协调工作机制，成立领导小组和工作小组，明确分工、压实责任、全力推进。强化过程管控，建立周协调、月总结的沟通协调机制，紧盯可研审查收口、招标采购、项目开工等关键节点，坚持分类施策、分企施策、一厂一策、一机一策优化技术方案，切实保障灵活性改造如期完工。

2. 高效率推进灵活性改造

综合运用锅炉低负荷稳燃、水动力安全、汽轮机安全、供热出力保障、热控侧适应性改造等技术运行优化改造，着力破解“四个难题”。一是破解“锅炉低负荷稳燃和宽负荷脱硝”难题。深调工况锅炉热负荷降低，燃烧抵抗干扰能力下降且脱硝入口烟温不满足催化剂反应温度要求，通过稳燃燃烧器、制粉系统、旁路烟道、水旁路等技术手段，提高低负荷煤粉细度、脱硝入口烟温，实现负荷稳燃、宽负荷脱硝。二是破解热电联产机组“热电解耦”难题。热电联产机组在深度调峰时要保障供热能力，机组出力难以下降，对热电联产机组灵活性改造的关键在于热电解耦。通过切缸改造、旁路供热、电锅炉供热等技术，打破热电耦合，实现低负荷稳定供热。三是破解“汽轮机安全运行”难题。深调期间，低压缸进汽量变少、进汽压力下降、排汽湿度增大，低压转子末级存在较大水蚀风险，通过叶片换型、喷涂改造，提高强度，降低叶片断裂风险。四是破解“热工协调控制优化”难题。通过深调负荷段组态完善、运行压力曲线优化，弥补低负荷段自动退出问题。

3. 高质量保障深调安全运行

机组深调快速变负荷运行给设备可靠性、机组运行安全和寿命带来一定影响。积极研究应对措施，通过开展“三项重点”工作，确保机组低负荷安全运行。一是制定《煤电机组灵活性改造后深度调峰安全运行重点措施》，紧盯燃烧不稳灭火、环保指标超标、汽轮机叶片水蚀等7个风险点，着力开展精准掺烧、燃烧优化、四管在线监测、环保参数调整等专项工作，保障低负荷机组安全稳定运行。二是开展设备状态监测与诊断，建立机组灵活性改造后“运行参数监测、检修数据跟踪”数据库，统计分析机组调峰频次、调峰深度、调峰速率，重点监控汽轮机膨胀、受热面壁温等主要参数变化情况，建立设备健康档案，分析设备运行趋势和健康状态变化，制定有效措施，提高机组可靠性。三是开展“基于灵活性改造深度调峰和快速变负荷工况下锅炉四管安全运行监测和金属全寿命评估”技术攻关，实施动态监测高温承压部件运行状态，及时发现运行故障隐患，保障机组低负荷安全稳定运行。

（二）着力提升产业控制能力，加快推动绿色低碳转型发展

1. 强化顶层设计，高标准策划布局

完整、准确、全面贯彻新发展理念，研究制定《“绿能行动”实施方案》《新疆战略性清洁能源基地规划布局方案》《中国华电产业兴疆方案》《中国华电服务南疆高质量发展方案》等系列方案，深入实施“2+2+N”发展举措，加快建设中国华电“新疆战略性清洁能源基地”。建立领导班子分工包片对接机制、“五进”工作机制和工程建设“五个一”责任机制、“日调度、周协调、月督导”工作机制，健全“强激励、硬约束”激励机制，构建新能源发展前期、基建、生产运营全生命周期“1+N+N”管控模式，全面开展疆内资源普查，建立公司新能源“项目库”，高标准策划布局新能源项目。

2. 统筹内外资源，推动新能源规模化开发

认真贯彻国家关于推进以沙漠、戈壁、荒漠地区为重点的大型风电光伏基地和加快煤电机组“三改联动”工作要求，统筹自治区资源禀赋和存量煤电机组规模优势，加强项目论证分析，积极申报并取得国家批复在乌鲁木齐、昌吉、塔城、巴州、阿克苏、哈密6个共计595万千瓦多能互补清洁能源基地，其中风电280万千瓦、光伏315万千瓦。国家第一批大型风电光伏基地乌鲁木齐100万千瓦基地，国家第二批大型风电光伏基地昌吉105万千瓦基地、古尔班通古特沙漠135万千瓦基地、塔城100万千瓦基地、库车—轮台105万千瓦基地、“疆电外送”一通道50万千瓦基地，计划“十四五”期间全

部建成投产。

3. 树牢精品意识，高质量推进基地建设

围绕新能源高质量发展，树牢精品理念，制定《新能源项目建设实施方案》，优化管控、强化激励、竞赛赶超，团队成员分区划片，带头攻坚；组织工程管理中心全力做好资金、设备、人员要素保障，加强“四不两直”检查；统筹抓好工程安全、质量和进度，强化工作协同，全力打造精品工程，2023年建成投产新能源项目392万千瓦，投产规模居自治区、中国华电首位。华电北疆乌鲁木齐100万千瓦风光基地是自治区国家第一批沙漠、戈壁、荒漠化地区大型风电光伏基地项目和“风光火储”多能互补清洁能源基地项目；华电昌吉木垒105万千瓦风光基地项目是自治区首个实现全容量并网的国家沙漠、戈壁、荒漠化地区大型风电光伏基地项目，建成投运同期我国陆上单机容量最大的6.7兆瓦风电机组和自治区单机容量最大的7.5兆瓦风电机组，是目前自治区内全容量并网、整装容量最大的基地项目；华电库车—轮台105万千瓦风光电基地是国家第二批沙漠、戈壁、荒漠化地区大型风电光伏基地项目，其中库车55万千瓦光伏项目仅用时118天就建成投产，创造了中国华电光伏基地项目最快建设纪录，是中国华电同期单体投产容量最大的新能源项目；华电塔城100万千瓦多能互补基地是国家第二批沙漠、戈壁、荒漠化地区大型风电光伏基地项目，一期50万千瓦光伏项目是塔城地区投产整装容量最大的光伏项目、是自治区电网新能源装机突破5000万千瓦的标志项目，全容量并网发电后是自治区单体整装最大光伏基地项目。

（三）多措并举锻造能源创新发展优势，提高新能源安全可靠供给能力，加快发展新质生产力

1. 深入推进关键核心技术攻关

加强与高校、科研院所和制造业企业全方位合作，主动承担国家重大攻关任务，积极开展“双碳”情景下电力系统安全稳定运行控制等核心技术攻关。针对当前能源结构转型调整、在役煤电机组面临灵活性调峰等问题，自主研发高效低碳灵活性机组关键技术，实现锅炉最低稳定燃烧负荷达到18%额定负荷、变负荷速率平均达到2.6%/分的调节目标。

2. 实施科技创新示范工程

联合新疆大学、国网新疆公司成立“低碳研究中心”，联合金风科技成立“国家风力发电技术创新中心”，大力推动联合创新。风光电基地开展构网型SVG技术、同步调相机、刀片电池等新技术示范应用，积极建设推广电网

友好型新能源电站；采用高效先进发电技术，昌吉地基光伏选用高效单晶545峰瓦双面双玻组件，风电选用6.25兆瓦、6.7兆瓦和7.5兆瓦机组，切实提高风光资源开发利用率。项目建设期引入中速永磁7.5兆瓦风电机组示范应用，成为全国陆上单机容量最大的风电机组。

3. 数字化赋能场站安全生产管理

大基地项目配套建设数字集约化维检模块，以实现场站数字维护、智慧管控，充分利用新兴数字技术赋能安全生产管理。一是智慧巡检。在风机、光伏区和变电站部署监测设备、应用图像识别等技术，实现自主巡检和远程巡检，降低人力成本，提高巡检作业效率。二是智慧诊断。结合大数据采集分析，利用人工智能和机器自学习等方法，判断设备运行情况及健康程度，实现设备故障预警及诊断分析，实现由计划检修向“定检定修 + 状态检修”转变的智慧检修模式。三是智慧安防。应用物联网技术集成门禁、车闸、火情监控、测温监控、电子围栏、高清视频等智能安防检查手段，智能识别“人、机、环、管”风险，判别防范违规行为，实现作业人员入场检测、车辆识别、电子围栏设置、作业监控、安全管理识别、周界巡检和违规告警。

三、取得的成效

（1）助力自治区提升电力系统调峰能力，服务新型电力系统建设。截至2023年底，华电在疆累计完成灵活性改造机组共计34台1200万千瓦，新增调峰能力310.36万千瓦，改造机组台数占自治区总台数的56%，新增改造规模在全国处于领先水平，华电新疆公司成为国内改造台数最多、投资最大、调峰容量最大的区域公司。完成机组改造后各项运行参数正常，成功实现机组纯凝期最小发电出力目标，已累计参与深调868次，深调时间为4478.75小时。

（2）助力自治区推进可再生能源替代化石能源，服务“双碳”目标实现。建成并网乌鲁木齐基地、昌吉基地、塔城基地、库车—轮台基地共计风光电410万千瓦，其中风电160万千瓦、光伏250万千瓦。加快推动后续项目建设，6个多能互补清洁能源示范基地项目全容量投产后，每年可新增绿电127亿千瓦时，节约标准煤381万吨，减少二氧化碳排放量990万吨，对自治区加快推动经济社会高质量发展，实现“双碳”目标具有重要意义。

（3）助力自治区提升科技创新水平，加快形成新质生产力。“灵活性燃煤发电机组研发”等4项国家重点研发项目获得批复立项并按计划推进实施；全国首套电网支撑型SVG在华电昌吉木垒风光基地配套项目成功投运；

2023年实施科技项目94项，同比增长5倍，取得授权专利187项，同比增长20%，勇当原创技术“策源地”。

在全球应对气候变化的背景下，世界范围内能源体系正在发生重大变革，以化石能源为支撑的高碳能源体系正向以清洁能源比例不断提高的新型低碳能源体系过渡。目前，我国能源体系结构仍以煤电为主，煤电仍是新能源高比例、大规模发展的基础保障电源。通过大力实施煤电机组灵活性改造，一方面，可大幅提升电力系统调峰能力，既能发挥存量煤电能源供应“压舱石”“稳定器”作用，又能为大比例新能源电量消纳保驾护航；另一方面，可减少化石能源消耗，为“沙戈荒”大型风光电基地提供消纳空间，推动实施清洁能源电能替代，助力实现“双碳”目标。本示范借鉴意义突出，可在全国特别是西北风光电资源丰富地区大面积推广。

（由中国华电集团有限公司供稿）

东方页岩气革命
——中国石化涪陵百亿方页岩气田建设

页岩气是一种非常规天然气类型，与常规天然气相比，页岩气渗透率低，开采难度大，产量递减速度快。21 世纪初，以页岩气为代表的非常规油气资源成功勘探开发，是全球油气工业一次理论与技术的重大创新，深刻改变了全球能源格局。我国页岩气资源丰富，据国家能源局自然资源部 2015 年评价结果，我国页岩气技术可采资源量达 21.8 万亿立方米，位居世界前列。

一、企业基本情况

近年来，中国石油化工集团有限公司（以下简称中国石化）自觉扛起保障国家能源安全核心职责，聚焦提升我国能源自主供给能力和供给水平，持续加大油气勘探开发力度，在无技术可支撑、无经验可借鉴的情况下，直面页岩气开发世界级难题。2012 年 11 月 28 日，中国石化在重庆市涪陵区焦石坝区块部署钻探焦页 1HF 井，试获日产 20.3 万立方米页岩气，拉开了涪陵页岩气勘探开发和我国页岩气产业加快发展的大幕。

中国石化锚定“建成示范、走在前列”目标，组织数千将士秣马厉兵、鏖战涪陵，开启了一场声势浩大、气势如虹的页岩气勘探开发大会战。2013 年 9 月 3 日，国家能源局批准设立“重庆涪陵国家级页岩气示范区”。2013 年，涪陵页岩气田焦石坝区块建成 5 亿立方米年产能，实现当年开发、当年投产、当年见效。2014 年第五届世界页岩油气峰会授予中国石化“页岩油气国际先锋奖”，以表彰北美以外世界首个页岩气重大商业发现。

为保障能源供应，中国石化加快推进非常规油气资源勘探开发，2014 年 4 月，中国石油化工股份有限公司与涪陵国有资产投资经营集团有限公司共同投资成立中石化重庆涪陵页岩气勘探开发有限公司（以下简称涪陵页岩气公司），负责承担涪陵页岩气田开发建设工作任务，是中国石化上游板块首家与地方政府合资合作企业，开创了国内非常规油气领域企地合作的先河。

涪陵页岩气公司秉持开放、合作、共赢的理念，致力于打造以页岩气勘探开发为核心，集合石油工程、土建施工、维修维保、运输仓储、软件和信息技术服务、学术研究等各行业的市场生态，构建了“项目化管理、市场化运营、共享化服务”的独具特色的涪陵页岩气协同发展模式。

涪陵页岩气田现有焦石坝、江东、平桥、白马等产建区，白涛、凤来、复兴等评价区，区块登记探矿权面积6644平方千米，采矿权面积1168平方千米，资源量近2万亿立方米气当量。截至2023年底，涪陵页岩气公司累计完成投资576.91亿元，投产气井812口，开井745口，开井率为92%，日产气最高达2062万立方米，累计产气553.9亿立方米；储量动用率为67.5%，动用地质储量采出程度为11.71%，动用地质储量采气速度为1.57%。

十年求索，攻坚克难，涪陵页岩气田实现了从“一井独秀”到“众井成林”、从“一张白纸”到“中国示范”、从“一亿产能”到“圆梦百亿”的历史性跨越，在川渝大地书写了气壮山河的恢宏史诗，打造了页岩气商业开发的中国样板，在世界能源版图中实现了“东方页岩气革命”，为全面建设社会主义现代化国家注入了源源不断的信心和底气。

二、实践成效

涪陵页岩气田乘着新时代东风，不断从党的创新理论中汲取养分，以“十年磨一剑”的毅力，实现了我国页岩气勘探开发从起步到引领的跨越，开启了我国能源革命的新征程，为实现更高水平的东方页岩革命贡献了力量。

（一）以能源报国为使命，当好产业发展先行者

能源安全是习近平总书记念兹在兹的“国之大者”，习近平总书记提出了“四个革命、一个合作”能源安全新战略，作出了系列重要指示批示，在视察胜利油田时强调“能源的饭碗必须端在自己手里”。涪陵页岩气公司把这些根本遵循贯穿于涪陵页岩气田开发全过程各阶段，扛稳保障国家能源安全核心职责，把发展非常规资源列为重大战略，率先推进页岩气商业开发，大力实施油气增储上产“七年行动计划”，全力推进“深地工程·川渝天然气基地”大发展、大突破，先后擘画页岩气上产增效领先工程、高质量实现“万亿方储量、千万吨油田、百亿方产量”战略目标等发展蓝图，引领国家级页岩气示范区、页岩气勘查开发示范基地建设高水平推进、高质量建成。锚定“建成示范、走在前列”目标不松劲、不动摇，制定“三步走”战略，由浅及深、先易后难，推动涪陵页岩气田快速上产，2013年实现当年开发、当年生产、当年见效，2015年焦石坝区块一期产建项目如期建成，2017年百亿立方米产能圆满建成，正在向千亿立方米储量、万亿立方米产量迈进。

（二）以自立自强为追求，当好创新驱动引领者

习近平总书记强调，关键核心技术是要不来、买不来、讨不来的；坚持面向世界科技前沿、面向经济主战场、面向国家重大需求、面向人民生命健康，加快实现高水平科技自立自强。面对涪陵页岩气田初期“缺技术、缺经验、缺装备、缺人才”的困难局面，涪陵页岩气公司以打造页岩气原创技术策源地为目标，坚持自力更生，勇于创新创造，走出了一条从引进消化到自主创新的路子。强化核心技术攻关，成立国内首个页岩气院士专家工作站，累计投入科研资金25亿元，通过推进上中下游一体化、产供销一体化、学研用一体化，突破性推行科技人员一体化管理，建立科研大兵团体系，首创压裂“井工厂”施工、“瘦身井”钻完井技术和页岩气立体开发调整模式，培育形成了具有涪陵海相页岩气特色的可推广、可复制的开发技术系列。突破装备工具“瓶颈”，带动研发形成千吨级钻机系列，大功率压裂机组、高压大负载带压作业等成套装备以及一体式超短PDC钻头、可溶桥塞等系列井下工具，实现了页岩气开发关键装备工具全部国产化，大型成套压裂装备跨入国际第一方阵。深入推进管理创新，构建以钻井、试气、采气、地面4个项目部为主体，11个综合部门和6个支持中心为支撑的“管理型＋技术型”现代油公司模式，用200多人管理200多支、近万人的专业化队伍。打造智慧页岩气田，按照“数据＋平台＋应用”模式，建立石油工程业务智能管控、气藏动态管理等核心平台，实现井站无人值守、区域集中管控、电子智能巡检，形成了具备自动化、可视化、集成化、流程化、模型化特征的气田数字化管理模式。

（三）以绿色低碳为底色，当好清洁能源贡献者

习近平总书记高度重视生态环境保护和绿色低碳发展，要求必须牢固树立和践行绿水青山就是金山银山的理念，站在人与自然和谐共生的高度谋划发展。涪陵页岩气田开发区域位于长江、乌江交汇之处，是长江经济带上游重要的生态保护区。涪陵页岩气公司坚决扛牢长江大保护的政治责任，牢记“既要绿色低碳又要能源安全”的嘱托，在保护生态环境中开发气田、在开发气田中保护生态环境，形成以水达标处理、固液废物处理、节约化利用土地、碳减排为核心的页岩气绿色开发技术与管理体系。发布国内首部页岩气开发环境保护白皮书、首套页岩气勘探开发井控实施细则，构建企业自主监督、聘请第三方监督、积极配合政府监督、主动邀请社会监督“四位一体”

环保监管机制，开展绿企创建行动，推动绿色理念融入气田生产经营全过程。气田开发过程中加强清洁生产，全面推行“减量化—再循环—再利用”清洁生产方式，所有钻井液回收循环使用，压裂返排液经处理检测合格再度利用，实现水体保护可控、废水重复利用，气田废水处置合格率达100%；持续推进固体废物源头减量，处理后的油基钻屑含油率在3‰以下，远好于北美2%的标准。加强节能减排，采取“井工厂”丛式钻井，减少新平台建设数量，集中建设集气站点，平均单井用地较常规模式节约近30%；大力推行钻井、压裂“油改电”技术，推行“试采一体化流程”工艺，实施“削峰填谷”减少电量使用，累计实施网电钻井605口、电驱压裂97口，相当于减少二氧化碳排放当量14.23万吨，综合能耗减少19.95万吨标准煤。

（四）以为民造福为己任，当好企地融合实践者

习近平总书记强调，国有企业要成为壮大综合国力、促进经济社会发展、保障和改善民生的重要力量。涪陵页岩气公司全面履行国有企业“三大责任”，鼎力支持川渝地区建设中国“气大庆”战略部署，积极融入地方发展，秉持开放、合作、共赢的理念，将企业发展与政府指导融为一体，形成了企地合力共建、互惠互利的良好格局。构建开放市场，打造以页岩气勘探开发为核心，集合石油工程、土建施工、维修维保、运输仓储、软件和信息技术服务、学术研究等各行业的市场生态，形成了“项目化管理、市场化运营、共享化服务”的协同发展模式。发挥产业链龙头资源优势，与全国各地500余家企业建立稳定合作关系，积极推动页岩气就地消化利用，持续为重庆涪陵当地的建峰、华峰等化工企业提供原料气，促进配套产业提档升级，助力参战承包商提升行业声誉，带动下游产业高质量发展，为地方经济建设注入强劲动力，累计向重庆市地方企业和居民供气164.9亿立方米，重庆市天然气消费占比由11.4%提升至15.8%。坚持以人民为中心的发展思想，始终践行“为美好生活加油”的企业使命，助力脱贫攻坚，推进乡村振兴，积极开展“公众开放日”、扶贫帮困、志愿服务、环保公益等活动，支援地方应对山火险情、对抗旱情、疫情防控等抢险救灾工作，持续擦亮“涪气”亮丽名片，中国石化涪陵页岩气田社会责任报告获评五星级评价。

三、经验启示

涪陵页岩气田10年来之所以取得非凡的成绩，最根本在于习近平总书记的战略擘画、殷切嘱托和关怀指导，在于习近平新时代中国特色社会主义

思想和“四个革命、一个合作”能源安全新战略的科学指引。必须始终牢记“国之大者”，服务“党之大计”，把涪陵页岩气田“十年磨一剑”打造页岩气开发中国样板的经验总结好、学习运用好，不断转化为推动企业高质量发展的思路办法和具体成效，以更大贡献、更大作为当好党执政兴国的“经济部队”和保障国家能源安全的“战略部队”。

一是牢记“能源的饭碗必须端在自己手里”的殷切嘱托，奋力打造践行“四个革命、一个合作”能源安全新战略重要阵地。在涪陵页岩气田会战、建设、发展的各个阶段，在上产保供、科技攻关、攻坚创效的各个战场，涪陵页岩气公司始终朝着习近平总书记指引的方向走、按习近平总书记的重要指示办，团结带领广大干部员工以战天斗地的气魄和敢为人先的精神，打赢了页岩气勘探开发进攻仗。实践证明，“四个革命、一个合作”能源安全新战略的科学指引，是涪陵页岩气田安全优质高效开发的根本遵循。新时代新征程，要树牢“在经济领域为党工作”的理念，坚定不移听党话、跟党走，自觉从习近平新时代中国特色社会主义思想中找方向找方法找答案，以早日实现万亿立方米储量、百亿立方米产量的能源新目标，以奋力打造践行“四个革命、一个合作”能源安全新战略重要阵地的实际行动，忠诚拥护“两个确立”、坚决践行“两个维护”。

二是必须完整、准确、全面贯彻新发展理念，再接再厉推动我国页岩气产业更高质量发展。10 年来，涪陵页岩气公司始终以创新、协调、绿色、开放、共享的内在统一来把握发展、衡量发展、推动发展，走出了一条“科技领先、安全高效、环境友好、开放共享”的高质量发展路子，切实把新发展理念贯彻到打造页岩气开发中国样板的全过程和各方面。实践证明，发展理念是否对头，从根本上决定着发展成效乃至成败。只有完整、准确、全面贯彻新发展理念，打造页岩气开发中国样板才能把准方向、找准路径、瞄准着力点。新时代新征程上，要坚持以新发展理念为统领，牢记端牢能源饭碗嘱托，保持储量产量箭头向上，不断增强绿色能源供给能力，为我国页岩气发展提供更加丰硕的经验成果，推动我国页岩气产业发展再上新台阶。

三是必须把关键核心技术的命脉牢牢掌握在自己手里，加快实现高水平科技自立自强。创新是涪陵页岩气田“从无到有、从起步到引领”的“核心密码”，没有理论认识上的突破就没有涪陵页岩气田的发现，没有工程工艺技术和装备工具“瓶颈”的突破就没有涪陵页岩气田的高效开发。实践证明，正是有创新这一强大驱动力，在一大批“国之重器”的支撑下，涪陵页岩气田开发才能够走在全国前列，勘探开发技术才能够跻身世界领先行列。新时代新征程，要牢牢牵住科技创新这个“牛鼻子”，下好科技创新这步先手棋，抢抓机遇、乘势而上，系统性提升科技创新体系化能力，高水平打造页岩气原创技术策源地，全方位加强科技人才队伍建设，努力打造更多“国之重器”，为加快实现高水平科技自立自强作出更大贡献。

四是必须把团结奋斗作为必由之路，不断夺取事业发展新胜利。涪陵页岩气田开发肩负国家页岩气战略目标的重大使命，意义重大、任务艰巨，涪陵页岩气公司汇聚地方政府、会战单位、高等院校、承包商等多方力量，凝聚“一家人、一盘棋、一条心”思想共识，切实举全员之力，聚众人之智，把“五湖四海”变成“万众一心”，攻克了一道又一道难关，创造了一个又一个纪录。实践证明，力量源于团结，奋斗创造奇迹。社会主义制度集中力量办大事是我们最大的优势，是我们成就事业的重要法宝。新时代新征程，必须把团结奋斗作为最显著的精神标识，调动一切资源，汇聚一切力量，鼓足所有干劲，为保障国家能源安全、谱写中国式现代化石化新篇章再立新功、再创佳绩。

（由中国石油化工集团有限公司供稿）

强化智能建设数字赋能
打造煤炭行业智能化建设标杆示范

一、基本情况

国能神东煤炭集团有限责任公司（以下简称神东煤炭或公司）是国家能源集团骨干煤炭生产企业，作为国家“七五”重点项目，主要负责集团在神府东胜煤田骨干矿井和山西保德煤矿，以及配套项目的生产运营，拥有大型现代化安全高效矿井 13 个，核定总产能 1.74 亿吨。作为我国煤炭工业先进生产力的代表，矿区开发建设 40 年来，创立了安全高效千万吨矿井建设与生产技术体系，建成国内首个亿吨、2 亿吨级煤炭生产基地，为我国大型煤炭基地建设贡献了神东模式；创造中国企业新纪录百余项，获授权专利 1731 项、国家科技进步奖 8 项，其中国家科技进步奖一等奖 1 项，为行业科技发展贡献了神东智慧。截至 2024 年 3 月底，累计为国家贡献优质煤炭 38.01 亿吨，实现利润 3846 亿元，缴纳税费 2803 亿元。

多年来，神东煤炭深入践行“四个革命、一个合作”能源安全新战略，立足煤炭主体能源地位，统筹发展和安全，坚持把确保产业链供应链稳定作为优先前提，把保证煤炭优质有效供给作为奋斗目标，以“机械化换人、自动化减人、智能化少人”为原则，大力推进煤矿智能化建设数字化转型，全力加快煤炭生产模式变革，切实提高煤炭企业安全治理能力和治理体系现代化，智能矿山建设领跑行业发展方向，智能化建设成果多次在全国、行业会议和展会上展示，引发高度关注。

二、实践经验

（一）坚持规划先行，以顶层设计引领智能化建设

神东煤炭坚定不移实施“科技兴企”战略，强化智能化建设整体规划和机制保障，实事求是，敢闯敢试，保障智能化建设有力推进，助推世界一流清洁低碳煤炭领军企业建设。

1. 加强智能建设整体规划

编制出台了首个2亿吨矿区智能化发展规划，明确了智能化建设“路线图”“时间表”，2022年底建成2亿吨智能矿井群，2025年建成智能感知、智能决策、自动执行的煤矿智能化体系。实现智能化“0587”目标，即薄及中厚煤层智能化采煤工作面要实现无人化，智能掘进工作面用工控制在5人以内，煤矿全面实现“8个100%”（100%井工煤矿实现智能化，100%采煤工作面实现智能化，100%掘进工作面实现智能化，100%固定岗位实现无人值守，100%选煤厂实现智能化，100%安全态势实现精准预警，100%通风系统实现远程控制，100%实现五类机器人全覆盖），入井工效达到70吨/工。

2. 强化智能化项目实施考核

围绕智能化建设目标，编制完成煤矿智能化建设实施方案，共实施项目1405项，涵盖综采、掘进、主运输、辅助运输、供电、供排水、通信与网络、大数据、移动巡检、机器人等12大类。设立专项奖励基金，对建成并通过验收的矿井按照标准进行奖励。常态化考核方面，将智能矿山建设指标纳入组织绩效考核，设置加减分项，对作出突出贡献的智能化人才团队、项目组等予以精准激励。截至目前，已建成783项，项目完成率为56%。

3. 发挥内外部创新平台作用

坚持创新驱动发展战略，加强与中煤科工、华为煤矿军团等科研院所、专家团队、知名企业创新合作，构建“产学研用”深度融合的协同创新平台，共同打造煤炭行业智能化建设、数字化转型的标杆示范。重点解决少人化矿井、智能综放、智能掘进、5G应用场景、矿鸿操作系统、煤矿主要灾害精准预警等技术难题。全国信标委成立了矿山大数据专题组，神东任组长单位，牵头制定矿山行业统一大数据标准，在自主研发过程中，形成了《煤矿机电设备通信接口和协议》标准。

4. 强化组织和人才保障

为适应矿山智能化建设发展需要，确保智能矿山建设有力有效推进，公司调整优化组织机构设置，公司成立智能技术中心，矿井单位成立13支矿井智能运维队，区队成立65个智能化班组，成立西安技术研究院，引导智能化人才到上述组织机构中锻炼成长。选派智能化人才与科研单位一同参与技术攻关项目，打造出一条具有特色的智能化人才“成长链”。截至目前，直接从事智能化研发、运维及管理的人员达到646人，具备一体化管控平台开发、采掘设备电控、液压系统设计、数据采集及分析、智能设备的自主运维能力。

（二）坚持科技赋能，以技术创新驱动智能化建设

神东煤炭抓住技术变革机遇，集成应用新技术、新装备、新工艺，全力全域全速推进煤矿智能化建设，培育发展新动力，创造竞争新优势，打造煤炭科技创新策源地。

1. 基于纯国产软件自主研发智能一体化生产管控平台

针对数据孤岛、海量数据“沉睡”的难点，在行业探索出一条多设备、多接口、多参数统一融合的新途径，建成行业首个煤炭生产大数据仓库，测点为 124.2 万个，每天产生的数据有 144 多亿条，已经存储数据 12.02 万亿条，对这些海量数据进行大数据分析，开发了 87 个数据应用，实现智能决策，彻底解决了信息孤岛问题。

2. 打造行业内最大的企业级 5G 专网

结合神东智能化建设总体需求，以总体规划、中心管理、按需下沉为原则，构建“公司 + 矿井”二级网络架构，13 个煤矿共享 1 套核心网资源，在上湾煤矿和神东煤炭所有采掘工作面均实现了 5G 网络全覆盖。打造行业内最大的企业级 5G 专网，核心网可承载 20 万用户，端到端时延最低 10 毫秒以内。

3. 首创 3 类智能综采模式

应用薄煤层等高智能开采设备，实现薄煤层无人智能开采；建立精确三维地质模型，实现中厚偏薄煤层透明自主智能采煤；研发厚煤层采煤机器人，实现预测智能割煤。建成 29 个智能化综采工作面，100% 的综采工作面实现智能化，平均自动化率为 88.7%，26 个工作面自动化率达到 90% 以上，18 个工作面干预率在 20% 以下。补连塔矿应用等高式采煤机实现 1.2 米薄煤层年产 200 万吨，单产水平同类条件最高；上湾矿 8.8 米超大采高智能综采工作面创四项世界第一，回采工效达 1050 吨 / 工。

4. 首创 3 类智能掘进模式

建成国内首个智能连掘系统，连采机实现“自动割煤 + 远程干预”，锚杆机实现钻锚无人作业；综掘机实现智能仿形截割 + 远程操作；采用“掘锚机 + 锚运破一体机 + 大跨距桥式转载机 + 机器人群”协同作业快速掘进新模式，实现了掘进作业工序的智能化和少人化，全流程“无人工”作业。神东煤炭掘进队伍共 56 支，已建成 52 个智能掘进工作面。补连塔矿实现巷道 35 平方米断面“一次成巷 + 一次支护”，单进水平达 1540 米 / 月；大柳塔矿实现连采机视频监控、自动截割，工效提升 40%。

5. 井下固定岗位无人值守成效显著

井下 72 个变电所，1615 个配电点；311 个水泵房、中转水仓，零星排水点 12613 台水泵；135 部主运输及顺槽胶带机，均已实现无人值守。推行“井下区域巡检 + 地面应急保障”模式，以寸草塔二矿为例，运转队夜班仅 1 人，在井下巡检 2 小时后，可到地面休息室进行应急保障；在榆家梁矿、寸草塔矿推行区域化巡检，打破了传统机电队、运转队的区队设置。

6. 实现 5 类机器人全覆盖

按照国家煤矿安全监察局《煤矿机器人重点研发目录》要求，聚焦把人从危险岗位、苦脏累重的工作中解放出来，重点对作业机器人和巡检机器人进行研究攻关，目前在用机器人 34 种 255 台（套）。例如，钻锚、喷浆等作业类机器人的应用在部分区域实现了无人支护、喷浆作业；管路抓举、开槽等辅助作业类机器人的应用，使作业人员劳动强度大幅降低，工效提升 2 倍以上；变电所、水泵房、主运输系统等巡检类机器人的应用，实现了代人巡检，提升了变电所、水泵房、主运输系统无人值守后的可靠性。

（三）坚持典型引领，以标杆示范带动智能化发展

能源供给革命是新技术潜力快速释放的过程。神东煤炭以“减人、增安、提效”为目的，一矿一策，凸显特色，着力打造智能化建设示范典型，切实发挥整体示范带动作用。

1. 大柳塔煤矿打造“高效 + 无人化工作面 + 机器人”示范煤矿

矿井核定产能 3300 万吨 / 年，吨煤电耗控制在 6.3 度 / 吨，入井人员工效达 97.82 吨 / 工；建设智能综采工作面，实现采煤机自主割煤，自动跟机拉架，设备远程集中控制，机器人巡检，工作面人数由 5 人减为 2 人；已投用 4 类 20 台（套）矿用机器人和智能装备。应用变电所、水泵房、主运输系统等巡检类机器人实现了代人巡检，提升了变电所、水泵房、主运输系统无人值守的可靠性。综采远程集中供电供液生产工艺、综采落地缆车组机器人群、沿空留巷门式液压支架群组、锚运破一体化转载机组等大型装备的研发应用，减轻了劳动强度、保障了现场安全作业。

2. 布尔台煤矿打造“复杂地质条件智能化”示范煤矿

坚持“分区管理、分类防治”的原则，制定基础评价、监测预警、泄压管理、超前防控等“六位一体”综防措施，建成微震监测、煤体应力监测等八大功能于一体的智能化矿压监测中心，建成力学实验室、试样加工实验室、煤岩力学测试实验室，全面完善矿压研究重点实验室各大功能体系；建成了

智能化工作面，配件消耗降低 22%，自动化率为 97.92%，干预率为 10.9%，工作面建设了自移单轨吊系统、绞车遥控系统、乳化液智能配比系统、工作面全景视频系统、智能除铁系统、自动化鸿蒙液压支架等项目，有效减少员工重体力劳动、提升工作效率、保障作业安全，工作面人员减少到 4 人，创下单日割煤 17 刀的自动化工作面采煤纪录。

3. 上湾煤矿打造“5G+ 电动车 + 无人驾驶”示范煤矿

矿井实现了 5G 网络全覆盖。在用电动车 79 台，占比达 52.97%，建立了无源光伏充电站，可满足 40 台 / 日新能源电动车充电。基于 5G 网络和 UWB 定位技术，改造矿用 19 人 /5 人锂离子无轨胶轮车，搭建专用车辆精准定位导航、新型感知、车路协同、智能调度、远程监控和应急接管等系统，累计无人驾驶运行里程 15000 千米，实现了自动出库、井口自动等待抬杆、井下精确定位导航、巷道自动行驶、遇障碍物自动停车、终点自主停车等 L3 级无人驾驶应用功能。

4. 乌兰木伦煤矿打造“矿鸿”示范煤矿

基于“自主可控、安全可信、智能互联”理念，推广应用矿鸿操作系统，已完成 43 类共计 1808 台（套）设备的适配应用。综采设备应用矿鸿系统后，采煤机能通过通信互联感知到支架的位置和姿态，及时调整采煤机动作，防止出现漏架或支架姿态不正确导致的生产中止情况；液压支架控制实现小屏变大屏，通过手机“一碰连”能实时监测并控制工作面支架，且能够实现人员接近闭锁功能，通过手机 App 与支架控制器的网络通信，操作人员走向任意支架，相应的支架控制器自动闭锁，实现煤矿设备连接方式、交互方式、数据访问方式的转变。

5. 打造国内首个智能选煤厂示范工程

上湾选煤厂具备智能排程和执行、分选智能控制、煤泥水智能处理、自动装车等功能，电力消耗减少 8% 以上，生产效率提升 5%，日均生产时间缩短 1 小时，煤质稳定率由 83% 提高到 95%，实现了区域巡视向无人值守、调度室集中控制向移动集中控制、人工数据采集向系统自动采集、运行状态由经验分析向大数据智能分析 4 个转变。依据该选煤厂建设经验，公司编制了《智能化选煤厂建设通用技术规范》，上升为中国煤炭加工利用协会团体标准。

三、取得的成效

一是智能矿山建设高标准推进。所属煤矿和洗煤厂均通过国家能源集团智能化中级验收，建成 1 个国家首批智能化示范煤矿。建成 29 个智能综采工作面，平均自动化率达 88.7%，9 个综采工作面获得全国大赛一等奖以上奖项。8 个矿井实现了“一人一机一车一盘区”辅助作业巡检管理。全面开展机器人研发应用，应用机器人 34 种 255 台，实现材料搬运、管路抓举等重体力作业的机器人替代，推进煤矿向“少人采煤、远程掘进、危险区域无人”的目标迈进了一大步。

二是数字化发展水平稳步提升。作为全国矿山大数据行业组组长单位，神东煤炭推进了智能矿山大数据标准架构体系研究，完成了 13 项标准和 1 项白皮书编制。利用 GIS、矿井信息模型、3D 建模等技术搭建了透明地质和智慧通风平台，实现了与现实矿井的高度仿真、充分感知、动态监测和智能管控。通过推进智能化矿山数据融合、共享和智能化应用，有效解决了信息孤岛问题，为矿山装上了“智慧大脑”。基于纯国产软件，自主研发智能一体化生产管控平台，在行业探索出一条多设备、多接口、多参数统一融合的新途径。

三是“减人、增安、提效”成果明显。在减人方面，推广无人化采煤工作面技术，推行“一人一机一车一盘区”巡检模式，提升装备智能化水平，研发机器人等，累计 897 名员工从重体力、高强度危险岗位转岗。在增安方面，安全生产形势整体稳定向好，本质安全水平不断提高，达到国际先进水平，公司创出连续安全生产 975 天、产煤 5.1 亿吨的最好水平；10 个煤矿单位安全生产周期超过 10 周年。在提效方面，近 5 年，万吨工时率累计降低 23.15%；综采饱和度累计提升 18.05%，掘进效率累计提升 31.47%；全员劳动生产率为 285.38 万元 / 人，保持行业领先水平。

四是实现了煤炭高效稳定供应。神东煤炭年均煤炭产量约占国家能源集团的 1/4、全国的 4.2%。2014 年以来，累计为国家贡献优质煤炭 20.63 亿吨，8.8 米、7 米、5 米、4.5 米工作面月度产量均创历年最好水平，生产组织、装车外运多项指标连创历史最高纪录，保障了集团一体化高效运行、煤源稳定供应。开发的两大系列、11 个煤种，畅销华东、华南、华中各省，最大限度地实现了产品结构与市场需求的动态匹配，树立了“神东煤”的优质品牌形象。

（由国家能源投资集团有限责任公司供稿）

山东能源集团有效履行“一保障两优化”主体责任的转型升级管理

一、基本情况

山东能源集团有限公司（以下简称山东能源集团）是山东省能源产业的国有资本投资公司、全国唯一一家拥有境内外四地上市平台的大型能源企业。拥有境内外上市公司12家（含新三板挂牌），职工近21万人，产业分布在国内22个省（区）和12个国家（地区）。2023年，资产总额突破1万亿元，营业收入8520亿元，居中国煤炭50强第1位、中国企业500强第22位、世界500强第72位。

山东能源集团以矿业、高端化工、电力、新能源、新材料、高端装备制造、现代物流贸易为主导产业。煤炭产业，国内外产能3.4亿吨/年，产量居全国煤炭行业第3位，矿井智能化生产水平居行业前列，9处矿井成为首批国家级智能化示范矿井；化工产业，建成济宁焦气化、鲁南高端化工新材料深加工、榆林高端煤制油、鄂尔多斯煤基化工新材料、新疆煤化一体化“五大化工基地”，聚甲醛、己内酰胺、乙二醇等高端化工产品产量1600万吨；电力产业，建成一批大容量、高参数机组，现有装机及在建容量1600万千瓦；新能源产业，搭建了省级投资平台，实施风光储氢、源网荷储一体化发展，渤中90万千瓦海上风电场实现全容量并网发电，成为我国“十四五”五大海上风电基地最大规模全容量并网发电项目；新材料产业，拥有钙基新材料，高端石油化工新材料、纤维及复合新材料等产业集群，山东玻纤产能居全国第4位，高端尼龙产业被工信部列为重点扶持项目；高端装备制造产业，研发制造国内功能最全、加载能力最大的液压支架综合性能试验台，东华重工公司成为卡特彼勒液压支架产品全球供应商；现代物流贸易产业，坚持服务实体产业发展，拥有山东国际大宗商品交易中心、山东电子口岸公司、海南国际能源交易中心等交易平台。

山东是我国重要工业基地和北方地区经济发展的战略支点，也是能源消费大省，在国际能源格局深度调整和国内能源保供紧张形势下，全省能源安全保障面临较大压力。山东能源集团作为山东规模当量最大的能源国企和能源产业国有资本投资公司，肩负着山东省“保障能源安全、优化能源布局、优化能源结构”（以下简称“一保障两优化”）主体责任。近年来，山东能源集团主动顺应国家总体发展战略、能源战略、安全战略新趋势，围绕全省能源安全重心，拓展省外国外资源，以煤为基，纵向延伸煤电、煤化等关联产业，横向拓展风能、光能、储能等新能源产业，向新而行，向绿而进，逐步构建形成“传统能源托底＋新兴能源支撑”的新型能源格局，全面形成多样化供能、多种类储能、多渠道运能、智慧化用能的现代化多元能源供应体系。

二、实践经验

山东能源集团以“四个革命、一个合作”国家能源安全战略为遵循，坚定落实“能源的饭碗必须端在自己手里”指示要求，以全面践行“一保障两优化”主体责任为根本出发点，分析研判国际、国内、省内能源发展趋势，探寻机遇、明晰挑战，系统盘点省内、集团内能源保供资源和优势，精准查找能源供给短板和劣势，探索实施转型升级管理，为企业可持续发展提供重要支撑。

（一）优调提升煤炭供应系统

山东能源集团煤炭生产基地与国家大型煤炭建设基地高度重合，在“一中心五基地”能源供给区域布局中，山东、内蒙古、澳大利亚煤炭产能、产量基本各占1/3，是当前煤炭生产的重要基地；陕西、甘肃、新疆是未来煤炭增量保障基地，超前谋划煤炭生产接续布局安排，确保全省煤炭稳定供应来源。一是巩固提升省内煤炭产量。以济宁、枣庄、菏泽、泰安等市为重点，坚持增产能、转动能、提效能、保供应，充分挖掘矿井潜力，推进智能矿井建设，发展优质高效产能，持续增加有效供给，“十四五”期间，集团煤炭产量稳定在8000万吨左右。瞄准“零压覆、全回收”目标，实施治灾换煤、系统换煤、搬迁换煤、政策换煤、采法换煤、工艺换煤“六个换煤”，提高资源回收率，延长矿井服务年限。实施精煤战略，推进煤炭生产方式与产品结构优化，提高省内矿井精煤产量，提升矿井发展质量。大力发展煤炭资源循环利用产业，提高煤矸石、矿井热害等资源综合利用水平。二是强大省外煤炭支撑能力。抓住国家西部大开发、“一带一路”和大型煤炭保供基地建设机遇，依托西北矿业、兖矿能源、新疆能化，投资建设一批优质大型露天和井工煤矿，打造内蒙古、陕西、甘肃、新疆等煤炭开发基地。抓住国家及部分省（区）推进煤矿兼并重组的政策机遇，寻找优质标的资源，加大兼并重组力度，重点推进内蒙古、澳大利亚及其他区域优质大型矿井并购。积极与省内重点用煤企业签订中长期合同，确保煤炭调入能力和调入量保持双增长。三是全力确保电煤供应。山东能源集团直面省内煤炭产能降低、储备不足等严峻挑战，将保证煤电安全尤其是电力供应危机时的煤电安全作为首要任务，千方百计保生产，统筹协调保长协，不计成本保运量，杜绝炒作稳价格，全力保障全省电煤供应，合力规避拉闸限电对生产生活的影响。

（二）转换低碳电力供应结构

一是做大风光储装机规模。围绕“一核心、五重点”（以山东为核心，以内蒙古、吉林、甘肃、新疆和澳大利亚为重点），坚持海陆并进、集散并举，大力发展风电、光伏发电，配套发展储能，自建和并购双轮驱动，推动清洁能源成为电力增量主体。以海上风电、“外电入鲁”通道电源端配套风电和新疆、澳大利亚风电资源为重点，坚持集中规模化开发与分散式开发并举，运用自建、并购、合作等方式，加大项目资源获取和建设力度。围绕鲁北盐碱滩涂地，鲁西南采煤塌陷区，“外电入鲁”电源端，新疆、澳大利亚等重点区域，加快光伏发电规模扩张。加快推动储能发展，快速提升储能装机规模，实现可再生能源电力调峰调频、保障电力稳定。二是优调煤电产业结构。紧抓“外电入鲁”政策机遇，重点推动省外大型煤电项目建设，以内蒙古、陕西、甘肃、新疆大型现代化矿井为依托，加强与电力企业战略合作，通过相互参股方式实施煤电一体化。采取“上大压小”“上新压旧”“上高压低”方式，大力推广应用超超临界燃煤发电、超低排放燃煤发电等先进技术，适度布局建设大型燃煤热电机组。以计划退出的小型煤电机组为改造基础，优先在重点工业园区、产业集聚区、负荷中心城市和燃气管道沿线城市，推动煤电机组气改联动，在煤电机组出力不佳情况下，及时补足电力供给。三是畅通“外电入鲁”通道。拓展输电通道布局，与国家电网公司签署战略合作框架协议，与宁夏、甘肃、新疆、吉林、青海、内蒙古等能源输出省（区）签订一系列涉及能源、电力等领域的战略合作协议。强化通道电源支撑，建设鲁固直流通道千万千瓦级“风光火储”一体化电源基地，加快建设风电、光伏发电、储能项目。协同通道资源发展，在送端省（区）开发建设配套清洁电源基地，保障通道可靠稳定送电，助力全省能源结构绿色转型。四是推进生物质综合利用。因地制宜发展生物质能清洁供热、供电，科学布局分布式生物质成型燃料收集、加工和销售基地，有序推进生物质热电联产项目建设，适时布局垃圾焚烧发电项目，积极探索生物质多元化利用，实现生物质高质量发展。

（三）提升海陆兼备油气供应

一是扩建煤制油气甲醇。依托集团煤制油、煤制气技术领先优势，以陕西榆林煤制油、新疆伊犁煤制气项目为基础，投资建设煤制油、煤制气、煤制甲醇，拓宽油气类能源供应渠道。稳健推进榆林煤制油、新疆煤制气重大示范项目，促进煤炭清洁环保高效示范利用。运用山东能源集团甲醇协同产量全国第一优势，协调运营好山东、内蒙古、陕西、新疆等省（区）煤制甲醇项目，并为甲醇转燃料做好准备。二是培育发展氢能产业。以山东省加快氢能产业发展为契机，借化工副产氢之船谋风光发电制氢之海，打造氢能“生产—储存—运输—销售”完整产业链，重点向氢气下游利用领域延伸产业链，稳步推进氢能及燃料电池新业态新模式，并推动全国布局发展。研究可再生能源制氢配套技术，探索风光氢储一体化发展新路径，积累绿氢制造经验，实现灰氢向绿氢的模式转变和技术积累。三是涉足油气进口领域。围绕“油化控调”发展理念，全力实现裕龙岛 2000 万吨 / 年炼化一体化项目达产达效，逐步建设成为具有国际影响力的高端石化集中区域。借助卡塔尔世界第二 LNG 出口国地位，运用集团管理、人才、资金等优势，探索开展合资合作 LNG 全产业链项目，保障全省天然气稳定供应。

（四）提高安全能源储备能力

健全能源储备应急体系，构建省内储备与省外储备相结合、战略储备与商业储备并举的能源储备体系，提高能源储备能力，提升风险应对水平，强化能源应急安全保障。一是加快储煤基地建设。制定《政府可调度煤炭储备能力建设三年规划（2021—2023 年）》，煤炭储备能力确保达到 1650 万吨，力争达到 1850 万吨，占全省煤炭储备能力的 92.5%。依托铁路交通枢纽和中转港口，集中在济宁、枣庄、泰安等地，规划建设 15 个煤炭储备项目，重点打造五大综合物流园、5 个矿厂储煤项目、3 座煤炭储配基地，建立多元、合理、灵活的煤炭储备体系。二是做好储能项目建设。推动压缩空气储能、场站储能、煤电备用电源建设，增强电力系统调节能力，打造多元协同储能调节系统。

三、取得的成效

一是效益影响力大幅提升。规模效益显著提升，2023 年完成营业收入 8520 亿元，年末资产总额突破 1 万亿元，跻身“万亿资产企业”行列；在煤炭、化工等主要产品价格下行情况下，实现降本增收创效 313 亿元、利润总额 360 亿元，效益总额指标处于省属企业首位；净资产收益率、经营现金比率、研发投入强度分别为 9.38%、20.29%、3.09%，处于行业优秀水平。品牌价值显著提升，2022 年居中国品牌价值榜能源化工领域第 6 位、山东省企业首位。兖矿能源市值突破 2200 亿元，上榜福布斯 2022 中国 ESG50，荣获第七届中国工业大奖。行业地位显著提升，位居中国能源企业 500 强第 5、中国 500 强第 22、中国跨国公司 100 大第 25、世界 500 强第 72，行业影响力、综合竞争力、市场美誉度大幅跃升。国企责任显著提升，上缴税费 518 亿元，国有资本特别收益 69.7 亿元，社会贡献总额为 1313 亿元。担当能源保供责任，提前完成迎峰度夏、迎峰度冬政治任务，省内外保供电煤 4818 万吨，建成 1650 万吨煤炭储备能力。

二是产业结构优化调整。顺应“双碳”目标要求，转方式、转结构、转动能。传统产业转型实现新突破。煤炭产业高标准建成 9 处首批国家级智能化示范矿井（占全国的 21%），智能采掘工作面达到 120 个，智能开采产量达 86%。充填开采置换煤炭 370 万吨，压煤村庄搬迁解放可采储量为 1.2 亿吨。裕龙石化项目积极推进，未来能源油品产量首次突破 100 万吨。电力产业建成并网 190 万千瓦煤电机组，鲁西发电 2 台机组具备并网条件，田陈富源 1 台机组并网发电，盛鲁电厂完成发电量 114 亿千瓦时，灵台电厂项目开工建设。新兴产业培育实现新突破。集聚资金、技术、人才等优势资源，推动新兴产业多点突破、高效发展。新能源产业全面布局，装机达到 268 万千瓦，渤中 A、B 场址 90 万千瓦海上风电场实现全容量并网发电，成为我国“十四五”五大海上风电基地规模最大的全容量并网发电项目。杭锦旗风电、灵台光伏项目建成并网。阿拉善 40 万千瓦风电项目并网发电，白银 150 万千瓦新能源项目完成核准（备案）。获得渤中 C、D 场址和鲁北盐碱滩涂地等优质风光资源 615 万千瓦。

三是电煤保供和煤炭储备能力增强。圆满完成电煤保供任务。山东能源集团认真贯彻落实国家和山东省关于煤炭增储保供政策部署，积极践行国企社会责任，较好完成电煤保供任务。2021 年以来，坚持电煤“基准价 + 浮动价”长协定价机制，累计供应省内电煤 4800 万吨，圆满完成各阶段电煤保供任务，彰显了国企担当，多次受到省政府表扬。煤炭储备能力建设成效显著。2021年以来，山东能源集团认真落实保障山东省能源安全主体责任，积极承担政府可调度煤炭储备能力建设任务，投资100亿元，形成1650万吨煤炭储备能力，圆满完成三年规划目标。

四是煤炭保供项目建设稳步推进。聚焦重点工作、重点项目，带动整体工作全面提升。煤矿手续办理迈出坚实步伐，联合重组以来累计获得14次产能核增批复，增加产能1700万吨。以37亿元竞得霍林河矿区一号煤矿探矿权，获取煤炭资源10.4亿吨。项目建设取得显著成效，完成投资296亿元，五举煤矿建成投产，鲁新煤矿具备联合试运转条件，五彩湾四号露天矿一期工程开工建设，万福煤矿确保2024年底建成投产。油房壕、杨家坪、鹰骏三号、刘三圪旦、嘎鲁图等煤矿开工建设，力争3年时间高质量建成投产，确保“十四五”末山东能源集团煤炭产量突破3亿吨。

（由山东能源集团有限公司供稿）

高温气冷堆替代燃煤电厂
助力“双碳”目标实现

一、基本情况

中国华能集团有限公司（以下简称中国华能）是经国务院批准成立的国有重要骨干企业，因改革开放而生，伴随着改革开放不断成长壮大，是我国电力工业的一面旗帜，持续引领发电行业进步。中国华能是我国第四家拥有核电牌照的央企，主动肩负国家科技重大专项政治责任和历史使命，积极有序发展核电，已建立了完善的核电三级管理体系，培养了 2000 余人的核电专业人才队伍，开发形成了山东石岛湾、海南昌江和福建霞浦三大沿海核电基地，牵头建设的全球首座球床模块式高温气冷堆——华能石岛湾高温气冷堆示范工程投入商业运行，标志着我国在第四代核电技术研发和应用领域达到世界领先水平。

为深入贯彻落实习近平总书记对国家重大科技专项高温气冷堆示范工程的重要批示精神，逐步实现第四代核电高温气冷堆推广目标，中国华能成立华能核能技术研究院有限公司（以下简称华能核能院），同时加挂“华能高温气冷堆技术研究中心”及“华能核应急技术支持中心”牌子，实行“三块牌子、一个机构”管理方式。

随着中国华能具备控股建设大型商用压水堆资质以及高温气冷堆示范工程成功并网发电，“十四五”期间华能核电产业进入规模化发展新阶段，华能核能院肩负着打造专业化的核能技术发展和核安全技术体系建设支撑平台的重要职责：一是要全面掌握高温气冷堆核电技术，形成以示范工程为平台、以标准规范和专利为核心的完整自主知识产权体系，引领世界第四代核电技术发展，抢占世界先进核电技术制高点，形成世界领先的高温气冷堆系列谱系产品；二是以服务先进核电可靠利用和商业化发展为目标，建立配套核安全技术保障体系，快速与国内外行业接轨，提升行业话语权与发展能力，逐步攻克我国核电关键核心领域系列“卡脖子”问题，确保华能核电产业安全发展、创新发展。

中国华能深入学习“四个革命、一个合作”能源发展战略思想，深刻认识到在“双碳”目标的背景下，推动传统化石能源向绿色低碳能源转型，是保障社会经济持续发展和应对气候变化挑战的根本途径和战略选择。中国华能认真贯彻落实习近平总书记关于高温气冷堆示范工程的重要指示批示精神，面向国家重大需求，组织华能核能院、核电公司及各区域公司，结合高温气冷堆技术特点，开展高温气冷堆燃煤替代相关工作，促进高温气冷堆推广应用，推动能源供给革命，建立能源绿色多元供应体系，助力“双碳”目标早日实现。

二、实践经验

高温气冷堆燃煤替代包括狭义的燃煤电厂或燃煤锅炉的原厂址替代，以及广义的燃煤电厂或燃煤锅炉的功能替代，包括高温气冷堆发电、居民供暖、工业供汽、制氢等。

（一）燃煤电厂替代适应性试点研究完成，激活“双碳”目标实现新引擎

我国已有相当数量的燃煤电厂机组面临即将关停或退役问题，以高温气冷堆为代表的具备固有安全、技术上不需场外应急、模块化设计与建造、多用途应用等第四代核电特征的堆型，拥有替代关停退役燃煤电厂老旧机组的技术优势。

结合“双碳”目标，为发挥高温气冷堆在能源减排降碳中的应有作用，中国华能提前谋划部署，2022 年 8 月从集团层面组织开展高温气冷堆燃煤替代专项工作，组织华能核能院等相关单位，选取华能山东、福建和黑龙江区域共 3 个燃煤电厂为试点，开展高温气冷堆替代燃煤电厂适应性研究工作。主要包括以下三个方面内容。

1. 完成三煤电厂厂址条件评价

除按现有核电选址标准对三煤电厂厂址条件进行评价外，结合高温气冷堆固有安全性等技术特点，针对煤电厂厂址受限较大的周边人口问题，前瞻性地采用《小型核动力厂非居住区和规划限制区划分技术规范》进行评估。并收集电厂发电、供暖或供汽用户需求等资料，分析高温气冷堆作为替代能源的适应性。

图 1 为华能福州电厂厂址。

图 1　华能福州电厂

2. 完成高温气冷堆燃煤替代初步工程方案设想

充分考虑拟替代煤电机组的占地面积、供电供热负荷、场地设施可用性等因素，结合高温气冷堆总平面规划原则、工艺流程等因素，确定高温气冷堆堆型容量、厂房布置和规划等初步工程方案。

3. 完成高温气冷堆燃煤替代经济性评价

充分考虑高温气冷堆发电与供汽两种模式，完成技术经济效益测算，并结合 CO_2 年减排量计算环境效益。

中国华能完成国内首次高温气冷堆燃煤替代适应性研究并通过专家审查。专家一致认为，中国华能开展的高温气冷堆燃煤替代工作对进一步拓展核电项目选址空间具有示范意义，对于碳达峰、碳中和目标的实现具有一定的贡献，可满足当地电力增长需求，提高当地供电可靠性，可增加当地就业机会，促进地方经济繁荣发展。

（二）高温气冷堆替代燃煤锅炉实现城镇供暖，第四代核能综合利用取得突破

习近平总书记在中央财经领导小组第 14 次会议上强调推进北方地区冬季清洁取暖。为落实习近平总书记要求，国家发展改革委联合国家能源局、环境保护部等 10 部委共同发布《北方地区冬季清洁取暖规划（2017—2021 年）》，明确要求加强清洁供暖科技创新，研究探索核能供热。

为响应党和国家号召，中国华能积极探索和拓展高温气冷堆核能综合利用潜力，2022 年开始策划实施高温气冷堆城镇供暖项目，投资上千万元，先后开展抽汽系统改造、建设换热站、敷设供暖管线等工作，供热项目覆盖荣成市宁津街道主要区域。2023 年先期实现施工生活区供暖，2024 年 3 月实现宁津街道供暖。

山东省荣成市宁津街道 2024 年以前，居民供暖采用 20 吨燃煤锅炉。2024 年 3 月，高温气冷堆替代燃煤锅炉的核能供暖项目正式并网运行（见图 2），覆盖供暖面积达 19 万平方米，为宁津街道 1850 户居民提供了清洁、可靠的取暖热源。与传统燃煤供暖相比，该项目每个供暖季能够替代燃煤 3700 吨，减少 CO_2 排放约 6700 吨。这一成就不仅标志着第四代核能在城镇居民供暖领域的首次成功应用，也是第四代核能综合利用领域取得的重要突破。高温气冷堆替代燃煤锅炉实现城镇供暖，受到国内外广泛关注和好评。

图 2　华能高温气冷堆示范工程核能综合利用并网启动会

除荣成供暖项目外，结合其他北方内陆城市清洁供暖需求，华能核能院还以华能北方电厂为依托，开展高温气冷堆与北方内陆燃煤电厂耦合供热相关研究工作，旨在促进北方内陆地区冬季核能清洁供暖，为内陆燃煤电厂绿色转型发展提供支撑。

高温气冷堆替代燃煤锅炉供暖的顺利实施，凸显高温气冷堆在推动能源转型、减排等方面的重要作用。未来，随着高温气冷堆技术的不断成熟和推广，高温气冷堆替代燃煤锅炉开展城镇供暖，在保障和改善民生的同时，还为“双碳”目标的实现作出实质性贡献。

（三）开展高温气冷堆工业供汽应用探索，引领能源转型新篇章

国际一次能源消费总量中 50% 以上为工业和民用等非电利用，目前国内工业园区尤其是石化园区用汽主要采用燃煤这类化石能源供应，碳减排压力巨大，资源与环境的刚性约束已成为石化行业持续健康发展的主要制约因素。

高温气冷堆具有良好的工业供汽应用潜力。相较于大型压水堆核电，一方面，高温气冷堆所具有的固有安全性使其能够贴近用户建设，实现供汽安全性和经济性的平衡。另一方面，高温气冷堆可以满足绝大多数工业领域的供汽参数需求，高温气冷堆二回路蒸汽发生器出口蒸汽压力和温度分别达 13 兆帕和 500℃以上，属于高品质工业热源。相对发电及城镇供暖，高温气冷堆工业供汽更具经济性。

华能核能院积极开展高温气冷堆石化工业园区供汽技术探索，先后完成广西、福建、浙江等省（区）大型石化园区的高温气冷堆选址评价并开展核热耦合应用关键技术研究。

华能核能院针对性地制定高温气冷堆工业供汽方案，多次现场踏勘，并组织完成厂址选择评价和经济性测算工作（见图 3）。部分项目普选报告已通过专家审查。

图 3　广西工业供汽厂址踏勘

中国华能开展的高温气冷堆为石化等工业园区供汽，是高温气冷堆燃煤替代领域的又一积极探索，力求寻找绿色、低碳和可持续发展新路径，助力

石化行业突破资源和环境的双重限制。

（四）推进高温气冷堆制氢项目，建立零碳制氢技术新标杆

氢能是国际上公认的理想能源，目前我国煤气化制氢在国内氢气生产中占据主导地位，煤是制氢的主要原料。另外目前电解水制氢用电结构中煤电占比较大，依然面临碳减排问题。核能制氢是一种高效、大规模、绿色低碳的制氢技术，有望在氢气大规模集中供应的场景中起到重要作用，高温气冷堆是最适合核能制氢的堆型。

华能核能院联合华能山东石岛湾核电有限公司、华能清能院开展“氢核一号”高温气冷堆高温制氢关键技术研究和示范项目，以高温气冷堆作为 SOEC 的运行热源制备氢气，将高温水蒸气电解产生氢气，电解效率理论上可接近 100%，且具有“零碳排放”的特性。

目前该项目已完成系统安全影响分析报告，并完成高温气冷堆示范工程耦合 SOEC 制氢装置现场布置设计方案。“氢核一号”高温气冷堆高温制氢关键技术研究和示范项目将形成一套具有自主知识产权、技术先进的高温气冷堆电解制氢机理和关键器件开发、电解堆设计制造和系统示范运行成果。

（五）推动高温气冷堆燃煤替代，形成能源供给新动力

中国华能积极安全有序地推进核电发展，将核电作为集团绿色转型发展的三大支撑之一。在集团的部署下，华能核能院全力开展高温气冷堆燃煤替代研究和设计工作。

华能核能院建立了燃煤电厂信息库，全面收集和梳理集团内部燃煤电厂的基础信息，录入地震、地质、厂址标高、人口集中区距离等关键数据，对山东、浙江、福建、安徽、吉林等省的燃煤电厂进行实地踏勘，进一步开展沿海省份包括其他集团燃煤电厂的高温气冷堆燃煤替代厂址的比选工作，并积极与国内各大石化园区对接。

为进一步推动高温气冷堆的推广应用，华能核能院还致力于建立高温气冷堆选址技术标准。通过开展高温气冷堆选址技术标准研究，解决高温气冷堆选址过程中无适应高温气冷堆技术特点的选址标准的问题，拓宽高温气冷堆选址范围。

通过进一步深化高温气冷堆燃煤替代相关工作，中国华能不仅推动了高温气冷堆的规模化发展，还为能源转型与绿色发展注入了新动力，为实现可持续发展目标贡献了重要力量。

三、取得的成效

中国华能组织开展的高温气冷堆燃煤替代相关工作，实现了传统的以化石能源为主的能源供给模式的新突破。

一是拓宽高温气冷堆厂址选择范围，引领燃煤电厂转型发展新方向。

中国华能积极部署，开展高温气冷堆燃煤替代适应性研究工作，取得了显著成效。通过对燃煤替代试点电厂的研究工作，不仅拓展了核电项目选址空间，解决了核电厂址资源稀缺问题，还为煤电企业转型提供了有力支撑。在燃煤电厂原址上建造高温气冷堆，可充分利用燃煤电厂原有场地设施，建设成本可降低 15%~35%，并在一定条件下能够与火电厂内现役运行的火电机组共同运行，创造较好的经济性。有力推动能源转型，促进地方经济绿色发展，助力实现“双碳”目标。该成果在全行业可形成示范效应，为其他煤电企业提供可借鉴的经验。这一突破性的工作为推动能源转型与“双碳”目标实现注入了新的动力。

二是贯彻绿色发展理念，核能供暖助力绿水蓝天。

高温气冷堆供暖项目，替代了原有的燃煤锅炉，减少了化石能源消耗，显著降低了污染物排放，为环境保护作出了积极贡献。同时，项目的实施也标志着第四代核能在城镇居民供暖领域的首次成功应用。此外，华能核能院还进一步开展内陆电厂核能供暖研究，为北方内陆地区冬季清洁供暖提供了有力支撑。这些成效不仅展示了高温气冷堆技术的巨大潜力，也为实现可持续发展目标奠定了坚实基础。

三是开发高温气冷堆综合利用新场景，开拓可持续发展新路径。

华能核能院积极开展石化等工业园区高温气冷堆供汽研究，助力石化行业突破资源和环境的双重限制，探索绿色、低碳和可持续的发展新路径。这些成果不仅展示了高温气冷堆核能综合利用的广阔前景，也为推动能源转型、实现绿色发展作出了积极贡献。

四是突破高温气冷堆制氢技术，占领清洁能源新高地。

华能核能院联合华能山东石岛湾核电有限公司、华能清能院开展“氢核一号”高温气冷堆高温制氢关键技术研究和示范项目，通过掌握高温气冷堆电解制氢机理和关键技术，形成自主知识产权的先进核能制氢技术，推动高温气冷堆制氢技术的研发和应用，开辟绿色制氢新途径，展示了我国在清洁能源领域的技术实力和创新能力。

五是开创高温气冷堆燃煤替代产业化标准化新局面，奠定能源转型规模化绿色发展新基础。

华能核能院通过建立煤电厂址信息库，并与多地石化园区进行技术对接，开展高温气冷堆综合利用及选址标准研究。其中相关工作已协调中广核、国电投等集团共同参与，相关成果可应用于整个行业，为高温气冷堆燃煤替代创造有利条件。这些举措不仅推动了高温气冷堆后续的规模化发展，也为实现可持续发展目标贡献了重要力量，展现了中国华能在能源供给领域的突破与创新能力。

（由中国华能集团有限公司供稿）

构建重载铁路智慧多元供应体系
为能源供给革命提供坚实的运力支撑

一、基本情况

国能朔黄铁路发展有限责任公司（以下简称朔黄铁路或公司）是国家能源集团所属重要子企业，主要负责建设运营朔黄、黄万、黄大铁路，总运营里程 889 千米，年运输能力达 3.8 亿吨。其中，朔黄铁路是我国西煤东运第二大通道，是我国规模化、常态化开行 2 万吨级重载列车的国家一级干线货运重载铁路。朔黄、黄万、黄大三条铁路西连包神铁路、新朔铁路，联通山西、河北、山东、天津四省（市），东达黄骅港、北上天津港、南连龙口港，共同组成“一干两支、多通道集疏运”的运输格局。因其特殊区位优势，成为我国西部地区连接东部沿海，服务雄安新区，融入环渤海经济圈路径最短、最优、最经济的运输线路之一，在服务国家战略、发挥能源保供作用、推进能源革命、保障能源安全中发挥着至关重要的作用。

朔黄铁路不断借鉴国内外铁路行业先进经验，持续创新、深化改革，以积极推动能源供给革命为重点，找准影响重载铁路运输效率的难点堵点，通过深度挖掘高位运行时中间车站存在的潜力和调整空间等 17 项措施，将 3.5 亿吨能力提升至 3.8 亿吨，并深入实施朔黄铁路 4.5 亿吨扩能改造工程，找到通道能力提升“短平快”与“长稳远”相结合的工作新思路。提出并构建“通道 + 枢纽 + 网络 + 平台”现代综合物流体系，成功打通多条多式联运物流新通道，与河北、天津、山东等环渤海地区企业、港口深度联通对接，大力推进陆港航一体化协同发展。2023 年，全年刷新运输指标纪录 41 次，连续 6 个月运量突破 3000 万吨，实现连续 7 年运量突破 3 亿吨，截至目前累计运送煤炭等货物超过 45 亿吨。同时，公司立足智慧重载铁路关键核心技术自主创新，先后开展 3 万吨重载列车试验和自动驾驶等一系列关键技术攻关和重大示范工程建设，成功获批国家铁路局“重载铁路高效运输技术铁路行业工程研究中心”；2023 年 2 月，入选国务院国资委“创建世界一流专业领军示范企业”名单，成为全国 200 家入选企业中唯一一家铁路企业。

二、实践经验

党的十八大以来，习近平总书记提出“四个革命、一个合作”能源安全新战略和“碳达峰、碳中和”双碳战略，赋予了能源企业新使命、新任务，为我国能源高质量发展指明了方向。朔黄铁路作为我国西煤东运第二大运输通道和国家能源供应产业链上的重要一环，始终立足“国之大者”，以提升我国能源资源供应与应变能力，增强我国运输通道安全性为目标，系统谋划重载铁路智慧多元供应体系建设，做好由“国企思维”向“国家思维”的转变，以企业高质量发展保障国家能源运输安全。

（一）紧抓能源供给革命新机遇，瞄准重载铁路功能新定位，谋划“121”发展新战略

习近平总书记强调“能源安全是关系国家经济社会发展的全局性、战略性问题，对国家繁荣发展、人民生活改善、社会长治久安至关重要。”朔黄铁路立足“能源运输保供”核心职责使命，以科技创新为驱动增强能源供应链韧性，强化能源供给稳定性、安全性，以提升重载铁路核心竞争力和能源保供核心功能为着力点，提出“121”发展战略，即明确一个目标，实现两个转型，推动一个升级。

“121”发展战略是贯彻落实国家发展战略，全面深化改革，以转型升级促高质量发展，保障能源安全的朔黄答案。一个目标：创建高质量党建引领下的世界一流专业领军示范企业。两个转型：由重载向智慧重载转型，目的是以科技创新为驱动，建设智慧、安全、高效、绿色的重载铁路运输体系，不断在重载铁路运输领域取得技术革命性突破；由单一煤运通道向多功能、综合性、现代化的综合物流通道转型，目的是在做好煤炭运输主责主业的基础上，通过打造“通道 + 枢纽 + 网络 + 平台”大物流体系，构建链条完整、功能齐备、管理现代、服务多元的现代综合物流运输通道。一个升级：以深化能源供给改革为契机，破解制约新质生产力发展的体制机制问题，升级“朔黄模式”，探索形成管理精益、组织精健、队伍精干、治理科学、充满活力的现代企业先进治理模式。为保证发展战略落地实施，朔黄铁路同步规划形成了以“引领、驱动、控制、保障、贯通”为内核的“12121”（一个引领，两个驱动，一个控制，两个保障，一个贯通）数智朔黄管理体系实施路线图。一个引领，以高质量的党建引领高质量发展，学深悟透习近平总书记关于国企改革和能源安全发展战略的一系列重要论述，牢牢把握正确的政治

方向。两个驱动，立足于朔黄铁路所有的生产经营活动（劳动者、劳动对象）都要高度依赖于机车、线路等生产设备（劳动资料）实际情况，铺画综合计划和生产运营计划，以两个计划为驱动，指导开展设备的管用养修和生产运营各生产要素的高效配制，实现企业全要素生产率的最优化。一个控制，在两个计划驱动下生成的具体工作任务，靠公司精益管理体系进行全流程、全闭环化的管理，以保障其逐项实施落地。两个保障，立足于“过去发生过的问题不再重复发生和未来的风险有效辨识管控”两个重点，构建“大安全”和“大监督”两个保障体系。实现思想认识、管理、责任、监督、成效五个到位，为公司高质量发展保驾护航。一个贯通，以科技创新贯通企业生产经营、改革发展的各领域、各环节，实现全员科技创新、全时空科技创新、全要素科技创新、全过程科技创新。

（二）打造多功能、综合性、现代化能源运输大通道，能源多元化供应体系日趋完善，供给能力持续增强

朔黄铁路以运输模式变革赋能向综合物流通道战略转型，以生产要素创新性配置、产业深度转型升级为底层逻辑，搭建“通道 + 枢纽 + 网络 + 平台”大物流体系架构，将朔黄铁路打造成多功能、综合性、现代化能源运输大通道。

系统提升运输通道能力。集中力量建成黄大铁路，补齐了朔黄下游“南下”的战略短板，朔黄、黄万、黄大三条铁路形成“一干两支、多通道集疏运”的运输网布局。围绕提升现有主通道运输能力和安全畅通水平，加快能源大通道综合布局，谋划 4.5 亿吨扩能改造工程和沿线 12 个站场的能力提升改造工程，推进黄万线电气化改造、同步配套加快大功率交流电力机车引进、乘务员培养、移动闭塞改造等工作。坚持将长期能力提升和“短平快”挖潜增效相结合，系统提升运输效能。强化 2 万吨重载列车运行安全，截至 2024 年 3 月 9 日，2 万吨重载列车安全运行 8 周年，累计开行 107170 列，运输煤炭 11.7 亿吨。

推进综合物流枢纽建设。依托集团一体化能源供应链，建设适配物流业务的支点枢纽、发挥互联互通功能的路网枢纽以及兼具联通功能和物流业务的综合枢纽，实现一体化产业链的固链、稳链、延链和拓链，打造服务国家战略、区域发展的综合运输枢纽体系。通过谋划建设肃宁、定州、东冶、五台、原平、宁武等物流综合枢纽，服务雄安新区和京津冀一体化发展战略，融入“一带一路”建设和中西部地区崛起发展战略。依托朔黄铁路、黄大铁

路运输资源，与滨港铁路、利港铁路、益羊铁路、大莱龙铁路深化合作，推动“公转铁”“散改集”运输模式转型。

构建多功能运输网络。聚焦构建多元化能源供给体系，加快铁路沿线外部专用线建设，形成内联外拓、连线成网的网络运输格局。发挥管内既有的3条专用铁路、15条专用线区域优势和运输能力，建立与国铁、销售、港口等上下游单位互联互通机制，2022年、2023年业务量分别为4155万吨、5347万吨，增加28.7%。大力拓展铁矿粉、高岭岩、水泥熟料、矿渣等非煤运输业务，运输货物品类增至17种，实现重去重回的“双钟摆式”重载运输，建立起辐射京、津、冀、鲁、晋、陕、蒙、宁等地的营销网络。完成从非洲几内亚到山东烟台，再到龙口港，经由朔黄铁路到达西柏坡，最后由汽运转到山西孝义的铝矾土运输业务，打通海铁联运、公铁联运、直供雄安等多条多式联运新通道。

推动大物流产业平台建设。立足国家能源集团一体化运营优势，积极转变传统铁路行业思维模式，借助国能“四e”信息化平台的信息联通和集散优势，以服务客户为导向，发挥朔黄大能力运输通道、多基点战略枢纽布局、完备高效的运输网络支撑作用，为客户提供“一站式、端到端”的物流运输方案。先后与沧州市人民政府共同举办“共建共享　国能—沧州现代物流产业洽谈会”，与中国雄安集团共同举办“助力雄安”多式联运物流洽谈会，在创新多式联运组织模式、丰富多式联运服务产品、数据驱动多式联运等方面达成多项合作意向，更好服务京津冀协同发展、雄安新区建设、共建“一带一路”等国家战略。

（三）打造智慧化重载铁路，实现从“跟跑并跑”向“创新主导”加速转变，供给技术不断提升

随着能源产业链与供应链加速重构，科技成为制约我国能源生产供应的重要因素。朔黄铁路以科技创新为驱动，描绘朔黄铁路2028智慧重载4.0愿景目标，以领跑姿态带动重载铁路运输行业技术迭代，推动能源供给领域技术革新换代，推动朔黄铁路由重载向智慧重载转型升级。

系统性重塑公司科技创新体系。紧跟国际发展步伐，围绕集团科技创新“三个紧”“三个非”工作要求，发布朔黄铁路智慧重载4.0愿景目标。成立公司科技工作委员会，为加强科技自主创新做好组织保障。成立重载铁路高效运输技术铁路行业工程研究中心，推动重载铁路技术持续优化升级。多层次加大科技投入，加强科技创新攻关、成果转化和科研人才队伍建设，加快打

造以“首台套”“首突破”为标志的重载原创技术重大成果。树立起到2028年率先建成世界一流智慧重载铁路，真正实现“重载看朔黄”的宏伟目标。

着力解决重载运输行业“卡脖子”难题。在智慧重载领域深耕细作，不断破解重载运输行业发展中的难点、痛点、“瓶颈”问题，在多个方面实现“从0到1”的突破。健全由企业主导的产学研联合攻关机制，先后与北京交通大学、中国铁道科学研究院等科研院所签订战略合作协议，开展重载铁路轮轨关系、无线重联同步控制等重点技术研究攻关。持续优化2万吨重载列车开行成套技术体系，研究推广30吨轴重列车开行关键技术，积极开展3万吨重载列车开行试验研究，致力于以科技创新突破制约能源保供运力提升的技术屏障。

加快推进原创技术策源地建设。2020年，成立国能运输技术研究院，打造重载铁路运输产业的科研平台。聚焦智能运输、智能管理、智能装备三个方向，建设重载铁路高效智能运输体系、重载铁路全寿命周期管理体系、重载铁路可靠智能装备系统以及重载铁路标准体系，逐步实现重载铁路高效运输和智能控制。“基于空天车地信息协同的轨道交通运营与安全综合保障技术研究”等国家级科研项目均顺利完成结题；以突破智能驾驶与智能运维等关键技术为载体的新型智能重载大功率电力机车研究、交通强国试点项目等重大科研专项有序推进。

三、取得的成效

一是科技创新成果丰硕，智慧重载转型初见成效。先后成功攻克重载铁路移动闭塞技术，成为世界首条采用移动闭塞技术的货运重载铁路。成功试验开行2万吨重载自动驾驶列车，标志着我国重载自动驾驶列车正式迈入“全自主时代”。成功投用世界首台铁路桥梁换运架一体机，填补世界铁路行业整孔换梁施工、天窗期完成线上作业的技术空白，入选国务院国资委“2023年度央企十大国之重器”。2023年，发布国内首创重载铁路基础设施智能运维技术，项目技术论文纳入2023年巴西召开的第12届国际重载运输大会技术会议报告，获得国际重载协会技术委员会高度认可，推动重载铁路事业进一步向信息化、数字化、智能化方向转型，助力提高我国重载铁路基础设施运维水平。

二是产业控制能力有效提升，保障能源安全作用凸显。通过系统性开展“通道+枢纽+网络+平台”建设，朔黄铁路运输能力得到大幅提升，形成联通晋、冀、津、鲁四省（市）和雄安新区，东达黄骅港、北上天津港、南连龙口港，“一干两支、多通道集疏运”的运输格局。建立起辐射京、津、冀、鲁、晋、陕、蒙、宁等地的营销网络，涵盖近百家厂矿企业的客户群体，以陆海联运为纽带、串联华北及西北地区、服务国家战略的物流大通道初现规模。

三是安全支撑作用进一步巩固，能源保供地位更加举足轻重。通过大力研发重载运输成套技术，健全设备检测检测体系，深化大数据平台建设，以科学技术和数据运算驱动，以“一个中心、两个根本、五个循环、七个抓牢、一个监督”大安全管理体系为抓手，能源运输能力不断取得新突破，能源安全稳定供应性能持续增强。到 2024 年，朔黄铁路实现第 24 个安全年，2 万吨重载列车突破 10 万列，安全运行 8 周年。朔黄铁路连续 7 年运量突破 3 亿吨，日均煤炭运量达到 100 万吨以上，约占全国火电用煤总量的 1/10，累积运输电煤近 45.62 亿吨。朔黄铁路以更加畅通高效的智慧多元能源供应体系，为国家安全、国民经济发展提供坚强的能源保障。

（由国家能源投资集团有限责任公司供稿）

构建综合智慧能源新模式

一、基本情况

国家电投江苏电力有限公司（以下简称江苏公司）是国家电力投资集团有限公司（以下简称国家电投集团）在江苏区域的控股子公司，主要从事电力、热力、港口及相关业务的开发、投资、建设、运营和管理等业务。截至2023年，江苏公司实际管理11家三级单位，2个直属机构，员工1539人，资产总额526.82亿元，年利润超14亿元，发电装机容量537.48万千瓦，管理装机容量717.87万千瓦。其中，新能源装机335.08万千瓦，占比达62.34%。

近年来，江苏公司积极参与构建以新能源为主的新型电力系统建设，打造了多个“行业第一”和数个“全国首创”：建设投运盐城市滨海港10万吨级航道和10万吨级煤炭码头工程；创造性地提出煤电达“燃机排放”标准，促成2×1000兆瓦超超临界燃煤火电机组成功落户盐城滨海，2019年荣获“国家优质工程金质奖”；建成国家电投集团第一个海上风电示范项目——盐城滨海北H1（100兆瓦）海上风电项目，斩获迄今为止国内风电行业唯一的“国家优质工程金质奖”；建成当时亚洲在运单体容量最大的海上风电场——盐城滨海北H2（400兆瓦）海上风电项目，并配套安装当时亚洲最大、电压等级最高的海上升压站；建设投运国内首个数字化、智慧化海上风电场——盐城滨海南H3（300兆瓦）海上风电项目，并与盐城滨海北H1（100兆瓦）、H2（400兆瓦）两个项目共同构成亚洲最大的海上风电集群“国家电投海上风电盐城阵列”；建成国内单体容量最大的海上风电场集群——南通如东H4（400兆瓦）、H7（400兆瓦）海上风电项目，成为当时国内海上风电项目中单体容量最大、风机台数最多、离岸距离最远、220千伏海缆路由最长的海上风电项目集群；建设投运当前国内离岸距离最远的海上风电场——代建盐城大丰H3（300兆瓦）海上风电项目；建成滨海陆上风电一期（4×50兆瓦）项目；首创国内“渔光互补”光伏发电项目建设思路，建设投运建湖县“渔光互补”光伏电站；建成江苏省第一个山地风电项目——徐州贾汪风电。

二、实践经验

（一）项目概况

江苏综合智慧能源项目是江苏公司为响应“双碳”政策，积极推进“四个革命、一个合作”能源安全新战略精准落地在苏南地区建立的绿色低碳示范项目，主要以建设的分布式新能源为主体，如光伏、储能等，因地制宜地聚合所在区域的多种类型工商业灵活性可调负荷，实现能源基础建设，并通过设计零碳电厂参与电力市场交易、绿电交易等商业模式，完成对外部电网的能源供应与负荷调节。其中，主要通过分布式光伏并网对外供应绿电，通过调控储能充放电模式以及工商业生产负荷的方式协助电网进行削峰填谷。

自2022年12月29日成功试运行至今，江苏综合智慧能源项目已推动构建914.4兆瓦“源储荷”多元化可调资源池，累计接入300余个典型站点资源，并依托自主研发的智慧系统平台，创新研建了多元化用户负荷特性分析、户号级高精度负荷预测技术、电力现货价差预测与价差判断、用户侧负荷优化调度与控制以及智慧系统平台研建等多项关键技术，形成了零碳电厂参与需求响应、短期辅助服务、中长期辅助服务、调度调控和绿电交易等商业模式实践，并已接入苏州地区电网调度和江苏省调虚拟电厂管理平台（Ⅰ区），成为国内首个直接接受省级电网调度且成功执行的综合智慧零碳电厂，高质量打造了“电网—零碳电厂—用户侧资源”互联互通的能源供需动态平衡体系，为区域电网的安全稳定运行与产业用能结构的清洁低碳转型提供了坚实的技术支撑。

（二）项目创新点

1. 创新综合智慧能源开发模式

（1）组建集团公司江苏区域首个零碳公司。

作为首个江苏区域的零碳电厂运营主体，江苏公司在项目开发模式、商业模式、与电网合作创新等方面积极探索，大力推进用户侧综合智慧能源产业在苏州布局落地，在自建基础上，完成用户侧资源及其他投资商电源侧资源的双聚合，构建具备“一建两聚合”鲜明特点的综合智慧零碳电厂资源开发模式。同时，也为区域公司建设零碳公司提供了标准化命名结构和实践模式指引，对后续零碳电厂在江苏省域的复制推广起到引导作用。

（2）联合电网共建综合智慧能源新主体。

江苏综合智慧能源项目由江苏公司与国网苏州供电公司联合共建，优势互补，以综合智慧零碳电厂智慧管控平台为基础，打造国网苏州供电公司虚拟电厂管控母平台，并协同在分布式资源建设、用户侧负荷聚合以及商业模式创新、政策突破等方面持续合作，实现构建国内首个接入地区电网调度和省电网调度平台的零碳电厂，在电网侧拥有独立监控页面，支持多种通信协议交互，实时上送点数≥1000，频率≤15分钟，具备接收电网调度指令实时调节出力的能力。

同时，协同江苏省电力交易中心争取到国内中长期可调负荷参与辅助服务试点，并参与交易规则制定，以及参与制定现货市场等交易规则，不断丰富零碳电厂各类商业模式的建立。

2. 创新综合智慧能源建设模式

（1）打造“源储荷”多元分布式资源结构。

以综合智慧零碳电厂为依托，借助电网公司掌握的资源信息，积极协调区域电源、储能、负荷接入江苏综合智慧能源系统，构建“源储荷”多元分布式资源结构，为电网实现集中式管控提供方案，聚合光伏、储能、工商业负荷、独立新型储能、充电桩、空调、冷链等资源，通过HTTP传输协议、MQTT物联调控方式形成远程调度技术，实现储能、空调、充电站等直控资源场景模拟，具备高性价比灵活性可调资源聚合和调控特性，实现零碳电厂由“邀约型”向“直控型”的高质量发展，由“虚”落“实”。

（2）构建高契合度用户侧决策机制。

江苏综合智慧能源项目以用户侧资源为主，项目“短平快”特点较为突出，为高效推动项目进度，江苏公司积极创新管理机制，针对用户侧综合智慧零碳电厂单元项目“小、散、远”的特性，采用打包立项、分批投决的决策机制，形成“成熟一个，立项一个，投决一个，开工一个”的滚动发展、快速落地的开发模式，高质量聚合区域数百家优质用户侧资源，构建了多元化用户侧柔性调节资源池。

（3）推动零碳电厂技术创新研发。

江苏综合智慧能源项目在建设过程中，主要创新构建了多元化用户负荷特性分析、户号级高精度负荷预测等技术，不仅能够从用户生产类型、设备可中断性、灵活性资源可调空间以及受市场波动性影响程度等维度出发，挖掘用户用电特征和规律，形成系统性方案来引导用户精准调整生产，还能够依托深度学习算法分析设备运行特性、企业生产规律以及外界自然条件等多方因素，实现对用户侧资源在未来特定时刻或特定时段的负荷变化趋势综合研判，帮助用户精准参与电力市场交易，获取增量收益。

（三）创新综合智慧能源运营模式

1. 建立多模态响应机制

为提高客户黏性，增强与客户间信息沟通渠道，确保综合智慧零碳电厂作为聚合商参与江苏省电力需求侧响应的高效性，江苏公司开发“App+ 短信 + 电话”多模态响应机制，依托定制化零碳 App、电话、短信推送与智慧系统需求响应模块相结合的方式，与客户快速高效双向沟通，精准引导用户实时参与需求响应“申报—出清—监盘—结算”业务全流程，实现用户通过“错峰生产”的调节方式助力电网负荷削减，进而获取响应增量收益。同时，为提高用户使用舒适度与便捷性，零碳 App 具备负荷总览、响应申报、申报结果及预警查看等功能，还可通过 App 提报生产负荷管理计划、电力交易等增值服务需求，不断增加客户黏性，拓展业务链。

2. 积极探索辅助服务模式

江苏公司与电网公司积极合作，共同探索辅助服务交易模式，推进相关政策制定。其中，在参与短期可调负荷辅助服务模式中，江苏综合智慧能源平台可在日前根据调度机构发布的短时可调负荷辅助服务交易需求，形成调控策略，智能引导用户精准调节出力，实现区域高载能行业与资源用能效率提升，实现产业绿色低碳发展；在参与中长期可调负荷辅助服务模式中，江苏综合智慧能源平台具备高质量构建满足交易机构调用需求的调控决策，助力零碳电厂内部资源出力最优化和集中竞价利益空间最大化，促进用户侧资源的用能结构低碳转型与经济结构优化。

另外，江苏公司积极挖掘区域优质资源，如户用储能、新型独立储能等，以直控手段，通过策略生成与下发实现调控，为零碳电厂参与短期或中长期辅助服务提供了多元化调度资源。

3. 构建参与区域电网调度调控模式

江苏综合智慧能源具备“主网、配网、微网”三级协同实时调度能力，能够通过接入苏州地区电网调度和江苏省调虚拟电厂管理平台（Ⅰ区），实现零碳电厂参与江苏省调的直控型调峰、调频等类型服务，可通过 IEC104 协议接收调度调控指令，并分解、下发至聚合资源侧，实现分钟级或秒级调控执行，强化零碳电厂对内部灵活性可调负荷的管控能力，为零碳电厂获取负荷调节补贴提供了技术支持，充分发挥了区域能源保供作用。

4. 参与电力交易 / 绿电交易，发力现货交易

江苏公司积极研究江苏省电力交易 / 绿电交易相关政策，以现有政策为契机，开展建设江苏首家纯绿电交易的售电公司，打造“零碳电厂 + 绿电交易”的发展新模式，主要采取与用户签订购售电合同的方式，建立企业与用户关联，将生产的绿电销售给电力用户，促进区域清洁能源快速消纳，助力区域实现能源供给零碳化，实现了零碳电厂对分布式能源调控能力的强化，拓展了综合智慧零碳电厂电力交易功能模块，为零碳电厂参与电力现货和绿电交易提供技术支撑。

（四）创新综合智慧能源管理模式

1. 规范化管理

制定综合智慧零碳电厂规范化管理的原则、步骤和主要内容，从客户开发、投资建模、工程建设、运维服务、企业 VI 识别系统和业务培训六个维度开展规范化管理，涵盖综合智慧零碳电厂从开发到运行的全流程，为综合智慧零碳电厂提供了系统科学的管理工具。

2. 安全管理模式

针对零碳电厂的特点，编制《综合智慧零碳电厂安全风险管控指南》，从全过程安全生产管理要点、控制中心要素管理重点、发电及储能要素风险管理重点、聚合要素管理重点等方面聚焦重点，要素突出，形成针对性和适用性较强的安全管理体系。

三、取得的成效

在项目建设方面，江苏综合智慧能源项目结合区域资源特性，依托自身能源管控技术优势，首创了多种综合智慧零碳电厂建设运营模式，充分发挥了区域能源示范效应，为零碳电厂的跨区域推广建设提供了方向与指引，实现首个智慧系统接入电网调度平台并按照电网指令调节出力的综合智慧零碳电厂，创新户用储能、绿电交通、蓄冷 / 蓄热、供冷 / 供热、V2G 充放电等不少于 2 个项目场景接入智慧系统。实现首个工商业、楼宇、中央空调等多种可调节负荷接入智慧系统，与地方电力公司合作共建，实现全国首个参与电网需求响应和辅助服务的综合智慧零碳电厂。

在技术创新研发方面，江苏综合智慧能源项目将能源企业资源优势与数字化、智能化前沿科技有效结合，创新构建了多项应用于综合智慧零碳电厂分布式能源综合管控、商业化运营模式设计的核心技术，为能源企业的清洁

低碳转型与新质生产力快速成形奠定了稳固的技术支持，具体技术创新成效如下。

一是创新构建多元化用户负荷特性分析技术。主要从用户生产类型、设备可中断性、灵活性资源可调空间以及受市场波动性影响程度等维度出发，深入用户工厂细粒度调研生产工艺，挖掘用户用电特征和规律，并形成系统性方案来引导用户精准生产调整，为不同用户更为高效地参与电力市场化交易提供差异化、精准化的特色服务，确保用户侧资源有效响应负荷调节指令，实现运营收益最大化。

二是创新构建户号级高精度负荷预测技术。通过研建适用于苏州区域用户侧用能特性分析的负荷预测算法，并结合设备运行特性、企业生产规律以及外界自然条件等多方因素进行大规模数据分析，实现对用户侧资源在未来特定时刻或特定时段的负荷变化趋势综合研判，帮助用户在参与电力市场交易中精准评估可调空间并提供实时指导，有效解决了因用户侧资源用电特性差异化、可调空间潜在性、用能设备交互难度高以及电量数据延滞性发布，导致在电力交易中无法精准调节负荷，影响区域电网平稳运行的市场痛点。

三是创新研建电力现货价差预测与价差判断技术。主要基于大数据、人工智能技术分析影响电价的潜在关联因素，结合电力市场交易信息、气象因素、历史数据等特征信息，构建以最大限度规避政策惩罚为目标的优化机制，形成平均准确率在 80% 以上的电力市场价格智能预测算法库，并通过动态判别价差浮动范围，为电力交易主体提供具有竞争性的现货交易策略，实现度电收益提升，有效解决了因电力市场电价信息发布延迟导致交易价差大比例波动造成的经济损失现象，实现盈利空间最优化。

四是创新研建用户侧负荷优化调度与控制技术。江苏综合智慧能源项目通过优化分析分布式电源侧间歇性出力、电网侧调度、用户侧用能需求、电力市场价格以及气候变化等信息，构建以分布式资源的多能互补协调优化运行为目标的智能决策，实现零碳电厂对内部“资源池”及各单元之间负荷的分配与协调，完成秒级或分钟级资源调控与响应，充分发挥区域新能源消纳作用，为外部电网提供高质量的电力供需平衡服务，有效解决了综合智慧零碳电厂海量分布式资源跨域度协同调控难、多源异构数据难以运维管理、区域能源实时优化配置不均衡等技术难点。

五是创新研建智慧系统平台研建技术。项目严格按照 CMMI4 级或以上软件开发过程管理和控制国际规范进行平台功能开发，并采用 B/S 应用架构，具备物理、边界、应用、数据、主机、网络、终端等层次安全防护设计，拥有访问控制、入侵检测、日志记录和审计等安全策略。平台主要以分布式电源出力数据、储能数据、负荷预测数据以及峰谷电价、电网调节需求等能源信息为基础，融合多项创新技术，构建多层级、模块化智慧系统平台，形成跨域度能源数字化拓扑运营网，并可依据真实场景需求设定优化目标，实现零碳电厂对区域分布式资源的安全性、经济性管控。

在商业模式实践方面，江苏综合智慧能源项目以江苏省电力市场政策与实施细则为基础，积极推进综合智慧零碳电厂市场化主体建设，创新探索多种电力交易模式，实现了零碳电厂的多途径商业化发展，为区域电力市场政策的优化完善与有效落地提供了宝贵的实践经验，具体成效如下。

一是参与中长期可调负荷辅助服务盈利。江苏公司联合国网苏州供电公司、江苏省电力交易中心，推动苏州作为中长期可调负荷参与辅助服务试点城市，并积极参与江苏省中长期辅助服务市场准入标准、程序和交易规则制定工作，于 2023 年 7 月 24 日和 25 日，实现综合智慧零碳电厂参与江苏省中长期可调负荷辅助服务市场，累计为区域电网削减电量 123.64 兆瓦时。

二是参与省间绿电交易。2023 年 8 月 11 日参与北京电力交易中心组织的省间绿电集中竞价交易，完成省间绿电交易出清（山西送上海、江苏、浙江），成交 7 兆瓦时电量并盈利，实现了省间绿电交易通道打通。目前，年度平均交易价格约 468 元 / 兆瓦时。

三是参与电网调度直调调峰。2023 年 8 月 15 日，江苏综合智慧能源通过聚合户用储能、充电站、工商业可调负荷等分布式资源参与江苏电网调度直调调峰，为区域电网提供了 1.873 兆瓦削峰负荷服务，高标准达到调峰要求，实现了国内首个直接接受电网调度指令并实施成功的零碳电厂建设与运营。

四是参与电网调度 AGC 调频。2023 年 8 月 23 日，江苏综合智慧能源通过实时调控 4 座户用储能参与国网江苏调度直控直调 AGC 调频，实现零碳电厂对 AGC 指令的秒级响应和精准跟踪，累计调频里程 29.1 兆瓦，标志着零碳电厂具备了参与辅助服务市场，为区域电力平衡提供调节的能力。

五是参与江苏省电力需求侧响应。2023 年 12 月 22 日，江苏综合智慧能源积极参与江苏省迎峰度冬电力需求侧响应，依托多模态通信机制，快速聚合涵盖纺织、水泥、建材、药业及充电站等多类型用户侧资源数十家，提供了长达 4 小时的响应服务，有效削减用电负荷约 45 兆瓦，为区域电力供需平衡提供了坚实的技术支撑。

（由国家电力投资集团有限公司供稿）

向地球深部进军
——中国石化油气勘探开发深地工程实践

一、企业基本情况

中国石油化工集团有限公司（以下简称中国石化）是特大型石油石化企业集团，业务范围遍布全球，主要包括油气勘探开发、炼油、油品销售和化工等业务板块。

中国石化石油勘探开发研究院（以下简称石勘院）是中国石化直属上游综合性研究机构。石勘院秉承“求是、创新、协作、奉献”的企业文化，以保障国家能源安全为己任，服务集团发展战略，支撑油田业务发展，锚定建设世界一流能源研究院愿景目标，按照“三部一中心”的职责定位，承担国家及中国石化重大项目的科技攻关和牵头组织、油气勘探开发基础理论及应用技术研究与集成、中国石化国内外油气地质基础研究、油气资源评价、勘探选区评价、中长期发展规划编制等任务，参与中国石化重大油气勘探开发科研项目和重大生产经营项目的设计审查、技术经济论证等工作，重点围绕西北地区、南方地区、华北地区、东部地区、海域及海外业务，开展常规、非常规、新能源勘探开发技术研究与支撑工作，努力建成上游战略科技力量。

二、实践经验

习近平总书记在2016年全国科技创新大会上提出“向地球深部进军是我们必须解决的战略科技问题”这一重要论断，并在2021年中国科协第十次代表大会上再次提出“要在深海、深空、深地、深蓝等领域积极抢占科技制高点”。中国石化闻令而动，坚决贯彻落实习近平总书记系列重要指示精神，全力以赴向“地球深部找油要气”主战场冲锋进军，坚决扛起保障国家能源安全的战略责任，切实践行“能源的饭碗必须端在自己手里”的殷切嘱托，坚持科技创新作为第一生产力，持续加大深地油气领域的研究、勘探、开发和利用，推动深地油气工程迈上新台阶、踏入新阶段。

中国石化坚决扛起“担当国家战略科技力量”的核心职责，永葆自强之志，在深层油气勘探开发的关键核心技术攻关中发挥中坚力量，搭建起深层油气勘探开发基础研究、科技攻关、成果转化“三大平台”，大力推进“大兵团”联合攻关、“揭榜挂帅”等科技创新组织模式，全力打造原创技术策源地，持续加大深层攻关取得重要突破。

（一）突出基础理论方法研究，推动原创理论创新

我国深层、超深层油气资源占全国油气资源总量的34%，具有资源丰度高、规模大、整体储量大等特点，但存在诸多世界级勘探开发难题。中国石化大力推进基础理论方法研究，丰富完善了深层超深层碳酸盐岩油气、深层页岩气和深层页岩油成藏富集理论，为深层油气不断突破打下坚实基础。

1. 打造体系化基础研究力量

构建以全国重点实验室、国家能源重点实验室、中国石化重点实验室三级实验室为框架的创新体系。强化全国重点实验室基础研究国家队作用，中国石化依托深层油气全国重点实验室、页岩油气富集机理与高效开发全国重点实验室、国家能源碳酸盐岩油气重点实验室和国家能源页岩油研发中心等实验室，重点开展战略性、前瞻性、基础性科技创新。强化中国石化重点实验室基础研究后备队作用，将重点实验室研究方向聚焦应用基础研究，理顺管理权责，创新管理机制，构建基础研究、应用基础研究、前沿技术融通发展的新体系。

深化创新协同。国内合作方面，与国内知名高校、科研院所和其他企业开展了多项技术攻关，协同国内产学研创新提升。联合中科院广州地化所攻关深层—超深层黄金管生烃动力学模拟实验装置，样机研制成功；与中国移动、腾讯云联合研发面向油气勘探开发的5G野外移动组网小型化关键装备；与南京大学、中科曙光协同开展大数据和云计算应用技术攻关，实现了云部署；与华中科技大学开展大通径管汇检测技术研究，研制出内外检测机器人各1套；与清华大学联合成立油田化学联合研究中心，启动油田化学品等领域合作项目；优化“揭榜挂帅”机制，利用社会力量，“张榜求贤”，发布揭榜挂帅项目，成功开展3项项目。国际合作方面，与得克萨斯大学奥斯汀分校合作，在深度学习地质建模技术方面取得了较好成绩；与美国迈阿密大学开展合作研究，针对储层发育机理开展对比研究；与澳大利亚昆士兰大学联合开发碳酸盐激光原位U-Pb定年标准样，该标样有望成为国际标样。

2. 丰富完善深层超深层碳酸盐岩油气富集理论

顺北深层油气田位于塔里木盆地中西部，油藏具有超深、高温、高压等

特点，储层平均埋藏深度超过8000米。中国石化突破传统地质认识，形成了超深层断控缝洞型油气成藏理论，率先突破了8000米超深层油气勘探“死亡线”。创新提出了“低地温、大埋深、高压力”条件下海相烃源岩抑制生烃模式，指出超深层现今依然有液态烃生成条件，是油气勘探的有利领域；突破了“断裂带主要发育裂缝，不能形成规模储集体”的传统认识束缚，在构造低洼区发现了超深走滑断裂断控缝洞型储集体新类型；创新建立了“寒武多期供烃、构造破裂控储、原地垂向输导、晚期成藏为主、走滑断裂控富”成藏模式，丰富和发展了海相油气成藏理论。

3. 深层页岩气勘探开发理论和方法突破

四川盆地页岩气资源丰富，创新形成了南方海相页岩气“二元”富集理论。深化深层页岩气生储机理研究，揭示“‘石英抗压保孔’是深层优质页岩储层孔隙发育的基础”，建立源—储—超压动态演化耦合模式；建立了深层页岩气“超压富气”模式，明确“优质页岩、高流体压力、微裂缝发育、低地应力”是深层页岩气甜点评价的关键要素；在储层含气性预测方面，初步形成以有机碳含量、脆性指数和含气性叠前地震定量预测为核心的页岩气“甜点”地球物理预测技术体系，预测精度大幅提高。

4. 深层页岩油勘探开发理论和方法突破

济阳坳陷为陆相断陷盆地，形成多套厚层页岩油气层，分布范围广，资源量大。基于气候旋回、古物源、古水深等控制作用，明确了湖退—湖进页岩岩相组合单元；建立了页岩含油量密闭取心校正技术、分温阶热解不同赋存状态油定量表征技术，完善了济阳页岩油资源量评价技术系列；形成“储、缝、压”三元储渗理论认识，科学回答了济阳页岩油高产稳产的机理。

（二）加强核心技术和装备攻关，抢占科技制高点

1. 超深层断缝体勘探开发关键技术与装备

顺北油气田高效勘探开发面临储集体精准成像难度大、油气藏高效动用难、高效成井难等挑战，中国石化聚焦关键问题开展科技攻关。

勘探方面，建立了超深层走滑断控缝洞体角度域成像技术，大幅提高了走滑断裂带及缝洞体成像精度，明确了断裂与缝洞体结构特征，形成“通源主断面、串珠红波谷、应力场方向”三参数靶点空间精准定位技术，实现规模储集体钻遇率由71%提高至87.5%。

开发方面，集成创新超深断控缝洞型油气藏开发评价技术体系，揭示断控缝洞型油气藏“纵向厚度大、非均质性强、底水规模小、重力分异大”特

征，形成断控缝洞型油气藏“一井多控”高效动用技术，百万吨产能井数降低70%。

工程技术方面，形成超深层断控缝洞型油气藏地震勘探工程技术体系，集成VSP井控速度建模与角度域成像技术，形成9000米特深层钻完井关键技术，研制200℃超高温MWD井下仪器，开发出245℃超高温混合钻头和215℃超高温螺杆钻具，钻头寿命由48.5小时提升至65.5小时，螺杆钻具寿命由80小时提升至100小时。

2. 深层页岩气勘探开发关键技术与装备

钻完井工艺迭代升级，通过井身结构优化+高效PDC钻头+旋转导向，水平井钻井周期逐年降低；初步形成了垂深4000~4500米的“多段少簇、大液量、大排量、强加砂、双暂堵”压裂主体工艺技术体系，为深层页岩气的产量不断提高提供了坚强的技术保障，提产效果显著。

压裂装备、工具及材料实现国产化，完成国际上首台（套）SCF8000电动压裂泵送装置工程样机及型式试验，2500型电动固井装置在重庆南川地区开展首次工业试验，装备国产化率达到95%以上。

3. 深层页岩油勘探开发关键技术与装备

陆相页岩油甜点地质预测与效益开发技术。基于页岩四性研究与实践，创建济阳页岩油地质工程甜点评价参数体系，开展资源分级、甜点分类评价。建立了以效益甜点分级分类评价标准、页岩油“三区”渗流模式为代表的陆相断陷盆地页岩油地质综合评价及开发优化设计技术，初步形成陆相断陷盆地页岩油一体化建模数模方法，形成了立体开发技术政策。

攻关形成配套工程技术体系。建立地质甜点、压裂甜点和钻井甜点“三甜点”定靶层模式。形成了“井轨迹优化控制+精细控压+差异化堵漏+个性化模式+高效固井技术”为一体的优快钻井技术。建立了“中液量+强加砂+多级次复杂缝网”压裂理念，配套形成集“CO_2混相压裂”“缓速酸压”“通道压裂”“体积压裂”于一体的“组合缝网”压裂工艺。

（三）加速创新链与产业链融合，打造深地工程

中国石化立足高质量勘探和效益开发，加速深地领域油气勘探开发技术成果转化，打造深地工程，快速形成增储上产阵地。

1.“深地一号”工程

中国石化“深地一号”顺北油气区位于塔里木盆地顺托果勒低隆起，2022年8月，深地工程顺北油气田基地揭牌。中国石化以全流程地质工程一

体化、勘探开发一体化理念为指引，聚焦规模增储、高效建产，形成顺北地质工程一体化“少井多产”关键技术和做法，落地形成高产井“七要素”关键技术，创新形成高产井“五有五提升”管理做法，高质量推动“深地一号”工程建设。2015 年发现至今，边探索边动用、边开发边试验，7 年建成年产 300 万吨油气规模阵地。

2. 四川盆地深层页岩气

涪陵页岩气田被发现后，按照“拓展志留系，攻关寒武系，探索二叠系，重新评价侏罗系，研究盆外区”的思路，先后在川东红星二叠系吴家坪—茅口组、川北普光二叠系大隆组、川南井研—犍为寒武系筇竹寺组取得重大突破，形成三个超千亿立方米的规模增储阵地，评价有利区带页岩气资源量 2.2 万亿立方米。

3. 胜利济阳页岩油国家级示范区

2021 年 12 月 1 日，《胜利济阳陆相断陷湖盆页岩油国家级示范区》方案通过国家能源局组织的论证，2022 年 8 月 25 日示范区正式揭牌。针对页岩油高投入、高风险的特点，搭建了以项目部为统筹引领、“科研院所 + 生产单位”为支撑的工作平台，构建一体化推进、规范化管理的运行模式，全力以赴提质提效控风险。2023 年新增页岩油三级储量超 10 亿吨，超额完成国家级示范区任务。

三、取得的成效

一是顺北快速形成凝析油气大油气区。2023 年集中部署顺北中部富油气区，接连打出了 13 口高产井，高效突破了两条亿吨级油气富集主干条带，发现了四条千万吨级次级断裂带，风险勘探断裂间新领域喜获千吨高产，形成了少井高产示范区，新增油气探明储量 2246 万吨、675 亿立方米。顺北油气田累计探明 2.76 亿吨、2095 亿立方米，预计年产 300 万吨当量。

二是走出涪陵，走出志留系，四川盆地页岩气实现跨越式发展。川东南深层页岩气取得重大突破，实现“走出涪陵”，通过川东南盆缘构造带整体评价攻关，取得东溪、丁山、新场、林滩场等重大突破，展现出川东南盆缘深层页岩气良好的勘探前景，落实有利区资源量 1.19 万亿立方米，提交三级储量 4466 亿立方米。新层系页岩气勘探取得重大突破，实现“走出志留系”，2021 年川东石柱复向斜红页 1 井吴家坪组日产气 8.9 万立方米，突破二叠系海相新层系，落实资源量 6986 亿立方米；2023 年普光雷页 1 井大隆组日产气 42.66 万立方米，落实资源量 1727 亿立方米，实现二叠系大隆组新层系新类型突破。2022 年金石 103 井筇竹寺组试获日气 25.86 万立方米，成功打开了寒武系页岩气勘探新局面。

三是陆相页岩油勘探持续获得重大突破。在济阳沙河街、四川侏罗系、苏北阜二段取得战略突破，初步形成一个十亿吨级、两个亿吨级规模增储上产阵地。济阳坳陷民丰、利津、牛庄、博兴、渤南洼陷相继打出一批高产井，已有 22 口井峰值日油超百吨，21 口井累油过万吨，2023 年，新增控制 + 预测储量 10 亿吨，新建产能 30 万吨，年产油 30 万吨。

（由中国石油化工集团有限公司供稿）

把握能源革命趋势　聚力打造工控领域国家战略科技力量

一、基本情况

国能智深控制技术有限公司（以下简称“国能智深”或“公司”）前身为1984年水电部电科院（现中国电科院）成立的电厂自动化研究所。2002年5月，中国电科院与国电电力共同投资成立国能智深，承接了电厂自动化研究所全部研发力量，经过系列股权调整，公司注册资本2.04亿元，现为国家能源集团科技环保有限公司控股（72.45%）、国网电力科学研究院参股（27.55%）的国有全资高科技企业。

作为DCS自主创新的国家队、主力军，国能智深经历了探索跟跑、攻坚并跑和创新领跑的自主创新历程，创造了18项“世界第一”和“中国首台套”，拥有7个研发平台（国家能源局赛马争先平台2个、国家重点实验室、国家能源集团工控研究中心、智能发电协同创新中心、北京市电站工程技术研究中心和北京市企业技术中心），1个博士后科研工作站和1个集团创新工作室，公司2022年被认定为国家知识产权优势企业、入选国家级专精特新“小巨人”企业；2023年入选国务院国资委“创建世界一流专业领军示范企业”和“科改企业”名单，获选国家重点产业链LZ企业，行业地位得到国家认可。

二、实践经验

（一）坚持科技创新引领，创造高质量发展源泉动力

1. 以国家战略需求为导向，着力加强核心技术攻关

国能智深以国家能源工控需求为牵引，逐年加大研发投入，2023年研发投入达9829万元，研发投入强度继续保持高位；组建专业研发团队，定期梳理工控领域发展及公司业务需求的关键技术问题，结合重点科技项目，组织专项攻关。成立了由“党的十九大代表”陈峰牵头的工程组、“全国劳模”

田雨聪牵头的研发组，聚力攻关“自主安全可控化工控制系统研发”“大型重型燃气轮机发电机组国产自主可控智能成套控制系统研制及新能源智慧运维”等工控领域关键核心技术；持续开展通用智能平台、煤炭灵活智能发电、新能源智能发电、工控网络安全等 8 个方面的研究工作；成功完成国内首个自主可控智能分散控制系统（iDCS），系统软件、硬件国产自主化率均达到 100%，核心技术拥有 100% 自主知识产权，彻底解决了火电和风电领域工业控制系统“卡脖子”问题。

2. 以市场供需关系为导向，切实推动科技成果转化

国能智深牢牢把握能源领域发展趋势，瞄准国家新能源产业发展前沿，设立水电新能源、核电、化工等事业部，建立以“市场需求—技术研发—工程执行”为主的问题导向工作机制，实现同源核心技术在新业务领域拓展应用，有力促进科技成果转化。围绕“华龙一号”“玛尔挡水电”“宁东光伏基地”等项目配置创新资源，秉持“科研工程一体推进、产学研用协同创新”的原则，组建跨部门创新研发项目团队开展联合攻关，成立“智能一体化管控平台（iICP）研发团队”“工控系统硬件研发青创队”等技术攻关小组，成功研发综合能源发电一体化智能监控平台，在宁东百万千瓦级大型光伏电站实现示范应用，该成果被中国电机工程学会鉴定为国际领先水平，并获得中国自动化产业协会 2024 年度“创新产品奖”。

3. 以前沿颠覆技术为导向，超前布局科研平台建设

国能智深建立合作开放的科创机制，聚集优势、集成共享，获批建设国家能源局“国家能源工控系统和信息安全研发中心”“国家能源灵活智能发电技术研发中心”；与中科院、清华大学、东南大学等行业科研院所、知名高校开展科技创新合作，建成“智能灵活燃煤发电”“新型电力系统”“煤炭智能开采”“智慧化工”等多个高层次科研创新平台，与华北电力大学开展“校企联合研究生培养基地项目”建设工作；依托博士后工作站，成立技术创新研究中心，围绕工业人工智能、工业互联网、先进控制、操作系统及工业软件、工控信息安全、工业总线及无线通信等技术方向，开展前沿及共性关键技术研究；通过重新构建高效的企业研发组织架构，形成“自主 + 集成”创新合力，持续产出原创技术和卓越产品，为化石能源清洁化、清洁能源规模化、能源产业智能化提供有力支撑。

（二）坚持前瞻布局谋划，拓展高质量发展新质空间

1. 发挥智能制造支撑引领作用，准确把握新质生产力

国能智深2022年成立天津子公司，围绕“精益生产、谋新发展”核心任务，旨在打造产品制造和工程交付中心。自主研发国产化工控系统智能产线一期于当年底投入运行，二期产线在2023年底完成安装调试及试运，产品装配效率及装配可靠性均得到大幅度提高，控制器、电源模块及国产化板卡组装效率分别提升20%、25%和15%，产线产品合格率提至98%以上，2023年产线完成三大系列112种产品的导入和生产并成功入选2023年国家级智能制造优秀场景，实现了iDCS、iPLC等工业控制系统研发、制造及工程服务全流程自主可控的目标，满足公司中远期业务发展需要。

2. 强化产业链链主主导地位，培育形成新质生产力

国能智深建立以自主可控iDCS研发应用，引领国产操作系统、工业芯片、元器件、工控机、服务器等上下游产业协同创新机制，组织开展产业链链核项目引进、上中下游企业群体调研座谈、企业参访与学习交流等。将研发需求及成果积极运用到上下游企业技术创新和产品性能提升之中，精准引导产业链升级，围绕产业链部署创新链，促进创新链、产业链、价值链“三链融合”，形成“服务能源主业、聚焦DCS产品、工控核心技术引领、共享产业链价值创造”的可持续发展模式。

3. 构建现代化区域服务体系，推动发展新质生产力

为提升公司生产制造和工程服务能力，国能智深将北京公司定位为战略中心、创新中心、市场中心及运营管理中心，将天津子公司定位为产品研发中心、智能制造中心、工程服务中心及培训中心。下一步，成立东北、华北、西北、华东、华南、西南等区域服务中心，形成国能智深“1+1+6”产业整体布局，深入推进市场滚动发展，逐步形成“营销＋产品＋工程服务”的新质业务模式，提升区域安全生产保障能力。

（三）坚持体制机制改革，增强高质量发展动能活力

1. 完善科研管理体系，强化技术创新硬核力

公司坚持“四个面向”，充分发挥技术委员会的专家论证作用，做好科技研发项目科学决策；组织各支部业务骨干，成立“党员先锋队”“青年突击队”等关键力量，与重大项目业主单位成立“联创共建”党支部，共同推进项目攻关；增设董事会科技创新委员会，有效防范决策风险，保障公司科技创新

战略的有效执行，为董事会科技创新相关重大决策提供建议和支撑；坚持价值创造的激励机制建设，将三项制度改革作为激发活力、提高效率的着力点和突破口，印发实施《科技成果转化激励机制管理办法》《科技创新奖励办法》等制度，健全科研项目管理机制，完善科技成果转化激励办法，进一步激发科技创新新动能。

2. 健全市场化管理机制，挖掘企业经营潜动力

公司建立"劳动合同 + 岗位协议 + 绩效考核"的市场化用工契约管理体系，实施季度绩效考核，全体干部员工签订岗位协议及考核目标责任书，进一步畅通"能下"渠道，年度管理人员退出比例约为8.33%。重点实施激励约束机制，对承担国家核心技术攻关项目、创新工作室以及作出突出贡献的科创团队或个人，申请工资总额单列及科创奖励，员工浮动工资占比达到70%，同一岗位员工收入差距倍数达 1.75 倍。

3. 建立高水平人才队伍，激发科技人才创造力

公司建立健全科技领军人物引培机制，柔性引进省部级及以上人才14人；全面推行科技人才自主培养机制、全方位培养青年科技人才，通过凝练重大科技任务，制定技术攻关项目清单，组织青年团队"揭榜挂帅"，充分发挥青年科技领军人才"领头雁"与"孵化器"作用，实现"以才引才""以才聚才"，形成科创人才梯队。2023 年，1 人荣获中国电机工程学会年度电力优秀科技工作者称号，1 人荣获年度电力优秀青年科技人才称号。

三、取得的成效

一是服务国家战略能力不断增强。国能智深在行业内率先推出智能分散控制系统（iDCS），于 2018 年在内蒙东胜电厂率先应用，经中国电机工程学会组织技术鉴定，认为"该系统设计思想先进、功能齐全、智能化程度高，整体技术达到国际领先水平"，2020 年底完成了 DCS 关键芯片国产化替代研发工作，实现了平台软件 100% 自主化，关键芯片和操作系统 100% 国产化，2021 年在内蒙古布连电厂 2 号机实现示范应用，当年底在国能上海庙百万机组上进行全面应用，近年来，已在国能蚌埠电厂、国能惠州电厂、国能清远电厂、国能九江电厂等 50 多台大型火电机组完成工程示范和推广应用，引领了行业技术发展方向。公司深耕传统火电市场的同时，把同源技术与煤炭、化工、水电新能源等产业需求相结合，针对大型能源基地开发了智能一体化管控平台，解决了大型能源基地控制系统规模降阶、千万级数据融合难题，实现了生产全域数据采集和智能分析，多种形式能源的

高效协同控制和对电网的主动支撑，全国最大的新疆甘泉堡“源网荷储”增量配网项目实现应用，为我国以新能源为主体的新型电力系统提供智慧大脑。

二是科技创新动能持续提升。国能智深先后承担完成国家发改委（国家能源局）、国家科技部、国家工信部等重点科研项目 15 项，获得国家科技进步奖二等奖 2 项、省部级科技奖 29 项，是 5 个国家及行业标准委员会成员单位，参与编写发布 40 项国家和行业标准，拥有软件著作权 102 项，专利 100 项。2023 年，完成国家发改委 AK 项目等 3 个国家级重点项目验收，“大功率磁悬浮飞轮储能及火储联合调频关键技术、装备与工程应用”获评中国电力科学技术奖一等奖，“全国产自主可控智能火电分散控制系统研制及应用”等 2 项成果获评国家能源集团科技进步一等奖。iDCS 和 iPLC 入选国资委《中央企业科技创新成果推荐目录》，“自主可控的光伏智能子站关键技术及应用”被评为 2023 年度能源工业互联网优秀案例。

三是行业影响力持续攀升。公司 2022 年被认定为国家知识产权优势企业、国家级专精特新“小巨人”企业和北京市“专精特新”中小企业，2023 年入选国务院国资委“创建世界一流专业领军示范企业”和“科改企业”名单，获选国家重点产业链 LZ 企业。近三年（2021—2023 年），公司保持了稳中有进、进中向好的良好发展态势，改革各项举措取得显著成效，推进党的建设、现代企业治理、市场化经营机制、科技创新机制等方面重点改革任务 21 项，完成 2023 年度目标任务 7 项，完成率达 100%。标准化建设持续推进，发布《工业自动化和控制系统信息安全产品安全开发生命周期要求》《工业自动化和控制系统信息安全 IACS 组件的安全技术要求》2 项国家标准。产业规模逐年攀升，新签合同额由 6.05 亿元增至 13 亿元，增幅 114.88%；营业收入由 4.11 亿元增至 7.25 亿元，增幅 76.40%；利润总额由 2831 万元增至 6233 万元，增幅 120.17%；全员劳动生产率由 62.48 万元增至 99.13 万元 / 人，增幅 58.66%；2023 年，成果转化合同额达 11.59 亿元，实现成果转化收入 3.17 亿元。

下一步，国能智深将坚持科技赋能、创新制胜，以国家战略需求为导向，着力解决我国工业控制系统自主安全可控的“卡脖子”问题，持续开展全国产化核电机组 F-SC3&NC 级 DCS 平台研发与应用、高性能全国产化大型 PLC 研发与应用、大型重型燃气发电机组国产自主可控智能成套控制系统研制与示范等重点任务研究工作；保持在大型火电 DCS 和智能发电技术的领先优势，结合国家能源集团火电机组 DCS 国产化改造规划全面部署自主可控的

iDCS 平台，加快同源技术在煤炭、化工、水电、新能源等领域的应用示范及推广，与核电、石化、船舶等行业优势企业开展战略合作，聚力打造“世界一流能源智能生产整体解决方案提供商”，更好发挥科技创新、产业控制、安全支撑作用。

（由国家能源投资集团有限责任公司供稿）

建强大电网　构建大通道
打造大基地　高质量服务新时代西部大开发

一、基本情况

2024年4月23日，习近平总书记在新时代推动西部大开发座谈会上指出，要坚持统筹发展和安全，提升能源资源等重点领域安全保障能力。加快建设新型能源体系，做大做强一批国家重要能源基地。加强管网互联互通，提升“西电东送”能力。习近平总书记的重要指示，为国家电网公司加快推动电网转型发展、服务新时代西部大开发赋予了历史重任和光荣使命。

作为国家电网公司在疆全资子公司，国网新疆电力有限公司（以下简称“国网新疆电力”）以建设运营电网为核心业务，承担着贯彻落实新时代党的治疆方略，保障自治区安全、经济、清洁、可持续电力供应的基本使命。国网新疆电力成立于1990年5月，经营区域覆盖全疆14个地（州、市），供电营业面积约160万平方公里。共有员工3万余人。

近年来，国网新疆电力以习近平新时代中国特色社会主义思想为指导，深入贯彻“四个革命、一个合作”能源安全新战略，在国家电网公司党组和自治区党委政府坚强领导下，持续加大在疆电网投资，加快建设补强各级电网，推动750千伏电网工程覆盖全疆各地州，建成世界电压等级最高、输送容量最大、输送距离最远、技术水平最先进的±1100千伏吉泉特高压直流，形成了“内供四环网、外送四通道”主网架格局，有力支撑新疆打造准东、哈密等千万千瓦级综合能源基地，将电力送到安徽、浙江、河南等多个省份，充分发挥新时代国家“三基地一通道”和全国能源资源战略保障基地的重要作用。

二、实践经验

新疆能源资源禀赋优势明显，储量大、品种全、品质好，煤炭储量全国首位，风能、太阳能储量全国第二、综合储量全国首位，抽蓄电站可开发资源极其丰富，具备大规模“一体化”开发的条件和基础。电网连接能源生产和消费，是能源输送和转换利用的网络枢纽，处于能源革命的中心环节。在新疆大力实施能源强区战略、加快推动能源绿色低碳转型的进程中，国网新疆电力加快构建新型电力系统、推进疆电外送通道建设、服务新能源高质量跃升发展，为推动新时代西部大开发战略在疆落地、深入推动能源供给革命作出积极贡献。

一是加强规划引领，紧扣需求完善发展布局。规划是发展建设的蓝图，做好电网规划，就牵住了能源电力发展的“牛鼻子”。在国家电网公司统筹指导下，国网新疆电力成立了以主要负责人担任组长的电网规划建设、新型电力系统等领导小组机构，紧紧围绕新疆丝绸之路经济带核心区建设，加强能源电力消费量化分析和预测，全方位加强电网规划布局研究，高质量完成“十三五”规划目标、推动“十四五”规划落地实施，特别是紧抓“十四五”规划修编窗口期，推动一批750千伏电网工程纳入国家“十四五”电力规划，纳规数量和规模位居全国前列，相当于再增加了一个五年规划。紧跟自治区“八大产业集群”发展需求，围绕电力需求、电源发展、电力流向、大基地组网、大电网稳定运行机理等，提前开展“十五五”及中长期电网规划研究，高质量研究编制新疆新型电力系统发展规划，科学引领新疆电网高质量发展。

二是坚持聚焦主业，因地制宜建强各级电网。坚强主网架是电网高质量发展的基础，配电网是电网高质量发展的关键。在国家电网公司援疆政策和东西帮扶资金支持下，国网新疆电力持续加大投资规模，构建“省地+业务支撑”全过程前期工作责任体系，综合统筹项目前期、停电窗口、用户需求等因素，科学制定里程碑计划，推动750千伏电网贯通天山南北，实现东至哈密、西至伊犁、北至阿勒泰、南至和田，重点城市形成220千伏环网，全部工业园区实现110千伏及以上供电，全面推进35千伏变电站智能化改造，建成10千伏分区域配电自动化系统。特别是为服务重点产业项目落地、支持“乌昌石”大气污染防治，高效建成投运750千伏甘泉堡等一批重点工程，全面形成750千伏乌昌核心区双环网。聚焦南疆高质量发展，相继开工750千伏巴州—铁干里克—若羌、和田—民丰—且末—若羌等6项工程，创下南疆当年开工750千伏项目个数、规模和投资最大纪录，推动南疆750千伏骨干网架尽早“环起来”。

图 1　750 千伏伊犁—库车输电工程

三是坚持超前布局，抢抓先机拓展外送通道。疆电外送通道是新疆能源资源优势转化的“大动脉”。国网新疆电力将疆电外送工程作为头号工程，持续扩大新疆电力外送能力和规模，在 750 千伏哈密至敦煌、烟墩至沙洲两条交流通道的基础上，国网新疆电力相继于 2014 年、2019 年建成投运 ±800 千伏哈密南—郑州特高压直流输电工程、±1100 千伏准东—皖南（吉泉）特高压直流输电工程，构建形成“两交两直”疆电外送格局。在此基础上，最快速度推动 ±800 千伏哈密至重庆直流核准开工，新疆段率先进入组塔阶段，建设进度在沿线五省排名前列。全力推动 ±800 千伏疆电（南疆）送电至川渝特高压直流工程纳入国家“十四五”电力规划，倾尽全力最快速度推进前期工作，力争直流第四通道年内核准开工。围绕自治区准东、哈密等千万千瓦级能源基地布局建设，深化后续疆电外送布局方案研究，以大基地、大通道建设带动重点产业发展。

图 2　±1100 千伏昌吉换流站

四是坚持源网协同，优化结构实现多元供应。习近平总书记指出，立足国内多元供应保安全，大力推进煤炭清洁高效利用，着力发展非煤能源，形成煤、油、气、核、新能源、可再生能源多轮驱动的能源供应体系，同步加强能源输配网络和储备设施建设。国网新疆电力立足全疆各地州不同的资源禀赋、区位优势和发展条件，坚持“煤电保供应、新能源调结构”原则，积极推动各类资源科学组合开发利用。特别是面对新能源爆发式增长，加快构建新能源供给消纳体系，建立源网高效协同机制，通过举办能源电力高质量发展座谈会等形式与电源企业深化沟通，以项目化表单化方式推进新能源与配套电网项目同步建设、同步投产。加快推动“新能源＋产业”发展，加强清洁电力外送、新能源出力预测、火电灵活性改造，建立“绿电绿证交易服务＋消纳责任权重”双轮驱动市场机制，推动了新能源开发建设预警由“红”转“绿”，实现了“增量稳率”目标。

五是坚持扛牢责任，未雨绸缪强化供应保障。习近平总书记指出，能源保障和安全事关国计民生，是须臾不可忽视的“国之大者”。能源电力保供是电网企业肩负的首要责任。国网新疆电力坚持从政治上看保供，坚持“系统思维”保障内供外送电力可靠供应，加强与各级政府和主管部门、发电企业沟通汇报，深度挖掘风光水火各类资源潜力，加快推动煤电机组建设投产，开展供热机组热电解耦改造，协助指导自备电厂企业减少机组非计划停运，持续提升应急顶峰能力。高质量做好电网调控和设备运维，确保大电网长期安全稳定运行和电力可靠供应。推动吉泉直流具备满功率运行条件，依托跨省互济、跨区交易等机制最大限度稳发稳供、多发多送，全力服务全国能源保供大局。坚持“底线思维”守牢大电网安全生命线，加强电网仿真分析，推进新能源实测建模，建立大电网机电、电磁混合仿真模型，精准把握大电网的运行机理和特性。在电网薄弱区域推广应用新能源＋储能＋调相机，降低新能源大面积脱网风险。政企协同开展迎峰度夏度冬电网大面积停电演练，提升电网应急处置能力。坚持“极限思维”常态化应对极端气候挑战。加强与气象、应急、水利协同，构建电力气象监测预警机制。加强县域N–1停电风险管控治理，针对“北疆大风冰雪、南疆沙尘地震”频发特点，提升电网差异化设计标准，加快中低压发电机配置，开展智慧微电网与人电网耦合保供示范工程。

六是坚持创新驱动，攻关示范破解发展难题。推动能源供给革命的过程中，既要创新解决传统电网发展的老问题，更要攻坚新型电力系统建设的新挑战。国网新疆电力全面落实国家创新驱动发展战略，坚持依托外智、提升内力，组建科技咨询委员会，推动构建产学研用协同的疆电特色创新体系，深入开展“无人机＋智能巡检”示范应用，承担好沙漠区域混合智能微电网等一批国家重点科研项目。创新打造疆电特色能源大数据中心，接入能源、经济、环保等各类数据，打造电力看八大产业等特色数据产品。在国家电网公司支持下，南疆被确定为国网系统地区级新型电力系统示范区，国网新疆电力积极谋划推动成立新型电力系统研究院，组建工作专班，围绕南疆“保供应、促消纳、增外送”开展重大研究，“建设一批、储备一批、谋划一批”示范项目，积极推动技术攻关、试验验证、示范应用，在特高压输电、大电网安全控制等领域取得一批重大成果。

七是坚持开放合作，共建共享凝聚最大合力。能源革命涉及源网荷储各环节、政企院校各方面，是一场广泛而深刻的系统性变革。国网新疆电力始终坚持开放合作的发展理念，在自治区党委政府高度重视支持下，国网新疆电力积极配合各委办厅局，科学制定新型电力系统高质量发展实施方案、新能源开发七条路径指引等一揽子政策；与全疆各地州全面签订发展合作协议，助力属地电网高质量发展。广泛构建新型电力系统创新联盟，与清华大学、电规总院、中国电科院、国网经研院、能源院、智研院、信通产业集团等单位深化合作，联合中电联等高端智库合力研究构建新疆新型电力系统，持续扩大“朋友圈”“合作群”，推动新疆电力高质量发展的合力不断凝聚。

三、取得的成效

经过十年的发展，能源革命部署在新疆落地生根、开花结果，加快推动新疆能源资源优势转化为经济发展优势，有力促进新疆经济社会高质量发展和长治久安，为保障国家能源供应安全、服务新时代西部大开发提供了坚强支撑。

一是“大电网”加速延伸补强，能源输送配置能力不断提高。从迈入超特高压交直流混联大电网时代，到最高电压等级提升至 ±1100 千伏，再到 750 千伏骨干网架覆盖全疆各地州，新疆电网实现“三次质的飞跃”，形成了东西长约 2000 千米，南北宽约 3300 千米的最大省级电网，新增投产 110 千伏及以上变电容量 1.2 亿千伏安、线路长度 3.07 万千米，全面完成抵边村寨、光伏行政村、南疆四地州深度贫困地区等电网工程建设，如期完成超百万户南疆“煤改电”和边防连队、边境口岸供电任务，电网安全运行能力、输送配置能力、资源转化能力大幅提升。

二是“大通道”加速落地建设，能源外送供应能力大幅跃升。“两交两直”疆电外送功率首次提升至 2040 万千瓦，创历史新高，年外送电量从每年 177 亿千瓦时提升至 1263 亿千瓦时，其中吉泉直流日外送电量达 2.419 亿千瓦时，创世界直流输电工程输送功率之最。自疆电外送以来输送电量突破 7785 亿千瓦时，送往北京、河南、安徽等全国多个省市，绘就了“煤从空中走、电送全中国”的生动画卷。同时，随着疆电外送直流第三、第四通道乃至后续新增通道落地，新疆在全国能源保供全局中的战略地位更加凸显。

图3 哈密千万千瓦级风光互补基地

三是“大基地”加速集聚形成，能源供给保障能力成倍增长。立足新疆丰富的各类能源资源、日益建强的坚强网架和外送通道，准东、哈密等千万千瓦级综合能源基地逐步形成，支撑全疆并网装机超过1.44亿千瓦，其中火电6656万千瓦、新能源7007万千瓦，分别是2014年的2倍和9倍，新能源装机占比接近50%。建成投产新型储能553万千瓦/1784万千瓦时、抽蓄90万千瓦。新能源利用率达到95%，新疆新时代国家“三基地一通道”和全国能源资源战略保障基地作用发挥更加突出。

四是“大开发”加速厚积成势，能源优势转化能力显著增强。通过建强大电网、构建大通道、打造大基地，新疆推动新时代西部大开发的资源优势加快转化为经济优势，涌现出金风科技、特变电工等一批清洁能源装备制造重点企业，推动了新能源与储能、煤化工、石油化工、电动汽车、新材料等产业集群耦合联动发展。特别是随着新疆以煤炭为基础、油气为关键、新能源为方向，促进煤炭产能提升和清洁高效利用，大力推动石油天然气增储上产，加快建设以新能源为主体的新型电力系统，推动新疆能源资源转化的合力更加强劲，必将为国家能源安全供给稳定作出更大贡献。

（由国家电网有限公司供稿）

张北的风，点亮北京的灯

一、基本情况

北京能源集团有限责任公司（以下简称京能集团）成立于2004年，由原北京国际电力开发投资公司和原北京市综合投资公司合并而成，2011年、2014年先后又与北京市热力集团有限责任公司、北京京煤集团有限责任公司实施合并重组，实现了产业链条融合互补。经过多年的资源整合，京能集团由单一能源产业发展为热力、电力、煤炭、健康文旅等多业态产业格局。投资区域遍布全国31个省（区、市）以及海外，控股京能清洁能源、京能电力、昊华能源、京能置业、京能国际、京能热力6家上市公司，盈利水平长期稳居北京市属企业前列。2023年在中国企业500强排名第253位，中国服务企业500强排名第87位。

截至2023年底，京能集团运营装机容量为4827万千瓦，其中可再生能源装机2118万千瓦，占比为44%；煤炭产量为1706万吨/年；管理的供热总面积约为5.74亿平方米，其中，北京市供热面积为3.91亿平方米，占首都核心区供热市场的80%以上。

面向未来，京能集团坚持以习近平新时代中国特色社会主义思想为指导，肩负“传递光明　温暖生活”的使命，秉持“以人为本　追求卓越”的价值观，服务首都，深耕京津冀，以能源为主、相关多元、产融结合、协同发展为目标，努力建设成为具有中国特色国际一流的首都综合能源服务集团。

二、实践经验

（一）项目基本情况

2015年7月，北京如愿获得第24届冬奥会举办权，但冬季$PM_{2.5}$浓度依然居高不下，京津冀地区长期依赖煤电供暖的局面依旧没有改变。国家能源局要求北京市和河北省利用冬奥会契机，联合实施风电清洁供热项目，根据要求，北京市发改委确定由北京市属大型能源骨干企业京能集团作为实施主体。张家口—北京可再生能源综合应用示范工程是国家首个可再生能源示范区重点项目，是冬奥会配套基础设施，2019 年 6 月 30 日，该项目获得核准，总装机容量为 115 万千瓦，由 7 个风电场组成，分布在张家口坝上康保、尚义、张北三县，共安装 289 台风力发电机组，由在张家口集控中心统一调度（见图 1）。与京能集团同期在北京市建设的冬奥会综合能源项目、绿电解水制氢项目和绿电供热项目，为冬奥会和首都提供综合性的清洁能源保障。本项目于 2020 年 7 月开工建设，2021 年 12 月全容量并网发电。执行概算 91.05 亿元，竣工结算 80.66 亿元。

图 1　示范工程全貌

（二）先进设计理念

以智慧化、数字化、生态化为设计理念，通过风电清洁供热方式，促进首都能源结构调整。

1. 智慧化风场

该项目为国内首个复杂环境下的大规模智慧化风电场。“无人值班、集中监控、智慧运维”的顶层设计理念引领陆上风电运维模式新变革，获得省部级科技进步奖一等奖 2 项。在风电机组上同时集成 7 项自动监测系统，结合互联网、GIS、边缘计算、智能安全帽等软硬件设备的研发应用，由集控中心统一调度，通过高质量运维管理，建设网源友好型风电场（见图 2）。这为国内首个智能风电场行业标准——《智能风电场技术导则》的制定提供了技术支撑。

图 2　京能绿电集控中心

2. 全过程数字化

通过工程规划、勘察、设计、建造、运行全过程数字赋能，应用施工管理和数字孪生平台，对场地布置和塔筒预制加工、吊装、设备安装全过程进行动态仿真，确认和优化施工工序、设备参数，综合设计与施工协同、校验，减少现场变更与返工，全面提升项目的安全、质量、效益和进度。该项目荣获中施企协第三届 BIM 大赛一等奖、中国建筑业协会第七届 BIM 大赛一等奖和中国电力规划设计协会第五届 EIM 大赛新能源工程第一名。

3. 全场景生态化

工程建设地区属于生态脆弱区，生态恢复难度大，工程践行生态环保理念，从设计优化、设备选型等方面进行顶层设计，做到“四节一环保”的同时，引入生态设计概念，建立污染源要素识别方法，形成生活区生态建筑、冬奥元素风机涂装、与 5G 基站共享铁塔等极具奥运特色的设计方案，在节约工程投资的同时达到美化的效果，形成了风电项目与自然生态和谐共生的新型合作模式（见图 3）。

图 3　升压站与自然生态和谐共生

（三）高水平科技创新

（1）本项目应用“国家重点节能低碳技术”14 项，“建筑业 10 项新技术”9 大项 41 子项，“电力建设五新技术”29 项，其他自主创新技术 10 项。针对建设难点，强化科技创新，自主研发应用 14 项国际领先（先进）技术，获得 6 项国际认证。

（2）国际上首次应用风轮 150 米级陆上 4.X 双主轴承智能风力发电机。双主轴承设计有效降低了齿轮箱的载荷，进而提高风机的可利用率，结合电网友好型技术的应用，有效减少了弃风限电现象的发生，可使机组发电量提升约 3%，降低运维成本约 20%。“网源友好型风电机组关键技术及规模化应用”获得国家科学进步奖二等奖。

（3）国内首次在中高风速区研发中应用大容量智能风电机组。根据张家口地区高风速的特点，研发应用智能感知技术、降载技术、保护控制三项技术，有效降低极端阵风下的机组载荷 5%~8%，机组转速稳定性提升约 20%。“基于多源数据融合的中高风速风电机组关键技术开发与应用”荣获新疆维吾尔自治区人民政府科技进步奖一等奖。

（4）国内首次结合 4.X 级风电机组在高寒地区应用钢—混凝土混合塔架技术，开创了国内高寒地区 4.5 兆瓦容量风机使用钢—混凝土混合塔筒架技术的先河，极大地提高了风机运行稳定性，为高寒地区混塔的应用提供了宝贵的经验。混凝土塔筒设计计算方法获得国家发明专利，混塔施工工法获得省部级工法 5 个。

（四）全过程绿色建造

（1）荣获“国内首个碳中和风电场”称号。京能张北大囫囵风电场作为“风电场碳中和实践”试点项目，通过追溯和量化风电场项目全生命周期碳排放量，成为国内新能源领域探索“碳中和”的先驱，为电力行业实现“净零排放”的目标提供了参考和经验。

（2）通过国际首次探索风机叶片敷设光伏技术、国内首次在混凝土塔架上应用“风光同塔”技术（见图 4）、大规模应用先进的“建筑光伏一体化”（见图 5）和储能技术，实现了自发绿电用于风电工程建设。项目安装各类光伏总容量达 408.3 千瓦，为建设期提供约 10.12 万千瓦时绿电。

图 4　风力发电机组应用“风光同塔”技术

图 5　升压站“建筑光伏一体化”

（3）采用“模块装配”设计。4 个风电场升压站全部使用组合式电气设备

（电气设备用房采用预制舱结构），减少工程占地面积约6340平方米，与传统钢筋混凝土结构相比减少CO_2排放813.16吨，同时减少了现场安装工作量的50%以上，并且避免了现场扬尘、噪声等一系列环境污染问题的发生。

（4）坚持“环境友好”目标。风电场道路设计为原土压实，采用现代边坡绿化、方格网内植草护坡技术，吊装平台施工结束后撒草籽恢复绿化。针对奥运配套项目，有针对性地在风机塔筒和机舱上增加冬奥元素。彩绘采用环保材料，具有防水、防腐蚀、无害、坚固耐用等特点，不会造成环境污染。

（5）绿色建造涵盖建设工程的规划、勘测、设计、施工、监理、调试、运营各个阶段，采取BIM技术节省占地面积约16435.4平方米，自建光伏年可发出绿电47.8万千瓦时，优先采用非传统水源及雨污分流系统可节水30%，模块化升压站设计与建设减少建材消耗。根据《建筑碳排放计算标准》计算，各项绿色建造措施共计减排CO_2 8855.75吨，为新能源工程的绿色建造开创了新思路、新方法。

（五）实体质量亮点

1. 提前策划，共创金奖

项目秉承“追求卓越、铸就经典”的国优精神，以创“国家优质工程金奖”为目标，提前策划，精准布局，2020年9月主要参建单位共同签署了《创国优金奖宣言》，先后共有10129名建设者在《创国优金奖宣言》上按下手印，使国优精神、奥运精神深入人心。参与工程建设的160余家单位，以“创金奖、保奥运”为主题，通过张贴海报形式传播冠军意识、国优精神。2022年8月10日，将张贴的3297份海报进行回收，在北京冬奥会国家滑雪跳跃中心“雪如意”场馆拼接成“国际一流，奥运特色，京能窗口”十二个大字，打破吉尼斯世界纪录。

2. 过程管控，一次成优

土建工程实体亮点：升压站及风电场建（构）筑物协调统一，美观大方；站内外露混凝土达到清水混凝土效果；电缆沟道压口顺直，伸缩缝整齐划一，盖板平直、稳固、美观；装修装饰协调统一，美观大方。

安装工程实体亮点：管母线平直，软母线、引下线、设备连接线工艺美观；盘柜安装规范、整齐，盘内接线绑扎牢固，导线弯曲一致、标牌清晰、工艺美观；接地符合规范规定，工艺美观。

加强细部工艺管控：对质量细部工艺进行整体策划，统一施工管理人员及施工人员对工艺标准的认识。按照“样板先行”的原则，组织参建单位定样品、抓工艺、保质量，在每个细部工艺细节上均要求做到精益求精。

弘扬中华传统文化：项目外观设计大量使用了中国元素，如升压站生活区采用北京“四合院”与张家口“大境门”相结合的设计理念，在装修上大量使用挂落、藻井等中国传统建筑装饰手法和红灯笼、中国结等中国元素。

三、取得的成效

（一）重要意义

一是服务冬奥。本项目助力奥运史上全部场馆首次实现100%绿色电能供应，为冬奥会供应绿电1.7亿千瓦时，占冬奥场馆总用电量的近50%；其中100万千瓦时绿电用于制氢，供冬奥氢燃料车辆使用；满足了延庆冬奥赛区的制冷和供暖需求；圆满完成冬奥绿电保障任务，得到奥组委高度好评。

二是服务双碳战略。本项目投产后，每年可发出绿电30.64亿千瓦时，实现利润4.85亿元，CO_2减排241.29万吨，标准煤消耗减少96.52万吨，为能源供给和能源消费的调整作出贡献，为“双碳”战略注入新的动力。

三是服务乡村振兴。通过农产品定购、捐赠等方式助力当地“乡村振兴”，张家口地区累计投入1032万元。约有1500名当地居民参与工程建设，为当地新增就业岗位102个。

四是服务京津冀协同。通过上游风电和下游清洁供热的协同，为北京市新增清洁供热面积240万平方米，实现风电与供热相协同、资源与市场相结合、开发与消纳相匹配，助力首都大气污染治理。本项目是“张北的风，点亮北京的灯”的最有力践行者，成为能源领域推动京津冀协同发展和一体化进程的典型示范。

（二）获得荣誉

该项目获得2023年度中施企协设计水平评价一等成果奖，2023年度中国电力优质工程奖，2022年度电力行业优秀设计一等奖，2023年度电力行业示范工程；国家级、省部级科技进步奖15项，发明专利13项，实用新型专利30项，省部级工法5个，省部级BIM技术大赛一等奖3项，中国标准创新贡献奖，吉尼斯世界纪录，企业管理创新奖等，共计118项。主编及参编10项国家标准、行业标准、团体标准。

（由北京能源集团有限责任公司供稿）

新时代背景下传统能源企业转型发展实践

一、基本情况

淮南煤矿于1897年建矿，已有120多年开采历史，曾是全国闻名的“五大煤都”之一，素有“华东煤都”“动力之乡”的美誉。先后经历淮南煤矿局、淮南矿路股份公司、淮南矿务局等变革，1998年3月改制为淮南矿业（集团）有限责任公司。2018年，经安徽省委、省政府批准，成立淮河能源控股集团有限责任公司（以下简称企业），作为淮南矿业（集团）有限责任公司的控股股东（见图1）。

近年来，企业坚持以习近平新时代中国特色社会主义思想为指引，认真落实“四个革命、一个合作”能源安全新战略，以保障安徽省乃至长三角区域能源清洁低碳、安全高效供给为己任，抢抓长三角一体化发展等战略机遇，加快推进产业结构调整和转型升级，从单一煤炭产业发展为煤炭、煤电、清洁能源等多业并举的新时代现代新型能源集团。企业是全国14个亿吨级煤炭基地和6个大型煤电基地之一，中国企业500强和中国煤炭企业50强之一，国家首批循环经济试点企业、中华环境友好型煤炭企业、国家级创新型试点企业，安徽省煤炭产能规模、电力权益规模最大的企业，华东和长三角区域重要的能源保障基地。

目前，企业拥有现代化大型矿井11对、核定产能7790万吨/年，开展前期工作矿井1对、规划产能800万吨/年，井工深部开采单井规模全国第一。行业首创“大比例交叉持股”煤电联营模式，被誉为煤矿办电“淮南模式”，获得国家发展改革委高度认可并推向全国。电力总装机规模4749万千瓦，权益规模2317万千瓦。构建形成以新能源、天然气、煤层气（瓦斯）为主体的多元化清洁能源产业体系。建设我国首座长江内河芜湖LNG接收站，参股江苏滨海LNG接收站及配套苏皖管线全面投运，实现“海气入皖”。全面推进天然气电厂、特许经营权、煤层气勘探开发等项目。

图 1　淮河能源集团

二、实践经验

（一）深刻领会“四个革命、一个合作”能源安全新战略内涵

转型发展不可能一蹴而就，尤其是一个扎根百年的传统煤企，更不能“毕其功于一役”，必须系统谋划、稳步实施；转型发展必须坚持效率优先、效益至上的高质量发展之路；转型发展不能搞盲目跟风、四面出击，只有立足自身优势，因势利导，企业发展才能行稳致远。坚持“先立后破、通盘谋划”，妥善把握“立”与“破”的辩证关系，坚持“立”在“破”前，经过深入分析研判、通盘谋划部署，扎实推进企业扭亏脱困、转型发展。坚持“不唯规模、不图虚名”，自觉把新发展理念、高质量发展要求落实到发展实践中，坚定聚焦煤、电、气能源主业发展，使企业发展方式由粗放式发展向集约式发展转变、从规模速度型向质量效率型升级，使得企业经济效益、偿债能力、盈利能力大幅提升，家底更加殷实。坚持“聚焦主业、延伸拓展”，在能源主业稳步发展的基础上，企业顺应国家能源结构转型趋势，大力发展清洁能源，提速布局光伏等新能源产业，集中式、分布式光伏项目迅速落地，企业正在朝着建设新时代现代新型能源集团的方向大踏步迈进。

（二）做强做优做大煤炭产业，筑牢能源保供“顶梁柱”

坚定不移淘汰煤炭落后产能，发展煤炭先进产能。按照党中央、国务院及安徽省委、省政府的统一部署，2016—2018年对安全威胁大、开采成本高、资源枯竭、扭亏无望的李嘴孜矿、新庄孜矿、谢一矿、潘一矿4对矿井坚决予以关闭，共计退出落后产能1420万吨，分流安置职工3.4万人。从长远看，通过这一轮去产能，企业剩下的都是效率高、效益好的矿井，未来企业将在更高层面开展竞争。

煤炭是企业转型发展的“顶梁柱”，在坚定不移去产能的基础上，企业坚持发展以安全高效、绿色智能为特征的煤炭先进产能，因地制宜发展淮南本土煤矿、西部煤矿。淮南本土成立专业化运营管理平台，通过集中化的管理，优化了资源利用、提高了运营效率。坚持以市场为导向、以效益为中心，大力实施精煤战略，建成投运亚洲单体最大的智能化炼焦煤选煤厂——潘集选煤厂。顺应国家煤电建设加速西移的大势，2015—2017年，泊江海子、唐家会、色连二矿相继投产，2017年、2021年先后完成产能置换、核增，西部煤矿新增产能1300万吨；2023年7月，成功摘牌苏布尔嘎煤矿51%股权，新增优质煤炭资源16.52亿吨。近年来，通过“一减一增”，企业现有11对矿井平均单井产能近700万吨/年，实现了企业效率、效益的大幅提升。

（三）做大做优做强煤电产业，夯实能源保供“压舱石”

1. 大比例交叉持股发展模式

煤电联营有利于形成煤矿与电站定点、定量、定煤种的稳定供应模式，提升能源安全保障能力；有利于构建利益共享、风险共担的煤电合作机制，缓解煤电矛盾。2005年，企业分别与上海电力股份有限公司、浙江省能源集团有限公司开展大比例交叉持股煤电联营项目。与上海电力股份有限公司成立淮沪煤电公司，以年产600万吨的丁集煤矿配套建设田集电厂一期2×63万千瓦、二期2×70万千瓦机组。与浙江省能源集团有限公司成立淮浙煤电有限责任公司，以年产400万吨的顾北煤矿配套建设凤台电厂一期2×63万千瓦、二期2×66万千瓦机组。项目的建成，极大地发挥了双方股东资源、资本、市场等优势，有效实现了煤电之间的优势互补、风险效应对冲，成为国内煤电双方合作的典范。国家发改委推广以淮南为代表的“大比例交叉持股”煤电联营模式，煤矿办电“淮南模式”获得国家高度认可并推向全国。

2. 煤电一体化发展模式

近年来，企业始终坚持煤电一体化发展战略，充分发挥坑口煤矿的优势。2020年，紧盯14年的潘集电厂一期2×660兆瓦超超临界燃煤机组当年核准当年开工，2023年初投产，真正开启了企业自主办大电的步伐。2022年9月，潘集电厂二期2×660兆瓦超超临界燃煤发电机组获得核准、2023年6月开工。2022年12月，谢桥电厂2×660兆瓦超超临界燃煤发电机组获得核准、2023年9月开工。2023年，企业抢抓机遇，成功联合重组洛河电厂，安徽省委主要负责同志在安徽省与中央企业合作发展座谈会上称其为“行业煤电联营的典范”。2023年11月，洛河电厂四期2×1000兆瓦超超临界燃煤发电机组获得核准，计划2024年底前开工，将是企业首台控股自主建设的百万千瓦机组项目，自主办大电取得实质性突破。

3. 大比例参股电厂模式

自2008年起，企业抓住经济运行周期性机遇，坚持先省内、后省外原则，坚持以煤炭供应为基础，以资本为纽带，大比例参股电厂，实施煤电联营战略，相继在安徽、江西、湖北、内蒙古等省（区），参股大唐、中电投、国电、华电、华能、皖能等大型发电企业电厂。目前参股电厂总装机规模3197万千瓦，有效扩大了电力产业规模。

（四）做快做实做成清洁能源产业，锚定能源转型“新方向”

2030年实现“碳达峰”、2060年实现“碳中和”目标，倒逼传统能源企业转型升级，不断优化产业发展结构。近年来，企业以清洁电力为方向大力发展壮大清洁能源，逐步形成以新能源发电、天然气发电、瓦斯发电为主体，新型储能、抽水蓄能等相配套的多元化清洁能源产业体系，并探索推进抽水蓄能、新型储能、氢能等，实现清洁能源的规模化、跨越式发展。

1. 大力发展壮大新能源

淮南矿区有大面积的采煤沉陷区资源，“十四五”以来，企业积极落实国家碳达峰、碳中和要求，将清洁能源作为战略发展的主攻方向，利用采煤沉陷区等存量资产资源，不断延伸产业链，坚持专业化、基地化建设，向着做快做实做成清洁能源目标不断迈进。2023年12月，企业首个“水面光伏＋采煤沉陷区综合治理”一体化示范项目全容量并网，为企业创建示范基地、构建多元化清洁能源体系打下良好基础。

2. 有序发展天然气产业

2014年以来，企业积极顺应国家能源结构调整趋势，把天然气产业作为企业转型发展的重要方向，以“上游有气源、中游有管线、下游有市场”为目标，以“全方位进入、全产业链发展”为思路，紧紧抓住资源获取、通道建设、市场开发三个重点环节开展工作，迅速成为安徽省天然气重要运营平台。建设全国首座内河LNG接收站——芜湖长江LNG内河接收（转运）站，

2021年12月完成首船加注。开工建设安徽省首个天然气调峰电厂滁州项目，2024年2月，1#机组正式投产；4月，2#机组首次并网。推进煤层气（瓦斯）高效抽采和综合利用，单井日产气量最高超过6000立方米，初步构建了天然气全产业链发展格局。

三、取得的成效

2014年以来，企业沉着应对我国经济发展方式转变带来的一系列挑战，深入贯彻“四个革命、一个合作”能源安全新战略，紧紧抓住“长三角一体化发展”“长江经济带”“淮河经济带”以及“国企改革三年行动”等发展契机，扎实推进产业结构调整和转型升级，实现了经济效益、社会效益与生态效益的有机统一。

第一，经济质量稳步提升。企业利润总额逐年增长，从2015年的19.6亿元提升到2023年的85亿元。“十三五”以来，企业累计投资近1000亿元，发挥龙头企业作用，有力推动地方经济社会发展。2023年实现安全生产，安全管理保持行业先进水平。

第二，社会贡献不断增大。年度电煤长协发运近5000万吨、兑现率为100%。年均缴纳税费约100亿元。近年来，累计招聘高校毕业生1000人以上，社会化引进人才600人以上，累计新增就业岗位3000个以上。绿色矿山创建率达91%。

第三，科技创新成果丰硕。获得省部级以上科学技术奖73项，其中国家科学技术奖二等奖2项，省部级科学技术奖一等奖19项。取得国家知识产权专利776件，其中发明专利205件。

面向未来，企业将坚定以习近平新时代中国特色社会主义思想为指导，深入落实能源安全新战略，积极抢抓长三角一体化发展等战略机遇，进一步做强做优做大煤炭产业、做大做优做强煤电产业、做快做实做成清洁能源产业，加快建设“绿色、清洁、和谐、美丽、安全、高效、智慧、低碳”的新时代现代新型能源集团，打造国家级新型清洁能源基地和转型升级示范企业。

（由淮河能源控股集团有限责任公司供稿）

增强边境地区能源供给能力的实践

一、基本情况

华能西藏雅鲁藏布江水电开发投资有限公司（以下简称华能雅江公司）作为中国华能在藏全资子公司，始终牢记央企职责使命，深入践行“四个革命、一个合作”能源安全新战略，致力于开发利用西藏地区丰富的水电、太阳能等资源，不断增强全区电力供应保障能力、推动西藏清洁能源跨越式发展和战略性工程开发。截至 2024 年 2 月，华能雅江公司已建在建装机总容量 194.14 万千瓦，累计发电量 228 亿千瓦时，在藏排名第一。

华能雅江公司深入贯彻习近平总书记关于治边稳藏重要论述和新时代党的治藏方略，着力推动西藏清洁能源开发，率先建成一批内需骨干电源，加快推动西藏自治区清洁能源开发步伐。率先建成 ZM、JC 等内需骨干电源，极大地缓解了西藏缺电的历史难题，全面开工建设 JX 水电站，牵头推动雅江中游清洁能源基地规划研究进程。在西藏边境一线积极援建电源和电网项目，有效增强边境地区能源供给能力。紧急驰援阿里修建 1 万千瓦应急过渡电源，同步推进墨脱县可再生能源县域电网建设，建成亚让水电站和县域微电网，被国家能源局评为示范工程，在阿里、日喀则、昌都等地建成 7 万千瓦保供光伏项目，建成西藏首个整县屋顶分布式光伏工程。依托能源项目规划建设，助力西藏边境地区脱贫攻坚和乡村振兴。修建全长 67.22 千米的派墨农村公路，改善墨脱“孤岛”局面，修桥铺路，拓宽险峻的布丹拉山路段，为 ZM 等水电站及送出线路建设缩短工期创造有利条件。此外，中国华能连续 12 年派出工作队员百余人次开展“强基惠民”驻村帮扶工作，奋战在脱贫攻坚和乡村振兴一线，与当地群众建立了深厚的感情，被当地授予“荣誉市民”“荣誉村民”。20 年矢志不移、砥砺奋进，勇当“光明使者”，让边境城乡亮起来、道路畅起来、群众富起来。

二、实践经验

（一）守初心担使命，主动承担和支援边境地区电力应急建设

1. 紧急援建拉萨和阿里应急过渡电源项目

2009年9月，面对西藏首府拉萨市和边境地区阿里电力紧张的严峻局面，华能雅江公司主动担当，投入约3亿元，在筹建ZM水电站任务繁重的情况下，抽调骨干力量紧急驰援拉萨、阿里两地，启动拉萨10万千瓦和阿里1万千瓦燃油应急过渡电源建设，仅1年时间全部建成并无偿移交给自治区政府，为缓解西藏“十一五”末至“十二五”初期冬季缺电问题发挥了积极的作用。

2. 成功建成墨脱县可再生能源县域电网

墨脱县历来深受缺电少电困扰，华能雅江公司积极响应国家能源局“十二五”电力援藏号召，主动请缨实施边境县——墨脱县无电地区电力建设。华能雅江公司充分利用墨脱自然资源条件，系统研究探索解决墨脱县无电区域问题的最优技术方案，实施县域源网一体化建设。先后投资4.4亿元，组织建成装机6000千瓦亚让水电站和273千米农网线路延伸工程，超前建成全县电力调控中心，接手110千瓦甘登水电站和260千瓦12座微型水电站、5个35千伏变电站运维任务，翻新改造原有1845千瓦共9座小微型电站和农网线路，建成“调控一体、智能输配”的可再生能源县域电网，全面提升和保障了墨脱全县电力供应水平，大幅提升全县用电质量，成功解决全县4033户14674人的用电问题。2016年7月4日《人民日报》一版报眼发表消息《华能电力扶贫“莲花秘境”墨脱县实现乡乡通电》，同时在产经版整版刊发长篇通讯《墨脱“脱墨”点亮“秘境”》，介绍了华能雅江公司在西藏墨脱县电力援藏工作情况。

3. 圆满完成保供光储项目建设任务

2022年，按照自治区电力保供部署，华能雅江公司积极分析电力供需形势，在阿里地区普兰县、日喀则仲巴县等边境县共承担7万千瓦电力保供光伏项目建设，根据西藏夜晚用电需求大的特点和光伏出力特性，全部按照装机25%的高比例配置4小时的电化学储能系统，以满足农牧民晚高峰的用电需求。克服2022年西藏严重疫情影响，不计成本，圆满达成项目当年立项、当年开工、当年投产的“军令状”。仅4个月完成项目建设，按期实现全容量并网并发挥保供作用，有效落实电力保供责任。

（二）敢为先善开拓，率先实施大型水电开发提升西藏电力供应保障能力

1. 率先建成雅鲁藏布江干流第一座水电站 ZM 水电站

ZM 水电站是我国在雅鲁藏布江干流上开发建设的第一座大型水电站，装机 51 万千瓦。工程于 2008 年 6 月启动筹建，2010 年 7 月获得核准，同年 11 月实现大江截流，2014 年 11 月首台机组投产发电，2015 年 8 月最后一台机组投产，先后获得“电力行业优质工程奖”和“国家优质工程奖”。作为当时全国海拔最高的大型水电站，ZM 水电站克服高原缺氧、昼夜温差大、地形条件复杂、交通条件极差等挑战，提前一年投产发电，成为西藏电网的骨干电源，并长期发挥旋转备用、电力调峰、调频等作用，有效支撑藏中电网稳定。

2. 如期建成国家“十三五”重点项目 JC 水电站

JC 水电站是雅鲁藏布江中游桑日—加查峡谷段规划的 5 级电站的第 5 级，装机 36 万千瓦。项目于 2013 年 5 月启动筹建，2015 年 12 月获得核准，同月实现大江截流和主体工程开工目标。在 ZM 水电站积累经验的基础上，经过提前谋划、科学管理、精细管理，JC 水电站采取业主深度介入现场管理模式，工程建设快速推进，2020 年，克服新冠疫情的不利影响，实现机组“一年三投”目标，是西藏“十三五”期间唯一投产的水电站。JC 水电站建成进一步建强了藏中电网，有力地支持了藏中至昌都联网工程。2023 年，JC 水电站荣获“中国电力优质工程奖”。

3. 全面开工建设 JX 水电站

JX 水电站是雅鲁藏布江中游桑日—加查峡谷段规划的 5 级电站的第 3 级，是“十四五”期间西藏获得审批的第一座大型水电站，装机 60 万千瓦。2022 年 8 月核准，当年正式开工建设，2023 年底成功实现大江截流。预计 2027 年首批机组投产、2028 年全部机组投产，JX 水电站将进一步改善西藏中长期电力保供紧张局面，增强西藏电网的新能源消纳能力。JX 水电站在建设中进一步加强与地方政府的合作，主动适应西藏经济发展需要，积极探索地方政府和群众长期利益共享机制，全面推行智能建造平台应用，为雅鲁藏布江中游清洁能源基地开发建设和区内其他大型水电项目建设促进地方发展提供了宝贵经验。

（三）强基础惠民生，助力西藏边境地区脱贫攻坚和乡村振兴

1. 结合重大工程和民生需求建成派墨农村公路

墨脱县是我国最后一个通等级公路的县，直到 2013 年扎墨公路才通车。

华能雅江公司结合重大工程前期工作和关键技术储备的需要，同时充分考虑地方出行需求，先后投资21亿元，经过7年的艰苦建设打通进出墨脱县的第二通道派墨公路。派墨公路全长67.22千米，最大海拔落差约2900米，起于林芝市米林县派镇，穿越多雄拉雪山，经汗密、老虎嘴，到达墨脱县背崩乡。公路于2014年8月开工建设，2021年5月16日全线贯通，2022年10月1日路面硬化等主体工程全面完成、全线通车，改变了墨脱县冬季交通“孤岛”的困境。在提高墨脱县交通保障水平的同时，验证了宝贵的高应力环境下TBM长深隧道掘进技术的可行性，积累了宝贵经验，穿越多雄河谷的派墨公路作为唯一的勘探道路也为国家实施重大战略性工程提供了关键的保障作用。

2. 依托大型工程建设不断改善地方交通条件

依托ZM、JC等水电工程建设，投入约2.3亿元，先后修建ZM大桥和拉绥大桥、扩建S306线、修缮险峻的布丹拉山路段等基础设施，无偿提供电站内部道路供拉林铁路施工期使用，极大地改善了当地交通条件。ZM水电站开工后，所在县至山南市区的通行时间由之前的2天缩短为4小时，为雅江中游水电开发及送出线路建设缩短工期创造了条件，为边境地区能源供给增加了保障。

三、取得的成效

一是有效缓解西藏冬春季节缺电局面，为西藏电力保供作出重要贡献。ZM水电站投产结束了藏中地区依靠高成本燃油机组供电和冬春季节极度缺电的状况，并推动2015年西藏电网首次实现“藏电外送”，西藏开始向我国川渝、中东部、华北等区域源源不断输出清洁能源电力，反哺援藏省（市）。ZM、JC水电站作为西藏电网的骨干电源，截至2024年2月底累计发电超过228亿千瓦时，提供同期全网近30%的发电量和40%的外送电量，有效缓解了西藏地区用电紧张问题，对雅鲁藏布江中游水电站开发、构建藏中能源基地、维护边疆能源安全具有重要意义。同时，随着国家“双碳”目标提出，西藏光伏装机容量出现跨越式增长，ZM、JC水电站积极承担电网调峰、旋转备用、调频和调压等重要作用，成为藏中电网名副其实的“稳定器”和“压舱石”，有力地支撑了西藏电网安全稳定运行和新能源消纳能力。目前雅中区域已初步形成水光互补运行格局，为后续水风光一体化开发奠定了坚实的基础。

二是带动西藏清洁能源开发，推动西藏清洁能源资源优势不断转化为更大的经济优势。华能雅江公司积极践行“四个革命、一个合作”能源安全新战略，建设ZM水电站实现西藏水电从10万千瓦级到50万千瓦级的跨越，填补了高原高温差大体积混凝土快速施工的历史空白。建设JC水电站在西藏首次使用10万千瓦级机组，有力推动了国产机电设备在青藏高原的示范应用。创造了单个标段最高月混凝土浇筑10.2万立方米、土石方开挖最高月130万立方米和金结安装最高月2300吨的高原纪录。两座电站的成功建设和运营为西藏更大规模的水电和清洁能源基地开发建设积累了难得的管理和技术经验，培养了懂技术、会管理、熟悉西藏自然和社会环境的人才队伍，促进了高原清洁能源开发技术进步，为国家实施重大战略性工程等项目提供了有力支撑和帮助。随着国家重大战略性工程、西藏其他清洁能源基地和大型水电站的加快开发建设，将实现超大规模的西藏电力外送，西藏更多的水电、太阳能、风能等优势资源必将加快转化为促进西藏长治久安和高质量发展的经济优势。

三是倾心助力西藏与全国一道全面建成小康社会。华能雅江公司秉承“三色”理念，坚持将“三个赋予，一个有利于”融入企业发展、工程建设的各阶段，深入履行央企社会责任，扎根西藏、建设西藏、发展西藏，在为西藏奉献清洁电力的同时，依托大型工程建设，积极投身脱贫攻坚和乡村振兴一线。2011年以来，华能雅江公司连续12年累计派出39支驻村工作队、168人次承担脱贫攻坚和驻村帮扶任务，直接投入帮扶援助资金超2000万元，通过项目建设带动就业、促进地方经济发展，为当地群众增收超1.5亿元，为西藏与全国一道建设全面建成小康社会作出了积极贡献。多年来，华能雅江公司员工与地方群众结下了深厚的友谊，多次获得自治区脱贫攻坚先进集体、自治区脱贫攻坚组织创新奖、自治区驻村优秀组织单位、自治区先进驻村工作队等荣誉。

（由中国华能集团有限公司供稿）

引领未来能源产业

——全球首个万吨级光伏绿氢示范项目投营

中国石化新星新疆库车 2 万吨 / 年绿氢示范项目是中国石化践行习近平总书记“四个革命、一个合作”能源安全新战略新思想及“2030 碳达峰、2060 碳中和”气候行动目标的重要举措，是中国石油化工集团有限公司（以下简称中国石化）全力打造中国第一氢能公司和氢能行业领导者的具体实践。项目由中国石化新星公司（以下简称新星公司）实施，2021 年 11 月 30 日启动，2023 年 8 月 30 日全面建成投产。

一、基本情况

中国化是特大型石油石化企业集团，业务范围遍布全球，主要包括油气勘探开发、炼油、油品销售和化工等业务板块。目前，中国石化是中国最大的成品油和石化产品供应商、第二大油气生产商，是世界第一大炼油公司、第二大化工公司，加油站总数位居世界第二，在 2023 年《财富》世界 500 强企业中排名第 6 位。

新星公司是中国石化的新能源专业公司，是中国石化归口统筹境内外新能源产业投资、建设、运营的主要平台。近年来，新星公司按照集团党组系列部署要求，锚定“地热领先行业、绿氢示范引领、绿电支撑需求”目标要求，不断探索发展路径，着力构建“热氢风光”新能源产业体系，全力打造“技术先进、治理现代、质效一流、引领未来”的现代新能源企业，“热氢风光”新能源产业保持良好发展态势。截至目前，公司新能源业务已辐射至北京、天津、河北、陕西、新疆等 20 个省（区、市），100 余个市（区、县）。

地热业务方面，累计建成清洁供暖能力 1 亿平方米，建成地热供暖能力超 100 万平方米的城市达到 22 个，超 500 万平方米的城市有 6 个，河北、陕西、山东、山西、河南 5 个省及雄安新区的地热供暖能力超 1000 万平方米，打造了河北雄县等 10 余座地热供暖“无烟城”。2023 年，支撑集团公司代表中国成功举办第七届世界地热大会。

绿氢业务方面，建成全球最大的光伏发电制绿氢项目——新疆库车2万吨/年绿氢示范项目，贯通了光伏发电、绿电输送、绿电制氢、氢气储运、绿氢炼化全流程，形成了自主可控的先控系统和运行策略等核心技术，打造了万吨级绿氢规模应用的成功示范。乌兰察布10万吨/年风光发电制氢一体化项目正在大力推进前期工作，预计2024年开工，2027年建成投产。

绿电业务方面，先后建成了中国石化首个集中式光伏项目、首个陆上风电项目等，累计并网装机容量721兆瓦（光伏701兆瓦、风电20兆瓦）。正在建设和推进的绿氢项目装机规模约3吉瓦，主要分布在河南、山西、湖南、天津、广西、新疆、福建等地区。

新疆库车2万吨/年绿氢示范项目位于新疆阿克苏地区库车市，项目利用新疆地区丰富的太阳能资源，结合中国石化塔河炼化用氢需求，实施“绿氢炼化”，建设了光伏发电、输变电、制氢、储氢、输氢、用氢一体化的规模化绿氢项目，充分利用了绿氢的能源和储能的双重属性，创建了全新的源网荷储项目模式。项目总投资29.96亿元，建设光伏发电装机容量300兆瓦，电解水制氢规模2万吨/年，储氢规模21万标准立方米，输氢能力2.8万标准立方米/小时，每年生产的2万吨绿氢全部就近供应中国石化塔河炼化公司，用于替代炼油加工中使用的天然气制氢，实现现代油品加工与绿氢耦合低碳发展，是已建成投产的全球规模最大的绿氢工业化应用项目，每年可减少二氧化碳排放量约48.5万吨。

二、实践经验

新疆库车2万吨/年绿氢示范项目是国内外首个万吨级光伏直接制绿氢项目，项目启动时面临众多挑战：世界范围内尚无万吨级绿电直接制氢项目建设运行案例；无成熟的波动性绿电与万吨级稳定制氢、供氢和用氢的一体化控制技术；千方级碱性电解槽电耗效率、低负荷运行等规模化应用技术缺乏工程验证；制氢工厂电解槽集群与分离、纯化装置的系统匹配性方案尚不成熟等。

面对问题挑战，项目团队对核心技术、工艺装置进行充分研究并制定方案，采取“揭榜挂帅”的方式对电解槽核心指标和工艺开展实证，对电氢储用一体化先进控制系统开展联合研发，通过技术创新，开发了一系列新技术并成功应用，顺利建成了国内外首个规模化的光伏直接制绿氢项目。

（一）开发了光伏—制—储—输—用氢一体化设计方案，有效解决了波动电源和稳定供氢矛盾

绿氢项目连接着波动性可再生能源与稳定用氢需求，涵盖光伏装机、外购电比例、电解槽制氢能力、储氢能力等诸多环节，制氢成本受到多因素影响。为实现以最优方式解决波动电源和稳定供氢矛盾，新星公司建立了以制氢规模为约束条件，以光伏装机、外购电比例、电解槽制氢能力、储氢能力等为变量，以氢气成本最优为目标函数的模型，采用优化算法加速求解推演项目的最佳配置方案，实现设计方案快速寻优。

该方式在保障炼化企业用氢需求的前提下，以最优光伏、电解槽、储罐配置，有效解决了波动电源与稳定供氢的矛盾。同时，通过将可再生能源制氢优化模型与加速算法结合固化，形成新能源制氢决策优化及评价一体化软件，为后续绿氢项目快速决策提供了参考。

（二）联合研发了绿电柔性制氢先进控制系统，实现全厂智能控制

光伏电站系统中，光伏输出功率曲线与负荷曲线存在较大差异，而且均有不可预料的波动特性。项目针对光伏实时出力及下游用氢量的变化，结合电解槽负荷特性，建立产氢量—用电负荷计算模型及智能控制策略核心算法，通过智能控制系统的协调控制和制氢群控策略，实现制氢设施运行负荷对新能源波动出力的自动快速响应和稳定运行。

该方式实现了制氢系统运行负荷与新能源波动出力之间的自动快速响应，突破性解决了新能源波动电力场景下源网荷储用一体化智能控制稳定供氢难题，能够最大限度地利用新能源发电，保障项目在最优工况运行。

（三）开发光伏预测—储氢罐容—绿电制氢—均衡供氢运行的统筹调控技术，实现了电力结构和成本最优

项目围绕“如何建设高品质绿氢储运系统，如何适应可再生能源的高波动性”这一“瓶颈”问题，完成了储氢设施的选型与设计方案研究，开发了平衡光伏绿电制氢高波动性氢源的储运技术。结合项目生产控制策略优化，利用光伏预测系统提前预知未来 24 小时绿电产能，对储氢罐容进行调节，充分发挥氢储能的调节优势，在确保输氢平稳的前提下，力争光伏发电全额使用，优化外购电策略，减少夜间网电使用，实现项目排产最优。

通过统筹调控系统自感知、自诊断、自学习、自寻优、自适应极端天气变

化及下游用氢变化，实现了制—储—输—用氢全过程的实时优化、智慧生产。

（四）创新电解槽系统集成方案，用系统方法有效解决了工业化生产、制氢负荷下限的性能缺陷问题

传统的电解制氢都是进行小规模的氢气生产，与工业化、规模化的化工用氢场景差异较大。项目团队通过创新设计，开展电解水制氢设施工艺优化、系统集成、模块设计研究，打破电解槽厂家电解槽与气液分离、氢气纯化设施“一对一”的配置方案制约，形成了电解槽与气液分离设施“四对一”、氢气纯化设施“八对一”的系统方案，并以此为基础，组织开展电解水制氢设施的模块化设计工作，将电解水制氢设施的规模化集成方案工程化形成模块化制氢厂房。优化的电解系统集成方案和标准化厂房设计，有效降低了系统复杂度，可节省用地面积约 40%，节省投资成本约 50%，形成了可复制、可推广的模块化案例。

结合氧中氢杂质形成机理分析，项目以系统方法有效解决了低负荷运行性能缺陷和系统生产调控困难，提升了规模化碱性电解槽应用时的宽功率波动适配性。

（五）采取“揭榜挂帅”机制，验证电解槽核心指标和新型集成化设计方案的可行性

针对绿氢示范项目的先行性，为了验证新疆库车 2 万吨 / 年绿氢示范项目可研方案提出的规模化集成等多项新设计、新方案，按照中国石化总体部署，新星公司创造性地开展了碱性电解槽成套制氢装置“揭榜挂帅”实证测试工作，联合多方团队组建成套制氢装置第三方实证评审专家团队，对中船派瑞氢能、考克利尔竞立、隆基氢能三家单位的制氢变压器、整流器、电解槽及附属设施、纯化系统等组成的电解制氢系统进行实证测试。经过两轮“揭榜挂帅”，优选出制氢厂商响应的最低制氢能耗，并以此开展实证工作。

通过“揭榜挂帅”这一管理创新方式，确保在规模化项目实施前，提前完成了新型设计方案的中型实验，有效验证了创新性设计方案工程实践的可行性，降低了规模化项目的实施风险，为项目设计深化提供了有力支撑。

（六）开发了大规模碱性水制氢工厂综合评价测试技术，并在系统性能测试分析中得到验证

首个万吨级绿氢工厂的系统测试和性能评价是一个综合性难题。通过开

展稳暂态运行性能指标及测试方法研究，科学设置制氢能耗、整流谐波、系统冷热启动、最低运行负荷等测试项目，制定了涵盖电解槽工艺性能、安全指标、产品质量以及制氢工厂全过程考核的多要素综合能耗测试方案，涵盖测试内容总计 70 项、设计表格 23 套、综合评价指标 39 项。形成了“多对一”大规模碱性水电解槽集群系统及制氢工厂的综合测试技术。

项目开展了国内首次万吨级绿氢项目能效测试工作，为优化电解槽的性能、保障工厂的安全运行以及降低能源消耗提供了基础数据和指导，也为后续同类制氢项目的建设和开车提供了依据。

（七）以库车项目为载体，开展“十条龙”攻关，实现科研一生产互相促进

基于新疆库车 2 万吨 / 年绿氢示范项目，中国石化开展了氢能重大专项、“十条龙”《万吨级绿氢工程技术开发及绿氢炼化示范》等多项科技研发工作，针对风光供电、绿电制氢、绿氢储运、耦合应用、优化集成、工程示范等关键环节，形成了大规模“电—氢”一体化设计与优化配置技术、大规模绿电制氢装置工艺配置、系统集成和优化技术、平衡光伏绿电制氢高波动性氢源储运技术、绿电柔性制氢经济运行智能控制优化技术、规模化绿电制氢项目安全稳定的运维技术等多项关键技术。此外还开展了储氢技术、电控技术、氢电耦合、安全标准、碳排评价等 8 个专项研究，建立了新能源制氢项目论证评价体系，实现申报专利及专有技术超过 10 项，软件著作权 5 项。

通过技术与实践的互相印证，解决了可再生波动电源条件下制氢的多项技术难题，形成了波动可再生能源规模化制绿氢的多项关键技术。

三、取得的成效

项目的成功实施，有效引领和推动了中国绿氢产业的发展。

（一）标志着我国绿氢工业化规模应用实现零的突破，开创了绿氢炼化新的发展路径

新疆库车 2 万吨 / 年绿氢示范项目是首个贯通光伏发电、绿电输送、绿电制氢、氢气储存、氢气输运、绿氢炼化等绿氢生产—利用全流程的规模化示范项目，具有资源丰富、绿色低碳、规模应用、技术突破四个方面优势。项目的成功投用验证了绿电制绿氢规模化工业应用路径的可行性，开创了我国炼化领域深度脱碳新的发展路径，对探索可行、可复制、可推广的新能

源——氢能发展模式具有重大意义。

（二）促进了绿氢产业链的快速发展，推进了国产化设备和技术的更新迭代

新疆库车2万吨/年绿氢示范项目所用的光伏组件、电解水制氢电解槽、储氢罐、输氢管线等重大设备及核心材料全部实现国产化，推动了碱性电解槽制氢能力大型化，电解槽产能规模由2021年的不足200兆瓦/年，发展到目前的近2吉瓦/年，有力推动了国内制氢设备产业快速发展。

（三）为绿氢行业发展带了新的启示

（1）绿氢未来发展前景广阔。绿氢兼有清洁能源和储能的双重属性，是未来工业深度脱碳和实现“双碳”目标的重要载体。绿氢可广泛应用于传统工业（化工、冶炼等）用氢降碳、氢能交通、电网储能等场景，将在深度脱碳、能源转型、产业升级中发挥关键作用。

（2）绿氢替代技术路线可行，为发展新质生产力注入新动能。新疆库车2万吨/年绿氢示范项目的成功实践，贯通了绿电—制—储—输—用等全流程关键环节，是绿氢炼化的典型示范。绿氢技术路线从源头保证了“真正绿色”，采用“绿氢+生物质”技术利用生物质气化提供碳源，并结合绿氢合成甲醇等，碳足迹清晰，是应对欧盟等碳政策的有效途径，并可向冶金、水泥、交通等场景推广。

（3）绿氢产业竞争力将持续增强，降低绿氢成本是产业全面崛起的关键。绿氢成本是商业化推广应用的“瓶颈”，随着光伏、风电等绿电效率提升和投资降低，电解槽及氢能电池产能、性能提升，以及控制系统的优化，绿氢综合成本已呈快速降低之势，绿氢产业竞争力也已持续增强。

（4）绿氢的长时储能属性，将助力氢能产业、新能源电力、电网多方共赢。绿氢可以发挥其大规模、长周期储能优势，促进波动性电源的平滑上网，并可以参与调峰。绿氢作为重要的储能手段，将推动构建新型电力系统，对解决新能源与电网矛盾具有重要意义，也将成为新能源全产业链进一步发展的新动力。

（5）绿氢产业具备国内技术自主研发和产业发展的能力，关键材料、设备性能需要联合攻关。新疆库车2万吨/年绿氢示范项目所用电解槽等重大设备和核心材料全部实现国产化，绿氢产业关键环节的“卡脖子”技术较少，国内资源、市场、技术基本完善，可建设成为可持续健康发展的现代化产业。

现阶段电解槽、隔膜等核心设备、材料尚有不足，需要全产业链合力落实，通过科技创新，推动产业整体进步。

（6）绿氢产业现阶段发展尚需要政府引导和政策扶持。一是引导企业加强关键核心技术的联合攻关，提升技术水平；二是在绿氢产业的产品侧、核心装备、用户侧制定扶持政策，通过政府主导、政企合作培育应用场景；同时，要加快建立氢能制、储、输、运标准体系，发挥标准对产业发展的支撑和引领作用；加快启动制定和规范绿氢认证和碳方法学，将其纳入碳交易市场和体系。

（由中国石油化工集团有限公司供稿）

践行能源安全新战略
助力新疆能源产业新发展

党的十八大以来，习近平总书记站在统筹中华民族伟大复兴战略全局和世界百年未有之大变局的高度，围绕推动能源“四个革命、一个合作”，提出一系列新理念新观点新要求，为新时代我国能源高质量发展指明了方向、提供了遵循。随着全球能源格局的深刻变化和我国经济社会发展的不断深化，能源安全已经成为关系国家经济社会发展的全局性、战略性问题。新疆粤水电能源有限公司作为一家立足新疆、服务全国的能源企业，始终将国家能源安全战略放在公司发展的首位，积极践行能源安全新战略，以创新驱动发展，以合作促进共赢，为新疆能源产业的持续健康发展贡献力量。

一、基本情况

新疆粤水电能源有限公司（以下简称新疆粤水电）是广东省属国有上市公司广东省建筑工程集团股份有限公司（股票简称：广东建工，股票代码：002060）的下属公司，成立于2014年1月，注册资本金9亿元，资产总额约124.37亿元，正式员工有291人，以风电、太阳能光伏发电、清洁能源投资开发及运营管理为主营业务。以布尔津县粤水电能源有限公司为契机，经历了由辐射新疆到立足新疆再到走出新疆的发展历程。主要经营区域在甘肃、西藏、青海、宁夏及新疆，辐射陕西、内蒙古、黑龙江、山西、江西、安徽等省（区）。

截至2023年12月，新疆粤水电下设子公司40家，已投产、在建、取得指标清洁能源项目规模总计565.79万千瓦，其中，已建成投产项目295.25万千瓦，在建项目164.4万千瓦，已备案待建项目106.14万千瓦。此外，还积极支持新疆民生保障工程建设和电网建设，投资建设了粤水电布尔津清洁供暖示范项目、220千伏汇集站5座、共建220千伏汇集站8座、乌鲁木齐粤水电智慧运营集控中心等。

自成立以来，新疆粤水电始终以“清洁能源板块做强做优做大”为统领，实施“一体两翼”发展战略，瞄准“立足新疆，辐射三北”的产业布局方向。

牢记国有企业责任担当，积极履行社会责任，落实国家“一带一路”战略，响应广东省援疆工作号召，协助广东省对口支援新疆工作前方指挥部，助力扶贫项目，且在疆大力开发清洁能源，对促进新疆区域就业和经济发展作出积极贡献。

二、实践经验

（一）技术创新驱动，引领清洁能源发展

面对全球能源转型的大趋势，新疆粤水电始终坚持技术创新，不断突破清洁能源开发利用的技术“瓶颈”。公司注重科技创新，在新能源项目开发实践中，结合区域资源特点，针对性研发的一系列风能、太阳能发电技术，不仅提高了能源转换效率，还有效降低了运维成本，截至 2023 年 12 月底，公司共计申报和取得实用新型专利 32 件、软件著作权 3 件，新疆粤水电全资子公司布尔津县粤水电能源有限公司和乌鲁木齐粤水电能源有限公司先后被评为“创新型中小企业”“高新技术企业”，为我国清洁能源技术的自主创新和国际竞争力提升作出了积极贡献。

（二）管理改革助力，提升企业运营效率

在企业管理方面，新疆粤水电积极推进管理体制改革，优化组织架构，完善内部管理机制，实现了从传统的粗放型管理向精细化、智能化的现代企业管理转变。公司始终坚持“人才是第一资源”的原则，不断修订完善人才培育制度、丰富拓展人才培养方式，全面加强以经营管理人才、效能型和专家型专业技术人才、复合型党政人才为主的“三支队伍”建设，激发企业内生动力，为公司高质量发展提供根本保证。同时，持续深化人才发展体制机制改革，有效破除人才培养、使用和评价等机制障碍，激活人员活力。充分发挥绩效考核“指挥棒”作用，完善制定《新疆粤水电能源有限公司多通道薪酬管理办法》等管理制度，人力资源管理制度体系更加合理完善。推动干部能上能下、能进能出，有效打破人才职业发展“瓶颈”，疏通人员职业发展通道，为真正能干事、想干事的人提供平台和机会。实现“人得其位，事得其人”，做到从源头上锻炼一支高素质、高水平、高能力的人才队伍，激发企业创新发展活力，公司的运营效率得到了显著提升，为公司的快速发展奠定了坚实基础。2021 年，新疆粤水电被《中国能源报》和中国能源经济研究院联合评为“能源创新先锋企业”。

（三）市场拓展深化，构建多元化能源布局

新疆粤水电始终坚持以市场为导向，积极拓展国内外市场，实现能源业务的多元化布局。在国内市场，公司凭借在清洁能源领域的专业技术和丰富经验，成功参与了多个风电、太阳能发电项目的建设和运营，与众多地方政府和企业建立了长期稳定的合作关系。“十四五”以来，累计与新疆自治区各地（州、市）、新疆生产建设兵团各师（市）、重点企业签订意向合作开发协议近 50 余份，签约储备近 2000 万千瓦优质清洁能源项目资源。经过多年的发展与积累，新疆粤水电在行业内形成一定知名度并具备较强竞争力，得到相关省份政府的充分信任和高度肯定。在国际市场，公司积极响应国家“一带一路”倡议，研究探索与沿线国家开展能源项目务实合作，2023 年 5 月以来，新疆粤水电积极与喀什地区发展改革委、行署外事办、地区公安局、商务局及新疆玛帝娜国际物流有限公司、中能建氢能公司对接，研究谋划在喀什地区开展氢能产业相关思路，并协调喀什地区发展改革委组织召开“在中亚五国布置光伏加氢站、推动氢燃料重卡运输”的商讨推进会，取得喀什地区大力支持。该项目的积极推进，不仅为公司的国际化发展打开了新局面，也为促进国际能源合作与交流作出了积极贡献。

（四）合作共赢理念，促进产业协同发展

新疆粤水电始终秉持合作共赢的发展理念，与产业链上下游企业保持紧密的合作关系，共同推动新疆能源产业的协同发展。公司在发展过程中，始终秉承“建设一个项目，造福一方百姓”宗旨，在清洁能源项目开发建设中，积极开展产业投资开发、打造清洁能源产业集群，助力地方经济发展。目前，已在新疆布局发展了以风电塔筒、光伏支架等为主的清洁能源装备制造业务，累计投资约 5 亿元，解决近千人就业。同时，积极参与新疆基础建设，累计承接工程约 215.4 亿元，坚定支持新疆的建设发展，充分彰显了广东省属国企的担当，得到新疆自治区及新疆生产建设兵团的充分信任和高度肯定。

三、取得的成效

（一）企业自身规模不断壮大

通过深入贯彻落实国家能源安全新战略，新疆粤水电实现了自身的快速

发展。从 2012 年在新疆投资建成了首个清洁能源项目——粤水电布尔津风电场一期项目（该项目在疆内开创了“当年建设、当年投产、当年实现收益”的先河，创造了当年新疆风电建设史上仅用 181 天实现首台机组顺利并网发电的成绩），到 2023 年在新疆巴楚县建设的 20 万千瓦 /80 万千瓦时配套储能和 80 万千瓦市场化并网光伏发电项目剩余容量 40 万千瓦、粤水电巴楚县 200 万千瓦光储一体化项目首批 40 万千瓦，总量合计 80 万千瓦的两个清洁能源光伏项目同日、同地成功并网（目前新疆粤水电单体连片规模最大、单次并网规模最多的光伏加储能一体化项目正式投产），新疆粤水电已正式完成从传统施工企业到清洁能源投资企业角色的转变，公司的业务范围不断扩大，技术实力显著增强，市场竞争力持续提升。同时，公司的财务状况稳健，盈利能力持续增强，为公司的长远发展奠定了坚实基础。

（二）企业当地影响力显著提升

作为新疆地区的重要能源企业之一，新疆粤水电积极参与新疆“国家三基地一通道”建设，在推动当地经济社会发展方面发挥了积极作用。公司的项目建设为当地创造了大量就业机会，经统计，公司在新疆项目建设过程中，累计为当地数千人解决就业问题，提高了居民收入水平。同时，公司的清洁能源项目也为改善当地能源结构、减少环境污染作出了重要贡献，目前，新疆粤水电已在疆实现 100% 绿色装机发展，赢得了当地政府和居民的广泛认可与好评。特别是 2021—2022 年，新疆粤水电取得新疆区域新能源指标 355 万千瓦，实现区域对标领先，领先国家能源、华能、大唐、广东能源、深圳能源等企业，全区排名第 4（国家电投排名第 1，华电排名第 2，中核排名第 3），为粤水电品牌赢取了更高的知名度及品牌效应。公司所辖“粤水电达坂城风电一场”获得“2020 中国风电产业 50 强十佳优秀风电场”荣誉称号,“粤水电布尔津风电一场”获得“2023 中国风电产业 50 强十佳优秀风电场”等荣誉称号，得到能源行业高度认可。

（三）为新疆能源产业发展作出重要贡献

通过自身的快速发展和对当地经济社会的积极贡献，新疆粤水电已经成为新疆能源产业的重要力量、新疆加快构建新型能源体的中坚力量。公司的成功转型实践为新疆乃至全国其他地区的能源企业提供了宝贵经验和借鉴；同时，公司的清洁能源项目也为推动新疆能源产业的转型升级、实现绿色发展提供了有力支撑。

总体来说，新疆粤水电在践行国家能源安全新战略的过程中，不仅实现了自身的快速发展壮大，而且为新疆能源产业的持续健康发展作出了重要贡献。未来，公司将继续秉承创新驱动、合作共赢的发展理念，不断提升技术水平和市场竞争力，为推动我国能源事业的繁荣发展贡献更大力量。

（由广东省建筑工程集团控股有限公司供稿）

建设世界最大清洁能源走廊
引领中国水电勇攀新高峰

一、基本情况

中国长江三峡集团有限公司（以下简称中国三峡集团）因三峡工程而生。党的十八大以来，习近平总书记对中国三峡集团作出一系列重要讲话指示批示，亲自批准中国三峡集团战略发展定位，赋予发挥“六大作用”的战略使命。在习近平总书记重要讲话指示批示精神指引下，中国三峡集团深入践行“四个革命、一个合作”能源安全新战略，聚焦清洁能源和长江生态环保主责主业，努力当好促进碳达峰碳中和的主力军，现已发展成为全球最大的水电开发企业和我国领先的清洁能源集团。截至 2023 年末，总装机 1.46 亿千瓦，其中清洁能源占比为 96%。

中国三峡集团牢记习近平总书记殷切嘱托，坚持服务国家战略，始终把水电开发运营作为立企之本、发展之基，勇担“建设三峡、开发长江”历史使命，大力弘扬“为我中华、志建三峡”的三峡精神，在长江干流成功建设葛洲坝、三峡、溪洛渡、向家坝、白鹤滩、乌东德 6 座巨型水电站，建成世界最大清洁能源走廊，为保障国家能源安全、推动绿色发展贡献了三峡力量。

二、实践经验

中国三峡集团深入学习贯彻习近平总书记关于打造精品工程的重要指示精神，积极推进能源供给革命，创新提出源于规范高于规范的水电精品工程指标体系，对水电工程全生命周期实施精细化管理，实现工程内在功能与外在形式的有机结合、内在质量和外在品位的有机统一，为重大工程建设运行提供了可复制、可推广的精品管理模式。

（一）工程建设创优，打造优质工程

中国三峡集团始终把精品意识贯穿工程建设全过程，坚持从采购、设计、

制造、安装、运维等各环节发力，积极推动管理体制高效化、融资模式市场化、建设管理专业化、工程施工标准化转变，成功打造了一座座大国重器。在三峡工程建设之初，主动与国际接轨，率先实施以项目法人责任制为中心的招投标制、建设监理制和合同管理制，引领推动我国重大工程建设管理体制改革。为解决工程建设投资难题，构建起“水流—电流—现金流”高效转换链条，率先发行我国首只企业债券，稳健实施流域梯级电站资产证券化，将梯级电站资产逐步注入长江电力，走出一条用市场化方式推进流域梯级滚动开发的新路。在工程建设过程中，始终把施工质量和工程安全放在首位，探索形成“建管结合、无缝交接”“精益运行、精确调度、精心维护”等管理理念和原材料业主方检测、重要设备驻厂监造、关键系统联合开发、同台对比复核试验、机组试运行首稳百日等管理机制，在行业内起到引领示范作用。三峡、溪洛渡、乌东德、白鹤滩荣获工程界有“诺贝尔奖”之称的菲迪克奖，向家坝重力坝获得高混凝土坝国际里程碑工程奖，白鹤滩成为国内首个获得专项验收质量监督专家组“质量优良”评价的水电工程。

（二）工程技术创新，打造科技工程

中国三峡集团以重大工程为载体、以解决实际问题为导向、以资金等要素投入为保障，通过提供首台（套）应用场景，携手产业链上下游企业攻克了一系列前所未有的世界级技术难题，推动水电行业重大装备、重要材料、关键技术等创新升级，引领世界水电发展。充分发挥应用场景优势，通过“引进、消化吸收、再创新”，推动我国水电单机容量实现 70 万千瓦跟跑、80 万千瓦并跑再到 100 万千瓦领跑的跨越式发展，进入世界水电无人区。联合科研机构研究形成一整套低热水泥混凝土施工方法和工艺，研发出配套温控防裂技术，将乌东德、白鹤滩打造为“无缝大坝”。首创地下洞室群围岩稳定、变形控制实时监测分析系统，探索出地下洞室开挖与支护成套施工技术和标准化工艺，系统解决地下洞室群施工难题。自主研发并全面应用“全面感知—真实分析—实时控制”大坝智能建造控制系统，实现大坝全生命周期精细实时仿真，为传统建造行业数字化智能化转型提供“三峡样板”。三峡工程创造了 100 多项世界之最，乌东德水电站创造 8 项世界第一和 15 项全球首次，白鹤滩水电站创造了 6 项世界第一，带动我国水电行业自主创新能力快速提升。

（三）绿色环保创效，打造生态工程

中国三峡集团坚持在保护中发展、在发展中保护，秉承“建好一座电站、带动一方经济、改善一片环境、造福一批移民”的理念，统筹水电开发与生态保护，实现经济效益、社会效益和生态效益有机统一。建成长江流域特有珍稀植物种类最多、面积最大的植物园——长江特有珍稀濒危植物园，建立长江珍稀特有植物微体基因库、种质资源库和标本馆，攻克珍稀植物种子培育、规模化繁育、野外回归等技术难题，迁地保护荷叶铁线蕨等珍稀植物 1950 种，水电工程环评提到的植物全部得到有效保护。建成投运长江珍稀鱼类保育中心，相继突破中华鲟、长江鲟、圆口铜鱼等 10 余种珍稀特有鱼类规模化繁殖核心技术，建设涵盖 120 种长江鱼类的活体库、细胞库及基因库，建成我国最大规模达 5000 尾的中华鲟人工种群，累计放流长江特有珍稀鱼类 2300 万尾，促进自然种群恢复。深入推进美丽工程、美丽坝区、美丽库区建设，电站现场及周边环境明显改善，水土保持防治取得良好效果，三峡水库水质由Ⅲ类提升到Ⅱ类及以上。

（四）经济民生创利，打造惠民工程

中国三峡集团坚持以人民为中心的发展思想，积极履行央企社会责任，真情实意为移民群众办实事、解难题，投入真金白银支持库区经济社会发展。面对史无前例的百万移民，三峡工程实行“中央统一领导、分省（市）负责、以县为基础”的移民管理体制和投资切块包干、任务包干的“双包干”责任制，并通过移民后扶基金、产业基金、电力扶持基金、对口支援等政策，使移民能够安稳致富。在金沙江下游梯级电站建设过程中，建立“政府领导、分级负责、县为基础、项目法人参与”的管理体制，首次开发应用移民信息系统实现数字赋能，圆满完成32万名移民搬迁安置工作。积极响应脱贫攻坚、乡村振兴等战略部署，因地制宜实施教育帮扶、医疗帮扶、产业帮扶、基础设施帮扶等项目超 1500 个，成功实现库区移民“搬得出、稳得住、能致富”目标。如今，三峡、金沙江库区已全面进入小康社会，移民村蝶变为美丽休闲村、特色产业村，库区移民走上安稳致富路。

（五）党建廉洁创先，打造红色工程

中国三峡集团坚持工程建设与党的建设同步推进、工程大坝与廉洁大坝同步铸就、清洁能源与清风正气同步坚守、长江生态与政治生态同步净化、

红色基因与绿色底蕴同步传承，做到党建工作与业务发展两手抓、两手硬。创新构建施工区大党建格局，以参建单位党组织联创共建、构建“大监督”工作体系、开展劳动竞赛为三大“抓手”，创建“1545”（一个中心、五项原则、四类机制、五条主线）工作模式，实现组织共建、事务共商、活动共办、资源共享、发展共赢。深入推进全面从严治党，紧盯项目招标、物资采购、工程施工等重点领域，严密防范廉洁风险，营造风清气正的政治生态。深入挖掘重大工程蕴含的爱国情怀、民族精神，推进三峡工程、金沙江巨型水电站全国爱国主义教育示范基地建设，建成三峡工程博物馆、世界著名大坝微缩景观等宣教载体，成为赓续红色血脉、传承红色基因的重要窗口。

三、取得的成效

长江干流6座巨型梯级水电站“连珠成串”，在保障能源安全、防洪安全、航运、生态、水资源利用等方面发挥了巨大的综合效益，有力推动长江经济带高质量发展和美丽中国建设。

一是能源保供坚强有力。世界最大清洁能源走廊总装机 7169.5 万千瓦，占全国水电装机超 17%，在世界前十大水电站中占据 4 席，年均发电量约 3000 亿千瓦时，大幅提高我国能源结构中的清洁能源比例。截至目前，梯级电站累计发电突破 3.5 万亿千瓦时，约为我国 2023 年全社会用电量的 38%，相当于节约标准煤 10 亿吨，减排二氧化碳 28 亿吨，助力经济社会发展绿色低碳转型。其中 2020 年，三峡水电站发电 1118 亿千瓦时，刷新全球单座水电站年发电量世界纪录。

二是防洪屏障更加牢固。梯级水库总防洪库容为 376 亿立方米，占长江上游的 75%，成为川江河段和长江中下游防洪的核心工程。2003 年三峡水库建库以来，已累计拦洪运用 66 次，拦洪总量 2088 亿立方米，防洪减灾效益显著。特别是 2020 年成功应对三峡建库以来 75000 立方米 / 秒的最大洪峰考验，有力守护长江安澜。

三是抗旱补水效益显著。梯级水库总库容为 919 亿立方米，是我国重要的战略水资源库。2022 年面对长江流域百年大旱，三峡水库先后开展 2 次抗旱补水和 1 次压咸潮调度，补水约 56 亿立方米，有效保障长江中下游生产生活用水需求。2023 年，六库联调全面实施，三峡水库实现全年零弃水，梯级水库枯水期累计补水约 243 亿立方米，抬高中下游水位 0.5~4 米，有效保障沿江城市供水和通航需求。

四是航运通过量屡创新高。三峡工程的成功建设根本性改善了长江中上游航运条件，实现长江全年全线昼夜通航，成为服务长江经济带发展的“黄金水道”。三峡船闸提前 19 年达到 1 亿吨的规划目标，累计货运量突破 20 亿吨，其中 2023 年三峡枢纽通过货运量超 1.72 亿吨，三峡船闸过闸货运量、三峡升船机过机货运量，以及向家坝升船机过机货运量均创历史新高。

五是生态保护成效明显。积极开展促进“四大家鱼”自然繁殖等各类生态调度试验，有力促进长江水生生物多样性保护。连续 13 年开展生态调度试验，“四大家鱼”自然繁殖恢复至 20 世纪 80 年代水平，“四大家鱼”最大产卵场——宜都江段产卵量由 2011 年不足 1 亿颗提高至 2023 年 146.4 亿颗。

（由中国长江三峡集团有限公司供稿）

夯实能源供给，加快建设中国海油陆上非常规万亿大气区

一、基本情况

中联煤层气有限责任公司（以下简称中联公司）于1996年成立，目前是中海石油（中国）有限公司（以下简称中国海油）的全资子公司，统筹中国海油陆地非常规天然气产销业务，主要勘探开发对象是复杂的非常规天然气藏，包括煤层气、致密气等。

作为中国煤层气勘探开发的国家队，中国海油实现“从海上向陆上”“从常规油气向非常规油气”两大跨越的领军企业，中联公司贯彻落实“四个革命、一个合作”能源安全新战略以及习近平总书记关于大力提升国内油气勘探开发力度等重要指示批示精神，深入践行中国海油“1534”总体发展思路，通过开展一系列思路创新、管理变革及技术锤炼，持续加大陆上非常规天然气勘探开发力度，实施“三大工程、一个行动”，全力推动陆上非常规气“四个中心”建设，锻造出“四个特别”精神，各项业务保持快速发展势头，主要生产经营指标屡创新高。其中，临兴、神府区块致密气、深层煤层气成功勘探开发，发现临兴气田、神府深煤层大气田，有力保障高效增储上产。2023年，中联公司产气量达48.88亿立方米，相较于2013年产量提升7倍有余，产气量连续4年稳居煤层气企业第一位。截至目前，中联公司累计落实天然气地质储量近9000亿立方米，相较于2013年新增储量超7500亿立方米，计划到2025年产气量超过70亿立方米，2026年累计落实天然气地质储量超1万亿立方米，建成陆上非常规万亿大气区，为能源供给革命贡献非常规力量。

二、实践经验

（一）战略布局，以多气合探“强”能源供给能力

1. 转变勘探思路，跳出煤层气单一模式

中联公司矿权主要分布于山西省和陕西省境内，构造位置位于鄂尔多斯

盆地东缘和沁水盆地。2011 年以前，位于鄂尔多斯盆地东缘的临兴、神府区块非常规气资源潜力不被看好，勘探程度较低。2012 年，在“三气共采”的启发下，中联公司重新认识临兴、神府区块整体资源条件，首次提出主探致密气、兼探煤层气的部署思路。实施过程中，临兴中区致密气压裂试气效果整体较好，2014 年获得致密气储量发现，后续持续加大致密气勘探开发，兼顾深层煤层气探索，于 2022 年成功突破深煤层领域。截至目前，临兴中区、神府区块落实致密气地质储量超 2000 亿立方米，落实深煤层地质储量超 4000 亿立方米，有力增强非常规天然气供给能力。

2. 立足资源基础，勇攀万亿大气区高峰

中联公司锚定保障国家能源安全重大使命任务，以实施增储上产攻坚工程为主线，立足致密气、中浅层煤层气、深层煤层气、奥陶系和铝土岩天然气等资源领域，重点推进临兴—神府地区多气种立体勘探开发、沁水盆地中浅煤层高效勘探开发，坚持老气田稳产提产、新气田加快建产，不断加大风险勘探和甩开勘探力度，深度挖潜优质资源，突出创新驱动，科学部署，高效实施，于 2021 年大胆提出建设陆上非常规“万亿立方米大气区”的新目标。

（二）对标先进，以活学活用“提”技术管理效力

1. 聚焦“对什么”，明确目标要求

中联公司以提高综合竞争实力为目的，秉持科学性、适用性、可行性和动态性原则，坚持问题导向，持续改进工作方式，通过会议、电话交流等方式，与同行业分别针对陆上非常规气勘探开发管理模式、制度、流程、成效等方面逐项逐个进行对标，具体内容包括前期决策流程、商务采办管理、现场组织实施、随钻决策流程、作业成本、勘探开发效果等。

2. 聚焦“怎么对”，查摆问题短板

通过对标发现，中联公司在非常规气勘探开发上主要存在以下短板：

一是勘探开发存在降本空间，经济效益有待提升。中联公司于 2013 年正式启动致密气勘探工作，由于引用系统内部单位或合同模式差异等原因，市场竞争不充分，部分采购分作业区进行，集中度不高，难以形成谈判优势，关联企业较非关联企业有优势，起步阶段勘探成本高于同行价格，加之勘探开发作业原材料价格上涨、环保日趋严格等复杂外部环境因素，压迫降本增效的潜力空间，严重影响后期开发经济性。

二是增储上产动力不足，管理模式需大胆创新。中联公司落实的储量虽

然已达一定规模，但稳产上产基础薄弱，致密气开发的关键技术尚未取得革命性突破，依靠新建产能弥补产量递减的被动局面难以得到根本扭转，且致密气勘探范围逐渐变窄，另外，深煤层资源量大，但勘探成本高，适用的勘探技术尚未形成，增储上产难度大，亟须创新勘探开发部署模式，由相对有利资源带动边际资源，实现效益开发。

3. 聚焦“如何做”，建立建全机制

一是开展“三全”管控，积极构建降本增效长效机制。全员牢固树立危机意识、效益意识、责任意识，开展“三全”管控，即全员、全过程、全方位开源节流、降本增效，明确管控职责，形成“任务分解、责任落实和结果考核”的工作流程，嵌入管理体系有效运行。严格执行配套考核激励制度，发挥考核的正向激励作用，实现精准考核、精准奖惩。致密气勘探开发成本逐年下降，相较于 2013 年降幅超 15%。

二是以效益为主线，创新非常规勘探开发部署模式。将原来彼此分散、独立的勘探、开发两个不同专业、不同阶段紧密结合起来，实施勘探开发一体化管理。以试验产能为目的，在储量相对落实的区域，勘探环节向开发延伸，探井部署套开发井网，反向部署、正向实施；以经济建产为目标，开发生产向勘探渗透，变前后接力为相互渗透，采取横向扩边、纵向兼顾的立体滚动勘探开发模式，以达到“勘探落实储量从无到有，开发动用储量从有到无”的目的，综合考虑地下资源和市场销售，推动地面工程整体部署，分期实施，确保满足集输需求，实现规模可控、风险可控。临兴、神府致密气陆续实施 10 多个勘探开发一体化项目，整合了“地质评价报储量—甜点识别扩规模—工程改造增产量—地面建设有销量”的一体化管理流程，创新形成“当年钻井、当年测试、当年建管线、当年投产售气”的高效勘探开发运营管理模式。中联公司首创的勘探开发一体化管理模式得到中国海油的认可，并逐步向海上作业区推广。

（三）强基固本，以目标导向“聚”过程管控合力

1. 紧盯标准，建制度、严执行，筑牢管理根基

中联公司以中国海油的制度体系为依据，梳理搭建陆上非常规气管理制度，且牵头编制多项非常规气执行标准，使勘探开发工作有据可查、有据可循、有据可依。以基层管理提升行动为抓手，结合陆地非常规特色，推进业务协同整合，健全流程管控体系，业务部门优化勘探、开发、生产等工作流程，服务现场，各所属单位逐步完善基层制度建设，实现现场工作标准化、

规范化、系统化管理，确保落实制度标准，优化提升管理体系，夯实管理基础，提升管理效能。

2. 紧盯执行，定目标、实考核，形成管理合力

中联公司从增强人员的绝对执行力入手，提出“坚持高点定位，在自我加压、奋起直追中谋求各项工作取得新成效、新突破”的工作模式。

一是强化整体考核管理。从上到下层层压实考核，将储量、产能、产量、钻井成功率、措施有效率等生产性指标纳入业务管理部门、技术支持单位、现场执行单位的年度工作目标责任书，将管理、科研、实施和生产经营结成利益共同体。

二是加大现场考核力度。与项目经理签署月度工作量考核责任书，加大奖惩力度，采取工作量分配、评优评先与月度工作量考核完成挂钩的举措，营造“让想干事的人有机会、能干事的人有平台、干成事的人有地位”的公平公正工作氛围。

三是施行三项制度改革。建立“能者上、庸者下、劣者汰”的常态化竞争机制和市场化用工与薪酬分配体系，盘活存量人力资本，引进新生力量，有效激发企业内生动力。

3. 紧盯典型，强管控、抓关键，促进管理升级

为深入实施陆地“优快”作业，中联公司技术管理全面发力，从现场组织、技术保障和专业协同三个方面着手，业务部门联合研究机构、所属单位组建勘探开发随钻项目组，抓好关键环节控制，业务部门统筹，研究人员跟踪支持，所属单位以“驻井 + 巡井 + 总监”的随钻跟踪模式，加强钻井质量控制，从源头把控队伍资源质量，实现从设计落实、测录井、储层保护、卡层取心到钻后质量评价、钻后分析等各环节全流程管控。建立早会、钻完井双周会、监督双周会、关键作业交底会、督查等多项制度，实行专业化和分级管理，强化工作落实，推进项目高效运行。

（四）创新求变，以勇破勇立“激”企业发展动力

1. 煤层气、致密气一体化

为有效推动“立体勘探、协同开发”，组织上，中联公司打破气种研究壁垒及勘探、开发、生产阶段界限，将原先的分气种、分项目阶段的组织架构调整为与区域相对应的研究科室，有机融合勘探、开发、生产环节，整合煤层气、致密气人员，畅通与现场的沟通渠道，建立常态化现场支持机制，将各区域生产指标任务与研究人员捆绑，提升研究人员的积极性及主动性。部

署上，深煤层与致密气创新性地实施“互补式”勘探开发部署，利用致密气低产低效井开展深煤层试验，有效盘活低效资产，利用致密气新井取煤层样品落实含气性，在致密气风险区，以探索煤层气为主，兼探致密气潜力，实现“老井新用”，做到“双气”并重，在有效控制勘探风险的同时，大幅降低勘探开发成本。

2. 地质、工程一体化

煤层气和致密气层具有不同的初始流体赋存状态、岩石性质、渗流能力以及开发方式，复杂的储层接触关系导致合采过程中层间干扰严重，影响气井产能。针对这种差异性及井网部署要求，中联公司以“高效发现储量并高效转为产量”为目标，深度整合地质研究及钻完井工程专业人员力量，地质人员精细研究临兴、神府致密气、深煤层的地质特征，优选有利勘探层段，向工程提出地质目标需求的同时提出风险预警，工程上优化压裂参数，反复论证，保障地质预期的实现，逐步建立地质工程一体化评价指标体系。

3. 研究、实施一体化

水平井的钻探效果对后续产能存在极大影响，现场作业队伍的作业水平及能力参差不齐，为了保障高质、高效勘探，中联公司以流程化、制度化管理为指引，从部署论证、方案设计到现场实施实行一体化管理，实施人员参与前期设计全过程，充分了解部署目的，做到精准实施。实施过程中强化联合随钻，物探、地质、钻完井专业技术人员同步跟踪，通过对区内煤层地质条件精细刻画，利用近钻头技术，严格管控录井质量，确保岩性气测真实准确，实时进行地层对比，以地质认识为导向，加强随钻跟踪，深入评价，实现“钻前有预测、钻中有优化、钻后有分析”的动态调整管理体系，减少中间环节，提升工作效率。

（五）攻坚技术，以自立自强“蓄”增储上产实力

1. 逐步优化致密气高效勘探开发技术

一是创新提出临兴—神府致密气“三元控藏理论”，形成了鄂尔多斯盆地盆缘“源岩广覆式生烃—储层网毯式分布—多期次断裂垂向疏导—油气选择性成藏”的源、储、断三元控藏模式，指导临兴—神府致密气田富集区优选，为不同区域开展差异化勘探开发部署提供依据。

二是建立致密气藏精细表征与开发目标优选技术，建立一套以黄土塬微测井约束高精度层析静校正等 4 项关键技术为核心的宽频宽方位处理技术系

列，改善地震成像精度。建立一套以井震融合的沉积微相刻画等4项关键技术为核心的甜点预测技术体系，耦合多因素多尺度，改善地质甜点预测吻合率。建立井震结合构造格架模型—地层结构模型等八阶段建模技术体系，实现对临兴东、神府南致密砂岩储层地质—力学特征在三维空间的准确定量表征。

三是研发基于物性和电性差异的产水风险评价图版和基于“产水风险、启动压力和应力敏感”的产能预测技术，平均单井产能预测精度由50%提高至90%；建立高含水致密气藏井型选择标准和立体开发模式，平均单井产能由0.7万立方米/天提升至1.4万立方米/天。研发低温破胶压裂液体系、低压高含水储层增能强排物理化学解水锁技术，研制了积液快速识别软件和排采作业图版，实现低于40℃薄互层、高含水饱和度致密储层压裂高效增产，产能提升60%。

2. 持续攻关深煤层充分释放产能技术

一是创新成藏认识，刻画地质工程双甜点。创新提出“微相控煤、源热控烃、温压控态”的深煤层成藏主控因素，基于构造稳定性和微幅构造是可采性基础、煤储层以及煤层与顶底板应力差是压裂改造工艺的重要影响因素之一、含气饱和度决定煤层气储层能量、压裂裂缝泄压范围是稳产的核心要素等认识，形成了基于开发基础、可压性、流体可动性等“3要素、8参数”的地质工程甜点评价技术。

二是创新复合压裂，充分释放地层产能。针对煤层埋藏深、孔渗性低、割理裂隙发育等特征，综合考虑钻遇煤层位置、裂缝发育、微构造等多方面因素，兼顾套变风险，优选物性好、结构好、可压性好的“三好”层段作为射孔压裂位置。通过以“定向射孔+前置酸+段内多簇+高排量大规模+一体化变黏滑溜水+暂堵转向+全尺度支撑剂”为核心的复合立体缝网改造技术，实现储层改造体积最大化，其中水平井采用“定向集中射孔及避干扰多簇射孔”工艺，实现控近撑远多级支撑裂缝，优选集携砂、减阻、变黏、助排、防膨、连续混配功能于一体的压裂液体系，保障工艺需求。直/定向井针对储层跨度大、隔层发育情况，采用“分段射孔+层间暂堵”工艺提高裂缝改造体积。

三是创新排采思路，建立排采指标体系。借鉴中浅层煤层“多产水、扩压降”排采思路，结合深煤层井产气特征，创新提出深煤层“快速返排—多级控压—阶梯稳步提产”的深煤层排采思路，差异化形成欠饱和井、饱和井两大类排采制度。明确不同排采阶段的目标原则，建立3类井底流压下降模式，选取早期压力传播速度、有效渗透率、解吸区扩展范围、15 年内累产气量等作为评价指标，优化目标井的排采制度。

三、取得的成效

一是增储上产效果明显。中联公司勇担中国海油天然气增长重任，全面推进油气资源供给保障中心建设，近 10 年勘探开发成效节节攀升，建立了晋东南、晋中、晋西—陕东三大作业区，相较于 2013 年，储量增加超 7500 亿立方米，提交国内首个薄煤层及首个深煤层千亿方探明地质储量，获央视新闻等媒体报导。自我加压奋进，将建成陆上万亿大气区目标提前到 2026 年。管网互联互通能力不断增强，四个点实现与国网、山西省网连通；神安管道分输功能建设加快完善，部分阀室初步实现输气量远程自主可控，产销协同、议价能力持续提升。目前产能超过 50 亿立方米，较 10 年前增长近 7 倍，产量达到 48.88 亿立方米，增长 7 倍有余，行业竞争力逐步提升，连续 4 年在国内煤层气企业稳居第一。提前建成我国首个薄煤层气开发项目，临兴—神府深煤层开发成功入选国家级示范项目，为煤层气开发技术推广和规模建设奠定了基础。

二是三项效益成绩突出。经济效益方面，中联公司近 3 年销售收入平均增长率超 60%，净利润平均增长率超 150%，2023 年全员劳动生产率创历史新高，超过 870 万元 /（人・年）。社会效益方面，气田持续高产，有效地弥补常规天然气在地域分布和供给量上的不足，有助于山西、陕西及周边地区改善能源结构，减少矿井建设费用，提高煤矿的生产效率和经济效益，带动运输、钢铁、水泥、化工、电力、生活服务等相关产业发展，增加就业机会，有利于提高当地居民的收入水平，促进当地经济发展。环境效益方面，煤层气抽采可避免资源浪费，按照“先采气后采煤”的开采原则，减少瓦斯灾害，保障煤炭生产安全。通过气井火炬气直接销售利用，实现增产、增效、减少能源浪费和碳排放，对建设绿色低碳气田贡献智慧力量。

（由中国海洋石油集团有限公司供稿）

以“沙戈荒”大基地＋沙漠治理新模式
协同推进降碳、减污、扩绿、增长

一、基本情况

党的二十大报告指出，中国式现代化是促进人与自然和谐共生的现代化，强调协同推进降碳、减污、扩绿、增长，为统筹生态文明建设和经济社会发展指明了方向。中国三峡集团统筹新能源开发与生态修复，打造了一批“沙戈荒”大基地＋沙漠治理示范项目。以库布其200万千瓦光伏治沙为例，该项目是我国第一批开工建设的大型风电光伏基地项目，同时是全国单体规模最大的光伏治沙基地项目，位于杭锦旗境内的库布其沙漠北缘，装机规模200万千瓦，配套容量400兆瓦/800兆瓦时储能系统以及10万亩沙漠治理生态建设工程，通过板上产绿电、制绿氢，板间长绿草、养畜禽，板下变绿洲、生绿金，年均供应绿色电力约40亿千瓦时、减少向黄河输沙200万吨。

二、实践经验

我国沙区经济发展状况相对落后，生态系统较为脆弱，但大多具有太阳能资源和土地成本优势。中国三峡集团充分发挥自身优势，以沙漠、戈壁、荒漠等为重点，探索推广“沙戈荒”大基地＋沙漠治理模式，打造一体化生态修复工程，实现治理恢复与综合利用、保护生态相结合，经济效益与社会效益、环境效益共提升。

（一）坚持先行先试，打造“风沙变风景”示范样板

我国是荒漠化最严重的国家之一，沙化土地面积约占国土面积的1/6，光伏阵列只要稍加改造，就是不需要浇水的沙障，具备生物治沙和发展生态产业的可能。中国三峡集团早在2010年起就开始在腾格里、毛乌素等荒漠布局光伏治沙项目，以市场化、主动干预的方式参与沙区生态治理，努力在探索光伏与治沙领域走在前列。在宁夏沙沟20万千瓦光伏电站建设中，结合特殊地理环境和土地性质，经过反复论证采用草方格方式固沙和储存水分，并在

光伏板下种植苜蓿等植物，破解了以往用沙蒿治沙导致鼻炎的难题，成功蹚出新能源防沙治沙的新路子。从先试先行到以点带面，统筹推进“三北”地区新能源开发与生态修复，10 年间在内蒙古、青海、甘肃等地不断复制和推广这一治沙模式，打造了格尔木光伏电站、金昌光伏电站等诸多光伏治沙示范样板，为“沙戈荒”大基地 + 沙漠治理新模式积累了宝贵经验。

（二）坚持集中集约，升级“荒漠变蓝海”能源引擎

随着能源绿色转型不断加快，充分发挥“沙戈荒”地区新能源资源丰富、建设条件好、受土地利用影响小的优势，全面推进风电、太阳能大规模开发，是加快构建新型能源体系的重要举措。中国三峡集团坚持规模化集约化开发、多能互补融合发展，加快推进“沙戈荒”地区绿色能源基地建设。建设我国首批 12 个新能源大基地项目，在青海开发 210 万千瓦光伏光热项目，探索新能源大规模发展的新路径；加快建设总装机约 1600 万千瓦的我国首个千万千瓦级“沙戈荒”新能源基地，建成后将成为华北地区能源供应的骨干电源点，为能源电力供应提供坚强支撑。在内蒙古乌兰察布建设我国最大 200 万千瓦“源网荷储”示范工程，建设产、学、研、用深度融合的源网荷储技术研发试验基地，打造类型丰富的储能系统动态模拟平台，引领新一代电网友好型绿色电源发展。目前，中国三峡集团正在积极策划新一批千万千瓦级新能源大基地，集中连片打造沙漠“光伏长城”，不断提高国家能源安全保障能力，助力实现碳达峰、碳中和目标。

（三）坚持系统观念，擦亮“戈壁变绿洲”生态底色

统筹山水林田湖草沙系统治理，是习近平生态文明思想的重要内容，深刻揭示了生态系统的整体性、系统性及其内在发展规律。中国三峡集团从生态系统整体性和系统性出发，统筹人工修复与自然恢复，打造“绿色能源 + 沙漠治理 + 生态农业”一体化立体绿色生态系统，筑牢北疆万里绿色屏障。在内蒙古达拉特旗光伏发电领跑者项目基地，通过“光伏 + 沙漠治理与林光互补”模式，荒漠转变为“光伏发电蓝海、生态林果绿岛、林光互补大漠”。在甘肃腾格里沙漠，探索“板上发电、板下种植、板间养殖、治沙改土”新模式，板下种植肉苁蓉、甘草、黄芪、苜蓿等经济作物，板间养殖鸡鸭鹅禽类和无犄角绵羊，每亩地经济效益每年能达到 800 元左右，实现社会效益、生态效益、经济效益最大化。在内蒙古库布其沙漠，建成我国单体规模最大的光伏治沙项目，也是我国首次在沙漠区域大面积应用柔性支架材料，采用

“板上双面发电、板下双层生态、板间双层养殖”的立体生态光伏治沙模式，板上双面发电可增加发电量5%~10%，板下种植优质牧草和药材等经济作物，板间运用“畜禽草耦合”治沙技术实现畜禽粪便还田治沙改土，形成光、电、蔬、林、草、药、畜、禽一体化全面循环发展。

（四）坚持科技赋能，强化“治理变智理”技术支撑

习近平总书记强调，要坚持科学治沙，全面提升荒漠生态系统质量和稳定性。中国三峡集团坚持因地制宜、科学推广应用行之有效的治理技术，推动治理效能提档升级。固沙为本、三级防护，建立基地外围锁边林草植物带、基地主干道路防护林带、光伏场区内部固沙工程，构建三级防沙治沙综合治理体系，控制沙丘流动，提升植被覆盖率。量水而行、以水定绿，探索节水发展新模式，合理配置林草植被类型和密度，板下区域种植低密度灌木减少灌溉需求，清洗光伏板还能对落水点周边进行集中补灌，提高用水效率。重点示范、创新引领，推广应用微创气流植树法、风向数据法、无人机飞播等先进技术，通过大数据技术进行高频度精准计算株距后，将种子从低空弹射进入飞播造林特定区域，大幅提高播种效率；打造新一代太阳能电池材料钙钛矿地面光伏应用验证基地，对风电光伏电站与生态环境的互馈关系进行长期监测和评估，为新能源开发和荒漠化防治的可持续和高质量发展提供支撑。

三、取得的成效

荒漠化防治是功在当代、利在千秋的伟大事业。中国三峡集团推进以沙漠、戈壁、荒漠地区为重点的大型风电光伏基地建设，兼具能源开发、生态修复、荒漠治理、帮扶利民等多重效益，为我国经济社会绿色低碳转型作出了积极贡献。

一是降碳效果显著。通过建设风电光伏大型基地项目，不仅能够为经济社会发展提供稳定优质的绿色电能，还能通过荒漠化土地治理增加碳汇。库布其“沙戈荒”大基地项目建成后，每年向京津冀地区送电约400亿千瓦时，其中清洁能源电量占比为50%以上，相当于减排二氧化碳约1600万吨；光伏板下、板间林草覆盖率将达到30%以上，基地主干道路绿化率达到50%以上，香农威纳指数增加8%~12%，年均碳汇总量超过1000吨。

二是减污作用明显。通过“沙戈荒”基地+沙漠治理，可以有效降低污染物排放、减少风沙，改善当地自然环境。库布其沙漠地处鄂尔多斯高原北

部与河套平原的交接地带，黄河“几”字湾南岸，是距北京最近的沙漠地区，风沙危害巨大。库布其光伏治沙项目每年可节约标准煤约 123 万吨，减少排放烟尘 131 吨、废水 22 万吨。

三是扩绿成效突出。通过“新能源 + 生态治理”“新能源 + 农业养殖”“光伏治沙”等绿色循环发展模式，改善当地生态环境和人居环境，实现新能源与生态融合发展、友好发展。部分风光场站已成为网红打卡地、生态治理标杆，当地群众切实感受到了新能源带来的生态成果。库布其光伏治沙项目治沙工程已完成绿化种植 3000 多亩、草方格铺设 1 万亩、芦苇沙障铺设 1 万多亩，道路两侧种植的山桃、山杏、波斯菊竞相绽放，成为当地闻名的“花香大道”。

四是经济效益良好。在西北建设“沙戈荒”基地，既能够实现西北部和东中部地区在土地资源、绿色能源和经济社会发展等方面的优势互补，又能带动西北部地区产业发展、提供更多就业机会，把资源优势转化为发展优势。库布其光伏治沙项目建设期间，吸纳超过 1000 人次农牧民就业；运营期间，通过探索“公司 + 农户 + 合作社”的乡村振兴互助模式，每年可稳定吸纳 500 人次从事清洗、板下农作物种植管护、牧业养殖等工作。库布其基地项目动态总投资超 800 亿元，在建设过程、项目运营、产业辐射等方面能够充分发挥就业“增容”作用，可提供临时用工岗位约 5 万个、长期就业岗位约 2000 个。

（由中国长江三峡集团有限公司供稿）

建设运营北京燃气天津南港液化天然气应急储备项目保障能源安全

一、基本情况

北京市燃气集团有限责任公司（以下简称北京燃气集团）拥有 66 年的历史，负责京内外燃气项目的投资、建设、运营、服务，并围绕燃气产业链，参与上游资源开发、长输管线及储气库建设运营，下游分布式能源、车用气等业务，是覆盖天然气全产业链的能源企业。2023 年，天然气年购入量为 225 亿立方米，用户总数为 728 万户，天然气管线长度约 3 万千米。

北京燃气天津南港液化天然气应急储备项目（以下简称南港项目）是为了贯彻落实国务院“完善油气储备体系，提升油气战略安全保障供应能力，建立天然气调峰政策和分级储备调峰机制”的要求所投资建设的国家级重点项目。2018 年 3 月 26 日，北京市与国家发展改革委签订《民生用气保障责任书》，对市政府和企业应急储备设施建设作出承诺。随后北京市成立天然气产供储销体系建设领导小组，推动储气设施建设工作，并印发了《北京市天然气产供储销体系建设方案》，明确由北京燃气集团建设、实施南港项目，落实城镇燃气企业年用气量 5% 的应急储备能力。

南港项目建设内容包括：建设 1 座最大可靠泊 26.6 万立方米 LNG 船舶的码头，接卸能力为 500 万吨 / 年；10 座 20 万 ~22 万立方米 LNG 储罐（包括 2 座 9% 镍钢全容罐和 8 座薄膜罐），应急储备能力为 12 亿立方米；LNG 最大气化外输能力为 6000 万立方米 / 天；建设天津 LNG 接收站至北京城南末站天然气外输管线约 217 千米，管径 1219/1016 毫米，设计压力 10 兆帕，沿线途经天津市滨海新区、静海区、西青区、武清区，河北廊坊市安次区、永清县、广阳区，北京市大兴区。

二、实践经验

（一）能源供给革命

油气体制改革逐步深化过程中，特别是2019年国家管网成立后，产业链上游资源和管网集输主体实现分离，对北京市天然气供应保障产生深远影响。自此，上游资源供应主体中石油与北京市购销合同愈加规范化，采暖季高峰期间严格按照国家发展改革委“合同内保供、合同内应急”要求执行“最大日量”供应；中游管网集输主体国家管网推行调峰保供市场化，应急气等服务产品参与保供过程存在一定不确定性。南港项目的建成投产，给北京市天然气应急调峰保供机制带来了根本性的改变，下游城燃企业自主保障能力大幅提升。

2023—2024年度冬季前，北京燃气结合历年北京市采暖季期间天然气供应特点及调峰需求，合理布局年度LNG资源量约3亿立方米。为了有效保障首都人民用气安全，采暖季前一期4座LNG储罐全部达到90%储罐存量的高液位运行状态，超额完成国家发展改革委下达的工作要求。自第一船2023年9月15日到港以来，北京燃气天津南港LNG接收站以精确到小时的投产计划多线路并行操作，仅利用7天时间即实现首船接卸和2座储罐投产，9月23日正式建立管道外输，1个半月内完成全部4座储罐和主要设备投产，规模和速度创国内先河。

冬供期间，北京市极端天气呈现频发、广发、强发和并发趋势，寒潮、雨雪、低温、冰冻等轮番出现，12月中旬更是创下1951年来同期最长的连续300小时低温纪录，达到历史同期最低值。北京燃气连续31天、累计52天日供应量突破1亿立方米，双双刷新历史纪录；其间，更是连续5天刷新单日历史最大供应量纪录，北京燃气天津南港LNG接收站刚刚投产就面临着一场严峻的考验，承担着无可替代的应急调峰重要责任。采暖季中，现场驻站组织24小时连续攻坚，连夜预防性处理因极寒天气带来的对设备仪表的影响，坚决保证设备可靠运行；暴雪极端天气下，接收站迅速组织制定除雪专项方案，组织工艺、消防、维保、后勤全员利用各种除雪车辆、机具连夜开展扫雪工作，优先处理码头、巡检路线、槽车充装、关键设备，24小时内实现满足安全生产保供需求，为厂区安全平稳运行奠定基础。

为了有效保障首都人民温暖过冬，其间接收站实现单日外输2600万立方米，峰值瞬时外输3000万立方米/天，整个冬季保供期间接收站累计管道外输突破 4.6 亿标立方米，北京燃气克服冬季高峰期间 LNG 供需紧张、价格高涨等挑战，及时增采 2 船现货成功守住了首都应急调峰保障的最后一道防线，助力形成了一套新的首都冬季天然气保供机制，确保了全市发电、供热、用气的安全稳定运行。以“能源供给革命”决定性胜利，为践行项目保供使命交出了一份圆满的答卷。

（二）能源技术革命

1. 科技创新

（1）坚持问题导向，筑牢科技保障。19 项薄膜罐企业标准已顺利通过北京燃气集团验收，正在组织行标申报工作，将为薄膜罐现场实施提供工作指引。流量达到 2000 立方米 / 小时的 LNG 接收站用装船泵课题已顺利通过院士领衔的专家组鉴定，此项研究填补了国内空白，打破了国外技术垄断，主要性能指标达到国际同类产品先进水平，将实现国内最大流量低温泵首次国产化，课题还通过合作研发和利润分成方式持续创收。与中科院海洋所合作开展的钢桩防腐研究已按照要求完成所有成果并顺利通过北京燃气集团验收，项目成果被专家评为国内先进。《北京燃气天津南港 LNG 应急储备项目 LNG 加气站、冷能利用、燃气发电及燃气分输四项方案研究》已验收并为项目部未来发展提供了技术支撑。温湿度研究项目已完成验收，成果已在项目中得到应用。智能巡检研究、槽车自动化研究、SCV 低氮研究和 BOG 模拟正在开展研究工作，将为场站智能化水平提升和节能降耗打下基础。

（2）聚焦行业需求，推进成果落地。以科技创新项目为依托，不断加大各项成果的巩固和优化，开展课题成果的普及，加强对科研成果的应用与转化，形成了良好的成果应用转化态势及具备竞争优势的产品转化系列。聚焦整体设计，直面行业难题，持续推进成果落地。完成 20 余项设计优化，从根本上开展研究并促进成果落地。

2. 保税罐

保税罐是指经海关批准设立的专门存放保税货物（LNG）未办结海关手续的储罐，即进入保税罐的 LNG 是经报关但尚未缴纳关税的 LNG。当前国内 LNG 接收站的普遍业务形式是进口的 LNG 在办结海关手续并缴纳税费后在国内市场流通，而保税 LNG 既可以报关进口并缴纳关税增值税后在国内流通，也可以返装上船转口销售到其他国家。

在全球航运限硫、减碳背景下，至今仅有鹿特丹、新加坡、马赛等少数港口可提供 LNG 加注服务，开展 LNG 保税船舶加注业务，合理布局海上保税 LNG 加注区域，打造渤海湾港口群的保税 LNG 加注中心。与此同时，中美航线等国际远洋散货、集装箱船舶在中国的加注需求上涨，全球已运营的 LNG 动力船舶加注需求将迎来爆发式增长。环渤海地区已有多艘 LNG 动力船舶运营，每年消耗 LNG 燃料约 1.2 万吨。因此，开展船舶加注业务对于推动环渤海地区 LNG 动力船舶的产业升级以及相关产业的发展具有重要战略意义。

此外，将进口 LNG 入库保税，可以实现跨季节、跨区域的返装出口，构建储气调峰运行机制，在有效降低采购成本的同时，增强保供和市场化运营能力，有助于打造以天津为中心的 LNG 转口销售贸易，在保障北方沿海地区 LNG 市场供应稳定方面发挥积极作用，同时把握国际市场机会窗口，获取转口贸易利差，进而做大 LNG 转口贸易规模，实现 LNG 业务领域多元化利润增长点。

3. 薄膜罐

南港项目首次在国内采用薄膜罐体技术建造大型 LNG 储罐项目。与传统的 9% 镍钢储罐相比，薄膜罐具有罐容大、成本低、建设工期短、安全性好的特点。在建设的过程中率先形成试行标准规范用于指导后期建设。对于国产化设备材料，经评定合格后应用在项目中。在产品研发中试行建立国产化示范样板，重点攻关，集中突破，创新产品研发及工业化应用机制。

根据形成的标准规范体系，在后期薄膜罐建设中进行优化和提升。根据项目的实际需求以及设备材料国产化技术攻关的难易程度，分阶段实施，在示范样板的引领下，做到有序推进。经过多阶段验证的标准规范可达到引领行业的高度，将企业标准上升为行业标准和国家标准。同时向有研发能力的企业充分释放合作的诚意，即在同等质量标准的前提下优先使用国产化设备材料，促使装备研发和制造企业下决心组织开展科技攻关，提升自身产品竞争力，进而达到提升相关行业整体水平、引领行业技术进步的目的。

4. 工艺技术创新

在工艺设施布局方面，为避免接收站行业普遍发生的布管应力、操作不便、维修受限问题，北京燃气天津南港 LNG 接收站组织技术人员前置开展天津南港一、二、三阶段项目 60%、90%、100% 各阶段模型审查，通过现场勘察和模型分析，提出并实现了卸料臂就地控制盘操作方向优化、再冷凝器 LNG 管线盲区消除、罐顶低温泵吊装及巡检空间布置优化、全厂安全阀放空平台及操作平台贯通连接、增压压缩机入口管线应力分布优化等多个模型优化设计。

在安全联锁设计方面，接收站技术人员梳理行业事故事件案例，详细分析国内各接收站联锁设计方案，提出并实施了BOG直供燃料气模式、再冷凝器与增压压缩机联合运行模式、低负荷高压泵单独运转模式、薄膜罐氮气呼吸与吹扫切换模式等创新工艺流程的联锁保护特殊设计，极大提升了项目运行联锁保护措施的有效性和合理性。

在工艺技术标准制定方面，北京燃气天津南港LNG接收站实现了国内首次大型薄膜罐企业标准制定，通过组织现场技术审查、专家评审、报验报审各项流程，最终在2022年8月完成了19项企业标准的正式发布。为了充分实现薄膜罐建造和运行技术成果转化，组织法国蒙脱瓦接收站和GTT公司开展薄膜型储罐运行技术培训和交流研讨，形成71项薄膜罐运行关键技术分析备忘录，并针对形成了国内首个大型薄膜式储罐的投产技术文件，为项目投产奠定了坚实的技术基础。

在信息化系统建设方面，通过详细研究国内主流LNG接收站运行管理流程和信息化手段，北京燃气天津南港LNG接收站前后开展10余次技术研讨，组织设计储罐运行数据、外输标密、设备可运转情况等智能计算索引功能，成功实现了卸船计划—自动排罐—生产报表——键盘库等定制化智能程序，形成15类设备、3条管道流向和6种工况的三维数字孪生体配套工艺动态显示功能，实现办公网络下的接收站远程三维监视，充分提升LNG接收站生产业务智能化管理水平。

在工艺技术创新方面，北京燃气天津南港LNG接收站组织开展再冷凝器高效利用研究，通过修正统一流量控制单位，整定控制回路PID参数，编程比率组态实现不同流量、温度、压力、氮气、密度环境下的再冷凝器液位全自动控制；开展开架式气化器低温运行、火炬长明灯 & 热水锅炉等节能利用研究，为项目节能减排、低碳运行提供巨大效益。

三、取得的成效

一是保供方面。北京燃气天津南港LNG接收站投产后，成为北京市新的重要保供气源。北京燃气集团构建起包括中石油合同资源、国家管网预存气和应急气、曹妃甸市政府LNG应急储备、天津南港LNG应急储备等在内的多元化资源池，从而在中石油供气能力达到购销合同上限时，充分发挥自有应急调峰效能，以平均每日超过2次的调峰频次精准匹配京内用户需求，2023年12月下旬历史极寒天气下承担了北京市内日用气量20%以上的"峰尖"供应任务，极大改变了历年来依赖协调京外企业进行保供的不利局面，并有效缓解了华北区域冬季天然气价格上涨压力，为整个京津冀区域协同健康发展贡献了巨大力量。

二是科技创新方面。聚焦行业难题，开展课题研究，在关键设备材料国产化、腐蚀防护技术研究等方面，达到国内先进水平，申报国家专利 9 项，发布国家标准 1 项、行业标准 2 项、企业标准 20 项，形成一批具有代表性及影响力的技术标准；入围 2022—2023 年度第二批水运交通优秀设计奖，为申报国家优质工程奖奠定了坚实基础；率先应用国产化 SCV、装船泵，积极推动关键设备国产化进程；荣获“天津市战略性新兴产业领军企业”、“天津市经开区创新成果奖”、北京燃气集团优秀创新工作室等荣誉称号，科技创新成果显著。

三是保税罐方面。北京燃气集团围绕 LNG 保税业务打造渤海湾仓储转运中心，布局 LNG 产业链，以利于在积极有效保障首都能源安全的同时，通过错峰采购降低成本和拓宽能源多元化贸易渠道，实现国有资产价值链最大化的目标。

按照北京燃气集团“十四五”规划中相关要求，接船数量将逐年攀升，设立保税罐后预计每年增加 10 船以上，约 65 万吨用于相关业务的开展，可大幅增加进出口贸易额。另外，通过加注业务向在天津港航行的运输船舶提供 LNG 燃料，有助于进一步完善提升天津港口服务功能，对加快打造世界一流的智慧绿色港口具有重大战略意义。

四是薄膜罐方面。实现国内首例陆上大型 LNG 薄膜罐落地，共建设 8 座 22 万立方米薄膜罐，为全球最大的陆上薄膜罐。参编国内首个薄膜型 LNG 储罐建造与检验行业标准，LNG 薄膜罐标准的建立填补了国内空白，也是国内首部 LNG 薄膜罐建造检验的专项标准。通过首台（套）的应用、提炼和总结进一步完善标准，为后续薄膜罐的建造提供技术支持和标准参考，保证建造质量。随后，可申报行业标准、国家标准，为国内 LNG 建设薄膜罐提供良好的技术基础和指导应用，引领我国 LNG 行业发展，达到国内领先水平。

五是工艺技术创新方面。北京燃气天津南港 LNG 接收站通过工艺布置、联锁控制设计、设备调试和投产技术全流程跟踪优化创新，实现接收站设备投产及完好率达标，成功避免了多个行业运行质量痛点；通过再冷凝器高效利用研究应用，节约增压机能耗超 260 万千瓦时，通过开架式气化器低温运行研究，累计节约天然气消耗超 100 万标立方米，为项目持续提升低碳运行水平贡献力量。

（由北京市燃气集团有限责任公司供稿）

新疆交通路域服务区智能分布式光伏用能自洽系统

一、基本情况

新疆交通投资（集团）有限责任公司（以下简称新疆交投集团）是新疆维吾尔自治区直属大型国有企业，注册资本200亿元，资产总额2302.47亿元，信用评级AAA，下属企业140户，员工2.3万余人，运营新疆39条高速（一级）公路8125千米（占全疆的82%）、232个收费站、84处服务区，主营业务为交通基础设施投资、建设、管理、养护、运营与服务，综合交通相关的科学技术研究、咨询服务、装备制造及相关业务，具有“五甲一特”交通全产业链资质（勘察甲级、设计甲级、检测甲级、监理甲级、养护甲级、施工总承包特级）。同时，具备较强的科技创新和成果转化应用能力，拥有1个国家级、3个省级企业技术中心，3个国家级博士后流动工作站，37个省部级科技创新平台，8家省级高新技术企业，在研科技项目150余项，专利338个。

作为新疆综合交通基础设施建设与运营服务主力军，新疆交投集团投资建设疆内G30小草湖至乌鲁木齐、乌鲁木齐至奎屯、G7大黄山至乌鲁木齐等高速公路“四改八”项目以及S21阿勒泰至乌鲁木齐等标志性交通项目，建设里程达7660.9千米。同时，承担将淖铁路（三标）、布尔津通用航空机场等多个重大综合交通基础设施项目建设任务，为打造亚欧黄金通道和丝绸之路经济带建设贡献了交投力量。未来，还将抢抓新疆自贸区建设契机，围绕拓展出入境、南北疆大通道，大力实施G30星星峡至哈密、哈密至吐峪沟改扩建项目、G218那拉提—巴仑台、将淖铁路（二期）、新拜铁路等22个重点项目，积极参与G3033奎屯—独山子—库车高速公路等重大项目建设，加强与周边国家相关企业、单位交流合作，努力当好丝绸之路经济带互联互通的开路先锋（见图1）。

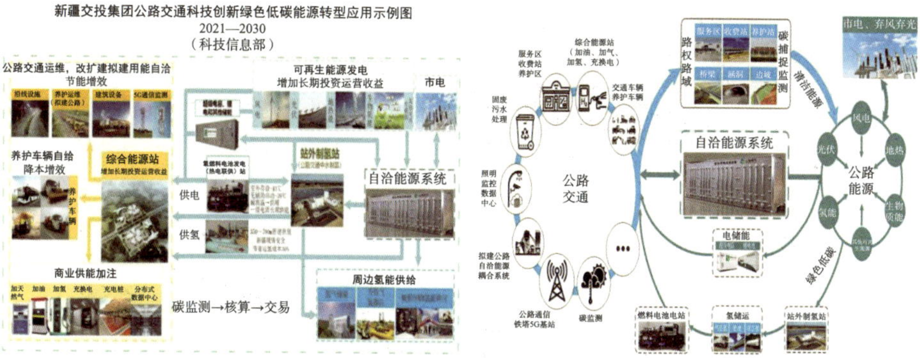

图 1　绿色低碳转型高质量发展应用示例图和路线图

二、实践经验

（一）项目简介

新疆路域服务区智能分布式光伏用能自洽系统通过微网管控，包含第一期两个交能融合示范项目，其中，2022 年，新疆交投集团承担了国家重点研发计划“高速公路基础设施绿色能源自洽供给与高效利用系统关键技术研究”，克拉美丽服务区作为示范项目建设点，同时申报了自治区全社会节能减排专项资金项目；羊塔克库都克服务区分布式光伏列入集团公司自主立项科技项目“新疆公路交通多能融合的自洽能源系统关键技术研究”扩大示范。目前均处于稳定运行状态。

新疆路域服务区智能分布式光伏用能自洽系统通过科技赋能，在沙漠腹地、戈壁荒滩、高温高寒、电网末梢和自然环境恶劣等多种特殊环境条件下开展应用示范，形成微网互济、并网互联、通网互动的新疆公路交通新能源网络初步架构，运行收益率达 6.55%，为新疆交通路域“双碳”目标的实现提供技术支撑和建设经验，被《中国改革报》等媒体和中央新闻联播报道。

该系统克拉美丽服务区位于新疆阿勒泰地区 S21 阿乌高速 K209+000 处，地处沙漠腹地，建设分布式光伏 600.6 千峰瓦，配置储能 1200 千瓦时（600 千瓦时铅碳电池 +600 千瓦时磷酸铁锂电池）（见图 2）；羊塔克库都克服务区位于新疆阿克苏地区新和县 G3014 库阿高速 K749+000 处，地处戈壁荒滩区，建设分布式光伏 554.4 千峰瓦，配置储能 1200 千瓦时（见图 3）。

图 2　克拉美丽服务区光伏阵列

图 3　羊塔克库都克服务区分布式光伏科技示范项目光伏阵列排布

（二）主要内容

1. 项目背景

为了深入践行“交通强国”战略，努力实现“碳达峰、碳中和”愿景，新疆交投集团在“十四五”期间规划新建公路 1000 余千米。拟建公路布设大都路线长，沿线站点多为人员稀少区域，电网支撑能力不足、供电质量不高，孤岛现象普遍，而传统供电架设成本高、损耗大、运营费用巨大，与使用效益极不匹配，亟须构建结构多元、供能用能稳定的现代绿色能源体系。面向桥隧、服务区、收费站等多种公路交通场景，结合新疆风光电氢可再生资源丰富、成本较低、场景需求明确的特色，综合利用风能、太阳能、氢能等可再生能源形式，实现公路交通领域能源的自给自足。不仅可以满足新疆公路交通供能用能需求，还有助于深入践行国家“双碳”目标、推动交通强国建设、助力自治区公路交通绿色低碳高质量发展目标的实现。

2. 详细内容

新疆交通路域服务区智能分布式光伏用能自洽系统，建设运行第一期两个示范项目，目前正在稳定运行，收益率达 6.55%，形成了微网互济、并网互联、通网互动的新疆公路交通新能源网络初步架构。

其中，克拉美丽服务区能源自洽系统主要由光伏发电系统、储能系统、能量管理系统等组成，系统采用直流母线系统，可方便灵活地接入各类新能源设备，实现系统高效率运行（见图 4）。共安装光伏 600.6 千峰瓦，采用 550 峰瓦单晶硅半片光伏组件，光伏组件每 14 块为一个组串，每 13 个组串接入 1 台汇流箱，并由汇流箱输出接入 DC/DC 变流器。其中东侧、西侧边坡各安装 300.3 千峰瓦。

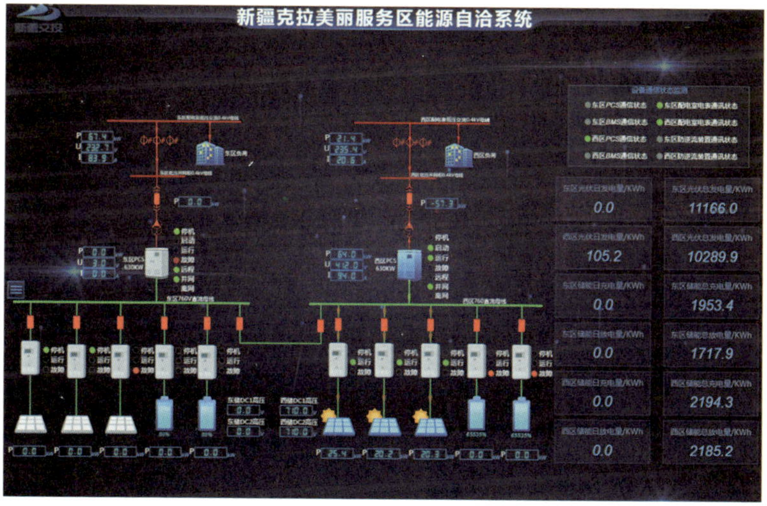

图 4　克拉美丽服务区能源自洽系统能量管理图

采用 EMS 能量管控系统，实时跟踪服务区用电负荷，根据用电负荷，调节 DC/DC 变流器、PCS 输出功率，防止余电倒送到电网上。微网控制器集数据采集、运行监视、运行控制于一体；平台化插件化设计，满足多场景运行控制和就地能量管理需求；支持多种人机交互界面实现系统运行监视和操作；智能化程度高、安全性高、扩展性强；具备基础的 SCADA 功能，同时可以实现储能优化调度、发电预测、负荷预测、收益分析等高级应用功能。

EMS 平台具备云端监控及控制功能，结合大数据平台达成智能化控制，同时便于远程巡查与智能运维。边缘侧微网控制器采集微网内各设备数据，并跟据系统安全稳定运行策略和云端经济优化策略实时控制储能系统设备运行和进行主动防护。

通过项目示范建设，系统高速公路设施运行用能自洽率≥30%，交通运行安全相关设施绿色能源自洽保障率达到100%，风雨灾害或电网失效情况下，交通运营用能自洽保障时间大于 6 小时。

通过示范工程的建设，为交通能源自洽系统的全生命周期研究提供数据和技术体系保障，有助于进一步建立新能源在交通行业应用的国家、行业标准。

羊塔克库都克服务区分布式光伏科技示范项目采用交流母线系统方案，建设分布式光伏 554.4 千峰瓦，配置储能 1200 千瓦时，采用功率为 550 峰瓦的单晶硅光伏组件，共安装组件 1008 块，组件总装机容量为 554.4 千峰瓦；光伏阵列共分布 28 个子阵，每个子阵采用 2×18 的排列方式，选用 10 台 50 千瓦组串式逆变器，逆变器共计容量 500 千瓦。主要解决服务区用电费用高以及新增负荷充电桩的用能问题。设计储能容量为 1200 千瓦时，电池单体采用 3.2 伏 280 安时磷酸铁锂电池，电池模块采用 1P16S 成组方式，电池模块参数为 51.2 伏 280 安时，电池簇由 14 个电池模块串联组成，电池簇规格为 716.8 伏 280 安时，电池系统由 6 个电池簇并联组成（见图 5）。

系统具备并、离网切换功能，服务区外电正常情况下，光伏系统按照用户侧并网模式运行，光伏发电一部分为服务区正常供电，余电通过 PCS 给储能充电。当服务区外网失电，EMS 通过检测 10 千伏侧智能电表和低压配电总框架断路器状态（断开），光伏系统由用户侧并网模式转为离网模式（持续时间约 30 秒），为服务区供电，此过程不需要人为操作。当外电网恢复正常，EMS 首先检测 10 千伏侧智能电表，下发策略，光伏系统由离网模式转为并网模式，同时下发 PCS 关机策略（从下发策略到 PCS 停机约 20 秒），此时需要人为操作（合闸）低压配电室 GGDAA1 进线柜总框架断路器（外电恢复正常 5 分钟后合闸），系统执行用户侧并网模式给服务区供电。

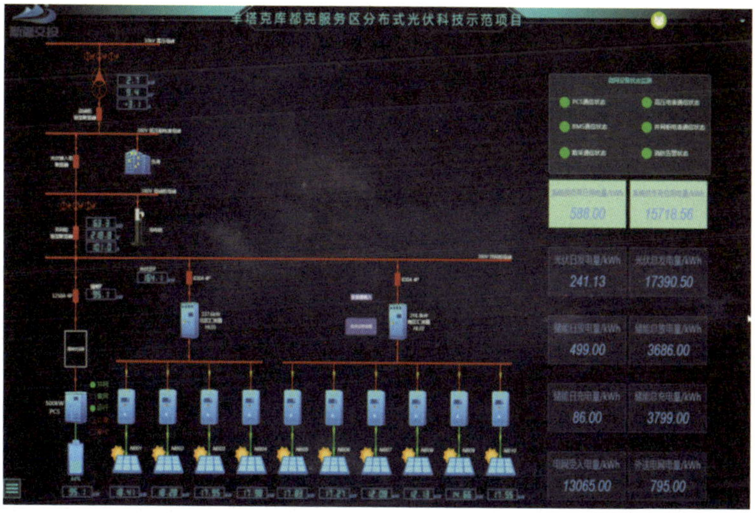

图 5　羊塔克库都克服务区分布式光伏科技示范项目能量管理图

3. 总体思路

交能融合发展，是建设绿色交通强国、落实能源安全新战略、践行碳达峰碳中和行动的有效结合点与重要应用场景，有利于加快交通运输用能的清洁替代与低碳转型，促进新能源高效利用。

考虑新疆电网的特殊性（可再生能源发电装机占比较高，电网消纳能力不足），在新疆高比例规模化新能源并网的电网条件下，新疆电网原则上不接受“自发自用、余电上网”和“全额并网”模式。所以两个示范案例建设均采用“自发自用，余电不倒送”的用户侧并网模式，系统采用适合于新疆的特殊控制策略，实时监控负荷变化曲线，控制系统的出力功率，防止倒送。

新疆地理位置和气候特点特殊，城市和人口多沿山脉、河流呈点状或带状分布，具有“局部聚集、总体分散”的特点，公路交通点多、线长、分布较广，孤岛现象普遍，传统供电成本高。自然环境恶劣，气候冬寒夏热。项目所在地春秋季风沙大，风力达到 8 级以上，极端最高气温 42℃，极端最低气温 -40℃。对设备的耐候性提出更高要求，储能集装箱围护结构较常规高出很多，保温层厚度为 250 毫米。集装箱采用特殊的、适合新疆气候特点的防尘、通风、防雨水设计。

4. 主要创新点

（1）交能融合风、光、氢（制、储、用）、负荷容量最优配比技术研究应用。

通过试点项目的建设，针对高速公路自洽能源典型场景，建立以用能需求分析为基础的高速公路自洽能源系统模型，建立具有普适性、可扩展性、可移植性、适用于新疆弱电无电地区的交通能源自洽系统规划体系，为进一步推动交通能源融合产业化提供示范。

（2）交能融合一体化场景下网络拓扑研究应用。构建数据分析平台，通过大数据分析技术研究，形成基于信息物理系统的高速公路基础设施工程绿色能源多态自洽供给与高效利用系统架构。

（3）多能协同运行技术与控制系统研究应用。试点项目打造交能融合一体化智慧管理平台，可以实现能源网、交通网和数字网的信息融合和智慧调控。可以对集团公司所属服务区全域的光伏、风电、储能、用电负荷和电网进行统一协调控制。

（4）基于“新能源＋制储氢”等一体化场景的智能化技术及应用示范。在沙漠腹地、戈壁荒滩、高温高寒、电网末梢和自然环境恶劣等多种特殊环境条件下，针对广大无电网、弱电网区高速公路网能源需求场景，实现高速公路自洽能源系统成套技术和装备的规模化应用，形成微网互济、并网互联、通网互动的新疆公路交通新能源网络初步架构，为解决广大无电网、弱电网地区高速公路智能化和服务多样化发展能源需求“瓶颈”问题提供应用范例。

三、取得的成效

（一）实施效果及应用情况

新疆路域服务区智能分布式光伏用能自洽系统克拉美丽服务区示范项目于 2023 年 6 月 24 日调试完毕，目前系统已正常运行 7 个多月，高速公路设施运行用能自洽率≥ 30%，交通运行安全相关设施绿色能源自洽保障率达到 100%，风雨灾害或电网失效情况下，交通运营用能自洽保障时间大于 6 小时。羊塔克库都克服务区分布式光伏科技示范项目于 2023 年 3 月 28 日调试完毕，目前系统已正常运行 12 个多月，截至目前累计发电量为 65 万千瓦时，委托集团公司路域新能源项目开发咨询服务单位全面跟踪、指导调试，并出具了调试报告，收益率达 6.55%。

（二）获奖情况

2023 年 11 月，荣获全国交通与能源融合创新案例；

2023 年 12 月，荣获高速公路绿色低碳典型案例；

2023 年 12 月，荣获新疆维吾尔自治区数字化科学技术进步奖二等奖。具体见图 6。

图 6　获奖情况

（三）项目经济和社会价值

随着我国交通运输系统性能、经济效益等需求的不断提高，以分布式可再生能源为主的自洽能源系统对交通运输系统实现绿色、低碳、环保以及低成本的基础设施维护、日常服务以及高效管理等目标具有重要意义。国家社会的需求决定了本项目的实施能够有力推动该领域科学技术和人才的发展，并产生重大社会经济效益（见图 7）。

图 7　中央新闻专题报道

经济效益：通过项目的实施，能够降低高速公路沿线关键节点和关键路段供电通道的建设费用，提高路网的运行效率。本项目的实施能够有效地降低用电通道的建设费用，同时将产生显著的经济效益和环保效益。

社会效益：通过项目的实施，能够有效提高不同场景下高速公路的运维保障能力和服务水平，降低因外界输入能源中断对道路正常运营、养护和维修的影响。通过实现高速公路交通基础设施运维能源的自洽供给，为交通领域碳达峰、碳中和奠定技术理论基础，同时被各类主流媒体和自媒体报道，超过百万次的点击和转发，其中央视新闻专题报道，产生重大社会效益。

新疆路域服务区智能分布式光伏用能自洽系统两个示范项目一南一北（北疆、南疆），地理环境、气候特点、资源禀赋不一致，系统方案各不相同。示范项目成功建设运行，培养了集团公司新能源项目建设管理团队，形成一套项目建设管理监督流程体系。通过以点带面的形式，为在集团公司所属服务区开展新能源建设提供技术支撑及建设经验。对于集团公司推动“交通＋新能源”，落实新疆交投集团创新创效工作部署，盘活利用高速公路路域资源，拓展路衍经济，实现国有资产保值增效，推动交通产业转型发展具有重要的意义。

集团公司计划“十四五”期间在全疆管辖高速公路收费站、服务区、养护工区等公共区域需求场景，开展光伏、风电的应用，实现路域能耗的可再生能源替代，G216 喀木斯特等部分沿线服务区配套新能源项目已进入实施阶段。

同时，可将形成的绿色低碳供能用能微网管理范例，以及在无电网、弱电网地区形成的供能用能技术支撑方案及建设经验，逐步在 G217 独库高速公路（路线全长约 400 千米）、G219 线温昭公路（路线全长 233 千米）、S339 麦盖提—塔中—若羌公路（路线全长近 1000 千米）、G571 线拉配泉至巴什库尔干公路（路线全长近 190 千米），以及 G219 国边防公路等场景推广和规模化应用，前景广阔。

（由新疆交通投资（集团）有限责任公司供稿）

打造大型流域水风光一体化基地，助力国家能源安全和“双碳”目标实现

一、基本情况

雅砻江流域水电开发有限公司原名为二滩水电开发公司，成立于1989年，1995年2月改制为有限责任公司，2012年11月更名为雅砻江流域水电开发有限公司（以下简称雅砻江公司）。公司股东方为国家开发投资集团有限公司和四川省投资集团有限责任公司，出资比例分别为52%和48%。按照国家发展改革委授权，雅砻江公司负责雅砻江流域水能资源的整体开发。雅砻江公司是我国唯一一个由国家授权完整开发一条江的流域公司。

雅砻江公司的主要业务是开展水力发电、新能源发电、抽水蓄能等项目。雅砻江发源于巴颜喀拉山南麓，干流全长1571千米，常规水电技术可开发容量约3000万千瓦，技术可开发年发电量约1500亿千瓦时，约占四川省全省的25%，约占全国的5%，在我国十三大水电基地中装机规模排名第三。雅砻江流域不仅水电资源丰富，沿江两岸的风光新能源资源同样富集。2023年，集团和公司促成国家能源局印发《雅砻江流域水风光一体化基地规划》，由于雅砻江公司在水电开发方面的优越表现，国家能源局明确支持雅砻江公司作为基地开发主体，并作为全国优先示范基地加快推进。根据国家能源局印发的基地规划，2035年前规划开发总装机7800万千瓦，其中水电2840万千瓦，风电260万千瓦，光伏发电3640万千瓦，抽水蓄能电站1060万千瓦。

目前，示范基地范围内已建成投产水电1920万千瓦，风光新能源162万千瓦；在建水电372万千瓦，风光新能源124万千瓦，抽水蓄能330万千瓦。公司拥有优质清洁可再生能源资产近1800亿元，装机容量超2000万千瓦，年发电量约900亿千瓦时，是四川省内最大的发电企业和行业龙头企业。

“贡献绿色清洁能源，服务国家战略发展”是雅砻江公司的使命。雅砻江是我国重要的水电基地，流域水风光资源丰富，一体化开发基础优越，具备先行先试的条件。实施流域水风光一体化开发，有利于实现水风光多能互补发展，提高流域资源开发利用效率，提升水电保供能力和新能源安全可靠替

代水平，是新时期水电发展的重要方向，是推进可再生能源高质量发展的重要举措，是实现能源绿色低碳转型的重要力量。

建设雅砻江流域水风光一体化基地，是落实习近平总书记对四川省“促进水风光氢天然气等多能互补发展”重要指示要求的具体举措，是探索新时期流域水风光一体化新模式新机制的创新性工作，可以为我国其他流域水风光一体化基地建设提供示范和借鉴，对于增加四川清洁能源供应、增强四川电力保供能力具有十分重要的意义，对于四川作为国家重要水电基地更好保障全国电力供应、服务国家能源战略具有十分重要的作用。

二、实践经验

（一）聚焦国家战略，强化战略执行

1. 聚焦国家战略，助力能源安全和“双碳”目标实现

党的二十大报告对能源安全和“双碳”目标作出了明确要求。能源安全事关经济社会发展全局。在确保能源安全的同时，大力发展新能源产业，推动传统能源清洁利用，提高能源利用效率，加快能源绿色低碳转型。

雅砻江公司始终聚焦国家战略需求，早在2000年初就制定了水能资源开发四阶段战略，并得到很好的执行。进入“十四五”时期，雅砻江公司充分考虑我国能源行业形势，以及构建以新能源为主体的新型电力系统等新要求，围绕流域清洁能源基地，制定“十四五”及中长期发展思路，即公司“121”发展战略。

“3060”双碳目标是习近平总书记和党中央经过深思熟虑作出的重大战略决策，事关中华民族的永续发展和构建人类命运共同体。双碳工作的重点是推动能源绿色低碳转型，雅砻江流域水风光一体化基地是100%的清洁可再生能源，基地全部建成后，每年可贡献绿色电能约2000亿度，基地可再生能源年发电量相当于每年减排二氧化碳约1.5亿吨，减碳效应显著。

雅砻江流域水风光蓄资源富集，且已建成三大调节水库，整个雅砻江流域平枯期电量超过了汛期电量，整条流域具备良好的补偿调节和储能能力，可为新能源规模化快速开发提供支撑。基地内的新能源、水电及抽蓄打捆后，在保障电网安全的同时，提供了大量高质量的新增电量，为保障国家能源安全、提高四川省电力供应保障能力提供了重要支撑。

2. 强化战略执行，完善战略闭环

雅砻江公司注重战略规划管理，制定了《战略规划管理办法》。主动组织

开展公司“十四五”规划中期评估，在全面回顾、评估公司“十四五”时期工作进展的基础上，对主要目标指标、推动高质量发展、重大战略任务、重大工程项目以及发展形势变化等方面，进行全面检视和梳理，促使公司战略管理要素更加全面。在“十四五”规划中期评估过程中，嵌入对标管理，分析查找各板块管理差距和不足。

经过全面评估，雅砻江公司发现自身在战略刚性约束、闭环管理方面存在不足。因此，雅砻江公司于“十四五”中期，修订完善《战略规划管理办法》，做好战略规划分解，初步建立了战略总结、分析、规划、执行、考核的管理体系，不断助推公司高质量发展。雅砻江公司通过不断强化战略执行与考核，集中公司资源，做强做优水电主业，“十四五”期间建成了两河口、杨房沟等中游重点项目。

（二）健全制度机制，推进企业治理和管理现代化

1. 建立健全现代法人治理体系

以界面管理为抓手，探索建立决策高效、机制灵活、责权明晰的法人治理体系，修订完善公司章程、董事会议事规则、总经理办公会议事规则、三重一大决策办法等相关制度，研究制定党委决策事项清单、党委前置研究事项清单和董事会授权清单，进一步规范了公司党委、董事会、经理层等治理主体权责边界和决策流程，加快形成各司其职、各负其责、有效制衡的中国特色现代企业制度，推动企业决策的科学化、民主化和制度化水平大幅提升，有力保障了企业稳健发展。

2. 深入推进市场化经营机制改革

在任期制和契约化管理方面，认真落实国企改革部署要求，完成雅砻江公司总部及下属 12 户子企业（分公司）经理层成员合同合约签订，突出绩效导向，畅通退出机制，严格考核、刚性兑现，进一步激发内生动力和活力。在激励约束机制方面，深入实施“五个坚持”，即坚持全流域统一工资政策、坚持向一线倾斜的薪酬导向、坚持向业绩和贡献倾斜的薪酬导向、坚持干部来自一线、坚持荣誉表彰向一线和基层倾斜，进一步释放广大干部职工干事创业热情，稳定保持人效水平行业第一的突出成绩。

3. 以对标为抓手提高精益管理水平

结合经营管理特点，构建价值创造指标体系。在指标选取上，雅砻江公司选取能够反映专业化管理与价值创造能力、覆盖各核心管理层和管理环节的关键影响指标，包括人力资源管理、财务管理、业务发展、生产经营、综

合管理、科技创新、商务采购、市场营销8个方面18项指标，坚持与先进企业开展对标。在指标对标基础上，雅砻江公司认真梳理、查找薄弱环节，提出了11个方面37项重点任务，包括做强做优水电主业、风光蓄绿色清洁可再生能源协同发展等，并进行跟踪评价，不断推动重点任务达标，补齐短板弱项。

（三）强化创新驱动，汇聚创新合力

雅砻江公司始终高度重视科技创新工作，规范科技创新管理，不断加强科技创新力度，加大科研投入，构建科技创新平台，不断完善科技创新体系，提升科技创新能力和管理水平，大力开展产学研合作，促进科技成果转化和应用。

1. 突出创新导向，提升科技创新能力

雅砻江公司充分发挥“一个主体开发一条江”的独特优势，针对锦屏、两河口等世界级工程建设和运行、雅砻江流域水风光一体化开发面临的关键技术难题，构建了“雅砻江联合基金、省重点实验室、联合创新中心、博士后科研工作站、雅砻江虚拟研究中心、企业技术研究中心”等多个科技创新平台，为解决上述难题发挥了关键性作用，同时培养了科技人才、凝聚了科研力量。

雅砻江公司承担和参与了“雅砻江流域数字化平台建设及示范应用”“特高拱坝及近坝库岸长期安全稳定运行”“基于时空大数据的梯级水电站智能调度与优化运行”等10余项国家科技支撑计划、国家重点研发计划等国家科技计划项目和四川省重点研发项目，获得国家专项经费约2200万元。雅砻江联合基金由雅砻江公司与国家自然科学基金委员会联合设立，是清洁能源领域第一个企业联合基金，已经设立三期，资助总规模超2.5亿元。

2. 牢记国之大者，助力国家基础科学研究

大科学装置是现代科学技术诸多领域取得突破的必要条件，作为国内首个极深地下实验室基础设施——中国锦屏地下实验室，来自清华大学、上海交通大学、北京师范大学、中国原子能科学研究院、四川大学、中国科学院武汉岩土力学研究所等高校和科研院所的10个实验项目组正在开展科学实验。中国锦屏地下实验室填补了我国深地实验室的空白，开创了企业支持国家重大基础研究的新模式。中国锦屏地下实验室为暗物质、中微子、核天体物理等前沿课题提供了世界上最好的实验环境，也为深地岩体力学、深地医学等深地科学提供了绝佳的研究平台。

三、取得的成效

一是水风光建设稳步高效推进。水电项目方面，雅砻江公司打造了二滩水电站、官地水电站、锦屏水电站、杨房沟水电站和两河口水电站等多个大国重器，它们在不同时期均发挥着巨大的行业影响力，推动我国水电行业发展达到世界领先水平。新能源项目建设方面，腊巴山风电是国家首批大型风电光伏基地项目；柯拉光伏电站是全球最大、海拔最高的水光互补光伏电站，具有很强的示范意义和代表性；四川省装机规模最大的新能源项目——盐源扎拉山光伏项目装机规模达 117 万千瓦，2023 年开工，计划 2025 年发电；两河口混蓄电站已开工建设，是当时全球最大的混合式抽水蓄能项目，也是全国海拔最高、四川首个大型抽水蓄能项目。水风光建设形成了“全江联动，首尾呼应，多点开花，有序推进、‘压茬’开发”的良好态势。基地建设也助力了民族地区全面推进乡村振兴。公司的发展受到各方关注和认可，中央第五十二指导组指出，雅砻江公司在科技创新和管理创新上不断深入，是真正践行习近平新时代中国特色社会主义思想，践行新发展理念特别是绿色发展理念，推动高质量发展的典范；《人民日报》整篇报道，将雅砻江流域水风光一体化基地建设作为践行习近平总书记来川视察重要指示精神的典型案例，给予充分肯定。

二是经营业绩突出。随着两河口水电站完全投产，逐步发挥龙头水库对下游电站的梯级补偿效益，公司发电量、营业收入、利润总额等经济指标持续增长，剔除特殊因素，公司“一利五率”指标持续变优。雅砻江公司成立以来累计向国家和地方缴纳税费 583 亿元，公司年利润总额从 2002 年的亏损 3.18 亿元（累计亏损 28.58 亿元）至 2022 年盈利 88 亿元。2023 年，公司通过精益化管理提质增效，实现利润总额历史上首次超 100 亿元，同比增长 15%。

三是精益化管理水平不断提高。在安全生产方面，雅砻江公司保持稳中向好，公司连续 16 年保持全国“安康杯”竞赛优胜单位，连续 12 年保持全国安全文化示范企业，连续 16 年荣获“中央在川和省属重点企事业单位安全生产工作先进单位”称号。年发电量方面，所属电站均完成了年度发电任务，年发电量连续 11 年创新高，特别是在“十三五”期间，在装机容量未增长的情况下，通过精益管理和科学调度，仍然实现了发电量持续增长，发挥了四川电力保供顶梁柱作用，保障了国家能源安全。

四是科技创新取得佳绩。雅砻江公司以人才高地打造创新高地，奋力推动科技成果水平迈上新台阶。目前，雅砻江公司培养了国务院政府特殊津贴专家5人，正高级职称人员150人和高级职称人员450人，人才雁阵格局加快形成。雅砻江公司共获得省部级及以上科技奖项242项，累计获授权专利148项，制定标准50项，出版著作49部，发表论文约2300篇，中国锦屏地下实验室已发表高水平SCI、EI论文120余篇。雅砻江公司牵头联合了北京师范大学、上海交通大学、中国原子能科学研究院、四川大学（及华西医院）共同申报获批设立锦屏暗物质及深地科学四川省重点实验室。中国锦屏地下实验室取得近30项国际领先的科研成果，世界最强流锦屏深地核天体物理加速器成功出束，习近平总书记在两院院士大会上提及并表扬。助力我国暗物质及核天体物理前沿基础科学研究进入全球第一方阵，使我国暗物质研究实现了从“跟跑”“并跑”到“领跑”的跨越。

五是坚持生态优先、绿色发展。雅砻江公司坚决贯彻落实习近平生态文明思想，始终不渝秉承流域统筹、和谐发展的环保理念。鱼类保护上，采取多个电站联建的方式，投资5亿余元建设4座鱼类增殖站，累计放流鱼苗超1900万尾。工程建设上，二滩水电站获得“国家环境友好工程”称号，下游4座投产电站全部获得“国家水土保持生态文明工程”称号，连续3年获得“四川省水土保持先进单位”称号。在基地全面建成后，年均发电量约1964亿千瓦时，折合5890万吨标准煤，相当于减少二氧化碳排放量约1.5亿吨，节能减排效益显著。

（由国家开发投资集团有限公司供稿）

中国大唐统筹能源保供与绿色低碳转型的发展实践

能源是社会经济发展的重要基础，能源电力供应事关经济平稳、国家能源安全和社会稳定。习近平总书记高度重视能源安全，2014 年 6 月 13 日在中央财经领导小组第六次会议上发表重要讲话，创造性地提出了“四个革命、一个合作”能源安全新战略，为新时代中国能源高质量发展指明了前进方向，是新时代做好能源工作的根本遵循。10 年来，中国大唐集团有限公司（以下简称中国大唐）始终以习近平总书记重要讲话和重要指示批示精神为根本遵循，以“提供绿色能源、点亮美好生活”为企业使命，深入落实能源安全新战略，不断强化能源央企的使命担当，统筹抓好能源保供与绿色低碳转型发展，全力以赴增强核心功能、提高核心竞争力，充分发挥央企的科技创新、产业控制、安全支撑“三个作用”，取得显著发展成效。

一、基本情况

中国大唐成立于 2002 年 12 月 29 日，是中央直接管理的国有特大型能源企业，注册资本金 370 亿元，主要业务覆盖电力、煤炭煤化工、金融、环保、商贸物流和战略性新兴产业。所属企业包括 5 家上市公司、39 家区域公司和专业公司。截至 2023 年底，资产总额 8923 亿元，是组建时的 9.5 倍；资产分布由组建时的 14 个省（区、市），拓展到全国各地 32 个省（区、市）及境外 13 个国家和地区；发电装机规模达到 18074 万千瓦，是组建时的 7.6 倍；年营业收入 2590 亿元，是组建时的 9.5 倍。中国大唐作为中央直接管理的国有特大型能源企业，认真贯彻落实“四个革命、一个合作”能源安全新战略，扎实履行央企经济责任、政治责任、社会责任，通过系统实施“1264”发展战略，塑造“4+5+1”新时代中国大唐卓越文化，奋力打造“绿色低碳、多能互补、高效协同、数字智慧”的世界一流能源供应商，努力成为美丽中国建设的领军企业（见图 1）。

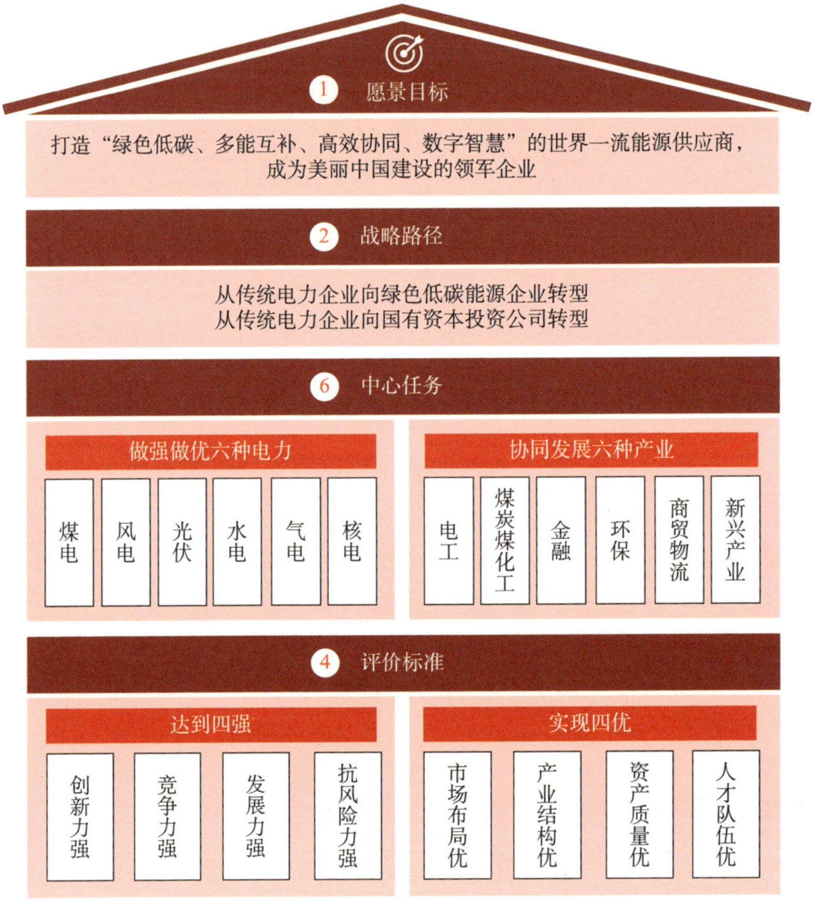

图 1　中国大唐“1264”发展战略

二、实践经验

能源安全是关系国家经济社会发展的全局性、战略性问题，对国家繁荣发展、人民生活改善、社会长治久安至关重要。中国大唐承担着首都一半以上的电力供应重任，保障首都安全稳定用电供热，责任重大。截至2023年底，京津唐电网总装机容量约1.35亿千瓦，其中火电装机0.72亿千瓦，新能源装机0.63亿千瓦。京津唐电网中中国大唐所属企业总装机容量2114万千瓦，占京津唐电网总装机的15.66%，其中火电装机1799万千瓦，新能源装机315万千瓦。

（一）首都保供实践做法

中国大唐始终坚持以人民为中心的发展思想，以强烈的政治担当和“时时放心不下”的责任感抢前抓早、全面加强组织领导，形成系统上下同频共振、同向发力的能源保供工作局面。

1. 加强组织领导，下好能源保供“先手棋”

中国大唐党组充分发挥把方向、管大局、保落实领导作用，先后组织召开供热工作动员部署会、能源保供专题会议，多次召开能源保供领导小组工作会议，认真分析研判电力、热力、煤炭供需形势，安排部署首都保供电保供热各项工作。领导班子成员分赴各地开展督导检查，确保各项部署扎实推进、落实到位。

中国大唐首都保供企业不断夯实保供主体责任，按照集团公司整体安排和统一部署，成立能源保供领导小组，统筹推进能源保供工作。各企业立足所在区域资源、环境、气候等特点，结合企业实际“量体裁衣”，制定科学有效、切实可行的能源保供方案和应急预案，明确各阶段目标、细化分解任务、完善应急措施、强化保障能力、责任落实到人，保供责任层层压紧压实，为迎峰度冬安全生产稳定、电力热力可靠供应奠定坚实基础。

2. 强化设备治理，打好安全生产“主动仗”

中国大唐首都保供企业深化设备检修治理，积极开展设备改造，“上大压小”关停老旧机组，“三改联动”不断推进，机组整体能耗水平不断降低，调峰、供热能力不断释放，环保参数达标排放，设备可靠性水平持续提升。

高井电厂作为中国大唐唯一在京燃气发电企业，也是首都能源保供的绿色环保型城市示范电厂。2014 年落实环保要求，率先关停运行 55 年的 6×100 兆瓦燃煤发电机组、建成亚洲首个 3 台套 GE 9FB 燃机，总装机容量 138 万千瓦，完成从大型燃煤电厂到燃气电厂的清洁转型替代发展，在发挥高效调峰性能和提供清洁能源的同时，为首都提供 1924 万平方米供热，年平均发电量 56 亿千瓦时，年发电量占北京市总发电量的 13%，满足近 20 万户居民的用电需求，是北京西部重要电源支撑点和热源点，承担着为首都提供清洁电力、民生供热和保护碧水蓝天的重任。

3. 提升燃煤库存，攥紧机组运行“生命线”

中国大唐将提升电煤库存摆在能源保供工作的重要位置，不断完善细化应对措施，从提升冬季燃料采购、运输、储备等方面，做足迎峰度冬“口粮功课”，确保燃煤满足机组需求。通过加强“总”对“总”沟通谈判，巩固深化与国有大型煤炭企业战略合作关系，拓宽煤炭资源布局，科学制定性价比最优组合采购策略，加大长协煤调运力度，对来煤接卸、存储等情况加强管理，提高煤场库存，确保迎峰度冬机组“口粮”充沛。

（二）首都保供护航实践成效

中国大唐传承"红色信仰"，擦亮"忠诚底色"，同心聚力、追求卓越，聚焦主业保安全，稳健经营防风险，关键时刻冲锋在前，以实际行动彰显中央企业"顶梁柱、顶得住"的责任担当。10 年来，中国大唐圆满完成党的十九大、党的二十大、新中国成立 70 周年、建党 100 周年、北京冬奥会、全国"两会"、APEC 会议等重大庆典、重大外事活动政治保电任务，彰显中央企业政治忠诚和政治担当。

1. 首都保供，大唐"全力"以赴

中国大唐各首都保供企业迎峰度夏前积极开展满负荷试验，确保机组大负荷期间"发得满、顶得住"；政治保电前制定保电方案，严格落实各项保电措施，确保机组安全稳定，10 年间年均发电量完成 787.3 亿千瓦时，有力支撑首都电力可靠供应。各首都保供企业坚决扛牢保民生供热政治责任，深挖机组供热潜力，深入开展"冬保夏备"，不断完善应急处置方案，确保供热工作万无一失，10 年间年均供热量完成 4641.3 万吉焦，实现增长 267.3%，为京津冀等地区人民送来大唐温暖（见图 2）。

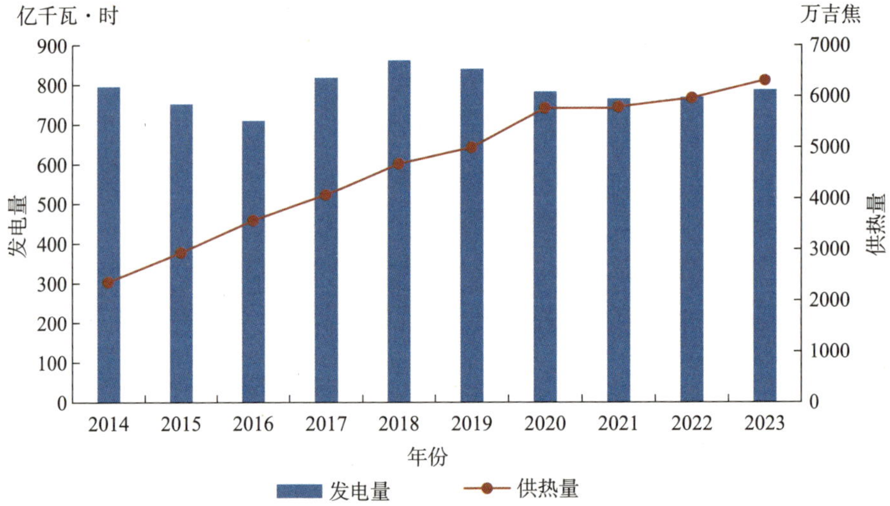

图 2　2014—2023 年中国大唐在首都的发电量和供热量

2. 国之大会，大唐"硬核"出击

作为首都保电的"老兵"，中国大唐位于北京周边的 14 家发电企业承担首都一半以上电力供应的重任，各保供企业在实践中不断总结经验、改进提

升，规范化、标准化开展保电工作，在保电前制定“1+9+1”保电方案（1个总体方案、9个专项方案和1个应急预案），开展保电能力评估，重要保电日安排责任领导赴核心保电企业现场驻守，保电期间利用保电应急指挥部实现对保电企业统一调度管理，确保热力电力稳定供应。最终以高度的政治责任感和强烈的历史使命感圆满完成党的十九大、党的二十大、新中国成立70周年、建党100周年、全国“两会”、APEC会议等重大庆典、重大外事活动政治保电任务。

3. 冬奥盛会，大唐保驾护航

担负举世瞩目的北京冬奥盛会供电供热责任，是中国大唐的光荣任务，张家口崇礼区冬奥会核心赛区16.3%的清洁电力由中国大唐提供。中国大唐把保供电、保供热、保冬奥作为首要政治任务抓紧抓实，按照“全国保华北，华北保京津唐，京津唐保京张，京张保核心”的原则，强化电力安全保障能力，形成系统上下同频共振、同向发力的能源保供工作局面，先后召开保冬季供热保冬奥供电专题会、燃料工作会议等，安排能源保供工作，积极应对寒潮天气，确保供热覆盖区人民温暖过冬，京津冀地区提前9天实现全面供热。运动赛场，体育健儿为国拼搏添彩，能源保供，中国大唐用责任点燃奥运之火，用担当照亮奥运赛场，为冬奥盛会保驾护航。

三、取得的成效

中国大唐高度重视能源绿色低碳转型发展，坚决贯彻落实“四个革命、一个合作”能源安全新战略，牢牢抓住应对全球能源体系变革、保障能源安全以及气候变化新挑战这一重大历史机遇，通过系统科学研究新型能源体系的主要特征、未来发展趋势以及发电企业的可行实施路径，大力推进从传统电力企业向绿色低碳能源企业转型，持续深入打好新能源提速增效攻坚战（战新产业发展攻坚战），高位推动绿色低碳高质量发展建设，新能源核准、开工、投产规模连创最优水平，绿色发展理念深入人心，中国大唐正奋力书写绿色低碳高质量发展新篇章。

（一）推进电源绿色低碳转型

中国大唐立足多元供应保安全，从“以煤为主”向“清洁化、多元化”发展，大力推进煤炭清洁高效利用，着力发展非煤能源，逐步形成煤、水、核、新能源多轮驱动的能源供应体系，着力推动建设新型能源体系、构建新型电力系统，经过10年的努力，战胜了重重挑战，已基本建成多元清洁能源供应体系。

（1）加快推进新能源高质量发展。10年来，中国大唐持续推动能源绿色低碳转型，加大新能源开发力度，推动风光规模化开发，风光装机规模由2014年底的1068万千瓦，占比8.86%，增长到2023年底的4628万千瓦，占比25.6%，10年累计装机实现翻三番，风光占比增长接近20个百分点。风光资产布局遍布全国31个省（区、市）（除港澳台外），实现了陆上风光大基地落地、海上风电千万千瓦布局、集中式与分布式并举的发展局面，新能源高质量发展向纵深迈进。

（2）积极发展水电。10年来，中国大唐水电装机规模稳中有升，乌江、大渡河等为主要装机流域，2023年末达到2770万千瓦。中国大唐积极推进水电技术创新，以扎拉大容量高水头冲击式水电机组重大科技攻关为依托，以成果转化为重点，在标准、技术、设备、体系各方面取得全面进步，技术水平世界领先。

（3）合作发展核电。中国大唐以新项目开发和战略合作为抓手，持续增加集团核电权益装机容量，持续激发核电创新发展动能，积极开展核能综合利用等研究，探索依托核能打造“零碳”工业园应用场景新模式。截至2023年底，中国大唐在运、核准及在建核电权益装机容量约450万千瓦，较2014年增长超2倍。

（二）发展能源新质生产力

中国大唐把科技创新作为引领发展的第一动力，积极布局战略性新兴产业发展，立足绿色低碳转型发展，全面部署新型储能、绿电制氢等产业，积极推动“新能源+”，支撑传统产业升级、战新产业发展、未来产业培育，加快形成新质生产力。

（1）大力推动储能产业发展。辽宁大连瓦房店风储一体化项目采用全钒液流储能技术，实现了长时液流储能技术的试点应用，为下阶段的推广提供了技术支撑和经验积累。2022年湖北龙感湖电化学储能和湖南耒阳电化学储能项目的投产，标志着中国大唐锂离子电池储能商业化、规模化的推广，为共享储能商业模式、盈利模式的研究提供了重要参考。2023年，宁夏中宁压缩空气储能项目正式开工，开拓了中国大唐物理储能科技示范的应用。山东鲁北、黄岛，重庆铜梁淮远、河南三门峡城乡一体化示范区、贵州陡箐等储能项目加速推进，进一步推动共享储能的市场布局与推广。

（2）积极探索绿电制氢。内蒙古多伦风光制氢一体化科技项目在风光资源丰富的锡盟多伦县开展绿电制氢和煤化工耦合示范，深挖煤化工绿色转型潜力，打造绿电绿氢就地转化与煤化工深度融合示范；河北唐山光氢储和氢能综合应用一体化示范项目采用“绿电制绿氢”路线，推动光伏制氢、加氢站建设，探索光伏开发模式、绿电制氢和加氢站运行模式，作为中国大唐首个“光氢储和氢能综合应用”一体化示范项目，具有广泛的示范意义和战略投资价值。

（3）加快布局综合智慧能源。中国大唐正在加快研发统一高效的、具有自主知识产权的综合智慧能源云平台。通过数字化、信息化、智能化技术高度融合能源发展需求，使综合能源管理智能化、集成化、远程化，实现对区域能源的总体集成和动态管理，实现多种能源品种优化配置、协同互补，提高能源使用效率，为用户提供能源监视、智能预测、智能调控等功能，形成集团自主品牌效应，进一步提升产业发展核心竞争力。

（三）绿色低碳转型发展实践成效

截至 2023 年底，中国大唐发电装机容量突破 1.81 亿千瓦，占全国总装机容量的 6.19%（见图 3）；2014—2023 年 10 年间，装机总容量增长了 61%，清洁能源装机占比由 25.30% 提升至 45.24%（见图 4），新能源占比由 8.6% 提升至 25.6%；2014—2023 年，累计发电 5.4 万亿千瓦时，以实际行动和显著成效彰显了“提供绿色能源、点亮美好生活”的企业使命。

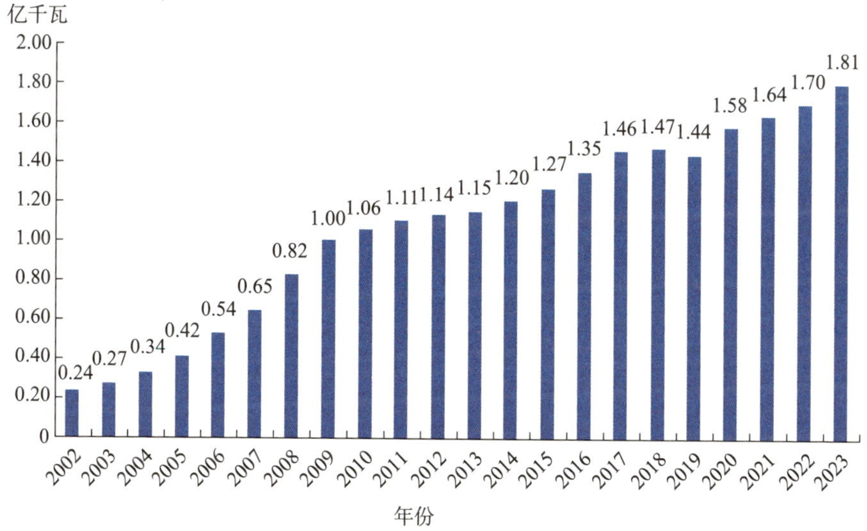

图 3　中国大唐成立以来的发电装机变化趋势

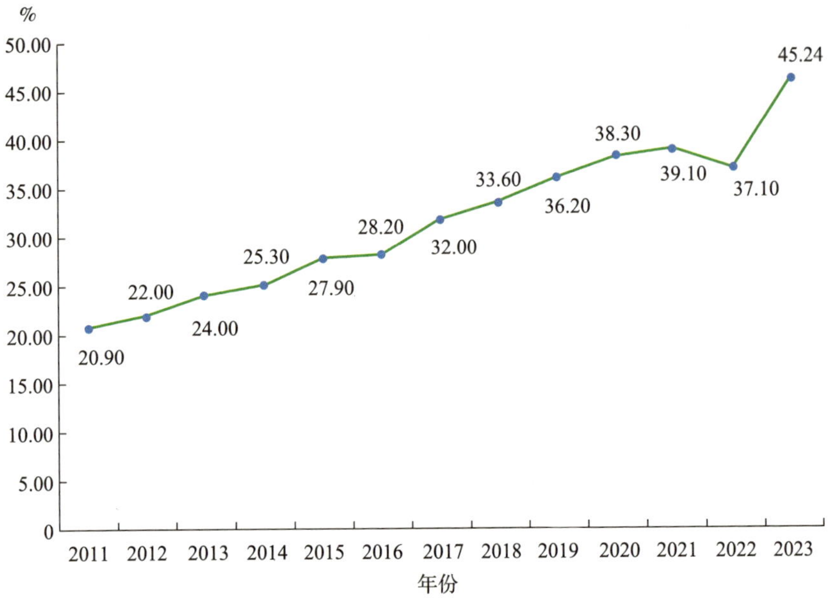

图 4　中国大唐清洁能源装机占比变化趋势

同心聚力谋发展，追求卓越向未来。面向“十五五”及未来发展，中国大唐将继续认真践行“四个革命、一个合作”能源安全新战略，立足发展新阶段，融入发展新格局，把握发展新机遇，完整、准确、全面贯彻发展新理念，坚持创新驱动发展，服务“双碳”目标，奋力打造“绿色低碳、多能互补、高效协同、数字智慧”的世界一流能源供应商，努力成为美丽中国建设的领军企业，为维护国家能源安全、推进能源革命贡献大唐力量。

（由中国大唐集团有限公司供稿）

服务国家能源战略，推动多能互补发展
加快建设国家水风光一体化示范基地

一、基本情况

华电金沙江上游水电开发有限公司（以下简称华电金上公司）是中国华电集团有限公司控股的流域公司，成立于2006年4月，主要负责金沙江上游（以下简称金上）川藏段水风光一体化基地开发建设和管理。目前，公司设13个部门，下属苏洼龙分公司（昌波分公司）、叶巴滩分公司、巴塘分公司（拉哇分公司）、波罗（岗托）水电站建设公司筹备处、昌都分公司和华电金藏物资成都有限公司，主要负责开发建设金上川藏段岗托、波罗、叶巴滩、拉哇、巴塘、苏洼龙、昌波7级水电站共917.6万千瓦，以及沿江区域风光电超3000万千瓦，可利用水电外送通道，与水电打捆送出。

金上川藏段水风光一体化基地位于四川省甘孜州与西藏自治区昌都市交界的金沙江流域，地处偏远，开发建设难度大，面对开发之初国内水电开发处于低潮、国家可再生能源发展“十一五”规划重点开工水电项目仅有1/3获批的严峻形势，以及在类似区域不少开发主体犹豫观望的情况下，华电金上公司始终坚信水电等可再生能源是能源发展的重要战略方向，坚定不移推进项目开发建设。2012年7月，金上流域水电规划获得国家发展改革委批复，成为2002年电力体制改革以来我国批复的第一个流域水电规划。公司全面贯彻落实习近平总书记关于能源发展重要讲话和重要指示批示精神，牢固树立战略思维，保持战略定力，从零起步，加快流域水电项目前期、工程建设、生产运营和配套风光电开发，推动落实消纳市场和送出等配套条件，实现了骨干支撑电源与新能源资源、电源项目与送出工程“两个配套”，水风光一体化开发条件得天独厚，发展基础扎实、前景广阔，金上清洁能源基地成为国家“十四五”规划102项重大工程，金上川藏段水风光一体化基地被列为国家水风光一体化示范基地。目前，基地初步规划总规模5200万千瓦，主要建设内容包括金上川藏段7级水电站、抽水蓄能项目、沿江风光电和配套输电工程，是发展新质生产力、推动建设西电东送接续基地的先导工程和构建新型电力系统的重要生力军。

二、实践经验

（一）服务国家能源战略，坚定推进水风光一体化发展

2014年10月，华电金上公司与华电四川公司分开管理，实行独立运作，集中精力加快金上可再生能源开发。通过深入学习领会习近平总书记提出的能源安全新战略，提出了建设大型可再生能源基地的目标，并在此后10年中，坚持一张蓝图绘到底，取得重大成效。

科学有序加快流域水电开发建设。水电是流域水风光一体化开发的重要骨干电源。华电金上公司科学安排开发时序，全力加快流域水电开发。从2015年到2019年，苏洼龙、叶巴滩、巴塘、拉哇4级电站连续核准开工，占“十三五”国家发展改革委核准常规水电数量的60%。2017年至2021年，4级电站先后完成大江截流，创造了国内大型流域开发的“金上速度”。目前，装机120万千瓦的苏洼龙水电站已高质量投产发电，巴塘、拉哇、叶巴滩、昌波4级电站共581.60万千瓦在建，成为我国在建规模最大的流域水电项目。

超前谋划推动沿江风光电开发。在“十三五”之初全国弃风弃光严重、风光电发展普遍不被看好的情况下，华电金上公司自2016年起就超前谋划沿江风光电开发，完成水光互补规划等研究，将沿江数千万千瓦风光电项目选址避开生态红线。“双碳”目标提出后，全面加快风光电开发，2023年西藏侧330万千瓦光伏项目主体工程开工建设，芒康昂多光伏项目成为目前全球在建单体规模最大的山地光伏项目；四川侧350万千瓦光伏项目完成竞配，计划2024年开工建设。沿江8个抽水蓄能项目纳入国家抽水蓄能中长期发展规划，装机450万千瓦的叶巴滩—拉哇混合式抽水蓄能项目将建成全球最大抽水蓄能项目，为基地式、规模化配套开发沿江风光电提供有力支撑。

全力谋划落实消纳市场和送出配套条件。金上川藏段水风光一体化基地远离负荷中心，华电金上公司始终将消纳市场和送出作为基地的“生命线”，千方百计协调落实。2019年，国家明确金上川藏段7级电站在华中消纳，通道落点湖北，金上至湖北800千伏直流输电工程于2023年2月开工建设，计划2025年建成投运，建成后将成为世界首条大容量水光互补的纯清洁能源跨区域外送直流通道、全国首条进入西藏的特高压直流输电通道。根据开发建设进度，第二条输电通道研究工作已全面展开。

积极推动基地纳入国家层面重要规划。在推动项目开发的同时，加强流

域规划与国家和地方相关规划的衔接。2021 年，金上清洁能源基地被列入《国民经济和社会发展第十四个五年规划和 2035 年远景目标纲要》，先后被纳入国家“十四五”现代能源体系规划、可再生能源发展规划和电力发展规划。迅速落实国家能源局开展大型流域水风光一体化规划的部署，全力配合开展相关研究，在流域规划约 1000 万千瓦水电规划的基础上，初步研究形成两条输电通道布局、总规模 5200 万千瓦的水风光一体化发展规划。

（二）着眼电力安全高效绿色供给，全面建设精品工程

金上地处横断山脉腹地，地质条件复杂、气候条件恶劣、建设难度大，在金上水风光一体化基地建设中，华电金上公司深入贯彻落实习近平总书记对金沙江乌东德水电站首批机组投产发电作出的重要指示精神，全面建设精品工程，从源头上提升电力安全高效绿色供给水平。

着力建设本质安全企业。坚持“两个至上”，层层压实安全生产责任，安全生产保证体系、监督体系、支撑体系有效运转。建设 3 个安全体验馆，加强作业人员安全意识和技能培训，实施科技兴安，会同国家专业应急力量高质量开展应急演练。成功应对 2018 年“10·11”“11·03”两次金沙江白格堰塞湖灾害，做到人员无伤亡、财产少损失、险情早排除，叶巴滩电站 5 个月完成复建，苏洼龙电站 6 个月完成围堰重建。积极协同地方政府完成白格残留堰塞体清理，并利用北斗卫星等现代技术手段，对沿江不良地质体开展全天候监测、预警。流域工程建设开工以来，连续 12 年保持安全生产“零事故”。

全面提升工程建设和运营水平。建立“项目公司—专家委员会—水电总院”三级技术管控模式，委托水电总院定期开展重大技术问题咨询，邀请院士和大师团队协同进行重大工程建设难题专项研究。委托国家可再生能源发电工程质量监督站开展驻站监督，建设质量工艺展示厅 3 个、样板工程 40 余个，叶巴滩水电站正在建设高寒高海拔地区首座无缝大坝，拉哇电站地下洞室开挖、衬砌混凝土浇筑达到镜面效果，巴塘水电站三台水轮机转轮全部实现“零配重”。征地移民工作达到行业先进水平，重大工程建设节点如期实现，投资得到较好控制。苏洼龙水电站 2022 年实现季度三投、半年全投，投产以来“零非停”，各项指标优于设计值，荣获中国安装工程优质奖，工程建设管理经验荣获全国企业管理现代化创新成果二等奖。

努力打造“绿色金上”生态环保品牌。全面落实习近平生态文明思想和长江大保护要求，从流域层面统筹开展“绿色金上”生态环保策划，开创国

内在流域开发之初就制定实施绿色水电建设方案的先例。在流域规划阶段，1/3 的天然河段得到保护，开创了我国水电开发与生态保护相协调的“金上模式”，叶巴滩电站保护支流藏曲下游鱼类栖息地的做法亮相 2020 年联合国生物多样性峰会中方立场文件。建成西藏最大的鱼类增殖站和万里长江第一级鱼类增殖站，累计放流 523 万尾，建成国内首套高效智能化双向过鱼设施。苏洼龙、巴塘水电站优化取消2个料场和2个渣场，弃渣减量约700万立方米，在巴塘水电站打造了大型水电工程为环保让路的典型。高质量完成拉萨南北山绿化造林任务 7000 亩，受到西藏自治区党委、政府表彰。

（三）面向建设新型电力系统战略需求，着力攻克一体化基地开发难题

深入贯彻落实习近平总书记关于科技创新的重要论述，面向建设新型电力系统重大战略需求，勇攀科技新高峰，累计获得行业级和集团公司科技进步奖 27 项，1 项国家科技进步奖二等奖通过初审，成功申报国家重大科技专项 2 项，主编、参编行业标准 5 项。

全力攻克水电建设重大技术难题。针对高寒高海拔复杂地质条件大型水电工程建设难题，联合院士团队和水电总院、中国水科院等科研院所开展拉哇电站深厚湖相沉积覆盖层高围堰稳定控制、叶巴滩电站高海拔寒冷地区高拱坝混凝土冬季浇筑防裂关键技术研究。应用研究成果，拉哇水电站完成世界最深振冲碎石桩施工，解决了 130 米高围堰体抗滑、变形和渗透稳定控制难题，使得电站总工期较可研阶段提前一年半；叶巴滩水电站在业内首次实现极寒条件下冬季混凝土连续施工，目前大坝浇筑高度已达 112 米且未发现一条裂缝。相应研究成果分别荣获中国水力发电工程学会和中国大坝工程学会科技进步一等奖。

积极开展多能互补等关键技术研究。积极参与新常态下中国水电可持续发展政策研究和西南水电开发研究，获得国家能源局能源软科学研究优秀成果二等奖。会同科研院所和设备厂商开展研究，推动在建电站机组宽幅运行、调相运行，满足大规模水光互补运行需求。在大规模新能源接入和水电群多能互补情况下，针对水风光协同开发、协同调度等重大课题，联合院士团队开展研究，成功入选国家“十四五”能源领域科技创新规划项目库。针对高寒高海拔超大型光伏场运维独有难题，联合华为公司开展高原智慧光伏应用研究。联合清华大学开展冰冻圈要素演变及其对长江和黄河水资源的影响与应对关键技术研究，成功申报国家重点科技项目。

着力推进电力建设和生产智能化升级。将数字技术与能源产业融合发展

作为落实“四个革命、一个合作”能源安全新战略的重要措施，与院士团队开展联合攻关，大力实施智能建造。运用光纤变形监测装置，实现了大坝竖向沉降、水平位移实时高精度监测。运用智能碾压技术，首次实现了国内高土石坝填筑全过程无人驾驶碾压。建设叶电云、拉哇云智能建造平台，填补了BIM标准在地质领域的空白，实现了工程动态感知、在线识别、智能分析、自主决断的全面智能建设；建成国内首个流域级工程管理信息系统，实现业财一体化，为流域工程管控和决策提供数字化、智能化支撑。建设生产管理信息系统，打造数字电站，推动智能运维。智能建造相关经验正在入编《水电工程智能建造技术通则》与《大坝智能建设技术导则》，将有力推动我国水电工程智能建设应用和发展。

三、取得的成效

10年来，通过全面贯彻落实“四个革命、一个合作”能源安全新战略，全面推进高质量发展，金上川藏段水风光一体化基地从零起步，建设项目从无到有，电源品种从单一到多元，创新能力从弱到强，国家级大型水风光一体化基地已初具规模，将有力服务新型电力系统建设和当地经济社会高质量发展。

（一）建设国家水风光一体化示范基地取得重大突破

目前，金上川藏段水风光一体化基地投产、在建和可研阶段总规模达2000万千瓦，累计完成投资485亿元，2023年被列为国家水风光一体化示范基地。按照项目建设进展，预计到2027年，第一条输电通道——金上至湖北直流输电工程配套电源全部投产，运行装机1200万千瓦；到2030年，规划中的第二条输电通道配套电源基本建成，运行装机达3000万千瓦；到2035年，基本建成国家水风光一体化示范基地。金上川藏段水风光一体化基地的开发建设，将有力服务我国构建新型能源体系，助力实现“双碳”目标。

（二）有力促进雪域高原长治久安和高质量发展

华电金上公司全面落实习近平总书记关于抓好西藏稳定、发展、生态、强边四件大事的要求，在开发金上川藏段可再生能源、建设国家清洁能源基地过程中，建立地企共建的开发新模式，实现地企共赢。先后投资45亿元，新建复建跨江大桥7座、交通公路258千米，极大改善了当地基础设施；在当地捐资超过2亿元，实施电力援藏、社会主义新农村建设和对口帮扶，30

名建档立卡贫困户藏族青年通过“三定培养”实现“一人就业、全家脱贫”。首批光伏项目吸纳西藏1000名百姓参工参建，促进村民增收2500万元。通过清洁能源综合开发利用，将当地资源优势转换为高质量发展优势，培育形成新质生产力和高质量发展的内生动力，推动当地经济社会跨越式发展，增进了民族交往交流交融，促进了雪域高原长治久安和高质量发展。

（三）为我国后续大型流域一体化开发积累了宝贵经验

金上川藏段首次在大型流域实施水风光一体化规划、一体化建设、一体化运营，对促进能源集约化利用、省间互济和区域协调发展具有重要意义。金上川藏段水风光一体化基地建设中，已经初步经过工程实践验证的高寒高海拔高拱坝混凝土温控、强震区窄河谷超高面板堆石坝建设、深厚覆盖层高围堰基础处理、大型流域水电工程智能建造等关键技术，将为我国藏东南等大型流域水电开发积累宝贵经验；正在研究解决的大型流域水风光一体化调度和运行等重大课题，将为我国大型流域水风光一体化开发作出重要贡献，发挥示范引领作用。

（由中国华电集团有限公司供稿）

立足能源安全战略，赋能煤电转型升级

一、基本情况

北京能源集团有限责任公司（以下简称京能集团）成立于2004年，由原北京国际电力开发投资公司和原北京市综合投资公司合并而成，2011年、2014年先后又与北京市热力集团有限责任公司、北京京煤集团有限责任公司实施合并重组，实现了产业链条融合互补。经过多年的资源整合，京能集团由单一能源产业发展为热力、电力、煤炭、健康文旅等多业态产业格局。投资区域遍布全国31个省（区、市）以及海外，控股京能清洁能源、京能电力、昊华能源、京能置业、京能国际、京能热力6家上市公司，盈利水平长期稳居北京市属企业前列。2023年在中国企业500强排名第253位，中国服务企业500强排名第87位。

截至2023年底，京能集团运营装机容量为4827万千瓦，其中可再生能源装机2118万千瓦，占比为44%；煤炭产量为1706万吨/年；管理的供热总面积约为5.74亿平方米，其中，北京市供热面积为3.91亿平米，占首都核心区供热市场的80%以上。

面向未来，京能集团坚持以习近平新时代中国特色社会主义思想为指导，肩负“传递光明　温暖生活”的使命，秉持“以人为本　追求卓越”的价值观，服务首都，深耕京津冀，以能源为主、相关多元、产融结合、协同发展为目标，努力建设成为具有中国特色国际一流的首都综合能源服务集团。

二、实践经验

我国资源禀赋决定了煤炭是中长期保障能源安全的主要能源，但因高强度、低水平生产和消费模式，对生态环境造成了一定影响，因此要积极改善“因煤而富、受煤所困、因煤而扰”的发展方式。面向“双碳”，我国不断优化调整能源结构，煤炭在一次能源消费中的比重逐步降低，结合现有清洁能源（风、光、水、气）存在间歇性和强扰动性的特点，我国以煤炭为主体的能源结构不会发生根本性变化，党中央多次强调传统能源逐步退出要建立在新能源安全可靠的替代基础上，这也决定了我国必须不断提升煤炭清洁高效利用。一是我国煤炭富集地区大多水资源匮乏，推动高度节水型燃煤发电技术对煤炭清洁高效利用意义重大；二是绿色发展理念要求燃煤发电污染物排放指标不断降低，推动燃煤发电近零排放技术对煤炭清洁高效利用作用显著；三是高质量发展内涵要求燃煤发电不能再依靠烧煤卖电的单一发展模式，因地制宜推动燃煤发电与一、三产业融合发展对行业转型及有序存续影响积极。

基于以上考虑，京能集团锡林发电项目作为锡林郭勒盟“一交一直”两条特高压线路配套电源、京蒙对口帮扶合作的重要窗口，直面脆弱的草原生态系统、匮乏的水资源、极寒恶劣的气候、少数民族区域特色的人文环境，坚持新发展理念，贯彻“四个革命、一个合作”能源安全新战略，以管理创新和技术创新为抓手，因地制宜开展清洁煤电、生态修复、绿色农业“三位一体”耦合发展的综合产业示范项目研究部署，项目于 2019 年 1 月实现了商业投产。

（一）立足能源安全战略，以绿色发展践行能源消费革命

京能集团锡林发电项目自 2015 年 9 月建设开始即全过程贯彻“四节一环保”理念，应用“国家重点节能低碳技术推广目录”14 项，厂区总平面依地形形成阶梯布置，大量减少土方工程量；建（构）筑物按功能采用“岛”式联建布置，节约占地面积；取采主、辅机间冷塔“双塔合一”方案，烟囱双内筒优化为单内筒，间冷塔采取薄壁加肋优化，以节约混凝土用量；施工临建采取滚动错峰布置，进一步提升施工场地周转利用率、降低临时压占草原面积；施工材料预先规划、合理下料、限额领料、废料综合利用，有效降低各类耗材损耗率；模板、脚手架等周转性材料及时回收，提高周转次数；按施工部位、层高分时供图，拆分为开挖图、备料图、零米以下、零米以上等精细化施工安排，进一步压缩工程周期，节约人力物力投入；反复优化工艺系统布置，确保上下游工艺之间管线及电缆最短，进一步提升空间利用率、降低工艺间损耗；预先收集施工区域地表草皮熟土，依托属地耐寒植被同步开展绿化复垦恢复，实现了从基建到投产的“四季常青”（见图 1）。

图 1　锡林发电远眺图

（二）立足能源安全战略，以顶层设计推进能源供给革命

京能集团锡林发电项目立足主业紧盯国家能源产业转型升级和结构调整方向，坚持煤炭清洁高效利用，开展具有行业特性、地方特点、京能特色的顶层方案设计，着重围绕超低能耗、超低排放、高可靠性、高盈利能力四个方面推动项目内涵式发展。空冷褐煤发电机组在 2018 年即提出发电能耗小于 290 克 / 千瓦时、水耗小于 0.0255 立方米 / 吉瓦 · 秒的领先能耗目标；提出远低于国家排放标准的氮氧化物低于 30 毫克 / 立方米、二氧化硫低于 15 毫克 / 立方米、烟尘低于 5 毫克 / 立方米的更低排放目标；以设备防寒、重大危险源消除和长周期运转为中心，优化系统工艺、提升整体可靠性；以能耗性能不损失情况下的工程和运营成本全方位节约为目标，提升项目的抗风险能力及高盈利能力。

（三）立足能源安全战略，以科技创新助力能源技术革命

在建设运营全过程中，京能集团锡林发电项目以低碳发展为导向，积极展开自主创新 + 成果应用等全方位科技攻关，推动 660 兆瓦级高参数超超临界褐煤锅炉、高背压九级回热高效汽轮机、660 兆瓦级双水内冷汽轮发电机组等技术的全球首用，自主研发了 660 兆瓦级火电机组烟气提水系统、空预器旁路高焓值烟气能量集合利用等革新型技术，落实“十四项先进装备技术成果”和“八项国家重点节能低碳技术应用”，神经元计算、图形监测识别、精确传感等技术在多项工艺中得到应用，累计获得国家发明专利 12 项、实用新

型专利57项、省部级工法7项、国家级QC成果2项、省部级QC成果14项，夯实了顶层设计的目标基础。

（四）立足能源安全战略，以集约化生产促进能源体制革命

京能集团锡林发电项目秉承集团“以人为本　追求卓越”的核心价值观，以提高劳动生产率为目标，全力构建集约化生产体系。一是优化机组控制方式，实施机组一键启停策略，整合生产运行岗位结构，变分车间控制为集中控制。二是构建早期预警系统，对工艺异常征兆及早预警和故障诊断，变定期检修为状态检修。三是建立设备全寿命周期管理体系，将设备及工艺全部数据纳入大数据管理，建立资产失效模型，实现资产与技术的多维度、一体化、全过程管控。四是以“减人、提质、增效、降本”为目标，整合信息系统、消除信息鸿沟，形成全数字化业务管理流程，取得管理创新成果5项、软件著作权1项。

（五）立足能源安全战略，以开放共享推动多方合作

推动文化融合，建筑风格融入“蒙”元素；树立开放观念，办公生活区采用开放式无围墙模式，全部文娱设施同牧民老乡共享；秉承共享理念，先进经验与技术同国内外同行、院校科研单位广泛分享；践行服务意识，坚持为地方政府解决“急难愁”的工业发展问题出谋划策；发扬首善精神，优先安排地方劳动力就业，积极开展公益行动，帮扶困难牧户（见图2）；通过系列行动促进多维度合作。

图2　牧企共建帮助牧民铲拾牛粪

三、取得的成效

京能集团锡林发电项目在立足能源安全战略、赋能煤电转型升级过程中，实现了全球首次应用 660 兆瓦级双水内冷汽轮发电机组（见图 3）、全球首次研发应用 660 兆瓦级火电机组烟气提水系统、全球首次应用 660 兆瓦级高参数超超临界褐煤锅炉、全球首次高背压九级回热高效汽轮机、全球首次空预器旁路高焓值烟气能量集合利用的“五个全球首次”重大设备和系统集成的成果投运。打造了绿色能源自循环和工业与农业互补外循环的双循环经济新业态，为京能集团打造出可复制、可推广的成功典范，为行业和地区高质量发展作出了积极贡献。

一是性能参数好、工程质量优。机组平均供电煤耗为 284.6 克 / 千瓦时，氮氧化物、二氧化硫、烟尘等排放浓度分别为 19 毫克 / 立方米、9 毫克 / 立方米、3 毫克 / 立方米，达到国际同类型领先水平，烟气提水量可达 150 万吨 / 年，投产至今未外补水源，有效节约了草原水资源。占地面积较同类减少 10.38 公顷，混凝土、钢材用量分别减少约 14769 立方米、2350 吨，建安工程量减少约 20%，工程用水节约 9.76 万吨，土方工程量节约 25 万立方米，各类周转设备（料）重复使用率超过 85%，工程废弃物回收利用率大于 95%。同时是最早投产的锡盟特高压配套电源项目，获得了国家优质工程金奖。

图 3　世界首台 660 兆瓦级双水内冷汽轮发电机组

二是经营指标佳、品牌效应美。项目投资较概算节约近 6 亿元，在行业内普遍亏损的情况下，自 2018 年首台机组投产以来连续盈利，累计实现利润 8.08 亿元，资产负债率快速降低至 50% 以下，累计实现产值近 85 亿元、纳税近2.6亿元。定员人数较同类减少30%，工作量较常规减少20%，人均劳动生产率大幅提升。相关做法和经验纳入地方政府同类项目核准文件中，烟气提水推广至8家单位应用，先后获得中国能源研究会一等奖、世界绿色设计国际贡献奖、电力建设科学技术进步奖一等奖等11项、科技创新奖3项、内蒙古自治区科学技术进步奖二等奖1项、旗长质量奖1项，获批国家高新技术企业、内蒙古自治区级企业技术中心，被授予“内蒙古自治区抗击新冠肺炎疫情先进集体”“中国智能清洁发电示范基地”“中国管理创新先进单位”“中国中小企业品牌百强企业”称号。

三是生态效应美、三产融合发展。累计投资3800余万元完成敖鲁特山200多亩残缺山体修复，恢复后山体植被生长良好（见图4）。实现减碳增绿，每年可以为牧民家庭增收10万元。这一方式得到了地方政府、当地牧民群众、生态环保部门多方认可，写入锡盟《粉煤灰综合利用管理暂行办法》，在全盟范围进行推广。联合中科院草原生态研究所，利用灰渣掺配多效微生物菌剂，对道鲁陶勒干山近300亩残缺山体进行生态修复和植被恢复。开展蔬菜大棚生态种植试验，年产有机蔬菜35000多千克，创造经济价值20万余元。

图4　敖鲁特山生态修复前后对比

（由北京能源集团有限责任公司供稿）

热电联产智慧能源基地建设

一、基本情况

内蒙古能源集团金山热电公司（以下简称“金山热电公司”）位于内蒙古呼和浩特市土默特左旗台阁木镇，是内蒙古能源集团在呼和浩特市的窗口能源基地，公司以火力发电、供热、供汽为主营业务，目前四台机组运营、两台机组在建，一期两台 300 兆瓦亚临界空冷燃煤机组分别于 2009 年和 2010 年投产，二期两台 660 兆瓦超超临界间冷燃煤机组于 2023 年投产，三期在建两台 1000 兆瓦超超临界间冷燃煤机组计划于 2025 年投产。目前，公司年发电量约 90 亿千瓦时，年供热量约 627 万吉焦，年供汽量约 116 万吉焦，接待呼和浩特市供热面积约 3000 万（见图 1）。

图 1　内蒙古能源集团金山热电公司总貌

二、实践经验

（一）建设智慧电厂，探索火电技术革命

为了贯彻“四个革命、一个合作”能源安全新战略方针，并致力于打造蒙能“智慧电厂”标杆。公司“智慧化”投入4600万余元，实现信息化系统全部国产化。目前在建有六大智慧系统，分别是一体化管控平台、数字孪生系统、人员定位系统、智能安防系统、智慧燃料系统、ICS系统。

1. 一体化管控平台

该系统以人工智能、物联网、大数据、三维可视化作为基础，集DCS、ICS、SIS、MIS在线仿真、智慧管控于一体，融合覆盖了电厂生产、安全、绩效等业务管理，保证电厂安全、稳定、经济、环保运行，提升经济效益和社会效益。该系统与集团ERP系统相融合，构建安全生产管理、SIS设备管理、财务管理、预算管理管控一体化；实现从生产到行政全流程无纸化办公，达到高效、经济、科学的电厂管理，从而全面提高经济效益和适应电力市场迅速发展的要求。并且开发了大屏驾驶舱，用来展示电厂的关键信息，方便了解三、四号机组的运行情况以及机组各项主要指标数据；同时高度集成电厂各系统，目前已经接入的有人员定位系统、三维虚拟化电厂系统、安防系统、TDM系统、高温受热面系统等（见图2、图3）。

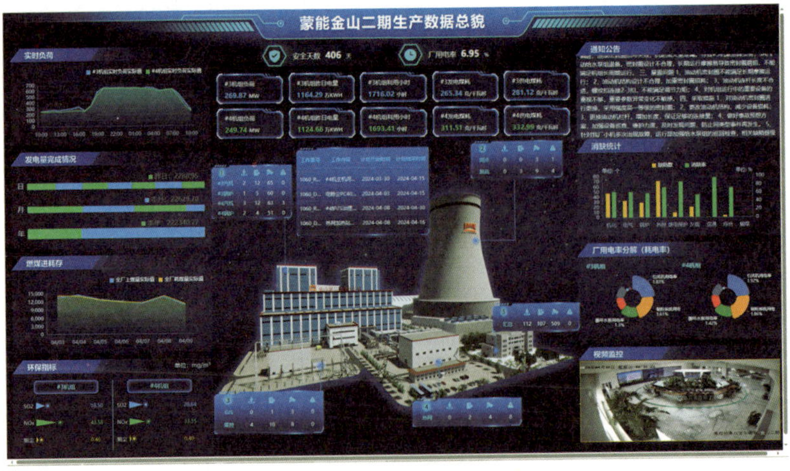

图2　金山热电公司一体化管控平台——驾驶舱

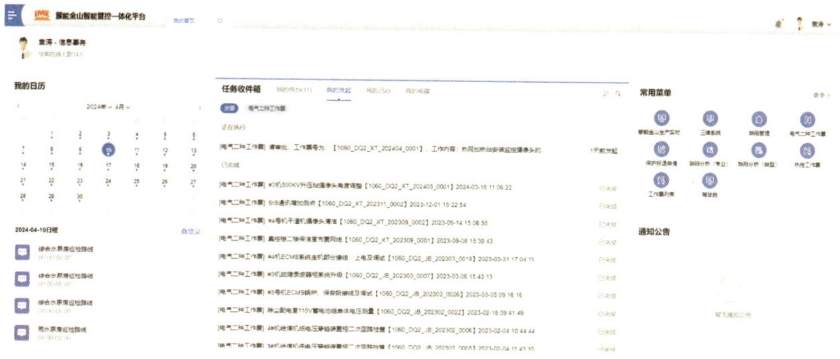

图 3　金山热电公司一体化管控平台——系统主页

2. 数字孪生系统

该系统以二维图纸及管道三维模型为基础，对电厂厂区和主辅机设备进行三维建模，形成高精度、等比例的三维模型，与实际厂区布置、设备高度吻合。利用三维建模实现全厂漫游，设备多维展示。设备三维模型精细到部件级，使得设备检修、人员培训更加直观高效（见图 4）。

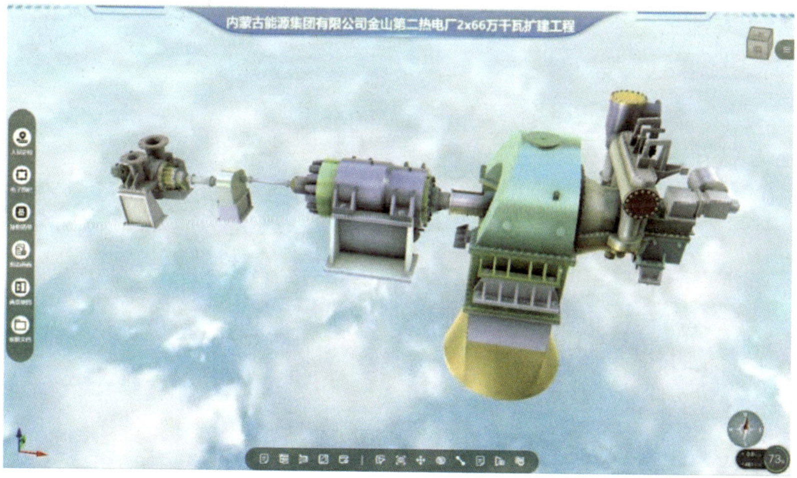

图 4　金山热电公司数字孪生系统——电厂设备等比例建模系统

3. 人员定位系统

人员定位系统是基于射频识别（RFID）技术的人员定位及轨迹管理系统。该系统由读取设备和携带有 RFID 标签或卡片的人员组成。读取设备可以通过无线通信与标签进行交互，读取标签上存储的信息，包括人员的身份和位置等。RFID 技术具有非接触式识别的特点，能够实现实时的人员定位和轨迹管理。人员定位及轨迹管理系统信息与一体化管控平台结合使用。通过收集和存储人员的位置信息，生成详细的轨迹数据。这些数据可以被用于各种分析和应用，如行为模式分析、路径规划、异常检测等。管控平台可以利用各种算法，从大量的轨迹数据中提取有用的信息，并提供决策支持和优化建议。目前人员定位与数字孪生两大系统完成融合，人员轨迹可在三维模型中展示，并设置了电子围栏，加强了日常安全管理，实现了“一切事故都可避免”的风险管理目标（见图 5）。

图 5　金山热电公司人员定位系统

4. 智能安防系统

该系统基于海康智能综合监控管理平台打造，区别于传统安防系统，利于前置摄像头功能性分析技术，在重点生产区域安装带有安全帽分析、热成像分析、温湿度分析功能的摄像头，对现场人、物进行有效监控，当出现问题时，系统及时告警，运行人员及时处理（见图 6）。

5. 智慧燃料系统

该系统主要包括煤场自动盘煤、斗轮机无人值守堆取料、全自动汽车采样机、全自动无人采制化系统。通过精准的盘煤系统，一键操作系统全自动完成炉前煤炭样品采样、制样化验、样瓶存查，从而实现采制输存全流程自动化，降本增效。

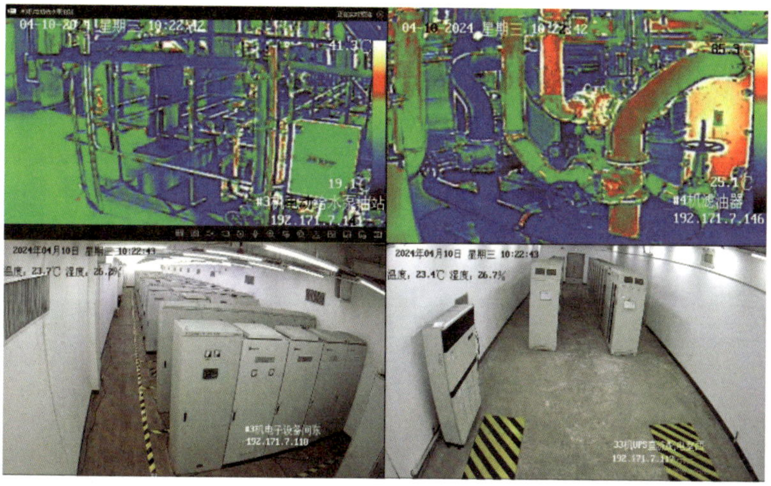

图 6　金山热电公司智能安防系统

针对传统采样、制样、化验等环节作业痛点，融合区块链、人工智能、机器人应用、模糊控制等技术自主研发了煤炭全链无人采制化平台。平台全面打造采、制、运、储、化各作业环节无人化，实现煤炭采样、转运、制样、传输、存查、化验全流程标准化、无人化、智能化作业，达到“人与煤样隔离、人与数据隔离”目标，从根本上避免了人为因素干预，有力保障数据准确性，有效降低化验成本，大幅提升化验效率。同时，基于集团区块链平台实现了采制化全过程数据上链存证，为采制化业务全链服务提供数据高可信基础（见图 7）。

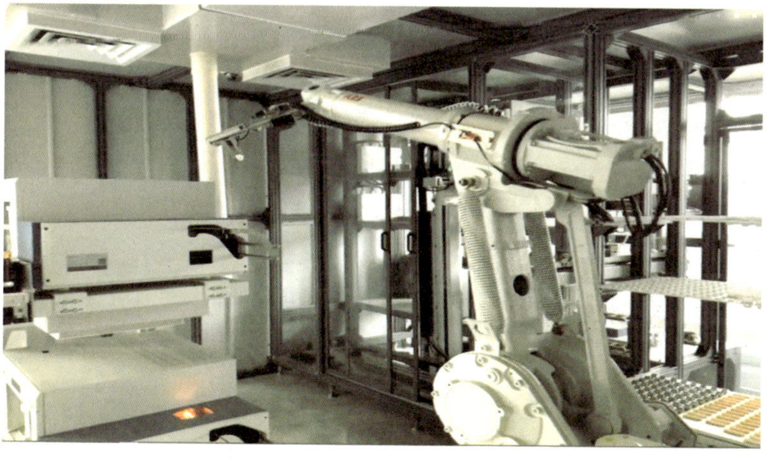

图 7　金山热电公司智慧燃料系统

6. ICS 系统

该系统通过在常规 DCS 控制层增加优化控制“C”网和智能控制站，将常规 DCS 升级成智能 DCS 系统。并在系统内部署了智能脱硝、智能 AGC、智能吹灰、智能报警、性能计算与耗差分析、高温受热面实时分析等优化模块，实现机组的智能控制，使得机组运行水平达到行业领先水平（见图 8~图 10）。

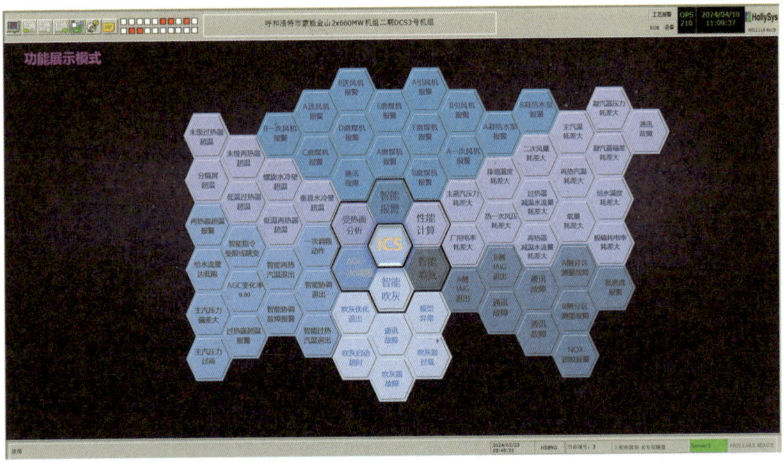

图 8　金山热电公司 ICS 系统各模块总览

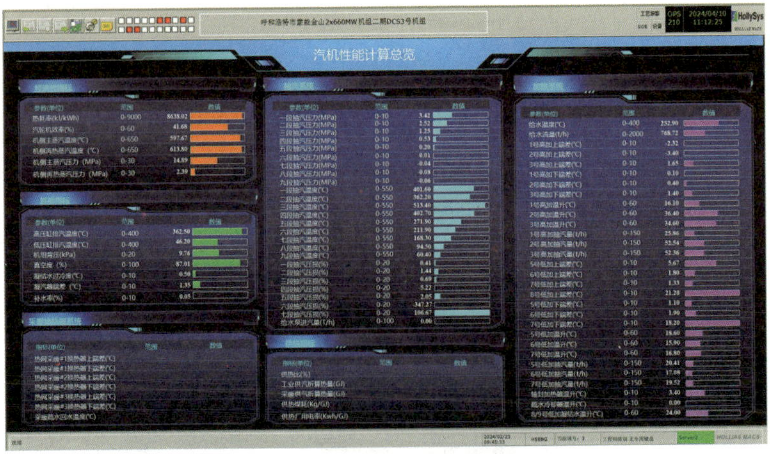

图 9　金山热电公司 ICS 系统——性能计算与耗差分析模块

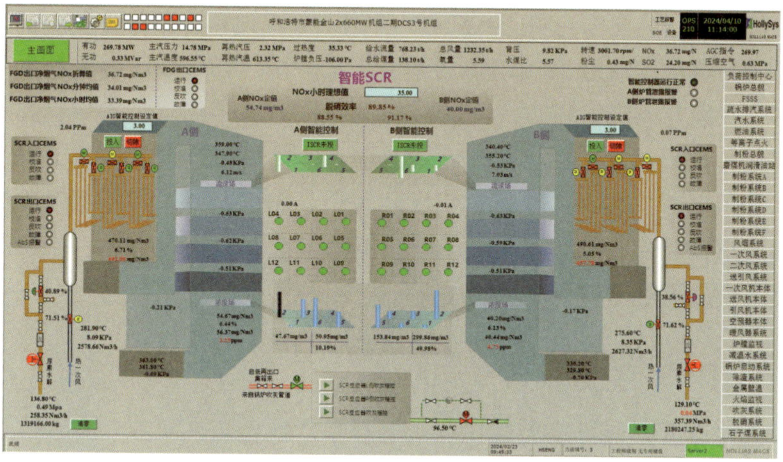

图 10　金山热电公司 ICS 系统——智能脱硝优化模块

（二）能源梯级利用，增强火电竞争力

（1）一号机组于 2017 年进行了高背压余热利用改造，采用回收一号机组的汽轮机排汽余热来提高电厂的供热能力；从一号机组原空冷主管道上将乏汽引至高背压热网凝汽器，利用乏汽直接加热热网循环水回水，初末期直接供给热用户，严寒期再经热网加热器抽汽加热后供给热用户。二号机组于 2020 年完成乏汽余热利用改造，采用的是增汽机余热回收技术，两台机组改造后，供热循环水可以实现梯级加热，先由一号机组高背压系统进行初步加热，再由二号机组高背压系统进一步加热，在供热初末期，不投入抽汽情况下，热网循环水可由 50℃加热至 85℃，实现机组余热最大限度回收利用，并将一期两台机组联合最大供热能力提升至可接待 2000 万平方米供热面积。

（2）四号机组基建设计阶段就考虑高背压供热方式，仍然采用增汽机余热回收技术。采暖季机组运行背压控制在 28~30 千帕，将乏汽从凝汽器喉部引出至 A 列外，分成两根管道分别进入 2 台前置凝汽器和 2 台增汽机凝汽器，从三号机组和四号机组抽汽作为增汽机动力蒸汽，进入增汽机后将乏汽压力提升至 48~51 千帕后进入增汽机凝汽器。一级热网水回水先通过前置凝汽器进行一级加热，再进入增汽机凝汽器进行二级加热，最后进入热网加热器进行三级加热后供出。一级热网水通过设在各热力站的二级热交换站加热二级热网水，由二级热网水把热量供给热用户。乏汽利用量为 894.9 吨 / 小时，动力蒸汽利用量为 244 吨 / 小时，总供热负荷为 733 兆瓦；三号机组抽汽量为 583 吨 / 小时，供热负荷为 417 兆瓦。三、四号机组总供热负荷为 1150 兆瓦，呼和浩特市综合热指标为 46.72W/m^2，可提供采暖面积为 2460 × 104 平方米的供热负荷，年供热量为 12265866 吉焦。

（3）二期三号机组和四号机组经过 2023—2024 年供热季考验，圆满完成供热季任务。同时由于供热接待面积的增大，供热安全也提升到了一个新的高度，为了保证一期和二期供热系统的安全可靠性，一、二期之间进行了供热互联改造，将两台机组供热抽汽进行互通互联，改造后，一、二期供热系统在事故状态下可以相互提供抽汽进行紧急供热。

（三）拓展供汽市场，助力新能源发展

（1）2017 年，呼和浩特金山新能源汽车产业园正式建成，园区内产业类型主要包括电力能源、生物制药、金属冶炼和化工等。为满足工艺生产要求，区内需要大量的工艺蒸汽，园区距离金山热电公司 3.5 千米，这为金山电厂开创供汽市场提供了绝佳的机会。一、二号机组于2017年完成了工业供汽改造，从两台炉热再抽取蒸汽，经减温减压器进入供汽联箱，最后通过 4 千米的管道外送至汽车城，供汽压力为 1.6 兆帕，最大供汽量为 300 吨 / 小时。目前园区内用汽单位已达到 15 家，平均供汽 60 吨 / 小时。

（2）伴随着自治区政府新能源产业布局，金桥开发区多晶硅产业园区工业蒸汽需求量与日俱增，目前金桥技术开发区内汽源金桥热电厂主要承担市区采暖供热负荷，工业供汽能力不能满足多晶硅热用户用汽的需求，需引入金山电厂汽源。2024 年金山电厂一、二期供汽改造项目开始实施，目前各个标段已全面开工。项目投产后，将以金山电厂为热源点，向金桥技术开发区内多晶硅热用户鑫华半导体和鑫环硅能实施工业蒸汽集中供热，同时对于管网沿线所经过的裕隆工业园、沙尔沁工业园以及末端金桥技术开发区和航天经济开发区远期热负荷发展，架空土建支架及关键节点位置留有一定的扩建条件，此外对于蒸汽换热后的凝结水需回收至热源电厂。

三、取得的成效

（一）智慧电厂建设

（1）基于设备 KKS 编码的全生命周期一体化管控平台对于金山能源基地的建设具有重要意义，它可以帮助管理层实现精细化管理，提高运行效率，降低成本。平台能够将复杂的运行检修等生产数据和过程进行可视化呈现，方便管理人员快速精准了解生产情况，及时作出决策，从而更好地指导生产。

平台还可以实现数据共享和协同工作，加强各部门之间的沟通和合作，提高工作效率和质量。

（2）设备全寿命周期管理，将设备台账、定期工作、等级检修、技术改造、移动管理、定置管理、技术监督、设备评级、检修记事、备品备件等纳入设备全寿命周期管理，通过设备 KKS 码、蓝牙信标为检修、两票、缺陷提供数据就地管理。

（3）智能巡点检，实现巡点检人员工作过程管控及巡点检智能化，通过移动端 App 查看巡点检计划及路线，通过人员定位和扫描区域二维码确认工作到位，自动记录巡点检路线轨迹。

（4）智能缺陷管理。缺陷管理与设备、工单、工作票、操作票紧密集成，实现缺陷的完整闭环管理，杜绝无票作业，确保作业安全。可以通过移动端 App 对缺陷现场拍照、录像、语音记录并实时上传，可以就地查询设备台账、实时数据。

（5）通过 KKS 编码，能够将能源基地的对象和对应信息（包括厂家信息、图纸信息、人员信息）进行关联，实现虚拟对象与物理对象对应，实现三维数字可视化基地。

（6）智慧燃料建成后，斗轮机实现“无人”作业、实时监测和远程管控，大幅提高现场堆取料作业效率和堆取料的作业精度。远程操控无须人工上机作业，有效保障作业人员的人身安全；同时对作业现场设备的安全防护改造也进一步确保了设备运行的可靠性和安全性。采用无人值守堆取料后，可进一步优化堆取料业务人力配置，由原来的一个班两名斗轮机司机减少至一名司机，实现减员增效。智能采制化系统将原来的采样、制样、化验三个工种的工作全部实现无人化，只需一人整体监控流程。燃料智慧管控平台可以从全方位，包括流程、视频、参数等多方面实现集中监控，并且与集团公司 ERP 系统进行数据对接，为燃料结算、查证提供了安全可靠的数据依据。

（二）供热节能改造

一期两台机组完成高背压节能供热改造后，机组能耗水平大大提高，2017 年改造前，一期供电煤耗 331 克 / 千瓦时，改造后最低降至 229.5 克 / 千瓦时。提高企业能效的同时，机组带负荷能力也得到了极大的提升，一期供热面积由最初设计的 1000 万平方米提高至 2000 万平方米，成为呼和浩特市西部城区最大的热源点。随着二期 2 × 660 兆瓦机组的投产，金山能源基地供热面积在 2023 年供热季达到 3000 万平方米，总体带供热能力达到 4000 万平方米。

（三）工业供汽

新能源汽车城工业园区供汽改造后，可替代分散燃煤锅炉房，从而减少园区燃煤消耗，减少园区碳排放。若园区全部采用分散燃煤锅炉房供热，按锅炉房效率75%，燃煤热值4200千卡/千克估算，通过金山能源基地供热供汽，可实现年节燃煤约56.3万吨。提供集中供热供汽，也有效地解决了园区企业工艺生产用汽和冬季采暖需求，优化了园区资源配置，有利于节能减排，以及园区的统一规划和可持续发展。按照初步估算，项目实施后，可实现工业园区每年减排烟尘3075吨、二氧化硫1357吨、氮氧化物2052吨、二氧化碳134万吨、灰渣9万吨。

金桥新能源产业园区供汽改造目前正在如火如荼地进行，建成后将进一步提高金山能源基地在呼市地区集中供热供汽的能力，进一步降低自治区工业产品单位能耗和碳排放，为实现自治区绿色工业献出一份力量。

（由内蒙古能源集团有限公司供稿）

稳抓海上风电机遇　拥抱海洋能源革命

一、基本情况

中国能源建设集团广东省电力设计研究院有限公司（以下简称广东院）是目前国内唯一一家同时拥有百万千瓦级火电、百万千瓦级核电常规岛、百万伏特特高压输电、百万千瓦级海上风电投产业绩的设计院，也是世界首家拥有多端柔性直流输电投产业绩的设计院。广东院自2009年起便将海上风电作为企业未来重要的业务领域进行规划和建设，2011年成立风能技术中心，立足当下、谋划长远，开展技术攻关和创新实践。近10余年来，广东院在“规划引领，技术驱动”的指导思想下，在海上风电工程咨询、勘测设计和建设以及海洋能源技术科研等领域积累了丰富经验，已发展成为国内海上风电工程技术的领军企业。

二、实践经验

（一）规划引领开拓市场

2012年8月，广东院编制的《广东省海上风电场工程规划》获得批复并正式印发，成为国内首个获得国家能源局批准的省级海上风电规划报告。2017年，广东院修编完成了《广东省海上风电发展规划（2017—2030年）（修编）》，为广东省海上风电规模化开发建设提供了完备规划和技术保障。随着广东海上风电业务发展，广东院陆续承担各地级市海上风电基地规划工作，为广东院抢占省内海上风电市场赢得了先机，规划规模累计超7千万千瓦，场址类型主要包括近海浅水区场址、省管近海深水区场址、拟新增省管场址、国管场址、漂浮式基础试验场址等。海上风电基地规划工作主要包括湛江市风电发展规划、阳江市海上风电场工程规划、惠州市陆上海上风电场工程规划、汕尾市海上风电场工程规划、揭阳市海上风电场工程规划等地市级的风电规划，粤港澳大湾区能源发展规划，广东省可再生能源发展“十四五”规划、粤东千万千瓦级海上风电基地规划、广东省新增省管海域海上风电场址规划等。

（二）智库凝聚构建产业

广东院在为政府做好能源规划技术支撑的同时，也在广东省海上风电产业发展方面建言献策，对相关决策产生积极影响。2019年，广东院成为广东海洋协会海上风电分会会长单位和广东省海上风电产业联盟牵头单位，开展完成了《广东省培育新能源战略性新兴产业集群行动计划（2021—2025年）》《广东省海上风电产业三年行动计划》《广东省海上风电产业发展蓝皮书》《广东省海上风电补贴政策研究》等产业咨询研究工作。2021年，在广东省发展改革委、能源局和阳江市政府的指导下，广东院牵头根据阳江风电产业发展实际，全面对标国际一流，高标准完成了《广东（阳江）国际风电城规划》的编制工作，为阳江进一步打造世界一流国际风电城提供了重要支撑，为阳江打造全国产业链最完整、配套最齐全的千亿级海上风电产业集群贡献智慧和力量。

（三）科技创新支撑发展

进入“十四五”时期以来，科技创新已成为发展新质生产力的核心要素。广东院秉承“创新先行，精心专注”的服务理念，在海上能源领域不断加大科技创新投入，用科技创新带动工程实践，以创新支撑助力工程应用，在工程实践中完善科技创新，逐步打造企业核心竞争力。

（1）海上风电技术标准。广东院主编或参编海上风电国家及行业技术标准19项。2019年10月，广东院主编的《海上风力发电场设计标准》正式实施，成为国际首部海上风力发电场设计国家标准。

（2）海上风电基础结构设计CAE软件。广东院依托广东省级促进经济高质量发展（海洋经济发展）海洋六大产业专项的资金支持，自主开发基于工业互联网的海上风电工程CAE模拟仿真平台。该平台是Web端的CAE建模、网格剖分与展示组件，开发海上风电有限元求解模块，并与工程和试验相验证，集成几何建模、网格划分、后处理可视化、核心求解程序等核心模块，形成自主可控的海上风电工程CAE软件。该软件目前已经基本开发完成，解决了我国海上风电结构核心计算软件依赖国外的“卡脖子”难题。

（3）海上风电大数据中心。广东省海上风电大数据中心于2017年由广东院提请广东省发展改革委建设并获批承建，于2019年初步建成。海上风电大数据中心以物联网、大数据、人工智能等先进技术为基础，采集并储存了广东省海上风电规划、建设、运营数据，并开发了海上风电基础结构监测、风机预警、气象水文预报、船舶人员监控、智能运维等一系列智能应用，为政府行业监管提供大数据支撑，为海上风电行业提供全生命周期的智慧解决方案，入选工信部2020年大数据产业发展试点示范项目，2023年成为国家工信部办公厅新一代信息技术典型产品、应用和服务案例（见图1）。

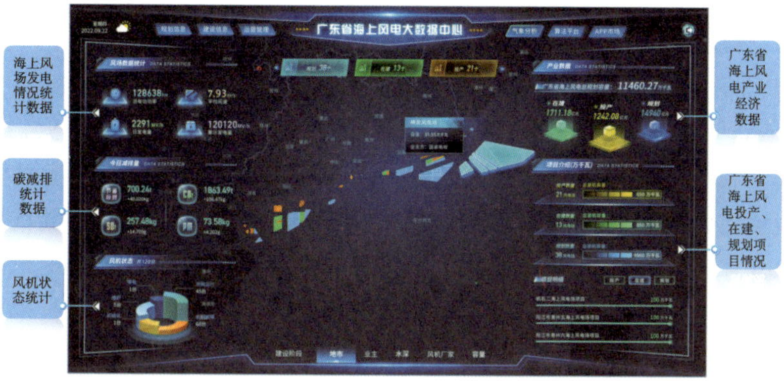

图1　广东省海上风电大数据中心

（4）智慧海上风电平台。广东院率先提出智慧海上风电平台的概念，于2020年牵头出版《智慧海上风电场》一书。广东院依托广东省海上风电大数据中心，进一步开发智慧海上风电平台，在设计项目中引入海上风电一体化监控平台，实现运行监控数据的统一管理，逐步打造智慧工地、智能调度、人员管理、气象预测等功能，在海上风电的建设期和运维期发挥了很大作用。通过对智慧海上风电平台的不断升级和改造，使其功能涵盖了海上风电项目的建设、运行、监控、维检等领域，实现智能在线监盘、智能故障诊断、运行策略优化、智能维护检修等功能。

（5）海上风电柔直送出。海上风电柔直送出技术作为开发海洋能源的必备技术，具有高效、响应快速、调节性能好等优点。广东院从2011年开始，针对柔性直流技术展开科研攻关，2013年由广东院总承包的国家863“大型风电场柔性直流输电接入技术研究与开发”示范工程投产，该工程是世界上首个多端柔性直流输电工程，填补了国内柔性直流技术领域多项空白。作为产学研的先进示范，广东院承担多项国家和省级科技重大攻关项目，如“高压大容量柔性直流输电关键技术研究与工程示范应用”（国家重点研发计划）、

“远海岸风电送出关键技术及装备研究”（广东省促进经济发展专项）、“分布式海上风电场柔性直流输电站关键设备的研制”（广东省重点领域研发计划）等。针对海上风电技术的痛点，广东院先后开展了海上风电柔直送出系统、主回路拓扑、海上平台设计、监控及智能运维、海底电缆等系列研究；针对海上平台施工难度大的问题，开展了海上平台运输、海上施工等系列研究，以上研究成果在“阳江青洲五、青洲七海上风电集中送出工程”等中成功应用，该项目是世界上首个 ±500 千伏 /2000 兆瓦海上风电柔性直流送出工程，将实现海上平台集约化设计、一体化监控、海缆选型及敷设优化、运输与安装优化及智能运维等先进功能。

（6）海洋能源发展新业态。广东院发挥技术中心和丰富设计经验的优势，针对“海上风电 + 制氢”“海上风电 + 储能”“海上风电 + 海水淡化”“海上风电 + 海洋牧场”等海上风电融合发展技术开展研发工作。结合海上风电科研与实践项目，广东院持续关注、适时研发海上风电融合发展技术以及其他海洋能源新业态。深远海漂浮式风电、近海固定式光伏、深海漂浮式光伏，波浪、洋流能发电装置，海底数据中心，新型施工、运维技术，海上能源岛等将成为“十四五”以后海上能源发展新业态方向。近期，广东院正承担海洋能源领域国家级重点研发计划项目 1 项、集团重点研发项目 1 项、省自然资源厅科技项目 2 项，围绕海上能源发展新业态方向积极开展了多项科技创新技术研发储备。

（四）模式创新创造价值

广东院敏锐捕捉政策环境变化，牢牢把握广东省海上风电驶入发展快车道的历史机遇，推动和开创了国内海上风电前期总承包和 EPC 工程总承包模式的先河，实现了海上风电领域商业模式创新的重大突破。广东院首创的海上风电前期与技术咨询开发总承包项目执行模式，包含项目核准和项目开工阶段所需要的各项支持性报告以及相关取文工作，为项目投资方提供项目前期开发一站式服务。该模式的采用，解决了业主所面临的项目前期工期压缩与项目前期开发能力不足的双重难题，加速海上风电项目建设落地，并为广东院获得 EPC 总承包带来先发优势。广东院承接的首个前期总包海上风电项目——三峡新能源阳西沙扒海上风电项目创造了国内海上风电核准的“第一速度”（见图 2）；广东院 EPC 总承包建设的粤电湛江外罗海上风电项目是国际首个以 EPC 总承包方式建设的海上风电工程，也是广东省首个全面投产的大兆瓦级海上风电项目。

图 2　三峡新能源阳西沙扒海上风电项目

三、取得的成效

以广东院为代表的中国能建所属企业，已开展完成了 40 余个海上风电项目，总装机容量约 15.8 吉瓦，其中 EPC 项目装机容量约 5.8 吉瓦，勘察设计项目装机容量约 10 吉瓦，已站稳国内海上风电工程建设领域第一方阵。

一是助力海洋强国建设，大力践行“双碳”目标。“十四五”期间，我国规划了山东半岛、长三角、闽南、粤东、北部湾五大千万千瓦级海上风电基地集群，海上风电实现跨越式发展。2015—2022 年，我国海上风电累计装机从 162 万千瓦增至 3250 万千瓦，占世界装机的比重从 2015 年的 8.9% 增加至 2022 年的近 50%，中国海上风电规模已经居于世界第一，未来规划开发规模巨大。

二是促进海上风电装备升级，助力海上风电产业体系建设。通过工程实践经验不断积累与技术创新不断突破，广东院作为总承包商与海上风电设备厂商、专业施工团队紧密配合，不断促进海上风电装备升级。海上风力发电机组设备由桂山一期项目 3 兆瓦机组，发展到湛江外罗项目 5.5 兆瓦，再到近期青洲一、二以及青洲五、六、七项目 11~14 兆瓦级别，并将在未来项目中应用最大 18 兆瓦级别风机机组；海上风电输电技术及升压站，由最早桂山一期 110 千伏交流输电，逐步普遍应用 220 千伏交流输电，提升至青洲一、二海上风电项目 500 千伏、1000 兆瓦容量交流送出（见图 3）；风机基础也在不断地发展，单桩基础由湛江外罗项目的不足 1000 吨（见图 4），发展到三峡阳江沙扒项目的 1800 吨，最大提升至神泉二期项目超 2400 吨（见图 5），导管架基础由 500 多吨，发展到 800 吨，目前已大幅提升超过 1500 吨，且基础型式实现了多样化发展。

图 3　青州一、青州二工程 500 千伏海上升压站

图 4　外罗海上风电二期项目

图 5　神泉海上风电二期项目

正在规划中的粤东海上风电基地，将结合粤东海上风电基地的建设条件和电网的消纳能力，综合考虑海上风电产业链供应能力、建设成本、项目经济效益、产业发展和技术进步等因素，到 2030 年底，粤东基地累计开工建设海上风电装机容量达到 2100 万千瓦左右，累计并网装机容量达到 1800 万千瓦左右，实现对区域能源转型和社会经济全面发展的支撑。

中国能建所属企业积极推广成功经验，在 2022 年和 2023 年已经启动两个投建营一体化海上风电项目——福建平潭 A 项目及舟山嵊泗海上风电场项目，将更全面、更深度地参与海上风电产业体系建设。

三是引领海洋能源技术创新，奠定海洋能源新质生产力发展基础。广东院立足长远、着眼大局，增强自身优势，围绕关键核心技术，着力推动产业牵引下的科技创新，着力促进产业发展与科技创新的协同互动，积极培育战新产业和未来产业，加快形成新质生产力。2023 年，广东院获得各类省部级及能建集团科技进步奖 47 项，其中特等奖 1 项、一等奖 10 项，科技进步奖数量再创历史新高。其中“新型海上结构物多尺度设计分析与运维保障关键技术及应用”荣获山东省科学技术奖一等奖；“复杂环境下海上风电固定式基础全耦合设计关键技术及应用”荣获中国能建科学技术特等奖。成功入选 2023 年新一批国家知识产权示范企业，同时被认定为国家级知识产权强国建设试点示范企业，这是国家给予企业知识产权管理工作的最高荣誉和评价。

（由中国能源建设集团有限公司供稿）

铸造水电国之重器　赋能绿色低碳中国

一、基本情况

能源电力是工业的粮食、国民经济的命脉，对国家繁荣发展、人民生活改善和社会长治久安起着至关重要的作用。作为能源电力和基础设施建设领域的主力军、排头兵，十年来，中国能建葛洲坝集团全方位服务国家战略，建设能源超级工程，铸造水电“大国重器”，为我国现代能源体系的加速构建贡献能建力量。

二、实践经验

（一）打造国内水电建设第一品牌

葛洲坝集团是中国能建的核心子企业，因承建万里长江第一坝葛洲坝工程而得名，承建了世界上规模最大的水电站三峡工程。葛洲坝集团作为水利水电建设的“全球名片”，在大江大河导截流、筑坝施工、超长超深竖井斜井施工、大型金属结构制造安装、大型机组安装、大型升船机安装、大型输水渡槽建造等领域占据了世界技术制高点，创造了 5000 余项精品工程和 100 多项世界之最，拥有水利水电、电力工程总承包特级资质 10 项，拥有水利水电、机电安装工程专业承包等 97 项一级资质。

在举世瞩目的世界级水电工程领域，葛洲坝集团不断创造着中国水电建设的“全国之最”和“世界之最”。先后承建世界最高面板堆石坝——湖北清江水布垭工程、世界最高碾压混凝土大坝——广西龙滩水电站、世界最大薄壁 U 形渡槽——南水北调湍河渡槽工程、亚洲最长土坝——海南大广坝工程、国内总装机容量最大的灯泡贯流式机组——广西长洲水利枢纽工程、西藏自治区最大水电站——藏木水电站，铸就了中国水电建设第一品牌的金字招牌。

（二）建设世界最大规模清洁能源走廊

葛洲坝集团承建了澜沧江—湄公河上的乌弄龙、苗尾、功果桥、小湾、漫湾、大朝山、糯扎渡（见图 1）、景洪及老挝南空 3 号、南涧共 10 座水电站，以主力军身份参与葛洲坝和三峡工程建设，参建了白鹤滩、溪洛渡、乌东德、向家坝（见图 2）等梯级电站，助力建成世界最大清洁能源走廊，建设项目带来了巨大的生态、社会、经济等综合效益，极大推动了长江经济带的高质量发展。

图 1　糯扎渡水电站

图 2　向家坝水电站

其中，三峡大坝建成后的安全效益和环保效益十分显著，荆江河段防洪标准从“十年一遇”提高到了“百年一遇”，三峡电站年发电量约 1000 亿千瓦时，相当于每年减少了 5000 万吨煤的消耗，大大减少了空气污染和二氧化碳排放。乌东德水电站于 2020 年投产送电，2021 年全部建成投产，年送电量超过 320 亿千瓦时，每年可减少煤炭消耗 920 万吨、二氧化碳排放 2450 万吨，对进一步促进云南水电等清洁能源消纳、保障广东广西电力供应、助力打好污染防治攻坚战具有重要意义。白鹤滩水电站全面建成投入运营后，总装机容量 1600 万千瓦，年均发电量 624 亿千瓦时，每年节约标准煤约 1968 万吨，减少排放二氧化碳 5160 万吨、二氧化硫 17 万吨、氮氧化物约 15 万吨，将与三峡工程、葛洲坝工程，以及金沙江乌东德（见图 3）、溪洛渡、向家坝水电站一起，构成世界最大的清洁能源走廊，对改善能源结构、助推碳达峰碳中和目标落实具有重要意义。

图 3　乌东德水电站

（三）打造“走出去”标杆和全球水电名片

葛洲坝集团因深度参与中国水电工程建设而得名，凭借在国内大型水电建设过程中积累的技术和管理优势，在其他国家同样获得了发展机遇。近年来，葛洲坝集团积极响应“一带一路”合作倡议，加快“走出去”步伐，先后在巴基斯坦、埃塞俄比亚、柬埔寨等国家和地区承建了一大批水电项目，参与 61 个国内 100 万千瓦以上的大型电站建设，通过与当地政府和企业的紧密合作，葛洲坝集团不仅为当地经济发展注入了新动力，也为中国企业“走出去”树立了良好形象。

葛洲坝集团承建了包括巴基斯坦尼鲁姆—杰鲁姆水电站、阿根廷基什内尔—塞佩尼克水电站、安哥拉凯凯水电站等在内的一系列具有国际影响力的工程，其中，阿根廷孔拉水电站是中国企业在海外承建的最大的水电工程承包融资项目，承建的安哥拉凯凯水电站是非洲最大的水电工程项目。埃塞俄比亚特克泽水电站获评海外水电项目首个建筑领域最高奖项“鲁班奖”，承建的 NJ 水电工程被誉为巴基斯坦“三峡工程”，受到巴基斯坦政府、媒体和民众的一致好评。承建的埃塞俄比亚 FAN 水电站被称为东部非洲水电精品、典范工程和中国品牌的代表性工程。

（四）攻克水电建设世界级难题

在三峡大坝浇筑施工过程中，葛洲坝建设者创新工法，将砂石料分两次送入“冷风房”中降温，然后再加入冰块搅拌，让混凝土骨料先吹“空调”，再吃“冰棍”，将混凝土平均温度控制到 6.8℃，有效控制了混凝土温度裂缝的出现。众多建设者用双手浇筑出了无裂缝大坝的世界奇迹，将世界水坝建造推向新的高度。

在乌东德水电站建设过程中，葛洲坝集团水电建设者创造了世界最薄 300 米级特高拱坝等 8 项“世界第一”，相继攻克百万平方米自然边坡治理、450 米高边坡开挖、100 米水头下导流洞封堵等多项世界级水电施工难题，累计获得授权专利 97 项、工法 45 项、科技进步奖 77 余项，为这座世界级拱坝的巍然崛起提供了强有力的技术保障。

在世界上单机容量最大的白鹤滩水电站百万千瓦水电机组安装过程中，葛洲坝集团安装团队独创超高压、大容量、长距离、高落差竖井 GIL 安装技术，大型水轮发电机组轴线调整技术等先进技术工艺，创造了白鹤滩水电站“三天两投”的巨型机组安装历史纪录，在世界大型水电装备制造安装方面贡

图 4　白鹤滩水电站

献了中国标准、中国智慧、中国力量，进一步巩固了中国在世界水电建设领域的领跑地位（见图 4）。

（五）大力拓展布局抽水蓄能

抽水蓄能电站具有较大的储能容量，能够有效地平衡电力系统中的峰谷差问题，被誉为电网"稳压器""蓄电池"和"调节阀"。葛洲坝集团先后参建了江苏宜兴、山西西龙池、内蒙古呼和浩特、广东深圳、河北张河湾、福建仙游、江西洪屏等全国近 30 座抽水蓄能电站工程，约占目前全国在建和已建抽水蓄能电站的 1/5，每年可节约燃煤超 5000 万吨，减少二氧化碳排放超 9000 万吨。承建的河北丰宁抽水蓄能电站是世界最大装机抽蓄电站，承建的江苏宜兴抽蓄电站创造了"一年四投"的国内纪录，并荣获"鲁班奖"。

"十四五"期间，葛洲坝集团重点抽水蓄能项目总装机容量达到 1860 万千瓦，预计可支撑约 9300 万千瓦新能源项目建设，年增加发电量约 1600 亿千瓦时，基本上相当于一个西部省份全年的用电需求。

三、取得的成效

一是推动中国水电建设迈向世界一流。葛洲坝集团依托承建三峡工程、锦屏水电站、南水北调等大项工程项目的契机，全面掌握了各类大型水轮发电机组安装和大坝浇筑核心技术，解决了大坝防渗技术、新老混凝土结合技术等一批技术难题，成立了水电研发中心，初步搭建起水电工程技术领域的国家级创新研发平台，一批重大科研成果得到应用，一系列世界级难题被突破，"中国水电"的含金量和技术含量越来越高。特别是白鹤滩水电站投产，攻克了 300 米级特高拱坝温控防裂、复杂地质条件下超大地下洞室群围岩稳定控制等核心技术难题，掌握了百万千瓦水轮发电机组安装技术，标志着中国水电行业在勘测、设计、制造、施工、管理等方面达到世界一流水平。

二是为建设绿色低碳能源体系作出贡献。截至2024年2月底，世界最大清洁能源走廊6座梯级电站累计发电量突破3.5万亿千瓦时，相当于节约标准煤超10亿吨，减排二氧化碳超28亿吨，为我国经济社会绿色发展提供强劲动能。澜沧江—湄公河上的10座水电站每年可提供超过768亿千瓦时的清洁电力，相当于减少火力发电煤炭量约0.24亿吨，减少二氧化碳排放量约0.6亿吨，为保障国家能源安全贡献了力量。葛洲坝集团承建了全国近30座抽水蓄能电站，数量约占目前全国在建和已建抽水蓄能电站的1/5。电站装机规模超3000万千瓦，每年可节约燃煤超5000万吨，减少二氧化碳排放超9000万吨。

三是擦亮了“中国水电”金字招牌。葛洲坝集团承建了全球十大水电站中的5座，以及中国十大水电站等共计1000余座水电工程，缔造了100多项世界之最，打造了中国水电建设的一张“亮丽名片”，多年以来稳稳占据着世界水电建设领跑者、王牌军地位。葛洲坝集团“走出去”早、海外业务布局广、国际化经营发展快、全球合作伙伴多，各层次多维度交流深，持续推动高质量共建“一带一路”。伴随着一座座海外巨型水电工程的成功建设投运，助推我国发展成为全世界范围内最具竞争力的水电强国之一，中国水电成为国家“走出去”战略的一张亮丽名片。

（由中国能源建设集团有限公司供稿）

加强央地合作、省际合作，构建能源发展新格局，保障区域能源安全

一、基本情况

江苏省国信集团有限公司（以下简称国信集团或集团）是经江苏省政府批准的唯一一家省级国有资本投资运营公司。近两年，集团接连荣获全国国企改革“双百行动”地方标杆企业、“江苏省优秀企业”等称号，并连续3年荣获全省高质量发展综合考核第一等次。

国信集团注册资本300亿元，主体信用评级AAA，主业为能源、金融、新兴产业投资，拥有江苏国信、江苏新能2家控股能源上市公司。截至2023年末，集团总资产2246亿元，净资产1122亿元。

国信集团已建成“风光水火气储”的综合能源供给体系，控股电力装机容量1938万千瓦，同时在省内外参股重要能源项目30余个，权益装机容量2607万千瓦。“十四五”期间，国信集团正在加快推进支撑性调节性燃煤火电、抽水蓄能、海上风电、集中式光伏、压缩空气储能、电化学储能、LNG接收站、天然气高压输气管道等一批重大能源项目，力争到“十四五”末，集团控股电力装机容量超过3000万千瓦，进一步增强区域能源保供能力。

二、实践经验

作为江苏省属最重要的能源企业，为区域能源保供发挥“顶梁柱”功能，是国信集团的第一使命和责任。长期以来，国信集团在自身发展的同时，高度重视与央企和相关省属企业开展能源战略合作，构建全省能源发展新格局，巩固增强区域能源供给能力。

（一）省际能源合作先试先行，实现苏晋两省互惠共赢

1. 参股投资阳城电厂，在“西电东送”上作出先行示范

国信集团在开展省际能源合作上拥有超过30年的项目开发经验，最早参股投资建设了山西阳城电厂，迈出了苏晋两省能源合作的第一步。阳城电厂在役总装机402万千瓦，是山西省最大的发电企业。

阳城电厂以“专厂、专线、专供”的方式，从山西晋城将全部电量通过500千伏交流线路送至江苏淮阴，打造了全国最早实现跨大区远距离超高压交流发输电的典型示范，开“西电东送”之先河，是国家“变输煤为输煤和输电并举”战略的重要举措，不仅对山西省电力外送基地的建设，而且对全国电网发展特别是发展“特高压”输电线路都具有里程碑式的意义。自阳城电厂投运以来，已累计向江苏省送电3320亿千瓦时，对缓解江苏经济高速发展的用电紧张，以及带动山西地方经济发展都起到了积极作用，具有良好的经济效益和社会效益。

2. 控股设立苏晋两省能源合作平台，在山西开发煤电项目，借助特高压通道“送电江苏”

2010年，江苏、山西两省达成进一步深化能源合作的共识，开展目标规模为1000万千瓦的“晋电送苏”电力合作。随着“雁淮直流”±800千伏直流输电工程建成投产，为大规模“晋电送苏”创造了物理条件。2017年，苏晋两省政府签署送受电框架协议，支持国信集团控股，山西省属企业、中央企业共同参与设立平台公司，投资运营“雁淮直流”配套电源点项目，通过资本联姻的方式实现能源领域的全方位合作。

2018年，国信集团控股组建苏晋能源控股有限公司（以下简称苏晋能源），在山西省晋北地区先后投资建设了3座坑口电厂，总装机容量396万千瓦，总资产规模165亿元。苏晋能源年均向江苏输送电量约200亿千瓦时，占“雁淮直流”通道输送电量的60%以上，是江苏省外最大的电力能源保障基地，在近年江苏“迎峰度夏”“迎峰度冬”等能源保供关键时期，发挥了重要作用（见图1）。

图1　苏晋能源旗下的苏晋保德煤电有限公司

苏晋两省能源合作平台的成功运作，不仅盘活了山西优质的电源点项目资源，为保障江苏电力市场供应提供了可靠力量，而且大力提升了“雁淮直流”输电规模，成为全国特高压线路高效稳定运行、实现送受两端省份互利共赢的成功典范。进一步推动了山西煤炭资源的就地转化和高效利用，变“资源输出”为“产品输出”，实现了煤炭资源最高水平的综合利用，为加快苏晋两省能源结构转型调整，促进资源要素合理流动，为我国优化调整能源战略结构向“清洁、低碳、高效”发展作出了示范。

（二）加强能源互济互保，落实长三角一体化国家战略

1. 落实苏皖两省能源合作，共同开发抽水蓄能项目

国信集团是全国较早开展抽水蓄能电站投资建设运营的省级主体，控股抽水蓄能装机规模省内占比超过60%，拥有丰富的抽水蓄能项目开发与运营经验。2023年，为贯彻落实长三角区域一体化发展的国家战略，江苏、安徽两省签署能源合作协议，旨在加强长三角区域能源安全保障，在合作开发抽水蓄能项目上达成了共识，明确由国信集团代表江苏控股开发安徽宁国龙潭抽水蓄能电站，装机容量120万千瓦，电站直接接入江苏电网，电力电量由江苏全额消纳。

江苏与安徽两省山水相依、人文相通，交流交往十分密切，在安徽与江苏交界的皖南山区合作开发“送电江苏”的抽水蓄能电站，既能够弥补江苏因山地较少缺乏抽水蓄能项目资源的先天不足，又能够满足安徽因本地消纳电量困难而须寻找外送通道的需求，对有效促进皖南高质量发展发挥了积极作用。

2. 加强区域互济互保，推动苏皖两省液化天然气合作

江苏与安徽是贯彻落实长三角区域一体化发展国家战略的重要省份，两省在能源互助合作上是充分且必要的。在天然气产业上，国信集团在江苏苏南地区拥有520千米省级天然气管网，正在加快建设如东LNG接收站和1200千米的沿海天然气管道，逐渐与国家主干管网和周边省份实现互联互通。

为进一步加强苏皖两省能源互济互保，国信集团与安徽省能源集团开展合作，由安徽皖能参与投资江苏如东、滨海两座LNG接收站，并推动苏皖两省天然气管道互联互通，推进江苏沿海进口液化天然气资源入皖，帮助安徽获取更多天然气资源，提升保供能力。

这一合作方式，既充分发挥了江苏临海拥有海上液化天然气的资源优势，有效补充了安徽对多元化天然气供给资源的紧迫需求，也开拓了江苏和安徽

两省的天然气管输市场，进一步提升了天然气基础设施的运营效率，是加强苏皖两省天然气资源互济互保、实现长三角区域能源紧密合作的重要举措。

（三）深化央地国资战略合作，确保江苏能源供给安全

1. 积极开展“两个联营”，确保江苏发电用煤供给稳定

江苏省是能源消费大省，但一次能源匮乏，省内煤炭供应能力十分有限，对外依存度高。为确保江苏电厂动力煤供给安全，围绕国家深化“煤炭与煤电、煤电与可再生能源”的“两个联营”战略部署，国信集团与中煤集团开展战略合作，加强双方煤电与新能源项目的合作开发，以此为基础，为江苏省增加更多的长协煤和进口煤资源供给，保障集团所属电厂以及省内其他电厂的发电用煤安全。

目前，集团在所属的靖江电厂与中煤开展煤电联营合作，共同投资建设2台百万千瓦支撑性煤电机组，机组发电用煤由中煤负责供应，确保了电煤供给稳定；同时，借助靖江电厂拥有的煤炭物流基地优势，进一步增强长江上游及省内运河周边地区对煤炭的储备、调配、转运等服务辐射能力，从而有效提升对全省各区域的一次能源和二次能源的综合供保能力。通过“强强联合”，进一步深化了双方的战略协同关系，加强“煤”与“电”经济利益深度融合，有效避免因市场周期变化对单一行业的冲击，从整体上增强了合作各方的风险抵抗能力。

2. 与油气央企联袂合作，实现江苏天然气供给安全

江苏省99%以上的天然气需要省外供应，亟须增强江苏天然气自主可控的资源获取和储备能力。为保障江苏天然气供给及战略储备安全，国信集团全力构建天然气购、销、输、储、用一体化的“2+2+1+X”的全产业链体系，积极与中石油、中石化、中海油、振华石油等油气央企开展合作，进一步增强对江苏天然气供给的保障能力。

在与中海油合作上，国信集团与中海油达成合作共识，双方共同推动一体化建设运营江苏盐城滨海港LNG接收站，为增强江苏天然气战略储备能力提供有力支撑。同时，双方组建销售终端公司共同开拓液化天然气上下游市场及终端项目建设。

在与振华石油合作上，双方积极在江苏如东LNG接收站开展股权合作，并在基础设施利用、LNG资源采购和现货贸易等环节进行具体的业务合作，为江苏获得更多的液化天然气资源，从而有效提升江苏天然气应急调峰保供能力。

三、取得的成效

国信集团坚持“四个革命、一个合作”国家能源安全新战略方向，以“一手增强兜底保供实力，一手优化绿色低碳结构”为两个工作重点，做好“综合能源保供基地、风光新能源大基地、先进能源技术创新高地”“三地”建设，加快推进“支撑性保供电源、灵活性调节电源、风光绿色清洁能源、省属天然气全产业链体系”四类重大项目建设，构建以火电、天然气、新能源、抽水蓄能、新型储能等多种业态协同发展的全方位综合能源供应体系，着力打造成为全国知名的实力较强、产业较全、规模较大、质量较优的省级综合能源集团。通过加快实施能源重大项目，着力提升能源保供实力，加强央地合作、省际合作，在构建能源发展新格局，保障区域能源安全上，国信集团取得了以下三个方面的成效。

一是在促进长三角区域能源保供整体安全上取得了更好成效。国信集团在省内投运和在（拟）建的支撑性电源、灵活性调节电源、风光清洁能源、煤炭与天然气战略储备资源等重大能源项目，为支撑江苏在服务长三角区域一体化发展中提供了能源保障；同时，集团在省外开发服务江苏电网的抽水蓄能电站，以及加快实现与周边省份天然气管网的互联互通等项目，是为长三角加快实现一体化发展作出的生动实践，为区域内开展类似能源合作打下示范样板。

二是在提升江苏能源自主可控的供给保障能力上取得了更好成效。国信集团作为省属能源投资运营平台，始终围绕服务“江苏在推进中国式现代化中走在前、做示范”的重大要求，发挥服务全省能源保供“稳定器”作用，全方位承担煤、电、气等能源保供重要任务，实施自主开发能源重大项目，积极与省内外企业开展能源战略合作，从而进一步做大能源业务体量，提升能源经营的质量和效益，这是全面提升江苏能源保供能力的“关键一着”。

三是在加强能源合作促进各方实现互惠共赢上取得了更好成效。国信集团始终坚持和弘扬“利国敦行、诚信致远”的企业精神，坚信“合则共赢”的价值理念，不断增进与供应链、产业链、价值链上下游合作方的互信共识，积极与合作伙伴共同投资开发能源项目，充分放大各方的资源优势、渠道优势、专业优势等，为促进各方实现互惠共赢提供机遇和平台，从而实现能源合作总体效益最大化，为合作方提供应有的价值贡献。

综上，国信集团在积极践行“四个革命、一个合作”国家能源安全新战略上，总结出以下几个方面的实践经验。一是坚持“服务大局”，主动顺应国家宏观发展战略，以服务保障江苏社会经济高质量发展大局为出发点，充分发挥集团特有的国有资本投资和国有资本运营两项核心功能，为增强江苏能源保供能力、优化江苏能源发展布局作出应有贡献；二是坚持“先试先行”，主动剖析能源科技发展动向、能源市场变化趋势和能源体制改革方向，积极把握市场先机和改革红利，努力在全省能源产业发展上走在前列，争做示范；三是坚持“合作共享”，在愈加开放自由的市场竞争环境中，进一步开放合作，加深利益联结，共享合作成果；四是坚持“安全发展”，统筹发展和安全，以确保能源生产安全和增强企业经济效益为导向，通过高水平安全保障高质量发展，进一步增强集团在能源保供上的核心功能和核心竞争力。

（由江苏省国信集团有限公司供稿）

高寒高海拔薄弱电网下长时新质构网型储能技术支撑高比例新能源电力系统的应用研究

一、基本情况

为深入贯彻落实习近平总书记关于能源工作、西藏工作的重要论述和新时代党的治藏方略，助力能源强国战略和实现“双碳”目标，将西藏资源优势转化为经济优势，不断增强自治区内生发展动力，2013 年 11 月 13 日，自治区党委政府决定成立西藏开发投资集团有限公司（以下简称西藏开投集团）。作为西藏自治区七大产业中唯一的能源产业集团，西藏开投集团被自治区党委明确为区管重点国有企业（参照正厅级管理），公司地址在拉萨市。公司秉承“战略引领、效益为先，立足西藏、服务全国，努力打造具有国内重要影响力的清洁能源产业集团”的发展战略和目标，以能源投资开发、建设、运营、管理为主业，同时立足主业向工程咨询、地产物业、建材物流等上下游产业链进行延伸，努力成为西藏构建清洁能源“一基地、两示范”发展新格局的重要力量。

截至 2022 年 12 月 31 日，西藏开投集团资产总额 243.14 亿元，企业规模、企业实力位居区属国有企业前列。陆续建成了山南嘎堆、那曲金桥、昌都瓦托水电站和昌都八宿、日喀则岗巴光伏电站，收购了昌都果多、觉巴水电站等项目，基本解决了区内电网供需不平衡问题。截至 2022 年 12 月 31 日，投产总装机容量（含权益）达到 93.2 万千瓦，正在积极参与金沙江上游、澜沧江上游等重要水电资源开发，大力推进优质光伏资源开发，清洁能源在建装机容量为 236.5 万千瓦。

结合西藏资源禀赋和企业发展实际，西藏开投集团明确了“十四五”和中长期发展战略目标，即加快创建具有国内重要影响力的清洁能源产业集团，并实施“三步走”发展战略。第一步，到 2025 年前后，自主装机容量达 200 万千瓦，参股项目权益投产装机达到 100 万千瓦以上，成为自治区内最大的发电企业和藏东南清洁能源基地建设的骨干成员。公司资产总规模突破 500 亿元。第二步，到 2030 年前后，自主装机容量超过 1000 万千瓦，参股项目权益投产装机超过200万千瓦，保持自治区最大的发电企业地位并成为自治区最大的产业集团，资产规模突破1000亿元；在2030年之前再培育一家专门新能源公司上市。第三步，自主装机容量达到2000万千瓦以上，参股项目权益投产装机达到1000万千瓦以上，资产规模突破2000亿元，成为我国一流清洁能源产业集团。

当前，我国开启了全面建设社会主义现代化国家新征程，西藏自治区创建高原经济高质量发展先行区的号角已吹响，西藏开投集团将牢牢把握做强做优做大国有企业这一重大使命，牢牢把握"碳达峰、碳中和"目标下加快能源转型这一发展大势，牢牢把握"推进能源绿色革命，保障国家能源安全"这一重大战略部署，全力抓好稳定、发展、生态、强边"四件大事"，坚持项目、产业、经济"点""线""面"协同发力，奋力开拓清洁能源产业强国兴区富民之路，为建设美丽幸福西藏、共圆伟大复兴梦想贡献"开投力量"。

二、实践经验

（一）技术方案

1. 基本构成

西藏开投阿里地区改则县30兆瓦（配储能）光伏发电项目直流侧总容量为31.44兆峰瓦，交流容量为30兆瓦，设计安装580峰瓦单晶双面双玻N型光伏组件。工程采用分块发电、集中并网方案，将系统分成10个3.144兆峰瓦光伏发电单元。每个3.144兆峰瓦发电单元由5420块光伏组件组成，每个发电单元配置1台容量为3000千伏安的35/0.8千伏双绕组箱式变压器和11台300千瓦型组串式逆变器，每台组串式逆变器接入22个直流回路。

此外，依据西藏政策要求，保障性并网光伏+储能项目配置储能规模不低于光伏装机容量的20%，储能时长不低于4小时。本项目储能容量按本工程装机容量的20%、时间4小时配置。本工程实际容量为30兆瓦，配置1套6兆瓦/24兆瓦时的储能系统。储能系统采用集装箱一体化设计方案，具有安装维护方便、系统集成化程度高等优点。

2. 关键技术内容

（1）核心电压源型构网型控制算法。

主动控制输出的电压与频率，在暂态期间主动纠正电网异常，即"电压源"控制模式，为实现此目标，要依次解决以下三个问题。首先，解决储能变流器的多机并联问题，避免在失去电网电压参考后，变流器与变流器之间形成环流或控制失稳；其次，要解决变流器的负载分配问题，使各设备之间负载实现均衡；最后，在解决电网异常期间储能系统响应速度问题的同时，设计变流器系统的限流保护机制，防止控制输出过大时损伤硬件。

（2）功率变流器过载能力提升。

电力电子设备与同步发电机的主要区别之一，在于电压异常期间的电流输出能力不同。电力电子设备最大暂态电流与额定电流非常接近，过载能力较弱，而传统同步机的暂态最大电流可达额定电流的数倍。因此，欲使电力电子设备具备类似同步机的调压能力，打造构网型储能系统，硬件上的核心是提高储能系统的暂态电流输出能力。

（3）采用组串式储能两级架构，实现更宽SOC范围的电网支撑能力技术。

传统储能由于电池并联失配、电芯工作温度差异大等原因，造成实际可用容量受限，实际衰减远比理论衰减大。开展单簇充放管理研究，实现每簇均可满充满放，提高可用容量研究，消除串联失配，提升电池系统可用容量，可支持0~100%全SOC范围内支持构网。

（4）组串式储能安全预警关键技术。

1）电池包优化技术

通过电力电子技术精细化管理技术，以电池包作为最小的精细化管理单元，最大限度减小电池包串联失配影响，单个电池包故障时能实现自我隔离，避免影响整个系统运行。

2）电池簇级管理技术

通过电池簇控制器实现单簇能量管理，最大限度消除电池簇间并联失配及簇间环流。

3）电芯热失控安全预警技术

将AI、云BMS等技术应用到电芯内短路监测，提前识别并定位衍生型内短路，提前1天进行预警，安全预防前移，大幅降低火灾风险。

（二）关键技术研究

（1）电化学储能电压源并网特性关键技术研究。

随着新能源发电占比的增大，维持电网稳定性的难度也逐渐加大。新能源发电与同步发电机发电有着本质区别，现有的新能源基本不具备惯量支撑能力，风、光等新能源发电需要依靠逆变器并入电网，这些电力电子逆变器设备具有控制灵活、响应迅速等优点，但随着电力系统中电力电子设备的增多，这些装置本身低惯量、低阻尼、弱电压支撑的特点会对电力系统的稳定运行造成影响（见图 1）。

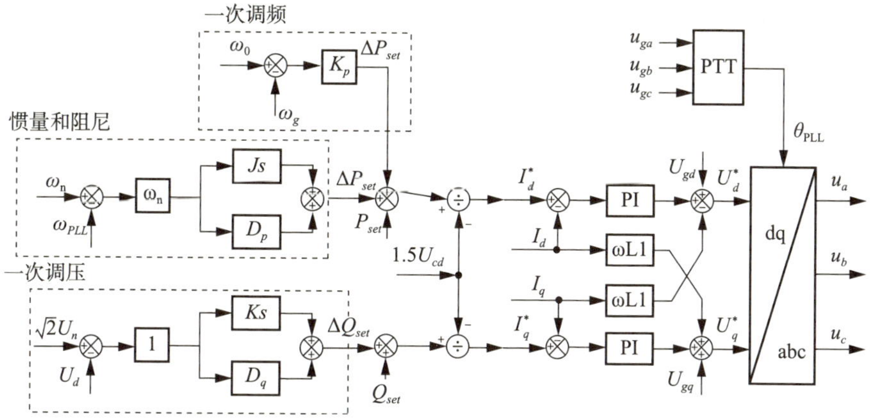

图 1　跟网性惯量、阻尼控制

新能源装置通过模拟发电机惯量、阻尼、励磁调压等外特性，也可以实现其外特性输出相关功能。经过结合新能源 N-1、直流输电等暂态过电压问题，以及要求构网性设备具备大过载、快速无功响应支撑能力，将弱电网、快速无功响应支撑能力具备电压源、惯量响应、阻尼控制等技术特性的构网性电压源控制作为本项目重点关键技术进行研究。

（2）电网高电压支撑特性关键技术研究。

当前的储能解决方案主要分为集中式储能、分布式储能、智能组串式储能以及高压直挂储能等不同技术路线，均存在电网出现 130% 过电压时，可能会导致电池反灌，与光伏存在二极管特性不一致，电池会出现功率反灌，从而存在损伤电池、导致事故扩大等风险问题。本课题针对电网高电压故障特性进行研究，结合电池安全管理，提出 DC/DC+DC/AC 双级架构以及基于 PCS 高穿自适应算法，高穿过程动态调整母线电压，保证稳定有功输出；同时保证储能系统运行过程中电池电压与电网电压解耦，避免电网侧能量反灌电池（见图 2）。

综上可知，采用本项目技术研究方案，既能够满足相关标准规定的保持故障前的有功功率值，又能够保证电池系统的安全，解决行业当前的技术痛点。

（3）快速无功响应算法关键技术研究。

针对新能源接入电网的低频振荡、电压稳定以及大规模连锁脱网等问题

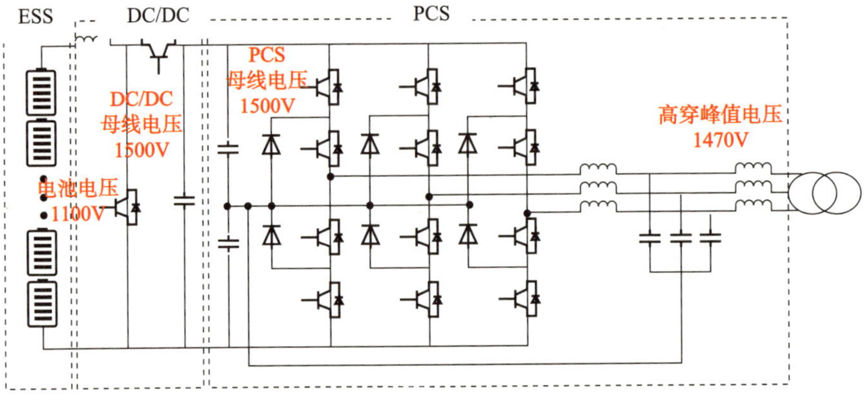

图 2　储能系统双级架构

进行该项研究。首先，对新能源场站而言，在不增加变流器的情况下，保护定值的提高只是降低了设备的安全裕度。其次，通过优化变流器控制模式，提高对电网的适应性以及支撑能力，优化其在故障期间向系统提供无功功率的方式。对比调相机在新能源场站对电压支撑的强过载能力和快动态响应速度，研究构网型储能在快速无功响应算法下对电网电压支撑的响应速度（见图 3）。

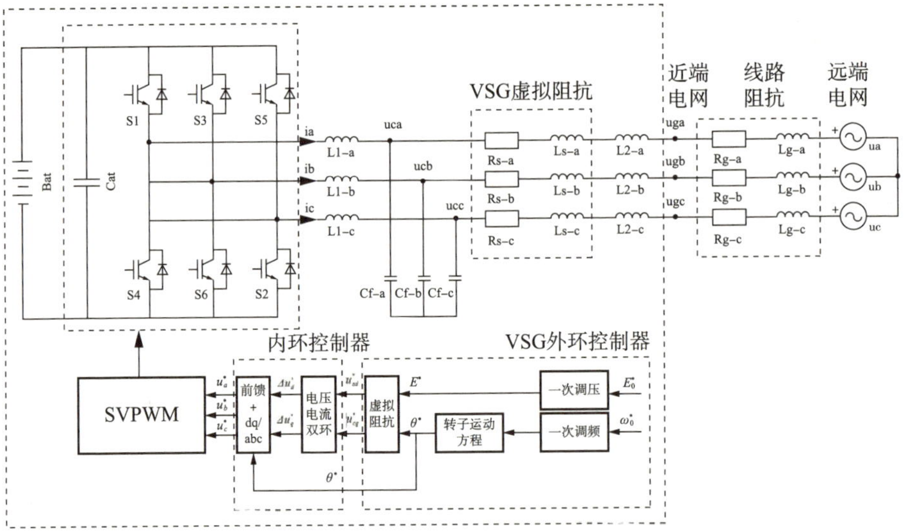

图 3　集中式或者分布式构网储能解决方案

（4）3 倍 10s 过载能力及快速无功响应特性。

构网型电化学储能系统交流侧电流在 110% 额定电流下应能长期持续运

行；在 120% 额定电流下，持续运行时间应不少于 2 分钟；且具备 300% 额定电流 10 秒短时过载能力，同时电流无功响应时间不大于 10 毫秒（见图 4）。

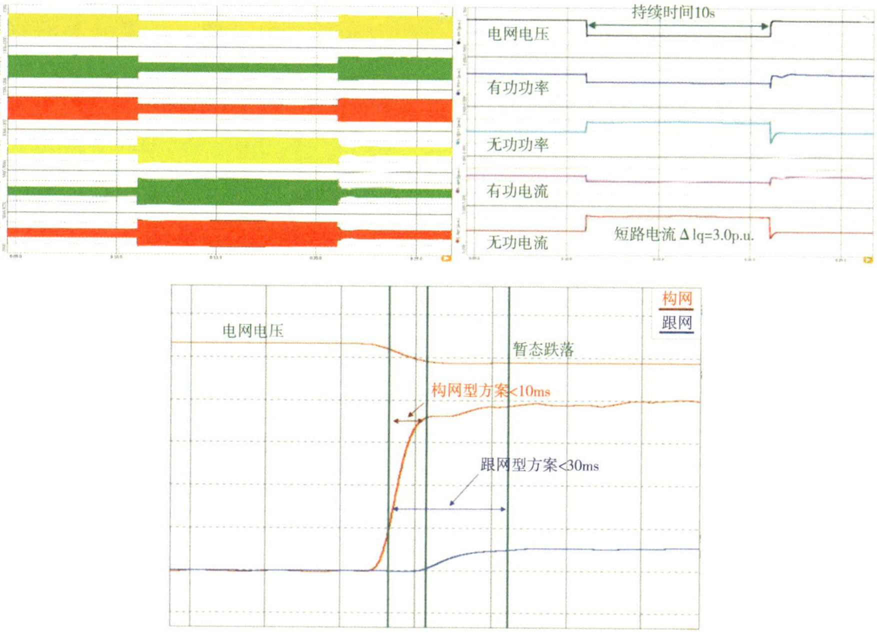

图 4　构网型储能特性验证

（5）弱电网方面的技术研究。

弱电网场景下构网储能电站电网支撑能力实证研究课题，主要的技术方案如下：第一，研究构网储能系统具备在低短路比电网运行的能力，能够在 20.0 ≥ SCR ≥ 1.0 的电网环境下稳定运行（备注：领先行业 10 ≥ SCR ≥ 1.5）；第二，构网储能设备电站 SCR ≤ 1.5 极弱网调频、调压主动支撑暂、稳态特性验证（备注：行业无大规模化的储能电站在极弱网现场验证的先例）；第三，弱电网场景下，构网储能电站稳态运行实证，跟踪构网储能电站现场实测数据并对电网电压主动支撑作用进行分析。

（6）高海拔的储能技术研究。

西藏开投阿里地区改则县构网型储能拟建规模为 6 兆瓦 /24 兆瓦时，项目地海拔高度 4600m，最高温度 27℃，对设备安全稳定运行提出了严格的要求。

高海拔区域具有的一个显著特征就是空气稀薄，通常大气压力随着海拔的上升而降低，试验表明，海拔每升高 1000 米，平均大气压降低 7.7~10.5 千帕，设备绝缘强度降低 8%~13%。高海拔区域对于低压配电系统一般指在

2000米以上，对于高压配电系统一般指在1000米以上。由于海拔越高，空气越稀薄，相同体积内的空气分子总数就越少，分子之间的相互作用力就会越小，阻碍空气分子电离的因素就越少，导致在施加同等电压的情况下，空气越稀薄的地方空气越容易被击穿电离，产生局部放电现象。为了使高海拔地区的电气设备具有足够的耐击穿能力，必需增大电气间隙和爬电距离，由于当前市场上主要电器设备都已标准化，因此，无法选择常规通用设备在此环境下运行。

为了保证储能系统在该场景下能够可靠运行，电器设备必须承受住在正常运行条件下可能出现的各种电压，因此，高海拔区域必须针对高海拔进行绝缘距离设计。高海拔区域具有的另外一个显著特征就是海拔越高，空气密度就越小，大气压的降低，使空气黏性系数增加，空气分子数减少，从而导致传递的热量减少（这是由于空气对流传热是通过分子碰撞传递能量实现的），热传递效率就会降低，电子部件的散热性能会变得更差。数据表明，5000m的放热系数比海平面上的值要下降21%，对流散热传递的热量也将下降21%。对流散热传递的热量减少将导致产品温度的增加，因此，处于高海拔地区的设备散热性降低。设备在运行中都会产生热量，由于局部区域的分子数量减少，使发热元件的热量不容易散发，造成设备局部温升过高，如果散热不及时，则会造成部分设备或元器件因过热产生失效。设备耐候性能是储能系统安全稳定运行的基础和保障，该课题主要研究储能系统实际能力与海拔的关系，并探讨高海拔储能系统解决方案设计优化策略。

（三）设备及系统性能

（1）构网型储能变流器。

构网型储能系统主要能力建立在PCS上，通过软件算法重构，将PCS从电流源控制变为电压源控制，模拟同步发电机组，自主产生内电势，具备虚拟惯量控制、无功电压控制能力。

PCS应能满足：在整流和逆变两个过程中，应具有在110%额定工况下过载长期运行，在120%额定工况下过载能力大于2分钟，在电网故障下，储能变流器可提供最大125%额定电流，持续时间应不低于10秒钟。

（2）构网型储能系统技术主要性能指标。

1）主动频率支撑能力

构网型储能系统应具备有功功率调节特性，具备转动惯量。构网型储能系统惯量响应启动时间不应超过50毫秒、响应时间不应超过150毫秒、调节时间不应超过 500 毫秒；惯量响应有功功率控制偏差应在 ±1.0%Pn 以内。

构网型储能系统应具备有功功率调节特性，具备主动一次调频能力。构网型储能系统的一次调频功能与惯量响应、AGC 等功能协调，宜设定一定的死区，死区频率按当地电网要求设置，推荐取值范围为 0.033~0.1 赫兹；宜设定一定的有功调频系数 Kf，调频系数 Kf 按当地电网要求设置，推荐取值范围为 20~50。一次调频有功功率控制偏差应在 ±1.0%Pn 以内。

2）主动电压支撑能力

构网型储能系统应具备无功功率调节特性，具备内电势和无功调压能力。

3）短路电流支撑能力

根据《电力系统安全稳定导则》（GB 38755—2019）第 3 条、第 5 条、第 6 条，在新能源并网发电比重较高的地区，新能源场站应提供必要的惯量和短路容量支撑。

为实现对弱电网地区的主动支撑能力，提升弱电网地区新能源厂站的短路容量比，构网型储能系统应提供一定的短路电流。短路电流应不低于 3 倍，持续运行时间应不低于 10 秒。

三、取得的成效

随着自治区内的新能源快速发展，新能源电力的占比不断提高这一问题开始凸显。新能源出力波动大且具有不确定性，其与用电负荷曲线匹配难以预测，进而加重了常规电源的调节负担并严重影响到居民用电可靠性。在负荷低谷期间，新能源出力较大，导致电力系统调峰困难；在负荷高峰时段，新能源出力水平较低。这将会导致自治区内构建新型电力系统，全面实现低碳绿色可持续发展、电网电力平衡、居民可靠用电的速度大幅降低。

第一，本项目的构网型储能系统以虚拟同步发电机方式可以在电力系统发生扰动的前、中、后各阶段，主动构建起系统稳定运行必需的电势，对新型电力系统的主动支撑具有重要意义。第二，其可匹配光伏等新能源系统，进行能量转移、调频、调峰应用等。在电力调度部门的监控和指挥下，通过储能站能量管理系统 EMS、储能系统实现以上功能。具体如下。

（1）调峰调频。

本项目可以平衡光伏发电的波动性。由于太阳能资源的特点，光伏发电会存在波动，导致电网负荷难以平衡。通过将多余的电力转化为储能，可以在需要时释放，保持电网负荷的平衡，提高新能源出力的平滑性，同时减少了弃光率。即使在光伏发电量减少时，储能系统也可以提供足够的能源支撑，确保电网正常运行。储能系统还可以为光伏系统提供增值服务，在电网峰值期间，储能系统可以释放储存的电能，为电力市场提供高价值的储能辅助服务。

（2）电压源模式。

1）主动频率支撑

提供虚拟惯量支撑，在大电网发生频率扰动后，主动输出功率，降低电网频率变化速度。

2）主动电压支撑

新能源集中的特高压直流近区会发生直流闭锁、换相失败，将导致交流系统出现暂态过电压，构网型储能通过及时响应能够平抑电压快速变化，避免常规跟网型动态无功补偿装置的响应滞后和反调问题。

3）提升新能源多场站侧的短路比

构网型储能呈现独立电压源的外特性，等价于主网侧并联电压源，可以间接改变系统侧短路阻抗，增加短路电流，进而增大短路容量，支持更多新能源接入。

4）提高新型电力系统下“三道防线”的适应性

随着新能源的持续接入，跟网型的新能源机组呈现电流源特性，故障期间存在短路容量不足等问题，传统电流保护无法适应，通过配置构网型储能，等效提升系统内同步发电机的电压源设备占比，传统“三道防线”可以沿用这一方法。

（由西藏开发投资集团有限公司供稿）

茶光互补入傣寨　边疆团结新样板

春回大地，西双版纳州勐海县勐混镇南部曼国村的山坡上，绿油油的茶园层层叠翠，茶农们趁着大好春光，穿行在茶垄间采摘春茶。茶园上方，一排排光伏板在阳光下熠熠生辉，将源源不断的太阳能转化为绿色电能，这就是云南省能源投资集团有限公司（以下简称能投集团）打造的西双版纳曼外“茶光互补”示范项目。

一、基本情况

（一）公司情况

能投集团成立于2012年，是以能源、现代物流、绿色能源新材料为三大主业的省属国有重要骨干企业，集团紧紧围绕“云南省绿色能源产业发展的主力军、现代物流产业的龙头企业、绿色新材行业领跑者和服务面向南亚东南亚辐射中心的国际能源合作骨干企业”四个战略定位，已基本形成以风电、光伏、水电、火电、售电配网、天然气、煤炭等为代表的能源全产业链布局优势。截至2023年末，集团参控股权益装机1982万千瓦，其中绿色电力装机占比80%，资产总额2596亿元，实现营收1222亿元，利润总额45亿元，实现经营性净现流103亿元，累计贡献利税超400亿元，列中国企业500强第204位、中国能源企业500强第40位，中国物流企业50强第43位，在全省率先获得主体信用AAA评级，为国务院国资委2021年“双百行动”标杆企业。

能投集团所属云南省绿色能源产业集团有限公司（以下简称绿能集团）于2022年1月注册成立，定位是聚焦新能源开发建设，着力打造云南省新增2000万千瓦光伏项目，服务保障云南省绿色能源强省建设。绿能集团成立以来，全力落实能源保供责任，按照“能快尽快、能投尽投”的要求，在严把安全质量关的前提下，全力以赴推动增量新能源项目早建成、早并网、早见效，助力全省经济社会高质量发展，目前，在建新能源项目20余个，其中已投产的曼外“茶光互补”示范项目为光伏项目建设探索了绿色发展新样板。

（二）曼外光伏发电项目情况

曼外“茶光互补”示范项目（以下简称曼外项目）是绿能集团在西双版纳州规划建设百万千瓦光伏基地项目之一，装机容量 7 万千瓦，总投资 3.05 亿元，预计年均发电量 1.03 亿千瓦时，项目于 2023 年 10 月 25 日开工，12 月 31 日实现全容量并网投产（见图 1）。曼外项目位于云南省西双版纳州勐海县勐混镇，在此开展项目具备以下优势：一是太阳能资源丰富。勐海县位于西双版纳州西部，太阳能资源丰富，根据《太阳能资源评估方法》（GB/T 37526—2019），曼外项目场址年太阳总辐射为每年 6092.5 兆焦 / 平方米，太阳能资源丰富，太阳能资源稳定度等级为 A 级，适宜发展光伏产业。二是场址地形开阔，是全省重要产茶区。勐海县共种植茶叶 90 多万亩，是世界茶树原产地的中心地带和驰名中外的普洱茶主产区，连续 6 年入选“中国茶业百强县”，是全国唯一的“普洱茶产业知名品牌示范区”。三是当地农民经济收入主要来自茶叶种植。一方面来源于卖茶叶的利润收入，另一方面来源于种植茶叶、制作茶叶的劳动收入。所以，在勐海县开发建设光伏发电项目，既要考虑经济效益，又要充分考虑生态效益和社会效益。

图 1　曼外项目

在扎实开展前期工作的基础上，绿能集团结合当地实际情况，积极探索“光伏发电 + 茶叶种植”开发建设模式，严守生态环保底线、资源利用上线，科学谋划绿色建设方案，推动项目建设与农业生产、生态保护、旅游观光、乡村振兴等有机结合，助力当地扩大劳动就业、改善能源结构、持续低碳绿色发展，有效支撑西双版纳州清洁能源建设，切实将绿色能源资源优势转化为电力供应优势、区域发展优势。

二、实践经验

（一）坚持绿色发展

“十四五”期间，随着云南绿色铝、硅产业大量投产和“西电东送”的国家战略部署，云南的电力市场需求大幅增加。云南省绿色能源发展“十四五”规划提出，加快推进集中式复合新能源项目，打造一批“新能源 + 生态修复”“新能源 + 乡村振兴”以及农光、林光互补试点示范，将新能源与特色产业、生态环保、乡村振兴相融合，推动更多资源优势转化成发展优势。绿能集团坚持“生态优先，绿色发展”投资开发新能源项目，曼外项目是绿能集团第一个建成投产的项目，也是集示范性、创新性和可复制性于一体的光伏项目。

一是因地制宜，探索“农光互补”新模式。勐海县太阳能资源丰富、地势开阔、茶园面积大。根据茶园地形，结合茶树喜阴、喜湿和喜漫射光的特性，探索“板上发电、板下种植”的“茶光互补”模式，最大限度地利用茶园空间，提高土地利用率的同时拓宽了农民的增收渠道，实现生态效益和经济效益双赢。

二是运用科技赋能，保护绿水青山。西双版纳州森林覆盖率居全省第 1，自然保护地面积居全省第 3，是名副其实的“动植物王国”和“物种基因库”，项目开发首先要考虑的是守住绿水青山。曼外项目场址区域内茶树密度较大，为保护好茶园、茶树，经过深入研究，精细化使用支架钻孔设备、无人机组件安装等，避免大规模修路运输设备，最大限度地减少生态环境破坏、减少水土流失，确保绿色生态茶园可持续发展。

三是统筹谋划梳理，盘活存量线路。曼外项目规划装机容量 7 万千瓦，位于勐海县西部，场址分为 A、B 两个片区，距近区益州光伏直线距离分别为 1.6 千米、3.4 千米。益州光伏装机 5 万千瓦，2015 年建成投产，送出线路可满足 12 万千瓦光伏送出需求。曼外项目通过集电线路接入 110 千伏益州光伏升压站，在节约投产时间、实现降本增效的同时，有效提高老旧电力送出工程的利用率，盘活存量输电线路资源。

（二）坚持创新发展

一是开发模式创新。“茶光互补”模式是对土地资源的综合开发，在茶树上部空间搭建固定钢支架建设光伏电站，即“上部空间发电，下部空间种植茶叶”，光伏板具有增加散射光、减少直射光的作用，板的安装对下部茶树有遮光作用，正迎合了茶树喜阴、喜湿和喜漫射光的特性。项目采用峰值功率为 570 瓦单晶硅组件，共布置 20 个方阵，创新采用大间距、高支架、组件单排布置光伏板，架设高度离地距离 2.5 米至 4 米，架设角度为 20 度，为板下茶树创造符合条件的生长环境。“茶光互补”模式有效节约了土地，提高了土地利用率和产出率，实现茶叶种植和光伏发电两不误，探索出一条“生态优先、绿色发展”的茶农增收“新路子”。

二是施工方式创新。曼外项目场址区域内茶树密度较大，场地地形复杂，若开通施工便道，使用常规设施设备开展支架基础钻孔、浇筑及支架安装，将会造成茶园大面积破坏。项目公司深入研究，积极探索，根据茶树密度，因地制宜选用悬空柴油钻孔机（见图 2）、支架型钻孔机等技术手段，灵活搭配吊车、天泵、溜槽、无人机等多种混凝土浇筑方式，有效提高施工效率，最大限度地减小对场地、茶树、茶园的破坏。

图 2　曼外项目悬空柴油钻孔机作业现场

三是组织方案创新。持续优化组织实施方案，多次组织设计单位现场踏勘，根据项目场地条件及特点，选用合适的施工工艺和施工流程，合理进行施工资源调配。根据地形图测绘结果及地勘成果，认真细致分析，优化光伏阵列区布置方案、施工道路方案，最大限度地利用现有道路、减少开挖换填，做好水土保持工作，保护生态环境。加强精细化管理，构建安全环保管理体系，曼外项目建设实现安全环保零事故、零伤害的目标。

四是技术手段创新。曼外项目通过大规模使用无人机技术，精准完成桩基钢筋笼、钢支架及组件的点对点运输工作，大大提高施工效率，降低人工运输成本及组件运输损坏率，避免因地面运输导致的场地水土流失及茶树破坏，最大限度地保护生态环境（见图 3）。

图 3　曼外项目无人机吊装作业现场

（三）坚持共赢发展

“十四五”期间，云南省电力保供面临多重考验，风电、光伏等新能源将成为增量电源的主力，对缓解供需矛盾、优化电源结构、保障电力供应发挥重要作用。作为省属国有企业，绿能集团坚定落实能源保供政治责任，积极履行国企担当，主动服务地方经济发展，实现深层次、高水平的共建、共享、共赢。一是确保经济效益。曼外项目于 2023 年 12 月底投产后，持续加强运营管理，降低运维成本、提高发电效率、合理利用政策支持等措施降低成本。截至 2024 年 3 月末，累计发电量 2469 万千瓦时，超计划发电量 86 万千瓦时，实现营收 660 万元，利润 560 万元。二是确保环保效益。太阳能是清洁的、可再生的能源，光伏电站的开发建设可有效减少常规能源尤其是煤炭资源的消耗，保护生态环境。曼外项目每年可为电网提供清洁电能 1.03 亿千瓦时。投运后每年可节约标准煤超 3 万吨，每年可减排二氧化碳超 8 万吨、二氧化硫近 600 吨、氮氧化物近 900 吨，节能减排效益显著。三是确保社会效益。曼外项目对扩大就业和发展第三产业将起到积极作用。除了种植茶叶带来的收益，茶农还可以收取一部分租地费用以增加收入。另外，项目公司坚持开展农民工职业技能培训，主要包括项目基本设备安装、运维等方面的知识技能，建立“培训 + 就业”联合机制，以产教结合方式，推动农民工稳岗就业，项目自开工到运营期，累计贡献工作岗位超 200 余个，有效带动了当地农户增收。

三、取得的成效

（一）综合效益好

曼外项目在茶树上架设光伏组件，既不影响茶树生长，还将空间立体高效利用，大大提高土地和光能利用率，缓解用地矛盾，产生清洁电力，实现农业与光伏产业的互补。该项目预计年均发电量 1.03 亿千瓦时，年均等效满负荷利用小时数为 1398 小时，每年可节约标准煤 3.2 万吨，减少二氧化碳排放约 10.93 万吨。同时，促进农民增收，拓宽了产业增收渠道，助力乡村振兴。“茶光互补”光伏项目的开发建设，符合可持续发展原则和我国能源发展的方针政策，是对西双版纳州能源供应的有效补充，缓解了勐海县电力供需形势紧张的局面，有利于缓解环境保护压力，开启“产业 + 乡村振兴”实践，对于带动地方经济快速发展起到了积极作用，具有良好的经济效益、社会效益、生态效益。

（二）建设效率高

曼外项目于 2023 年 10 月 25 日开工，12 月 31 日实现全容量并网投产，工期仅 68 天，是全省 2023 年第一批新能源项目建设清单首批投产项目。总体来看，曼外项目因地制宜选择合适的施工组织方案、先进的技术设备、高效的管理方式，以及最近的送出线路，达到了高标准、高效率建设的目标。尤其是在实施阶段，选择了最佳的桩基钻孔方式、支架基础灌注桩浇筑方式，采用无人机技术，精准完成桩基钢筋笼、钢支架及组件的点对点运输工作，大幅提高了施工效率，最大限度减少对茶园的破坏和水土流失，确保项目又好又快建成。

（三）示范作用强

作为西双版纳州百万千瓦光伏基地建成投产的第一个项目，曼外项目成功探索“茶光互补”绿色发展新模式，高标准、高效率、高质量地建成，获得了信任，赢得了口碑，起到了积极示范作用。同时，曼外项目现在也成了其他州市参观学习的“打卡点”，部分重点产茶区意向性考察“茶光互补”模式对茶叶种植的影响、项目建设施工对茶园的影响。曼外项目为其他地区推广“茶光互补、农光互补”等模式提供了借鉴，也为推动基地项目落地奠定了坚实基础。西双版纳百万光伏基地项目是云南省推动1000万千瓦光伏资源开发建设的重要组成部分，总装机168.5万千瓦，预计总投资84亿元，可带动当地就业及经济，提升当地税收。预计并网发电后，可提供清洁电能28.7亿千瓦时/年，节约标准煤87.28万吨/年，减少二氧化碳排放263.2万吨/年。基地光伏项目的逐步建设投产，对缓解全省电力供需紧张形势、加快省属企业新能源产业发展、促进地方经济社会发展具有重要现实意义。

能源安全是关系国家经济社会发展的全局性、战略性问题，对国家繁荣发展、人民生活改善、社会长治久安至关重要。做好能源保供是能投集团的重要任务，集团将坚定落实习近平总书记“因地制宜发展新质生产力”的重要指示，结合云南资源优势、产业优势，不断探索“光伏+”模式，创新科技运用，转化资源优势，推动产业发展。以更强的责任感、使命感、紧迫感，高质量高标准推进新能源项目建设，确保项目早建成、早投产、早发电，在能源保供中发挥更大作用、承担更多责任、作出更大贡献，坚决打赢能源保供攻坚战。

（由云南省能源投资集团有限公司供稿）

加强抽水蓄能及新型储能等电力系统调节能力建设　服务构建新型电力系统促进能源绿色低碳转型

一、基本情况

南方电网储能股份有限公司（以下简称南网储能公司）是南方电网公司控股二级子企业，是我国首个主营抽水蓄能及新型储能业务的上市公司，专业负责调峰水电、抽水蓄能电站和新型储能站的投资建设和运维生产。近年来，南网储能公司始终坚持以习近平新时代中国特色社会主义思想为指导，积极践行“四个革命、一个合作”能源安全新战略，深入贯彻落实党中央关于构建新型电力系统、实现“碳达峰、碳中和”目标的重大决策部署，紧紧围绕构建新型电力系统生力军、维护电网安全稳定主力军、抽水蓄能行业引领者、新型储能产业领跑者战略定位，又好又快发展抽水蓄能及新型储能，为实现碳达峰、碳中的目标，努力构建清洁低碳、安全高效能源体系提供了有力支撑。

截至 2024 年 2 月，南网储能公司投运抽水蓄能电站共 7 座，总装机容量达到 1028 万千瓦，稳步推进 4 个抽水蓄能项目建设，装机容量共 480 万千瓦，新核准 5 个抽水蓄能项目，新增抽水蓄能签约项目超过 1000 万千瓦；建成投产我国首个采用多技术路线锂电池储能电站，累计建成新型储能电站 9 座，装机规模达 423.8 兆瓦 / 兆瓦时。公司已投运抽水蓄能装机规模占全国总量的 20%，在抽水蓄能和新型储能建设、管理、运营方面管理经验丰富，具有较强的核心竞争力。

二、实践经验

（一）聚焦新型电力系统需求导向，加强储能业务顶层设计

（1）开展新型电力系统调节需求分析，为科学构建新型电力系统提供理

论支撑。在“双碳”背景下，新能源装机规模比例逐渐提高，新能源出力间歇性、波动性强的特性对电力系统调节能力和功率支撑能力提出了更高要求。南网储能公司组织开展了新型电力系统储能规划等系列研究，明确了新型电力系统对抽水蓄能和新型储能的需求、抽水蓄能和新型储能协同发展体系规划思路、抽水蓄能和新型储能在新型电力系统调节中的功能定位。其中，电化学储能毫秒级响应速度优于抽水蓄能分钟级响应速度，抽水蓄能 6~8 小时以上电量调节胜于电化学储能 2 小时左右电量调节。由此区分抽水蓄能和新型储能的高效利用场景，为科学规划建设抽水蓄能和新型储能提供参考，有序构建储能协同发展体系，促进抽水蓄能与新型储能协调共荣。

（2）积极落实国家发展规划，抽水蓄能和新型储能业务拓展按下加速键。南网储能公司积极落实国家《抽水蓄能中长期发展规划（2021—2035 年）》，明确了“十四五”至“十六五”新增 3600 万千瓦抽蓄的发展目标，按照“投产一批、建设一批、储备一批”的发展思路，重点布局一批对系统安全保障作用强、对新能源规模化发展促进作用大、经济指标相对优越的抽水蓄能电站，加快形成抽水蓄能梯次开发格局。截至 2023 年底，前期及储备项目 28 个、总装机容量约 3700 万千瓦，项目开发梯队逐渐成型。积极落实国家发展改革委、国家能源局《关于加快推动新型储能发展的指导意见》，明确了“十四五”至“十六五”新增 1000 万千瓦新型储能发展目标，加大科研技术攻关，推动示范项目建设，逐渐完善新型储能参与电力市场机制，因地制宜、科学有序推进电网侧储能发展，积极探索多类型、多技术路线新型储能试点项目研究及规模化应用。截至 2023 年底，前期及储备储能项目超 800 万千瓦，广东梅州五华电池储能项目、惠州龙门零碳生态园储能项目、云南省丘北储能项目成功入围国家能源局新型储能试点示范项目。

（3）充分发挥上市公司资源配置优势，支撑储能业务跨越式发展。对南方电网旗下上市公司云南文山电力股份有限公司实施重大资产重组，剥离原有的输配电、电力设计等传统业务，注入抽水蓄能及新型储能等战略性新兴产业资产，并在一年时间内完成资产重组及更名上市全部工作，成为全国首个主营抽水蓄能业务的上市公司。公司上市后首次资金募集工作共募集配套资金 80.02 亿元，有效缓解抽水蓄能及电化学储能项目快速推进过程中的资金压力；充分发挥上市公司融资功能，灵活运用发行公司债、增发股票、可转债等直融手段募集资金，有力保障资金储能业务发展所需资金，成为资本市场与储能业务市场的桥梁枢纽；借助资本市场力量，大力开拓抽水蓄能和新型储能业务，着力推动竞争性辅助服务市场建设，在能源产业链、价值链中更好发挥引领作用，带动产业链共同发展，打造储能产业现代产业链链长，促进上中下游、大中小企业融通创新、协同发展。

（二）聚焦服务构建新型电力系统，大力推进抽水蓄能及新型储能项目建设

（1）构建南网储能特色建设管理体系，持续增强企业核心竞争力。按照“业务管理专业化，核心资源集约化”的原则，南网储能公司在基建、检修、运维、信通、供应链、财务等业务全面实行集约化专业化管理，有效解决了业务同质化程度高、管理链条过长、核心资源配置分散等问题，打造了一批专业水平高、引领作用突出的专业分公司，资源配置效率大幅提高，专业技术能力稳步提升，核心竞争力明显增强。其中 4 个专业化分公司，专业负责抽水蓄能电站和新型储能站的投资建设和运维生产。针对“双碳”背景下抽水蓄能电站大规模高质量建设管理需求，南网储能公司充分总结多年来建设管理经验，全面梳理公司抽水蓄能建设管理业务，建立项目管理规范化流程，制定公司基建项目管理指导文件，实现基建项目管理架构重塑、业务事项梳理、业务流程再造，为后续国内抽水蓄能电站高质量建设提供重要支撑。

（2）高效推进抽水蓄能和新型储能项目建设，有力支撑新型电力系统构建。南网储能公司建立高效的项目协调机制，统筹调配资源、集中优势力量、动态调整施工计划、落实资金技术保障，解决制约建设进度的问题；全力优化施工组织，改进施工工艺，加大施工人员和设备投入，采取技术措施有效缓解工期压力；紧密依靠地方政府，成功解决了电站阻工、征地移民等难题，为电站建设创造了良好的外部环境；针对工程重点难点事项，联合参建单位成立党员突击队，充分发挥党支部战斗堡垒和党员先锋模范作用，为工程的顺利推进保驾护航。“十四五”以来，全面建成投产广东梅州一期、阳江两座抽水蓄能电站，其中梅蓄一期主体工程施工工期仅 41 个月，刷新了国内抽水蓄能电站主体工程最短工期纪录。同期开工建设广西南宁、广东肇庆浪江、惠州中洞、梅州二期 4 座电站主体工程，新核准茂名电白等 5 座电站，在建抽水蓄能总体规模创历史新高。2023 年建成投产南方区域规模最大的新型储能电站，也是首个采用多技术路线的电化学储能站——佛山宝塘储能站。

（3）积极开展关键核心技术攻关，不断提升自主创新能力。南网储能公司坚持创新驱动发展，依托阳蓄电站建设，圆满完成国家超高水头超大容量抽水蓄能机组设计制造自主化目标任务；首创式采用系统斜孔 + 斜穿断层孔 + 顺断层孔综合布置灌浆孔方式，成功攻克了高水头钢筋混凝土衬砌水道

10MPa 高压灌浆施工难点，建成世界首条 800 米水头级钢筋混凝土水道，为国内后续抽水蓄能电站的大规模建设奠定了坚实技术基础。依托梅蓄电站建设，成功研制并应用首台（套）国产抽水蓄能出口开关成套设备。依托肇庆浪江和惠州中洞项目建设，为积极应对新型电力系统更加灵活快速的调节能力要求，开展大型变速抽水蓄能机组国产化攻关，打造调节更快、运行更稳、效率更好的新一代抽水蓄能机组。依托佛山宝塘储能项目建设，开展国内首个锂离子多技术路线实证示范电站建设，推动电化学技术持续迭代升级。

（三）聚焦新型电力系统安全稳定运行，持续提升发电机组设备健康水平

（1）深化基于 RCM（以可靠性为中心的维修）的运维检修策略研究应用，为抽蓄行业提供高效设备运维管理方案。南网储能公司坚持以实现设备可靠性与运维成本综合最优为目标，深入推进国家能源局深化基于 RCM 运维检修策略研究及应用试点项目，建立基于 RCM“四步法”理论模型。推动建立水泵水轮机 RCM 检修导则、基于 RCM 检修后评价导则等行业标准，发布基于 RCM 运维检修策略管控机制文件，完成广蓄等 3 家试点电站机组间隔基于 RCM 的一型一册修编，不断完善基于 RCM 的运维检修管理体系、技术标准体系和评价体系，同步依托公司设备状态大数据分析系统，持续提升数字化支撑能力，全面推动基于 RCM 的运维检修在公司范围内全面实施应用，有效保障发电机组运行可靠性。

（2）推进设备风险分级管控及隐患排查治理双重预防机制有效运转，精准防范设备风险隐患。南网储能公司建立“系统 + 专项”的风险管控体系，以年度设备运行方案、防范系统运行风险重点工作为总抓手，系统管控电网、设备、作业、网络、涉电公共安全风险，实现各类风险的立体防控和联防联控。通过开展老旧电厂设备健康水平提升计划、开关防拒动、防范变压器突发故障、防范重大电气火灾等重大专项工作，全面排查设备风险隐患，有效提升发电机组健康水平，牢牢守住不发生重大设备故障的底线。

（3）大力推动运维管理数字化转型和机器替代，提升设备运检效率。南网储能公司投入使用我国首个大规模抽水蓄能人工智能数据分析平台，该系统覆盖了公司所有抽水蓄能电站 31 万个测点实时数据，实现 7 座抽水蓄能电站、34 台机组设备的数据智能巡检、状态智能诊断，标志着我国近 1/4 在运装机容量的抽水蓄能设备由传统线下人工管理向线上智能管理转变。2023 年，提前预判设备缺陷 40 余起，将设备数据分析与检修策略制定相结合，使 RCM 分析更全面、更准确，助力实现经验决策向数据决策的转变，及时

准确解决设备缺陷隐患，有效保障设备安全稳定运行。该智能分析系统获评“2023 年度能源数字化示范工程”，入选 2023 年度“双碳科技创新典型案例”，每年可直接创造经济效益近 1800 万元。

三、取得的成效

一是促进新能源消纳，推进粤港澳大湾区能源结构向绿色低碳转型。提前全面投产广东梅州、阳江两座百万千瓦级抽水蓄能电站，粤港澳大湾区电网抽水蓄能总装机达到近 1000 万千瓦，相当于近两个海南省的供电能力，清洁能源电量占比接近 50%，助力粤港澳大湾区成为抽水蓄能装机容量最大、电网调节能力最强、清洁能源消纳比重最高的世界级湾区电网。南方区域目前最大的在运新型储能电站佛山宝塘储能站，每年可向粤港澳大湾区输送 4.3 亿度清洁电能，满足 20 万户居民用电需求，减少二氧化碳排放 30 万吨。南网储能公司总发电量达到 171.6 亿千瓦时，减少二氧化碳排放量 717.48 万吨，相当于节约标准煤 204.02 万吨。为构建清洁低碳、安全高效的能源体系提供坚强保障，助力能源生产消费全面向绿色低碳转型，为粤港澳大湾区高质量发展增“绿”聚能。

二是发挥现代产业链“链长”功能，助力地方现代化产业体系建设。以电站建设项目为载体，结合当地的资源禀赋，推动上下游产业链布局，不断加强与政府、合作伙伴、当地居民、战略伙伴等相关方的沟通与合作，在带动当地商业、旅游业等配套发展，促进居住条件改善、吸纳当地居民就业、带动当地产业发展、推动地方税收增收等方面发挥积极作用。梅蓄、阳蓄两座电站总投资约 150 亿元，除了规模可观的电力调节效益外，还可拉动上下游产业链投资约 300 亿元，带动就业岗位约 7.4 万个。通过肇庆浪江、惠州中洞、梅州二期等抽水蓄能电站建设，助力打造广东“制造业当家”的战略性支柱产业。

三是引领储能产业技术迭代升级，支撑我国储能产业高质量发展。坚持技术创新与工程应用相结合，圆满完成国家“40 万千瓦级、700 米级超高水头超大容量抽水蓄能机组”和首台（套）抽水蓄能机组出口开关成套设备自主化攻关，解决“卡脖子”问题，打破国外厂家长期技术垄断，补齐了抽水蓄能电站机电设备全面国产化最后一块短板。依托广州、惠州等蓄能电站控制设备改造工程，实现抽水蓄能机组核心控制系统“芯片级”自主可控。截至 2023 年底，我国自主研制的抽水蓄能成套核心控制系统安全启动超过 1500 次，累计运行时长超过 1.7 万小时，标志着抽水蓄能机组四大类核心控制子系统均成功实现了全面国产化。梅州宝湖储能电站是全球首个浸没式液冷储能电站，标志着浸没式液冷这一前沿技术在新型储能工程领域的成功应用。

四是保障电力可靠供应，增强电力系统调节能力。在电力负荷屡创新高和新能源装机占比持续增大的形势下，南网储能公司以抽水蓄能人工智能数据分析平台为设备运维赋能，科学减少机组停电检修时间，2023 年抽水蓄能电站综合利用 2582.4 小时，同比增长 17.98%；以数字化、集中化远程控制提升运行控制效率，确保储能设备“开得起、调得出、停得下”；2023 年抽水蓄能电站启动约 3.3 万次，同比增长 13%；应急启动储能设备 268 台次，实现电力调度需求迅速可靠响应，全力保障电力稳定供应；粤港澳大湾区抽水蓄能发电量首次突破 100 亿千瓦时，发电量高达 112.61 亿千瓦时，充分发挥保障电网安全运行的“稳定器”“调节器”“平衡器”作用，为地区用电负荷稳定增长作出积极贡献，为经济社会发展保驾护航。

（由中国南方电网有限责任公司供稿）

构建新能源并网服务体系，促进大规模新能源消纳，助力能源结构绿色低碳转型

一、基本情况

中国南方电网有限责任公司（以下简称南方电网公司）是中央管理的国有重要骨干企业，由国务院国资委履行出资人职责。南方电网公司负责投资、建设和经营管理南方区域电网，参与投资、建设和经营相关的跨区域输变电和联网工程，为广东、广西、云南、贵州、海南五省（区）和港澳地区提供电力供应服务保障；从事电力购销业务，负责电力交易与调度；从事国内外投融资业务；自主开展外贸流通经营、国际合作、对外工程承包和对外劳务合作等业务。

南方电网公司从 2003 年成立到 2023 年，售电量从 2575 亿千瓦时增长到 13483 亿千瓦时，年均增长 8.7%；营业收入从 1290 亿元增长到 8426 亿元，年均增长 9.8%；110 千伏及以上变电容量、线路长度分别增长 6.63 倍和 3.81 倍；连续 17 年在国务院国资委经营业绩考核中位列 A 级；连续 19 年入围世界 500 强企业，目前列第 83 位。

南方电网覆盖五省（区），并与香港、澳门地区以及东南亚国家的电网相联，供电面积 100 万平方千米。供电人口 2.72 亿人，供电客户 1.16 亿户。南方电网东西跨度近 2000 千米，网内拥有水、煤、核、气、风力、太阳能、生物质能、抽水蓄能和新型储能等多种电源。全网统调装机容量 4.44 亿千瓦，非化石能源装机占比超过 60%。2023 年南方五省（区）全社会用电量 15835.2 亿千瓦时，非化石能源电量占比 47.5%。110 千伏及以上变电容量 13.26 亿千伏安，输电线路总长度 27.8 万千米。

二、实践经验

（一）强化新能源并网服务，促进新能源“应开尽开、应并尽并、能并快并”

1. 建立新能源并网服务制度体系

南方电网公司全面承接落实国家支持新能源发展各项文件要求，大力加强新能源并网服务制度体系建设。统筹规范各专业、各层级管理职责，提升管理水平，制定印发《新能源管理细则》《能源节约与生态环境保护管理办法》《并网服务管理办法》等；简化优化新能源发电项目并网服务流程，提升服务水平，制定印发《新能源发电项目服务手册（试行）》《新能源并网服务规范（试行版）》《新能源服务指南》《分布式光伏并网服务业务指导书》等；加强重点环节、关键事项指导，制定印发《加快新能源配套送出工程建设的举措》《南方电网新能源调度运行管理提升工作方案》《关于进一步严格执行国家可再生能源发电补贴及上网电价政策的通知》等，有效规范和提升了南方区域新能源并网服务水平。

2. 健全新能源并网服务组织架构

南方电网公司下属 6 家省级电网公司全部成立省级新能源服务中心。广东率先成立全国首个省级电网公司新能源服务中心，其他各省也均实现新能源服务中心高效运转。统一受理 35 千伏及以上新能源并网业务，为新能源业主提供“一站式”并网服务，统筹协调电网公司相关部门及直属各供电局开展接入系统方案审批、各类协议签订等相关业务，新能源并网业务实现内转外不转，新能源并网服务支撑力量明显增强，大幅提升新能源业主业务办理体验。

3. 打造新能源并网数字化支撑体系

南方电网公司大力推动新能源服务数字化转型，成功上线全网统一的新能源管理信息系统，实现南方五省（区）新能源并网服务“网上办”“掌上办”，系统上线以来新受理新能源并网业务实现 100% 线上办理。对内，促进了新能源并网管理流程规范化、进度透明化和管理精细化，大幅提升了业务闭环管控水平、信息可视化水平以及业务工作效率；对外，南方五省（区）新能源业主均统一通过“南网在线”App 等线上方式并网申请，业务受理渠道统一畅通，服务标准统一规范，服务信息公开透明，实现了一网通办、一网通查、一网通答，业主办理并网申请业务一次都不跑。

（二）多措并举，全力保障新能源高水平消纳

1. 扎实开展清洁能源消纳专项行动

南方电网公司认真落实国家《清洁能源消纳行动计划（2018—2020年）》等工作要求，连续5年开展清洁能源消纳专项行动，逐年印发公司清洁能源消纳专项行动方案，采取行之有效的清洁能源调度、确保通道安全稳定运行、加大市场化交易、优化营商环境等系列举措，充分发挥电网资源优化配置平台作用，全面解决了云南弃水、弃电问题。南方电网自2019年以来可再生能源发电利用率连续5年保持在99.5%以上。

2. 大力推进新型电力系统建设

南方电网公司坚持绿色引领，牢牢把握电网是新型电力系统枢纽平台这一定位，加强跨省跨区输电通道建设，创新发展“合理分区、柔性互联、安全可控、开放互济”大电网路线，提升电网灵活性和承载力，以“大电网+分布式智能电网”优化配置清洁能源资源，实现“电从远方来”和“电从身边来”相辅相成。坚持数字赋能，以数字电网为关键载体，建成全域物联网、电网管理平台、南网智瞰等数字基础设施，发挥“算元+算力+算法”作用，全面推进物理电网数字化和电网管理数字化，支撑海量主体接入和复杂系统运行，全面赋能新能源发电、电动汽车、新型储能等新业态发展。

3. 全面加强新能源配套送出工程建设

南方电网公司全面加强西电东送及各省骨干网架建设，近10年建成投产牛从直流双回、普侨直流、金中直流、新东直流和昆柳龙直流等直流输电工程，形成西电东送“八交十一直”共19条大通道格局，送电规模超过5800万千瓦，输送可再生能源比重超过80%，有力促进西部可再生能源开发。实现西部地区大规模清洁能源送出。广东目标网架工程全面建成，各省骨干网架进一步加强，全面满足了南方区域新能源大规模发展送出消纳需求。同时，全网选取60个典型县（区）开展分布式新能源接纳能力提升、供电可靠性提升专题规划，形成配网投资优选项目库，不断完善配电网网架，全面推进配电自动化建设和改造，优化简化汇集和接网方案，为分布式新能源接入电网创造了有利条件。

4. 打造可观可测可控的新能源调度系统

南方电网公司建成覆盖网省地“南方电网新能源调度运行管理平台”，实现了统调新能源场站的监视全覆盖，新能源“可观”水平快速、大幅提升。实施新能源功率预测生态圈培育计划，打造全国首个新能源多时空尺度精确

预测智慧平台，自主研发的新能源高精度功率预测产品“夸父”系统，推动新能源功率预测准确率在国家标准要求基础上提升3%~7%，新能源“可测”水平大幅提升。完成南方区域首个以新能源控制为主的省地两级协同AGC系统建设，进一步提升新能源“可控”水平。

5. 持续完善清洁电力交易机制

南方电网公司推动市场发挥配置资源的决定性作用，丰富交易品种，完善交易方式，扩大交易范围。构建“协议+市场”的跨省跨区清洁电力交易模式，在保障协议优先发电计划电量充分消纳的基础上，进一步通过市场化临时交易促进清洁能源消纳。完善省级辅助服务市场建设，推动跨省（区）备用辅助服务市场建设，以市场化手段发现调峰价值和实现备用资源的挖掘与互济，提升系统调节能力，最大限度促进清洁能源消纳。

（三）推动能源结构绿色低碳转型，促进电力碳减排

1. 加强绿色低碳源网协同规划

南方电网公司加强能源绿色低碳转型引导，提前谋划适应新能源大规模发展的新型电力系统规划研究，积极为政府出谋划策，明确提出南方五省（区）“十四五”“十五五”期间各新增新能源装机1亿千瓦。加强源网协同，高效完成“十三五”“十四五”电网规划、新能源接入系统规划及105个试点县（区）分布式光伏配套电网专项规划等，提前规划绿色低碳能源配套送出工程。

2. 加强系统调节电源建设

南方电网公司加快推进抽水蓄能电站建设及储备项目前期工作。建成投产清远抽水蓄能、深圳抽水蓄能、海南琼中抽水蓄能、梅州抽水蓄能、阳江抽水蓄能电站，加快开展广西南宁抽水蓄能、广东肇庆浪江抽水蓄能、广东惠州中洞抽水蓄能和梅州抽水蓄能梅蓄二期电站建设，南方电网抽水蓄能累计装机突破1000万千瓦。推进新型储能多场景应用，推动南方五省（区）投产储能电站126座，投产容量超500万千瓦。南方电网系统调节能力显著提升，为能源结构绿色低碳转型奠定坚实基础。

3. 引导促进绿色低碳消费

印发全国首个区域市场绿电交易规则——《南方区域绿色电力交易规则（试行）》，上线南方区域绿色电力交易系统，面向电网代购电用户建立了绿色电力认购交易机制，满足了中小企业绿色电力消费需求。高质量服务粤港澳大湾区外向型经济发展，达成首批港澳跨境绿色电力证书交易，实现港澳绿

证交易“零”突破，5 年间广东累计销售绿证 205 万张，支撑广东出口产值超百亿元。开展中国老挝双向电力贸易，促成老挝水电向国内输送，为南方区域提供老挝清洁能源。积极推广交通、工业、建筑、农业等重点领域电能替代，2023 年实现电能替代电量 544 亿千瓦时，加快推动充电基础设施建设，南方五省（区）4785 个行政乡镇在全国率先实现充电桩全覆盖。开展近零碳示范区试点项目建设，推动南方电网公司总部基地、海南博鳌论坛首次实现 100% 绿电供应。

4. 强化绿色低碳技术创新

以数字化、绿色化协同发展促进新型电力系统和新型能源体系建设，着力将数字电网打造成为构建新型电力系统的关键载体，成功研制并量产我国首款电力主控芯片“伏羲”，建设可再生能源并网终端、开发“夸父”高精度功率预测系统，从源网荷储各环节挖掘潜力确保清洁能源应发尽发。与广东省携手打造全球新型储能产业创新高地。在世界上首次采用柔性直流对粤港澳大湾区电网进行重构优化，粤港澳大湾区清洁能源优化配置能力显著提升。

三、取得的成效

一是支撑南方区域新能源高速增长。2014—2023 年南方五省（区）新能源装机容量保持高速增长。南方五省（区）风电、光伏累计新增装机 1.18 亿千瓦，年平均增长率高达 36.6%。其中风电累计新增装机 4560 万千瓦，年平均增长率为 25.7%；光伏累计新增装机 7240 万千瓦，年平均增长率为 74.1%。其中 2023 年南方五省（区）累计新增新能源装机规模 4872 万千瓦，同比增长 161.47%，占新增电源装机的 73.93%，新能源已成为南方区域主要新增电源。

截至 2023 年底，南方五省（区）新能源装机容量 13226 万千瓦，其中，风电装机容量 5077 万千瓦，光伏发电装机容量 7268 万千瓦（含分布式光伏 2082 万千瓦），生物质发电装机容量 881 万千瓦。新能源装机占比由 2.4% 上升至 26.3%，10 年提升了 23.9%。

二是实现南方区域新能源基本全额消纳。2014—2023 年，南方五省（区）新能源发电量保持高速增长。南方五省（区）风电、光伏发电量增长 1481 亿千瓦时，年平均增长率高达 33%。其中风电发电量增长 876 亿千瓦时，年平均增长率为 26.9%，光伏发电量增长 605 亿千瓦时，年平均增长率为 79.6%。风电光伏发电量占比由 1% 提升至 12%，10 年提升了 11%。

南方电网自 2019 年以来可再生能源发电利用率连续 5 年保持在 99.5% 以

上，基本实现全额消纳。2023 年风光发电利用率达到 99.8%，其中风电利用率为 99.87%，光伏利用率为 99.70%，继续保持全国领先水平。

三是南方区域能源绿色低碳转型成效显著。2014—2023 年，南方五省（区）能源结构不断优化。南方五省（区）清洁能源装机规模（包括风电、光伏、水电、核电、气电，下同）增长 2.22 亿千瓦，达到 3.39 亿千瓦，年平均增长率达到 11.3%。清洁能源装机占总装机容量比例由 51.4% 增长到 67.5%。非化石能源装机增长 2.01 亿千瓦，达到 3.06 亿千瓦，年平均增长率达到 11.3%，占总装机容量比例由 46.1% 增长到 60.9%，超过全国平均水平 7 个百分点。其中，粤港澳大湾区清洁能源装机超过 7200 万千瓦，占总装机容量的 67.8%。2014—2013 年，南方五省（区）清洁能源发电量增长 5133 亿千瓦时，达到 8855 亿千瓦时，年平均增长率达到 9%，发电量占比由 41.2% 增长到 54.7%。非化石能源发电量增长 4272 亿千瓦时，达到 7685 亿千瓦时，年平均增长率达到 9%，发电量占比由 37.7% 增长到 47.5%，高于全国平均水平 13.7 个百分点。电能占终端能源消费比重达到 33%，优于全国平均水平 5 个百分点。南方五省（区）清洁低碳能源占比显著提高，能源结构进一步优化，清洁能源供给格局基本形成。

（由中国南方电网有限责任公司供稿）

中国能建超超临界二次再热煤电项目建设能力走在世界前列

一、基本情况

（一）企业性质及经营范围

中国能源建设集团有限公司（以下简称中国能建）成立于2014年12月19日，是国务院国资委出资建设的国有独资公司。2015年12月，中国能建改制成立中国能源建设股份有限公司，并在香港联交所主板挂牌上市（股票代码：03996.HK）。2021年9月，在上海证券交易所主板挂牌上市（股票代码：601868.SH）。

中国能建是一家为中国乃至全球能源电力、基础设施等行业提供系统性、一体化、全周期、一揽子发展方案和服务的综合性特大型集团公司。公司主营业务涵盖传统能源、新能源及综合智慧能源、水利、生态环保、综合交通、市政、房建、房地产（新型城镇化）、建材（水泥、砂石骨料等）、民爆、装备制造、资本（金融）“十二大”业务领域，具有集规划咨询、评估评审、勘察设计、工程建设及管理、运行维护和投资运营、技术服务、装备制造、建筑材料于一体的完整产业链。

（二）发展现状

中国能建作为能源电力和基础设施建设领域的主力军和排头兵，先后承建了三峡工程、南水北调、西气东输、西电东送、三代核电等一系列关系国计民生的重大工程，铸造了如乌东德、白鹤滩、华龙一号等一批享誉全球的大国重器，在大规模风光储输工程、“八交十三直”特高压多端混合直流工程、高海拔输变电工程、高效超超临界燃煤发电工程等领域创造了卓著业绩，并在海外打造了一批具有能建特色的中国坝、中国电、中国网、中国城、中国路、中国桥，将先进成熟的中国技术、中国装备、中国质量、中国管理、中国运营服务源源不断地呈现给世界人民。

公司自成立以来，整体规模不断发展壮大，2023 年公司新签合同额 12837.3 亿元，营业收入 4060.3 亿元，利润总额 150.32 亿元，总资产达到 7831.6 亿元，位列世界 500 强企业第 256，在全球品牌价值 500 强中位列第 224，全球工程设计企业 150 强中位列第 2，国际工程设计 225 强排名中位列第 2，全球承包商 250 强排名中位列第 10，公司连续多年在中央企业负责人业绩考核中获得 A 级评价。公司现有国内外员工 13 万人，在 90 多个国家和地区设立了 200 多个境外分支机构，业务遍布世界 140 多个国家和地区。

（三）技术实力

公司在新型储能、高空风能、光热发电、火力发电、核电常规岛、水利水电、特高压设计建设等领域拥有国际领先技术。截至 2023 年底，公司拥有 4 个院士工作站、14 个博士后科研工作站、6 个国家级和 65 个省级研究机构、142 家高新技术企业；取得国家科技进步奖 48 项，其中特等奖 6 项，重大科技成果 2700 余项，有效专利 13177 项，制定和修订国家标准和行业标准 1500 余项，持有 15 项工程施工总承包特级资质、10 项工程设计综合甲级资质、18 项工程勘察综合甲级资质、272 项各类工程施工承包一级资质。

（四）发展战略

中国能建始终秉承“行业领先、世界一流”的战略愿景，大力实施以“一个愿景”“四个前列”“六个一流”“六个重大突破”为核心的“1466”战略，致力于在践行国家战略上走在前列、在推动能源革命上走在前列、在加快高质量发展上走在前列、在建设美好生活上走在前列，致力于打造一流的能源一体化方案解决商，一流的工程总承包商，一流的基础设施投资商，一流的生态环境综合治理商，一流的城市综合开发运营商，一流的建材、工业产品和装备提供商，致力于在推动能源革命和能源转型发展、加快高质量发展、深化系统改革、全面加强科学管理、全面提升企业核心竞争力与组织能力、加强党的全面领导和党的建设上取得突破性进展。近年来，中国能建正在加快推进能源网、交通网、数字网、水网、生态网、产业网、文化网“七网”深度融合发展，紧紧围绕“创新、绿色、数智、融合”核心发展理念，加快推动创新驱动转型、绿色低碳转型、数字智慧转型、共享融合转型“四大转型”，全力构筑新能源、新基建、新产业、新材料“四新”能建平台，加快建设具有全球竞争力的世界一流企业。

二、实践经验

我国能源资源禀赋“富煤、贫油、少气”的特点，决定了煤炭在未来相当长的一个时期内仍是中国的主导能源，研发具有国内完全知识产权的超超临界参数二次再热电厂设计建设技术具有重要的意义。该项技术的研发及成功应用，使我国在煤电建设领域进入了世界领先行列。

（一）我国燃煤发电技术进程及灵活高效超超临界二次再热机组建设需求

“十一五”到“十三五”期间，燃煤发电机组进入了快速发展期，为满足经济发展需要以及弥补电力缺口，全国各个省份集中建设了大量的超（超）临界燃煤发电机组。随着项目的建设完成，我国在超（超）临界燃煤发电机组设备制造、设计、电力建设等领域积累了大量经验，极大推动了高效燃煤发电技术的发展，实现了平均供电煤耗的持续降低和污染物的超低排放。截至 2020 年，全国 6000 千瓦及以上火电厂供电煤耗为 305.5 克标准煤 / 千瓦时，比 2015 年下降 9.9 克 / 千瓦时，比 2010 年下降 27.5 克 / 千瓦时，比 2005 年下降 64.5 克 / 千瓦时。

但同时，我国燃煤发电建设仍然面临一系列问题，一是如何进一步推动煤电机组节能降耗，提高能源利用效率，实现电力行业碳排放达峰，乃至全国碳达峰、碳中和目标具有重要意义。二是超（超）临界一次再热发电技术多为引进吸收国外技术，我国在相关知识产权方面仍有所欠缺，不利于我国电力行业的产业链供应链安全。三是随着新能源的快速发展，新型电力系统的建设对高效燃煤发电技术提出了新的要求，要求其灵活性、可调节能力的技术水平更高。

（二）研发历程及技术迭代

具有完全知识产权的高效、灵活超超临界参数二次再热电厂的整套设计建设技术的研发分为三个阶段，分别解决了技术从无到有、宽负荷高效、运行灵活性三大难题。

第一阶段，研究开发出大容量、高参数二次再热煤电机组的整套设计建设技术，首次完成了二次再热机组热端和冷端参数优化拟定、各热力系统拟定、主机及重要辅机技术条件、主厂房布置、二次再热机组的全套控制策略等关键技术研究，并在泰州二期（2×1000 兆瓦）、安源电厂（2×660 兆瓦）、蚌埠电厂（2×660 兆瓦）等项目中得到成功应用。泰州电厂二期（2×1000 兆瓦二次再热）工程由国家能源集团、中国电力工程顾问集团华东电力设计院、上海电气电站集团三方联合攻关，是国家科技部“十二五”科技支撑计划项目和国家能源局高效燃煤示范项目。项目攻克了多项技术难题，突破了百万千瓦二次再热燃煤电站关键技术，创立了百万千瓦超超临界二次再热燃煤电站的整体设计建设体系。

第二阶段，研究开发二次再热机组在部分负荷工况下维持高效率的关键技术，首创带变频发电机的 BEST 小机回热系统、二次再热机组机炉深度耦合技术、超低背压技术，在华能瑞金二期（2×1000 兆瓦）、大唐东营电厂（2×1000 兆瓦）等项目中得到成功应用。华能瑞金电厂二期工程建设 2×1000 兆瓦超超临界二次再热燃煤发电机组，采用了高效二次再热技术。华能瑞金 2×1000 兆瓦工程是同期 620℃等级机组中参数最高、指标最先进的燃煤发电机组，引领了高效灵活燃煤发电技术的新发展（见图 1）。

图 1　华能瑞金电厂二期扩建工程

第三阶段，研究开发出二次再热机组灵活性运行关键技术，首创汽电双驱灵活供热技术、综合调频技术，在宿迁电厂（2×660 兆瓦）、平山二期

（1×1350兆瓦）等项目中得到了成功应用。宿迁电厂2×660兆瓦机组是国家科技部国家重点研发计划项目“高效灵活二次再热发电机组研制及工程示范”“燃煤电站低成本超低排放控制技术及规模装备”的示范工程，全面优化热力系统设计，实现机组高效、灵活、清洁、智能运行，巩固了我国二次再热技术世界领先地位。

（三）灵活高效超超临界二次再热机组技术创新

1. 工程技术创新方案

灵活高效超超临界二次再热技术拟定了各类主、辅机设备的技术条件，确定了二次再热机组主要热力系统；首创了大容量二次再热机组主厂房二列式布置、汽轮机横向布置等优化布置技术；首次提出了二次再热机组的全套控制策略；通过对二次再热机组效率提升的持续改进，使机组的发电效率逐步达到同期世界最高的49.46%。

二次再热机组可比一次再热机组降低供电煤耗6~8克标准煤/千瓦时，比超超临界一次再热机组领先一代，降低二氧化碳排放强度16~21克标准煤/千瓦时。二次再热机组目前已经在30余台机组中成功应用，另有数十台超超临界二次再热高效燃煤发电机组正在建设中。

2. 创新的热力系统方案

灵活高效超超临界二次再热技术开发出带变频发电机的BEST小机系统、机炉深度耦合等一系列系统创新技术；拓宽了二次再热机组宽负荷工况的高效区，大幅降低了机组厂用电率。

3. 创新的灵活调峰技术

灵活高效超超临界二次再热技术在电力行业首创汽电双驱引风机灵活供热技术；开发了综合调频技术，提升了机组运行灵活性。汽电双驱引风机灵活供热技术，攻克了二次再热机组供热灵活性的难题，采用该技术后，同时厂用电率可降低约50%，为有灵活供热要求的二次再热机组提供了解决方案。汽电双驱技术在上电漕泾电厂、华能金陵电厂、国能常州电厂等项目中得到广泛推广应用。

（四）卓越成绩和“超级工程”

截至目前，华东电力设计院累计承接50多台二次再热超超临界煤电机组勘察设计业绩，在同行业处于遥遥领先的地位。设计的国电泰州电厂二期是世界首次百万千瓦级二次再热燃煤（见图2），申能安徽平山电厂二期工程是目前全球单机容量（1350兆瓦）最大的火电机组，首创高低位布置方式。华东电力设计院通过科技创新，也带动了行业内一大批高效二次再热燃煤发电机组的设计和建设。

图2　国电泰州电厂二期（2×1000兆瓦二次再热）工程

2016年6月，习近平总书记在参观国家"十二五"科技创新成就展时，就华东电力设计院设计的国家能源集团江苏公司泰州项目作出了重要指示。习近平总书记的讲话为推动煤电高质量发展进一步指明了前进方向、提供了根本遵循。中电工程始终践行习近平总书记"能源的饭碗必须端在自己手里"重要指示精神，完整、准确、全面贯彻新发展理念，锚定高质量发展任务，以实际行动践行能源央企使命担当。

中电工程华东电力设计院总承包的潘集项目，在中央电视台《大国建造》超级工程直播，共同见证重达72吨的1号机组发电机转子和定子"合体"过程，讲述了中国能建在能源之都建设智慧、绿色、清洁、高效先进的燃煤电厂，以及中国能建在我国电力建设中作出的贡献，尤其是在超超临界二次再热技术煤电机组建设领域的领先地位。

图 3　潘集电厂一期 2×660 兆瓦超超临界燃煤机组工程

三、取得的成效

通过灵活高效超超临界二次再热机组关键技术及工程应用研究，获得了系列成果：

一是填补了国内二次再热超超临界火电机组的设计技术空白。获得一系列具有自主知识产权的成套核心技术，实现了我国二次再热煤电技术从无到有、从有到优的跨越式发展，在高参数大容量机组方面彻底摆脱了国外知识产权束缚。设计技术作为二次再热超超临界煤电机组建设的龙头和纽带，引领带动我国二次再热火电领域在装备制造、电厂建设、机组调试和运行等各方面也取得重大突破，形成自主设计、制造技术和产业，奠定了我国在该领域的国际领先地位。

二是成果在国内数十台二次再热机组上成功应用，节能减排收益明显。研究成果进一步巩固了中国电力工程顾问集团在燃煤发电机组的技术优势地位，极大促进了在高效燃煤发电领域勘察设计和工程总承包业务的开展，助力中电工程能源业务的快速发展。中国能建进一步提出了打造灵活高效原创技术策源地三年行动计划，中电工程发布了《碳达峰　碳中和　能源系统解决方案》，利用清洁高效二次再热煤电技术，推动煤电加快向基础保障和灵活调节并重转型，促进新能源进一步加快发展，促进能源绿色低碳转型。

三是关键技术的研究及工程应用为我国培养了大批的电力人才。涵盖了装备制造、电力勘测设计、安装建设和运行管理等全产业链流程，为我国电力技术的输出奠定了基础。

（由中国能源建设集团有限公司供稿）

“点亮一张网”

——配电网数字化建模技术

一、基本情况

珠海许继电气有限公司（以下简称珠海许继）成立于1998年4月，注册资金为12亿万元，是中国电气装备集团有限公司的三级子企业。2021年，通过混改引进具有战略协同优势的投资者——南网能创股权投资基金（广州）合伙企业（有限合伙），建立多元股东结构。公司长期专注于电力系统配网自动化领域配电主站系统、智能配电终端、一二次融合开关的研发、生产、销售和服务，坚持创新驱动，依托数字化、云边协同、物联网等新技术赋能，成为国内极具竞争力的智能配电网、数字配电网系统性解决方案服务商，支撑新型电力系统建设。近3年，公司先后入选国务院国资委“科改示范企业”“创世界一流专业领军示范企业”，获评工信部“国家级专精特新小巨人”“国家知识产权示范企业”“国家级绿色供应链管理企业”等荣誉称号。

珠海许继深耕配网领域，致力于供电服务质量提升，保障能源供给革命有序推动。公司构建了成熟的系统级、线路级产品体系，为能源互联网在配网领域落地提供整体解决方案，产品覆盖北京、山东、湖北、重庆、河南、广东等20多个省（市）、300余家电力企业，截至目前累计供货配网自动化系统180余套、智能成套设备20万余套、台区智能融合终端10万余套。公司凭借25年来在配电网领域的工程实践和对用户需求的深刻理解，积极开展新技术迭代、赋能产品创新，打造冠军产品，首创用户分界“看门狗”、颠覆传统开关的配网速动型磁控开关，积极推进智慧配电网精品工程、示范工程建设，全国首套配网系统在北京上线、山东省域配电自动化全覆盖项目、扬州/镇江配电自动化EPC项目，践行了“以客户为中心”的初心使命。截至目前，公司拥有发明专利146件，标准制修订18项（其中主持2项），出版专著5本，获软著44项，发表论文250余篇，累计获得省部级以上科技奖34项，建成国网公司配电网联合实验室、省级工程技术中心和企业技术中心

（见图1、图2）。

图1　配网数字化综合展示厅

图2　所获相关荣誉

二、实践经验

准确可靠的图模是支撑配电网安全可靠运行管理、数字化应用的基础，但配电网点多面广且网架复杂，配电网线路切改与设备异动频繁，现有手工绘制图形建立图模、配电网拓扑、手工配置点表与定值参数，生成流程复杂、效率较低、成本较高、烦琐易错、数据更新不及时，难以满足配电网数字化转型的需求。“点亮一张网”以“电”为驱动，依托“物联网”“云边协同”关键技术，实现“电”送到哪里，感知就延伸到哪里，拓扑就生成到哪里，打破原有依赖人工的绘图、建模方式，带来了配电网设备即插即用、拓扑自动成图方面革命性的突破。

（一）何为“点亮一张网”

“点亮一张网”中的“一张网”是指从变电站出线开关到用户表前开关的

整个中低压配电网，贯穿“站、线、变、户”，包括变电站出线开关、架空线、电缆线、杆塔、柱上开关、环网柜、配变、分支箱、户表前开关等中低压节点设备。“点亮一张网”中的“点亮”是指以“电”为驱动，变电站合闸送电之后，从10千伏分段开关、分支开关、配电变压器、低压开关、表箱，一直到用户，六级设备顺序得电，自动接入配电自动化系统，信息实时上传，图形自动生成，实现“电流过、状态知、配网亮”。“点亮一张网”形成配用电一体化的全息、高清、高精的结构化实体，确保配电网图形准确性、数据精确性、全景透明化，将调度、运行、管理等传统线下业务逐步数字化、在线化。

（二）突破关键技术

积聚珠海许继配电主站、智能终端、配电开关三大技术研发团队力量，历时3年实现了“四大”关键技术的突破。一是突破了基于配电物联网自动感知、自描述技术，提出了云边协同下中低压一二次建模算法，实现配电设备自动注册、三遥自动配置。二是突破了基于云边协同的中低压配电网拓扑辨识技术，提出边侧时间序列事件生成算法、云侧基于时间序列的拓扑辨识，实现拓扑自动生成和辨识。三是突破了基于配电物联感知的自动建模与成图技术，实现配电网电气接线图自动生成，解决图形调整等问题。四是突破了基于配电物联感知的设备自动传动技术，提出自动传动算法和方案，实现主站至终端闭环自动传动，解决设备传动工作量大、投运时间长等问题。项目研制出新型分相磁控断路器、具备物联感知功能的系列化新型配电终端，以及基于配电主站的自动建模与成图软件，累计申请发明专利10余项。

（三）示范应用

在电网建设方面，为避免重复建设和节省投资，对示范区中压电网配电终端加装高精对时模块和物联感知模块，低压电网以“台区智能融合终端+低压智能开关”的模式对低压开关进行智能化改造。在项目管理方面，珠海许继协同示范用户组建“技术研发+现场工程+组织协调”技术保障团队，采用“重点节点用微信群下发反馈+实时消息用腾讯会议即时沟通”的联络方式，及时沟通交流细节工作。按照“停电前”“停电中”“送电后”“工作结束”四个阶段，编制了16项测试流程，明确了每个流程的发起、操作确认及资料记录存档等。研究成果于2022年12月开展现场试验，由变电站出线开关合闸至整条线路送电成功，终端准确及时上送了设备自描述、得电序列等信息，主站系统根据自描述及得电信息，拓扑点亮自动成图成功，实现了主干线到用户的“六级信息精准感知”。试验充分验证了“点亮一张网”技术和产品的可行可信，为未来中低压配电网全域“点亮”奠定了基础，已推广到湖北等地扩大试点示范应用（见图 3）。

图 3 “点亮一张网”建设成效

三、取得的成效

一是提升感知能力、支撑配网调控能力。“点亮一张网”基于物联网技术，利用海量中低压智能设备和新一代配电主站系统，通过建模流程重塑，实现基于得电时间序列的拓扑自动生成、图形自动绘制、设备自动传动，可快速、准确、有效地全自动构建中低压一体化配电网图形模型，有了 100% 准确且实时同步的图模，有效解决人工绘图不准确、图模更新不及时等问题，为配电网调度控制、故障处理、运维检修、状态评估、新能源消纳、源网荷储协调控制等传统业务与新兴业务应用奠定了基础，提高了配网运行控制能力、故障精准研判能力、故障自愈恢复能力和应急处置能力。

二是解决图实一致、支撑现场安全管控。调控层面对配网状态的把控至关重要，调令能否准确下达关系着人身和设备安全。配电网线路、配变或客户发生变动，台账、图形等数据难以实时更新，造成系统与现场不一致，存在配网误调度、人员误操作等安全风险。“点亮一张网”实现新建线路一次成图、设备异动实时更新，以 100% 准确的图模作为调控指挥体系的支撑，有力保障现场作业安全，有效保证现场安全管控。

三是支撑主动运维，提升供电服务水平。配电网上连主网、下接千家万户，是供电服务的“最后一公里”，是影响供电服务水平的关键环节，“点亮一张网”对主干线、分支线、配变、低压线、表箱及用户的节点设备实现了“六级信息精准感知”，提升系统对配网状态感知和故障研判的准确性，真正做到掌控配网“大局”，为快速开展停电抢修，主动采取配变档位调整等主动运维服务模式提供了技术支撑，提升抢修效率和电能质量，实现了供电服务水平的提升。

四是提升生产效率，降低基层班组负担。“点亮一张网”设备将“人工配点传动”变成“自动传动”、将图模由“人工绘图”变成“自动成图”，缩短了管理链条，消除了专业之间的沟通环节，提升了生产效率，降低了基层班组负担，将对未来整个配电网运维模式产生革命性的影响。

（由中国电气装备集团有限公司供稿）

新能源耦合生态恢复　开辟矿山治理新境界

一、基本情况

中煤平朔集团有限公司（以下简称平朔公司）总部位于山西省朔州市，是国家十四个重点煤炭基地之一晋北基地平朔矿区的开发主体。平朔公司组建于1982年，作为“改革开放试验田”，从成立之日起，就一直致力于为国争光、产业报国，积极履行对国家和民族的责任，有着光荣传统和红色基因传承，经过40多年建设，从单一煤炭生产企业发展壮大为综合能源企业。平朔公司现有大型露天矿及井工矿8座，年产能10040万吨；配套洗煤厂6座，4条铁路专用线总运输能力1亿吨；煤化工合成氨年产能30万吨，硝酸铵年产能60万吨；7座参控股火电厂，装机规模673万千瓦；2座全资瓦斯电厂，装机规模7.6万千瓦；在建及获批新能源规模近100万千瓦；煤矿装备制造和综合服务年产值30多亿元。

平朔公司的发展得到党和国家领导人的亲切关怀。平朔公司先后荣获全国文明单位、全国五一劳动奖状、全国优秀企业金马奖、全国百家文明社区示范点、中华宝钢环境奖、中国最美矿山等多项荣誉。平朔公司先后培养出全国劳模4人、全国五一劳动奖章获得者7人。2018年在庆祝改革开放40周年大会上，作为煤炭行业唯一代表，平朔公司第一任党委书记、总经理陈日新同志被党中央、国务院授予“改革先锋”称号。

“十四五”期间，平朔公司聚焦“12345”发展战略，即锚定建设世界一流能源企业目标，弘扬平朔改革开放精神和右玉精神，建设煤炭保供核心基地、“两个联营”示范基地、高端煤化工基地“三大基地”，耦合发展煤炭、煤电、煤化工、新能源、生态“五大产业”。

二、实践经验

（一）规划引领，做好矿区生态恢复与新能源协调发展的顶层设计

平朔公司按照绿色低碳转型导向，把握“3060”双碳目标机遇，利用平

朔矿区大规模土地资源优势，将新能源产业作为规划期重点发展产业，大力推进光伏等新能源项目布局建设。扩大可再生能源利用规模，提高矿区可再生能源电力消费占比。突出创新第一动力作用，积极开展新能源技术创新、产业创新，打造智慧能源示范区。“十四五”期间，按照“一核心两融合三带动”的模式布局新能源产业。以光伏示范基地建设为核心；多种能源（风、光、储、氢）融合开发、多种产业（新能源、生态、绿色交通）融合发展；带动新能源上下游产业入驻，带动工业、换电、氢能应用，带动碳汇产业发展。

（二）技术创新，探索新能源重塑生境与种植耦合作用机制，建立光伏区立体种植的关键技术

平朔矿区拟建设光伏项目土地主要是复垦土地，按照农业种植 + 光伏发电的“农光互补”方案设计，研究土壤重构与改良技术、立体种植模式、植物促生技术，光伏组件上方接收太阳光能实现发电，光伏组件下方种植农作物，通过光伏发电和农业综合利用的方式，实现一地两用，一方面可以源源不断地产生清洁的新能源，另一方面提高土地利用价值。光伏阵列的布置为农业种植留有合理的空间，保证农业种植能够正常进行。为满足农业种植的基本条件，平朔矿区“农光互补”复合项目光伏阵列布置方案采用增高支架方案，将光伏支架合理抬高至适合农作物生长的高度，利用光伏组件支架与地面形成的高度空间，进行农作物种植。参照国内典型“农光互补”案例，平朔矿区“农光互补”复合项目光伏场区光伏组件离地面最低高度不小于 2 米，桩基间距不小于 4 米，前后组件阵列中心间距不小于 6 米，光伏场区除桩基外，不破坏原地耕作层，不影响农业生产。平朔矿区所在的平鲁区境内属北温带大陆性季风气候，四季分明，春季凉爽，夏季炎热，秋季晚凉，冬季严寒，气温年较差和日较差大，年平均气温 5.5℃。风向以西北风为主，全年雨少片大，无霜期短，地域差异明显，受季节风的影响，在一年之内各月降水极不均匀，一般 6—8 月降水量占全年降水总量的 65.2%。根据平鲁区气候条件，结合光伏场区布置特点，在光伏组件下种植光照需求不高，容易成活的紫花苜蓿、中草药等喜阴农作物。

（三）工程示范，开展新能源耦合生态恢复的绿色能源基地建设，促进矿区的可持续发展

按照中国中煤“存量提效、增量转型”的发展思路，在平朔矿区加速推

进煤炭、煤电、煤化工、新能源、生态五大产业耦合协同的一体化发展模式，充分发挥多业态联营、多要素集聚，新能源应用场景丰富等优势，依托示范工程，将平朔矿区打造为以煤为基、多能互补、特色鲜明的“能源革命试验田”。一是大力建设新能源发电项目，2021 年以来，结合生态恢复、绿色发展需求在平朔矿区积极推进集中式、分布式、基地式光伏项目开发建设，实现绿电自用，降碳减排。二是依托平朔矿区东露天工业园区多产业、一体化发展优势，利用平朔公司主力煤矿东露天矿所产原料煤，在坑口建设烯烃项目，原料煤通过皮带运输至化工厂区；将煤矿疏干水处理后作为循环水补水，减少引黄水资源的使用；对煤矿采空复垦地建设光伏电站，利用部分“绿电”制取“绿氢”，降低对原料煤的需求，剩余绿电接入电力系统供项目其他装置使用。利用已建坑口电厂供应稳定电力和蒸汽，有利于减少污染物排放，也有利于电厂未来转型深度调峰电厂，保障电厂经济效益及提高现有设备使用率。今后，还将通过拓展产品方向，提高新材料比重，延伸下游深加工产品，形成完整产业链，逐步打造以煤炭清洁转化为基础，以“无煤”煤化工为引领的拥有煤基全产业链的全国“零碳排放”绿色化工示范基地。除上述项目，平朔公司也积极推进其他新能源项目。探索在平朔矿区建设风电项目的可行性，针对矿区高回填区特殊地质情况，研发建设基础可调式的风电机组。推进矿区绿色运输，合作开发纯电矿卡。三是按照能源互联网理念，规划建设矿区一体化的集控调度平台。采用三层架构，物理层为矿区煤 / 气 / 水 / 电 / 冷 / 热等一次和二次能源及其他原材料的集成；信息层为通过各类智能传感控制设备实现各种能源及原材料的输入、转化、传输、使用、产品信息的集成和控制；价值层为通过能源互联网中的协同控制、阶梯利用、转换和存储，在保证用能效果前提下，实现提高能源及原材料使用效率，降低能源及原材料使用量，进而实现节能、减排、成本、增效的效果。统一调度的数字化智能平台可以实现企业管理可视化、成本透明化、产品价值最大化。

三、取得的成效

平朔矿区新能源耦合生态恢复在矿山治理中开辟了新境界，取得了显著成效。这一创新方法促进了平朔矿区的可持续发展，改善了生态环境，实现了经济效益和生态效益的双赢。

一是新能源耦合生态恢复技术在矿山治理中发挥了重要作用。通过结合生态恢复措施，如植被种植、土壤改良等，有效地改善了矿区土地的生态环境。例如光伏组件的铺设密度大，能够有效地挡风防风，阻止沙尘的飞扬，形成防风固沙带，有效防止风沙对周边区域的侵蚀。光伏板下的阴影区域可以降低土地温度，减少土壤水分蒸发，增加土壤水分累积，改善土壤质量，为植被生长创造更好的条件，使复垦种植作物更易成活。这些措施不仅提高了土地利用率，还促进了生物多样性的恢复，增强了矿区生态系统的稳定性和抵抗力，使矿区更绿，碳汇更显著。

二是新能源耦合生态恢复的实施取得了显著的经济效益。通过开发新能源资源，为平朔矿区创造了新的经济增长点，带动了产业的发展和就业的增加。同时，生态恢复措施的实施也提高了土地价值，为平朔矿区的可持续发展奠定了基础。平朔矿区投产及在建的基地式、集中式、分布式光伏项目累计规模 100 万千瓦，年均发电量约 18 亿度，有良好的经济效益。在建的 100MW 光伏发电项目是山西省首个在露天矿建设的光伏发电项目，60 万千瓦离网制氢项目是山西省首个大型绿电制氢项目，取得较好的示范性。

三是新能源耦合生态恢复的实施助力企业降碳减排，有力保障了国家碳达峰、碳中和战略，使矿山更绿、企业更低碳。平朔公司 100 万千瓦新能源项目全部投产后年减排二氧化碳 160 万吨，可有效降低企业碳排放。以平朔煤烯烃项目为例，该项目设计年总用电量约 18 亿千瓦时，通过配套光伏发电装置耦合“绿电”8 亿千瓦时，占总用电量的 44%，可实现减排二氧化碳 68 万吨 / 年。以 60 万千瓦离网制氢项目为例，设计年产绿氢 1.8 万吨，通过替代煤化工项目灰氢，可实现减排二氧化碳 60 万吨 / 年。以矿区重卡电能替代为例，目前矿区油车年消耗柴油约 20 万吨，排放量较大。平朔公司积极推进矿卡油改电，100 吨级以下的宽体纯电卡车已完成外包车队编队测试。载重 120 吨的自用矿卡已经完成测试，计划于 2024 年完成采购 40 辆 120 吨级充电矿卡用于矿区生产。载重 200 吨级矿卡 2024 年投入测试。充换电站也在同步建设中。通过逐步实现电能替代，将为矿区碳达峰、碳中和提供有力支撑，实施平朔矿区“产炭不排碳”。

（由中国中煤能源集团有限公司供稿）

第二篇

能源消费革命

渤海油田超大规模岸电工程建设：记海上油田开发深度电气化变革

一、基本情况

中国海洋石油集团有限公司（以下简称中国海油）是中国最大的海上油气生产运营商。公司主要业务板块包括油气勘探开发、专业技术服务、炼化与销售、天然气及发电、金融服务等，并积极发展海上风电等新能源业务。2022 年度中央企业负责人经营业绩考核 A 级企业名单（49 家）中，中国海油位列第一。凭借长期稳健的业绩表现，中国海油已连续第 19 次在国务院国资委年度考核中获评 A 级。

2019 年以来，中国海油国内原油累计增产超 1300 万吨，是我国原油产量重上 2 亿吨及长期稳产的重要力量。2023 年，中国海油国内原油同比增长超 340 万吨，占全国总增量的 78% 以上；天然气同比增速超 10%，增幅位列三大油公司之首。

中国海油渤海油田是中国海洋石油工业的发源地。自 1965 年下海勘探至今，走过了艰苦创业、对外合作、自营勘探、跨越发展和稳产上产阶段，并已开启高质量发展新征程。目前，渤海油田原油产量超过 3000 万吨，相当于我国原油年产量的 1/7，已超越大庆油田，成为我国最大的原油生产基地。作为保障国家能源安全的重要力量，渤海油田将持续加大油气勘探开发和供给保障力度，2025 年实现油气上产 4000 万吨，2030 年原油上产 4000 万吨并建成渤（黄）海万亿大气区。

一直以来，由于海上油气田远离陆地，均通过海洋平台进行开发。海上油气田供电通常直接以开采出的油气为原料，通过设在中心平台、生产动力平台或 FPSO 的进口发电机组，通过海底电缆向其他平台输电，形成一个具备发、输、配电到用电负荷的辐射型独立电网，实现海上用电自给自足（以下简称自发电）。与陆地发电设备相比，海上发电机组布置分散、装机容量小、发电效率低，经济和环境效应偏低，且受国外关键技术"卡脖子"风险较大，存在一定安全风险。

2018 年，渤海油田年用电量约 47 亿度，相当于一个中等城市用电水平，随着中国海油产能“硬增长”态势持续上扬，绿色发展日益成为“硬杠杠”，如何在产量“加法”和碳排“减法”之间寻求最优解，成为制约渤海油田高质量发展的突出问题。中国海油通过广泛调研国外案例、深入技术论证，在渤海油田部署实施国内首个油气领域岸电入海工程——渤海油田岸电工程，实现低碳能源替代。

“十四五”期间，中国海油渤海岸电工程已在河北、山东、辽宁 3 个区域搭建总接入规模达 980 兆瓦、覆盖渤海 7 个油田区域 150 余座生产设施的电力网格，分三期构建渤海油田清洁能源电网系统。它走出了一条具有海油特色的海上油田节能降碳新路，为国家实现碳达峰碳中和目标贡献海油力量。全部投用后，岸电将为渤海油田 75% 以上的油田提供动力引擎。相比自发电预计减少二氧化碳排放 175 万吨，相当于植树 1.75 亿棵。

二、实践经验

一个传统能源企业，从无岸电建设经验、无岸电技术、无相关资质，到今天建成世界最大规模的海上油气田岸电工程项目，成功打造绿色转型发展有口碑、有影响的绿色名片，实现已开发近 60 年的传统油气田“向绿”底色的本质蜕变。瞩目成绩的背后，是 20 余年来持之以恒的坚持和探索，是“敢为天下先”的首创精神。

（一）20 年深耕核心技术，机会留给有准备的人

1. 望“洋”兴叹，早期岸电浅尝辄止

放眼全球，世界上已有的海上油气平台岸电供电案例少之又少，渤海岸电实施前，相关资料可考仅有 9 例岸电项目，多数分布在欧洲北海。

受国外岸电启发，为提高海上供电可靠性，中国海油早在 1998 年秦皇岛 32–6 油田的开发方案制定过程中就做过岸电方案尝试，但受当时国内陆地电网电力紧缺、供电可靠性相对较低，长距离高压国产海缆发展不成熟等各方面技术经济条件限制没有获得应用。

2. 不忘初心，“曲线上岸”有新解

秦皇岛项目的“上岸”失败，让海油人认识到，一味追随别人的脚步，很难实现真正的突破。当新问题新挑战出现时，必须有敢于打破常规、跳出盒子想问题的魄力和勇气，才能实现真正的技术突破。他们反向寻找提高海上供电可靠性的突破口：既然依托陆地大电网（岸电）的路暂时行不通，我

们可以先通过海上油田群相互之间电力组网，建设自己的海上微电网，提高自身供电可靠性。此外，通常距离远、规模小的海上油气田采用岸电方式供电从经济上和技术上较平台自发电均无优势，通过电力组网实现用电规模化，可以为未来岸电接入奠定更好的技术和经济基础。

经过 10 余年持续努力，技术团队攻克了微电网稳定控制、中性点接地等系列技术难题。截至 2018 年，中国海油在渤海海域已建设完成区域电网 14 个，其中 7 个区域装机容量大于 100 兆瓦。随着电力组网的发展，渤海油田各平台间已有海底电缆相连接，岸电整体替代时，可依托已有的电网构架，油田内部改造较小、易操作，相对工程建设量小，既便利又经济。集渤海整个油田群之力建设岸电也可以摊低成本。中海油特色的电力组网技术奠定了渤海油田“曲线上岸”的基础。

此外，早期“上岸”失利，并没有熄灭海洋石油人追逐岸电的初心。2014 年，中国海油技术团队再次把岸电研究提上了日程。他们在垦利 3–2 油田群开发、绥中与辽东电力组网规划、曹妃甸油田群综合调整项目、渤中 28/34 油田群综合调整等项目中多次尝试，虽然都由于各种原因而最终无法实施，但技术储备越来越强。

3. 天时地利人和，让梦想照进现实

近年来，国内海上风电、柔性直流输电工程蓬勃发展，高压海缆等国内配套技术和产业链日趋成熟，此可谓岸电经济入海的“天时”。

海上电力组网工程使得渤海油田得以成片开发，各油气田分布相对密集，离岸距离在 50~100 千米以内，此可谓“地利”。

党的十八大以后，习近平总书记提出“四个革命、一个合作”能源安全新战略。在这样的战略背景下，海油各方统一思想、齐心协力加大岸电入海攻关，这可谓“人和”。

2018 年中国海油成立渤海岸电顶层规划专项工作组，一举拉开了岸电入海的序幕。历经 5 年三期岸电工程建设，中国海油在海上油田开发生产领域首创 220 千伏高压大容量供电，填补国内岸电入海技术空白。在海上油田开发生产领域属国内首创，在同等规模量级的岸电项目中处世界领先水平。20 余年持之以恒的不懈追寻，中国海油成功圆梦岸电。

（二）不迷信套用已有经验，适合自己的才是最好的

渤海岸电之前，海上油气领域岸电应用工程主要集中于挪威北海。可查阅到的国外距离大于 60 千米、采用高压交流或柔性直流输电的海上油气田岸

电应用案例仅10例，其中已投产最大传输容量项目为Johan Sverdrup油田Ⅱ期，岸电直流供电规模达到200兆瓦。

渤海油田现有用电负荷约400兆瓦，预计远期产量高峰年负荷达到980兆瓦，远超世界上现有海上油气田岸电工程建设规模。渤海岸电到底是选用传统成熟的“高压交流”还是目前方兴未艾的“柔性直流”输电技术呢？这有两种观点。

一种观点是业内多数人员的认识。他们认为新兴的更加先进，而且海上油田离岸远，同时没有源电网支撑，近年来兴起的柔性直流输电简直是为其量身打造。

但是中国海油技术人员在广泛调研国外岸电给海上油田供电案例后，从最根本的技术层面给出了另外一种观点。他们认为交流和直流各有利弊，要具体问题具体分析。

其一，高压交流技术成熟可靠、日常运行操作维护简单、投资较低，但是存在损耗大、不适合通过电缆进行长距离输送等缺点；柔性直流技术适合大容量、长距离输送，输送过程中线路损耗小，但是具有换流站投资大、后期运维操作复杂、目前可靠性相对较低等缺点。

其二，输送距离超过50千米，直流输电和交流输电难分伯仲。输送距离超过100千米，直流技术占绝对优势。渤海油田三个岸电入海项目最远的输送距离均超过50千米，但又小于100千米，不能直接套用行业认知。

在查阅广泛的文献和实地调研后，他们从高压220千伏交流输电传输能力、柔性直流核心设备国内外厂家供货能力、岸电长距离海缆稳定可靠运行措施三个方面论证对比，给出了对交直流技术的认识。

一是交直流供电技术各有特点。长距离交流海缆需要进行线路容性功率补偿，技术成熟可靠；柔性直流适应长距离输电，但两端需配置换流站，尚属于不断发展成熟的新型输电技术。

二是高压交流技术可靠性高于柔性直流技术。国外厂家ABB公开承诺的柔性直流输电产品的可靠性为98.5%左右，国内厂商同类型产品的性能与稳定可靠性还需要商业化工程的长期可靠性验证。而新建交流变电站技术成熟，可靠性接近100%。

三是渤海油田海上平台离岸距离为50~100千米，按照功率经济对比，高压交流经济性优于柔性直流。

渤海油田岸电的“交直之争”画上了句号。那就是在渤海油田采用交流输电技术是可行的，并且在供电可靠性、经济性以及后期的运维管理上具有比直流更大的优势。

（三）走出自我舒适圈、人才队伍建设开新局

渤海油田引入岸电，中国海油从熟悉的海洋工程领域跨入了相对陌生的陆地高压电力行业，面临政策规范不同、手续办理复杂、利益干系人众多、高压电网管理缺乏经验等诸多难题。在操作层面上，从自己完全控制到“受制于人”，更是一个巨大的冲击，对现场的组织管理也是巨大的挑战。既然单凭一己之力无法实施岸电入海，就秉承“相通则共进”的思想，寻找优质合作伙伴共同建设管理。

国网公司作为专门从事输变电业务的中央企业，在陆地建设规划、与当地政府协调、占用土地征收协调建设等工作方面具有丰富经验；中国海油在海上工程建设设计、工程安全、质量控制及后期运营和油田协调等方面有自己的独特优势。首个河北岸电项目推动过程中，中国海油提出以“强强联合、优势互补”为原则，作出了“在陆地建设环节和国网进行合作，在顶层设计过程中提前介入”的决策。

经过多轮会晤、商讨，两大能源央企在河北岸电陆地工程实现历史性牵手。双方同步组建规划方案组、技术方案组和建设运营组。通过联合实地踏勘和调查研究，对河北岸电的建设内容、规模、配套电力设施、投资、工艺、环境影响等进行全面分析，确保了首个岸电示范工程项目顺利投产。

岸电推进过程中，中国海油因时制宜调整人员组织架构，不断适应和解决岸电规划、设计、建造、安装、施工、运维等各个环节产生的新需求、新问题。2022 年 12 月中国海油天津分公司成立渤海油田岸电运维中心，下设综合管理部、运行部、装备管理部、QHSE 部共 4 个部门，统筹负责河北、山东、辽宁 3 个区域岸电的运维工作。

从顶层设计到三大岸电工程全部送电投产，中国海油先后组织了近 2000 人的队伍开展岸电系统工程的联合技术攻关和建设。通过人才队伍建设，中国海油打造了一支具有高压电力设计、建造及运维能力的技能队伍，也为中国海油进军海上风电新能源领域积蓄了宝贵力量。

三、取得的成效

渤海油田岸电工程按照“整体规划、分步实施、新老并举、示范先行”的顶层设计总体思路，在河北、山东、辽宁 3 个区域建设 5 座陆地开关站，在海上建设 8 座供电枢纽平台，铺设 580 多千米高压海缆，搭建起总接入规

模达980兆瓦、覆盖渤海7个油田区域150余座生产设施的电力网格。三期岸电工程已于2021年、2022年和2023年陆续全部投产。

（一）技术创新补链、固链、强链作用显著

（1）为满足海上油田高可靠供电要求，中国海油国际首创适用于海上油田群110千伏区域互联系统和双电源不断电快切高可靠供电技术，实现了任一路电源失电情况下仍能连续供电，解决了岸电入海电网稳定可靠供电难题。

（2）为尽可能减少对海洋空间的分隔和占用，降低对航道通航、防波堤坝、海洋环境的影响和破坏，设计过程坚持自主创新，创新性提出“水平定向钻方式‘穿针引线’将海底电缆穿越防波堤”等高压海缆敷设方式及防护技术，创造了220千伏海缆陆—海定向穿越460米的抽拉世界纪录。

（3）渤海油田历经40多年勘探开发，海底管网错综复杂。在业界尚无高压海缆在海洋环境下对周边管缆电磁腐蚀等安全分析方法、标准的情况下，技术团队突破复杂条件下高压交流海缆电磁腐蚀风险评估关键技术，填补了行业空白。

渤海岸电工程在设计、建设、运维技术领域形成包括“高压双电源快切”“海底电缆的保护方法”“高压交流电缆对海底管道交流腐蚀防护方法及装置”等在内的10项国内专利及系列知识产权成果，在后续海上风电场等项目中均具备推广应用价值，对国内相关产业链进一步补链、固链、强链具有重要意义。

（二）“乘数效应”激活老油田新发展格局

渤海油田岸电工程是基础设施，它投资大、带动性强。在岸电规划设计之初，中国海油就对未来依托岸电的扩展应用进行统筹谋划，让岸电在“双碳”背景下充分发挥“乘数效应”，具体体现在“节能降碳、经济性、新技术”三个方面。

（1）岸电实现了海上大规模油气田用能方式的绿色变革。岸电入海三期工程全面实施后，高峰年预计可减少二氧化碳排放175万吨，氮氧化物排放2.56万吨，节能标准煤当量99.43万吨，相当于植树1.75亿棵。随着绿电比例增大，减排效果将更加明显，即将迎来“低碳”“零碳”油田。随着新油田的开发接入，岸电占比海上用能可超90%。高峰年可降低原油消耗17.5万立方米，降低天然气消耗23.8亿立方米，相当于新增一座中型油气田。

（2）岸电投用后，电力不再是平台生产、开发的“瓶颈”。随着渤海油田

岸电成功实施，新项目力争全部依托岸电实施，可有效降低油田开发投资成本，减少发电机组采购安装费用，减少组块面积及重量，大大缩短项目实施周期。据初步预测，河北、山东、绥辽3个区域，23个接入岸电的开发项目总计节省投资45亿元。以岸电替代钻井船、钻修井机、柴吊的燃料，具有良好的应用市场和经济效益，2023年9月，海上亿吨级油田垦利6–1完成全部钻井作业，首次利用岸电为钻井平台供电，用电成本下降约46%。

（3）岸电带来了智能化、风电等新技术、新能源的增值。岸电同时铺设建成了光纤通信网络，海上油田的通信能力提升到万兆级，使海上应用智能油田需要的大带宽通信成为现实。以岸电为基础，秦皇岛32–6油田成功建成我国第一个海上智能油田，开创了“智能、安全、高效”的新型海上油气开采运营模式。在山东岸电覆盖区域，新建设的渤中19–6、垦利6–1、渤中29–6等项目已经全面推广无人化井口平台。风电项目可以依托岸电实现能效满载发电，风电利用率将有效提升25%左右。

（由中国海洋石油集团有限公司供稿）

中国华电“城市老电厂”变身“零碳新地标”

一、基本情况

中国华电集团发电运营有限公司（以下简称运营公司）于2007年7月注册成立，营业范围为发电设备运行、维护和检修；货物进出口、技术进出口、代理进出口；技术开发、技术咨询、技术服务；企业管理等。2012年，中国华电为加快北京区域新项目发展，批复成立中国华电集团北京能源有限公司，与运营公司“一体化运营管理”。2024年1月，为进一步做实区域公司管理责任和规范境外业务运作，集团公司对运营公司职责进行调整，定位为北京市区域公司，代表集团公司履行区域管理职能，打造成为服务首都能源供给的重要平台。主要负责北京市及环京核心区域能源项目的规划发展、投资建设、安全生产、经营管理等工作；积极开拓供热（冷）、储能、增量配网等综合能源服务业务；以市场化方式，为系统内外（含境外）发电项目提供运维服务。管理7家主体企业，其中，发电生产类企业4家，包括北京区域的华电（北京）热电有限公司、北京华电水电有限公司、北京华电北燃能源有限公司，环京区域在建的华电香河能源有限公司；科技文创类企业1家，北京天宁华韵文化科技有限公司，专注老旧资产的盘活利用，打造文创园品牌“天宁1号”零碳智慧园区；市场化运维企业1家，华电联合（北京）电力工程有限公司，为境内外电厂提供运行维护、设备检修、技术指导等专业化服务；境外企业1家，印尼公司负责区域内电厂运维服务和印尼技术服务市场拓展。

中国华电“天宁1号”文化科技创新园（以下简称园区）与北京最古老的地面建筑天宁寺塔仅一墙之隔，由原北京第二热电厂（以下简称老二热）工业遗址改造而来。老二热于1972年开始筹建，1980年全部建成投运，担负着西长安街沿线的中央国家机关和北京市重要部门及50万居民的冬季采暖任务，肩负着“为首都奉献光和热”的光荣使命，是北京市由小煤炉取暖跨越到城市集中供暖的一个标志性工程。随着时代车轮滚滚向前，其逐步成为淘汰落后的产能，2009年8月5日燃油发电机组关停，关停后的机组、厂房、设备如何利用，如何确保国有企业资产保值增值成了一道难题。跟随“四个革命、一个合作”战略步伐，华电人在困难面前不退缩，敢于革新，敢于探索，敢于尝试，用“敢叫日月换新天”的勇气，闯出了一条工业厂房改文创园区的新路径，特别是近两年又融入了零碳元素，旧厂房摇身变成了远近闻名的市级文创园、网红打卡地、零碳新地标。

北京天宁华韵文化科技有限公司（以下简称天宁华韵公司）负责园区的建设和运营，于2015年6月5日注册成立，是世界500强企业中国华电的全资子公司。园区总占地面积7.9万平方米，分两期建设，一期改造于2016年10月28日开园，面积约3.2万平方米，建筑面积约2万平方米；二期主厂房作为“北京市第一批历史建筑”，在北京市区两级政府的关心指导下，已作为首都核心区重点项目纳入《北京市城市更新专项规划（北京市“十四五”时期城市更新规划）》。一直以来，园区建设遵循新发展理念和北京“四个中心”的城市定位，在国家能源安全战略和“3060”双碳目标的指引下，紧扣北京城市更新脉搏，积极响应碳中和号召，推动能源技术革命，带动产业升级，园区建设既保留电力历史印记，又做好绿色发展文章，旧貌新颜，腾笼换鸟，涅槃重生，目前已成为首都北京西二环核心区域业态丰富、环境优美、创新发展的特色园区，按照2020年8月时任北京市委书记蔡奇来园区调研时提出的“打造北京文体新地标”的目标奋勇前行。

二、实践经验

“四个革命、一个合作”能源安全新战略，深刻揭示了世界能源发展的大趋势大逻辑，着眼统筹推进“五位一体”总体布局，明确了新时代我国能源清洁低碳发展方向。中国华电“天宁1号”园区积极顺应能源发展客观规律，在老厂房改造文创园的过程中始终坚持绿色发展理念，坚持清洁低碳发展方向，保持战略定力，增强战略自信，进行顶层设计，加强统筹规划，从根本上回答了顺应能源发展大势“怎么干”的问题，作为能源行业首家“零碳文创园区”的建设者和探索者，为能源系统老旧工业厂房向文化产业园转型提供了“华电方案”，贡献了“华电智慧”。

（一）顶层设计，描绘园区零碳建设“路线图”

2014年6月13日，中央财经领导小组第六次会议上提出“四个革命、一个合作”战略，随着战略目标推进，中国华电适时启动了对老二热工业转型升级改造，顶层设计将“老厂房”改造成“文化科技创新园”，经过持续探索，园区已经具有了一定规模和影响力。2020 年 9 月，中央明确提出 2030 年实现碳达峰、2060 年实现碳中和的目标，随着“双碳”目标的推进，中国华电审时度势，及时把零碳元素融入园区建设之中，第一次创新性提出了打造中国华电“天宁 1 号”零碳文创园区的思路。随之，国家发展和改革委员会等八部门联合发布了《推进工业文化发展实施方案（2021—2025 年）》，提出“鼓励利用工业遗产和老旧厂房资源，建设工业遗址公园、工业博物馆，打造工业文化产业园区、特色街区、创新创业基地、文化和旅游消费场所，培育工业旅游、工业设计、工艺美术、文化创意等新业态、新模式，不断提高活化利用水平”，对存量闲置工业用地及厂房的盘活利用提出建议发展方向。北京市规划和自然资源委员会等四部门印发了《关于开展老旧厂房更新改造工作的意见》等文件。一系列政策文件陆续出台，为园区发展带来了时代机遇，北京城市更新的步伐正在加快，市区内老旧厂房改造为城市更新行动的重点内容，在中国华电和运营公司的带领下，对标国际、国内零碳园区标准及相关案例，高标准进行园区规划，拟定了“顶层规划 + 创新管理 + 智慧运营”的园区碳中和路线图，明确了文创园区碳中和的实施路径。

图 1　北京第二热电厂原貌

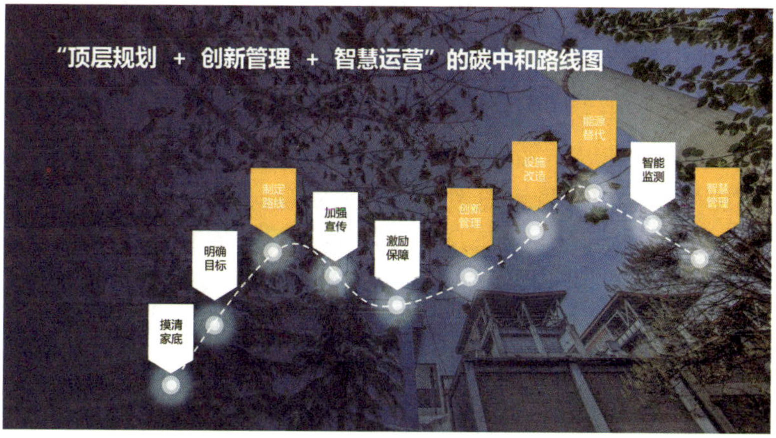

图 2　零碳规划碳中和路线图

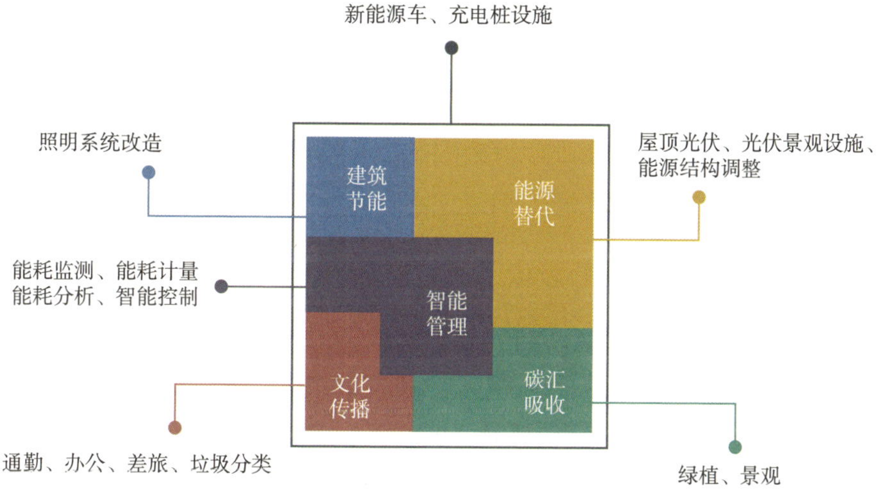

图 3　节能减碳路径规划

一是能源方面，使用屋顶光伏、光伏车棚、光伏路灯、光伏座椅、光伏垃圾桶等发电设施生产可再生能源电力，更多地使用可再生能源电力用于园区运营。随着二期主厂房项目推进，加大各类光伏、新能源设施的投放，推动园区新能源发电实现自给自足。另外，融入园区文创特征，加大特色场景设计改造，包括玻璃景观建筑碲化镉光伏发电玻璃、鱼池光热系统增温示范点改造等。二是建筑方面，加强低碳基础设施建设，对园区主要用电设施进行低碳化、智能化改造，安装节能灯控制面板，加强智慧灯光节能示范改造，提高楼宇照明效率。三是交通方面，扩大光伏车棚建设，充电电力主要来源为光电转化。为新能源车提供停泊、充电的“绿色通道”，方便新能源车充电蓄能，为实现从油车时代向新能源汽车时代的过渡贡献力量。四是智能管理方面，利用大数据、云计算、边缘计算和物联网等技术对园区数据采集进行聚类和分析，帮助实现能源消耗、碳排放数据的自动采集与集中管理，基于碳排放与减排量历史数据对比，实现对未来排放量、减排量的预测。对园区主要用能设备进行智能控制，设置合理阈值，通过用能预测、用能报警、同比分析、环比分析等，对主要用能设施进行科学管理和动态调节。实现园区分布式光伏、多元储能、智慧能源管理一体化系统开发运行，提高微电本地消纳能力，通过储能系统向外赋能。五是碳汇方面，增强园区绿色景观对环境的影响的改善，不断提高碳汇吸附力，营造优美舒适的园区环境。

（二）精耕细作，制定园区零碳打造“时间表”

对标国际国内相对成熟的零碳园区，通过梳理园区核心要素，从核心要素去碳、能源转型、能效提升、智慧管理、抵消机制和低碳生活几个方面入手，按照既定的路线图，制定零碳园区打造的时间表，完善工作机制，细化工作举措，分阶段分步骤推进零碳园区建设。

一是以能源转型为核心，构建可持续的能源体系。充分利用园区可利用的屋顶铺设光伏项目，以高经济的方式提升园区电网消纳可再生能源的能力，积极推动绿电就地生产消纳，各种能源设施即插即用。园区一期屋顶光伏项目已于 2022 年 3 月实现投产运营，二期主厂房项目推进，还将持续增加光伏项目规模。二是推行零碳设施改造，推进绿色智慧园区建设。已完成办公区域楼宇的智能照明改造，园区增设光伏座椅 7 个，光伏垃圾桶 5 个，光伏车棚 4 个，光伏凉亭 1 个……在园区尽可能多地增添各类清洁能源设备，提供更多可再生能源，将零碳元素与建筑、园区紧密融合，将绿碳理念延伸至园区建设全领域、全过程。三是全面梳理碳排放源，建立全覆盖的检测体系。对园区进行数字化升级，明确园区全生命周期能耗和排放总量，加强能源资源节约，基于工业互联网、云计算、区块链等手段，实现信息化智能化运行能力持续提升。智慧零碳管理系统的初步布设已完成，系统配置还有待进一步升级。四是充分利用生态碳汇，形成高效的碳消除机制。持续优化园区空间布置，充分激发植物碳汇潜力，根据园区属性和业态不同，通过利用小微绿地、绿植墙、绿色廊道及道路绿化等方式，增加园区绿化面积，增强生态碳汇能力，打造可持续零碳园区。目前，园区绿植已达 50 余种，绿化面积达 8000 平方米，随着二期项目推进，将持续增加园区绿地面积。五是引导价值观念转变，倡导绿色低碳办公方式。鼓励包括但不限于节电、无纸化办公、绿色出行等低碳行为，引导简约适度、绿色低碳生活方式，带动更广大群体树立低碳理念，践行低碳生活，共同参与能源节约型社会的构建，这是一项长期的任务。六是进一步实现园区数字化转型。从重视“传统基建”等硬环境到重视“新基建”等软环境，打造智慧消防、环境监测等数字设施，推动园区实现以数据为中心的数字化转型。预计 2026 年清洁能源将成为园区的主要用能来源，预计在 2030 年通过内部能源、产业、载体、环境的良性循环，其将成为真正零排放园区。

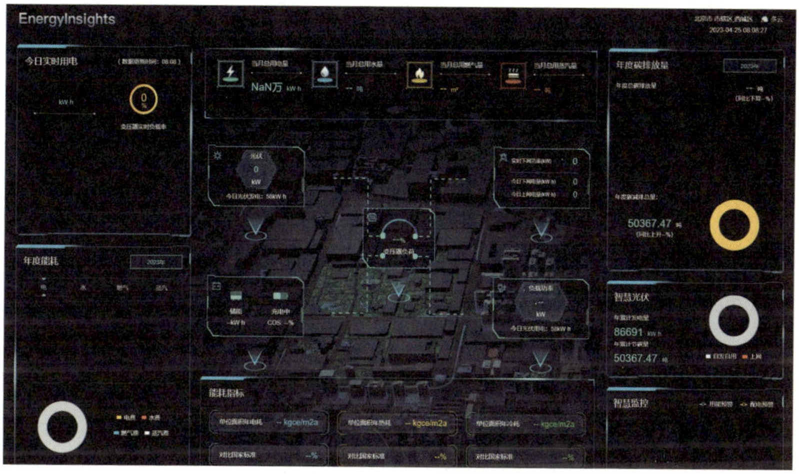

图 4　智能管理平台

（三）履责合作，推广园区零碳建设“倡议书”

坚持履行央企担当，加大地企合作力度，鼓励园区企业积极参与，增强园区与公众在碳减排行动方面的交流、互动，通过文化外溢，发挥“1+1>2”的联动作用，带动引领社区及周边企业、园区入驻企业等开展减排行动。发起了“碳中和”行动倡议书，通过各种宣传媒介，加大对园区零碳文化、理念的宣传，为企业分发零碳科普指南，围绕零碳相关主题组织专家论坛，开展主题活动，在园区内外营造节能减碳、零碳办公出行的浓厚氛围，凝聚零碳发展共识，形成零碳智慧园区标志品牌，打造零碳智慧园区新名片，综合考虑能源、环境的协同配置，引导形成园区低碳发展的长效机制。

图 5 “天宁 1 号”文化科技创新园“碳中和”行动倡议书

三、取得的成效

中国华电“天宁 1 号”园区从“废旧老电厂”变身“零碳新地标”，取得了广泛认可和肯定，带来了较好的环境效益、经济效益和社会效益。在环境效益方面，园区一期光伏屋顶项目总装机容量 0.4 兆瓦，年发电量约为 44 万千瓦时，约占园区年总用电量的 70%，相当于年节省标准煤 147 吨，减少污染排放 122 吨碳粉尘、446 吨二氧化碳、13.4 吨二氧化硫、6.7 吨氮氧化物，每一个数字都代表着园区绿色发展对环境带来的有益影响，后续随着二期项目的推进进行多点布设、全面布局各类微系统，逐渐减少整个园区的碳排放影响。在经济效益方面，园区的屋顶分布式光伏项目年节约电费约30余万元，在分布式光伏发电项目生命周期内，25 年共节约电费约 750 余万元。在社会效益方面，为探索“零碳智慧园区”标准提供实践典范，初步形成在全场景、各地区标准推广模式，园区通过一站式、模块化、可配置的模型构建和标准设计，探索出一套“零碳”应用场景下的综合解决方案。在此基础上，通过模型完善和模块配置，可向学校、医院、公园、酒店、商场、服务区、港口、园区等各类场景拓展，成为全场景、大范围复制推广的典型模式。

荣获了多种荣誉和奖项：在零碳园区建设方面，2022 年、2023 年，“天宁1号”零碳文创园连续两年成功亮相第27届和第28届联合国气候变化大会；2023年3月，园区取得国检集团“碳中和”认证证书；2023年5月，获得“零碳智慧园区”授牌；2023 年 5 月，“天宁 1 号”项目荣获 2023 中国城市更新创新发展（北京）峰会优秀案例；2023 年 12 月，在新华网主办的第九届绿色

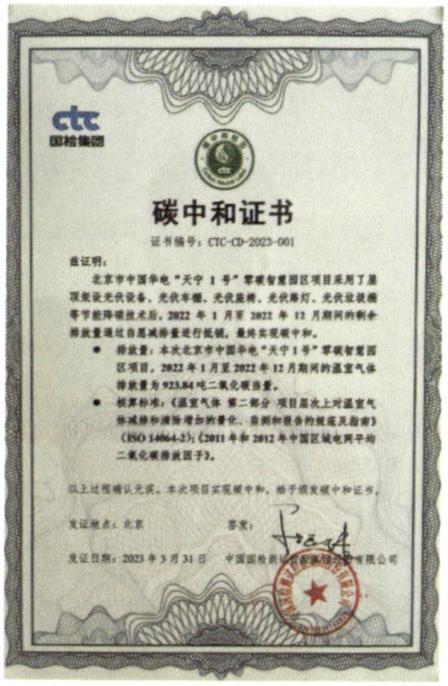

碳中和证书

证书编号：CTC-CD-2023-001

兹证明：

北京市中国华电“天宁 1 号”零碳智慧园区项目采用了屋顶架设光伏设备、光伏车棚、光伏座椅、光伏路灯、光伏垃圾桶等节能降碳技术后，2022 年 1 月至 2022 年 12 月期间的剩余排放量通过自愿减排量进行抵销，最终实现碳中和。

- 排放量：本次北京市中国华电“天宁 1 号”零碳智慧园区项目，2022 年 1 月至 2022 年 12 月期间的温室气体排放量为 923.84 吨二氧化碳当量。
- 核算标准：《温室气体 第二部分 项目层次上对温室气体减排和清除增加的量化、监测和报告的规范及指南》（ISO 14064-2）；《2011 年和 2012 年中国区域电网平均二氧化碳排放因子》。

以上过程确认无误，本次项目实现碳中和，给予颁发碳中和证书。

发证地点：北京　　签发：

发证日期：2023 年 3 月 31 日　　中国国检测试控股集团股份有限公司

图 6　碳中和证书

图 7　2023 年中国城市更新创新发展（北京）峰会优秀案例

发展论坛上荣获了 2023 碳达峰碳中和行动影响力企业品牌，案例入编了《绿水青山就是金山银山实践案例汇编（2023）》，荣获 2023 碳达峰碳中和行动影响力企业品牌，具有积极的指导意义和示范推广价值。其他方面，园区开园至今，曾荣获北京市级文化产业园区、北京网红打卡地、中国城市更新和既有建筑改造优秀案例、北京市文化旅游体验基地、电力科普教育基地、北京市共铸诚信企业等多项荣誉，吸引了阿拉伯青年友好大使团等众多国际友人来园区参观。

图 8　阿拉伯青年友好大使团到访“天宁 1 号”

中国华电将在践行“四个革命、一个合作”战略和“双碳”目标的道路上永不停歇，在做好工业遗产、建筑历史风貌保护的基础上，通过建筑节能改造、清洁能源供应、绿色碳汇景观、绿电交易、数字化运营管理、低碳文化植入等方式，形成零碳智慧文创园的标准化推广模式，为美丽中国建设贡献“天宁 1 号”华电样板。

（由中国华电集团有限公司供稿）

积极构建 LNG 车辆加注生态圈
推动交通领域用能绿色低碳转型

一、基本情况

中国海洋石油集团有限公司（以下简称中国海油）是 1982 年 2 月经国务院批准成立的特大型国有企业，是中国最大的海上油气生产运营商，主要业务板块包括油气勘探开发、专业技术服务、炼化与销售、天然气及发电、金融服务等，并积极发展海上风电等新能源业务，在 2023 年《财富》世界 500 强中排名第 42 位。20 世纪 90 年代中期，中国海油以前瞻性眼光在我国率先开创 LNG（液化天然气）的国外引进和市场应用，经过近 20 年的快速发展，实现了中国海油 LNG 产业链从无到有、从小到大的转变，天然气产业逐步发展成为中国海油的支柱性产业。

中海石油气电集团有限责任公司（以下简称气电集团）成立于 2008 年 4 月，是中国海油的全资子公司，统一经营和管理中国海油天然气及天然气终端板块业务。气电集团以 LNG 及相关产业为核心，在中国沿海地区积极建设天然气大动脉，打造了一条以 LNG 贸易销售为核心、以基础设施为支撑、上中下游一体化运作的天然气产业链，业务范围涵盖 LNG 资源贸易、运输、接收站、天然气管线、燃气电厂、城市燃气、车船加注、技术研发等。截至 2023 年底，运营 LNG 接收站 6 座，总接收能力 3260 万吨 / 年（控股 2660 万吨 / 年），配套输气管线 1035 千米；在建 LNG 接收站 3 座，控股接收能力 1250 万吨 / 年；天然气发电厂 10 家（控股 7 家），总装机容量 1120 万千瓦，其中控股 681 万千瓦。

气电集团深入贯彻习近平生态文明思想，认真落实“四个革命、一个合作”能源安全新战略要求，立足新发展阶段，贯彻新发展理念，积极构建 LNG 产业新发展格局。通过坚持系统观念，坚持创新驱动，坚持绿色发展，持续增强 LNG 清洁能源的保供能力（气电集团是目前国内最大、国际第二的 LNG 进口商，2023 年进口 LNG 3085 万吨，占全国 LNG 进口量的 44%），有力保障和促进了国家能源供应和能源消费结构的优化调整。在交通运输领域，中国海油主动汇聚 LNG 加注产业集群力量，充分利用和发挥自身的资源禀赋和优势，通过创新开展 LNG 车辆加注业务，引导物流企业和物流客户转变用能方式，有力地推动了交通领域用能的绿色低碳转型。

二、实践经验

气电集团在“四个革命、一个合作”能源安全新战略指导下，统筹“车、站、平台”三位一体优势，加强企业协同、产研协同、资源市场协同以及内外协同，着力打造 LNG 车辆加注产业生态圈，统筹推进 LNG 重卡车辆转化和完善 LNG 加气站（以下简称加气站）绿色交通基础设施布局和建设，主动融入和服务物流运输企业重卡用能油改气，推动交通领域能源消费革命和经济社会绿色低碳发展。

（一）深化产业链合作，共建交通领域 LNG 车辆加注绿色低碳产业生态圈

1. 加强企业协同，围绕重卡用户打造 LNG 车辆加注产业链和生态圈

气电集团坚持合作共赢理念，积极深化与车辆加注行业相关单位的合作。作为中国交通运输协会清洁能源车船分会（以下简称车船分会）的副会长单位，多次联合车船分会、同行企业向国家相关部委建议出台支持 LNG 重卡发展的政策，并通过全国两会、信息专报等渠道，呼吁支持 LNG 重卡发展。2019 年 5 月，气电集团联合车船分会、重卡生产厂家、发动机制造厂家、加气站装备制造商、物流运输公司及金融服务等单位，成立了中国海油 LNG 车船产业合作联盟，通过发挥中国海油自身资源供应和保障优势，进一步集中行业力量，整合行业资源，共同打造 LNG 车辆加注产业链和生态圈，促进 LNG 车辆加注行业健康和可持续发展。

2. 加强产研协同，创新方法学研究，助力 LNG 重卡推广应用

气电集团坚持产学研深度融合，在国内率先开展 LNG 重卡加注碳减排研究，为 LNG 车辆加注行业提供低碳减排的测算标准。2023 年，气电集团组织开发了《河北省 LNG 重卡车辆货运项目碳减排量核算方法学》，并于 2023 年 11 月获得河北省生态环境厅、市场监督管理局的批准和发布。目前，气电集团正在河北唐山地区组织开展 LNG 重卡车辆货运项目碳减排交易前期工作，后续将根据国家 CCER 政策重启情况，开展国家层面的 LNG 车辆碳减排量核算方法学研究，为争取国家层面出台 LNG 重卡支持政策提供技术支撑，同时通过将 LNG 替换柴油获得的碳减排收益返补 LNG 重卡用户，将会更好地推

动LNG重卡的转化和应用推广。

3. 加强资源与市场协同，创新车辆加注价格机制，增强LNG重卡用户信心

当前，国内柴油价格受国家政策指导，但国内尚未建立LNG加注指导价格机制。受国际原油价格以及地缘政治等多种因素影响，LNG加注价格波动性较大，且个别时期、个别地区价格波动频繁，严重影响了国内LNG重卡的生产、销售和应用推广。2021—2022年，LNG加注价格高位运行，全国LNG重卡销量分别下降至5.9万辆、3.7万辆，较2020年的14万辆销量连续两年严重下滑。2023年LNG加注价格回落，全国LNG重卡销量回升至15.2万辆，同比增长307%。为降低LNG加注价格频繁波动对LNG用户的不利影响，气电集团在对物流企业、重卡厂商等终端用户深入调研的基础上，根据重卡运营期内主要费用构成情况，创新实施"油气联动"价格机制，按照与0号柴油零售价格70%左右的挂钩比例，为物流用户提供车用LNG价格，且做到"保质、保量、保价"，这一做法得到物流用户的普遍认可，大大增强了物流公司及用户使用LNG车辆的信心。

（二）优化加气站网络布局、提升终端服务水平，推动物流用户用能结构调整

1. 加强内外协同，高质量精准布局加气站网络

一是气电集团通过总结固化自建、并购、租赁、合作经营以及联盟等加气站开发和获取手段，形成可复制的加气站开发模式，提高加气站开发效率和质量；二是与中国海油系统内兄弟单位及外部集团化企业合作，强强联合批量化布局建设加气站，并积极顺应国家清洁能源发展政策和发展趋势，因地制宜布局油气电氢服综合能源站；三是在对加气站点现场勘察和人工测量的传统方法基础上，深化信息技术与车辆加注业务融合，通过大数据分析和数字化赋能，进一步辅助加气站选址布局，提高加气站开发的精准性和科学性。

2. 加强加气站标准化建设，夯实加气站标准化管理基础

本着简单实用、规范有效的原则，气电集团积极加强加气站相关标准化建设，提升加气站标准化服务水平。一是围绕加气站开发，以开发高质量加气站为目标，持续推进相关合同标准化建设；二是围绕加气站功能设计，以拓展加气站产品和服务为目标，推进加气站设计标准化建设；三是围绕加气站现场服务，以规范员工操作为目标，推进加气站员工操作行为标准化建设；四是围绕加气站基层基础管理提升，以提升加气站基层管理为目标，推进加气站班组标准化建设；等等。

3. 实施加气站智慧功能升级改造，助力打造中国海油 LNG 重卡加注品牌

气电集团以全新塑造加气站视觉形象为切入点，围绕视觉形象、视频系统及智慧系统等方面，制定“一站一策”改造方案，系统推进加气站智慧升级改造，全面提升中国海油加气站的站点形象和数智化运营水平。通过从产品、服务及站点形象等多维度进行加气站品牌的塑造和管理水平提升，中国海油加气站已在行业内树立起较好的品牌形象和口碑，并且为国内 LNG 车辆加注同行企业加气站品牌建设和安全运营管理提供了相关标准和经验借鉴。

（三）积极打造 LNG 车辆加注数字化营销平台，提升客户智慧消费新体验

气电集团是国务院国资委发布的首批天然气行业领域公有云建设牵头单位。2019 年气电集团自主研发了“海气通”数字化营销平台，经过多年的持续功能迭代，该平台已经具备非油气商城、数据看板等功能，能够顺利实现车辆加注导航寻站、线上预约、加注交易以及快捷支付等全流程在线操作，从而能够为重卡司机提供高效便捷的智慧消费服务。目前，该平台已经成为国内 LNG 车辆加注领域最具影响力的数字化平台，后续气电集团将会进一步拓展“海气通”平台功能，将其打造成为集多类型能源供应、槽车调度及安全管理、金融服务等于一体的综合性服务平台。截至 2023 年底，“海气通”平台已累计注册重卡车辆约 40 万辆，在线加注突破 1000 万次。2023 年，气电集团通过“海气通”平台实现加注量 232 万吨，同比增长约 110%。2023 年上半年加注量突破百万吨事迹被“央视频”、新华财经、中国能源新闻网等新闻媒体广泛宣传报道。

三、取得的成效

气电集团认真贯彻“四个革命、一个合作”能源安全新战略，深入推进交通运输领域车船能源消费革命，紧密聚焦物流货运、快递运输等重卡客户，重点围绕高速公路、国省道等运输线路优化布局加气站网络，推动交通领域用能绿色低碳转型取得积极成效。

一是发挥产业集群力量，推动国内 LNG 重卡保有量持续增长。气电集团通过深化与陕汽集团、东风商用汽车等头部重卡生产企业合作，联通车辆生产端和能源供应端，携手向物流用户推介 LNG 重卡；联合 LNG 车船产业合作联盟成员单位，通过发挥重卡生产、发动机制造、加气站设备制造、加气

站建设、LNG资源供应、物联网平台以及金融支持等LNG车辆加注产业集群力量，为LNG重卡持续增长和使用提供全方位产业支撑，推动国内LNG重卡保有量近10年来以双位数增速增长，到2023年底LNG重卡保有量超64万辆；同时利用国家能源局2023年修订《天然气利用政策》契机，建议将LNG重卡列为天然气“优先类”用户，并得到国家能源局认可，将进一步从政策上为LNG重卡增长提供动力支持。

二是加快推进交通领域清洁能源替代，降低石油对外依存度、助力国家“双碳”目标实现。LNG作为车用燃料，相比柴油污染物综合排放减少约85%，使用LNG作为车用燃料能够有效降低重卡的污染物排放总量，其中根据《河北省LNG重卡车辆货运项目碳减排量核算方法学》内容，当前技术条件下，每燃烧1吨LNG较柴油可减少碳排放约0.15吨。气电集团自2009年开展该业务以来，截至2023年底，已累计加注780万吨LNG，上述780万吨加注量，可折算实现替代柴油约650万吨，能够减少碳排放约117万吨。2023年度，全国LNG车辆加注量超过1600万吨，折算下来可实现替代柴油约1330万吨，能够减少碳排放约260万吨。

2024年3月，国务院发布了《推动大规模设备更新和消费品以旧换新行动方案》，要求加快淘汰国三及以下排放标准营运类柴油货车。根据《中国统计年鉴2023》，2022年全国重型载货汽车为894.15万辆，若其中30%的重型载货汽转化为LNG重卡（约270万辆），年LNG消费量将达到约8800万吨，可实现年替代柴油超过7400万吨，年减少碳排放约1400万吨，既能够有效降低国家石油进口的对外依存度，又能够实现巨大的节能减碳环保效益和社会效益。

三是降低物流企业用能成本，提高社会经济综合效益。根据测算，重卡燃料费占重卡全生命周期运营成本的1/3左右。2017年以来，除个别年份的冬季外，LNG相比于柴油具有一定的价格优势，从长周期看，按照LNG价格（元/千克）与0号柴油价格（元/升）70%左右的比例挂钩、柴油重卡百公里耗油33升、LNG重卡百公里耗气33千克、重卡年行驶10万千米、运营5年的情景计算，LNG重卡相较柴油重卡可节省燃料费约40万元，除覆盖车辆购置价格差（LNG重卡比柴油重卡贵8万~10万元）外，还能够节省近30万元的费用。按照气电集团累计加注的780万吨LNG计算，相当于为4.73万辆LNG重卡（按照LNG重卡运营5年计算）提供了加注服务，按上述节省费用测算，气电集团累计为物流企业节约燃料成本约190亿元。

此外，气电集团组织开发的LNG重卡车辆货运碳减排量核算方法，也为

LNG 加注实施碳减排交易提供了可行路径。未来后续国家层面的 LNG 车辆碳减排方法学获得国家认证并发布实施后，一方面能够通过碳减排收益返补重卡司机、降低物流企业燃料成本；另一方面也必将能够进一步推动 LNG 重卡的转化。如果按照前述全国 30% 的重型载货汽约 270 万辆转化为 LNG 重卡，物流企业每年可节约燃料费用约 2200 亿元，实现年碳减排收益约 10 亿元。同时上述新购 LNG 重卡可带动约 1.35 万亿元的购车消费，增加约 1200 亿元的购置税收益，并通过新购 LNG 重卡、加气网络建设和运营管理等，拉动相关设备制造、建筑施工以及物流运输等方面的社会投资和消费，同时还能带来大量的新增就业岗位，产生广泛的经济效益、社会效益和环保效益。

习近平总书记多次指出要构建清洁低碳安全高效的能源体系，并于 2024 年 1 月在中共中央政治局就扎实推进高质量发展进行第十一次集体学习时强调，新质生产力本身就是绿色生产力，必须加快发展方式的绿色转型，助力碳达峰碳中和。气电集团将以习近平新时代中国特色社会主义思想为指导，立足新发展阶段、贯彻新发展理念，持续践行“四个革命、一个合作”能源安全新战略，坚持绿色、低碳、可持续发展，持续推动国家能源消费革命，在构建 LNG 车辆加注生态圈、推动交通领域用能绿色低碳转型的道路上，继续优化加气站网络布局、提供优质加注服务，为发展新质生产力、助力国家碳达峰碳中和目标实现，作出新的更大贡献。

（由中国海洋石油集团有限公司供稿）

雄县第二人民医院零碳智慧能源项目

一、基本情况

中国华能集团有限公司（以下简称中国华能）是经国务院批准成立的国有重要骨干企业，坚持电为核心、多能协同、创新引领、金融支持、全球布局的发展战略，在2023年世界500强企业中排第209位。为响应党中央号召，中国华能于2018年设立了雄安分公司，专注于雄安新区综合能源服务、金融、科技和信息产业的发展，积极履行央企责任，深度融入新区建设。华能雄安分公司所属全资子公司——华能雄安绿色能源有限公司致力于新能源开发、清洁供冷供热等综合能源服务，充分响应“四个革命、一个合作”能源安全新战略，以“能源互联网＋智慧微电网”技术为核心，构建以太阳能、地热能、空气能等可再生能源为主，多能互补、多源耦合、绿色低碳、智能智慧的先进综合能源体系，并积极进行相关项目投资推广。目前正开展多个综合能源服务项目投资建设，如华能雄安总部综合能源项目、雄县第二人民医院零碳智慧能源项目、容城县西北部片区综合能源项目、邢东新区综合能源项目等。

华能雄安绿色能源有限公司投资建设的雄县第二人民医院零碳智慧能源项目，为雄安新区首个综合能源项目，于2022年12月开工建设，2023年6月12日正式投入商运。项目供能面积约1.9万平米，采用浅层地热作为主要能源、空气能作为补充调峰的方式进行供冷供热，配备2台高效地源热泵和21台先进空气源热泵，确保能源供应稳定可靠。同时，按照建筑光伏一体化设计，在建筑立面建立BIPV光伏发电系统，在建筑屋顶建立BAPV光伏发电系统，分别采用容量为13.34千瓦的碲化镉发电玻璃和326.7千瓦的高效单晶硅光伏板，共同为供冷供热系统提供绿色电力。该零碳智慧能源系统通过华能自主研发的综合能源智慧管控平台，实现多种可再生能源统筹调度，为雄县第二人民医院提供绿电、采暖、制冷、生活热水等一站式综合能源服务，结合医院绿色建筑，构建新型能源供应体系，有效提升能源利用效率，充分实现节能减排，响应能源消费革命各项要求。

二、实践经验

（一）高标准规划

中国华能作为首批疏解至雄安新区的能源央企，深入贯彻落实党中央决策部署，充分发挥自身优势，紧密结合雄安新区安全、绿色、高效的能源发展战略和规划布局，基于新区建设标准、当地可再生能源条件和综合能源服务要求，组织开展了《雄安新区城市综合能源服务先进方案设计与应用研究》科技项目研究。系统分析了包括企业总部、学校、医院、综合片区等雄安新区典型场景用能负荷和服务需求，完成了综合能源服务方案关键技术研究，提出了雄安新区综合能源服务整体框架设计、供能系统配置以及用户用能服务策略等，形成了绿色低碳、安全高效、智慧友好、多能互补的综合能源服务“华能方案”。

雄县第二人民医院综合能源服务项目是上述方案研究典型场景之一在雄安新区的落地示范。该项目作为雄安首个综合能源项目，积极响应“四个革命、一个合作”“碳达峰、碳中和”国家能源战略，结合雄安新区规划和资源禀赋，充分发挥中国华能在新能源、低碳、科技等方面的优势，100% 利用浅层地热能、空气能、太阳能等多种可再生能源，建设了绿色零碳智慧的综合能源服务项目样板工程，为雄安新区提供了可复制、可推广的绿色、低碳新型综合能源供应方案。

（二）高水平设计

在充分保障医院综合能源供应的前提下，为更好地响应雄县第二人民医院用能需求，按照“能源消费革命”的理念，合理控制能源消费总量，引导用户科学用能习惯，抑制不合理能源消费，华能雄安绿色能源有限公司对医院主体项目进行了全方位的负荷特性分析，结合雄安地区可再生能源条件及医院场景的用能特点，利用科技项目研发的综合能源系统模型和负荷供给可靠性分析两阶段优化算法，对医院综合能源供应系统配置进行对比分析和规划计算，应用各种节能技术，优化综合能源系统各个环节设计，形成最优化的综合能源服务解决方案。

1. 构建 100% 可再生能源的绿色零碳能源系统

项目总体供能面积 1.9 万平方米，系统设计充分利用浅层地热能、空气能、太阳能等多种可再生能源，将供冷供热、建筑光伏、智慧能源管控三个系统巧妙地融合在一起，结合医院绿色节能建筑设计，构建了一个多能互补的新型可再生能源体系结构，如图 1 所示，实现 100% 可再生能源供应和绿色电力全部消纳。

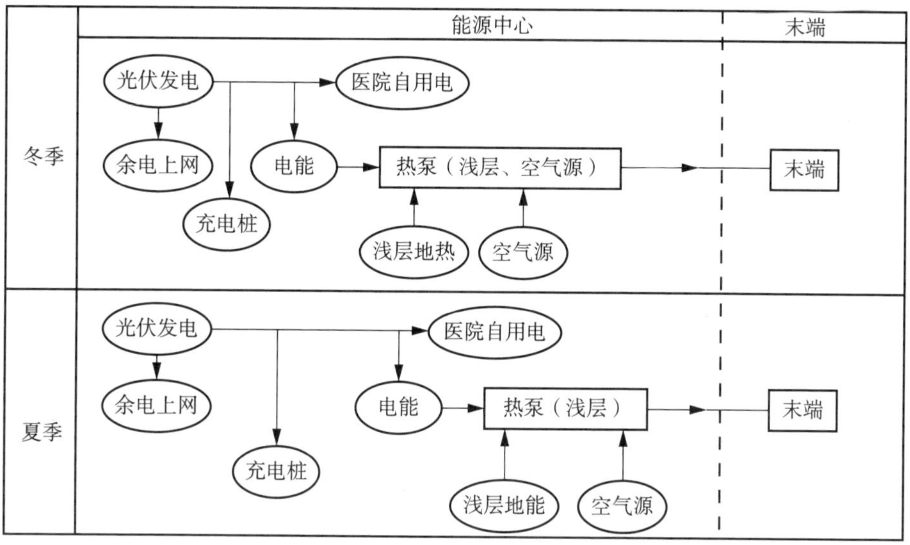

图 1 雄县第二人民医院零碳智慧能源项目多能互补结构

供冷供热方面，以浅层地热为主、空气能作为补充调峰。系统以浅层地热作为基础冷热源，通过 231 口 150 米深的浅层地热井，与地下恒温层进行能量交换，利用 2 台地源热泵耦合 21 台空气源热泵实现冬季供热和夏季制冷，能效比 COP 高达 4.0 以上，具有保护大气环境、减少二氧化碳等温室气体的排放、大大降低建筑供热空调能耗等显著特点。该供能结构体系兼顾了正常工况下系统高效节能运行和极寒极热天气下尖峰负荷供能需要，充分保障系统安全稳定高效运行；地源热泵和空气源热泵协调调度、互为补充，有效避免单独应用地源热泵时冷热负荷需求不均衡的情况，避免土壤板结、系统供热供冷能力衰减下降的风险，解决了“热堆积、冷堆积”问题。

建筑光伏方面，充分利用建筑屋顶、立面等处，结合总体风貌要求，安装布置高效单晶硅和碲化镉发电玻璃等，与医院主体建筑同步规划、同步设计、一体化施工，形成整体的建筑光伏一体化系统。其中，立面窗户采用的碲化镉发电玻璃为雄安首例实践应用的高透高转化芯片玻璃，透光率达 40%，兼顾建筑采光和光伏发电，装机容量 13.34 千瓦，年平均发电量 1 万千瓦时。屋顶高效单晶硅装机容量326.7千瓦，年平均发电量达到39.5万千瓦时。系统采用“自发自用，余电上网”模式，优先为冷热供能提供绿色电力，剩余电量供医院用电使用，实现全部分布式光伏电量消纳和绿色零碳能源供应。

2. 贯彻能源消费革命理念，助力打造被动节能绿色建筑

雄县第二人民医院零碳智慧能源项目响应当地气候特征，贯彻能源消费革命，有效落实节能优先方针。主体建筑采用布局优化、空间节能、高性能围护结构等被动式节能技术方式，实现深度节能与运行阶段的碳排放降低，屋面、外墙、围护结构的传热系数高，有效降低建筑供冷、供热需求负荷。主体建筑结合浅层地热、空气源、建筑光伏一体化等可再生能源供应，实现了综合能源服务系统零碳排放和绿色建筑节能降耗，成为加快城镇化节能、构建能源节约型社会的典型案例。

（三）智慧化运营

为有效提升项目综合管理和集约化经营水平，华能雄安绿色能源有限公司研究开发了智慧能源生产管控平台，实现域内多个分散的分布式能源系统集中管理和无人值守。按照一体化能源监测、精细化优化管控、智能化运维管理的要求，形成了从数据监测、系统管控到用户服务的综合智慧化高效运维保障能力。平台主要功能特点包括：

1. 四感合一，赋能智慧监测

通过内外环境监测（触觉）、AI视频分析（视觉）、射频无源监测（听觉）以及基于大数据的核心算法（识觉），实现四感合一的智慧监测，对公司管理范围内的综合能源场站、新能源场站等项目能源的生产、运行、消耗进行全方位监测。

2. 智慧决策、水力平衡，助力经济舒适调控

在考虑经济和用户舒适度的基础上，结合设备运行数据，基于大数据、物联网、AI核心技术的能源优化调度策略及水力平衡调控算法，提供针对地源热泵、空气源热泵、冷水机组等系统的优化耦合策略，调整能源供需的最优化，消除用户间热量不均衡现象，保证能源调控的及时性、可靠性和安全性，提高能源使用效率、降低用能成本，提升能源生产服务水平。

3. 全场景覆盖、全流程跟踪，AI赋能实现无人值守

综合能源智慧管控平台以能源站全流程跟踪为核心、全自动控制为基础，

以智慧运维为重点，通过大语言模型知识库、AI 视觉分析、故障报警、缺陷管理、能耗监控等诸多功能，最终实现智慧化、无人化运行，确保系统及设备运行安全、可靠。

4. 虚拟电厂、智慧交易，延伸综合能源服务维度

基于示范项目构建虚拟电厂模型，有效聚合园区范围内的可再生能源、充电桩、储能设施、用户侧负荷等，开展系统多能需求响应潜力评估，提供模拟工况下参与电力市场需求响应的策略。

三、取得的成效

（一）项目经济效益可观

降低业主方建设成本。中国华能作为行业领先的能源央企，拥有雄厚的能源综合管理和技术管理等优势，拥有丰富的项目运营经验。本项目通过采用设计、建设、投资、运营一体化的模式，显著提高了能源建设效率，为业主方节省能源系统投资 1280 万元，实现了互利双赢。

提高综合能源服务投资收益。项目通过精细的负荷特性分析，科学地规划能源耦合供应系统，实现了高比例的可再生能源利用，良好地控制了项目投资成本。同时，通过华能自身绝对可信赖的能源运营保障体系和专业的技术团队，以及一系列被动式节能技术及主动式节能措施，大大降低了项目的运营成本，项目全投资税前财务内部收益率达到 9.26%。

减少综合用能成本。相较于传统市政供能，本项目通过先进的综合能源服务方案设计、高效节能的系统设备，以及智慧的综合能源管控系统，实现了更低的能源使用成本，能够以不高于市政供能的价格为业主提供优质的能源服务，降低了业主方的综合用能费用，创造了良好的经济效益。

（二）项目环境效益显著

减少污染物排放，改善区域大气环境。项目 100% 利用可再生清洁能源，属于国家鼓励发展的战略性新兴产业，有利于减少污染物排放，对改善空气质量、提高人民生活水平、实现国家“碳达峰、碳中和”目标具有很好的示范意义。对于医院相关方来说，其供能安全性更可靠、体感舒适性更高，周围空气环境质量更好。

响应能源消费革命，实现节能减排。项目通过协同供应和互补利用浅层地热、空气能和太阳能等多种能源，实现了能源的安全高效利用，降低了

对传统能源的依赖，提高了能源利用效率。每年节省标准煤 1110.4 吨，减少二氧化碳排放量 3029.2 吨、二氧化硫排放量 58.3 吨、氮氧化物排放量 65.3 吨。

（三）项目社会效益突出

打造城市分布式能源站体系，降低市政主管网投资。本项目采用分布式能源体系结构、去中心化设计，可以为市政管网无法到达的城市末端用户提供安全稳定、绿色零碳的冷热电综合能源供应及用户增值服务。中国华能作为行业领先的能源企业、全国最大的供热企业，应用先进可靠的能源技术，对项目进行专业化的投资建设运营一体化管理，有效降低市政投资，助力提高城市供能保障能力。

有效发挥能源企业管理综合优势，降低市政人力、资金投入。综合能源项目涉及项目咨询、建筑设计、土建工程、设备采购及安装、运营等多个环节，能源行业参与到城市综合能源服务项目建设，可降低政府人力资源投入，减轻政府资金投入压力，直接或间接为相关企业带来相应的经济收入，促进本地区经济发展。

优化城市环境，促进用户服务和民生改善。本项目建筑无须再单独设置室外挂机、屋面冷却塔，可减少城市热岛效应，消除因常规式供冷大量室外空调设备产生的噪声污染和热污染，降低了一次能源消耗，减少污染物排放，改善城市景观。

（四）项目易于推广复制

中国华能通过《雄安新区城市综合能源服务先进方案设计与应用研究》科技项目，成功构建了雄安新区综合能源服务整体方案框架，形成了雄安新区综合能源服务整体框架设计、供能系统配置以及用户用能服务策略等，建立了绿色低碳、安全高效、智慧友好、多能互补的综合能源服务“华能方案”。雄县第二人民医院零碳智慧能源项目的成功商运，验证了方案的科学性和先进性，具有高度的可复制性和推广价值，为医院、学校、商业综合体等相似场景推广应用提供了可借鉴的成功经验，为雄安新区乃至全国范围新型城市高质量建设与发展提供了经典的示范案例。

作为国有重要骨干企业，中国华能在综合能用服务领域拥有丰富的技术储备和管理经验，更承载着深厚的社会责任与使命担当。本项目正是中国华能作为央企积极履行社会责任的生动体现，以绿色先行的理念和实践行动引领能源生产与消费革命，助力雄安新区“碳达峰、碳中和”目标实现。展望未来，中国华能将继续坚定探索的步伐，不断创新进取，为国家和社会可持续绿色发展贡献更多力量。

（由中国华能集团有限公司供稿）

“一体化”先行先试首个项目

——乌兰察布源网荷储一体化示范项目

一、基本情况

三峡乌兰察布新一代电网友好绿色电站示范项目（以下简称乌兰察布项目）是国家全面启动源网荷储一体化示范的第一个项目，也是国内首个新一代电网友好绿色电站。该项目是中国能建下属企业中国电力建设工程咨询有限公司（以下简称咨询公司）践行国家“双碳”战略、主动融入“三大经济形态”、加快推进“一创三转”的生动实践。

乌兰察布项目位于内蒙古乌兰察布四子王旗境内，场址范围约 960 平方千米。项目总容量为风电 1700 兆瓦、光伏发电 300 兆瓦，配套建设 550 兆瓦（2 小时）储能系统，项目建成后将成为全球储能装置配置最大的单体新能源场站，国内首个储能配置规模达到千兆瓦时的新能源场站。

项目分为 4 个风光储单元，拟建设 4 座 220 千伏升压储能一体化站，建设 1 个联合智慧集控中心。项目三期建设，一期：风光发电总容量 500 兆瓦，其中风电 425 兆瓦，光伏 75 兆瓦，新建一座 220 千伏升压储能站，配置 140 兆瓦储能；二期：风光发电总容量 750 兆瓦，其中风电 625 兆瓦，光伏 125 兆瓦，新建两座 220 千伏升压储能站，配置 220 兆瓦储能；三期：风光发电总容量 750 兆瓦，其中风电 650 兆瓦，光伏 100 兆瓦，新建一座 220 千伏升压储能站，配置 190 兆瓦储能。项目自 2021 年 4 月 28 日开工，计划完工时间为 2023 年 10 月 30 日，一期项目 500 兆瓦已于 2021 年 12 月 30 日成功并网运行。

二、实践经验

咨询公司作为中国能建有实力的项目资源整合平台，充分发挥了资源整合、商业模式创新的优势，采用“本部+”模式，通过建立资源、成果共享机制，与兄弟企业进行互补性合作，主导大型或特大型新能源项目的开发、建设。乌兰察布项目 EPC 总承包工程合同额超 100 亿元，为充分发挥各方主动性、积极性，本着风险共担、利益共享的原则，工程建安部分由咨询公司与中国能源建设集团天津电力建设有限公司以协同经营模式执行，项目管理效率、管理效果凸显。

（一）项目方案

项目以“电网友好”为建设目标，全力打造新一代电网友好型绿色新能源电站，重点研究风光储综合系统方案、储能升压一体站设计及智慧联合调度中心，助力地区建设以新能源为主体的新型电力系统。通过运用不同尺度功率预测技术，实现新能源电站出力可预测；通过建设智慧联合调控中心，协调控制风电、光伏、储能运行，实现新能源电站的友好调度；通过优化风光储配比、有功—频率控制和无功—电压控制等，有效平抑新能源出力的间歇性和波动性，实现出力可控；通过配置大容量电化学储能装置，利用间歇性新能源为地区提供高峰供电保障，顶峰能力约等效一台600兆瓦级的火电机组，保障自身最大化消纳利用的同时，为电网提供相适应的调峰能力。

1. 光伏模块

项目直流侧峰值装机容量360兆瓦，布置96个3.125兆瓦组串式方阵。工程采用26块光伏组件串联，两排纵向布置，多支路上网的“积木式”方案，分块发电、集中并网，将系统分成若干个光伏并网发电单元，光伏电站采用以3.125兆瓦为一个子方阵的设计方案。

图1　乌兰察布一体化示范项目光伏部分

2. 风电模块

项目风电场装机容量为1700兆瓦，安装278台风电机组。采用睿风全生命周期风电数字孪生平台，实现工程全生命周期的态势感知与资产管理，实现了风电建设和运行的数字化与智慧化。

图2 乌兰察布一体化示范项目风电部分

3. 储能模块

采用1500伏直流储能系统，相较于1000伏直流储能系统，1500伏直流储能系统提高了电池串联数量，系统集成度更高，具有以下优势：相同容量系统可减少电池系统、储能变流器、BMS及线缆等设备，储能系统能量密度与功率密度均提升了15%以上；因交直流侧的损耗下降，循环效率提升了0.35个百分点。

项目配置一套储能协调控制系统，直接控制储能PCS控制板卡，可在1毫秒内对储能PCS进行同步控制，从而实现储能系统电压和频率的精准控制，可以满足一次调频、源网荷控制等多种新能源场站的高级需求。

（二）技术优势

1. 智慧调度系统

项目通过建设智慧联合调度中心，打造新一代电网友好绿色电站示范项目的“中枢大脑”，加强与电网、负荷实时运行数据的耦合，加强与电网调度交易中心的互动，未来可适应电力市场的复杂运行环境。结合气象数据功率预测、大数据、人工智能技术及先进监测控制技术，实现各模块单元的风、光、储协同优化，实现智慧化高效运行、全环境数字化设备监控、智能化运行检修巡检等。

2. 先进储能系统

综合考虑项目规模和需求，以及各类储能造价、性能、技术成熟度、产能规模、安全性等各方面因素，项目储能系统主要采用锂离子电池，并做好场站布置和电气连接优化工作。为应对锂电池的安全性问题，通过开展技术路线比选、应用创新智能化巡检等方式进行在线监测预警，以及采取针对性且行之有效的消防措施，切实保障储能系统安全运行。本工程发挥了行业示范引领作用，配置基于锂电储能的不同集成技术路线设施，探索和实证以下功能：一是充分验证大规模集成储能系统在提供顶峰容量、促进新能源消纳方面的多重效益；二是为前沿储能技术的产业化或规模化发展提供实施载体，提升技术成熟度、促进产业升级和成本下降；三是探索不同技术特性的储能技术间的灵活互动、协调优化运行模式，积累运行维护经验。

图 3　乌兰察布一体化示范项目储能部分

（三）储能与风光深度集成

1. 顶峰供电运行

为蒙西电网提供特定时段的可靠顶峰供电能力是本项目的重要功能。乌兰察布及蒙西地区的供电紧张问题一般发生在傍晚，供电缺口持续时间一般在 2~4 小时。若按提供 2 小时可靠顶峰供电考虑，风电根据当地风能资源特性概率统计，自身的容量置信度达到 3% 以上。1700 兆瓦风电可提供至少 50 兆瓦的可信容量。加上 550 兆瓦的储能容量，可向系统提供约 600 兆瓦的 2 小时可靠顶峰供电能力。如果考虑满足 4 小时的可靠顶峰供电能力，可提供约 300 兆瓦的可靠顶峰供电能力。

2. 最大化消纳利用运行

仅考虑项目风光储消纳自身需要，最大限度减少弃风弃光。在不考虑上网电价波动的情况下，可采取的简单运行策略即“限电时段充电、不限电时段及时放电”，充电策略尽可能吸纳弃电量，不吸纳正常发出的电量，尽可能保持电化学储能保持在较低的SOC水平。

（四）深度融合先进信息技术

项目充分考虑智慧联合调度运行方案的创新应用，实现“云、大、物、移、智”等技术与风光储运行的深度融合，实现与电网调度的有效衔接。项目配套建设智慧联合调度中心，形成乌兰察布新一代电网友好型电站示范项目的“中枢大脑”，承担着新一代电网友好新能源电站与电网调度交易中心智能化自主化交互通信、运行模式灵活调整、场站内设备统筹优化联合调度控制、智能化数字化设备监控、智慧化巡检和运行检修等重要功能，同时兼具对外展示功能。

1. 大数据管理平台系统

为了更好地管理场站内外海量数据，实现场站内各类电力设备的智慧调度，在智慧联合调度中心基础上建立大数据管理平台。大数据管理平台主要由基础设施层、数据存储层、基础组件层、基础服务层、业务应用层五部分组成，实践的相关技术包括数据存储类、集群管理类、数据采集、流式计算及离线计算、身份认证、微服务、数据分析等。

2. 基于三维数字孪生体的实时监测系统

利用三维GIS技术对风电场、光伏电站、升压储能站内的主要设备进行1∶1精细化建模，组建风光储一体的三维模型，构建风光储内部的运行逻辑关系及相关计算模型，实现大场景下场站的数字孪生。数字孪生基于场站内各个设备的基本状态，以动态实时方式对建立模型、收集数据进行高度写实分析，用于场站内各设备的监测、预测和优化。

3. 基于无人机、机器人、5G等技术的运检系统

针对本项目地理覆盖范围广、风机台数多、分布分散的特点，通过利用最新的无人机、机器人、5G等技术实现对场站的自动化、智能化运检，提高场站的运检效率，降低运维人员工作量。

三、取得的成效

一是乌兰察布项目是国家全面启动源网荷储一体化示范的第一个项目，

也是国内首个新一代电网友好绿色电站。乌兰察布源网荷储一体化就地开发利用，以缓解高峰电力缺口和促进清洁能源消纳为主要目标，提出优化储能配置的新一代电网友好型新能源示范电站、源网荷储一体化绿色供电的新型工业园区、源荷互动的绿色大数据中心、关键节点的电网侧储能系统等示范项目建设方案。新能源发电与储能协同发展，为促进新能源并网消纳、提升并网安全友好性提供了新思路。

二是项目具有重要的示范意义。项目建成后将成为全球储能装置配置最大的单体新能源场站，内蒙古现代能源经济新标杆项目。乌兰察布项目是遵照习近平总书记建设内蒙古现代能源经济的总体要求，以技术水平国际领先、示范成果国内一流、具备全自治区推广为目标，以乌兰察布市为先行试点地区，依托当地丰富的新能源资源，以新型储能、智能化技术等新技术为突破口，按照统筹优化、融合创新的思路，设计“源—网—荷—储”多维度、多组合方案，发挥示范综合效益，打造内蒙古现代能源经济新标杆项目。

图 4 乌兰察布一体化工程项目部现场

三是项目具有良好的节能减排作用。项目全面建成后发电量可达到每年 63.32 亿千瓦时，与同等规模燃煤电厂相比，每年可节省标准煤约 203.27 万吨，减少二氧化硫排放 1.45 万吨、氮氧化物 2.01 万吨；减少二氧化碳排放约 520.52 万吨，减少烟尘排放 0.25 万吨，减少灰渣排放 75.64 万吨，环保效益显著。

四是为地方电网发挥重要顶峰能力。通过风光储联合优化运行，实现间歇性新能源提供地区高峰供电保障，顶峰能力约等效一台60万千瓦级火电机组，保障自身消纳的同时为电网提供一定调峰能力，项目综合上网电价不高于当前蒙西地区燃煤标杆上网电价。项目全容量并网后将有利于电网友好型新能源电站探索的实施路径，创新新能源与储能的一体化管理、调度和运行模式。

（由中国能源建设集团有限公司供稿）

推动绿能交通，试点“交通强国”

一、基本情况

国家电力投资集团有限公司（以下简称国家电投）是中央直接管理的特大型国有重要骨干企业，是我国五大发电集团之一，主要产业板块包括集中式电热力、用户侧综合智慧能源、绿电转化、协同与服务、融投业务。国家电投拥有光伏发电、风电、核电、水电、煤电、气电、生物质发电等全部电源品种，是全球最大的光伏发电企业。2022 年，国家电投居世界 500 强企业第 260 位。国家电投坚持三商定位：先进能源技术开发商、清洁低碳能源供应商、能源生态系统集成商。在绿能零碳交通领域，国家电投打造以“绿能”为核心、从能源端到交通端的全产业链布局，创新绿色能源与交通运输融合发展新模式，业务范围包括但不限于：相关绿能供给项目开发；电（氢）动力交通运营；储能（充换电站）、充电桩、制（加）氢站等设施建设；零碳交通相关的碳交易、电量交易；智慧交通、智能管控平台的搭建、技术支持和运营。

山东电力工程咨询院有限公司（以下简称山东院）成立于 1958 年，隶属国家电投，是具有国家工程设计综合甲级资质的设计单位。山东院业务涵盖规划、咨询、勘察、设计、工程总承包、寿期服务、投资运营、科技研发八大领域。作为国家电投开展绿能零碳交通业务的技术总成单位，是绿能零碳交通领域的开拓者、策划者、推动者。通过协同融合集团内外优质资源，打通以“绿能”为核心的零碳交通全产业链，创新绿色能源与交通运输融合发展新模式，全面提升绿能零碳交通领域政研能力、创新能力、集成能力，打造一流绿能零碳交通品牌，构建绿能零碳交通全新生态，引领能源交通行业绿色低碳发展，实现能源和交通的共生、共享、共赢。

上海启源芯动力科技有限公司（以下简称启源芯动力）是国家电投旗下专注“绿电交通”领域的综合智慧能源服务商，其掌握核心换电专利技术，已在全国 31 个省（区、市）全面布局超 100 座重卡充换电站，适配市面上 200 余款换电重卡，是国内领先的规模化换电服务品牌。作为绿能零碳交通综合服务商，在“让交通更绿色，让生活更美好”的企业使命引领下，启源芯动力积极推广换电重卡及电动工程机械，打造换电服务网络，提供动力电池全生命周期管理、智能数字化运营管理、定制化金融服务等，致力用绿色能源，帮助企业启路未来。

国家电投集团氢能科技发展有限公司（以下简称国氢科技）是国家电投控股的专业从事氢能产业技术创新与高精尖产品研发、制造的科技型企业。国氢科技通过自主研发掌握了燃料电池关键材料、核心部件，以及总体集成等核心技术，建成了膜电极、双极板、质子膜、电堆组装量产中试线，完成了百千瓦级大功率氢燃料电池电堆及动力系统开发，打造了“氢腾”系列产品。完成博鳌论坛示范项目产品供货与保障任务、北京冬奥会车辆交付及运营保障任务，全程零故障、零失误，展现了优异的产品性能。“后冬奥”时代，氢能大巴承接海航通勤班车、旅游专线，八达岭、冰雪旅游专线，并为陕西省运动会、北京疫情防控等提供优质运营服务。

二、实践经验

2014 年 6 月，习近平总书记提出“四个革命、一个合作”能源安全新战略，为我国能源转型发展指明了方向。为贯彻落实国家“双碳”战略部署，国家电投牢记能源央企使命，将绿电交通、氢能氢能、绿能零碳交通城市等作为清洁低碳转型的重要领域，自 2016 年超前布局绿电交通、氢能交通领域以来，经过多年的创新探索，在技术、模式、标准、项目等方面已形成领先优势。

（一）绿电交通

国家电投大力发展以换电重卡为主的绿电交通产业，不断创新产品、模式、标准等，在行业内形成领先优势。一是整合行业资源。联合国内 40 余家上下游头部企业构建产业生态圈，牵头研发了 600 余款兼容统一换电标准的换电重卡和工程机械产品；通过自主研发的车辆及电池智能硬件终端、充换电站控制系统及运营云平台，构建线上线下相结合的数字化服务体系。二是制（修）订行业标准。主编 / 参编换电重卡类相关技术标准 90 余项，联合中电联等单位修订编制国家标准技术 10 项，行业标准 22 项、团体标准 53 项，联合生态圈伙伴申请专利 800 余项，助力行业规范发展。三是创新商业模式。构建“换电重卡—电池银行—换电站运营”三位一体的运营模式，创造性引入“车电分离”“电池银行”模式，降低初次投入，提升油电经济性。四是打造标杆项目。全国首座矿卡专用充换电站在霍林郭勒露天煤矿投运，全国首座海拔 3350 米高海拔矿用换电站投运，推动洋山港、宁波港、青岛港等港口绿电交通示范，并在上海洋山港开展 L4 级别无人驾驶换电重卡线路示范。五是拓展应用场景。在短倒重卡成熟模式的基础上，积极布局长倒重卡，如推动唐山钢铁 460 千米运输干线落地运营。同时开启内河运输换电时代，“江远百合”电动集装箱船是全国首艘 120 标箱纯电动内河集装箱船，是当前最大体量内河运输的换电船舶。六是加强对外合作。与特来电、壳牌等头部企业开展技术合作，联合宁德时代、玖行能源和中车集团，打造内河集装箱电动货轮和储能式电力牵引机车。

图 1　国家电投新能源车辆布局

（二）氢能交通

国家电投大力发展以氢燃料电池及系统为核心的氢能替代产业，成为国内为数不多的掌握燃料电池全产业链自主核心技术的公司之一。在氢能方面布局了两条线，第一条是能源线，通过可再生能源制氢消纳过剩的电力，开展绿氢转化与消纳，以及氢能源网络的建设。第二条线是装备线，通过技术研发和产品开发、生产，打造示范应用的场景，通过资源优势和核心技术优势，营造氢能的经济生态。

一是突破关键材料。国家电投已经完成了八大件的全部关键材料和部件开发，已发布 20 多款产品。近期发布的两款 SB-CP190、SB-CP150 碳纸产品性能优异，已通过燃料电池和 PEM 电解槽等相关终端产品的验证。二是加大质子膜产量。国家电投 2021 年建成并投产年产 30 万平方米质子膜产线，2022 年在佛山建立了一条质子膜基膜产线。同时，催化剂、膜电极、双极板这些材料都已实现研发生产，产品性能优越。三是自主开发燃料电池。国家电投开发了水冷和空冷两个系列的燃料电池，匹配不同功率的燃料电池和动力系统。四是积极推广应用。“氢腾”的空冷燃料电池系统主要应用在氢能无人机、观光车、自行车等领域，水冷燃料电池的应用领域主要是各种车辆，包括大巴车、环卫车、清洗车、物流车等。

图 2 搭载国家电投“氢腾”燃料电池的氢能大巴

国家电投通过多年实践，深刻体会到以下三点。一是电氢替代是交通行业绿色低碳转型的有效路径。二是建设零碳交通，需要联合上下游企业，同步打造全产业链的绿电、绿氢体系。三是绿电交通、氢能交通将逐步形成互补模式，对于市政、物流、商业等线路的短途场景，将以绿电交通为主；对于固定线路的长途场景，将以氢能交通为主；内河船舶、空中物流（大型化无人机）等领域正在加速突破，有望逐步实现氢能替代。

（三）绿能零碳交通城市

城市交通绿色低碳转型是城市高质量发展的重要任务之一，推动城市交通绿色转型不仅涉及交通运输装备的更新，更涵盖了交通供能系统的变革。国家电投是全国首个提出“绿能交通”理念的企业，近年来积极布局绿能交通产业，在辽宁、吉林、河南、山东、湖北、福建等省内城市均开展了不同程度的城市级绿能交通建设模式探索，取得了较好的效果。国家电投积极探索城市级绿能交通建设模式，同时进一步探寻交通供能系统成套关键技术和新能源车辆应用与智慧调度范式，推动技术与应用场景的融合，创新多种新能源车辆应用商业模式，为城市提供一揽子绿能交通综合解决方案，形成可复制、可推广的经验，实现绿能交通示范引领，推动交通领域能源消费革命，践行“四个革命、一个合作”能源安全新战略。

1. 辽宁朝阳市

朝阳市风、光资源丰富，规划建设光伏超过 300 万千瓦、风电装机超过 500 万千瓦。国家电投所属中国电力与朝阳市已签署战略合作协议、朝阳县、双塔区整县（区）开发协议。朝阳市已授予中国电力特许经营权，在朝阳市投资建设 300 台电动公交车以及充换电站、充电桩、储能、光伏车棚等配套设施。到 2025 年，推广落地换电重卡 700 辆，建设换电站 14 座。同时研究将经核算的自愿减排量通过碳交易市场进行交易。到 2030 年，全面完成各区域零碳交通替代，燃油重卡全部退出运输市场，乘用车系统完全采用绿电或绿氢，建成零碳交通城市，预计累计推广换电重卡 3000 辆以上，年消纳电量 4.5 亿度以上，年消纳绿电 1.8 亿度以上。

2. 吉林白城市

白城市——“中国北方氢谷”，位于吉林西北部。创新采用“新能源 + 氢能交通 + 绿电交通”模式，依托白城新能源制氢加氢一体化项目和长春中韩国际合作示范区制氢加氢一体化项目，采购氢能大巴用于打造“长春—白城”氢能走廊。建设充电桩、换电站、V2G 储能电站等绿能交通配套设施，与地方政府和零售企业合作，推进“充换电站 + 零售”一体化商业模式。国家电投与相关企业合资成立白城绿电园区配售电有限公司，共同开发建设白城千万千瓦绿电产业示范园区增量配网，通过绿电直供为电动车辆提供绿色低价用电，利用智慧管理、V2G 等技术打造虚拟电厂，实现用户侧调峰，形成“源网荷储”相互促进的循环模式。国家电投拥有完全自主技术的“氢腾”FCS80 燃料电池系统，能实现 –30℃低温启动，白城隶属严寒地区，最低温度可达 –40℃，氢能交通在白城推广，将引领氢燃料汽车在北方严寒地区示范发展。目前，白城市已投运 2 座重卡充电站，运营 20 余台电动重卡、20 辆氢能大巴、一座制氢加氢一体化站，计划携手一汽集团未来 5 年完成 2000 台出租车电动化。

三、取得的成效

一是打造绿能交通专业能力。在行业率先孵化成立启源芯动力、国氢科技、绿能充锋等一批绿能交通专业化公司，开展绿电交通和氢能交通创新研发和推广应用工作。构建以山东院为绿能零碳交通技术总成单位，协同绿电交通产业创新中心、氢能产业创新中心、商业模式创新中心，在集团公司“创新大协同”机制下形成“专业化公司 + 创新中心 + 技术总成 + 区域公司”的多维一体协调工作机制，打造具有行业竞争力的绿能交通创新体系。

二是创新成果丰硕。换电重卡市场占有率超过 50%，推广换电车辆和工程机械落地 3 万余台，在全国布局建设换电站 646 座。创新性推出重卡车电分离模式，实现 3~5 分钟一键换电，缓解用户里程焦虑并大幅降低初始投入，打开重卡电能替代新局面，推动公路交通运输零碳升级；自主研发“氢腾”百千瓦级氢燃料电池电堆形成车用动力系统、船用动力系统、航空动力系统、应急电源系统产品应用谱系，落地城配物流、环卫、公交、重卡、通勤大巴、渣土车等多元示范应用。“氢腾”大巴相继为博鳌亚洲论坛、东盟博览会、北京冬残奥会、成都大运会等提供高质量服务。2023 年，在武汉集中交付 200 辆“氢腾”氢能车辆，包括厢式货车、冷藏货车和自卸车等，服务在武汉的大街小巷。积极开展绿能零碳交通示范城市规划设计，根据地域特色、城市需求已开展了吉林白城、宁夏中卫、甘肃兰州、青海西宁、辽宁朝阳等一大批示范城市规划设计。

三是入选交通强国建设试点单位。2024 年 1 月交通运输部正式印发《关于国家电力投资集团有限公司开展重卡换电站建设组网与运营示范等交通强国建设试点工作的意见》，标志着国家电投在绿能交通领域有了更高的起点，为交通领域能源消费转型贡献国家电投力量。试点任务主要包括重卡换电站建设组网与运营示范、氢燃料电池研发与氢能交通运营平台、城市级绿能交通体系建设与应用，拟形成包括标准、指南等在内的一批可推广、可复制的新技术和新模式，助力国家交通强国建设，为国家能源消费革命贡献国家电投力量。

（由国家电力投资集团有限公司供稿）

全面构建工业领域能效诊断公共服务体系

一、基本情况

习近平总书记在党的二十大报告中强调，要实施全面节约战略，推进各类资源节约集约利用；加快节能降碳先进技术研发和推广应用，倡导绿色消费，推动形成绿色低碳的生产方式和生活方式。国家电网有限公司是关系国家能源安全和国民经济命脉的特大型国有重点骨干企业，经营区域覆盖我国26个省（自治区、直辖市），供电范围占国土面积的88%，供电人口超过11亿。公司认真践行习近平总书记“四个革命、一个合作”能源安全新战略，顺应能源革命和数字革命融合发展趋势，发挥电网平台作用，深度融合先进能源技术、现代信息通信技术和控制技术，助力低碳清洁、安全高效的能源体系建设，积极履行政治责任、经济责任和社会责任。

浙江是经济大省、经济强省，也是电力需求大省。2023年浙江累计全社会用电量6192.42亿度，总量全国第四，同比增长6.78%，较全国平均增速高0.1个百分点。工业累计用电量4097.06亿度，同比增长7.87%。工业中制造业累计用电量3449.8亿度，同比增长8.74%，31个细分行业中29个用电量同比实现正增长，呈现积极态势。作为国家电网有限公司的全资子公司，国网浙江省电力有限公司（以下简称浙江公司）深入学习贯彻习近平新时代中国特色社会主义思想，全面落实浙江省委省政府和国家电网有限公司决策部署，把握“电等发展”根本遵循，大力弘扬率先、争先、领先“三先”精神，全面强化实干、实绩、实效“三实”导向，落实国家“双碳”目标，践行“能效是第一能源”理念，不断推进“供电服务”向“供电＋能效服务”延伸拓展，聚焦工业重点领域，为用户提供能效公共服务，在保障国家能源安全、服务经济社会发展和人民美好生活中当排头、做表率

二、实践经验

近年来，我国总体能源利用效率显著提升，能耗强度显著下降，但仍是世界平均水平的1.5倍、美国的2.2倍、欧盟平均水平的2.6倍，还有较大节

能提效空间。浙江是能源资源小省、能源消耗大省，外来能源占比超90%，单位GDP能耗全国排序13，高于广东（排序3）、江苏（排序5）等经济发达省份，且工业用电量占全社会总用电量60%以上。为推动工业企业从“减能”向“节能”、从“降费”向“降量”转变，浙江公司聚焦工业重点领域，积极开展工业领域能效诊断公共服务。2023年初，浙江公司作为国网公司工业领域能效诊断唯一试点单位，牵头完成全国网工业企业能效诊断能力建设，多次在国网公司专业分享交流会中进行典型做法介绍，并指导其他省公司开展工业企业能效诊断工作。截至目前，浙江公司已完成工业企业能效诊断建设方案、操作手册等4项标准化成果，牵头完成工业能效诊断应用的开发与上线，完成全省1000余名客户经理“理论+实操”培训和全省1.4万户重点用能企业能效诊断，并根据全省新型电力系统建设部署，全面实现新型电力系统“十大标志性工程”之八——“构建全域能效服务体系”。

1. 夯基固本，健全能效服务组织体系

一是建立省、市、县三级能效服务组织架构，在省级层面，由省营销服务中心、电科院、综合能源公司等单位组建技术支撑团队，涵盖电力、能源、热工等多种学科专业，负责能效诊断标准化服务设计与现场技术指导；在市县层面，实行客户经理和能效经理的双经理制，明确能效工作职责，实现能效服务与传统供电服务有机融合。二是构建“学习－实操－考核”全流程培训体系，依托内外部产学研专家团队，编制开发公共用能系统诊断、余能资源利用、节能项目技经分析等针对性教材与课程，组织“课堂理论教学＋用户现场实操”的专项培训，累计完成1100名客户经理“人人过关”能效专业测试。三是举办公司节能降碳劳动竞赛、省总工会“金蓝领”职工技能竞赛，全方位考核客户经理能效服务能力，以赛促练提升全员业务水平。

2. 重点攻坚，推进工业领域能效诊断

聚焦工业用电领域，以空压机、风机、泵等以电机为核心的通用系统为切入点，编制公共用能系统能效最佳实践指南，制定涵盖能源资源利用、用能系统能效、用电能效、能源管理、节能改造等五大维度能效诊断方法，提供定制化能效提升措施与典型案例推介，形成工业企业能效诊断建设方案、操作手册等4项标准化成果。

能源资源利用实现对企业光伏资源和余能资源当前利用情况及后续可挖掘潜力的综合评价；通用用能系统能效实现对配电、空压机、泵机、风机等8类通用系统能效水平的综合评价；用电能效水平实现对企业峰谷用电、功率因数和基本电费等情况的综合评价；能源管理水平实现对企业能源计量

器具配置、能源组织机构建立、能源制度制定等方面情况的综合评价；节能改造措施实现对企业节能改造情况及改造前后能效对比等情况进行综合评价。

3. 数字牵引，开发工业能效诊断应用

基于省级智慧能源服务平台和绿色国网，上线 Web 和 App 结合的工业能效诊断应用，集成了营销系统、采集 2.0 中的企业客户相关数据，形成能效诊断企业储备库与标签库。一是面向公司内部，在 Web 端具备能效诊断库管理、能效诊断任务管理、能效诊断分析、报告质量管理和能效诊断模板设置五大功能，支撑能效诊断服务全流程闭环管控；在 App 端具备能效诊断、能效诊断库管理、能效服务回访、能效计算工具四大功能模块，支撑现场收资、诊断服务与报告解读，提升现场工作质效。二是面向企业用户，在 App 端具备报告推送、能效智能问答和“能效五库”（即政策库、措施库、指标库、标准库、案例库）三大功能，支撑用户估算系统能效水平，查询节能政策标准、措施与案例等。三是面向政府部门，实现能效五色地图、能效诊断指标看板、

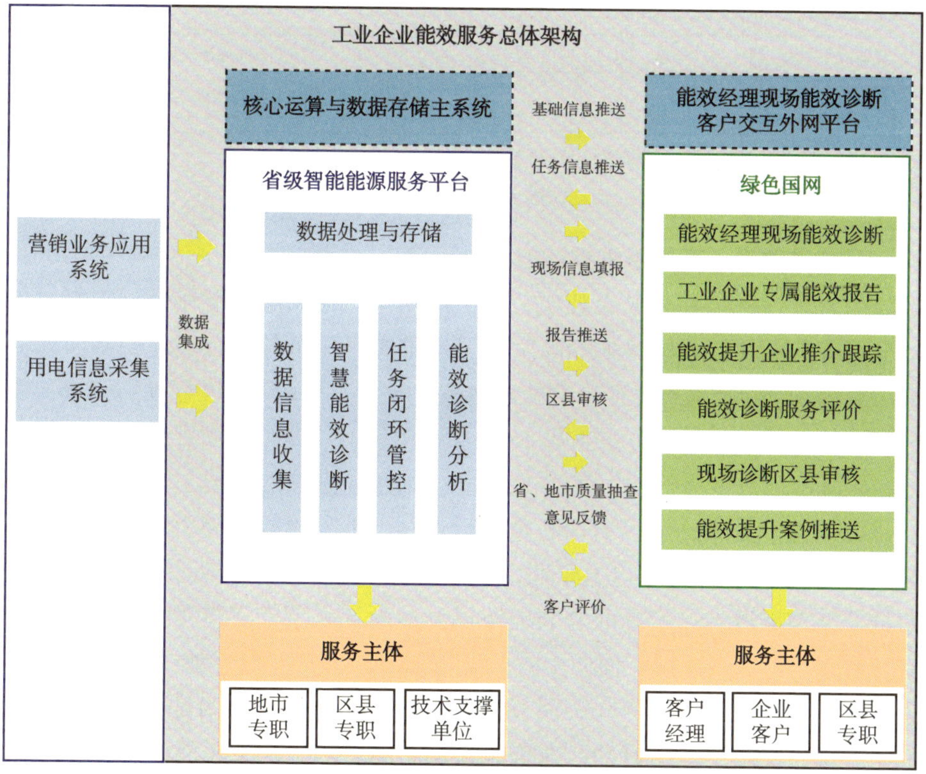

图 1　应用总体架构

分行业分设备能效分析等功能，实现能效诊断指标分析和展示，辅助政府开展节能政策决策。

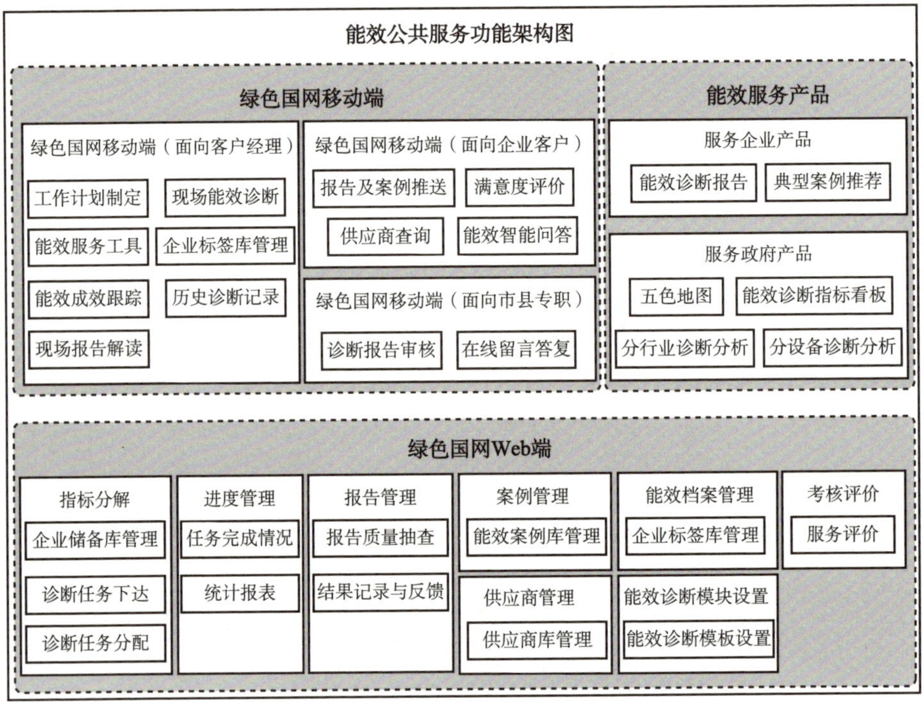

图2　功能架构

4. 多措并举，高质量支撑政府能效治理

一是发挥省能标委秘书处优势，协助制定能源领域标准化发展规划，推动分行业分领域能效标准制定，完成《印染布可比单位综合能耗限额及计算方法》等4项标准发布《区域节能评估技术导则》等6项标准立项，完成《热电联产能耗限额及计算方法》等18项标准复审。二是承接浙江省万家企业节能减碳降本增效专项行动，完成1.3万户普惠型企业能效诊断，编制136份专业化能效提升方案；承接浙江省重点行业企业能效诊断三年行动，聚焦7大重点行业1000万吨标煤以上企业，累计完成128家能效专业诊断，服务企业精准开展节能改造。三是联合省能源局开展浙江省节能宣传月、节能新技术新产品新装备推广活动，面向全省居民发起“e起节电”活动，迎峰度夏期间累计参与用户达242万户，实现节约电量6.35亿千瓦时。四是创新开展综合能源“揭榜挂帅”专项行动，在工业余能利用、多能联供等领域成功落地16个典型示范，在全省进行广泛推广。

三、取得的成效

浙江公司认真贯彻落实习近平总书记“四个革命、一个合作”能源安全新战略，全面构建工业领域能效诊断服务体系。一是创新能效诊断公共服务机制。建立省、市、县三级能效服务组织架构，形成“支撑单位专家、地市单位专职、基层单位专员”的人才梯队；构建能效诊断公共服务标准化作业流程和全流程闭环管控机制，实现业务流程规范化、诊断服务专业化和诊断结果评价科学化。二是创新工业领域能效诊断服务。将能效技术标准、诊断指南、提升措施有机融合，建立能效问诊模型库，形成“基本用能收资 + 专项能效问诊”的能效诊断数字化工具，有效提高能效公共服务质效。搭建“能效五库”资源，助力用户能效自查自检，形成良好互动。三是创新政企联动推动能效诊断成效转化。将能效服务深度融入政府节能工作与政府能效诊断专项行动，汇聚能效服务数据资源，形成省域、行业能效专项分析，推动政府出台节能改造专项扶持政策，创造良好的节能降碳外部环境。

通过团队建设、数字化平台开发、标准引领、政企协同等方式进行重点突破，在实施过程中取得积极成效。一是完成《工业企业能效诊断标准化建设方案》《工业企业能效服务操作手册》《工业企业能效诊断标准化用语手册》《工业能效提升案例》等 4 项标准化成果编制，并在国网 27 个网省公司全面推广。二是完成工业企业能效诊断应用及“能效五库”开发，建立全省能效五色地图。2023 年累计完成 962 户工业企业能效诊断服务，涉及通用能源系统 25080 套，发掘低效设备 6554 套，其中淘汰类设备 616 套，推动 23 家企业实施合同能源管理，节能量达 3342 万千瓦时。其中浙江宁波公司深度挖掘空压机节能潜力，创新推动空压机集中供气模式，试点成效向宁波市政府作专题汇报，助推空压机能效提升补贴政策出台，累计引导 60 余家企业开展高能效空压机 / 站建设。浙江衢州公司创新开展企业“绿能 + 能效”服务模式，以企业智慧能源综合服务平台为基础，搭建分布式光伏系统、配电智能运维系统、综合能源管理系统。在衢州明旺乳业落地首个“绿能 + 能效”项目，为企业每年节约电量450万千瓦时，并助力企业成功申报国家级“绿色工厂”。三是完成《公共用能系统能效最佳实践指南》《“供电 + 能效服务”业务指导书》编制，累计完成 1000 余名专业能效经理培训，100 名能效骨干兼内训师打造；举办公司节能降碳、省总工会“金蓝领”等技能竞赛，以赛促练提升全员业务水平。四是落实国家节能宣传周精神，积极承办浙江省节能宣传月相关活动，公司员工、党的二十大代表徐川子发表《电力创新领跑节能绿色发展》的演讲，宣讲公司推动社会能效提升、绿电助力首届碳中和亚运等举措；大力推广工业领域节能降碳典型举措，启动节约用电专项行动，参与用户超 242 万户，节约电量 6.35 亿千瓦时；主办浙江省节能“三新”（即新技术、新产品、新装备）展，向全省发布公司能效公共服务典型实践；承接浙江省万家企业节能减碳降本增效专项行动，完成普惠型企业能效诊断 1.3 万户；承接浙江省重点行业企业能效诊断三年行动，完成 128 家企业能效专项诊断。五是编制工业能效服务专题报告，获国家工信部高度肯定；推动政府出台《宁波市空压机能效提升行动计划（2023—2025）》节能改造专项扶持政策，预计到 2025 年实现年节电量超 2 亿千瓦时。

（由国家电网有限公司供稿）

做“优”存量　以“热”破局

——伊敏电厂至海拉尔长距离供热工程建设运营实践

一、基本情况

华能伊敏煤电公司伊敏电厂（以下简称伊敏电厂）是全国首家煤电一体化企业华能伊敏煤电有限责任公司的下属企业，是东北地区装机第二大火力发电厂，是国家电力安全生产标准化一级企业，现有 6 台机组运行，总装机容量 3400 兆瓦，光伏装机 114.4 兆瓦，通过伊冯甲、乙和伊换一、二号送电线路，分别以交流和直流两种方式向东北主网送电，是东北电网重要的电力支持点。2023 年，伊敏电厂年累发电量 191.77 亿千瓦时，年累机组利用小时 5640 小时，在蒙东直调火电厂大机组中排名第一。

伊敏电厂地处呼伦贝尔大草原鄂温克族自治旗伊敏河镇境内，北距呼伦贝尔市海拉尔区 85 千米。一直以来，海拉尔地区冬季最低气温可达 -48.2℃，供热期长达 8 个月。随着城市建设、经济人口的快速发展，原有热网难以满足海拉尔地区百姓对供热的需求，分散供热安全与散烧锅炉环境污染的矛盾日益凸显，为了满足日益增长的城市供热需求，解决供热发展“瓶颈”，减少散热锅炉对环境造成的污染，实现资源高效集约利用，中国华能集团有限公司决定投资建设伊敏电厂至海拉尔长距离供热工程。

伊敏电厂至海拉尔长距离供热工程是落实能耗双控、“双碳”发展目标、“以人民为中心”发展理念的一项惠民工程，也是目前世界高寒地区供热距离最长的长输管线工程。该项目利用高参数火电机组能效高的特点，充分发挥供热潜力，实现煤电热一体化发展、清洁化利用。项目总投资 15.5 亿元，全长 70.46 千米。该工程于 2021 年 5 月 26 日开工，历时 204 天，通过对伊敏电厂 2×500 兆瓦 +4×600 兆瓦机组供热抽汽改造，配套建设 1 座热网首站、2 座中继泵站、2 条 35 千伏线路和伊敏电厂至鄂温克热力公司 70.46 千米（管径 DN1200 供回水温 130℃ /45℃）长距离输送管网，促进热水快速前进，保证供回水温。该项工程综合采用高参数电厂余热利用、大温差输送、多级中继循环泵联动等先进技术，实现全网自动控制。建设过程中，沿途穿越 4 条省级公路、3 条铁路，途经草原、沼泽等复杂地貌，遭遇连续 62 天降雨，管线距离之长、施工难度之大、工期之短，均创行业之最。2021 年 12 月 15 日，伊敏电厂至海拉尔长距离供热工程顺利通过 72 小时试运行，正式投运。投运当年即接带近 1000 万平方米供热。2023 年 9 月 2 日，伊敏电厂启动了鄂温克旗乡村振兴供热供水一期管网新建项目一级管网接入长距离供热管网工程。目前，该工程正在有序推进中，竣工后将有效解决辖区内 800 余户居牧民供暖问题。

二、实践经验

伊敏电厂坚决贯彻落实“四个革命、一个合作”能源安全新战略，把发展供热产业作为火电企业转型升级、实现新旧动能转换的重要途径，在做优存量、做精增量上下功夫，通过挖掘煤电供热潜力，建设智慧高效热网，努力形成可复制、可推广的技术方案，为高寒地区实施长距离供热改造贡献了“华能方案”。

（一）因势而谋，绘就长距离供热蓝图

伊敏电厂至海拉尔长距离供热工程从谋划到设计，先后遇到了管道距离长、热度损耗大、循环压力等多项行业难题，经过反复调研论证，管道保温、16 万吨高压水循环、供热系统改造等高难度技术关卡逐一攻克，最终形成了设计合理的控制策略，一张长距离供热的蓝图清晰呈现。该工程根据伊敏电厂供热改造的系统特点和机组安全运行要求，完整设计了复杂系统的控制策略，同时对原有逻辑进行梳理，增加机组协调控制，并采用先进的管线保温材料，使 70 千米管线内流经的 16 万吨水量，通过 2 级升压、6 级水泵，实现热能在管内循环，70 千米仅有 1℃热损耗的预期。

（二）应势而动，锻造长距离供热系统

1. 实施机组改造，奠定供热设备基础

为减少汽轮机凝汽器余热的冷端损失，加强余热回收利用，提高能源利用效率及供热可靠性，达到节约能源、降低碳排放、保护环境的目的，伊敏电厂首先对一期 2 台 500 兆瓦机组进行供热抽汽改造，实现低压缸“零出力”，这不仅填补了国内极寒地区俄制 50 万千瓦等级机组低压缸零出力供热技术空白，而且使机组具备了高背压机组供热能力大、抽汽凝汽式供热机组运行方式灵活的特点，实现了深度调峰和高效供热灵活切换的运行模式。同时，对二期 2 台 600 兆瓦机组进行了连通管打孔抽汽改造，提高了伊敏电厂供热能

力和机组运行经济性。供热改造完成后，采暖抽汽流量增加了320吨/小时，采暖热负荷增加了258兆瓦，供热面积增加了516万平方米，发电煤耗降低26克/千瓦时。

2. 优化供热方式，提高供热灵活性

在供热方式上，伊敏电厂采用了阶梯式的供热方式（见图1）。

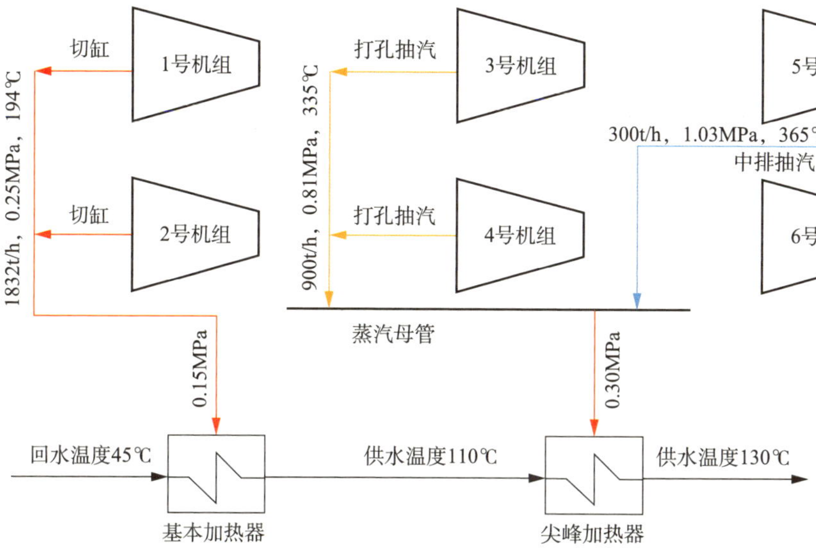

图1 低压缸零出力＋打孔抽汽供热改造方案示意图

采暖季1号、2号机组连通管抽汽直接进入热网基本加热器，基本加热器将热网循环水由45℃加热到110℃。3号、4号机组作为尖峰加热器汽源，将热网循环水温度加热到130℃，从而达到梯级加热的目的。5号、6号机组供热管道连接至尖峰加热器蒸汽母管上，与二期机组形成互联互备运行方式。采暖季根据外界采暖负荷的高低，实施切换尖峰加热器投运状态，从而实现热网的灵活、经济运行。

3. 加强过程管控，保证工程质量

工程建设期间，出现62天连续降雨的极端天气，地下水位上涨，管线距离之长、施工难度之大、工期之短，均创行业之最。伊敏电厂抓实安全、工期、造价和质量全过程管控。建立专班推进机制，落实旁站监督责任，切实加强现场安全管理。严把焊接人员能力素质关，实行终身负责制，全覆盖开展焊口射线检测，确保焊接质量。督促协调施工单位，严格按照工期计划有序推进施工进度。联合设计和调试单位精心组织调试，采取逐级启泵方式，动态跟踪系统压力，确保调试工作顺利开展。

4. 坚持党建引领，确保工程按期完成

在工程建设期间，伊敏电厂充分发挥基层党组织战斗堡垒作用和党员先锋模范作用。鲜红的党旗在一线高高飘扬，一个个戴着党徽的忙碌身影，始终冲锋在工程建设一线。施工沿线，“三色花开伊敏河畔、供热温暖海区人民”“办好民生实事、彰显城市温度”等一条条红色标语，见证了 2000 余名工程建设者从暮春到深冬、从日出到日落的艰苦付出，见证了跨越 70 千米外的“温暖牵手”。

（三）顺势而为，建设长距离智慧平台

为进一步提高长距离供热系统的节能减碳与能源利用效率，保证系统安全、经济、稳定运行，伊敏电厂联合华能清能院研发了覆盖热源机组与热网的长距离供热系统智慧运行平台，采用建模仿真、工业互联网、大数据分析、云计算、人工智能等新一代信息技术，基于数字孪生模型，突破复杂供热全流程建模仿真、长时滞多维度负荷预测、多级泵安全经济运行、多热源优化调度等关键技术，实现了运行监测、在线调度、自主优化、方案预演等功能的研发与集成，有效解决了以呼伦贝尔为代表的高寒地区多热源长距离供热系统耦合性高、波动性强、管理困难的问题，该成果已达到国际领先水平（见图 2）。

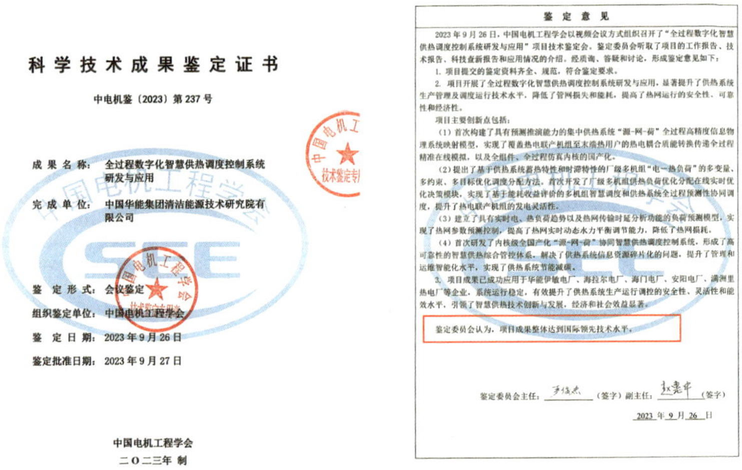

科学技术成果鉴定证书

中电机鉴〔2023〕第 237 号

成果名称：全过程数字化智慧供热调度控制系统研发与应用

完成单位：中国华能集团清洁能源技术研究院有限公司

鉴定形式：会议鉴定

组织鉴定单位：中国电机工程学会

鉴定日期：2023 年 9 月 26 日

鉴定批准日期：2023 年 9 月 27 日

中国电机工程学会
二〇二三年 制

鉴定意见

2023 年 9 月 26 日，中国电机工程学会以视频会议方式组织召开了“全过程数字化智慧供热调度控制系统研发与应用”项目技术鉴定会。鉴定委员会听取了项目的工作报告、技术报告、科技查新报告和应用情况的介绍，经质询、答疑和讨论，形成鉴定意见如下：

1. 项目提交的鉴定资料齐全、规范，符合鉴定要求。

2. 项目开展了全过程数字化智慧供热调度控制系统研发与应用，显著提升了供热系统生产管理及调度运行技术水平，降低了管网损失和能耗，提高了热网运行的安全性、可靠性和经济性。

项目主要创新点包括：

（1）首次构建了具有预测推演能力的集中供热系统“源-网-荷”全过程高精度信息物理系统映射模型，实现了覆盖热电联产机组至末端热用户的热电耦合质能转换传递全过程精准在线模拟，以及全组件、全过程仿真内核的国产化。

（2）提出了基于供热系统蓄热特性和时滞特性的厂级多机组“电—热负荷”的多变量、多约束、多目标优化调度分配方法。首次开发了厂级多机组供热负荷优化分配在线实时优化决策模块，实现了基于能耗收益评价的多机组智慧调度和供热系统全过程预测性协同调度，提升了热电联产机组的发电灵活性。

（3）建立了具有实时电、热负荷趋势以及热网传输时延分析功能的负荷预测模型，实现了热网参数预测控制，提高了热网实时动态水力平衡调节能力，降低了热网损耗。

（4）首次研发了内核级全国产化“源-网-荷”协同智慧供热调度控制系统，形成了高可靠性的智慧供热综合管控体系，解决了供热系统信息资源碎片化的问题，提升了管理和运维智能化水平，实现了供热系统节能减碳。

3. 项目成果已成功应用于华能伊敏电厂、海拉尔电厂、海门电厂、安阳电厂、满洲里热电厂等企业，系统运行稳定，有效提升了供热系统生产运行调控的安全性、灵活性和能效水平，引领了智慧供热技术创新与发展，经济和社会效益显著。

鉴定委员会认为，项目成果整体达到国际领先技术水平。

鉴定委员会主任：________（签字）副主任：________（签字）

2023 年 9 月 26 日

图 2　科技成果第三方鉴定报告

1. 搭建长距离供热等比试验台

针对长距离管网安全运行策略试验难的问题，搭建了与水泵工况相似的等比

试验台（见图3），泵组数量与实际工艺保持一致。通过试验台模拟试验和仿真计算研究（见图4），为长距离供热管网的水力工况分析提供数据支撑，指导校准数字孪生模型，辅助制定不同供暖季阶段的多级泵安全运行与节能优化策略。

图3　长距离供热等比试验台

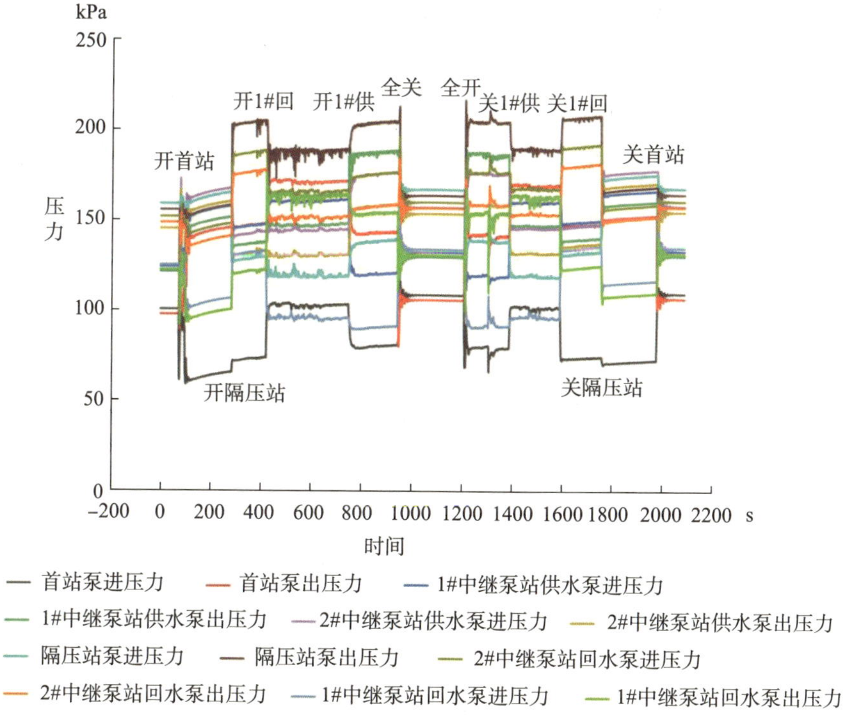

图4　水力工况试验分析

同时，利用数字孪生技术研发了水力工况动态仿真模型，通过对多种稳态运行工况下的水泵故障进行动态水力仿真，深入分析长距离供热系统各种工况下任意组合数量故障停泵、整站停电等事故工况，研究制定稳定性处理流程，进一步确定故障后全网安全流量定值。该平台对于降低事故对管网冲击波动，指导运行人员进行应急处置具有重要作用。

2. 研发与长距离供热现场自控系统相结合多级泵频率自动控制平台

平台根据海拉尔地区的热指标需求，利用隔压站的实时供回水温差，计算长距离系统实时需求流量，并通过后台模型寻优计算，获得多级泵的运行频率优化指令（见图 5），用于多级泵控制，实现了代替人工进行精准跟踪实时供热指标的多级泵频率自动控制（见图 6）。

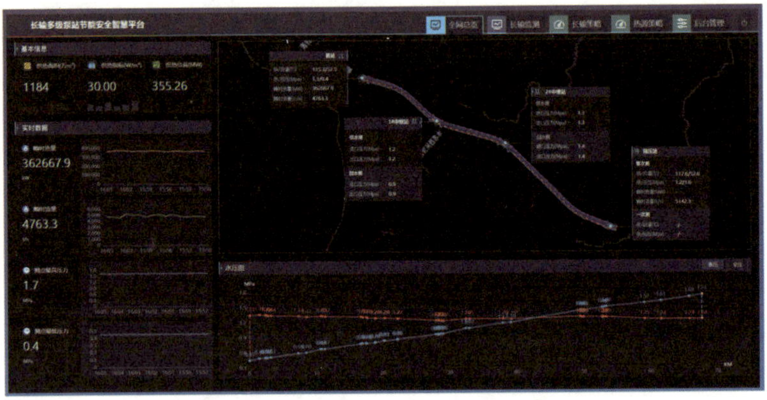

图 5　安全节能运行平台

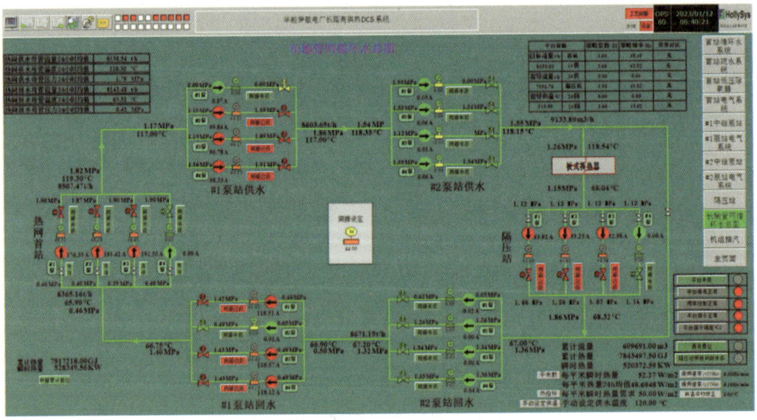

图 6　多级泵自动控制

2022—2023 年供暖季期间多级泵安全节能运行平台持续投运，通过优化多级泵站运行方式，减少外购电 1196.64 万千瓦时（见图 7）。

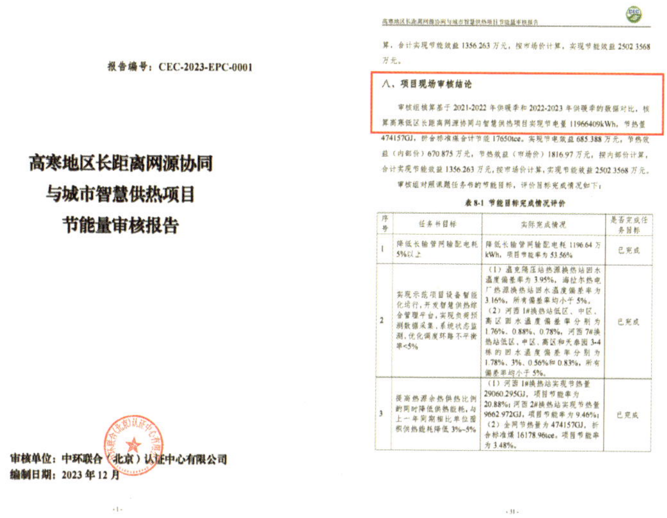

报告编号：CEC-2023-EPC-0001

高寒地区长距离网源协同
与城市智慧供热项目
节能量审核报告

审核单位：中环联合（北京）认证中心有限公司
编制日期：2023 年 12 月

-1-

高寒地区长距离网源协同与城市智慧供热项目节能量审核报告

算，合计实现节能效益 1356.263 万元，按市场价计算，实现节能效益 2502.3568 万元。

八、项目现场审核结论

审核组核算基于 2021-2022 年供暖季和 2022-2023 年供暖季的数据对比，核算高寒低区长距离网源协同与智慧供热项目实现节电量 11966409kWh，节热量 474157GJ，折合标准煤合计节能 17650tce。实现节电效益 685.388 万元，节热效益（内部价）670.875 万元，节热效益（市场价）1816.97 万元，按内部价计算，合计实现节能效益 1356.263 万元，按市场价计算，实现节能效益 2502.3568 万元。

审核组对照课题任务书的节能目标，评价目标完成情况如下：

表 8-1 节能目标完成情况评价

序号	任务书目标	实际完成情况	是否完成任务目标
1	降低长输管网输配电耗 5%以上	降低长输管网输配电耗 1196.64 万 kWh，项目节能率为 53.56%	已完成
2	实现示范项目设备智能化运行，开发智慧供热综合管理平台，实现负荷预测数据采集，系统状态监测，优化调度环路不平衡率<5%	（1）温克隔压站热源换热站回水温度偏差率为 3.95%，海拉尔热电厂热源换热站回水温度偏差率为 3.16%，所有偏差率均小于 5%。（2）河西 1#换热站低区、中区、高区回水温度偏差率分别为 1.76%、0.88%、0.78%，河西 7#换热站低区、中区、高区和天泰园 3-4 栋的回水温度偏差率分别为 1.78%、3%、0.56%和 0.83%，所有偏差率均小于 5%。	已完成
3	提高热源余热供热比例的同时降低供热能耗，与上一年同期相比单位面积供热能耗降低 3%~5%	（1）河西 1#换热站实现节热量 29060.295GJ，项目节能率为 20.88%；河西 2#换热站实现节热量 9662.972GJ，项目节能率为 9.46%；（2）全网节热量为 474157GJ，折合标准煤 16178.96tce，项目节能率为 3.48%。	已完成

-31-

图 7　第三方节能鉴定报告

3. 建立电厂多热源、多模式的供热机组数字孪生模型

开发了厂级多热源抽汽优化与热电协同运行平台，并集成到机组 DCS 控制系统，根据实时电负荷与热负荷数据，实现基于厂级收益最大化的供热抽汽自动控制，实现伊敏电厂 6 台机组供热优化及与长距离供热系统的热电协同运行。

4. 完成了机组供热辅助调峰、调频的热电协同智慧运行

基于长距离供热系统的蓄热特性和时滞特性研究，研发了跟踪供热指标的实时量调节与日供热指标实时修正功能，在机组深调导致首站供热能力不足的情况下，实现了隔压站快速量调节响应，保障了海拉尔用热需求，解决了机组深调工况下的电热矛盾，有效支撑了机组响应深度调峰需求。

三、取得的成效

自“四个革命、一个合作”能源安全新战略提出以来，伊敏电厂认真落实习近平总书记的指示要求，顺应全球能源绿色低碳转型大势，在上级公司的大力支持下，坚定不移推进能源革命，努力构建清洁低碳、安全高效的能源体系，为全球能源转型和能源安全注入强大绿色动能。一是秉承华能集团“三色”使命，保障民生供热稳定。带领人民创造美好生活，是我们党始至不

渝的奋斗目标。民生连着民心，民心关系国运。在长达8个月的供暖期，让群众住得温暖、住得舒心、住得安全，是呼伦贝尔民生课题的重中之重，供暖，是关系民生的“温度计”。伊敏电厂至海拉尔长距离供热工程投运后，解决近期呼伦贝尔城市建设供热面积1528万平方米的供热需求，供热系统温降实现每千米0.02℃，远小于《城镇供热系统节能技术规范》规定的每千米0.1℃，在现有供热面积不增长的情况下热源保障率达到133%，释放海拉尔热电厂、东海拉尔热电厂和其他热源供热压力，提高城市居民的生活质量，彻底解决了呼伦贝尔市城市发展面临的供热“瓶颈”问题，惠及30万群众，进一步守牢了民生供热底线，让华能“暖流”走进千家万户。二是践行绿色低碳发展理念，助力能源消费方式变革。伊敏至海拉尔地区长距离供热工程投运后，仅保留海拉尔热电厂、东海拉尔发电厂两处热源，大幅提高集中供热能力，实现了清洁燃煤集中供暖，成本优势大，对城镇民生取暖、清洁取暖、减少大气污染物排放起主力作用，为淘汰落后产能，改善城市环境打下基础。共计替代低效、污染的小锅炉14台，将原有的产热1吉焦需要46千克标准煤降低至20千克标准煤，年节约标准煤可达30万吨。从而有效改善城区大气环境质量问题，同时能加强余热回收利用，提高能源利用效率，大大减少了碳排放总量，筑牢了祖国北疆绿色生态屏障。三是发挥科技创新优势，推动供热系统智能化发展。华能清能院与蒙东公司、伊敏电厂、海拉尔热电厂共同研发实施了高寒地区长距离网源协同智慧供热系统。通过复杂供热系统数字化、精细化和智能化的源网荷储全流程调度手段，既确保了长距离供热系统的安全稳定运行，又大幅提升了城市热网的精细化运营水平和大型热电厂的灵活性。经过2022—2023年供暖季的成功运行，该系统取得了良好的经济效益和示范效果。通过平台智能决策控制代替原有人工经验及操作，实现了供热全流程网源协同调度运营，有效保障了辖区内高质量安全供暖，为响应“双碳”战略和保障民生供热提供了重要支撑。

（由中国华能集团有限公司供稿）

打造“交能融合”能建样板
助力构建新型交通能源体系

一、基本情况

交通与能源融合发展（简称交能融合），是建设绿色交通强国、落实能源安全新战略、践行“30·60”双碳目标的重要应用场景，有利于加快交通运输用能的清洁替代与低碳转型，促进新能源高效利用。为全方位融入碳达峰碳中和与新型能源体系建设，着力推动创新驱动、绿色低碳、数字智慧、共享融合转型发展“四大转型”，中国能建聚焦理念先行、体系搭建、技术跟进，提出了一系列推动交通与能源绿色融合发展的一体化、系统化解决方案，形成了一系列先行先试的系统产品，在交能融合领域实现了巨大突破，以自身实践闯出了一条具有巨大价值创造潜力的新模式和新路子。

二、实践经验

（一）打造能源融合发展能建样板

10年来，中国能建全面贯彻落实“四个革命、一个合作”能源安全新战略，主动融入绿色低碳经济、数字经济、共享经济“三大经济形态”，积极顺应高质量发展、一体化发展、融合发展“三大发展趋势”，充分发挥综合优势，围绕实现能源绿色低碳发展这一关键命题，推动能源网、交通网、数字网、水利网、生态网、产业网、文化网“七网”深度融合，打造能源与工业、交通、建筑等领域深度融合的产业生态圈。

枣菏高速交能融合示范项目是中国能建投资建设的国内第一个高速公路全路域光储充一体化交能融合示范项目，该项目利用高速公路沿线符合建设条件的护坡，沿线服务区、收费站内符合建设条件的建筑物屋面、建筑物周边地面，建设分布式光伏电站，同步建设充电桩、智慧路灯、风机、储能系统、智慧能源系统等，总装机容量124兆瓦，在传统“网—荷”交通供电系统的基础上融入清洁能源、储能和微电网技术，构建“源—网—荷—储”多层级一体化交能融合系统。据测算，枣菏高速交能融合示范项目运营期内可累计生产清洁电力约为 28.9 亿千瓦时，年均发电量 1.36 亿千瓦时，每年等效替代标准煤 4.1 万吨，减少碳排放 11.4 万吨。

图 1 山东枣菏高速交能融合示范项目边坡光伏

（二）系统提出交能融合一体化解决方案

作为交能融合行业的引领者，中国能建以能源绿色低碳发展为核心，积极创新“能源融合发展”实践路径，打通“源网荷储一体化、交通用能绿色化、车路能云智慧化、交通产业集群化”四化融合路径，推动实现交通网、物流网、能源网、信息网“四网”融合，通过践行“四网四化”，将绿色电力转化为绿色、智慧、经济的运力，实现交通运输行业绿色高质量发展。

图 2　山东枣菏高速交能融合示范项目运营中心

中国能建依托所属电力规划设计总院在能源领域国家级智库优势，与交通部规划院、交通部公路科学院等交通领域国家级智库机构进行深度合作，积极开展交能融合发展顶层设计，大力推动交能融合标准规范化发展，发布了全球第一个高速公路交能融合标准体系和交能融合系列标准规范，形成了指导交能融合建设全过程的建设指南。

（三）积极构建交能融合生命共同体

中国能建全力打造坚固的发展共同体，推动成立了中国公路学会交能融合发展工作委员会，以及“新能源、新基建、新产业”联盟和“中国新型储能产业创新联盟”。联合行业头部企业，共同推动能源、交通、产业多领域融合发展，全力推动一批涵盖绿色公路、绿色轨道交通、绿色航道、绿色机场、绿色船舶全场景交能融合示范项目落地，打造一批战略性、示范性、引领性交能融合项目，全面提升行业影响力。

中国能建完善跨行业标准规范，建立涵盖规划设计、建设运营、管理维护等全生命周期的交能融合标准体系，加强全链条标准衔接。围绕绿色低碳、数字智慧“两化”转型，打通交通基础设施、交通工具、交通供能三大行业生态，引领带动合作单位，实现强强联合，携手构建合作共赢的生命共同体，实现产业共建共享共赢。

三、取得的成效

中国能建以自身实践证明，交能融合是一条服务能源消费和技术革命，推动高质量发展特征、具有巨大价值创造潜力的新模式与新路子。

一是实现了“从0到1”的模式创新。发展模式创新，率先提出“交能融合”理念，通过挖掘交通基础设施沿线新能源资源与土地资源及空间利用，配套建设风电、光伏、储能，以及特殊场景制氢、制甲醇、制氨、储热等，供以服务区、港口等交通基础设施、电动车辆、电动船舶、可持续燃料船舶等交通运载工具，叠加“数字赋能、智慧互联”，将绿色电力转化为绿色、智慧、经济运力；商业模式创新，率先走通“交能融合”模式，以中国能建投资建设的枣菏高速交能融合示范工程为例，作为交能融合先行先试项目，从设计、施工到投产后的运营维护都无对应标准规范、模式和经验可供参考，中国能建克服困难，成功于2023年5月并网发电，实现金乡智慧零碳服务区100%绿电供应，项目年均发电量达1.36亿千瓦时，替代标准煤约4.1万吨，减少碳排放11.4万吨。项目入选国家能源局能源绿色低碳转型典型案例，成为公路领域探索交能融合的行业标杆。场景模式创新，率先拓展全场景“交能融合”，中国能建目标打造公路、铁路、水运、航空、城市等全场景交能融合，在探索公路场景的同时，积极在长江、西江水系布局内河船舶电动化，在辽宁、黑龙江等地布局可持续燃料生产基地，着眼于能源网与综合立体交通网的深度交融。

二是实现了“1+1>2”的价值提升。能源消纳价值提升，通过“源网荷储一体化”、虚拟电厂、V2G、有序充放电等技术，发挥未来交通负荷的巨大储能资源池作用，促进了新能源在交通领域的就地消纳利用，支撑新型电力系统建设，实现交通用能的清洁低碳化转型；传统资产价值提升，通过交通基础设施资源化，集约利用边坡匝道、货物堆场等交通土地资源建设新型交通能源基础设施，实现公路、港口等传统交通资产价值提升；物流效益价值提升，通过“电力—运力”协同优化调度，实现交通沿线绿色电力与灵活机动交通负荷的灵活调控，降低货运物流价格，促进全社会物流体系提质增效。以推广电气化公路示范项目为例，遴选运输量大、路线相对封闭的应用场景，统筹规划和推进以新能源微网及大电网支撑的综合供能系统、以受电弓为受能系统、以电动化改造的车辆为用能系统，叠加交能融合智慧运营平台，可实现典型场景下货物运输成本下降20%。社会转型价值提升，交能融合的成功经验为全行业的绿色低碳转型提供了思路，未来的融合发展将不限于交通领域，还将继续向建筑、化工、大数据等高耗能产业延伸，促进全社会实现双碳目标。

三是实现了“N 次方增长”的聚集融合。产业聚集，通过统一技术标准，带动公路红线内新能源设施、充换电设施、车用船用动力电池、氢氨醇制备等关键技术创新、核心装备研发及标准化，促进产业链上下游深度融合；通过创新商业模式，推出电池银行、货运滴滴、能源服务等新商业模式，利用合理的利润分配机制，激励货主、运输企业、能源供应企业、充换电设施运营企业、交通工具制造企业等产业链上下游共同推动交通用能的替代。区域融合，通过省级区域级的统筹规划，促进地区间横向深度融合，带动各省之间、区域之间基础设施“硬联通”及制度规则、发展规划和标准体系的“软联通”，推动网络化的交通行业科学、有序地实现能源转型；通过大数据平台，打通交通运输、能源、互联网行业数据壁垒，将交通流量、新能源出力、电力市场、运输货价、运输过程碳排放管理等大数据一体化管理，以交通的“弹性”应对能源清洁化升级的“刚性”，实现省、区域乃至全国的交通和能源关键核心要素的共享与协同。

（由中国能源建设集团有限公司供稿）

创新广东社会用电需求响应模式　推动电力用户适应能源电力消费革命新趋势

一、基本情况

广东电网有限责任公司（以下简称南方电网广东公司）是国有大型骨干企业中国南方电网有限责任公司全资子公司，注册资本668亿元，拥有变电站2891座（其中500千伏变电站70座），变电容量6.1亿千伏安，输电线路总长度9.997万千米，资产总额4903.74亿元，是全国规模最大的省级电网公司之一。南方电网广东公司秉承“人民电业为人民”的企业宗旨，负责投资、建设和经营管理广东省20个地级市（不含深圳市）的电网，供电面积17万平方千米，供电客户4979.1075万户，供电人口超过1亿人，并为香港、澳门提供电力供应。

南方电网广东公司在电网运行、电力调度、信息通信、检测试验、综合能源等多个业务领域具有较强的科技创新和自主研发能力，拥有发明专利9767件，其复杂大电网管控、可靠性管理、电力市场化交易以及超导电力应用、柔性直流输电、电力机器人等关键技术走在全国前列。连续安全稳定运行超过28年，供电可靠性领先城市数量连续14年保持全国领先，连续15年在广东省地方政府公共服务评价中排名第一。

广东全社会用电量和统一调度最高负荷连年居全国首位，2023年广东统调最高负荷达1.45亿千瓦，夏季高温持续时间长，用电高峰期电力供需矛盾较为突出。以往电力需求侧调节手段较为缺乏，主要由发电侧调节电力供需平衡。为此，国家发展和改革委员会发布《关于完善能源绿色低碳转型体制机制和政策措施的意见》等文件，要求拓宽电力需求响应实施范围，通过多种方式挖掘各类需求侧资源并组织其参与需求响应。

根据国家“四个革命、一个合作”能源安全新战略要求，加快推动能源消费绿色低碳转型，充分挖掘电力系统灵活性调节能力和需求侧资源，引导需求侧主动参与电网调峰，南方电网广东公司坚持引导供给侧和消费侧双向发力，科学引导电力消费专型，按照“需求响应优先，有序用电保底”原则，积极推动政府出台市场化需求响应规则，将需求侧可调节资源纳入电力电量平衡，在国内率先建立以市场化为导向的需求响应交易机制。以逐步培育不低于统一调度最高负荷 5% 的响应规模为目标，2021 年 5 月广东率先建立市场化需求响应机制，持续丰富响应资源种类和交易品种，市场主体踊跃响应，及时有效缓解高峰供电紧张压力。

二、实践经验

（一）精心打磨市场化机制，引导用户主动参与

1. 全国首创用户侧成本收益分配机制

在保障用户用电价格稳定的基础上，科学设计收益成本分摊机制，需求响应收益由需求地区全部工商业用户按月度实际用电比例分享，并设置上限，需求响应成本由全部工商业用户按月实际用电比例分摊。

2. 实施市场定价机制

市场主体报电量报电价参与竞争，按照满足需求容量且边际市场主体全量中标的原则，按申报价格由低到高依次调用，直至满足响应容量需求。采用边际出清定价模式，出清价格为边际市场主体的申报价格。由市场供需决定需求响应价格，充分体现市场主体响应意愿。

3. 丰富市场交易品种

充分考虑多元化主体负荷特性、价格敏感度、响应速度、调节成本等差异性，精准培育负荷调节资源，差异化设置日前邀约、灵活避峰、可中断负荷和直控型可调节负荷竞争性配置等三类交易品种。全省统一开设需求响应交易品种并在统一的平台交易，应用统一的准入、交易、激励、评价、结算标准，支持任意时段和任意地区组合的需求响应交易组织，确保长效运营的有序性。

4. 积极引入各类市场主体激发市场活力

做好市场服务，最大化降低用户参与自主申报门槛，具备分时计量条件的市场用户（包括直接市场用户和电网代购电用户）均可注册成为响应资源并参与需求响应交易。鼓励引入独立第三方电力聚合商，便利用户选择电力聚合商建立代理关系，提高电力聚合商挖掘用户灵活性。支持海量用户自主申报，未签订代理合同的用户默认直接参与需求响应交易并调低用户申报门槛，激发用户参与交易的积极性。

（二）探索创新管理机制，助力新业态健康发展

1. 全国首创灵活避峰需求响应机制

积极挖掘实用能力，筛选优质用户签订灵活避峰响应协议，以电力现货市场价格出清上限作为响应调用价格，由各地市负荷管理中心根据电力保供需要组织调用，也作为应对持续性电力缺口或最大负荷 5% 以上电力缺口的需求侧管理措施，柔性激励用户参与电力系统调节。

2. 建立统一可调负荷资源池新模式

对参与需求响应市场的用户负荷进行两层精细化分类，精确刻画用户标签。第一层细分将用户分为可控负荷和不可控负荷用户，第二层细分根据负荷响应时间，将可控负荷按照日前级、小时级、分钟、秒级分路接入负荷管理系统，形成需求响应、有序用电和负荷控制的统一资源池，为日后调用做好储备。

3. 打造样板做好示范

拓展应用场景，打造需求侧柔性负荷调控示范样板，在南方区域率先探索柔性负荷调控试点，在江门开展“空调 + 基站 + 充电桩”柔性负荷调控，在广州琶洲开展区域商务楼宇群空调控制改造，完成南投大厦中央空调主机控制、南沙芯粤能室内风机柔性控制，以点带面全力推动柔性负荷调控试点建设。

（三）内线外线全面发力，服务需求侧调节资源培育

1. 打造新型业态治理新能力

率先建成南方区域刚柔并济的新型电力负荷管理系统，打造全景网格监测能力，系统负荷采集监测能力提升至 15 分钟。截至 2024 年 3 月，负荷控制规模占广东电网最高负荷 11.5%，实现各类可调节负荷资源的全接入、全监测；打造智慧多维分析能力和安全高效互动能力，支持多维度、多层级展示负荷资源实时情况，实时监测设备状态、指令下发全过程追踪溯源；打造聚类分级控制能力，物理上实现用户侧不同分支回路的精细负荷管理、全省负荷资源的统一调用，实现需求响应和负荷控制事前、事中、事后全过程管控。

2. 技术支持系统全面升级夯实基础

对需求响应交易相关的电力交易、现货、营销、计量系统全面升级改造，建立需求响应技术支持系统体系。需求响应用户注册、申报、执行的动态数据全部接入数据中心，需求响应实时监测功能面向各业务层级投入应用，实

现需求响应实时可知。完成微信小程序开发，用户可在小程序注册、签约和申报，为用户提供更便捷的业务办理和查询条件。

3. 形成内外部宣传合力

全面培养供电局一线客户经理业务能力，组建广东省市场化需求响应省地推进专班，开展内部多轮需求响应培训，累计培训人员6000余人次，实现一线客户经理全覆盖。组织基层供电局发动客户经理超过1万人次，全方位、高频次向用户进行逐一面对面宣传。积极争取政府大力支持，开展“专题性+网格化”宣传，促成广东省能源局召开全省需求侧管理暨2022年提升“获得电力”服务水平工作推进会，部署省、市、县三级落实需求响应推进要求，将相关事项纳入省政府协调保供应问题清单。

（四）建立健全安全防护管控体系，保驾护航新业态

锻造标准体系与终端密钥双保险。通过实验室搭建模拟环境，开展各关键控制节点联合调试，制定统一通信协议。制定电网侧、用户侧相关接口标准，制定安全防护技术、运行维护和检验测试等标准，打造可复制、可推广的负荷管理系统建设模式。南方区域率先完成终端密钥体系建设，南方区域首创双指令负荷控制和断线监测功能，构建计量终端安全防护检测能力，确保设备装置不误发指令、不误动作。负荷控制安全防护管控体系的构建，进一步强化了负荷管理设备安全和网络安全，有效提升了负荷管理系统网络安全防护能力和负荷控制安全防护能力，新型电力负荷管理系统在2023年“护网”工作中成功经受实战考验，确保数据信息安全传递和负荷控制安全可靠。

三、取得的成效

一是推动社会电力消费习惯改变，培育电力用户主动响应意识。需求响应机制引导用户对自身调节弹性价值有更加直观的感知，特别是灵活避峰需求响应机制进一步提高了邀约发起、用户参与自发调整用电习惯和负荷调控的灵活性，向具有调节潜力的用户释放了友好激励信号，在推动电力用户由“被动改变”向“主动响应”转变方面具有重要意义，为能源绿色低碳转型提供了坚实支撑。截至2023年底，灵活避峰签约协议用户总计4000多户，负荷规模约300万千瓦，有效填补了应对偶发性临时缺口和局部缺口的日内小时级、分钟级需求响应空白，最大限度避免拉闸限电对生产、生活的影响，增强电力系统的灵活性和有序性。

二是供电服务能力大幅提升，更好服务新型电力系统建设。通过负荷资

源精细管理机制和新型电力负荷管理系统，将不同性质用电负荷、不同响应级别负荷资源分层分级分类精细化管理，实现了负荷调控业务的省地两级贯通、全景统计、智能分析和精准调控，解决了负荷资源分区分类的精细管理问题、接入与控制的安全问题、准确计量评价的结算问题，解决了电力系统负荷资源“看不见、控不了”的长期“老大难”，实现可控负荷资源统一管理、统一调控、统一服务。南方电网广东公司不断深挖新型电力负荷管理系统潜力，在负荷平稳时期运用智能技术对用户用能进行数字化管理，开展负荷资源动态聚类和数据常态跟踪分析，服务政府决策，为用户提供精细化的用能服务；在用电高峰时期，助力各地市因地制宜动员用户参与需求响应，精细开展负荷方案制定、执行、监测、督查，有效保障能源电力安全和经济社会稳定运行，显著提升负荷管理能力水平。截至 2024 年 3 月，广东电网供电地区接入新型电力负荷管理系统 10 千伏以上用户 18042 户，相关资料数据 20454 条，接入系统柔性负荷 4676 千瓦，最大可控负荷资源超 1200 万千瓦，成为南方区域最大的负荷管理系统。

三是保供电保安全成效显著，社会各界广泛认可。2021 年 5 月 17 日，广东电网供电范围内首次启动市场化需求响应结算试运行，市场反应踊跃。运行第一年通过 12 个交易日快速调动百万千瓦级响应能力，平均执行率达到 90% 以上，精准、及时地缓解了用电高峰期电力供需紧张矛盾。2021 年以来已累计组织交易 86 天，在邀约 200 万千瓦的运行日实现最大申报响应量 609 万千瓦，储备需求响应能力约 600 万千瓦。通过在新能源富集地区针对性开展晚高峰期间的局部地区需求响应交易，有效规避了广东茂名、湛江地区夜间新能源机组临时检修等情况下的供电“卡脖子”问题，应用市场化手段挖掘了稳定的约 20 兆瓦调节能力，实现源网荷储多元互动，提升了电网安全稳定运行能力。南方电网广东公司的市场化需求响应机制已在南方五省（区）大力推广，被国内多个省（区）借鉴应用。

（由中国南方电网有限责任公司供稿）

打造创新融合充电业务生态
助力新能源汽车产业高速发展

一、基本情况

南方电网公司深入贯彻落实国家新能源汽车产业发展和乡村振兴重大战略，紧扣“两新一重”和能源低碳转型重大机遇，以提供普惠均衡充电服务为初心使命，以主导南方区域充电服务市场、打造新的利润增长点为战略目标，统筹推进电动汽车充电服务业务的深化改革和提速发展，打造“1+5”电动汽车充电服务业务产业集群，成立南方电网电动汽车服务公司（以下简称南网电动公司）作为网级专业公司和平台型企业，重点统筹“统一规划、统一平台、统一品牌、统一标准”；南网电动公司与各省级电网公司组建 5 家区域电动公司（分别地处广东、广西、云南、贵州、海南），因地制宜开展属地化充电设施建设与运营，积极探索新商业与服务模式。

公司在电动汽车充电服务产业链中主要围绕以下环节开展业务：一是充电服务平台的投资建设和运维运营。围绕公司“顺易充”充电服务平台开展投资建设、维护升级、充电服务，以及与社会其他充电服务平台、互联网业务平台的互联互通、数据共享、合作共赢等，推动公司充电服务平台与周边产业互利共生，打造新能源汽车服务生态圈。二是充换电基础设施的投资建设和运维运营。围绕集中式超快充站、分散式慢充桩、换电等多种业务场景，以自主投资建设为主、投资并购为辅等多种模式，开展充换电基础设施的投资建设、维护升级、运营服务等。三是充电设施核心装备研发和技术标准制定。加快充电设施核心装备的研发投入，在功率模块、调控模块、智能调控终端等方面具备研发、品控和持续改进的能力，构建公司电动汽车充电服务标准体系，推进技术、服务质量统一。

南网电动公司立足深圳辐射五省（区），经过长期深耕充电服务市场，打造了一支高素质、有活力、能干事的员工队伍，公司现有员工 181 人，其中本部 35 岁以下员工占比 55%，硕博学历员工占比 49%。通过积极参与国家和地方重点研究课题、行业标准和国家标准制定，逐步确立了行业地位：南网电动公司是中国电力企业联合会的理事单位、中国电动汽车百人会的理事单位、IEEE PES（中国）电动汽车与电网互动技术分委会的副主席单位、中电联能源行业电动汽车充电设施标准化技术委员会的委员单位、中电联电动汽车与储能分会的副会长单位、中国电动重卡换电产业促进联盟的发起单位以及深圳市新能源汽车运营企业协会会长单位。2019 年被认定为国家高新技术企业，2023 年入围国务院国资委“双百企业”并通过“专精特新”中小企业认定。

二、实践经验

（一）突出基础保障，持续完善充电服务网络

一是履行社会责任，实现五省（区）充电桩乡镇全覆盖。在国务院国资委的领导和帮助下，南方电网公司立足“国之大者”，积极承担社会责任，主动破解电动汽车和充电桩之间“鸡与蛋”式发展困局，重点在社会资本投资意愿不强的县、乡、村等偏远区域进行建设，超前布局乡镇充电桩建设工程，于 2023 年 9 月 27 日率先实现了南方五省（区）4785 个乡镇充电桩全覆盖，共建成投运乡镇充电桩 3 万余个，占公司全部投资充电基础设施的 31%，打通了乡镇充电“最后一公里”。

二是坚持需求导向，努力构建结构均衡的充电服务网络。公司坚决落实《国务院办公厅关于进一步构建高质量充电基础设施体系的指导意见》，聚焦城市“两区三中心”、城际高速等实施分级分类建设，着力构建均衡敏捷的充电服务网络。在五省（区）建设充电站 1.4 万余座、充电桩 10.8 万个，其中在高速公路服务区建设充电站 270 座，助力实现南方五省（区）服务区充电站覆盖率达到 90%；为企事业单位、工业园区配建充电桩 2.87 万个，有力支持公务用车电动化；将推进居民小区充电桩建设作为重点工作，联合地产开发商、社区物业等累计进驻小区 1469 个，建设小区充电桩 1.58 万个，更好地满足私家车快速增长的充电需求。

三是注重互利共赢，全力推动产业跨界合作。以构建“充电网 + 能源网”融合的服务生态圈为目标，积极引导能源企业、智能车企、动力电池企业等跨界合作与产业联动。先后完成与中石化、南方航空联手共建 138 座充电站，共建共享“南网 + 广汽”品牌充电站等。以“车电价值分离”模式与比亚迪合作投放 1000 辆新能源网约车，与中石油、运输企业合作建成 3 座重卡超级充电站，“以品育业、以业带链、以链集群”，有力推动电动汽车上下游企业

加速聚链成群、融通发展。

四是发力多元融合，推动充电服务高质量发展。为破解充电服务盈利难题，公司着力构建多元融合创新的充换电服务产业新格局，在广西柳州打造了鹿山综合能源站成功样板。2023 年结合各省（区）实际，选择核心城市、优质区域，特别是在利用率较高的交通枢纽，大力推动多元融合站建设，全年投产多元综合站 25 座，引入光储充放、超充等技术手段以及智慧停车、自动售卖、广告等商业创新元素，全面提升站点品牌形象与增值能力。同时，在广西东兰打造“风、光、储、充一体化”乡村智慧能源示范项目，着力推动乡镇充电项目可持续发展，更好助力乡镇能源绿色转型和巩固乡村全面振兴。

（二）强化平台赋能，构筑充电服务生态体系

一是加强数智融合，推动运维运营提质增效。持续加强充电设施运营盘活，打造智慧运维运营等数字化支持系统，充分挖掘海量充电、出行数据价值，利用大数据、人工智能技术赋能关键业务环节。2023 年，结合国家发展和改革委员会阶段性降低充电服务费用要求和节假日出行需求，参考市场其他运营商情况，在五省（区）各层级开展阶段性充电服务营销活动 659 次，有效刺激绿色出行，资产效能大幅提升，充电桩在线率达到 94%，平台充电量 13.8 亿度、同比增长 60%，服务 6376 万车次、同比增长 62%，在履行社会责任的同时推动了国有资产保值增值。

二是推动数据融通，构建开放共享服务生态体系。公司着力打造“开放互联、数据共享、服务便捷”的“顺易充”统一服务平台，破解社会充电运营小、散、弱的产业发展痛点，积极与国内主流车企、充电平台、运力平台、金融机构、图商等上下游企业进行深度互联。截至 2023 年底，平台已接入运营商 817 家、充电枪 72.5 万支，服务用户超过 700 万人，与 126 家充电运营商及滴滴、微信等互联网平台实现互联互通，建立起包含充电、出行及数字能源的平台生态体系。

三是推进政企合作，打造“一张网”监管平台样板。公司积极发挥央企主力军作用，注重因地制宜，积极服务各省（区）政府监管平台建设运维。在海南，通过政企联动完善顶层规划设计，打造区域与电网融合发展的充电“一张网”模式，组建海南“一张网”公司，搭建了“一张网”服务平台，推动全岛充电基础设施 100% 接入和互联互通，实现“一个 App 畅行全省”。在深圳，联合市政府组建工作专班，成功打造特大型城市“电力充储放一张

网”。同时，承接建设运维广东粤易充、广西八桂充、云南彩云充、电动贵州等省级监管平台，为省政府提供统一的充电设施数据监测、统计分析技术支撑，为各运营商提供数据接入、补贴申领等公共服务。

（三）注重创新驱动，夯实业务融合发展基础

新能源汽车是国家战略性新兴产业，供需市场的爆发式增长、从单向传输向双向交互的用能方式变化，正深刻影响新型电力系统发展格局。公司深刻把握新能源汽车“负荷＋储能”双重属性，深化产业链创新链融合对接，依托“灯塔”项目，大力开展规模化车网互动关键技术研究和示范应用，推动新能源汽车与新型电力系统同频共振。

一是立足产业所需，加快核心技术攻关。强化协作，形成资源与优势、需求与供给相匹配的创新合力。强化车网互动科创项目立项阶段的前端介入，更加突出商业化推广、产业化应用的鲜明导向，推动科研创新供给与市场客户需要、产业发展需求有效对接。统筹产学研用各方资源，发挥公司在电网调度运行、市场交易等方面的技术优势，构建产业单位主导需求和推广应用、管制科研单位主导技术攻关的协同创新机制。目前，已取得了积极的创新成果，譬如，在理论技术方面建立了充放电用户行为与响应成本模型，在核心装备方面研发了光储充智慧调控场站管理终端，在标准体系方面发布了国内首份车网互动白皮书等。

二是坚持应用导向，促进科技成果转化推广。大力推进有序充电规模化应用，推动以充电基础设施为主的分布式资源成功参与深圳虚拟电厂精准响应；强化双向充放电探索示范，在深圳民兴苑建成了大湾区首个 V2G 站等一批示范站点并开展实证检验，引领商业模式和市场机制创新。

三是以点带面辐射，推动跨领域协同融合。车网互动业务涉及交通出行、用户行为分析、电力调度运行和市场交易等专业领域，通过车网互动的商业化探索实践，将有效带动管制、新兴、产业金融等战略单元资源要素共享互通，激发数据价值。

四是遵循客观规律，坚持长期主义持续投入。当前，车网互动技术的大规模商用仍然面临市场驱动不足、行业信息壁垒等短板，亟须加快技术规模化应用和市场机制创新。公司坚持在科学论证和进行价值判断的基础上，持续稳定投入，边布局边突破边发展，努力在服务新型电力系统建设中更持续、更有效地释放创新活力和发展动力。

三、取得的成效

一是“国家队”作用充分彰显，有力支撑政府推动行业发展。公司坚定落实国家战略，在支撑政府推动产业发展、引领行业示范等方面积极贡献南网智慧。2022 年 8 月世界新能源汽车大会邀请公司孟振平董事长代表电网行业在大会做主旨演讲，传递了电网公司服务国家新能源汽车产业战略的声音；2021 年 4 月，国家发展和改革委员会在建设海南自贸港的国家战略中，将打造海南充电服务“一张网”运营模式的重任交给南方电网公司牵头落实；2022 年 9 月，国家发展和改革委员会围绕深圳建设中国特色社会主义先行示范区，再次明确由南方电网公司联合深圳市政府共同推进深圳充电服务“一张网”工作；2022 年 7 月，国家交通部邀请公司联合印发《加快推进公路沿线充电基础设施建设行动方案》；2023 年 5 月，公司孟振平董事长参加国务院常务会议，列席《关于加快推进充电基础设施建设　更好支持新能源汽车下乡和乡村振兴的实施意见》审议议题；2023 年国务院国资委启动产业焕新行动，将充电基础设施建设交由公司牵头推进，充分彰显了上级部委对公司充电服务业务的认可和信任。

二是充电服务业务规模加速扩张，有力支撑南方五省（区）新能源汽车产业高速发展。2019 年以来，公司充电基础设施规模累计翻了 4.7 倍，南网区域市场占有率从 10% 提升至 17%，连续 3 年排名第一；2023 年度充电量达到 13.8 亿度、同比提升 60%，较 2020 年提升 4.8 倍，连续两年南方五省（区）排名第一。公司在全国率先实现五省（区）充电桩乡镇全覆盖，有效解决了南方五省（区）农村地区充电设施不足、“找桩难”这个“堵点”“痛点”，助力南方五省（区）乡镇充电量大幅增长，2023 年全年乡镇充电量 4.23 亿千瓦时、同比提升 80%（其中云南超过 5 倍、广西超过 4 倍），充电订单数 2126 万人次、同比增加 81%。加速完善的充电基础设施网络助力南方五省（区）新能源汽车加速渗透，2023 年南方五省（区）新能源汽车销量为 146.3 万台，同比增长 23.0%，全年渗透率 36.8%，提升 8.2 个百分点，优于同期全国平均水平，其中海南、深圳等地区电动汽车渗透率已超过 50%，引领全国电动汽车渗透发展趋势。

三是充电桩运营效益显著提升，有力支撑公司战略性新兴产业发展。公司全口径充电桩利用率由 2020 年的 2.67% 提升至 2023 年底的 5.14%，超过行业平均水平（充电联盟数据显示行业平均约为 5%），预计今年将提前完成“十四五”末 5.5% 的战略目标，其中广东电动 8.74%，海南电动 12.61%，已达到行业头部水平。2023 年，南网电动公司合并报表口径营收为 24.05 亿元、净利润 1.69 万元，同比分别增长 31%、144%，经营实力持续实现较快增长，成为公司加快发展战略性新兴产业的重要一环。

四是充电服务技术创新多点开花，有力支撑交通能源加速融合互动。在关键技术方面，攻克大规模电动汽车聚合调控技术，建成国内首个跨区域分布式源荷聚合平台，打造接入功率超百万千瓦的车网互动聚合系统，实现电动汽车用户有序组织和智慧引导能力。在核心装备方面，联合行业上下游，研发光储充智慧调控场站管理终端，研制低成本、全国产化的车网互动专用网络安全防护芯片，实现关键核心器件自主可控。在标准体系方面，聚焦电动汽车有序充电、共直流母线充放电系统、车网互动网络安全防护等方面形成国家、行业、团体和企业等标准十余项。打造车网互动深圳示范模板。投资建设了粤港澳大湾区首个车网互动示范站点深圳民兴苑 V2G 站，深圳规模最大的 V2G 站宝安区政府充电站等一批示范站点，累计建成 V2G 充电桩 97 个，智能有序充电桩超 1.4 万个，探索公务车托管峰谷套利、社区有序慢充开展配变过载管理、公共快充 / 运营车队参与市场交易等多元应用场景，创新实施深圳虚拟电厂精准响应，2023 年深圳虚拟电厂常态化开展 33 次精准响应，以充电桩为主的分布式资源累计调节电量约 128.5 万千瓦时，创造用户收益约 450 万元，有效培育用户，助力车网互动产业起步发展。

（由中国南方电网有限责任公司供稿）

因地制宜推动农产品电能替代加工
持续提升农村终端电气化水平

一、基本情况

中国南方电网公司（以下简称南方电网）作为中央管理的国有重要骨干企业，负责投资、建设和经营广东、广西、云南、贵州、海南五省（区）的电网，南方电网的供电面积达到100万平方千米，供电人口约2.52亿人。作为中国电力行业的重要参与者，南方电网致力于提供安全、清洁、高效的电力供应和服务，业务范围包括电力购销、电力交易与调度、国内外投融资、外贸流通经营、国际合作、对外工程承包等。南方电网积极承担社会责任，支持当地经济发展，长期为农产品加工行业提供稳定的电力供应、经济的能源管理方案、高效的新技术新产品，推动了农产品电能替代加工与产业升级，提升了农村终端电气化水平，促进了社会经济发展。

二、实践经验

（一）整体情况

能源是农业农村发展的重要物质基础，农业农村现代化离不开充足的能源保障。作为经济社会发展的顶梁柱、压舱石，南方电网坚持以习近平生态文明思想为指导，全面贯彻党的二十大、全国生态环境保护大会和全国两会精神，认真落实国务院国资委关于节约能源与生态环境保护工作部署，全面履行经济责任和社会责任，充分发挥电网平台优势和核心枢纽作用，大力推进农产品加工领域电能替代工作，积极助力构建以清洁电力为基础的农产品加工产业体系和生产生活方式，推动农产品加工走上绿色、低碳、循环、可持续的创新发展之路，服务双碳目标实现和能源消费革命。

截至2023年底，公司经营区域累计开展农产品加工领域电能替代项目20446个，替代容量达98.6万千瓦，其中当年新增项目6467个，新增容量69.63万千瓦，新增替代电量1627万千瓦时。电烤烟、电制茶、电酿酒等农产品加工新模式已形成规模效应，有力推动“乡村振兴”战略在优质电力保障下快速发展。

（二）电烤烟，烤出致富“金叶叶”

广东梅州、韶关地区是广东省重点烟叶产区，烟叶成熟后需通过烘干、干燥等加工程序，方可制作成各类烟草制品，进而产生经济价值，是当地增收、群众致富的重要来源。传统烤烟加工行业采用木柴、煤炭、生物质颗粒等燃料作为热源在独体土培房中直接加热干燥，存在二氧化碳及污染物排放高、产业容量小、烘烤工艺不专业等缺点，造成烘烤损失率10%以上、上等烟比例较小、烤烟成本高等问题。

围绕传统烤烟方式痛点，南方电网大力普及电烤烟技术，通过采用电加热替代传统热源，将原先使用木柴、煤炭、生物质颗粒的独体土培烤房改造成密闭式热泵电能烤房。电烤房系统主要由烤房设备、热风循环设备、除湿设备、电控四大部分组成，利用纯电能热泵供热，采用自动控制技术准确、稳定控制干球、湿球温度，实现了碳排放及污染物降低、人工成本减少、烤烟效率提高、烟叶质量提升的目的。据广东烟草局统计，传统煤炉烧烤烟叶所需成本为1400元/炉，而使用电烤烟仅需要750元/炉（约1300度电），运行费用远低于烧煤烤房。

片片黄金叶，铺就致富路。南方电网与地方烟草公司深度联动，积极推进“电力+烟草+烟农”合作模式。南方电网一方面对报装容量160千伏安以下的小微企业提供“三零”服务，切实降低烤烟技术使用成本，一方面结合烤烟季节性用电特性，定期上门服务，协助用户主动排查用电安全隐患，多措并举确保烤烟用电稳定。目前，电烤烟已成为广东地区广受烟农欢迎的新技术，多方共赢下南方电网与梅州烟草公司签订5年战略合作框架协议，计划推动“煤改电”升级改造烤房1250座、新建电能烤房765座，逐年将电能烤房比例从1.4%提升至80%以上，进一步深化烟草行业能源消费革命。

（三）电烤房，烘出果香新业态

广西地区热带水果品种丰富，食品工业发展先决条件优越，是我国最大的水果生产省区，也是中国—东盟水果进出口的重要通道。据统计，广西园林水果种植面积超2000万亩，水果产量超3000万吨，水果生产总值超1700亿元，各类果树品种资源近300种，占全国果树种类的70%，是我国水果种植优势区域。广西水果一年产量可让全国人民人均吃上40多斤，不仅是全国的“果盘子”，也是广西自治区乡村振兴的支柱产业。为促进水果产业高质量发展，广西自治区在持续加大冷链运输建设的同时，也在积极发展水果加工产业。

广西自治区拥有5.54万家食品加工厂，其中近80%的食品加工厂有干燥加工需求。然而当地传统加工设备简陋、技术落后，向深加工和精加工食品转化程度较低，导致水果等农产品加工损耗率高，精深加工不充分，产品竞争力不强。为此，广西电网结合地域与产业特色，提出广西特色食品干燥加工电能替代装备研发技术路线，以广西特色食品干燥加工行业电能替代装备研发为主线，开展生产用能需求与成本分析、新型高效电热技术以及电能替代装备样机研发，并建成广西首个共享电烤房综合利用示范项目。

项目通过运用高温热泵干燥及高效热回收技术，能耗成本相比常规干燥装置可降低30%以上；通过集成智能控制技术可对各类干燥物料的核心数据实现实时采集和远程在线监控，以干燥品质、速率、能耗为优化目标实时获得最佳干燥工艺参数；通过使用物联网技术可根据物料的干燥特性与热泵干燥技术特点，定制不同种类的成熟干燥工艺数据，以适应不同水果品类和用户的加工需求。据统计，试点用户节约能源消耗达96.4%，降低生产成本23.2%以上。电烤房的试点应用进一步带动了当地木瓜、杧果、荔枝等农产品的深加工发展，整个烘烤过程实现“零排放”，保障了全国人民的“果篮子”更加绿色低碳，促进广西水果加工产业良性发展，推动了地区农产品加工的能源消费革命。

（四）电制茶，缕缕茶香好味道

云南地处低纬度地带，气候温暖湿润，拥有丰富的雨水资源和充足的日照资源，是我国茶叶的重要产区之一。据统计，云南全省129个县（市、区）中有99个县（市、区）生产茶叶，茶叶种植面积近800万亩，年产量超55.8万吨，全产业链条年产值可达1380亿元，是云南当地的支柱产业之一。

茶业加工过程需要对原材料进行杀青、烘干等加工工序，传统制茶行业普遍采用木柴、生物颗粒、煤炭等化石燃料作为热源加热刚采摘的茶叶，加工过程温度、火候难以控制，茶叶质量无法保障，且二氧化碳排放高。为此，云南电网公司结合地域特点和产业特色，大力推广电制茶工艺，推动茶户采用电炒锅和电杀青机来替代燃柴燃煤锅炉，以电热的方式直接烘焙茶叶，同时引入全电气化的茶叶揉捻机，缩短茶叶揉捻时间，整个加工过程精确稳定，保障了茶叶的品质和口感，同时加工1吨茶叶只需150多元电费，比之前烧柴节省 850 元，极大提升了云南地区茶叶加工行业的竞争力。

目前，云南电网已在玉溪、楚雄、大理等地推动电制茶项目 2558 个，新增设备容量 10.32 万千瓦，仅景迈制茶车间便启动农网改造升级工程 59 个，扩容变压器 250 千伏安，西双版纳供电局则投资 3500 万元推动制茶电能替代 580 户，折合减少二氧化碳排放 6.28 万吨。制茶工艺电能替代的转型应用，保护了云南绿水青山，实现了“生态效益、社会效益、经济效益”共赢，通过能源消费革命推动了农村农业现代化转型。

（五）电酿酒，贵州酒香更浓郁

白酒产业是贵州在全国乃至世界上具有重要地位的特色优势产业，作为贵州的首位产业、支柱产业和富民产业，2023 年贵州白酒产业增加值增长 10.7%，全省规模以上白酒企业超过 180 家、年产值超过 1300 亿元。其中赤水河流域作为酱香型白酒主要原产地，是贵州省重点打造的世界级酱香型白酒产业集群建设区域，拥有白酒生产企业及酒作坊 1600 余家、酒甑 8500 余个，预计到 2025 年酒甑数量将达到 9500 个。贵州省政府在巩固地区优势的同时，也在积极推动地区白酒产业升级，开展酿酒产业电能替代，探索现代化、标准化的酿酒工艺。

酿酒涉及制曲、翻拌、加曲、堆积、上甑、摊凉、蒸料、蒸馏等加工工序。为保障酿酒时所需的温湿度、机械动力和蒸馏加热环境，企业以往会采用燃煤、燃油、燃天然气等方式辅助生产，从而满足酿酒的多方面需求。贵州电网结合地域特点和产业特色，推动酿酒工艺实施电气化替代，在烤酒的多个环节进行电气化设备替代，利用酿酒专业电锅炉和熔盐谷电储热蒸汽系统对酿酒材料进行蒸馏，电锅炉和熔盐谷电储热蒸汽系统的加热相比传统酿造方式火力充足、受热均匀、产量更高、二氧化碳零排放。以酿酒蒸汽为换算媒介，电酿酒较汽酿酒产生 1 吨蒸汽能减少 0.16 吨二氧化碳排放。同时，在原料和工艺相同的情况下，电酿酒可增加 6% 的出酒率，优势明显。茅台镇贵州联合酿酒集团电酿酒示范基地已安装 4 台 225 千瓦的智能变频电蒸汽发生器，可满足 32 个窖池发酵原料的酿酒，预计年产酒 300 吨左右。通过电锅炉酿酒，可在提高酒的产量的同时大大节约用能成本。

贵州电网主动落实国家“发挥赤水河流域酱香型白酒原产地和主产区优势，建设全国重要的白酒生产基地”要求，积极向各级政府汇报沟通，推动出台《关于对全市地方白酒生产企业“电能改造”实施补助的通知》，将电酿酒工程纳入电网总体规划并加快电网建设改造，在“南网在线”App 上线推广电酿酒供电服务，分批次、分阶段对符合白酒产业规划的项目实施“电能改造”，累计推动实施电酿酒项目 163 个，替代电量近 2000 万千瓦时，有利促进了贵州白酒行业的能源消费革命。与贵州联合酿酒集团签订电酿酒合作协议，围绕电锅炉及配电设备产品定制、保险推进服务、设备运维等多方面深化合作，为贵州省实施绿色酿造探索路径。同时通过探索实践，与地方政府、酱香白酒企业联合制定电酿酒行业标准，推广使用绿色电力酿酒，促进白酒产业绿色低碳发展。

三、取得的成效

电能替代作为推动能源消费革命的有利措施，是提升终端电气化水平、推进节能降碳的重要举措。南方电网贯彻国家要求，因地制宜推动农产品电能替代加工，持续提升农村终端电气化水平，取得了显著成效。一是坚持主营主业，落实供电服务责任，对于需要用电报装的企业用户靠前服务，提供高效的报装服务，及时开展送电改造，提前规划主动开展农村地区送电工程建设，从主营业务上保障电能替代的基础设施。二是坚持技术创新，深入了解农产品加工领域行业特点和企业诉求，权衡用能成本和产品收益，联合上下游单位开展替代技术研究、装备研发、改造方案设计，建立数字化服务和推介平台，参与主导多个替代技术标准，以技术创新引领行业发展。三是坚持因地制宜，考虑各地资源禀赋和产业结构特点，坚持试点先行、政企联动，因地制宜推动技术成熟的、政府支持的、企业需要的电能替代改造工程。

（由中国南方电网有限责任公司供稿）

打造"东数西算"数能融合建设新模式

一、基本情况

（一）企业性质及经营范围

中国能源建设集团有限公司（以下简称中国能建）成立于2014年12月19日，是国务院国资委出资建设的国有独资公司。2015年12月，中国能建改制成立中国能源建设股份有限公司，并在香港联交所主板挂牌上市（代码：03996.HK）。2021年9月，在上交所主板挂牌上市（股票代码：601868.SH）。

中国能建是一家为中国乃至全球能源电力、基础设施等行业提供系统性、一体化、全周期、一揽子发展方案和服务的综合性特大型集团公司。公司主营业务涵盖传统能源、新能源及综合智慧能源、水利、生态环保、综合交通、市政、房建、房地产（新型城镇化）、建材（水泥、砂石骨料等）、民爆、装备制造、资本（金融）十二大业务领域，具有集规划咨询、评估评审、勘察设计、工程建设及管理、运行维护和投资运营、技术服务、装备制造、建筑材料于一体的完整产业链。

（二）发展现状

中国能建作为能源电力和基础设施建设领域的主力军和排头兵，先后承建了三峡工程、南水北调、西气东输、西电东送、三代核电等一系列关系国计民生的重大工程，铸造了如乌东德、白鹤滩、华龙一号等一批享誉全球的大国重器，在大规模风光储输工程、"八交十三直"特高压多端混合直流工程、高海拔输变电工程、高效超超临界燃煤发电工程等领域创造了卓著业绩，并在海外打造了一批具有能建特色的中国坝、中国电、中国网、中国城、中国路、中国桥，将先进成熟的中国技术、中国装备、中国质量、中国管理、中国运营服务源源不断地呈现给世界人民。

公司自成立以来，整体规模不断发展壮大，2023年公司新签合同额

12837.3亿元，营业收入4060.3亿元，利润总额150.32亿元，总资产达到7831.6亿元，居世界500强企业第256位，在全球品牌价值500强中居224位，全球工程设计企业150强中居第2位，国际工程设计225强中居第2位，全球承包商250强中居第10位，公司连续多年在中央企业负责人业绩考核中获得A级评价。公司现有国内外员工13万人，在90多个国家和地区设立了200多个境外分支机构，业务遍布世界140多个国家和地区。

（三）技术实力

公司在新型储能、高空风能、光热发电、火力发电、核电常规岛、水利水电、特高压设计建设等领域拥有国际领先技术。截至2023年底，公司拥有4个院士工作站、14个博士后科研工作站、6个国家级和65个省级研究机构、142家高新技术企业；取得国家科技进步奖48项，其中特等奖6项，重大科技成果2700余项，有效专利13177项，制定和修订国家标准和行业标准1500余项，持有15项工程施工总承包特级资质、10项工程设计综合甲级资质、18项工程勘察综合甲级资质、272项各类工程施工承包一级资质。

（四）发展战略

中国能建始终秉承“行业领先、世界一流”的战略愿景，大力实施以“一个愿景”“四个前列”“六个一流”“六个重大突破”为核心的“1466”战略，致力于在践行国家战略上走在前列、在推动能源革命上走在前列、在加快高质量发展上走在前列、在建设美好生活上走在前列，致力于打造一流的能源一体化方案解决商，一流的工程总承包商，一流的基础设施投资商，一流的生态环境综合治理商，一流的城市综合开发运营商，一流的建材、工业产品和装备提供商，致力于在推动能源革命和能源转型发展、加快高质量发展、深化系统改革、全面加强科学管理、全面提升企业核心竞争力与组织能力、加强党的全面领导和党的建设上取得突破性进展。近年来，中国能建正在加快推进能源网、交通网、数字网、水网、生态网、产业网、文化网“七网”深度融合发展，紧紧围绕“创新、绿色、数智、融合”核心发展理念，加快推动创新驱动转型、绿色低碳转型、数字智慧转型、共享融合转型“四大转型”，全力构筑新能源、新基建、新产业、新材料“四新”能建平台，加快建设具有全球竞争力的世界一流企业。

二、实践经验

（一）践行国家战略，统筹业务发展总体布局

自2020年12月以来，国家全面启动“东数西算”发展战略，推动算力基础设施在全国范围内的统筹布局。中国能建中国电力工程顾问集团有限公司（以下简称中电工程）作为能源建设领域的“国家队”，主动融入绿色低碳、数字智慧、共享融合“三大经济形态”，依托一流的能源一体化解决优势，统筹布局能源业务与数字业务，引领算力网、电力网协同发展，为能源行业智慧低碳转型提供支撑，为算力基础设施化、绿色低碳化提供保障。

一是完善数字产业顶层设计。在“十四五”发展规划中，明确以数能融合创新为引领，通过源网荷储一体化、产学研用一体化、投建营一体化方式，整合能源和算力全产业链，打造智慧高效运行的数字经济基础设施国家算力网和支撑算力网绿色低碳运行的“绿色电力网”。二是做好市场开发整体布局。充分发挥在双碳领域全产业链优势以及集团平台优势，与国家信息中心联合推进全国一体化算力网建设规划、算力电力融合指南、组建全国一体化算力产业联盟，做好整体业务布局。三是加强适应性能力建设。从研发投入、人力资源等维度，加强支撑保障体系建设，提升与市场开发布局相匹配的价值创造能力，基于“东数西算”、源网荷储一体化等重点业务场景，建设能源数字孪生实验室，数信领域的科研投入占利润总额比重达到3.6%。

（二）创新开发模式，推动产业链各环节合作共赢

中电工程以建设“集约化、绿色化、智慧化”融合型算力中心为目标，聚焦绿色电力供应、算力开发建设、算力运营服务三大核心业务，积极对接地方产业发展需求，带动大数据产业链协同发展，推动各方合作共赢。

一是优化整合外部资源。与国家信息中心、中科院计算所等高端智库企业开展顶层架构及关键技术研究，与三大运营商、华为、腾讯、阿里、联想、寒武纪等业内头部企业开展战略合作，构建业务发展生态圈，落实算力市场潜在客户。二是积极对接政府绿色发展需求。结合各地区数字产业功能定位，在甘肃庆阳、宁夏中卫、贵州贵阳、安徽芜湖、广东韶关、北京大兴、山西大同因地制宜提出源网荷储零碳产业园整体实施方案。三是策划灵活可控的合作模式。综合考量资本金充裕程度、算力去化与运营维护能力、建设与运营阶段收益分配模式等因素，以不同的商业模式保障整体投资收益。

（三）推动技术突破，促进电网与算网协同发展

中电工程立足能源电力领域规划设计技术优势，开展数能融合技术创新，推动“源—网—荷—储”各环节，“发—输—配—用”各要素，数字与能源领域技术、场景、生态、产业全链条融合，建立算力网与电力网协同发展机制。

一是推动算网电网“绿色低碳化”。提出“风电、光伏、水电、储能、算力负荷”融合互动的一体化解决方案，可在不增加电网调峰消纳压力、不影响电网企业收益的前提下，通过市场化交易为后端用电负荷提供绿色低价电力。同时，积极探索为数据中心提供绿色认证服务，探索提供碳足迹跟踪、绿电交易、绿证交易等专业咨询服务，发掘数据中心绿色低碳化的更多可能。二是推动算网电网“数据要素化”。一方面加强算网电网数据确权研究，聚焦数据所有权、使用权问题，研究数据权属分类与管理模式、数据资产定价策略、场景化数据定价策略与模型，推进数据要素可量化。另一方面加快算网电网数据共享交易，加强数据确权定价评估平台和工具建设，数据使用权及数据产品服务等新交易模式建设，推动两类数据开放共享、交易流通。三是推动算网电网“协同一体化”。在跨区级算网电网层面，利用算力中心功率可调特性和数据流大范围空间转移特性，通过对算力任务时间迁移和空间分配，优化调节各算力枢纽用电功率和用电量；在区域级算网电网层面，利用算力中心产生的余热作为区域热网热源，或利用算力中心用能时空可调特性，实现多能负荷时间维度横向搬移和空间维度纵向转移，提升数据中心能效和绿电占比；在用户级算力电力基础设施层面，通过分布式新能源、储能与用户级算力中心能耗匹配，构建产消一体的微能源网，提升能量利用效率。

（四）建设运营一体化开发，实现规模效益均衡发展

在“东数西算”枢纽节点开发实践中，中电按照“总体规划、分期建设，科学布局、适度超前”的原则，通过一体化开展绿色电力供应、算力开发建设、算力运营服务，实现规模、效益均衡发展。

一是坚持投建营一体化开发，按照统一规划、统一建设、统筹运营的思路，一体化推进电力项目与数据中心项目开发建设，实现一体化算账。二是力争高比例配置新能源，适应新能源场站与数据中心园区以独立市场主体身份进行交易的电力供应模式，提高新能源配置比例，通过稳定、低廉的绿电供应，大幅降低数据中心运营成本，满足数据中心电能利用效率的约束性指标。三是以销定建推进机电投资，适应数据中心土建与机电工程建设模式的

特点，采取土建工程适度超前，机电工程“以销定建”的方式，待客户确定机柜冷却方式、机柜大小选择、机柜参数决策、设备品牌选择等设计方案后，再进行分批投资建设，通过控制建设速度，满足算力去化经济指标要求。

（五）发掘多端收益，保障综合效益稳定可靠

中电工程以国内数据中心主流商业模式为基础，研究普算、超算和智算资源的平衡配置，并结合能源企业优势，发掘绿电、绿证等增值收益，为数据中心获取多元、可靠的运营收益提供保障。

一是开展机柜租赁保障基础收益，在中卫项目中，根据客户规模和要求，为具体客户提供定制化数据中心租赁服务，针对头部COLO公司或电信运营商采取包销出租模式，针对中小客户群采取批发租赁、辅以零售模式，确保数据中心的机柜出租率（上架率）达到最大，使用效率达到最高。二是平衡算力配置实现效益最优，庆阳项目按照打造“国家人工智能东数西算产业基地”的枢纽节点定位，服务京津冀、长三角、粤港澳大湾区的算力需求，提供计算机视觉视频服务、智能语音服务、自然语言人工智能处理服务等智算服务；同时承接国家红色主题数据资源集聚区和全国党政军红色数据灾备，形成红色主题产业链上下游和跨行业融合的数字化生态，打造红色灾备数据中心，通过对算力资源的科学调度，达到最优配置。三是探索绿电、绿证收益实现绿色增益，中电工程建设的数据中心一方面可以将风能、水能、光能等绿色能源与数据中心相结合，实现前端绿色供能、中端智慧运行、末端循环汇碳，为数据中心提供价格相对低廉的绿电，提高绿电销售收益；另一方面，结合可再生能源电力市场、绿证市场、碳市场价格走势和算力负荷需求，探索适应可再生能源配额制的电力市场配套交易，在西部地区，通过自建设施、交易绿电、申购绿证，获取额外收益；在东部地区，获取碳配额补偿等增值收益。

三、取得的成效

一是服务国家战略能力大幅提升。由能源建设企业主导的数能融合项目，更加注重数据中心的绿色能源供给与全生命周期低碳，聚焦能耗双控、电价成本、清洁能源占比等数据中心关键评价指标，通过集约化规划，实现算力一体化与规模集群化；通过绿色化建设，实现可再生能源使用率提升与全生命周期低碳；通过智慧化架构，实现电力与算力互动匹配，推动数字与能源领域技术、场景、生态、产业全链条全方位融合。

中电工程投资建设运营的甘肃庆阳“东数西算”源网荷储一体化智慧零碳大数据产业园示范项目，提出以绿色供电为特色，电网配套为载体，数据存算为核心，储能应用为亮点，形成风电、光伏、储能、算力负荷等多元素融合互动的源网荷储一体化绿色零碳数据中心解决方案，在不增加电网调峰消纳压力、不影响电网企业收益的前提下，利用市场化交易为后端用电负荷提供绿色低价电力，提升绿电消费比例，优化 PUE 指标，发挥储能和算力负荷的调节能力。通过电力与算力的智慧联合调度运营，为数据中心提供长期稳定低价的绿色电力，扩大了园区绿色能源、园区基础设施、算力服务业务的融合建设实施能力。

二是业务转型升级成效显著。中电工程抢抓“碳达峰、碳中和”与“东数西算”两大战略以及倒逼能源、产业、经济和生态结构深度调整的全新机遇，提出向“两商”（全生命周期的工程服务商和以新能源为主体的新型电力系统投资商）转型的发展战略，并通过变革组织形态，重构数能融合、产业融合、区域融合的产业链、价值链、创新链和供应链，构筑起面向市场和价值创造的高端咨询牵引、科技牵引、投资牵引、数字牵引“四大”牵引力，新能源开发投资和数能跨界融合能力得到大幅提升，承揽了一大批风光水火储一体化、源网荷储一体化以及“能源 + 数据中心”“能源 + 智慧园区”等能源融合示范重大项目，在能源建设领域数字化转型升级中拓展了业务模式、树立了开发典范、形成了可供复制的经验。

2023 年，新签合同额同比增长 21.51%，营业收入同比增长 15.04%，净利润同比增长 6.04%，经营业绩再创历史新高。完成年度投资额 171 亿元，其中数能融合投资项目成为继新能源与能源新业态之后占比第二的业务板块，业务转型成效显著。连续第三年荣登 ENR“中国工程设计企业 60 强”榜首，行业龙头地位进一步彰显。

三是社会效益与生态效益进一步彰显。社会效益方面，中电工程立足“投资商”功能定位，通过数能融合产业投资，与甘肃庆阳、宁夏中卫等地深度开展央地合作，实现政企合作共赢。甘肃庆阳“零碳大数据产业园”项目一期投资约 540 亿元，投运 12 万机架，配套新能源 1 吉瓦，带动园区基础设施建设投资 60 亿元，预计到 2025 年，可实现年营收约 100 亿元，实现输出算力 10000P，年实现税收 2 亿元，并通过数据中心、新能源、基础设施项目建设、运营，带动当地就业。贵阳项目通过优化建设方案，实施资源置换和提供部分电价补贴相结合的商业模式，在保证项目整体收益要求的前提下，大幅降低了政府对数据中心的电价补贴。

生态效益方面，中电工程顺应经济社会向绿色化、低碳化、数字化转型发展的需要，通过高标准打造源网荷储一体化低碳数据中心，充分利用西北地区丰富的光能和风能资源发电，实现绿色低价电力供应，推动算力基础设施整体降本增效，打造零碳大数据产业园标杆；通过建立能源资源信息化管控系统，完善能效监测体系，强化对电能使用效率值等绿色指标的管理，对能源资源消耗等进行实时分析和智能化调控，提升绿色能源资源利用效率，在全面提升“绿色竞争力”和“数智生产力”等领域贡献了能源央企数能融合的智慧与方案。

（由中国能源建设集团有限公司供稿）

创新打造“零碳乡村”，助力乡村振兴

一、基本情况

中国电力国际发展有限公司（以下简称中国电力）于2004年3月在香港注册成立，同年10月在香港联交所主板上市（股票代码HK.2380），是五大发电集团中第一家红筹上市公司。

中国电力是集团公司常规能源业务的核心子企业和旗舰上市公司，产业范围涵盖光伏、风电、水电、煤电、气电、垃圾环保发电等电源项目的投资、建设和运营，以及综合智慧能源、储能、绿电交通、低碳零碳美丽乡村建设、氢能、配售电和碳交易服务等领域。

中国电力自2004年成立至2019年，一直与中国电力国际有限公司（以下简称中电国际）按“两块牌子、一套人马”进行管理。2020年1月起，按照集团公司党组部署，中国电力与中电国际分开运营。中电国际和海外公司重组，作为国家电投境外投资主力平台，专注于境外市场开发和项目投资。中国电力受托管理中电国际境内项目的开发、建设、运营，受托管理中电国际、海外公司境外项目的建设、运营。

截至2024年2月底，中国电力控股装机容量6550万千瓦，占集团公司的27.52%，其中清洁能源装机占比74.17%；资产总额4660亿元，管理资产分布在中国的31个省级行政区，以及巴基斯坦、越南、哈萨克斯坦、德国、澳大利亚、巴西、智利、墨西哥、孟加拉9个国家。

中国电力秉承“低碳赋能美好生活”的宗旨，立足“清洁低碳能源生产商、绿色能源技术服务商、双碳生态系统集成商”的定位，积极致力于在2035年成为世界一流的绿色低碳能源供应商。

二、实践经验

1. 项目背景

为进一步贯彻落实集团公司抢抓“碳中和碳达峰”背景下县域综合智慧能源市场开发先机，积极拓展“三新产业”规模，中国电力依托已开发建成的芮城县领跑者项目及合作开发等光伏发电项目，持续开展芮城县综合智慧能源项目的开发，因地制宜地探索整县开发过程中的资源整合与模式创新工作。

自2021年初，在集团公司关于加快县域市场开发的一系列文件指导下，公司紧抓芮城县陌南镇庄上村作为农业农村部和联合国开发计划署授予的“中国零碳村镇项目”试点村的区位和地理优势，与县政府反复沟通争取项目开发权。经过不懈努力，中国电力与芮城县人民政府签署《综合智慧能源投资开发协议》，其中芮城县庄上村2兆瓦“光储直柔”直流微网项目成为首批开发试点项目。

2. 项目特点

项目装机容量为2兆瓦，于2021年8月30日开工，2022年4月8日实现项目全容量并网。选址位于山西省运城市芮城县陌南镇庄上村，场址区中心与芮城县直线距离约19千米。

项目采用分布式发电、就地直流并网的方式，利用芮城县陌南镇庄上村71户村民自建房屋顶、地坑院、闲置空地及沿河走廊安装建设光伏发电系统，整个项目包含源（分布式光伏）、储（用户侧储能）、网（直流网）、荷（民用负荷）共四大部分。

项目充分发挥整村级“光储直柔”系统“直流互联、储能共享、柔性控制、功率互济、独立自治、经济高效”的特点，实现了能源低碳“绿色低碳、安全可靠、经济高效”的良性互动，实现了对电网的柔性友好接入，最大限度减少对电网的冲击。

3. 项目实施路径

总体思路：能源是经济和社会发展的重要物质基础。依托“光储直柔”技术，“双碳”目标与乡村振兴在庄上村得到有机结合，最终目标是为广大农村社区能源革命转型、实现“再电气化”提供一条新的可盈利、可复制的实施路径，同时也为农村社区的低碳发展，农村文旅产业、康养产业、畜牧产业、高标准设施农业、冷链物流及农产品加工产业等的发展奠定能源基础。

实施步骤：

（1）实地调研现场情况。通过现场实地考察走访，收集居民用电量、用电种类等信息，以求打造符合广大人民群众切身利益、切实为老百姓节约费用的能源网络。

（2）聚焦方案设计。根据庄上村用能特点，结合“光储直柔”技术优势，在“光储直柔”—日常生活用能，“光储直柔”—农村电气化生产用能，“光储直柔”—农村基础设施用能，“光储直柔”—农村冷链物流用能以及“光储直柔”—农产品深加工用能五个方面进行整体融合设计，通过低压直流离网系统和电动生产工具实现田间农作的电气化，解决小型灌溉、鱼塘增氧、现代化大棚用能；自发直流电解决村庄亮化工程、污水处理设施、公共卫生间、村级通信基站和偏远地区农户等用能，降低电网基础设施投资，解决村集体公共设施电费负担；配合冷链物流建设，解决农产品冷库用能，依托电动货车双向充放电桩解决储能投资问题，实现移动储能；降低电网投资成本及农产品加工用能成本，最大限度地通过自身发出的绿色电力，实现就地消纳。

（3）后续应用探索和宣传推广。庄上村直流微网项目不是一个已经完成的项目，而是一个不断完善、不断改进的项目，未来国家电投将引进相关产业，以彩色光伏装饰为重点，着力打造彩色乡村，并探索引进包括地热利用等一系列新兴产业，为庄上村的蓬勃发展贡献力量。目前，以“零碳”作亮点，庄上村将大量的荒坡荒地和废弃窑洞改造为光伏庭院、光伏走廊，近年来吸引了不少周边省份的游客前来观光。与此同时，众多业界专家和企业家也对这一极具前景的商业模式表现出浓厚的兴趣，频频亲临感受。未来适时引入抖音、京东等头部企业，从农产品到当地特色全方位进行宣传开发。

三、取得的成效

1. 技术效应

本项目是积极落实集团公司加快县域市场开发构筑新跑道部署的具体实践，是集团公司首批县域市场开发典型“样板房”项目之一。项目依托已开发建成的芮城县集中式光伏发电项目，因地制宜地探索整县开发过程中的资源整合与模式创新工作，是全国首个整村级规模应用“光储直柔”技术方案的直流微网分布式光伏项目，为创新性的县域开发提供了切实可行的技术路径，是乡村振兴的重要经验成果。

2. 环境效应

庄上村“光储直柔”直流微网项目全容量并网后，每年可节省标准煤 800 吨，节水 7700 吨，减少二氧化碳排放 2450 吨，减少烟尘排放 4.46 吨，庄上村昔日的秸秆焚烧、散煤扬尘、烟囱排放等环境污染问题已基本杜绝，村庄告别了煤、炭等传统能源，实现零碳排放，人居环境持续改善，村民幸福指数大幅提升。本项目的实施充分发挥区位优势，推动黄河流域生态保护和高质量发展迈出新步伐。

3. 社会效应

项目的社会效应显著，为优化县域新型基础设施用能结构、开展农村分布式能源建设提供了样板工程，同时助力庄上村被联合国开发计划署（UNDP）成功授予“中国零碳村镇示范村”牌匾。

国家电投在新能源赋能乡村振兴方面的经验成果，让天更蓝、水更绿，让人民群众共享生态文明建设成果，增进人民群众绿色幸福感。

（由国家电力投资集团有限公司供稿）

淮北矿业集团清洁能源利用的开发与实践

一、基本情况

淮北矿业集团始建于1958年，1998年由原直属煤炭部转为安徽省直属企业，现已发展成为以煤电、化工、现代服务为主导产业的大型能源化工集团。集团资产超1000亿元，年营收近800亿元；拥有淮北矿业、华塑股份2家沪市主板上市公司，总市值近600亿元，集团资产证券化率达80%以上；现有生产矿井17对、在建矿井1对、化工企业4家，在岗员工4.8万人；连续22年进入中国企业500强，居2023中国企业500强第305位，2022煤炭企业50强第13位、皖企百强榜单第10位（省属企业第4位），连续4年跻身长三角三省一市百强企业榜；上市公司淮北矿业居2023《财富》中国上市公司500强第200位、煤炭类上市公司第5位，2022年度净利润在安徽省上市公司中排名第2。60多年来，累计生产煤炭10亿多吨，上缴利税700多亿元；曾荣获全国先进基层党组织、全国煤炭工业科技创新先进企业、国家首批矿产资源综合利用示范基地等称号。

淮北矿业集团以习近平新时代中国特色社会主义思想为指导，深入贯彻党的二十大精神，坚持创新、协调、绿色、开放、共享新发展理念，坚持“稳中精进、转型升级、聚焦双效、实干兴企”工作总基调，坚持“依托煤炭、延伸煤炭、超越煤炭”发展战略，紧紧围绕“做精煤电、做大化工、做活金融、做优物流、做实服务、做强党建”发展思路，以高质量发展为主题，以转型升级为主线，以改革创新为动力，以效率效益为导向，全面推进企业治理体系和治理能力现代化，奋力打造国内一流双千亿大型能源化工集团。

二、实践经验

近年来，淮北矿业集团大力践行国家“四个革命、一个合作”能源安全新战略，在能源消费方面坚持去煤化、减煤化，一方面深耕瓦斯安全清洁高效利用，一方面抓光伏、风能、氢能等新能源产业发展，为国家清洁能源安全可靠发展作出了积极贡献。

（一）精耕细作瓦斯发电

瓦斯既是煤矿的主要灾害源和强温室气体，也是一种不可再生的清洁能源，煤矿瓦斯的高效利用对于节能减排、促进瓦斯抽采、保障煤矿安全生产具有重要的意义，淮北矿业集团较早地开展了瓦斯发电相关工作并积累了丰富的实践经验。

图 1　瓦斯发电厂

1. 提高政治站位，明确瓦斯抽采的必要性

淮北矿业集团主要领导多次强调：“瓦斯是害更是宝，瓦斯抽采利用必须坚持高目标引领，必须深耕细作，力争达到国内一流水平。”淮北矿区瓦斯地质条件复杂，随着开采深度的不断增加，突出矿井危险性增强，部分非突出矿井煤层处在防突升级区。目前生产矿井中，煤与瓦斯突出矿井 11 对，高瓦斯矿井 6 对，是全国开采难度大、安全管理难度较大的矿区之一。抽放瓦斯是防止煤矿瓦斯灾害的治本措施。瓦斯抽采是减少涌入井下风流中瓦斯量、解放高瓦斯矿生产力的重要手段；可降低煤层瓦斯压力，以至于消除突出煤层的突出危险性；将抽出的瓦斯发电利用，可变害为利、变废为宝，可减少大气的温室效应，有利于大气环境保护。

2. 优化瓦采方法，提高机组气源量

在井下抽采方面，淮北矿业集团大力推进瓦斯治理“四化”，即抽采精细化、规范化、信息化、最大化。突出抽采“最大化”重点，全面实现“钻到位、管到底、孔封严、水放通”要求。细化“提浓增量”具体举措，全面排查抽采系统、抽采钻孔，杜绝积水、漏气；规范抽采系统日常管理，合理

调配抽采负压，做到高低浓度分源抽采。严格落实“老孔”洗孔、穿层钻孔增透等措施，提高抽采浓度、流量；优化瓦斯治理方案，减少上隅角等低浓抽采措施；积极寻找气源，充分利用封闭采空区等瓦斯；地面井抽采方面，优化采动井结构和井位布置，形成上“让”、中“抗”、下“避”的设计原则，大幅提高井壁结构可靠性；突出抓好地面井施工过程监管，把握关键环节和工序，确保采动井施工质量可靠，严格做到“一工程、一设计、一监督、一档案”。

3. 加大技术革新，实现瓦斯发电的高效化

不断加大对瓦斯发电站的技术革新力度，根据煤矿瓦斯含水量大的特性，对瓦斯输送系统工艺流程进行革新。采用干粉抑爆系统替代细水雾装置，全面推广使用改进后的正压放水器，减少对设备造成的不利影响，降低工人劳动强度。对袁一瓦斯气源脱水、神源煤化工瓦斯高低浓混配和瓦斯发电机组效能提升进行系统研究，摸索出了一系列瓦斯发电高效利用经验，为后续清洁能源高效发展提供了科技保障。

积极推进瓦斯电站信息化、自动化建设。针对老旧机组自动化程度低、发电效率低、运行成本高、安全隐患大等问题，对 18 台 500 千瓦老旧机组控制系统、冷却系统、防爆系统进行智能化升级改造，大幅提升了发电效率，降低了运行维护成本，解决了安全上存在的隐患，实现了机组安全、高效运行。同时，对现有瓦斯电站，建立信息调度系统和视频监控系统，实现了对各发电站统一指挥、统一调度、统一管理。

4. 创新开拓思路，实施机组跟着气源跑战略

精准推进瓦斯发电站建设，让机组与气源充分对接，提高机组生产能力。积极研发快速安拆瓦斯发电机组，实现机组集装箱化，缩短了机组安拆时间。“十三五”以来，集团公司先后建成了临涣西翼、临涣东部井、青东、许疃、神源煤化工、信湖低浓度瓦斯发电利用项目，改建扩建祁南、芦岭、朱仙庄、袁一、杨柳等瓦斯电站发电项目。针对短期内矿井无气源发电站，在人员安排上实行动态定员、内部市场化考核机制，由过去“被动调岗”变现在“主动要岗”，让职工跟着机组走，机组跟着气源跑，充分发挥每名职工、每台机组的工作效能。针对机组中修全部外委费用高的问题，成立专业化队伍，担负机组中修、搬迁任务，以降低成本。

5. 提高机组完好率，提升机组发电效率

加强机组日常维护保养，建立设备台账，制定维保清单，明确包保责任，严格考核问责，确保每台机组都保持“最佳状态”；合理安排机组大修，不

断提高中修质量，严格修前鉴定、修后验收制度，确保每台机组都“满血复活”；锻造快速抢修队伍，增强抢修意识，建立抢修机制，提高检修人员技能，及时有效组织应急检修，确保问题机组“及时康复”。加大辅助设备维检力度，对缺陷多、故障多、存在安全隐患的高压柜等电气系统及时进行更换，确保电气设备安全高效运行。提高机组备件保供能力，切实避免故障机组等备件、延长维保时间现象，最大限度减少气源浪费。千方百计多用气、多发电，不断提高瓦斯发电效率。加强厂用电管理和考核，不断降低厂用电率。全面提升安全生产标准化创建水平，以标准化创建助推电站“双效”提升。加大正向激励力度，持续开展月度瓦斯发电量“小指标”劳动竞赛，充分激发职工生产积极性，持续增强瓦斯发电盈利能力。

6. 加强低浓度瓦斯利用方式的探索

对于不具备直接发电利用的低浓瓦斯（8% 以下）经地面泵站排出后，加强超低浓瓦斯“二次掺混 + 蓄热氧化”利用模式的探索论证。风井乏风瓦斯浓度偏低（均在 0.1% 以下），建设乏风余热利用系统，通过二次加热方式生产热水（蒸汽）服务于井口供暖及职工洗浴等。具备瓦斯发电条件的矿井，持续优化抽采布局，全面提升井上下、高低浓混配能力，实施提浓增量十项举措，将浓度 8% 以上的瓦斯输送至电站利用，杜绝瓦斯排空。

（二）大力开展光伏、风电开发利用

发展太阳能发电、风力发电是改善生态、保护环境的有效途径，具有示范作用和推广意义。

图 2　矿区分布式光伏

1. 成立建设专班，加快光伏发电建设

淮北矿业集团工作会议明确指出，“新兴产业要加快布局，大力开拓新能源领域，加快推进光伏发电项目建设”。作为淮北矿业集团加快布局新能源光伏产业的主体单位，电力分公司成立分布式和集中式两个光伏项目专班，明确目标、压实责任，按照开工一批、储备一批、谋划一批的规划部署，持续大力发展新能源产业，提升新能源在能源消费中的比例，全力以赴推进光伏项目建设。

2. 规范日常管理，管控各项生产指标

在光伏发电项目建设过程中坚持以制度管人管事，明确主题、周期、具体内容、考核标准等，确保各项工作落到实处、取得实效；建立巡视检查制度，明确检查项目、标准和检查周期，加强现场运行情况的监督管理，如实排查、记录生产过程中存在的问题；制定光伏电站清洗方案，针对不同月份雨水情况安排光伏组件清洗工作，提高光伏组件运行效率。如实记录生产数据，定期分析、处理生产异常状况，有效管控光伏电站生产指标，提高光伏电站发电量。

图 3　风力发电机组

3. 利用合同能源管理模式开发风电建设

合同能源管理机制是国家支持和鼓励的一种节能机制，淮北矿业集团与北京华泰海达公司以能源管理模式开发淮北矿区自发自用分散式风电项目，风电项目总规模 44.8 兆瓦（其中涡北煤矿 2 台 2.2 兆瓦机组、信湖煤矿 2 台 2.2 兆瓦机组、袁店二井煤矿 2 台 2.2 兆瓦机组、孙疃煤矿 2 台 2.2 兆瓦机组、青东煤矿 1 台 2.2 兆瓦机组、童亭煤矿内 2 台 5 兆瓦机组、童亭矿外 3 台 5 兆瓦机组），预计年发电量 11608.16 万千瓦时。

4. 做好支撑性煤电配套风电项目建设

淮北矿业集团作为省属企业担当作为，按照安徽省能源保供工作领导小组关于进一步加快支撑性电源建设的相关要求，主动承接国安电厂二期项目续建工作，并获得 739.2 兆瓦配套风电建设规模。目前，淮北矿业集团已成立风力发电公司并积极开展项目建设前期工作。

5. 加强培训工作提升业务水平

坚持“培训是员工最大的福利”，切实把培训工作做成“栽树工程”，针对光伏电站常见故障问题，健全完善巡视检查项目和标准，并组织专业技术人员定期对驻站人员进行业务技能培训；组建电气专业队伍，挑选业务能力水平高、责任心强的职工负责光伏电站的电气倒闸操作和电气问题排查，为新能源发电工作保驾护航。

（三）开拓氢能产业零突破

氢能，氢和氧进行化学反应释放出的化学能，是一种二次清洁能源，被誉为“21 世纪终极能源”，也是在碳达峰、碳中和的大背景下，加速开发利用的一种清洁能源。

淮北矿业集团以甲醇驰放气为原料，采用变压吸附法（PSA）提取氢气，PSA 利用的原理是，在恒温下，吸附剂的吸附容量随其分压的增大而增多，当减压或抽空时则解吸，吸附剂再生。选用难以吸附氢的吸附剂在常温下吸附氢源中的杂质，以实现氢与杂质的分离。原料气中氢含量一般为 50%~90%，且当氢含量比较低时，变压吸附法具有更突出的优越性；同时，变压吸附法可分离出高纯度的氢气，纯度可达 99.999%（达到车用氢标准）。

淮北矿业集团制氢项目装置、工艺简单，设备能耗低，充分利用了富裕资源，为企业提供氢气资源的同时打通氢能源产业链制、运、用的原材料供给，以实际行动响应国家政策，为实现“双碳”战略贡献力量。

三、取得的成效

淮北矿业集团作为大型能源化工企业，在国家“双碳”战略背景下坚持依托现有资源把煤炭产业链做长做大，煤炭利用从黑到绿。大力发展清洁高效新型煤化工产业，目前已形成年产焦炭440万吨、甲醇90万吨规模，正在加快推进乙醇、碳酸二甲酯、焦炉煤气分质深度利用、碳酸酯、乙基胺等项目建设；大力发展瓦斯综合利用发电项目，目前已建成运行87台瓦斯发电机组（总装机容量62.25兆瓦），2021年瓦斯利用量7590.72万标准立方米、瓦斯发电量16611万千瓦时，2022年瓦斯利用量9435.53万标准立方米、瓦斯发电量21869万千瓦时、2023年瓦斯利用量9954.99万标准立方米、瓦斯发电量23652万千瓦时，矿区瓦斯利用率突破50%，瓦斯发电量、利用量、利用率三项指标屡创新高，实现煤炭资源绿色低碳综合利用。

淮北矿业集团积极响应国家政策，持续扩大光伏、风电项目，绿电规模从小到大。利用矿区采煤塌陷区等资源，大力建设光伏发电项目、扩大光伏发电规模，目前已在淮北、宿州、亳州、滁州等地区建成运行分布式光伏站点16个，总装机容量78兆瓦，年发电量约8000万千瓦时；建设袁一塌陷区84兆瓦集中式光伏项目，正在加快建设孙疃青东塌陷区60兆瓦集中式光伏项目，总装机容量144兆瓦。响应国家支持电动车发展政策，矿区32家单位共计安装充电桩306个，增加矿区职工民生福祉的同时有效减少化石能源消耗和对环境的污染。

淮北矿业集团开拓氢能产业发展，氢能产业从无到有。淮北矿业集团工业副产氢资源丰富，拥有氢气资源约10亿立方米/年，依托资源优势大力发展氢能产业，驰放气制备高纯氢项目已于2023年7月31日建成投产，形成年产0.8亿标准立方米氢气规模。

2024年是新中国成立75周年，是淮北矿业集团打造“国内一流双千亿企业”的关键一年，淮北矿业集团将继续以清洁能源的开发实践为契机，深入贯彻习近平生态文明思想，以“能耗双控、节能减排”为抓手，按照“完善管理体系、细化管理制度、优化管理流程、促进节能降碳”的工作思路，积极推进绿色低碳转型升级发展，为实现碳达峰碳中和贡献力量。

（由淮北矿业（集团）有限责任公司供稿）

以电能替代促进能源消费绿色转型

一、基本情况

（一）项目基本情况

党的十八大以来，以习近平同志为核心的党中央高瞻远瞩、情系草原，立足全局谋划内蒙古经济社会发展，为祖国北部边疆制定了清晰的行动纲领、提供了不竭的发展动力。一直以来，内蒙古电力（集团）有限责任公司（以下简称“集团公司”）认真贯彻落实中央和自治区各项决策部署，践行“创新、协调、绿色、开放、共享”五大发展理念，以及“四个革命、一个合作”能源发展战略，在全力保障绿色能源并网、加大绿色能源消费比重方面下足功夫。

2015 年，集团公司立足“人民电业为人民”企业宗旨，立项《基于能源互联网平台的蒙西电网利用富余可再生能源实现农牧区（城镇）清洁供热研究》重大课题，致力于将二连浩特市农牧区及城镇的供暖需求需求与充足的风电场、光伏电站等清洁能源供给相匹配，并合理安排新能源场站出力情况，将经济实惠的弃风和弃光电量提供给当地电力客户实现清洁能源供热，实现多边共赢。

2017 年，内蒙电力集团综合能源有限责任公司，结合集团公司课题研究成果，承建二连浩特市清洁能源供暖示范项目，建设 10 兆瓦电热锅炉供热系统、储热装置及智能控制平台，实现了二连浩特市第三中学、内蒙古师范大学二连浩特国际学院等总计约 10 万平方米的建筑面积的清洁能源供热，总用电容量 1.025 万千瓦。其供热效果优于传统燃煤供热，大大改善了学校供暖质量，得到了社会各界的一致好评。

（二）集团公司基本情况

内蒙古电力（集团）有限责任公司是内蒙古自治区直属国有独资特大型电网企业，所属单位 36 家，员工总人数 3.6 万人，负责建设运营自治区中西部电网，供电区域72万平方公里，承担着8个市（盟）工农牧业生产及城乡1400多万居民生活供电任务，同时向华北、陕西榆林和蒙古国提供跨省区、跨国境供电。

截至2022年底，公司全年售电量完成2383.28亿千瓦时，位列全国网省公司第10，全网最大供电负荷突破3560万千瓦，固定资产原值突破1500亿元，成为自治区第二个“双千亿”国有企业。2022年，公司位列中国企业500强第255位、全国能源企业500强第47位，连续11年获评自治区国资委业绩考核A级企业。

（三）案例企业基本情况

内蒙古电力集团综合能源有限责任公司是内蒙古电力（集团）有限责任公司的全资子公司，成立于2016年12月，注册资本金9亿元，是集团公司主动顺应电力体制改革，加快企业转型升级而成立的一家市场化运作、多元化发展的综合能源服务平台，2018年入选国务院“双百企业”改革试点。坚持以习近平新时代中国特色社会主义思想为指导，认真落实自治区打造新能源产业发展高地、努力实现“两率先”“两超过”目标，按照“构建以新能源为主体的新型电力系统”要求，坚决贯彻落实集团公司“责任蒙电、绿色蒙电、数字蒙电、开放蒙电”的战略定位，紧跟集团公司“十四五”产业发展规划布局，助力集团公司“1469”中长期发展战略实施，致力于打造以抽水蓄能、新型储能等储能业务为核心，兼顾综合能源服务、“蒙电芯”智能系列产品开发销售等近电产业服务的专业化公司，稳步提升公司核心竞争力。

图1　供热站实景图

二、实践经验

（一）落实能源消费革命，示范开展清洁电供热项目

二连浩特市地处内蒙古自治区正北方，是距首都北京最近的边境陆路口岸，其风能、太阳能资源丰富。近年来，当地风光电装机容量出现大幅增长，但由于风电场、光伏电站等与电网建设“步调不一”，加之当地特殊的电源结构和受消纳能力等因素影响，“弃风弃光”状况加剧。对此，集团公司充分认识到，利用富余的可再生能源为农牧区（城镇）居民进行电能供热，将为当地居民提供更加稳定、清洁、高效的供热服务，替代原有的低效率、高污染的小型燃煤锅炉和其他的分散式供热方式，同时可增加用电负荷，改善电网负荷曲线，促进可再生能源消纳，具有显著的社会和环境效益，是解决当地弃风弃光问题和燃煤供热环境污染问题的有效手段之一。

2017 年，内蒙电力集团综合能源有限责任公司践行集团公司发展战略，承担二连浩特清洁能源供暖示范项目的投资建设，研究以清洁能源替代、智能化控制为核心的集中电供热控制系统及管理方案，旨在为目前和将来电供热系统的改造及发展奠定基础。通过科学的管理，实现了用户高效用暖，可根据用户供热需求按时间、温度自动控制调节供热负荷，制定专属节能运行方案，从而达到节能降耗的目的，使电供热系统良好适应城市建设与发展需要。项目对二连浩特市第三中学及内蒙古师范大学二连浩特国际学院近 10 万平方米建筑面积进行清洁能源供热，清洁电供热项目建成容量 10 兆瓦 /10 千伏常压电极式锅炉供热系统、蓄热装置及智能控制平台，总用电容量 10250 千瓦，电热转换效率 99.5%（传统燃煤供热机组为 65% 左右），进出水温度 90/60 摄氏度；储热装置蓄热容量 800 立方，按 40 摄氏度至 80 摄氏度蓄热温度区间计算，可蓄热热量 133.98 吉焦、转换电量为 37216 千瓦时，利用清洁电供热峰谷电价政策进行蓄热供暖，有效储热小时数 12 小时。项目的成功运营在提升清洁能源利用、电网削峰填谷、城市节能减排、用户高效用能等方面实现了多方共赢的优良成效。

控制系统作为整个系统的大脑，也是本项目的一大亮点，控制着整套系统内的所有设备及子系统，所有设备运行状态、实时运行数据、供热温度、室内温湿度等均可实时在系统内体现。控制系统通过控制电极式热水锅炉、外围设备和循环泵以及末端调节装置，使系统能够实现不同工况的转换

并监视系统各设备的工作状况与运行参数。实时上传运行参数及用热、用电需求，智能控制平台根据需求调整运行状态满足供热需求。系统具有远程通讯装置，可通过 wifi、公网、专网等多种网络渠道实现远程通讯、监控，实现了供热系统远程监控与操作，可根据用户供热需求制定专属节能运行方案，按时间、温度自动控制调节供热负荷，从而达到节能降耗目的，并通过云端技术于手机 APP 上随时随地对供热系统及管网数据指标进行监测。

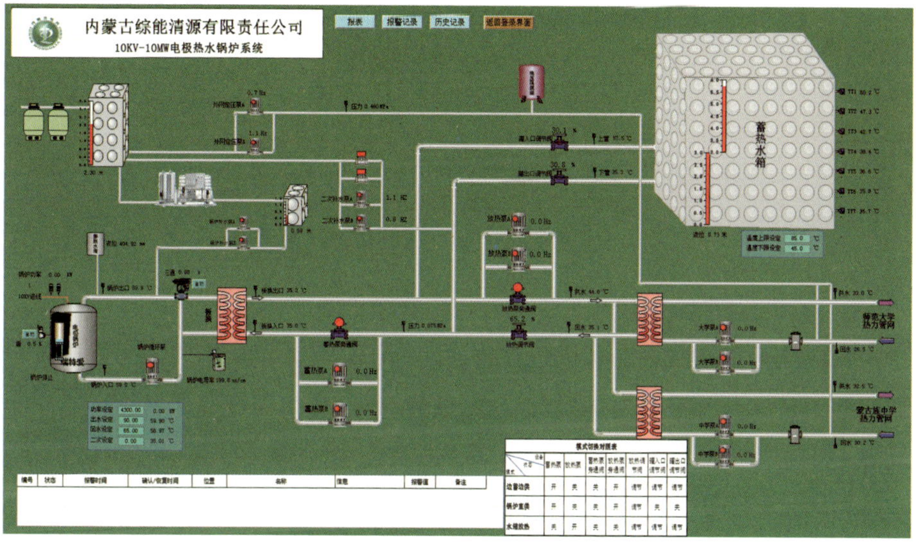

图 2　清洁供热控制系统总图

（二）总结经验亮点，推广可复制运行模式

1. 峰谷运行管理方式

根据峰谷时段进行调整系统运行负荷，尽量减少峰时段的用电负荷，在谷时段提高系统运行功率，利用谷价电对建筑物进行供暖并进行储热，提高室内温度的同时储存热量，保证供暖，在峰时段依据现场温度天气情况调整运行负荷，降低系统运行功率，利用储热水箱内的热量进行供热，只维持室内温度不降即可，节省运行成本，峰谷时段如下图所示：

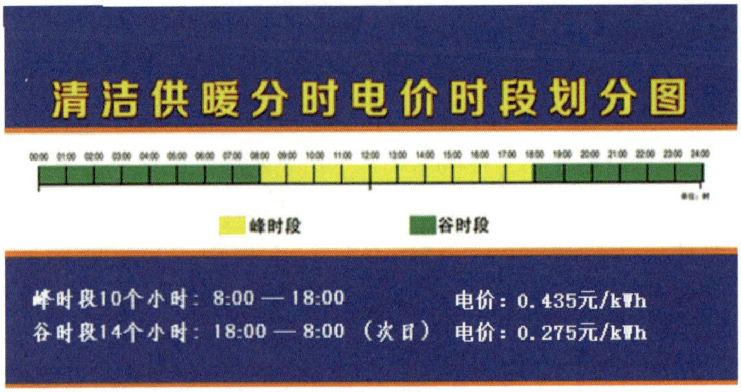

图 3　电价时段划分图

2. 依据学校作息的管理方式

末端控制设备装设在各供热建筑物热力管网出入口，根据学校作息时间以及建筑物的使用性能，对每栋建筑供暖负荷进行调整。降低温度至必要温度，达到节约热能效果

3. 假期运行管理方式

末端执行机构装设在各供热建筑物热力管网出入口，寒假期间根据建筑物的使用性能，对所需负荷进行调整，降低运行功率维持低温运行保证不冻管道即可，根据实际运行情况，室外温度情况，分时段调节供回水温度、阀门开启度，分时段控制达到更好的节能效果。

经过 6 个供热季的实践运行经验，结合区域特点及目前电价政策分析，清洁电供热项目适用于校园、会展中心、机场等运行时间规律可控的用热场景，可极大的发挥清洁电供热峰谷电价政策及电气自动化控制系统对不同供暖场景的热资源调控，今后更可作为高效的储热（储能）单元、在区域智能微电网、虚拟电厂、源网荷储等应用场景中发挥重要作用。

三、取得的成效

2018 年 10 月 1 日，按照既定目标清洁电供热示范项目成功投入运行，六年来运行安全稳定，成为了蒙西地区首个不借助风电补贴成功运营的清洁电供热项目。截止 2024 年 2 月清洁电供热项目已安全稳定运行 6 个供暖季，共用电量为 6406 万千瓦时，提供热量 22.95 万吉焦，首个供暖季通过蒙西电网交易平台所购新能源交易电量比例达 40%，起到了良好的新能源消纳效果。科学合理配置用热资源，供暖温度平均保持在 24 摄氏度左右，良好的供热效果改善了学校供暖质量，示范效果得到了用户及社会各界的一致好评。项目减排效果明显，截止 2024 年 2 月共减少相同热值的标煤燃烧量 21780.4 吨、减少二氧化碳排放量 57064.65 吨、减少二氧化硫排放量 185.13 吨、减少氮氧化物排放量 159 吨、减少烟尘排放量 87.39 吨。

综上所述，清洁电供热系统运行期间在保证供暖质量的前提下圆满的完成了各年度供暖任务，运行过程与燃煤锅炉相比，电气化自动系统安全性较高，生产运行高效可靠。电供热系统经受住了 –35℃的极寒天气的考验，室内温度稳定。清洁电供热项目在内蒙古自治区高寒地区的成功示范运行，为今后高寒地区电能替代提供设备选型、系统搭建、运行数据、运营经验等方面提供了可靠的指导依据，为自治区推广清洁电能供热项目提供了有力支撑。通过控制系统合理控制能量在系统中的分布状态，协调能源供给与用户需求，提高系统可控性和灵活性，实现能源的高效利用，形成了促进绿色能源消费、可再生能源就地消纳、集城市大气污染治理、优化区域电网结构、用户清洁高效用暖等良好的社会及经济效益，为后续大规模推广应用奠定基础。

（由内蒙古电力（集团）有限责任公司供稿）

第三篇

能源体制革命

适应能源转型的电力现货市场建设

一、基本情况

内蒙古电力（集团）有限责任公司电力调度控制分公司（以下简称内蒙古电力调控公司）是内蒙古电网省级调度运行指挥中枢，承担着组织、协调和保障内蒙古自治区中西部电力系统安全、平稳、高效运转的重要职责，肩负着保障区内电力可靠供应、促进清洁能源高效利用以及电力现货市场建设运营等重要任务。

2017年8月，国家发展和改革委员会等部门印发《关于开展电力现货市场建设试点工作的通知》，明确蒙西、山西等八个地区作为全国首批电力现货试点，开展电力现货市场建设实践。内蒙古电力调控公司作为集团公司承接蒙西电力现货市场建设任务的主要实施单位，深入践行“四个革命、一个合作”能源安全战略，贯彻落实国家深化电力体制改革要求，主动服务自治区“两率先、两超过”能源发展目标，立足电网实际，以服务新型电力系统建设为中心，以构建功能完备、衔接有序的完整电力现货市场体系为目标，积极开展电力现货市场建设工作。

在电力现货市场建设过程中，内蒙古电力调控公司严格按照国家指导意见，遵循电力运行规律和市场经济规律，充分考虑市场建设基础和电网实际情况，以“发用两侧全面参与、价格信号灵活精准”为市场建设目标，科学合理设计符合蒙西实际的现货市场模式和路径。通过现货市场形成灵活、精准的价格信号，引导全网资源优化配置，有效提升电力系统调节能力和电网运行质效，坚决扛牢电力保供首要责任，全力促进清洁能源消纳，激发源网荷储全要素协同互动，切实服务新型电力系统建设。

二、实践经验

（一）构建功能完备、衔接有序的完整电力现货交易体系，充分发挥市场在新型电力系统建设中优化资源配置的决定性作用

1. 采用“全电量集中竞价，分时节点边际电价”的现货市场交易机制，形成精准反映实时供需关系的价格信号

蒙西电力现货市场采用“全电量集中竞价，节点边际电价出清”的交易机制，“全电量集中竞价”有利于新能源发挥边际成本较低优势实现高效消纳，“分时节点边际电价”能够准确反映电力的时间、空间价值。该现货市场模式更加适宜蒙西电网新能源占比高、输电断面众多、电网运行方式复杂的物理特性，为市场平稳运行奠定了重要基础。

2. 设计现货电能量市场与辅助服务市场协同运行的现货市场交易体系，保障电网安全稳定运行

内蒙古电力调控公司按照各市场组织时序与标的物的不同，设计了现货电能量市场与辅助服务市场协同运行机制。一是调频辅助服务市场与现货电能量市场采用顺序出清方式衔接；二是按照国家要求，暂停调峰辅助服务市场，通过现货电能量市场的价格信号引导作用实现系统调峰功能。通过合理设计市场间的衔接机制，有效保障了电网安全稳定和市场平稳运行。

3. 构建“省间＋省内”的现货市场交易格局，积极融入全国统一电力市场建设

按照“立足省内、融入省间”的市场建设思路，内蒙古电力调控公司统筹两级市场建设，科学设计组织流程和衔接机制。一是在业务流程上，将省内现货市场日前预出清环节拆分为首次预出清和第二次预出清，实现了两级市场在申报及组织层面的有序协同。二是在出清机制上，严格落实国家要求，将外送电计划作为关口处负荷增量，纳入省内现货市场全电量竞价空间。通过参与省间现货市场，有效提升了网间平衡互济能力，增强了网内新能源消纳及电力保供水平，为融入全国统一电力市场奠定了坚实基础。

4. 设计“现货市场全电量结算，中长期合约差价结算”的市场结算模式，理顺市场经济关系

在国内首次采用“现货市场全电量结算，中长期合约差价结算”的市场

结算模式，准确定义并计算了阻塞盈余费用，完整还原了用户侧应承担的真实成本，相较于其他现货试点阻塞盈余"未算先分"的做法，实现了阻塞盈余费用的精准疏导和科学分配，明确了市场主体的经济责任。同时，由于中长期合约约定了统一结算参考点，有效避免了发用双方因现货市场结算价格不一致产生的中长期合约结算差额资金，市场费用来源和组成更加简明清晰（见图 1）。

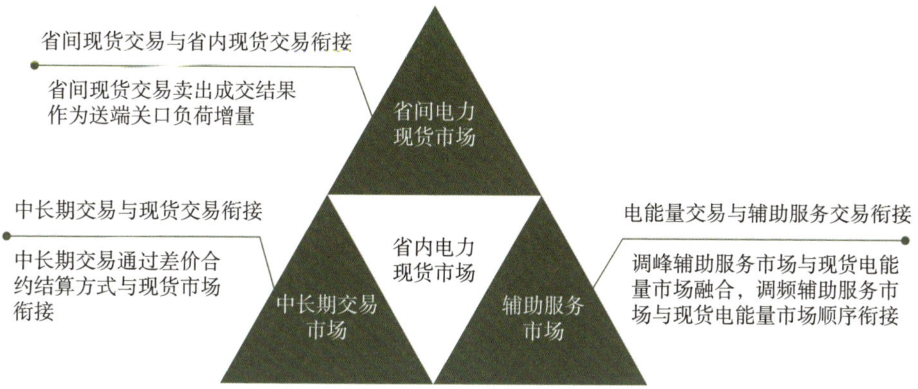

图 1　市场组成及衔接机制

（二）建立适应新能源广泛参与、新型主体健康发展的现货交易机制，助推能源供给革命

1. 设计新能源企业参与现货市场交易机制，为新型电力系统建设探索开路

按照技术中立原则，在国内首次实现了新能源与常规电源无差别参与现货市场交易，即新能源同常规电源一样"报量报价"参与竞争，新能源市场化率达 94.5%。新能源凭借边际发电成本较低优势，在现货市场集中竞价实现了高效经济消纳。

2. 创新性解决新能源弃电问题，提高新能源消纳水平

一是提出适用于实时市场的新能源主站发电能力预测技术，显著降低场站预测偏差。二是通过改进出清算法，提前出清时间，缩短滚动周期，降低新能源出力波动影响。三是研究并实现了分钟级的发电空间转移与回收技术，在保证市场公平、电网安全的前提下，实现新能源最大化消纳。

3. 设计新型主体参与现货市场交易机制，提高系统调节能力

设计了独立储能、虚拟电厂等新型主体参与现货市场交易机制，独立储能和虚拟电厂日前申报运行日充 / 放电功率曲线，在满足电网安全和新能源消纳的前提下作为价格接受者参与出清，充分发挥其对促进电网供需平衡、提升电网调节能力、推动能源绿色低碳转型的重要作用。

（三）设计符合实际、适应用户侧全面参与的市场组织模式，增强新型电力系统供需协同性

1. 创新提出月度电量典型曲线反向拟合技术，为全部用户参与市场交易奠定技术基础

内蒙古电力调控公司协助集团公司营销服务部，研究提出了月度电量典型曲线反向拟合技术，通过将月度总用电量分用户类别，按照典型用电曲线反向拟合形成 96 点分时计量曲线，创造性地解决了代理购电，居民、农业，低压用户等不具备电量分时计量条件用户参与市场的技术壁垒。

2. 创新设计现货组织模式及用户侧参与方式，全面降低用户侧参与门槛，建成国内首个“单轨制”现货市场

创新设计“日前预出清 + 实时市场”现货组织模式，有效规避了市场初期的套利风险问题，全面降低了用户侧参与门槛，实现了包含一般工商业、电网代购电、居民、农业在内的全部用户侧参与现货市场结算。同时，建立了包括居民、农业现货市场偏差电费在内的市场费用“独立记账、分类疏导”机制，彻底解决了“双轨制”不平衡资金问题，建成国内首个“单轨制”电力现货市场。

3. 科学设计用户侧分区电价结算机制，有效发挥市场对于负荷侧的优化引导作用

结合电网运行情况，以呼包断面为界，将电网划分为呼包以东分区和呼包以西分区，用户侧采用现货市场分区加权均价进行结算，体现出电网结构及区位差异对用户侧用电成本产生的影响，在全国范围内迈出了用户侧现货市场差异化用能的第一步。

（四）建设集约高效、灵活智能的市场出清及仿真平台，为市场稳定运行提供重要技术支撑

1. 构建市场运营管理中枢和联合出清计算平台，助推调度业务转型升级

内蒙古电力调控公司基于国家电力市场运营系统现货交易功能指南及实

际需要，构建形成了“以现货技术系统为核心，省间与省内市场协同、辅助服务与电能量市场衔接，各功能模块与系统数据深度交互”的市场运营管理中枢和联合出清计算平台。实现了包含主体申报、市场出清、结果执行、交易结算、信息披露等功能在内的市场全流程、全业务覆盖，并在国内首次运用实时市场5分钟滚动出清、用户侧节点电价计算分区价格等创新技术手段，保障了蒙西省内现货市场、省间现货市场、辅助服务市场的稳定运行和有效衔接，助推包含检修设备管理、运行方式管理、发电计划制订、电网实时调度在内的传统调度业务全面转型升级。

2. 搭建市场运行仿真分析和运营绩效评估平台，提升市场分析决策能力

内蒙古电力调控公司紧密围绕市场建设面临的专业人员培训、市场回溯仿真、运营绩效评估三大业务场景，构建了包含市场理论、交易实操、回溯对比、模拟仿真、指标分析在内的主要功能模块，实现了市场出清结果正确性验证、规则机制合理性校验及市场运营评价等预期目标，填补了现货市场辅助分析评价工具的空白，提升了市场运营保障能力，为市场规则优化调整提供了有益支撑（见图2）。

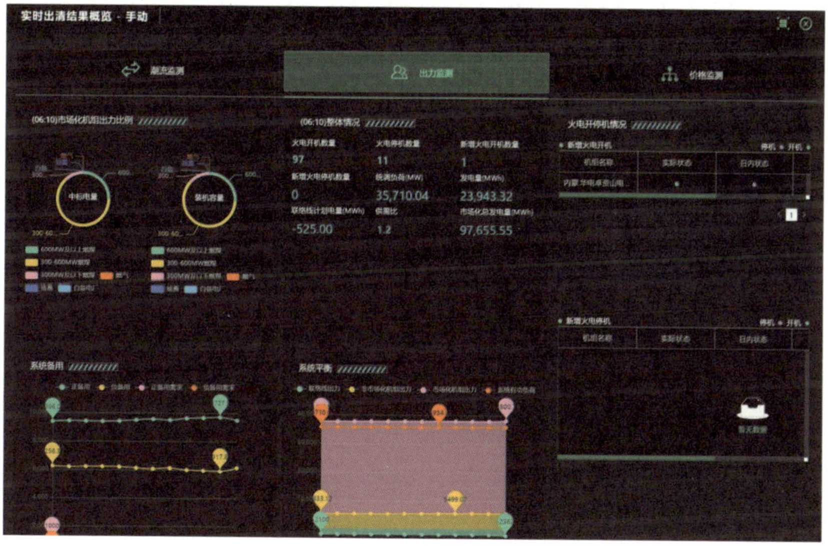

图2　市场运行仿真分析和运营绩效评估平台

3. 搭建市场力监测预警分析平台，防范市场运行潜在风险

内蒙古电力调控公司广泛调研国内外市场力监测防范领域采取的机制措施，深入分析现货环境下市场竞争格局及市场力管控风险，研究提出了符合

蒙西实际的市场力辨识和评估方法，构建形成了“事前、事中、事后”的全流程闭环市场力监测和管控机制，建成了国内首套专注于解决市场力问题的市场监测及预警系统（见图3），并与生产平台实现深度交互。将市场力监测分析工作推向了“精准定位、量化定性”的新阶段，有效提升了市场风险管控和应对能力，为下一步配合上级电力市场监管机构健全市场力有关规则与市场监管奠定了坚实基础。

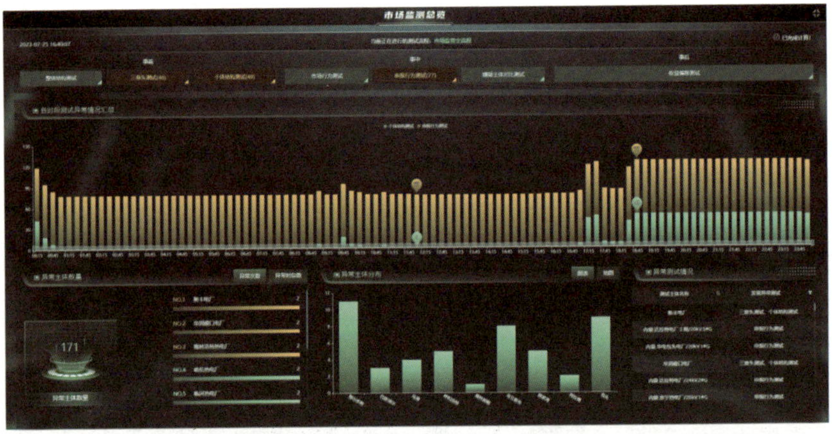

图3　市场力监测预警分析平台

三、取得的成效

（一）电力市场化改革全国领先，现货市场模式具有良好的推广示范价值

作为全国首批电力现货试点单位，内蒙古电力调控公司认真贯彻落实国家、自治区、集团公司关于深化电力体制改革及电力市场建设的各项决策部署，紧紧围绕“立足省内、融入省间、参与全国”的市场建设思路，于2022年6月顺利启动现货市场不间断结算试运行，截至目前，已连续稳定运行22个月，是国内5个实现长周期连续结算试运行的地区之一。现货市场建设实现多个国内第一：创新设计蒙西特色日前预出清机制；首次采用由用户侧节点电价形成用户侧分区价格；首次完整使用“现货全电量 + 中长期差价”结算机制；推动发电侧主要电源全部无差别参与市场；推动居民农业、电网代理购电、外送电全面参与现货市场结算，建成国内首个“单轨制”现货市场。试运行以来，蒙西电力现货市场规模稳步扩大、主体意识持续增强，市场机制在保供电、促转型、提质效、优运行方面发挥出积极作用，市场建设取得

突出成效。市场机制设计得到国家现货专班和业内专家学者的广泛关注和高度认可，蒙西电力现货市场模式被国家现货专班认为具有良好的示范推广价值。

（二）系统资源配置能力显著增强，绿色转型成效突出

蒙西电力现货市场通过集中竞价、边际出清方式，从电力生产、消费层面有效促进了能源供给转型和消费结构调整，市场化资源配置能力显著增强，有效落实了“四个革命、一个合作”能源安全战略。现货市场中新能源凭借边际成本较低优势，实现了经济高效消纳，新能源发电量、利用率实现双提升，发电电力和单月发电量均屡创新高，实时日均出清电量约 7.94 亿千瓦时，其中新能源日均出清电量 2.22 亿千瓦时，占比 28%。单日新能源最大出力占比约 61%，最大日电量占比 49.9%。能源供给侧转型引领了消费结构调整，用户终端用能中绿电含量与占比稳步提高，市场建设带来的绿色环境价值进一步彰显。

试运行以来，通过积极参与省间电力现货市场交易，进一步增强了省内富裕电力外送能力，充分发挥了自治区作为国家重要能源基地的保障支撑作用，累计增加外送电量超 3.84 亿千瓦时，平均成交价格约 303.97 元 / 兆瓦时，发电企业增加收入约 1.17 亿元，经济效益、社会效益显著。

（三）电网调节能力大幅提升、运行管理模式实现跨越升级

蒙西电力现货市场通过市场化机制激励发用两侧各类资源主动参与电网调节，分时节点价格信号显著提升了资源优化效率与调控运行精益化水平。现货市场机制在保障电力可靠供应、促进新能源消纳方面发挥出了积极作用，电网运行管理模式成功实现转型升级。

试运行以来，蒙西电力现货市场平均峰谷价差 816.68 元 / 兆瓦时，最大峰谷价差 1650.06 元 / 兆瓦时，有效激励燃煤机组顶峰发电和低谷深调。全网公用燃煤机组顶峰负荷率最高至 96.5%，申报发电能力同比最大增加超 600 万千瓦，涨幅约 30%，深调负荷率最低降至 41.58%，主动释放深调能力最大约 280 万千瓦，累计新增新能源消纳量超 32 亿千瓦时，调节能力同比最大增加超 500 万千瓦，各项指标均达到近年来最好水平。用户侧削峰填谷电力达到 80 万千瓦，独立储能等新型市场主体积极响应现货市场价格信号实现“低充高放”，为蒙西新型电力系统源网荷储各要素协同互动提供了创新示范作用。

同时，传统的“三公”调度发电计划模式转变为以市场交易结果作为调度发电计划依据的全新调度模式，市场主体也由被动接收调度发电计划安排转变为主动参与市场竞价，调节自身发用电行为，更加适应新型电力系统中供需互动、灵活高效的发展要求。现货市场建设实现了安全、经济、绿色、高效等多元价值，电网运行管理模式成功实现转型升级。

（由内蒙古电力（集团）有限责任公司供稿）

种好能源综合改革创新"试验田"，助力长丰县获国家首批农村能源革命试点县

一、基本情况

安徽省能源集团有限公司（以下简称皖能集团）成立于1985年1月，注册资本100亿元，总部设立在安徽省合肥市，是由安徽省政府出资设立的国有独资公司，产业布局涵盖火电、天然气、环保、新能源、综合能源服务、煤炭物流、金融投资等领域，分布至全国12个省份。目前拥有全资和控股二级子公司16家，包括皖能电力和皖天然气两家上市公司，三级及以下控股子公司共173家，职工总数约8000人。

皖能集团坚持以习近平新时代中国特色社会主义思想为指导，认真落实"四个革命、一个合作"能源安全新战略，积极践行省委、省政府赋予的"安徽能源安全保障的省级队、全省能源产业结构战略性调整的主力军、实施'双碳'行动的主平台"功能定位。

2021年12月，面对习近平总书记提出的能源安全新战略和"3060"双碳目标，安徽省政府决定选择长丰县作为县域能源综合改革创新首个试点县，由皖能集团深度进场参与试点，坚持"有为政府"和"有效市场"相结合，与长丰县政府合资组建安徽皖丰长能投资有限责任公司。安徽皖丰长能投资有限责任公司作为建设长丰县能源综合改革创新试点县的操作平台，注册于2022年1月7日，注册资本10亿元，致力于推动长丰县能源综合改革梳理实施的20个重点项目。能源综合改革创新试点县建设以能源体制机制创新为关键，深入推进能源领域新技术、新产业、新业态、新模式和新机制在长丰集聚。依托城市、工业园区和乡村三大板块，聚焦交通、建筑、工业和农业农村四个重点领域，全面推动能源消费节能低碳化、能源供给清洁多元化、能源科技应用示范化和能源体制机制创新化。按照"1年打基础、2年见成效、5年形成省示范"的时间轴，明确"一升两降两翻倍"的改革目标（提升非化石能源消费比重；单位地区生产总值能耗持续下降、单位地区生产总值碳排放量持续下降；本地清洁能源装机容量翻倍、新能源汽车及节能环保产业产

值翻倍），梳理实施20个重点项目，总投资超120亿元。

2023年5月，长丰县能源综合改革创新试点工作得到进一步肯定，经安徽省能源局、安徽省生态环境厅、安徽省农业农村厅、安徽省乡村振兴局推荐，长丰县被纳入首批国家农村能源革命试点县名单。长丰县以“四个革命”为主线，以“一体两翼”发展格局为基础，加大乡村清洁能源建设力度，促进农村产业提档升级、拉动产业链延伸，支撑徽风皖韵宜居宜业和美乡村建设。预计到2025年，全县能源消费结构将得到明显优化，非化石能源消费比重和增量比重双双增加；节能降碳效果显著，单位生产总值能耗和碳排放双双下降；新型电力系统建设成效明显，新能源电力消纳能力进一步增强，可再生能源装机规模和新能源电量消纳比重翻倍，最终实现“两增、两降、两翻倍”的总体目标。

二、实践经验

为深入贯彻习近平总书记提出的“四个革命、一个合作”能源安全新战略，积极落实国家能源局等四部委联合印发的《关于组织开展农村能源革命试点县建设的通知》文件精神，落实省委、省政府关于打造长丰能源综合改革创新试点县工作，皖能集团与长丰县共同打造平台公司，成立联合领导小组，充分发挥平台公司在政府和市场之间的作用，运用市场的手段、资本的力量，积极探索能源体制机制创新，真正实现“有为政府”和“有效市场”相结合的可复制、可推广、可商业化运营的能源体制革命经验。

（一）建立政府主导、企业主体、市场化运作的合作机制

1. 创新政企合作模式，打造平台公司

安徽省政府高度重视能源综合改革创新工作，选择省属企业皖能集团深度参与长丰能源综合改革创新试点县建设。坚持“有为政府”与“有效市场”高效结合，双方创新政企合作模式，由皖能集团与长丰县政府按照6∶4的股权比例设立平台公司（安徽皖丰长能投资有限责任公司），作为推动长丰能源综合改革创新试点县建设的主要平台。平台公司设立后，按照“政府主导、企业主体、市场化运作”的原则，嫁接整合各方资源，坚持“宜参则参、宜控则控”模式，吸引各方主体参与试点项目建设，形成开放合作格局。目前，该平台已成立11家子公司，其中包括1家全资公司、4家控股公司、6家参股公司。另外，还有2家子公司正在筹备中。

2. 健全沟通协调体系，成立领导小组

为顶格推进长丰县能源综合改革创新试点工作，皖能集团联合长丰县政府，成立联合领导小组，双方主要负责人任小组组长。在省能源局主导下，建立省、市、县三级协同机制，解决试点工作推进中的难点、堵点问题，并研究推动创新示范项目落地实施。为保证工作顺利进行，领导小组采用“领导小组＋平台公司＋项目专班”三级工作架构，相关子公司成立项目专班，配合长丰县统筹推进项目建设；按照周、旬、月设立三级调度制度，由皖能集团定期与长丰县共同研究并解决相关问题；实行每周项目工作汇报制度和季度监督检查制度，确保项目的进度和透明度。此外，领导小组强化考核问责机制，根据项目完成情况，领导小组办公室进行年度综合考核；同时，加强纪律作风建设，对于失职的单位和个人，严肃责任追究。

（二）创新能源发展与乡村振兴融合机制

1. 高质量发展清洁能源，助力建设和美乡村

发展清洁能源是提高能源利用效率的必然选择，更是推动乡村振兴、建设和美乡村的重要途径。推进乡村清洁能源开发，优化能源结构，形成以光能为主体，生物质、风能、地热能为补充，氢能为试点应用的多元新能源发展格局。梯次推进整县屋顶光伏开发，利用党政机关、公共机构、企业和居民屋顶，推广光伏发电建设，增加清洁能源供应。充分挖掘县域风能和地热能资源，建设分布式风电项目和地热能试点，大力发展多能互补。加快农村生物质发电、垃圾发电项目，统筹利用各类农业农村有机废弃物资源，建立覆盖城乡的有机废弃物收集利用体系，不仅能减少环境污染，还能将废弃物转化为清洁能源，实现资源的循环利用。同时，以源网荷储协调安全可靠运行为目标，增加变电站布点、优化电网结构，促进分布式可再生能源和多元化负荷的灵活接入，提升农村电网分布式可再生能源承载力。通过提高乡村清洁能源占比，实现乡村环境的可持续发展和经济的绿色发展，让乡村成为生态宜居、产业兴旺的新农村。

2. 促进农村农业绿色转型，助力共同富裕

以绿色农业产业技术赋能乡村产业振兴，促进企业、村集体和农户共同富裕。皖能集团创新发展“光伏＋智慧农业”项目模式，联合中国科大利用“匀光互补”和“智能补光”技术专利，通过“棚顶光伏＋中间种植＋底部养殖”模式，建设长丰县陶楼镇“光伏＋智慧农业”示范基地。首期 15 亩示范项目已建设成功，光伏总装机约 0.68 兆瓦，预计年发电可达 70 万千瓦时，年

产草莓约1000千克，年产鱼约75000千克。与此同时，皖丰长能投资有限责任公司利用“匀光互补”技术专利，研发生产匀光组件，目前正在安徽省黄山市的茶光互补项目上进行试验，初步试验效果良好，下一步有望推广至全省的茶光互补、农光互补项目，开创出一条新能源发展与乡村振兴深度融合的新路径。

（三）健全资源环境要素市场化运营机制

1. 申报绿色电力证书，促进绿色电力交易

积极响应国家关于绿色电力证书申请与交易有关指导政策，融入全国绿电交易统一大市场。绿色电力证书通过环境属性量化并赋予绿电经济价值，通过市场化的交易机制，有利于调动社会各方的积极性，激发市场活力，使可再生能源在电力市场中获得更多竞争优势，促进电力资源大范围优化配置和清洁能源消纳。在实际应用中，绿色电力证书制度在长丰也已开展试点，由皖丰长能投资有限责任公司牵头，长丰县朱巷镇羊荒村后圩分布式光伏发电项目、长丰县水湖镇蒋赵村分布式光伏发电项目已通过绿色电力证书审核。与此同时，通过能源工业互联网建设促成长丰县下塘园区企业参加绿电交易，截至目前已累计交易绿电超800万千瓦时。在改革试点过程中，为企业畅通了选择绿色电力的途径，推动绿色电力在“试验田”生产与消费。

2. 谋划碳排放权交易，推动能源低碳转型

通过实施碳排放权交易机制，将环境成本内化于能源价格，进而影响企业的生产与经营策略，有效地激励企业减少依赖高碳能源，并推动能源生产和消费转型。碳交易市场通过赋予碳排放一个明确的价格，突出了低碳和无碳能源的经济优势，促使企业在投资决策时更倾向于选择清洁、高效的能源解决方案。积极响应国家碳排放交易政策，谋划推动县域内重点排放企业积极参与全国碳排放交易市场，不仅有助于标准化和提升企业碳资产管理的水平，也为能源体制的深刻变革铺平道路。通过这些举措，可以促进清洁能源的发展，为建立更加高效、公平和可持续的能源体系提供坚实基础。

3. 谋划用能权交易，促进能源高效利用

用能权交易是能源市场化改革的重要方式，确立了能源作为商品的属性，将能源使用权转化为可交易的产权，这一转变使能源市场更加统一开放和竞争有序。用能权交易可以充分发挥市场在资源配置中的重要作用，形成主要以市场为主导的能源价格机制，促使企业高效利用清洁能源，加快清洁能源技术转型升级。目前，正在积极谋划在长丰“试验田”开展用能权交易，将

有助于推动能源体系向高效、环保、市场化方向发展，对实现能源资源的合理分配和高效利用具有积极作用，为经济社会的可持续发展提供支撑。

三、取得的成效

发展方式决定发展效果。皖能集团通过建立政府主导、企业主体、市场化运作的合作机制，创新能源发展与乡村振兴融合机制，健全资源环境要素市场化运营机制，建设长丰能源综合改革创新“试验田”，创建国家农村能源革命试点县，为长丰县带来经济效益、社会效益和生态效益。长丰县能源综合改革“试验田”凸显示范引领作用，复制推广效果显著。

1. 经济效益

通过建设农村能源革命试点县，为全县经济发展带来“地方创税、居民增收、企业减负和生态创效”的四重效益。一是带动全县能源产业固定资产投资，拉动项目直接投资 95.87 亿元，利税 5.75 亿元（税率按 6% 计算）。二是增加农民收入。全县农村居民建筑面积约 100 万平方米，每年可带来光伏屋顶租赁收益 150 万元，乡村集中式新能源开发预计为农村居民带来土地租赁收益 480 万元。三是减少企业用电负担。通过电网升级改造，县域电网年减少输配电损耗 0.71 亿千瓦时，降低输配电成本 2700 万元。四是通过开展 CCER 碳汇交易，推动生态产品价值实现，全县年新增农林碳汇预计创收 100 万元。

2. 社会效益

通过创建农村能源革命试点县，解决全县新能源用地指标紧张、农村清洁能源供应能力不足、新能源开发与乡村振兴融合三个方面的问题，释放试点县政策红利，提高县域农村能源绿色低碳水平。一是全县新能源发展用地指标紧缺得到缓解。通过试点县统筹农村建设用地指标用于新能源开发，以及农村坑塘水面建设，为全县至少提供 10000 亩新能源开发用地空间，折合光伏装机 40 万千瓦。二是农村清洁能源能力得到进一步的增强。到“十四五”末，分布式光伏和分散式风电每年可以为全县提供 2.3 亿千瓦时的绿色电力，约占农村居民用电量的 45%，极大地缓解了全县能源供应薄弱问题。三是推动建成具有长丰特色的新能源开发与乡村振兴规模化应用体系。整县屋顶户用光伏发展使得农村居民屋顶面积可安装光伏发电比例不低于 20%；村集体土地入股等新能源开发模式，将新能源产业发展成为村集体经济的重要补充和农民就业增收的重要渠道，年预计新增就业岗位近千个，新能源开发与乡村振兴有机融合。

3. 生态效益

推进可再生能源发展、优化能源结构是农村能源革命试点县建设的重要任务之一。预计到 2025 年，全县可再生能源装机规模约 208.48 万千瓦，全县可再生能源年利用量折合约 83.5 万吨标准煤。同时通过执行能耗强度和煤炭总量控制制度，完成省市下达的单位 GDP 能耗下降幅度目标，严禁煤炭消费，降低能源发展过程中污染物的排放，减少对环境的影响，主要污染物排放总量大幅减少，美丽长丰建设取得重大进展。空气质量好于二级标准的天数比例达 80%，森林覆盖率 30% 以上。依托县域 23 万亩林地开展林业碳汇项目，每年预计可开发 CCER 约 10 万吨。

4. 复制推广效果显著

长丰县能源综合改革创新试点的复制、推广效应初步形成。长丰县能源综合改革创新“试验田”自启动以来，试点取得的经验和成果得到各方认可，引起社会各界广泛关注，人民日报安徽分社、人民网安徽频道、安徽日报、安徽新闻联播等媒体采访报道超 30 次，接待政府机构、科研院所、外国专家及企业近 300 批次参观交流。同时，长丰县“试验田”模式已在安徽省黄山市、宣城市、芜湖市、池州市等地开展推广复制工作，全省范围内已形成推动能源综合改革创新的良好氛围。

（由安徽省能源集团有限公司供稿）

基于融合能源供给与消费的电力多边交易市场体制改革探索与实践

一、基本情况

2014年6月，习近平总书记提出“四个革命、一个合作”能源安全新战略，为推进我国能源清洁低碳转型发展指明了方向。2015年，《中共中央国务院关于进一步深化电力体制改革的若干意见》（中发〔2015〕9号）及配套实施细则颁发，标志着我国新一轮电力体制改革正式开启。为落实中发〔2015〕9号文件要求，2016年9月内蒙古电力交易中心有限公司（以下简称电力交易公司）正式挂牌成立，并于2020年4月完成股份制改革，正式按照内蒙古电力公司的全资子公司模式运作。2022年6月，交易公司完成股份制改革，由11家股东通过货币、知识产权、实物资产等方式入股，其中内蒙古电力集团有限责任公司股比49%，为构建“共商共建、共享共赢”电力多边交易市场格局夯实基础。

电力交易公司坚持“中长期交易为主，现货交易为补充”的市场整体框架，采用“中长期曲线交易＋现货全电量竞价”市场模式。中长期市场的定位是全面落实国家市场化改革和自治区产业政策要求，在稳定地区经济预期、引导供需双向投资、规避市场运行风险方面发挥“压舱石”作用。目前，中长期交易已经形成年度、月度、月内（2日）全交易周期覆盖，协商、挂牌、竞价全交易模式的中长期交易品种体系。现货市场的定位是全面落实国家和自治区关于电力现货试点工作要求，遵循“现货全电量竞价、中长期财务结算、用户侧全面入市、市场政府双轮驱动”基本思路建设，于2022年6月启动长周期结算试运行，在发现实时电力价格、引导主体移峰填谷、优化电网运行、促进新能源消纳等方面发挥积极作用。

多年来，电力交易公司一直严格贯彻落实国家电力市场化改革政策，服务于地区社会经济发展，以“共商、共建、共享、共赢”的市场建设理念、以改革电力运行管理模式和激发电力市场活力的市场建设目标，逐步探索形成了一套较为完整的符合自治区实际的电力多边交易市场体系和市场机制。在电力安全供应保障、高比例新能源消纳、产业政策与市场机制高效衔接等方面，开展了特点鲜明的市场机制探索实践，有力推动了自治区能源消费、供给革命。

二、实践经验

内蒙古电网作为国家电力市场化改革的先行先试地区，坚决贯彻落实中央、自治区“碳达峰、碳中和”目标战略，全面践行市场绿色发展理念，持续开展创新工作，在促进能源经济升级转型，践行“四个革命、一个合作”战略思想的道路上进行了一系列的探索与实践。

（一）创新市场模式，激发能源供给侧活力

自治区政府为化解经济下行压力，利用供需激发价格信号拉动产能，经过与国家相关部委研究，决定在内蒙古西部开展电力市场化运行探索，以服务于自治区工业经济发展，研究制定市场机制，改革电力运行管理模式。经过一年的试运行，2010 年 5 月 5 日内蒙古电力多边交易市场鸣锣开市，成为全国首个正式运营的电力市场。全国首创的“多方参与，双向竞价，价差传导”市场模式，率先实现了以市场化方式确定电力的商品属性价值，通过供需发现电能量价格。

（二）首创市场化绿色能源消纳机制，优化能源供给侧结构

第一个创新机制是启动新能源市场交易机制。受到电网断面阻塞和外送通道不足的制约，内蒙古电网出现弃风弃光现象，新能源发电与常规能源发电相互争夺发电空间的矛盾较为突出。为缓解风火矛盾，提高新能源消纳效率，经请示市场主管部门后，2015 年蒙西地区启动新能源柔性打捆交易。将火电与新能源相结合，充分考虑新能源发电特性，在提高新能源市场化增量消纳的同时，降低了火电用电水平，总体运行效果比较突出。风电发电运行从 2015 年装机 1300 万千瓦、发电 1900 小时水平，逐年抬升。到 2023 年装机超过 2500 万千瓦、发电接近 2600 小时。新能源交易机制启动以来，新能源参与市场意愿逐年提升。

第二个创新机制是创建省级绿电、绿证市场示范区域。为贯彻落实国家及自治区关于绿电交易的工作部署，着力推进“双碳”目标战略，电力交易公司在各级部门的指导下，积极落实有关任务部署，全力推动相关政策落

地，研究编制自治区绿电交易方案并上报国家相关部委。2024 年 2 月国家发展和改革委员会、国家能源局正式批复《内蒙古电力市场绿色电力交易试点方案》，电力交易公司配合主管部门编制并正式印发《内蒙古电力多边交易市场绿色电力交易实施细则（试行）》，于 2024 年 3 月 18 日首次组织绿电交易，共 861 家市场主体参与，完成绿电交易电量超 80 亿千瓦时，有效落实国家及自治区关于绿电交易的工作要求。

内蒙古电网通过开展绿电交易，为用电企业提供源源不断的“绿能”，满足高端型、外向型企业对可再生能源消费量的需求，吸引其落户投产，用电负荷的增长也有利于地区进一步提高可再生能源消纳量。内蒙古电网获批绿电交易后，也为签订跨省跨区绿电交易合同创造了条件，有助于进一步利用外送通道消纳可再生能源。通过大力推广绿电交易，提升全社会消费可再生能源的水平，可有效加快全区能源绿色低碳转型，绿证良好的溯源特性也为自治区从能耗双控向碳排放双控转变提供了基础。内蒙古电网获批绿电交易试点，是对全国统一电力市场的有力支撑，补齐了这幅拼图的最后一块。至此，我国所有省份都可以实现通过电力市场充分反映可再生能源的电能量与环境价值，以价格信号合理引导资源配置，为新型电力系统的建设发展提供市场动能。

第三个创新机制是支撑新兴主体市场化消纳新能源。按照《内蒙古自治区人民政府办公厅关于推动全区风电光伏新能源产业高质量发展的意见》（内政办发〔2022〕19 号）文件精神，电力交易公司积极研究包括六类市场化消纳新能源项目在内的新兴主体参与市场机制，根据项目不同的涉网特性和系统平衡责任，分类参与电力市场交易，充分发挥新兴主体灵活调节资源作用，拓展消纳新能源的载体，获得绿色和经济双重发展优势。目前，火电灵活性改造消纳新能源项目和风光制氢一体化项目已参与市场，并实现了实质化运行。

（三）探索煤电联动机制，促进能源供给与需求闭环成链

第一个保障电力供应机制是煤炭用电交易机制。2018 年，煤炭价格快速上涨，导致地区燃煤火电企业出现发用成本倒挂情况。为了缓解火电经营压力，按照自治区工作部署，内蒙古电力多边交易市场在全国首创煤炭用电交易机制，通过“基准电价 + 浮动价格”的市场机制，建立煤炭价格与电力价格的联动关系，通过煤炭利润反哺发电成本，度电补偿效果达到 4 分钱 / 千瓦时，实现发用企业间的利益互济与风险共担。在 2021 年全国煤价大幅上涨

期间有效缓解火电运营压力，提升火电机组发电积极性，保障电力安全可靠供应。

第二个保障电力供应机制是新能源平衡补偿机制。2023 年 1 月，为引导燃煤发电机组向新能源企业提供平衡调节服务，更好促进新能源消纳，建立了新能源平衡补偿机制。通过在全网新能源波动不同时段按照燃煤机组调节贡献大小分配平衡补偿费用。2023 年全网燃煤机组分享新能源平衡补偿费用合计 8.1 亿元，平均度电价格提高 0.4 分，最高提高 2.6 分，有效拉开调节能力不同燃煤机组的结算价格，提升燃煤发电机组主动平衡新能源波动的积极性，2023 年全年实现市场化消纳新能源电量 787 亿千瓦时，创历史新高。

第三个保障电力供应机制是完善需求侧响应机制。2020 年以来内蒙古电网电力供应形势一直处于偏紧状态，为缓解供需矛盾，保障电网安全运行，电力交易公司配合内蒙古电网公司强化负荷控制管理，高效组织开展需求侧响应，通过提高需求响应收益，转移高峰时段负荷，成功应对多次电力供应缺口的严峻挑战。保障了电网安全稳定运行和民生用电底线。此外，电力交易公司积极开展需求侧市场方案研究，通过优化建立联合现货出清、紧急需求响应和响应评估机制，分步构建需求侧响应市场等举措，深挖需求侧响应效率及积极性，及时有力解决电力需求缺口，确保电力安全稳定供应。

（四）构建电力现货市场试点样板

2017 年 8 月，国家启动电力现货市场建设试点，蒙西地区成为 8 个建设试点之一，又一次承担起电力市场化改革探索的重任。经过多轮论证与规划部署，2019 年 6 月 26 日，内蒙古自治区人民政府、国家能源局在内蒙古电力公司举办电力多边交易现货市场模拟试运行启动仪式，内蒙古电力多边交易现货市场模拟试运行正式鸣锣开市，2022 年 6 月按照单轨制模式正式启动结算试运行，成为国内第 5 家实现长周期不间断连续结算试运行的试点地区。现货市场建设实现多个国内第一：创新设计蒙西特色日前预出清机制，降低市场投机风险；首次采用由用户侧节点电价形成用户侧分区价格，真实反映电能价值；首次按照国家基本规则标准结算模式开展结算；发电侧主要电源公平参与市场；实现居民农业、电网代理购电、外送电全面参与现货市场结算。现货市场试运行以来，电网安全稳定，市场平稳有序，峰谷价差逐步拉大的同时保障了用电价格的总体稳定。按照自治区统一部署，2024 年充分总结近两年的试运行情况，实质性推进年内现货交易转为正式运行，标志着内蒙古电力多边交易现货市场建设取得了重要进展。

（五）发挥市场决定资源配置作用，推动自治区产业优化升级发展

内蒙古电力多边交易市场是全国首家正式运营的省级电力市场，市场机制的探索源于 2008 年。当时国际金融危机造成了地区负荷急剧下降，产业发展基本停顿。自治区政府为化解国际金融危机带来的经济下行压力，经过与国家相关部委研究，决定在内蒙古电网开展电力市场化运行探索。通过市场促进发用双方协同发展，简单说就是把负荷拉起来，把地区经济发展起来，促进新能源消纳和解决火电“窝电”问题。市场机制逐步走向深度融入地区经济、推动地区产业升级的发展道路。这也是内蒙古电力多边交易市场的一个特点。经过多年有效地发挥市场促进经济活性和流动性作用，搭建新的能源洼地，降低企业成本，引导产业转移和产业重新聚集。10 年来，完成传统高耗能向绿色高耗能的转化工作，通过市场机制淘汰落后产能，将过去的高污染电石、铁合金产业转变为绿色高载能，做强钢铁、电解铝等国家工业支柱产业，利用市场供需集中配置自治区优势资源，延伸产业链条，吸引新兴业态集群落地自治区，助力培育“风光氢储产业集群”“中国云谷”“世界绿色硅都”及“世界稀土之都”等产业生态圈，打造自治区新的可持续发展的经济增长点。

（六）持续优化市场营商环境，服务能源供给与需求侧共赢发展

电力交易公司主动对标全国一流用电营商环境经验，迭代提升市场服务水平，有效提高市场主体电力获得感。一是开展新兴主体市场机制研究，探索适应自治区六类市场化消纳新能源项目（包括火电灵活性改造消纳新能源项目、源网荷储一体化项目、燃煤自备电厂可再生能源替代项目、全额自发自用新能源项目、风光制氢一体化项目、工业园区绿色供电项目）运行的市场机制，助力自治区新能源大发展。二是以市场主体需求为导向，持续精简市场业务办理流程，缩短业务办理周期。深化市场业务数字化服务，完善电力市场技术平台功能，实现全流程线上自动办理，确保市场主体“一次都不跑”，提高市场服务效率，提升市场主体电力获得感。三是细化市场主体信息颗粒度，实现市场信息“日核日固”，提高市场成员交易电量、电价等相关信息的精准度，满足不同行业用户市场交易与价格诉求。四是持续开展市场培训工作，通过组织交易季度座谈会、市场服务周、市场开放日等活动，了解市场成员诉求，宣贯政策和解读规则，披露市场运营信息，并配合在线智能咨询助理，提升市场咨询解答效率，提升市场成员满意度。五是发挥市场管

理委员会职能。研究建立市场管理委员会专委会、专家小组运作机制，加强与市场主管部门的沟通协调，推动市场管理委员会规范运作，坚持民主议事与市场交流，打造促进市场发展、维护成员权益的市场服务新平台，构建协同共治、行业自律的市场格局。

三、取得的成效

（一）挖掘市场改革红利，推动能源需求侧结构优化

内蒙古电力多边交易市场作为国家电力市场改革的试验田，在电力交易公司规范运营下，以拉动地方经济、促进新能源消纳为目标，开展了稳定成本的中长期交易、优化运行的现货交易、发现调节成本的辅助服务市场。自2010年5月正式运行以来，内蒙古电力多边交易市场稳定运行14年，持续为地区负荷增长赋能增效，最大供电电力由1252万千瓦提升至3625万千瓦，累积市场电量1.42万亿千瓦时，释放市场红利856亿元，持续吸引优质负荷向自治区转移，特别是承接周边战略新兴产业、高端制造产业等优质产能，有效促进自治区能源经济结构转型升级，实现了有效市场与有为政府的双轮驱动效应。2017年“内蒙古创新电力交易机制减少企业用能成本”的改革举措，被作为典型经验做法，受到国务院办公厅的通报表扬。同年，“基于‘共享共赢’理念的电力多边交易市场的创建与管理”获得第二十四届国家级企业管理现代化创新成果一等奖。

（二）探索市场生态建设，实现能源供给侧绿色低碳发展

电力交易公司全面践行生态优先、绿色发展市场建设理念，全力落实自治区两率先、两超过战略目标。自2015年在全国率先打造绿色能源市场交易机制以来，新能源参与市场意愿逐年提升，参与交易装机容量超过新能源总装机容量的96%。2015年以来累计消纳新能源电量2030亿千瓦时，其中2023年新能源消纳量为786.8亿千瓦时，市场消纳规模创历史新高，实现全面领先国内一流水平。

（三）交易比例不断提升，“压舱石”作用凸显

电力交易公司按照国家对中长期合同“应签尽签”的要求，积极组织中长期交易，2023年蒙西地区市场化率达到93%。2024年年度交易合同电量2590亿千瓦时，占2023年内蒙古电网公司售电量的91.6%，实现中长期交易

高比例签约，整体处于全国高位水平。高比例中长期合同签订充分发挥中长期交易价格“压舱石”与保供“稳定器”作用，有效保障市场各方主体用电价格及电力需求，在全国范围内保持电价比较性优势。

（四）创新煤电联动机制，保障电网安全稳定

针对煤炭价格高位运行、煤电倒挂问题，公司在全国首创煤炭用电交易机制，通过“基准电价 + 浮动价格”的市场机制，建立煤炭价格与电力价格的联动关系，通过煤炭企业反哺发电成本，实现发用企业间的利益互济与风险共担。能耗双控期间有效提升火电机组发电积极性，有效缓解供需矛盾，保障电力安全可靠供应，得到国家发展和改革委员会认可。2023 年，煤炭企业交易结算电量 84.67 亿千瓦时，占全部总结算电量的 3.2% 左右，降低发电企业成本 109.93 亿元。

（五）坚持绿色发展理念，促进能源低碳转型

电力交易公司坚持绿色发展理念，牢牢把握自治区建设国家重要能源和战略资源基地战略定位，继国家电网、南方电网后第三个启动绿电交易试点，实现绿色电力的能量与环境价值打捆交易，为进一步激发供需双方潜力，全面助力绿色能源消纳，吸引更多高端型、绿色型企业落户自治区，以市场化的方式引导社会达成绿色电力消费的共识，有力推动生产方式转型，促进自治区完成节能降碳目标，打造绿色能源高地，助力自治区完成好“五大任务”，为推动高质量发展发挥积极作用。

（由内蒙古电力（集团）有限责任公司供稿）

对标世界一流　积极改革创新
打造供电领域“前海模式”

一、基本情况

2013 年，中国南方电网有限责任公司（以下简称南方电网公司）以国家批准设立包括深圳前海蛇口自贸片区在内的中国（广东）自由贸易试验区为契机，部署深圳供电局有限公司（以下简称深圳供电局）积极探索混合所有制改革路径。2015 年 11 月，由深圳供电局与招商局集团旗下招商蛇口公司、中广核集团旗下深圳能之汇公司、南方电网储能股份公司、深圳前海管理局旗下前海建设投资控股公司 5 家公司合资组建了深圳前海蛇口自贸区供电有限公司（以下简称前海供电公司）。前海供电公司承担着前海合作区（扩区前）以及蛇口片区的供电任务，是全国首家增量配电业务混合所有制企业，并纳入国家层面第一批混改试点。

实施混合所有制改革以来，前海供电公司电力业务规模持续增长，年供电量突破 18 亿千瓦时。2023 年，公司管制性供电业务售电量 18.31 亿千瓦时，同比增长 9.74%；前海片区核心区客户平均停电时间连续 5 年实现“零停电”，供电可靠性保持国际顶尖水平；落实“双轮驱动”战略，市场化综合能源业务营收占比逐年提升；全年营业收入 156366 万元，利润总额 13419 万元，净利润 10051 万元，净资产收益率 10.73%，达到行业领先水平。

二、实践经验

（一）以完善治理为导向，建立协调运转有效制衡的现代企业治理结构

一是科学设计治理结构。截至 2023 年底，前海供电公司具体股权结构为深圳供电局 41%、招商局蛇口工业区控股股份公司（深交所上市）36%、深圳市能之汇投资有限公司（中广核全资子公司）10%、云南储能有限公司 8%（上市公司南方电网储能股份有限公司全资子公司）、深圳市前海建设投资控股集团有限公司（地方投资平台）5%；其中，国有股占比约 87%，非国有股

占比约13%（根据招商蛇口公众股占比折算）。在股权结构设计上，任何一方股东不直接或间接持有公司50%以上股权，任何单一股东不能形成对公司的实际控制权，实现各方在公司治理层面的有效制衡。二是合理设置董事会和监事会席位，探索职工民主融入公司治理新模式，确保各治理机构协调运转。前海供电公司董事会由9名董事组成，其中深圳供电局有限公司提名4人、招商蛇口公司提名3人、能之汇公司和云南储能公司各提名1人，董事会决策事项须经出席正式召开的董事会会议的2/3以上（不含本数）董事同意方可通过，任何一方对董事会重要决策事项均不能形成绝对控制权；落实职工监事代表职工参与公司治理机制，监事会由8名监事组成，5方股东各提名1人，职工代表大会选举产生3名职工监事，监事会决议需经出席正式召开的监事会会议的2/3以上监事同意方可通过。三是推动董事会高质量运行。持续规范董事会建设，制定《前海供电公司董事会议事规则》等配套制度。规范设置专门委员会，制定相关议事规则，明确职责、程序、支撑部门及议事清单。持续提升董事会运作效能，在坚持外部董事占多数的基础上，协同股东持续选优配强公司董事会，推动董事会成员经验多元、能力结构互补。新聘任的4名董事在电力营销、新能源投资、财务管理、园区运营等方面具有很深的造诣和丰富的经验，为公司的运作和发展提供了有效可行的建议。四是完善信息披露制度。参考上市公司对公司治理的规范性及信息披露要求，前海供电公司所有重要决策事项均向股东单位、董事、监事履行报告义务。作为上市公司的股东单位对前海供电公司重要经营情况进行公开披露，倒逼前海供电公司加快完善规范的公司治理，也为下一步探索上市路径积累了经验。

（二）坚持市场化改革，积极建立市场化劳动用人体制和激励约束机制

一是落实董事会、监事会和经营管理层职权。前海供电公司采取董事会领导下的总经理负责制，经营管理层由董事会聘任，在董事会授权范围内，经理层具有充分的经营自主权。针对管制性业务电网投资、综合能源市场化业务投资、财务投融资管理等企业重大事项，董事会制定了精准化、分类审批制度，在提升决策效率、激发经理层活力的同时，实现股东、董事、监事、经理层的有效制衡，推动科学决策。以上设置均已在前海供电公司章程明确固化。二是积极探索中国特色现代企业制度下的新型经营责任制。紧紧牵住经理层任期制和契约化管理“牛鼻子”，推行“强激励、硬约束”，制定《前海供电公司实施经理层成员任期制和契约化管理的工作方案》，以契约形式明确权责、约束和薪酬弹性，推动高管人员脱掉股东委派的身份，打破铁交椅、

摘掉铁帽子。聚焦价值创造，科学合理设置考核指标并建立“摸高”、动态调整校正等机制，切实做到“一人一契”，2020年经理层全体成员签署年度经营业绩责任书、任期经营业绩责任书。通过强化经理层业绩考核和激励约束，有效激发经理层的工作积极性。同步将任期制和契约化管理范围扩大到全职董事长，实现领导班子成员100%覆盖。对中层管理人员全部通过固定任期和岗位责任契约关系管理约束，对绩优者激励，对末等者调整，对不胜任者退出，合理拉开薪酬分配收入差距。近3年，前海供电公司中层管理人员累计考核晋升14人、转专业序列退出8人，选拔任用“90后”中层3人，免职1人次，做到中层管理人员能上能下、薪酬能增能减。三是推行市场化、社会化用工，以效为本畅通人才成长通道。通过实行社会化、市场化用工，前海供电公司员工社招率达96%。在招聘过程中明确员工招聘选拔标准并刚性执行，实现招聘透明化，把好“入口关”，不达标准绝不录用。刚性落实试用期和劳动合同执行期的绩效考核，建立解聘机制，考核不合格的，依法依规解除劳动合同关系，近3年年均员工流动率4%，实现了人员能进能出。畅通人才发展通道，通过岗位胜任能力评估，建立了多序列并行的晋升通道，完成技术、职能、技能三大序列的套岗，实现纵向晋升与横向流动协同，搭建起人才成长“立交桥”，实施“1+X”技能提升工程、“星”青年雏鹰计划等，复合型创新人才培养全面提速。四是推进多元化激励机制建设。建立管制性供电业务和市场化综合能源业务差异化薪酬管理体系，对于管制性供电业务，重点将履职绩效与薪酬挂钩，对供电可靠率提升、线损率下降细化计量全生命周期管理等产生的超额收益适时推行专项激励；对于市场化业务，坚持业绩增量导向，采用“底薪＋提成”的薪酬结构，底薪根据历史业绩定期调整，提成奖励按市场开拓成果发放，允许拉开差距，鼓励不断超越，上不封顶。对市场化业务探索实施超额利润分享机制，分配比例向关键岗位和市场一线倾斜。通过绩效考核与薪酬激励的充分联动，2023年同岗级员工个人干好干坏之间的薪酬差距最大可达2.56倍，市场化业务营业收入4284万元，同比增长56.29%；市场化利润总额581万元，同比增长23.09%，市场化业务占总营收比例逐年提升，企业活力和效率显著增强。

（三）坚持两个“一以贯之”，以党建引领激发改革发展活力

一是充分发挥党委把方向、管大局、保落实的领导作用。落实党建入章程，两次修订公司章程，优化完善加强党的领导有关内容，确保党组织在公司法人治理结构中的法定地位。健全完善《党委会议事规则》《三重一大事项

实施办法》《党委前置研究事项清单》《公司治理主体权责清单》等制度体系，明晰党委与董事会、经理层等治理主体之间的权责边界，将党委会研究讨论作为董事会决策重大事项的前置程序，确保党组织发挥作用组织化、制度化、具体化。二是创新混合所有制企业党建治理模式。前海供电公司作为无控股股东的国有资本控股混合所有制企业，探索采取“大股东主导＋依据股权原则选配党委班子＋双向进入”的党建治理机制，充分尊重各股东方意愿，激活和调动各股东方的认可支持和资源投入，目前根据股东股权占比情况选派党委成员，8 名党委成员（除专职纪委书记外）全部进入董事会或经理层，有效推动党组织嵌入混改企业治理架构，同时形成有效制衡的党委决策机制。党委书记、董事长“一肩挑”，形成了“双向进入、交叉任职”的领导体制。三是推动混合所有制企业基层党支部深度融合。为解决混改企业股权并购带来的磨合问题，促进不同团队业务融合、文化融合，前海供电公司创新党支部组织设置，通过构建“中层衔接、基层落实”立体网格化模式，打破传统的科层条线结构，建立跨部门、网格化的党群工作阵地，执行基层党组织母子公司党员交叉组合、书记和行政负责人“一肩挑”工作机制，有效推动不同岗位、不同专业、不同业务背景的党员发挥先锋模范作用，形成改革发展合力攻坚“一盘棋”，为混改企业党建赋能公司高质量发展提供重要支撑。

三、取得的成效

一是建成各司其职、各负其责、协调运转、有效制衡的现代企业法人治理结构。截至 2023 年底，前海供电公司共召开股东会 85 次、董事会 127 次、监事会 33 次，累计研究和审议了 260 余项重要决策事项，多元结构、制衡有效的法人治理结构有效支撑了公司科学决策。例如，前海供电公司在筹划进入广东电力市场开展市场化售电业务时，部分股东和董事对市场化售电业务的经营风险存在疑虑，经前海供电公司股东会、董事会多次审议研讨，最终决议对前海供电公司售电业务实现正收益提出刚性要求，收到了良好的效果。

二是创新管理推动运营效率有效提升。国有资产保值增值成效明显，前海供电公司自成立以来，总资产增长 13 倍，净资产增长 9 倍，产生显著规模效应；近 5 年营业收入、净利润总额年均复合增长率分别为 11%、9%，盈利能力逐年增强；近 3 年全员劳动生产率年均复合增长 6.96%，人均效能显著提升。积极服务前海重大项目建设，深刻认识深圳重大项目、全球招商大会重点项目之一——前海山姆旗舰店项目对前海优化营商环境的重大意义，全力克服工期紧、任务重、电缆通道受阻、作业空间受限等困难，首次采用项目预验收流程，提前完成快速送电任务，以“硬核”实力彰显“前海速度”，切实履行国企使命担当。根据深圳前海管理局组织的营商环境评价报告，前海蛇口自贸区“获得电力”指数位居全球第13名，有力支撑了前海蛇口自贸区创建全球一流营商环境。

三是向“高品质的能源服务专家”的企业愿景稳步迈进。落实《深圳前海世界一流智能电网规划》，建成20千伏同心结（二线合环+联络）接线线路28回，实现合环运行4组，开创全国同类配电线路常态化合环运行的先河。前海片区20千伏合环区域可靠性保持100%，维持世界领先水平。前海供电公司拥有自主知识产权13项，调度自动化系统、声音故障定位、用户侧零序电流自动告警、应用局放测试仪等新技术，有助大幅缩短故障停电时间。建成前海片区首个高层分布式光伏发电标杆示范项目以及首个零排放园区，为优质港资、外资项目筑巢前海赋能。“临电共享”服务模式切实践行绿色低碳和共享经济理念，实现用户、政府、公司的共赢，入选《广东自贸试验区第四批制度创新案例》《第二届广东自由贸易试验区联动发展区首批制度创新案例》。

（由中国南方电网有限责任公司供稿）

全面推进组织重塑，促进绿色低碳转型

一、基本情况

党的十八大以来，面对能源供需格局新变化、国际能源发展新趋势，以习近平同志为核心的党中央提出了“四个革命、一个合作”能源安全新战略，为新时代能源高质量发展指明了方向，能源事业取得长足进展。华润集团作为中国香港最具实力的多元化企业之一，自 1938 年成立以来，始终与民族命运、国家前途紧密相连，积极参与并推动经济社会的绿色转型。旗下华润电力控股有限公司（以下简称华润电力）作为集团服务国家能源安全战略最重要的业务单元，是中国效率最高、效益最好的综合能源公司之一，业务涉及风电、光伏发电、火电、水电、综合能源服务、煤炭等领域。自 2001 年成立以来，华润电力始终顺应党和国家事业的发展需要，坚持外延式扩张和内涵式增长齐头并进，持续做大做强做优主业，积极探索实现互利共赢高质量发展的新模式，尤其在促进区域间融合互动、产业链协同、央地合作等方面做了诸多有益尝试，并取得了良好成效。

截至 2023 年底，华润电力总资产 3223.96 亿港元，运营装机容量 77324 兆瓦，发电运营权益装机容量 59764 兆瓦，可再生能源权益装机占比 37.8%，业务覆盖中国 31 个省（区、市）和特别行政区，连续第 17 年入选《福布斯》全球上市公司 2000 强，综合排名居第 850 位，入选《时代》杂志 2023 年度全球最佳企业，居第 707 位。

二、实践经验

“十四五”期间，“双碳”战略逐步落地正在改变国内能源格局，为贯彻国务院国资委“总部去机关化”“国企改革三年行动”的工作要求，落实华润集团“重塑华润”整体战略布局，系统解决制约华润电力发展的战略、组织、文化方面存在的问题，华润电力从“转变职能、清晰管控界面、优化组织体系、转变工作方式、强化服务意识、打造高素质人才队伍、培育优秀企业文化”入手，推进“机构能增能减”“干部能上能下”“员工能进能出”“薪酬能升能降”的“四能”改革，妥善处理改革、发展、稳定三者关系，激发组织活力，塑造组织能力。

（一）深刻检讨战略、组织、文化的一致性，重构组织定位

转变职能，重新确立各层级组织定位。通过前期内外部对标、研讨、调研及访谈，结合电力“十四五”1237战略及组织管控思路，按照“做减法、压层级、凝人心、落实发展、深耕区域”的思路，确定了“党委抓总、大区联合作战+职能主建”共同服务于区域作战单元的2.5级管控定位。总部“引领、发展、服务、监管”，大区“发展、统筹”，区域“主战、做实”。

（二）服务公司战略，优化组织体系，推动机构能增能减

（1）匹配各层级组织定位，深度优化各层机构设置。综合考虑装机规模、整合能力、国家区域战略、行政区域划分、电网划分等因素，将原有的10个大区整合优化为7个大区，将电力业务重新规划为47家区域公司和2家专业公司。管理深度从“省级管控”细化为“市级管控”，支持高效敏捷应对市场变化，抢占发展先机。各级定位清晰后，总部聚焦战略决策、管理监督，大区保留发挥专业、规模、协同等经济性和风险控制的核心部门，总部、大区精简机构、编制。区域公司扩充开发、建设、人财物等职能，责权利更加对等，支撑区域公司自主管理和灵活决策。

（2）持续检讨、动态优化，实现组织管控始终服务公司战略。建立组织检讨年度检讨机制，2022—2023年，结合“两商战略”组织保障存在短板、市场环境突变等情况，华润电力及时作出局部组织调整。一是增设机构、配置人员，落实“综合能源服务商”战略和能源科技业务保障体系，增强“言商言政”机构保障；二是优化大运营机制和燃料管控体系，提升经营管理能力；三是完善风险监督，提升专业化管理水平；四是区域公司能增能减，目前全国区域公司调整为50家，进一步强化区域精耕细作能力。

（三）搭建干部能力素质模型，构建综合考核评价体系，推动干部能上能下

（1）搭建经理人素质模型。建立包含政治素质、业务发展、生产经营、文化践行4方面12个素质项的PAC2华润电力经理人素质模型，辅助评价经理人综合能力和胜任度。

（2）构建综合考核评价体系。构建从业绩合同、学标杆、能力素质、工

作作风、组织氛围、党建评价等多维度全面评价干部的华润电力干部人才综合考核评价体系，支撑近 3 年的干部人才优化配置工作。

（3）坚持能上能下、能进能出，高效合规配置干部，形成“一池活水”激发干事创业激情。按照配强关键岗位、配齐空缺岗位、深化交流轮岗、推动干部年轻化、建设专职董事队伍的原则，以人岗匹配为核心开展干部优化配置。各层级原有干部 546 人优化为 434 人，“十四五”以来，共提拔 / 进一步使用各层级干部242人，平调交流388人，降级或退出经营管理岗位210人，对提升组织活力、实现轻装上阵形成良好促进效果。通过 3 年的调整，逐步优化干部队伍结构，持续激发干部干事创业激情。

（四）坚持“人事相宜、适材适所”，优化配置员工，实现员工能进能出

（1）切实推动机关人员精简。精心筹划、周密部署，有序实施总部部室和大区本部员工优化配置工作。总部大区编制共减少 61%，进一步疏解了总部、大区、区域公司之间的人才交流堵点，充实一线力量，落实“用重兵、全方位、大扫荡”发展要求，壮大发展队伍，由 339 人增加至近 1000 人。

（2）做好人才梯队建设，实施中层公开竞聘，激发中层活力。自 2022 年起有序推动区域公司中层“全体起立、公开竞聘”工作。通过“试点先行、逐步推广”，已有 27 家区域公司启动中层全员竞聘工作，共提拔中层 361 人、平调交流 76 人、保留原岗位 192 人、退出 91 人、降职 3 人。

（五）清晰管控界面，厘清权责关系

优化权责体系，完善制度流程，规范业务发展。遵循“能放尽放、应管尽管、放管结合、优化服务”的思路和“放得下、接得住、盯得紧、管得好”的原则，实施权责优化工作。按照“先业务、后职能”，分批实施 16 项业务、职能的权责优化工作。搭建横向全价值链、纵向各管控层级覆盖的华润电力制度体系，累计修订制度 286 项。通过分级授权，清晰管控流程，固化 2.5 级管控模式高效运作，提升公司运行效率与质量。

（六）优化组织评价机制，树立正确评价激励导向

（1）匹配组织管控，完善组织评价体系。考核管理“穿透”，构建责权对等的评价关系，绩效管理下沉至基本作战单元，确保“一把尺子”衡量区域公司业绩，促进战略目标与业绩压力传导一致。考核方案“差异化”，因地制宜制定不同考核方案，分类考核牵引组织目标实现。考核导向“聚焦”，加

大公司关注事项的考核力度，引导作战单元业绩达成、规模增长和难题突破。评价方式“对标”，拉通强制排序，破除跨大区对标屏障，鼓励相互学习，持续进步。

（2）深化任期制和契约化管理，充分发挥市场机制作用，激发干部干事创业激情。对各层级经理层实施任期制和契约化管理，建立统一考核标准，强化考评结果与薪酬激励、选拔任用挂钩，形成“能者上、优者奖、庸者下、劣者汰”的机制，持续优化干部队伍。

（七）优化职务序列，精简职级通道

实施职务序列优化和职级体系优化。基于价值链分析、能力相通、战略导向、任职人数四项原则，形成华润电力整体职务序列优化方案。推进华润电力职级体系优化，整体职级缩减了 3 级，打通“总部—大区—区域”干部人才纵向晋升、横向交流通道，完成近 18000 名干部员工职务称谓套改。

（八）实施薪酬套改，构建“合规、公平、激励、灵活、稳健”的薪酬体系，推动薪酬能升能降

全面对标，多方研讨，上下协同，系统优化薪酬体系。华润电力围绕“合规、公平、激励、灵活、稳健”，制定薪酬体系优化方案，将原来的 27 套薪酬架构整合成 1 套，将奖金总额核定方式由“挂钩编制”改为“挂钩规模 + 质量”。通过整合薪酬架构、统一津补贴 / 福利科目及标准、提高基层员工固定薪酬占比、优化奖金核定模式等措施，系统实施薪酬套改工作。通过实施薪酬体系优化，形成“利出一孔、力出一孔”的意识，使广大干部、员工与组织结成利益和命运共同体，向“努力提升个人综合能力、积极前往组织需要的地方工作、努力提升公司与个人业绩、努力承担更多工作或提高人效”等方向努力，实现组织和个人共同成长。

（九）服务公司战略，打造高素质人才队伍，分层分类实施培养，建强“3+1”人才队伍

构建“五类人员”培养体系，分层分类培养。围绕员工职业生涯全周期实施赋能，面向干部及中基层管理者、行业专业人才、技能人才、员工几类人群设计差异化培养方案。建立分层培养机制。总部搭建培养体系，研究发展工具，为各层级各类培训投放资源，统一筹划精品培养项目。大区联合区域公司，依托一线业务场景，实施中基层干部、技能人才等培养项目。2023

年华润电力全年共计实施培养项目 1020 个，累计培训 4.1 万人次。

三、取得的成效

随着华润电力组织重塑的逐步落地，新的组织体系迸发出了生机和活力，改革成效初显，改革红利逐步释放。

（1）坚持发展第一要务，新能源建设指标创新高。组织优化落地后，通过充实发展团队、合理授权、大区与区域公司联合作战，发展业务多点开花，云南、海南、新疆等难点、盲点区域纷纷“破冰”，浙江、福建、广东等地区海上风电取得突破；2021—2023 年公司合计获取指标 6144 万千瓦，外部排名第 7，市场份额 4.8%。3 年新能源累计动工容量 2543 万千瓦，创历史新高。

（2）经营业绩大幅提升。华润电力 2023 年度营业额 1033.34 亿港元；净利润 110.03 亿港元，同比增加 56.2%；运营装机容量 77324 兆瓦，运营权益装机容量 59764 兆瓦。

（3）抢抓机遇快速布局清洁优质煤电，持续优化装机结构。能源安全新形势下，公司顺势而为，将煤电发展思路调整为“有进有退，扩大联营”。把握煤电发展最后窗口期，开工一批、储备一批优质煤电，新增获取高参数、大容量火电指标 600 万千瓦。

（4）落实重大专项任务，推进盛京能源重整。在华润集团的统一部署和指导支持下，华润电力先后与沈阳市政府、重庆市政府开展多轮磋商谈判，完成沈阳盛京能源重整、重庆能源集团重整工作，迈出“央地合作”坚实一步，为地方经济发展提供稳定的绿色能源保障，也为华润电力的可持续发展创造更广泛的发展空间。

（5）组织氛围持续改善，组织活力更加强劲。通过组织优化，推动文化重塑，大力营造干事创业良好氛围，广大干部职工的企业归属感和认同感得到提升。从年度综合考核评价的组织氛围结果看，2020 年度原大区组织氛围测评平均得分为 85.7，2022 年度大区的组织氛围测评平均得分为 92.08，组织氛围持续向好。

顺应能源体制革命新形势，华润电力准确研判、主动求变，在瞬息万变的市场环境中，逐步摸索一套组织保障业务发展的管理经验：

一是推进四个重塑，组织重塑是关键。价值重塑、业务重塑一般通过 3 个月左右能够清晰愿景、战略定位，并达成共识。而要把战略落实到位，是通过组织重塑实现，需要改变战略的达成方式，调整各方的利益，实现干部和人员的有序进退，要通过生产关系的调整解放束缚生产力的要素，一般要 2

年到3年。变革成败往往就体现在组织重塑的成败上，只有组织重塑取得阶段性成果，才能系统开始精神重塑。

二是组织变革成功，领导支持是保障。各级领导的支持是电力组织变革顺利落地的坚强保障。集团党委会专门听取华润电力汇报，给予华润电力明确的指示，坚定了电力推进变革的信心。董事长在电力“党史学习教育读书班”上对电力4000万目标和组织变革进行了再动员、再部署，使得华润电力上下达成了高度共识。电力分管领导及时统一电力管理团队思想，掀开了组织变革的序幕。

三是顺利推进组织重塑，稳妥有序是支撑。华润电力此次组织重塑，开始就确立了党委引领抓总基本思路，推动控股党委和大区党委两级联动，联合发力，共同对组织优化把方向、审方案。组织方案落地阶段，各级人力资源形成周调度机制，及时跟进变革进度和解答各类问题，上下联合发力，保障组织优化平稳实施。

四是组织模式调整，清晰作战单元是基础。华润电力作为一个全国性、集团型公司，组织变革涉及总部、大区、区域公司战略实现方式再定位、权责再界定、权利再划分。如何明确变革的重点，降低各方博弈的力度，确定整个业务集团的作战单元是变革的核心和基础。

五是组织模式固化，体制机制同步调整是核心。围绕战略重心，从企业运作的旧模式调整到新模式，往往需要把企业开展工作的方式、员工的思维方式固化下来。此次电力组织变革，关键是体制和机制同步进行了调整，包括调架构、调干部、调员工、调权责、调流程、调评价、调激励、调人才培养八个方面的调整，相互强化，系统运转，实现了组织模式的平稳切换。

六是提高变革的效果，围绕战略多向发力是重心。围绕清洁能源的获取提高各层级战斗力是电力此次变革的核心。为此，通过架构设置、干部选配、业绩指标考核导向、区域公司对标排序、薪酬及奖金倾斜等组织优化的组合拳，多向发力调动各层级获取新能源的积极性。

（由华润（集团）有限公司供稿）

推动能源体制改革，引导全社会绿色消费，研究建立可再生能源绿色电力证书制度

一、基本情况

水电水利规划设计总院（以下简称水电总院），作为可再生能源行业新型智库和技术服务机构，一直致力于在可再生能源领域为政府高端决策、行业健康发展提供技术服务。长期以来，水电总院以深厚的品牌积淀、高素质的专家人才队伍和全面创新的文化理念为支撑，为建设绿色低碳、安全高效的现代能源体系提供了高质量的智库研究支撑服务。主要面向政府、能源企业开展可再生能源行业政策研究、行业规划及重大专项规划、产业发展规划、标准制定与管理、工程技术服务、信息管理以及国际能源合作支撑等方面业务。

2013 年受国家相关部门委托，水电总院管理国家可再生能源信息管理中心，中心承担多个国家级可再生能源行业信息平台的建设管理工作，主要包括国家可再生能源发电项目信息管理系统、绿证认购平台、能源监管信息平台等，为政府有关职能部门加强可再生能源行业管理和事中事后监管，为可再生能源投资企业、电网企业、设备制造企业、科研设计单位等提供信息支持和技术服务。

二、实践经验

国家可再生能源信息管理中心是由国家能源局授权成立、水电总院建设运行管理的国家可再生能源信息管理机构。成立以来，该中心为国家发展和改革委员会、财政部、国家能源局等部委提供新能源建设规模管理、补贴管理、电价评估、行业监测评价、绿证核发交易等相关技术服务，重点支撑了可再生能源电价附加补助清单（目录）管理、可再生能源建档立卡、可再生能源电力开发建设月度监测评估、新能源项目竞价排序等信息监测分析、新能源电价和市场化研究、流域水电综合监测分析等工作。

国家可再生能源信息管理中心持续推动绿证核发交易管理工作，支撑绿证政策创新，自 2017 年绿证制度实施以来，证书核发、交易总体平稳有序，

初步推动全社会达成了较好的绿色电力消费共识。此外，中国绿证已于 2020 年实现与国际绿电消费倡议（RE100）的互认，在国际市场形成一定的影响力。随着绿证核发交易持续开展，各项任务有序推进，绿证制度实施成效不断显现。

（一）绿证的概念

绿证是可再生能源电量绿色属性证明以及消费绿色电力的唯一凭证，对促进可再生能源消纳、可再生能源开发、引领绿色消费具有重要意义。截至目前，已有 20 多个国家和地区实行了绿证制度。按照国际通行的概念，绿证是可再生能源发电企业所发绿色电力的“电子身份证”，1 个绿证对应 1000 度可再生能源电量，每一张绿证的产生或交易，就意味着有 1000 度可再生能源绿色电力已上网或消费。绿证通常由政府授权机构或国家认可的独立第三方机构负责核发，核发对象为可再生能源发电企业所发绿色电力，发电企业通过出售绿证获取绿色电力的环境价值，电力用户通过购买并持有绿证证明其绿色电力消费。

（二）绿证的作用与意义

我国拥有全世界最大的可再生能源发电装机规模，截至 2023 年底，可再生能源发电装机达到 15.17 亿千瓦，2023 年全国可再生能源发电量达 2.95 万亿千瓦时，约占全社会用电量的 31.8%，在推动我国能源结构绿色低碳转型方面发挥了积极作用。

绿证作为可再生能源环境价值的集中体现，是新能源高质量发展的重要抓手，是引导全社会加快低碳转型的重要示范，是向世界提供绿色环境友好产品的重要探索。国务院在《关于加快建立健全绿色低碳循环发展经济体系的指导意见》（国发〔2021〕4 号）和国务院办公厅转发国家发展和改革委员会、国家能源局《关于促进新时代新能源高质量发展实施方案的通知》（国办函〔2022〕39 号）中，对完善绿证制度、推广绿证交易、引领全社会提升绿色电力消费提出了明确要求。总体来看，未来绿证将在促进能源绿色低碳转型、保障可再生能源高质量发展、提升全社会绿色电力消费水平、引领世界经济社会绿色发展等方面肩负更重要的使命。

1. 兑现绿色环境价值，支持新型能源体系规划建设

风电、光伏发电等可再生能源既具有电能量价值又具有绿色环境价值。绿证作为证明可再生能源电力生产、消费的唯一凭证，是可再生能源绿色环

境价值的集中体现。通过绿证交易兑现绿色环境价值，能够保障发电项目合理的环境权益收益，为新能源参与电力市场提供重要支撑，有利于发挥市场化机制作用促进可再生能源行业高质量发展，推动加快新型能源体系规划建设。

2. 衔接能耗双控，服务经济社会绿色发展

落实可再生能源消费不纳入能源消耗总量和强度控制，发挥绿证可追溯、防篡改、精准认定可再生能源电力消费等作用，更好支撑全国和各地区可再生能源电力消费核算。研究推动绿证与能耗双控、碳排放双控统计核算体系衔接，引导社会各用能单位主动消费绿色电力，提升全社会绿色消费水平，更好服务经济社会绿色发展。

3. 引导绿色电力消费，推动生产生活方式绿色转型

在绿证交易市场，有经济承受能力、具有环境保护意识的各级政府机关、企事业单位、社会机构和个人均可自愿购买绿证。买方每购买 1 个绿证，意味着 1000 度可再生能源绿色电力被消费。通过购买绿证实现绿色电力消费是践行绿色低碳生产和生活方式的重要途径，同时对其他形式的绿色消费具有引领和示范作用。

4. 强化国际互认，引领世界绿色发展

以绿证认定可再生能源绿色环境属性、通过购买绿证实现绿色电力消费已经成为国际通行做法。通过推动国际组织的绿色消费、碳减排体系与国内绿证衔接，加强绿证核发、计量、交易等国际标准研究制定，能够进一步提高中国绿证的国际认可度和影响力，引领世界绿色发展。

（三）我国绿证政策历史沿革

“十三五”以来，我国风电、光伏发电装机规模不断扩大，对国家财政补贴的需求和对电力系统消纳的压力越来越高，为减少国家财政补贴、激励可再生能源消费、缓解逐年上升的消纳压力，借鉴国际通行做法，2017 年我国试行绿证核发和自愿认购制度，国家对享受补贴的陆上风电和集中式光伏发电项目上网电量核发绿证，明确用户可通过购买绿证作为消费绿电的凭证。2019 年明确平价（低价）上网的风光发电项目可核发绿证，并通过出售绿证获得收益。自 2020 年起实施可再生能源电力消纳保障机制，明确各承担消纳责任的市场主体可通过购买绿证完成消纳责任权重。2021 年启动电力交易机构开展绿电交易。2022 年明确可再生能源消费不纳入能源消耗总量和强度控制，绿电消费政策体系更加完善。2023 年强化绿证的权威性、唯一性、通用

性，推动绿证核发、交易全覆盖，进一步发挥绿证在构建可再生能源电力绿色低碳环境价值体系、促进可再生能源开发利用、引导全社会绿色消费方面的作用。

（四）绿证相关实践工作

绿证是促进可再生能源开发利用、引导全社会绿色电力消费的重要制度创新，自 2015 年以来，水电总院积极开展绿证制度研究、支撑绿证核发交易工作开展，取得一定成效。

1. 厚植绿证理论体系

水电总院围绕绿证制度持续开展相关理论研究，为国家政策文件及相关规则出台提供大力支持。一是开展绿证核发、交易制度研究，提出建立健全绿证机制的政策建议，为 2017 年出台试行绿证自愿认购制度通知以及绿证核发交易规则、2023 年出台绿证全覆盖政策等重要文件提供智库建议；二是开展绿证与消纳责任权重机制、能耗双控机制、碳减排机制衔接等重大行业政策研究工作，提出绿证在支撑绿电交易、核算可再生能源消费、衔接碳市场等方面的应用建议，推动持续拓展绿证应用场景。

2. 开展绿证核发交易

2017 年绿证制度实施以来，水电总院依托国家可再生能源发电项目信息管理系统，建设和管理全国绿色电力证书核发和认购平台，在全国范围内组织开展绿证核发和认购交易工作。绿证全覆盖政策印发后，配合开展绿证核发并提供技术支持，持续做好中国绿色电力证书交易平台运维及交易服务，同时支撑北京、广州电力交易中心开展绿电、绿证交易，助力绿证核发交易规模持续扩大。

3. 拓展绿证应用

围绕绿证国际互认、绿色电力消费评价体系构建等绿证应用场景拓展工作，水电总院充分发挥智库力量，开展系列工作推动绿证市场发展。一是围绕中国绿证制度建设与国际组织或机构在绿证国际互认等方面展开不定期研讨，深入推进绿证与国际规则衔接，推动绿证国际互认，目前已实现我国绿证得到 RE100 基本认可，并纳入碳信息披露项目（CDP）调查问卷体系。二是组织领域内专家开展绿色电力消费认证标准、制度和标识体系研讨，推动绿色电力消费评价方法标准研究和绿色电力消费评价体系构建。

4. 做好绿证宣传

水电总院持续加强绿证宣传，不断扩大绿证影响力。一是举办绿证相关论坛（见图 1）。包括 2017 年承办绿证核发交易启动仪式，2021 年协办国际能源变革论坛、启动平价项目绿证交易，2023 年国际能源变革论坛上承办“可再生能源发展分论坛”。二是编制并发布我国首个年度绿证报告——《2022 中国可再生能源绿色电力证书发展报告》。三是通过政策解读、专家观点、圆桌议题等方式宣传，广泛传播绿色电力消费理念。四是开展绿证相关主题演讲，组织促进绿色电力消费、绿色发展等倡议活动，全面助推绿色电力消费水平提升。

图 1　2021 年国际能源变革论坛宣布全国平价绿证交易启动

（五）工作主要亮点

1. 制度创新助力行业发展

经过近 10 年的探索，推动建立健全绿证制度，着力构建基于绿证的绿色环境价值体系，实现可再生能源环境价值显性化，通过市场化方式助力可再生能源消纳，引导绿色电力消费，是推动可再生能源行业高质量发展的重大制度创新。

2. 平台建设实现信息追溯

结合绿证政策要求，开发建设规范、优质、便捷、高效的绿证核发、交易平台，实现绿证核发、交易、划转等环节全链条追踪，通过技术手段增强绿证的防伪功能和可追溯性，为绿证制度落地实施提供了有力保障。

3. 制度衔接推动国际合作

绿证是推动绿色发展的重要抓手，也是国际通行做法。通过借鉴国际经验，结合我国可再生能源发展情况，建立了我国独立自主、具有中国特色的绿证制度体系，形成了与国际体系相衔接的基本经验，为应对气候变化共识下的国际合作和国际贸易奠定了一定基础。

三、取得的成效

2017年绿证制度实施以来，证书核发、交易总体平稳有序，初步推动全社会达成了较好的绿色电力消费共识。此外，中国绿证已于2020年实现与RE100的互认，在国际市场形成一定的影响力。随着绿证核发交易持续开展，各项任务有序推进，绿证制度实施成效不断显现。

一是绿证制度逐步完善。2023年，国家发展和改革委员会、财政部、国家能源局联合印发绿证全覆盖政策，扩大绿证核发范围至全部可再生能源发电项目，规范绿证核发，健全绿证交易，扩大绿电消费，完善绿证应用，实现绿证全覆盖。绿证制度逐步建立健全，将为扩大绿电供给、促进绿电消费奠定基础，同时进一步激发绿电消费市场活力，助推能源绿色低碳转型、营造绿色消费环境、加快形成绿色生产方式和生活方式，有利于推动经济社会全面绿色低碳发展。

二是绿电消费增长迅速。自绿证全覆盖政策印发以来，绿证核发全覆盖工作有序推进，以绿证认证绿色电力消费、核算可再生能源消费、衔接碳市场等方面应用持续推进，绿证作用逐步凸显，绿证市场不断活跃，交易量快速增长。截至2023年底，全国累计绿证交易数量超1亿个，推动全社会绿色电力消费水平较快提升，为加快经济社会绿色低碳转型提速增效。

三是绿证应用逐渐多元。绿证既是可再生能源电力环境属性价值体现，又是精准的可再生能源电力消费量核算工具，也是国际通行的绿色电力消费证明方式。国家相关政策已明确绿证与可再生能源消纳责任权重、能耗双控政策衔接的具体要求；绿证全覆盖政策也明确以绿证作为电力用户绿色电力消费和绿电属性标识认证的唯一凭证，建立基于绿证的绿色电力消费认证标准、制度和标识体系，研究推进绿证与全国碳排放权交易机制、温室气体自愿减排交易机制的衔接协调，推动绿证国际互认等应用，不断丰富绿证应用场景，未来绿证应用将逐步多元并通过市场化方式充分发挥绿证制度作用，助推可再生能源行业高质量跃升发展。

（由水电水利规划设计总院供稿）

持续完善绿电绿证交易机制，助力新能源高质量发展

一、基本情况

广州电力交易中心有限责任公司（以下简称广州电力交易中心）是根据中共中央、国务院《关于进一步深化电力体制改革的若干意见》（中发〔2015〕9号）的要求，经国家发展和改革委员会、国家能源局批准，于2016年3月1日挂牌成立的国家级区域性电力交易机构，南方电网公司等13家国资企业作为股东单位。主要职责包括：落实国家西电东送战略，落实国家指令性计划、地方政府间框架协议，开展跨区跨省市场化交易，促进省间余缺调剂和清洁能源消纳，推进南方区域市场融合。为深入贯彻落实“四个革命、一个合作”能源安全新战略部署，国家发展和改革委员会、国家能源局先后于2021年8月、2022年9月赋予广州电力交易中心开展绿电交易和绿证交易的职责，加快建立有利于促进绿色能源生产消费的市场体系和长效机制，积极服务碳达峰碳中和目标，引导绿色电力消费，促进新能源高质量发展。

二、实践经验

（一）坚持“全国统一大市场”的发展方向，构建面向全国的南方区域绿电绿证市场体系

绿色电力是指建设统一的绿电绿证市场，以促进绿色电力资源在更大范围流通，提高资源优化配置能力，有效解决我国东部负荷聚集、西部绿电丰富的错位配置问题。广州电力交易中心以南方区域作为统一整体，按统一市场理念设计面向全国的绿电和绿证交易机制。一是联合各方共建市场。组织市场主体、省级交易机构、调度机构、电网企业、地方政府、第三方机构开展多轮次研讨交流，共同参与绿电交易规则和绿证交易规则制定，充分吸收各方意见。二是制定区域统一绿电交易规则。广州电力交易中心构建“1+5”

绿电绿证交易规则体系，联合南方区域各省级电力交易中心印发了《南方区域绿色电力交易规则（试行）》，统一绿电绿证的交易模式、价格机制、绿证核发、评价认证、平台运营，各省级电力交易中心结合省内市场实际情况，在区域规则的基础上制定省内绿电交易细则，细化市场准入范围、偏差电量考核等。三是建立辐射全国和联通港澳绿证交易机制。广州电力交易中心制定《南方区域绿色电力证书交易实施细则》，建立面向全国的南方区域绿证交易机制，支持市场主体可通过支付环境溢价购买全国范围内的绿证，在更大范围内实现绿色电力资源的优化配置，充分满足社会绿电消费需求。同时，建立服务港澳用户购买绿证的长效机制，服务粤港澳大湾区发展战略，促进粤港澳大湾区绿色电力资源共享互济，为港澳地区实现碳中和目标提供新路径。

（二）坚持“人民电业为人民”企业宗旨，创新适应全体用户的多种绿电交易形式

坚持“以人民为中心”发展思想是习近平新时代中国特色社会主义思想的核心内容，“人民电业为人民”是“以人民为中心”的思想理念在广州电力交易中心的集中体现。广州电力交易中心把满足市场主体绿色电力消费需求作为市场建设重点设计原则，丰富绿电绿证交易形式，支持不同类型用户购买绿色电力。一是创新设计绿电认购交易模式。在面向市场化用户的绿电直接交易机制的基础上，充分考虑中小型电网代购用户绿色消费需求，建立面向电网代购电用户的绿电认购交易模式，为全类型的电力用户提供购买绿色电力的途径，在现有购电价格基础上额外支付环境溢价，合理体现了绿色电力的环境价值。二是创新设计淘宝模式的绿证交易方式。支持企业及个人购买绿证，在交易平台购买绿证可以即时摘牌、即时成交；支持企业用户使用资金存管方式结算，个人选择微信、支付宝等多种方式，进一步为市场主体提供便利，简化操作流程，降低交易成本。三是推出第三方代理的绿证交易方式。企业或个人除在广州电力交易中心购买绿证自用外，还可以作为代理方，代理其他用户购买绿证，只需在绿证交易完成后，填写被代理用户的企业基本工商信息和绿证分配数量，即可将绿证划转至被代理用户，不需要被代理用户重新注册，降低中小型用户操作难度。

（三）坚持市场需求导向，创新建立了绿色电力消费统一评价机制

绿色低碳消费评价工作是提升市场服务认可度、实现国际接轨、激发绿

电消费潜力的重要基础。一是统一消费评价规范。充分考虑各类用户绿电消费评价需求，按照“统一管理，统一标准，统一数据口径，统一产品样式”原则，建立南方区域统一的绿色电力消费评价机制，广州电力交易中心联合用户所在省级电力交易中心发布统一规范的绿色电力消费评价结果，支持企业用于产品销售、发布ESG报告。二是强化绿证基础权威性。以国家核发的有效绿色电力证书作为用户绿色电力消费和绿色属性标识的基础唯一凭证，在绿证基础上为南方区域电力用户提供绿色电力消费评价服务。三是定制化设计绿电消费评价产品。目前设计了绿色电力消费凭证和绿色电力消费报告。绿色电力消费凭证可以展示市场主体绿电消费量、电源类型和来源等核心信息，二维码查询可以了解每笔绿电交易详情，市场主体可以自主选择一定时间周期生成绿色电力消费凭证。绿色电力消费报告按照年度生成，详细记录市场主体全年购买绿电和绿证的明细情况。四是实现绿电数据全生命周期管理。加强与国家能源局资质中心、国家可再生能源信息管理中心、北京电力交易中心等单位合作，打通营销、计量、交易、绿证等环节交互渠道，全面记录绿电生产、交易、消费等各个环节信息，通过区块链技术实现绿色电力消费全生命周期溯源。

（四）坚持数字化绿色化协同，实现绿电绿证交易全业务环节数字化应用

数字化和绿色化是当今社会发展的两大重要趋势，两者协同发展对实现可持续发展具有重要意义。数字化交易平台是支撑绿色电力市场建设发展的重要技术保障，通过全业务流程数字化，可以进一步提高交易效率，降低交易成本。一是建设运营统一交易平台。基于云计算、微服务、人工智能等技术，按照“统一建设、全网应用”的方式，开发“面向全国、区域统一”南方区域绿色电力交易系统，实现企业绿电账户统一管理、绿电认购交易统一开展、国家绿电证书统一核发、绿电凭证信息统一溯源。二是实现多系统数据交互。南方区域绿色电力交易系统通过电网营销系统、计量系统、电力交易系统等多平台横向数据交互，满足共享注册、交易、结算、发证、溯源等需求。与第三方金融机构建立存管结算支付数据交互，实现结算资金账户的资金充值、冻结、划转等，提高交易便捷性和控制欠费风险。

（五）广泛开展绿色电力宣传，营造良好的社会氛围

策划了绿色电力消费宣传推广方案，明确了绿色电力“进国际平台（广交会、博鳌论坛、东盟博览会、贵阳数博会等）、进政务中心（地方政府政

务中心）、进营业场所（南方电网公司营业场所）”的总体目标，统一制作了视频、海报、手册等宣传资料，积极参与国家部委、国际组织、行业协会组织的宣贯、培训，联合五省（区）电力交易中心通过网络、现场等方式组织开展多轮绿色电力交易规则和可再生能源电力消纳量交易宣贯培训会，开展多轮模拟交易和交易公测，帮助市场主体熟悉交易规则和系统操作，常态化收集外资企业、外向型企业、国有企业等用户绿色电力需求。结合全国节能宣传周开展绿色电力交易专题宣传，积极营造绿电消费的良好氛围。

三、取得的成效

广州电力交易中心统筹深入电力体制改革和国有企业改革，绿电绿证市场建设成果得到国家部委高度肯定、社会各界广泛认可，国家发展和改革委员会、国家能源局等部委连续 3 年对广州电力交易中心工作书面表扬。

一是绿电绿证市场规模不断扩大。国家电投、中广核、广东能源集团等发电企业，以及万国数据、腾讯等电力用户积极参与，南方区域成交绿电绿证电量累计约 250 亿千瓦时，超 2000 多家市场主体参与，其中电力用户 1500 多家。主要集中在金属制造、电子科技、数据通信、建材化工、汽车制造、石油煤炭等行业，其中东部地区以电子科技、数据通信为主，占比超 40%，西部地区以金属制造、建材化工为主，占比超 50%。广交会、博鳌论坛、东盟博览会、南亚博览会、海南消博会等国际活动消费绿电绿证，中央电视台多个频道、人民日报、新华社等中央媒体和经济日报等知名媒体积极报道，社会各界高度关注。

二是风光新能源发展成效更加显著。绿电绿证交易使新能源发电企业在传统电能量价格上增加环境溢价 3~7 分 / 千瓦时，有效增加了新能源发电企业收益，激发了新能源投资积极性。绿电绿证交易启动以来，南方五省（区）新能源装机占比持续提高，2021—2023 年南方五省（区）风电、光伏新增装机 7080 万千瓦，新能源装机占比提高约 10 个百分点至 26.3%。截至 2023 年底，南方五省（区）新能源装机容量 13226 万千瓦，同比增长 46%，占电源总装机的 26.3%。其中，光伏发电 7268 万千瓦，风电 5077 万千瓦。

三是社会绿电消费意识逐步树立。加大绿色电力消费社会宣传，为电力用户颁发绿色电力证书和绿色电力消费凭证，强化绿色电力标识效果，为企业消费绿色电力提供证明，逐步强化全社会绿色电力消费理念和认同感，激发全社会消费绿色电力潜力。广州电力交易中心在南方五省（区）统一组织颁发绿色电力消费评价证明颁发仪式，邀请了地方政府部门和市场主体代表共同见证，得到了《人民日报》等中央媒体和地方媒体的广泛报道，社会各界反响热烈。

（由中国南方电网有限责任公司供稿）

持续推进央地电网融合重组
打造广西“一张网”促进城乡供电服务均等化

一、基本情况

（一）企业简介

广西电网有限责任公司（以下简称广西电网公司）是南方电网公司的全资子公司，主要负责广西电网的电力建设、生产经营、电力购销、电力交易与调度、电力资源优化配置等业务，承担着为广西经济社会发展提供可靠优质电力保障的重任。广西电网公司秉承“四个革命、一个合作”能源战略思想，贯彻新发展理念及国家脱贫攻坚、乡村振兴等重大部署，通过战略性资产重组、组建股权多元平台、推动管理融合等系列实践，组建广西新电力投资集团有限责任公司（以下简称新电力集团），实现广西从“一区多网”到“一张网”电网发展的历史性飞跃，从根本上破解长期以来广西供电管理体制造成的电网发展不平衡、不充分问题，形成落实国家战略、服务地方发展、构建现代治理体系的实践典范。

（二）改革背景

因历史沿革，广西供电体制错综复杂，多家供电主体并存、无序竞争，电力资源未能有效整合发挥最大效应，因缺乏统一规划电网存在大范围重复建设导致资源浪费和设备闲置问题，地方电网企业因投资、技术、管理等方面的不足，县域供电不平衡、不充分问题长期存在，难以满足脱贫攻坚和乡村振兴在广西的落地，也难以适应“双碳”背景下的新型电力系统建设发展要求。

2019年广西壮族自治区党委政府与南方电网公司共同作出重组广西水利电业集团（2019年以前广西最大规模的地方电网企业，下辖40家县级供电企业，供电范围约占广西50%县域）电网资产的决策部署，这是国家实施“四个革命、一个合作”能源安全新战略以来全国最大规模的央地电网资产重组，与加快电网建设支撑脱贫攻坚交织并行，时间紧、任务重、难度大。

南方电网公司党组和广西电网公司党委高度重视新电力集团“融合发展”，加快解决接收的40家县级供电企业（以下简称新电力县企）生产经营管理薄弱问题，“十四五”末实现硬件和管理水平达到广西电网公司县域总体水平。广西电网公司通过深化改革，创造性构建相适应的深度融合管理体制机制，加速推进新电力集团全方位“变个样子”。

二、实践经验

重点从战略层、战术层、运营层、管理层四个维度打造央地融合新实践。在战略层面推进央地合作，探索实践地方党委政府与南方电网公司深化战略合作的新理念新模式；在战术层面组建央地融合平台，通过“管理权”和“所有权”分步移交方式，完成实施能源安全新战略以来全国最大规模的央地电网资产改革重组；在运营层面探索实践，创新实践地市供电局和新电力集团“分权协同”的融合管理模式；在管理层面深化改革，实施改革三年行动，创新打造“优东提西、强地带县”的广西实践路径。

（一）战略层面：围绕中央大政方针和国家战略部署，突出央地合作独特属性，创新实践地方党委政府与中央企业深化战略合作的新途径、新模式

贯彻新发展理念，把电网企业发展融入落实重大国家战略和服务地方经济社会发展中，精准研判国家大政方针和地区经济社会发展的新形势新要求，通过资源互剂，推动以央地融合“一张网”电网发展模式理顺广西“一省多网”供电管理体制。一是抢抓合作机遇。南方电网公司聚焦解决制约广西县域电网发展的供电体制机制问题，服务地方打赢脱贫攻坚战和实施乡村振兴战略，积极向广西壮族自治区党委政府汇报协同推进电网建设攻坚和供电体制改革相结合的央地融合方案建议，赢得地方党委政府的充分认可和支持。二是深化政企合作。秉承“优势互补、资源共享、合作共赢”的理念，南方电网公司与广西壮族自治区政府签订《新时代全面深化合作战略框架协议》、广西电网公司与广西农投集团签订《组建新公司合作框架协议》，促成双方确定以央地融合方式深化合作。三是精准策划合作平台。以广西电网公司控股、广西农投集团参股的方式组建合作平台公司，即新电力集团，由其承担广西水利电业集团原所辖40个县的电网投资和经营管理责任。通过将电网核心资产依法合规从原企业剥离后注入新电力集团，实现新电力集团轻装上阵，快速开展电网投资建设。

（二）战术层面：围绕战略性大规模资产重组，突出目标导向，创新实践“管理权”和“所有权”分步移交的电网资产重组路径

针对农网改造任务时间紧任务重、标的资产清产核资与审计评估难度大、周期长等问题，在央地融合改革重组中创造性采取资产“管理权”和“所有权”分段移交的管控方式，保障了电网建设和改革重组“两手抓”“两不误”。一是推动“管理权”第一时间移交。由广西电网公司、广西农投集团、新电力集团三方签署《管理权移交协议》，自 2019 年 9 月 1 日起由新电力集团全面接管标的资产所属 40 家县级供电企业“管理权”，实现广西电网公司的大投入、大建设得以第一时间落地实施，在 2019 年短短 4 个月内高效完成广西水利电业集团原所辖 40 个县域电网建设攻坚任务，有力支撑 2019 年广西全区“两率一户”指标（供电可靠率、综合电压合格率、户均配变容量）提前一年达到国家标准。二是推动政府主导实施资产清查和审计评估。由广西壮族自治区政府主导委托国内知名中介机构，以实物资产清点为准全面开展清产核资、财务专项审计和资产评估，以会计准则和政策法规为依据，完成中介报告的出具和复核，确保全面、客观、公允反映标的资产的财务状况和企业价值，为实现资产顺利交割提供基础依据。2020 年 6 月 5 日，在广西壮族自治区国资委批复资产评估结果后，广西电网公司和广西农投集团正式签署《资产重组协议》并进行资产交割，全面完成战略性电网资产重组重任。

（三）运营层面：聚焦重组企业管理融合，突出党建引领，创新构建地市供电局“全面领导”+新电力集团“资本管控”的一体运转管理模式

综合考虑新电力集团成立之初管控能力有限、重组企业生产经营管理薄弱等问题，创新采取“所有权”和“管理权”分权协同的方式，实行以地市供电局管控为主的常态化分级管理。一是创新建立治理体系。按照管制业务“省—地—县”三级管控模式，探索“治理型行权”与“属地化管理”相结合，由广西电网公司、新电力集团、地市供电局签订委托行使股东权利协议，对 40 家新电力县企创新实行“地市供电局‘全面领导’+新电力集团‘资本管控’”管控模式，彻底厘清和优化各主体的管理权责界面和行权方式。二是加强党的领导、党的建设。将 40 家新电力县企党组织关系划转至属地地市供电局党委，建立垂直领导管理体制，明确地市供电局全面从严治党任务，建立党建领域重要制度、常用报告报表管理清单等“工具包”，构建“省级电网企业重点突破、地市供电局带动提升、县级供电企业规范执行”的三级联

动机制，通过省级电网企业职能部门党支部与县级供电企业党组织“结对共建”、地市供电局党委委员“一对一”挂点联系、选派党建指导员、“一县一标杆”等举措，推进重组企业党建标准化规范化水平全面提升。三是充分发挥新电力集团“资本管控”职能。保持新电力集团独立财务管理职能和经营主体地位，依法履行对所属 40 家县级供电企业法人（股东）的法定权利和义务，建立新电力集团各网区财务分部，通过地市供电局嵌入式的传帮带，推动新电力县企财务管理“统一规范”“一体运转”。

（四）管理层面：聚焦质量效率动力变革，突出改革创新，以高质量发展为抓手创新打造“优东提西、强地带县”的广西实践路径

以国企改革三年行动、深化提升行动为契机，结合实际强化新电力县企高质量发展顶层设计，持续完善管理体制机制，推动新电力历史性变革、系统性重塑、整体性重构。一是聚焦管理提升强化顶层设计。确立新电力“135”（每年重点突破，三年显著提升，五年迎头赶上）发展目标，建立组织、指标、计划、评价四大工作体系和指标管控、任务管控、沟通联络、会议、督查督办、考核激励、交流共建七项工作机制，形成新电力县企高质量发展“4+7”管控模式。先后出台《加强党的领导党的建设　深入推进新电力深化改革高质量发展总体方案（试行）》《深入推进新电力县级供电企业高质量发展重点举措》等纲领性文件，建立新电力县企高质量发展指标体系、地县联动融合提升评价体系，定期张榜公布、评价排名，引导地县“与自己比、与全网比、网区内比”，推动各层级落实责任、同题共答、同向发力。二是大刀阔斧清理历史遗留问题。摸清家底，建立新电力县企存量历史问题处置清单，构建“公司专业部门统筹指导，新电力集团、各地市供电局监督管控，新电力县企履行主体职责”的工作格局，刚性执行任务督办、会议协调、问题销号、监督考核等工作机制，通过两年时间系统化、一体化、常态化推动 2.69 万项问题得到妥善处置，让重组企业卸下沉重的历史包袱，实现轻装上阵。三是推进三项制度改革激发企业活力。优化新电力县企组织机构设置，实现机构数量由 1114 个精简至 428 个，整体降幅达 61.58%，其中职能部门数量降幅 17%，直属机构数量降幅 40%。实施生产班组“工分制”，按“工分计酬”模式兑现月度绩效工资，有效激发基层员工干事创业积极性。推行市场化用工机制，实现竞争上岗人数占全员起立总人数近 85%，新聘任上岗的管理人员竞争上岗人数占比超过 96%，退出管理岗位人数占比超 42%。四是推动生产组织模式变革。对新电力县企财务、审计、法律、监督等职能管理业务及

输电、变电、调度等生产业务集约到地市供电局管理，推动核心资源集约化和核心业务专业化管理，实现生产业务效率提升45%以上。厘清省、地、县三级指挥中心管理界面和业务范围，完成新电力县企生产指挥中心、运营监控班、作业监控班、智能作业班应设尽设。

三、取得的成效

一是历史性解决长期制约广西电力发展的供电体制机制问题，推动广西电网从“一区多网”到“一张网”的根本性转变，更好服务广西经济社会高质量发展。以央地融合方式完成主电网与地方电网融合发展，加快构建广西全区“一张网”电网发展模式，突破了制约广西发展的供电体制障碍，从根本上解决了广西“一区多网”造成的电网重复投资和同质化竞争问题，推动广西电力体制走向一体化。大幅提升了广西整体电力资源配置效率，促进了广西电力产业的结构调整和转型升级，有效释放了电力体制改革红利，保障广西电力行业扶贫“两率一户”指标在2020年末分别提升至99.8%、97.98%、2.01千伏安/户，全面实现220万贫困人口“用好电”、2626个贫困村通动力电，280个抵边村寨完成农网改造，支撑广西完成脱贫攻坚重任和落实乡村振兴战略。

二是大幅改善广西电力营商环境，提升人民群众幸福感和获得感，打造了全国“央地融合”创新示范样板。高效解决长期制约地方经济社会发展的电网建设落后问题，切实让广西全区县域及农村电网享受到更加优质、更加稳定的电力供应服务，有效促进城乡供电服务均衡化发展。实现新电力区域客户全流程平均接电时间大幅压缩40%以上，“获得电力”指标达到广西电网公司县域平均水平，首次参加南方电网公司客户满意度第三方测评获79分，人民群众的用电获得感、幸福感明显提升。2021年4月，习近平总书记在广西全州县才湾镇毛竹山村视察期间，南方电网公司优质的供电服务得到村民实事求是的衷心称赞。南方电网公司推动央地融合广西电力“一张网”的成功经验得到了人民日报、国资报告等媒体的关注和报道，成为云南、四川、陕西等电网企业解决电力体制问题学习借鉴的成功示范样本。

三是统筹推进新电力全方位实现“变个样子”，实现党的领导和党的建设显著增强，生产经营质效显著提升。建立健全党的全面领导体制机制，抓实党建“规定动作”执行，实现新电力集团党建标准化规范化水平稳步提升，“央企姓党”政治属性充分彰显。推进新电力县企生产经营指标显著提升，2023年新电力县企售电量达437.33亿千瓦时，较重组前增长84.53%；营业收入 169.77 亿元，较重组前增长 47.51%；客户平均停电时间（中压）20.28 小时 / 户，较重组前下降 71.25%；综合电压合格率 99.6%，较重组前上升 2.1 个百分点；12398 投诉发生数 92 件，较重组前下降 16.36%；2022—2023 年人身事故“零发生”，取得历史最好成绩；建成投产宁明站、凤山站、天峨站 3 座 220 千伏变电站，完成 40 个新电力县域 220 千伏变电站全覆盖，新电力农网高压“N–1”通过率、中压线路可转供电率、户均配变容量分别由重组前的 64.9%、19.07%、1.35 千伏安提升至 77%、45%、2.25 千伏安。

（由中国南方电网有限责任公司供稿）

推进全国首个区域电力市场建设
打造电力体制改革标杆典范

一、基本情况

中国南方电网公司（以下简称南方电网公司）是中央管理的国有重要骨干企业，由国务院国资委履行出资人职责。南方电网公司负责投资、建设和经营管理南方区域电网，参与投资、建设和经营相关的跨区域输变电和联网工程，为广东、广西、云南、贵州、海南五省（区）和港澳地区提供电力供应服务保障；从事电力购销业务，负责电力交易与调度；从事国内外投融资业务；自主开展外贸流通经营、国际合作、对外工程承包和对外劳务合作等业务。

南方电网覆盖广东、广西、贵州、云南、海南五省（区），并与香港、澳门地区以及东南亚国家的电网相联，供电面积100万平方千米。供电人口2.72亿人，供电客户1.16亿户。全网统调装机容量4.44亿千瓦，110千伏及以上变电容量13.26亿千伏安，输电线路总长度27.8万千米。目前已经形成西电东送“八条交流、十一条直流”等19条500千伏及以上大通道，送电规模超过5800万千瓦。2023年，全网统调最高负荷2.34亿千瓦，增长5.1%；南方五省（区）全社会用电量15835.2亿千瓦时，增长7.4%；非化石能源电量占比47.5%。

自2002年成立以来，南方电网公司一直是国家电力体制改革的“试验田”，改革有力促进了公司发展。从2003年到2023年，售电量从2575亿千瓦时增长到13483亿千瓦时，年均增长8.7%；营业收入从1290亿元增长到8426亿元，年均增长9.8%。全网110千伏及以上变电容量从2亿千伏安增长到13.26亿千伏安，线路长度从7.3万千米增长到27.8万千米，分别增长5.63倍和2.81倍。南方电网公司连续17年在国务院国资委经营业绩考核中位列A级；连续19年入围世界500强企业，目前列第83位。南方电网公司积极落实“一带一路”倡议，是国内率先“走出去”的电网企业。作为国务院授权的大湄公河次区域电力合作中方执行单位，不断加强与周边国家电网互联互通，持续深化国际电力交流合作。截至 2023 年底，累计完成国际贸易电量 707.12 亿千瓦时。

南方电网公司认真贯彻习近平总书记“四个革命、一个合作”能源安全新战略，深入贯彻党的二十大关于加快建设全国统一大市场、建设高标准市场体系的决策部署，全力推进南方区域电力市场建设。经过近 10 年的改革探索与实践，基本建成以中长期市场为压舱石、现货市场为风向标、辅助服务市场为调节器的南方区域电力市场体系，建立了与区域市场相匹配的电力交易组织体系，“主体多元、竞争有序”的市场格局初步形成，努力将改革“试验田”深耕为“示范田”，打造电力体制改革标杆典范。

二、实践经验

（一）夯实市场建设基础

1. 坚持市场共商共建原则

南方电网公司会同南方能源监管局组织建立了涵盖南方五省（区）政府主管部门、能源监管机构和市场主体的区域电力市场联席会议和工作专班机制，充分发挥有效市场和有为政府相结合的协同推进作用，坚持开门办市场，实现重大关键问题集体决策。累计召开 10 次联席会议与 23 次工作专班研讨会，邀请市场各方共同研究关键机制，充分凝聚共识、化解分歧，先后推动了市场规则与多份方案的出台，为保障市场连续运行创造了良好基础。

2. 完善市场规则体系

在国家各部委的指导下，建立了区域市场“1+N+5X”规则体系。其中，“1”是区域市场运营规则，“N”是区域或省间统一的交易规则，“5X”是五省（区）内相配套的实施细则。通过构建一体化设计、分层管理的市场规则体系，有效实现了区域多层次市场衔接。仅 2023 年便开展规则体系的 6 轮次集中修订工作，先后印发了适应结算试运行的“1+N”区域级规则以及“5X”省内配套细则，推动市场规则体系更加完备。

3. 开展技术支持系统建设

区域现货市场出清技术支持系统实现覆盖南方五省（区）统一出清，并通过第三方评审验收。研制我国首个自主可控的电力求解器（天权）并投入使用，实现了对国外最顶级同类产品的超越，解决了市场出清核心计算引擎“卡脖子”的重大技术难题。南方区域统一电力交易平台实现发电侧到机组，用电侧到市场主体，支持年度交易与现货市场有效衔接。营销、计量等技术支撑完成了适应现货模式的功能改造，有力支撑区域电力市场建设运营。

（二）建设跨省与省内有序衔接的电力中长期市场

1. 建立“协议 + 市场”跨区跨省交易机制

跨省市场落实西电东送国家战略、国家指令性计划和政府间协议，促进清洁能源在更大范围消纳。建立“协议 + 市场”跨省交易机制，统筹优先发电计划管理与有序放开发用电计划要求，通过中长期合同落实好优先发电计划。跨省跨区市场交易时序贯通年、月、周，交易品种覆盖协议计划、增量外送、直接交易以及合同转让等，交易类别涵盖“网对网”“点对网”“点对点”。创新建立黔电送粤、云电送粤优先计划分电到厂及责任机制，为西电东送提供制度保障，实现省间送电由“大锅饭”到“责任田”的历史性转变。

2. 五省（区）建立以年度、月度交易为主的中长期市场机制

省级市场通过放开输配电以外的竞争性环节电价，促进低价高效机组多发满发，传导一次能源成本变化，保障省内电力基本平衡，服务地方经济社会发展。区域 10 千伏及以上工商业用户全部参与市场，暂未直接参与交易的电力用户由电网代理参与市场化购电，并逐步缩小代理购电用户范围。广东省在全国率先建立了双边协商、挂牌交易、集中竞争等10多个交易品种及年、月、周等多种时间尺度交易频次的市场机制。

（三）率先开展省级和区域电力现货市场试点建设

1. 推动广东电力现货市场建设走在全国前列

南方（以广东起步）现货市场作为全国第一批建设试点，采用节点电价机制、全电量优化出清模式，市场设计可以实现发电成本的有效传导，体现电价在时间和空间的价值。2019 年至 2020 年期间顺利完成从日、周到月不同时间维度结算试运行，2020 年 8 月、2021 年 5 月分别经历了供应充裕和供应紧张两种场景验证，2021 年 11 月起连续运行至今，并于 2023 年 12 月转入正式运行。广东电力现货市场建设试点发挥了标杆和示范引领作用，积极探索新能源参与现货市场，率先试点独立储能电站报量报价参与交易，为南方区域和国内其他省份现货市场建设积累了宝贵经验。

2. 南方区域现货市场在全国率先启动试运行

南方电网公司按照国家批复的南方区域电力市场建设工作方案、实施方案，发挥牵头单位主体责任，有效协调地方政府、监管机构、市场主体等各相关方，开展区域现货市场建设。区域现货市场循序渐进实现了日前至实时

的全流程贯通、2 天至 7 天的多周期测试、枯期至汛期的全场景检验，并在此基础上于 2023 年 10 月顺利完成了覆盖广东、贵州和海南的跨省及省内区域现货短周期结算试运行，2023 年 12 月成功开展首次全域结算试运行。

（四）电力辅助服务市场从省内逐步扩展到区域

1. 基本建成南方区域调频辅助服务市场

2018 年南方电网公司在广东省启动了调频辅助服务市场建设试点，2021 年 7 月建成覆盖广东、广西、海南、云南四省（区）的区域调频市场，2022 年 1 月实现南方五省（区）全覆盖。2023 年发布独立第三方主体纳入辅助服务市场实施细则，组织广西平陆储能首次参与区域调频市场闭环试运行。

2. 因地制宜推进调峰辅助服务市场建设

2019 年以来，南方电网公司所属各省级电网公司结合本地区电源装机结构和系统运行特点，相继启动调峰辅助服务市场建设。目前广西、贵州和海南三省（区）调峰辅助服务市场均正式运行，广东调峰辅助服务市场功能融入现货市场。

3. 探索开展备用辅助服务市场建设

南方电网自 2020 年开始启动备用辅助服务市场建设的研究和试点建设工作，2022 年 4 月顺利启动跨省备用市场模拟试运行，成为继调频、调峰后第三个区域级辅助服务交易品种。2023 年 4 月，跨省备用辅助服务市场开展首次结算试运行。

（五）创新扩大绿电绿证交易规模

1. 创新绿电绿证交易机制

发布全国首个区域绿色电力交易规则《南方区域绿色电力交易规则（试行）》，首创绿色电力认购交易机制，创新建立绿色电力证书与绿色电力消费凭证统一核发机制。发布《南方区域绿色电力证书交易实施细则（2023 年版）》，创新设计绿证代理交易机制，建立面向全国的绿证市场。

2. 积极推动绿色消费

建设全网统一的绿色电力交易系统，实现南方区域市场主体的账户统一管理、绿电认购交易和绿证交易统一开展、绿证统一核发、绿电消费信息统一溯源，建设推广绿电交易移动终端应用。建立南方区域绿电消费统一评价机制。

（六）持续推进电力交易体制改革

1. 创新交易机构组建形式

2016—2017 年以股份公司制形式组建南方区域各电力交易中心，南方电网公司持有广东、广西、昆明、海南电力交易中心股份均低于 80%，昆明电力交易中心是全国首家电网企业不绝对控股的电力交易机构。2021 年 5 月在全国率先完成 6 家电力交易机构股权调整，南方电网公司在各交易机构股比全部降至 45% 以下，创新实施电力交易机构间交叉持股，以股权融合促进业务融合、市场融合，改革进度、深度均在全国领先。

2. 持续推进交易机构独立规范运行

以规范企业治理促进交易机构规范运行，推动公司治理与市场运营分类行权、相对独立、相互促进，形成具有交易机构特色的公司治理体系。区域各交易机构均规范设置“三会一层”治理体系，基本实现外部董事占多数的董事会结构，落实经理层任期制和契约化管理，全面推行普通员工全部公开招聘、管理人员竞争上岗、末等调整和不胜任退出等制度。深化内控合规体系建设，制定责任追究管理规定和处分清单，划定电力交易机构及从业人员行为禁区和红线事项。坚持非营利性定位，捋顺电网企业与交易机构间的资产管理关系，广州、广东、昆明等交易中心在全国开创了以交易电量为基础的市场化收费运营模式。

3. 加速推进区域交易机构融合发展

坚持市场融合与机构融合同步谋划、同步推进，开展区域交易机构融合发展路径设计，推进区域各交易机构基本交易规则统一、交易平台统一，管理制度统一、业务流程和服务标准统一。建立重大事项报告、交易机构例会、信息共享、协同研究、联合培训和人员交流等工作协同机制。建立区域市场专业化评价机制，将评价结果纳入各省级交易机构业绩考核。开通首个面向区域市场主体的统一服务热线电话，实现“一号通答，一口受理”。

三、取得的成效

2022 年 7 月 23 日，南方区域电力市场进入试运行，标志着全国统一电力市场体系率先在南方区域落地。当前，南方区域电力市场已建立中长期、现货、辅助服务市场紧密衔接的电力市场体系，在大范围优化配置资源、促进能源绿色低碳转型、助力新型电力系统和新型能源体系构建方面发挥积极作用。

一是市场化规模不断扩大。2023 年，南方区域市场化交易电量 9317.9 亿千瓦时，同比增长 9.3%，占南方五省（区）全社会用电量的 58.5%。市场主体应放尽放，表现活跃。南方区域 10 千伏及以上工商业用户全部参与市场，云南、贵州 10 千伏以下工商业用户全部参与市场。截至 2023 年底，南方区域电力市场注册的主体 17.2 万家，同比增长 25.6%。

二是区域电力市场体系日趋完善。中长期市场实现全时序、多品种、细颗粒，跨省与省内市场有序衔接，2023 年省内市场化交易电量 6116.8 亿千瓦时（不含代购电），市场化电量占比 45.7%；跨省市场化电量占西电东送比例 34.9%，市场化电量累计突破 3000 亿千瓦时。区域现货市场开展首次全域结算试运行，实现全国首次区域级“真金白银”的现货结算试运行；南方（以广东起步）现货市场连续运行超过 2 年，是全国首批转入正式运行的试点省份，充分发挥示范引领作用。调频市场连续平稳运行超过 900 天，2023 年合格调频资源量较投运初提升超 3 倍，总规模达 14.3 亿元；跨省备用市场以市场机制配置备用容量资源，与省间电能交易互为补充，共同促进省间余额调剂；调峰辅助服务市场覆盖广西、贵州、海南三省（区），提升了常规火电机组低谷调峰能力，促进清洁能源消纳。

三是推进电力资源要素优化配置。充分发挥电网大平台统筹协调作用，最大化挖掘西电送电潜力，2023 年西电东送电量 2041 亿千瓦时，汛期西电东送通道利用率保持在 90% 以上。跨区交易发挥余缺互济作用，与新疆、湖南、福建、上海等地区加强电力互送支援，闽粤通道双向输送电力均突破 100 万千瓦。跨境交易持续深化，与港澳、澜湄区域电力合作不断深化，中（国）越（南）、中（国）老（挝）、中（国）缅（甸）实现稳定电力贸易，2023 年互送电量合计 35.3 亿千瓦时。

四是促进能源绿色低碳转型。2023 年，南方区域绿色交易规模大幅增长，累计参与主体超 2000 多家，同比增加约 5 倍，全年绿电绿证交易 95.3 亿千瓦时，同比大幅增长 137%，累计成交 146 亿千瓦时。公司总部、直属机构、8 家二级单位本部等率先 100% 绿电消费。促成广交会、博鳌论坛、消博会、东盟博览会、亚太能源监管论坛等国际会议 100% 绿色用能，绿色消费示范效应更加显著。4 家港澳企业达成首批跨境绿证交易，推动港澳参与国家绿电绿证交易迈出关键一步，促进港澳更好融入国家发展大局。

（由中国南方电网有限责任公司供稿）

深化现代化管理体制机制改革
提高油气主业核心竞争力

一、基本情况

中石化石油工程技术服务股份有限公司是中国石油化工集团有限公司（简称中国石化）控股的中国大型综合油气工程与技术服务专业公司，拥有超过 60 年的经营历史和丰富的项目执行经验，是中国一体化全产业链石油工程服务领先者。2012 年，中国石化实施石油工程专业化整合重组，将 8 家油田企业的石油工程业务整体剥离，成立中石化石油工程技术服务股份有限公司（下文简称公司）。2014 年，公司利用仪征化纤上市平台在上海、香港两地同步上市，股票代码分别为 SH600871、HK1033，简称石化油服。公司下设直属单位 11 家，包括胜利、中原、江汉、西南、华北、华东和海洋石油工程 7 家地区公司，以及国际石油工程、地球物理、石油工程建设、经纬公司 4 家专业公司，拥有 4 个研究院、3 个设计公司和 46 个专业技术研究所，各类技术与施工队伍近 1600 支，员工 10.16 万人。公司有地球物理、钻井工程、海洋石油工程、测录井、井下特种作业和工程建设六大业务板块，涵盖了从勘探、钻井、完井、油气生产、油气集输到弃井的全产业链过程，先后在中国 20 多个省（区、市）、76 个盆地、561 个区块开展油气工程技术服务，海外 35 个国家和地区为 20 多个知名油公司、油服公司提供服务，在国外已发展成为沙特、科威特和厄瓜多尔国家石油公司最大的陆上钻井承包商，阿尔及利亚最大的地球物理服务国际承包商。

公司成立以来，牢记“服务勘探开发”的初心使命，秉承“服务客户、技术引领、价值创造、支撑油气”四大发展理念，全面实施“专业化、市场化、国际化、高端化、特色化”五大发展战略，纵深推进深化改革，强化能力提升，走出了一条具有时代特征、石化特色的奋进之路，书写了石油工程现代化管理体制机制改革浓墨重彩的新篇章，为保障国家能源安全作出新时代新贡献。

二、实践经验

（一）深入推进专业化整合，提升核心竞争力

1. 集团公司层面实施专业化重组

2012 年 5 月，公司按照“市场化运营、专业化发展、差异化竞争、一体化管理、集团化管控、规范化治理”发展模式，对石油工程业务实施专业化整合重组。将油气分公司的石油工程业务从油公司整体剥离，与总部石油工程管理部、研究院（所）、国际石油工程有限公司实施专业化整合重组，涉及总资产 836.05 亿元，员工 14.57 万人。石油工程业务重组是中国石化上市以来，重组范围最广、涉及人员最多的一次专业化改革，更是中国石化统筹资源配置、培育核心技术、提高勘探开发保障能力的重大举措。

2. 石油工程公司层面开展专业化整合

2020 年 11 月，公司研究实施测井、录井、定向井业务专业化重组，按照“全球视野、国际标准、石化特色、高端定位”的发展思路，整合重组胜利、中原、江汉、西南、华北、华东 6 家下属地区公司测录定业务，成立中石化经纬有限公司，涉及13家专业经营单位，资产总额42.91亿元，员工1.2万人。整合测录定专业研发和制造资源，成立测控技术研究院，实现超深井旋转导向、高温测井等“卡脖子”技术突破。2023 年，中石化经纬有限公司入选国务院国资委创建世界一流专业领军企业和科改示范企业。测录定业务专业化重组是公司提升测录定研发能力，培育核心技术装备、提升市场竞争力，塑造新质生产力，迈向中高端的重要举措。

（二）大力提升勘探开发保障能力，端牢能源饭碗

1. 统筹优化国内市场布局，全面提升资源利用效率

研究制定市场布局与资源优化指导意见，分别在公司本部、5 个重点工区和 9 家地区（专业）公司制定具体实施方案。在东部老区按照“一对一”服务保障油气勘探开发，在三北一川等重点工区不超过 4 家地区公司进行服务，基本形成了以钻井专业为龙头，规范有序竞争、区域资源共享、集约化服务保障的市场新格局。

2. 深入推进“四提”“五化”，高效支撑油气勘探开发

自 2020 年公司开展“四提”（提质、提速、提效、提产）和地面工程“五化”（标准化设计、工厂化预支、模块化施工、机械化作业、信息化管理）专

题工作以来，公司聚焦缩短钻井周期、降低复杂故障率两项技术指标，坚持用一流的装备、一流的队伍、一流的管理保障勘探开发，大力推动成熟技术集成应用及新技术新工具推广，大力促进油气增储上产降本。地面工程充分发挥设计单位和施工单位一体化优势，重点项目设计方案和可研提级管理，重点加强对工程项目的施工组织策划、技术方案优化、疑难技术问题会诊和技术交底等方面的管理，大力推进智能工地等成熟经验推广，促进科技兴安、技术提质。

3. 锻造科技创新引擎，加速打造新质生产力

公司聚焦油气勘探开发主战场，把准行业发展大方向，着力实施“十大”重大科技项目专项研究，攻关突破万米特深层石油工程装备、超深大位移水平井钻完井、高温高性能旋转地质导向等关键核心技术。加快新能源领域布局，实施“内生转型、扩张转型、跨界转型”三大战略，建成文 23 地下储气库、齐鲁石化—胜利油田百万吨 CCUS 项目、风电光伏发电等绿色低碳项目。加快数智油服转型步伐，全力推进装备技术自动化和智能化，打造井筒业务决策一体化和地质工程一体化两大应用场景。持续加大难动用油藏技术开发，建立“工程大包 + 技术服务 + 油藏运营”一体化服务模式，助力老油田焕发新生机。

（三）着力拓展国际化布局，打造世界一流企业

1. 统筹优化海外市场布局，提升核心资源利用效率

按照“全球眼光、国际标准、石化特色、高点定位”的国际化经营要求，深入研究海外国家市场，逐一制定详细发展策略，持续稳固扩大主力市场，确定发展方向和退出步骤。重点发展效益好、规模大、政策环境好的沙特、科威特、厄瓜多尔等高效市场；有效发展已具一定规模的阿尔及利亚、墨西哥、尼日利亚等潜力市场。

2. 深化集团一体化合作，拓展专业结构和业务层次

加强与集团内国际勘探公司的沟通与协调，共同研究优化合作模式，充分利用公司业务链齐全的优势，有针对性集成国内页岩气、酸性气井勘探开发等高端技术工艺包，以海外钻井业务为龙头，带动测录定、固井、大型压裂、试油气测试以及油藏业务等特色优势技术服务走出去，做强做优海外产业链、价值链，为中石化国勘海外业务拓展提供优质工程技术服务支撑。

三、取得的成效

公司从2012年成立以来，在集团公司党组的统筹指挥下，采取有力有效的措施，激流勇进、逆势而上，加快油气增储上产步伐，在持续提升能源供给保障方面取得阶段性成果。

一是石油工程公司专业化重组上市，市场竞争力持续提升。通过推进专业化重组改革，公司持续“瘦身健体”，地区专业公司从成立初的13家压减为11家，专业经营单位由97家压减为72家，压减大队、分公司等中间管理层，实现管理层级控制在三级以内，科学压减用工总量，公司用工总量由成立初期的14.57万人减少至10.16万人，推行“大部制、小机关”运作，机关人员连续4年下降10%，全员劳动生产率较成立初提高了56.8%，“十三五”以来，收入规模增长82.35%。

二是提升油气勘探开发能力，坚决保障国家能源安全。公司深化产业一体化协同、全链条联动，升级核心装备，选配精干队伍全力保障勘探开发。近5年，“三北一川”和东部老区钻井周期缩短31%、复杂故障时效降低72%，压裂效率提高79%，钻机动用率提升4.7%。在重庆涪陵参与建成我国第一个商业开发的国家级页岩气田，实现了我国页岩气勘探开发工程技术从跟跑到领跑的跨越；在新疆塔里木盆地助力实施“深地工程”，发现10亿吨级特深层整装大油气田，实现了油气工程技术向超深层的跨越；在四川元坝参与建成我国首个超深高含硫生物礁大气田，在内蒙古鄂尔多斯助力高效建成东胜大气田，在川南助力建成深层威荣页岩气田，在川东南助力发现集团公司第二个万亿立方米页岩气资源阵地，有力支撑了集团公司实现天然气大发展的战略布局；在胜利东部积极投身胜利济阳页岩油国家级示范区建设，为集团公司页岩油勘探突破和规模建产提供了强力支撑。助力中石化累计新增油气探明储量14.8亿吨、2.5万亿立方米，生产原油4.2亿吨、天然气2806.5亿立方米，用优质高效的服务保障践行了“我为祖国献石油”的责任担当。

三是加速突破关键核心技术，全力打造石油工程技术高地。公司积极主动融入国家和集团公司创新体系，不断优化科技研发布局，积极筹措研发资金，加大投入强度，推动深层特深层、页岩气、高酸性油气藏勘探开发集成配套工程技术迭代升级和页岩油工程技术创新发展，实现了旋转导向、高温随钻测控、高效压裂、节点采集、储气库工程建设等关键核心技术自主可控，创出施工新纪录419项，获得省部级科技奖励29项、专利授权539件，锻造了服务勘探开发的“尖兵利器”。万米特深井安全高效钻井等一批关键核心技术装备取得新进展，跃进 3-3XC 井完钻井深 9432 米，刷新亚洲最深水平井纪录。自研旋导持续迭代升级，规模化应用 190 口井、进尺 22 万米，综合成本降低 20% 以上。国家重大专项“北斗智能油田建设综合应用示范项目”培育出 22 个应用场景；超高温高性能钻完井工具等 23 项技术入选国资委陆上油气勘探开发策源地研发任务表；石油石化行业首家国家级产业计量测试中心——石油钻探仪器仪表产业计量测试中心在胜利工程高标准建设。石油工程一体化云平台（SICP）有效支撑项目管理优化与智能决策，“石油石化油气田地面工程数字底座建设”荣获国务院国资委“国企数字场景创新专业赛”一等奖。

（由中国石油化工集团有限公司供稿）

大型国有发电企业瘦身健体改革实践

一、基本情况

（一）企业简介

华能武汉发电有限公司（以下简称阳逻电厂）是由华能国际电力股份有限公司（持股 75%）和武汉市新能实业发展有限公司（持股 25%）合资建设的大型火力发电厂，是华中和湖北电网的骨干电源点，对改善华中电网电源布局和促进武汉地区经济发展起到了重要作用（见图 1）。电厂现有 3 台 33 万千瓦亚临界机组、1 台 30 万千瓦亚临界机组、2 台 64 万千瓦超临界机组，一个 1.855 万千瓦装机容量的屋顶光伏发电项目，总装机容量为 258.855 万千瓦，是区域内重要电力供应基地。

自 1993 年首台机组投产发电至今，电厂为湖北地区的经济建设和社会发展作出了重要贡献。电厂在多年的发展过程中，不断提升自身的技术和服务水平，改革创新优化体制，曾先后获得“安全文明生产双达标”“无泄漏工

图 1　华能武汉发电有限公司

厂”“全国一流火力发电厂”“全国电力行业设备管理工作先进单位”“中央企业抗击新冠肺炎疫情先进集体”“中央企业先进基层党组织”等荣誉称号。电厂坚持与时俱进，秉承中国华能集团有限公司“三色三强三优”企业文化理念，在新时代不断开拓进取，紧紧抓牢安全生产这个基础，努力在转型升级、二次创业的征程中实现新突破、得到新发展、取得新成绩。

（二）改革背景

大型国有发电企业瘦身健体改革是深化国有企业改革的重要组成部分，通过优化企业结构、提高运营效率、增强核心竞争力，推动国有企业高质量发展，为国家经济持续健康发展提供有力支撑。

阳逻电厂作为一家投产超过30年的大型传统火电企业，存在机组服役即将到期、设备老化可靠性下降、人员冗杂且结构不合理、厂办大集体和多经企业历史遗留问题复杂等诸多难题。电厂勇于担当、主动作为，积极履行国有企业新时代新征程赋予的重要使命，深入开展国企改革三年行动和国有企业改革深化提升行动，完整、准确、全面贯彻新发展理念，增强改革内生动力，坚持问题导向、目标导向，着力提高改革的针对性和实效性，服务构建新发展格局，推动高质量发展。特别是在2020年，电厂完成了厂办大集体企业和多经企业关闭注销改革，彻底解决了企业法人层级多、多经企业关联交易等历史遗留问题。

二、实践经验

阳逻电厂充分贯彻国有企业深化改革要求，积极落实集团公司改革方案部署，真抓实干、攻坚克难，建设现代化新国企。改革行动以来，电厂顺利完成厂办大集体改革、岗位规范管理及低效无效资产处置等重难点工作，管理水平全面提升，企业竞争能力不断增强。具体的实践经验，可以分为“瘦身”和“健体”两大方面。

（一）瘦身：改革整合并进，聚焦主责主业

1. 开展处僵治困，完成厂办大集体改革

阳逻电厂建厂初期，为便利职工生产、生活，设立劳动服务公司等后勤服务机构，后逐步演变成27家厂办大集体和多经企业。企业数量多，法人层级多，管理成本高，股权交织错综，债务债权复杂，大部分常年亏损、资不抵债，改革并非易事。按照集团公司关于开展厂办大集体改革工作

的要求，电厂倒排时间节点，统筹安排、层层推进，以五个基本思想指导改革。

一是始终将稳定作为改革的底线，将防止国有资产流失作为改革的红线，遵循“积极稳妥，统筹推进，依法合规，管理规范，防控风险，维护稳定”的原则实践改革。二是做优改革顶层设计，确立全部彻底关闭这一最彻底、难度系数最大的方案，在改革窗口期全面解决历史遗留问题。三是以“生产不断、秩序不乱、人随事走”为前提，按照“一套人马，两块牌子”工作模式，同步开展业务工作和多经公司关闭注销工作。四是先易后难，统筹安排，按照“一家公司一个清理方案”“成熟一个，处置一个”的办法，不过多纠缠历史，大胆决策，保证改革进度。五是重大决策必须合法合规，聘请专业机构，对内履行行政审批程序，对外执行公司法规定程序。

图 2　电厂原实业公司党支部开会讨论改革方案

2020 年 11 月底，阳逻电厂 27 家厂办大集体和多经企业全部依法合规关闭注销，彻底解决历史遗留问题；277 人回流至生产岗位，实现了人员正向流动；电厂处僵治困止住“出血点”，资产进一步优化，实现企业轻装上阵，为系统内外厂办大集体改革工作起到了示范引领作用。

2. 完成定岗定编，规范组织机构

阳逻电厂因历史原因未按集团公司岗位序列定编定岗，管理标准不统一，全员劳动生产率低，存在不同程度的同工不同酬、人浮于事的情况，

对企业及员工个人发展造成一定影响。为适应国企改革与发展需要，增强员工归属感，电厂用一年时间精心筹划与准备，顺利完成规范管理改革工作。

一是完成架构设计和方案制定，按照集团公司岗位序列规范，制定实施方案及薪酬管理制度，规范设立“十三部一中心”的组织架构。二是广泛宣传，争取职工理解支持，本着“尊重历史、尊重实际”的原则，全体起立，重新竞聘上岗，“规范管理”和“生产经营”两不误。三是完善岗位晋升及薪酬激励等配套制度，不断推进“收入凭贡献、岗位靠竞争”的良性管理机制和导向建立。

图 3 职工代表大会临时会议审议通过《规范管理实施方案》

阳逻电厂本着“精简、高效、先进、科学”和“按需设岗、按岗定薪、按绩取酬、讲求效率、注重公平”的原则，完成规范管理改革，建立现代企业人事、劳动、薪酬制度和激励机制，迈出打造现代新国企重要一步。

3. 处置闲置资产，盘活资产价值

阳逻电厂早期用作通勤车停车场的土地，由于种种历史原因被政府认定为闲置土地，在房改前未售出的房产等资产一直处于闲置状态。部分资产不仅无法产生收益，而且每年还须花费大量资金维护，且存在土地证件未分割、资产价值不明确等问题。电厂贯彻落实国务院国资委低效无效闲置资产处置要求，加大处置力度，取得良好成效。

一是明确先易后难的思路，成立闲置资产处置专项小组，全面梳理，明晰权属，完成土地证件分割，聘请专业机构评估价值，稳步推进处置工作。二是广开思路，灵活处理，拓展宣传及处置渠道，广泛寻找社会资源，并设置专项奖励，鼓励员工发挥作用。三是大力争取多方支持，积极向市政府、国土规划局、自然资源和规划局等多渠道说明情况、取得理解，将闲置 15 年的停车场宗地取消闲置属性，并执行区政府成本价收储方案；经多种处置模式共同推进，逐步了 44 套房产，累计回收资金 1619.72 万元。

（二）健体：做强做优主业，增强核心竞争力

1. 党建引领，推进管理创新

阳逻电厂大力推进党建与中心工作融合，推动各级党政班子同时肩负生产经营和党建任务，在全厂扎实开展“党建 + 安全”“党建 + 创效”等活动，激发党员和骨干在安全生产、提质增效中的带头作用，把党组织的政治优势、组织优势和密切联系群众的优势有效转化为生产经营效能，以安全生产和经营发展成效彰显组织的战斗力。

2. 健全体制，提升管理效能

阳逻电厂施展一系列的体制改革，优化机制、提高效能、规范流程。一是加强政治监督，推动完成各项巡视巡察整改工作。二是生产费用精益管理，从严控制费用支出，树牢节约意识，紧盯重点环节，防范廉洁风险。三是优化商务招标和采购工作，科学优化评标机制，抓好动态评价，增强采购竞争力和物资保障能力。四是持续加大信息化建设力度，加强信息化系统与管理深度融合。五是沟通与改造并举，增加供热收入，取得热用户理解，上调供热单价，实现热煤联动；改造供热计量表，实现流量计停电断汽和预付费功能。

3. 规范机制，落实董事会职权

阳逻电厂加大对进一步推动国有企业董事会配齐配强有关事项通知的宣贯和落实力度，在已实现外部董事占多数要求的基础上，建设专业尽责、规范高效的董事会。坚持党委对重大经营管理事项前置把关的制度机制，规范企业董事会运行机制，着力提升董事会运行质量。

4. 科技创新，增强内生活力

阳逻电厂加强科技创新绩效考核，实行关键节点和“军令状”管理，提高科技项目执行质量和效率。聚焦构建新型电力系统，紧盯能源技术革命趋势，不断完善科创工作体制机制，加强科技创新合作交流。

5. 绿色转型，促进低碳发展

阳逻电厂加快布局新能源产业，坚持“三个并举”策略不动摇，推动绿色低碳转型发展。一是做精做优存量煤电，提高运行水平，强化设备管理，推动节能环保设备改造，进一步提高生产效率，降低厂用电率和耗材单耗。2022年，电厂取得湖北省能源局同意，1号、2号机组延寿10年。二是明确城市电厂定位，努力与城市发展深度融合，不断拓展供热市场，推动冷热电联供、水处理、充电桩、氢能、储能等综合能源服务项目，围绕煤电打造综合能源基地。三是大力发展新能源项目，在新能源调研、开发、建设上齐头并进，形成“储备一批、开发一批、建成投产一批”的良好发展态势。四是积极推进战新产业，开辟转型发展新赛道。

6. 以人为本，深化人才队伍建设

经过30多年发展，电厂人员冗杂，年龄结构问题凸显。一是持续加强人才梯队建设，健全干部人才培养锻炼选拔机制，大力培养选拔重用年轻人才，加大优秀高校毕业生引进力度。二是打开职工岗位晋升“双通道”，提高技术技能人才待遇，持续推动职称评定、专利论文、培训取证等工作，激励职工与企业共同成长。三是提供多种学习锻炼平台，通过加强培训、挂职交流、跨部门锻炼、青年员工抽考、技能竞赛等措施，加快培养复合型人才。

图5　阳逻电厂领导现场监考青年员工抽考工作

三、取得的成效

阳逻电厂通过一系列瘦身健体改革措施，实现建设现代化新国企。一是党建引领作用显著。电厂深入开展学习贯彻习近平新时代中国特色社会主义思想主题教育，成为集团公司主题教育示范单位。深入推进党员之家、职工之家建设，先后获得中华全国总工会“模范职工小家”、湖北省总工会“模范职工之家”、集团公司“模范职工之家”等称号，运行部四值荣获“全国工人先锋号”，检修部继保班获“湖北省女职工建功立业标兵岗”。电厂抗疫保电成绩突出，为湖北省、武汉市抗击新冠肺炎疫情和复工复产提供了坚强的能源保障，得到各级政府和上级单位充分肯定。电厂荣获“中央企业抗击新冠肺炎疫情先进集体”称号、电厂党委荣获“中央企业先进基层党组织”称号，青年党员罗家庚荣获“全国抗击新冠肺炎疫情先进个人”称号。二是安全生产持续领先。近年来，电厂圆满完成所有重要时段保电任务，连续 883 天无非停，多台机组实现连续长周期稳定运行。2 号机组连续运行 433 天，4 号机连续运行 493 天，连续刷新湖北省统调机组长周期运行的新纪录。2 号机组荣获中国电力企业联合会 2022 年度全国发电机组可靠性“标杆机组”第一名，创电厂投产 30 年以来最好成绩。三是不断夯实盈利基础。在燃料成本高涨的背景下，逐年收窄亏损，“两个细则”盈利逐年上涨，资产负债率在集团公司系统内处于领先水平。2021 年，电厂创新开展碳排放权质押融资业务，为全国电力行业首笔获得“中碳登”备案的碳排放权质押贷款，为电力企业提升减碳动力、盘活碳资产探索了一条新的路径，得到了中国电力报、北极星电力网等多家媒体报道。四是节能环保深入推进。电厂防范废水和煤场扬尘污染，完成全厂节水、废水综合治理和煤场全封闭改造项目。加强重大危险源治理，完成烟气脱硝液氨改尿素项目。提供城市污染物处置功能，与华能长江环保科技有限公司合作开展污泥耦合掺烧项目。五是绿色发展步伐加快。电厂建成的华星屋顶光伏项目，是华中地区最大屋顶光伏项目，在中国华能光伏项目中收益率位列第一，负责建设的浠水巴河 14 万千瓦农渔光互补项目按期全容量投产，潜江龙湾 10 万千瓦风电和新洲汪集 18 万千瓦渔光互补项目在全省新能源项目竞配中成功入围。植物工厂和厂区分布式光伏即将开工，立项超级电容储能耦合火电调频，设计枝江市气—核一体化综合能源服务项目和以充电桩 + 储能为基础的微电网项目等战新产业。电厂被确定为长江新区第一热（冷）源，建立并投产武汉新港阳逻保税园区供热管线。六是科技创新成果丰硕。电厂成为华能华中分公司第一家取得高新技术企业认定的单位，取得企业所得税由 25% 降至 15% 的税收优惠及 15 万元的政策性补贴奖励。实现发明专利和国际专利“零突破”，近 3 年共取得发明专利授权 8 项，国际专利授权 2 项，实用新型专利授权 92 项，发表省部级以上论文 66 篇，参与建立 1 项国家标准，多个科技创新项目获全国、省部级、集团级奖项。七是人才队伍建设成绩彰显。中层干部“80 后”人数提升至 11 人，占比为 32.4%，较 2021 年提升 9.9 个百分点；近 3 年招聘毕业生中，“985”“211”院校毕业生和硕士研究生占比均有提升。改革后完成 55 名专业技术技能职务选拔、聘任工作，8 人纳入华能华中分公司优秀年轻干部人才库，25 人入选华能华中分公司管理专业人才库。电厂多人次在各级技能竞赛中取得佳绩，培训中心获中电联“电力行业职业能力评价基地”“电力行业职业技能等级认定分支机构”认证。武汉市人社局授予电厂“武汉市大学生就业见习基地”称号。

大道至简，实干为要。阳逻电厂通过一系列有力的体制改革措施，运营效率显著提升，企业结构得到优化，核心竞争力不断增强，以新面貌迎接新挑战。电厂的瘦身健体改革实践经验，对传统能源企业推动体制改革具有充分借鉴意义，在能源体制革命不断迈向深水区阶段，成为大型国有发电企业在做强做优做大、提升企业核心竞争力的改革实践中的典型案例。

（由中国华能集团有限公司供稿）

以科技创新体系改革　推动高水平科技自立自强

一、基本情况

中国东方电气集团有限公司（以下简称东方电气集团）创立于 1958 年，是中央管理的涉及国家安全和国民经济命脉的国有重要骨干企业，为我国提供了大约 1/3 的能源装备，是全球最大的能源装备制造企业集团之一。

东方电气集团东方电机有限公司（以下简称东方电机）隶属东方电气集团，是我国研究、设计、制造大型发电设备的重大技术装备制造骨干企业，是全球发电设备、清洁能源产品和服务的主要供应商。目前，东方电机已形成了“水、火、核、气、风、光”多电并举的产业发展格局，累计发电装备产量超过 6 亿千瓦，产品遍布中国 31 个省（区、市），出口到美国、印度、越南、巴基斯坦、巴西、委内瑞拉、埃塞俄比亚等 36 个国家和地区。自主研制了葛洲坝、三峡、白鹤滩等巨型水电机组，华龙一号、国和一号等核能发电机。

二、实践经验

近年来，东方电机先后入围国务院国资委第二批“科改示范行动”企业、首批 29 家原创技术策源地建设依托单位、“1025 工程”一期和二期多项关键核心技术攻关任务承担单位。东方电机结合企业实际统筹推进科技创新体系改革，突出问题导向、市场导向、发展导向和兴趣导向，构建涵盖出题、答题、评价、应用的“1+N”科技创新体系，系统回答了科研“做什么、谁来做、怎么做、如何评、如何用”五个核心问题，指引企业科技创新和技术发展方向，做好科技创新“出卷人”“答卷人”“阅卷人”，破除制约创新能力提升的深层次矛盾和体制机制障碍，激发企业高质量发展活力动力。

（一）以《科研项目指南》强化顶层战略指引，解决科技创新“做什么”的问题

东方电机过去的研究课题采用以各部门为主体“自下而上”的申报模式，

存在综合性不足、专业融合度不高、基础性科研不够的问题。如何提升研究课题质量，如何能够“量体裁衣”确定研究指标，做好“出题人”的角色，是困扰东方电机科技创新发展的一个难题。

2022年底，东方电机面向公司外部用户单位、相关高校、科研院所、行业专家，以及公司内部市场部门、服务部门、业务部门、广大职工等广泛征集科研课题建议。相关单位和内外部专家积极响应，共提出科研课题建议329项，其中外部建议174项，内部建议155项。东方电机科研管理部门对每项建议进行认真梳理与分析，对符合国家发展战略、行业发展方向、企业发展需求、技术发展趋势的合理建议进行归纳凝练。在此基础上，结合国家政策导向、集团要求，组织专家对课题进行评审，形成最终课题纳入科研指南任务。2023年4月，东方电机首次发布了涵盖2023—2025年研发任务的《东方电机科研项目指南》。

通过制定科研项目指南，改革公司科研课题来源模式，将过去以各部门为主体“自下而上”的申报模式，改革为以公司为主体“自上而下”的出题模式。科研项目指南以“问题导向、需求导向、发展导向、兴趣导向”为原则，强化用户出题、市场出题、专家出题，确保广泛参与。通过科研项目指南确保研发工作真正解决实际问题、真正提升基础能力、真正体现发展需要，强化科技创新顶层战略指引的作用。

（二）以内部挖潜与开放协同并进为研发提供资源保障，解决科技创新“谁来做”的问题

研发资源紧张、基础平台薄弱、专业融合存在壁垒等，一直以来都是制约东方电机科技创新发展的重要瓶颈因素。东方电机大力改革内部研发部门的组织机构，建立外部开放式协同创新机制，促进内外部创新资源融合，解决研发工作协调不畅、人手不够、活力不足、协同不深等瓶颈问题，激发“答题人”动力和活力。

一是“促融合”。东方电机开展20年来最大力度的组织机构改革，成立科技创新规划办公室、研发中心、数字化与智能制造技术部等机构，构建了有利于消除部门壁垒、有利于团队作战、有利于专业融合的科技创新环境。

二是“提能力”。自2020年开始，东方电机加大了数字化研发创新平台建设力度，进一步强化各专业专用工具平台的开发，固化知识和经验、规范准则和流程，把研发人员从大量重复烦琐的工作中解放出来。策划并加快建设一批研发基础设施平台，着力提升研发能力、研发效率、研发质量，补足

资源短板。数字化建设层面，东方电机对已建成的 3 个数字化车间进行提质升级，新建了发电机柔性装配数字化车间等 5 个数字化车间，成功获评四川省数字化转型促进中心、入选国有企业数字化转型试点企业。创新平台方面，东方电机建成了国内先进冲击式模型试验台，成功申报了四川省先进水电装备创新联合体，“藏东南水电装备技术联合研发中心”等在建的重大创新平台也在加快推进。

三是“走出去”。东方电机构建开放协同科技创新体系的重大举措就是建设校企协同创新团队。通过制定相关支撑制度文件，明确了与行业知名高校、科研院所和研究团队建立长期、长效的稳定合作关系，开展滚动式、迭代式出题和攻关的流程制度。已与清华大学、华中科技大学、中国科学院电工所等多所高校和科研院所签订了长期的协同创新团队协议，成立了 11 个协同创新团队。通过“走出去”协同创新，将外部研究力量转化为内部研发团队的有效外延，真正实现“行业为我所用”。

四是“引进来”。东方电机以高校协同创新团队为依托，与联合单位建立人才联合培养机制，以任务为目标柔性引进联合体单位的高层次人才，“不求所有、但求所用”。通过制定《高层次人才引进工作推进小组工作规则》《“柔性”引才工作规则》两项制度，为人才引进提供制度保障。2023 年东方电机柔性引进 A 类人才 2 人，分别为顾国彪和张宗亮院士，引进 B 类人才 5 人和 C 类人才 8 人。加快推进企业与高校联合培养硕博士工程，与重庆大学、西安交通大学、中国海洋大学等院校合作开展硕博士培养，同时提供充足便利的条件，为联合体单位培养人才发挥作用，将双方的稳定合作关系发展成为人才成长的摇篮和人才引进的渠道。

（三）以科技管理创新为科研松绑赋能，解决科技创新“怎么做”的问题

科研管理是科技创新体制改革的重要环节，它直接关系到科研资源的配置和管理效率。系统性推进科技管理创新改革，就是尽最大可能为科研人员减轻事务性负担，减少繁文缛节，赋予科研人员对等的责权利，以“松绑赋能”激发创新动力与活力。

一是高效的分级分类管理，提升研发产出效率。对指南课题简化立项管理，对非指南课题简化过程管控和结题流程，将科研项目分类分级管理，确保研发人员将有限的精力用到对公司发展具有重大意义的课题研究上，提升研发产出效率。

二是改变考核导向，从“单一考核”到“综合评价”。改革绩效考核方

式，通过优化制度机制，将过去考核方向重点从单一的完成率改革为课题立项、过程、成果等综合绩效评价，注重成果的产出和成果价值，确保课题选题有质量，课题完成有保障。同步推进科研诚信制度建设和尽职合规免责制度建设，把“要我科研”的被动接受模式变成主动为公司技术提升出谋划策的“我要科研”模式。把管理变为服务，创建不再视科研为负担的良好创新环境。

三是优化揭榜挂帅项目模式。在总结经验的基础上，进一步优化制度，让项目负责人责任和权利相匹配，通过揭榜挂帅的模式，充分授权揭榜项目负责人在所负责项目内的人、财、物的裁量权和分配权，充分体现揭榜人在科技揭榜挂帅中的责权利相统一。将项目激励分配权赋予项目负责人，以激励分配的指挥棒推动考核权力的落实落地。奖励分配权重向主研团队和骨干人员倾斜，改变过去激励导向不明、分配原则不清、激励效果不佳的问题。

（四）以成果分类评价明确价值导向，解决科技创新“如何评”的问题

结合研发实际，针对不同类型的研究工作采用差异化的评价模式，以实现科学管控、客观评价和明确导向的目的，做好“阅卷人”角色。通过改革成果评价模式，充分发挥科技成果评价指挥棒作用，全面准确反映成果创新水平、转化应用绩效和对企业发展的实际贡献，着力强化成果高质量供给与转化应用。

一是健全完善科技成果分类评价体系。对研究成果进行分类评价，针对基础研究类课题、应用研究类课题、产品开发类课题的不同特点，采用各有侧重的评价维度。通过分类评价、建立完善的评价指标和评价方法等，构建全面完整的评价体系，实现成果价值的准确衡量。

二是完善科技成果奖评价标准。将科技进步奖分为基础技术类、应用技术类和新产业技术类进行分类评价，改变过去唯重大项目的评价模式，树立重视基础科研和前瞻性技术的价值导向，解决一直以来基础性和前瞻性科研“重要不紧急、该干没人干”的问题。

三是引入第三方评价机制。通过组织与协同创新团队学术交流互动，定期开展协同创新成果阶段性评价和验收。对于重大项目评审，改变以往的资料评审为面向全技术专业的公开答辩评审，并引入外部特邀专家进行评价，保障成果评价公开、公平、公正。在成果评价的改革下，东方电机邀请了清华大学、华中科技大学、四川大学等高校的知名专家和学者作为评委评选公司的科技进步奖。公开答辩评选不仅以实事求是、严谨务实的标准对成果进

行公正评比，同时也打造了开放、融合的创新生态。

（五）以建立和完善技术标准体系为目标，解决科技创新成果“如何用”的问题

如何做好成果转化一直以来是科技创新的一个痛点。东方电机以建设技术标准化体系为抓手，将科研成果固化在技术标准之中，再通过成果应用体系建设、鼓励成果开放共享等活动，把成果应用的导向贯穿整个研发过程，有效打通成果转换的“最后一公里”，使研发成果应用形成“始于用户、终于用户”的有效闭环。一是明确目标。在科研项目指南中的研究课题，就明确以解决问题、优化方法、改良模型、形成规范、建立准则、制定标准、开发工具等为目标，尽可能设置可量化可考核的指标。二是严格验收。改变过去仅仅以研究报告结题的方式，对课题设置分级验收制度，重要课题进行公司级专家团队验收，对目标达成的程度进行考核，确保研究成果能真正指导后续产品和技术开发。在课题验收和评价环节，成果应用和标准固化也作为重要的评价指标之一。三是开放共享。公司制定相关科研共享制度，鼓励科研人员主动开放和分享科技成果，促进科技成果的共享与交流，解决过去研究成果产出后即被束之高阁的问题，鼓励研发和应用形成良好互动。

三、取得的成效

科技体系改革为科技创新提供了更广阔的空间、更充沛的活力。近 3 年，东方电机研发投入强度保持在 5% 以上，年均增长 17.9%，专利申报数量年增长率超过 10%，其中发明型专利占比超过 50%，新质生产力加快形成，重大科研成果竞相涌现，打造了一个又一个大国重器。

在高端水电方面，自主研制的白鹤滩左岸 8 台百万千瓦水电机组率先投产，开创了巨型水电机组温差控制和摆度水平新纪元。成功实现国产化首台 150 兆瓦级大型冲击式转轮工程应用，开启了我国水力发电产业高质量发展新篇章。自主研制全球单机容量最大功率 500 兆瓦冲击式水电机组，实现多个里程碑节点目标，推动中国水电装备研制水平再上新台阶。积极推进抽水蓄能机组技术突破，系统构建具有完全自主知识产权的抽水蓄能机组研制和调试技术体系，实现抽水蓄能核心技术自立自强。参建的国家重大水利工程——珠江三角洲水资源配置工程全线通水，形成了成熟自主可控、高效安全稳定、综合性能优秀的水力大泵研发体系。

在高端热电方面，自主研制“华龙一号”核能发电机，“国和一号”第三

代核能发电机，助力我国核电技术水平和综合实力跻身世界第一方阵。完成第三代1000兆瓦等级汽轮发电机设计开发，多项关键技术国内领先，为燃煤发电提供更加灵活的解决方案。成功研制300兆乏新型空冷调相机，为我国特高压电网发展和安全运行提供有力保障。成功研制国内首批50兆乏凸极空冷和50兆乏隐极空冷分布式调相机，持续保障区域电网安全稳定运行。

在清洁风电方面，自主研制的10兆瓦海上风电机组，可利用率持续保持在98.3%以上，跻身世界“最佳海上风电机组”榜单。全球单机容量最大的18兆瓦海上直驱风电电机成功下线，创造行业新纪录。6兆瓦、8兆瓦级半直驱风电电机批量产出，实现了半直驱产品从无到有的突破。4~5.5兆瓦级双馈风电电机指标优良，产品性能及经济性达到国内先进水平。

在战新产业方面，成功研制世界单机功率最大120兆瓦变频调速同步电动机，产品性能优于国际标准，技术难度世界领先。成功研制BDO高压化工屏蔽泵，打破国外长期垄断，填补了国产BDO装置循环液泵的应用空白。成功开发多场景用能侧综合能源规划技术，形成完整的综合能源整套系统解决方案。成功研发国内工业领域首个吨级高温蒸汽热泵系统，填补了行业空白。

（由中国东方电气集团有限公司供稿）

妥善应对全球发展新挑战，打造核电现代化“华龙一号”产业链，坚决扛起国家能源安全政治责任

一、基本情况

中广核工程有限公司成立于2004年2月，是中国广核集团旗下唯一的核电工程公司，也是中国第一家专业化的核电工程管理公司。经过多年工程实践，公司以集约化、项目式、矩阵型为原则，按照“一个AE公司、两级矩阵、三类组织”模式进行运作，打造了以核电全产业链安全质量管理能力、设计主导与系统集成能力、项目群集约化管控能力、技术创新引领能力、产业链资源整合能力为核心的“AE能力”，实现资源集约化管理、高效化利用。目前，公司掌握了项目开发、前期准备、主体工程建设、项目收尾各阶段的产品型号研发、工程设计、设备成套、建安施工、机组调试启动等核电工程建设全链条专业技术能力，可以有效实施项目建设安全、质量、进度、成本、技术、环境六大控制，能够为客户提供先进、安全、优质、高效、经济的项目整体解决方案。

（一）具备行业领先的核电建设总承包能力

公司持有核电项目建设所需的工程设计、监理、咨询、电力调试、民用核安全设备设计许可、辐射安全许可等方面甲（特/一）级资质12项、乙级资质15项，并有望在年底获取工程设计综合甲级资质及勘察综合甲级资质，是国内目前资质最齐全、管理水平最先进的核电工程建设总承包公司之一。

工程设计方面。公司围绕设计源头提升电站本质安全，建立了覆盖项目全业务流程的设计管理体系，拥有国内唯一覆盖全厂核电设计的专业配置，具备多种核电技术和型号自主研发能力，目前已成功研发我国自主知识产权三代核电技术“华龙一号”。

设备采购方面。公司建立了标准化、专业化、规范化的设备采购体系，

具备核电、海上风电设备采购与成套能力、产业链资源掌控能力，可以有力保障国内外多项目多基地设备供货任务。

施工管理方面。公司掌握了核电站建造关键技术，持续开展先进建造技术研发，并具备核电工程关键工艺施工组织能力，以及核电工程现场总集成能力和资源管理能力。

调试启动方面。公司具备了国际一流的核电调试组织与实施、机组启动与试运行能力、自主化调试总承包能力和核心技术应用能力。

（二）打造了一支高效专业的人才队伍

公司以创建国际一流 AE 公司为目标，打造了一支高效专业的人才队伍。公司员工总数为 5443 人，本科及以上学历占比为 98.5%，特殊人才 87 人。其中，专业化供应链管理团队共 681 人（30 余人获取英国皇家采购与供应链管理认证资质），负责供应源搜寻、能力风险评估、招标采购、合同执行、质量保障、质量体系建设等设备采购全周期业务。此外，公司有优质的供应链团队常驻在英国、法国、纳米比亚等国家，为全球客户提供供应源搜寻、设备采购集成、项目建设等相关业务。

二、实践经验

近年来，国内外核电市场环境日益复杂多变，公司深刻意识到当前我国核电产业链存在与国际“脱钩断链”风险增加、核心关键技术掌控力不足、核安全意识未深入人心、经营风险防范意识不足、创新体制机制不健全等严峻挑战。

习近平总书记指出，中央企业等国有企业要勇挑重担、敢打头阵，勇当原创技术的“策源地”、现代产业链的“链长”。国务院国资委要求中央企业着力提升基础固链、技术补链、融合强链、优化塑链能力，不断增强产业链供应链韧性和竞争力，在现代产业体系构建中更好发挥支撑引领作用。

为贯彻落实党中央国务院决策部署，妥善应对内外部环境变化趋势，把握机遇、顺应形势，公司提出打造现代化“华龙一号”产业链，切实提升产业链核心竞争力，增强产业链韧性和安全水平，坚决扛起能源安全政治责任。具体目标为：2025 年前，实现核电设备产业链全面自主可控，增强“华龙一号”产业链韧性和安全水平；2030 年前，培育一批具有国际竞争优势的示范企业，共建安全、自主、高效、先进的现代化“华龙一号”产业链。

（一）持之以恒，稳步提升产业链设备质量

一是深入推广践行核安全文化。持续策划开展核安全文化专项培训，邀请监管单位、行业专家授课，培育产业链单位核安全文化建设内驱力并向各级分包商延伸。连续多年开展核安全文化评估，识别产业链单位核安全文化建设的薄弱环节，并精准施策，通过“领导上讲台”、核安全文化研讨、震撼教育等活动，使蓝色透明的核安全文化成为普遍共识。创立《核电国产化》会刊，大力宣传核安全文化，共享政策信息、技术动态，受到产业链企业的高度认可。

二是擦亮核电设备质量金字招牌。从巩固基础、优化体系、深化协同、抓细关键四个维度，协同产业链企业连续 6 年实施《华龙一号产业链设备质量管理提升方案》，识别并增设风险控制点，化解重大设备质量风险。建立并实施“四新”风险管控机制，加强对新合作伙伴的帮扶，并高度关注采用“新方案、新工艺、新材料”的设备，严防质量风险。发布《设备采购防造假管理改进方案》，开展防造假“回头看”等系列行动，推动产业链企业落实防造假主体责任，有效识别并主动拦截造假事件。

三是持续培育产业链人才队伍。在产业链建立“两级 QA、三级 QC”质量管理体系，并开展专项质保培训和联合质保监督监查，结合实践强化质保工作流程和要求，促进产业链质保队伍能力水平提升。组织开展产业链质量经理认证系列培训及实践考核，有效提升骨干人员的质量意识和专业技能，目前已有来自 251 家企业 771 名骨干人员取得认证。

（二）强化协同，有力保障项目高质量建设

一是技术协同解难题。核电设备专业类别多、制造周期长、技术要求高，存在技术要求变化频繁、制造工艺成熟度不足等风险，针对设备设计、制造、调试等阶段应分别开展有针对性的技术保障工作，深化产业链协同，确保技术要求有序传递和协调统一，有效保障技术符合性。成立联合办公室，搭建产业链企业合署办公平台，及时解决项目建设过程中发现的设备质量问题，保障项目建设进度。

二是管理协同保建设。构建了全周期标准化计划管控体系，通过设定计划标尺、计划动态联动、计划分级管控等措施，持续总结过往供货经验，优化计划管控体系，提升设备到货与现场需求的匹配度。持续探索通过数字化手段加强计划协同，打造“WE-LINK 设备智慧供应链平台”，实现计划信息

系统互联互通，提升信息流转效率。针对重点项目，实施“采购包对制造厂、区域系统对项目”的双重预警机制，提升设备到货进度与现场需求的匹配度，打破以专业为采购单元的壁垒，全面提升各方协同能力。

三是服务协同强保障。不断总结服务经验，构建设备问题经验反馈闭环体系，预判项目各节点设备风险点，分析问题成因，制定系统性、针对性预防措施，形成预防性服务保障。开展服务资源预配置，从人力、物力等方面提前统筹，协同产业链专家资源，组建专项组，及时解决现场难点问题，保障项目重大节点顺利完成。

（三）独立自主，坚持不懈开展关键核心技术攻关

一是搭建平台促研发。协同国内 50 余家设备制造企业于 2009 年成立了中广核核电设备国产化联合研发中心，搭建紧密合作的技术攻关平台，建立“产学研用”深度合作的研发创新体系，并依托批量化项目建设，促进国内核电设备产业链制造能力和创新能力实现了跨越式发展。目前，联合研发中心理事单位已经扩充到 143 家。

二是健全机制促研发。创新性采用“研发 + 供货”模式，通过发布《项目落地应用总体方案》及分阶段实施推动关键核心技术攻关及应用计划。鼓励和支持各产业链伙伴持续加大对核电设备研发的投入，建立技术攻关成果和项目应用联动机制，实现“风险共担、成果共享”，解决联合研发单位市场顾虑，有效激发产业链伙伴广泛参与设备自主化攻关的积极性。

三是强化交流促研发。组织主设备大型锻件制造经验交流、泵阀和配套产品质量提升、技术方案鉴定评审、成果鉴定评审等专业技术会议，邀请监管单位、知名专家针对行业技术热点难点问题进行分享，共同解决核心技术攻关难题。

（四）提前谋划，打造长期稳定的核电设备供应市场

一是不断开拓国内优质供货资源。针对长期独家供应的设备，引导各潜在供应商主动作为，加强产品研发和技术改进，成功打破主蒸汽管道、橡胶膨胀节、合金及控铬厚壁管道等设备国内长期一家供应商垄断局面，让供应资源更加成熟稳定。

二是渐进式推进市场构建。针对部分技术较复杂设备，通过专题培训、技术交流等方式，对供应商开展渐进式培养。以某设备为例，先后以常规岛、核岛 10% 份额、20% 份额、50% 份额作为试点，渐进式引入竞争。目前已逐

步建立充分竞争的市场局面，供应商履约更加积极，项目需求得到更好保障。

三是合理划分采购包。结合供应链市场情况，对采购包划分合理性进行专项梳理并重新划分，确保每个采购包 2~3 家供应商参与竞争，通过良性竞争促进市场资源，并促使设备实体成本持续下降。

四是积极防范市场逆回。对于新引入的合同供应商，连续 3 年内择机组织“回头看”商务风险排查，并定期向相关方了解供应商执行动态；对于供应商不规范或不成熟行为，及时敦促改进，必要时给予专项帮扶，避免其逆回为不合格供应商。

三、取得的成效

（一）久久为功，核安全文化深入人心

在多年实践中，公司逐渐树立“安全第一、质量第一”“四个凡事”“千方百计、万无一失”“今天是设备质量就是明天的核安全”等具有鲜明企业特色的核安全理念，并逐步向产业链企业推广延伸，让核安全理念在产业链企业落地生根。例如，“四个凡事”理念（凡事有章可循、凡事有人监督、凡事有人监督、凡事有据可查等）与装备制造产业结合度比较高，受到各家企业的一致认可，已逐渐融入相关企业的管理体系，并发展成为企业文化的重要组成部分。

同时，经过多年的不懈努力，“华龙一号”产业链设备质量明显提升，设备供货合格率持续保持高位，连续多年未发生因设备质量导致的一级里程碑天数损失。同时，产业链企业防造假意识和防造假能力得到显著提升，造假事件数量逐年降低。

（二）持续创优，群堆建设取得优秀业绩

公司积极探索和完善产业链协同机制，不断丰富 AE 模式协同内涵，圆满完成 CPR 批量化项目建设任务，并高质量建设中广核“华龙首堆”，顺利迈入“华龙一号”批量化建设新阶段。

截至目前，公司已顺利建成 24 台核电机组，占全国同类堆型 67.1% 的市场份额，高峰期同期建设规模达 16 台机组，位居同期全球第一。其中，CPR 系列核电机组平均建设工期为 65.8 个月，平均能力因子达 93.6%，20 万工时工业安全事故率远低于国际同行，安质环管理水平全面达到国际先进水平；阳江 4 号机组创造了全球 M310 压水堆 51.9 个月最优工期（位居全球百万级

压水堆第三），并获评“国家优质工程金奖”；高质量建设华龙首堆，实现了“冷试、热试、临界、冲转、并网、各功率平台试验一次成功”的“四零”目标。

（三）突破重围，关键核心技术攻关取得重要进展

截至目前，公司与产业链企业累计签订关键核心技术联合研发协议 200 余份，联合开展设备鉴定与评定超过 10000 次，累计突破关键核心技术超过 400 项，获得 300 余项发明专利、30 余项省部级或行业奖项，实现 1000 余台（套）核电高端设备核心技术自主可控。

型号研发方面，推动技术改造与自主创新，陆续形成了拥有自主知识产权的二代 CPR1000、CPR1000+ 技术，并研发具有三代核电技术特征的“华龙一号”技术。主设备方面，全面掌握核岛主设备大型铸锻件的关键技术和工艺，并实现自主供货；泵阀设备方面，完成主蒸汽释放调节阀、核岛严酷工况调节阀等核电高端阀门的攻关；仪控设备方面，完成核级 DCS 控制系统和睦一号、堆外核测量仪表系统、堆芯测量系统等核电关键仪表和系统的研发；电气设备方面，完成主变压器、应急柴油发电机、K1 级电缆等关键设备的研发；关键零部件及材料方面，完成主泵轴封、合金焊接钢管材料等关键部件和材料的研制。

（四）固本强基，产业链安全和韧性显著提升

经过多项目的积累，公司携手 5400 多家产业链企业共建核电设备产业链，目前已形成了可支撑核电大规模快速发展的工业体系，主要包括：以一重、二重和上重为产业龙头的大型铸锻件和反应堆压力容器制造基地；以东方电气、上海电气和哈尔滨电气为产业龙头的核电主设备制造基地；以沈阳鼓风机集团、重庆水泵、江苏神通和大连大高阀门为代表的核级泵阀制造基地；以中广核数科为代表的核级仪控系统设备制造基地。

截至目前，“华龙一号”项目设备国产化率已提升至 95% 以上，关键技术自主掌控能力得到全面提升，产业链安全水平和韧性得到显著增强。为检验国内产业链对“华龙一号”在建项目的支撑作用，公司选定某在建项目，从全流程、全周期各个阶段进行了国产化压力测试。测试结果表明，即使在全面脱钩断链等较为极端的情况下，项目设备按期供货的风险基本可控，关键核心设备都已实现国产化替代，可以确保项目建设按计划推进。

随着“华龙一号”的成功研发和示范项目的顺利投产，标志着我国已在

三代核电领域跻身世界前列，核电产业链自主创新能力和核心竞争力实现了大幅跃升。发展核能产业已成为保障我国能源安全、实现碳达峰碳中和战略目标的关键举措，也是我国加快形成新质生产力、培育发展新动能、落实制造业强国的重要抓手。中广核工程有限公司将以习近平新时代中国特色社会主义思想为指导，心怀“国之大者”，深入贯彻落实国务院国资委中央企业融通发展共链行动要求，坚决扛起强核强国的历史使命和国家能源安全的政治责任，坚持共建、共享、共赢，抢抓历史机遇，引领带动核电设备产业链转型升级，打造具有世界水平的现代核电产业集群，开创现代化“华龙一号”产业链高质量发展新局面！

（由中国广核集团有限公司供稿）

创新开展矿权区块内部市场化流转
全力推进油气增储上产

一、基本情况

中国石油化工集团有限公司（以下简称中国石化）的前身是成立于 1983 年 7 月的中国石油化工总公司。1998 年 7 月，按照党中央关于实施石油石化行业战略性重组的部署，在中国石油化工总公司基础上重组成立中国石油化工集团公司，2018 年 8 月，公司改制为中国石油化工集团有限公司。中国石化是特大型石油石化企业集团，对其全资企业、控股企业、参股企业的有关国有资产行使资产受益、重大决策和选择管理者等出资者的权利，对国有资产依法进行经营、管理和监督，并相应承担保值增值责任。

中国石化是中国最大的一体化能源化工公司之一，主要从事石油与天然气勘探开采、管道运输、销售；石油炼制、石油化工、煤化工、化纤及其他化工产品的生产与销售、储运；石油、天然气、石油产品、石油化工及其他化工产品和其他商品、技术的进出口、代理进出口业务；技术、信息的研究、开发、应用；氢气的制备、储存、运输和销售等氢能业务及相关服务；新能源汽车充换电，太阳能、风能等新能源发电业务及相关服务。

中国石化深入贯彻习近平总书记关于“四个革命、一个合作”能源安全新战略和对能源行业的重要指示批示精神，始终心怀“国之大者”，坚守“我为祖国献石油”的信念，大力推进油气勘探开发理论与技术创新，提升油气勘探开发力度，推进油气增储上产，发现并建立了我国最大的海相深层高含硫气田普光气田和首个商业开发的大型页岩气田涪陵页岩气田，“深地工程”、胜利济阳页岩油国家级示范区建设高质量推进，保持了主力油田稳产上产，实现东部硬稳定、西部快上产、天然气大发展，为保障国家能源安全、促进国民经济发展、国有资产保值增值作出了重要贡献。

截至 2023 年底，中国石化在国内拥有油气勘查区块 196 个，面积 36.52 万平方千米；拥有开采区块 379 个，面积 4.16 万平方千米；累计探明石油储量 94.6 亿吨、天然气储量 4.2 万亿立方米。

二、实践经验

2017 年以来，面对大量油气储量资源受限于经济和技术条件无法有效动用，造成大量的勘探投入沉淀在地下的现实问题，为有效盘活储量资源，加快转化为产量和效益，推进难动用储量“管起来、动起来、活起来”，中国石化深入贯彻习近平总书记提出的“四个革命、一个合作”能源安全新战略，适应国家油气体制改革新形势新要求，在加大高质量勘探和效益开发、大力推进稳油增气降本的同时，坚持把加大矿权区块内部流转作为大力提升油气勘探开发力度的重要举措，针对内部市场活力不足影响勘探开发进度、新区勘探投入不足、矿权分布与企业技术人才实力不平衡等问题，突出储量价值管理，建立储量统一管理制度，运用市场化机制在所属企业间推行矿权区块流转，累计实施 5 批次矿权区块内部流转，创新体制机制，激发企业内生动力，推进储量、人才、技术及资源共享，实施低成本战略，有效推动了增储上产。

（一）构建矿权区块内部流转工作机制

1. 建立科学有效的矿权流转管理体系

一是成立工作领导小组。中国石化成立了由分管领导任组长的矿权区块内部流转工作领导小组，负责总体协调工作，组织筛选确定拟流转矿权区块，制定矿权区块流转政策，对矿权区块流转成效进行监督检查和考核。领导小组下设办公室，负责组织制定区块内部流转实施方案、评估矿区块和储量价值，以及组织实施工作。

二是规范矿权流转决策机制。广泛征求各油气田企业的建议，通过自下而上和自上而下相结合的方式，综合考虑流转区块存在问题和引入企业的相对技术优势，按照效益最大化的原则实行矿权内部流转，以市场办法配置油气资源，激活内部勘探开发市场，提高整体效益。遴选勘探、开发、工程、经营等领域专家组成评审专家组，根据资源评价结果选取适宜内部流转区块，量化打分推荐流转接收单位，保证全过程公平、公正、公开。

三是建立矿权区块流转储备库。借鉴国际石油公司矿权分类管理的经验，完善资源评价系统，定期组织专家对按照资源评价系统筛选出的符合流转条件的各选区块进行论证和认定，建立流转区块管理库，对各类型区块实施分类评价管理，为流转、交易和退出提供依据。将四类的探矿权、采矿权区块纳入流转范围，主要包括连续 3 年未提出可实施的部署方案的勘查区块；原所属油气田企业不能有效组织勘探开发工作的区块；探明未动用储量区块及长期经营亏损的开发区块；通过发挥油田板块的人才、技术、管理优势，可加快推进增储建产增效进程的区块。

2. 健全矿权流转管理制度

一是规范矿权区块内部流转程序。为规范油气矿权区块流转管理，健全完善配套制度，研究制定了《油气矿权区块流转实施办法》，明确了拟流转区块的选取、资料包制作、信息发布、流转方式选择、组织招标或议标、确定承接主体、区块交接、实施与管理等流程和程序，推进矿权流转工作常态化、制度化、规范化。

二是规范流转过程管理。严格遵照国家法律法规，完善内部竞争流转操作规范，制定储量资产评估规范标准，健全第三方评估机制、工作环节及制度，对流转区块实行从遴选、发布、招标、申请、评审、交接到完成的全过程管理。采用竞争方式优选承接单位，充分考虑区块的特点、难点和效益开发要求，通过招标会审方式，组织专家从技术可行性、经济性、体制机制创新、运行组织保障、抗风险能力五个方面进行量化打分，确定区块承接单位。制定了资产资料移交标准目录和交接协议标准文本，确保资产资料移交完整有序、运行安全平稳。

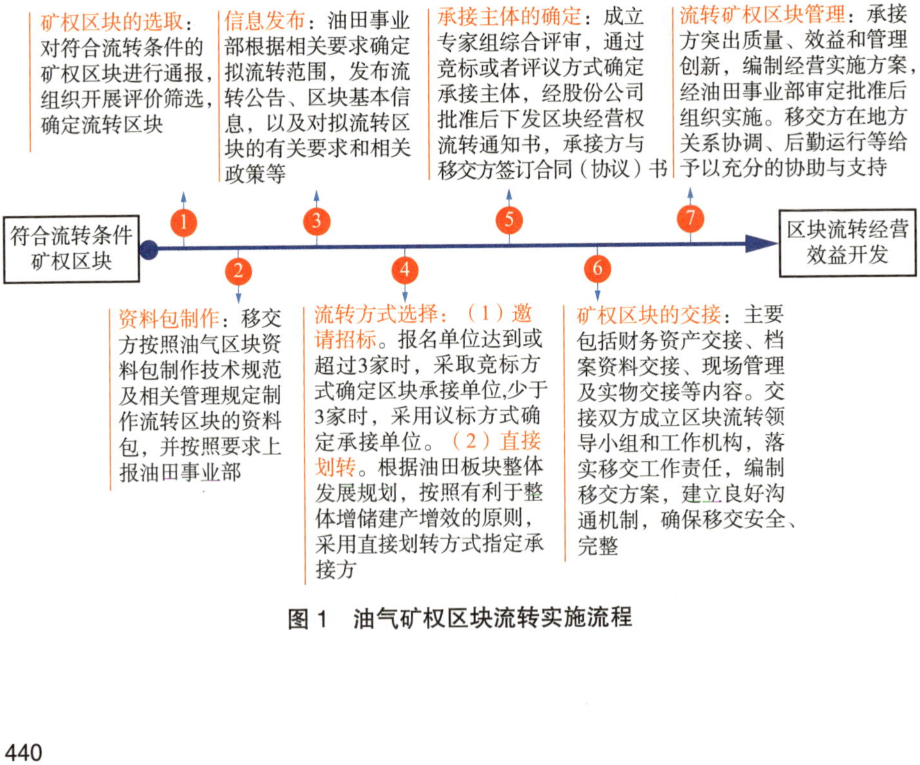

图 1　油气矿权区块流转实施流程

表 1　区块流转经营方案主要内容

评审项目	主要评价内容
技术可行性	主要包括油气藏认识到位、技术针对性强、技术可行性强、低成本技术应用等
产能建设组织运行	主要包括科学合理部署勘探开发工作，加大产建组织运行和工作效率，尽快形成规模产能
经济性	主要包括经济评价适应性强、低成本举措多、经济效益好等
体制机制创新	主要包括管理运行机构设置先进性强、组织管理职责清晰、配套机制到位、管理创新点多等
勘探开发业绩	主要包括在油气田管理中拥有成熟的勘探开发技术、管理经验，取得良好的经营业绩
抗风险能力	主要包括实施低成本发展、保持成本先进合理、具有可持续性、抗风险能力强等

三是建立流转矿权区块效益开发跟踪评价机制。根据统一规划和年度工作安排，对各类型区块实施分类评价管理，对符合条件的区块纳入流转范围。在流转过程中，明确产量、效益、成本等目标，严格按照新体制机制组织运行，对流转区块实施投资计划单列、财务预算单独核定、效益跟踪单独考核等改革举措。定期对照区块经营实施方案对流转矿权区块管理和经营效益情况开展检查评价，确保实现油气资源高效利用、价值最大化。对流转矿权区块实施进展及效果进行评价，纳入对相关油气田企业的年度绩效考核。

3. 循序渐进逐步加大流转力度

一是筛选旬邑—宜君区块开展内部流转试点。2017 年，先期选取因油价下跌导致亏损全面停产的华北油气分公司鄂南旬邑—宜君致密油区块进行内部流转试点，该区块位于鄂尔多斯盆地南部，具有“低压、低渗、低产”的特点，有效开发动用难度大，动用率仅为 14%。经过竞标，专家组会审，择优从 3 家申请单位中选择河南油田作为流转承接单位，标志着中国石化矿权区块内部市场化流转改革、探索难动用储量效益开发新模式迈出关键步伐。截至 2023 年底，先后复产油井 163 口，SEC 储量从 3.07 万吨上升到 15.03 万吨，储采比由 1.2 上升到 5.25，累计生产原油 15.4 万吨，单位现金操作成本相较流转前降低 67.6%，盈亏平衡点控制在 40 美元 / 桶以下，盈利 1.27 亿元，实现了低成本效益开发。

二是常态化开展矿权区块流转工作。在旬邑—宜君区块完成试点后，为有效盘活储量资源，加快转化为产量和效益，中国石化持续加大矿权流转力度。2018 年，通南巴、百色油田、彰武油田、郎岱和安顺 5 个矿权区块分别流转至中原油田、江苏油田、江汉油田、勘探分公司。2023年，塔里木、黔南、桂中等4个目标区16个探矿权区块（面积3.47万平方千米），分别流转到勘探分公司、华东油气分公司、江苏油田等企业。截至2023年底，流转矿权区块面积4.26万平方千米，探明石油储量3824万吨、天然气储量275亿立方米，油气资产及地面资产原值40.6亿元、净值11.7亿元。

（二）探索实施储量价值化管理

1. 选择兴隆气田开展储量价值化试点

为准确评价勘探储量价值成果，提升储量质量，加速将储量转化为产量和效益，开展储量价值化管理试点，制定了储量价值化方案、评价技术规范。根据SPE标准，按商业开发机会进行储量/资源量分级（储量、潜在资源量、远景资源量）；按不确定性进行储量/资源量分类（1P/2P/3P、1C/2C/3C、1U/2U/3U）。2019年，选取兴隆气田作为储量价值市场化交易试点，该气田面积400平方千米，探明地质储量76.5亿立方米。经第三方独立评估，2P储量价值为4.76亿元、2C储量价值为12.65亿元。模拟市场化对储量价值开展竞标，把SPE储量价值评估标准作为矿权区块流转的重要依据，探索内部储量价值市场化交易机制，通过专家组对4家竞标单位勘探开发和经营方案评价，择优确定承接单位，将兴隆气田由勘探分公司流转到江汉油田分公司。

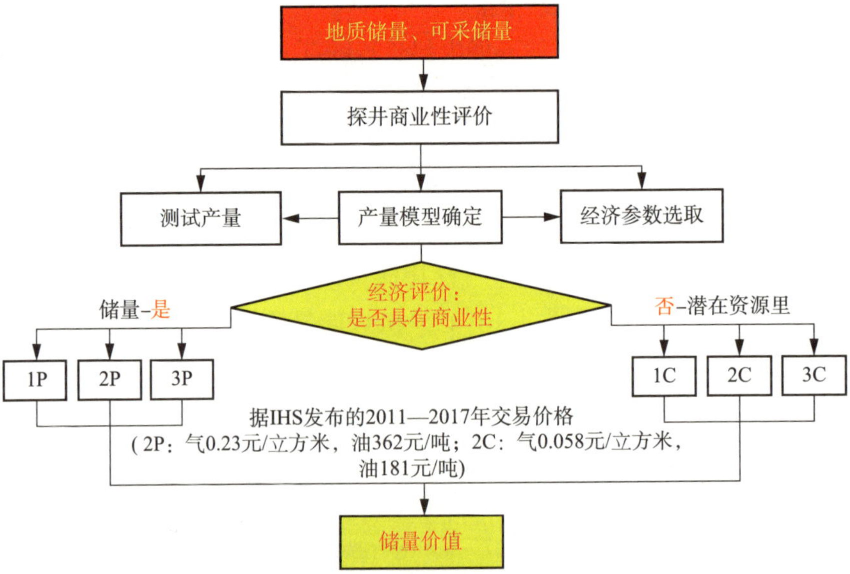

图2　SPE储量评估流程

2. 开展储量价值化专题研究

组织勘探分公司、石油勘探开发研究院等单位，结合勘探发现规律，在区块流转方式、储量价值交易规则与价值计算方法、税收策略、激励约束机制等方面开展系统研究。采用 SPE-PRMS 规则评估（2P+2C）储量，同时参照 IHS 数据库中近期国际储量交易价格，以未来的收益体现储量资源的价值，建立统一的储量价值计算方法，完善价格形成机制。

（三）创新矿权流转区块管理模式与机制

1. 创新流转区块“油公司管理模式”

在流转区块成立新区新领域勘探项目部或者未动用储量开发项目部等扁平化的组织架构，按照单列项目进行管理。河南油田在承接旬邑—宜君矿权区块后，为降低管理运行成本，按照项目化运作、市场化运行、社会化服务和精干高效的原则，组建了渭北油气开发项目部，定员 10 人，以项目经理负责制为核心，建立“责、权、利”对等的奖惩激励机制。

在前期有关企业油公司改革探索的基础上，充分结合流转区块体制机制创新实践经验，在全部油气田企业持续深化改革。2015 年完成油公司扁平化体制改革，由“油气田分公司—厂—矿—小队”四级调整为“分公司—厂—管理区”三级，压扁了一级管理层，机关部门减少 34.3%，采油气生产基层单位减少 80.7%；2018 年全面完成分公司层面专业化改革，非注采输业务从采油气厂剥离，涉及人员 31101 人、资产 37.5 亿元，配套内部市场化服务定额体系，对同类资源“集中使用、统一调配、专业化管理、市场化运行、区别化发展”；2018 年以后推进扁平化升级，结合信息化建设，推进做精油气生产单元、做专服务保障单元、做强科研单元、做优管理单元，在华东、江苏、华北、西南等企业推行“厂直管班站”，江汉、东北等企业试点科研人员集中管理，胜利、中原等企业推进专业化队伍项目化管理；2021 年以来，结合生产信息化建设，推行数智化条件下基层单位标准化建设，推进基层劳动组织方式与生产运行模式变革，16 家基层试点单位机构精简 33.9%，全口径用工优化 15.7%，人均产量、人均管井数分别提升 26.4%、30.1%。

2. 建立矿权流转区块市场化经营机制

围绕激发流转区块经营活力，推行“技术 + 服务”管理，赋予用工、成本、薪酬、投资、采购、销售、选择队伍等经营权利，让区块管理主体可以充分依据市场和油价波动，确定生产和作业等运行方案。根据低品位难动用储量区块勘探开发成本较高的实际，推进勘探开发市场化降本，稳妥有序推进米费制计价体系降本、市场化有序竞争降本等创新做法，按照社会化管理、市场化运行方式实行业务外包，以降低运行成本、地面成本、管理成本为目的，在工程技术服务、生产运行、试油作业、地面工程、水电信息、后勤服务等方面引入市场竞争机制，系统内外队伍在同一平台、用同一标准公平竞争，精准降低产能建设投资和油气完全成本。

3. 推进从“管理油藏”向“经营油藏”转变

明确以油藏经营管理为核心，将储量视为资产，从管产量向管资产转变，变“管控”为“经营”，通过强化价值导向、长效投入，促进资源优化配置、经营成本降低，确保低油价下有效益、高油价下多盈利。构建以提升储量价值为导向的勘探开发一体化机制，以增加经济可采储量为核心的油藏开发管理模式，盘活以内引外联、共享共担为手段的油气资源管理。以效益产量为目标，强化油藏工程、钻井工程、采油工程、地面工程、生产管理、财务资产、计划经营、安全环保的多专业协作，将效益贯穿于油气生产的全过程，突出技术与经济的最佳匹配，推进储量、产量、投资、成本、效益“五统一”优化，全面实现油藏的高效开发。

三、取得的成效

一是实现了难动用储量增储上产、效益开发。矿权区块流转创新体制机制，实施低成本战略，有力助推了储量快探明、产能快建设、油气快上产。中国石化已流转的区块中，旬邑—宜君区块、百色油田、彰武油田三个停产区块实现成功复产，累计生产原油 19.16 万吨，盈亏平衡点平均降低约 70%，特别是旬邑—宜君、百色油田实现效益开发，累计盈利 1.29 亿元；四川盆地通南巴区块、兴隆气田两个新区实现增储上产，累计生产天然气 3.84 亿立方米，新增探明储量 371 亿立方米，新建产能 2.89 亿立方米，取得了一批重要成果和勘探新进展，有效盘活了矿权区块和储量资源。

二是盘活了储量资源和各类油气资产。矿权区块流转打破“画地为牢”格局，统筹优化盘活矿权资源、储量资源、技术资源、人力资源、设备资源，发挥整体优势，通过体制机制创新、管理创新、技术创新，加快高质量勘探和效益开发节奏，实现无效变有效，有效变高效。通过实施矿权区块流转，在盘活了未动用矿权资源的同时，优化配置各类资源资产，特别是为技术力量相对富余、资源基础薄弱的企业提供了可持续发展阵地，实现了整体效益最大化，为高质量发展奠定了坚实基础。

三是实现了区块转出单位、区块承接单位双赢。区块转出单位减轻负担、化解勘探风险压力，加快扭亏脱困。区块承接单位发挥技术、管理优势，拓展发展空间，解决人员富余等问题，推进体制机制创新，实现增储增产增效。以旬邑—宜君区块为例，区块资产划转后（净资产 5.6 亿元），有效减轻华北油气分公司（国务院国资委挂牌督办特困企业）负担，推进轻装上阵，加快扭亏脱困。各承接单位使用本部人员管理，年优化配置用工 277 人。

四是探索形成了油公司项目化管理模式。各企业坚持项目化管理、市场化运作、依法合规、合作共赢、强化激励，创新管理制度，优化管理流程，加快盘活难动用储量资源，形成可复制可推广的项目化管理、经营承包、低成本开发等难动用储量效益开发模式。难动用区块项目化管理模式与油公司机制建设相结合，推进以油藏为对象的经营管理机制建设，突出操作成本、生产运行效率、用工总量，实施与基层单位职责相对应的灵活经营。

五是建立了完善的区块流转、储量价值管理的制度和工作机制。形成了以《中国石油化工股份有限公司矿业权管理办法》《油气矿权区块流转实施办法》等为主要内容的矿权流转制度体系，构建了全流程管理规范和标准，总结流转工作历程及各参与部门、企业在制度建设、技术创新、管理优化、降本增效等方面的经验做法，健全体制机制，油气矿权管理、区块流转管理等水平显著提升。

（由中国石油化工集团有限公司供稿）

创新能源管理机制，植入绿色化发展评价体系

一、基本情况

包头钢铁（集团）有限责任公司（以下简称包钢）成立于1954年，是国家在“一五”期间建设的156个重点项目之一，是周恩来总理唯一为其投产剪彩的钢铁企业，是习近平总书记指出的创造了“齐心协力建包钢”历史佳话的地方。经过近70年发展，目前包钢已经成为聚焦钢铁、稀土主业，资源及综合利用、物流、煤焦化工、节能环保、装备及现代服务等新兴产业协同发展的现代化企业集团，拥有包括包钢股份、北方稀土两个上市公司在内的100余家各级控参股公司，主要分布在内蒙古自治区包头市、乌海市、巴彦淖尔市、赤峰市及省外甘肃、山东、北京、河北、安徽、浙江、广东、江西等地。包钢拥有的白云鄂博多金属共伴生矿是中国西北地区最大铁矿，稀土储量居世界第一位、铌储量居世界第二位，是我国重要的钢铁工业基地和世界最大的稀土工业基地。

包钢坚定不移走以生态优先、绿色发展为导向的高质量发展新路子，全面推动以稀土为重心的战略转型，把打好“资源牌”“稀土牌”作为最大最独特优势，以钢铁和稀土产业为基础，构建主业与多元产业协同发展的产业体系；依托改革和创新，巩固提升稀土钢、稀土功能材料等领域的引领优势，在“十四五”期间继续做优做强钢铁和稀土两大核心产业，打造资源及综合利用第三极主业，推动节能环保、物流、煤焦化工、装备及现代服务等新兴产业高质量发展，打造“主业突出、多元协同”的产业发展格局。

二、实践经验

（一）案例提出背景

近年来，国家和自治区相继出台《“十四五”节能减排综合工作方案》《钢铁行业节能降碳改造升级实施指南》《内蒙古自治区“十四五”节能规划》、《推进自治区国资系统资源全面节约集约工作方案》等政策，这就要

求企业能耗“双控”管理制度更加健全有力，能源利用效率大幅提升，重要资源节约集约利用水平明显提高。作为大型钢铁联合企业，包钢主动响应，坚定不移推动能源革命，践行“四个革命、一个合作”能源安全新战略，在能源体制革命方面挖潜，创新能源管理机制迫在眉睫。

一是响应国家能源革命战略部署的需要。作为资源消耗大户，包钢节能降碳任务艰巨。

二是实现高质量发展的内在需求。高耗能问题严重制约包钢高质量发展，将绿色理念融入生产经营各环节，对降本增效、提升企业形象至关重要。

三是原有管理模式已难适应新形势需求。包钢传统的粗放型增长模式和管理理念已难以为继，缺乏统一协调、管理手段单一、刚性约束力度不够，影响了能源管理效率和成效。

四是企业内部改革的客观需求。包钢组织架构复杂，单一的自上而下的管理模式已难以适应，需要形成合力共治格局。

五是包钢发展战略的现实要求。制定科学的绿色化发展评价标准，将指标目标纳入考核体系，为实现包钢“高端化、智能化、绿色化”转型要求夯实了基础。

（二）案例实施主要创新点

一是能源管理机制有新开局。随着国家能源革命战略和“双碳”目标的不断推进，能源管理理念需要从系统性、战略性的高度进行全新定位。坚持降本增效与绿色低碳并重，能源管理与包钢整体战略目标保持高度契合，实现管理制度、目标责任书与评价标准的“三统一”。包钢创新能源管理机制，实现能源管理激励机制、约束措施与整体管理目标高度契合，形成科学管理的有效闭环。

二是能源管理量化方法有新成果。在广泛调研和专家科学论证的基础上，量化并制定具有前瞻性和可操作性的绿色化发展评价体系。对标绿色化发展指数团标，引入重点子企业年度关键指标，充分考虑不同子企业的差异化，保证可执行性，形成完整的闭环体系。通过建立包钢《低碳能源绿色化发展评价标准》，推动“党政同责、一岗双责”良性工作导向，为包钢绿色化发展的“突围”和“打样”奠定了坚实基础。

三是能源管理导向模式有新拓展。充分激发各子企业提升动力，通过对评价结果予以公开曝光，督促各子企业从被动接受检查转变为主动要求进步。具体来说，包钢对各二级子公司能源管理成效进行季度量化评价，并在专项工作会上公开，年底未达到目标任务的，将减少其年度评先名额。通过这种“曝光导向”的新模式，在争先进位中主动开展工作，增强内生动力。

（三）深入推进实施过程

1. 制度保障，蓄力聚能

全面梳理现行法律法规和最新政策、各项标准情况，积极研究《中华人民共和国黄河保护法》《用能单位能源计量器具配备和管理通则》《粗钢生产主要工序单位产品能源消耗限额》《内蒙古自治区固定资产投资项目节能审查实施办法》等，通过深入研究制定依据，完善包钢能源制度体系。

2. 建立标准，精准评价

根据包钢各重点子企业实际，定制化开展评价标准研究工作，制定《低碳能源绿色化发展评价标准》。共设置目标指标、能源精细化管理水平、资源节约集约利用水平、能源供给绿色化转型、能源消费合规性及附加项 6 项一级指标，并细化分解为二级指标。其中，可量化的指标项均按照Ⅰ级、Ⅱ级、Ⅲ级进行分级评分。低碳能源绿色化发展评价标准如表 1 所示。

表 1　某二级子公司低碳能源绿色化发展评价标准

序号	指标项	基本要求	权重值	指标项	基准分值
1	目标指标	各类指标满足政府及公司管控要求	16	吨钢二氧化碳排放量	4
				吨钢综合能耗	6
				吨钢耗新水	6
2	能源精细化管理水平	管理组织机构健全	33	组织机构及管理制度	6
				能源管控智能化升级	4
				细化分解年度计划	2
				能源计量管理	6
				水资源管理	7
				低碳管理	2
				能耗管理	4
				开展节能宣传教育及培训	2

续表

序号	指标项	基本要求	权重值	指标项	基准分值
3	资源节约集约利用水平	主要耗能设备设施高效运行；成熟先进节能技术推广；新型节能节水技术应用	31	建立生产实绩标准化操作模型	6
				重点耗能设施能效提升	6
				能源资源梯级利用	6
				热力系统结构优化	8
				水资源利用效率	5
4	能源供给绿色转型	建立能源供给多元保障机制	14	智能微电网应用情况	4
				新能源项目建设	6
				余热外供	4
5	能源消费合规性		6	能评手续和能评验收、用水许可	6
6	附加项			永磁电机应用情况	
				获奖情况	
				落实国家重大工业专项节能监察情况	
				用能安全性	
合计			100		100

（1）目标指标。将年度《包钢（集团）公司绿色发展工作计划》中的关键指标纳入其中。指标根据完成情况分为三个等级进行评分，按季度评价，最终以年度指标完成情况作为年度最终评分标准。

（2）能源精细化管理水平。由于该项指标通用性较强，所以所有单位均设置一致，共设置 8 个二级指标：组织机构及管理制度、能源管控智能化升级、细化分解年度计划、能源计量管理、水资源管理、低碳管理、能耗管理、开展节能宣传教育及培训。

① 组织结构及管理制度。合理高效的管理机构是确保低碳能源工作有序开展的组织保证，科学完备的低碳能源管理制度则是落实工作的重要依托，规范的制度体系、工作流程的标准化运作以及各环节的风险控制是确保工作行之有效的重要手段。在管理机构、建立制度体系、进行下属二级单位的定期评价、考核整改情况四个方面分别赋分。

② 能源管控智能化升级。按照制定计划、可研评审、立项、制定网络推

进计划、开工、完成设备采购等节点分别赋分。

③ 细化分解年度计划。按照根据包钢年度绿色发展工作计划，按照完成目标指标分解、完成任务分解两方面进行赋分。

④ 能源计量管理。按照《用能单位能源计量器具配备和管理通则》（GB 17167—2006），保证配备率、准确度等重点指标达到要求。建立能源计量器具台账，定期对各厂矿内的能源计量仪表进行点检摸查，在体系建设和体系运行方面进行检查并督导改进。

⑤ 水资源管理。包括建立用水台账、开展节水诊断、实施智慧水务项目情况以及水资源梯级利用水平等方面。

⑥ 低碳管理。包括完成碳核算数字化管理系统建设、按时准确上报碳排放数据等方面。

⑦ 能耗管理。包括建立新、改、扩展项目能耗指标台账，按时报送项目实施推进情况、按规范要求进行能源统计等方面。

⑧ 开展节能宣传教育及培训。组织开展丰富多样的宣传活动，不定期组织能源计量、统计和能源管理相关业务人员进行学习培训，大力推广节能减排先进技术，齐心协力把节能工作做到实处。

（3）资源节约集约利用水平。致力于主要耗能设备高效运行、成熟先进节能技术推广、新型节能节水技术应用等。主要包括建立生产实绩标准化操作模型、重点耗能设施能效提升、能源资源梯级利用、热力系统结构优化、水资源利用效率等。

（4）能源供给绿色转型。致力于建立能源供给多元保障机制，包括多能互补智能微电网人工干预策略执行效果、完成政府批复新能源项目建设、余热资源跨界联动等。

（5）能源消费合规性。主要是指按时办理能评手续、能评验收、用水许可等。

（6）附加项。包括加分项和扣分项两类。其中，加分项包括评奖周期内获得节能类国家级、自治区级、包头市级荣誉，永磁电机应用情况等；扣分项包括年度内被政府节能检查处罚、用能安全性等。

3. 创新模式，压实责任

首次开展目标责任制，与重点子企业签订目标责任书，将主要指标和任务及《低碳能源绿色化发展评价标准》年度进步率纳入其中，压紧压实主体责任。

4. 组件团建，攻坚克难

集合包钢能源管理业务人员，并邀请能源方面的专家，组建了一支专业团队，确保评价合理合规。同时，在进行季度评价的过程中，进行国家和自治区、包头市最新政策的宣贯，以实际案例为基础提出节能降耗新技术应用指导和建议等。

5. 结果曝光，积极推进

在季度专项工作会上对前一阶段评价标准的完成情况进行集中点评和曝光通报。评价结果以图表形式进行直观展示，对完成情况较好的单位进行表扬，并推广其经验做法；对推进缓慢的单位进行通报，并提出整改要求。通过阶段性曝光和通报机制，最大限度发挥典型示范的指引带动作用，切实将压力转化为动力，在相互观摩、相互促进中持续提升管理水平，从而真正形成包钢上下同心、合力攻坚的生动局面。

三、取得的成效

包钢按照政策引导、企业为主、积极参与的原则，面向各重点子企业，紧紧围绕节能降碳及高质量发展要求，通过创新能源管理机制，植入绿色化发展评价体系，全方位调动相关单位，鼓励子企业深入实施能源体制革命，并取得了显著成效。通过将包钢能源管理机制贯穿于生产全过程，强化能源“软实力”建设，增强核心竞争力，为包钢绿色发展新动能提供有力支撑。

直接成果方面：

一是通过专业人员高度的专业素养和坚韧不拔的毅力，历时9个月，最终制定出符合包钢实际并行之有效的制度。下发《包钢（集团）公司能源管理办法》《包钢（集团）公司水资源管理办法》，同时为激励用水单位实施节水改造，制定下发《包钢（集团）公司节水奖励细则》。

二是首次执行目标责任制，与包钢股份、北方稀土、包钢矿业、包钢西创、节能环保产业公司签订年度目标责任书，压紧压实主体责任。

三是制定符合各重点子企业实际的评价标准，制定《低碳能源绿色化发展评价标准》，按季度检查评价。

四是首次采用将评价结果在集团能源专项工作会议上进行曝光的形式督导各单位进步。2023年度共开展四次评价检查，各单位2023年全年评价得分均完成了目标责任书中的年度目标进步率目标，最高得分为68.8分，平均进步率为35.2%。

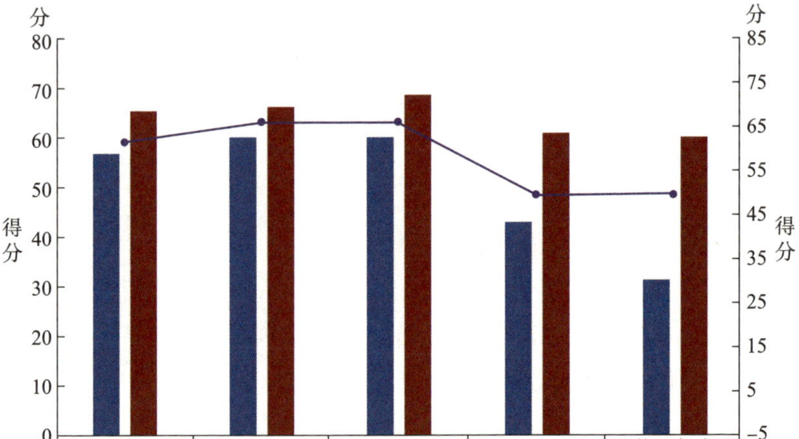

	包钢股份	北方稀土	包钢矿业	包钢西创	节能环保产业公司
2022年得分	57	60	60	43	31
2023年得分	65.6	66.4	68.8	61	60
2023年目标得分	61.56	66	66	49.45	49.6

图 1　2023 年《低碳能源绿色化评分标准》评分情况

间接成果方面：

一是社会效益。创新低碳能源绿色化发展管理模式，填补了包钢在低碳能源评价模式方面的空白，项目从零开始到实施成果斐然。在实施深度上，从仅关注指标变化到下现场指导标准化模型建立工作、指导新技术应用、督导项目进度；在实施广度上，从最开始仅关注节能管理，到将水资源管理、低碳管理、计量管理等均纳入评价体系中。成果的实施，也大幅提高了工作人员的工作效率，提升了专业人员的专业能力。其理念方法具有普遍适用性，建立绿色化发展评价体系具有参考价值和迁移的可能性，可以为同行业乃至更广领域的推广应用提供借鉴。

二是经济效益。以各重点子企业综合能耗强度同比降低及 2023 年产量进行测算，包钢股份吨钢综合能耗降低 13 千克标准煤，包钢矿业综合能耗强度降低 1.2 千克标准煤 / 吨。年节能量约 19.89 万吨标准煤，减少二氧化碳排放约 56 万吨，节约成本约 2.98 亿元（按吨标准煤能源成本 1500 元计算）。

（由包头钢铁（集团）有限责任公司供稿）

推广农村能源革命试点，助力乡村绿色发展与全面振兴

一、基本情况

水电水利规划设计总院（以下简称水电总院）作为可再生能源行业新型智库和技术服务机构，一直致力于在可再生能源领域为政府高端决策、行业健康发展提供技术服务。主要面向政府、能源企业开展可再生能源行业政策研究、行业规划及重大专项规划、产业发展规划、标准制定与管理、工程技术服务、信息管理以及国际能源合作支撑等方面业务。

水电总院持续聚焦生物质、地热、风光等有关能源政策研究，随着总院在农村能源领域的经验积累，对农村能源的发展转型认识越来越深刻，对推动农村能源革命的决心也越来越坚定。农村能源革命的关键在于构建以可再生能源为基础的乡村清洁能源利用体系，并持续推进农村电网的巩固和提升，以及提高乡村可再生能源的普遍服务水平。实现农村能源革命是一个复杂的过程，必须通过前期建设试点并推广试点的宝贵经验，才能更好地实现农村能源革命的规模化发展，从而助力乡村绿色发展和全面振兴。

二、实践经验

水电总院作为新能源行业的引领者和国家能源主管部门的技术支撑单位，提前布局，着眼于农村能源领域，努力为新能源事业探索出一片新天地。同时推动发展农村能源，也是深入贯彻党中央、国务院关于乡村振兴战略的重要决策部署及“四个革命、一个合作”能源安全新战略。水电总院积极发挥技术引领作用，支撑国家能源局、农业农村部、国家乡村振兴局印发的《加快农村能源转型发展助力乡村振兴的实施意见》政策文件出台；牵头编制《生物质能发展“十三五”规划》《关于促进生物天然气产业化发展的指导意见》《可再生能源清洁供暖利用》等，参与编制《千村万乡驭风行动方案》。推动农村能源革命试点县先行，以点带面加快农村地区能源清洁低碳转型，助力实现乡村振兴。

1. 持续深耕农村能源领域政策研究支撑政策文件出台

2021年，国家乡村振兴局、国家能源局、水电总院组成联合调研组，赴河南省兰考县，就乡村能源革命试点建设助力乡村振兴有关情况进行专题调研，全面了解兰考县乡村能源革命试点建设工作进展情况、存在问题和有关意见建议；系统梳理总结乡村清洁能源建设助力乡村振兴的发展经验和模式，为后续其他省市开展乡村能源建设提供经验。

随后，水电总院作为政策研究主要编制参与单位，支撑国家能源局、农业农村部、国家乡村振兴局联合印发《加快农村能源转型发展助力乡村振兴的实施意见》文件出台，并及时进行了政策解读。为进一步加强农村能源革命领域政策研究能力，聚焦适应农村地区的技术和模式变革趋势，助推农村地区能源发展，水电总院在农村能源领域开展多个科技课题研究，包括《以可再生能源为主体的农村新型供能体系研究》《农村能源革命建设与评估体系研究》等，进一步加深对农村地区能源发展的业务联系。

2. 高站位开展农村能源革命试点县顶层设计

为深入贯彻落实党中央、国务院决策部署，加大乡村清洁能源建设力度，助力全面推进乡村振兴，国家能源局、生态环境部、农业农村部、国家乡村振兴局决定联合组织开展农村能源革命试点县建设，并由国家能源局委托水电总院开展有关策划工作。

水电总院接到委托后高度重视，第一时间成立工作领导小组，并组织骨干力量组成工作组，工作组围绕建设思路、建设目标、主要抓手、工作机制等重点内容，把脉农村能源绿色低碳转型面临的突出问题，开展基础数据信息分析和整理工作，并与国家能源局新能源司密切沟通汇报，落实有关工作要求。

水电总院充分研判了农村用能需求刚性增长与清洁能源供给之间的矛盾、中东部地区农村风光资源充分开发利用与体制机制约束之间的矛盾、能源规模化开发带动农村地区发展不够紧密、生态保护导向等几大矛盾和问题，研究提出了多能互补、追求实效、因地制宜、多元创新、试点先行、逐步推广、生态优先、绿色发展等理念，将乡村清洁能源生产、消费与发展壮大村集体经济、建设宜居宜业和美乡村有机结合，为改善乡村生态环境、全面推进乡村振兴、加快推进农业农村现代化提供有力支撑。

此外，为了方便各县更好地理解建设方案和编制实施方案，同时也是为了各县实施方案格式的统一，水电总院同步编制了《农村能源革命试点县建设实施方案编制大纲》。《农村能源革命试点县建设方案》及《农村能源革命试点县建设实施方案编制大纲》编制完成后报送国家能源局，有关文件于2023年3月正式发布。

3. 政策解读和实地调研宣传

《关于组织开展农村能源革命试点县建设的通知》（以下简称《通知》）及建设方案正式发布后，为了调动各省（区、市）参与此次农村能源革命试点县的积极性，引导各地方落实政策要求，不跑偏，水电总院积极组织精干力量，前往农村能源革命重点省份进行建设方案解读和宣传，包括陕西、安徽、山东、湖北等近20个省（区、市）。一方面与各省（区、市）深入交流农村能源革命经验和认识，另一方面推广宣传此次试点县建设，为各省（区、市）后续组织试点县建设方案编制提供建议。

总体上，在此次农村能源革命试点县建设方案编制及后期宣传过程中，水电总院作为主要执行单位，积极组织力量参与，依靠自身技术基础及对农村能源的深刻认识，编制出深切符合我国农村能源发展情况的试点县建设方案，方案内容科学合理，为试点县的建设和推广提供了有力支持。

4. 试点县申报和评估筛选

2023年，全国27个省（区、市）根据《通知》要求向国家能源局正式提交农村能源革命试点县的实施方案。国家能源局会同生态环境部、农业农村部、国家乡村振兴局总体组织开展评审工作，在充分考虑业务领域、前期工作基础等情况后，委托水电总院作为第三方咨询机构，具体负责评审工作的组织实施。

为组织好评审工作，评审方式确定为线下函审和现场集中评审并行，保证评审过程的科学性和合理性。在确定评审要点方面，工作组充分征求了农村农业部、生态环境部、乡村振兴局的意见。

秉承专业、客观公正、科学合理的原则，水电总院组建了专家组、工作组，先后组织了初审、复审、终审，历时5个多月，组织开展了3次集中办公，从资源禀赋、项目规模、消纳途径、指标要求、散煤治理、乡村振兴途径、惠民利民力度等重点方向对各试点县实施方案进行分析，着力做好上下衔接，充分调动了地方政府、省属企业、重点央企（国家电投等）等各方积极性，最终圆满完成首批试点县优选工作，形成第一批试点县建议名单，工作成效得到能源主管部门的充分肯定。

在此次农村能源革命试点县的评审过程中，水电总院始终坚持依法依规、客观公正、廉洁自律的评审原则，缜密策划，细心组织，圆满完成了评审工作，对推广农村能源革命试点、助力实现碳达峰碳中和目标任务、全面推进乡村振兴具有重要意义。

三、取得的成效

水电总院积极推广农村能源革命试点，是推进农村能源革命的重要举措，通过主持试点县建设方案编制、与各省（区、市）交流经验、组织试点县实施方案评审等方式，不仅丰富了自身在农村能源领域的底蕴，更是将农村能源革命的理念传播到各省各试点县，为后续农村能源革命的规模化发展奠定了基础。在“双碳”背景下，重点关注广大农村地区，充分发挥农村地区风能、太阳能、生物质能等可再生能源资源丰富的优势，助力农村地区成为未来大力发展新能源的重要增长极。

目前，第一批15个农村能源革命试点县项目逐步进入建设期，各试点县根据实施方案，因地制宜打造深入推进农村能源革命、助力实现乡村振兴的示范和样板，统筹利用各领域支持政策，加强指导协调和监督管理，努力高效高质完成试点县建设目标任务。水电总院也将全程深度跟踪农村能源革命试点县建设过程，通过实地调研等方式，一方面结合县域区位特点、资源优势、社会经济结构等条件，从能源供给、能源消费、智慧用能水平、乡村振兴、惠民利民等角度，总结梳理农村能源革命典型场景的基础要素和各种技术路线的发展趋势，为后续试点县建设提供宝贵经验。另一方面也要研究农村能源革命相关项目评估方法，为后续试点县的建成验收提供技术参考；同时推动农村能源革命试点县监测体系建立，实现农村能源革命试点县的动态监测，及时发现问题和挑战，并采取相应的措施进行调整和改进。

随着第一批试点县的开工建设，第二批试点县实施方案的申报也逐渐提上日程，水电总院将继续作为评审工作的组织实施单位，坚持依法依规、客观公正、廉洁自律的评审原则，认真组织评审工作，保证实施方案的科学性和合理性，为后期试点县的建设提供保障，加快农村地区能源清洁低碳转型，助力实现乡村振兴。

（由水电水利规划设计总院供稿）

聚焦“源网荷储碳数”金融保险创新变革 护航新型能源体系和新型电力系统建设

一、基本情况

鼎和财产保险股份有限公司（以下简称“鼎和保险公司”）是南方电网所属唯一具有全市场业务金融牌照的保险公司。成立于2008年5月，总部设在深圳，注册资本为46.43亿元。股东单位包括南方电网公司、广东、广西、云南、贵州、海南电网公司以及南方电网财务公司，中国长江电力股份有限公司，广州开发区投资集团有限公司，中国华电集团资本控股有限公司。目前已成立广东、广西、云南、贵州、海南等15家省级机构，181家三四级机构，营销及服务网络持续完善。

自成立以来，鼎和保险公司立足于“稳”，更着力于“进”，以“质的有效提升”和“量的合理增长”相统一推动高质量发展，持续保持健康发展的良好势头。公司经营范围涵盖非寿险各个领域，保费收入从2008年刚成立时的1.2亿元增长到2023年的67.8亿元，年均复合增长率超过30%。2023年实现利润总额16.4亿元，连续14年盈利并持续增长。先后荣获“中国价值成长性十佳财险公司”“中国保险业方舟奖”“亚洲保险竞争力中国非寿险十强”等多项荣誉，综合实力和品牌影响力稳步提升。

新时代新征程下，鼎和保险公司坚持“央企姓党”和“保险姓保”，深刻把握金融工作的政治性和人民性，聚焦能源布局，深入践行“四个革命、一个合作”能源安全新战略，坚定不移走差异化发展道路，牢牢把握“能源行业保险专家”战略定位，秉持“为更加清洁的美好生活提供专业的风险管理”企业使命，向新时代央企产业金融转型升级，努力建设成为“两强三优”（市场开拓能力强、风险管理能力强、效益优秀、管理优秀、客户服务优秀）国内一流、国际知名的保险公司。

2021年11月，鼎和保险公司充分利用能源产业链比较优势和股东资源禀赋，立足能源主战场、新型电力系统主阵地，成立国内首个“新型电力系统保险研究中心”，发布新型电力系统保险“十四五”规划，致力打造能源保险领域最具行业影响力的创新研究平台。作为鼎和保险公司服务“双碳”目标、支撑新型能源体系和新型电力系统建设的重要载体，新型电力系统保险研究中心围绕“能源”领域和“专家”定位，秉持“创新引领发展，研究创造价值”初心，发挥科学决策智囊团、创新发展先锋队和战略落地助推器职能，聚焦新型电力系统“源网荷储碳数”（清洁能源、数字电网、负荷资源、储能产业、电碳市场、数据要素）等核心领域，探索实践金融保险创新变革，以专业的风险管理和风险保障护航新型能源体系和新型电力系统建设。

二、实践经验

（一）聚焦新型电力系统风险，构建多元保险产品矩阵

围绕新型电力系统“源网荷储碳数”各环节风险特征和保障需求，依托能源领域资源禀赋优势，擘画新型电力系统保险产品蓝图，其中六款产品为行业首创。“源”：研发光伏并网消纳损失保险产品，解决大规模新能源并网过程中的安全运行问题，保障光伏电站在电力系统运行过程中，因消纳能力不足而引发的经济损失，有力提振光伏电站的投资方、业务方和运维方的信心，助力光伏企业稳健发展。“网”：创新“用电无忧”保险模式，缓解供用电矛盾，减轻中小企业应急发电服务需求经济压力，盘活社会商业保供电资源，以多方共赢的商业模式有效促进现代供电服务体系建设。“荷”：发布电力需求响应保险方案，保障需求侧企业在需求响应期间的响应收益损失、财产损坏和人身伤亡等风险，激发电力用户参与需求响应交易意愿，优化电力需求响应市场营商环境，助力负荷资源利用。“储”：构建电化学储能保险矩阵，抓住新型储能发展战略机遇快速破题，深度融入电化学储能领域全生命周期风险保障，开发由五款产品组成的电化学储能保险产品矩阵，从资产、责任、营收、安全等多角度解决储能系统建设运营安全痛点。“碳”：布局碳资产保险业务，基于国内碳保险产业发展基础薄弱问题，借鉴国外碳保险发展相关启示，支持高碳排企业向绿色低碳转型，创新开发环境权益（绿证/CCER等）损失保险和节能减排设备损坏碳资产损失保险，助力国家减排交易市场建设与发展，补足碳市场风险防控工具。“数”：深化能源数据价值应用，聚焦网络安全和新能源车动力电池效能衰减热点问题，开发网络安全保险和电池容量衰减保险，以保险安全服务赋能能源领域数字网络安全建设，以保险数据价值撬动新能源汽车市场向前发展。

（二）深耕能源领域风险研究，夯实风险减量服务基础

探索将保险服务融入新型电力系统风险管理体系，在储能安全、电力巨灾、低碳保险等方向开展前瞻性研究，以鼎和保险“风险云”平台为载体，推进保险科技赋能风险减量服务，助力安全生产升级。一是牵头制定电化学储能风险评估标准，成为储能保险领域“领跑者”。与中国再保险集团研究院等机构联合编写并发布保险行业首份《电化学储能保险发展研究报告》《电化学储能电站运营期风险管理白皮书》，牵头中国保险行业协会《电化学储能电站保险风险评估指引》课题研究，推动中国保险行业协会、中国电力企业联合会两大全国性行业协会“跨界协作”，为电化学储能保险标准化建设贡献力量。二是研发电网资产巨灾风险分析模型，护航电网安全稳定运行。基于中国台风巨灾模型分析输配电杆塔台风灾害风险，运用数值模拟方法构建输配电杆塔易损性曲线集，成功开发南方区域电网资产台风巨灾风险模型，并以广东湛江地区为试点在“南网智瞰”平台部署，更加精准地对台风造成输配电网损失进行合理预测，提升电网安全本质水平。三是开展碳保险市场前沿研究，服务国家“双碳”战略目标。在深入研究国内外碳保险发展情况基础上，针对我国碳保险产业发展在顶层设计、市场交易和基础数据缺失等问题，从制度建设、市场发展、产品创新、人才培养等多角度，报送《加快补齐碳保险短板　服务“双碳”目标实现》信息专报，获广东省两位副省级领导肯定性批示。四是加强保险产品顶层规划研究，推动能源保险创新发展。借助高端智库的学术研究资源，与清华大学电机系、五道口金融学院紧密合作，围绕能源电力风险特征和新型电力系统保险产品体系规划开展共研，规划构建体系化新电保险产品矩阵，形成具有影响力的领先研究成果，面向行业发布并提交国家部委和监管机构。五是构建“保险＋能源＋安全＋科技”服务体系，打造风险减量管理新模式。自主开发鼎和保险“风险云”系统，经多期建设和持续优化形成“承保、风勘、理赔、客服”四位一体线上化闭环风险减量管理模型，2023 年新增建设光伏电站和电化学储能电站保险风险查勘模型，并引入大数据、物联网等技术，建立领先行业的能源客户差异化服务能力。

（三）打造产融协同商业模式，提升服务实体经济质效

依托南方电网公司在电力能源领域的资源禀赋和专业优势，鼎和保险公司加强与电网产业单位产融协同，打造创新商业模式，推动保险业务向能源

电力产业链上下游延伸，服务产业健康稳定发展。一是构建电化学储能安全服务生态体系。与电化学储能产业单位深度合作，搭建电化学储能“安全认证、在线监测、运行维护、保险保障”一站式服务网络，推动电化学储能保险向储能电站规划、设计、建设、接入、运维等全产业价值链条延伸，助力储能电站风险管理提质增效。联合深圳市计量质量检测研究院，挂牌国内保险行业首个“电化学储能电池认证实验室”，打造“认证＋保险”的创新服务模式，为储能企业提供更全面的风险管理服务。二是建立新能源车产业链商业模式。围绕新能源车后市场保险发展机遇，开展产融协同商业模式的同时积极开展创新研究，建立以涉电权益为核心驱动力的“保险＋充电”商业模式。联合南方电网电动汽车服务公司、海南充换电一张网公司等充电产业单位，在“顺易充”（南方电网充电平台）、“海南充电”平台提供充电、停车等场景化保险服务，助力粤港澳大湾区、海南自贸港新能源汽车产业发展。三是拓展供应链金融服务半径。聚焦电网供应链金融服务需求，为上下游中小微企业发展提供动能，融入物资采购、工程建设、电力交易、融资租赁等多场景全流程，不断健全产品服务体系；创新“保证保险＋应收账款多级流转”业务模式，提升电网供应商资金使用效率；创新推出电力交易履约保证保险，推动南方五省区电力交易机构发布保险应用政策，有效缓解售电企业资金压力，助力国家电力交易市场建设；积极响应国家“普惠金融”大文章发展号召，创新研发全国首款电费履约保证保险等。四是融入共建“一带一路”大格局。积极践行、主动服务和深度融入“一带一路”建设，不断扩大国际“朋友圈”，与东南亚、南美地区的曼谷保险公司、富得凯诚老挝保险公司、忠诚保险集团等境外保险机构建立合作，为南方电网（老挝南塔河1号水电站、越南永新一期燃煤电厂、中老铁路等）、中广核集团、三峡集团等能源央企集团海外项目提供支持，助力中国企业“走出去”。

三、取得的成效

一是提升能源安全保障能力。鼎和保险公司充分发挥能源行业、电力保险业务方面专长，以保险保障服务国家能源安全，先后为中国南方电网、国家能源集团、中国长江三峡集团、国家能源集团、中国电建集团、中广核集团等多家能源央企、地方大型国有能源企业提供一揽子保险服务。2023年已为10358家能源客户6138亿资产提供战略安全风险保障，服务能源客户区域覆盖全国31个省市区，其中，承保绿色能源资产总额超3630亿元（光伏产业规模1498亿元、风电资产1239亿元、水利发电869亿元、储能等其他清洁能源产业23亿元），“能源行业保险专家”品牌在国资央企系统、能源电力行业知名度更加响亮。

二是筑牢能源安全防控底线。鼎和保险公司深化能源保险风险减量服务，发挥保险经济“减震器”与社会“稳定器”功能，自主研发的“风险云”系统在台风、暴雨、地震等重大灾害事故中发挥重要的应急管理作用，提供了保前风险查勘，保中灾害预警以及灾害隐患排查服务，2023年累计推送预警信息5000余次，发送预警信息超1000万条，提供自然灾害风险查询服务4万余次，为南方电网阳江抽水蓄能电站、中广核集团魏家冲抽水蓄能电站等大型能源行业客户提供10余场现场风险评估活动,助力能源供应安全稳定。“风险云”系统获深圳市金融创新奖优秀奖、南方电网公司管理创新项目三等奖、中国银行业保险业客户服务典范案例奖、深圳市福田区2022年职工“五小”创新竞赛“优秀奖”等多项荣誉。电网台风巨灾模型入选《保险业聚焦碳达峰碳中和目标助推绿色发展蓝皮书》，并获得国务院国资委碳达峰碳中和行动典型案例二等奖。

三是构建产业金融商业生态。鼎和保险公司在能源电力行业的品牌影响力持续扩大，受邀加入中国电力企业联合会电动交通与储能分会、粤港澳大湾区（深圳）电化学储能产业联盟、中关村储能产业技术联盟、电动汽车产业极速充电生态联盟等能源行业权威协会组织，积极扩大“能源朋友圈”，以金融“活水”赋能能源产业发展。2023年，电化学储能一站式服务模式累计为200余座电化学储能电站（总装机规模约1725MW/3400MWh）提供约80亿元风险保障。鼎和保险公司荣获中国国际储能大会“2023年度中国储能产业最佳保险机构服务奖”，电化学储能商业模式创新获评“绿美广东·金融赋能”2023年度广东绿色金融改革创新推广案例。

四是拓宽产业金融服务内涵。鼎和保险公司以服务南方电网主责主业为目标，打造供应链金融保险体系，累计为1.6万余家供应链上下游企业提供保证金替代服务，总额度超450亿元，节约资金成本12亿元，有力促进产业链稳定健康发展。“保证保险＋应收账款多级流转”业务模式累计为大集体企业增信1.1亿元，提升了资金使用效率。2023年推出的全国首款电费履约保证保险已累计为用电企业替代保证金861万元，2023年营业厅普惠金融业务规模达4.2亿元。

五是共建“一带一路”行稳致远。鼎和保险公司积极融入南方电网“5+2+N”发展布局，连续5年获得国际权威评级机构穆迪授予的A3财务实力评级(IFSR)，成功加入中国“一带一路”再保险共同体、东盟共保体。截止 2023 年底，鼎和保险公司已为巴基斯坦、马来西亚、印度尼西亚等 17 个境外“一带一路”能源项目提供约 27 亿美元风险保障，服务范围涵盖水电、铁路、太阳能发电、风电、铀矿、核电、燃煤燃气电厂等能源领域，国际化保险服务能力不断提升。

（由中国南方电网有限责任公司供稿）

中国国有企业践行“四个革命、一个合作”能源安全新战略案例集

（下）

国务院国资委研究中心
国家能源集团技术经济研究院◎编

中国石化出版社
HTTP://WWW.SINOPEC-PRESS.COM

CONTENTS 目 录

第四篇　能源技术革命

能源技术示范引领，能源安全战略保障着力打造煤炭清洁高效利用原创技术“策源地”和产业链“链长”
——400万吨/年煤炭间接液化示范项目成套技术应用……465
科技改变世界，创新引领未来——引领高压开关迈入“真空时代”……471
践行绿色低碳发展—齐鲁石化—胜利油田百万吨级CCUS示范工程商业化运营……482
打造煤炭开采水资源保护与利用原创技术策源地，服务我国煤炭产业绿色发展……489
推动仿真技术进步　为电网稳定运行保驾护航……496
深水开发自主硬核攻坚　打造大国重器“深海一号”……501
国家能源集团首个CCUS国家级研发平台　煤基能源CCUS创新实践助力实现“双碳”目标……508
引领直流输电技术创新　助力构建新型能源体系……513
从“0”到“1”国内首台F级50兆瓦　重型燃气轮机实现新突破……519
中国在高空风力发电领域的技术首创与工程实践……525
牢记总书记重要嘱托　坚定走好煤电绿色低碳发展之路……531
中国华能引领第四代核电技术革命　实现高温气冷堆重大专项商运投产……537

以绿色发展理念引领能源产业低碳转型……543
基于耦合负压电路的535千伏混合式直流断路器研制及应用……553
智慧矿山建设探索与实践……557
大国重器“国和一号”：产业链赋能百企，核动力惠及万家！……565
投身绿色航运发展新时代，从陆地领跑到海洋领航……571
把握能源革命趋势　聚力打造工控领域国家战略科技力量……576
以培育新质生产力赋能新型能源体系建设：浙能集团的探索与实践……582
扛起重要使命　坚决当好海洋油气高端装备制造“领军者”……588
煤炭化工地质行业找矿突破及绿色生态修复技术创新与工程实践……596
中国化学工程生物质制绿色甲醇技术转化与投资探索……604
中国能建在光热发电建设方面填补多项国内空白……609
深耕智能调控　守护大电网安全……615
突破世界技术难题的流域梯级水电工程项目建设与运营管理实践……620
高寒高海拔碾压混凝土高效筑坝关键技术与工程应用……626
打造以虚拟电厂管理为核心的源荷互动体系，推动构建供需协同的新型电力系统，促进能源绿色低碳转型……632
突破技术垄断——经纬旋转地质导向钻井系统研发成功……638
吸力桩导管架基础首次在台湾海峡深远海域大型风力发电场创新应用……643
布局压气储能全新赛道　进入世界领先技术行列……650
金龙氢能源商用车的技术创新与产业化实践……655
白鹤滩水电站之“芯”　百万千瓦水轮发电机组领跑全球……662
以“氢”代“碳”，氢冶金工艺助力钢铁工业低碳转型……668
额济纳地区“源网荷储”微电网示范工程典型案例……674
构建“六库联调”新格局　筑牢能源保供“压舱石”……680
百千瓦级SOFC热电联供系统的开发与应用示范……684

国之重器！我国首次自主研制，最大功率、最高技术等级 300 兆瓦级 F 级
重型燃气轮机首台样机总装下线……687
以“电力”+“算力”融合技术全力驱动能源产业体系变革……697
提升大型新能源基地并网系统灵活性技术推动能源技术革命……702
创新技术攻克难题，依托国家重大工程建设，建立特高面板堆石坝安全
关键技术体系……708
国之重器 全球最大 18 兆瓦直驱海上风电机组顺利下线……713
打造大国重器“华龙一号” 实践“四个革命、一个合作”能源安全
新战略……718
中广核华龙一号首堆高质量投产运营 有力推动中国由核电大国走向
核电强国……724
聚力攻克自主燃机示范应用难题 首台全国产化 F 级 50 兆瓦重型燃气
轮机投运……729
勇攀科技新高峰 塑造新质生产力 创新驱动海上风电高质量发展之路……734
构筑电力全谱系“华电睿”系列工控产品 推动高水平科技自立自强……738
国内首个大型煤电机组大比例掺氨燃烧实验获重大突破……744
百万火电机组灵活性改造典型示范案例……748
建强重型发电装备制造企业 扛稳保障国家能源安全责任……756
大型新能源基地并网系统灵活性提升技术及示范……762
水电领域技术创新领先世界，扎实推进雅砻江两河口等重大水电工程建设
咨询……769
低品位余热梯级利用技术应用……774
数智驱动的新能源发电设备预测性健康管理……782
东方电气以海水制氢技术革命 快速开辟海洋氢能新时代……788
“氢”装上阵，打造新质生产力……792

大容量机组整机节能提效改造　助推煤电绿色低碳发展……800
需求侧响应的虚拟电厂功能研究开发……806
复杂地质条件综采工作面智能开采技术研究与示范……820
冻结法施工的技术革命与价值重塑……826
覆岩离层注浆充填技术在煤炭开采中的应用……832
以“强力一次支护”工艺革新推动煤矿安全高效发展……839
云南东源镇雄煤业有限公司瓦斯综合治理技术研究与应用……846
基于百万吨煤矸石覆岩离层注浆充填“五位一体”安全绿色开采工艺……852
中国海上风电运维技术革新：全寿命周期安全管理与可持续发展……858
国内首台套超超临界二次再热机组建设运营实践……862

第五篇　能源国际合作

勇立潮头　示范引领　做新时代能源国际合作的一流践行者……871
高质量服务共建“一带一路”　打造国际合作“金字名片”……877
加强“一带一路”能源国际合作，点亮“中巴经济走廊”……884
依托基础研究“国际众筹”，助力集团老化管理技术提升……891
中国煤炭企业跨国经营的开拓者……899
打造开放式创新生态　电亮“一带一路”……907
建设柬埔寨桑河二级水电站　促进中柬民心相通……914
深化“一带一路”合作　点亮“装备出海”梦想……919
建设更紧密的全球能源伙伴关系，中国—非盟能源伙伴关系框架下首届能源合作项目推介……924
积极服务国家重大战略　深化澜湄电力能源合作……928
云南能投燃气电厂点亮仰光新生活　谱写中缅共建“一带一路”新篇章……934

"一带一路"十周年把草原绿电送出国门……939
中欧国际合作研发碳减排技术　全球最大化学链燃烧兆瓦级中试示范建成……945
践行"一带一路"倡议，一体化参与卡塔尔北部气田扩能项目……951
核电厂全生命周期腐蚀管理 ISO 标准体系建设与实践……956
坚持绿色清洁能源赛道　打造"一带一路"国际合作新典范……964
敢为人先推进国家能源合作　积极参与全球基础能源供应链布局……968
启中英合作之"门"，为绿色未来"充电"……974
践行共建"一带一路"倡议，深耕中柬能源电力合作
——柬埔寨总装机最大发电项目正式商运……980
云南能投集团助力中老柬能源合作实现新高度　奋力谱写面向南亚东南亚辐射中心新篇章……987
中国方案助力实现"零的突破"！孟加拉国首个集中式风电项目投产……993
札纳塔斯风电点亮"一带一路"……999
中加能源融通点亮黄金海岸，跨国合作共绘加纳电力新蓝图……1005
"一带一路"旗舰工程——中巴经济走廊能源合作十周年成果丰硕……1011
中国电力规划智库支撑发展中国家绿色低碳发展……1017
积极发挥一体化优势　中国能建勇当国际能源合作的引领者和主力军……1021
加快能源央企跨境人民币结算渠道建设　全力保障能源国际合作资金结算安全……1026

第四篇

能源技术革命

能源技术示范引领，能源安全战略保障 着力打造煤炭清洁高效利用原创技术 “策源地”和产业链“链长”

——400万吨/年煤炭间接液化示范项目成套技术应用

一、基本情况

国家能源集团宁夏煤业有限责任公司（以下简称宁夏煤业公司）是一家代表宁夏煤炭工业发展历史的，以煤炭、煤制油化工、现代物流（铁路运输）产业为主体，涉及煤炭洗选、深加工及综合利用，能源工程建设，机械加工制造与维修，新能源等产业的大型煤化运一体化综合能源企业。宁夏煤业公司设机关部门19个、直属中心6个、二级单位60家，其中，煤炭生产建设单位17家、煤制油化工单位17家、铁路运输单位1家、基本建设单位3家、专业化公司8家、生产辅助及其他单位14家。

400万吨/年煤炭间接液化示范项目（以下简称煤制油项目或项目）作为宁夏煤业公司煤制油化工板块的支柱项目，是基于“富煤贫油少气”的资源禀赋，保障国家能源安全，推进“四个革命、一个合作”能源安全新战略而设立的国家“十二五”煤炭深加工示范项目，是宁夏回族自治区跨越式发展“一号工程”，也是宁夏煤业公司推进煤炭清洁安全高效利用、实现绿色低碳转型的重点工程。项目由12套10万立方米/小时等级空分装置、28台气化炉的煤气化装置、8个系列费托合成单元及配套辅助工程等组成，主要工艺、仪表和电气设备13.8万台，完成总投资531亿元，占地598公顷，集聚国内顶级的施工、监理单位60余家，供货商800余家，数万参建者历时39个月完成了国内外认为需要60个月才能建成的超级工程，是迄今为止全球煤化工行业一次性投资规模最大的项目，于2013年9月18日核准，9月28日开工建设。2016年7月19日，习近平总书记亲临项目建设现场视察并发表重要讲话，发出了“社会主义是干出来的”伟大号召；同年12月21日打通工艺全流程，油品A线产出合格油品，12月28日习近平总书记对项目建成投产作出重要批示，要求项目高水平“安全、稳定、清洁运行”。2017年7月17日油品A线实现满负荷运行，同年11月19日油品B线一次投料试车成功。2018年10月进入商业化运行。2020年7月实现双线满负荷运行，2021年至2023年连续3年达到设计产能，刷新行业历史纪录。

二、实践经验

（一）扛起职责使命，建成保障国家能源安全新战略的示范工程

一是牢记殷殷嘱托。宁夏煤业公司党委始终将习近平总书记的重要讲话和重要指示批示精神当作首要政治任务，充分认识煤制油项目在保障国家能源安全方面的重大战略意义，坚定煤炭清洁高效利用的发展方向，严格落实“第一议题”制度，形成传达学习、贯彻落实、跟踪督办、报告反馈的工作机制，实施台账化管理、项目化推进、清单化落实，不断提升各级党员领导干部“政治三力”，以推动煤炭工业高质量发展的实际行动，坚定拥护“两个确立”，坚决做到“两个维护”。

二是建成超级工程。煤制油项目具有规模大、工艺复杂、创新点多、协同度高、区域制约因素多、资源调配广、示范性强等特点，占地面积560公顷，相当于560个足球场；工艺管道3728千米，相当于北京到西藏的铁路距离；总桩基3.6万余根，工艺系统联锁组合近3万种，施工作业量相当于5个50万吨/年煤制烯烃项目工程量的总和，建设高峰期施工人员多达3.5万人。项目引用项目群管理理念，按照全生命周期管理模式，构建强矩阵式组织架构，将项目按工艺流程中的各主工艺装置和辅助装置、公用工程设置12个子项目，统一战略目标，统一资源配置，对各子项目进行集成管理和协同管理。遵循“坚持质量保证体系为本，以提升质量和效益为中心，树立项目全生命周期的质量管理理念”，按照“三个结合”（设计规范、生产要求、HAZOP分析相结合）、“五方会审”（设计、监理、施工、建设和生产单位会审）的要求，强化施工质量。实施“清洁化施工、无土化安装”和大机组安装“6S”管理（整理、整顿、清扫、清洁、安全、素养），提升施工安装质量，项目144台大机组均未出现质量问题，一次性试车成功。高标准实施中间交接工作，在项目工程收尾阶段，按照服务生产的原则，要求生产运行人员提前介入，分级开展“三查四定”工作（“三查”是指查设计漏项、查施工质量隐患、查未完工程；“四定”是指对检查出的问题定任务、定人员、定措施、定整改时间）和高标准中间交接验收工作，为一次性投料试车成功奠定基础。项目仅

仅39个月就完成了设计64个月的建设任务，创造了行业奇迹。

（二）实现自立自强，建成扩大"煤炭加工转化领域技术和产业优势"的领跑工程

一是实现从小试、中试到工业化示范再到百万吨级商业化应用的系统集成重大创新。发展独立自主煤制油产业化技术，突破一系列"卡脖子"关键核心技术问题，在煤间接液化基础理论、大型气化和费托合成关键技术、重大装备及特种材料制造、工程放大及系统集成技术等方面取得一大批重要创新成果，开发了新结构高效浆态床费托合成反应器，突破了大型费托合成反应器工程化技术"瓶颈"，形成了可复制、可推广的煤间接液化成套技术，整体水平居于世界领先地位。"400万吨/年煤间接液化成套技术创新开发及产业化"获得2020年国家科技进步一等奖，获得中国专利金奖1项、省部级科技进步特等奖2项、一等奖3项，制定国家、行业标准26项，作为煤化工原创技术"策源地"和产业链"链长"的作用更加凸显。

二是实现技术从"跟跑"到"领跑"的转型升级。坚决推进高水平科技自立自强，始终将科技创新当作最紧迫的任务，自主研发"神宁炉"，技术自主可控、设备完全国产、运行成本低，"通吃"各煤质煤种资源，彻底解决国外气化技术只吃"精煤"缺陷，填补国际空白。目前"神宁炉"专利技术对外转让45台，实现了从技术引进向技术输出的重大跨越。发明了高活性、高选择性和高抗磨损费托合成催化剂，首创了高温浆态床费托合成新工艺，实现了煤间接液化的高油品收率和高能量利用效率。着眼于攻克煤制油关键共性技术和前沿引领技术，围绕产业链布局创新链，加快α–烯烃移动床吸附分离技术、二代费托合成催化剂等关键核心技术自主研发，为未来大规模发展煤制油产业做好技术储备。

三是实现从"进口依赖"到"中国制造"的巨大进步。成功突破南非萨索尔公司技术垄断，项目承担并圆满完成了37项国产化示范任务，整体国产化率高达99%，开发了国内首套10万Nm^3/h空分及压缩机组成套技术，研发了超厚临氢钢板和大口径耐磨蚀耐腐蚀的高温高压陶瓷球阀、贫液泵等装备及材料等，打破核心装备和关键材料的长期国外垄断局面，取得了多个领域"零"的突破，提升了煤化工产业链供应链自主可控的现代化水平，大幅降低项目投资成本，带动杭氧集团、沈鼓集团等一大批国内装备制造企业跻身国际一流行列，为抢占现代煤制油化工技术制高点提供了技术战略储备，展示了"中国制造"的巨大力量。

（三）强化转型升级，建成“安全、稳定、清洁运行”的标杆工程

一是狠抓运行改造让装置运行更“稳”。持续实施安全提升、技术改造、绿色发展、智能升级行动，开展4轮次603项关键技改、5万余项检修，攻克解决“瓶颈”问题，项目实现“三年一修”长周期稳定运行，标志着我国完全掌握了煤制油技术、工艺、运行、环保、节能等环节的核心关键。生产的低硫、低烯烃、低芳烃高清洁油品，有效缓解了京津冀地区雾霾天气。2021年至2023年，项目达到设计产能，累计生产油化品突破1200万吨，日产、月产均打破同等规模装置纪录，刷新了行业历史纪录。

二是降低能耗物耗让装置运行更“绿”。瞄准“碳达峰、碳中和”目标，着力降耗减碳减排，实现锅炉烟气超低排放。开展黄河流域生态保护和高质量发展行动，采用全球最先进的技术，通过分质分级处理及综合利用，污水回用率达到98.5%，剩余高浓盐水通过梯级蒸发和杂盐结晶处理，实现了废水“零排放”。综合能耗、原料煤耗、水耗较设计值分别下降19.27%、6.62%、6.87%，能源转换效率较设计值提高22.75%，清洁低碳水平不断提高。推进产业绿色低碳发展，创建智慧化工生产系统，建立和实施能源管理体系，将原料及废弃物“吃干榨净”，富余能量转换再利用，低热值火炬气掺烧等7项节能降耗项目达到国际先进水平，年节约原煤120万吨、减少二氧化碳排放近90万吨。

三是开发多元产品让装置运行更“优”。聚焦“高端化多元化低碳化”发展要求，落实“平急结合”战略思维，瞄准产业中高端，发挥煤制油工艺和产品特性，开发轻质白油、费托蜡、单碳正构烷烃等新产品，初步形成“五大类、21种”产品集群，化工品实现从无到有，占比提升至75%以上，CTL高端润滑油基础油、PAO、POE等一批打破垄断、赋能生产的重大创新成果多点突破，实现了由单一油品向多元化高端产品的转变，参与研制的煤基航天煤油成功应用于我国新一代运载火箭天龙二号的首飞，标志着我国成为全球唯一掌握煤基航天煤油并实现产业化的国家。拓宽多元化发展新路径，创新推动稀有气体分离，新能源绿电绿氢、CCUS与煤制油化工耦合，成功投产20万吨/年费托蜡项目；提速打造现代产业链链长，推进差异化高端化精细化发展，加大力度布局特种油品、高附加值化工品和高分子材料等，加快推进10万吨/年EVA、15万吨/年GTL基础油、费托尾气制LNG等项目建设，积极布局新疆煤化工产业集群，开发煤间接液化二代技术，提升产业基础高级化和产业链现代化水平。

三、取得的成效

宁夏煤业公司始终将习近平总书记重要指示批示精神当作高质量发展的根本遵循，牢记“国之大者”“企之要者”，充分发挥“科技创新、产业控制、安全支撑”三个作用，将煤制油项目作为“四个革命、一个合作”能源安全新战略下的“大国重器”，重点突出能源技术革命，形成了一批国际领先的核心技术，解决了产业化过程中工程装备的“卡脖子”难题，拥有了从工艺集成、工程设计、装备制造、工厂建设、关键催化剂生产等全系统、一体化工程实施能力，标志着中国继高铁和核电之后具备了向国外成套输出大型煤制油化工技术和装备的能力。

一是煤制油完全拥有自主可控的成套技术。通过协同创新和国产化攻坚，完成国家 37 项国产化任务，获得发明专利 181 件，制定国家标准和行业标准 26 项，形成了自主化、规模化、标准化、系列化的可复制的百万吨级煤间接液化成套技术。煤制油上下游核心工艺单元，包括煤气化、合成气净化、费托合成、油品加工以及“三废”处理技术全部实现国产化。

二是煤制油实现资源清洁高效利用。煤制油采用全球最先进的技术，通过分质分级处理及综合利用，污水回用率达到 98.5%，剩余高浓盐水通过梯级蒸发和杂盐结晶处理，实现了废水“零排放”。锅炉烟气实施超低排放，$NO_x \leqslant 50$ 毫克 / 立方米，$SO_2 \leqslant 35$ 毫克 / 立方米，烟尘$\leqslant 5$ 毫克 / 立方米，优于国家燃气轮机组排放浓度限值。吨油品原料煤耗 2.77 吨标准煤、水耗 5.72 吨，优于国家先进值。单位产品综合能耗 2 吨标准煤，能源转化效率 43.57%，优于国家基准值。综合评价，煤制油各类指标处于国际领先水平。

三是培养和锻造一大批行业领军人才。项目从设计、施工、设备制造、生产运行、经营管理、科技创新等全过程培养和锻造人才，建设了一支万余人的一流人才队伍，其中 80% 以上具有大专以上学历，硕士、博士 300 余人，享受国务院和自治区政府特贴，“313”人才工程、“西部之光”访问学者、青年拔尖人才等 50 余人。培养的技术人才为煤制油产业的持续发展奠定了坚实的人才、技术和管理基础。

四是有效带动民族地方经济发展。西部地区煤炭资源丰富，煤炭储量占全国的 36% 左右。煤制油项目为西部富煤地区经济社会发展提供了一种探索思路，是将资源优势转化为经济优势的必由之路，有力地促进了少数民族地区发展。项目投产运行以来，年转化煤炭 2400 万吨，占宁夏年煤炭总产量的 1/4，吨煤转化成油的价值提升 7 倍，助推宁夏能源工业转型发展。带动了国内服务业、制造业和建筑业发展，尤其是推动化工装备制造业向高精尖方向发展，终结了进口技术和装备制造产品的暴利时代。自2013年建设以来，带动了国内服务业、制造业和建筑业发展，建成投产以来累计实现工业总产值1052亿元，每年新增销售收入近300亿元、利税超100亿元，占宁夏全区税收近1/6，有效拉动了宁夏地方经济社会跨越式发展，在推动宁夏煤炭资源优势向经济优势转化过程中，带动区域精细化工、高端材料、装备制造、仓储物流以及相关服务产业的快速发展，直接或间接解决就业10万余人。

（由国家能源投资集团有限责任公司供稿）

科技改变世界，创新引领未来
——引领高压开关迈入“真空时代”

一、基本情况

平高集团有限公司（以下简称平高集团）始建于1970年，是根据党中央关于加强“三线建设”的统一部署，由原沈阳高压开关厂700名职工、100台设备、45万元资金搬迁至河南省平顶山市建设而成，隶属中国电气装备集团有限公司。1988年进入国家大型二类企业，跻身三大开关厂之列。1996年建立现代企业制度，1998年合资组建平高电气，2000年平高电气与日本东芝组建合资公司，2001年平高电气在上交所成功上市，2010年平高集团产权整体划转至国家电网公司。2021年9月平高集团与中国西电、许继集团、山东电工等战略重组，成立中国电气装备集团有限公司。截至2023年12月底，平高集团资产总额超300亿元，全口径用工总量8956人，所属单位59家（其中独立法人单位33家），在波兰、印度、老挝、巴基斯坦等国家和地区设有分（子）公司或办事处。

图1　高压气体绝缘电器（左侧为1100kVGIL，右侧为GIS）

历经50多年的发展，平高集团在产业规模、经营业绩、行业影响力等方面得到跨越式提升，形成了以开关类为核心的电力装备研发制造和能源系统综合解决方案的业务布局，业务范围涵盖输配电设备研发、设计、制造、销售、检测、相关设备成套、服务与工程总承包，并积极发展运维检修、GIL、电力储能、综合能源、充电桩、智能终端等新业务。产品市场占有率保持国内行业领先地位，产品覆盖欧洲、东南亚、中东、非洲、南美洲、大洋洲等70多个地区。拥有引领高压开关技术变革的雄厚实力。始终坚定不移走自主创新之路，研制了一系列引领我国开关发展、打破国外垄断、提升民族装备水平的首台（套）产品，特别是特高压交直流开关、直流穿墙套管、环保型开关等产品拥有完全自主知识产权，技术水平国际领先。荣获省部级及以上奖励200余项，参与制（修）订国家标准及行业标准70余项，拥有专利1600余项。致力于解决大电流、大容量、高速开断、真空环保等“卡脖子”难题，实现660余种进口件国产化替代，打破国外技术垄断。拥有专注致力行业发展的品牌影响力。始终践行重质量、讲诚信、创品牌的发展理念，先后为我国第一条500千伏高压交流输电工程、第一条750千伏超高压交流输电工程、世界第一条投入商业运行的1000千伏交流示范工程、世界输送容量最大的苏通GIL综合管廊工程等国家重大工程提供输配电设备和服务，树立了行业“响当当”的口碑。先后获得我国高压开关领域唯一一项质量金奖以及全国五一劳动奖状、国家级创新型企业、装备中国功勋企业、全国文明单位、国家级守合同重信用企业、国家技能人才培育突出贡献单位等荣誉。

图2 集团所获荣誉

二、实践经验

习近平总书记指出，实现碳达峰、碳中和是一场广泛而深刻的经济社会系统性变革，要把碳达峰、碳中和纳入生态文明建设整体布局，拿出抓铁有痕的劲头，如期实现2030年前碳达峰、2060年前碳中和的目标。平高集团围绕“双碳”目标大力推进新型电力系统建设，致力于为电网提供质量可靠、绿色环保输电开关产品，聚力攻克“卡脖子”技术，积极研制技术领先、性能优异、低碳环保的新型输电开关设备，以实际行动为全球绿色可持续发展贡献平高智慧和平高力量。

（一）高举科技原始创新旗帜，书写高开开关无氟新时代

1. 敢为人先，力推 126 千伏真空断路器研发

为了助推电气设备绿色环保化，响应习近平总书记在国际气候大会上的承诺，基于真空断路器这一热点研究方向，2014 年，平高集团在行业内率先立项研发 126 千伏真空断路器。2015 年 3 月，基于该项目成立联合攻关组，自主研制 126 千伏真空灭弧室，一场攻坚克难的战斗正式打响。在平高集团总工程师钟建英的带领下，由平高集团技术中心和天津平高智能电气有限公司组成的联合攻关团队开始了为期 3 年的 126 千伏真空断路器研发工作。项目团队先后对长真空间隙绝缘、额定电流提升、采用环保气体的真空灭弧室外部绝缘等技术难题进行了大量理论和实验研究。项目执行过程中，累计发表真空开关领域相关论文 7 篇，其中 EI 期刊收录 3 篇，申请发明专利 11 项。

2018 年 8 月，由平高集团自主研制的 ZW64–126/T2500–40 型真空断路器顺利通过了全套型式试验，宣告平高集团首台具有完全自主知识产权的 126 千伏真空断路器研制成功。同年 12 月，中国机械工业联合会在北京主持召开了 ZW64–126/T2500–40 型真空断路器产品鉴定会。鉴定委员会一致认为，该产品的性能指标达到同类产品国际先进水平。

图 3　ZW64–126/T2500–40 型真空断路器产品鉴定会

2019 年 1 月，国家科学技术奖励大会在北京隆重举行，习近平、李克强

等国家领导人参加大会，并为获奖人员颁奖。平高集团参与完成项目“输电等级单断口真空断路器关键技术及应用”荣获国家技术发明奖二等奖，取得了历史性突破。

图 4　获奖证书与获奖团队

2021 年 6 月，国内首台 126 千伏真空断路器在国家电网平顶山供电公司龙泉变电站挂网，至今稳定运行。

图 5　126 千伏真空断路器在平顶山龙泉变电站挂网

2. 推进国际合作，145 千伏真空断路器进军欧洲市场

拥抱世界，平高集团高度重视科技原始创新，不断开发高端绿色清洁产品推进国际合作。145 千伏真空断路器是平高集团面向欧洲市场最新研制的全环保型输电开关，采用自主研发、制造的真空灭弧室作为主开断单元，以纯氮气作为外绝缘介质，实现了整机温室气体“零排放”。该产品按照 IEC 标准通过了全部型式试验，额定通流 3150 安，额定短路开断电流 40 千安，容性电流开合能力 C2 级，电寿命 E2 级，机械寿命 10000 次，各项技术参数均已达到同类产品国际领先水平，首次实现国内 145 千伏输电真空断路器 40 千安短路开断与 3150 安额定通流，突破了真空灭弧室开断能力和额定通流能力相互制约的难题。

平高制造，打造系列欧标输电开关。145 千伏真空断路器为平高第三批通过意大利 TCA 认证，获得欧洲市场准入资质的产品。欧洲市场准入标准全球最为严苛，不同欧洲国家的产品准入管理制度、技术法规、政策标准种类繁多，这些都是输电开关企业挺进欧洲市场普遍需要面对的问题。为推动“一带一路”高端装备走出国门跻身欧洲市场，平高对标发达国家严苛标准进行输电高压开关研发，成功打造满足欧洲客户需求的高端绿色环保开关产品。

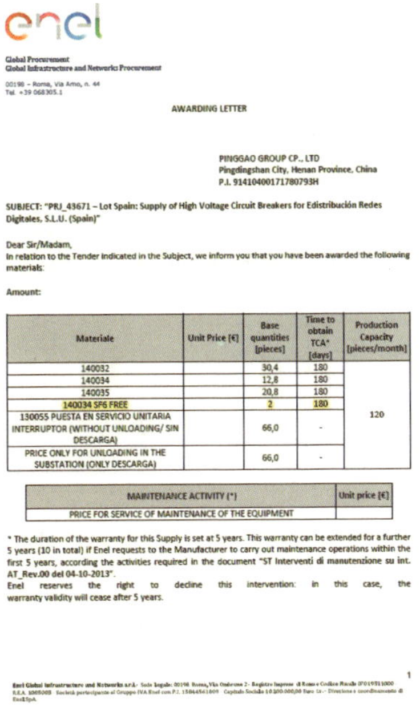

Global Procurement
Global Infrastructure and Networks Procurement

00198 – Roma, Via Arno, n. 44
Tel. +39 068305.1

AWARDING LETTER

PINGGAO GROUP CP., LTD
Pingdingshan City, Henan Province, China
P.I. 91410400171780793H

SUBJECT: "PRJ_43671 – Lot Spain: Supply of High Voltage Circuit Breakers for Edistribución Redes Digitales, S.L.U. (Spain)"

Dear Sir/Madam,
In relation to the Tender indicated in the Subject, we inform you that you have been awarded the following materials:

Amount:

Materiale	Unit Price [€]	Base quantities [pieces]	Time to obtain TCA* [days]	Production Capacity [pieces/month]
140032		30,4	180	120
140034		12,8	180	
140035		20,8	180	
140034 SF6 FREE		2	180	
130055 PUESTA EN SERVICIO UNITARIA INTERRUPTOR (WITHOUT UNLOADING/ SIN DESCARGA)		66,0	-	
PRICE ONLY FOR UNLOADING IN THE SUBSTATION (ONLY DESCARGA)		66,0	-	

MAINTENANCE ACTIVITY (*)	Unit price [€]
PRICE FOR SERVICE OF MAINTENANCE OF THE EQUIPMENT	

* The duration of the warranty for this Supply is set at 5 years. This warranty can be extended for a further 5 years (10 in total) if Enel requests to the Manufacturer to carry out maintenance operations within the first 5 years, according the activities required in the document "ST Interventi di manutenzione su int. AT_Rev.00 del 04-10-2013".
Enel reserves the right to decline this intervention: in this case, the warranty validity will cease after 5 years.

1

图 6　145 千伏真空断路器打开欧洲市场

3. 行业首创，完成 126 千伏无氟环保型 GIS 研发

126 千伏无氟环保型 GIS 由平高集团与西安交通大学历时 5 年联合攻关、自主研制，是真正意义上的“绿色”环保 GIS 设备，按照国家标准和行业标准通过了全套型式试验验证。2021 年 1 月，该产品被纳入国家发展和改革委员会、科技部、工业和信息化部、自然资源部组织编制的《绿色技术推广目录（2020 年）》。2021 年 12 月，该产品被列入国家能源局发布的“2021 年度能源领域首台（套）重大技术装备项目清单”。

126 千伏无氟环保型 GIS 采用自主研制的 126 千伏单断口真空灭弧室作为开断单元，二氧化碳气体作为 GIS 整体绝缘与隔离、接地开关的单一开断介质，额定电流 2500 安，额定短路开断电流 40 千安（20 次），机械寿命 10000 次，适用范围可达 -40℃环境，能够应用到高寒高海拔地区。该产品填补了国内空白，通过中国电工技术学会鉴定，主要技术指标达到国际领先水平。

2022 年 1 月，国内首台 126 千伏无氟环保型 GIS 在国家电网河南省电力公司思德 110 千伏变电站成功投运，标志着我国在输电等级环保型 GIS 产品研制和工程应用方面取得重大突破。

图 7　挂网运行的 126 千伏无氟环保型 GIS

4. 不惧挑战，攻克 252 千伏真空断路器核心技术

平高集团践行央企责任使命担当，主动扛起推动能源技术革命大旗。依托国家级企业技术中心、机械工业交流高压开关设备工程技术研究中心等科研平台，借助校企联合技术研发合作机制，自主研制的世界首台单断口 252

千伏真空断路器成功通过全部型式试验，标志着平高集团在真空环保开关领域取得了重大革命性突破，成功解决了输电等级真空开断“卡脖子”难题，充分彰显了平高集团以科技原始创新引领新型电力系统高质量发展。

252 千伏真空断路器采用单断口真空灭弧室为开断单元，氮气作为内部绝缘介质，分相操作配弹簧操动机构，实现真正意义的无氟零碳。项目研发团队通过长期研究掌握了长触头间隙真空绝缘特性、高压真空开关新型触头结构及大尺寸真空灭弧室制备工艺等关键核心技术，为优化电网结构助推产业升级提供了平高解决方案。该产品突破了高电压真空极限难题，超越了国外技术壁垒，迈向全球领先地位，是平高集团“发展新质生产力、推动高质量发展”的生动实践。

图 8　252 千伏真空断路器完成全部型式试验

（二）突破真空开关技术工艺“瓶颈”，实现产品质量稳定可靠

1. 真空开断关键参量测量技术突破

原始技术创新需要基础研究的积累和突破。平高集团针对真空断路器关键技术，对真空开断关键参量测量开展研究。成功研制真空断路器零区电流和电弧电压测量系统，能够在不影响试验回路的前提下，在进行断路器开断试验的同时，测量获得零区电流和电弧电压，结合试验结果，分析影响断路器热开断的因素，提出热击穿判据。项目团队掌握高速摄像技术，通过观察

窗观测开断过程电弧形态，拍摄帧率达 770000fps，拍摄时间间隔达 2.2 微秒，精准捕捉开断过程电弧形态变化趋势，深入研究灭弧机理，为真空断路器的研发提供关键数据，指导真空断路器的研发，降低研发成本，缩短研发周期，增强企业核心竞争力。

图 9　高速摄像机电弧观测技术和电弧电压测量技术

2. 精益求精，大力探索真空制造新技术新工艺

传统高压开关一直使用六氟化硫作为绝缘和息弧装置，平高集团在掌握高电压等级真空开关核心技术的探索实践过程中，对真空开关领域核心技术和制造工艺展开系统性研究和生产实践，集中优势科研资源着力攻克真空开断技术、真空绝缘技术、通流能力提升技术、机构特性匹配技术、真空灭弧室核心工艺五大关键技术。真空灭弧室工艺是保证真空灭弧室性能的关键因素，其主要包括四大部分，分别为零件制备、表面处理、装配焊接、产品测试。平高集团及其子公司在真空开断核心技术及制造工艺领域拥有 80 项专利技术，其中发明专利 58 项，实用新型 22 项。

3. 数字赋能，建设真空开关智慧工厂

平高集团以牢牢掌握真空技术产业链供应链为目标，高效完成真空开关智慧工厂建设，以数字赋能高端制造。平高集团拥有国内最先进的真空灭弧室生产制造产业基地，成立于 2012 年，位于天津市东丽区华明工业园的天津平高智能电气有限公司，是国家电网公司和平高集团共同组建的真空产业园。拥有数控加工车间、表面处理车间、洁净装配车间、测试车间和包胶车间五大功能车间，配备各类高精尖自动化设备 80 余台（套），具备 252 千伏及以下电压等级全系列真空灭弧室批量生产能力。

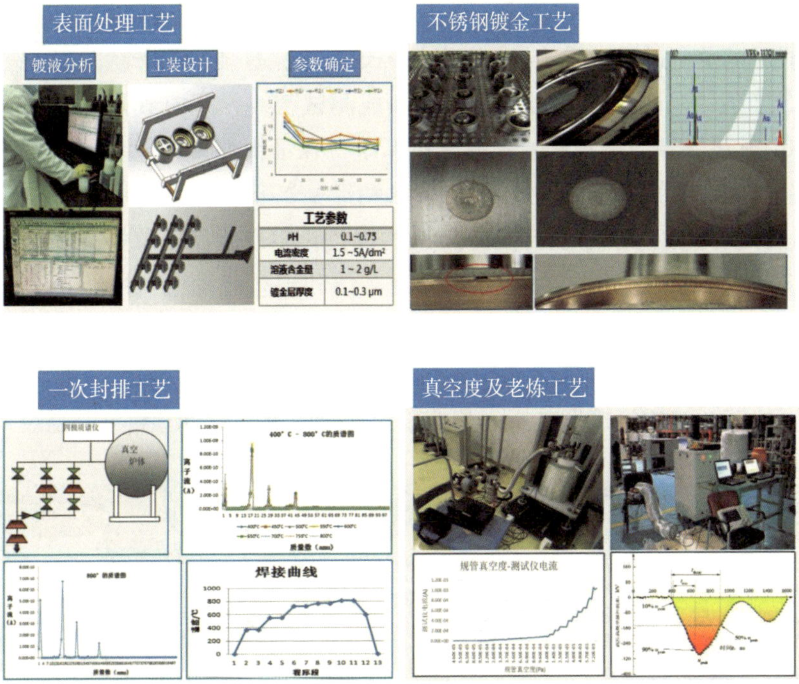

图 10　真空灭弧室四大工艺

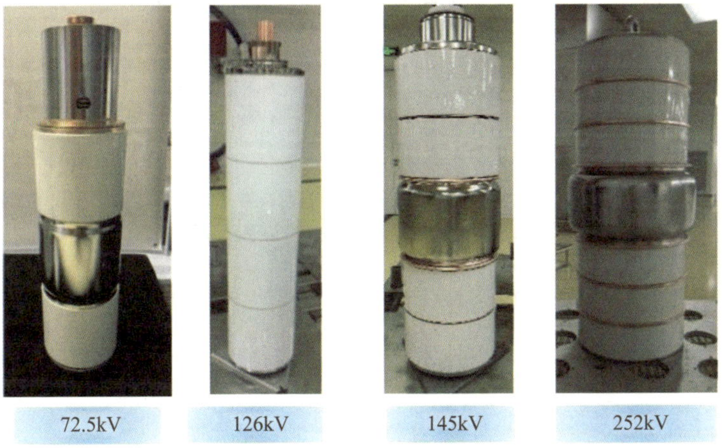

图 11　高压输电用系列化真空灭弧室

真空产线具备生产 3.6 千伏至 252 千伏电压等级真空灭弧室的能力，配备了国际先进的工艺设备 70 台（套），为真空灭弧室产品的生产制造提供了强有力的支持。一是拥有世界领先亚微米级车铣复合加工中心，实现零件尺寸精度和粗糙度精准把控。二是拥有全流程自动电镀、万级净化工作室等表面处理产线，满足大尺寸零件表面工艺处理需求。三是配备百级无尘真空灭弧室装配环境及全过程自动 Ipsen 高真空钎焊产线，具备 252 千伏及以下真空灭弧室焊接条件。四是拥有自动化智慧集成测试产线，国内最先进真空度测试仪、X- 射线成像检测等全套产品测试系统，保证灭弧室性能。真空灭弧室智能制造车间在秉承融合国内外制造技术和经验基础之上，立足自主创新，形成了具有独特技术路线的年产 20 万只的现代化生产线，以及具有完全知识产权的 7.2~126 千伏系列产品。目前的生产线和工艺流程生产性能均达到国际先进水平，从物料的搬运存储、零件加工、表面处理、装配焊接到产品测试、物理化学实验室，每个工艺环节均已实现工艺过程自动化运行，而且设备均有数字化控制的相应接口，实现整个工厂完全数字化管理和科学精益生产。

图 12　天津平高数字化智慧工厂

三、取得的成效

真正掌握了属于中国高压开关领域全新的开断解决方案，实现 SF_6 气体“零排放”。平高集团全面掌握了输电等级真空开断核心技术，解决了世界性难题，为开关设备去氟减碳提供了平高解决方案。项目研制的 126 千伏 /145 千伏 /252 千伏真空断路器可以在常规的老站改造或新建电站中应用，或者是低温地区、高电气寿命要求的特殊场合应用。在国内外控制碳排放的背景下，环保型真空柱式断路器市场前景十分广阔，可有效减少六氟化硫气体用量，减少碳排放，减缓全球变暖趋势，助力真空断路器对传统六氟化硫断路器的替代，有利于我国履行国际公约，服务绿色电网建设，符合“五位一体”国家总体战略布局，契合国家发展战略，对促进“双碳”战略的实现具有重要意义。

推动中国开关行业实现全新产业升级，以真空灭弧室为核心零部件的产业集群加快形成。以真空灭弧室作为断路器开断单元、使用环保气体作为灭弧室外绝缘的真空断路器具有更为卓越的开断能力，并且能够杜绝 SF_6 气体使用，有利于降低温室效应，而且能够应用到高寒高海拔地区。平高集团率先掌握高电压等级真空灭弧室研制关键技术及核心工艺，提升中国开关行业在世界上的战略地位，同时为真空开关相关产业集群发展提供强有力的支撑。完成以真空灭弧室为核心部件的 72.5 千伏 /126 千伏 /145 千伏 /252 千伏真空柱式断路器、126 千伏真空环保 GIS、环保 PASS、24 千伏大容量发电机出口断路器、真空有载分接开关、3.6 千伏矿用接触器等多领域真空产品研制，掌握核心技术，实现行业技术引领。助力真空开关替代传统 SF_6 开关，为我国及海外市场新型电力系统产业发展提供环保型装备支撑，促进高端制造产业国际化，引领中国装备制造业向环保型智能化方向发展。促进真空技术及其配套核心工艺、关键材料的攻关、成熟和产业化，使中国除特高压技术之外又一次站在世界的电工领域最前沿，牢牢掌握技术话语权和影响力。

（由中国电气装备集团有限公司供稿）

践行绿色低碳发展—齐鲁石化—胜利油田百万吨级 CCUS 示范工程商业化运营

一、基本情况

中国石油化工集团有限公司（以下简称中国石化或中石化）是特大型石油石化企业集团，业务范围遍布全球，主要包括油气勘探开发、炼油、油品销售和化工等业务板块。目前，中国石化是中国最大的成品油和石化产品供应商、第二大油气生产商，是世界第一大炼油公司、第二大化工公司，加油站总数位居世界第二，在 2023 年《财富》世界 500 强企业中排名第 6 位。

胜利油田是我国重要的石油工业基地，主要从事石油天然气勘探开发、石油工程技术服务、地面工程建设、油气深加工、矿区服务与协调等业务，是在 20 世纪 50 年代华北地区地质普查和石油勘探的基础上发展起来的。

1961 年 4 月 16 日，打出了第一口工业油流井华 8 井，日产油 8.1 吨，标志着胜利油田的发现，也标志着华北地区的勘探突破。1962 年 9 月 23 日，营 2 井获日产 555 吨高产油流，是当时全国日产量最高的井，胜利油田早期始称“九二三厂”就是因此得名。1964 年 1 月，经党中央正式批准，展开了继大庆石油会战之后又一次大规模石油会战，当年 6 月石油工业部华北石油勘探会战总指挥部成立。1972 年 8 月改称胜利油田会战指挥部。1989 年油田结束会战体制，更名为胜利石油管理局。

1998 年，国家进行石油石化重组，胜利油田由原中国石油天然气总公司划归中国石化集团公司。2000 年，中石化整合上市，将油田勘探开发核心业务组建为胜利油田有限公司，2006 年变更为胜利油田分公司。2013 年，将管理局的物探、钻井、测井、录井及地面工程建设等业务，整合到中石化石油工程技术服务有限公司。2017 年，对胜利石油管理局进行公司制改造，成立胜利石油管理局有限公司。经过历次改革调整，形成胜利石油管理局有限公司、胜利油田分公司、胜利石油工程公司三个相对独立的企业实体。目前，胜利油田是指胜利石油管理局有限公司与胜利油田分公司，由胜利石油管理局有限公司党委统筹协调合署办公。

截至2023年底，胜利油田用工总数10.2万人，固定资产原值4682.76亿元、净值1086.52亿元。下设直属党委59个，基层党委（总支）178个，党支部1732个，现有党员4.8万名。工作区域分为东部油区和西部油区，东部油区主要分布在东营、滨州、德州、济南、淄博、潍坊、烟台、聊城8个市的28个县（区），主体部分位于东营市；西部油区分布在新疆、青海、甘肃、宁夏4个省（区），主要工区位于准噶尔盆地。油田探矿权登记面积7.03万平方千米，采矿权登记面积7647.9平方千米，共发现油气田85个，探明石油地质储量57.87亿吨、天然气地质储量2819亿立方米，油气水井总数4.94万口。

二、实践经验

（一）坚持创新驱动、自立自强，突破全链条关键技术

自1967年以来，胜利油田持续开展CCUS相关技术攻关，历经“室内实验研究、关键技术攻关、先导试验、工程示范”四个发展阶段，自主攻关五方面核心技术，构建了覆盖CCUS全链条、可工业化推广的技术系列，实现了CCUS核心技术从“0到1”的突破，为CCUS产业化发展奠定了理论基础和技术支撑。

1. 突破碳捕集技术，实现低成本工业化应用

针对现有碳捕集技术能耗高、效率低等问题，胜利油田与南京化工研究院、清华大学等研究机构联合攻关，探索新理论、突破新技术。在高浓度CO_2气源（CO_2含量>80%）捕集上，创新实施余热、余压回收节能工艺，优化传统低温精馏碳捕集技术，综合能耗较常规工艺降低10%以上。在低浓度CO_2气源（CO_2含量<20%）捕集上，通过研发新型多氨基吸收剂，吸收性能较传统方式提升30%以上，形成了具有自主知识产权的工艺包，创新能量梯级利用工艺，再生能耗由3.0吉焦/吨CO_2降至2.24吉焦/吨CO_2，达到国际领先水平，捕集成本降低20%以上。

2. 突破碳输送技术，实现密相管输安全高效

面对CO_2长输管道安全输送难度大、设计施工要求高的世界级难题，自主攻关形成了CO_2管输流动保障、腐蚀防护与泄漏监测、智能运维三项核心技术。2023年7月11日，胜利油田投运了国内首条百万吨、百公里高压常温密相CO_2输送管道，标志着我国首次实现CO_2长距离密相管输，对

推动我国 CCUS 全产业链规模化发展具有里程碑意义。每年可减少车辆运输 4 万辆次，减少天然气（车用燃料）200 万标准立方米，大幅降低公路运输安全风险、运输成本和沿线公路交通资源占用，减少运输环节 CO_2 排放 0.4 万吨。

3. 突破碳利用技术，实现低渗油藏高效开发

面对特低渗透油藏埋藏深（大于 3000 米）、储层致密程度像磨刀石、常规 CO_2 驱提高采收率低的世界级难题，胜利油田与中国工程院、浙江大学等高校院所和院士专家联合攻关，依托“中国石化 CCUS 重点实验室”，创新形成国内首创的低渗透油藏 CO_2 高压混相驱油理论，建立“压驱 + 水气交替驱”开发方式，实现碳油快速相溶、油井快速增油，驱油效率提高 25% 以上，整体达到国际领先水平，并且成为目前国内唯一实现高压混相驱的工程示范项目，为我国百亿吨低渗透石油资源高效开发提供了理论与经验支撑。

4. 突破碳封存技术，实现项目长期安全封存

驱油过程中 CO_2 一次封存率仅有 40%~60%，封存效率较低。胜利油田组织相关单位，共同开展产出气直接回注、混合回注和分离提纯液化回注三种方式研究，攻克了产出气高效循环利用技术，通过多轮次循环注入，理论封存率达到 100%，实现 CO_2 “封得多”；聚焦井筒、盖层与断层等 CO_2 泄漏风险源，建立了井筒完整性、盖层密封性、断层稳定性的评价方法，制定了注气压力控制标准，实现 CO_2 “封得住”；研制了高精度 CO_2 驱油与封存测试工艺、CO_2 前缘预测方法，明晰了 CO_2 在地层中的运移规律，构建了 CO_2 安全监测技术，实现 CO_2 “封得久”。

5. 突破碳装备技术，实现核心设备中国制造

在 CO_2 液相高效注入方面，研发国内首台（套）、具有完全自主知识产权的高效密闭地面注入装备，已推广应用 36 台（套），形成了“自动恒压、密闭运行、碳精准计量”等注入技术系列，解决了零排放、低温计量、分压分注等“卡脖子”技术难题；在 CO_2 密相高效注入方面，研制了国内首台（套）高压密相注入装置，矿场试验泵效可达 80% 以上，填补了国内在该领域装备制造及应用上的空白；在 CO_2 管输配套方面，自主攻关研发国内首台（套）大输量管道离心泵等“卡脖子”装备，有效支撑了国内首条百公里级、百万吨级密相 CO_2 输送管道工程顺利实施。

（二）坚持多元支撑、配套供给，构建产业保障体系

充分发挥央企带头示范作用，着眼CCUS产业化发展，不断加强效益、创新、标准等多维度、全要素支撑体系建设，确保国内首个百万吨级CCUS项目高质量运行。

1. 打造技术创新平台

深化与高校、科研机构、地方政府的CCUS技术交流合作，在中国石化"气驱提高石油采收率重点实验室"和山东省"碳捕集、利用与封存（CCUS）重点实验室"平台基础上，推动建立国家能源技术研发中心、国家重点实验室等高端开放共享的实验与研发平台，加快科研成果向现实生产力转化。围绕项目运营管理重大难题，面向国内公开"揭榜挂帅"，与北京大学等知名院校合作"CO_2驱油与封存地应力动态模拟技术研究"；发挥油田内部优势力量，建立"专家+团队"技术研发及成果转化一体化运行机制，对自主技术研究资源、外部高端科研院校、战略装备改造服务商等技术要素优化配置，协同推进技术研发、试验应用及装备服务团队统筹运行，全力打通技术研究向矿场应用"最后一公里"。

2. 创建数字保障体系

建立CCUS信息系统，探索利用物联网、大数据、人工智能、移动应用等信息化技术，开展调控技术、深度学习、大数据等技术攻关，与EPBP、PCS等应用平台信息贯通、数据共享，提高注采调控、动态分析、安全预警等智能化水平。创建数字化管理现场，按照"现场可视、远程操控、集中管控"要求，构建全区域无人值守、机动巡检、集中管控的生产运营模式。以"平台+管理+监控"模式，突出"标准化、信息化、智能化、安全化"有机融合，构建覆盖CCUS全链条"集中、统一、规范、标准、开放"智能管理平台，开辟CCUS全链条安全管理智慧化的新路径。

3. 健全行业标准体系

根据CCUS产业特点和发展要求，推动标准化与科技创新互动发展，加强关键技术领域标准研究，努力提升产业标准化水平。开展现行国际标准、国家标准、行业标准、地方标准适用性分析，与山东省能源局、国际标准化组织（ISO）碳捕获与封存量化核查工作组等部门和机构加强对接，梳理应用现行标准56项，规划拟新制定标准46项，实现了CCUS标准体系全链条覆盖，形成了包含基础通用、捕集纯化、管道输送、驱油封存、注采工艺、地面工程、监检测评价七大类专业的标准体系，补齐了CCUS全产业链缺项标

准空白。其中，2022 年 10 月国内首次编制发布山东省地方标准《二氧化碳驱油封存项目碳减排量核算技术规范》（DB37/T 4548—2022），明确提出了核算边界、多维度监测和驱油封存全生命周期核算方法，对促进 CCUS 碳减排核算、方法学开发具有里程碑意义。

（三）坚持资源整合、合作多赢，探索联合运营模式

为进一步贯彻落实习近平生态文明思想、能源安全新战略，推动实现国家“双碳”目标，胜利油田与碳科公司协商确定在 CCUS、CCER 等方面进行战略合作，借助资本市场引导，加速推动 CO_2 驱油和封存业务发展，提高 EOR 收益并推进碳资产开发、管理和交易，助力中国石化引领 CCUS 全产业链发展进步。

1. 强化产业统筹谋划

统筹东营市 CCUS 产业发展规划与胜利油田二氧化碳驱油专项规划，按照“源汇匹配、规模动用、效益驱动”原则，丰富完善 CCUS“一仓四库”项目储备，推动实现区域 CO_2 气源、运输路径和驱油封存区块最优化匹配，促进 CCUS 产业集群高效率、广覆盖、体系化发展辐射。初步调研，油区周边地炼企业超过 30 家，年 CO_2 排放量达 3600 万吨，高浓度 CO_2 气源供应潜力大；评价筛选胜利油田东部油区适合 CO_2 驱潜力区块 535 个，覆盖地质储量 16.97 亿吨，CO_2 驱油及封存方案储备充足，为油田脱碳固碳产业化、规模化发展提供了有力支撑，为油地“源汇匹配”CCUS 产业平台建设提供了坚实保障。

2. 强化高新企业合作

大力推进与中石化碳产业科技股份有限公司战略合作，初步选定高 89-樊 142 示范区为“先行军”，按照“先期联合项目部、后期合资公司”模式，推进联合经营、合作创效脚步快速迈进。2023 年 6 月 20 日，胜利油田与碳科公司正式签订战略合作框架协议，依托联管会和生产运行例会，进一步强化合作区块的生产经营管理，区块原油产量等指标稳步提升。同时，联合项目部充分借助胜利油田、碳科公司、东营市地方政府各方优势，提前布局碳资产开发，全力推进 CCUS 方法学编报及发布，预计 CCUS 项目利润率可同比提升 1% 以上。

3. 强化地方政府协作

积极与东营市油地校融合发展办公室等政府部门协同办公，联合签发《关于建立 CCUS 全产业链示范工程建设协同推进工作机制的实施意见（试

行)》等管理办法，高效推进完成了东营市 CCUS 产业发展规划编制及高浓度 CO_2 气源企业调研等工作，为“碳源汇”平台建设打下坚实基础。与东营市汇智中科等地方企业合作，稳定保供 CO_2 用于胜利油田原油增产措施，进一步挖掘了 CO_2 的商品价值，推动 CCUS 项目全链条价值提升。

三、主要成效成果

(一)发挥了绿色低碳发展示范效应

胜利油田国内首个百万吨级 CCUS 项目是认真贯彻落实习近平新时代中国特色社会主义思想的生动实践，是聚焦生态文明建设和国家“双碳”目标要求、统筹保障国家能源安全和绿色低碳发展的具体写照。作为国内最大的 CCUS 全产业链示范基地和标杆工程，为我国推广应用低成本、低能耗、安全可靠的 CCUS 技术体系打造了样板、作出了示范。平均每年可减排 CO_2 100 万吨，相当于植树近 900 万棵，近 60 万辆经济型轿车停开一年，大幅消纳区域碳排放，不仅助力中国石化打造世界领先企业、谋划构建“一基两翼三新”产业格局，更为山东省聚焦新旧动能转换、区域“双碳”目标实现、黄河流域生态保护和高质量发展作出积极贡献，探索出了一条化石能源与新能源并举、降碳与碳利用并重、油气增储稳产和绿色低碳发展并行的能源企业绿色低碳转型发展之路。

(二)实现了增油减碳产业化发展

2022 年 8 月 25 日，在胜利油田举行了“百万吨 CCUS 示范工程投产暨国内首条百公里级 CO_2 长输管道开工”仪式，标志着我国 CCUS 产业步入商业化运营。年增油 20 万吨以上、新增效益约 1.78 亿元，预计提高采收率 11.6%。项目在国内首次实现了高压混相驱工程示范，对于破解国内油田开发难题、提高国内油气产量、降低油气开采成本有着现实而深远的意义，为保障国家能源安全，提升企业发展质量和竞争力，促进经济社会高质量发展提供了坚实保障。

另外，随着国家发布 CCUS 方法学，明确封存碳价，可新增碳交易利润，提高项目整体实施效益。

(三)突破了全产业链技术“瓶颈”

攻克了一批原创性、革命性、引领性技术，开创多个国内领先新纪录：

首创的高压混相驱油与封存技术，实现了低渗油藏高效开发与碳封存，具备国际领先水平；研发的国内首台（套）高效密闭地面注入装备和大输量 CO_2 管道输送离心泵，打破了国外技术垄断；攻克了采出液防腐难度大、集输热力难保障等技术“瓶颈”，实现 CO_2 全链条循环利用，有力保障 CO_2 理论封存率达到 100%。

（由中国石油化工集团有限公司供稿）

打造煤炭开采水资源保护与利用原创技术策源地，服务我国煤炭产业绿色发展

一、基本情况

（一）建设背景及历程

1. 矿井水资源保护利用是国家重大需求

为深入落实习近平总书记指示批示精神，集团公司以煤矿地下水库技术为核心，整合现有科研资源，申报煤炭开采水资源保护与利用国家重点实验室（以下简称实验室），并于2015年9月获批建设，实验室主任由中国工程院院士顾大钊担任。2023年4月，在集团公司统筹指导下，在没有联合任何外部科研院所和高校的情况下，实验室独立通过了国家科技部组织的全国重点实验室重组工作。先后两次获得国家科技部的认可，充分体现了实验室在矿井水领域的自主研发道路高度契合国家发展战略需求。

2. 实验室特征鲜明

一是定义清晰，使命导向明确，服务国家“急难险重、高精尖缺”的需求；二是研究领域集中，方向聚焦，围绕煤矿地下水库技术，开展矿井水相关领域关键核心技术研发；三是立足基础，衔接实际紧密，为企业提供核心技术源头供给；四是边界清晰，机构独立，国家重点实验室是非法人单位，基本保障和科技支撑是由依托单位来提供的；五是人员精干，规模适度。重组后实验室建设驶入了快车道。

（二）实验室定位及研究方向

1. 实验室定位

建设定位：服务国家重大战略，服务集团产业需求。

建设目标：为保护好我国每年未能有效利用的50亿吨矿井水提供全方位的科技支撑。

主要任务：面向西部煤炭主产区水资源需求，开展基础理论研究和应用技术研发，攻克矿井水“产、储、净、用”重大技术难题，为国家能源集团煤基能源产业发展提供水资源保障。

2. 研究方向

2021 年，我国全面启动了重组国家重点实验室体系方案，新一轮重组要求“打造特长生”，实验室以煤矿地下水库为核心，围绕集团公司煤炭保供和绿色开发重大战略需求，设置矿井水保护、矿井水处理利用和矿区生态修复 3 个研发方向，重点研发煤矿地下水库建设与安全防控、矿井水大规模低成本处理、煤炭开采地表自修复等相关技术。围绕集团公司能源绿色低碳转型需求，实验室与时俱进，新增设深地能源绿色开发方向，开展干热岩、二氧化碳地质封存、煤炭地下气化等领域大型物理模拟试验台建设。

3. 组织架构

实验室设实验室主任 1 名，常务副主任 1 名，副主任（主任助理）2 名，下设矿井水保护研究部、矿井水处理和利用研究部、矿区生态修复研究部、工业水处理和利用研究部及新能源技术研究部 5 个研发部门，工程试验研究部 1 个试验部门和研发支持部 1 个综合管理部门。

4. 实验室拥有三大宝贵资源

一是顶层设计有院士审核把关。顾院士在实验室发展方向、项目谋划、人才培养等多个方面倾注大量心血，确保实验室发展路径与国家和集团公司战略需求高度契合。二是研发队伍层次高，双一流院校毕业生占比高达 83%，博士学历占比高达 63%。三是拥有完全自主知识产权的“1+8”大型物理模拟试验台，为实验室“水保护、水处理和生态修复”研究方向基础性、前沿性实验提供保障。

5. 实验室建设运营具有鲜明的四大特色

一是完全依靠国家能源集团自主创新，通过“煤矿地下水库”专项技术建成了一个国家级研发平台。二是采用“前沿技术研究院 + 产业公司”建设模式，依托神东煤炭出资、出题，实验室答题。三是拥有“北京 + 神东”两个创新基地。北京基地负责基础性、前沿性研究工作，发挥北京人才聚集效应；神东基地负责应用性研究和成果孵化，为技术推广提供支撑。四是神东煤炭和集团公司每年为实验室提供经费保障，保障实验室稳定可持续发展。

二、实践经验

根据煤炭绿色开发原创技术策源地和集团公司国家级研发平台标杆的定位要求，实验室深入践行“四个革命、一个合作”能源安全新战略，聚焦“三紧三非”，着力打造国家战略科技力量，在服务国家重大战略、集团公司重大项目和煤炭产业安全绿色发展上持续发力，积极承担国家级项目，加快推动高水平科技自立自强，持续打造本领域“特长生”。

（一）坚持服务“国之大者”，积极为国家提供战略决策咨询

2018 年以来，实验室相继承担了中国工程院“2035 我国矿井水保护利用战略与工程科技”等 7 项中国工程院战略咨询项目，系统研究了我国矿井水保护利用战略目标和技术路线，提出了我国矿井水利用目标：2025 年、2030 年、2035 年利用率分别提升至 55%（黄河流域更高）、70%、80%。

（二）助力集团公司贯彻落实习近平总书记重要批示，相关工作取得实效

2023 年 4 月，南方周末等多家媒体进行了“采 1 吨煤耗 1.7 吨水，黄河流域煤与水矛盾尖锐”的相关报道，习近平总书记高度重视并作出重要批示，要求国务院国资委、国家发展和改革委员会、生态环境部、科技部等部门进行专题调研，加快出台相关政策。国务院国资委张玉卓主任第一时间与顾大钊院士沟通协商落实批示精神，顾大钊院士作为专家组组长出席国家发展和改革委员会专题座谈会，提出相关工作建议；实验室积极协助集团公司起草上报国资委《黄河流域煤炭开采水资源保护和利用情况》的专报；国家发展和改革委员会运行局李云卿局长赴实验室北京基地调研矿井水保护利用研究成果；实验室协助集团公司参与起草国家发展和改革委员会等部门发布的《关于加强矿井水保护和利用的指导意见》（发改环资〔2024〕226 号），将“矿井水井下处理等技术和标准”等内容写入该指导意见，这是迄今为止国家对矿井水保护与利用发布的最权威的文件，也是集团公司参与制定的国家重要政策性文件之一。

（三）紧跟集团公司重大项目，全力服务集团煤炭产业绿色开发

1. 持续完善煤矿地下水库安全运行技术体系

为了响应监管部门要求，确保安全储水，实验室向集团提交“关于煤矿地下水库技术应用情况及面临问题”的报告，集团立项研究煤矿地下水库智

能监测与安全防控关键技术。"煤矿地下水库智能监测与安全防控关键技术项目"为2020年度集团公司十大重大科技攻关项目，实验室作为牵头单位，承担4个课题，经费6050万元，充分利用智能化、数字化技术手段，实现地下水库运行状态动态监测评估，制定相关技术标准体系，规范地下水库建设运行，确保井下储水安全。目前，神东煤炭煤矿地下水库安全评估监管平台已上线运行，对11个矿19座煤矿地下水库、106道人工坝体和101处煤柱坝体的运行参数进行实时监测、评估和预警。

2. 超前研究新街台格庙矿区煤炭开采水资源保护与利用技术对策

新街台格庙矿区是集团正在开发建设的大型矿区，井田面积681平方米，煤炭储量123亿吨，首开一、二井井田面积约137平方米，设计生产能力1600万吨/年，2027年计划投产，该矿区与水源保护地区域重叠，面临水源地保护性开采等技术难题，如果没有可行性解决方案，矿井即使建成也可能无法正常生产，亟须超前布局水资源保护与利用科技攻关。实验室向集团提交"关于开展新街台格庙矿区开发建设若干重大技术研究"报告，集团领导第一时间批示"应加大技术攻关，全力推进新街矿区建设"，科研项目获集团批复立项。"新街台格庙矿区开发建设关键技术研究项目"是集团公司重点工程项目，实验室承担3项研究内容，经费5600万元，研发深部多含水层、多工况条件下矿井水保护利用、井下及地面协同高效处理、矿区生态减损与修复等关键技术，目前通过研究已将首开一井4个工作面确定为地下水库建设地址；制定了高矿化度矿井水低成本处理技术方案；构建了新街矿区地表生态环境监测网；参与完成新街台格庙矿区环评报告。

（四）紧扣集团发展重大问题，勇担技术攻关"出卷人、答卷人"

1. 针对塔然高勒煤矿基建生产期可能出现地下水放射性污染重大安全风险，实验室请缨出战，主动担责

杭锦能源公司塔然高勒煤矿设计产能1000万吨/年，开采区域与中核纳岭沟铀矿空间重叠（铀矿位于煤矿上方90~150米处，叠置面积55.7平方米），因煤铀矿权叠置，矿井基本建设工程于2016年缓建，经前期技术论证，2023年复工建设，项目计划2025年建成投产，首采工作面距离铀矿区直线距离不足10千米，煤矿开采过程易导致放射性污染，关乎矿井安全和职工生命健康。实验室向集团呈报相关报告，集团领导作出重要批示"同意开展联合攻关，为开发创造条件"。目前，实验室正在有序推进"塔然高勒矿井水放射性污染监控研究和工程示范"项目实施。

2. 神东矿区矿井水地表回灌可能引发重大地质灾害，实验室主动研究制定防控技术方案

神东煤炭公司每年用于生态灌溉的矿井水 1676 万立方米以上，长期灌溉叠加采矿活动、强降雨及不稳定地质条件成为诱发灾害的关键因素。2023 年，经实验室现场调研，发现有 12 个矿井存在 33 处地质灾害风险隐患，多处滑坡隐患点位于工业厂区和煤炭运输主干线上侧，一旦发生滑坡、泥石流等灾害，将会导致重特大伤亡事故。顾大钊院士代表实验室向集团呈报了相关请示报告，杨鹏副总经理作出批示“同意开展专题研究，请神东公司加强生态灌溉区地质灾害监测和防治工作”。目前，实验室协同神东煤炭正有序推进“神东矿区生态灌溉地质灾害防控技术及工程示范”项目实施。

3. 努力为集团煤矿井下储水空间安全管理和矿井水保护利用提供技术方案

2023 年 9 月 27 日，敏东一矿发生较大水害事故。导致敏东一矿“9·27”井下水害事故的原因之一是“防水密闭墙工程质量不合格，巷道内积存的泥浆水冲垮密闭墙底部，导致大量的泥浆水溃入北一盘区水泵房”。在顾大钊院士主持下，实验室提交了《关于进一步加强煤矿井下储水空间安全管理的相关建议》报告，集团领导作出批示“请科信部、煤运部根据职责协调推进”。此外，实验室还配合集团煤炭运输部起草《国家能源集团关于加强矿井水保护与利用的指导意见》，推进矿井水源头保护、分类处理、综合利用技术创新，重构矿井水保护与利用的综合治理体系。

（五）紧盯集团未来产业培育，争当集团高质量发展创新先锋

培育发展未来产业是央企的历史使命，也是集团公司建设清洁低碳能源科技领军企业的必然要求。面向未来空间深地领域，实验室作为集团公司唯一具有地下工程研发背景的科研单位，积极参与国务院国资委、集团公司深地方向未来产业材料编制工作，助力集团未来产业布局，参与国务院国资委《中央企业未来产业相关领域方向目标任务》编制工作，提报的“干热岩不同尺度物理模拟试验平台及相关实验方法与技术”被列入深部地热 EGS 工程关键技术清单，系集团牵头实施的 4 项国务院国资委未来产业任务之一。参与《国家能源集团培育发展未来产业工作方案（2023—2030）》编制工作，撰写的“深部地热开采”“煤炭地下气化耦合碳封存”被列入集团未来产业技术研发任务。

聚焦干热岩、CO_2 地质封存、煤炭地下气化三个领域，实验室提出“推

导相似理论、研发相似材料、设计平台功能、研制仪器设备、创新试验方法”的研究路线，成功申报 3 个试验台研制项目。其中，“干热岩开发与高温高压条件下地下工程稳定性综合智能试验平台研制”项目聚焦研制可模拟岩层储热—压裂造储—渗流传热的全过程高温高压综合智能试验台及相似材料，“CO_2 地质封存综合模拟试验平台研制”项目聚焦研制可模拟 CO_2 注入—运移—埋存全过程的相似模拟试验台及相似材料，“深部煤炭地下气化技术基础和路径研究”项目聚焦研制装煤量 1 吨以上，产气量 50 立方米 / 天，可模拟应力加载和地下水渗流的煤炭地下气化过程的大型模拟试验台。目前均已完成相关试验台设计。

三、取得的成效

实验室以煤矿地下水库技术为核心，围绕矿井水保护、矿井水处理利用和矿区生态修复 3 个研发方向开展平台研制和科技攻关，取得了一批创新成果，有力支撑了集团公司煤炭绿色开发。

一是自主研制了一系列国际领先的模拟试验台。围绕煤矿地下水库原创技术，自主研制了 9 个大型模拟试验平台，其中，煤炭开采地下水运移与保护综合智能试验装置是世界煤炭领域首个集 3D 打印技术、数字化技术等为一体的超大尺度三维相似模拟试验台。多煤层开采地下水运移、地下水库坝体结构参数设计、地下水库抗垮落冲击试验、地下水库水岩耦合净化、生态减损修复试验等模拟试验平台均为本领域首次研制，居国际领先水平。

二是承担一系列国家和集团公司重大科技攻关项目。围绕矿井水保护与利用、矿区生态修复为核心的煤炭绿色开发重大技术难题，实验室累计承担科技项目 70 项，完成验收 38 项，累计获批项目经费 5.6 亿元。其中国家重点研发项目牵头 2 项，参与 1 项；中国工程院咨询项目牵头 3 项，参与 4 项；国家自然科学基金项目 5 项；集团公司十大科技项目牵头 1 项，参与 1 项；集团公司出资项目 24 项；子分公司出资项目 29 项，为行业发展贡献了国家能源智慧。

三是形成了一系列矿井水保护利用领域核心技术。首创研发煤矿地下水库储用矿井水技术。将矿井水储存于煤炭开采形成的采空区岩体空隙内，建成地下水库智能安全监测系统，实现了地下水库长期安全稳定运行。神东矿区累计建成 35 座煤矿地下水库，最高储水量 3500 万立方米，供应了矿区生产、生活和生态 95% 以上的用水，并为周边煤制油和电厂供水，2019 年以来累计对外供水超过 1 亿立方米。研发了西部煤矿区矿井水高效低成本处理技术。开展井下处理工艺研究和浓盐水储存环境风险评价，为宁煤灵新煤矿高矿化度矿井水井下处理示范工程提供了科技支撑，处理成本与地面水处理设施相比降低 50% 以上。研发了改性煤基固体废物处理含氟矿井水技术，处理后氟化物稳定低于 1 毫克 / 升，成本较现有技术至少降低 30% 以上。构建了生态脆弱矿区生态修复理论框架和技术体系。研发了生态脆弱矿区水资源保护与生态修复等 15 项关键技术，建成蒙东草原区示范工程 27000 多亩，植被覆盖率由 30% 提高到 50% 左右。创建了神东矿区采动损伤“空天地”一体化监测系统，研发了地表土壤水保持与优势植物筛选培育生态修复技术，支撑神东矿区 13 座煤矿被认定为国家级绿色矿山。

四是取得了一批重大科技奖励。实验室 2016 年荣获国务院国资委“优秀创新团队”称号；2018 年、2020 年荣获国家能源集团“科技创新先进集体”称号；2021 年荣获国家能源集团“优秀科技创新团队”称号；2023 年被认定为煤炭行业科普教育基地（2022—2026 年）。研发团队累计获国家科技进步一等奖 1 项、二等奖 2 项、中国专利金奖 2 项、省部级科技进步一等奖 10 项，其中以实验室为主体申报获国家科技进步二等奖 2 项、专利金奖 2 项、省部级科技进步一等奖 5 项。累计牵头制定标准 44 项，其中国家标准和行业标准 11 项，获授权发明专利 118 件，发表高水平（SCI/EI）论文 130 余篇。

（由国家能源投资集团有限责任公司供稿）

推动仿真技术进步
为电网稳定运行保驾护航

一、基本情况

电力系统稳定工作关系全局，是防范大面积停电事故、确保电力安全的重中之重。近年来，国家电网有限公司全面贯彻“四个革命、一个合作”能源安全新战略，始终把安全稳定工作放在重要位置，坚持创新驱动发展，持续完善制度机制，逐步构建了符合发展规律、适应国情网情的电力系统稳定管理与技术体系，有力保障了电力系统安全稳定运行，推动了我国电力工业快速发展。

中国电力科学研究院有限公司（以下简称中国电科院）成立于1951年，是国家电网有限公司直属科研单位，是中国电力行业多学科、综合性的科研机构。主要从事电力系统分析与保护控制技术，高电压与输变电技术，自动化与信息通信技术，配用电与计量技术，新能源、储能与电工新技术等研究，研究范围涵盖电力科学及其相关领域的各个方面，相继攻克了特高压输电、大电网安全、新能源等领域的关键核心技术，推动我国电力科技实现从跟跑到并跑领跑的跨越。中国电科院科研积淀深厚，取得了一系列具有自主知识产权的科技创新成果，累计获得国家级科技奖励108项（其中国家科技进步特等奖2项、一等奖12项），省部（行业）级科技奖励1352项。试验能力完备，拥有包含3个全国重点实验室在内的53个科研类实验室，建有国家电网公司“四基地、两中心”，构建了目前世界上功能最完整、试验能力最强、技术水平最高的特高压、大电网试验研究体系。学术平台一流，承担1个IEC（国际电工委员会）技术委员会主席单位工作、3个IEC技术（分）委员会和42个标委会秘书处工作，作为新型电力系统国家技术标准创新基地的秘书处单位，学术影响力和话语权不断增强。创新人才辈出，拥有两院院士3人，国家级人才37人，省部级/公司级人才189人，国家科技重点领域创新团队1支，中央企业优秀创新团队1支，形成了结构合理、素质优良的人才梯队。

二、实践经验

我国电网是世界上规模最大、新能源并网容量最大的电网，随机性、波动性的新能源装机快速增长，亟需对超大型电力系统进行全天候“体检”，进而保障我国能源安全和绿色转型战略的实现。近年来，随着经济社会持续发展，用电需求越来越大，多类型可再生能源大规模接入、多电压层级接入和设备的高度电力电子化，电网运行方式变得越来越复杂，系统安全稳定面临越来越多的挑战。中国电科院结合大电网发展实际，持续开展电力仿真技术原创性研究，推动仿真研究成果实现工程应用，全力支撑新型电力系统建设。

（一）升级架构，解决高度电力电子化“仿不了”难题

近年来，随着一批特高压直流工程快速建设，大规模新能源机组接入，传统的机电暂态仿真方法无法准确模拟含电力电子器件设备的响应和控制特性。实际电网应用遇到了含电力电子模型的大电网“仿不了”的难题。

图 1　国产化大型电力系统电磁暂态仿真平台

国家电网仿真中心应运而生，着力攻坚大规模电网电磁暂态仿真技术，致力解决“仿不了”的问题，推动新型电力电子化电网的精细化仿真成为可能。科研团队从软件架构、模型算法、电力电子器件求解精度等方面入手，将制约电磁暂态仿真瓶颈的问题一一解决，从无到有，开发了上千个面向工程实际的一次元件和控制保护模型元件库，针对厂家开放逻辑的控制保护，团队将单回直流 3 万个传递函数规模的控制保护进行一比一建模。一举解决了开展电力电子设备仿真面临的算法和建模元件库欠缺问题，使实际电网电力电子设备“仿不了”的问题成为过去时。

（二）优化平台，解决复杂控制保护设备“仿不准”难题

区域电网的电磁暂态能力具备了，又遇到了电力电子设备仿真准确性的问题。直流输电、新能源等电力电子设备，技术路线和生产厂家繁多，从事仿真建模的专业人员无法在不掌握设备厂家的内部参数和具体控制逻辑的条件下通过建模完全模拟控制系统的响应特性，在大电网中精细化仿真直流输电、新能源等电力电子设备，“仿不准”的问题依然是一个鸿沟。

历时两年时间，中国电科院科研团队从架构到代码顶层设计出发，对仿真平台进行全新二次开发，使仿真产品成为开放友好的建模仿真工具，不但支持厂家建模，还历史性的实现了基于同一套控制代码到多种国内外主流软件的转换，大大提高了建模应用的效率。在国家电力调度控制中心的大力支持下，联合南瑞、许继等直流设备厂商以及各新能源单位开发厂家封装模型，把控制系统的代码封装在仿真平台的模型里，将其控制保护设备进行工程级数字化封装，直接接入仿真平台，并可与工程实际保持同步更新，一举解决了海量电力电子设备接入大电网仿真的“仿不准”难题。

（三）提高效率，解决海量运行工况“仿不快”难题

随着仿真的时间尺度下沉到微秒级，仿真模型的复杂度和规模都大大提高。如果以传统手段开展方式计算，往往需要抽调大量人员，集中数月进行仿真计算，省级电网在传统的单服务器上仿真计算经常以“天”作为计算单位，大大制约了方式计算的效率。“仿不快”的问题凸显，成为制约生产实际应用的瓶颈性问题。

为了解决仿真效率问题，中国电科院科研团队提出，把单作业单网仿真改为单作业多子网并行仿真，把多作业串行改进到多作业并行仿真的技术思路，通过一系列算法研究和开发，对大量边界联络点的电磁－机电混合仿真接口技术，大规模电网分群解耦的并行层级架构设计和分网算法进行了突破性研究，利用并行分网算法、作业调度和智能化结果分析手段，实现了基于计算机集群的大规模电磁暂态作业的并行仿真，大大提高了仿真效率，仅需要几十分钟就能完成国家电网单个工况的全部故障作业扫描。过去需要两周完成的工作，现在只需要数小时就可以完成，一举解决了“仿不快”的问题。

三、取得的成效

中国电科院自主研发了国产化大型电力系统电磁暂态仿真技术及平台，

原创了超大型电力系统全电磁暂态分析理论，发明了系统无损解耦计算分析等关键技术，国际首次将大型电力系统分析的时间尺度由毫秒级精细至微秒级，对系统安全稳定特性的扫描精度由“X光”升级为“CT”，填补了新能源高占比电力系统特性精准刻画的国际技术空白，引领了电力系统分析技术的跨越发展，实现了电力工业基础软件的中国创造、中国引领。

一是有效保障我国电网长期安全稳定运行。国产化大型电力系统电磁暂态仿真技术及平台构建了新型超算仿真平台、数模混合仿真平台和在线仿真平台，已在国家电网全面应用，不仅提高了电网的仿真精度和效率，还增强了对电网各种复杂运行工况的认知能力。仿真平台全面支撑新型电力系统规划、运行计算等工程化应用，支撑了我国交直流电网控制策略制定、“十四五”规划方案研究等工作，保障了沙戈荒新能源开发利用、大规模新能源外送和分布式新能源并网的规划设计和调度运行。仿真平台可以对电网进行进行全天候“体检”，帮助电网调度人员发现电网潜在问题，评估电网运行的稳定性和可靠性，为电网安全运行保驾护航。

图2　中国电科院科研人员正在进行电网仿真分析计算

二是有力提升电网输电效益发挥。国产化大型电力系统电磁暂态仿真技术及平台精准分析了我国交直流混联大电网运行特性，科学安排了安全稳定与高效低碳协调的电网运行方式，优化了特高压直流的故障自恢复特性，在南方电网、发电集团等国内数十家单位应用，支撑了直流工程输电效益发挥和新能源大规模安全并网。

三是显著提升我国电网新能源消纳能力。应用电力系统全电磁暂态仿真技术优化新能源和送出新能源的特高压直流控制策略，提升并网能力，显著提高了电网对新能源电力的安全输送能力，保障了我国近三年大容量新能源发电的安全接入和稳定运行，促进了我国新能源快速发展和安全高效利用。

四是大力支撑重大工程装置研制和推广。开展电力电子新设备研发和测试，研究了含分布式电源的配电网负荷特性，分析了新能源集中并网引发的新型稳定问题，支撑实际直流控保装置的控制策略分析及试验测试。仿真平台的实时仿真试验功能，成为张北柔性直流电网示范工程等多个重大工程二次装置性能验证、缺陷排查和参数优化的必备工具，提升了国产装置研制水平和国际竞争力。

（由国家电网有限公司供稿）

深水开发自主硬核攻坚
打造大国重器“深海一号”

一、基本情况

中国海洋石油集团有限公司（以下简称中国海油或中海油）是1982年2月15日经国务院批准成立的特大型国有企业，是中国最大的海上油气生产运营商，形成了油气勘探开发、专业技术服务、炼化与销售、天然气及发电、金融服务、新能源六大业务板块。公司主要经营业绩指标在央企位居前列，连续19次获评国务院国资委中央企业经营业绩考核A级。

中海油研究总院有限责任公司（以下简称研究总院）是中国海油下属综合性研究机构，面向全球能源技术创新发展，肩负国内外油气勘探开发研究与核心技术攻关、生产性技术研究、高层次科技人才培养等职责，是中国海油的战略规划和决策支持中心、科技创新和技术研发中心、技术服务和成果转化中心、高端人才培养和储备中心。研究总院在海洋油气勘探地质综合评价研究、油藏工程研究、油气田开发工程设计和钻采工程研究等领域具备完整的学科体系和技术能力，全面负责中国海油非常规勘探—开发—工程—生产一体化研究，支撑国内海上油气田增储上产。

研究总院是海洋石油国家战略科技力量和原创技术策源地核心承载单位，承担国家重大科研项目的研究任务，如“863”“973”、国家自然科学基金、国家发展和改革委员会重大专项以及中国海油科技攻关等，“十三五”以来，共获得国家科技进步奖5项、国家技术发明奖3项、省部级科技奖励208项，以高水平科技自立自强为国家能源安全和经济发展作出了重要贡献。

随着我国经济社会的不断发展，国内油气消费与日俱增，而陆上原油产量增长却持续放缓。日益凸显的油气供需矛盾，以及对外依存度不断攀高的能源安全问题，已经成为我国经济保持长期健康稳定发展的主要威胁。提升自主的能源供应力度成为破局关键。

“国内原油增产靠海上，未来海上原油增产靠深水”已成为石油行业共识。海洋蕴藏着全球70%的油气资源，深海油气资源尤为丰富，是全球油气增储的核心领域。中国南海作为世界四大海洋油气聚集中心之一，水深在 500 米以上的深水区域约占海域总面积的 75%，预计石油天然气储量为 200 亿～300 亿吨油当量，深水油气开发前景广阔，成为国内油气重要战略接替区和重要增长点。

20 世纪 70 年代，全球石油行业内已开始 500 米水深以上的油气勘探开发活动。进入 21 世纪，水深 3000 米左右的深水油气勘探开发技术已基本成熟。超深水油气开发具有技术复杂、风险高、投资大的特点，是国家综合国力的体现、海洋强国的标志，其技术长期被欧美少数国家封锁。

我国海洋石油工业起步晚、挺进深水晚，超深水油气自主开发长期处于空白，更面临南海海况世界最恶劣、气藏复杂等重大挑战。20 世纪后半叶，300 米水深的流花 11–1 油田通过中外合作成功勘探开发，成为我国走向南海深水的起点。2014 年 4 月，中国首个深水天然气田荔湾 3–1 气田通过中外合作成功投产，拉开了我国深水天然气资源开发利用的序幕。

2014 年 9 月，在荔湾 3–1 气田投产不久，我国首个自营 1500 米超深水大气田——“深海一号”在南海琼东南盆地获勘探重大油气发现。恰逢国际油价断崖式下跌，针对国际上无经济有效的开发模式，中国海油立足多年深水技术储备，彰显能源报国的责任和担当，毅然自主突破 1500 米深水气田开发，闯出了一条中国南海深水大气田自主开发建设的创新之路。

二、实践经验

彼时，中国海油已经掌握 300 米水深油气田开发，但对于深水气田涉足未深，从开发模式到规划设计，从作业资源到人才队伍，从技术到管理思路，几乎没有实践经验。由“浅”入“深”，难的不只是“水深”，其对技术、装备能力、关键设计指标要求也极高，所在海域台风频发、地质灾害复杂，投资费用高昂，如何实现深水油气田经济开发一直是世界级难题，国际上只有少数几家大型石油公司具备深水开发技术能力。因此，“深海一号”2014 年勘探发现时，多数人的想法是采用与荔湾 3–1 气田类似的开发模式，对外合作、共同开采。

然而，从 2014 年下半年开始，国际原油价格从每桶 100 多美元断崖式跌至不足 30 美元，油气行业寒冬突至，全球油气公司迅速调整策略缩减开支，很多深水开发项目因无利可图而搁浅。中国海油也不例外，通过研究国际上 25 个典型深水气田的开发模式、技术方案、建设实践与教训，发现“深海一号”超深水大气田项目的成本必须压缩到荔湾 3–1 气田的一半才能具有经济性。

国外公司给出的开发方案要价很高，工期也较长，开发投资比国内高50%，气田临界开发气价接近3元/立方米，按照它们的方案，至少要有两个"深海一号"超深水大气田的储量才能覆盖气田开发成本。虽然委托外方开发路线成熟、成果可控，但是无法满足我们的经济性要求，继续走委托外方开发的老路显然是行不通的，自主开发成为必然选择。

（一）自主创新，解锁深海开发密码

1. 选人用人，唯才是举

在极低油气价条件下解决深水气田开发问题需要同时具备攻坚能力和创新能力。组建项目团队时，研究总院领导与项目经理不看职级、资历，先看创新精神和那股拼劲儿，将以往深水生产项目经验作为重要参考，大胆起用了一批当时尚且"名不见经传"的年轻人，鼓励他们放手去做。一支平均年龄不到30岁的攻坚队伍迅速成立了！

进行最初的计算研究时，每个专业板块以双负责人制、背靠背研究论证，一旦发现结果不同就要随时查错纠偏，保证每一步的可靠性。而这份谨慎并非出于对未来的如履薄冰或瞻前顾后，相反，这恰恰为大胆创新做好了准备。

2. 充分调研，大胆创新

"深海一号"超深水大气田南北跨距30千米、东西跨距49千米，水深1500米级别，井位相对比较分散，天然气产出过程中会伴随着一定量的凝析油。国内深水气田以及海底管网不发达，按照世界类似油气田的常规设计，需要建一条成本高达8亿元的凝析油输送管线，不具备经济开发的可行性。

"安全标准和环境保护标准这两道红线不能逾越，标准都不能降低，其他放开手脚创新。"项目经理鼓励技术人员充分解放思想，不拘泥于经验，不局限于常规，从技术创新上敲开降本之门。

团队系统研究国际上25个典型深水气田的开发模式、技术方案，通过20多次大大小小的工程前期方案优化，超过100场与国内外设计公司、研究院所以及船级社的技术交流，200多次项目组成员沟通技术细节、专业接口、探讨方案可行性的会议，10余次赴船厂的实地调研，硬是用"铁杵磨成针"的功夫，逐步掌握核心技术，最终提出了选择一条连外方深水同行都没想过的路——借鉴"保温瓶内胆"原理，开创半潜式平台立柱储油的世界先例，既满足气田生产需求，又能暂时储存少量凝析油。

3. 聚力攻坚，逐个攻破

仅仅提出方案构思是不够的，设计深水半潜式储油生产平台新船型就像设计“大飞机”一样，存在着类似的气象学、材料学、流体动力学、结构及断裂力学等多学科交叉难题。以往的半潜式平台均不具备凝析油储存功能，如何实现多达2万立方米的凝析油在多立柱浮体中的安全储存和隔离，如何确定船体主尺度，如何应对船体、系泊、立管的强度和疲劳挑战，如何准确预报平台运动，如何实现布置安全；如何实现多点系泊的安全外输；如何实现跨度最大的浮式生产平台上部组块结构的安全设计以及整体合龙；如何提出科学的南海深水恶劣环境参数及地质数据……从“深海一号”开始构思到落地运行，有太多问题展现在研究总院项目组每一个成员面前。

为了确保开发方案的可行性，项目研究团队兵分几路，对十几个专题展开研究，通过每天12小时的技术攻坚、每月一次的进展交流会，在海量基础数据的基础上，开拓思路寻找可能性，并通过严密的计算推理一一论证。就这样，“半潜式生产储油平台＋水下生产系统”的开发方案诞生了。

（二）筑巢引凤，打造开放交流平台

1. 在“质疑”声中雏形初现

即使团队成员经过一轮轮计算，基本确定了立柱储油就是最佳方案，但在外人看来仍是荒诞可笑的想法。为了证明方案的可靠性，团队决定请有经验的深水前辈来“质疑”。

“如果你肚子里没货，人家根本不会理你的。”项目副经理对此颇有感触：“以前我们研究做得还不够深入，邀请国外交流时，往往成了人家的产品推销会。只有研究做得够深够细，才能棋逢对手有对话的可能。”为了达到和国外深水技术专家对话的水平，项目经理带着项目组成员继续往深处扎，把所有质疑都当作自我验证的考题，从正向反向各个角度重新审视目前的方案。当各专题小组的研究深入一定程度后，虽然暂时不能完全掌握具体技术，但对于该领域的关键点已摸清了大概。更重要的是，在这个过程中，团队也瞄准了各领域顶尖的技术专家和行业领先的油气公司。为了展现出最大的诚意，每一份邀请函都量身定制，除了讲清楚我们的方案构想，每一场技术交流都根据该公司和专家的技术特点确定详细的讨论主题。

进展超乎所有人的意料，国外公司和技术专家均表达了积极参与的意愿，专题交流的深度让中外双方都颇感惊讶。在一次关键技术方案的交流中，项目组介绍完前期研究成果后，提出了需要解决的技术难题，国外专家一时竟无法解答，只好求助远在欧洲和美国的同事。为了探讨流动安全保障技术，这家国外公司更主动从总部派出4位专家，专程来到中国与项目组探讨了2

天。在这一年多的时间里，像这样大大小小的交流进行了上百场，团队的方案获得了全球深水油气专家的指点和认可。每一场交流都像一针强心剂，注入团队成员的心里，“深海一号”大气田的雏形初现。

2. 引得凤来与凤舞

2016 年夏天，陵水 17–2 气田开发工程技术方案走向成熟，项目组开始走出去前往国外进行现场交流，向国际深水工程公司宣讲开发方案选择思路和半潜式储油生产平台方案。交流结果让项目组越来越踏实，同时也令外方惊讶，他们讶异于中海油的深水平台自主创新方案，比想象的全面得多，均对研究总院平台方案合理性给予了充分认可。美国船级社也在审查和独立验算了概念设计成果后，于 2017 年初向研究总院颁发了半潜式储油生产平台型式认可证书（AIP）。

2017 年初，陵水 17–2 基本设计启动，针对深水平台精细化技术的经验欠缺等难题，研究总院制定了对外合作与外方联合开展平台设计的策略，并对项目组提出了要求，“大家要通过联合设计确保自主创新的半潜式生产储油平台技术方案可靠，完成基本设计的同时，掌握深水平台设计关键设计技术，建立一支深水平台设计队伍”。

研究总院先后派出 70 余人次远赴世界海洋工程中心——美国休斯顿开展联合基本设计。由于缺乏深水设计经验，工程师们依据合同向外方寻求培训，边学边干。半年下来，光是录制的培训录像就多达 1T，为日后提供了宝贵的学习资料，因为时间紧张“生吞活剥”的知识，有空就被拿出来慢慢“反刍”，消化吸收。在联合设计伊始，项目副经理就给技术攻关难度最大的船体分项目组的成员做了一项“硬核”规定：每天工作 12 小时，一周六天，关键计算报告外方完成后一定要再验证一遍，“出国交流学习的时间和机会很宝贵，我们浪费不起”。

每周五下午是外方休息的时间，却是船体分项目组的技术分享会时间，大家聚焦在内部互助可以解决的技术难题、新掌握的设计技巧上，总是追着当天的技术分享人，一直到问明白，太阳下山了，才心满意足地回住所。周六和周日办公室不开门，团队成员在锻炼完身体、储备完一周的生活物资后，在住处简陋的工作小桌上，还需要把一周积攒下来的工作清单一扫而空。就这样，项目组一路摸爬滚打，跌跌撞撞，始终保持昂扬的斗志和向前的姿态。

时光飞逝，转眼半年时间过去，2018 年 1 月，基本设计最终审查顺利通过，并获得了现场专家的积极反馈，至此，“深海一号”能源站基本设计工作完成。

三、取得的成效

一是开创性提出超深水边际气田“水下回接半潜式生产储油平台”经济开发新模式。这一开发方案破解了在海况最恶劣海域经济开发超深水分散油气藏的世界级难题，对比国外同类项目可节省1/3的投资，同时，由于浮式平台设计更加接近气藏，更低气压需求可将天然气增产近30亿立方米，进而额外创造经济效益达数十亿元。实现每年供气30亿立方米，带动了陵水25-1等周边深水气田开发，推动南海万亿大气区建设从蓝图变为现实，天然气日产量可满足850万家庭的日用量，更好地满足了经济发达的粤港澳大湾区和海南自贸区日益增长的清洁能源需求，为实现“双碳”目标提供了有力支撑。

二是成功研制世界首座十万吨级多立柱半潜式生产储油平台。打造的大国重器“深海一号”能源站为国际海洋石油领域提供了继“SPAR”和“FPSO”之后的第三种深水浮式储油装置，形成3项世界首创、13项国内首创技术，建立了超深水大气田开发技术体系，使我国油气自主开发能力实现了从300米到1500米水深的历史性跨越。我国成为继美国、挪威后世界上第三个完整掌握超深水气田开发技术的国家。

三是锻炼了一支深水开发人才队伍。“深海一号”能源站研发设计团队以全面掌握关键核心技术为目标，边研究边设计、边学习边创新，边调查边验证，逐步从“学生”成长为向深水进军的排头兵。通过从设计阶段的主导到建造阶段全周期的参与，完整建立了1500米水深的油气田开发海洋工程技术，为我国培养了一支锐不可当的深水开发科技和管理人才队伍，成为深水工程领域的“中国团队”，为后续亚洲首座圆筒型FPSO、深远海浮式风电装置、“深海一号”二期等深水工程的成功开发奠定了基础。

四是增强了我国在国际海洋事务中的话语权和影响力。“深海一号”的成功使中国成为继美国和挪威之后世界上第三个完整掌握深水半潜式生产平台设计建造能力的国家，成为南海周边唯一具备独立开发超深水油气资源能力的国家，增强了保障国家能源安全、维护海洋权益的底气，向世界展示了中国在海洋石油工业领域的实力和决心。通过“深海一号”项目，我国不仅展示了在深海资源开发方面的强大实力和决心，也向世界宣告了我们在海洋科技领域的领先地位。

五是带动国内产业链发展，为我国的海洋经济发展注入了新的活力。中国海油联合百余家企业产学研用，成果带动我国造船、钢铁、机电等民族工业的高质量发展，实现钢悬链立管、国产聚酯缆等高端设备及材料国产化应用，推动了我国海洋工程装备、深海探测技术、油气开采技术等相关领域的快速发展，提升了我国深水海洋工程高端装备产业链水平和国际竞争力，实现了海洋工程关键技术和装备自主可控。

（由中国海洋石油集团有限公司供稿）

国家能源集团首个 CCUS 国家级研发平台 煤基能源 CCUS 创新实践助力实现“双碳”目标

一、基本情况

国电电力发展股份有限公司（以下简称国电电力）是国家能源集团控股的核心电力上市公司和常规能源发电业务的整合平台，主要经营业务为电力、热力生产及销售，产业涉及火电、水电、风电、光伏发电及煤炭等领域，分布在全国 28 个省（区、市），是全国最大的电力上市公司之一。2023 年 7 月，公司居《财富》中国 500 强第 70 位。截至 2023 年底，公司控股装机容量 10563.73 万千瓦，其中：火电 7279.4 万千瓦、水电 1495.06 万千瓦、风电 929.33 万千瓦、光伏 859.94 万千瓦。

2023 年 4 月，国电电力牵头申请认定的“国家能源煤基能源碳捕集利用与封存技术研发中心”（以下简称 CCUS 研发中心），成功入选国家能源局“十四五”第一批“赛马争先”创新平台名单，实现国电电力建设国家级研发平台“零突破”，也成为国家能源集团首个且唯一的 CCUS 国家级研发平台。

CCUS 研发中心由国电电力牵头，汇聚了江苏公司、化工公司、技经院、新能源院、低碳院、龙源环保 6 家国家能源集团内部单位，以及浙江大学、华中科技大学、天津大学、西北大学、中国科学院武汉岩土力学研究所、华北电力大学、东南大学、中国地质大学（武汉）、中国石油大学（北京）、四川大学、深圳大学、长三角碳中和战略发展研究院、西安交通大学、上海交通大学、中国环境监测总站、西北电力设计院、华东电力设计院 17 家集团外部知名高校、科研院所，共计 24 家单位在煤电、煤化工行业构成了 CO_2 高效捕集—化工利用—地质封存 / 驱替全链条技术研发、验证、示范的创新联合体，柔性链条研发团队超 260 人。

CCUS 研发中心围绕高效低能耗 CO_2 捕集、多途径 CO_2 资源化利用、规模化 CO_2 地质封存、CCUS 发展战略及政策 4 个方向，由产业公司牵头，联合集团内外部相关优势单位，积极开展 CCUS 科技攻关和工程示范，聚焦吸收法、吸附法、膜分离法、富氧燃烧等 CO_2 捕集方向，以及地质封存、矿化利用、驱油利用、化学利用等 CO_2 利用封存方向，建成多个国内首套 CCUS 示范工程。

二、实践经验

（一）依托示范工程建设研发平台

2021 年建成国内首套且当时最大规模的 15 万吨 / 年燃烧后 CO_2 捕集—驱油 / 封存全流程示范工程后，为全面掌握火电厂高效低能耗吸收法 / 吸附法碳捕集关键核心技术，国电电力决定将 CCUS 示范装置打造成为国内一流 CCUS 研发验证平台，为国家重点研发计划后续开展提供保障，为集团公司开展 CCUS 领域相关研究提供平台，为集团公司 CCUS 科研与工程建设培养专业人才队伍。

一是在国家能源集团支持下，连续 3 年每年投入超 1500 万元建设煤基能源 CCUS 研发平台。在专项资金支持下，完成示范装置硬件升级改造，设备可靠性大幅提高，保障装置安全连续运行；开展了吸收剂降解、腐蚀相关研究，为碳捕集工艺放大提供了宝贵的运行实践基础数据。

二是支持国能锦界公司成立专职 CCUS 研发中心，组建了一支超过 30 人的专业化 CCUS 运维队伍和研发队伍，专项负责 CCUS 示范装置现场安全运行与维护，并在生产中研究节能优化工艺、吸收剂降解规律、运行参数优化等；专项保障所承担国家研发计划的后续固体吸附中试装置建设，确保国家课题验收顺利通过。

三是依托示范项目与相关高校和科研院所开展“产学研”合作，与浙江大学、西安交通大学、东南大学、西北大学共建“碳中和”人才培养科研实践合作基地；与低碳院、新能源院等集团内部科研技术专业化服务单位共同开展课题研发；与高科技企业原初科技联合开展二氧化碳化学链矿化中试适应；与浙江大学、四川大学、东南大学等高校联合继续申报国家重点研发计划，持续发挥研发平台科研示范引领作用。

四是积极进行成果总结与奖励申报。经过权威鉴定，“燃煤电厂 CO_2 低能耗化学吸收捕集、驱油利用与封存技术及应用”成果整体达到国际先进水平，部分指标达到国际领先水平。该成果获得国电电力科技进步一等奖、国家能源集团科技进步一等奖、中国能源研究会能源创新一等奖、中国环境保护科学技术二等奖、中国煤炭工业协会科学技术奖二等奖、电力创新二等奖。“大型燃煤电厂化学链矿化 CCUS 成套技术研发及降碳新模式应用”成果入选

“十四五”绿色低碳综合能源发展暨煤电机组“三改联动”示范案例，并荣获“十四五”热电产业节能减排技术创新奖一等奖、“十四五”热电产业节能减排首台（套）技术装备奖。

经过近两年的建设，已初步建成煤基能源CCUS研发平台。2022年12月，在国电电力大同公司建成国内首套千吨级 CO_2 化学链矿化利用工业验证装置，以脱硫后净烟气中的 CO_2 和电石渣、钢渣等工业固体废物为原料，利用氯化铵作为循环媒介进行湿法间接矿化反应，得到高值碳酸钙产品，烟气中 CO_2 的回收利用率≥80%，被人民网、央视报道。2023年3月，在锦界公司建成国内首套千吨级 CO_2 化学吸附捕集工业验证装置，首次提出并打通多级吸附—再生—冷却三流化床 CO_2 捕集工艺流程，通过72h稳定运行考核。2023年3月30日，国家重点研发计划“用于 CO_2 捕集的高性能吸收剂/吸附材料及技术”顺利通过国家科技部项目验收。截至2023年底，CCUS示范装置已连续稳定运行超800天，创造了行业标杆。初步构建了CCUS示范装置生产管理和技术管理体系，制定企业标准3项，承担集团标准2项，参与国家标准1项。同时，通过研发平台建设，培养了一支碳捕集装置运行维护的专业化队伍和一支CCUS科技项目研发与管理的专业队伍，具备承担国家、集团重大科技研发任务的能力。CCUS示范装置项目案例作为煤电行业唯一案例入选APEC“可持续中国产业发展行动”2022年度报告《超越净零碳》和国际能源署（IEA）2021年度报告《低排放煤炭技术助力零碳亚洲未来》，并获得新华信用金兰杯碳达峰碳中和技术创新领军案例、国务院国资委2022年度碳达峰碳中和行动典型案例等奖项，项目案例被央视等主流媒体报道。

（二）利用研发平台开展科技研究

1. 提前布局煤电 CCUS 全流程技术研究

从2021年开始，国电电力承担了国家能源集团十大科技重点项目“二氧化碳捕集与资源化能源化利用技术研究及示范”，与浙江大学、国家能源集团新能源研究院共同成功申报国家科技部2022年重点研发计划“CO_2 矿化多元固废胶凝材料联产混凝土关键技术与工业示范”，与东南大学联合申报“煤炭清洁高效利用技术”一项，布局了二氧化碳吸收、吸附和膜法捕集，二氧化碳制化学品和矿化利用，二氧化碳咸水层封存及二氧化碳源汇匹配等多个研发方向，实现从碳捕集到利用封存及战略政策研究的煤基CCUS全流程研究。

2. 与内外部单位合作开展联合技术攻关

在国家能源集团重点科技攻关项目支持下，CCUS研发平台与国家能源集团内外部单位在 CCUS 示范装置优化、化学吸收剂开发、CO_2 制化学品、CO_2 矿化利用、CO_2 地质封存和源汇匹配等多个方面开展联合技术攻关，取得一系列成绩。

一是捕集方面保持最优，依托 15 万吨 / 年 CO_2 捕集示范装置，自主研发低损耗新型吸收剂，开发多目标优化智能控制系统，开展 600MW 等级燃煤机组全烟气 CCUS 全流程设计可行性研究。二是利用方面做到经济，依托锦界公司、大同公司、三河公司、内蒙古能源公司等单位，开展 CO_2 矿化养护混凝土、矿化制备高值碳酸钙、矿化封存协同煤矿采空区回填、矿化发电，以及 CO_2 高效转化制燃料 / 高价值化学品、高效电催化等 CO_2 利用技术研究和示范。三是封存方面扩大规模，优选锦界周边驱油封存、咸水层地质封存适宜场址，开展百万吨级 CO_2 地质封存选址和监测可行性研究。四是政策方面统筹安排，开展能源金三角地区 CCUS 产业集群及市场化机制研究，提出典型能源基地近 / 中 / 远期煤电 CCUS 产业集群优选技术链和产业发展实施路径、商业模式、市场机制。

3. 促进科技成果转化

通过内部专业研究单位，CCUS 示范装置相关核心设计、关键技术和设备工艺推广到集团内部的江苏公司泰州电厂 50 万吨 / 年 CCUS 项目，技术路线和工艺包做了成功移植，推动建成亚洲最大规模的煤电 CO_2 吸收捕集示范工程（2023 年 6 月投产），大幅缩短工期。此外，研究成果还推广到集团外部的浙能兰溪电厂 1.5 万吨 / 年 CCUS 项目，实现成果转化。CCUS 研发平台在业内影响力不断扩大，将不断为国家能源集团和行业贡献新的绿色低碳案例。

三、取得的成效

在党中央和国家提出“四个革命、一个合作”能源安全新战略以来，国电电力发挥产业公司优势，以“拿出非我不可的担当、深耕非常必要的领域、下定非干成不行的决心”为科技创新精神，统筹协调国家能源集团内部产业单位和研究单位科研力量，扩大外部合作，牵头建设了国家能源局 CCUS 研发中心，聚焦 CCUS 领域技术创新研发，攻克了制约煤基能源低能耗 CO_2 捕集、多途径 CO_2 利用、规模化 CO_2 封存的关键技术难题，在能源技术革命方面取得系列重大突破。

一是关键“卡脖子”技术突破，取得多项原创技术成果。研发了燃煤电厂 CO_2 低能耗化学吸收捕集、驱油利用与封存技术，掌握了核心工艺设计，建成 15 万吨、50 万吨两个燃煤电厂化学吸收法 CCUS 示范工程，主要指标达到国际领先水平。创新 CO_2 化学链矿化技术路线，开发了相关工业设备，掌握了千吨级中试工艺，建成全球首套基于化学链矿化的火电厂二氧化碳捕集利用示范项目，项目整体达到国际领先水平。

二是 CCUS 技术研发突破，建成多个中试装置。除千吨级化学链矿化中试装置，依托国家重点研发计划“用于 CO_2 捕集的高性能吸收剂 / 吸附材料及技术”建成国内首套千吨级 CO_2 化学吸附捕集工业验证装置，首次提出并打通多级吸附—再生—冷却三流化床 CO_2 捕集工艺流程，通过 72h 稳定运行考核。依托国家能源集团十大重点攻关项目“二氧化碳捕集与资源化能源化利用技术研究及示范”建成年产 10 吨甲醇产品的二氧化碳加氢制化学品中试装置和年消耗 50 吨二氧化碳并以合成气作为产品的二氧化碳电催化制化学品中试装置。依托 CCUS 研发中心建成年产 1000 吨高纯二氧化碳的 500Nm^3/h 化学吸收法碳捕集中试装置。中试装置将为 CCUS 技术验证、工艺开发迭代提供基础保障。

三是重大工程示范项目新突破，继续引领行业新发展。积极布局“能源金三角地区 600MW 等级煤电 400 万吨级全烟气 CCUS 关键技术研究与工程示范”，完成了 CO_2 化学吸收法捕集、CO_2 咸水层封存、CO_2 矿化利用等方面的前期研究，目前该项目已列入国家能源集团 2024 年十大科技项目，以大项目建设带动科技创新和装备升级，以科技创新和工程示范践行能源技术革命，继续推动引领煤基能源绿色低碳发展。

（由国家能源投资集团有限责任公司供稿）

引领直流输电技术创新
助力构建新型能源体系

一、基本情况

中国南方电网有限责任公司（以下简称南方电网公司）成立于2002年，是中央管理的国有重要骨干企业，负责投资、建设和经营管理南方区域电网，为广东、广西、云南、贵州、海南五省（区）和港澳地区提供电力供应服务保障。南方电网公司供电面积100万平方千米，供电人口2.72亿人，2023年全网统调最高负荷2.34亿千瓦，五省（区）全社会用电量15835.2亿千瓦时。

南方电网科学研究院有限责任公司（以下简称南网科研院）成立于2010年，注册资本金1亿元人民币，是南方电网公司的控股子公司。围绕服务国家“双碳”目标和构建新型电力系统建设，南网科研院主要开展能源电力基础性、前瞻性、关键共性技术研发，致力于建设成为国家战略科技力量、电力科技创新平台、创新成果转化平台、能源电力人才高地。

南网科研院是“国家认定企业技术中心”“国家火炬计划重点高新技术企业”，核心业务有能源电力科技创新研究、新型电力系统技术研究、直流输电技术研究、直流工程系统集成成套设计、电力系统设备仿真试验、电力新设备研究开发、电力设备检验检测、数字化信息网络技术研究应用等，在大电网安全稳定分析与控制、特高压直流输电、柔性直流输电、电网仿真技术等领域处于世界领先水平。累计获得国家科技进步特等奖、一等奖、二等奖各1项，中国专利金奖1项、银奖3项，省部级以上科技奖励200余项，授权发明专利超2300件，累计发布国际标准29项、国家标准140项。

南网科研院拥有直流输电技术全国重点实验室、特高压电力技术与新型电工装备基础国家工程研究中心、国家能源大电网技术研发（实验）中心3个国家级实验室，国家技术标准创新基地（直流输电及电力电子技术）、电力新能源产业知识产权运营中心等4个国家、行业级专业实验室平台，以及7个省级实验室。现有员工487人，平均年龄36岁，硕博占比93%，形成了由2名中国工程院院士引领，9名国家级人才牵头，14名战略级专家、31名领军级专家，100余名拔尖级专家协力共济的“金字塔”人才梯队。

近年来，南网科研院全面培养科技、人才、创新、品牌核心竞争力，先后获评“中国企业创新能力百强”、国务院国资委“深化人才发展体制机制改革”示范、“双百企业”标杆、“科改企业”标杆、世界一流专业领军示范企业。

二、实践经验

（一）坚持自主创新，实现我国直流输电技术从“跟随”到“引领”的跨越

1. 打破技术壁垒，直流输电成套设计自主化起步

直流输电是西电东送的主要方式，21世纪初之前一直由国外负责设计，我国缺乏方法、模型和工具手段，无法满足国内电网建设和运行需求，核心技术买不来，影响电网安全。

南方电网公司以我国第一个直流自主化依托工程贵广二回为契机，确定直流国产化原则：以我为主，联合设计，自主生产，通过工程建设全面推动自主研发和科技创新能力。南网科研院组织产学研团队具体承担自主化任务，攻关直流控制模式和特性、设备电气应力计算、换流站电磁兼容等107项关键技术，形成直流输电工程自主设计的完整技术体系。自此我国直流工程均为自主设计，摆脱“跟随”状态。该项成果荣获国家科技进步一等奖。

2. 挑战特高压，中国直流输电加速度“超车”

南方电网公司勇闯技术“无人区”，把电压等级提高到±800千伏，率先揭示特高压直流污闪特性与电磁环境等基础理论规律，首创特高压直流双阀组均衡串联结构，牵头研制世界首批特高压直流成套装备，构建了国际领先的特高压直流试验技术体系和试验研究平台。特高压直流满足了我国西部、北部大型能源基地，尤其是清洁能源的高效送出，得到大规模推广应用。该项成果荣获国家科技进步特等奖。

3. 研发新一代柔性直流技术，领跑世界直流输电发展方向

柔性直流是实现大规模新能源送出的新一代直流输电技术，是构建新型能源体系、建设新型电力系统的核心技术，但电压低、容量小，不能满足我国电网发展需求。

南网科研院立足高水平科技自立自强，承担我国首个柔性直流863课题，构建了我国独立自主的柔性直流技术体系，建成世界首个多端柔性直流工程、

首个西电东送主网柔性互联工程。为满足乌东德水电站送出和粤港澳大湾区电力安全供应需要，团队首次提出采用特高压柔性直流向两个负荷中心送电的全新路线，攻克了困扰国际柔性直流领域10余年的架空线故障自清除难题，研制出特高压柔直阀等 6 项首台（套）重大装备，建成世界首个特高压 ±800 千伏柔性直流工程。

（二）持续攻坚克难，推广直流输电技术成果高质量转化落地

1. 从一到多，十条重大直流工程成功应用于南方电网主网架

聚焦世界直流输电技术制高点，依托一个个西电东送重大工程技术攻关，打造了一批享誉全球的示范工程，创造多个世界之最。贵广二回自主化依托工程投运 10 余年来，平均能量可用率 97.2%，优于外方同期工程。云广特高压直流输电示范工程的建成，实现特高压技术在世界上的正式商业应用。溪洛渡直流工程在建设中解决了线路穿越重冰区导线选型难题。滇西北直流工程在建设中重点攻克了高海拔、高地震烈度叠加的世界性技术难题。昆柳龙直流工程在国际上率先攻克了特高压 ±800 千伏混合多端柔性直流输电关键技术，创造了 19 项世界第一，引领世界特高压技术进入柔性直流新时代。

2. 从无到有，重大电力装备研制填补直流输电产业链空白

充分发挥新型举国体制优势，牵头梳理“卡脖子”技术难点，集合全产业链技术力量开展核心技术攻关，一系列重大装备实现国产化“从 0 到 1”的突破，中国“智”造不断诞生。首支全国产直流干式电容器安全挂网运行一年，为直流输电工程“心脏”注入动力；“高压电缆绝缘材料及屏蔽材料”入选工信部重点产品、工艺“一条龙”应用示范方向和推进机构名单；550 千伏 / 80 千安开关技术通过鉴定达到国际领先水平。铸造国之重器，大力推进首台（套）技术攻关，“基于国产 IGBT 的柔性直流换流阀”和“500 千伏 /8 千安自主可控大容量组合电器设备”等 5 项成果分批入选能源领域首台（套）重大技术装备（项目）名单。

3. 从内到外，以技术服务和标准制定提升国际话语权

践行国家能源战略和“一带一路”倡议，让直流输电作为优势技术“走出去”。签订首个海外 STATCOM 工程集成项目（菲律宾三宝颜项目），中标首个海外新能源直流送出工程集成项目（智利 KILO 项目），建设菲律宾 MVIP 直流工程，助力维萨亚斯与棉兰老两岛实现首次联网。加大对外合作，与沙特电力公司签署合作谅解备忘录，在巴黎 CIGRE 大会推介特高压直流输

电、海上风电送出等自主技术，获得广泛认可。同时，把自主攻克的特高压直流、多端直流输电控制保护技术等多项核心技术成果转化为国际标准核心内容，主持/参与编制国际标准5项，成立并主持混合直流等3个国际大电网会议组织工作组。

（三）优化创新管理，汇聚推动直流输电技术发展新动能

1. 构建新型创新体系，提升科技项目管理水平和研发质量

以建立健全创新机制、加快提升创新能力为重点，构建涵盖科技创新组织、人才、制度、活动、平台、保障、生态、文化八大创新要素的现代化科技创新管理体系。创新布局策划上，强化战略牵引，构建“一蓝图、两闭环、三联动”战略实施管控机制。科技项目管理上，实施分类分策管控，按照国家级、省部级、集团公司级和院级四类科技项目分级分类明确管控目标和管控要点，开展科技项目“代表作”成果遴选评价，推动重大成果、重大产品装备、重大原创技术和重大共性技术递进式产出。科研组织模式上，推行首席研究员负责制、“揭榜制”“赛马制”等。

2. 做强产业创新平台，实现创新链产业链融合助力协同发展

加强科技创新与产业布局深度对接，建设与新质生产力相适应的新型生产关系。产学研合作上，与包括清华大学、港澳高校在内的13家高校共建联合研究院，在解决我国“卡脖子”技术难题中发挥更加突出的作用；以国家自然科学基金企业创新发展联合基金、数字电网开放基金、海上风电省企联合基金为载体，凝聚30家上下游企业和高校开展协同创新，努力建设国家战略科技力量。创新直流输电技术全国重点实验室运行管理机制，强化实验室主任负责制，建立与实验室使命责任、贡献相匹配的考核机制。

3. 建设一流人才高地，为发展新质生产力提供强大动力

坚持打造引才聚才强磁场，引才数量居南方电网系统首位，覆盖直流输电、大电网稳定运行等领域。积极融入国家“3+N”人才高地和创新中心建设，牵头建设南方电网新型直流输电与先进装备人才高地，对标行业领先，制定2025年、2030年、2035年建设目标。鼓励科研人才敢想敢为、敢闯敢试，探索建立科技创新容错机制，制定合规免责清单。实施院士及院士后备人才精准支持，按照“一人一策”原则，组建专家工作室，给予项目、团队、平台等长期稳定支持。2024年特高压柔直团队荣获首届“国家卓越工程师团队”称号。

三、取得的成效

一是树立我国能源电力科技领先地位。南网科研院以“十年磨一剑”的恒心和韧劲，从 ±500 千伏到 ±800 千伏，从直流、柔性直流，再到推动直流技术进入特高压柔性直流新阶段，依次实现了理论突破、技术创新、装备创造、工程引领，首创多项特高压柔性直流输电技术，攻克混合直流输电技术、柔直换流阀可靠性技术等关键核心技术，推动全球直流输电技术实现战略性转变，建立建成直流输电技术全国重点实验室、国家技术标准创新基地（直流输电及电力电子技术）等国家级创新平台，为保障我国能源电力安全、增强产业控制、打造直流输电关键核心技术重要策源地作出了贡献。

二是促进区域优势互补协调发展国家战略落地实施。围绕中国式现代化建设目标任务，坚持从全局谋划一域、以一域服务全局，积极研究服务南方区域中长期电力发展规划，助力高站位谋划能源电力更大范围、更高效率的优化配置。融入和服务粤港澳大湾区建设、深圳先行示范区建设、新时代西部大开发、新时代壮美广西建设、贵州在西部大开发上闯新路、云南高质量跨越式发展等重点举措，为优化负荷管理提供技术手段，协助建立黔电送粤、云电送粤分电到厂责任机制。昆柳龙直流工程每年向粤港澳大湾区输送西部清洁水电 330 亿千瓦时，相当于减少标准煤消耗约 950 万吨、减排二氧化碳 2500 万吨。广东成为全国首个全社会用电量突破 8000 亿千瓦时的省份，度电支撑广东 GDP 产出约 15 元。

三是保障世界直流密度最高的多直流电网长期安全运行。直流大规模建设必然在我国形成交直流大电网，交直流相互影响是电网安全运行的首要风险。南方电网首创的交直流大电网广域控制和安全防御技术体系，支撑南方电网建成“八交十一直”西电东送大通道，送电能力超过 5800 万千瓦，直流占比超过 70%，2006—2023 年西电东送累计送电量突破 3 万亿千瓦时。大电网平台长期安全稳定运行，未发生大面积停电事故，粤港澳大湾区电力可靠性达世界主要湾区先进水平，广州、深圳连续入选“获得电力”标杆城市。

四是支撑新能源发展迈入大规模、高比例开发利用的新阶段。先进直流输电技术以其调节灵活快速、运行安全稳定的显著优势，成为新能源大规模远距离外送的理想选择，也为我国目前正在开展的西北沙戈荒、西南地区等大型清洁能源基地电力输送提供技术保障，带动大容量核电、大规模海上风电等新能源的安全送出和消纳，推动加快构建新型电力系统和新型能源体系。同时，直流输电技术为世界能源发展转型和应对气候变化作出重要贡献。国际可再生能源署2024年报告指出，过去10年，全球风电和光伏发电项目平均度电成本分别累计下降超过60%和80%，其中很大一部分归功于中国创新、中国制造、中国工程。

五是促进能源电力产业基础高级化、产业链现代化。以柔性直流输电工程换流阀的核心器件——自主可控直流干式电容器为例，国产化前长期依赖进口，用量已超过10万台，采购费用超30亿元，国产化后突破了电容器及其关键原材料规模化生产的关键技术，形成聚丙烯粒料300吨/日、聚丙烯薄膜单线8吨/日的制造能力，为促进我国直流干式电容器制造行业、聚丙烯化工行业、薄膜材料加工行业的快速发展提供坚实基础。系列原创关键技术装备的创新突围，促进能源电力产业链上下游实施产业数字化、智能化改造升级，拉动供应链上下游近4000亿元产能需求，展现强大“磁吸力”。发挥直流输电产业链“链主”担当，研制适应高海拔、高地震烈度、严寒地区的特高压直流系列装备，在带动能源技术装备自主创新和产业发展方面发挥重要作用，为服务培育新质生产力注入强劲动力。

（由中国南方电网有限责任公司供稿）

从“0”到“1”国内首台F级50兆瓦重型燃气轮机实现新突破

一、基本情况

中国东方电气集团有限公司（以下简称东方电气集团）创立于1958年，是中央管理的涉及国家安全和国民经济命脉的国有重要骨干企业，为我国提供了大约1/3的能源装备，是全球最大的能源装备制造企业集团之一。

东方电气集团东方汽轮机有限公司（以下简称东方汽轮机）隶属东方电气集团，是我国研究、设计、制造大型发电设备的高新技术国有企业、全球电力装备和服务提供商。主要产品产量累计超过5.7亿千瓦，国内市场占有率超过33%，远销世界32个国家和地区。

2021年以来，企业开启了“十四五”建设美好新东汽新征程并确定了“11486”战略。第一个“1”是明确一个愿景。围绕东方电气集团“世界的东方，一流的电气”发展愿景，全力打造发展质量好、政治生态好、形象环境美的一流东方汽轮机、奋进东方汽轮机、美丽东方汽轮机。第二个“1”是围绕一个目标。主要经济指标平均每年以两位数增长，实现中国最好，创建世界一流。“4”是实施四轮驱动。以科技创新、深化改革、绿色发展、数字转型为驱动力，推动企业高质量发展。“8”是打造八大产业。深耕气电、清洁高效煤电核电、工业透平、电站服务、新能源工程、储能业务、特种装备、新兴产业，助推公司做强做优做大。“6”是聚焦六大举措。坚持解放思想、质量立企、管理兴企、人才强企、从严治企、党建引领，为“十四五”战略规划落地提供坚强保障。

“十四五”以来，东方汽轮机主要经营指标保持两位数增长。2023年是“十四五”规划承前启后的关键之年，也是加快创建世界一流企业的发轫之年，东方汽轮机抓住机遇、迎接挑战、苦练内功、乘势而上，实现营业收入120.56亿元，较“十四五”初期增长41.7%，实现利润总额10.11亿元，较“十四五”初期增长226.1%；在创新突破方面获批行业唯一的清洁高效透平动力装备全国重点实验室、国务院国资委中小型燃机现代产业链链长、国家能源中小功率燃气轮机产业链关键技术和装备研发中心三个国家级创新平台，年科研投入超过 7 亿元，获国家级科技进步奖共 16 项，省部级科技进步奖共 125 项，承担多项国家 863 项目、973 项目及国家重大专项；在数智转型方面建成国内首个绿色高效焊接数字化车间，行业首个大型汽轮机总装数字化车间和全流程制造隔板数字化车间以及转子数字化车间，荣登“2023 中国标杆智能工厂百强榜”；在深化改革方面全方位开启新一轮改革深化提升行动，成功入围国务院国资委“科改示范企业”名单；在管理效能方面打造了以“东汽精神”为核心，以技术、管理为双擎的质量管理模式，获得中国政府在质量领域的最高荣誉——中国质量奖提名奖等荣誉。

东方汽轮机始终以实际行动贯彻落实习近平总书记重要指示批示精神，以实干实践彰显央企责任与担当，在牢记“国之大者”、主动服务国家战略、坚持科技自立自强的征程中团结奋斗、开拓创新，为加快建设新型能源体系，积极稳妥推进碳达峰碳中和贡献了智慧和力量。

二、实践经验

（一）前言

燃气轮机是关系国家安全、稳步发展和国民经济持续增长的重大动力装备，是集技术密集、人才密集、资金密集于一体的装备制造业高端产品，被誉为工业制造领域“皇冠上的明珠”。燃气轮机具有效率高、污染低、结构紧凑、启动快、可靠性高等一系列特点，在电力、能源开采与输送、舰船以及分布式能源系统方面具有不可替代的战略地位，也是调整优化能源消费结构、发展清洁低碳能源的重要组成部分。燃机产业是增强制造业核心竞争力的国家战略性高技术产业。

然而，燃气轮机核心技术主要掌握在发达国家手中，国内燃气轮机装机和服务市场基本被国外公司掌控。发达国家在燃气轮机技术方面对我国进行严格控制，其核心设计技术、热端部件制造与维修技术等对我国拒绝转让。我国民用燃气轮机产品虽然可从国外购买，但其维修和保障完全受制于人，可持续发展更不可能，这给我国能源安全和社会发展带来巨大隐患。因此，一旦能够真正实现燃机自主研发、自主生产、打破国外的技术垄断，将对能源技术进步乃至整个社会的发展起到重要的推动作用。

为促进国内燃气轮机产业发展，我国试图通过“打捆招标”以市场换取燃气轮机技术。东方汽轮机响应号召，于 2003 年与日本三菱合作，引进以

M701F 为主的三菱燃机。在合作中，建立了除热端部件之外的燃机制造体系，掌握了热端部件之外的完整燃机制造与维护技术。大型燃气轮机组装、试车中心已在国内建成投产，主机的国产化带动一大批设备配套、备品备件供应和维修、安装、调试、运行的专业力量，以燃气轮机发电为核心的产业链正在形成。东方汽轮机制造的三菱 M701F 重型燃气轮机，迄今为止国产化率高达 90%，成为国内 F 级燃气轮机国产化率最高的民族企业，与三菱的技术合作也为后续自主燃机研发打下了坚实基础。

然而，通过“打捆招标”的方式引进制造技术，只是解决了燃机的产业化，并不能解决重型燃气轮机自主设计的问题，不能摆脱落后和关键部件受制于人的局面。国外公司只同意转让冷端部件的制造技术，坚决拒绝转让设计技术和热端部件制造技术，最为关键的高温部件完全依赖进口。自主研发已成为关系到我国经济、能源和国防安全的迫切需要。

（二）自主研发

在此背景下，国内燃气轮机界达成共识：燃气轮机的发展必须靠自己，要有计划、分阶段逐步实施。首先选择合适等级的机型，实现重型燃气轮机的从“无”到“有”，初步建立重型燃机设计、制造和试验体系，并以此为基础，不断完善燃机性能，最终进入世界一流水平行列。

2009 年，秉持“燃机主机装备必须国产化、没有国产化的加快实现国产化”的基本原则，东方汽轮机率先启动了国内首台具有完全自主知识产权的 F 级 50MW 重型燃机自主研发项目（G50），以初步掌握燃气轮机的设计、试验、材料、制造技术。

为完成这一技术风险高、资源投入多、时间跨度长的重大项目，东方汽轮机从总体战略推进 G50 燃机研制，成立了“50MW 燃机自主研发协调推进领导小组”与“东方电气集团重大科技项目协调推进领导小组”，建立例会机制协调集团公司内资源支持项目需求，牵头处理研制过程中的重大问题。在公司内部抽调优势资源组建燃机研制的核心攻关团队，专职负责 G50 燃机研制、设计、试验、项目推进；在工艺部、材研 / 表工、叶片分厂组建了相应的燃机制造技术攻关团队；在装备能源部组建了工艺、制造、试验平台建设团队；在生产部、物资保障部组建了生产制造团队。多个团队密切合作，共同为自主燃机研发添砖加瓦、保驾护航。

东方汽轮机对 G50 燃机研制团队建立了薪酬专项激励机制。一是实行工资总额单列管理，专款专用，对 G50 燃机研发科技人才加大激励力度；二是围绕“卡脖子”技术攻关，实施多种激励模式，设置“关键核心技术攻关奖励”“政府资助类科研项目奖励”以及重点项目执行奖等专项激励，向优秀人才和关键岗位倾斜资源。

相关国家部委、四川省委省政府、德阳市委市政府对G50燃机的研制寄予厚望，项目启动后给予了大力支持和帮助。国务院国资委、能源局将G50燃机研制列入央企关键核心技术攻关工程项目，对燃机创新发展示范项目等多个专项给予支持，极大地鼓舞了G50燃机攻关团队。四川省委、经信厅、科技厅等部门将G50纳入重点工业级技改项目、四川省航空与燃机重大专项等，并协调政策、运行保障。德阳市委市政府也对G50燃机的研制进行了资金、政策、组织协调等方面的大力支持。各部委的支持极大地促进了G50燃机自主研制。

东方汽轮机多年在能源机械领域的沉淀保障了充足的人力储备，加之国内外技术团队广泛合作，迅速培养及锻炼了一批具有活力的新生技术力量。得益于良好的文化氛围，东方汽轮机技术人员一直秉承着自主创新的精神，具有拼搏奉献的情怀。在自主燃机研发过程中，形成了一支专业能力与精神风貌俱佳的研发团队，为突破国内首台全自主研发50兆瓦重型燃气轮机给予了人才支撑。

同时东方汽轮机加快推动产学研深度合作，联合高校、国内设备供应商、用户等产业链上中下游近300家单位开展联合攻关，推进创新链产业链人才链深度融合；培育了一批“专精特新”企业，构建了一条完整的燃机国产化供应链；与西安交通大学、西北工业大学等高校进行了深入的技术合作，为G50燃机的研制提供了技术支持及人力资源帮助；同时与哈尔滨电气、中国联合重燃公司、中国航发燃机公司、上海电气、中科院金属所等进行了广泛的交流，对项目的推进起到积极作用。

在各方努力下，东方汽轮机上下守产业报国初心、担制造强国使命，发挥央企使命担当作用，咬定青山不放松。G50燃气轮机核心研发团队攻坚克难，突破气动力学、固体力学、热力学、传热学、燃烧学、机械学、材料学、自动控制等多学科交叉的研发障碍，克服研发、设计、制造和试验验证的各种困难，解决压气机、燃烧器和透平等各部件设计的一系列综合性技术难题。取得了高效高负荷多级跨音速轴流压气机设计试验技术、高效低污染多燃料燃烧器技术、重型燃气轮机高效冷却技术、关键热端部件传热传质预测及试验评估技术、多物理场耦合结构强度设计技术、热端部件及关键材料制造技术、关键部件服役与寿命评估技术等关键核心技术的突破。

历经十三载，累计投资近20亿元，2022年5月29日，G50燃机实现连续72小时满负荷运行，各项试验结果基本达到设计目标；2022年11月25日、12月10日，G50燃机前两台示范机组完成制造并从东方汽轮机发运；2023年3月8日，G50燃机首台示范机组完成“72+24”小时试运行，正式投入商业运行；2024年3月16日，第二台示范机组也完成“72+24”小时试运行，正式投入商业运行。

三、取得的成效

国产自主F级50兆瓦重型燃机商业机成功投入商业运行，标志着东方汽轮机完整掌握了燃气轮机自主研发、设计、制造、试验全过程能力，突破了多项“卡脖子”关键核心技术，实现了国产燃机从“0”到“1”的突破，填补了我国燃气轮机研发技术空白，缩小了与国外同行的差距，完成了从追赶到并跑的跨越式发展。提升了我国高端制造能力，带动上下游整个产业链的发展，提高重大装备制造业的国际核心竞争力，推动了产业发展升级。G50燃机项目的成果连续获得“2020年度央企十大国之重器”“2022年度央企十大国之重器”的荣誉，为我国高质量发展贡献出东方力量。

G50燃机项目推动了能源技术革命，取得了如下创新成果：

（1）搭建了自主的F级燃机设计体系。掌握了燃气轮机核心部件与整机总体性能、总体结构的设计方法，构建自主知识产权的设计规范、软件和数据库。获得授权发明专利136项，发表论文300余篇，编写出版燃机专著2本，参与制定国家标准/行业标准6项，形成燃机设计/制造标准超1000项。

（2）具备了燃机全部部件的制造能力。东方汽轮机共有19个加工中心，2600余台加工设备，拥有国内首个叶片加工无人车间及首条黑灯产线、国内首个绿色低碳高效焊接数字化车间，依托精尖设备和工艺研究，现已具备G50燃机全部部件（含高温部件燃烧器和透平）批量化制造的能力。

（3）突破了燃机关键部件的材料选型。以原“长寿命高温材料国家重点实验室”（现重组为“清洁高效透平动力装备国家重点实验室”）为平台，对燃机使用材料性能、组织演化进行研究，完成F级燃机高温部件材料选型，建立完整的材料数据库。

（4）建成了完备的燃机试验验证平台。通过试验验证充分证实了G50设计体系的有效性和准确性，形成了试验验证体系。此外，在完成自主燃机试验验证的同时积极面向行业共享开放，承担了国家“两机专项”300兆瓦F级、400兆瓦G/H级重型燃机6项压气机试验验证任务，有力支撑了国家重燃项目按期推进。

（5）培养了一支燃机攻坚的人才队伍。通过G50的燃机，自主培养燃机设计团队共120余人，平均年龄34岁，硕士、博士研究生超过60%，高级工程师30余人，享受政府津贴专家5人，先后获得国务院国资委中央企业优秀科技创新团队、中央企业青年文明号等荣誉。

（6）确保了我国燃机产业链自主可控。以G50燃机主机装备研制为着力点，承上启下联合高校、设备供应商、用户等产业链上中下游近300家单位开展联合攻关，组建产业联盟，培育一批“专精特新”隐形冠军，确保我国燃机产业链的自主可控、安全可靠。

燃机自主化制造推动产业升级，带来显著的经济效益。以燃烧器为例，相比从国外购买，自主制造F级燃烧器每台（套）可节省约1300万元成本。并且掌握制造技术还为抢占燃机市场化后的维修服务打下基础，潜在的经济效益巨大。

东方汽轮机两个示范电站项目分别入选国家能源局第一批创新发展示范项目和能源领域首台（套）重大技术装备示范应用项目，为G50燃机的示范应用铺平了道路，“十四五”期间潜在市场规模近100亿元。50MW重型燃气轮机自主研发项目还促进了我国燃机产业链的发展，形成相关燃机配套企业数量超50家，带动的产业链的经济规模超30亿元。

作为清洁能源动力机械，该F级50兆瓦重型燃气轮机相较于同功率的火力发电机组，一年可减少碳排放超过50万吨，联合循环一小时发电量超过7万千瓦时，具有良好的社会效益和生态效益。研发G50燃机储备的技术、人才和设备，也让东方汽轮机有条件积极开展30%掺氢比例的燃机及绿色纯氢燃机的研发，实现零碳排放燃机终极目标。

（由中国东方电气集团有限公司供稿）

中国在高空风力发电领域的技术首创与工程实践

一、基本情况

（一）企业性质及经营范围

中国能源建设集团有限公司（以下简称中国能建）成立于 2014 年 12 月 19 日，是国务院国资委出资建设的国有独资公司。2015 年 12 月，中国能建改制成立中国能源建设股份有限公司，并在香港联交所主板挂牌上市（代码：03996.HK）。2021 年 9 月，在上交所主板挂牌上市（股票代码：601868.SH）。

中国能建是一家为中国乃至全球能源电力、基础设施等行业提供系统性、一体化、全周期、一揽子发展方案和服务的综合性特大型集团公司。公司主营业务涵盖传统能源、新能源及综合智慧能源、水利、生态环保、综合交通、市政、房建、房地产（新型城镇化）、建材（水泥、砂石骨料等）、民爆、装备制造、资本（金融）十二大业务领域，具有集规划咨询、评估评审、勘察设计、工程建设及管理、运行维护和投资运营、技术服务、装备制造、建筑材料为一体的完整产业链。

（二）发展现状

中国能建作为能源电力和基础设施建设领域的主力军和排头兵，先后承建了三峡工程、南水北调、西气东输、西电东送、三代核电等一系列关系国计民生的重大工程，铸造了如乌东德、白鹤滩、华龙一号等一批享誉全球的大国重器，在大规模风光储输工程、“八交十三直”特高压多端混合直流工程、高海拔输变电工程、高效超超临界燃煤发电工程等领域创造了卓著业绩，并在海外打造了一批具有能建特色的中国坝、中国电、中国网、中国城、中国路、中国桥，将先进成熟的中国技术、中国装备、中国质量、中国管理、中国运营服务源源不断地呈现给世界人民。

中国能建自成立以来，整体规模不断发展壮大，2023 年公司新签合同额12837.3亿元，营业收入4060.3亿元，利润总额150.32亿元，总资产达到7831.6亿元，居世界500强企业第256位，在全球品牌价值500强中居第224位，全球工程设计企业150强中居第2位，国际工程设计225强中居第2位，全球承包商250强中居第10位，公司连续多年在中央企业负责人业绩考核中获得A级评价。公司现有国内外员工13万人，在90多个国家和地区设立了200多个境外分支机构，业务遍布世界140多个国家和地区。

（三）技术实力

中国能建在新型储能、高空风能、光热发电、火力发电、核电常规岛、水利水电、特高压设计建设等领域拥有国际领先技术。截至2023年底，公司拥有4个院士工作站、14个博士后科研工作站、6个国家级和65个省级研究机构、142家高新技术企业；取得国家科技进步奖48项，其中特等奖6项，获得重大科技成果2700余项，拥有有效专利13177项，制定和修订国家标准和行业标准1500余项，持有15项工程施工总承包特级资质、10项工程设计综合甲级资质、18项工程勘察综合甲级资质、272项各类工程施工承包一级资质。

（四）发展战略

中国能建始终秉承“行业领先、世界一流”的战略愿景，大力实施以“一个愿景”“四个前列”“六个一流”“六个重大突破”为核心的“1466”战略，致力于在践行国家战略上走在前列、在推动能源革命上走在前列、在加快高质量发展上走在前列、在建设美好生活上走在前列，致力于打造一流的能源一体化方案解决商，一流的工程总承包商，一流的基础设施投资商，一流的生态环境综合治理商，一流的城市综合开发运营商，一流的建材、工业产品和装备提供商，致力于在推动能源革命和能源转型发展、加快高质量发展、深化系统改革、全面加强科学管理、全面提升企业核心竞争力与组织能力、加强党的全面领导和党的建设上取得突破性进展。近年来，中国能建正在加快推进能源网、交通网、数字网、水网、生态网、产业网、文化网“七网”深度融合发展，紧紧围绕“创新、绿色、数智、融合”核心发展理念，加快推动创新驱动转型、绿色低碳转型、数字智慧转型、共享融合转型“四大转型”，全力构筑新能源、新基建、新产业、新材料“四新”能建平台，加快建设具有全球竞争力的世界一流企业。

二、实践经验

10 年来，中国能建积极贯彻“四个革命、一个合作”能源安全新战略，通过自主科技立项、工程化实践探索及整合资源承担国家重点研发计划项目等方式，全面开展高空风力发电技术的创新与突破，推动高空风力发电产业化发展。

主要实践经验如下：

（一）通过“揭榜挂帅”实现科技立项，开展高空风力发电新技术攻关

2021 年，中国能建与中路股份签订了关于高空风力发电的合作协议，双方围绕在高空风力发电的政策和标准制定、技术研发、成套装备制造以及工程项目开发等方面建立合作伙伴关系，推动高空风力发电技术发展和项目实践。

2022 年 1 月，中国能建以“揭榜挂帅”形式启动重大科技专项《25MW 级高空风力发电技术与装备研究》项目的申报工作，确定由中国能建中国电力工程顾问集团有限公司（以下简称中电工程）牵头承担项目建设工作。项目组通过对 25MW 高空风力发电技术的系统性研究，逐步具备独立自主的高空风资源观测与评估、地面设备连接和传动方式及布置、伞组空中姿态实时控制等核心技术，形成工程化的观测、评估、风功率预测、设备选型、系统优化布置一体化解决方案，逐步形成高空风力项目的宏观选址、发电效益评估、技术经济测算、运行维护等业务能力，掌握了 25 兆瓦高空风力发电系统运行方式及控制、智能运维等关键技术。

（二）通过工程化创新实践，建设绩溪高空风力新技术示范项目

2021 年 6 月，中国能建中电工程成立高空风力发电项目工作组，组织开展高空风力发电新技术科研项目的实施工作。2021 年 12 月，正式开工建设 2 × 2.4 兆瓦绩溪高空风力发电项目。项目是国内对高空风力发电技术的首次工程化实践，是高空风力发电技术产业化的“试验田”。

绩溪项目采用伞梯组合型陆基高空风力发电技术路线，配合《25MW 级高空风力发电技术与装备研究》项目，提供空中和地面设备硬件以及控制软件的数据，双线并行、相互推进。2022 年 11 月项目地面设施基本建成，组织参与各方开展测试放飞试验 20 余次，对试验结果进行详细记录，组织专家分析问题、反复优化系统及部件。

图 1　2×2.4 兆瓦绩溪高空风力发电项目单个气球放飞图

2024 年 1 月 7 日，项目成功实现发电，进一步验证了伞梯式高空风力发电技术工程化的可行性。伞梯式陆基高空风力发电作为一种全新的风力发电方式，无理论和经验可循，工程化实践的同时，需在高效风能捕获、高效高可靠空地能量传输、系统运行控制等方面取得进一步突破。

（三）整合国内科研资源，组建领先研发团队，申报国家重点研发计划项目“大型伞梯式陆基高空风力发电关键技术及装备”

2023 年，为推动高空风力发电这一颠覆性技术的突破及产业化发展，由中国能建中电工程牵头，联合西北工业大学、清华大学、华北电力大学、重

图 2　高空风力发电项目放飞示意图

庆交通大学、中路股份等相关研究机构，申报了国家重点研发计划可再生能源技术专项“大型伞梯式陆基高空风力发电关键技术及装备”项目。

申报过程中，中国能建领导多次指导部署，中电工程领导亲自带队研究，历经数十次集中工作，经反复研讨，在前期研究基础上进一步优化技术路线，编制了高质量项目申报书，最终获得了评审专家的认可，项目成功获批立项。该项目成为我国在高空风力发电领域首个立项的国家级重大科研项目。

项目瞄准高空风资源的开发利用，突破高效风能捕获、高效能量传输、长时稳定协调控制等一系列技术难题，建立大型伞梯式陆基高空风力发电理论体系，提出全自主知识产权的大功率、高效、高可靠高空风力发电一体化解决方案，研制 10 兆瓦样机并实现应用验证，形成高空风力发电行业标准，填补国内高空风力发电技术空白，推动我国高空风力发电产业化发展。

目前，中国能建中电工程正全力组织开展项目研发工作。项目组系统梳理了研发过程中的关键问题，并制定了有效的针对措施，有力保障研发目标的实现。针对本项目技术复杂、指标要求高等问题，项目组聘请 10 余位风资源测算、空气动力学、机械与传动学、电机学、系统集成与控制优化、工程建设与运维管理、项目管理等方面的国内知名专家成立咨询专家组，定期对项目的执行过程进行学术和技术指导；聘请多位国际学术顾问，进一步加强国际合作交流；开展总体方案和指标实现方案专题研究，确保技术路线正确、指标实现可行。针对关键装备制造，本团队中聚集了空气动力学、机械与传动学、电机学、系统集成与控制优化等方面一流高校，为装备研制提供充分的理论及方案支撑，并对航天科技、中航工业等相关领域单位进行充分调研，开展技术合作，并由中国能建协调集团内装备制造企业开展新装备研制。针对系统集成及测试验证，中国能建中电工程结合前期研究及绩溪项目工程实践中积累的大量经验，进一步开展系统优化、标准化设计等研究工作。

三、取得的成效

一是建成国内首个可并网的兆瓦级高空风力发电示范项目，成功完成我国高空风力发电技术的首次工程化实践。自 2021 年开始，中国能建中电工程组织项目团队在安徽省绩溪县开展高空风力发电新技术的“科研 + 示范验证”工作，并于 2022 年基本建成 2 × 2.4 兆瓦高空风力发电示范项目，2024 年该项目实现发电，成为我国首个可并网的兆瓦级高空风力发电示范项目，验证了伞梯式高空风力发电技术路线的工程技术可行性，成功打造高空风力发电产业化“试验田”。

二是实现我国首个高空风电国家重点研发计划项目立项，助推我国高空风力发电技术全面创新突破。2023年，中电工程组织我国相关领域的领先科研单位，申报国家重点研发计划项目并成功获批，该项目成为我国首个高空风电领域立项的国重项目，也成功实现中国能建组建以来首次牵头国家重点研发计划的突破。借助国重项目研究契机，项目预期将在高效风能捕获、高效高可靠空地能量传输、高空风力发电全系统耦合仿真、系统长时稳定控制等关键理论、关键技术方面实现全面突破，构建大型伞梯式陆基高空风力发电技术体系，研制伞组、驱动器、新型卷扬机和发电机等关键装备，建成10MW高空风力发电样机、完成测试验证，形成行业标准，加快高空风力发电产业化进程，并为新型能源体系建设提供全新技术支撑。

三是全面研究高空风力发电系列关键技术，掌握自主知识产权，奠定高空风力发电创新发展基础。依托中国能建重大科技项目研发机制，中电工程组织项目团队勇闯高空风力发电“无人区”，在多项关键技术方面实现了从无到有的突破，初步掌握了高空风资源观测与评估、高空风资源分析与预测、高空风力电站选址规划、系统优化设计、伞组空中姿态控制、空中设备寿命与安全分析、高空风力电站智慧运维，以及适用于高空风力发电的伞组、卷扬机等核心装备研制等系列关键技术，成功研发高空风资源评估软件、伞组布置优化及姿态控制软件、运维可视化平台等若干项，申请了20余项核心发明专利，为高空风力发电的创新发展奠定了技术基础。

四是锻造新质生产力，培育能源新产业。当前，国内外在高空风力发电技术领域均处于探索阶段，中国能建坚定贯彻国家战略，以高空风力发电新技术为突破口锻造新质生产力，催生能源新产业、新模式、新动能。通过发展伞梯式陆基高空风力发电技术，预期将在大型伞组制备、新型卷扬机、发电机等先进制造，以及新型能源生产和利用等方面催生大批新兴产业，全面带动高空风电产业链创新发展。

五是打造高空风电新品牌，扩大行业影响力和产业竞争力。中国能建通过持续的技术突破和工程实践，已全面打响我国伞梯式路基高空风力发电新品牌，该技术已被央视、新华社、《环球时报》《工人日报》《经济日报》、光明网等多家主流媒体报道；2024年，中国能建受邀参加欧洲高空风力协会组织的第10届国际高空风力会议，并就伞梯式陆基高空风力做专题报告，持续扩大我国在高空风力发电领域的影响力和话语权。

（由中国能源建设集团有限公司供稿）

牢记总书记重要嘱托
坚定走好煤电绿色低碳发展之路

一、基本情况

国家能源集团江苏电力有限公司（以下简称江苏公司）是国家能源集团在江苏区域的唯一省公司，也是江苏省最大的发电企业，目前江苏公司在运煤电机组 18 台，装机容量为 1382 万千瓦；光伏装机容量超 110 万千瓦；煤机在运装机容量位居“区域五大”第一，百万千瓦机组 8 台，占全省百万千瓦机组装机的 30%。江苏公司承载着习近平总书记的深切关怀、殷切期望，2016 年 6 月，总书记参观“十二五”国家科技创新成就展，在泰州电厂的百万千瓦超超临界二次再热煤电机组展台前作出“在中国，煤电是个大事”的重要指示。

牢记总书记重要嘱托，沿着总书记指引道路，江苏公司围绕“四个革命、一个合作”能源安全新战略，坚定不移走绿色低碳高质量发展之路。泰州电厂世界首台 1000 兆瓦超超临界二次再热煤电机组引领示范效应显著，一大批投产或正在建设的二次再热煤电机组、改造项目采用相关技术，成为我国展现先进、清洁、高效煤电技术的世界级“名片”；宿迁电厂高效灵活智慧二次再热煤电示范项目被列为“十三五”国家科技创新重大成果典型案例，成功实践应用的智慧发电技术，获得国家科技部点名表扬；常州电厂全力打造“一心两脉”综合能源产业发展新格局，建成国内首个大型燃煤锅炉污泥耦合掺烧项目，项目获中国电力科技管理创新成果，打造了煤电高效利用新标杆；2023 年，亚洲规模最大的 50 万吨 / 年煤电 CCUS 项目在泰州电厂正式投产，标志着大规模、高集成度煤电 CCUS 技术迈入工业化示范应用新阶段，为我国大规模开展煤电 CCUS 项目建设提供了更丰富的工程实践经验，对电力行业绿色低碳发展具有重要的示范效应。

习近平总书记在参加十四届全国人大二次会议江苏代表团审议时强调，“因地制宜发展新质生产力”。面对新一轮科技革命和产业变革，作为省内最大发电企业，江苏公司紧紧围绕集团“两端发力、一个重塑”的要求，明确“建设世界一流清洁低碳能源科技领军省公司”发展方向、“向绿色低碳能源供应端、综合能源服务商转变”的发展路径，着力科技创新和产业创新深度融合，加强与中下游产业链、科研院所的协同合作，加大清洁高效煤电项目推进力度、综合能源服务广度、新兴产业和未来产业研究深度，全力推动“黑灯工厂”燃煤电站及百万千瓦机组全碳捕集等传统产业升级项目、太阳能高效碳转化等新兴产业项目、数字孪生电站等未来产业项目，探索开发“煤电+算力中心”综合能源产业项目，因地制宜、因企施策发展新质生产力。

二、实践经验

（一）超超临界二次再热示范项目成为我国展现清洁、低碳、高效煤电技术的世界级“名片”

江苏公司大力推动煤电清洁低碳高效发展，“十二五”末及“十三五”期间先后建成泰州超超临界二次再热示范项目和宿迁超超临界二次再热示范项目，两个示范项目的机组效率、节能降耗、污染物减排等指标均达到当时全球领先水平，标志着中国煤电装备的制造技术、控制与智能化以及煤电机组清洁低碳高效水平走在了世界前列。

1. 泰州超超临界二次再热示范项目示范引领

该项目是科技部“十二五”科技支撑计划项目和国家能源局高效煤电示范项目，围绕“二次再热”核心技术，在全球首次形成完整的百万千瓦级二次再热燃煤机组总体设计方案，建成世界首台百万千瓦“二次再热”发电机组，机组使用的控制系统具有完全自主知识产权，首次实现“中国脑”在二次再热机组的成功应用，基于当时成熟的A335 P92/T92等耐热钢材料，将主机参数提高至31MPa（a）/600℃/610℃/610℃，是当时二次再热机组的最高主机参数。项目投产后，机组各项指标均达到或优于设计值，机组发电煤耗256.8克/千瓦时，发电效率达47.82%，均处于当时全球最优水平；机组烟尘、二氧化硫、氮氧化物排放强度分别为0.01克/千瓦时、0.06克/千瓦时、0.13克/千瓦时，远低于全国平均排放水平。

2. 宿迁超超临界二次再热示范项目突破创新

该项目是科技部“十三五”重点研发计划“高效灵活二次再热发电机组研制及工程示范”项目，攻克了二次再热机组全工况过程耦合匹配机理、高效灵活锅炉汽轮机优化设计、先进测控理论和方法及系统集成等系列关键技术，研发和应用自主可控的智能发电运行控制系统和智能发电公共服务系统，自主研发并首次在长江运河沿岸运用国产螺旋卸船机。项目投产后，机组各项指标均达到或优于设计值，机组发电煤耗为 255.31 克 / 千瓦时，发电效率达 48.11%，宽负荷调峰 70%~100% 运行效率仅下降 0.75%，调频变负荷率达 2% 额定负荷 / 分钟，实现机组高效灵活运行；机组烟尘、二氧化硫、氮氧化物排放强度分别为 0.0067 克 / 千瓦时、0.043 克 / 千瓦时、0.107 克 / 千瓦时，远低于全国平均排放水平。

（二）泰州电厂 50 万吨 / 年 CCUS 项目为坚定走好煤电绿色低碳发展之路再添示范样板

江苏公司坚持用科技创新实践破解煤电减碳难题，依托集团产业发展一体化优势，结合江苏消费市场发达的区域特点，全面启动泰州电厂 50 万吨 / 年二氧化碳捕集与资源化能源化利用技术研究及示范项目，该项目被列为国家发展和改革委员会“煤炭清洁高效利用关键核心技术攻关项目”、江苏省科技厅“碳达峰碳中和科技创新重大示范项目”。

1. 打造自主创新和技术集成的样板

该项目以泰州电厂 4 号机组湿式电除尘器后的烟气为原料气，采用醇胺吸收法工艺，经“水洗—捕集—再生—压缩—干燥—液化”一系列工艺流程，实现煤电机组烟气中高纯二氧化碳的捕集。捕集成本在 CCUS 全产业链总成本中约占 80%，其中吸收剂是关键核心，项目成功研发具有自主知识产权的新型低能耗、高容量、高稳定性三元复配吸收剂，再生热耗较传统吸收剂下降 35% 以上。该项目建立具备 APS 一键启停、子系统单目标及多目标整体优化控制等功能的碳捕集智能控制策略，创新集成新型填料、高效胺回收、智能控制等技术，攻克多项碳捕集工程放大技术难题，全面掌握从吸收剂开发到核心设备选型的整套核心技术。

2. 打造产学研用一体化融合的样板

积极发挥企业创新主体作用，成立江苏省首个“大规模碳捕集利用与封存工程中心”，联合知名高校、科研院所和高新企业，跨行业、跨领域协同创新。工艺技术方面，协同浙江大学攻坚 CCUS 整套工艺包，协同清华大学开发不锈钢小齿顶角填料，协同东南大学开展火电—碳捕集耦合系统优化。设备制造方面，协同西安陕鼓研制国产最大等级 CO_2 压缩机。消纳利用方面，协同东南大学开展“CO_2 加氢制甲醇及新型催化模式”研究，协同南京航空航天大学开展“太阳能直接驱动甲烷 CO_2 干重整示范系统”研究，协同江苏油田公司、江苏省地调院开展“CO_2 地质封存综合评价”“CO_2 地质驱油封存技术研究与示范”研究。

3. 打造二氧化碳资源化利用的样板

项目充分对接地方经济发展，积极融入区域绿色循环体系，聚焦“深层次、高效率、大循环”，持续拓展 CO_2 应用场景、做强 CO_2 利用产业链，已成功为所处泰兴化工园区用户提供符合国家标准的工业级、食品级 CO_2 产品，不仅用于焊接制造、高新机械清洗等工业场景，由 CO_2 制作的食品级干冰也用于冷链物流运输、农业大棚肥料等，目前正积极拓展 CO_2 加氢制甲醇及甲烷合成气、CO_2 清洗精密设备等多种资源化能源化使用场景，辐射带动上、中、下游企业及周边化工园区，打造煤电 CCUS 全产业链示范基地。

（三）常州电厂“一心两脉”综合能源产业发展为区域绿色低碳发展提供更高能级支撑

江苏公司坚持降碳、减污、扩绿、增长协同推进，健全高效能管理体系，树立高标准业务典型，推进区域综合能源协同发展，以清洁低碳、高效灵活煤电为核心，坚持做绿色城市发展的能源“动脉”和“无废城市”建设的循环“静脉”，树立常州电厂“一心两脉”综合能源典型，开展多元化综合能源业务实践，形成“典型引路、全面铺开”的推广模式。

1. 深化应用清洁低碳、高效灵活煤电先进技术

大力开展新技术、新工艺、新设备应用，在国内率先完成同等级机组超低排放改造和“三改联动”，采用 GE 技术实施汽轮机通流改造，改造后供电煤耗下降 17 克 / 千瓦时，单机供热能力 400 吨 / 小时，调峰深度至 30% 额定负荷并实现并网全负荷脱硝，大气污染物排放指标达到燃机标准。在建二期项目具有“不新征厂区外土地、不新增码头岸线、不新建卸煤码头、不新建取排水设施、不向长江排放温排水”“耦合城市供热、CCUS、污泥掺烧、城市中水回用、LNG 冷却水”的“五不五耦合”独特优势，发电煤耗低至 248.9 克 / 千瓦时，力争打造全球煤炭清洁发展和高效利用新标杆。

2. 坚持做绿色城市发展的能源“动脉”

拓宽热力市场，先后拓展沙特阿美阿朗新科、百丈园区、西夏墅园区供热，实现对地方高耗能小锅炉供热替代。做优粉煤灰市场，实施湿渣改干渣、干灰磨细、渣磨细改造，实现粉煤灰深度利用，等级灰比例达 100%。打造“常源”粉煤灰品牌，价格持续保持区域第一。拓展石膏市场，与行业龙头法资企业圣戈班建立长期稳定战略合作关系。对外供应压缩空气，实现对全球领先的空分企业林德公司的压缩空气供应，成功引进安瑞森气体公司，进一

步扩大压缩空气供应规模。推进温排水利用，与嘉盛 LNG 码头开展温排水供应合作意向，将温排水作为 LNG 气化所需热源。

3. 坚持做“无废城市”建设的循环“静脉”

全面落实“碳达峰碳中和”目标，强化区域协同降碳，积极推进自我节能降碳、小散锅炉替代、能源高效利用、能源梯级利用，全年协同降碳量超28万吨，综合能源转型及绿色低碳发展成效显著。开展城市污泥耦合掺烧，落地国内首个大机组污泥耦合处置示范项目，处理规模为500吨/天，年处理污泥16万吨，实现对污泥的无害化、资源化利用。未来依托二期项目，新增500吨/天污泥处置能力，年处置污泥达到常州市污泥总量的40%。探索开展中水处置，二期循环水补水采用中水，为城市中水消纳提供新解决路径，实现水资源梯级利用，达到再生水利用零排放。

三、取得的成效

围绕“四个革命、一个合作”能源安全新战略，江苏公司将技术创新作为推动能源绿色低碳转型和企业高质量发展的重要力量，高起点建立技术创新机制，高标准培育技术创新力量，高质量实施技术创新项目，公司的煤电绿色低碳发展之路从“跟跑、并跑”向“创新、主导”加速转变。

一是高起点谋划，技术创新机制逐步建立。深入实施创新驱动发展战略，系统谋划技术创新的工作路线图和时间表，固化形成公司节能降碳、综合能源、科技创新、数字化转型4个三年行动方案。坚持科技创新和制度创新“双轮驱动”，以“引领的课题、示范的项目”为龙头，构建“多要素联合战略研究、多机制联动规划部署、多领域联系任务布局、多平台联赛组织实施”的“四多四联”柔性创新机制。优化技术管理“一岗一网一中心”机制，发挥技术监督网络服务保障作用和区域检修公司的“把脉问诊”作用。统筹科技创新资金、项目、人才，完善保障研发投入的长效机制，推动创新体系的运行机制、“揭榜挂帅”“赛马”激励机制，实现技术创新“本部牵动、上下互动、跨厂合作、内外协作”。推动科技链与产业链融合发展，研究重大创新项目的报奖谋划、资本运作和成果转化，实现技术成果从科学研究、实验开发、推广应用的一体化转化，把技术创新成果高效转化为现实生产力。

二是高标准培育，技术创新力量持续强化。成立科技信息部，健全科技信息中心、技术中心，加强与中下游产业链、科研院所的协同合作；加大“高精尖缺”人才引进力度，开展校企联合培养工程硕博士，制订科技创新先锋培养计划，形成开放合作共享的创新协同体系、人才引进培养激励的创新队伍体系。建立科学技术委员会和13个专业技术委员会，强化科技创新、技术攻关的主体责任，聚焦出题者、组织者、实践者、应用者“四个作用”，明确“一把手”项目实施“领导责任”、总工程师“直接责任”、揭榜挂帅人“第一责任”；与高等院校、科研院所深入合作，建设了泰州电厂“大规模碳捕集利用与封存工程研究中心”省部级协同创新中心；组建以4个首席技术带头人挂帅的创新平台，以23个专业技术带头人领衔的攻关团队，以50个劳模、工匠及青年人才牵头的创新工作室，开展多专业技术比武和成果展示，造就一批科技人才，形成科学合理、层次清晰的创新梯队。

三是高质量实施，技术创新项目成果丰硕。承担1项国家级项目“二氧化碳捕集与资源化能源利用技术研究及示范项目”揭榜挂帅国家发展和改革委员会“十四五”重大关键装备专项，主导和参与“燃煤电站超大规模碳捕集利用及封存技术研发与重大科技示范”“千瓦级太阳能驱动 CO_2 热化学重整转化系统项目”2项省部级项目。宿迁超超临界二次再热煤电项目作为全国火电行业唯一代表在“十三五”科技展参展，并获全国煤电唯一“土木工程詹天佑奖”；泰州超超临界二次再热煤电项目获中国电力科学技术进步奖一等奖；宿迁“IMS研发与应用”项目获中国电力科学技术进步奖二等奖；“面向‘黑灯工厂’的燃煤电站智能化平台‘软硬芯’关键技术研究与工程示范”被列入集团十大科技项目；“‘一心两脉’燃煤电厂综合能源利用成套技术研发及示范”等3项成果获中国节能协会颁发的“十四五”热电产业节能减排技术创新一等奖，常州电厂、宿迁电厂被授予“十四五”热电产业综合能源示范基地。

（由国家能源投资集团有限责任公司供稿）

中国华能引领第四代核电技术革命
实现高温气冷堆重大专项商运投产

一、基本情况

中国华能集团有限公司（简称中国华能）是经国务院批准成立的以电为核心、煤为基础、多能协同、科技引领的国有重要骨干综合能源集团，创立于1985年，注册资本349亿元人民币，发电装机容量全球第二，是我国具备控股建设大型压水堆核电项目资质的四家发电集团之一。党的十八大以来，中国华能坚持以习近平新时代中国特色社会主义思想为指导，坚决扛起中央企业的使命责任，大力推进绿色低碳转型，积极打造新能源、核电、水电三大支撑，加快推进能源技术变革，在高质量发展道路上不断迈出坚实步伐，在新时代全面开启创建世界一流企业新征程。

华能核电开发有限公司（简称华能核电公司）成立于2005年，是中国华能设立的国有独资公司，注册资本60.49亿元人民币。作为中国华能专门从事核电业务的专业化公司，华能核电公司以促进国家核电建设、优化电力产业结构为己任，主要从事核电的投资、开发、生产、上网送电、核电及相关技术的开发和技术服务等。成立以来，公司开发了山东石岛湾、海南昌江、福建霞浦、辽宁普兰店、山东靖海湾等多个核电厂址。

华能高温气冷堆核电站示范工程（以下简称高温堆示范工程）是我国具有完全自主知识产权、世界首座具有第四代先进核能系统特征的球床模块式高温气冷堆项目，被列入《国家中长期科学和技术发展规划纲要（2006—2020年）》十六个国家科技重大专项之一，是我国核电自主创新重大标志性工程，受到党中央、国务院的高度关注，党和国家领导同志多次对高温堆示范工程给予重要指导，习近平总书记对高温堆示范工程寄予厚望，作出重要指示批示。项目由中国华能联合清华大学、中核集团共同组织实施，于2004年启动，2006年被列入国家科技重大专项，2012年12月开工建设，2023年12月成功商运投产，成为世界首个第四代核电技术商业化运行项目，这是新时代我国核电发展史上的一项重大科技成就，标志着我国在全球高温气冷堆核电技术领域实现全球领先。

图 1　高温堆示范工程全景图

二、实践经验

高温堆示范工程属于全球首创，在国际上没有任何经验可循。中国华能牵头实施该项目的建设和运营管理，始终坚持贯彻党中央国务院决策部署，依托中央企业集中力量办大事的制度优势、组织优势和资源优势，有效落实“四个革命、一个合作”能源安全新战略，充分发挥中央企业现代产业链“链长”作用，构建了“党建引领 + 四链协同”一体化攻坚的工作格局（“四链”即创新链、产业链、资金链、人才链）。实践经验主要有：

（一）党建引领——以“一体两翼”的高质量党建引领项目攻坚不断取得突破

中国华能主动对接产业链各核心单位，探索在高温堆示范工程项目发起了业主主导、全产业链参与的“党建引领、聚力攻坚”行动，形成了“一体两翼”的工作格局，为工程攻坚注入强劲动能。“一体”即思想铸魂。认真贯彻习近平总书记对高温堆示范工程的重要指示批示精神，胸怀“国之大者”，深化开展“党建引领 + 安全生产、+ 项目攻坚、+ 科技攻关、+ 效能提升”等品牌活动，凝练形成了“坚守使命、团结奋斗，迎难而上、创新开拓，严慎细实、追求卓越”的高温堆“攀登精神”，领导表率、带头冲锋，各方协作、团结拼搏，将党建引领融入创新链、产业链、资金链、人才链各环节各要素，为重大专项决战决胜铸就了信仰之魂、奋斗之魂。“两翼”即宣传激励、组织赋能。一是建立了“双轮驱动”的宣传激励体系：内宣鼓劲，全方位、多层次、立体化开展聚力攻坚主题宣传，大力弘扬科技报国精神，激发广大参建职工的使命感、责任感、自豪感；外宣树形，大力宣传重大项目节点和科技创新成果，讲好攻坚故事、传播华能核电声音。二是以“聚力攻坚杯”劳动竞赛、“一支部一品牌”、党建联建共建等活动为载体，大力组织协同攻坚，将国资央企党建优势转化为攻坚胜势。

（二）产业协同——以“四大产业协同”凝聚产业链各要素各环节攻坚力量

坚持战略导向，聚焦担当国家能源安全新战略责任使命和高温气冷堆产业可持续发展，强化产业上下游延伸、左右链配套，组织汇聚设计研发、设备供应、工程建设、生产运营四大产业集群，形成产业集聚效应。一是大力推进设计研发产业协同，整合清华大学等高校、华能西安热工院等科研院所和各合作设备供方的技术力量，组建设计研发团队，通过搭建 1:1 试验台架验证、设备制造工艺联合研发等方式，完成六大系统关键技术攻关，掌握了一系列世界原创型、创新型技术。二是大力推进设备供应产业协同，依托三大动力、中核北方等核心设备制造企业，整合行业主要配套供应企业，一体化推进物流、信息流、资金流、工作流和组织流的协同组织。三是大力推进工程建设产业协同，组织形成以总包、监理、土建、安装单位和业主自主调试团队为核心的大工程团队，创新实施“2+5+2”（“近主线 + 关键技术难点 + 中远主线专项”）组合目标攻坚法、“七音攻坚法”（聚焦主线攻坚目标的七个要素开展攻坚），协同攻克高温气冷堆模块化建造技术、关键核心设备安装、自主化调试管理等重难点问题，全面掌握燃料装卸系统复杂管路设备安装技术等 5 大建安关键核心技术、大体积双模块化反应堆回路强度密封及升温技术等 6 大调试关键核心技术。四是大力推进生产运营产业协同，立足华能自有运行、维修、技术支持等生产技术人才队伍，与行业知名科研院所等单位密切合作，针对高温气冷堆“两堆带一机”、不停堆换料等独有特性，开展生产运营技术攻关，实施“3–1–0”生产管理提升、“101”小修、“W 平台”试验等系列专项行动，研发出一套高温堆特有的生产运行技术。

（三）人才协同——以“聚才育才用才”三大举措强化攻坚人才链支撑

实施“以项目技术聚才、以学用结合育才、以鲜明导向用才”三大举措，贯穿人才选拔、培养、评价、使用、保障各环节全过程，为高温气冷堆产业提供强有力的人才保证和智力支持。一是以项目技术聚才，汇聚全行业、全产业链高端人才为项目所用，建立集团级“核电智库”，成立了中国华能核电专家委员会，广聚核电行业院士专家；多次组织召开院士咨询会，把脉高温堆示范工程建设和高温气冷堆技术发展。通过自主培育、联合培养和外部引进等相结合，建立了一支专业结构合理、从业经验丰富的高温堆产业人才队伍。二是以学用结合育才，对标国际原子能机构及行业先进经验，实施以系统化培训方法（SAT）为核心的育才体系，实现“培训需求大纲化、培训实施个性化、培训效果最大化”，自主培育了我国首批 62 名高温堆示范工程操纵员（含 26 名高级操纵员）。三是以鲜明导向用才，业主公司健全技术序列人才管理使用体制机制，推动经营管理、业务职能、专业技术、运行操作、技能作业五个人才序列良性发展，实现人尽其才、才尽其用，高层次人才质量和数量明显提高，高级职称专业技术人员达到 300 余人，占总职工人数的 30% 以上。

（四）资金协同——以“加减乘除”工作法强化资金链攻坚保障功能

充分发挥国资央企的资源优势，统筹调控全产业链各要素资金资源，推进产业链健康发展。一是做好“加法”，盘活创新型中小企业，补强产业链短板。深挖产业链上下游各单位创新点和技术难点，通过申请扶持政策、申报重大专项等方式为产业链上下游各单位注入“强心剂”。组织各单位申报重大专项子项课题 89 个，累计申请国拨资金 40.6 亿元，培育了国产核级石墨、球形核燃料元件等重要子产业链，实现多个“从 0 到 1”世界性突破。通过战略投资 2.02 亿元入股宝银公司，盘活了世界第四个有能力制造核蒸汽发生器传热管的民营企业。二是做好“减法”，用足扶持政策，降低产业链成本。深研国家有关政策文件，通过重大专项后立项、后补助方式为高温气冷堆蒸汽发生器项目争取资金 5247 万元，为 11 项符合条件的进口物资合计减免税款 5155 万元，大幅降低产业链成本。三是做好“乘法”，保障资金供应，撬动产业链倍增效应。灵活开展市场化融资工作，利用融资规模等优势，争取高额度授信、优惠贷款利率及灵活的服务机制，保障项目资金需求，实现倍增效应。四是做好“除法”，破除管理阻力，推动产业链轻装上阵。理顺产业链各合作方管理关系，积极推进有关商务争议问题解决，累计解决商务争议 52 项，释放资金 1.77 亿元，缓解了合作单位资金压力，促进产业链合作基础更加稳固。

（五）创新协同——以“1+1+N”创新链加快打造高温堆原创技术策源地

坚定实施高温气冷堆产业化推广及“走出去”战略，着力打造“1个科技创新平台+1个自主知识产权保护体系+N个创新点”的科技创新体系，推动高温气冷堆创新链持续升级。一是打造一个科技创新平台，成立华能核能技术研究院，广泛链接高校、科研院所、设计院、制造厂，打造“小核心、大协作”模式的科技创新平台，聚焦高温气冷堆技术创新、项目开发、工程建设和电站运维四大核心业务，初步形成技术支持能力、设计研发能力和市场服务能力。二是建立一个自主知识产权保护体系，以“技术标准+专利+技术秘密”为核心，建立涵盖国内外专利、软件著作权以及相关标准的自主知识产权保护体系，并积极推动核心技术标准化、国际化。累计申请专利896件、获得专利授权491件、获得省部级科技奖励24项，初步形成我国自主创新四代核电标准体系和知识产权保护体系。三是突破N个创新点，围绕超高温气冷堆（堆芯出口温度达到1000℃以上）及高温气冷堆核能综合利用研发，布局攻坚高温气冷堆高效发电、稠油热采、炼油化工、海水淡化、核能制氢、居民供热、同位素制造等领域应用技术，着力打造国家级高温气冷堆工程试验中心，推进产业链全面升级，加快形成新质生产力。

三、取得的成效

一是破解第四代核电技术工程化应用难题，推动我国在世界核能技术革命中实现“领跑”。按照“二代—三代—四代—核聚变堆”的世界核能技术发展图谱，目前全球核能技术正处于“三代—四代”过渡期，以中国、美国为代表的10余个核电大国正在围绕第四代核电技术领域的工程化应用展开激烈角逐。中国华能充分发挥中央企业的资源优势和创新驱动作用，聚焦第四代核电技术工程化应用的世界性难题，在清华大学高温气冷实验堆取得重大技术突破基础上，组织产业链、创新链各要素进行工业放大与工程验证攻关，成功建成投产高温堆示范工程重大专项，在全球范围内率先实现第四代核电技术从实验室到工程化应用的重大跨越，实现全球“领跑”。

二是破解核电技术“卡脖子”难题，为世界核能技术革命提供“中国方案”。中国华能坚决贯彻习近平总书记关于高温堆示范工程重要指示批示精神，把示范工程作为重大政治任务来抓，联合清华大学以及国内核电装备制造企业，集中优势资源，大力开展关键技术攻关和核心设备研制，推动一大批原创技术工程转化与验证，取得了一系列世界首创的重大科技创新成果，研制出 2200 多套世界首台套设备，设备国产化率达 93.4%，远超国家科技重大专项 75% 目标；攻克超大体积压力容器冷态气压试验、双反应堆联合调试等核心技术，顺利完成世界首堆调试。同时，由于高温气冷堆技术具有固有安全、系统简单、发电效率高、用途广泛等特点，在核能发电、热电冷联产及高温工艺热应用等领域拥有广阔的商业应用前景，具备“走出去”的优势技术属性，尤其满足内陆国家及地区的应用场景。同时，依托项目攻关成果和建设运维经验，积极开展创新成果转化和产业化应用研究，为研究与开发氦气直接循环发电、超临界发电和高温堆制氢等前沿技术积累了宝贵经验。这些工作成效，促使我国全面系统地掌握了高温气冷堆技术，建立了具有完全自主知识产权的先进核能技术体系，在先进反应堆的安全法规和技术标准制定上掌握了全球话语权，为世界核能技术革命和构建清洁低碳安全高效的全球能源体系贡献“中国方案”。

三是破解变革性创新技术产业链协同难题，为国家科技重大专项组织管理贡献“华能经验”。作为国家科技重大专项，高温堆示范工程是一项技术超前、涉及面广、要求高、难度大的重大系统工程。中国华能在项目推进过程中，积极发挥现代产业链“链长”作用，创造性提出“党建引领 + 四链协同”一体化攻关模式，摸索出一套“国资央企主导、多元主体联动、资源高效配置、要素有机融合”的国家科技重大专项协同推进机制，凝练出以“党建引领、聚力攻坚”劳动竞赛、“七音攻坚法”、“三色使命、万无一失”核安全文化理念等为代表的工程管理矩阵，实现了保障资源的统筹集约、创新力量的规模聚集、全产业链的协同推进，形成可复制、可推广的实践经验和创新成果，可用于指导高温气冷堆后续产业化发展，确保我国在第四代先进核能技术革命中继续保持全球领先优势，同时为国家级科技重大专项攻关以及国资央企加快打造原创技术策源地、当好现代产业链“链长”、加快形成新质生产力贡献“华能经验”。

（由中国华能集团有限公司供稿）

以绿色发展理念引领能源产业低碳转型

一、基本情况

徐州矿务集团有限公司（以下简称徐矿集团）具有142年煤炭开采史，是中国民族工业的启蒙，中国历史上第二座煤矿、第一批股份制企业、第一批实行经济总承包的企业、第一批放开煤价走向市场的企业。1970年以前隶属原国家煤炭部，后为保障江苏能源供应划归江苏省政府管理；1998年经省政府批准改制为国有独资公司，是江苏省政府授权的国有资产投资主体，也是集煤炭、电力、煤化工、战略性矿产资源、新能源、矿业工程、煤矿装备、能源服务外包于一体的特大型能源企业。先后布局建设了“蒙电送苏”“陕电送苏”“晋焦入苏”、新疆煤电化、“一带一路”能源服务和江苏清洁能源“六大能源基地”，自有和服务外包煤炭产量5000万吨、电力权益装机1200万千瓦，拥有分公司16家、全资及控股各级子公司92家，总资产650余亿元，

图1　徐矿集团总部办公大楼

位列煤炭企业全球综合竞争力30强，能源企业全球综合竞争力500强，中国大企业500强。

党的十九大以来，徐矿集团深入学习贯彻习近平生态文明思想，积极践行“四个革命、一个合作”能源安全新战略，协同推进降碳、减污、扩绿、增长，推动新思想、新理念、新战略与企业实际相结合，催生出了满怀对党忠诚、满眼都是资源、满眼都是人才、满腔家国情怀、满满正能量的“五满”治企理念，以高质量发展走在全国行业前列为鲜明导向，以服务能源资源安全为最大使命，以“让全体徐矿人都能过上好日子”为不懈追求，稳大局、破困局、开新局，实现了从稳下来、走出来、好起来到强起来的历史性跨越，破解了产业接续、人员安置和生态治理“三大难题”，创出了全国煤炭老工业基地转型、关闭矿井重生、衰老矿区生态修复“三大样本”，走出了一条资源枯竭型企业蝶变新生的“徐矿之路”。自2017年以来，全集团累计创造利润120亿元，上缴税费188亿元，高质量发展连续3年获得江苏省高质量发展综合考核第一等次，国企改革被国务院国资委评为全国国有重点企业管理标杆企业，所属苏能股份成为全国煤炭行业10年来首家主板上市企业，产业工人队伍建设改革被全国总工会授予产改示范单位、“十大产业百家企业”产改试点单位，党建经营融合荣获全国煤炭行业“最佳案例”，“‘五满’治企理念”荣获全国企业管理现代化创新成果。

二、实践经验

（一）聚焦绿色低碳，推动传统能源清洁化

（1）坚持“是矿不像矿、产煤不见煤、采煤不用煤”，打造绿色矿山。聚焦现代绿色矿山建设，加快矿山环境景观化、生产智能化、用能清洁化发展。一是“是矿不像矿”，致力于建设花园式矿山，实现运输过程无尘化、储存过程密闭化、厂区环境生态化，推动沙漠戈壁矿区植树造林，增强生态碳汇和水土保持能力，在陕西建成集本质安全、智能高效、节能减排、绿色环保于一体的中国煤炭工业首个第四代矿井（见图2），在江苏建成全国首批智能化示范煤矿，实现煤炭开采与生态保护相得益彰，工业生产与生态文明和谐共生。二是“产煤不见煤”，围绕煤矿机械化、自动化、信息化、智能化“四化”建设，推进井下工作面5G覆盖、关键场所机器人巡检、井下采煤机自动化智能运行、地面操作人员远程操作监控，先后建成16个智能化工作面，2座全国智能化示范矿井。三是“采煤不用煤”，按照“能建则建、应建尽建”

的原则，在具备条件的生产矿井、发电企业，利用屋顶和空旷地面建设太阳能光伏发电项目，实现地面用电新能源替代。

图 2 中国煤炭工业首个第四代矿井、全国 7 家生态文明矿井之一
——徐矿集团郭家河煤业公司

（2）坚持“内部全面落地、遍及江淮大地、走向全国各地”，推进绿色发展。落实国家发展和改革委员会关于构建以新能源为主体的新型电力结构有关部署，加快构建“风光氢储”新型能源体系。一是推进内部全面落地，积极推进分布式光伏在徐矿集团内部全面落地，坚持高标准设计、合理化布局、景观化构建，打造了一批集渔光式、农光式、景光式、立体式、旋转式于一体的应用场景。二是推进遍及江淮大地，紧扣全省大局和地方新型综合能源基地布局，在整县制光伏、新型储能、源网荷储智慧能源等领域深化企地合作。三是推进走向全国各地，依托内蒙、新疆、陕甘等六大能源基地，布局开发集中式风电、光伏新能源和规模化新型储能，着力推进“风光氢储”一体化发展。

（3）坚持“资源循环利用、产业循环布局、生态循环治理”，构建绿色体系。强化资源节约集约利用，提高资源利用和生态环境治理效能。一是资源循环利用，促进资源在循环中利用、排放在循环中减量，实现资源吃干榨净，推动煤矿生产、煤矸石和低热值煤发电、热能、矿井水、粉煤灰综合利用的深度一体化，扎实做好减煤、替煤、控煤“三篇文章”。二是产业循环布局，坚持煤电化一体化发展方向，统筹加强并形成煤—电—大数据—供汽、供热、制冷等多能联用新模式，实现产业循环布局、价值循环提升。三是生态循环治理，统筹推进采煤塌陷地治理与生态环境修复；坚持“宜游则游、宜农则农、宜林则林、宜工则工”，大力实施村庄易地搬迁、基本农田整理、采煤塌陷地复垦、生态环境修复、湿地景观开发“五位一体”综合整治工程。协同地方政府推进采煤塌陷地治理和生态修复，累计投入资金 56 亿元，协同治理采煤塌陷地 23 万亩，相继建成潘安湖（见图 3）、安国湖、九里湖等国家级生态湿地公园，把衰败采煤迹地变成了绿水青山金山银山。

图 3　采煤塌陷区治理样本——潘安湖国家湿地公园

（二）坚持提质赋能，推动能源技术自主化

（1）创新绿色技术。坚持生态优先、绿色发展，创新实施“绿色闭坑”系列关键技术，针对矿井收缩关闭阶段面临的矿井水害防治、矿井水综合利用、矿山地质环境恢复等问题展开系统性研究，实现煤矿安全、科学、绿色关闭和矿井水综合开发利用，为我国东部矿区衰老矿井的绿色、安全闭坑，提供了技术依据、经验借鉴和良好示范，填补了行业技术空白，累计产生 3.18 亿元经济效益，获评“中国好技术”。资源枯竭矿区质量生态型土地整治关键技术，开创了煤矿区国土资源协调开发模式，成果被编入《采空塌陷防治工程设计规范》等 8 项国家、行业标准规范，并在济宁、淮南等 26 个矿区得到了广泛的推广应用。

（2）创新发展模式。围绕产业数字化、数字产业化，加快实施“智改数转网联”，以强基布局、数字驱动、价值输出为建设路径，大力实施“一商、一云、一中心、四平台”数字化转型战略，创新打造智慧能源综合服务商。建成国内首家利用电厂蒸汽制冷的绿色节能数据中心——淮海大数据中心（见图 4），成为全国取得增强级证书的 31 家数据中心之一，被中国移动公司评为“钻石五星级”数据中心；“煤矿智能化建设全场景研究与应用”获得国务院国资委国企数字场景创新专业赛一等奖，“张双楼煤矿深井开采多元灾害智能化防治平台”和“俄霍布拉克煤矿工作面智能监控系统”2 项技术入选了国家能源局煤矿智能化建设典型案例。

图 4　徐矿集团淮海大数据中心

（3）创新利用方式。创新复杂地质条件下煤炭开发利用途径，“新疆库拜煤田东部融雪径流区近距离煤层开采复合水害综合防控”“西北地区高盐富水软岩－井壁劣化机理及控水修复”等关键技术研究先后获得中国煤炭工业协会、科学技术奖一等奖及“中国好技术”等称号。实施 300 兆瓦循环流化床机组掺烧污泥技术，通过低温分段燃烧技术，抑制二氧化硫和氮氧化物产生，实现污泥无害化处理、资源化利用。每年可处置污泥 20 万吨，节约标准煤 9600 余吨，减少二氧化碳排放量 2.3 万余吨，实现净利润 1400 余万元。该技术陆续解决了苏州、无锡、常州、南京等地“污泥围城”问题，获评长三角三省一市职工创新成果奖。

图 5　徐矿综合利用发电公司积极推进污泥掺烧

（三）坚持研用并举，推动创新要素集成化

（1）科研平台加速组建。全面布局创新平台，提升科研平台承载力，先后建成国家和省部级创新平台 13 个，国家级博士后科研工作站、全国煤矿绿色开采地质保障研究基地、江苏省研究生工作站、江苏省煤炭“碳中和”研究中心、江苏首家煤矿冲击地压防治工程技术研究中心（见图 6）等先后落户徐矿集团，4 家企业被评为国家级高新技术企业。依托国家重点实验室、博士后科研工作站、产教融合培养基地建强 13 个技术创新团队，推进科技成果转化。

图 6　江苏首家煤矿冲击地压防治工程技术研究中心

（2）科研人才加快培育。以创新型人才培养为导向，持续加大科研培训力度，依托以曾庆、吴建群等“技能大师”领衔的 15 个劳模创新工作室，先后举办科技管理人才培训班、组织技术骨干外出学习、科技领域专家授课等活动，推动科技人才队伍规模与质量同步提升。截至目前，全集团培养各类专业技术人员 12000 余人，享受政府特殊津贴专家 2 人，江苏省“333 高层次人才培养工程”科技领军人才和培养对象 5 人、“大国工匠”1 人（见图 7）、江苏工匠 3 人、煤炭行业技能大师 19 人。

图 7 “大国工匠”夏伯党带领团队开展技术研究

（3）科研技术加强攻关。实施科技创新“五大工程”，围绕煤矿智能开采关键技术、燃煤机组高效发电技术、关闭矿井资源开发利用技术、碳中和关键技术等开展核心攻关，制定了“先进技术 80 条”，全面提升了科技创新核心竞争力。徐矿集团获评全煤行业节能减排先进单位，荣获全国“矿山领域机器人典型应用优秀场景”4 个。自 2017 年以来，获得省部级以上科学技术奖和管理奖 123 项、专利授权 665 项，获评“中国好技术”6 项，2 项产品入选江苏省首台（套）重大装备。所属华东机械公司自主研制的 0.6 米极薄煤层液压支架（见图 8）填补了国内技术空白；“孟巴矿强复合含水层下特厚煤层开采水害形成机理及防控关键技术”获得 2020 年中国煤炭工业协会科学技术奖特等奖。

图 8　徐矿集团华东机械公司自主研制的 0.6 米极薄煤层液压支架

三、取得的成效

近年来，徐矿集团坚持以低碳循环为关键、以节能减排为根本，推动产业链提档升级，构建“科技含量高、资源消耗低、环境污染少”的产业结构，实现了煤电化主体产业绿色协调可持续发展。徐矿集团资源枯竭型矿区转型发展创新技术与模式示范项目荣获第七届中国工业大奖（见图 9）、位列项目类首位；老旧矿区改造项目作为江苏首个、全国 24 个典型案例之一，入选国家发展和改革委员会盘活存量资产扩大有效投资典型案例；绿色转型实践入选《习近平经济思想指导实践案例丛书（第一辑）》，入编中国企业联合会编著的《中国企业绿色低碳发展优秀实践精选案例（2023）》，徐矿集团获评中国工业碳达峰领跑者企业（见图 10）。

一是生产方式低碳化。煤矿实现智能化开采。所属天山矿业公司建成万吨级封闭式储煤仓，实现卸煤在煤棚、储煤在煤仓、出煤不见煤、厂区无扬尘的环保目标。所属夏阔坦矿业公司瓦斯年发电量可达 500 万千瓦时，基本满足煤矿生活用电。电厂实现绿色化运行。所属徐矿综合利用发电公司、华美热电公司实施了发电机组烟气除尘降湿脱白工程，基本上消除了石膏雨和有色烟羽现象，有效抑制了 $PM_{2.5}$ 的生成，各项指标均优于徐州市烟气参数指标。所属阿克苏热电公司累计投入 2.1 亿元，先后实施脱硫、脱硝、

图 9　徐矿集团资源枯竭型矿区转型发展创新技术与模式示范项目荣获第七届中国工业大奖

图 10　徐矿集团获评中国工业碳达峰领跑者企业

电除尘等环保工程，为新疆阿克苏地区绿色发展作出了积极贡献。煤化工实现低碳化生产。所属长青能化公司烟尘、二氧化硫、氮氧化物含量达到国家和陕西地区超低排放标准 80% 以下，相继建成了湿式电除尘设施、挥发性气体治理装置等，实现所有大气排放物均达到超低排放标准，每年可节电 100 余万千瓦时，节约标准煤近 7000 吨，显著提升了碳捕捉、碳封存、碳循环利用效率，先后获评国家级“高新技术企业”、陕西省“绿色工厂”等荣誉。

二是发展方式绿色化。大力构建“风光氢储”新型能源体系，目前光伏新能源项目已立项 55 个、建成 24 个，一批整县制光伏项目和新型储能项目正在有序推进，实现了新能源从无到有、从小到大的突破。所属江苏华美热电公司坚持“安全可控、经济实用”原则，利用厂区土地、屋顶、车棚等闲置资源，投资近1800万元建成光伏蔬果园、光伏鱼塘、光伏路灯等23个项目，打造了“农光互补”“渔光互补”“风光互补”等多元生态。建成连廊式、屋顶式、墙面式、管桩式、螺旋式、可调倾角式、光储充一体式等多种光伏项目，年发电量约800万千瓦时，每年减少二氧化碳排放量约6000万吨。

三是利用方式循环化。强化百万褐煤发电机组建设运营、矿井高盐水和荒漠化生态综合治理等关键领域核心技术攻关应用，打造行业领先、示范性强、综合效益突出的原创技术策源地。所属新疆哈密能源公司投资1.6亿元建成矿井高盐水处理站，淡水回收率达90%；创新实施高含盐渍区绿化项目，完成荒漠造林1500余亩，实现矿井水“零外排”和综合循环利用，为西部高含盐渍区绿色生态治理提供实践样本。所属张双楼煤矿大力开展矸石山环境标准化整治，完成上万平方米煤矸石退山清理。加强与地方政府合作，投资300万元新建新排矸系统，全面加强煤副产品综合利用，每年可制砖7000余万块，切实将废弃矸石资源转变为宝贵资源。所属长青能化公司依托封闭煤棚开展气化细渣和污泥的锅炉掺烧，对各项原料、产耗数据进行实时分析，动态调整生产工艺。每年掺烧气化细渣1.2万吨、污泥600吨，可节约煤炭消耗近4000吨，创效超300万元。

（由徐州矿务集团有限公司供稿）

基于耦合负压电路的535千伏混合式直流断路器研制及应用

一、实践经验

近年来，多端柔性直流输电工程在我国快速发展，如南澳风电场三端直流输电示范工程和舟山五端直流输电示范工程。柔性直流输电工程为远距离大容量输电、大规模间歇性清洁电源接入、多直流馈入、海上或偏远地区孤岛系统供电、构建直流输电网络等提供了安全高效的解决方案，推动了国际直流输电技术的发展，标志着我国在世界上率先掌握了多端柔性直流输电成套设计、建设、调试和运行全系列核心技术。

多端直流系统中没有大电流快速开断的直流断路器，直流电网切除直流故障电流的主要保护措施是开断闭锁换流器或交流侧断路器。如果能在多端直流系统中安装毫秒级开断大电流的直流断路器，快速切除故障设备或线路，就可以保证直流系统非故障部分的稳定运行，极大地提高系统可靠性。因此，研制经济、可靠的直流断路器是发展多端直流电网的关键技术之一。直流断路器关键技术的突破和工程化实现，是保证整个电力系统稳定性、灵活性和智能性运行的必要前提，对于推动我国先进输电技术和高端装备制造技术的发展具有重要的意义。

2018年正值北京冬奥筹备期间，实施张北地区可再生能源柔性直流电网试验示范工程具有重要的创新引领和科技示范意义，来自张北坝上草原的绿色电能落地北京，助力2022年北京冬奥会场馆绿色低碳电力供应。面向高压柔性直流电网装备“卡脖子”问题，以攻克世界性直流开断技术难题为目标，中国能建北京电力设备总厂有限公司与清华大学开展了“产学研”联合攻关，共同研制了迄今世界电压等级最高、开断容量最大的535千伏混合式直流断路器（见图1），可在3毫秒内开断正反向25千安范围内任意短路故障电流，填补了全球500千伏以上电压等级直流断路器空白，提升了国内柔性直流工程领域的设备自主研发能力，支撑组建世界上首个超高压直流电网——张北柔直电网工程。

图 1　535 千伏混合式直流断路器设备

基于耦合电路的 535 千伏混合式直流断路器具有以下技术优势和亮点。

（一）低损耗高可靠的整体技术方案

采用耦合负压设计，主通流支路只包含机械开关，无电力电子开关，直流断路器整体仅需自然冷却，无须水冷散热，具有通态损耗低、节省空间、可靠性高、运行维护成本低等特点；直流断路器合闸状态下，即使供电系统异常，也可正常导通电流，组部件不会损坏，可靠性高。直流断路器不能立刻分闸时（如冷却状态或故障状态），若直流系统再次短路，直流断路器可由主通流支路承受浪涌电流。

（二）高冗余快恢复的主通流支路

主通流支路仅含快速机械开关，不含电力电子开关。快速机械开关采用 8 个 100 千伏真空开关串联，行程短、恢复快、冗余度高；快速真空开关在触头分离后，到关断恢复电压建立前，数毫秒内仅承受电力电子开关导通压降和耦合负压装置的电压，远小于系统电压，不存在触头击穿的风险；采用电磁斥力操动结构和电磁缓冲机构，操作速度快，重合闸无须复位时间，结构简单，可靠性高，缓冲效果好。535 千伏混合式直流断路器实验设备见图 2。

图 2　535 千伏混合式直流断路器实验设备

（三）高可控高可靠的故障换流方案

本方案的直流断路器采用耦合负压装置实现换流，换流最大时间由断路器内部电路参数决定，可保证 –25 千安 ~0~+25 千安全电流范围内最大换流时间小于 0.6 毫秒；不存在小电流情况下换流时间长的问题，可控性强。

（四）高裕度高稳定性的电力电子开关

转移支路电力电子开关采用交叉桥式单元串联结构，半导体元件仅含四支二极管与两支 IEGT，结构清晰可靠。使用独立 MOV 与外部 MOV 双重过压保护和多串联单元冗余设计，全控型器件数量少，关断电流裕度大，可靠性高；转移支路电力电子开关关断电流，可实现 –25 千安 ~0~+25 千安全电流范围内关断，全电流关断时间分散性小于 50 微秒，可控性强。

（五）双重化高可靠的控制保护系统

直流断路器控制保护系统分为 A 套系统和 B 套系统，自上而下至子模块的控制单元完全采用双冗余设计，确保单路故障下控制保护系统依然正常运行；核心的保护命令和采样数据实现了“3 取 2”的防误措施，内部通信装置采用双重化配置，数据通信采用双数据流设计，确保直流断路器不会误动或拒动，保证控制保护的实时性和可靠性；针对提出的双重化配置方案，双重化配置的 A/B 套直流断路器控制保护系统均由 A/B 套直流电源同时供电，即任何一路直流电源失电，均不影响A/B套直流断路器控制、保护和监视设备的工作。

三、取得的成效

一是打破国外技术垄断现状，突破技术“卡脖子”。535千伏耦合负压混合式直流断路器可在3毫秒内开断正反向25千安范围内任意短路故障电流，填补了全球500千伏以上电压等级直流断路器空白，提升了柔性直流工程领域设备的自主可控能力，为推进国内大型高压柔性直流工程建设提供了强大的技术支撑。

中国能建北京电力设备厂具有该项设备的完全自主知识产权，研究成果获得发明专利1项及实用新型专利9项。经专家委员会鉴定“535千伏耦合负压混合式直流断路器是超高压直流电网装备的重大技术突破，在同类产品中技术性能处于国际领先水平”，于2020年入选了国家能源局第一批能源领域首台（套）重大技术装备项目名单。

2020年6月，535千伏耦合负压混合式直流断路器在张北康巴诺尔换流站顺利通过人工短路故障试验后正式投运，运行安全、性能良好，先后获得中国能建科技进步奖特等奖、中国电机工程学会电力技术发明奖一等奖。

二是推动智能电网技术的进步，具有广阔的市场前景。535千伏耦合负压混合式直流断路器样机试制成功后，取得张北可再生能源柔性直流电网示范工程康保换流站/±500千伏的供货合同，销售额达1.43亿元，研究成果成功应用于后续10千伏直流断路器及5千伏直流断路器的研制。2019年取得中国电力科学研究院有限公司南京分院兆瓦级实证平台构建、关键技术及装备实证研究项目10千伏直流断路器的供货合同。高端电子设备的市场切入，完善了我国在装备制造领域的产业链布局，该技术在不同电压等级的推广应用，适用于高压柔性直流输电、中压智慧园区、交直流混合微网等多种应用场景，具有广阔的市场发展前景。

三是支撑新能源外送，助力实现“双碳”目标。高压柔性直流输电作为解决风能、光伏等新能源并网的关键技术，直流断路器大电流开断技术可以快速切除故障设备或线路，保证直流系统非故障部分的稳定运行，极大地提高了系统可靠性。推进高压柔性直流输电技术的发展，能够有效解决风能、光伏等新能源消纳问题，推动能源结构改善升级，通过多元化能源结构，促进了资源的合理利用，提高了能源利用效率，对实现“3060”目标具有重要意义。

（由中国能源建设集团有限公司供稿）

智慧矿山建设探索与实践

一、基本情况

皖北煤电集团公司是安徽省属重点企业之一。前身是皖北煤炭工业公司，始建于1984年，总部位于宿州市。经过40年建设发展，企业规模不断壮大、实力逐步提升，主营业务为煤电、化工和物流贸易，形成了产物贸一体化、跨区域经营的综合性企业集团，现有在岗职工2.6万人。其中，煤炭板块拥有安徽省第一家上市煤炭企业恒源煤电和省外4家煤炭公司，共11对矿井、产能为3075万吨；化工板块拥有中安联合、西北能化、宁夏润夏3家公司，具备煤制170万吨甲醇及转化烯烃、30万吨煤制甲醇、15万吨硝酸生产能力。

麻地梁煤矿隶属皖北煤电集团公司，由皖北煤电集团控股（见图1）。矿井位于准格尔旗龙口镇，井田东西长约8.2千米，南北宽约2.7千米，面积

图1　麻地梁煤矿总体环境概览图

为20.73平方米，地质储量6.79亿吨，设计可采储量4.16亿吨。矿井设计生产能力为500万吨/年；2021年9月15日，矿井生产能力核增为800万吨/年，2023年6月13日，矿井生产能力核增为1000万吨/年，剩余服务年限为30年。

麻地梁煤矿智能化建设之初就确立“本质安全、降本增效、为煤矿工人谋幸福”的建设目标，以超前的管理理念和先进的数字技术双轮驱动，秉持“少人则安、无人则安、智能保安”的安全管理理念，将矿井打造成为国家智能化示范矿井。

2017年，建成了万兆网的高速信息通道，实现了井下网络全覆盖，并进行智慧矿山建设顶层设计。

2018年，研发了全企业的设备数据库；实现了设备数据的实时传输，为建设智慧矿山打下了坚实的基础。

2019年，研发设备智能预警远程会诊系统、物联网+智能仓储等九大智慧系统。10月，与中国移动、华为等共同进行煤矿井下5G组网试验，并取得成功。

2020年，加大5G+工业互联网的研发和应用。6月，5G基站部署到井下工作面；8月，实现了主井皮带机巡检机器人的5G数据传输控制；9月，实现了采煤机设备终端5G通信的组网与数据传输和远程控制调试；12月，完成全矿区地面井下5G通信全覆盖。

2021年，实现了5G网络与工业环网互联互通，和华为、中国移动及设备厂家合作，历经近一年的研发，实现了采煤机、掘进机、锚杆台车、无人驾驶胶轮车、巡检机器人5G工业控制应用，“九大系统”完善升级为“十大系统”。

2022年，矿井继续以5G通信为基础，开展了掘锚一体机、采煤工作面支架、运输机的5G工业控制研发；建成了职工健康体检系统；全矿区、全系统推广设备全生命周期管理系统；开展了以UWB定位和视频分析技术为基础的设备智能保安。

2023年，矿井通过国家智能化示范煤矿验收，建成国家中级智能化选煤厂；探索研发了采区变电所巡检、灭火机器人，在传统机器巡检的基础上，创新研发了机器人自动灭火、电气作业行为识别、高压作业唱票等场景；建成了副井口智能门禁、签到系统。

2024年，矿井以“问题梳理、数据治理”为导向，开展数据治理建设工作，以大数据+工业互联网平台为底座，统一数据采集、存储、处理、分析、共享的标准和规范，形成数据资产并加以建模分析，为企业安全、生产、经营提供决策引导。同时，大力推进胶轮车辅助驾驶技术、矿山人工智能 AI 分析大模型等探索应用。

二、实践经验

（一）创新管理经验

（1）设计理念创新：矿井通过优化设计，一井一面，取消井下煤仓，减少一条斜井，使得系统更加顺畅，在降低建设成本的同时，为智慧矿山建设打下了坚实的基础。

（2）管理理念创新：真正做到了变传统的经验管理为单一的数据管理，实现了由复杂管理向简单管理的转型。

（3）生产管理模式创新：践行设备全生命周期管理理念，提出并实践“管设备就是管生产，管数据就是管设备”，实现了煤矿生产管理模式的创新。

（4）成本管控模式创新：通过设备配件零库存生产、商品煤零亏卡销售，实现了成本管控模式的创新。

（5）销售管理机制创新：以销定产，产销联动，实现零库存生产，产煤、卖煤、不见煤，实现了煤矿企业的绿色生产。

（6）生产管理机制创新：取消煤矿检修班，从管理机制上取消夜班。

（二）建设十大核心智能化系统

1. 5G+ 智能采煤系统

通过 AR 双发选收技术，实现了采煤机终端 5G 地面精准远控、记忆割煤、自动移架、半自动放煤；取消井下集控舱，实现集控操作人员在地面控制综采设备一键启停及控制，综放工作面单班完成正规循环作业需要 3~5 人。实现了采煤工作面的高效运行、本质安全。

2. 5G+ 智能掘进系统

矿井创建两个掘锚一体机智能化快速掘进工作面。掘锚一体机配备导向系统，实时显示设备航向角、上下爬坡角、底板横向倾角（横滚姿态），图形化显示航向偏差，实现掘锚一体机自主导航、自动行走、自主纠偏、自动截割，减少了劳动强度，实现了作业环境本质安全，工作效率明显提高（见图 2）。

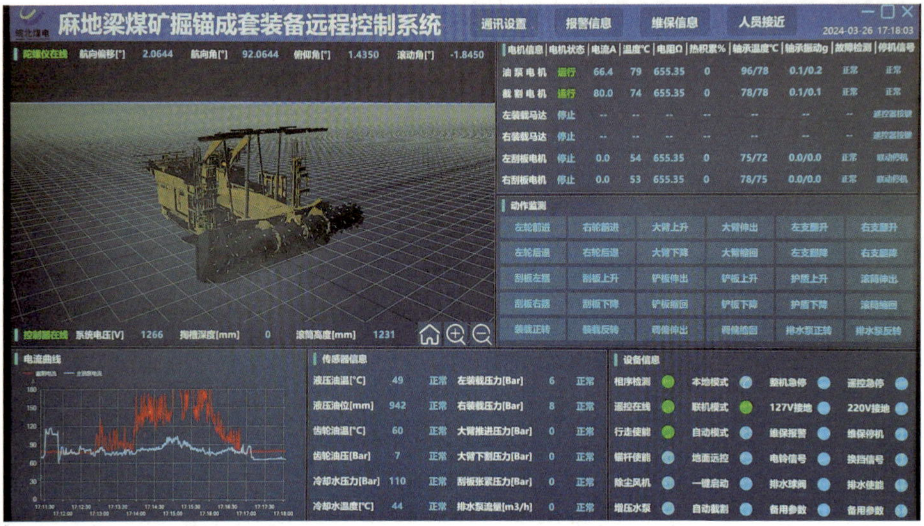

图 2　掘锚一体机智能控制系统

3. 智能调度集控系统

实现了生产环节全流程视频远程监控；实现了固定车间、固定岗位的无人值守；实现了商品煤产运销全流程的远程集控、数据融合共享，提高了调度效率；实现了井上、井下 4G、5G 网络全覆盖，煤矿工人下井不再失联；实现了智能语音调度，根据热点词语精准识别调度员命令，快速高效。

4. 设备智能预警与远程会诊系统

依据全生命周期管理理念建成了设备智能预警与远程会诊系统，实现了矿井设备运行数据实时上传、设备厂家和专家数据共享、设备故障预警预判；实现了设备故障远程会诊；由传统的设备检修升级为全生命周期管理，为矿井取消检修班和夜班提供了技术保障。

5. 物联网 + 智能仓储系统

物资供应从计划、审批、利库到配送实现了网上运行，减少了人为干预。实现网上下单、机器人出库、集装箱运输的“一小时”快递物流圈、快递式配送与配送系统的无人化、高效管理，优化了物料领用、运输流程；通过全生命周期管理、设备预警预判系统，基本实现了设备配件零库存，由传统的资金维持再生产升级为数据驱动再生产。

6. 副斜井智能交通安全管控系统

通过门禁管控系统，对入井车辆身份、安全性能及“四超”检测数据等进行系统管控；对作业车辆进行实时定位、红绿灯管控、全程测速、失速抓捕；该系统由人的管控升级为系统管控，实现矿井辅助运输系统的本质安全。

7. 5G+ 智能皮带运输系统

通过 5G 组网，实现了主运系统的机器人智能巡检、预警预判；根据煤量大小，实现了主运系统的自动变频调速；实现了原煤生产系统地面远程集中控制、“顺煤流”启动；该系统缩减 20 余个岗位，降低了能耗，实现了本质安全。

8. 无人值守一体化煤质销售管控系统

该系统实现了无人值守、质与量的在线监测、60 秒装车计量；实现了销售量、合同量与生产量相匹配，地面运输流量和井下生产流量相匹配以及零库存生产、零亏卡销售，化解了销售环节的廉洁风险。开发了网上智能汽车排队系统，实行网上预约排队，有效避免了运煤道路上车辆超时等候，大大缓解了道路运输压力。

9. 智能通风系统

建设了安全监控系统、人员定位系统、智能粉尘检测喷雾系统、束管监测系统、光纤测温系统、智能仪表发放管理系统、智能通风系统，实现了全矿井风量动态调节，局部通风按需调整、粉尘在线监测、喷雾自动控制，系统节水、节电、降噪，优化了井下作业环境。

10. 变频节能综合应用

矿井智能化建设之初，便确定了“智能化 + 绿色化”双一流建设目标，大力开展生产设备系统化的变频节能精准控制。实现了皮带机运输系统智能变频调速、综放工作面煤流精准调控、综放工作面智能变频恒压供液、主通风机变频调速、井下局部通风机按需调节、压风机变频控制、制氮机按需调频、生产用水变频恒压供水、地面生产消防用水变频恒压控制等，实现了矿井低碳、绿色生产。

（三）智能保安

1. AI 视频分析

开展基于 AI 摄像头视频分析技术的全矿井设备智能保安工作。

（1）创新综放工作面支架采用“机械手 + 联排掩护支架 +AI 摄像头”智能化回撤工艺。

（2）在采煤工作面转载机、上下隅角采空区、选煤厂装车站绞车间、主运系统破碎机、掘进机截割头、掘锚一体机截割头与破碎机等处部署安装 AI 摄像头，实现井下禁区人员闯入监控、运转设备违章作业闭锁设备停机等。

2. 智能安全帽系统

实现胶轮车司机疲劳报警、零星工程视频监控、带电作业违章报警等安全管理功能。

3. AI 推理中心

实时监测、多点位切换巡查分析矿井各地点人员、设备和生产作业状态是否存在安全隐患和违章行为等情况，及时发现矿井异常动态，自动生成、推送报警信息。

4. 水文、矿压、束管、防灭火等灾害防治系统

建立综合灾害防治平台，实现预警、报警推送，联动井下应急广播、人员定位，当发生灾害时立即通知人员撤离。

（四）5G 工业控制

1. 采煤机 5G 控制

2020 年 9 月，矿井完成采煤机地面 5G 控制试验，2021 年 6—7 月矿井与厂家合作，成为全国首家采用华为公司 AR 双发选收技术应用于采煤机端到端控制，有效解决了网络不稳定的问题，系统应用至今实现采煤机控制“0”中断。

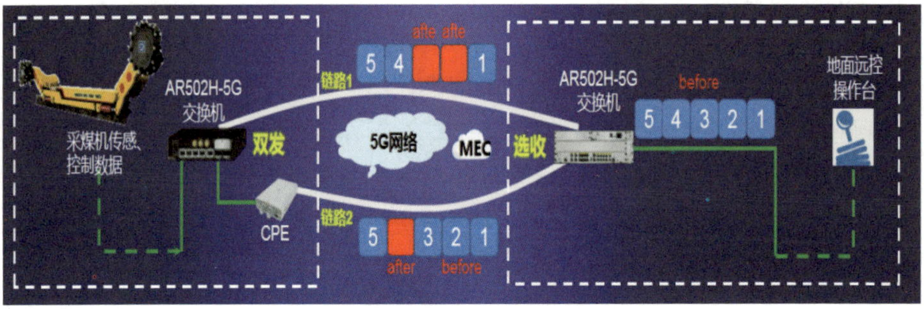

图 3　5G 通信 AR 双发选收拓扑图

2. 5G 工业应用集群

2019 年，5G 通信探索研发伊始便确立了 5G 工业应用方向，即移动设备的 5G 工业控制。2024 年已建成矿井 5G SPN 环网，先后研发落地了采煤机、皮带机巡检机器人、变电所巡检灭火机器人、综掘机、掘锚一体机、无人驾驶研发胶轮车、采煤工作面支架、智能钻机 8 类移动设备 5G 组网控制应用。

三、取得的成效

一是麻地梁煤矿实现了从500万吨到1000万吨的产能飞跃，1000万吨矿井用工仅1000人，大大提高了职工收入。单班入井人数为100人左右，实现了“少人则安、无人则安”的安全理念，用地面远控代替井下集控，缩减50余个工作岗位，为员工提供了更安全、更健康的工作环境。取消检修班进而取消夜班，实现了煤矿工人不上夜班的梦想，职工单月休班可达10天，大大地提高了职工幸福感，让煤矿职工过上了“正常人的生活”。

二是麻地梁煤矿2023年全年平均吨煤电耗5.82度，低于煤炭行业先进产能煤矿标准规定的吨煤电耗指标21度及煤炭行业清洁生产评价指标一级基准值的吨煤电耗指标18度。矿井通过变频节能综合应用每年可节约电能138万余度，实现碳减排1375吨。矿井建设1.5兆瓦及4兆瓦两期光伏项目，年均发电量超500万余度，基本实现矿井绿电自给自足，初步实现了节能、降耗、低碳、绿色的高效发展模式。

三是以数据治理“理念”为抓手，制定了统一的数据接入标准，持续提升数据管控治理能力，从传统管理转向数据管理，建成工业物联网、数据仓库平台、数据中台、数据治理平台、大数据分析平台等6个平台，建立包含皮带运输机安全运行分析、压风系统分析、生产设备效率分析、火灾智能预警分析、矿压预警分析、经营管理分析、销售分析在内的7个大数据模型。通过信息化模型辅助，实现成本及物资的管控，年产量为1000万吨，原煤完全成本为126元/吨，月度材料库存资金为900万元左右。

四是2019年4月，麻地梁煤矿被内蒙古自治区列为智慧矿山第一批试点示范企业，也是当年自治区唯一一家入围智慧矿山试点示范企业的煤矿。2020年6月，被中国移动公司列为5G智慧矿山示范基地。2021年11月，内蒙古自治区能源局、国家矿山安全监察局内蒙古局以内能安监字〔2021〕88号文件通过麻地梁煤矿智能化矿井验收。2022年12月，获《高新技术企业》认定。2023年1月13日，麻地梁煤矿通过内蒙古自治区能源局、国家矿山安全监察局内蒙古局组织的国家级Ⅰ类智能化示范煤矿（中级）现场核验。2023年2月，《5G智能开采技术》被列入国家矿山安全监察局矿山安全生产科研攻关公示项目（第一批）名单。2023年11月，《智能煤炭5G工业应用研究开发中心》获得准格尔旗工信和科技局举办“科技面对面，创新会客厅”活动创新实践奖。2023年11月，《麻地梁煤矿5G工业控制创新应用》入选2023年中国5G+工业互联网大会行业典型应用案例。2024年1月，通过国家智能化示范煤矿（选煤厂）验收。2024 年 1 月，5011 综放工作面斩获全国采煤工作面智能创新大赛智能综放赛道二等级奖励。

2022 年 12 月 14 日，麻地梁煤矿获得高新技术企业证书；2022 年研发费用为 6774 万元，主营业务收入为 178803 万元，管理费用为 3856 万元；2022 年研发费用占主营业务收入的 3.79%，2022 年研发费用与管理费用的比重为 1 ∶ 0.57。

2023 年研发费用为 10657 万元，主营业务收入为 247395 万元，管理费用为 5960 万元；2023 年研发费用占主营业务收入的 4.3%；2023 年矿井资产总额为 486876.77 万元，净利润为 93749.73 万元，职工 1005 人，科研人员 405 人；科技成员 143 人，科技成员占比为 14.23%。

截至 2023 年底，有效专利数量为 63 项，发明专利有 7 项，实用新型专利 56 项，软件著作权 6 项。

五是麻地梁煤矿自建成以来得到包含国家能源局、国家矿山安全监察局、内蒙古自治区党委、中国煤炭工业协会在内的各级政府、行业主管部门、煤业同行和社会媒体的大力支持和高度关注与认可，累计参观学习接待单位约 280 家、约 692 批次，共计约 4800 人次，为行业同人提供智慧矿山建设启示，为推动行业能源革命作出贡献。

（由安徽省皖北煤电集团有限责任公司供稿）

大国重器“国和一号”：产业链赋能百企，核动力惠及万家！

一、基本情况

（一）企业功能定位和发展沿迹

上海核工程研究设计院股份有限公司（以下简称上海核工院）隶属国家电力投资集团有限公司（以下简称国家电投），是承担党中央、国务院赋予集团公司三代核电“两体一台”历史使命的重要骨干单位，是国家科技重大专项压水堆分项牵头实施单位，是“国和一号”现代产业链建设依托单位。上海核工院围绕提高核心竞争力、增强核心功能目标，提升科技自立自强能力，推动创新链、产业链、资金链、人才链深度融合，实现技术升级、产品升级、产业升级，持续发挥“三个作用”，全面支撑我国先进核能技术和产业实现高质量发展。

上海核工院始建于1970年2月8日，通过20世纪70—90年代秦山一期和21世纪初的压水堆国家科技重大专项实施，发挥集中力量办大事和新型举国体制制度优势，支撑我国核电产业链实现从无到有、由二代到三代的跨越，带动我国在多个领域打破了国外长期垄断、填补了国内空白，具备了先进三代核电自主设计、自主制造、自主建设、自主运营能力。

上海核工院基于50余年核电厂研发、设计、建设和运行服务经验，具备国内压水堆核电领域完整的全厂研发设计体系、丰富的三代非能动核电厂建设经验和完整的项目总承包能力、丰富的压水堆型号服务经验以及覆盖核电全产业链的组织体系和人才体系，系统掌握世界上最先进非能动核电技术。目前，研发形成覆盖从大到小、从陆到海、满足更多战略需求的全方位型号谱系，构建了涵盖600多家科研合作单位和3000多家供应商的科研和产业合作网络，建成了一系列高水平共性技术研发平台［包括大型试验设施80台（套）］以及面向全行业共享的上海核能装备测试验证中心，在核电核能型号和关键技术研发、非能动核电项目总承包和核电厂高端运维服务方面形成核心能力，在国内、国际核电市场具备较强的核心竞争力。

（二）主营业务

上海核工院是当前国内对压水堆核电技术理解最为深刻的研究设计院之一，是具有全核岛（全结构、全系统、全主设备）研发、设计、采购、建造、调试等完整产业链的创新研发单位，统筹协调推进核能技术研发、运用推广及产业链协同发展，牵头实施核能研发课题与任务，负责工程总承包，全力建设世界一流核能技术创新与工程建设公众公司。

二、实践经验

“国和一号”产业链建设目标，就是要打造“技术上最先进最安全、装备上完全自主可控、经济上有显著竞争优势”的现代产业链，推进核电产业基础高级化和产业链现代化，为经济社会发展增添强劲动能。

（一）聚焦现代产业链建设，构建上下游协同创新合作模式

1. 以“契约化合作模式”建立“国和一号”产业链联盟

发挥“链长”企业融通带动作用，组建“国和一号”产业链联盟，已吸纳 105 家单位加入。以任务为导向，采用扁平化管理，联盟主要负责人直接决策，对接需求快速响应，实现联盟高效运作。建立“契约化合作模式”，采用“战略合作协议 + 任务合同”一加一签约方式，实现既有时效又有实效，目前跟踪推进 100 余项科研攻关和采购协议。强化产业链的组织和资源配置能力，产学研用深度融合，形成资源共享、优势互补、协同发展的产业生态。

2. 创新组建“国和一号”党建联盟

为切实发挥党建引领优势，组建“国和一号”党建联盟，构建“硬核共克、政策共研、平台共建、党建共促”的产业链联建“四共”模式，紧紧围绕型号研发、设备国产化、项目批量建设等产业链重点任务，创新建立“七个一”年度重点任务攻关机制，首批打造 25 个产业链党组织联建共建“样板间”，建立产业链联建共建“五大”交流机制，形成产业链专家人才库建设方案，构建涵盖产业链廉洁风险防控的重大专项“两端一链”监督管理体系，把党建工作的组织力转化为贯通科技研发各要素、产业链上下游的生产力和行动力，进一步助力产业链上下游企业强化协同融通。

3. 分类施策加快国产化替代工作

按照国产化 100% 和产业链自主可控原则，坚持底线思维，联合产业链

上下游单位，稳步推进“国和”系列核电型号整机设备、关键零部件、软件国产化攻关和替代工作。上海核工院成立“国和系列工程设备100%国产化专项工作组”，累计派出120多个调研小组，深入分布在全国各地的制造工厂一线，对“国和”系列电厂全厂设备进行全面调研，摸排存在供货风险的设备和关键零部件，明确设备国产化的工作范围，全面部署和全力推进国产化相关工作。

4. 实现以“国家投入”为主向“国家投入 + 市场牵引”双轮驱动转变

发挥新形势下我国超大规模市场优势，强化企业创新主体地位，打通创新链、产业链、资本链。加大企业自主投入，牵引科技型中小企业从“要研发资金”开始向“要攻关难题”转变，以核电产品的高标准高要求，持续升级企业质保、管理、人才体系，带动重庆川仪、江苏神通等上市企业参与“卡脖子”攻关，强化企业自身科创属性，增强资本市场吸引力。

5. 积聚动能，助力培育高质量发展新优势

在建成自主可控的三代核电装备产业链供应链体系，形成不同属性产业集群的基础上，国家电投全力推动在山东、广东、广西等地打造一批千万千瓦级非能动核能大基地。同时，积极打造长三角、珠三角、环渤海、东北、川渝、中原等不同区域的供应商产业集群，覆盖核岛主设备制造、大型锻件生产和核电专用高性能材料制造等，形成现代化产业基地。

（二）聚焦国家重大科技项目实施，打造三代核电协同创新联合体

1. 建立任务型创新合作组织模式

围绕国家科技重大专项压水堆专项实施，构建形成“政府主导、市场引导、企业主体、多方协同”的创新组织体系，带动“跨集团、跨领域、跨专业”的600多家单位、31000多名科研人员参与研发攻关，组建27支高水平创新团队，实现政产学研用一体化推进。

2. 采用“行政 + 技术”双线管理

实施“专项行政指挥协调”与“型号总体设计”双线并行推进管理机制，建立部署协调机制，通过全国“一盘棋”保障科技资源的有效整合，实现与专项组织实施的协同。构建“总设计师 / 副总设计师—系统总师—课题技术负责人”分级决策体系，立项实施200个科研课题，强化科研人员的技术路线选择权，提升科学决策水平和科研实施效率。

3. 积极引进和培养科技人才

优化人才队伍结构，系统构建战略性人才培养实践工程，设计好“高精

尖”人才的“增量指标”，精准吸纳“高精尖”海外人才，培养国家级、省部级人才，培养院士、战略科学家等顶尖人才。持续优化人才评价机制，以“创新价值、能力、贡献”的人才评价指标体系为指引，坚持向科技人才放权赋能。围绕科研创新核心领域构建激励体系，进一步推广“揭榜挂帅”范围，实施即时奖励。

4. 强化多元化研发投入机制

深入实施创新驱动发展战略，强化企业自主研发投入。通过集团公司科创基金科技投资平台公司，支持先进型号研发、关键技术攻关、国产化攻关等。全力争取国务院国资委、国家科技部、国家工业和信息化部、国防科工局、地方政府等政府专项研发资金支持。探索“研发供货一体化”、企业共投共研、“技术＋资金”等研发投入合作模式。

5. 建设高水平研发创新平台和试验基础设施

积极推动全国重点实验室等和上海市制造业创新中心、上海重点实验室等国家级／省部级创新平台申报。积极建设国家能源非能动核能共性技术研发中心、山东省先进核能技术创新中心等。与行业重点研发设计单位建设联合技术中心／实验室。持续拓展上海核电装备测试验证中心功能，建设成为技术领先、国际一流的核能设施验证基地。建设天红多功能同位素堆大科学试验装置，支撑关键材料辐照、中子学研究等。充分利用好依托重大专项建设形成 25 台（套）“非能动安全验证试验平台”。

6. 深化成果转化和知识产权管理机制创新

优化“三协同、五同步”工作机制，持续完善知识产权全生命周期管理，提前布局高水平知识产权，强化成果转化和激励机制。组建知识产权运营中心，组建专业化知识产权运营团队，打造成果转化和孵化公共服务平台。构建知识产权成果收益分享机制，明确知识产权研发人、转化人共享收益模式，根据贡献度，将净收益的至少 50% 用于激励成果研发和转化团队。探索知识产权转化新模式，建设“1+N”集中许可专利池，吸纳产业链上下游单位加入，引入专业机构，开展知识产权估值定价。

（三）核能供暖，开创国内“零碳”供暖先河

核能不仅可以发电，还能供暖、供汽、制氢等，能显著地促进节能降耗、减少排放，作为一种“零碳”能源，核能供暖逐渐走进千家万户。国家电投加快部署核能综合利用技术创新。2019 年，海阳核电开创我国核能清洁供暖先河，成功缔造全国首个“零碳”供暖城市。2023 年 11 月，我国首个跨地级

市核能供热工程——国家电投“暖核一号”三期核能供热项目正式投运，同时可为烟台海阳市与威海乳山市供暖，开辟了零碳热源跨区域互通共享的先河。随着技术迭代升级，最大将具有为胶东半岛提供 2 亿平方米的供热能力。

三、取得的成效

产业链建设始终聚焦提高企业核心竞争力和增强核心功能，切实发挥在建设现代化产业体系、构建新发展格局中的“三个作用”。科技创新方面，国家能源非能动核能共性技术研发中心获批“十四五”首批国家能源研发创新平台并揭牌运行，工业和信息化部“核能材料生产应用示范平台”正式挂牌，2023 年产业链科技创新成果获得省部级及以上科技进步奖超 90 项、国际专利授权 5 项、国内发明专利授权 468 项；产业控制方面，已实现整机级 100% 国产化的重大里程碑目标，“国和一号”产业链联盟累计发展 105 家会员单位，组织召开“国和”系列核能产业供需对接大会，大力推进山东核电产业基地建设；安全支撑方面，通过持续推进设备 100% 国产化，支撑国内 14 台非能动核电机组高质量运行建设，提高在运核电厂备品备件库存保障率提升至 95%，保障山东海阳 2 台机组累计发电量突破 1000 亿度，并成功打造国内首个跨地级市核能供暖项目，有力支撑“双碳”目标能源安全。具体来说：

一是“国和一号”产业链自主可控水平再上台阶，增强了产业链供应链韧性和安全水平。截至 2023 年末，已实现整机级 100% 国产化的重大里程碑目标，有力保障在运、在建非能动核电机组的安全性。2023 年 9 月新开工的廉江一期国产化率已达到 94% 以上，后续将积极打造整机 100% 国产化示范机组。此外，“国和”系列核电型号关键零部件、软件国产化攻关和替代方面均突破了一批关键核心技术，为构建自主可控、安全可靠的产业链供应链夯实了基础。

二是推动了产业链上下游企业可持续发展。在国家电投牵头下，国内科研院所、装备制造企业等共同努力，带动了核电研发设计、装备制造、建设安装、运行等全产业链产品和技术升级。积极策源新型号，满足更多战略需求的核电核能型号全面开花。在为社会提供更可靠、更多用途、更加智慧的核能系统，抢占产业链前沿制高点的同时，也不断为联盟单位开拓市场，让产业链研发的新设备、新材料广泛应用于更多核电场景。

三是构建了双引擎增强产业链发展动力。国家电投核电投资和运营平台落户山东烟台，上海核工院北方分院在烟台注册揭牌，支撑海阳、荣成、莱阳等核电大基地建设。上海核工院积极打造制造业数字化转型标杆，示范牵引上海核电产业数字化转型，入选上海市首批“工赋链主”。国核示范以采购应用带动山东省大、中、小涉核企业转型升级发展，获授山东省核电“链主”。与上海市政府共同谋划长三角先进核电重大装备产业布局，预计未来5年“国和一号”产业链将带动上海核电产业规模突破千亿元。海阳核电落地以来，已与山东省省内企业签订设备、服务等相关合同金额超112亿元，拉动地方经济发展超316亿元，聚集核能产业相关领域人才超万人，为山东省高质量发展提供了强大的核能引擎。在广西，国家电投与防城港市签署共建协议，规划建设6台非能动机组，直接总投资约1200亿元，打造千万千瓦级的核电大基地。

四是全球首批AP1000机组运行业绩出色并实现核能供暖跨区域互通共享。浙江三门、山东海阳4台AP1000机组于2019年全部建成，商运至今表现出了优异的技术性能和运行业绩。4台机组年发电量总计约400亿度，运行指标在世界核电运营者协会（WANO）中名列前茅。由于采用非能动技术，系统和设备的大幅简化，并采用模块化施工，经济性达到国内大型核电最优，运维便利性大幅提升，创全球百万千瓦级核电机组首次换料最佳纪录。正常运行条件下人员放射性剂量和放射性固体废物产生量较国内现役机组降低一半以上，达到世界领先水平。国家电投“暖核一号”三期核能供热项目正式投运，不仅成为我国首个跨地级市核能供热工程，也将山东海阳1号机组打造成世界上最大的热电联产机组。一期、二期、三期供暖面积合计达1250万平方米，可满足山东烟台和威海部分地区约40万人口的冬季清洁取暖需求。“暖核一号”前四个供暖季合计对外提供清洁热量456万吉焦，减少标准煤消耗39万吨，减排二氧化碳70万吨，有力支撑“双碳”目标能源安全。

五是依托工程项目牵引，打通国产化成果产业应用“最后一公里”。通过工程应用和对外转化，公司科技成果整体转化率超过90%，2022年获上海知识产权创新奖。系统性梳理形成包含169项成果的首批“首台（套）清单”，屏蔽泵、爆破阀等3项装备已入选2022年“国家能源领域首台（套）重大技术装备”。建设“1+N”集中许可专利池，吸纳产业链上下游8家单位加入，促成交叉许可2000余万元。实现上海首单采用知识产权质押获得银行贷款融资1亿元。

（由国家电力投资集团有限公司供稿）

投身绿色航运发展新时代，从陆地领跑到海洋领航

一、基本情况

浙江省能源集团有限公司（以下简称浙能集团）成立于2001年，以“发展能源为浙江”为宗旨，是浙江省委、省政府能源产业发展的主抓手、能源合作的主平台、能源供应的主渠道、能源安全保障的主力军、环境保护的主战场和能源科技创新的主引擎。截至2023年底，浙能集团资产总额为3330亿元，发电总装机容量为4189万千瓦，已连续16年入选中国企业500强，2023年入选国务院国资委“创建世界一流专业领军示范企业”名单。

浙能集团忠实践行“四个革命、一个合作”能源安全新战略，首创的燃煤电厂烟气超低排放技术获得习近平总书记肯定，荣获国家技术发明奖一等奖。2018年，浙能集团抓住国际海事组织实施全球海域“限硫令”的机遇，牵手船舶行业民营企业，以混合所有制形式成立浙江浙能迈领环境科技有限公司（以下简称浙能迈领），将燃煤电厂超低排放技术的经验，进一步研发运用至非电船舶领域。

浙能迈领作为一家轻资产的科技型企业，深耕于国际航运业，主营船舶绿色低碳设备的研发、制造和销售。经过5年多的快速发展，浙能迈领已成长为国际船舶脱硫领域的头部企业、国家级专精特新“小巨人”企业，产品市场占有率稳居船舶脱硫行业全球前列；加快布局节能降耗、减碳脱碳技术创新，为世界海洋环境治理和船舶行业清洁化生产提供“浙能方案”。

二、实践经验

（一）注重迭代创新，开发船舶脱硫减碳产品体系

浙能迈领始终把客户需求作为技术创新的起点，创新迭代船舶脱硫技术，加快其他新产品、新技术科研步伐，已从单一脱硫技术衍生形成一系列船舶改造高端技术和节能减排拳头产品。

1.“有中生新”，快速研发船舶脱硫产品

浙能迈领针对船舶特点和航行环境，坚持自主创新，全面发力船舶脱硫技术关键环节，攻克形成了海水镁基二氧化硫吸收强化技术、紧凑型高效洗涤塔等一批科研成果，成功开发全国首套混合式船舶脱硫系统，突破国外技术垄断，成为全球第二家、国内第一家掌握该技术的企业，并获得全球八大船级社的运行认证。

2.“新中求优”，迭代优化船舶脱硫产品

浙能迈领以客户需求为导向，不断优化老技术、开发新产品，完善船舶脱硫系统的性能和运行，形成了针对不同客户和应用场景的全系列脱硫产品。开发适用于小型船舶的洗涤塔，针对中小船型推出“露天塔房”型脱硫塔，大大降低制造成本和安装周期。

3. 横向拓展，系列开发船舶节能减排产品

国际海事组织明确，现有船舶能效指数、碳强度指标两项短期措施在2023年生效实施，船舶节能降耗成为全球航运业关注的焦点。浙能迈领围绕客户需求，率先在全球实现节能减排产品的突破，逐步开发形成船舶岸电、轴带发电机、挡风墙、船舶余热发电等系列拳头产品，目前正开发全球最大功率（5000千瓦）的轴发改造项目；围绕市场需要的“船舶能效”和“船舶碳减排”，推出“节能减排套餐”，已获取多家集装箱航运巨头的订单、意向订单。

4. 先行先试，超前布局航运减碳技术创新

国际海事组织通过了《2023年IMO船舶温室气体减排战略》，进一步收紧国际航运温室气体减排要求。浙能迈领聚焦行业发展趋势，积极探索低碳燃料供应装备技术、船舶废气碳捕集技术等。超前布局双燃料实船试验平台，针对万箱以上的集装箱船开展甲醇、LNG双燃料系统的关键技术攻关，引领解决燃料安全储存、持续稳定供应及安全可靠使用等问题，“超大型船用双燃料动力供应系统关键技术研究”入选2024年浙江省“尖兵”计划项目。依托集团产业与技术优势，布局船用碳捕集系统研究，联合各方探索从碳捕集到运输、封存的全流程CO_2综合处理方案。

（二）注重开放合作，构建企业主导的创新组织体系

浙能迈领瞄准有市场需求的创新领域，整合各类创新资源，加以有效匹配对接，着力构建包括内部协同研发、产学研合作、产业链合作等在内的创新组织体系。

1. 构建内部协同研发机制

浙能迈领设有船舶与海洋环保装备企业研发中心，走出了一条“边设计、边实验验证、边改进”的高效研发路径，先后承担、参与了省、市重大科研项目，2021 年被认定为杭州市企业高新技术研究开发中心。推行灵活的研发机制，支持技术人员根据兴趣、专长选择研发方向，鼓励参与市场开发，如三人小团队开发出成熟的岸电产品并投入生产。

2. 深化产学研合作

浙能迈领主动与高校联合开展技术攻关，联合浙江大学院士团队，与宁波大学合作建成全国最大的船舶尾气中试平台，深耕船舶脱硫技术并取得一系列技术成果和行业认可；与上海交通大学等高校加强科研合作，为关键技术攻关提供有力支撑。开展集团内部协同创新，与白马湖实验室加强协同合作，抓紧打通产学研用全流程，前瞻布局船舶尾气脱碳、碳捕集等新领域。

3. 探索产业链合作创新

浙能迈领加强与产业链上企业合作创新，与南通 Nodri 海洋工程研究院、中国一重 – 大连核电石化有限公司、南通爱德普船舶科技有限公司等建立长期战略合作关系，共同开展海洋环保装备的研发设计与生产制造。开展与客户合作创新，与全球最大的独立集装箱船东塞斯潘（Seaspan）合作开发船舶绿色甲醇动力主机及双燃料主机，与全球最大集装箱班轮公司地中海航运公司（MSC）签署共同研发合作协议。

（三）注重“技术 + 市场”，构建系统集成的产业化模式

浙能迈领立足产品研发与市场的有效衔接，着力打造系统解决方案提供商，为船东提供全方位的总包服务、高效率的安装速度和高质量的售后服务，赢得了一致好评，客户留存率近 100%。

1. 构建总承包服务模式

浙能迈领是船舶脱硫领域首个尝试总包模式的供应商，基于船舶脱硫研发能力，向船东提供集设计、采购、安装、调试于一体的整体解决方案，并不断提升信息、物料、资金等要素配置效率，大大便利了船东。公司 95% 以上的订单均为总包订单。

2. 构建总集成制造模式

浙能迈领在确保船舶脱硫核心环节自主可控的基础上，联合国内外知名的修造船厂，培养合格且业务匹配度高的上游供应商、船舶配套企业，协同打造制造服务联合体，多方联动保交付，连续创造混合式脱硫改造最短时间

世界纪录，实现了开式产品18天、混合式产品33天的安装速度。

3. 构建全链条服务模式

浙能迈领坚持“客户至上”，建立由主要负责人、技术团队、商务团队组成的服务销售团队，构建浙能迈领特色的高效服务体系。注重优质售后，在全球疫情时期，仍千方百计地为客户提供全天候、全方位的技术支持和售后服务，售后品牌和服务成为“金名片”，吸引了一批售后客户群，浙能迈领“远洋船舶环保4S店”持续发展壮大。

（四）注重改革赋能，建立适应技术创新的体制机制

浙能迈领在浙能集团的大力支持下，用好控股母公司“科改示范企业”的政策包，积极开展体制机制创新，实现了与技术创新相互促进的良性循环。

1. 定制差异化管控模式

立足混合所有制企业特征，明确国有股东、股东会、董事会和经营层的权责边界，推动实现国资规范管理要求与民企效益经营追求相融共促。按照“应授尽授”的原则，精准授放浙能迈领经营层15项自主经营决策权限，增强了企业的市场快速反应能力。

2. 优化科技项目管理机制

立足企业技术创新特点，在科技项目投资决策、科技项目立项调整、科技成果验收、科技成果转化和科技成果评价等方面，授予浙能迈领较大的自主权限，夯实了企业创新主体地位，提升了企业科研成果的市场竞争力。

3. 运用市场化激励机制

浙能迈领作为浙江省第二批国有控股混合所有制企业员工持股试点，2019年对高层管理人员、核心技术人员和业务骨干实施了股权激励，员工持股达9.1%；全体员工可享受年度超额净利润奖励，实施递延发放机制，做到与企业共享利益、共担风险、共同进退，员工的积极性、主动性和创造性明显提升，5年多来核心团队无一人离职。

三、取得的成效

浙能迈领成立5年多来，从“0”起步，在充分竞争的国际船舶脱硫领域快速发展，经历了市场考验，经受住了疫情考验，得到了国际船东客户的高度认可，收入增幅、盈利能力持续处于市场较高水平。

一是创新成果丰硕，是国家级专精特新“小巨人”企业。浙能迈领作为国家高新技术企业，累计研发投入2.2亿元，拥有发明专利27项、实用新型

专利 19 项、计算机软件著作权 7 项，另有 44 项发明专利、1 件实用新型专利申请中。船舶尾气高速抗堵型混合式脱硫装备被认定为浙江省装备制造业重点领域国内首台（套），入选工业和信息化部国家鼓励发展的重大环保装备目录。“船舶尾气高效净化关键技术及应用”获 2021 年度浙江省科学技术进步奖一等奖，获中国、美国、挪威、德国、法国等全球八大船级社认证。

二是行业地位领先，市场占有率稳居全球前列。浙能迈领稳定可靠的产品质量、业内领先的安装效率在众多客户中取得了良好口碑，业务范围已覆盖全球前十大集装箱班轮公司和诸多远洋油轮、散货船运输公司。截至 2023 年底，浙能迈领累计签订船舶脱硫装置订单 440 船套，累计交付 300 余船套船舶脱硫设备，市场占有率保持全球领先。

三是经营效益显著，经营业绩保持高速成长。截至 2023 年底，浙能迈领资产总额为 19.4 亿元，净资产为 8.5 亿元。成立 5 年来，累计完成营业收入超 50 亿元、累计实现净利润超 10 亿元，人均创利能力显著加强，2023 年人均创收超 1700 万元，人均创利超 400 万元。5 年年均净资产收益率超过 80%，实现了国有资产保值增值。

（由浙江省能源集团有限公司供稿）

把握能源革命趋势
聚力打造工控领域国家战略科技力量

一、基本情况

国能智深控制技术有限公司（以下简称“国能智深”或“公司”）前身为1984年水电部电科院（现中国电科院）成立的电厂自动化研究所。2002年5月，中国电科院与国电电力共同投资成立国能智深，承接了电厂自动化研究所全部研发力量，经过系列股权调整，公司注册资本2.04亿元，现为国家能源集团科技环保有限公司控股（72.45%）、国网电力科学研究院参股（27.55%）的国有全资高科技企业。

作为DCS自主创新的国家队、主力军，国能智深经历了探索跟跑、攻坚并跑和创新领跑的自主创新历程，创造了18项“世界第一”和“中国首台套”，拥有7个研发平台（国家能源局赛马争先平台2个、国家重点实验室、国家能源集团工控研究中心，智能发电协同创新中心、北京市电站工程技术研究中心和北京市企业技术中心），1个博士后科研工作站和1个集团创新工作室，公司2022年被认定为国家知识产权优势企业、入选国家级专精特新“小巨人”企业；2023年入选国务院国资委“创建世界一流专业领军示范企业”和“科改企业”名单，获选国家重点产业链LZ企业，行业地位得到国家认可。

二、实践经验

（一）坚持科技创新引领，创造高质量发展源泉动力

1. 以国家战略需求为导向，着力加强核心技术攻关

国能智深以国家能源工控需求为牵引，逐年加大研发投入，2023年研发投入达9829万元，研发投入强度继续保持高位；组建专业研发团队，定期梳理工控领域发展及公司业务需求的关键技术问题，结合重点科技项目，组织专项攻关。成立了由“党的十九大代表”陈峰牵头的工程组、“全国劳模”

田雨聪牵头的研发组，聚力攻关“自主安全可控化工控制系统研发”“大型重型燃气轮机发电机组国产自主可控智能成套控制系统研制及新能源智慧运维”等工控领域关键核心技术；持续开展通用智能平台、煤炭灵活智能发电、新能源智能发电、工控网络安全等 8 个方面的研究工作；成功完成国内首个自主可控智能分散控制系统（iDCS），系统软件、硬件国产自主化率均达到 100%，核心技术拥有 100% 自主知识产权，彻底解决了火电和风电领域工业控制系统“卡脖子”问题。

2. 以市场供需关系为导向，切实推动科技成果转化

国能智深牢牢把握能源领域发展趋势，瞄准国家新能源产业发展前沿，设立水电新能源、核电、化工等事业部，建立以“市场需求—技术研发—工程执行”为主的问题导向工作机制，实现同源核心技术在新业务领域拓展应用，有力促进科技成果转化。围绕“华龙一号”“玛尔挡水电”“宁东光伏基地”等项目配置创新资源，秉持“科研工程一体推进、产学研用协同创新”的原则，组建跨部门创新研发项目团队开展联合攻关，成立“智能一体化管控平台（iICP）研发团队”“工控系统硬件研发青创队”等技术攻关小组，成功研发综合能源发电一体化智能监控平台，在宁东百万千瓦级大型光伏电站实现示范应用，该成果被中国电机工程学会鉴定为国际领先水平，并获得中国自动化产业协会 2024 年度“创新产品奖”。

3. 以前沿颠覆技术为导向，超前布局科研平台建设

国能智深建立合作开放的科创机制，聚集优势、集成共享，获批建设国家能源局“国家能源工控系统和信息安全研发中心”、“国家能源灵活智能发电技术研发中心”；与中科院、清华大学、东南大学等行业科研院所、知名高校开展科技创新合作，建成“智能灵活燃煤发电”“新型电力系统”“煤炭智能开采”“智慧化工”等多个高层次科研创新平台，与华北电力大学开展“校企联合研究生培养基地项目”建设工作；依托博士后工作站，成立技术创新研究中心，围绕工业人工智能、工业互联网、先进控制、操作系统及工业软件、工控信息安全、工业总线及无线通讯等技术方向，开展前沿及共性关键技术研究；通过重新构建高效的企业研发组织架构，形成“自主 + 集成”创新合力，持续产出原创技术和卓越产品，为化石能源清洁化、清洁能源规模化、能源产业智能化提供有力支撑。

（二）坚持前瞻布局谋划，拓展高质量发展新质空间

1. 发挥智能制造支撑引领作用，准确把握新质生产力

国能智深2022年成立天津子公司，围绕“精益生产、谋新发展”核心任务，旨在打造产品制造和工程交付中心。自主研发国产化工控系统智能产线一期于当年底投入运行，二期产线在2023年底完成安装调试及试运，产品装配效率及装配可靠性均得到大幅度提高，控制器、电源模块及国产化板卡组装效率分别提升20%、25%和15%，产线产品合格率提至98%以上，2023年产线完成三大系列112种产品的导入和生产并成功入选2023年国家级智能制造优秀场景，实现了iDCS、iPLC等工业控制系统在研发、制造及工程服务全流程自主可控的目标，满足公司中远期业务发展需要。

2. 强化产业链链主主导地位，培育形成新质生产力

国能智深建立以自主可控iDCS研发应用，引领国产操作系统、工业芯片、元器件、工控机、服务器等上下游产业协同创新机制，组织开展产业链链核项目引进、上中下游企业群体调研座谈、企业参访与学习交流等。将研发需求及成果积极运用到上下游企业技术创新和产品性能提升之中，精准引导产业链升级，围绕产业链部署创新链，促进创新链、产业链、价值链“三链融合”，形成“服务能源主业，聚焦DCS产品，工控核心技术引领、共享产业链价值创造”的可持续发展模式。

3. 构建现代化区域服务体系，推动发展新质生产力

为提升公司生产制造和工程服务能力，国能智深将北京公司定位为战略中心、创新中心、市场中心及运营管理中心，天津子公司定位为产品研发中心、智能制造中心、工程服务中心及培训中心。下一步，成立东北、华北、西北、华东、华南、西南等区域服务中心，形成国能智深“1+1+6”产业整体布局，深入推进市场滚动发展，逐步形成“营销+产品+工程服务”的新质业务模式，提升区域安全生产保障能力。

（三）坚持体制机制改革，增强高质量发展动能活力

1. 完善科研管理体系，强化技术创新硬核力

公司坚持“四个面向”，充分发挥技术委员会的专家论证作用，做好科技研发项目科学决策；组织各支部业务骨干，成立“党员先锋队”“青年突击队”等关键力量，与重大项目业主单位成立“联创共建”党支部，共同推进项目攻关；增设董事会科技创新委员会，有效防范决策风险，保障公司科技创新

战略的有效执行，为董事会科技创新相关重大决策提供建议和支撑；坚持价值创造的激励机制建设，将三项制度改革作为激发活力、提高效率的着力点和突破口，印发实施《科技成果转化激励机制管理办法》《科技创新奖励办法》等制度，健全科研项目管理机制，完善科技成果转化激励办法，进一步激发科技创新新动能。

2. 健全市场化管理机制，挖掘企业经营潜动力

公司建立“劳动合同 + 岗位协议 + 绩效考核”的市场化用工契约管理体系，实施季度绩效考核，全体干部员工签订岗位协议及考核目标责任书，进一步畅通“能下”渠道，年度管理人员退出比例约为8.33%。重点实施激励约束机制，对承担国家核心技术攻关项目、创新工作室以及作出突出贡献的科创团队或个人，申请工资总额单列及科创奖励，员工浮动工资占比达到 70%，同一岗位员工收入差距倍数达 1.75 倍。

3. 建立高水平人才队伍，激发科技人才创造力

公司建立健全科技领军人物引培机制，柔性引进省部级及以上人才 14 人；全面推行科技人才自主培养机制、全方位培养青年科技人才，通过凝练重大科技任务，制定技术攻关项目清单，组织青年团队“揭榜挂帅”，充分发挥青年科技领军人才“领头雁”与“孵化器”作用，实现“以才引才”“以才聚才”，形成科创人才梯队。2023 年，1 人荣获中国电机工程学会年度电力优秀科技工作者，1 人荣获年度电力优秀青年科技人才。

三、取得的成效

一是服务国家战略能力不断增强。国能智深在行业内率先推出智能分散控制系统（iDCS），于 2018 年在内蒙东胜电厂率先应用，经中国电机工程学会组织技术鉴定，认为“该系统设计思想先进、功能齐全、智能化程度高，整体技术达到国际领先水平”，2020 年底完成了 DCS 关键芯片国产化替代研发工作，实现了平台软件 100% 自主化，关键芯片和操作系统 100% 国产化，2021 年在内蒙古布连电厂 2 号机实现示范应用，当年底在国能上海庙百万机组上进行全面应用，近年来，已在国能蚌埠电厂、国能惠州电厂、国能清远电厂、国能九江电厂等 50 多台大型火电机组完成工程示范和推广应用，引领了行业技术发展方向。公司深耕传统火电市场的同时，把同源技术与煤炭、化工、水电新能源等产业需求相结合，针对大型能源基地开发了智能一体化管控平台，解决了大型能源基地控制系统规模降阶、千万级数据融合难题，实现了生产全域数据采集和智能分析，多种形式能源的高效协同控制和对电

网的主动支撑，在全国最大的新疆甘泉堡“源网荷储”增量配网项目实现应用，为我国以新能源为主体的新型电力系统提供智慧大脑。

二是科技创新动能持续提升。国能智深先后承担完成国家发改委（国家能源局）、国家科技部、国家工信部等重点科研项目 15 项，获得国家科技进步奖二等奖 2 项、省部级科技奖 29 项，是 5 个国家及行业标准委员会成员单位，参与编写发布 40 项国家和行业标准，拥有软件著作权 102 项，专利 100 项。2023 年，完成国家发改委 AK 项目等 3 个国家级重点项目验收，“大功率磁悬浮飞轮储能及火储联合调频关键技术、装备与工程应用”获评中国电力科学技术奖一等奖，“全国产自主可控智能火电分散控制系统研制及应用”等 2 项成果获评国家能源集团科技进步一等奖。iDCS 和 iPLC 入选国资委《中央企业科技创新成果推荐目录》，“自主可控的光伏智能子站关键技术及应用”被评为 2023 年度能源工业互联网优秀案例。

三是行业影响力持续攀升。公司 2022 年被认定为国家知识产权优势企业、国家级专精特新“小巨人”企业和北京市“专精特新”中小企业，2023 年入选国务院国资委“创建世界一流专业领军示范企业”和“科改企业”名单，获选国家重点产业链 LZ 企业。近三年（2021—2023 年），公司保持了稳中有进、进中向好的良好发展态势，改革各项举措取得显著成效，推进党的建设、现代企业治理、市场化经营机制、科技创新机制等方面重点改革任务 21 项，完成 2023 年度目标任务 7 项，完成率达 100%。标准化建设持续推进，发布《工业自动化和控制系统信息安全产品安全开发生命周期要求》《工业自动化和控制系统信息安全 IACS 组件的安全技术要求》2 项国家标准。产业规模逐年攀升，新签合同额由 6.05 亿元增至 13 亿元，增幅 114.88%；营业收入由 4.11 亿元增至 7.25 亿元，增幅 76.40%；利润总额由 2831 万元增至 6233 万元，增幅 120.17%；全员劳动生产率由 62.48 万元增至 99.13 万元 / 人，增幅 58.66%；2023 年，成果转化合同额达 11.59 亿元，实现成果转化收入 3.17 亿元。

下一步，国能智深将坚持科技赋能、创新致胜，以国家战略需求为导向，着力解决我国工业控制系统自主安全可控的“卡脖子”问题，持续开展全国产化核电机组 F-SC3&NC 级 DCS 平台研发与应用、高性能全国产化大型 PLC 研发与应用、大型重型燃气发电机组国产自主可控智能成套控制系统研制与示范等重点任务研究工作；保持在大型火电 DCS 和智能发电技术的领先优势，结合国家能源集团火电机组 DCS 国产化改造规划全面部署自主可控的 iDCS 平台，加快同源技术在煤炭、化工、水电、新能源等领域的应用示范及推广，与核电、石化、船舶等行业优势企业开展战略合作，聚力打造“世界一流能源智能生产整体解决方案提供商”，更好发挥科技创新、产业控制、安全支撑作用。

（由国家能源投资集团有限责任公司供稿）

以培育新质生产力赋能新型能源体系建设：浙能集团的探索与实践

一、基本情况

浙江省能源集团有限公司（以下简称浙能集团）成立于2001年，是浙江省委、省政府能源产业发展的主抓手、能源合作的主平台、能源供应的主渠道、能源安全保障的主力军、环境保护的主战场和能源科技创新的主引擎。截至2023年底，浙能集团控股管理发电装机容量为4189万千瓦，较成立之初增长超10倍，统调煤机年发电量和供煤量占全省的1/2以上，天然气年供应量占全省的2/3左右。20多年来，浙能集团忠实践行“四个革命、一个合作”能源安全新战略，由单一发电企业拓展为电力、油气、能源服务三大核心主业及氢能、储能和先进能源装备制造一大培育主业的“3+1”现代能源产业体系，成为全国能源产业门类最全的能源企业之一，成功入选国务院国资委“创建世界一流专业领军示范企业”名单。

为深入贯彻落实党中央对强化企业科技创新主体地位的重大部署要求，高位融入浙江省“315”科技创新体系，浙能集团牵头，联合浙江大学、西湖大学等高校共建能源与碳中和浙江省实验室（以下简称白马湖实验室），旨在打造能源科技攻关的核心引擎。2022年6月，白马湖实验室正式成立。按照“二年见成效、五年出成果、十年树标杆”的建设要求，白马湖实验室立足新型能源体系构建新使命，充分发挥浙江沿海省份区位优势和浙能集团能源全产业链优势，瞄准“国内领先、国际一流”目标加快建设。

二、实践经验

习近平总书记指出，科技创新能够催生新产业、新模式、新动能，是发展新质生产力的核心要素。浙能集团作为浙江能源科技创新的主引擎，坚持以能源科技创新推动能源产业发展，加快培育新质生产力的新路径、新样本和新模式，助力浙江省新型能源体系先行省建设。

（一）锚定绿色低碳发展风向标，构建传统能源转型新路径

浙能集团牢牢抓住绿色生产力这个“牛鼻子”，牵引传统能源绿色转型升级，研发了“超低排放”“船舶脱硫”“煤制天然气”等绿色创新技术与绿色制备工艺并持续推广应用，开辟了能源清洁利用的新路径。

一是“超低排放”技术从浙江走向全国。由白马湖实验室主任、中国工程院高翔院士领衔的科研团队率先提出“烟气治理对于改善环境质量和打赢蓝天保卫战具有重要意义”，经过科研团队的调研论证、理论计算、数字仿真模拟、中试实验，在浙能嘉兴发电厂 8 号机组率先进行了工程示范并应用成功。2015 年 12 月 2 日，国务院召开第 114 次常务会议，决定全面实施燃煤电厂“超低排放”和节能改造，浙能集团首创首推燃煤机组“超低排放”技术成果迅速辐射全国，在全国 100 万千瓦、60 万千瓦、30 万千瓦等级燃煤机组和中小型热电机组上实现了规模化应用，大幅削减了燃煤污染物排放。该技术的研发和应用也助力浙能集团成为全球首个煤电机组全面实现超低排放的大型发电集团，全面提升了燃煤污染治理技术及装备水平。高翔院士团队还牵头或参与制定了国家标准和机械行业标准 15 项，有效推动和支撑了国家燃煤电厂超低排放战略的实施，也为全球范围内的燃煤污染治理贡献了中国智慧和中国方案。

二是“船舶脱硫”技术从浙江辐射世界。基于“超低排放”技术原理，浙能集团将燃煤电厂污染物治理的成功经验迁移至船舶领域。高翔院士团队协同浙江浙能迈领环境科技有限公司（以下简称浙能迈领）提出了基于船型、发动机、燃料与航域的船舶污染排放控制技术方法，通过船用脱硝催化剂及其制备技术、紧凑型高效洗涤塔，创建了船舶减污降碳协同的尾气高效净化技术系统，研制出船舶尾气高效净化系列装备产品。该技术脱硫效率在 99% 以上，是国际海事组织排放限制要求的 1/7，是目前国际上整体净化效率最高的技术之一。白马湖实验室与浙能迈领组建的创新联合体，实现船舶尾气脱硫技术在集装箱船、油船、散货船等船舶上的规模化应用，助力浙能迈领成为全球船舶脱硫龙头企业，产品覆盖国际主要航线，获中国、美国、法国等全球八大船级社认证，被瑞士地中海、新加坡太平船务、加拿大塞斯潘等国际知名航运公司采用。

三是煤制清洁能源从西北输向东部。新疆拥有丰富的煤炭资源，但煤炭开发利用过程中存在环保和运输两大难题。浙能集团勇担国企责任，创新研发煤制天然气绿色制备工艺，在新疆伊犁建成全球单体规模最大的煤制天然

气项目，每年可将 677 万吨煤炭转化成 20 亿立方米天然气。清洁环保的天然气通过管道源源不断地送往浙江，拓展了煤炭清洁高效利用的新路径。浙能集团煤制天然气项目共完成 22 项重大技术、装备及材料国产化任务，国产化率达 96.28%，多项技术打破国外垄断，多项指标达到世界领先水平。

（二）聚力原创引领性科技攻关，打造新型能源体系新样本

由浙能集团领建的白马湖实验室积极打造原创技术策源地，提出构建“海—陆协同新型能源体系”，聚焦科研布局承接重大科研项目，协同攻关核心技术，产出大量科研成果，并通过研究试验基地建设助推地方新兴产业发展，为国家构建新型能源体系提供“浙江样本”。

一是聚焦科研主攻方向。浙能集团坚持“国家所需、浙江所能、未来所向”，聚焦“双碳”主赛道，通过白马湖实验室这一高能级科创平台，加快布局太阳能转换与催化、氢能与储能、能源清洁低碳利用三大研究集群，梳理九大重点研发方向，形成“139”科研布局（1 个体系、三大研究集群、九大重点方向）。聚焦海陆协同，全链条利用海上可再生能源的开发、转化、储运及利用，开展海上能源利用及绿色燃料制备、交通领域绿色燃料应用、区域能源智慧管理平台建设、GM2D 碳足迹评价体系创建等科研示范。聚焦传统能源转型，持续提高煤电高效清洁生产水平，大力实施存量煤电节能降碳改造、供热改造、灵活性改造“三改联动”，积极探索碳捕集利用与封存技术示范应用，稳步推进煤电机组降低碳排放工作。

二是聚焦关键核心技术。白马湖实验室紧紧围绕科研主攻方向，以关键共性技术、前沿引领技术、现代工程技术、颠覆性技术创新为突破口，聚焦创新链的技术“瓶颈”和产业链的断链断供环节，持续完善重大技术需求常态征求机制。强化协同攻关，与系统内企业协同推进光伏技术、电化学储能、数字能源等联合实验室建设，面向钙钛矿、硅叠层超高效电池和新型光伏材料联合进行技术研究。攻关电氢高效转化、低成本大规模储运氢和综合高效氢集成利用等核心关键技术，推进氢能产业化、规模化、多场景应用和装备制造发展，持续打造氢能特色装备制造产业园。积极承接重大任务，领办或参与“动力电池梯次利用”等国家重点研发计划 6 项，牵头领建工业和信息化部国家新型节能低碳材料生产应用示范平台，围绕节能低碳领域催化剂材料、膜材料、矿物功能材料等开展关键共性技术研究。与华北电力大学、浙江工业大学共同承建太阳能高效转化利用国家大科学装置，推动不同环境模拟下的太阳能高效转化与利用的关键核心技术。

三是聚焦战略性新兴及未来产业发展。围绕科研布局，政企研相互加持，加快建设研究试验基地，推动“科研+产业”协同发展。以湖州长兴氢能基地为纽带，与湖州市一道在氢能项目开发、能源装备制造等领域开展合作，培育氢能领域的创新技术与拳头产品。以浙能兰溪电厂 CCUS 研究试验基地建设为契机，加快开展燃煤电厂烟气二氧化碳捕集技术试验验证、二氧化碳矿化养护混凝土砌块技术试验验证、绿色甲醇制备技术研究试验验证等科研攻关任务，加入国际 CCUS 测试中心网络。推动杭州市白马湖低碳节能技术概念验证中心建设，助力杭州市打造成果转移转化首选地。

（三）融合体制优势和创新资源，塑造新型研发机构新模式

白马湖实验室作为全国首家、浙江省内唯一由国有企业法人组织具体承担建设运营管理的省实验室，充分融合国企管理经验和高校创新要素，推动形成以产业应用为导向的创新型科研文化，打造浙能集团领建新型研发机构的新模式。

一是变革科研管理机制。创新“亦企亦研”特色管理体系，将精细化企业治理经验融入科研管理全过程，建立了“党政研”负责、“红黄绿”预警和“里程碑”考核等机制。实施开放式创新，在绿色能源、绿色建筑、绿色化工等领域，通过组建联合实验室、联合攻关等方式，构建“大兵团、大协同、大攻关”有组织科研机制，将跨行业、跨学科的能源相关产业凝聚到白马湖实验室平台上。

二是创新人才招引机制。坚持人才引领发展，广开育才、引才、聚才、识才、用才、护才之路。整合共建单位人才资源，移聘浙能集团、双聘浙江大学、西湖大学、浙江工业大学等可再生能源、储能、氢能、能源清洁低碳利用等高层次科研人才和科研骨干，为核心技术攻关提供人才强支撑，其成立一年多就会聚科研人员近 200 名。通过区域自然科学基金“揭榜挂帅”，集聚跨领域、高层次科研人员，招揽 40 余位青年科学家开展能源基础研究。绘制全球招才地图，在德国柏林，英国曼彻斯特、牛津等地设立海外人才工作联络站。以“教科人一体化”为抓手，与浙江工业大学联合成立科教融合学院，设立博士后工作站，加快科研人才自主培养。

三是打通成果转移转化机制。白马湖实验室充分利用浙能集团能源全产业链优势和共建高校学科基础，形成以白马湖实验室为牵引、企业研究院和高校为支撑、产业公司为落脚的上下游衔接的科技创新生态体系。发力成果转化“最初一公里”，挂牌成立杭州市白马湖低碳节能技术概念验证中心，推

进固态储能电池、α- 烯烃、大型稀土永磁电机等科技成果的中试验证。打通科技成果转化“最后一公里”，创新以需求为导向的科研范式，开辟自主转化孵化、专利授权生产、科研先研后股、示范验证投资、专利许可入股等多元化成果转化渠道。

三、取得的成效

“十四五”以来，浙能集团大力培育发展新质生产力，通过构建传统能源转型新路径、打造新型能源体系新样本、塑造新型研发机构新模式，开启了能源转型发展新引擎、激活了能源产业发展新动能、塑造了战略性新兴产业发展新优势，主要取得以下成效：

一是开启了发展新引擎，传统能源转型成效显著。浙能集团超低排放机组的总容量超 3000 万千瓦，“超低排放关键技术研发及应用”获国家技术发明奖一等奖，为中国清洁高效煤电体系建设提供了技术支撑，也为全球解决燃煤污染问题提供了中国方案，入选国家“十二五”科技创新成就展。浙能迈领船舶站稳全球船舶脱硫市场，脱硫系统累计订单数位居全球前三，2023 年新增订单合同金额超 3 亿美元，创历史新高。建成全国首个万吨级煤电 CO_2 捕集与矿化利用全流程耦合示范项目——浙能兰溪二氧化碳捕集与矿化利用集成示范项目，是国内首次将二氧化碳矿化加气砌块技术应用于工程实践的示范项目，设计规模为每年捕集 1.5 万吨 CO_2，相当于 1.5 万亩森林每年吸收 CO_2 的总量。

二是激活了发展新动能，科技供给支撑更加有力。在兰溪 CCUS 基地合作研发的“绿色甲醇”燃料，成功点燃亚运主火炬。在钙钛矿、人工水氧化催化剂基础研究方面取得原创性成果，在 *Nature* 发表；建成国内首套应用于电网一次调频的高安全高功率镍氢储能工程示范系统。研发 CO_2 少水胺吸收剂，能耗效率全球领先。研制宽流道自洁板式换热器，获中国创新创业大赛节能环保领域第一名。研发臭氧催化氧化成套技术，有效解决煤化工复杂废水处理难题。建成并投运全国首个城燃—氢能制储掺输分用一体化示范项目。研制出高活性水氧化催化材料，性能国际领先。开发并应用基于自清洁和减反射功能膜层的光伏增效技术，年发电量增加超 5%。

三是塑造了发展新优势，战略性新兴产业培育前景可期。研制出 N 型 TOPCon 电池片，实验室转换效率达 26.7%，刷新世界纪录。迭代升级“锂电快导”材料技术，三元锂、磷酸铁锂电池循环寿命提高 17%。研发出水系锌储能电池，性能国内领先，着手启动金融融资及产业化推广。研制出高功率、大容量镍氢储能电池，在枣泉电厂成功示范，并推广应用至电梯、港口等领域。首台国产吨级氢液化装置成功投产，国内首座液氢加氢站建成调试，省内首个大型电网侧和电源侧储能示范项目建成投运。研制的无人光伏智能巡检系统成功在浙江省内 10 余个光伏电站得到应用，解决了光伏电站组件缺陷检测效率低、定位精度低、性能评估不准确的难题。研制的智能清舱机在浙能嘉华电厂示范应用，解决了传统清舱设备作业效率低、安全性能差、环境污染大等难题。

（由浙江省能源集团有限公司供稿）

扛起重要使命　坚决当好海洋油气高端装备制造“领军者”

一、基本情况

海洋石油工程股份有限公司（以下简称海油工程）是中国海洋石油集团有限公司（以下简称中国海油）控股的上市公司，有近40年海洋工程技术和经验沉淀，是中国唯一集海洋石油、天然气开发工程设计、陆地制造和海上安装、调试、维修以及液化天然气、炼化工程于一体的大型工程总承包公司，是世界海洋石油工程业界代表我国海洋石油工程技术水平的领军企业，也是远东及东南亚地区规模最大、实力最强的海洋油气工程EPCI（设计、采办、建造、安装）总承包之一。

经过多年的建设和发展，海油工程在主营业务领域具有较强的软实力，具有完整的产业链和一体化服务能力。具备了海洋工程设计、海洋工程建造、海洋工程安装、海上油气田维保、水下工程检测与安装、高端橇装产品制造、海洋工程质量检测、海洋工程项目总包管理、液化天然气工程建设九大能力，拥有3万吨级超大型海洋平台的设计、建造、安装以及300米水深水下检测与维修、海底管道修复、海上废旧平台拆除等一系列核心技术，具备了1500米水深条件下的海管铺设能力，海上安装与铺管能力在亚洲处于领先地位，先后为中国海油、康菲、壳牌、哈斯基、科麦奇、Technip、MODEC、Aker-Solutions、FLUOR等众多国内外客户开发海上油气资源提供工程服务，业务涉足中国各大海域、东南亚、中东、澳大利亚、俄罗斯、巴西、欧洲、非洲等多个国家和地区。

二、实践经验

习近平总书记指出，建设海洋强国是实现中华民族伟大复兴的重大战略任务，要把装备制造牢牢抓在自己手里，努力用我们自己的装备开发油气资源。近年来，海油工程认真贯彻落实习近平总书记重要指示批示要求，秉持务求实效的原则积极践行“四个革命、一个合作”能源安全新战略，立足海洋工程产业发展，紧跟国际能源技术革命新趋势，不断地在传统产业智能化转型、高端装备制造、“卡脖子”技术攻关等方面取得新的进展，为保障国家能源安全、建设海洋强国不懈奋斗，为实现中华民族伟大复兴的中国梦作出新的更大贡献。

（一）“智能制造”提效“标准化”赋能　传统产业焕发新机

传统海洋油气装备制造具备离散型制造行业特点，如产品类型多、制造工序长、定制比例大、标准程度低、数据碎片化严重等，存在协同难、风险高、离散强等突出痛点。随着数字经济的飞速发展，发展“智能制造”成为海洋油气装备制造提质增效的关键途径，创新传统模块制造方式为“标准化”制造，最大限度地探索传统产业的转型升级。

1. 实现海洋油气装备“智能制造”技术创新与应用

图 1　天津智能制造基地全景

以数字化转型为抓手，利用 5G+ 工业互联网等新技术，创新传统设计与制造模式，创造性地落地实施了基于离散型重型钢结构加工的自动化生产线和自动化立体仓库，打造了基于单一数据源和一体化平台的数字化管控系统，实现了产品数字研发与设计、人机协同制造、车间智能排产、智能仓储等典型场景，初步完成了软硬件系统的深度融合，解决了制造环节存在信息孤岛、缺乏系统的数据采集环境和单元、缺乏系统性的管理体系等“瓶颈”问题。

图 2　智能板材切割生产线

图 3　施工人监控智能化打磨机器人作业

智能制造基地创新传统设计与制造执行模式，围绕海洋油气装备制造特征及管控需求，完成了工艺管线生产线、平面分段生产线和自动化立体仓库的建设。其中，生产线引入了智能切割、智能组对、智能焊接、智能物流和智能管控等先进设备、软件系统和管理理念，是整个基地最关键、技术难度最大的智能制造生产线，汇集了多项行业首创，也是国内首条海洋工程智造生产线。自动化立体仓库通过仓储管理系统（WMS）实现了覆盖全场的物料动态掌控，为生产提供实时的物料信息。具备“一键存取”功能，实现了中小件物资存储、搬运作业的自动化及库存管理的信息化，加速了库存周转，极大程度上减少了物资调位、整理过程的无效作业时间。

2. 建立海洋油气工程建设“标准化”技术体系

图 4　采用标准化技术建造完成的垦利 6–1 油田 5–1/5–2/6–1 区块 7 座平台 14 个单体全部完成海上安装

以问题为导向，着力解决传统海洋工程装备建设工期长、设备采办掣肘项目公司、设备“万国牌”等，通过统一规格、提前采购、建造并行等举措转变常规流程。建立了技术“四化准则”要求，包括材料技术“标准化”、材料设备“系列化”、通用部件“产品化”、设施模块“集成化”。

渤海工程设施标准化应用研究历时 6 年，系统分析了 200 余座在役平台的环境特点、物流特性、平台配置等主要影响因素，给出了系列化和标准化的答案，以“6（导管架）+9（组块）”序列化平台解决不同规模的油气田开发需求，对每一类平台以“选型 + 适应性设计”的设计方式解决通用性和确定性的矛盾，设计过程中针对各种工程方案开展经济评价，进而确定更有经济优势的方案开展设计。实现了“技术规范标准化、材料设备系列化、通用部件产品化、设施模块集成化”的既定目标，已发布通用技术规格书 142 份，材料设备系列化文件 133 份，通用部件标准化文件 38 份。

（二）“向深向远”发力“科技”赋能　高端装备制造行业领跑

在海洋油气工程装备领域，深水能源开发是海洋石油工程未来发展建设的必定方向和必然选择。受渤海湾军事和环保等影响，渤海湾与南海等深水水域一样，水下产品将是大势所趋，也是高精尖技术和产品的主攻方向。在新发展格局、国家能源深水战略、国内行业现状和海油工程能力实际的综合因素制约下，深水和水下工程实现供应链自主可控是响应“用我们自己的装备开发油气资源”的必然要求。

1. 大胆创新实现深水工程技术跨越式发展

图 5　深海一号与海洋石油 201/287

陵水 17–2 气田开发工程项目是中国海油贯彻落实习近平总书记加大国内油气勘探开发、保障国家能源安全重要指示批示精神的“十三五”重点项目，是我国第一个自营 1500 米深水气田项目。项目施工涉及半潜式平台建造，钢悬链线立管（SCR）、水下生产系统安装等多项深水工作。项目实施将挑战 2 项世界第一（世界上首个万吨级储卸油半潜平台建造、世界上最大的桁架式半潜组块建造）及 4 项国内首次（首次进行半潜式平台设计建造、首次进行聚酯缆锚链安装、首次在南海应用 SCR、首次开展一体化深水生产系统设计施工），同时要求 30 年不回坞。项目成功建设，标志着我国深水油气田开发能力和深水海洋工程装备建造水平迈上了新的台阶。

图 6　深水水下中心管汇

深水超大型导管架海上安装涉及复杂设计计算、装备技术能力、恶劣海况施工等世界级工程挑战。“海基二号”导管架是国内首次在超过 300 米水深的海域安装固定式导管架，所处海域台风频发、风浪及内波流强烈、安装技术难度和作业风险极高。为此，项目团队调配亚洲最大下水驳船“海洋石油 229”和国内最大海洋油气工程起重船“蓝鲸 7500”全面提升船舶运输及安装能力。在施工过程中，通过先进定位系统和精确就位系统不断调整导管架的位置姿态，使“海基二号”导管架穿越 324 米深的海水实现精确就位（见图 7），安装精度达到国际先进水平，刷新了作业水深、高度、重量等多项亚洲纪录，标志着我国深水超大型导管架成套关键技术和安装能力达到世界一流水平。

2. 打造国家战略科技力量为行业保驾护航

科技创新本领持续夯实。坚持面向国家重大需求，打造战略科技力量。完成与国内 20 余家重点企业协议的签订，共建加强深水油气生产装备浮式和水下装备产业链；获批博士后工作站、国家自然科学基金依托单位，基础研究能力持续增强。锚定公司发展战略，科技攻关取得新突破。仅在 2023 年，申报成功多项国家级课题；全球首座半潜式深远海风电平台成功交付并网运营，国内首个海上百万吨级二氧化碳封存工程正式投用，攻克亚洲首艘圆筒型 FPSO 设计建造技术等 16 项关键核心技术，刷新亚洲导管架、浮式装置新纪录；完成 2500 米级超深水打桩锤、单点液滑环、海上系泊钢缆等 12 项关键设备解卡和国产化，突破海床泥面下水下生产系统防护技术等 40 项原创技

图 7 “海基二号”导管架成功下水

术；全面推进工程标准化和智能制造攻关；推动成果转化 202 项，科技降本增效约 3.5 亿元。深化科技创新生态，激发创新活力。初步搭建起“推广一代、研发一代、储备一代”的科技创新生态，深化十大技术方向“揭榜”工作，试点 3 项科研项目“赛马”机制，实施科研人员精准激励机制。

三、取得的成效

一是确立国内海洋油气工程领导者的市场地位。海油工程是国内唯一的大型海洋油气工程总承包公司，是世界海洋石油工程业界代表我国海洋石油工程技术水平的领军企业，也是中国海洋油气工程建设的重要力量。数十年来，国内各海域 200 余座海洋油气田的工程建设主要由海油工程实施，在国内具有市场领导者品牌优势和海洋工程总承包业务优势，在资金支持、装备发展、科技研发等方面具有先发优势。

二是深水能力发展跻身全球市场参与者。海油工程成功实施的流花 16-2 项目、流花 29-1 项目和陵水 17-2 项目，是国内首批真正意义上的大型深水工程，初步形成了深水半潜平台、深水钢悬链线立管、水下生产系统、深海管道管线铺设等一系列综合性深水业务能力，尤其是成功建成“深海一号”“海基一号”等国之重器，推动我国海洋石油开发能力全面进入“超深水时代”。在浮式储油装置领域承揽巴西国油、壳牌等大型项目，积累了丰富的项目经验和技术经验，成为全球市场的参与者。

三是重大装备和技术能力建设形成体系化。始终坚定设计引领，培育形成了“深水浮式生产设施设计、建造、安装、调试技术”“超大型海上结构物及模块化技术”“海上油气平台浮托安装技术”“1500 米级海底管道及水下生产系统技术”“300 级深水导管架技术”“海上固定平台工程设施标准化技术”等十大技术，以及“深水多功能作业船舶及柔性管缆铺设装备序列”等十大装备。

四是带领国内海洋油气工程产业走向国际舞台。北美壳牌 LNG 项目在青岛建造的核心模块、珠海建造的外围工程模块成功实现“无缺陷交付”，标志着海油工程 LNG 高端模块化建造能力已稳居国际行业第一梯队；卡塔尔 NFPS EPC2 项目作为全球首次在单一场地同时建造多个 3 万吨以上的超大型单体正在结构预制，标志着青岛场地成功进入国际大型高端单体建造市场，具备承揽高端、大型、大体量建造项目设备设施能力；利用产业联盟形式带动盟内企业共同“走出去”，在国际市场展现中国实力。

（由中国海洋石油集团有限公司供稿）

煤炭化工地质行业找矿突破及绿色生态修复技术创新与工程实践

一、基本情况

中国煤炭地质总局（以下简称总局）是国内技术领先的综合性地质勘查与生态文明建设企业集团，也是煤炭、化工资源勘查的行业管理机构，下辖中化地质矿山总局、专业直属局、省（区）煤炭地质局以及中心、院等单位200余家，为国家经济社会发展提供能源资源、矿产资源保障和生态文明建设、应急救援等技术服务。

自1953年成立以来，总局先后完成四次全国煤炭资源预测、两次全国化工矿产资源潜力评价；探明我国90%以上的煤炭资源以及95%以上的化工矿产资源，发现了100余个大型和特大型煤田，开发建设了近100座大中型化工矿山；实施了国家重点项目青海木里矿区生态环境综合整治工程，完成了三峡库区等大型生态修复治理工程数百项；首次钻获我国陆地可燃冰；构建了"空天地一体"的绿色勘查与生态文明建设技术体系，为保障国家能源资源安全和生态文明安全作出了重要贡献。

进入新时代，总局坚持以习近平新时代中国特色社会主义思想为指导，贯彻落实"四个革命、一个合作"能源安全新战略，助力构建新型能源体系。党的二十大召开以来，总局新一届党委胸怀"国之大者"，牢记"地质报国"初心使命，立足科技型公益类中央企业定位，聚焦主责主业，以"保障国家能源矿产资源安全，服务煤炭化工矿产全生命周期绿色低碳发展"为使命，围绕"大地质"产业建设地质勘查、生态地质、工程地质、地理信息四大主业，积极培育发展地热能、煤系气等战略性清洁能源产业，着力构建"一体四翼两培育"产业发展格局，致力于打造地质勘查国家队、生态建设先行军、矿山救援主力军，努力建设具有核心竞争力的世界一流高科技地勘企业。

总局始终坚持"地质立本、科技赋能"发展理念，以科技创新支撑引领产业发展。聚焦国家重大战略需求，持之以恒加强"卡脖子"关键技术攻关，不断提升产业链价值创造能力，打破了国内集深层卤水钾盐勘探和开发于一体的施工技术“瓶颈”，创造性地建立了高原高寒生态修复治理模式，解决了矿山深井救援难题，发挥了科技创新在企业发展中的关键核心作用。

二、实践经验

（一）特殊用煤地质勘查找矿技术

随着生态文明建设的推进，煤炭分级分质清洁利用成为煤炭工业发展的必由之路。进入新时代，煤炭地质勘查逐步从“以找煤为主”的粗放型勘查转变为“以用煤为主”的精细型勘查，服务于煤炭的清洁高效利用。

特殊用煤是一个相对的概念，是指不同于常规的、传统的用途，具有一定特殊用途的煤炭资源。特殊用煤是从煤的利用角度出发，基于煤炭清洁高效利用具有特殊工业用途的煤炭资源，主要种类有液化用煤、气化用煤、焦化用煤以及特殊高元素用煤，煤岩煤质特征是其重要的评价指标。

1. 研究制定《特殊用煤资源潜力调查评价技术要求（试行）》

特殊用煤资源找矿主要目的是寻找适合液化、气化、焦化等用途的煤炭资源和特殊高元素煤，而实施找矿的难点之一便是特殊用煤的技术指标。为此，总局组织力量梳理了我国液化、气化产业的发展现状，液化、气化产业对煤炭资源的特殊要求等，为制定相关技术指标打下了良好的基础。在制定了初步技术标准的基础上，选择陕西彬长矿区、山西大同矿区和内蒙古准格尔矿区为重点示范区，对特殊用煤各项技术要求的具体规定进行了验证，有针对性地修改技术要求，指导下一步特殊用煤项目的实施。

2016 年 6 月正式发布《特殊用煤资源潜力调查评价技术要求（试行）》，项目组按照统一的要求开展各自负责区域的特殊用煤调查评价工作。

2. 构建特殊用煤资源评价指标体系

建立了特殊用煤资源评价方法体系，编制了《煤炭资源煤质评价导则》，为开展特殊用煤资源调查评价提供了技术方法依据。总局在充分总结以往煤炭液化、气化、焦化研究成果的基础上，对比实际应用中以往评价指标与煤质特征之间的差异，提出了适宜于煤炭资源评价的特殊用煤评价指标和参数（见表 1）。根据煤炭资源的不可再生属性和经济性原则，液化、气化、焦化用煤资源评价指标划分为关键技术指标和经济指标，并划定了 2 级评价参数。

表 1　特殊用煤资源评价指标及参数

类型	级别	评价指标及参数
液化用煤（原煤）	一级直接液化	$V_{daf}\geqslant 35\%$，$R_{max}<0.65\%$，H/C $\geqslant$ 0.75，$I\leqslant 15\%$，$A_d\leqslant 12\%$
	二级直接液化	$V_{daf}\geqslant 35\%$，$R_{max}<0.65\%$，0.70 $\leqslant$ H/C<0.75，$15\%<I<35\%$，$12\%<A_d\leqslant 25\%$
气化用煤（原煤）	一级固定床气化	G $\leqslant$ 20，ST（固态排渣）$\geqslant$ 1250℃或 FT（液态排渣）$\leqslant$ 1250℃，TS_{+6}>60（常压）或 TS_{+6}>80（加压），$A_d\leqslant 25\%$
	二级固定床气化	20<G<50，1050℃ $\leqslant$ ST（固态排渣）<1250℃或 1250℃ <FT（液态排渣）<1450℃，TS_{+6}>60（常压）或 TS_{+6}>80（加压），$A_d\leqslant 25\%$
	一级流化床气化	a（950℃）$\geqslant$ 80，G $\leqslant$ 20，ST $\geqslant$ 1050℃
	二级流化床气化	60<a（950℃）<80，20<G<35，ST $\geqslant$ 1050℃
	一级水煤浆气流床气化	FT $\leqslant$ 1350℃，$M_{ad}\leqslant 10\%$，HGI $\geqslant$ 60，$A_d\leqslant 10\%$
	二级水煤浆气流床气化	FT $\leqslant$ 1350℃，$M_{ad}\leqslant 10\%$，50 $\leqslant$ HGI<60，$10\%<A_d<25\%$
	一级干煤粉气流床气化	FT $\leqslant$ 1450℃，$A_d\leqslant 20\%$
	二级干煤粉气流床气化	FT $\leqslant$ 1450℃，$20\%<A_d<35\%$
焦化用煤（浮煤）	一级焦化	OM、1/3JM：$A_d\leqslant 8\%$，$S_{t,d}\leqslant 0.50\%$，$P_d<0.05\%$； OF、FM、JM、SM：$A_d\leqslant 10\%$，$S_{t,d}\leqslant 0.75\%$，$P_d<0.05\%$
	二级焦化	OM、1/3JM：$8\%<A_d<10\%$，$0.50\%<S_{t,d}<1.00\%$，$P_d<0.05$； OF、FM、JM、SM：$10\%<A_d<12.5\%$，$0.75\%<S_{t,d}<1.25\%$，$P_d<0.05\%$

注：焦化用煤灰分、硫分为浮煤指标。原煤经过浮沉实验后，密度小于等于 1.4 克/立方厘米，浮煤回收率大于等于 40%。

3. 建立特殊用煤评价方法

特殊用煤评价的出发点是满足煤炭清洁高效利用的要求，并按照特殊工业用途对煤岩煤质进行评价。对于同一种煤类，由于其具有不同的煤质特征，可以用作不同的特殊工业用途。虽然煤化工行业在尽力发展适用于不同煤类的具有普遍化应用的煤化工工艺，但是在当前煤化工工艺不能适应所有煤质的情况下，煤炭地质勘查中应当充分考虑煤炭的煤质特征和煤化工工艺发展需求，开展基于煤质评价的精细化煤炭资源勘查，寻找可以满足不同煤炭清洁高效利用需求的、可以“专煤专用”的特殊用煤资源。

煤炭地质勘查中应充分结合煤变质程度、煤岩煤质特征、煤化工产业布局以及煤化工工艺发展，按照特殊高元素用煤→焦化用煤→液化用煤→气化用煤的顺序进行资源评价。

评价流程：首先对煤进行系统煤岩、煤质、工艺性能、微量元素分析，当煤中微量元素满足特殊高元素用煤评价指标时优先作为特殊高元素用煤；然后根据煤类划分，按照变质程度属于QM至SM的，评价浮煤的灰分、硫分、磷分是否满足炼焦用煤要求；不满足焦化用煤要求的气煤及低变质程度的煤按照液化用煤评价指标进行评价。不满足以上要求的煤炭按照气化用煤评价指标进行，规划矿区已建配套煤化工企业的优先按照其现有煤气化工艺进行评价；未建煤化工配套企业但已开展整体煤化工规划的矿区应当充分考虑煤化工产业布局及相应产品的主流煤气化工艺进行评价；工作程度相对较低没有煤化工规划的矿区物按照气化工艺流程由复杂到简单、对煤质要求由高到低的顺序依次评价，评价顺序为固定床、流化床、水煤浆气流床、干煤粉气流床。以上要求均不符合的作为其他用煤。

按照特殊用煤评价指标及评价原则对晋陕蒙三省区的煤炭资源进行了评价，截至2019年，初步统计三省区75个国家煤炭规划矿区内液化、气化、焦化用煤保有资源/储量为4708.05亿吨，占规划矿区内煤炭保有资源/储量的53.90%。

（二）高原高寒地区（青海木里煤矿区）生态环境治理修复关键技术

青海木里煤矿区（以下称木里煤矿区或木里矿区）生态环境综合整治项目是我国在高原、高寒、高海拔地区开展的大面积矿山治理的首例工程。

1. 木里煤矿区生态系统严重退化

木里矿区是青海省最大的煤矿区，煤炭资源丰富。同时，木里矿区地处4200米以上的高寒高海拔地区，生态与地质环境问题复杂，开采活动带来了严重的矿山生态环境问题。矿区共有12座矿井进行了露天开采，共形成11个露天采坑、19座渣山，致使地貌景观、植被资源、土地资源、水资源、湿地和冻土遭到破坏，水源涵养功能下降，加重了沼泽草甸退化和水土流失，严重影响了黄河上游大通河流域的生态环境，是治理难度大、涉及学科问题多、地质条件复杂、工期要求急的世界级难题。

2. 木里煤矿区生态环境治理修复关键技术

通过采用地质资料分析、地质调查与遥感、物探、钻探、现场试验等“空天地时”一体化煤炭生态地质勘查技术，精准识别出研究区因煤矿无序开发引发的“地形地貌景观破坏、植被—土壤层破坏、土地损毁及压占、冻土层扰动与破坏、水系和湿地破坏、地下含水层破坏、土地沙化与水土流失、边坡失稳、煤炭资源破坏”九大生态环境问题。

按照“水源涵养、冻土保护、生态恢复、资源储备”的研究目标和提出的科学技术研究路线（见图 1），针对高原高寒地区矿山生态环境治理与修复超难科学问题，从研究矿山开采对生态环境影响破坏机理出发，将生态学与地质学相结合，提出采用地质手段开展生态环境治理新思路，相继从煤炭生态地质勘查和生态地质层两个基础理论的研究与建立，到提出“采坑与渣山地形地貌重塑技术”“水系连通及生态水涵养修复技术”“冻土层保护技术”“稀缺煤炭资源保护技术”“土壤重构与质量评价技术”五个生态治理修复与资源保护关键技术，再结合“空天地时”一体化的生态地质层勘查与监测技术等，系统建立了高原高寒地区矿山生态治理修复与保护技术体系。另外，基于井工巷道破坏主要影响因素及评价等研究，形成了露—井联合区域生态修复与巷道、井上下协同保护技术。

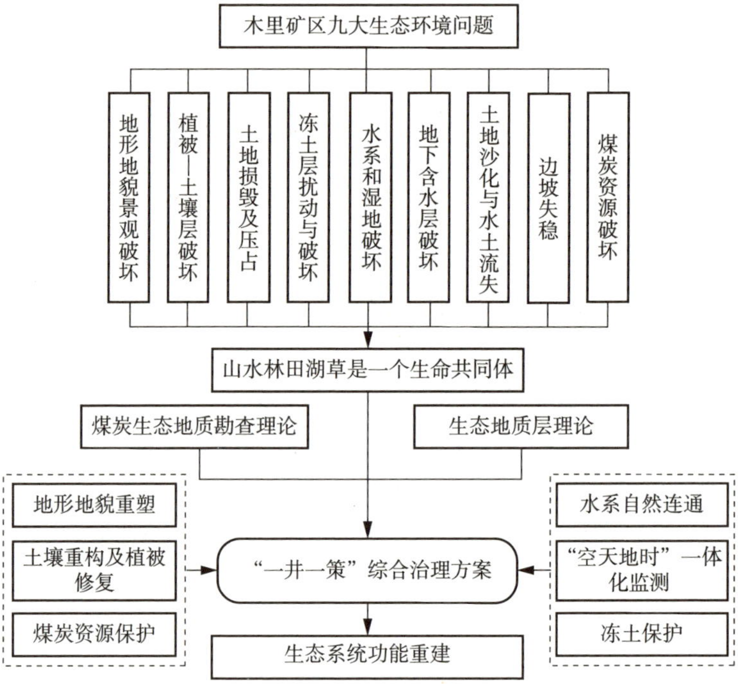

图 1　木里煤矿区生态治理修复技术路线

3. 木里煤矿区生态环境治理过程

运用以上技术方法，按照“一井一策、分区管控、技术可靠、经济合理、创新支撑”的工程治理思路，用系统思维统筹矿区生态环境破坏的治理，将“生态地质层”概念和“地质 + 生态”运用于工程治理中。基于不同井田采取的不同生态环境修复模式和科学研究提供的直接核心技术支撑，自 2020 年 8

月，经过“第一年采坑渣山治理打基础、第二年覆土见绿出形象、第三年见效成公园”的不懈努力，木里矿区生态环境综合整治在采坑渣山边坡治理、覆土复绿、水系整治、土壤重构、稀缺煤炭资源保护等方面取得了良好的治理效果，助力完成了地球上海拔最高、规模最大、条件最为严酷的世界级矿山生态修复工程。

三、取得的成效

（一）基本摸清我国特殊用煤资源家底，为国家基础能源安全提供保障

以煤制油气为出发点，根据煤炭本身的特殊性质和工业用途，按照煤炭清洁化利用的要求，以焦化用煤、液化用煤、气化用煤为重点，开展我国煤炭资源质量特征调查，基本摸清了我国煤制油气等特殊用煤的资源家底，提出可供规模开发利用的特殊用煤资源选区，为国家基础能源安全战略提供保障。

一是从重点矿区—赋煤区—全国三层面开展系统的特殊用煤资源调查评价，划分并统计了主要煤炭国家规划矿区特殊用煤的保有资源量，编制了全国特殊用煤资源分布图，摸清了我国清洁利用煤炭资源家底。从特殊用煤资源分布的区域来看，特殊用煤的分布特征与全国煤炭资源的分布特征基本一致，主要分布在煤炭资源大省山西、陕西、宁夏、内蒙古、新疆等省（区）。但与煤炭资源分布不同的是，不同类型特殊用煤的分布受控于煤岩煤质特征的差异，直接液化用煤主要分布在陕西北部和内蒙古南部的鄂尔多斯盆地北部，以及新疆部分地区；焦化用煤则主要分布在中高变质煤的分布区，主要是山西西部及陕西省中部地区，以及四川和贵州交界的部分地区；而气化用煤由于工艺类型较多，对煤质的适应性相对较广，气化用煤在全国煤炭规划矿区均有分布。

二是确定了可供规模开发利用的特殊用煤资源战略选区，提出合理开发利用的政策建议，为国家统筹规划煤炭资源勘查开发与保护利用提供了依据。结合特殊用煤的质量分级和资源储量，认为内蒙古、陕西、新疆 3 个省（区）适宜建设大型直接液化用煤发展基地；常压固定床气化用煤应选择山西、内蒙古、陕西、甘肃、新疆；流化床气化用煤选择内蒙古和新疆；水煤浆气流床选择山西、宁夏和新疆；干煤粉气流床选择山西、内蒙古、贵州；大型焦化用煤发展基地选择河北、安徽、山东、河南、山西、陕西、贵州 7 个省，蒙东、晋陕蒙宁和北疆 3 个分区在未来具有最广泛的勘查开发潜力。国家应

加强以化工用煤为重点的特种煤炭资源研究，对具有特殊用途的煤种做到优质利用和保护性开发，制定出合理的管理政策和法规，用政策和法规约束不合理利用特种煤的行为，强化按热量配煤、按煤质配煤和按用途配煤等的特种煤专用、精用的管理措施。

三是编制了全国煤炭资源煤质评价图集，建立了全国煤质基础数据库，搭建了特殊用煤资源信息有效利用的科学平台。以煤炭国家规划矿区煤质评价图为基础，编制完成了中国煤炭资源煤质评价图集。同时按照全国煤质管理的技术特征，基于海量的煤质基础数据，利用地理信息系统技术、大型数据库技术等先进技术手段，对全国煤质数据进行规范管理，建立可行的数据采集、编码、储存规范的全国煤质基础数据库，实现全国液化、气化、焦化用煤资源潜力调查评价的煤质信息的综合展示及分析，提升煤炭管理的科技含量，推动全国煤质工作的管理标准化和高效率。

（二）木里矿区生态环境综合整治的成功实践，创造了世界矿山生态修复史上的新壮举

一是选取木里矿区聚乎更区、哆嗦贡玛区、江仓区等典型采矿活动区，针对不同活动区存在的不同生态环境问题，运用前述的矿区生态修复与资源保护关键技术和“一井一策”生态治理修复方案，在国内首次开展大规模工程实践与示范，取得了令人满意的治理修复效果。工程实例证明矿区生态修复与资源保护关键技术和治理方案的有效性、实用性、可靠性及科学性，同时指示了前述矿区生态修复模式在高原高寒矿区的可借鉴、可复制和可推广性。

二是在木里矿区治理修复中一直遵循“山水林田湖草是一个生命共同体”理念，坚持“接近自然、顺应自然、融入自然、宜草则草、宜水则水、宜湿则湿”的原则和“自然恢复为主、人工修复为辅、人工修复为自然恢复创造条件”的要求，按照整体规划、总体设计、分期部署、分段实施的思路，针对以往煤矿开发造成的九大生态环境问题，将“地质＋生态”领域的关键治理技术运用到“自然恢复＋工程治理”中，实现了生态保护与节约优先，自然恢复与资源保护有机结合，以煤炭生态地质勘查理论为指导，将实验室搬上高原大地，综合研究形成了适合高原高寒地区生态环境治理修复的煤炭生态地质勘查理论与生态地质层构建的五大关键创新技术，建立了五种具有高原高寒特色的生态地质层治理修复模式，最终确定了“一井一策”的地质方法治理思路为修复方案，创新了一条用地质方法解决生态环境治理修复难题

的新路子，解决了世界性的高原高寒矿区生态治理修复的难题，在木里矿区生态环境综合治理修复工程中取得了良好的应用效果，为未来打造木里草原湿地公园奠定了良好的基础。

三是作为我国在高原、高寒、高海拔地区开展的大面积矿山治理的首例工程，木里矿区生态环境综合整治的成功实践，创造了世界范围内矿山生态修复的新壮举，对保护黄河上游生态环境和筑牢国家西部生态安全屏障意义重大。

（由中国煤炭地质总局供稿）

中国化学工程生物质制绿色甲醇技术转化与投资探索

一、基本情况

中国化学工程集团有限公司（以下简称中国化学工程）是我国化工领域资质最齐全、功能最完备、业务链最完整、知识技术最密集的国际工程公司，在油气服务领域稳居全球第一位。中国化学工程坚持以习近平新时代中国特色社会主义思想为指导，以国家战略需求为牵引，业绩遍布全国各地和全球80多个国家与地区，承接了国内90%的化工项目、70%的石化项目、30%的炼油项目以及绝大部分的现代煤化工项目。凭借70年来在化工领域积淀的工程经验与成果转化的技术优势，推进“化学+生物质”融合发展，布局生物质制绿色甲醇等战略性新兴产业，推进先进绿色能源技术成果转化，投资建设了国内首台（套）自主知识产权的绿色甲醇科技成果转化项目，加快塑造新质生产力，服务国家能源革命和能源安全战略。中化学建设投资集团有限公司（以下简称建投公司）是中国化学工程的全资子公司，围绕“双碳”等国家战略，重点布局新能源、化学品与新材料等战略性新兴产业，致力于发展成为以绿色甲醇为代表的绿色能源企业排头兵。建投公司着力推进生物质制绿色甲醇“产学研设”融合创新和产业链共链一体化发展，通过扩展生物质品类使用的广泛性和提升气化技术的高效性形成成本及规模优势，通过智力协同和成果共享机制创新提高生物质制绿色能源科技成果的转化能力，构建具有优势的行业核心竞争力，为国家绿色能源供给探索一条可实施路径，有效应对国际减碳政策竞争。

二、实践经验

在“双碳”战略下，利用生物质等可持续原料制备的绿色甲醇已成为当前环境下对传统燃油的最佳替代选项。我国是世界上最大的甲醇生产国和消费国，而全球绿色甲醇正处于起步发展阶段，全球产量仅约5万吨/年。为抢占绿色甲醇市场先机和技术制高点，中国化学工程深刻把握能源革命的战略机遇期，充分发挥在化工领域积淀的工程经验与成果转化的技术优势，服务国家战略，将绿色甲醇作为实业发展的重要方向之一。

（一）围绕生物质制绿色甲醇核心技术攻关，推进“产学研设”融合创新和产业链共链一体化发展

甲醇是中国化学工程技术实力最强、历史最悠久的拳头产品之一，在国内首创开发了低压甲醇合成工艺，凭借几十年来的不断技术更迭和自主创新，中国化学工程现已完全掌握高效集成的绿色甲醇核心技术。在实施创新驱动战略过程中，中国化学工程加快提高创新成果产出和转化效率，推动研发成果转化为新质生产力，塑造依靠创新驱动的内涵型增长。

一是精心设计优选技术路线。对生物质制甲醇和电解水制甲醇两种主流制备路线进行深入调研，分析原料成本、工艺技术、设备投资、制备成本，确定了现阶段生物质制甲醇综合优势和电解水制甲醇更具备规模化生产优势，未来随着电制成本下降考虑生物质耦合绿氢制备的技术路线。二是聚焦技术短板，开展核心技术攻关，实现重大“卡脖子”技术突破。中国化学工程对常规煤化工领域的“固定床熔渣气化 + 非催化转换”技术进行改造，针对气化中碱金属的挥发性、结焦性和挥发冷凝影响气化炉运行等关键难题不断创新，集成 Co–Mo 耐硫绝热变换、MDEA 脱硫脱碳、离心式合成气压缩、低压管壳式反应器甲醇合成、三塔甲醇精馏、膜回收氢等多个核心技术，攻克核心问题。同时，为保证原料多元化，在鲁南、鄂尔多斯等地建设多个小试和中试基地，进行不同原料的适应性气化技术研究，并结合企业工程设计能力、中试放大能力以及工艺包开发能力，壮大中试验证力量，打通关键技术堵点难点。三是发挥全过程项目管理服务优势，构建“产学研设”融合创新体系。依托自身工程化优势，设计人员在研发阶段提前介入，提升新流程、新工艺、新技术转化效率，优化“产学研设”科技成果转化平台。与华东理工大学、上海某设备公司单位密切合作，推进融合发展，共同拥有知识产权。所属设计企业负责工艺集成开发、工程设计、建设运行示范装置，建投公司负责投资建设万吨级示范装置。

（二）围绕实现绿色能源高水平科技自立自强深化改革，聚焦关键人才队伍建设，强化市场化招才引智与培养激励

坚持“人才是第一资源”的理念，深入实施人才强企战略，真心爱才、悉心育才、倾心引才、精心用才，集聚各方面优秀人才为公司所用，着力形成人才竞争的比较优势。

一是建立高端人才引进培养机制。充分发挥中化学科研院基础科研人才、工程与设计企业集成开发人才、投资公司成果推广与投融资人才的专业优势，做到人尽其才，各尽其用。在全球范围引进关键人才，加大人才培养力度，通过实施科技人才分级，形成领军人才、骨干人才、专业人才和青年人才活力迸发的科技人才队伍，建设中央企业中具有代表性的“高端科学家+卓越工程师”的人才高地。二是建立健全人才激励机制。围绕全面激发人才活力，深化人才体制机制改革，建立正向激励机制。实施薪酬分配向关键技术人员和生产一线倾斜。畅通核心科技人员职务晋升通道，激活关键科技人员“创业”热情。聚焦关键领域，加大创新激励力度，对作出突出贡献的团队和个人，按规定给予特别奖励。三是以市场化改革为抓手，在“三能”上狠下功夫，建立“上岗靠竞争，收入比贡献”机制。管理人员推行“选聘竞聘制”，“赛场选马”与“组织相马”相结合，全面落实任期制契约化，实现“能上能下”。员工实施“因事设岗、人岗匹配”，三年一竞聘，建立完善末等调整和不胜任退出机制，强化绩效考核，对考核不达标的低效员工流动转岗或退出岗位，实现“能进能出”。开展岗位价值评估，科学分层分级分档，实现“以岗定薪、一岗一薪、易岗易薪”，实现收入“能增能减”。

（三）央地合作智力协同和成果共享机制创新提高生物质制绿色能源科技成果的转化能力，助力建设现代化产业体系

围绕产业链上下游深入推进央地合作和产业链一体化融通共链行动。积极发挥以绿色甲醇为代表的绿色能源产业在建设现代化产业体系中的引领带动作用，通过搭建开放共享、互利共赢的产业发展融通平台，打造产业链生态圈战略合作关系。

一是中国化学工程与江苏盐城地方国企建立战略合作，引入地方国企参股成立甲醇生产类新能源项目公司，同时与地方国企合资成立生物质原料加工厂，充分利用地方国企属地化资源优势，与地方政府及平台公司建立合作联盟，确保原料保供、场地、绿电、水、气、热等物资设施和供应链安全可控。二是与马士基、达飞、招商轮船等国际航运巨头建立合作关系，锁定重要客户，确保产品销售落实落地和稳定可控。三是与国际绿色认证和相关咨询机构建立长期合作，确保绿色认证和质量标准安全可靠。四是采取立体化、专业化、高端化营销策略，高举高打，推进投融资合作，畅通与大型国有银行、产业基金等融资的渠道，实现强强联合，多维度协同，共享产业发展成果，共创产业生态。

中国化学工程致力于发展成为以绿色甲醇为代表的绿色能源现代产业链“链长”，勇当原创技术的策源地，推动“技术 + 产业”投资运营纵深发展。为此我们积极构建产业“三圈”。一是建立服务圈。为政府、客户提供高质量服务、解决高质量需求。以绿色甲醇项目为中心，搭建相关政策、产业、金融、科研等方面的资源库，形成为国家重点战略和区域发展战略提供解决方案的服务圈。二是建立生态圈。打造涵盖供应商、服务商、技术商、咨询商、信息商、运营商在内的发展生态圈，推动规划、设计、研发、建设、采购、运营、管理等业务活动在生态圈内优化配置。三是建立朋友圈。打造命运共同体、事业共同体、利益共同体。部门之间、单位之间、上下级之间、内外部之间，树立“共同体”意识，当好助手，善补位、聚合力，在服务全局、服务发展、服务他人的进程中赢得信任、赢得尊重、赢得机会。公司持续推动传统能源产业高端化、智能化、绿色化升级改造，不断开辟发展绿色能源领域新赛道，塑造发展新动能新优势，有效支撑能源供给安全可控。

三、取得的成效

（一）扩展生物质制绿色甲醇技术规模化应用，提升气化技术的高效性，形成成本及规模优势

中国化学工程通过自主研发、中试、小型工业化应用，与政府、高校、地方国企、金融机构、重点客户等建立战略合作，推动绿色甲醇核心技术成果转化在江苏盐城落实落地。项目总产能 100 万吨 / 年，总投资约 70 亿元。项目为全球最大规模绿色甲醇项目，也是国内首台（套）自主知识产权的绿色甲醇科技成果转化项目。基于当前“双碳”背景下，先立后破，具有能耗低、绿色可持续等显著优势，为我国早日达成“碳达峰”贡献中国化学工程力量，助力我国新型能源体系建设及加快能源领域产业结构绿色转型，保障我国能源自给和能源安全。

（二）实现传统化工向绿色化工转型，发展了“化学 + 生物质”产业融合新模式

以化学技术为核心，从生物质原料出发，构建生产化学品、能源和材料的新工业模式，为下游绿色制造提供基础绿色原料。生物质制绿色甲醇主要利用煤化工中的气化技术以秸秆为原料生产绿色甲醇，一方面，推动了传统化工技术向绿色化工方向应用转化；另一方面，通过“化学 +”的方式助力

生物质利用行业进一步转型升级，提供更多的产品可能性。

（三）充分利用我国农业大国的资源禀赋，塑造了国际绿色能源供应产业链竞争优势

现阶段，全球能源科技创新进入新一轮密集活跃时期，新一轮能源科技革命正在重新塑造全球创新链、价值链、产业链，绿色低碳技术则是全球新一轮能源科技竞争的重要赛道。中国化学工程绿色甲醇项目充分发挥我国秸秆农业资源优势，助力我国产业转型升级，并将绿色甲醇打造成为参与国际及国内绿色能源产业的重要绿色产品，进一步塑造了我国在国际绿色能源供应产业链的竞争优势。

（由中国化学工程集团有限公司供稿）

中国能建在光热发电建设方面填补多项国内空白

一、基本情况

中国能源建设集团投资有限公司（以下简称投资公司）成立于2014年，注册资本60亿元，为中国能源建设股份有限公司（以下简称中国能建）的全资子公司，是中国能建投资业务旗舰和核心平台，承担着中国能建产业牵引、拉动、转型、升级、发展的历史使命。

投资公司以产业投资为主干，以资本运作与融资建设为两翼，以产融结合为保障，重点开展综合能源电力投资、国际能源与资源投资、重大基础设施投资、战略新兴产业投资、股权投资与并购，以及投资管理与咨询等，业务已覆盖15个国家（地区）及国内27个省、自治区和直辖市。公司致力于打造成为中国能建的综合能源电力投资开发运营中心、重大基础设施投资运营中心、战略新兴产业孵化中心、资本与资产经营中心和重要的利润增长极（简称“四心一极”），致力于建设成为具有产业带动力、行业竞争力和品牌影响力的集约型、效益型、专业化、国际化（简称“两型两化”）的资本运营公司。

二、实践经验

2015年9月，国家能源局为推动我国太阳能热发电产业化发展，决定推动一批太阳能热发电示范项目建设。2016年9月，国家能源局发布太阳能热发电示范项目名单，中国能建哈密熔盐塔式5万千瓦光热项目（见图1）成为20个示范项目之一，也是目前建成与运营的7个示范项目之一，更是新疆地区唯一的示范项目。通过示范项目的建设，中国能建掌握了光热发电的系统集成和运行技术，推进技术与装备制造国产化、自主化进程，提升了熔盐储换热技术，为行业提供生产数据支持，积累建设、运营和管理经验。

图 1　哈密熔盐塔式 5 万千瓦光热项目

哈密光热示范项目位于新疆哈密市伊吾县淖毛湖镇，占地面积为6600亩。装机容量为 50 兆瓦，定日镜场面积为 70.3 万平方米，设计储热时长为 13 小时，年设计运行小时数为 3976 小时，年发电量约为 1.98 亿度，采用二元熔盐作为吸热、储热介质的典型塔式光热发电技术路线。

2017 年 10 月 19 日项目正式开工建设，2019 年 12 月 29 日机组首次完成并网发电工作，受国内外特别是国际疫情影响，2021 年 9 月 6 日实现全容量发电，2021 年 11 月通过国家验收，2022 年 4 月 30 日正式转入生产运营。从技术储备、项目前期策划、工程建设、生产运营各个过程，为中国在光热发电方面积累了大量经验。

（一）优选技术路线

从 19 世纪下半叶开始，太阳能热利用技术快速发展并逐渐固定，产生四种太阳能热发电主流技术路线：塔式、槽式、线性菲涅耳式、碟式光热发电。通过西班牙、美国等国家的早期实践，槽式光热电站的占比逐步提高。

中国光照资源丰富地区具有平均温度较低、风沙大、海拔高、水资源相对匮乏的特点，决定了太阳能热发电路线将由槽式逐渐向塔式等高聚光比、高光热转换效率的技术倾斜。2008 年，由中科院电工所申请的国家“863”计划科研项目八达岭实验光热电站开始建设，电站的工程设计及部分专项设计研究由中国能建承担。项目完成了塔式太阳能定日镜场设计专题研究，掌握了定日镜场布置和效率设计的基础计算方法，成为系统集成技术尝试的开端。此外，中国能建陆续开展太阳能热发电项目造价研究及电价分析、太阳能热发电储热系统设计研究、太阳能热发电与火电机组复合发电研究等多项科研课题，部分课题成果为"示范项目政策"所参考。

（二）多项技术创新

国内光热发电技术是引进、吸收、再创新的过程，中国能建在哈密光热发电项目上做了较多的技术创新，并贯穿设计、施工、制造全过程。在聚光集热场布置、发电区布置、熔盐罐基础工艺及低位布置、吸热塔混合结构设计、双热盐罐设置等方面进行大量优化，实现了中国能建的特色设计。

针对施工安装过程，总结和创新了吸热器整体滑移、超重吸热器设备重量超高整体安装、高精度定日镜附属立柱坐标测量、定日镜安全转运、安装及单体调试、定日镜高精度漫反射调试技术、光斑双层识别技术、高换热率吸热器涂层技术等专有技术和工法。

首次采用世界先进的五边形巨蜥型定日镜，推进反射镜、吸热器、储能系统等关键设备和部件的国产化、自主化进程。开发集热场与 DCS 智能协调操作系统（APS），建设光热电站运行仿真系统，为行业提供试验和人才培训便利。

图 2　哈密熔盐塔式 5 万千瓦光热项目情景 1

图 3　哈密熔盐塔式 5 万千瓦光热项目情景 2

项目大量采用节能产品，定日镜使用高效推杆传动机构，单机功耗小于等于 5 瓦；镜场使用低置 LED 太阳能指引灯代替高杆路灯；使用高效、优良保温材料，降低管道、罐体散热损失；研发定日镜清洗的智能清洗车，提升镜面清洁度，降低清洗水耗；采用废水自然蒸发处理等。

哈密光热发电项目荣获 2023 年度“能建杯”优质工程奖，可行性研究报告获得国家咨询三等奖、行业一等奖，设计获得电力行业设计一等奖；施工工法获奖 1 项、QC 获奖 2 项，获得发明专利 3 项、实用新型专利 26 项等。

中国能建所属 10 余家单位在工程设计、工程监理、施工安装、设备供应、系统调试、运行维护等方面参与其中。并依托项目开展了科技课题研究、技术标准制定等工作，取得了一大批科技成果，如主导制定首个 IEC 国际标准《塔式太阳能光热发电站设计总体要求》。

（三）严格实施项目管理

工程建设过程采用 EPC 总承包建设模式，以与国际化水平接轨为基础，建立项目管理策划体系。以“设计为龙头”，提前做好策划，从基础技术资料收集着手，消化吸收国际先进技术，自主创新形成独立的基建和技术支撑体系。以工程创优为目标，通过对设计、绿色施工、强制性条文执行、设备质量控制、安健环管理控制、建筑 / 安装精品工程工艺质量控制、质量通病防治以及档案管理等方面进行策划，将质量管理在工程建设过程中全覆盖，以实现工程总体质量目标。

项目组建了包括中国电力规划协会资深专家、博士等30余人的光热攻关技术团队和60余人的设计团队，分系统、分专业开展设计技术攻关和施工图设计工作。重点对镜场、储换热系统、发电单元进行系统研究与设计，对关键设备选型进行计算与研究，编制了详细的技术规范书。攻克国内缺少光热电站设计、制造、建设、检测与运维的通用标准的难点，突破完成熔盐塔式光热电站全厂系统设计及设备技术规范书，系统设计出中国技术特色的光热电站。

以项目本身质量、性能、本质安全、施工工艺、工法为重心，严格组织工程QSHE策划管理，对策划进行评审、提升，强化质量行为，本项目单位工程总计100项，已完成验收100项，合格率达100%。分部工程总计489项，已完成489项，合格率达100%。分项工程总计1869项，已完成1869项，合格率达100%。

（四）持续完善生产运行技术

科学制定设备管理工作计划和执行方案，扎实开展设备治理和持续技术改进。严格落实技术监督制度，合理制定主辅设备的巡检、试验、检修方案；专项技改治理熔盐阀门泄漏、电伴热故障率高等问题；解决蒸汽发生系统冬季防冻问题；提高备品备件管理水平，减少供货和返厂维修时间。提升设备健康水平，降低设备故障率，尽量避免非计划停机，保证机组稳定运行。

聚光集热系统是运行控制的难点，是提升机组效率的核心。生产运行团队继续深入进行国产化、自主化探索，不断积累生产运维经验，优化定日镜在线轮训校正程序，提高定日镜跟踪和聚光精准度；优化定日镜清洗策略，提高定日镜利用率；修正大风工况下镜场高效聚光运行参数，减少大风对机组运行的影响程度；进一步提高吸热器管屏温度控制策略，掌握反射光能流密度规律，避免局部超温和管屏间温差过大问题；优化云预测和控制程序，实现散焦和重新加制热熔盐过程紧密衔接。

三、取得的成效

一是多项建设技术创新填补了国内空白。中国能建哈密熔盐塔式5万千瓦光热发电项目做了较多的技术创新，并贯穿设计、施工、制造全过程。如在聚光集热场布置、发电区布置、熔盐罐基础工艺及低位布置、吸热塔混合结构设计、双热盐罐设置等方面进行大量优化，针对施工安装过程，总结和创新了吸热器整体滑移、超重吸热器设备重量超高整体安装、高精度定日镜附属立柱坐标测量、定日镜安全转运、安装及单体调试、定日镜高精度漫反射调试技术、光斑双层识别技术、高换热率吸热器涂层技术等专有技术和工法。首次采用世界先进的五边形巨蜥型定日镜，推进反射镜、吸热器、储能系统等关键设备和部件的国产化、自主化进程。项目多项建设技术创新填补了国内空白，对推动能源技术革命、丰富新能源供能形式、促进可持续发展具有长远的战略意义。

二是为综合能源发展提供了新方向。随着哈密光热在内的首批示范项目建成，近年来，全国推动了近 40 个“光热 +”新能源一体化基地项目，促进了风光等新能源长足发展。此外，随着国家分布式能源政策的实施，将逐渐以全国能源最优化配置原则布局各区域资源，以期达到资源的最佳利用。光热—天然气联合发电、光热生物质联合发电、光热—风电联合发电、光热—燃煤电站的梯级利用以及诸多能源方式的整合、系统集成，将成为一种广泛应用的发电方式，可利用光热技术的海水淡化、向工业提供所需高温热源、建筑物供暖、制冷等建筑节能等。

三是项目取得了良好的环境社会效益。中国能建哈密熔盐塔式 5 万千瓦光热发电项目可向电网提供清洁、稳定、可调的优质电力，发电量可供 24 万人一整年的生活用电，实现清洁电能替代常规化石能源发电，助力优化我国的能源结构。哈密项目每年可节约标准煤 6.19 万吨，减少燃煤所产生的二氧化硫约 61.89 吨、氮氧化物约 61.89 吨、烟尘约 19.84 吨，温室效应气体二氧化碳产生 15.48 万吨。运行期间没有固体废物产生，定日镜对戈壁滩地面遮挡保护和少量清洗用水渗入地下对当地生态环境恢复起到促进作用，对于保护生态环境、实现绿色无污染发展、降碳增绿起到积极作用。

（由中国能源建设集团有限公司供稿）

深耕智能调控　守护大电网安全

一、基本情况

2023 年 7 月 6 日，习近平总书记在南瑞集团有限公司（以下简称南瑞集团）考察调研时指出，能源保障和安全事关国计民生，是须臾不可忽视的“国之大者”，要加快推动关键技术、核心产品迭代升级和新技术智慧赋能，提高国家能源安全和保障能力。习近平总书记的重要指示，给国家电网公司以极大鼓舞、激励和鞭策。

作为国家电网公司直属科研产业单位，南瑞集团由 1973 年成立的电力部南京自动化研究所发展而来，主要从事电力自动化及保护、电力信息通信、电力电子、发电及水利自动化设备、轨道交通及工业自动化等业务。长期以来，南瑞集团深耕电网调控专业，在一体化支撑平台、电网故障综合智能分析与告警、大电网运行分析与控制、调度计划优化、新能源调度与控制、电力设备监控等方面拥有核心技术，整体水平在国内处于绝对领先地位，部分成果达到国际领先水平，能够为智能电网调度控制系统研发、工程应用和技术服务提供完善的产品和解决方案。

南瑞集团现有资产总额超千亿元，员工有 1.7 万余人，自主培养中国工程院院士 2 名，拥有国家级专家 47 名，省部级和国家电网公司专家 208 名，硕博士以上学历 5000 余名。连续 21 届入选中国软件企业百强，连续 13 届入选软件和信息服务十大领军企业。旗下上市公司国电南瑞是我国电力二次及信息通信领域龙头企业，入选国务院国资委“科改企业”及“央企 ESG · 先锋 50 指数”。南瑞集团创新实力雄厚，是国家创新型企业、国家火炬计划重点高新技术企业和国家认定企业技术中心，拥有电网运行风险防御技术与装备全国重点实验室以及 2 个国家级工程技术研究中心，累计获国家级科技奖励 86 项，主导制定国际标准 30 余项。

二、实践经验

电力是一种特殊的商品，其传输速度为光速，且无法大规模储存，电力生产、输送、销售和使用瞬间同步完成。电网调度控制系统作为国家重要关键基础设施，是国家电网实时运行控制的指挥中枢，对于保障电网安全运行具有极端重要作用。20余年来，美国、加拿大、巴西、印度等国相继发生了多次大面积停电事故，我国电网基本杜绝了电力系统稳定破坏和大面积停电事故，是全球唯一没有发生大面积停电的特大型电网。“统一调度、分级管理”的电网一体化管理体系和国际领先的电网调控技术支撑体系，形成了我国独特的电网运行管理优势和技术优势，显著提升了国家电网安全运行水平。在这个过程中，南瑞集团积极投身电网调控系统的技术攻关、系统研发、工程实施和运维保障，助力构建新型电力系统，为电网安全、稳定、优质、可靠运行提供坚强支撑。

（一）锻造拳头产品，服务电力保供

为解决特大电网一体化调度控制系统面临的难题，不断提升电网安全稳定运行的技术支撑能力，满足特大电网多级调度一体化运作和建立备用调度体系的业务需求，2009年南瑞集团在国家电网公司的统一领导下，作为主要单位牵头组织国内科研、高校、产业、电网运行等上百家单位联合攻关，开展智能电网调度控制系统（D5000）的技术研究、产品开发和试点工程实施。该项工作充分继承了已有系统的优势技术，基于多路多核集群技术和面向服务的体系架构（SOA），首先开发一体化支撑平台，随后开发移植实时监控、调度计划、安全校核、调度管理四大类应用功能，最后在省级以上调度中心统一进行工程实施。

D5000系统首次研发了适应大电网调度控制业务“横向集成、纵向贯通”的一体化支撑平台，攻克了多级调度协同的大电网智能告警和协调控制、全网联合在线安全稳定分析等重大技术难题，实现了特大电网多级（国、网、省）调度控制业务的一体化协同运作，促进了可再生能源的有效消纳。系统全面采集了电网内外部运行数据，精准评估电网运行风险，全过程跟踪并发布风险预警，辅助调度运行人员超前感知电网运行态势，变“事后被动处理”为“事前主动防御”，预防大面积停电事故的发生。针对特高压直流等系统运行故障，智能感知故障设备及波及范围，向全系统自动推送故障告警及处置策略，协同全网多级调度联合开展故障处置，有力提升了重大故障处置效率，保障了大电网安全可靠运行。国际电工技术委员会（IEC）原主席克劳斯·乌赫勒在参观D5000系统化后曾评价：“这是世界级的成果，是中国和世界智能电网领域的巨大进步！”

（二）强化技术迭代，支撑能源转型

近年来，新型电力系统建设快速推进，新能源装机占比快速提升。国家规划的沙戈荒大型风光基地、分布式新能源加速开发，储能规模化应用，低压配电网加速有源化，虚拟电厂、电动汽车等新业态和新型用能设备大量涌现，源网荷储结构持续调整，大电网安全面临的风险和挑战前所未有，对调度自动化系统的支撑能力提出更高要求。2019 年，在国家电网公司的指导下，南瑞集团基于传统自动化系统运行控制平台和模型驱动型应用，自主开发构建云计算平台和数据驱动型应用，着力打造智能电网调度控制系统（D5000）的“升级版”——新型电网调度控制系统（D6.0）。自 2022 年起，华东、江苏（见图 1）、河北、浙江、青海、苏州、宁波等国家电网公司首批新型电网调度控制系统陆续正式上线。

图 1　新型电网调度控制系统在江苏省调投入控制运行

1. 全面支撑清洁能源高效消纳

针对未来大规模集中式新能源和分布式新能源并重发展的能源战略，基于一体化电网模型数据，全面分析水气煤风光等一次能源及负荷需求时空互补特性，发挥电网作为资源优化配置的平台作用，结合市场化调节手段，构建全周期滚动、跨区域统筹、发用电实体深入参与的电力电量平衡体系，从全网层面挖掘系统整体调节能力，实现调峰、备用、调频等各类资源的全局共享，全面提升清洁能源消纳能力。

2. 全面提高源网荷储调控能力

借鉴“互联网+”理念，构建开放共享的源网荷储协同调控平台，借助市场化手段，发掘负荷侧资源需求弹性，引导社会上海量沉睡的负荷侧资源主动参与电网调峰，削减电网短时尖峰负荷，实现负荷资源的泛在接入、全景监视、市场出清和柔性调控，变“源随荷动”为“源网荷储互动”，形成源网荷储互利共赢的能源生态圈。

3. 全面提升系统智能化水平

融合先进ICT技术，构建“算力统筹、算法共享”的新型电网调度控制系统人工智能及大数据平台，为各类应用功能提供统一的数据和算法引擎。借助大数据、深度学习、强化学习、知识图谱等技术，构建物理模型和运行数据双驱动的应用功能体系，实现应用功能从模型驱动向模型和数据双驱动的转变，全面提升应用功能的智能化水平。

（三）坚持自立自强，引领行业进步

1. 不断攻克关键技术

面向新型电力系统的复杂巨系统特征，引入“大云物移智链”等技术，运用数字系统理论优化重构调度控制系统，构建了全景全息数据底座和云计算平台底座，突破高性能多维度态势感知、一体化风险防控及平衡优化调度、广域分散协同控制等关键技术，实现了系统软件的自主可控。通过云端全局决策和广域协同控制，实时掌控并动态优化复杂大电网态势及演化方向。

2. 持续加强产业控制

全面应用国产服务器、国产网络设备、国产数据库、国产操作系统、北斗授时设备等全国产化基础软硬件，大力推进构建国产芯设备在电力监控领域应用的生态环境。采用边界安全防护、终端本体安全防护、业务系统监测安全防护等多层次、多维度手段，实现安全可信与业务系统高度融合，提升网络安全整体防护能力，全面保障电力重大基础设施的本质安全。

3. 带动产业链上下游发展

电网调度自动化系统带动了发电、输电、配电及用电等全环节电力设备和技术的升级，为电力设备制造、电力工程建设等上游产业提供了广阔的市场空间；支撑了电力调度领域的智能化和数字化发展，对数据处理、云计算和人工智能等相关产业产生巨大的推动力，为相关产业链下游带来了新的增长点；服务了源网荷储协同互动的电力调度新模式发展，优化电力资源分配，促进新能源、储能等新兴产业的快速增长，推动能源产业链的多元化。

三、取得的成效

经过 10 余年的创新发展，我国自主研发的电网调度系统已经覆盖全国所有省级及以上电网调控中心，并持续迭代升级，为电网安全稳定运行、能源低碳转型作出了重要贡献。

一是智能电网调度控制系统（D5000）已经广泛部署。应用于国家电网、南方电网及多个行业的各级电网调度控制中心。截至 2024 年 3 月，在省级及以上高端市场，南瑞集团完整实施了国内包括南网总调、华北、华东、西北等网省调的重大项目，在国内省级及以上高端市场产品占有率达 100%，国内地市级产品占有率为 83.73%，已拓展至石油、化工、炼铝、园区等非电力行业，并在菲律宾、巴西、埃及等国家得到了成功应用。2024 年，依托自主研发的调度自动化系统，获评第八批国家级“制造业单项冠军企业”。

二是新型电网调度控制系统正在逐步推广应用。新型电网调度控制系统基础模型汇集了 16 万座厂站、1175 万个一次设备、31 万个二次设备；运行数据覆盖了 1520 种量测类型，纳管约 5.7 万亿条运行数据、1.7 亿条气象数据和 2702 万个数据资产。系统投运后，网省两级协同时间由小时级缩短到分钟级，西北全网风电、光伏短期预测精度分别提升至 96.2%、96.5%，青海在寒潮极端天气下预测精度提升 1.3 个百分点，有力提高了电网优化配置资源能力、清洁能源消纳能力、多元负荷承载能力、安全供电保障能力。

三是在急难险重任务中展现价值担当。为保障全国各级电网调度控制系统安全运行，南瑞集团于 2020 年建设了调度自动化产品在线服务中心，形成了标准化保电工作机制，提供驻地运维保障服务、7×24 小时故障应急处置在线支持服务、技术咨询和产品培训服务以及产品质量闭环反馈，画好电力保供“最大同心圆”。2023 年全年共承担保电任务 42 项，派出驻点值守 150 人次，远程支撑 25 人次，累计保电 12000 余人天，圆满完成北京特大暴雨洪水、甘肃积石山地震等重大抢险救灾和亚运会、大运会等重大活动保电任务。

（由国家电网有限公司供稿）

突破世界技术难题的流域梯级水电工程项目建设与运营管理实践

一、基本情况

华能澜沧江水电股份有限公司（以下简称澜沧江公司）成立于1999年，是由中国华能集团有限公司控股的国有流域水电开发企业。在水电工程建设方面创造出多个“中国第一”“世界第一”，装机容量超2500万千瓦，资产规模突破1800亿元，已成长为培育云南水电支柱产业和实施“西电东送”“云电外送”的核心企业和龙头企业。

澜沧江公司长期专注于全流域绿色水电开发与运营管理，面对澜沧江流域地质条件复杂、边坡陡峻、地震烈度高、生态脆弱、交通落后、流域分布16个少数民族等复杂环境带来的一系列水电开发重大困难和难题，澜沧江公司在中国华能集团有限公司正确领导及相关各方的关心支持下，上下一心、开拓进取，经过多年来不懈探索与实践，形成了一套突破世界技术难题的流域水电工程项目建设运营管理方式，在跨境流域保护开发及国家重大水电基础设施建设中创造了一批重要经验和重大成果，在行业发挥了引领示范和带动作用。建成世界上首座300米级混凝土特高拱坝、坝高261.5米的亚洲最高黏土心墙堆石坝、坝高203米的国内最高碾压混凝土重力坝。各项目荣获菲迪克奖、中国土木工程詹天佑奖、国际里程碑工程奖、国家优质工程金奖、国家优质工程银奖、中国电力优质工程奖（境外）等多项荣誉。创造出的一系列世界水电的新规范、新标准推广运用到国内多座巨型水电站建设中。发明了世界首创、中国原创、具有中国完全自主知识产权的的景洪水力式新型升船机，在世界高坝通航领域创造了中国品牌。

二、实践经验

（一）目标引领，构建“分级一体全链条”管理体系

1. 明确目标方针，专注流域绿色水电开发运营

澜沧江公司以“绿色电力　水能新邦”为企业愿景，确立“建好一座电

站、带动一方经济、保护一片环境、造福一方百姓、共建一方和谐”的水电开发理念，明确“梯级、流域、滚动、综合”的开发方针，长期专注于全流域绿色水电开发与运营管理。强化基建质量、安全施工、进度、造价、设计、技术、达标投产、验收等环节管控。充分尊重工程建设的客观规律，以确保工程安全和质量为核心，科学确定建设工期和造价。个性化剖析工程所处的自然环境、人文环境等因素，注重生态环境保护和造福移民，把当地的特色元素融入到工程建设中，促使人文、自然与工程和谐依存，获取良好的社会效益，切实推进生态环境保护、造福移民、建设和谐社会。

2. 优化体制机制，保障项目开发运营管理高效

按照“集中管理、分级负责”的管理原则，搭建“一级法人，两级管理”管理架构，建立“大公司、小电厂、运维检合一”“远程集控、无人值班”“直营、自营、大客户直供”等生产运营管理体系，形成“分级一体全链条”管理体系，高度契合水电开发运营管理需求。将科技创新融入血脉，作为堵点难点的敲门砖、劈山斧，贯穿管理全链条。秉持水电人逢山开路遇水搭桥的精神，千方百计打通各个“门槛石”，铸造一体化纵横协同管理组织体系，推进流域水电工程项目建设运营稳步有序攻坚克难。

（二）创新驱动，突破水电开发建设世界级难题

1. 科技创新与工程建设一体化管理

聚焦国家战略需要，瞄准水电关键核心技术特别是“卡脖子”问题，大力实施科技创新。以组织体系建设为基础，搭建了由国家级研发中心、马洪琪院士工作站等构成的“国家—省部—集团—公司”的科技创新平台，建成国内同类企业最为完备的科技创新体系。以重大工程需求为牵引，聚焦多项世界级重大工程建设需求挑战水电科技前沿，构建了鼓励创新、勇于创新的良好机制。以多元科技投入为支撑，形成了企业－政府联动科技投入机制，研发投入持续增长。以协同攻关为抓手，形成以政府为指导、企业为主体、产学研用及专家团队相结合的共同创新体系。全方位开展“吃螃蟹”式的原创科技攻关，突破特高拱坝体型结构、大体积混凝土温控防裂、高坝复杂地基处理、高坝抗震及防渗、超高边坡（700 米级）加固治理、高水头大容量高转速水轮发电机、高坝通航、升船机及过鱼设施等大水电开发“卡脖子”关键技术。

2.“三精三化”推进工程建设

大力实施精品工程战略，积极探索实践“精心设计、精细施工、精益管

理”和“信息化、数字化、智能化”工程管理。精心设计，组建由两院院士领衔的高级别咨询机构把关重大工程问题，多项核心技术成果已固化至行业规范，并在国内多座水电站中广泛推广应用。精细施工，建立“业主负责、设计支撑、施工保证、社会监理、专家把关、政府监督”工程质量管理体系，确保工程安全质量可控在控。精益管理，围绕资源集约利用，运用“一级法人、两级管理”“强业主、大监理”“一局两站一路、建管合一”等模式，有效控制工程造价，集约交通、物资、机电等施工资源多工程共用共享，实现全流域电站造价较可研概算降低15%以上。促进工程建设由信息化、数字化向智能化模式快速发展。2004年率先实施“数字小湾”，实现大坝安全监测系统与数字模拟仿真分析技术结合。2008年首创研发了糯扎渡“数字大坝”系统，实现了大坝建设质量、施工、安全管控数字化。2015年迭代升级实施“智能黄登”，促进了数字大坝向智能大坝转变，形成了以智能仿真、智能碾压、智能温控、智能通水、智能管理集成平台等为核心的水电工程智能建造体系，引领了坝工建设由信息化、数字化建设迈入智能化。

3. 打造水电领域原创技术“策源地”

积极开展水电站计算机监控系统国产化改造，2021年8月全国首台700兆瓦水电机组国产计算机监控系统华能睿渥HNICS-H316在小湾电站成功投运，解决了水电计算机监控系统软硬件长期依赖进口的“卡脖子”难题，成功实现了系统软硬件的完全自主可控。研发过程中，澜沧江公司集中优秀专业力量开展科研攻关，首次采用AGC/AVC独立装置，在国内水电行业工控领域首次成功应用全球通用标准IEC-61850通信协议，同时融入澜沧江大规模水电站集群运营管理丰富经验，为我国水电计算机监控系统国产化推广应用提供了“华能样板”，实现水电机组四大核心控制系统100%国产化，完成重大技术创新34项，17项关键技术填补了国内空白。

（三）智能赋能，推动水电建设运营技术发展

1. 紧盯前沿，深入推进水电基建智能化

积极探索建设水电绿色智能建造平台，推进水电基建智能化转型发展。以业务精细化、决策智能化、馈控流程化为目标，将传统设计理念、施工方式、管理活动与先进信息技术相结合，通过“感知－分析－控制－闭环控制”理论，实现水电建设全过程全方位智能管控。首创发布企业级BIM、GIS标准，搭建BIM+GIS+施工应用场景。工程设计精确至结构单元，施工质量、进度、安全管控得到质的提升。物资到货、质量验收、投资管控、材料归档

等全面实现智能识别、分析、应用。大坝浇筑全面实现信息智能采集、监测、仿真、控制、挖掘应用，开创我国混凝土大坝大体积混凝土温控领域智能监控新模式。

2. 守正创新，积极打造智慧电厂

近十余年来，澜沧江公司围绕电厂数字化、智慧化转型先后开展了“无人值班”电厂建设、工业互联网建设、智慧电厂建设工作。提出了包含运行、维护、检修、大坝、水库、水调、安全、物资及辅助决策等九大智慧应用体系的智慧水电厂建设成套解决方案。目前，已完成5G专网、智能巡检、智慧安防、智慧水库（运维系统）、智慧检修、智慧管理、三维数字孪生模型等智慧现场业务系统建设，“流域－电站－应用”三级一体化管理平台已进入试运行阶段。有效提高了电厂运维检工作效率和质量，为电厂安全高效运行提供了技术保障。同时，行业内首个具有实际操作意义的《智慧水电厂建设技术规范》已通过中电联审查，对推动水电领域智慧电厂建设发挥了重要的作用。

3. 敢为善为，创新实施流域远程集控

深入研究梯级优化调度关键技术，开创了水电集中运行新模式，实现11个电站、55台机组、2180万千瓦容量的远程集中控制和运行。统筹兼顾防洪、发电、蓄水、航运等综合利用效益，全面统筹电力供需、市场交易、电网运行形势，有效化解汛前高原融雪导致来水异常增加等诸多压力，顺利完成两库消落目标。平衡两库蓄水与径流式电厂发电之间的关系，汛期通过两库合理蓄水腾出发电空间，充分利用梯级水电站联合调度的优势以及小湾、糯扎渡两大调节水库的调蓄能力，实现水资源高效、经济、综合利用，构建起澜沧江流域梯级水库联合优化调度格局，提升澜沧江流域梯级水库群综合效能，获评国家能源水能高效利用示范基地。2016年，根据国家有关部委要求向澜沧江下游应急补水126.5亿立方米，有效缓解下游国家旱情，为国家实施“水外交”作出积极贡献。

（四）和谐互促，构筑多维立体生态保护防线

1. 构筑流域生态保护立体防线

以项目为载体，从澜沧江流域生态系统整体性出发，强化上下游、跨纬度、干支流等不同区域环境生态保护要素的综合治理。规划阶段，避让保护区，保留天然河段，实现环保与发展的“最大公约数”。建设阶段，积极推进重要河段和关键项目水环境治理、水生态修复、过鱼设施建设等措施，构建多层次“立体化保护、项目化管理”新型全流域生态保护体系。持续整合资

源，实现流域珍稀植物保护、高坝过鱼、增殖放流等环保措施合理布局、资源共享，凝聚全流域生态保护合力，形成绿色生态网络。

2. 科学精准实施生态保护举措

着力攻克水电环保科技难点，大力开展珍稀鱼类增殖放流和技术研究，世界上首次成功实现人工繁殖巨魾，实现12种澜沧江土著鱼类增殖技术突破；实施高坝分层取水，有效改善电站下泄水温变化对水生生态的影响；率先建成全流域环境监测数据库，充分利用信息化技术手段实现电站环境实时监测数据、环保设施运行数据、环保管理等数据统计分析和展示，统筹推进山水林田湖草生态系统治理。在多个电站因地制宜布置鱼类增殖站、珍稀植物园等设施，着力降低工程建设和生产运营对生态环境的影响，护航电站周边生物多样性环境。

三、取得的成效

一是有效推动世界水电建设和高坝通航技术发展。澜沧江公司始终坚持以建设世界一流绿色电力企业为目标，夯实企业高质量发展基础，稳步提升管理水平，持续挑战水电工程技术高峰，不断将世界水电建设和高坝通航水平推向新的高度。在高坝建设运行、长引水隧洞、升船机研发等各项技术创新方面取得突出成就，水电数字化、信息化、智能化技术得到全面推行运用。相继建成小湾、糯扎渡、黄登等国际里程碑工程为代表且各具特色的水电工程 19 座，创造出多个“中国第一”“世界第一”。3 座电站获评国际里程碑工程奖，2 座电站获评国家优质工程金奖，9 座电站获评中国电力行业优质工程奖，2 座工程获詹天佑奖。发明了世界首创、中国原创、具有中国完全自主知识产权的的景洪水力式新型升船机，丰富了升船机类型和设计方法，从原理上突破了传统升船机的技术瓶颈，为世界高坝通航提供了全新、先进、实用的技术选择。破解特高拱坝体型结构、温控防裂、大跨度大断面地下洞室安全高效开挖支护、变形稳定控制等多项世界级水电建设技术难题。高坝建设核心技术成果固化至行业规范，牵头编制行业大坝智能建设技术标准，填补世界大坝智能化施工技术标准空白。创造出的一系列世界水电的新纪录、新标准推广运用到锦屏、两河口、溪洛渡、白鹤滩、乌东德、丰满等多座巨型水电站建设中，为中国水电打造“世界名片”作出了积极贡献。

二是有效达成流域梯级电站运营效益最大化。整体推进“流域、梯级、滚动、综合”开发，构建生态、智造、和谐多维立体管理体系，实现有序、有度、有效发展，形成“水风光一体、跨流域开发、国内外协同”良好发展格局，实现防洪、发电、生态、航运等综合效益最大化。2180万千瓦装机远程集控，55台机组“无人值班”。每年约减少全网弃水电量超200亿千瓦时，枯水期出境流量翻番。澜沧江上游梯级全部投产首年就实现全年发电量267.29亿千瓦时，较设计年发电量增加31.29亿千瓦时。打造了股东方投入与资本市场融资双轮驱动发展，构建起“融资—建设—盈利—投资”的良性循环，为全流域长期投资开发创造了有利财务条件。2017年公司成功上市，为开发上游电站募集资金39.06亿，权益资本得到补充，为企业高速发展提供了有力支撑。

三是有效实现当地社会环境友好共享发展。绿色发展态势良好，环境保护卓有成效。累计输送清洁能源超万亿千瓦时，相当于节约标煤超4.25亿吨，减少二氧化碳排放超10.48亿吨。移栽珍惜植物10万余株，实现澜沧江11种土著鱼类增殖，放流1000万尾土著鱼，建成动物保护点3处，大批行业创新示范强的环保科研成果在流域得到了示范和应用。推动流域和谐共处，助力地方脱贫振兴。帮扶云南4县拉祜族、佤族两个“直过民族”实现历史性整族脱贫，带动解决40个县11万群众民生难题。为云南、西藏脱贫攻坚取得全面胜利做出了重要贡献，获得当地移民群众、各级政府和广大媒体的广泛关注和一致好评，为建设“全流域多民族绿色生态型和谐社会”作出突出贡献。

（由中国华能集团有限公司供稿）

高寒高海拔碾压混凝土高效筑坝关键技术与工程应用

一、基本情况

为深入贯彻落实习近平总书记关于能源工作、西藏工作的重要论述和新时代党的治藏方略，助力能源强国战略和实现“双碳”目标，将西藏资源优势转化为经济优势，不断增强自治区内生发展动力，2013 年 11 月 13 日，自治区党委、政府决定成立西藏开发投资集团有限公司（以下简称西藏开投集团或公司）。作为西藏自治区八大产业中唯一的能源产业集团，西藏开投集团被自治区党委明确为区管重点国有企业（参照正厅级管理），公司地址在拉萨市。西藏开投集团秉承“战略引领、效益为先，立足西藏、服务全国，努力打造具有国内重要影响力的清洁能源产业集团”的发展战略和目标，以能源投资开发、建设、运营、管理为主业，同时立足主业向工程咨询、物业、建材物流等上下游产业链进行延伸，努力成为西藏构建清洁能源“一基地两示范”发展新格局的重要力量。

自成立伊始，西藏开投集团便确立了建设“国内一流、区内领先”现代企业集团的目标，紧紧依靠党委、政府，积极对标能源央企，从自治区政府机关和相关厅局（委办）以及国家电投、中国华能、国家电网、中国华电、中国大唐、中国电建、中国能建、中广核等央企调入成熟人才组建领导班子和中层管理团队，培养打造了懂技术、会管理、善经营的一流人才队伍。公司成立 10 年来，资产总额由 6 亿元增至 261.15 亿元，员工有 600 多人，下属分（子）公司机构 55 家。企业规模、企业实力位居区属国有企业前列。

截至 2024 年，公司年发电量为 16.98 亿千瓦时，占全区年总发电量的 15% 左右。清洁能源在建、筹建装机 359 万千瓦，正着手筹备建设一批大中型水电项目，总装机容量为 218.5 万千瓦，开展抽蓄、太阳能发电及风电规划选址项目 14 个，总装机容量为 655 万千瓦；此外，公司代表政府参股华电金上公司 20% 股份，参股华能澜上公司 35% 股份。结合西藏资源禀赋和企业发展实际，西藏开投集团明确了“十四五”和中长期发展战略目标，即加快创建具有国内重要影响力的清洁能源产业集团，并实施“三步走”发展战略。第一步，到2025年，公司自主装机加上权益投产装机容量超过300万千瓦，成为区内最大的发电企业集团，资产规模突破500亿元。第二步，到2030年，公司自主装机和权益投产装机容量超过1200万千瓦，资产规模突破1000亿元。第三步，到2035年，公司投产装机容量在3000万千瓦以上，成为我国具有重要影响力的清洁能源产业集团，资产规模突破2000亿元。

当前，我国开启了全面建设社会主义现代化国家新征程，西藏自治区创建高原经济高质量发展先行区的号角已吹响，西藏开投集团将牢牢把握做强做优做大国有企业这一重大使命，牢牢把握“碳达峰、碳中和”目标下加快能源转型这一发展大势，牢牢把握“推进能源绿色革命，保障国家能源安全”这一重大战略部署，全力抓好稳定、发展、生态、强边“四件大事”，坚持项目、产业、经济“点”“线”“面”协同发力，奋力开拓清洁能源产业强国兴区富民之路，为建设美丽幸福西藏、共圆伟大复兴梦想贡献“开投力量”。

二、实践经验

重点对企业在践行“四个革命、一个合作”中的典型经验做法进行总结。

（一）研究背景

随着国家西部大开发战略、西电东送工程的实施，水电项目开发转向水电资源富集的青藏地区。国家在“十二五”规划中，已经将西藏地区的水能持续有序开发列入规划纲要。在“十四五”规划中，明确提出雅鲁藏布江下游水电开发。藏区的水电开发即将迎来一轮开发热潮。然而，西藏丰富的水电开发过程中存在国内其他地区不存在的特点：高寒高海拔、交通不便、昼夜温差大、风速变化大、生态环境脆弱、民族文化与内地不同等，这不仅将导致该地区水电工程建设易出现一系列质量缺陷或问题，而且施工进度无法达到预期要求，工程造价也将大大提高，给藏区水电工程的开发带来了极大的挑战。碾压混凝土重力坝具有节能环保、施工速度快、投资省、适应性强、结构安全性好等优点，被广泛采用，但是西藏高寒高海拔地区施工建设碾压混凝土坝，存在交通不便、施工原材料匮乏；昼夜温差大、湿度、风速变化大且快、温控防裂难度大；施工中人、机降效严重，施工投入等问题。此外，藏区自然生态脆弱、民族文化差异大。果多水电站作为西藏首个完全由企业市场化运作的大型水电工程，移民安置、生态保护备受国内外关注。

为有效突破上述西藏高海拔地区碾压混凝土大坝设计、建造、管理的难题，本项目依托果多水电站工程项目建设，开展了“西藏果多水电站高效筑坝与绿色建管关键技术”课题研究。针对坝址区复杂基岩长期泡水较软弱、地震烈度高，提出西藏高海拔地区碾压混凝土坝静动耦合精细设计方法及紧凑建筑物布置方法，以满足工程建设需要。基于高海拔地区交通不便、原料匮乏、气候特殊，本项目对石粉掺杂指标、温控设计指标及金属结构设计进行优化，并开展了高海拔地区高掺石粉碾压混凝土施工工艺、高寒地区碾压混凝土施工温控技术研究的工艺研究。对于常规大体积混凝土修筑工艺，本项目优化了碾压混凝土施工快速检控技术、研制了变态混凝土便携智能加浆设备。针对现有监管措施工作效率慢、高海拔地区人工费用高等问题，本项目提出使用BIM模型进行协同设计、开发一体化安全监测自动化系统、搭建工程建设管理及数字化应用平台，实现监管运行效率的提高。针对西藏地区民族文化差异大等问题，本研究提出援藏兴藏征地移民工作新模式，移民的同时完成扶贫。针对藏区脆弱自然生态，采用施工组织优化布局设计、表土临时堆存、绿色环保植被砼、集鱼生态保护系统等方式，保护了西藏的绿水青山。

果多水电站作为我国第一座高海拔地区碾压混凝土坝水电站成功建设案例，其在规划、设计、建造、运营及生态保护措施等方面的创新性成果，为后续其他类似水电工程的建设提供了宝贵的经验与参考，具有重要的指导意义。

（二）工程简介

果多水电站位于西藏自治区昌都县境内，为扎曲水电“两库五级”中第二个梯级电站。工程坝址以上控制流域面积为33470平方米，坝址多年平均流量为303立方米/秒，多年平均径流量为95.7亿立方米。该电站以发电为主，水库正常蓄水位为3418米，死水位为3413米。正常蓄水位以下库容为7959万立方米，调节库容为1746万立方米，具有周调节性能，电站装机容量为160兆瓦（4×40兆瓦），保证出力33.54兆瓦，年发电量为8.319亿千瓦时。工程等别为三等，工程规模为中型。

工程枢纽布置格局为：碾压混凝土重力坝+坝身泄洪冲沙系统+左岸坝身引水系统+坝后地面厂房。坝顶高程为3421.00米，坝顶宽为8.00米，最大底宽为75.00米，最大坝高为83.00米，坝顶全长为235.50米。工程概算投资（静态）约33.2亿元，总投资（动态）约38.3亿元。工程于2012年底项目核准通过，于2015年12月底首台机组投产发电、2016年6月工程完工。

碾压混凝土主要分布在左、右岸挡水坝段，河床溢流坝段，泄洪冲沙坝段及引水坝段等部位。河床坝基高程为3328.00米，坝顶高程为3421.00米，坝顶宽为8.00米，最大底宽为75.00米，最大坝高为93.00米，坝顶全长为235.50米，大坝由左岸挡水坝段、左岸引水坝段、河床溢流坝段和右岸挡水坝段组成。坝体内部碾压混凝土采用C15三级配混凝土，上下游防渗区采用C20二级配防渗抗冻混凝土，模板、电梯井、廊道、钢管预留槽周边、压力钢管外包及其他不便碾压的部位采用变态混凝土施工。整个坝体碾压混凝土总量约为36万立方米，变态混凝土为2.5万余立方米。

（三）建设关键问题与难点

该工程最大特点是地处西藏高寒高海拔地带，温差梯度大且变化速度快、湿度低、风速大、日辐射强度高。据昌都气象站资料统计，该地区极端最高气温为33.4℃，极端最低气温为–20.7℃，多年平均气温为5.6℃，冬季月平均气温为–4.7℃，且昼夜温差大，最大月均日温差高达18.8℃，年均日温差为16℃。此外，工程现场空气含氧量不足65%，存在海拔高、施工降效显著、当地原料性能品质不稳定、外埠材料运输成本高等一系列问题。

（1）作为国内西藏高海拔地区首座碾压混凝土坝，建设经验少。本工程建设于2012年，作为当时首座高寒高海拔地区碾压混凝土坝，建设难度高，其前期设计过程、中期建造过程、后期运维管理过程，国内均无工程可参考，都需要进行摸索创新。

（2）高海拔、高寒地区，劳动效率降低。本工程海拔在3400米左右，处于高海拔地区，极端低温达–20.7℃。根据相关资料及前期施工经验，高海拔地区人工劳动效率相当于劳动定额的0.5~0.7左右，机械设备效率相当于劳动定额的0.6~0.75左右。

（3）季节性施工特点明显，施工质量控制难度大。扎曲河段地处澜沧江上游，属高原寒温带半湿润气候，平均气温较同纬度其他地区低，日照时间长，昼夜温差大，空气较为干燥，相对湿度为39%~59%，多年平均降水量为499.5毫米，降雨多集中在5—9月，占全年降雨量的83%，且多为阵雨、暴雨。冬季寒冷，降雨稀少，水边有结冰现象，河面有时封冻，春季3月气候转暖，水面有上游解冻的浮冰顺流而下，这些都导致出现不同季节现场极端施工条件。例如，仓面碾压层面常会因大风或温度突降出现快速表干发白、假凝假冻；施工节奏时常被突降风雪雨水打断；短时段施工工艺需频繁调整，可能既要实施保温又要采取降温等措施，很容易导致现场技术组织措施实施不流畅、不到位，质量管控难度巨大。

（4）碾压混凝土施工工序多，相互干扰大，传统铺盖或沟槽加浆法对于坝体上下游面变态混凝土防渗层，施工质量保障效果差。

（5）冬季停工导致混凝土温度控制及综合防裂难。本枢纽工程等别为三等，工程规模为中型，地处高海拔严寒地区，每年 12 月至次年 2 月为砼冬歇期，已交砼保温难度大，且与后期混凝土浇筑存在接合质量不易保证，上下游混凝土表面很容易形成干缩裂缝、劈拉裂缝等问题，甚至可能产生坝体裂缝。

（6）西藏地区生态环境脆弱。西藏土壤多为沙质土壤，其中分布于干旱河谷区的褐土和风沙土易侵蚀性程度很高，且透水性强，土壤中水分较差，植被难以生长，致使其生态环境十分敏感。

三、取得的成效

主要研究成果及创新点体现在以下方面：

一是提出了西藏高海拔地区碾压混凝土坝的静动耦合精细分析、大坝设计优化指标、金属结构抗冰冻、水工建筑物紧凑布置的工程设计新准则，奠定了高寒高海拔地区碾压混凝土坝水电站的设计基础。

（1）提出了西藏高海拔地区碾压混凝土坝静动耦合精细设计方法，确保了在高设计抗震烈度下的工程安全。

（2）提出了高寒高海拔地区碾压混凝土大坝设计优化指标，缓解了施工成本与混凝土设计性能要求之间的矛盾。

（3）提出了高寒低气压环境金属结构抗冰冻设计方法，保障了恶劣环境下机电设备的长期良好运行。

（4）优化了深切峡谷水工建筑物紧凑布置设计方法，实现了节约建造工程量与高效施工组织。

二是研发了高海拔偏远地区高掺石粉碾压混凝土施工工艺、基于含水率的快速检控、便携智能加浆、施工温控的质量控制施工新技术，突破了多项当时施工技术标准，实现了高海拔恶劣环境下碾压混凝土坝的优质高效绿色建造。

（1）优化了高海拔地区高掺石粉碾压混凝土施工工艺，破解了偏远工地材料短缺、物料成本高的难题。

（2）研发了基于含水率的碾压混凝土施工快速检控技术与设备，解决了传统检控方法人员需求多、现场操作复杂的难题。

（3）研制了变态混凝土便携智能加浆设备，攻克了人工加浆不均匀、低氧地区人工成本高的难题。

（4）创新了高寒地区碾压混凝土施工温控技术，规避了常规通水冷却成本高、干燥气候下混凝土养护易开裂的难题。

三是创建了西藏高海拔地区水电工程建管运一体化信息体系、造价指标、征地移民、水土保持和环境保护的建管运维新模式，为后续水电开发提供了确实可行的实践经验，推动了西藏地区“绿色”水电工程高质量发展。

（1）建立了水电工程建管运一体化信息系统工作体系，提高了水电工程设计进度和产品质量管理的水平，大大提高了工作效率。

（2）提出了西藏高海拔地区水电工程造价指标，为水电造价主管部门制定藏区水电工程造价相关标准提供了真实数据支撑。

（3）开创了西藏水电开发援藏兴藏征地移民工作新模式，提升了库区移民的幸福发展指数。

（4）实践了西藏生态脆弱地区水土保持和环境保护应对措施，守住了美丽西藏的绿水青山。

（由西藏开发投资集团有限公司供稿）

打造以虚拟电厂管理为核心的源荷互动体系，推动构建供需协同的新型电力系统，促进能源绿色低碳转型

一、基本情况

南方电网深圳供电局有限公司（以下简称深圳供电局）是中国南方电网有限责任公司（以下简称南方电网）的全资子公司，承担着深圳市及深汕特别合作区的供电任务，供电客户达365万户。运营管理的深圳电网已成为全国用电营商环境最优、客户停电时间最佳、供电负荷密度最大、价值创造和绿色发展领先的超大型城市电网。

近年来，深圳市加快推进新型能源体系建设，新能源汽车推广全球领先，分布式光伏、电化学储能等新兴业态实现创新发展，绿色低碳生产生活方式逐步形成，能源生产和消费发生深刻变革，突出表现在三个方面：一是以电动汽车为代表的新型负荷进入爆发式增长阶段；二是以风电、光伏等新能源为主体的新型电力系统加速构建；三是供电负荷密度全国最大，产业能耗增加空间小，用电最大峰谷差逐年扩大。

为全面支撑电动汽车和新能源产业高质量发展，提高新能源接入承载能力和供需平衡能力，充分发挥本地负荷侧资源优势，有力保障能源安全，大力推动能源清洁低碳转型，深圳供电局协同深圳市政府按照能源互联网“网络+平台+服务”的发展模式，建成国内首个网地一体虚拟电厂管理平台，由深圳市发展和改革委员会委托深圳虚拟电厂管理中心管理。积极推动5G基站、新能源汽车充换电场站，电动自行车换电柜，建筑楼宇、工业园区、储能系统等资源接入虚拟电厂管理平台，基本形成国内数据采集密度最高、接入负荷类型最全、直控资源最多、应用场景最丰富的源荷互动体系。

截至2024年3月，深圳虚拟电厂管理平台已对接虚拟电厂运营商100余家，管理资源规模超过265万千瓦，实时最大可调节负荷能力超56万千瓦。

为解决局部电网重过载问题，2023年已开展33次精准响应，累计有效调节电量约128.5万千瓦时，单次最大调节负荷21万千瓦，直接减少碳排放约1074.3吨。建设运营成效获国务院和国家发展和改革委员会有关领导同志关注，入选国家能源局能源绿色低碳转型典型案例，获南方电网推荐申报能源领域首台（套）重大技术装备。

二、实践经验

深圳虚拟电厂管理实践按照以下思路开展：积极开展解决海量负荷侧资源接入调度运行可观、可测、可控、可用的四大关键技术研究；和政府形成合力，因地制宜从政策、机制、体制方面共同构建新型能源体系；高质量的管理团队有序推进虚拟电厂生态构建，做好负荷侧资源进入电网调控和电力市场的引领，不断提高虚拟电厂实用化水平，增强能源供需友好互动能力；贡献实践经验，围绕虚拟电厂构建的标准体系，发布企标、地标，参与国标，促进虚拟电厂良性发展；积极主动协调国家、省相关部门支持虚拟电厂参与区域、省、市各类交易，打造虚拟电厂资源参与市场交易和协同控制的先行示范，探索实现虚拟电厂可持续发展，推动能源技术和发展模式创新。

（一）强化创新引领，打造统一标准平台体系

一是强化联合技术攻关。依托国家能源“新型电力系统源网荷储友好互动”研发创新平台，储备虚拟电厂基础共性技术、适配虚拟电厂的配电网支撑技术、分布式光伏参与源荷互动、“零碳”建筑参与虚拟电厂互动解决方案和规模化车网互动等关键技术，推动计量芯片、智能终端等关键设备国产化，为深圳虚拟电厂调度运行打下良好的技术基础。二是建设调度管理平台。依托南方电网虚拟电厂“灯塔”项目，联合南网科研院建成国内首个网地一体虚拟电厂调控管理云平台（见图1），创新性地打通了与电网调度系统的接口，解决了海量互联网资源接入调度的安全防护难题，实现调度系统与用户侧可调节资源的双向通信，可满足调度对虚拟电厂运营商下发96点计划曲线、实时调节指令，在线实时监控等技术要求，为用户资源通过虚拟电厂参与市场交易和电网运行提供坚强保障。

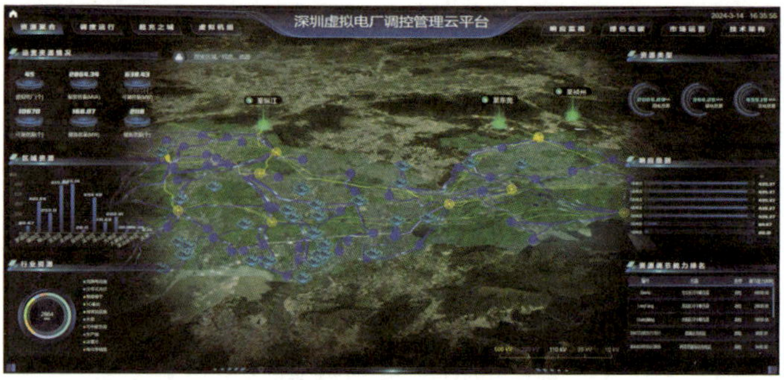

图 1　虚拟电厂调控管理云平台

（二）建立工作机制，优化政策支撑体系

一是有效制定虚拟电厂系列政策。2022 年 5 月以来，深圳供电局协同深圳市发展和改革委员会先后制定《深圳市虚拟电厂落地工作方案（2022—2025 年）》《深圳市虚拟电厂精准响应实施细则》，推动《深圳市支持虚拟电厂加快发展的若干措施》征求意见，形成“顶层规划 + 专项扶持 + 组织实施”工作体系，提出 10 余项重点保障举措，最大化促进挖掘深圳市分布式资源的调节潜力，为虚拟电厂在深圳落地应用提供政策保障。二是设立专项管理机构。2022 年 8 月 26 日，深圳市发展和改革委员会联合深圳供电局挂牌设立国内首家虚拟电厂管理中心，设在深圳供电局，由深圳市发展和改革委员会管理，推动深圳虚拟电厂迈入快速发展新阶段。深圳虚拟电厂管理中心独立负责虚拟电厂管理业务的日常运营和职能管理工作，具体开展用户注册、资源接入、调试管理、接收和执行调度指令、响应监测、效果评估等工作，实现虚拟电厂常态化实体运作。

（三）构建产业生态促进协同发展

一是成立专项工作组。深圳供电局成立技术支持、标准规范、政策交易、市场拓展、政府协同 5 个专项工作组落实和推进重点工作任务，聚合各方优势，携手构建虚拟电厂建设新生态。为每个接入用户成立专属服务团队，针对接入流程指导，政策解读、设备改造、平台接入等方面提供全方位服务，目前已成立服务小组 100 个。线上培训与实战演练相结合，培养高质量响应用户，定期开展线上培训，并以练促学，培养用户积极合规参加精准响应的习惯，在深圳形成一批能够高质量进行虚拟电厂精准响应的运营商。二是构建开放共享生态。授牌深圳铁塔成立国内首家 5G 聚合平台应用中心，充分发挥通信基站储能的优势，探索 5G 赋能新型电力系统。在 2023 国际数字能源展设置虚拟电厂专项展区，联合产业链上下游企业展示虚拟电厂产业生态。出席第七届全球 ICT 能效峰会（法国），向全球分享深圳虚拟电厂建设经验。

（四）建立健全标准规范指导虚拟电厂运行管理

深圳供电局推动南方电网成立新型电力系统负荷侧资源灵活调控技术标准化工作组，系统化构建虚拟电厂技术标准体系，协同印发南方电网首个虚拟电厂企标，申请国标 / 行标各 1 项、团标 4 项、企标 6 项。牵头编制《电动汽车充换电设施有序充电和 V2G 双向能量互动技术规范》《分布式光伏接入虚拟电厂管理云平台技术规范》《虚拟电厂终端授信及安全加密技术规范》等 3 项深圳虚拟电厂地方标准（见图 2），为各类终端智慧化改造、接入响应提供统一指引，有效填补深圳市乃至国内相关标准空白。

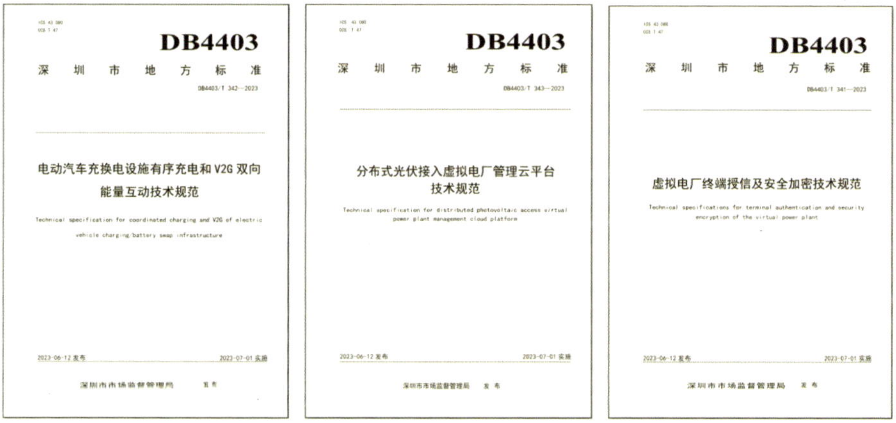
DB4403
深 圳 市 地 方 标 准
DB4403/T 342—2023
电动汽车充换电设施有序充电和 V2G 双向能量互动技术规范
Technical specification for coordinated charging and V2G of electric vehicle charging/battery swap infrastructure
2023-06-12 发布 2023-07-01 实施
深圳市市场监督管理局 发布

DB4403
深 圳 市 地 方 标 准
DB4403/T 343—2023
分布式光伏接入虚拟电厂管理云平台技术规范
Technical specification for distributed photovoltaic access virtual power plant management cloud platform
2023-06-12 发布 2023-07-01 实施
深圳市市场监督管理局 发布

DB4403
深 圳 市 地 方 标 准
DB4403/T 341—2023
虚拟电厂终端授信及安全加密技术规范
Technical specifications for terminal authentication and security encryption of the virtual power plant
2023-06-12 发布 2023-07-01 实施
深圳市市场监督管理局 发布

图 2 虚拟电厂地方标准

（五）打造可落地可持续可推广的发展模式

一是积极争取虚拟电厂新机制。推动国家发展和改革委员会、国家能源局《电力现货市场基本规则（试行）》《电力负荷管理办法（2023 年版）》和《电力需求侧管理办法（2023 年版）》中虚拟电厂相关条款的完善，从国家层面为虚拟电厂参与市场化交易、负荷管理等长效机制的建立提供了政策保障。争取国家能源局南方监管局印发《南方区域可调节负荷并网运行及辅助服务管理实施细则》，首次组织虚拟电厂参与南方区域跨省备用辅助服务市场调电试运行，有力推动南方区域虚拟电厂参与调频、备用等辅助服务建设。二是创新应用场景。积极推动虚拟电厂本地化精准响应，创新本地电网供需矛盾解决方式，解决了电网局部设备重过载、削减尖峰负荷、断面阻塞等实际问题，并在国家能源局南方监管局、南方电网等支持下，积极拓展丰富虚拟电厂应用场景，开展调频、跨省备用功能应用。

三、取得的成效

一是资源规模不断扩大。自2021年起，虚拟电厂接入资源类型愈加丰富，包括5G基站、数据中心等信息通信基础设施、充换电场站、建筑楼宇、工业园区、储能系统等资源。截至2024年3月，管理中心已接入运营商90家，平台接入资源数量超过3万个，规模超过265万千瓦，预计实时最大可调节负荷能力约56万千瓦，资源接入容量跃升至2021年的14倍，可调容量跃升至2021年的20倍（见图3）。基本形成国内数据采集密度最高、接入负荷类型最全、规模最大、直控资源最多、应用场景最丰富的虚拟电厂调控管理云平台。

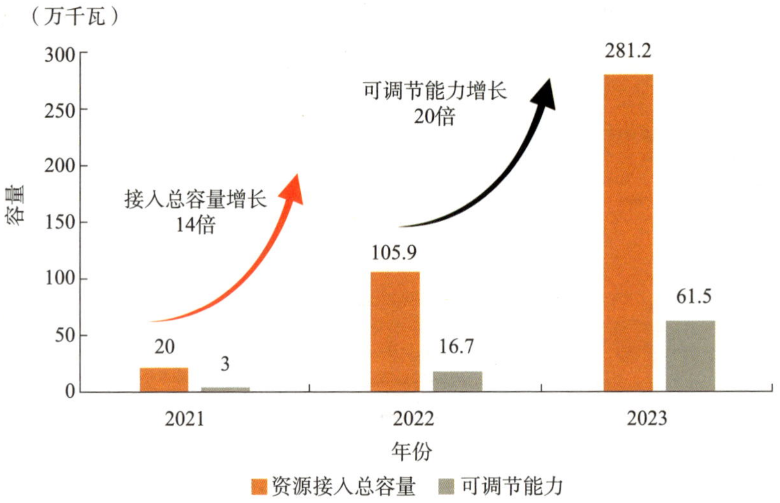

图3 资源接入容量与可调能力增长情况

二是应用场景持续创新。积极推动虚拟电厂本地化精准响应，创新解决局部电网重载、过载、断面阻塞等实际问题。2023年组织开展精准响应33次，调节电量125.8万千瓦时，运营商获得收益超过450万元。首次实现虚拟电厂参与调频技术验证。首次实现虚拟电厂参与跨省备用市场结算运行，为虚拟电厂参与辅助服务市场提供可行的样本。

三是虚拟电厂与智慧城市融合发展的趋势显现。以虚拟电厂为媒介，积极探索建立以各类分布式资源为主体的电力充储放一张网，实现了各类资源与BIM/CIM平台的精准化定位和建模，开展了极端情况下分布式资源调度预演，助力打造能源安全韧性城市典型范例。

四是电网企业能源生态“链主”效应显现。聚合虚拟电厂产业链各类资源，在上游培育高负荷园区、南网电动、深圳能源等能源消费和供给的龙头企业；在中游逐步提升虚拟电厂调度运行管理云平台服务能力，不断扩大资源接入规模；在下游建立电力公司、售电公司及高负荷用户的顺畅交易渠道，培育交易市场。

五是通过虚拟电厂产业链上、中、下游各类资源聚合，推动华为、中兴通讯等ICT龙头企业布局虚拟电厂新赛道。支持奥特迅、比亚迪等能源企业拓展虚拟电厂核心设备生产制造，实现“设备+服务”“场景+技术”高效融合，提升深圳新能源产业集群发展能级，助力构建数字能源先锋城市。

六是关键技术攻关成果丰富。联合产、学、研、用等相关单位，突破虚拟电厂资源接入、聚合、调控、运营等关键技术，率先解决虚拟电厂进入不同层级电网参与实时调节系列工程和产业技术难题，形成了涵盖精准量化评估、高效聚合、低碳调度、市场运营、软硬件开发、接入规范等虚拟电厂成套技术理论体系，为虚拟电厂真正落地实施提供了坚实基础。累计申请国家发明专利42项，已获25项；申请国标和行标各1项、团标4项、企标6项（见图4）。

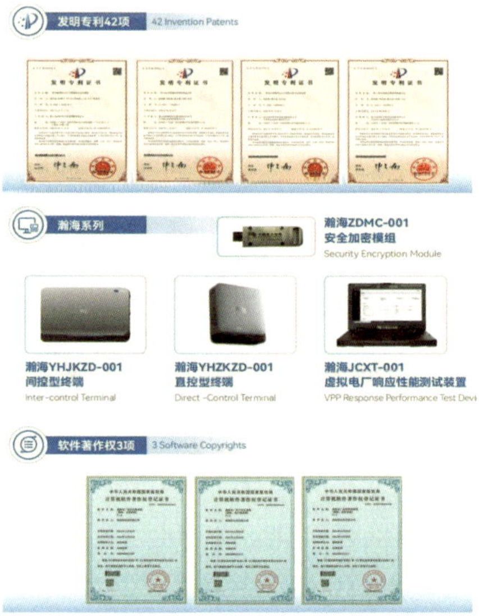

图4　科研创新成果

（由中国南方电网有限责任公司供稿）

突破技术垄断

——经纬旋转地质导向钻井系统研发成功

旋转地质导向钻井系统是石油工程领域最前沿、最高端的技术装备，被誉为现代钻井技术“皇冠上的明珠”，国内长期以来处于“依赖进口、受制于人”的被动局面。中石化经纬有限公司（以下简称经纬公司）聚焦“能源技术革命”，强化原创性、引领性科技攻关，自主研发“经纬领航”旋转地质导向钻井系统，成功打造能源领域“国之利器”，为服务国家“四个革命、一个合作”能源安全新战略、担当国家战略科技力量提供了硬核支撑。

一、基本情况

2020 年 12 月，中国石油化工集团有限公司立足提升勘探开发服务保障能力和核心竞争力，将原所属石油工程公司 13 家成建制、13 家非成建制单位的测井、录井、定向井等业务实施专业化重组，成立经纬公司。2021 年 4 月，经纬公司在山东省青岛市市南区注册并挂牌成立，注册资本金 10 亿元。主要从事石油行业上游领域测录定技术服务及技术研发、产品制造与销售、资料解释评价等业务，成为国内唯一一家彻底整合测井、录井、定向井业务的专业化公司，是中国石化面向国内外石油工程市场竞争的技术服务商，致力于打造中国石化管理创新示范区、技术创新策源地、高新业务孵化器，引领石油工程迈向中高端。2022 年 12 月，经纬公司被评定为国家高新技术企业，2023 年纳入国资委创建世界一流专业领军示范企业和科改企业名单。

自成立以来，经纬公司牢记中国石化专业化重组初衷，深入践行习近平总书记“关键核心技术是要不来、买不来、讨不来的”重要思想，自力更生，矢志打造自主可控的勘探开发利器。自 2002 年科研立项以来，依托国家“863”“国家重大专项”和中国石化“十条龙”科研平台，经过多年持续攻关，一举攻克了自研“经纬领航”旋转地质导向钻井系统轨迹控制、通信效率、地质测量、可靠性四大难题，取得了静态推靠模式下高造斜率、精准轨迹控制、随钻探边、高可靠性四大创新成果。经 5 名院士领衔的专家团队鉴定，这项技术整体达到国际先进水平、部分达到世界领先水平。同时，围绕创新链打造产业链，构建了自主可控的国产化供应链，建成了完整的产业体系，为扛稳保障国家能源安全职责使命增添了新力量。

二、实践经验

面对靠单一力量、单一学科、单一团队难以攻克的实际，创新实施大兵团作战、项目化管理、模块化攻关、场景化迭代、系统化保障，探索出一条重大科研项目高效突破的新路径。

（一）把“满天星”聚成“一团火”，集中力量办大事

1.“社会化”科技，构建合作“生态圈”

经纬公司专业化重组后，资源集聚效应明显，业界高度关注、充分肯定，众多企业和科研院所相互合作意愿强烈。经纬公司抓住机遇“窗口”，坚持开门搞科研，与多家企业院校等签订战略合作协议，合力打造共解难题、共享发展的科技创新“生态圈”。与航天 18 所等 22 家国内先进研发制造单位通力合作，构建了旋转地质导向钻井系统 PDC 轴承、泥浆脉冲发生器等高精度部件的完整可靠供应链条；与斯伦贝谢开放明码协议，实现旋转地质导向头的互联互通；与贝克休斯联合开展技术服务，为研发人员积累实战经验。中国科学院赛宝实验室等国家重点实验室为这项技术的研发提供模拟计算、振动检验等理论方法支撑。经纬公司高度重视基础理论研究，与清华大学设立产研联合专项课题，与中国石油大学（华东）共建石大经纬产教融合研究院，借助高校优势智力资源推进关键理论方法研究，构建形成大兵团联合作战攻关格局，实现国际前沿资源、一流科研资源、一线制造资源充分集聚。

2.“集团化”运行，迭代应用“大场景”

井下实钻试验是验证各类下井仪器、工具功能和性能的有效途径，是产品产业化建设不可或缺的一环。经纬公司主动加强与各油气田分公司、地区工程公司三方协同，共同落实试验井位、共同制定试验方案、共同组织现场施工，实现了“攻关迭代一体化、设计施工一体化、装备配套一体化”，在完成生产施工任务的同时，又满足了科研实验的需求。近三年来，累计在胜利济阳页岩油、川渝页岩气、西北碎屑岩、海上油田等各类型油气藏试验 53 口井迭代 1305 次、效率提升 56%，促进旋转地质导向钻井系统全场景、规模化应用。

3.“大集中”研发，整合创新“全要素”

坚持“集中力量办大事”，将分散在成都、武汉、东营等地的 12 个实验

室、六大刻度井群、226 名科研骨干、55 个科研项目整合到下属研究院，原先零散分布的 26 个旋转地质导向相关课题项目、科研力量和实验资源等全部纳入项目课题组，打破专业壁垒，形成术业专攻、学科资源共享局面的矩阵式项目化攻关模式，建成从理论研究、现场试验、技术迭代到产业化使用的“研产服用”完整创新链条。建成基于应用场景的维保策略（EBM）维保体系，配备设备 66 台（套）、工程师 57 人，形成年产工具 50 串、年维保 350 串次能力，全过程记录 60 套仪器 12 项运维数据，严格制造工艺、生产记录、偏差调查等全生命周期质量监控，保证生产全流程可追溯。

（二）把“大项目”拆成“小模块”，打造科研新范式

1. 以“揭榜挂帅”带动项目化管理

对旋转地质导向项目实施“揭榜挂帅”，破除论资排辈“老框框”，面向公司内部发布“英雄帖”，实行项目化管理，赋予揭榜项目长技术路线决定权、经费使用权、团队组建权、考核分配权。对科研人员实行分类定级，推进“岗”“级”分离，实施以成果质量为导向的科研投入综合评价制度和“上不封顶”的成果转化创效奖励机制，科研人员绩效与科研成果转化多少、个人贡献大小直接挂钩，2023 年旋转地质导向项目组科研人员与其他项目组同层级科研人员收入差距达到 3 倍，创新活力效率显著增强。

2. 以“模块攻关”解决制约性问题

创新结构化攻关模式，实现量化管理，划分至最小单元，实行系统—单元—模块—元器件“四级”结构，通过研发任务分解，将研发压力从项目长传递到各研发岗位，配套搭建针对研发人员的绩效考核体系，模块单元落实责任人，压实攻关责任，打表推进，定期考核，促进技术迭代。重构科研流程管理设计，清晰定义各模块每个阶段的科研任务及质量要求，研发阶段发现问题，可按照模块快速找到“病灶”，逐个定型；总装阶段各模块质量有保证，产品性能符合既定要求，科研效率提升 60% 以上。运用模块化攻关，独创耦合造斜能力、结构强度、疲劳寿命，兼顾电子电路减振安装的结构力学设计及仿真方法；针对初级电路失效占比高的问题，独创高抗振机电一体初级电路骨架结构，完全区别于国外同原理产品；开发多维组合编解码方法，大幅提高传输抗干扰性和可识别度，下传指令和上传解码成功率达到国际先进水平。

3. 以“赛马”机制加快关键点突破

为提高项目成功率、加快研发进度，激发科研团队创新活力，选取旋转

导向项目“急、难、险、重”子课题，开展“赛马”机制，实施“金球法则”，两个团队开展并行研究，设置阶段性考核目标，签订任务书，建立技术攻关动态竞争机制，根据研发进展精准资助科研经费，给予每个团队一定的科研启动经费，一个团队完成任务工作量、达到指标要求的，结题验收，项目关闭。

（三）把“管控式”转为“服务式”，增强创新保障力

1.“人才高地”提供关键科研人员保障

针对高层次人才紧缺的现状，通过内培、外引、柔性引进等方式，加快建设满足旋转地质导向研发需求的“人才高地”。面向全球招聘，打破固有规则，配套“协议工资”制、SOHO 灵活办公、“人才飞地”等政策，成功吸引具备国际油服方法研究、国内头部研发企业的领头人、首席专家等 5 名高层次人才，从事数学建模、方法研究、模拟仿真等理论研究，加快推动原始创新，逐步摆脱跟随模仿的窘境。通过柔性引才方式，聘任 6 名行业引领人员作为“石大经纬学者”，加强高端人才培养，引入行业前沿信息，指导技术研发方向。以项目化用工方式，招聘有同行先进企业绘图、高级仓管等岗位经验的熟练技能人才，夯实科研基础工作。依托博士后科研工作站“筑巢引凤”，成功引进 17 名博士后，充实科研团队，为旋转地质导向系统攻关培育“生力军”。

2.“产业众筹”提供经费保障

创新“经营单位出题筹钱、科研单位答题研发、成果收益分成共享”的内部产业众筹模式，产品产业化后，众筹单位享有产品销售收益分成权、优先应用权和价格优惠权等权利，激发各单位参与科技创新热情，引导内部专业经营单位与测控院共建责任共担、利益共享平台，推进“研产服用”一体化机制落实落地，加快关键核心技术攻关突破和转化应用。三年累计投入科研经费 1.5 亿元，红外光学检测仪、振动检测台等仪器装备相继投入应用，配套建设 1 个实验检测中心和 3 个修保基地，补全产业创新链条。

3.“授权赋能”提供效率保障

围绕“减负、松绑、放权”，减少科研过程干预，让科研人员在创新中“自主”，压减各类资料及审批节点 30%，特别是突破了最被研发人员诟病的科研物资统采限制，实现随用随购、个性化订购。为高层次人才配备科研助理，专职做好各项后勤服务工作，不让名目繁多的报表和审批占用科研人员的精力，大幅提升科研效率。

三、取得的成效

一是关键技术突破填补行业“空白”。2022 年 11 月，旋转地质导向钻井系统成果研制成功并发布后，央视专题报道《我国油气领域关键技术旋转地质导向钻井技术获突破》等新闻。目前，“经纬领航”旋转地质导向钻井系统形成 9 项核心技术，已授权发明专利 29 项（美国、欧洲专利 7 项）、专有技术 3 项、软著 4 项，发布行业及企业标准 5 项、论文 38 篇、专著 1 部，实现关键核心技术自主可控。2024 年 1 月，这项技术入选国家能源局 2023 年全国油气勘探开发十大标志性成果。

二是高质量支撑保障重点工程建设。旋转地质导向钻井系统累计规模化应用 214 口井，进尺 25.7 万米，累计工作 2.8 万小时，机械钻速提升 88.28%、趟钻成功率提升 32%，大幅缩短钻井周期，国内首家实现页岩油、页岩气、碎屑岩、老区挖潜、海上油田等全场景应用，在中国石化市场与国际油服同台竞技，工作量占比达 57%，推动国际同行服务价格下降 15%，减少外委费用 2 亿元，节约钻井周期 300 天，有力支撑“深地工程”、国家级页岩油示范区等效益开发。

三是带动引领传统产业系统化升级。从一套系统到一个产业，“经纬领航”旋转地质导向钻井系统成为驱动石油工程高端发展的“新引擎”。依托攻克的新技术，锤炼的人才队伍，不仅孵化、衍生出一批科技创新成果，也逐渐形成发现油气藏、解放油气藏、评价油气藏的完整测录定产业集群。高端制造初具规模，建成旋转地质导向、测井、定向、录井 4 条产品线，2021—2023 年，累计生产销售各类产品 330 台（套），实现产值 8.4 亿元；高端收入占比逐年提高，2023 年高端收入 28 亿元，占比为 48%，较重组前提升 20%；经营质量稳步提升，营业收入、利润总额增幅连续两年实现两位数增长，营业现金比率、全员劳动生产率同比分别增幅 58.31%、6.85%，有力助推上游勘探开发产业链价值提升。

（由中国石油化工集团有限公司供稿）

吸力桩导管架基础首次在台湾海峡深远海域大型风力发电场创新应用

一、基本情况

福建省福能海峡发电有限公司（以下称公司）是一家能源企业，经营范围包括风力发电、太阳能发电、生物能发电、潮汐能发电、海洋能发电、地热发电等新能源电力生产与销售；投资与开发；设备维修，相关技术与咨询；内部业务培训服务。

2021 年底，公司完成长乐外海海上风电场 C 区项目建设并投入运营。C 区项目主体由风电机组、海上升压站、海缆线路、陆上集控站、地面输送线路、东岱集控中心六大部分组成；共建有风电机组 57 台，总装机规模为 496 兆瓦。公司坚持以党建引领，按照集团公司高起点谋划、高标准建设总体思路，致力于打造一流海上风电，深入发展清洁高效能源。年上网电量约 17.4 亿千瓦时，每年可替代 53.5 万吨标准煤，可减少排放二氧化碳 146.26 万吨、二氧化硫 347.83 吨、氮氧化物 330.44 吨、烟尘 69.57 吨，对国家提出“3060”实现“碳达峰、碳中和”具有重大意义。

公司 C 区项目创造了国内、省内多项第一：风电机组基础选用外海深水吸力桩式导管架基础，引进荷兰 SPT 公司的沉贯技术，基础形式为国内首创；项目主体工程建设仅历时 1 年，建设工期国内领先、省内第一；项目单体规模、单机容量、离岸距离、水深均为省内第一。公司“台风多发复杂海域大型风电场工程关键技术及应用”项目获得 2021 年度福建省科学技术奖一等奖。

二、实践经验

长乐外海风电场 C 区项目场址在长乐市松下镇东部海域，西北向与白犬列岛距离约 15 千米，西南向与山白岛距离约 20 千米，工程区地处外海，距离长乐海岸线为 31~50 千米，理论水深为 31~45 米，规划面积为 58.6 平方米。工程布置单机容量 8 兆瓦海上风力发电机组 37 台，10 兆瓦海上风力发电机组20台，核准装机规模为496兆瓦。风机基础型式均采用吸力桩式导管架基础，同时采用220千伏海上升压变电站+陆上集控站方案，配套建设1座海上升压变电站和1座陆上集控站。集电线路通过35千伏海底电缆先接入海上升压变电站，升压至220千伏后，再经2回220千伏海底电缆接入220千伏陆上集控站，电能汇流后再以1回220千伏线路接入220千伏东台变，并入省电网。

在长乐外海风电场C区项目的实践中，公司注重技术创新和项目管理的结合，以提高项目效率和降低成本。面对复杂的地质条件，公司不断探索创新，联合国内设计院，首创了深远海大容量海上风电机组偏心吸力桩方案，并成功解析了吸力桩基础失稳破坏模式，应对特殊地质条件的挑战。最重要的是，公司在项目管理中贯彻了“四个革命、一个合作”能源安全新战略，强调团队协作和创新精神，使整个项目从规划到建设都达到了预期效果。

1. 国内首创复杂地质条件下深远海大容量海上风电机组偏心吸力桩方案

国内首创复杂地质条件下深远海大容量海上风电机组偏心吸力桩导管架风机基础（见图1），解决了传统技术中因水平方向波流荷载过大而造成吸力桩本体周围土体失效的问题，取得了减小导管架总体尺寸、减少导管架用钢量、降低基础总重量、降低成本和施工难度的效果；国内首创吸力及出浆组合式吸力泵接口结构（见图3），实现吸力泵快速安装固定、自动密封，无须水下作业，还可充当吸力桩灌浆溢出口，一物两用。

图1　偏心吸力桩导管架基础

图2　吸力桩桩顶

图 3　吸力及出浆组合式吸力泵接口结构

2. 创新的吸力桩基础失稳破坏模式解析方法

在竖向荷载、水平荷载与弯矩荷载（VHM）共同作用的复合加载模式下，吸力桩基础地基达到整体破坏时各个荷载分量的组合在三维荷载空间中将形成一个不依赖于加载路径的椭圆曲面为破坏包络面，项目团队创新地通过求解 VHM 三维荷载空间内的破坏包络面方程分析海上风机机组吸力桩基础承载能力并确定吸力桩基础的失稳破坏模式，若设计基础承载力在屈服包络面之内，则认为基础的承载力和整体稳定性满足设计要求，并初步确定吸力桩基础的尺寸，为初步设计阶段提供方案设计指导性意见。在方案设计阶段，使用 VHM 三维荷载空间内的破坏包络面理论方法判断吸力桩承载力和稳定性是否符合要求，避免了烦琐的有限元计算，具有简化输入参数、无须划分网格和计算速率快等特点，研究成果可供工程设计参考（见图 4）。

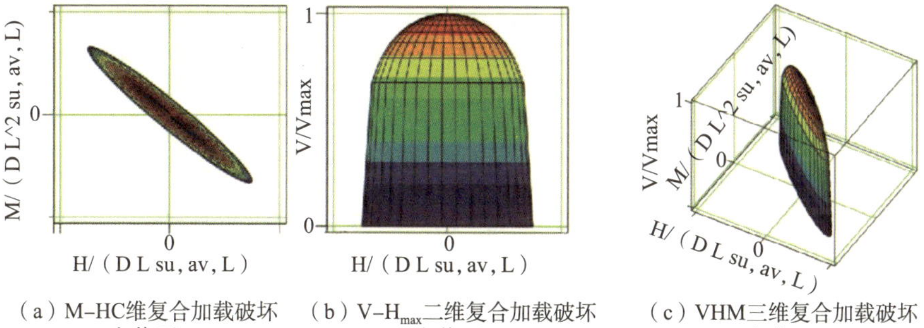

（a）M–HC维复合加载破坏包络面　（b）V–H_{max}二维复合加载破坏包络面　（c）VHM三维复合加载破坏包络面

图 4　破坏包络面

3. 首创超高三桩吸力式导管架整体制造、吊装、沉贯施工关键技术

国内首次批量化应用三桩吸力桩导管架基础，首创超高三桩吸力桩导管架整体制造、吊装、沉贯施工关键技术（见图 5）。创新采用“分段卧式拼装 + 立式节段总拼”技术，首次实现了百米级超高导管架的整体制造；针对吸力桩导管架三吊点的结构特点，自主研制了新型组合式吊具，解决了导管架吊装受力转换难题；采用“单筒单泵”负压下沉工艺及智能化监测系统，保证了导管架安装精度，提高沉贯速度。

4. 首创深厚淤泥夹砂特殊地质条件下吸力桩导管架沉贯分析技术

研究开展了基于 CPT–Based（DNV）方法对深厚淤泥夹砂特殊工程地质的吸力桩导管架风机基础沉贯阻力计算，提出了适用于深厚淤泥夹砂特殊工程地质的渗流减阻特性关键参数 kp、kf 的取值，得到的计算沉贯曲线与实际工程数据吻合度在 90% 以上（见图 6），为实际工程吸力桩导管架基础的沉贯提供了精准的数据支撑，提高了沉贯施工的可靠性。

图 5　长乐外海 C 区风电场吸力桩沉贯示意图

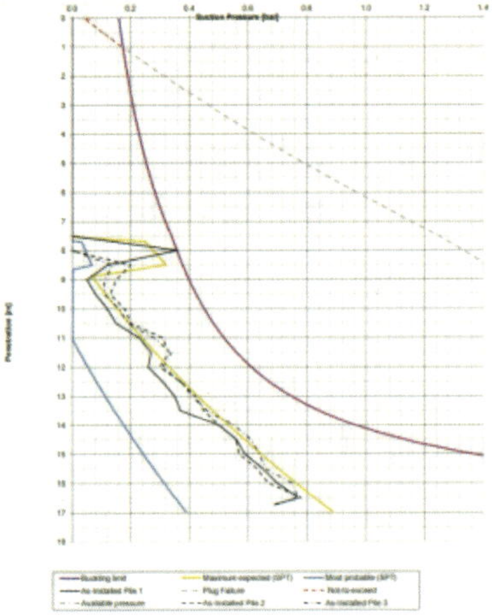

图 6　创新方法沉贯安装曲线与实际工程沉贯数据对比分析图

5. 结构采用岩土耦合一体化设计分析

传统的 PY 方法会导致吸力桩结构设计过于保守，不适用于大直径的吸力桩结构。采取分离式设计方法可以得到较为理想的桩土线性刚度，但是多数有限元软件模拟出的下部吸力桩与土体交互作用的结果难以与上部导管架结构设计进行耦合。通过多次尝试，最终采用海工结构设计软件 SACS 和有限元软件 Plaxis 3D 结合的海工结构与岩土集成设计流程，使大尺寸吸力桩基础

上部导管架和下部桩土的一体化耦合无缝衔接，实现了业内技术方法的创新。

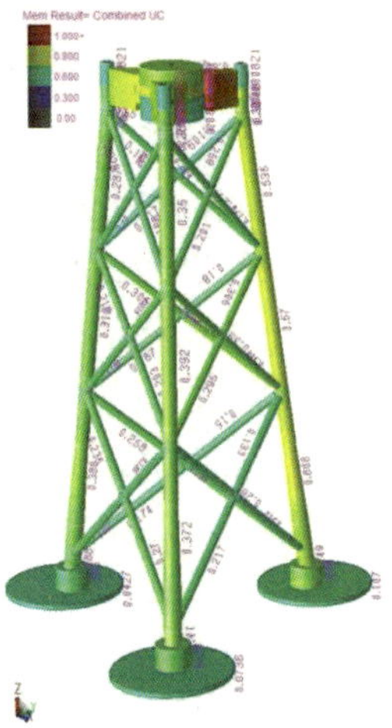

图 7　SACS 结构强度计算 UC 云图

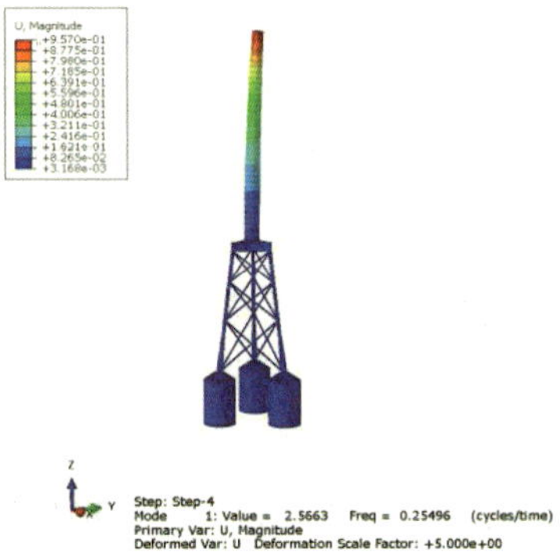

图 8　SACS 模态分析结果云图

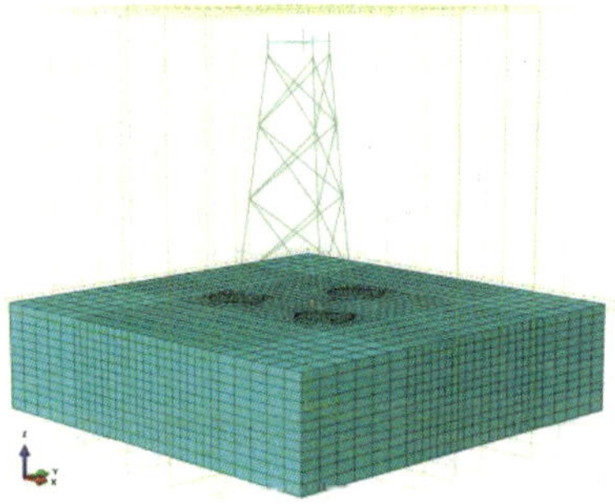

图 9　整体有限元模型图

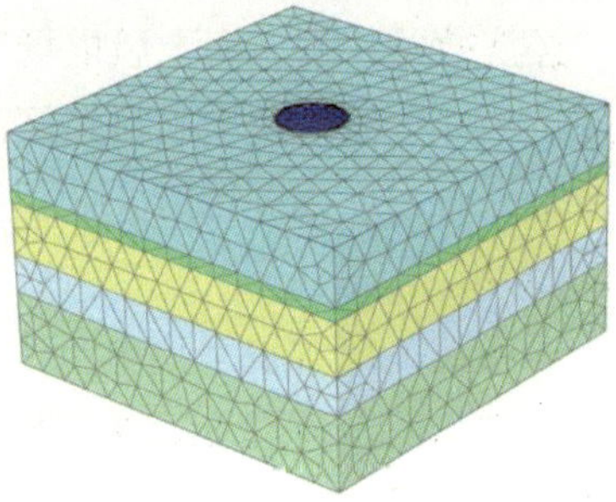

图 10　Plaxis 3D 吸力桩有限元模型

相较于传统桩式导管架基础，吸力桩基础安装工期可从 2~3 天降至 12 小时，效率提升 3 倍以上，使项目总安装工期从原计划 1 年缩短至 4 个月。得益于先进的技术方案和高效的安装速度，单台基础成本可降低约1000万元，项目总成本节约近 10 亿元。在具备显著的经济效益与社会效益的同时，对海洋生态环境的可持续发展也具有重要意义。得益于这些优势，长乐 C 区项目创造了单机容量最大、数量最多、水深最深、基础高度最高、速度最快 5 项世界之最，极大地推动了福建省海上风电技术跻身国际一流水平，为促进经济社会发展全面绿色转型、共建更加美好的世界贡献智慧与力量，向“碳达峰、碳中和”目标更进一步。

三、取得的成效

风力发电是一种清洁的可再生能源，没有大气、水污染问题和废渣堆放问题。风力发电场的运行期主要能源消耗为集电线路、电气设备的损耗和生产、生活用电、用水的消耗，施工期主要能源消耗为施工设备用电、用油、用水，通过施工期和运行期的各种节能措施，本项目各项节能指标均能满足国家有关规定的要求，并将建设成为一个环保、低耗能、节约型的风力发电项目。

环境效益：本工程建成后每年可替代 53.5 万吨标准煤，可减少 SO_2 排放量约 347.83 吨、NO_x 排放量约 330.44 吨、CO_2 产生量约 146.26 万吨、烟尘排放量约 69.57 吨。因此，本风电场建设具有明显的节能和环境效益。本工程风电场的建成，不仅能节约煤炭资源，更可减少燃煤的负面环境效应，非常有利于环境保护。未来 20 年，我国将实行"保障供应、节能优先、结构优化、环境友好"的可持续发展能源战略，燃煤及热排放所造成生态污染的消除，本身就是巨大效益。

经济效益：按《海上风电场工程可行性研究报告编制办法》（试行）中有关规定，并参照《建设项目经济评价方法与参数》（第三版）及现行的有关财税政策，对本项目进行财务效益评价。本项目建设期 4 年，运行期 25 年，计算期 29 年。

本项目拟定含税上网电价为 0.75 元 / 千瓦时进行经济分析，计算全部投资财务内部收益率为 8.14%（所得税后），财务净现值为 170168.93 万元；资本金财务内部收益率为 13.6%，财务净现值为 178703.27 万元。投资回收期为 12.53 年（含建设期、所得税后），总投资收益率为 5.72%，资本金净利润率为 11.60%。

当投资、电量分别在偏离基本方案 ±15% 范围内变化时，资本金收益率在 7.79%~20.21% 变化。当上网电价在 0.7~0.8 元 / 千瓦时变动，即偏离基本方案 ±6.67% 时，资本金收益率在 10.94%~16.06% 变化。相同变动幅度下，上网电价对工程收益影响较大，投资和发电量相对较小。

投资控制：本项目创新性地采用新型风机基础结构型式——吸力式导管架基础，其适用范围广，可承受多样的环境荷载。吸力桩式导管架基础因其用钢量省、适用范围广、施工周期短、节省大型船机设备、运维方便以及整体拆除方便等特点，在当今高速发展的海上风电行业，具有重要的推广价值。本项技术成果在福建长乐外海海上风电场 C 区项目风机基础施工中成功应用，为工程建设提供了关键技术支撑，与四桩导管架基础相比，吸力桩导管架基础节约钢材 247.8 吨 / 台，同时基础海上施工作业周期缩短了约 2 个月，大大降低了工程建设成本，产生经济效益约 2.7887 亿元。

开发利用风力资源是调整能源结构、实施能源可持续发展的有效手段。本工程的开发建设有助于当地产业结构的调整，促进当地的经济发展，具有良好的社会效益和综合经济效益。另外，风电在生产过程中不排放任何有害气体和固体废物，环境效益明显。本项目具有良好的社会效益和综合经济效益。

（由福建省能源石化集团有限责任公司供稿）

布局压气储能全新赛道　进入世界领先技术行列

一、基本情况

在“3060”清洁低碳目标指引下，中国能源建设集团有限公司（以下简称中国能源）战略性布局新型压缩空气储能技术，探索盐穴、人工硐室等技术发展路线，聚力打造全球领先的大规模压气储能系统解决方案。2024 年 4 月 9 日，中国能建投资建设世界首台（套）300 兆瓦级压气储能电站——湖北应城 300 兆瓦级压气储能电站示范工程（见图 1）并网成功，创造了世界范围内单机功率、储能规模、转换效率 3 项世界纪录，6 个行业示范和数十项国际首创，全球首次突破，标志着我国在 300 兆瓦级非补燃压气储能工程实践方面达到世界领先水平。

二、实践经验

图 1　湖北应城 300 兆瓦级压气储能电站示范工程

（一）发展压气储能是实现“四个革命、一个合作”能源安全新战略的重要支撑

推动能源消费革命、能源供给革命、能源技术革命、能源体制革命，全方位加强国际合作，建设新型能源体系，构建新型电力系统，实现碳达峰碳中和，是党中央作出的重大战略部署。新型能源体系是能源安全新战略的重要内容，新型电力系统是新型能源体系的关键环节，新型储能是新型电力系统的核心支撑，四者有机衔接、互相支撑，共同助力实现碳达峰碳中和目标。2023 年 7 月 11 日，习近平总书记亲自主持召开中央全面深化改革委员会会议，审议通过《关于深化电力体制改革加快构建新型电力系统的指导意见》，强调要深化电力体制改革，加快构建清洁低碳、安全充裕、经济高效、供需协同、灵活智能的新型电力系统，更好推动能源生产和消费革命，保障国家能源安全，这为构建新型电力系统提供了根本遵循。2024 年 3 月 12 日，李强总理在《政府工作报告》中指出，要大力推进现代化产业体系建设，加快发展新质生产力；要深入推进能源革命，加快建设新型能源体系，发展新型储能，新型储能首次写进《政府工作报告》，这为发展新型储能提供了行动指南。近年来，国家发展和改革委员会、国家能源局先后发布《关于加快推动新型储能发展的指导意见》《“十四五”新型储能发展实施方案》等系列顶层文件，这为发展新型储能指明了实施路径。中国能建数字科技集团有限公司（以下简称数科集团）主动践行国家能源安全新战略，创造性开辟压缩空气储能新赛道，加快核心关键技术研发和产业化布局，对推动能源革命、建设新型能源体系、构建新型电力系统、实现碳达峰碳中和形成有力支撑，体现落实国家战略的央企担当。

（二）中国能建“300 兆瓦级压气储能系统解决方案”处于行业领先地位

中国能建数科集团自主研发的“300 兆瓦级压气储能系统解决方案”，成功应用于湖北应城、甘肃酒泉（见图 2）、山东泰安等示范工程，打通了天然盐穴、人工硐室两种关键技术路线，突破了选址限制，可广泛应用于电网调峰调频、沙戈荒新能源外送、海上风电融合发展、核电灵活调节、火电低碳改造、源网荷储一体化、盐穴资源综合利用、废弃矿洞再利用、深地硐室创新利用等领域，成为新型电力系统重要调峰解决方案。数科集团基于大容量储能电站建设，从储气与发电技术维度，加强基础性、紧迫性、前沿性、颠覆性技术研发，形成非补燃绝热物理储能系统、多级串并联空气压缩储能、大容量高效空气透平释能、多介质宽温储换热力循环、大规模变压深地储气、

图 2　甘肃酒泉压气储能电站项目开工仪式

数字化网储协同调控等优势，“300 兆瓦级压缩空气储能系统解决方案”成为媲美抽水蓄能的新型储能解决方案。

（三）国家示范工程建设取得重大突破

2024 年 4 月 9 日，湖北应城 300 兆瓦压气储能电站示范工程首次并网一次成功（见图 3），标志着全球压气储能电站迈入“300 兆瓦级”单机商业化新时代。项目采用“300 兆瓦级压气储能系统解决方案”，总投资约为 19.5 亿元，单机功率为 300 兆瓦，储能容量达 1500 兆瓦时，系统转换效率约为 70%，每天蓄能 8 小时、释能 5 小时，年均发电约为 5 亿千瓦时，可以满足 75 万居民一年用电需求。项目引入数智技术，在设计阶段，应用 BIM 技术进行数字化设计，地上发电工程实现三维协同设计，地下储气工程实现声呐测腔、三维地震和地质建模；在基建阶段，应用基建数字化管控平台，实现“人机料法环”全要素的智能监测与感知，提高管理效率，强化本质安全；在运行阶段，开展 DCS、生产 SIS、生产 MIS 一体化集成，实现生产全过程数据采集、监测、控制和趋势分析，确保电站经济、安全、高效、绿色和稳定运行。项目创造了单机功率、储能规模、转换效率 3 项世界纪录，以及 6 个行业示范，数十项国际首创、全球首次突破，核心技术装备实现 100% 国产化。项目的成功并网，验证了“300 兆瓦级压气储能系统解决方案”的可靠性、创新性和可推广性，为大规模新型储能技术商业化应用提供了示范，标志着我国大功率压气储能技术达到世界领先水平。

图 3　湖北应城 300 兆瓦级压气储能电站并网成功

（四）实现核心关键技术自主可控、产业链高效协同

数科集团坚持“战略是引擎、科研是先导、设计是龙头、设备是关键、建设是基础、数智是基座”的方针，以系统化观念、工程化思维谋篇布局，勇当产业链链长。应城项目秉持“全自主化、全产业链、全国产化、全开放式”和“研投建营数”一体化模式，依托中国能建全产业链优势，与国内一流的洞穴储气科研机构及压缩机、膨胀机、换热器、储热罐等设备厂家紧密合作，通过“投资、规划、设计、施工、装备”五端发力，快速实现压缩空气储能技术产业化。应城项目围绕大功率、大容量、长时储能空气压缩 / 膨胀机组工艺设计、材料研发、快速加载控制策略等“卡脖子”问题，攻克了大型轴向进气、下排气、宽负荷工况频繁启停的轴流压缩机关键技术，提出了压缩机组轴流 + 离心的配置方案；研制了世界首台容量最大、性能最优的非补燃式压缩空气膨胀机设备，填补了国内空白。深地储气库是压气储能工程的决定性因素，经过联合技术攻关与实验论证，优化盐穴利用方案、钻井工程系统方案，成功攻克复杂盐穴空间高效利用成套技术、数智化选址技术，制定行业标准 20 余项；在世界范围内首次成功应用盐穴沉渣空间储气，首创国内最大口径 339.7 毫米注采井方案，大幅提高了注采气量、排卤效率。经过系列科研攻关，应城项目入选国家级第三批能源领域首台（套）重大技术装备、新型储能试点示范项目、绿色低碳先进技术示范项目，储能系统膨胀机、压缩机被评为 2023 年能源行业十大科技创新成果。

三、取得的成效

储能在促进新能源大规模开发消纳、支撑电网安全稳定运行、保障用户灵活高效用能中具有关键性支撑作用。2023 年我国新能源新增装机 3 亿千瓦、总装机 10.5 亿千瓦，2025 年、2030 年新能源总装机将分别达到 12.4 亿千瓦、18 亿千瓦。届时，新能源将超过煤电成为我国装机规模最大的电源品种。结合新能源强制配储国家政策，2023 年我国累计投运新型储能 3139 万千瓦，当年新增 2260 万千瓦，同比增长超 260%；2025 年、2030 年装机将分别达到 0.5 亿千瓦、2 亿千瓦，形成万亿级新赛道。进一步看，百兆瓦级压缩空气储能具备单机容量大、系统稳定性好、电转化效率高、建设周期短、选址灵活等特点，有望成为新能源发展下半场的主角，是新型储能的核心路线、主要方向，也是国家能源局重点推进的专项技术攻关项目。

“300 兆瓦级压气储能系统”作为新型大规模电力储能系统，在电网负荷低谷期利用富余电量将空气进行压缩储存，在电网负荷高峰期释放高压空气做功发电，具备大功率、高容量、长寿命等特点。压气储能系统是现今大规模长周期储能技术研发的热点，并网后可有效提升区域电网的调峰能力，促进电网消纳更多的风电、光伏等新能源，在构建新型电力系统中提供“四大支撑”：一是为能源电力供应提供系统保障，包括黑启动、调峰调频、无功调节、旋转备用等辅助服务；二是为改善风光出力提供平滑调节，提高新能源的电网友好性；三是为清洁能源外送提供灵活电源，实现高比例绿电外送；四是为源网荷储提供稳定支撑，在“发、输、配、用”各环节，完成多时间尺度、全过程的平衡、支撑和调控。

湖北应城 300 兆瓦压气储能电站示范工程的成功实施，将带动压气储能技术创新和关键装备技术研发，带动上下游产业链的协同发展，有力推动新型储能规模化、产业化、市场化发展；促进可再生能源的大规模并网消纳，提高电力系统运行灵活性和稳定性，对构建安全高效、清洁低碳、柔性灵活、智慧融合的新型电力系统和新型能源体系具有重要意义。此外，项目利用废弃盐穴空腔储气，可以盘活盐穴资源，促进地下空间循环利用，推动地方产业结构转型升级和绿色低碳经济发展。

（由中国能源建设集团有限公司供稿）

金龙氢能源商用车的技术创新与产业化实践

一、基本情况

厦门金龙联合汽车工业有限公司（以下简称金龙）创立于1988年，是厦门金龙汽车集团股份有限公司（股票代码：600686）的全资子企业，福建省国资委旗下“科改行动”重点企业，已成长为中国商用车自主品牌代表和领军企业。金龙专注于大、中、轻型商用车整车的研发、生产、销售和服务，产品包括4.3~18米的大中型和轻型客车，以及4.5~49吨轻、中、重型货车和专用车；全面覆盖包括公交、客运、旅游、通勤、专用车、货运物流等各个细分市场，满足不同场合的用车需求。

当前，金龙累计生产客车超过50万辆，出口近150个国家和地区，出口逾14万辆，连续13年客车出口量行业第一，已具备全系列客车、新能源货车等全流程研发、试验、生产等能力。

在研发端，金龙拥有“国家级技术创新示范企业”“新能源客车电控与安全技术国家地方联合工程实验室”“国家CNAS试验中心及博士后工作站”，国家“两化融合”示范企业和“国家级工业设计中心”等一流研发和试验平台。研发人员453人，均为本科以上学历，其中博士5人、硕士119人，高级工程师143人。长期与高等院校及优秀企业合作开展技术研究，与清华、上海交大、厦大、华为、美的、百度及阿里巴巴等的合作都取得了丰硕的成果。

在试验端，金龙试验中心建筑面积5294平方米，其中试验场地3656平方米，于2008年由厦门市科技局批准认定为“厦门市客车安全节能环保重点实验室”，并于2014年由福建省科学技术厅批准认定为“福建省客车安全与节能技术企业重点实验室”，2014年12月23日获中国合格评定国家认可委员会评审为国家认可实验室。试验中心引进国际先进的试验设备，具备整车及零部件检测能力共计140项，其中，整车检测项目101项，零部件检测项目39项。试验中心已获得国家认可实验室（CNAS）资质，具有CNAS检验项目 31 项，具备了研发工作相适应的试验验证能力。

在生产端，金龙下辖厦门大中型商用车、厦门轻型客车、厦门专用车和绍兴专用车四大生产基地，总占地面积 80 万平方米，年产能近 5 万辆。金龙拥有先进的冲压、焊装、电泳、涂装、总装五大工艺自动化生产线，依托智能制造基地和 11 个核心试验室，形成自动化程度高、工艺先进的世界级客车制造工厂，在全球范围树立了中国客车制造标杆。

图 1　厦门金龙燃料电池研发历程

二、实践经验

发展燃料电池重卡已成为解决日益突出的环境污染问题、实现我国重卡产业结构调整及“碳达峰、碳中和”目标的重要举措。氢能具有来源广、零排放、能量利用率高等优点，我国于 2022 年 3 月发布《氢能产业发展中长期规划（2021—2035 年）》，明确氢能源是未来国家能源体系的组成部分，将其列为重点战略性新兴产业。氢燃料电池重卡具有能量密度高、加氢时间短、无污染、低温性能优越、续驶里程长等突出优点，既可以解决传统燃油重卡二氧化碳和有害污染物排放量高、污染大的问题，又可以解决纯电动重卡续航短、充电时间长的痛点，商用价值较高。

因此，面对外部环境的严峻复杂和不确定性，金龙充分运用品牌、技术优势，通过产业生态合作面向货车领域开展战略布局，努力形成多元发展、多点支撑的产业新格局，为未来蓄能。在燃料电池领域，金龙实施了一系列攻坚举措，战略转型已进入实质性发展阶段。

（一）战略转型升级

一是在战略转型期部署开拓货车业务，提升货车研发能力。凭借在新能源三电技术方面的10年积累和成熟应用，金龙直面货车这个新领域新课题，2020年初研发生产了首款4.5吨纯电动货车，并完善生产工艺和品质管控流程，攻坚克难，形成了电动货车的全流程研发生产体系，具备了批量生产电动货车的能力。2020年9月，金龙通过工业和信息化部审核，顺利获得电动货车的生产资质，并相继完成了31吨纯电动自卸车、42吨纯电动牵引车等电动货车产品的技术储备和试制试验，积极推进市场订单落地。

二是果断成立燃料电池项目组，提出开拓燃料电池货车业务的实施方案，以取得资质作为里程碑。2020年10月，根据对国家政策和行业动态的密切关注和研判，拓展燃料电池货车业务正式立项，金龙快速组建研发团队，完成了49吨燃料电池牵引车的样车试制和产品验证工作，统筹形成了完善的覆盖纯电和氢燃料两大类型的货车生产能力。2021年6月，经过工业和信息化部专家现场审查通过，金龙如期获得燃料电池货车生产资质，战略转型进入实质性发展阶段。

（二）坚持科技创新

一是以燃料电池客车产业化应用为前提，通过极端天气测试动力性能，向市场化进程中迈出坚实一步。2022年初，全球首批燃料电池汽车高海拔测试在云南玉龙雪山景区进行，金龙首个完成所有测试项目，车辆测试的各项指标参数表现良好，标志着金龙燃料电池客车在高海拔地区的试运营取得了圆满成功。此前，国内外燃料电池汽车尚无在海拔2800~3400米山区道路环境的实际应用案例，且高海拔大气压低、含氧量低、气温低、昼夜温差大、沸点低等的应用场景，一直以来都是燃料电池汽车行业面临的一大难题。金龙率先测试11米燃料电池客车高海拔环境适应性能，在整车结构设计、零部件选型、整车控制策略等方面进行周密的设计与准备。面对实际道路存在长上坡、长下坡、急转弯等严苛工况，车辆每天运营里程达到300千米，技术团队夜以继日地测试、优化整车能量管理策略，根据车况实时调整燃料电池最佳输出性能，提升驱动电机响应速率，最终使车辆在3000多米的海拔应用场景中能够满足空载和满载工况下动力性能测试要求。

图 2　厦门金龙燃料电池高海拔试验

图 3　厦门金龙 8.5 米氨氢燃料电池城市客车

二是聚焦“氨—氢”能源在交通领域的商业化技术，加速“零碳”能源产业发展。2023 年初，由金龙联合福大紫金打造的全国首辆氨氢燃料电池客车宣布成功运行，该款 8.5 米氢燃料电池城市客车，采用液氨作为安全高效燃料，通过耦合低温氨制氢与氢燃料电池技术，实现氢能在汽车上的即产即用，并采用先进的整车结构、全天候实时安全监测系统及可靠的供氢安全防护系统，拥有“加注时间短、续航里程长、安全高效、节能环保”等多重优点。

三是验证燃料电池系统及整车高寒环境适应性，提高燃料电池系统的耐久性和可靠性。2024 年初，金龙燃料电池研发团队携带燃料电池及重卡产品进行高寒试验。经过一个多月的测试与验证，顺利完成燃料电池系统与重卡整车所有试验项目。为适应高寒应用场景，研发团队采用燃料电池余热利用技术，实现燃料电池系统余热利用，使高寒环境下的整车能耗再提升 8.4%；

图 4　厦门金龙燃电池冬标试验

研发了行业首创的燃料电池域控制器，对数个控制系统进行软硬件高度集成与优化，线束连接点可减少 80%，大大降低了硬件失效风险；研发了先进高寒智能控制算法，实现了高寒状态下整车与燃料电池协同控制。同时，拟定 118 项测试项目，挑战燃料电池最低温度极限及整车综合表现，圆满实现了燃料电池在最低温度 –35℃的快速冷启动和持续稳定运行，使得燃料电池重卡的安全性、动力性和经济性在高寒环境下依旧表现优异。在高寒条件下，金龙燃料电池和重卡整车的各项指标均达到了设计预期目标，高寒试验取得圆满成功。

（三）产业化创新与改革

投资建设金龙新能源重卡总部基地，探索产业共建发展模式，助力公司新能源重卡产业实现“换道超车”，找准“第二增长曲线”破局点。2023 年 6 月，鄂尔多斯高新技术产业开发区管委会、东胜区人民政府与厦门金龙联合汽车工业有限公司就厦门金龙（鄂尔多斯）重卡总部基地项目投资合作协议成功签约。厦门金龙（鄂尔多斯）重卡总部基地项目计划总投资 100 亿元，将建设两条金龙新能源重卡智能制造生产线，包括冲压车间、焊接车间、涂装车间、总装车间在内的全生产流程，打造集新能源重卡整车、换电站、氢能电池、汽车零部件、车辆运营维护服务等多条线于一体的全产业链生态，将为推动地方产业高质量发展、助力鄂尔多斯市培育和构建“零碳”产业集群提供新的增长支撑和创新动能。2024 年 3 月，金龙（鄂尔多斯）新能源重卡总部基地标准化厂房项目已取得新增建设用地审批手续，目前，该项目已全面开工建设，计划于 2025 年 12 月投产运营。

三、取得的成效

一是成为行业内燃料电池车型布局最齐全的商用车企业。金龙现已开发覆盖 8~12 米全系列氢燃料公交、公路产品，以及 4.5~49 吨的轻型、中型、重型全系列氢燃料货车，其中货车产品系列包括 4.5 吨冷藏车、18 吨环卫车、25 吨环卫车、31 吨自卸车、42 吨牵引车、49 吨牵引车。以 11 米公路车为例，实际运营中车辆氢耗在 6~6.5 千克 /100 千米，续驶里程达到 390 千米，为行业领先水平。

图 5 厦门金龙燃料电池车型

二是燃料电池专业技术人才储备成熟，已牵头制定多项标准，引领燃料电池商用车产业技术发展。金龙牵头制定省团体标准《燃料电池电动汽车燃料电池热平衡试验方法》（T/FJAS 024—2023）等，参与制修《燃料电池电动汽车车载氢系统技术条件》（GB/T 26990—2023）、《燃料电池客车技术规范》（JT/T 1342—2020）、《燃料电池堆及系统基本性能试验方法》（TCSAE 183—2021）、《“领跑者”标准评价要求》（TCSTE 120—2021）等多项燃料电池汽车国家和行业标准，并参与编写中国首份燃料电池安全专著《燃料电池汽车安全指南》。

三是取得 20 项发明专利，科技创新产出结成硕果，为燃料电池产业化提供坚实有利的条件。金龙相继申请 40 项氢燃料相关的国家发明专利，其中授权燃料电池发明专利 20 项，2021 年公司参与“高安全氢燃料电池客车关键技术及产业化”项目荣获厦门市科学技术进步一等奖、“高性能氢燃料电池客车关键技术及产业化”项目荣获福建省科学技术进步奖一等奖。2021 年 10 月，金龙与厦门大学联合成立联合研发中心，开展大功率燃料电池重卡相关技术的研发，2022 年金龙承担厦门市科技局重大科技专项“面向产业化的高性能氢燃料电池重卡关键技术研发”和参与福建省科技厅重大专项“大功率氢燃料电池重卡研发及产业化”，2023 年参与厦门市科技局未来产业科技项目“长续航高安全液氢重型商用车动力系统关键技术及应用研究”项目，为燃料电池应用场景解决方案提供强有力支撑。

四是累计销售燃料电池商用车 800 余辆，落地多个燃料电池重点项目，在全国 14 个省市实现商业化运营。作为新能源商用车行业的龙头企业，金龙已先后在上海、广东、京津冀、河北、河南五大城市群及重庆、山西、湖北、浙江、福建、甘肃、江苏等地大批量推广各类燃料电池车型，车辆运行里程已达 1000 余万千米，为燃料电池产业化奠定了坚实基础，极大地促进了中国燃料电池产业的快速发展。

图 6　厦门金龙燃料电池商用车应用场景

（由福建省汽车工业集团有限公司供稿）

白鹤滩水电站之“芯”
百万千瓦水轮发电机组领跑全球

一、基本情况

中国东方电气集团有限公司（以下简称东方电气集团）创立于 1958 年，是中央管理的涉及国家安全和国民经济命脉的国有重要骨干企业，为我国提供了大约 1/3 的能源装备，是全球最大的能源装备制造企业集团之一。

东方电气集团东方电机有限公司（以下简称东方电机）隶属东方电气集团，是我国研究、设计、制造大型发电设备的重大技术装备制造骨干企业，是全球发电设备、清洁能源产品和服务的主要供应商。目前，东方电机已形成“水、火、核、气、风、光”多电并举的产业发展格局，累计发电装备产量超过 6 亿千瓦，产品遍布中国 31 个省（区、市），出口到美国、印度、越南、巴基斯坦、巴西、委内瑞拉、埃塞俄比亚等 36 个国家和地区。自主研制了葛洲坝、三峡、白鹤滩等巨型水电机组，“华龙一号”“国和一号”等核能发电机。

白鹤滩水电站是全球单机容量最大的水电站，是开发和治理长江上游的重要水电工程，是国家能源战略布局“西电东送”的骨干电源点，是长江防洪体系的重要组成部分。白鹤滩水电站装机总容量为 1600 万千瓦，左右两岸分别安装 8 台 100 万千瓦水电机组。左岸全部 8 台百万千瓦水轮发电机组由东方电机自主研制供货（以下简称白鹤滩机组或白鹤滩项目）。

二、实践经验

白鹤滩水轮发电机组是世界上单机容量最大的水电机组；机组效率要求高，是世界效率指标最高的水轮发电机组；定子绕组温升不超过 63K，转子绕组温升不超过 58K，为水电行业最严格的温升控制水平；额定电压 24 千伏，为水电行业最高电压等级；精品机组标准，全面高于行业标准要求。为打造精品机组，业主方三峡集团提出设计零疑点、制造零缺陷、安装零偏差、进度零延误、运行零非停、安全零事故、服务零投诉“七个零”目标。

自2006年以来，东方电机充分总结三峡、溪洛渡等大容量机组研制经验，反复评估优化白鹤滩机组设计计算、制造工艺和现场安装方案，深入开展科研攻关和关键部件试制，进行了大量自主创新，机组研制的主要做法有以下五个方面。

（一）加强关键核心技术攻关，保障“设计零疑点、运行零非停、安全零事故”目标，打造高科技白鹤滩机组

零疑点、零非停和零事故是对机组安全性、可靠性、先进性的要求，它的根本在于创新，是对机组研发新技术、新工艺、新材料、新结构的要求。

自2006年开始，到2021年首台机组发电，前后历时16年。东方电机研究课题涵盖了水力技术、高效冷却技术、绝缘技术、新材料应用技术等九大方面、147个子项的内容。通过艰苦卓绝的研发，系统攻克了机组各项技术难点。

水力关键技术研究，首次将全流道全工况数值仿真技术应用于工程实际，研发了20多个转轮模型，开展了上百次模型试验，水轮机最高效率达96.7%，完美地兼顾了高效和安全稳定的关系；通过设计理念创新，将机组的大修周期由过去的5年提高到8年以上。发电机高效全空冷技术研究，开展15个专题80余项仿真对比计算，建立了6个专用模型试验台，针对17种散热结构，开展试验项目30余项，完成模型试验100余次。开发的高效冷却技术，让磁极散热面积增加29%、平均温升降低28%、通风损耗降低17%、定子散热效率提升20%。白鹤滩项目单台机组1620根定子线棒的最大温差只有3℃，远低于合同8℃的标准要求。

除此之外，东方电机自主研发的低损耗重载喷淋式推力轴承技术将电机总损耗降低了20%，24千伏绝缘技术刷新了水电绝缘系统新的标准，双楔面密封技术降低活动导叶漏水量2/3以上，低应力座环技术降低部件峰值应力30%，800兆帕低裂纹敏感性高强度钢板焊接技术首次在行业大规模应用……这些成果成为白鹤滩项目先进性、安全性、可靠性的根本保障。

（二）以数字化、智能化赋能制造转型，为“制造零缺陷”保驾护航，铸就高质量白鹤滩机组

白鹤滩机组的研发制造过程，伴随我国数字化转型兴起的过程，东方电机数字化转型之路也随着白鹤滩项目全面拉开帷幕。如果“设计零疑点”是对设计的应有之义，那么白鹤滩项目的“制造零缺陷”要求，则颠覆了工艺技术团队的认知。作为高端定制化、单件小批量生产的产品，水电机组制

造从来没有达到过“零缺陷”。白鹤滩项目“制造零缺陷”既是需求，也是使命。

数字化制造为东方电机提供了方向。2016 年，东方电机按照产品标准化、工序自动化和业务数字化的“三化”原则，打造了冲片、线圈、转子3个“行业首个”数字化车间。

依托数字化车间，白鹤滩定子冲片实现了全自动生产线生产，冲片生产的不良率降低了 20%、效率实现了翻倍，人均产出增长了 6 倍之多。白鹤滩单台机组 50 万片冲片叠装后，16.3 米的定子内径圆度偏差仅有 0.5 毫米，远优于精品指标要求。

白鹤滩机组核心部件应用的数字化技术还有定子线棒数字化制造，磁极机器人焊接等技术。通过数字赋能，白鹤滩机组部件制造质量极大提升，产出效率实现了倍数增长。

（三）以产品全生命周期过程管控引领体系创新，用“过程精品”保证“结果精品”打造高品质白鹤滩机组

为实现“七个零”精品机组要求，东方电机在制度创新、模式创新方面探索出了一整套行之有效的精品机组过程管控体系。主要包含三个要点：组织保障、技术风险管控、过程质量控制。

1. 加强组织保障

东方电气集团和东方电机领导高度重视白鹤滩项目，在东方电气集团历史上第一次成立由集团公司党组书记、董事长和党组副书记、总经理“双挂帅”，以项目任务为目标的领导小组。东方电机也同步成立主要领导担任组长，总经理担任总负责人的项目执行团队，并以项目实现过程为核心，组建由 100 多名精兵强将组成的骨干队伍，设立项目管理、技术研发等 8 个专项团队，保障了项目要求顺利落实，奠定了精品机组的基础。

2. 加强技术风险管控

白鹤滩项目难度大，147 个子项的技术攻关，创新程度各有不同，有现有技术的优化提升，有从“0 到 1”的全新突破，技术初始成熟度各不相同。在白鹤滩机组上应用的技术只有一个标准——万无一失。必须有足够的手段发现风险、有效的措施解决风险、可信的方式证明风险消除，技术风险管控体系在这个过程中发挥了举足轻重的作用。

一是分析识别风险，结合了水电行业难题、项目合同、精品机组要求，运用了质量分析工具、专家技术评审等，形成技术风险清单。二是动态管控

风险，确保所有风险应对措施有效，风险因素可靠排除，新产生的风险及时得到管控。三是网格化评审验证关闭风险，横向以设计输入为主线，确保输入充分无死角；纵向以设计验证为主线，通过多种手段交叉验证，确保验证有效性。四是以“再优化、再突破、回头看”为手段，确保设计工艺过程无死角、无遗漏。这一行动，东方电机前后开展了 3 年，提出了几十项参数优化、结构改进。

3. 加强过程质量控制

东方电机全面梳理设计、生产等产品实现六大核心过程中的关键点，建立“内控、精品、设计”三层级的质量指标，以“保关键、重过程、控风险、强执行、抓监督”作为主要管控方式。在体系内，以三层级质量指标为纲，对 19 个关键重大部件制定了 306 项精品内控指标；以保关键、重过程的过程管理为纲，对 24 个关键部件、80 个关键过程、42 类关键原材料、61 类关键配套件进行识别和分解，建立了“事事有人负责”的机制，确保过程控制落到实处。白鹤滩项目产品全生命周期过程管控是保障机组精品交付的重要机制，是针对单件小批量特点的大型发电设备研制过程管理的一次重大创新。当前，这套机制已固化为公司精品机组研发制造的标准体系，在产品项目中广泛推广应用，为产品提档升级提供了坚实基础。

4. 坚持绿色发展

建设绿色工程，美丽机电是白鹤滩项目的四大目标之一。东方电机在项目研发之初，就特别注重以人为本、绿色发展的理念。为降低生产过程污染物排放，东方电机对绿色环保水溶性漆关键技术开展攻关，解决了多年来一直困扰的工艺和性能指标难题，将原来的油性绝缘漆全部升级替换为环保的水溶性漆，首次在白鹤滩项目大量应用。目前环保水溶性漆已全面应用到定子冲片生产，定子冲片绿色“无人车间”的挥发性有机物排放降低了超 70%。东方电机首次在白鹤滩项目上开展“工业美学”研究，通过反复论证、不懈改进，研发了兼具美学价值和功能要求的发电机外罩，提升了厂房整洁美观形象，让白鹤滩工程成为高端、绿色、智能发电设备的标杆。

（四）以工匠精神筑牢精品文化理念，着力培养产业发展领军人才

工匠精神作为中国制造品质革命之魂，是提高产品质量和核心竞争力的重要精神力量。东方电机研发团队充分发扬工匠精神，协同创新、精益求精。静平衡是转轮研制的关键环节，这一工序是保证机组稳定性的关键步骤之一。东方电机白鹤滩机组转轮制造团队创新工艺方法，首次将数字化虚拟装配技

术应用于白鹤滩转轮装配及静平衡，并在实践中不断创新改进方式方法，最终实现8台转轮2台“零残余”、3台“零配重”，创造了巨型转轮静平衡水平新纪录。东方电机水轮机装配团队特级技师崔兴国同志被评为2023年“大国工匠年度人物”。据统计，在白鹤滩机组研制过程中，项目团队成员有10人获得职务晋升，22人获得职称晋升，4人获得博士学位，1人成为院士有效候选人。这些高素质人才已经成为东方电机产品高端化升级、产业提质增效的骨干力量和中流砥柱，成为企业高质量创新发展的基石和栋梁。

（五）以创新协同促进产业融合发展，推动产业链供应链优化升级

在白鹤滩机组研制过程中，东方电机以“车间式管理”促进管理升级，邀请业主方、监造方、产业链供方参与生产周会、监造月会、质量年会，建立件件交底、序序交底的沟通机制，解决理解分歧、认识偏差的问题。以“全员培训”促进人员升级，以“自上而下”“自下而上”“走出去”“请进来”多种方式开展全员培训，以精品质量管控经验带动产业链供方提升质量管理水平，确保各项管理和技术要求落实落地、不变形不走样。以共创共享促进能力升级，采用“一件一策”“1+N”的递阶采购管理，激发供方质量改进的主动性；实施数字产业化，协助供应链上中小企业实施数字化转型升级改造，提质增效，促进成德高端能源装备产业集群升级。目前，东方电机与产业链上下游28家企业实现协同创新，有效协助产业链上下游企业提升人员素质、管理水平、制造能力、质量水平，培养了一批水电装备产业链的优秀企业，有效推动传统产业高端化、绿色化、智能化转型。

三、取得的成效

历经5500余个日夜的奋战攻关，东方电机成功打造白鹤滩精品机组，成功登顶世界水电珠峰。

2021年6月28日，白鹤滩水电站首批机组投产发电。习近平总书记致贺信指出，白鹤滩水电站是实施“西电东送”的国家重大工程，是当今世界在建规模最大、技术难度最高的水电工程。全球单机容量最大功率百万千瓦水轮发电机组，实现了我国高端装备制造的重大突破。

东方电机自主研制的白鹤滩机组实现了4个“一百”、5项“重大突破”。单机容量100万千瓦，具有100%自主知识产权，实现了100%国产化，所有产出重大部件和投运机组精品率100%。机组核心部件采用数字化智能制造，产出质效大幅提升；机组转动部件重达2600吨，由上万个零部件构成，实现

了“零配重”；机组稳定性好，摆度仅一根头发丝直径大小；发电机温升控制水平高，开创巨型水电机组新纪元；水轮机最优效率达 96.7%，发电机额定效率超过 99%，行业领先。

2022 年 12 月 20 日，白鹤滩水电站全部 16 台机组投产发电，年平均发电量 624.43 亿度，每年可节约标准煤约 1968 万吨，减少排放二氧化碳 5160 万吨、二氧化硫 17 万吨、氮氧化物约 15 万吨，节能减排效益显著。自此，白鹤滩与乌东德水电站、向家坝水电站、溪洛渡水电站、三峡水电站、葛洲坝水电站“连珠成串”，共同构筑了世界最大的清洁能源走廊，实现一滴水发六次电，年节约标准煤约 9045 万吨，为人民美好幸福生活注入澎湃绿色动能。

除巨大发电效益外，清洁能源走廊梯级电站还具有防洪、航运、生态、水资源综合利用和助力乡村振兴等多目标、多功能、多效益，能够更好地满足人民对绿色美好生活的需求。这条清洁能源走廊建设是中国式现代化进程的缩影，为世界江河治理与保护贡献了中国智慧和中国方案，谱写出人与自然和谐共生的全新篇章。

（由中国东方电气集团有限公司供稿）

以“氢”代“碳”，氢冶金工艺
助力钢铁工业低碳转型

一、基本情况

河钢集团有限公司（以下简称河钢），总部位于河北省石家庄，是世界上最大的钢铁材料制造和综合服务商之一。河钢以“建设最具竞争力钢铁企业”为愿景，致力于为各行各业提供最具价值的钢铁材料和工业服务解决方案。目前，河钢已经成为中国第一大家电用钢、第二大汽车用钢供应商，世界第二大钒钛材料制造商。河钢坚持“高端化、智能化、绿色化”发展，加快实现“钢铁向材料、制造向服务”转型，成为具有世界品牌影响力，钢铁材料、新兴产业、海外事业与金融服务协同发展的跨国工业集团。

连续 15 年位列世界企业 500 强，2023 年居第 229 位，资产总额达 5396 亿元，营业收入达 4007 亿元，品牌价值高达 1435.86 亿元，位居钢铁行业第二。

以市场需求为导向，聚焦新材料、新能源、新工艺和绿色低碳、智能制造，深度链接全球科技创新资源，以技术升级推动高质量发展。目前，拥有 4 个国家级企业技术中心，6 个省级企业技术中心，29 个省部级重点实验室及工程技术研究中心，42 家高新技术企业，研发投入强度保持在 3% 以上，努力打造原创技术策源地和自主创新高地。

先后荣获世界钢铁协会“可持续发展卓越成就奖”“低碳生产卓越成就奖”，国内唯一入选世界钢协“可持续发展优胜者企业”，荣获中国工业碳达峰“领跑者”，在 MPI 中国钢铁企业竞争力排名中获“竞争力极强”最高评级，连续 7 年成为中国国际化程度最高的钢铁企业，是世界钢铁协会执行委员会成员单位、中国钢铁工业协会轮值会长单位，在中国乃至全球钢铁产业布局中占据重要席位。

二、实践经验

河钢秉持“人、钢铁、环境和谐共生”的发展理念，以为人类文明制造绿色钢铁为愿景，逐步形成节能、减污、降碳、循环、协同的系统化绿色低碳发展体系。将氢能作为“6+2”低碳发展技术路线图中能源结构优化的核心内容，将氢冶金工程作为河钢引领行业由“碳”冶金向“氢”冶金转型的变革性技术和重大发展战略。

（一）实施顶层设计与战略规划，统筹氢能等多领域协同低碳发展

1. 建立专业化领导组织机构，制定全方位绿色低碳发展战略

在集团成立可持续发展委员会，作为可持续发展战略的决策支持、决策执行和日常事务管理机构，进行绿色低碳等工作的全面统筹管理。在钢铁行业率先成立可持续发展研究中心，深入推动绿色低碳工作各项举措落地。积极推行绿色发展理念，实现绿色制造与制造绿色的有机结合，构建起绿色制造、产业、产品、采购、物流、矿山“六位一体”的绿色制造体系。率先制定并发布钢铁行业“6+2”低碳发展技术路线图，通过六大技术路径精准减少钢铁产业链各环节碳排放，推动能源结构的不断优化。

2. 建立数字化企业碳排放管理体系，赋能精准降碳

自主研发 WisCarbon 碳中和数字化平台，以碳足迹和碳数据管理为核心，以“数字化”推动低碳钢铁产品认证体系建设，为钢铁及上下游企业精准降碳提供全流程数字化解决方案服务，成立北京盈碳科技有限公司，负责平台运营和推广，以市场化方式，实现碳数据资产化，为钢铁企业未来进入全国统一碳市场交易、支撑氢能应用的碳资产价值实现奠定了强大的基础。

（二）建成全球首例氢冶金示范工程，引领钢铁行业迈入“以氢代煤”冶炼“绿钢”时代

首创“焦炉煤气零重整竖炉直接还原”工艺技术，建成全球首例 120 万吨焦炉煤气零重整氢冶金示范工程，利用氢作为还原剂代替碳还原，助力实现炼铁工艺流程近零碳排放。项目已达到满负荷生产，主要指标优于设计水平，与同等生产规模的传统高炉 + 转炉长流程工艺相比，每年可减少 80 万吨、约 70% 的碳排放，相当于塞罕坝林场 1 年的固碳量；在降低污染物排放方面，实现二氧化硫 30%、氮氧化物 70%、粉尘颗粒 80% 以上的减排量。

河钢氢冶金工程技术特点或优势主要体现在以下四个方面：一是首次提出以焦炉煤气为还原气体的高压竖炉零重整氢冶金技术，打破了国际上采用天然气制备还原工艺气体的常规手段，工艺气体中的氢碳比可达到 8 ∶ 1 以上，是目前工业化生产中含氢比例最高的气基竖炉直接还原工艺。二是

在国内首创微晶系统深度脱萘工艺技术，使萘从传统焦化吸附处理后的200~300毫克/立方米降至5毫克/立方米，为氢冶金示范工程提供了洁净气源。三是开发高品位复合铁精粉低成本球团制备技术，成球率超过95%，还原性指数大于等于4%，还原膨胀率小于等于15%，低温还原粉化指数大于等于80%。四是实现了二氧化碳的捕集和利用，并通过脱水、加压等工艺，精制成工业级和食品级液体二氧化碳，年产量约6万吨。

（三）实施氢冶金全流程低碳技术革新，打造近零碳钢铁冶炼创新路径

1. 推动近零碳排铁素资源的开发

全产业链、全价值链协同降碳模式的系统性布局。

在铁素资源方面，加强与上游产业合作，推动低碳原燃料使用，促进全生命周期低碳排放钢铁材料生产。与必和必拓原材料供应商签署《共同应对气候变化战略合作谅解备忘录》及《低碳原料工业应用示范项目合作协议》项目，共同开展钢铁行业低碳原料拓展、铁素资源优化研究，推动中低品位矿石原料在氢冶金领域的突破性应用，协同供应链探索低碳发展新路径。

2. 推动近零碳排能源资源的开发

制定了氢能绿色化三步走的策略。短期内仍然以经济性良好的焦炉煤气为主要氢源，推动氢冶金工程的快速起步，在现有6万吨/年CCUS项目的基础上，加快CCUS技术的研发与应用，不断提升氢能的低碳水平。中期内致力于推动煤的清洁化制氢，与西安交通大学共建“动力工程多相流实验室中试基地”，将超临界水蒸煤、太阳能光热电耦合制氢以及发电供热多联产等技术与企业绿色低碳转型高质量发展相结合，在氢能与碳中和创新技术工业化示范方面展开全方位合作。中远期以绿电制绿氢为最终目标，与中石化签订了《共建绿色氢能产业链》战略合作协议，将依托中石化在乌兰察布10万吨/年风光制氢一体化项目开展绿色氢能产业合作，到2026年以后，有望规模化使用绿氢。

3. 打造近零碳排钢铁冶炼新工艺

依托新建氢基直接还原铁—电弧炉流程产线，积极布局绿色新技术和新要素的优化组合，加快打造以“氢冶金+电弧炉”炼钢工艺流程为核心的绿色新质生产力。2024年3月29日，集团全球首例“氢基竖炉—近零碳排电弧炉”新型短流程项目在张宣科技正式启动实施，填补了我国钢铁工业面向碳中和目标的工艺路径空白。

项目由集团联合北京科技大学，以冶炼过程碳近零、能量来源碳近零、

原料生产碳近零为指导，聚焦氢基直接还原铁高品质低碳制备、电弧炉炼钢绿电高效供能、电弧炉配加直接还原铁冶炼等核心技术，系统开展“氢基竖炉—近零碳排放电弧炉”炼钢关键技术研发和工程应用研究，最终实现粗钢近零碳排放目标，助力绿色高品质钢铁材料的研发推广。

4. 开展高炉富氢喷吹降碳工艺探索与实践

河钢在邯钢新区 3200 立方米高炉正在建设高炉喷吹富氢气体冶炼工程示范，气源为焦炉煤气生产液态天然气系统产生的高富氢气体，其中 H_2 含量在 80% 以上。目前，已完成全部富氢喷吹装置的安装，初步开展了高炉富氢喷吹的工业试验，取得了较好的减碳效果，碳减排 10% 以上。

（四）发掘氢冶金工程低碳产业价值，打造工业绿色转型示范区

以全球首例 120 万吨氢冶金示范工程一期达产达效为契机，制定实施了《河钢集团张宣科技建设钢铁工业绿色转型示范区规划纲要》，重点打造氢冶金、新能源等五大产业园区，将张宣科技建设成为全球氢冶金原创技术策源地及氢能应用示范基地，通过在张宣科技建设“煤炭高效清洁利用—超临界水蒸煤氢电联产示范项目”“太阳能耦合电解水制氢”示范试验室等，打造绿色能源与资源循环利用基地、低碳合金材料研发制造基地。力争到 2035 年将张宣科技建设成我国钢铁工业首个近零碳排企业，成为继瑞士苏黎世工业区、德国鲁尔工业区之后全球第三个传统工业转型示范区以及中国首个钢铁工业绿色转型示范区。

（五）建设全球首个氢冶金实验室，推动技术升级迭代

建设全球首个全氧富氢碳循环熔融还原氢冶金实验室，总投资 9000 万元。实验室核心技术是“全氧富氢碳循环还原熔化炉低碳炼铁新工艺”及“氢基直接还原工艺”，特别是全氧富氢碳循环工艺，通过炉型升级改造，完美融合氢基竖炉与 COREX 下部熔化气化炉的优点，与传统高炉炼铁相比可减少 40% 以上的 CO_2 排放。

氢冶金实验室已经成功获批河北省省级重点实验室。核心装置为一座 30 立方米全氧富氢碳循环熔融还原炉。此装置可进行基于熔融还原新工艺的探索，也可为高炉富氢气体喷吹提供基础数据和理论指导；与高炉相比，新工艺采用全氧冶炼，炉缸内不会形成氮化钛等高熔点物质进而影响冶炼过程的顺行，碳减排幅度可大于 40%。此外，与直接还原铁工艺相比，该工艺产品是铁水，可最大限度适配转炉等长流程装备，降低钢铁企业的投资成本。

（六）构建产学研协作新模式，推进氢能标准化和碳价值实现

1. 搭建氢冶金产学研用交流平台

河钢发起成立河北省氢能产业创新联合体，将在3~5年内，围绕氢制备、储运、供能、动力、原料五大方向，聚焦10项集成系统，研发33类核心装备，突破百项关键技术，持续推动氢能产学研用一体化发展。

筹办国际氢冶金交流会议，搭建国际交流合作平台。将崇礼作为固定会址，打造成品牌会议，为来自包括产业链上下游的全球氢冶金科技工作者、工程实践者提供国际交流平台，持续推动全球氢冶金技术创新与应用，集聚才智，为世界钢铁行业低碳绿色发展贡献“崇礼方案”。大会已成功举办2届，来自12个国家和地区的500余名专家学者参加，还发布了《氢冶金技术发展》蓝皮书。

2. 推动氢冶金技术标准化和碳价值实现

由河钢于勇董事长任组长的“氢冶金标准联合工作组”于2022年9月在首届世界氢冶金技术交流大会上成立，进一步发挥标准基础性、引领性作用，以及标准在产业协同、技术协作中的纽带和驱动作用。

河钢编制了《河北省氢基竖炉生产直接还原铁碳减排量核算方法学》《河北省氢燃料电池重型货车使用阶段碳减排量核算方法学》并已经印发，助力加快建立健全河北省降碳产品价值实现机制，促进碳减排量价值转化，加快氢冶金技术发展及氢燃料电池汽车推广应用，助力钢铁行业深度脱碳。

三、取得的成效

作为钢铁行业绿色低碳转型的践行者、氢能发展的实践者、氢冶金技术探索的排头兵，河钢不断强化国企的责任担当，致力于为行业绿色可持续发展提供智慧方案，逐渐走出了一条低碳生产绿色高端材料的全新路径，取得了诸多成效：

一是有力地推动了我国氢冶金技术的发展进程。河钢120万吨氢冶金示范工程一期实现安全顺利连续生产，产品金属化率达94%，关键指标完全达到设计标准，这不仅彰显了河钢勇闯无人区、敢为天下先的魄力，也说明了我国钢铁企业坚持创新发展，拥有破解关键“卡脖子”技术的能力。中国钢协也给予了高度评价：“这是氢冶金核心关键技术创新的重大突破，是中国钢铁史乃至世界钢铁史上由传统‘碳冶金’向新型‘氢冶金’转变的重要里程碑，引领钢铁行业迈入‘以氢代煤’冶炼‘绿钢’的时代。”该项目的建立，

对推动钢铁行业转型升级具有重大引领和示范作用，鞍钢、宝武等越来越多的钢铁企业加入氢冶金技术的探索与应用当中，如雨后春笋，欣欣向荣。

二是取得了氢冶金技术的自主化突破。形成“氢冶金直接还原关键技术与示范”等6项科技成果，成功入选《国际氢能领先技术成果册》，在富氢气体深度净化、含铁炉料制备及质量控制、直接还原工艺等方面取得技术突破。氢基竖炉、气体压缩机、二氧化碳脱除系统等关键装备实现国产化替代。“全氧富氢碳循环还原熔化炉低碳炼铁新工艺”作为钢铁行业唯一项目获得了第二届全国颠覆性技术创新大赛优秀项目奖，并入选了国家发展和改革委员会首批《绿色低碳先进示范项目清单》。基于氢冶金技术的自主攻关，取得了《全氧富氢低碳还原熔化炼铁系统及炼铁方法》等氢冶金相关知识产权35项，其中发明专利20项，实用新型专利15项。牵头制定国家氢冶金相关技术标准，已启动编制国家及行业标准6项。

三是基于氢冶金的高端绿色产品获得市场认可。河钢充分发挥氢冶金产品纯净度高的先天优势，打造了高端装备零部件生产基地，以DRI为原料成功开发出特材领域新型高强殷钢、哈氏合金、耐蚀合金、精密合金等60余种高端绿色新材料，广泛应用于航空航天、核电等领域，生产的绿色低碳热锻模具钢，售价比普通模具钢高50%以上，经济效益显著。基于绿色低碳产品的开发，河钢与宝马集团、长城控股集团共建了绿色低碳钢铁材料供应链，开展钢铁与汽车行业联动减碳跨领域合作，宝马、长城分别成为河钢绿色低碳钢铁的第一家海外客户和第一家国内客户。根据河钢与宝马签署的合作备忘录，自2026年起，宝马沈阳生产基地开始在整车量产过程中使用河钢生产的绿色汽车用钢。

（由河钢集团有限公司供稿）

额济纳地区“源网荷储”微电网示范工程典型案例

一、基本情况

（一）企业简介

内蒙古电力（集团）有限责任公司（以下简称内蒙古电力集团）是内蒙古自治区直属国有独资特大型电网企业，所属单位36家，员工总人数3.6万，负责建设运营自治区中西部电网，供电区域72万平方千米，承担着8个市（盟）工农牧业生产及城乡1400多万居民生活供电任务，同时向华北、陕西榆林和蒙古国提供跨省区、跨国境供电。

阿拉善供电公司是内蒙古电力集团所属分公司，供电区域覆盖阿拉善盟三旗两区，担负着为全盟27万平方千米26万城乡居民的生产生活供电任务。目前，全盟共有35千伏及以上变电站89座，总容量为6513.8兆伏安；35千伏及以上输电线路182条，总长度7061千米。阿拉善地区电网并网发电厂累计54座，装机容量累计5020.03兆瓦。其中火电厂11座，装机容量1650.50兆瓦；新能源累计装机3369.53兆瓦，占总装机容量的67.12%。阿拉善电网已形成以500千伏吉兰太、定远营和220千伏阿拉腾敖包开闭站为主供电源，220千伏线路辐射全境的坚强供电网络。

（二）企业发展定位

“四个蒙电”发展定位。一是责任蒙电，牢记“国企姓党”，胸怀“国之大者”，坚定不移走中国式现代化电力发展道路，自觉服从和服务于国家、自治区工作大局，全力支撑自治区经济社会发展，持续增强公司竞争力、创新力、控制力、影响力和抗风险能力，确保能源安全与电力稳定供应，忠诚履行“三大责任”。二是绿色蒙电，落实国家“双碳”战略，坚持生态优先、节约集约、绿色低碳发展，助力自治区打造新能源产业高地、实现“两个率先”“两个超过”目标，推动蒙西新型电力系统建设，全面实现“三个绿色”。

三是数字蒙电，打造创新发展新优势，推动数字化转型，赋能企业高质量发展，全面推进“三个数字化”。四是开放蒙电，融入以国内大循环为主体、国内国际双循环相互促进的新发展格局，促进企业和电网开放发展，支撑自治区建设向北开放重要桥头堡，全面推动“四个开放”。

（三）经营理念

以习近平新时代中国特色社会主义思想为指导，坚持稳中求进、探索创新，沿着集团化、集约化、市场化、数字化、生态化、国际化战略路径，统筹发展和安全，统筹效益和质量，坚持向上支持战略实现、向下助推产业发展，对外适应改革变化、对内坚持精细管理的总体目标，为内蒙古电力集团打造世界一流现代化能源服务企业蓄势赋能。

二、实践经验

2024 年是习近平总书记提出“四个革命、一个合作”能源安全新战略的 10 周年。“十四五”以来，内蒙古电力集团在《“十四五”发展规划》的基础上，对中长期发展战略进行系统完善和深化解读，经过深入研究、广泛论证、反复酝酿，形成了具有“四个蒙电”核心内涵的“1469”战略体系，是内蒙古电力集团未来一段时期改革发展和各项工作的根本遵循，对推动公司高质量发展、实现企业基业长青具有十分重要的指导意义。同时，内蒙古电力集团把全力保障地区供电安全可靠、加快构建以新能源为主体的新型电力系统、推动企业高质量发展见行见效作为“四个革命、一个合作”的一个重要标尺。为解决边远地区可靠性不足的问题，通过广泛调研和认真研究论证，在阿拉善额济纳地区投资建设全国首座具备独立运行能力的县域“源网荷储”新型电力系统示范工程。

（一）案例背景

额济纳旗地域广阔，位于内蒙古自治区最西端，全旗总面积 11.46 万平方公里，常住人口 3.2 万人。额济纳电网作为蒙西电网的重要组成部分，担负着边疆民族地区经济社会发展的供电重任。目前该地区仅有 1 座 220 千伏变电站及 6 座 110 千伏变电站，单回 220 千伏线路和 7 回 110 千伏线路，总长 830 千米，平均供电负荷 3 万千瓦。地区用电负荷发展缓慢，火力发电机组短期内无法建设投产，供电能力不足。加之地区电网与主网联络薄弱，长距离供电可靠性低，线路维护难度大、检修时间长，电网发生故障极易造成全旗停电，极大地影响了地区社会生产和居民生活。

（二）主要做法

1. 结合区域特点，找准突破口靶向发力

“十三五”期间，阿拉善供电公司开展了额济纳地区二电源输变电工程方案研究，线路长度约 450 千米，工程投资约 8.9 亿元。由于工程地处戈壁及沙漠地带，多处于无人区，建设线路较长，实施难度较大，电网投资较高，考虑到额济纳地区负荷发展较为缓慢，该方案的成本回报率较低，无法开展进一步实施计划。

“十三五”以来，进一步研究了《提高额济纳地区供电可靠性研究》《达来呼布镇储能配置方案》。2021 年，习近平总书记在中央财经委员会第九次会议上强调，要构建清洁低碳安全高效的能源体系，控制化石能源总量，着力提高利用效能，实施可再生能源替代行动，深化电力体制改革，构建以新能源为主体的新型电力系统。这让一直致力于研究解决额济纳地区供电可靠性问题的规划专家及工作人员有了全新的思考方向，调研组前往广东汕头南澳岛多端柔性直流输电工程、浙江舟山五端柔性直流示范工程开展现场实地调研，同时赴南方电网公司、南瑞继保等国内先进企业考察交流，学习真经验、研究真办法，围绕推动建设新型电力系统先行区、推动新能源产业发展、提升电网服务水平等内容，提出了构建“新能源 + 储能”的新型电力系统创新思路，至此全国首例具备独立运行能力的县域新型电力系统初步形成。

2. 加强合作模式，进一步完善设计方案

内蒙古电力集团立足地区经济社会发展实际，科学预测当地发电能力和用电负荷变化趋势，对源、网、荷、储各个环节的特性、现状进行认真分析，不搞“大干快上”，按照就近取材、就地消纳的原则尽力而为、量力而行。联合南瑞继保开展额济纳地区“源网荷储”微电网方案规划设计研究，科学提出新建 1 座储能电站，配置 25 兆瓦 /25 兆瓦 · 时储能和 7.2 兆瓦柴油发电机，通过 10 千伏电压等级接入系统站。并新建源网荷储控制及能量管理系统一套，协调控制 15 兆瓦风电、20 兆瓦光伏、储能电池、柴油机以及负荷，构建“源网荷储”系统，保证系统在并网及离网的状态下安全稳定、经济化运行，降低了电网末端对大电网的依赖，解决了偏远地区供电可靠性低的问题。

3. 加强创新驱动，高质量完成建设任务

2021 年 5 月 10 日，内蒙古电力集团印发了开展额济纳地区“源网荷储”

微电网项目前期工作的通知，为了建立源网荷储项目精细化管理体系，确保项目顺利推进实施，阿拉善供电公司按照“统一部署、多方配合”的工作原则，成立了额济纳地区“源网荷储”微电网示范工程工作领导小组。公司总经理、党委书记任组长，分管副总经理任副组长，领导小组下设项目办公室，由分管副总工程师及相关部门主要负责人担任主任和副主任，相关职能部门、单位专业人员为成员，明确办公室成员工作分工及职责，强化组织管理，充分发挥专业优势。

可研阶段，为了克服疫情影响，采用线上线下“双线”工作模式，从可研招标、报告编制、可研评审到取得项目备案，仅历时 157 天；为了尽快完成建设用地批复等前期相关手续，阿拉善供电公司与盟、旗两级政府成立工作专班，建立长效工作联动机制，制定项目进度“作战图”挂图督战，提高政府部门审批效率，压减各项审批环节，提前 40 天取得用地预审和规划选址等批复文件。

在工程建设阶段，首次采用施工和设备材料联合体建设模式，成立以供电公司、监理单位、施工单位、设备厂家 4 家联合的施工项目部。该模式一是缩短建设周期，省去采购和施工之间的过渡环节，有效避免设备供货与施工的衔接问题，大大缩短了建设时间，将 2 年的建设周期缩短至 1 年完成；二是保证工程质量，便于项目整体统筹规划和协同运作，高效解决施工方案中实用性、技术性、安全性之间的矛盾，提高工程建设目标；三是加强项目管理，有利于各参建单位按照建设管理纲要中要求的质量、安全、进度和造价目标进行集约化管理，减少设备材料及施工过程中链条式的沟通方式，节约管理成本，提高工程的管理质量和效率。

4. 研究攻关技术试验，为额济纳地区提供绿电保障

圆满完成国内首例纯新能源黑启动试验。额济纳地区“源网荷储”微电网示范工程建成后，第一阶段开展了纯新能源黑启动试验，以构网型储能装置为启动电源，构成了 3 场（构网型储能站、光伏电站、分散式风电场）4 站 7 线的纯新能源微电网。试验在微电网完全离网的状态下，跨越 3 个电压等级（110 千伏、35 千伏、10 千伏），横贯额济纳旗东西 262 千米、11 万平方千米的广域大网架，由储能电源支撑 1 座光伏电站及 1 座风电场并网发电。2023 年 5 月 26 日 14 时 34 分，纯新能源黑启动系统实现负荷供电，至 15 时 32 分，光伏电站、风电场先后并网发电正常，连续稳定运行 22 分钟后顺利并入蒙西电网，纯新能源黑启动试验按既定目标圆满完成，为第二阶段额济纳旗全域离网中长期运行试验积累了宝贵经验。

内蒙古电网全县域特高比例新能源电力系统长周期离网运行试验宣告成功。2023年6月17日5时28分至6月19日6时36分，内蒙古电网额济纳旗全县域特高比例新能源电力系统长周期离网运行试验顺利完成。本次试验以整套构网型储能设备及一体化控制系统为支撑，构网型储能设备作为主调频调压电源参与调峰，以新能源场站为主供电源，在无常规火电机组支撑、稳定电源不能满足全额负荷用电需求等条件下，实现额济纳旗全县域特高比例新能源电力系统并/离网无缝切换和连续安全稳定运行。

成功开展了国内首例离网状态纯新能源电力系统短路故障穿越试验。额济纳地区“源网荷储”纯新能源故障穿越试验离网系统于2023年10月10日9时39分正式形成，由1座构网型储能站（25兆瓦/25兆瓦时）、1座110千伏变电站、1座220千伏变电站、1座光伏电站（参与容量20兆瓦）及4回联络线、1回负荷线路组成。9时56分110千伏额达Ⅱ线A相单相接地短路故障试验成功，10时38分10千伏机场线三相短路故障试验成功，两次试验线路均正确动作跳闸，故障可靠切除，构网型储能系统、光伏电站逆变器均稳定穿越故障，储能系统在保持电压源特性的前提下，将短路电流精准限制在构网型储能变流器过电流耐受水平，成功经受不同电压等级、多类型短路故障冲击考验。

三、取得的成效

（一）践行“新型电力系统”发展理念，形成可复制、可推广经验

此次实施的额济纳地区“源网荷储”微电网示范工程，是国内首个具备独立运行能力、低短路容量、泛电压等级、广覆盖范围的源网荷储新型电力系统项目。该项目践行“创新、协调、绿色、开放、共享”五大发展理念和“四个革命、一个合作”能源发展战略，是数字化转型和推动构建新型电力系统的积极探索，为区域新型电力系统的构建提供了理论依据和实践经验。项目创新采用基于广域拓扑数据超前分析的非计划性离网快速识别技术、构网型储能技术、储能多机并联快速黑启动技术，实现220千伏联络线检修或故障下的孤网带重要负荷稳定运行，以及并网情况下的源网荷储优化控制。以构网型储能为支撑的纯新能源电力系统并网友好互动性和离网安全稳定性得到了系统性实践检验，为清洁能源消纳比例提升、可再生能源产业新发展途径探索及构网型储能多元化场景应用作出重要示范。该工程立足于探索源网荷储高度融合的新型电力系统发展路径，为国内其他源网荷储一体化项目、

微网项目、储能应用项目提供了有益借鉴，同时可推广应用到大电网末端、海岛微电网、边疆地区电网、高比例新能源地区电网等场景。

（二）实现“成本节约”管理水平，企业经济效益显著提高

额济纳地区“源网荷储”微电网示范工程项目总投资 1.25 亿元，覆盖达来呼布镇 9.87 兆瓦重要负荷，升级应用至额济纳旗全域、全负荷的特高比例新能源电力系统分时分类分级供电，按供电负荷估算，投资价值上升约 4 倍。项目应用成效堪比 8.9 亿元第二主电源输变电工程建设效果，电网投资大大节约。49 小时内蒙古电网全县域特高比例新能源电力系统长周期离网运行试验产生新能源供电量约 66 万千瓦时，创造社会经济效益约 29 万元，减少碳排放 1.8 吨。本项目新增储能不仅同抽水蓄能一样具有 200% 调峰能力，而且具有快速的负荷响应能力，可以缓解电网调峰压力。同时代替电网传统调峰手段（燃煤火电机组）进行调峰，可以提高整个电网的经济性。

（三）提升“边疆小镇”用电质量，社会生态效益凸显

一是有效提升地区供电可靠性。该项目正式投运，结束了额济纳地区 17 年单电源供电历史，在停电检修或线路故障导致全域停电的情况下，电网保障党政军医等重要用电负荷能力由不到 3000 千瓦提升至约 1 万千瓦，不间断供电时间提升至 56 小时。地区供电可靠性可提升至 99.97%，较国内一流水平（99.8%）高 0.17%，极大地保障了社会、民生用电，满足了人民的基本生活和企业的正常生产。二是有效提升新能源消纳水平。本项目大大提高了新能源发电输出功率的可控性，抑制功率波动，提高电能质量，通过科学合理配置调节能力、实施智慧化调度手段，提高新能源发电事先可感知、事中可调节的能力，满足更高比例分布式新能源消纳需求，支撑新能源产业快速发展。三是实现集约节约发展。额济纳地区“源网荷储”微电网示范工程充分利用区域电网稳定控制、构网控制等先进技术，构建了既能并网运行也能独立孤网运行的“源网荷储”区域电网，实现“风、光、柴、储”联合运行，促进分布式新能源、微电网和大电网融合发展。通过就近取材、就地消纳，降低对大电网的依赖，形成电网之间互相备用，实现“绿电”身边走，有效解决了困扰多年的额济纳旗供电可靠性问题，保障社会、民生用电，满足人民的基本生活和企业的正常生产，助力自治区边疆小镇的发展建设。

（由内蒙古电力（集团）有限责任公司供稿）

构建“六库联调”新格局
筑牢能源保供“压舱石”

一、基本情况

中国长江三峡集团有限公司（以下简称中国三峡集团）因三峡工程而生、因长江而发展壮大。党的十八大以来，习近平总书记对中国三峡集团作出一系列重要讲话指示批示，亲自批准集团公司战略发展定位，赋予发挥“六大作用”的战略使命。中国三峡集团聚焦清洁能源主赛道，在长江干流滚动开发乌东德、白鹤滩、溪洛渡、向家坝、三峡、葛洲坝 6 座巨型水电站，总库容达 919 亿立方米，总防洪库容超 376 亿立方米，占长江上游水库总防洪库容的 70% 以上，总装机容量为 7169.5 万千瓦，年均发电量约为 3000 亿千瓦时，奠定了“世界水电看中国、中国水电看三峡”的引领地位。

在习近平总书记重要讲话指示批示精神的指引下，中国三峡集团胸怀“国之大者”，统筹处理好防洪安全、航运安全、能源安全、生态安全、供水安全之间的关系，精益运行世界最大清洁能源走廊，深入挖掘水资源高效利用潜力，构建起“六库联调”新格局，实现水资源综合利用效益最大化，显著提升能源安全保障能力。

二、实践经验

中国三峡集团积极践行“四个革命、一个合作”能源安全新战略，聚焦清洁能源主赛道，积极探索能源开发利用新模式、新技术，深入实施“六库联调”，推动梯级电站联合调度高效化、精益化、智能化、自主化发展，切实以科技创新推动产业创新，助力新型能源体系建设。

（一）深入推进模式变革，实现调度管理高效化转变

中国三峡集团适应水库调度边界发生改变、调度环境更加复杂的新形势新挑战，积极探索、主动求变，对梯级调度管理模式进行全方位革新，建立起适配“六库联调”的管理体制机制。突破传统调度和控制分离的运行方式，

按照“水库统一调度、电力分区控制”的原则，形成以宜昌为中心，宜昌、成都、昆明为区域中心，6 座电站为现地生产运维基地的“1+3+6”梯级联合调度管理体系。建立健全由 2 个一级制度、4 个二级制度、7 个三级制度组成的“2+4+7”制度体系，有效理顺管理机制、打通管理堵点。持续完善支撑梯级调度的技术标准体系，涵盖 630 余项国家、行业和企业多层级的技术标准，有力保障梯级调度工作高效运转。

（二）深化“产学研用”协同，实现调度运行精益化转变

中国三峡集团紧盯梯级调度重难点问题，搭建“产学研用”一体化平台，加强关键核心技术攻关，培育形成梯级电站联合调度核心能力。坚持“内引”与“外联”相结合、自主创新与协同创新相结合，建立国家级科技创新平台 2 个、省部级科技创新平台 15 个，成立集团级自主科研及成果转化平台 7 个，构建集团公司牵头、多创新主体协同的联合创新平台 9 个，有效集聚创新要素和创新资源。立足应用场景优势，持续深化与中国气象局、长江委、水科院等单位的科研合作，全面加强气象水文预报、水库调度等领域的科研技术攻关，分三阶段联合开展三峡水库科学调度 24 个课题近 130 个专题研究，相关成果深度应用至梯级水库实时优化调度、长江流域防洪抗旱等工作中，取得显著成效。积极探索空天科技，研制“三峡遥感一号”卫星和“中国三峡一号”，加强北斗技术应用，实现长江流域全覆盖、全天候、全要素信息综合感知，推动梯级电站联合调度不断向精益化方向发展。

（三）强化数字技术赋能，实现调度控制智能化转变

中国三峡集团牢牢把握新一轮科技革命和产业变革新趋势新机遇，广泛运用“云大物移智”技术推进“智慧梯调”建设，积极稳妥开展重点设备、关键系统升级改造，引领梯级调度数字化、智能化转型。聚焦智能水利，先行先试推进“数字孪生三峡”建设，攻克坝体大范围变形自动监测等技术难题，实现数字工程与物理工程同步仿真运行。建成国内水电企业唯一的省级气象台规模的气象预报系统和覆盖长江上游干支流主要断面水文预报系统，短期 24 小时和中期 2~7 天水库入库流量预报精度分别达到 97% 和 90% 以上，做到“10 天内看演变趋势、5 天内看洪峰量级、2 天内看洪水过程”，处于行业领先水平。面对数据挖掘难、信息处理难和系统开放难等行业痛点，开发建设智能水电自主可控工业互联使能平台，实现电站设备运行维护全业务链智能预警、状态评估、故障诊断和智能决策支持，保障设备运行处于最优状

态。融合国内外先进理论与技术，打造拥有自主知识产权的水资源管理决策支持系统，集模拟计算、方案编制、决策支持、全景展示于一体，实现对长江干流观音岩—枝城超 1800 千米河段干支流洪水过程高精度模拟演算和智慧决策，促进梯级调度智能化转变。

（四）优化创新体制机制，实现调度技术自主化转变

中国三峡集团不断强化企业科技创新主体地位，下大力气推进科研体制改革，坚决破除制约科技创新的障碍和樊篱。优化科研项目管理方式，采用生产单位出题、科研单位答题的模式，灵活运用“揭榜挂帅”“赛马”等新型科研项目实施方式，有效打通“将生产痛点难点转化为研究任务、将研究任务转化为实际成果”的业务链条，显著提升梯级调度技术创新效能。加大授权放权力度，对自主科研单位试行“项目自主立项、经费自主使用、实施自主管理”的“三个完全自主”科研项目管理模式，有效提高科技创新投入产出效率。改进激励约束机制，建立更加灵活、更加市场化的激励政策，并对科研单位、生产单位实施科技创新专项分类考核，最大限度激发科技创新积极性。制定科技成果转化管理办法和科技成果推广目录，建立容错机制，打通成果转化“最后一公里”，“十四五”以来，梯级电站调度运行相关科技成果转化应用为 160 余项。

三、取得的成效

中国三峡集团不断探索梯级电站联合调度新策略、新模式、新路径和新机制，深入实施“六库联调”，实现梯级水库联合消落、防洪、蓄水各阶段最优化运行和长江水资源最优化利用，取得显著成效。

一是有效放大电站发电效益。2021 年首次开展梯级 6 座水库联合调度，实现洪水资源 100% 利用，年度弃水率仅为 0.01%，创历史新低，溪洛渡更是首次实现年度零弃水。梯级电站年均发电量增加 60~70 亿千瓦时，相当于增加了 1 座中型电站，尤其在 2023 年梯级水库蓄能严重不足、来水极端偏枯的严峻形势下，全年发电量同比增加 140 亿千瓦时。

二是明显增强顶峰保供能力。自 2021 年首次开展“六库联调”以来，梯级电站上下游、左右岸统筹共济，乌东德、溪洛渡、三峡电站年平均调峰量、年最大调峰量、年调峰天数逐年递增。特别是 2023 年，梯级电站全年调峰天数、最大日调峰量、平均调峰量均创历史新高，其中白鹤滩、向家坝、葛洲坝水电站调峰天数创历史新高，有力地保障了电力系统的安全稳定运行，充

分发挥了大国重器顶峰保供的“顶梁柱”作用。

三是助力行业创新发展。“江湖冲积过程联动机理与关键调控技术”获得国家科技进步奖二等奖，“长江水库群防洪兴利综合调度关键技术研究及应用”“变化环境下梯级水库调度运行风险辨识及适应性调控关键技术”等 100 余项成果获得省部级及行业科技奖项。梯级水库水位动态浮动控制、防洪库容打捆运用等成果被行业主管部门纳入长江流域水工程联合调度运用计划，成功推动国内首个梯级水库联合优化调度方案获行政主管部门批复，进一步提升流域水资源利用效率，更好保障能源安全。

（由中国长江三峡集团有限公司供稿）

百千瓦级 SOFC 热电联供系统的开发与应用示范

一、基本情况

广东能源集团科学技术研究院有限公司（以下简称科技研究院）是广东省能源集团有限公司的全资子公司，是集团公司践行创新驱动发展战略、提升自主创新能力、着力组建的科技创新平台。

科技研究院代表集团公司负责集团公司科技创新专家委员会、博士工作站、科技情报中心、政策研究课题、中国电力企业联合会生物质发电标准化技术委员会等管理工作。

科技研究院的主要目标是通过研究和开发新的技术和解决方案，推动能源行业的创新和发展。重点围绕储能与氢能、碳减排与资源化利用、数字能源、新能源技术等开展重点技术攻关。

目前，科技研究院协助集团牵头承担国家重点研发计划课题 1 项，牵头承担国家重点研发计划课题 2 项，牵头承担省重点项目 7 项、集团重点及以上项目 15 项，已通过高新技术企业认定、科技型中小企业认定和知识产权管理体系认证。拥有已授权发明专利 20 项、实用新型专利 23 项、软件著作权 13 件，发表 SCI 论文 44 篇、EI 论文 4 篇、中文核心期刊论文 15 篇。

二、实践经验

固体氧化物燃料电池是一种采用电化学反应直接将化学能转换为电能的发电技术，具有发电效率高、安静无噪声、无硫氧化物及氮氧化物排放，其产生的 CO_2 易实现高效捕集利用，可大幅降低甚至零 CO_2 排放，可使用天然气、煤制气、沼气等资源作燃料等优点，是实现化石能源清洁、高效利用的有效途径。相较于氢能汽车通常使用的低温燃料电池，固体氧化物燃料电池具有发电效率更高、可热电联供、燃料适应性广等优点，更适合发电场景应用。

该项目于 2020 年 9 月立项，由科技研究院牵头，潮州三环（集团）股份有限公司、广东惠州天然气发电有限公司合作致力于开发6套单机功率35千瓦的SOFC发电系统，实现国内首个百千瓦级SOFC发电系统集成与应用示范。通过研发、实验及应用完成了SOFC发电系统电堆模组、热盒关键部件、电控系统及控制逻辑和系统集成的开发研究，并实现了210千瓦SOFC天然气固定式发电系统的集群研究和应用示范。

2021年9月22日，项目首套具有自主知识产权的35千瓦燃料电池发电系统研发成功并完成168小时连续运行并网测试，该成功试运行的35千瓦系统是国内单机功率最高的高温燃料电池发电设备。2022年5—7月，顺利完成3套35千瓦SOFC系统长时间发电运行，总装机功率为105千瓦，是国内首个实现百千瓦级高温燃料电池（SOFC）的示范应用项目。经国际知名第三方认证机构SGS现场检验，单套35千瓦系统交流发电净效率高达64.1%，热电联供效率高达91.2%，主要技术指标达到国际先进水平。

2022年12月7日，实现6套35千瓦SOFC系统全功率发电运行，总装机实现210千瓦全功率发电运行，目前各系统运行平稳。2023年1月12日，中国工程院院士彭苏萍、广东省科学院副院长刘敏、中国矿业大学、华南理工大学及业内的SOFC领域知名专家实地考察了系统示范现场，审查相关文档和资料，一致认为该项目系统功能完备，运行稳定可靠，项目各指标达到预期目标，主要性能指标达到国际先进水平；项目实现了预期研究目标，达到了考核指标要求，取得的研究成果对推动我国SOFC行业发展、推进SOFC清洁能源技术的商业化应用具有重要意义，项目成果显著，专家组一致同意项目通过验收。

三、取得的成效

一是项目实现了国内首个百千瓦级SOFC发电系统集成与应用示范。2022年5—7月，顺利完成3套35千瓦SOFC系统长时间发电运行，总装机功率为105千瓦，是国内首个实现百千瓦级高温燃料电池（SOFC）的示范应用项目。同时，本项目也是首套国内自主研发的大功率SOFC系统在电厂的首次应用，具有高效率、绿色低排放、安静等优点，为传统电力行业绿色转型提供参考。

二是项目实现SOFC发电系统技术多项突破，解决目前大功率SOFC系统开发过程中体积紧凑度、重量功率密度、电磁干扰、热防护、强电防护等方面存在的问题。通过故障诊断方法设计、动态优化分析、性能衰退优化控制等技术手段，解决SOFC各子系统集群管理存在的统一管理、协调管理、智能管理等问题。

三是项目系统设备主要性能指标达到国际先进水平。研发具有自主知识产权的国内首个单机功率超过 35 千瓦 SOFC 发电系统，已申请 6 项发明专利，2 项实用新型专利，发表 5 篇 SCI 论文。经国际知名第三方认证机构 SGS 现场检验，单套 35 千瓦系统交流发电净效率高达 64.1%，热电联供效率高达 91.2%，主要技术指标达到国际先进水平。

四是项目研究成果对推动我国 SOFC 行业发展具有重要意义。系统设备实现了行业内里程碑突破，被列入 2022 年国家能源局 2022 年度能源领域台（套）重大技术装备，形成系统研发、故障诊断方法等多项科研成果，填补了国内技术空白，制定相关标准和规范，对 SOFC 产业升级与发展、国产替代、技术改造等方面具有重要意义。

（由广东省能源集团有限公司供稿）

国之重器！我国首次自主研制，最大功率、最高技术等级 300 兆瓦级 F 级重型燃气轮机首台样机总装下线

重型燃气轮机是迄今为止效率最高的热功转换类发电设备，可在高温、高应力、高腐蚀环境下长时间运行，广泛应用于地面发电和电网调峰，具有重要的战略地位和广阔的市场前景，被誉为装备制造业“皇冠上的明珠”。作为能源领域的核心设备，突破重型燃气轮机关键核心技术是提升能源自主创新能力的必要手段，是抢占科技创新制高点的关键措施，是加快建设能源强国的重要途径。

一、基本情况

中国联合重型燃气轮机技术有限公司（以下简称中国重燃）是“航空发动机及燃气轮机国家科技重大专项”中重型燃气轮机工程的具体实施单位，由国家电力投资集团有限公司控股，上海电气（集团）总公司、哈尔滨电气股份有限公司、东方电气股份有限公司参股。按照中央深化科技体制改革和强化企业创新主体地位的要求，公司逐步形成以“科研内核、工程驱动，架构引领、系统集成，链条贯通、整体提升”为主要特征的新型科技攻关模式，高效集聚全产业资源，攻克关键核心技术，培育自主可控的试验试制能力，为中国在大功率重型燃气轮机方面实现从跟跑到并跑、换道超越，在氢燃机新赛道培育方面实现领跑且不断打造自主创新新动能。

2024 年 2 月 28 日，由中国重燃负责研制的 300 兆瓦级 F 级重型燃气轮机首台样机在上海临港总装下线，300 兆瓦级 F 级重型燃气轮机是中国首次自主研制的最大功率、最高技术等级的重型燃气轮机，对中国燃气轮机基础学科进步、产业技术发展具有显著的带动辐射作用，对保障中国能源安全和绿色发展具有重要意义。

在 300 兆瓦级 F 级重型燃气轮机研制过程中，中国重燃充分践行新型举国体制，探索出一条计划（国家下达任务）与市场（以市场方式组织攻

关）相结合，能够有效集聚资源并带动全产业链共同发展、向中高端跃升的新路径。

二、实践经验

中国重燃牢记习近平总书记两次重要批示精神和“这个项目很重要”殷切嘱托，充分发挥新型举国体制优势，贯彻落实能源安全新战略，紧跟能源技术革命新趋势，在尊重“认识逐步加深、设计不断迭代”知识活动客观规律的前提下，深入实施科研工程化，聚焦创新驱动发展，积极担当重型燃气轮机现代产业链“链长”职责，协同全产业链攻坚克难，推动首台样机总装、试验基地建设两大决战任务取得决定性突破。

公司工程师团队坚定科学报国信念，勇于突破关键核心技术，借助数字化研发体系坚持锻造精品工程，按期高质量完成了国家既定阶段战略任务：完成我国自主研制的300兆瓦级F级重型燃机首台样机整台份透平叶片制造，破解了专项推进最关键的“瓶颈”制约；交付自主重型燃机型号产品首套国产化控制系统，实现自主正向设计和完全国产化；自主研制的高温合金填补了国内多项技术空白，综合性能达国际领先水平，其中某变形高温合金荣获中国专利金奖；完成纯氢集群微混喷嘴常压燃烧性能试验，NO_x排放指标满足项目要求；完成基于增材制造的复杂冷却结构叶片3D成型技术研究，科研成果实现了多项从“0到1”的重大突破。

（一）探索攻关模式，开展工程技术创新体系规划

1. 提出“科研工程化”理念，探索构建新型科技攻关模式

中国重燃明确将重型燃气轮机工程定位为“基于知识活动的重大工程实施”，提出以“科研工程化”为指导理念，探索构建新型科技攻关模式。

以“科研工程化”为指导理念的新型科技攻关模式的主要特征如下：一是科研内核、工程驱动，即以“工程方法”为驱动，在尊重科研活动客观规律的前提下，夯实技术状态、质量、进度、成本项目管理四大要素，强化系统性、结构性、可控性，推动所有参研人员将注意力集中到型号产品开发主线上，共同对最终结果负责。二是架构引领、系统集成，即以“系统工程”为视角，以掌握总体架构技术为前提，面向原理突破、研发设计、试验试制、运行维护等全生命周期，聚焦各部件技术耦合关系，通过系统集成实现客户确定的性能目标，保证重型燃气轮机安全、稳定、可靠运行。三是链条贯通、整体提升，即以“工程思维”为指引，发挥企业“出题者”作用，践行新型

举国体制，构建一套符合市场规律的组织方式，构建头部企业牵引、高校院所支撑、各创新主体相互协同的创新联合体，有效贯通从科研到产业化的全链条资源，带动产业技术水平整体提升。

2. 形成工程技术创新体系框架

中国重燃以完成国家战略使命、突破重大装备“卡脖子”技术为目标，在“科研工程化”理念及新型科技攻关模式牵引下，探索形成重型燃气轮机工程技术创新体系（见图 1）。

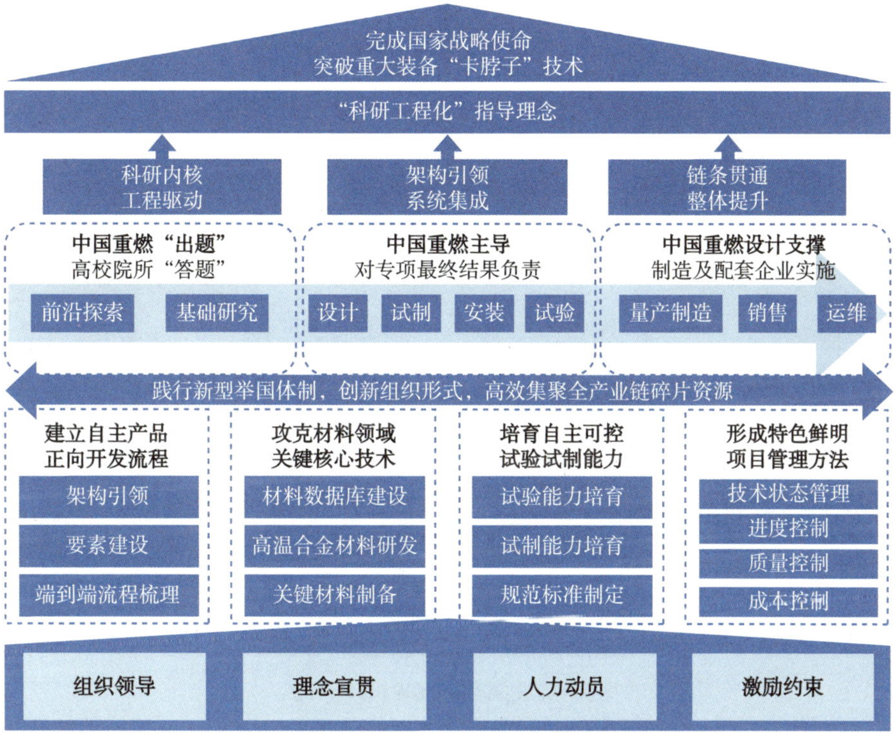

图 1　重型燃气轮机工程技术创新体系框架图

一是资源整合方面，践行新型举国体制，创新组织形式，有效贯通科研与产业化全链条，高效集聚科研（前沿探索、基础研究）、设计、试制、安装、试验、产业化（量产制造、销售、运维）等环节的碎片化资源，并进行科学合理分工；二是技术攻关方面，建立自主产品正向开发流程、攻克材料领域关键核心技术、培育自主可控试验试制能力；三是项目管理方面，建立涵盖“1+3”（技术状态 + 质量、进度、成本）核心要素、有别于传统科研 / 工程企业、适用于重大专项实施的工程化项目管理方法。

（二）创新组织形式，高效集聚全产业链碎片资源

为破解产业资源分散、创新链条割裂等困局，2019年6月，中国重燃积极探索践行新型举国体制的有效路径，充分借鉴并发展设计建造一体化（Architect Engineering，AE）理念，建立起能够贯通科研与产业、实现技术集成与实物构造一体化的新型组织形式——自主重型燃气轮机AE平台（见图2）。

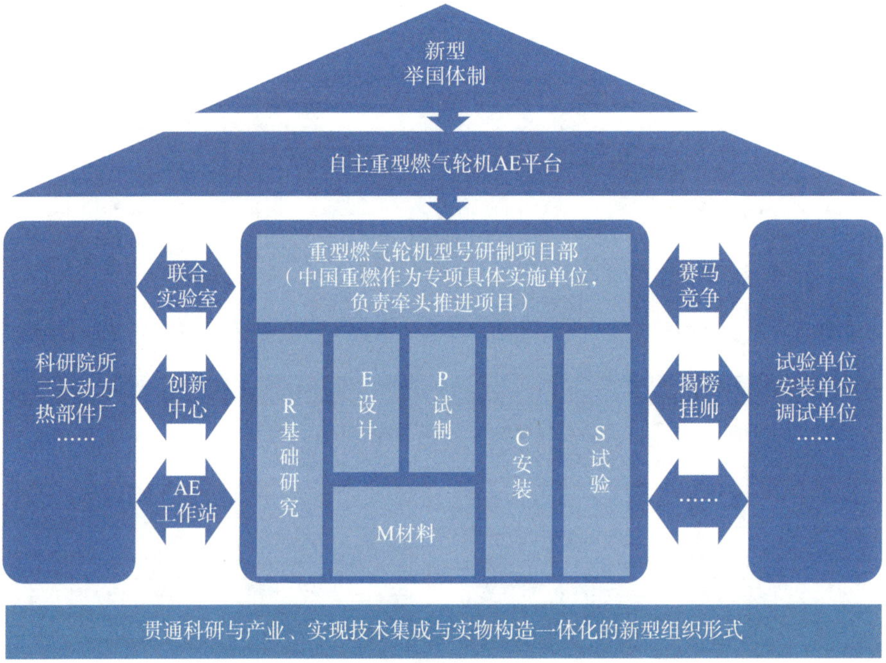

图2　自主重型燃气轮机AE平台

自主重型燃气轮机AE平台采取“前后台、矩阵型”运作模式，前台成立重型燃气轮机型号研制项目部，由中国重燃牵头运作，下设R（基础研究）、E（设计）、P（试制）、M（材料）、C（安装）、S（试验）板块，负责型号产品开发；后台由产业链各法人单位构成，通过与中国重燃成立联合实验室、协同创新中心、AE工作站等灵活形式，向前台派出资源，以型号为牵引开展相关工作。

（三）强化架构引领，建立自主产品正向开发流程

1. 以总体架构技术为引领，开展各专业设计要素建设

中国重燃基于对系统工程的认识，遵循逐级向下分解设计、逐级向上验证的“V 型”逻辑，攻克总体架构技术。一是全面分析产品需求，形成产品需求规范，自顶向下分解燃机部件设计指标和结构设计边界；二是按照部件设计要求向下分解对应零部件的设计指标及要求，开展零部件设计、优化调整等工作；三是从零部件、部件、系统逐级向上开展试验验证，最终完成重型燃气轮机的产品验证，从而形成重型燃气轮机从需求到产品实现的总体架构技术（见图 3）。

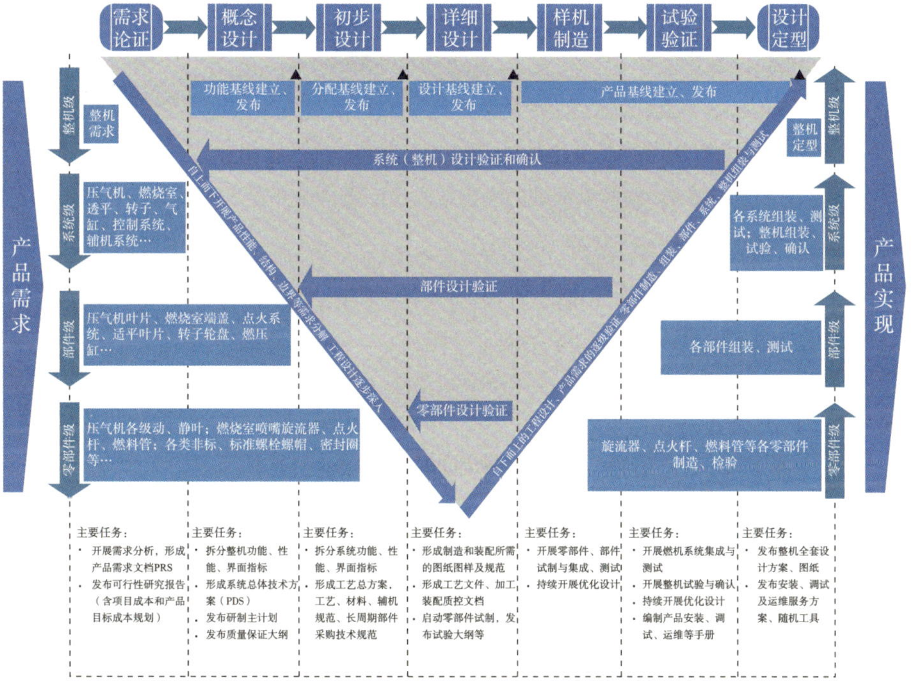

图 3 重型燃气轮机总体架构技术图

2. 以全生命周期为视角，开展端到端产品开发流程构建

自 2020 年 10 月起，中国重燃结合系统工程理论和集成产品开发理念，在全力推进各专业设计要素建设的同时，围绕产品全生命周期，在国内重型燃气轮机领域构建起首个端到端的自主产品结构化开发流程，统领整个产品研制全过程（见图 4）。产品开发流程包含 1 个顶层流程（L1）、5 个主干流程

（L2）、4个支撑/使能流程（L2），其中主干流程中的产品开发（L2）流程贯穿全生命周期、涵盖有严密内生逻辑关系的230项母任务、3000余项子任务。

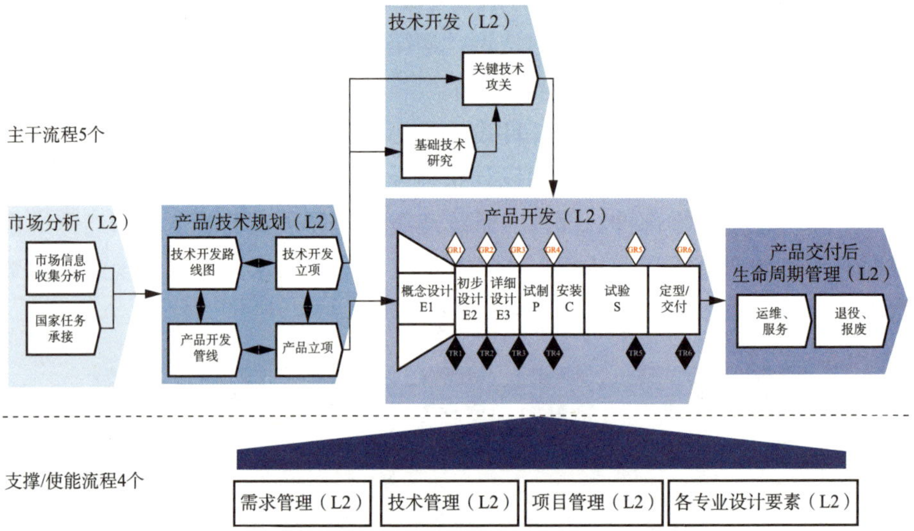

图4　面向全周期的端到端的产品结构化开发流程

通过端到端的流程构建，一方面将各专业设计要素及碎片化、隐性化的知识经验系统化、结构化，另一方面让跨法人单位的产业链资源，按研制进程“自动”参与产品全生命周期各阶段活动，让无序回归有序，赋予AE平台运作以“灵魂”。

（四）聚焦痛点、难点，攻克材料领域关键核心技术

对于高端装备，“设计是灵魂，材料是基础”，只有材料先行，正向设计才具备基础。中国重燃基于型号产品开发及序列化发展的需求，识别出制约我国自主重型燃气轮机研制的痛点、难点，并瞄准痛点、难点，快速推进材料领域关键核心技术突破。

自2018年起，联合相关单位，全面整合国内已有的碎片化材料数据，基于数字化管理平台，建成燃气轮机用材料体系和支撑燃气轮机正向设计与寿命预测的材料数据库。目前已入库材料104种，测试数据12209个，形成标准规范957份，夯实了我国燃机自主发展的材料基础。

自2018年8月起，中国重燃组织相关单位，共同开展各类母合金研究，对母合金成分范围进行反复摸索，经数十轮试验，成功攻克母合金纯净化冶炼与成分精确控制技术，形成相关规范。

（五）补齐短板弱项，培育自主可控试验、试制能力

试验、试制是确保产品正向开发成功的重要保障。国内围绕航空发动机积累了一定的试验和试制经验，但难以满足大尺寸、大功率的重型燃气轮机研制需求，部分试验、试制工作不得不委托国外或外资企业开展，严重受制于人（见图 5）。中国重燃围绕“自主可控”目标，全力培育试验、试制能力。

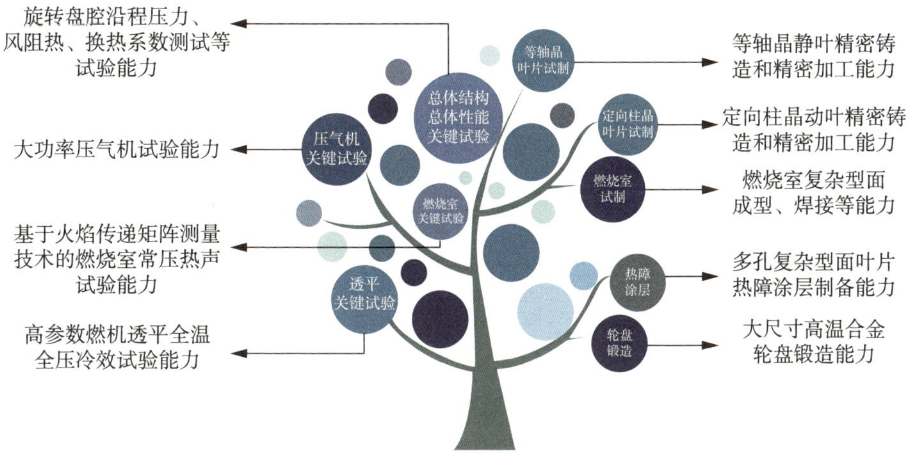

图 5　重型燃气轮机试验、试制方面受制于人的短板弱项

1. 改建并进，形成试验能力，掌握试验技术

自 2018 年 9 月起，中国重燃凝聚全产业链资源，对国内试验台架进行适应性改造。依托改造后试验台，累计实施 70 余项关键技术试验，形成系统、部件、零部件级试验规范，掌握了相关试验核心技术。

面向重型燃气轮机高参数、高效率、低排放发展方向，中国重燃对自主试验台架进行长远布局，2023 年建成我国重型燃气轮机领域首个全参数、全尺寸透平叶片与燃烧室联合试验台和首个旋转、多级、大尺寸、气冷透平试验台，主要技术指标达到国际领先水平。

2. 联合攻关，培育产业链单位试制能力

自 2018 年 9 月起，中国重燃组织产业链优势单位联合攻关，进行关键部件试制，开展了透平动叶、透平静叶、燃烧室等 34 项试制工作，带动上下游全链条单位试制能力整体提升。

通过上述关键部件试制，国内产业链单位基本具备了保障型号产品正向开发的试制能力，标志着我国迈出突破国外核心热端部件技术封锁、实现重

型燃气轮机自主化发展的坚实一步。

（六）突出工程要素，形成特色鲜明的项目管理方法

中国重燃结合专项特征，构建涵盖“1+3”（技术状态 + 质量、进度、成本）核心要素、有别于传统科研 / 工程企业的“工程化”项目管理方法。

1. 正向溯源、由点及面，严控技术状态

中国重燃聚焦“面”的技术状态管理，以“建基线、控变更”为核心，结合正向研制各个阶段，建立起功能、分配、设计、产品 4 条基线的“大状态”管控机制，在推动大状态逐步收敛、冻结的同时，允许各专业在基线约束下寻优迭代；同时，建立分层分级技术决策管理体系，严格控制设计过程各项技术变更。通过技术状态管理，实现对 1000 余份重要技术报告、3400 余份图纸的有序管控。

2. 敏捷冲刺、刚柔并济，做实进度控制

中国重燃实行三级进度计划 + 敏捷管理“刚柔并济”的管理机制，以三级进度计划确保进度刚性，同时尊重知识活动特点，允许大节点约束下开展柔性的敏捷（Scrum）管理，加速迭代，实现刚柔并济（见图 6）。2019—2023 年，先后成立近百个自管理的 Scrum 团队，充分调动了一线研发人员的创造性和主动性，加快了产品研制进程。在某核心热端部件攻关过程中，联合产业链单位，成立跨单位、跨专业的敏捷团队，历时 27 个月完成了交付，研制周期与国际先进燃机企业持平。

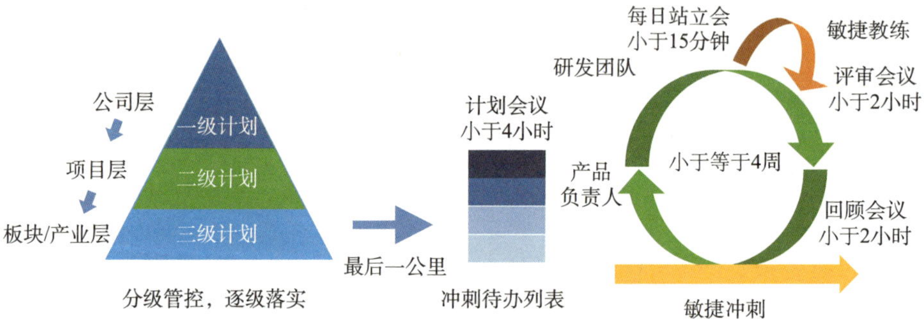

图 6　基于敏捷冲刺的进度控制体系

3. 规范过程、允许失败，做优质量控制

中国重燃强调以过程的符合性确保结果的可靠性，而非确保设计、试验、试制一次成功。针对研发设计，引入和设置 240 余个质量门，运用失效模式

及影响分析（FMEA）滚动跟进130余项重要技术风险，推行“举手免责”，培育透明文化；针对试验试制，发布550余份质量计划，设置12200余个见证点，建立可追溯、不可篡改的基于区块链技术的质量控制系统。通过实施事前、事中、事后全过程预防性质量控制，设计、试验试制项目重大颠覆性质量问题为0，实现了“以质量保进度”的初衷。

4. 确立基线、分步达成，做好成本控制

中国重燃高度重视产品目标成本控制，基于“设计决定80%成本”的认识，建立“五步法”（定义产品—设定目标成本—分解目标成本—找到削减成本的方法—实施成本削减）工作流程，引入面向制造和装配的设计（DFMA）方法，从设计源头降本、压实成本管控责任，并设置3条基线，分步达成，力争量产型产品目标较国际主流燃机降本20%，具备国际市场竞争力（见图7）。

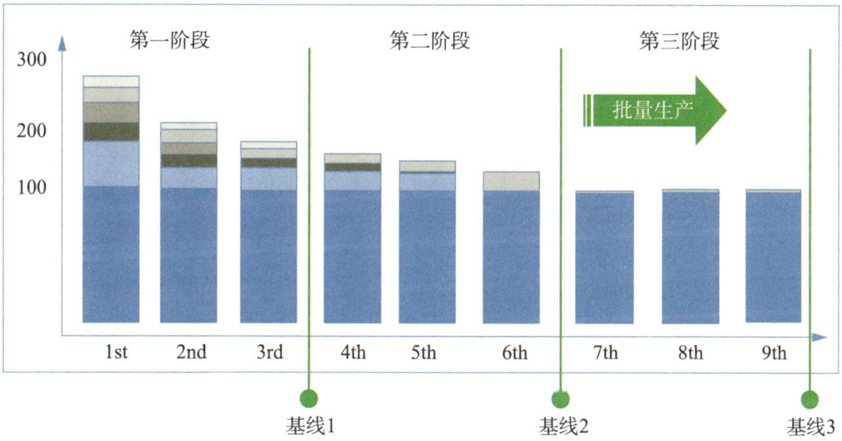

图7　型号产品目标成本3条基线

三、取得的成效

（一）突破“卡脖子”关键核心技术，按期高质量实现国家阶段战略目标

在“科研工程化”理念的引领下，专项推进之初的延误被动局面迅速扭转。中国重燃于2020年按期高质量完成国家确定的阶段战略任务，于2021年完成300兆瓦型号产品全部研发设计工作，2024年2月完成首台样机总装下线。

截至2024年，累计突破96项“卡脖子”关键技术，填补了国内空白，打破了国外垄断。完成452件（套）试验件、15230小时试验验证，形成59项工艺规范、51项材料规范，发布企业技术标准317项。中国重燃共获授权发明专利518项，授权实用新型专利273项，软件著作权登记64项。

（二）探索新型举国体制下科技攻关新模式，带动全产业链整体提升

中国重燃充分发挥国家科技重大专项的辐射带动作用，依托自主重型燃气轮机AE平台，通过推进设计制造材料一体化，有机整合了分散在国内不同法人实体间的创新资源，形成了以清华大学、上海交大、北科大、哈工大等为代表的前端技术创新主体，以三大动力为代表的整机制造和总装厂，以哈汽、中科院金属所、江苏永瀚、北京北冶、无锡透平、成都和鸿等为代表的热端部件供应商；与产业链关键环节企业建立起利益共享与风险共担机制，极大地激发了各创新主体的积极性、主动性。

伴随上述成果，中国重燃有效促进了创新要素在创新链、产业链间跨单位的高效流动，打通了从科研院所“原理突破”到制造企业“产品量产”的创新链条，带动了200余家单位整体提升，初步探索出新型举国体制下的科技攻关新模式，形成了可推广的重大装备工程技术创新体系，为我国其他重大科技专项及大型复杂装备正向研制提供了有益借鉴。

（三）形成可复制工程化管理方法，为后续专项实施奠定基础

中国重燃准确把握知识活动特征，以“科研工程化”为指导理念，狠抓“1+3”（技术状态+进度、质量、成本）核心要素，探索出一套适用于重大装备技术攻关的“工程化”项目管理方法，固化形成可复制、可推广的流程及程序文件，推动攻关活动由“独立性、个体性、不可控性”转为“系统性、结构性、可控性”，既为后续型号研发奠定坚实基础，也为其他重大科技专项项目管理作出了良好示范。

（由国家电力投资集团有限公司供稿）

以“电力”+“算力”融合技术全力驱动能源产业体系变革

一、基本情况

南方电网数字电网集团有限公司（以下简称南网数字集团）是中国南方电网有限责任公司的全资子公司，前身为2019年3月成立的南方电网数字电网研究院，是国家高新技术企业，2020年入选首批“科改示范”企业，2023年入选首批“世界一流专业领军企业”。公司作为支撑数字电网技术装备产业链建设、人工智能基础设施工程建设和国家级数字电网技术创新中心的核心主体和关键力量，致力于成为人工智能与能源领域融合的先行者与引领者，加速构建电力人工智能、二次装备领域新增长引擎，将“电力”与“算力”技术紧密融通，以人工智能赋能传统能源产业转型升级，打造电力行业自主可控人工智能产业生态，成为保障电力稳定供应、能源本质安全的关键核心力量。

二、实践经验

南网数字集团牢记“国之大者”，坚持以习近平总书记关于国有企业改革发展和党的建设的重要论述统领发展、引航导向，贯彻落实党中央建设数字中国、网络强国、数字经济等战略部署，紧扣新一轮科技革命和产业变革趋势，加快建设现代化产业体系。坚持自主可控、应用先行、科研自信的发展理念，推动人工智能与电力业务的深度融合和协同发展。拓展人工智能在电力行业的应用领域，研发时蓄足技术攻关“慢功夫”，应用中施展落实“快功力”，提升电力行业智能化水平和服务质量。通过建设电力人工智能平台，打造行业首个自主可控电力大模型，促进电力AI融通创新，并面向全行业全社会开放电力人工智能算力资源，带动电力行业向数字化、智能化升级转型，构建资源集聚、共享开放、共赢发展的人工智能生态圈。

（一）研发电力行业首个人工智能创新平台，打造与社会各界良性互动的创新格局

对外发布电力行业首个模型，即服务（MaaS）人工智能创新平台，平台已实现对百度、华为、商汤3家单位算力的统一调管，支持多种算法框架训练应用，建成192P国产化算力集群，打造“模型—算力—数据集—训练平台集成”一站式解决方案。一是平台高度集成，赋能大模型训练。平台可提供大量预训练模型自动编排服务，实现多模型协同处理，快速低成本生成具备特定机器代人场景的业务智能体，具备专业化智能体的柔性制造、规模化生产能力。平台还集成了样本集、模型库、训练环境等，为开发者提供灵活、易用的一站式模型服务。二是算力开放，推动产业协同。对内实现算力资源最大化使用，对外提供算力租赁、模型开发测评等人工智能平台运营服务，面向电力企业、高等院校、科创企业、中小微企业等不同创新创业主体发放算力券，提供多样化算力套餐，体现央企“顶梁柱”担当。有效解决开发者算力不足、数据缺乏、工程经验欠缺的问题。利用平台已成功开展四批算法“赛马”和办赛活动，基于平台研发的算法模型已在广东电网和深圳局落地应用，有效验证平台实用性。三是完善数据资源，助力全行业人工智能高质量发展。在世界人工智能大会首发《南方电网电力行业人工智能基础数据集目录》，平台具备多源异构样本汇集管理能力，支持语音、图像、文本、视频、3D点云等多类型样本标注。目前，人工智能样本库已收集标注3000余万张图像样本及3700余小时语音样本。聚焦人工智能的安全和安全的人工智能需求，开展人工智能可信模型构建、密态计算、内生安全，以及人工智能性能与安全测评等关键核心技术研究，拟突破多主体数据安全共享技术壁垒，解决人工智能发展缺乏上下游产业专业数据资源的核心问题，全面助力全行业数智化转型和高质量发展。

（二）打造行业首个自主可控电力大模型，赋能业务高质量发展

发布行业首个自主可控电力大模型（“大瓦特”），强化人工智能底层能力，推动全行业人工智能应用落地。一是形成人工智能应用基础，释放人工智能应用新动能。“大瓦特”是基于自主可控算力、算子，从零开始训练，除了来自人类自然语料，主要吸收电力行业基础知识、电力业务制度规范、电力行业研究报告等参数量达百亿数据，使得“大瓦特”具备电力系统内多专业领域工程师的知识、经验。“大瓦特”经过千百万电力专家的经验训练与

精调，是电力行业各专业细分领域共同的“超强大脑”。大模型可轻松实现“聊、查、图、写”，为行业提供电力系统的思维链能力，使其具备意图识别、多轮对话、总结提炼、自动生成巡检报告、可视化数据服务等能力。二是形成基础服务，推动各业务领域智能化。在应用方面，大模型打通业务系统，可提供业务信息检索、辅助方案编制、维护检修指引、设备缺陷识别、巡检报告生成等电力场景服务。目前正在加快各垂直业务领域大模型的研发，在智能客服领域，预期到年底将实现高频业务机器代人率达 80%，达到行业领先水平；在电力调度领域，大模型已经可以针对电网异常情况秒级自动化生成处置预案。大模型在电力各个业务领域的应用促进了电力产业高质量发展。三是加强自主可控，带动国内产业链发展。大模型研发突破了国产化软硬件适配、预训练、模型微调等多个技术门槛，验证了研发自主可控大模型的可行性，增强了自主可控信心。率先建成 192 PFlops 国产化算力集群，并训练了电力行业首个自主可控电力大模型（NLP+CV），在业内首个实现算力、学习框架和算法模型全国产的全系列适配。国产化基础设施已经具备电力场景 AI 应用和产业化的条件。

（三）促进电力 AI 融通创新，建设人工智能新生态

落实国家战略部署，推动人工智能应用从传统客服、机巡等智能化应用向电力调度等电力行业金字塔尖应用延伸，以联盟的形式带动产业链上下游协同发展。一是开放应用场景，推动算法积累。提供丰富的电力行业生产、巡检、营销、客服等场景业务知识，以丰富的电力行业素材训练算法，推动模型实用化。已开发智能识别高性能算法模型 40 余个，研发智能机器人、智能客服助手、智能质检、智能外呼、智能知识库五大应用组件，以支持广东电网的“95598”客服大模型和情绪识别等小模型为例，客服高频业务代人率已达 80%。二是创新机制，加速应用落地。首创算力、算法“双赛马”机制，创新算法“赛马”机制，以开放生态方式调动社会力量参与电力应用场景建设，与百度、华为、商汤形成合伙人关系共同推进平台建设，将表现拔尖的团队纳入合作伙伴关系，4 批次共 15 个场景完成算法自研并在人工智能平台上线应用，在调度领域率先使用 AI 技术。三是联动产业链，加快生态繁荣。组建电力行业人工智能联盟，同时发布了《电力人工智能技术与应用白皮书》。联盟采用“3+1”运作模式，包括运作机制、保障机制、管理制度三大通用工作机制及一个资源共享机制，丰富联盟单位权益，满足联盟发展需要。成立人工智能基础设施运营中心，致力于服务电力行业上下游，支撑人

工智能生态及产业发展。中心围绕算力运营、数据运营、算法运营、应用场景撮合、AI 活动举办、开发者社区建设、产业孵化和人才培养开展运营工作。联合武汉大学、浙江大学、华北电力大学等高等院校，围绕电力人工智能教学与应用探索新模式，将为高校实操教学、线上实验室建设提供算力、数据等资源。积极响应“101 计划”，打造校企合作典范，逐步扩大合作范围。

三、取得的成效

一是产业结构不断优化。自 2022 年 3 月以来，南网数字集团积极推动人工智能业务发展，取得了快速成长。截至 2023 年，人工智能业务新签合同额已达 4.85 亿元、营业收入达 2.84 亿元，电网外业务营收占比为 49.3%。公司积极拓展人工智能技术在电力智能调度、新能源接入、微电网管理、电力市场交易等领域的应用，重点开展上述业务领域的科技创新、产品研发、市场拓展及技术服务，打造人工智能在电网发输变配用等各环节应用与整体解决方案、工程集成与技术咨询等业务，推动电力行业的绿色发展和智能化转型。

二是国产化合作生态圈不断扩大。致力于构建国产化合作生态圈，通过不断扩大合作范围，深化合作层次，推动人工智能技术与电力行业的深度融合，联盟单位已扩充至 50 家（所），包含发电企业 6 家、人工智能企业 26 家、智能制造企业 7 家、高校 11 所。在国产化合作方面，积极与国内一流人工智能企业开展人工智能算子算法研究，联合琶洲实验室等研究机构开展语音大模型研究，联合顶尖高等院校开展产教融合合作，共同推进人工智能技术的研发和应用。公司人工智能技术成果和产品已经辐射至其他行业，成功中标上亿元人工智能基础设施建设项目，持续拓展合作领域，推动人工智能技术与各行业的深度融合。

三是对能源行业转型升级的支撑能力不断加强。凭借领先的技术实力和创新能力，为电力行业智能调控、新能源消纳、能源安全输送等提供了高效的人工智能解决方案。自主研发的新能源高精度预测系统和负荷预测系统可精准分析电力数据，优化电力调度，提升电网运行效率。自主研发的电力系统强化学习平台已在内网备调上线，秒级出调控策略，可为新型电力系统安全稳定运行、新能源充分消纳、电力经济调度提供有效支撑。机巡算法已经全面铺开应用，保障“西电东送”大动脉，有力支撑新型电力系统建设。例如，智能机巡算法在广东电网覆盖了输变配五大类 227 种标签，并在全省 20 个供电局应用，截至目前，覆盖输变配电五大类算法模型平均准确率达到了 70%，算法研发效率提升了 5 倍以上，算法研发质量大幅提升，缺陷发现数量较之前提升10倍以上。在客服领域，打造了以智能知识库为“大脑”，以智能IVR、智能在线客服、智能客服助手、智能质检为前端应用的智能客服体系，机器人月均服务用户超30万人次，核心技术自主可控。智能在线客服共有10个智能场景，年度话务量约235万，转人工量约32万，自动办结率约86.4%。智能客服助手提供为座席实时语音转译、情绪识别预警、流程导航、应答推荐、知识搜索、用户画像信息查询等功能，意图识别准确率达90%、标准问答准确率在85%以上，后续项目成果将在全网范围内推广应用。

构建开放产业生态是加快推动人工智能和实体经济深度融合的战略路径，公司将持续布局建设人工智能平台和算力集群，进一步构建应用生态，发挥人工智能基础设施整体效能，为各类创新创业主体提供人工智能产业建设资源。

（由中国南方电网有限责任公司供稿）

提升大型新能源基地并网系统灵活性技术推动能源技术革命

一、基本情况

内蒙古能源集团有限公司（以下简称内蒙古能源集团）是按照自治区党委、政府决策部署，于 2021 年 9 月由原蒙能、能建重组整合而成，注册资本 130 亿元，现有员工 1 万余人，资产总额 940 亿元，是内蒙古自治区国有资本投资公司试点企业。

内蒙古能源集团目前在运装机 1212 万千瓦，在建装机 1129 万千瓦，成功进入千万千瓦级能源企业行列。现有新能源及运维、火电及供热、煤炭、建设服务四大主营产业板块，城市居民供热能力为 1.1 亿平方米，煤炭资源储量为 156 亿吨。拥有电力勘察设计甲级资质，电力工程施工总承包特级资质，具备电力工程规划、设计、咨询、施工、监理、调试、运维全产业链建设运营能力。

集团所属的内蒙古能源阿鲁科尔沁 100 万千瓦风储基地项目是国家第三批大型风电基地建设项目。项目位于赤峰市阿鲁科尔沁旗天山镇、天山口镇和巴拉奇如德苏木，规划容量为 100 万千瓦，总投资 47.1 亿元，计划于 2024 年 4 月开工建设，年底实现全容量并网，投产后年发电量达 27 亿千瓦时，每年可节约标准煤约 84.4 万吨、减排二氧化碳约 334 万吨，为助力自治区能源结构转型升级、提高全区新能源消纳利用水平、拉动地区经济增长、推动自治区高质量建设国家重要能源和战略资源基地贡献积极力量。

（一）并网系统灵活性技术研究背景

内蒙古自治区坚定不移走生态优先、绿色低碳的高质量发展道路，实施可再生能源替代行动，加快规划建设沙戈荒大型风光基地项目，根据规划到 2024 年底全区新能源装机将达到 1.35 亿千瓦，占比超过火电。

新能源通过电力电子设备高比例接入电力系统，同步机电源占比下降，电力系统的物理基础、功能形态深刻变化，安全稳定运行面临巨大挑战。大型新能源基地并网系统灵活性主要取决于设备的电压支撑能力，由于现有新能源机组电压支撑能力不及同步机，大型新能源基地的暂态过电压、宽频振荡等问题突出，新能源连锁脱网风险增加。同时，新能源基地存在大量异构化设备，同步机和变流器间、不同控制方式、不同厂商变流器间容易产生复杂的动态交互，可能引起同步机功角稳定问题、新能源同步稳定问题以及系统电压稳定问题并存的复杂情况，给电网运行控制带来极大困难。因此，深入研究新能源场站并网灵活性主动支撑技术，提升电力电子设备多运行条件下的涉网性能和多机协同响应能力至关重要。

（二）并网系统灵活性技术研究目标

针对内蒙古地区沙戈荒新能源基地在同步电源低占比下暂态电压支撑能力差、电压稳定问题突出的问题，项目通过分析新能源大规模并网场景下跟构网机组在多运行模式中的动态特性，以短路比为指标评估变流器跟构网控制切换方式，研究大规模新能源并网优化配置方案，提升新能源基地安全稳定运行能力。项目将进一步明确各类新能源及储能的跟构网多控制模式、多构网型主体协同运行机理，并提出相应的系统优化控制策略；根据新能源新型拓扑提出基于机器学习的变流器跟构网自适应辨识方法，快速、准确辨识系统运行条件并灵活切换跟构网运行模式；通过对不同跟构网机组配置方案下系统的电压故障机理进行分析，提出适于新能源大基地应用的新型故障电压自适应控制方法。

基于以上创新理论算法，项目将研发具备跟构网多模式切换运行的新能源和储能变流器及其控制器样机，以及高可靠性、高拓展性的新能源基地场站级暂态无功协同控制装置样机，并将装置技术示范应用于阿鲁科尔沁沙戈荒基地 100 万千瓦风储示范工程，支撑大型新能源基地并网系统灵活性提升。

二、实践经验

（一）强弱电网多运行场景下新能源基地跟构网机组特性分析及优化配置方案

建立新能源场站模型，提出基于运行短路比的新能源场站中跟 / 构网可切换单元的最优配置方法，具体如下：

（1）建立具有无扰切换功能的跟 / 构网控制模型，分析跟 / 构网振荡特性，研究系统稳定性受交流短路比及新能源实际输出功率的综合影响机理。

（2）选取运行短路比（OSCR）为稳定性分析判断指标，以更好地反映系统稳定运行能力，避免不必要的切换操作，并基于 OSCR 制定跟 / 构网可切换单元滞环切换方案。

（3）提出新能源场站跟 / 构网可切换单元最优配置方案，使场站在强弱电网下均具有稳定运行能力，可在电网阻抗大范围变化下实现稳定运行。

（二）大型新能源基地构网型多主体协同运行机理及控制策略

基于模型预测、MPPT 的新能源控制策略，提出基于模型预测控制在新能源出力过剩时由 MPPT 控制转为直流链路电压支撑控制的转换策略。基于超级电容储能的惯性支撑策略，提高新能源利用率、实现能量互补。采用统一化电压控制与惯性功率同步控制相结合的构网控制策略，建立多时间尺度下的构网多机并联模型并分析机组间的相互作用，通过自影响 / 互影响分量对机组环流进行量化分析。提出基于功率微分的互阻尼控制器设计方案，减小并联机组功率振荡，以提高暂态稳定性，实现新能源构网系统多主体协同运行。

（三）新能源电源新型拓扑及变流器跟构网自适应辨识方法

利用混合电力电子拓扑结合升压和降压功能，有效应对变化的能源输入。基于开关管复用技术提升变流器功率密度与集成度。此外，多级混合拓扑如串联多级 DAB 结构，提高系统的升压倍数，增强电源适应性。并且可以结合传统的硬开关和软开关技术，以降低开关损耗并提高系统效率。通过优化的新型拓扑结构，可以提高能源转换效率、增强系统对能源波动和负载变化的稳定性，从而为可再生能源的大规模应用提供可靠而高效的电源解决方案。

（四）不同跟构网机组配置方案下大型新能源基地并网系统故障电压自适应灵活控制方法

对 GFL 和 GFM 在电压故障时的暂态稳定性展开分析，建立线性模型与非线性模型，定性分析与定量分析相结合，明确多种暂态失稳机理。对不同机组配置下的并网系统设计故障诊断方案，同时提出暂态电压支撑与暂态稳定性增强型的故障限流策略，实现自适应故障诊断以及暂态稳定性支撑，将故障电流限制在系统允许范围内。

（五）适应于低短路比极弱系统运行的构网型变流器

研制开展适应于低短路比极弱系统运行的构网型变流器主电路拓扑及其关键参数设计；提出适应于低短路比极弱系统运行的构网型变流器控制策略，实现同步惯量支撑、快速调压等功能，分析不同参数下构网变流器涉网特性；

研究涉网保护技术、内部能量主动均衡等保护策略。

（六）新能源基地场站级暂态无功协同控制系统

针对新能源基地场站大量异构型变流设备，研究各类变流器、相应控制装置的拓扑结构及无功电压支撑能力；明确暂态电压控制功能逻辑关系、相关信息采集要求，研究暂态电压控制软硬件集成技术；综合考虑系统架构的可靠性及可扩展性，研制暂态无功控制样机，进一步降低系统功能冗余，实现系统层级间高效、准确的信息、指令交互。

（七）大型新能源基地并网系统灵活性提升装置工程

示范主要解决新能源和储能变流器及其控制器装置、暂态无功协调控制装置的工程应用问题，提供大型应用场景实例，实现更多现场运行参数的获取。通过电网的正常运行方式、大方式和小方式来实现强 / 弱电网场景的构建，选取沙戈荒区域内百万千瓦级新能源基地开展样机设备的现场场景应用，提供不同短路比（包含 SCR=1.4 的极弱系统）系统环境，将所研发设备应用于工程实践。按 800 万元工程示范预算，配置一套场站级电压协同控制设备，为 2 万千瓦储能及 1.5 万千瓦风电机组（实际工程示范风电变流器容量为 6~10 兆瓦）配置具备跟构网切换功能的变流器及控制装置，以验证设备的跟 / 构网自适应辨识能力和切换时间，对暂态无功协调控制装置的各项技术参数进行现场实践验证。

（八）强弱电网多运行场景下新能源基地跟构网机组特性分析及优化配置方案

现有新能源场站中的发电单元基本采用跟网控制，难以在极弱电网下保持安全稳定运行。在发电单元全采用跟网控制的新能源场站内配置少量跟 / 构网可切换发电单元，可提升场站在弱网下的运行能力，避免失稳问题。此部分首先根据跟网和构网控制结构分别对跟网和构网可切换单元进行数学建模。在理论分析的基础上，拟采用积分器采样跟随稳态运行点和构网预同步两种措施，降低跟 / 构网切换时引发的扰动问题，以期实现无扰切换。另外，通过数学建模和 Simulink 仿真分析交流短路比和实际输出功率对新能源发电单元跟 / 构网控制的影响，进而选取合理的运行短路比作为跟 / 构网切换指标，再配合实际的系统运行情况提出基于运行短路比的新能源场站跟 / 构网切换方案。基于上述研究，进一步分析跟 / 构网混合场站在不同电网强度下的振荡特性，并在综合考虑系统稳定性和工程经济性的前提下计算所需的跟 / 构网可切换单元的最小容量，提出跟 / 构网可切换单元最优配置方法，最后，通过算例仿真验证所提配置方法的合理性和优越性。

（九）基于新能源—储能构网逆变器的多主体协同控制策略

基于新能源—超级电容的构网逆变器拓扑，对分布式电源大量接入直流母线时，新能源总出力过剩会引发直流母线电压过压以及储能过充的问题进行研究。对新能源输出功率存在多个峰值情况下的全局最大功率点跟踪控制策略进行深入分析；然后基于模型预测控制提出了新能源 MPPT 运行与直流电压支撑模式的协调控制，同时阐述了模型预测控制的基本原理，对新能源变流器建立预测模型；针对不同光照 / 风速条件下的运行特征进行分析，研究新能源不同运行模式之间的平滑控制策略。构网控制总体框图将模型预测的思想用于新能源电源电压支撑控制中，实现当光新能源出力变化时，新能源电源可以在独立支撑母线电压和 MPPT 运行方式下无缝切换，使风光资源得到更有效的利用。分析超级电容一些重要指标之间的关系以及充放电方式，建立超级电容的充放电功率方程，分析超级电容为新能源发电系统提供虚拟惯量的可能性，为实现虚拟惯量控制提供了基础；通过对超级电容惯量的分析，结合新能源—储能发电系统的控制，实现超级电容在完成储能充放电的同时为系统提供虚拟惯量，在负荷扰动时快速调节系统频率，改善动态性能。采用小信号模型对构网逆变器进行建模，分析频率自同步与电压支撑原理，明确功率环路的耦合特性，提出构网逆变器控制策略。

三、取得的成效

一是提升电网接入能力和稳定性，通过研发暂态电压协同控制技术，可以有效应对沙戈荒新能源基地在同步电源低占比下暂态电压支撑能力差、电压稳定问题等挑战，从而提高新能源基地的电网接入能力。二是推动新能源电源技术创新，通过研究大型新能源基地多类型新能源电源配置与整体框架、新型拓扑与灵活控制技术等，可以促进新能源电源技术的创新与发展，为新能源基地的建设和运行提供更加可靠和灵活的技术支持。三是推动电力系统智能化与技术创新，面向大型新能源基地并网系统的暂态电压控制技术的研发将促进电力系统的智能化和技术创新，为电力系统的高效运行和可持续发展提供技术支撑。四是技术示范与推广，通过新能源基地暂态电压协同控制样机的研制与工程示范，可以将研究成果转化为实际应用，为其他类似地区和项目提供技术参考和示范，推动新能源基地建设的可持续发展。五是本项目落地示范成功后，将促进适应性更强的构网型技术在源侧的进一步推广，推动更短通信延时、更强支撑能力的新能源场站无功协同控制技术的成熟，大幅提升大型新能源基地的电压频率支撑能力，提升新能源并网系统灵活性。新型构网技术的发展应用将有力促进低碳能源领域的科技创新和产业升级，推动了相关技术和产业链的发展，也将加速产业间的技术融合创新与跨行业协同发展，为国家经济转型和可持续发展提供新动力。六是将带动赤峰市阿鲁科尔沁旗新能源投资规模约 70 亿元，对新能源行业的发展及区城经济的发展都有着较大较好的促进作用，并对周边其他县市新能源的开发提供信心和开发动力；通过东北电网电力辅助服务市场引入赤峰地区优质、经济、清洁的盈余电力，可有效降低企业用电价格，随着电力市场交易规模的扩大，跨省交易电量必将稳步提升，可显著缓解当地热电矛盾；并且可以进一步提升区域电力新能源消费占比，助力“双碳”目标早日实现。七是项目建成后，年发电量可达到 30 亿千瓦时。按照火电煤耗每度电耗标准煤 326 克投运后每年可节约标准煤约 100 万吨，每年可减少 CO 排放量约 240 万吨、SO 排放量约 1.8 万吨、氮氧化物排放量约 2.7 万吨。此外，每年还可减少大量的灰渣及烟尘排放，节约用水，并减少相应的废水排放，节能减排效益显著。八是加快新能源开发，降低社会用能成本，预计到 2030 年，内蒙古新能源基地开发总装机超 2 亿千瓦，新能源年发电量 3600 亿千瓦时，相当于每年节约电煤消耗约 1 亿吨；降低发电侧综合上网电价约 15%，提升电网侧单位通道利用效率 20% 以上，降低输电成本超过 2 分 / 千瓦时，可降低内蒙古地区平均用能成本 0.3 分 / 千瓦时。九是发挥投资拉动作用，促进地区经济发展，预计到 2030 年，内蒙古新能源基地开发所需总投资约 4300 亿元，其中电源投资约 3000 亿元、电网投资约 1300 亿元，并进一步带动新能源、新材料、高端装备、节能环保等上下游产业发展，拉动全社会整体投资规模近万亿元，大幅拉动地区经济增长。十是实现绿色低碳发展，保护自然生态环境，预计到 2030 年，内蒙古新能源发电量占比超 50%，非化石能源占一次能源消费比重为 28% 左右，提高能源生产、消费绿色化水平；每年可减少二氧化碳排放约 2 亿吨，每年二氧化硫、氮氧化物和细颗粒物排放分别减少 7 万吨、8 万吨和 2 万吨；降低沙戈荒地区的太阳直接辐射及表面风速，减缓地表水的蒸发，抑制风沙和扬尘，促进植被的恢复和生长，改善生态环境。

（由内蒙古能源集团有限公司供稿）

创新技术攻克难题，依托国家重大工程建设，建立特高面板堆石坝安全关键技术体系

一、基本情况

水电水利规划设计总院（以下简称水电总院）受国家有关部门委托，承担行业规划、技术管理、工程验收、质量监督、标准制定和政策研究等工作，并受托管理可再生能源定额站，水电、风电安全设施竣工验收，国家可再生能源发电工程质量监督总站，国家可再生能源信息管理中心；受国家相关部委委托，管理国家可再生能源信息管理中心、可再生能源定额站、国家能源水电工程技术研发中心、可再生能源发电工程质量监督站，是国家能源局设立的首批 16 家能源研究咨询基地之一，也是国家能源领域 15 家行业标准化管理机构之一，负责我国能源行业 6 个水电标委会、6 个水电分标委和 2 个风电分标委的管理工作。

水电总院坚决贯彻落实习近平总书记“四个革命、一个合作”能源安全新战略，坚决贯彻落实习总书记关于可再生能源重要指示批示精神，坚定服务国家能源安全、服务可再生能源行业高质量发展的决心，在当前“碳达峰、碳中和”目标指引下，苦练内功，积极发挥技术引领作用，做好技术咨询评审工作。

二、实践经验

水电总院紧跟国家需求确定方向，发挥技术引领作用，汇聚行业力量集中攻关，依托重大工程建设，脚踏实地开展技术创新，突破了传统技术“瓶颈”，将面板堆石坝坝型的技术能力从 200 米级提升至 300 米级，极大地拓展了面板坝的运用范围，可充分发挥其经济性优势，节约项目开发成本，并进一步扩大我国在面板堆石坝领域的技术领先优势。

（一）贯彻落实大政方针，紧跟国家需求确定方向

随着我国社会发展对能源需求的增加，西部水电开发的进程也逐渐加快。

我国西部地区水能资源丰富，多高山峡谷，居民稀少，水库移民和淹没损失较小，适于修建200~300米量级的高坝大库，同时地质条件复杂、地震烈度高、自然环境恶劣、交通运输困难，面板堆石坝直接利用当地材料，可减少运输压力，还有适应性强、抗震性能好、造价较低、建设周期短等优点，适应当地建设条件，是重点比选的坝型。

根据河流梯级开发的需要，我国西部将建设一批调节性能好的高坝大库。我国部分拟建或在建的200~300米高面板堆石坝如表1所示。金沙江、雅砻江、怒江、大渡河、黄河上游等流域，许多坝址的河谷地形地质适宜建设特高面板堆石坝。经过一系列的工程实践，我国200米级高面板坝取得了成功的建设经验，也为250~300米级超高面板坝积累了一定的技术储备。然而，对于大批拟建的250米以上的超高面板坝，国内外尚缺乏相关的技术经验，仍有大量的科学技术问题亟待研究解决。2014年6月13日，中央财经领导小组第六次会议上提出能源安全新战略，水电总院结合自身定位，全面贯彻落实党中央推进能源高质量发展精神，紧密围绕特高面板堆石坝建坝技术创新发展新要求，加快推动水电行业能源技术革命，带动产业优化升级。

表1　我国部分拟建或在建的200~300米高面板堆石坝统计表

序号	工程名称	工程所在位置	建设情况	坝高（米）	坝长（米）	坝体方量（万立方米）
1	茨哈峡	青海黄河	可研	257.5	668.9	3150
2	拉哇	金沙江川藏河段	在建	239	398	1500
3	玉龙喀什河	新疆玉龙喀什河	在建	230.5	485	1241
4	滚哈布奇勒	新疆开都河	可研	210	385.62	885.27
5	玛尔挡	青海黄河	在建	205	323.55	923

（二）发挥技术引领作用，汇聚行业力量集中攻关

目前大部分200~300米级特高面板堆石坝坝址地处高山峡谷地区，场地基本地震烈度较高，工程地质条件复杂，泄洪问题突出，建坝技术难度大，大坝安全可靠性要求高。而现行有关规程和规范适用于200米级以下面板堆石坝，300米级面板堆石坝工程的设计和建设尚无先例。混凝土面板堆石坝正面临着从200米级坝高向300米级坝高发展的技术挑战。此外，近期建设的几座200米级高面板堆石坝在取得成功及宝贵经验的同时，部分工程出现坝体变形比预计的偏大、面板挤压破损或渗漏量较大等问题。

业内一些专家对能否安全建成250米级或更高面板堆石坝表示担忧和质疑。有些适宜建设高堆石坝的坝址，因不能把握300米级高面板堆石坝的工程特性、技术可行性，不敢决策采用面板堆石坝方案，而选用相对保守的填筑量大、投资较多的土心墙堆石坝方案。因为需要开采黏土料做防渗心墙，因而心墙堆石坝方案占用耕地较多，环境影响较大；有的工程坝区附近甚至没有可利用的防渗土料，因而推高水电站建设成本，电价竞争性降低，投资效益差，工程建设各方迫切希望在300米级高面板堆石坝筑坝技术上有所突破。

作为水电行业的技术引领单位，水电总院面对国家和行业的需求，勇于作为，充分发挥技术平台的作用，聚集各家设计院、科研院所、高校和施工及监测企业，对特高面板堆石坝建设存在的关键技术问题进行梳理，确定了其重点在确保坝体抗滑稳定、渗透稳定的同时做好坝体变形控制，变形稳定研究是关键和难点，因为大坝防渗体系依附于坝体上，坝体变形直接关系到防渗体系的位移和安全。水电总院集合行业力量，对包括堆石材料本构关系、面板破坏机理、试验检测手段、大坝填筑模拟及变形预测、混凝土材料、安全监测仪器等诸多方面开展集中攻关。

（三）依托重大工程建设，脚踏实地开展技术创新

水电总院带领研究团队依托茨哈峡等一批250米级面板堆石坝工程，在各个工程现场广泛调查取样，并开展了大量的室内、现场、数值试验研究。通过针对特高面板堆石坝的适应性及对策研究、安全性研究及工程应用、关键技术深化研究及工程应用三个接续性科技项目研究，历经10余年，逐步构建特高面板堆石坝关键技术体系。

一是扎实做好资料调研工作。水电总院发动水电行业多家设计院，搜集了国内30米以上已建、在建、拟建的各类型共878座堆石坝的工程数据，并对国内外特高坝工程开展广泛调研，组织行业内专家深入讨论，研究提出变形稳定、渗流稳定、抗滑稳定、抗震性能的定量评价标准，建立特高面板坝可靠、实用安全评价方法。

二是深入开展查勘和现场试验。依托工程多高寒缺氧，现场条件艰苦，水电总院专家团队多次深入现场查勘，研究团队部分成员更是长期在现场开展现场爆破试验、现场碾压试验、现场大型直剪试验等，为研究提供一手资料，保障研究成果与工程实际可结合、相适应。

图 1　水电总院专家组查勘茨哈峡现场

三是潜心开展基础性研究。水电总院组织科研院所和高校对制约特高面板堆石坝变形破坏规律研究和仿真的本构关系、计算方法等基础性问题开展研究，从研发试验设备开始，逐步开展试验研究，直至建立可以准确描述堆石料颗粒破碎、流变、湿化等工程特性的本构模型，提出考虑缩尺效应的更为合理的堆石料本构模型参数；发展大规模精细化数值计算方法，大幅提高计算规模和精度，直至可精准预测大坝全生命周期的变形。

图 2　项目研发的高精度超大型液压伺服静、动三轴仪

图 3　试验前的标定工作

三、取得的成效

水电总院联合了国内面板堆石坝设计经验丰富的设计院和研究实力雄厚的科研院所与高等院校，组成了由院士总负责、设计大师和技术骨干参与的研究班子，围绕坝体结构材料设计及控制标准、堆石料工程特性及本构关系、变形特性及渗透稳定安全性、防渗和止水系统变形适应性、抗震安全性及其工程措施、施工技术要求及质量控制、安全监测关键技术、安全评价方法等主要技术难题，开展了大量的研究工作，突破了传统技术“瓶颈”，建立了300米级特高面板堆石坝的安全评价体系，提出了300米级特高面板堆石坝坝体变形控制的主要措施和适应300米级特高面板堆石坝大坝填筑、导流等施工方法，完善了堆石料静动力本构模型，发展了三维大规模精细化静动力分析软件，揭示了高坝应力应变分布规律，研发了新型安全监测技术和设备，形成了特高面板堆石坝设计建设运营的全套技术和理论体系。

本项目的研究成果可直接运用于特高面板坝建设，将为我国西南、西北地区拟建和在建的特高堆石坝工程提供切实有效的技术支撑，为工程安全性提供技术保障；对于适合建设特高堆石坝的坝址，可为经济指标更优的面板堆石坝坝型选择做技术支撑。项目成果将面板堆石坝坝型的技术能力从200米级提升至300米级，极大地拓展了面板坝的运用范围，可充分发挥其经济性优势，并进一步扩大我国在面板堆石坝领域的技术领先优势。

目前在建的200米级面板坝方案比心墙坝方案可比投资节省平均10%以上，估算项目成果将面板坝方案应用到300米级，可比投资可在心墙坝方案的基础上节省平均10%以上。

（由水电水利规划设计总院供稿）

国之重器　全球最大 18 兆瓦
直驱海上风电机组顺利下线

一、基本情况

东方电气风电股份有限公司（以下简称东方风电）隶属中国东方电气集团有限公司（以下简称东方电气集团），成立于 2015 年 3 月，是国资委“双百行动”改革试点企业。东方风电具备直驱、双馈、半直驱技术路线风电机组整机及其配套叶片、发电机、电控系统等核心部件的自主研发与制造能力，产品涵盖 1.5 兆瓦 ~10 兆瓦系列陆上和 5 兆瓦 ~20 兆瓦系列海上风电机组，产品批量出口瑞典、俄罗斯、埃塞俄比亚、厄瓜多尔、越南等多个国家，已为国内外用户提供各型机组 14000 余台。

科技创新能力方面，东方风电研发投入保持在 3% 以上，研究试验技术人员超过 400 人，建有四川省企业技术中心、四川省风电工程技术研究中心、四川省海上风电装备工程中心、院士专家工作站、博士后科研工作站等科研平台，是国家知识产权优势企业、四川省技术创新示范企业和四川省知识产权强企培育企业。近年承担国家重点研发计划、国家重点专项、“揭榜挂帅”等项目 6 项，承担四川省重点研发项目 11 项；获得四川省科技进步奖一等奖 2 项、二等奖 2 项，机械工业协会科技进步奖二等奖 1 项，中国电力企业联合会科技创新奖一等奖 2 项等多项荣誉。

东方风电加大深远海风电机组关键技术与装备研制投入，在新产品开发方面，自 2020 年成功研制国内首台 10 兆瓦海上风电机组以来，又陆续完成了 13 兆瓦、18 兆瓦直驱系列，10 兆瓦、14.3 兆瓦、18 兆瓦半直驱系列海上风电机组，其中 18 兆瓦直驱机组是该技术路线全球最大功率机组，该机型将在深远海漂浮式应用场景中使用。值得一提的是，东方风电是国内唯一一家承接 2 项国家级漂浮式课题的整机制造商，已中标全球最大商业化漂浮式海上风电项目。

二、实践经验

（一）18 兆瓦直驱海上风电机组的诞生

1. 央企合作，为新能源增添新动能

东方电气集团依托数十载大型发电设备研制经验和深厚技术沉淀，自 2019 年成功引领中国海上风电进入 10 兆瓦时代后，始终专注大型海上风电机组的技术创新，致力于为全球市场提供更具先进性和可靠性的全生命周期解决方案。2023 年 11 月下线的全球单机容量最大的 18 兆瓦直驱海上风电机组，是针对海上 I 类风速区域开发的全新一代海上风电机组，是东方电气集团与中国华能集团海上风电创新联合体紧密合作、创新开发的又一大国重器，机组的关键部件叶片、发电机、变流器、变压器等完全实现了国产化，推动了整个风电产业链的协同发展和技术进步。

2. 攻坚核心技术，锤炼独门绝技

18 兆瓦直驱海上风电机组叶轮直径达 260 米。机组由 3 万余个部件组成。机组轮毂中心高度 160 米，相当于 53 层居民楼的高度，风轮扫风面积 53000 余平方米，相当于 7.5 个标准足球场。机组满发时，每转一圈即可发出 38 度电，在年平均每秒 10 米的风速下，单台机组每年可输出 7200 万度清洁电能，可满足 4 万户普通家庭一年的生活用电，可节约标准煤 2 万余吨、减少二氧化碳排放 5.5 万余吨。18 兆瓦海上风电机组将实现批量生产，示范应用于东南沿海 I 类风区，发出的清洁能源将源源不断地输送到千家万户。

与 18 兆瓦直驱海上风电机组配套的叶片单支长 126 米，采用东方电气集团自主研发的大厚度、钝尾缘、高性能翼型，应用气动结构一体化设计技术和弯扭耦合自适应降载技术，使用新型碳纤维拉挤板材料和新型主梁结构，兼顾结构安全性和经济性。采用超高功率密度发电机，材料利用率高，经济性好。双轴承结构的布置，使轴承受力均匀，轴承承载能力强，安全可靠性高。该机型的研发采用“主动偏航抗台风策略 + 被动抗台风结构”设计，可抵御每秒 80 米的超强台风，适用海域广。同时采用 E-top 电气方案，解决了偏航系统扭缆布置难题。

该机型采用的行业首创全国产化集成式双驱变桨系统，解决了关键核心技术“卡脖子”难题。双驱变桨安全性高，可有效改善超大型风电机组变桨传动的机械承载，提升使用寿命。东方电气集团自主开发的 iPACOM 智慧系统，是行业首创基于边缘计算技术的智能控制，可对威胁机组运行安全的工

况提前识别保护。同时，根据运行环境工况自动优化控制参数，促使机组发电效率最优，并对主要部件健康状态实时跟踪预警，延长关键部件使用寿命。

3. 瞄准市场需求，塑造发展新格局

18 兆瓦直驱海上风电机组的主要目标市场为我国近海 I 类风场（年平均风速每秒 9.5 米以上），该类资源主要集中在福建沿海。福建省海上风电规划装机容量达 1330 万千瓦，可以更好地发挥超大型机组的优势。

（二）以能源技术革命带动产业链升级

1. 与国家战略同频，谋局企业发展良策

建设美丽中国是全面建设社会主义现代化国家的重要目标。而当前，我国生态环境保护结构性、根源性、趋势性压力还没根本缓解。习近平总书记强调，要推动经济社会发展绿色化、低碳化，加强资源节约集约循环利用，拓展生态产品价值实现路径，积极稳妥推进碳达峰碳中和，为高质量发展注入新动能、塑造新优势。发展新能源是推动经济社会绿色低碳转型的关键，超大型海上风电的发展可以加快能源转型进程，可以以更低的生产成本提供源源不断的绿色动力。依靠丰富的海上风能资源，加速开发海上风电，可以有效推进能源供给侧结构性改革，确保国家能源安全。

由于海上环境的特殊性和复杂性，尽管随着技术进步以及施工经验的积累，海上风电成本近年来不断下降，但海上风电项目成本仍为陆上风电项目 2 倍之多。随着国家财政部对海上风电去补贴政策的逐步实施，海上风电平价上网的时代已经到来。当前过高的单机投资成本将对海上风电的发展造成致命影响。与陆上风电项目相比，海上风电项目的基础、吊装、海缆敷设、升压站等工程建设和配套设施等费用高、占比大，超大型机组的开发及应用将显著降低机组数量，从而压缩工程建设和运维成本，以便尽量摊薄成本获取更大收益。按照当前发展路径，正值海上风电的关键成长期，只能发展 16 兆瓦及以上海上风机，才能最终实现海上风电长远发展，实现海上风电与我国建设海洋经济的国家战略高度契合，实现海上风电与海洋牧场融合发展，为海工装备制造业培育新的增长点，为我国实施海洋强国战略提供技术支撑。

2. 改革科研机制，推进成果转化

东方风电坚持深化科技创新改革，建立以市场为导向的新产品规划和技术路线制定模式。为有效应对风电极端市场环境带来的艰巨挑战，提升产品核心竞争力，制定技术领先目标与实施路径，加强新产品开发前瞻性谋划。优化项目管理机制，组建技术攻关领导小组，下设推进跟踪组，坚持目标导

向，制订详细的研究计划，加强计划跟踪与风险管控。公司组织管理体系积极融入集团公司上级管理体系，形成多级多层管理架构，建立“一级抓一级、一月一跟踪、一季一督导”的工作机制，强化了项目执行监督，确保计划进度总体受控，同时提高了风险管控能力。

健全成果评价和考核机制，推进成果转化。建立和完善适应当前市场和科技发展需求的科技成果评价体系，建立创新成果与团队成员奖励挂钩机制，鼓励协同合作。夯实科技成果评价工作管理基础，为科研团队持续开展新技术研究与科技创新注入活力与动力。

3. 坚持创新驱动，铸大国之重器

东方风电紧紧围绕创新驱动发展战略，践行央企历史使命，2019 年在国内率先推出 10 兆瓦大型海上风电机组，成功实现我国乃至亚洲风电行业的历史性跨越，2020 年 7 月投运以来，已稳定运行 3 年多，是目前国内运行时间最长、最稳定、可利用率最高的大容量海上风电机组。秉承“装备一代、预研一代、探索一代”的创新思路，以载荷、气动、控制技术为核心，加快加强结构、算法和集成式传动链等关键技术研究，推进产品装备不断迭代升级，陆续成功研制出 4~18 兆瓦各类型 20 余款风电产品。充分发挥原创技术策源地优势，组织核心技术攻关，成功解决长叶片气弹颤振、高寒覆冰防控、碳纤维材料应用、设备可靠性以及环境适应性等多个核心技术难题，掌握双模发电和双驱变桨等先进控制技术，突破电控系统“卡脖子”技术。为实现成本最优和可靠性提升，开展齿轮箱、发电机、变流器等核心部件穿透设计，加快智能制造和数字化技术在生产方面的应用，打造智慧风电和推广无人值守方案。当前，东方风电正全力攻克 20 兆瓦等级风电产品关键技术壁垒，为实现集团公司“五个领先”战略逐浪前行。

三、取得的成效

国产 18 兆瓦海上风电机组是东方电气集团保障国家能源安全，推动绿色低碳转型的又一次突破，是在 10 兆瓦海上风电机组的基础上，采用平台化设计，充分发挥东方电气集团永磁直驱和全功率变流技术路线优势，升级打造的并网性能更优越、可靠性更高、度电成本更低的新一代海上主力机型。18 兆瓦直驱海上风电机组入选“2023 年度央企十大国之重器”、国家能源局“2023 年度能源行业十大科技创新成果”名单，被全球权威杂志 *Windpower Monthly* 评选为“全球最佳海上风电机组”。

回望历史，2013 年东方电气集团首台 5 兆瓦海上风电机组满发，2019 年

亚洲首台 10 兆瓦海上风机问世，并将中国风电带入“两位数”时代，2022 年亚洲首台 13 兆瓦海上风机研制成功，2023 年世界单机容量最大 18 兆瓦海上直驱风电机组又成功下线。至此，东方电气集团 10 兆瓦、13 兆瓦、18 兆瓦海上风机均在福建诞生，福建百万千瓦级海上风机生产基地也成为东方电气集团实施“两海”（海洋、海外）战略的主阵地、助力地方经济社会高质量发展的新引擎。

绿色动力，驱动未来。东方电气集团坚持创新驱动发展，把关键核心技术掌握在自己手中，努力实现高水平科技自立自强，为加快推进新型工业化、助推“双碳”目标实现和全球能源绿色低碳转型贡献更多“东方”力量。

（由中国东方电气集团有限公司供稿）

打造大国重器“华龙一号”
实践“四个革命、一个合作”能源安全新战略

一、基本情况

中国核工业集团有限公司（以下简称中核集团）承担着推动国防建设和经济社会发展的双重使命，拥有完整的核科技工业创新链和产业链，是国家战略核科技力量的重要组成部分，是推进核能开发利用、核工程建设、核技术应用的国家队和主力军。中核集团始终紧紧围绕服务国家战略，牢记强核强国的使命，深入贯彻落实“四个革命、一个合作”能源安全新战略，以自主创新铸国之重器，自主研发了三代核电技术“华龙一号”，打破了核电强国长期技术垄断对我国核电产业发展形成的知识产权壁垒，是我国核工业自主创新的重大成果。

“华龙一号”采用经工程验证的成熟技术，独创性地运用了“能动与非能动相结合”的安全设计理念和“177 堆芯方案”，使用自主研发的 CF3 先进核燃料组件，实现 18 个月换料周期，并运用了单堆布置、大自由容积双层安全壳、抗大飞机撞击等先进设计理念，具备完善的严重事故预防和缓解措施、强化的外部事件防护能力、改进的应急响应能力等先进特征，充分保证了核电厂的安全性、经济性和先进性，满足国际最高安全标准要求，是全球接受度最高的三代核电技术之一。2021 年 1 月 30 日，“华龙一号”全球首堆——中核集团福建福清核电 5 号机组投入商业运行。这标志着我国在三代核电技术领域跻身世界前列，成为继美国、法国、俄罗斯等国家之后真正掌握三代核电技术的国家。“华龙一号”成功实现研发与建设的创举，是中核集团坚持自主创新，实践“四个革命、一个合作”能源安全新战略的创新实践和生动写照。

图 1　自主三代核电“华龙一号”示范工程——中核集团福清核电 5 号、6 号机组

二、实践经验

中国是核电大国，核电在国家“双碳”目标下的能源战略中发挥着重要作用。一代又一代核工业人以身许国、薪火相传，实现了核工业从无到有、从小到大、从弱到强，创造出了自主三代核电技术——“华龙一号”。中核集团“华龙一号”的研发建设团队传承“两弹一星”精神和“四个一切”核工业精神，践行“强核报国、创新奉献”的新时代核工业精神，用 20 余年的奋斗实践创造了“华龙一号”的历史性成就，为贯彻能源安全新战略、加快实现高水平科技自立自强提供了诸多经验和启示。

（一）坚持党中央的坚强领导是“华龙一号”取得成功的根本保证

我国核工业拥有与生俱来的红色基因。党的十八大以来，以习近平同志为核心的党中央高度重视核工业发展。习近平总书记在核工业创建 60 周年时作出重要指示，指出，核工业是高科技战略产业，是国家安全重要基石，要坚持安全发展、创新发展，坚持和平利用核能，全面提升核工业的核心竞争力，续写我国核工业新的辉煌篇章。习近平总书记还多次强调，“华龙一号”是中国完全自主知识产权的三代核电技术，我们要把它推向全世界。党中央、国务院的高度重视，给“华龙一号”研发建设团队以极大的鼓舞和鞭策。在党中央的坚强领导下，中核集团与各参研参建单位大力协同，在“华龙一号”研发建设进程中开展党建联建，探索形成“党建融入重大工程项目”特色管理模式，充分发挥中国特色社会主义制度集中力量办大事的显著优势，推动党的政治优势、组织优势转化为华龙团队闯关夺隘、实现创新突破的内生动力，成功把“华龙一号”从设计图纸变成了宏伟工程。

（二）始终坚持自主创新是“华龙一号”取得成功的根本动力

自力更生、自立自强是核工业发展的历史经验，只有把核心技术牢牢掌握在自己手中，才能真正掌握竞争和发展的主动权。20余年来，无论形势如何变化，中核集团始终没有动摇过推进“华龙一号”自主创新的坚定信念，始终把自主研发具有完全自主知识产权的百万千瓦压水堆核电机组、自主掌握三代核电技术作为矢志不渝的努力目标，发挥中核集团在核电研发设计、核燃料生产、装备制造、工程建设、核电运营等各方面的综合优势，从基础性应用技术研究、反应堆、先进核燃料、安全系统设计到装备研制，组织开展了一系列重大自主攻关，全面掌握了关键核心技术，实现了三代核电技术的自立自强。在技术研发方面，通过自主创新全面掌握了“华龙一号”全套核电设计建造技术，开展了大量有针对性的验证试验，充分验证了新技术和设计改进的可靠性与先进性，建立了由2044项国内国际标准组成的完整标准体系，700多项国内专利、65项国际专利和125项软件著作权等构成的完整知识产权体系，建设数字化核电厂，形成了我国首套自主核电软件系统。在设备研制方面，“华龙一号”全面实现自主可控，带动高端装备制造转型升级，突破新材料、新设备技术“瓶颈”，创新研制反应堆压力容器、蒸汽发生器、燃料转运装置、装卸料机等411项设备。“华龙一号”的研发实践有力证明，关键核心技术是要不来、买不来、讨不来的，只有把核心技术掌握在自己手中，才能真正掌握竞争和发展的主动权。

（三）坚持大力协同是“华龙一号”取得成功的重要保障

“华龙一号”能顺利投入商用，除了我国核工业体系的整体进步和中核集团自身掌握的核心技术，还在于各方大力协同。“华龙一号”参研参建单位众多，涉及接口和管理关系极为复杂。中核集团除内部产业链各环节的20多家成员单位分别承担了“华龙一号”的核心重点任务外，还与国内75家高校、科研机构、设备制造厂和14家国际组织和科研机构共同开展技术研发合作，共同完成了179项关键技术研发和试验验证工作。“华龙一号”极大地带动了国内核电技术的研发和装备的制造，促进了科技成果转化应用和设备制造业升级。“华龙一号”研发团队联合东方电气、哈电集团等58家国有企业，联动140余家民营企业，带动上下游产业链5000多家企业，共同承担了7万多台（套）设备的制造供货任务，突破了411台核心装备的国产化，首堆工程国产化率达到88%，实现了由“中国制造”向“中国创造”的飞跃。“华龙一号”的成功研发建设，既是中核集团在国家大力支持下举集团之力取得的重要成果，也是统筹集团内外、国内外优势力量，大力协同、密切协作、集中力量办大事的典型成果。

（四）坚持系统工程理念是“华龙一号”取得成功的科学保障

“华龙一号”是一个复杂的系统工程。首堆工程涉及大的专业领域70多个，80多个构筑物，360多个系统，工程设计图纸在20万张以上。尤其是设备国产化率较高，包含“三新”设备（新设计、新厂家、新技术）111项。可以说，每一个细节的创新，都对设计、采购、施工、调试，乃至商务、核安全等各个环节提出了更高的要求，对于整体的项目控制而言也意味着更大的挑战。中核集团在“华龙一号”的研发建设过程中，充分运用了系统工程思维，对研发设计的关键技术及工程建设的关键路径进行顶层策划，以建立体系、培育全面自主能力为根本出发点，有针对性地整体布局一系列技术创新与管理创新，确保了工程技术方案的可行性和首堆工程项目的按期建设。例如，在研发设计阶段，研发方案协商上下游及供应商充分考虑产研结合，设计方案充分考虑土建施工、安装调试的便利性，一体化进度管控、风险管控措施的有效应用等。系统工程方法的成功运用，是“华龙一号”取得成功的科学保障，也为华龙后续型号研发及工程建设提供了宝贵经验和坚实基础。

（五）坚守质量安全是“华龙一号”取得成功的坚强后盾

“华龙一号”示范工程始终坚持“安全第一、质量第一”的方针，建立了完善的核特有质量控制和质量保证体系，保障“华龙一号”示范工程安全质量全面受控。建立全员安全生产责任制，实施安全网格化管理，强化现场安全管控，有效识别安全风险，及时纠正预防偏差，严守核安全底线红线。积极践行中核集团“六大控制七个零”高质量精细化工程管理模式，构建“建设方—总包方—承包方”联动的“四级质控、三级质保”的质量控制和质保监督体系，对工程建设进行了事前、事中、事后的全过程质量控制。全过程引入独立核监理，高标准执行核电厂建设工程监理规范，保证工程的质量保证体系运转有效，质量整体受控。为了确保首堆工程顺利推进，首创“业主负责下的工程总承包模式”、首次引入沙盘推演、首创党建联建、首创风险

TOP10管理体系，实现了项目安全、质量、进度、投资全面受控，充分检验并显著提升了我国核工业的工程建设能力。

（六）坚守奉献顽强拼搏是“华龙一号”取得成功的精神力量

“华龙一号”研发建设团队传承核工业优良传统，以“二十年磨一剑”“把冷板凳坐穿”的精神砥砺创新。全球首堆福清核电5号机组建设期间，来自各参建单位的388个班组、1.1万名建设者坚守一线常年奋战。现场各参建单位成立联合党委，开展党建联建，发挥党支部战斗堡垒作用，党员先锋队冲锋在前、突破急难险重工程建设任务；广大干部职工为强核强国事业真诚奉献，发扬吃苦耐劳、甘于奉献的连续作战精神，敢打硬仗、啃“硬骨头”，在疫情防控条件下保持高强度密集攻关，有力保障了工程建设重大节点的按计划完成，展现了新时代核工业人的精神风貌。

三、取得的成效

自主三代核电“华龙一号”的成功，是我国核工业综合实力和核心竞争力实现大幅跃升的集中体现，对加快发展核电事业、推动能源安全新战略具有重要意义。

一是标志着我国核电技术水平已经跻身世界前列。“华龙一号”示范工程首堆福清核电5号机组总工期68.7个月、工程单位造价1.63万元/千瓦，在全世界三代核电首堆工程中创造了建设工期最短、单位容量造价最低的新纪录，也是迄今为止全球唯一按期建成投产的三代核电首堆工程，打破了三代核电首堆必拖期、首堆必超概的“怪圈”。示范工程全面建成投产后保持安全稳定高效运行，能力因子和负荷因子优异，充分验证了工程建设质量和“华龙一号”技术的安全性、可靠性。这标志着我国真正自主掌握了三代核电技术，我国核电技术水平已经进入世界第一方阵。

二是显著提升了我国核科技工业的体系能力。“华龙一号”是在我国30多年核电建设运行经验的基础上自主研发而成的，采用了经过验证的成熟技术。同时，“能动与非能动相结合”“177堆芯”等创新性设计理念的实现，以及大量试验验证的成功，显著提升了我国核电的研发设计能力。通过研制CF系列核燃料元件，实现了核燃料生产体系的技术升级，攻克了关键材料“瓶颈”，形成了自主核燃料品牌。国内外同步推进“华龙一号”工程建设，大量创新建造技术和施工方法，明显提升了我国核电建造与项目管理能力。

三是为构建新发展格局、推进能源革命注入了强劲动能。核电是清洁低碳安全的基荷能源，核电对实现“碳达峰、碳中和”目标的作用不可替代。面向“十四五”和中长期，我国以自主成熟的“华龙一号”为主，加快推进三代核电的批量化、规模化建设，提高核电在能源结构中的比重，加快华龙后续堆型的研发应用，将有利于构建新发展格局，推进能源革命进程，建设清洁低碳、安全高效的现代能源体系。

四是有效带动了装备制造业转型升级、加快向中高端迈进。通过“华龙一号”设备研制供货，国内装备制造企业的制造能力得到进一步提升，促进了科技成果转化应用和设备制造产业升级，形成了每年8~10完整台（套）以上的核电设备制造供货能力，为“华龙一号”批量化建设和装备制造业“走出去”奠定了坚实基础。

五是成功打造了我国自主核电“走出去”的国家名片。“华龙一号”是我国具有完全自主知识产权的三代核电技术，已经形成完整知识产权和自主标准体系。目前，中核集团已经与“一带一路”沿线20多个国家和地区建立了核电项目合作关系。“华龙一号”的成功，将为全球提供发展三代核电的中国方案和中国经验。

六是培养了一批极具创新能力和国际先进水平的人才队伍。依托“华龙一号”自主三代核电技术研发，打造了覆盖领航、领军、领英和高潜四层级核电人才体系。以院士为代表的领航人才使“华龙一号”产业链上游研发设计能力更加稳固，行业影响力持续增强；高层次科技人才培养与“华龙一号”关键技术攻关、重点科技创新同步规划、同步推进；扎实推进以“青年英才计划”为代表的高潜人才队伍建设，培育青年“创新基因”，稳固了青年人才团队。截至2024年，中核集团形成了支撑“华龙一号”创新链的人才梯队，同步积极推动核电技术人才在国际组织任职，建立起“华龙一号”国际交流网络，提升国际话语权。

（由中国核工业集团有限公司供稿）

中广核华龙一号首堆高质量投产运营
有力推动中国由核电大国走向核电强国

一、基本情况

广西防城港核电有限公司（以下简称防城港核电）系中国广核集团有限公司（以下简称中广核）二级子公司，作为我国西部地区和少数民族地区建设的首个核电项目，项目规划建设 6 台百万千万级核电机组，一期工程 2 台机组已于 2016 年建成投产，累计上网清洁能源电量超 1000 亿千瓦时；二期工程 2 台机组采用我国自主研发的三代核电技术——“华龙一号”技术，单台机组年发电量近 100 亿千瓦时。

2014 年 6 月 13 日，习近平总书记在中央财经领导小组第六次会议上提出“四个革命、一个合作”能源安全新战略，引领我国能源行业发展进入了新时代。这一重大战略内涵丰富、立意高远，是新时代指导我国能源转型发展的行动纲领。中广核坚决贯彻落实“四个革命、一个合作”能源安全新战略，基于多堆型研发、设计、制造、建设和运行经验积累，通过自主创新和带动产业集成创新，形成了我国具有自主知识产权的三代核电技术“华龙一号”，于第二年年末在防城港核电二期开启示范项目建设。2023 年 3 月 25 日，西部地区首台华龙一号机组实现高质量投产，成为党的二十大后首个投入商运的核电机组，实现了零跳机、零跳堆、零小修、零重大设备损坏的“四个零”投产目标，创造了三代核电机组高质量投产新纪录。

二、实践经验

（一）自主创新，完成华龙一号整体设计

一是坚持正向设计。华龙一号采用全面正向研发设计理念，从顶层设计出发，构筑了华龙一号总体技术特征、技术要求，研发过程严格遵循正向研发逻辑和设计规律，在顶层设计的基础上，通过对电厂总体功能要求的分解来确定构筑物、系统、设备的功能要求，通过迭代设计实现性能匹配，系统

性地提升了型号的安全性、可靠性。通过基于设计流程的内外部全景式设计生产活动管控、全建设周期的技术状态监控以及贯穿整个设计开发和工程建设过程的“总—分—总”式一致性检查等科学的设计管理平台或程序，实现了堆型的顺利研发。

二是坚持安全设计。华龙一号堆型设计遵循我国最新的HAF/HAD等法规标准，全面满足IAEA、WENRA、EUR、URD等国际安全标准和要求，并选用GB、RCC等系列成熟技术标准，系统性地提升了型号的安全性、可靠性。研发中重视与成熟技术、产业配套的适配，以基于成熟技术的集成创新为主，绝大部分关键技术在首堆应用之前均已经过验证，最大限度降低工程实施风险，充分考虑国内产业链体系，最大限度发挥出产业优势。华龙一号177组燃料组件堆芯设计、独立三系列专设安全系统、一体化的先进反应堆控制保护系统、能动+非能动的安全工艺技术、完善的严重事故缓解和完善的内外部灾害防护等，确保了华龙一号技术方案具有更高的固有安全性。在国际上通行的评价核电安全的两项关键指标（堆芯熔化频率与大量放射性物质释放频率）中，华龙一号在满足国家法规要求的基础上降低了一个数量级，处于先进水平。

三是坚持数智设计。华龙一号关键分析计算软件自主研发，完全摆脱对国外软件的依赖。例如，堆芯与燃料设计采用了自主研发的设计软件包“兰庭®”，包含41余款反应堆与燃料设计核心软件，堆芯三维监测设计采用自主研发的“SOPHORA”软件。同时采用了包含三维设计、全厂仿真验证等一系列先进设计软件、程序或工具所形成的完整有机的协同设计平台，大大提升了设计研发过程的协同性、高效性，保障了设计成果的可建造性、可调试性和可运维性，形成了先进、高效的设计生产力。在确保安全的基础上，华龙一号全方位地采用了先进的数字化仿真技术、智能化诊断检测技术和大量的成组、顺控、操作员辅助等自动控制技术，大大提高了运行的灵活性、稳定性。

（二）多方联动，推动产业链自立自强

一是夯实华龙产业链市场构建。建立“联合研发中心”，构建设备设计、采购、制造、鉴定与评定产学研用合作平台。制定《“华龙一号”现代产业链联合链长建设工作方案》，梳理出制约华龙一号产业链发展的近百项重点任务，联合产业链上下游5400多家企业致力解决“真”问题，将“华龙一号”现代产业链打造成“技术创新引领、装备自主可控、产品全面领先、产权完

整独立”的数智化先进三代核电产业链。

二是推动设备国产化自主化显著提升。聚焦核电关键技术设备，集中力量、专项攻关，通过自主研发与联合研发相结合方式，全面实现核岛主设备、核级主泵、电气设备等400项关键设备国产化，设备整体国产化率为87%，首台套主设备制造100%国产化。与产业链联合研发设备160余项，50项研发设备/部件通过行业鉴定评审，17项“卡脖子”首台（套）应用首堆项目实现设备自主化大幅提升。中广核自主研发的“和睦系统”首次应用到“华龙一号”机组，成功打破了国外垄断，实现了被誉为核电站“神经中枢”的数字化仪控系统中国制造，验证了我国三代核电技术和先进核电仪控装备的良好融合。

三是培育产业链健康发展生态。召开以“开创‘华龙一号’产业链高质量发展新局面”为主题的“华龙一号”产业链建设会议，搭建产业链合作交流协同平台，发表联合宣言。推广质量经理认证、建立联动风防和防造假机制，推动产业链质量协同；构建行业进度基线，实现进度控制一体化，推动产业链进度协同；建立以研发“卡脖子”核心设备为牵引的研发机制，完善设备选型标准库，推动技术协同；建立产业链备件资源池，组建联合专家团队，推动服务协同建设。同时，搭建WE-LINK中广核设备采购成套智慧作业系统，构建与设备供应商协同工作平台，实现多角色实时信息互通和数据共享，实现深层次产业链协同，共同开发新技术、研制新装备，引领核电行业可持续健康发展。

（三）目标牵引，实现华龙一号高质量投产运营

一是强化全周期安全质量管控。华龙一号建设过程中，中广核始终将核安全文化建设摆在首要位置，按照分层分级、内外协同、融合推进、网格化管理思路与产业链合作伙伴共同推进核安全文化建设全员覆盖并向纵深发展。“今天的工程质量就是明天的核安全”“监管就是帮助”等核心认识在实践中得到进一步巩固和深化。持续在产业链层面精准开展质量管理协同基础性工作，综合考虑安全重要性、技术成熟性等因素，以物项和活动为基本单元确定华龙一号质保分级，解决了三代技术条件下原质保分级标准无法参照的难题。全面开展与欧洲核电的HSEQ对标，有序打造一套能够展示中国品牌、适应欧洲市场的安质环管理标准。项目建设过程中始终坚持最高标准和最严要求，坚决不以质量换进度、不以安全换效益，保证机组以良好的状态进入商运。

二是多维度实施技术创新。面对华龙一号施工体量大、难度高、首堆新情况多等特点，中广核打造核电智能施工生产平台，贯通采购、运输、仓储等全过程，提升施工生产全过程的精益化。在建造阶段，大力开展先进建造技术的研发与创新应用，先后成功实施内安全壳分层高度优化、预应力张拉平台和顺序优化、二次侧非能动余热排出水箱模块化等多项先进建造技术和新工艺、新工法，发挥了先进建造技术应用的巨大价值。在核岛安装方面，紧跟数字化技术发展与应用趋势，引进热成像监控技术、远程监控技术、虚拟现实技术，显著提升"华龙一号"核岛施工现场安全管理和施工效率，实现多个单月核岛安装完成量创历史新高。

三是高质量投产方案牵引。制定《华龙系列机组高质量投产项目总体方案》，从安质环、建安工程、移交接产、设备管理、调试启动五大领域出发，形成包含"四个零"和大修优化专项等共 71 个专项，系统谋划、挂图作战、逐个攻克。主动开展设计隐患排查及 SPV 消除，开展数字化仪控系统重要逻辑组态参数与设计要求一致性普查，开展反应堆测量、保护与控制以及数字化仪控设备专项运作保障，纳入电厂重大风险项目进行管控，确保关键设备的可靠性。开发运用"3 练 4 会 5 单 6 控制"流程控制体系，实施重要变更厂内测试，多措并举实现首堆零跳机跳堆。首创建立工程建设阶段从设备设计、制造、仓储、安装的"全流程管理"体系，对重大设备全面进行 SPV 消除、监造监督、编制关键敏感设备管控清单，100% 推动经验反馈及技术问题落实，确保重要设备零损坏目标顺利实现。西部华龙首堆商运后，防城港核电持续严格落实"务必千方百计消除隐患"的指示精神，多措并举提升机组本质安全水平，率先在设计 / 调试 / 运行阶段应用中系技术规格书，确保机组高端安全稳定运行。首循环内在世界核电运营者协会监测机组安全运营水平的 12 项指标中有 83% 达世界先进水平，能力因子达 98.2%，国内三代首堆最优。

三、取得的成效

西部华龙一号首堆的高质量投产，是中广核践行能源技术革命、带动产业升级、自主创新发展在新时代实现的又一重大里程碑，充分验证了我国核电全产业链的研发、设计、制造和生产能力，有力推动我国由核电大国走向核电强国。

一是为华龙一号批量化建设打下坚实基础。西部华龙一号首堆的高质量投产运营，是对我国自主三代核电技术安全性、先进性、成熟性的有力验证，树立了三代核电建设成功范例。项目建设与运营累计培养了大量三代核电运行人才、维修技术人才和熟练的产业工人，向后续项目实时输出各类经验反馈4000余项，并产生了标准技术基线、标准母本计划、首堆经验总结等代表性成果，为后续批量化建设提供有力支撑。

二是促进国内装备制造业能力提升。依托华龙一号首堆建设，一大批三代核电大型装备国产化和“卡脖子”设备关键技术自主化取得新突破，首堆项目国产化率达87%，首台（套）主设备制造国产化率达100%，联合核电产业链上下游5400多家企业开发新技术，研制新装备，有效促进了国内装备制造业能力的提升。

三是支撑核电大国走向核电强国。“华龙一号”设计过程中，申报中或已获批的国际、国内标准多达150余项；获得国家级奖项8项、省部级49项、行业级及其他奖项等145项；申请或已获批国内外专利及软件著作权440余项，树立了“中国标准”。“华龙一号”获得英国核电通用审查（GDA）和欧洲压水堆核电站用户（EUR）认证，技术的先进性、安全性、可靠性获得了广泛的国际认可，为中国核电出海，进入欧美核电市场奠定了坚实的基础，擦亮了中国核电走向世界的国家名片。西部华龙首堆的高质量投产是核电行业贯彻落实党的二十大“打赢关键核心技术攻坚战”部署的生动实践，标志着我国核电技术水平和综合实力跻身世界第一方阵，有力支撑了我国由核电大国走向核电强国。

（由中国广核集团有限公司供稿）

聚力攻克自主燃机示范应用难题 首台全国产化F级50兆瓦重型燃气轮机投运

一、基本情况

中国华电集团有限公司广东分公司（以下简称华电广东公司）成立于2007年8月，代表中国华电全面负责广东省能源项目的规划、开发、建设和运营管理。近年来，华电广东公司坚持以习近平新时代中国特色社会主义思想为指导，完整、准确、全面贯彻新发展理念，积极融入“粤港澳大湾区建设、支持深圳建设中国特色社会主义先行示范区”两大国家战略和广东省“一核一带一区”发展新格局，深度对接广深科技走廊，统筹谋划绿色低碳转型发展，大力推进能源领域科技创新，走在前列、争创一流，推动实现更高质量、更有效率、更加公平、更可持续、更安全的发展。截至2024年，华电广东公司资产及业务布局覆盖广东省18个地级市，职工总数近2000人，资产总额超450亿元，在建、投运装机超1000万千瓦，清洁能源装机占比为68%。

华电福新清远能源有限公司（以下简称华电清远公司）隶属华电广东公司，建设广东清远华侨工业园天然气分布式能源站项目（以下简称G50燃机项目），总投资约8.6亿元，是国内首台50兆瓦重型燃机，为“2020年度央企十大国之重器”“国家能源局首台（套）重大技术装备项目”；G50燃机项目于2021年3月取得核准、2022年3月主体工程开工、2023年3月8日第一套机组首次通过“72+24”小时试运行，正式投入商业运行，填补了我国自主燃气轮机应用领域空白。

二、实践经验

（一）加强顶层设计，高位推动示范项目建设

华电广东公司深入学习贯彻习近平总书记关于“四个革命、一个合作”能源安全新战略，坚持把科技创新摆在企业发展全局的核心位置，高度重视，

有力推动G50燃机项目建设。

（1）强化战略合作。2021年12月11日，中国华电与东方电气签订战略合作协议，强强联合全力攻克自主燃机示范应用难题，并获批国家能源局首台（套）重大技术装备项目，科技创新成果的商业运用开启了新征程。高质量完成首台套G50装备在华电清远落户安家、并网发电任务目标，以项目建设和投运进一步验证G50燃机设计性能和长期运行可靠性，推动我国能源领域重大技术装备自主化应用。

（2）强化示范带动。G50燃机项目落地实施以来，华电广东公司党委认真贯彻落实习近平总书记关于加快关键核心技术攻关的重要指示批示精神，高度重视G50燃机项目建设和示范应用，从安装调试、自主运维、升级改造、产学研用等各阶段统筹策划科技创新任务。聚焦国之重器的作用发挥，开展“攻坚克难、揭榜挂帅”活动，党委书记亲自挂帅，领衔落实各项任务，引导党员干部带头“揭榜”，明确项目进度节点，高质量推进示范项目建设。

（3）强化党建引领。创新“1345”党建工作模式，通过党的建设与工程建设的深度融合、同频共振，使党建工作真正成为国家重大技术装备国产化应用工程的“动力源”。以党建联建共建为抓手，围绕工程建设任务，设立党员示范岗、党员责任区、党员突击队，充分发挥党员先锋模范作用，优质高效完成攻坚任务。强化公司党组织与施工单位党组织、当地政府和职能部门党组织、上下游产业链党组织、驻地社区党组织“四个联动”，形成建设、监理、调试单位各负其责、协调联动的管控体系，累计开展结对共建活动10余次，为G50燃机项目建设提供了坚强的政治保障和政策支持。

（二）健全组织网络，周密实施打造标杆工程

华电广东公司以打造国产燃气轮机技术创新、示范引领的样板工程为目标，强化组织协调，严格施工策划管理，高起点、高标准、高质量、高效率推进G50燃机项目建设。

（1）加强组织领导，统筹协调推进项目实施。公司成立“华电清远G50燃机项目推进协调”领导小组，聚焦解决主机供货、设计提资等工程建设难点问题，每季度定期召开协调会议，有效推进项目建设。与此同时，组织成立“示范应用推进领导小组”，由主要负责人亲自挂帅，分管领导靠前指挥，下设工程施工、设备保供、科技创新、外围工程、政策争取、新闻宣传六个专班，自项目开工到点火并网，连续召开周专题例会56次，紧密跟进建设进

度，及时发现和解决存在问题，通过建立参建单位主要领导亲自抓落实的联合推进管理机制，项目建设团队协同发力，避免了工程设计施工、主机分包与供货过程中常出现的界限划分不清影响进度的问题。

（2）强化责任落实，精心策划确保施工高效。结合施工管理经验和工程实际，提前谋划人力资源调配，督促施工单位主要领导协调调度作业工人，集团总部分管领导定期驻扎项目现场，确保各项工序衔接紧密，土建施工按期交安、辅机系统按期投运；认真做好各项应急防范保障措施，良好应对暴雨台风、洪水高温、疫情封控等外部不利因素，施工进度、安全风险和工程质量全过程可控在控；高标准要求施工工艺，通过建立健全质量管理网络、强化技术方案审查和实施、前移施工工艺策划等一系列举措，努力打造工程实体中的工艺亮点。一套机组共计 59 个单位工程全部验收合格，质量监督检查、达标投产检查发现的问题全部在试运前整改闭环。2023 年 3 月，G50 燃机项目被中国电力设备管理协会评为“全国电力行业标杆工程、示范工程项目”。

（三）整合优势资源，团结协作攻关技术难题

华电广东公司充分发挥科技创新主体作用，不断强化创新技术、人才要素保障能力，加快推动能源领域重大技术装备自主化应用。

（1）实现项目主辅机设备全方位国产化。大力推动科技创新，不仅主机选用国产 G50 燃机，更是首次在国内燃机电厂领域选用华电自主研制国产脱硝催化剂“华电青岛环保高温脱销催化剂”、国产大容量发电机出口断路器，并创新使用华电自主研制国产化“华电睿蓝”自主可控的 TCS 与 DCS 一体化控制系统，所有核心技术均完全满足机组运行要求，为燃气电厂重要主辅机全方位“中国造”提供了“华电路径”。

（2）汇聚人才优势攻关应用难题。面对 G50 燃机项目建设周期紧带来的挑战，华电广东公司高度重视并迅速采取了一系列管理措施，在保证安全的前提下，统筹协调集聚燃机专家和技术骨干驻场，为项目安装调试注入了强大的技术力量，过程中对 G50 燃机逻辑控制过程进行了优化设计，并通过调整空燃比、阀门开启时间等参数，确定了新的燃机点火边界等，克服了 G50 燃机在试验平台与实际应用中的诸多差异难题，仅历时一个月，高标准完成机组安装调试，为打通自主燃机从攻关走向应用的“最后一公里”提供了关键技术支撑。

（四）加强实践应用，产品优化助力产业升级

立足燃机国产化新征程，华电广东公司强化使命担当，积极建设国家级创新平台，在实践应用中高标准推进科技创新、高水平建设人才强企、高质量产出创新成果。

（1）积极搭建创新平台。2023 年 12 月 26 日，挂牌成立“清洁高效透平动力装备全国重点实验室华电分室”，围绕 G50 燃机项目实践应用开展燃机自动燃烧调整、能效诊断、运行优化、故障预警以及热端部件涂层寿命预测等技术研究，加快推动我国中小型燃机发电自主可控和安全可靠运行研发与应用。

（2）加强设备检修与运维管理。自 2023 年 2 月项目整套启动调试以来，G50 燃机先后历经 17 次启停优化和多轮次停机内窥镜检查，2023 年 3 月 8 日顺利通过“72+24”小时试运行，试运期间燃机轴振全程低于 50 微米，轴承轴瓦温度满足设计要求，保护、仪表、自动投入率达 100%，安全稳定地完成首次调试任务。2023 年 3—5 月，组织开展了第一次开缸检查，先后发现并处理了 G50 燃机燃烧器喷管断裂、尾筒涂层脱落，尾筒 π 支撑断裂，透平叶片涂层脱落、排气侧膨胀节裂纹等局部问题，双方共同商定了处理方案并于 2023 年 7 月完成全部缺陷处理。2023 年 11—12 月，G50 燃机在进行第二次整套启动期间，发现并研究解决了燃机遮热板裂纹、值班燃料控制阀异常、燃机 1 号轴瓦漏油等问题。

（3）注重经验总结提炼。在数十次燃机点火燃料程序优化试验和试运检修后，G50 燃机项目研究团队积累了丰富的现场试验数据，成功获取燃机迭代升级的重要依据和全国产燃机自主运维的宝贵经验，并从材料、设计入手对机组性能进行了优化改善，最终于 2024 年 1 月 9 日完成了 G50 燃机第二次 72 小时满负荷验证运行，试运后停机检查未发现第一次“72+24”小时满负荷试运期间发生的问题，验证了前半年的改进措施可靠有效，且第二次 72 小时满负荷试运过程机组运行稳定，未发生燃机本体异常情况，圆满完成了 G50 燃机首次应用迭代，为长期安全可靠高效运行打下了坚实的基础，也为建立一支素质过硬、技术精湛的运维团队积累了宝贵经验，以产品优化和技术改造助推燃机服务自主化、平台化、市场化和产业化。

三、取得的成效

一是助力国内燃气轮机行业技术快速发展和成熟。重型燃气轮机的研发

离不开运行数据和经验，通过中国华电首台（套）G50燃机的验证运行，获取了燃烧器、透平叶片等关键部件的完整运行数据，华电运维团队对燃烧器、透平叶片、转子、排气缸等关键部件进行了运行参数收集、建模、孔探、拆卸等工作，针对长时运行后暴露的部件设计缺陷及制造工艺等问题，进行了13项针对性的设计改进，目前燃机旋转热部件的整体性能以及安全可靠性较预期效果好，已实现最大出力连续运行800小时无异常。与设备厂家共同研发国产燃机控制逻辑，逐步形成了研发—应用—改进的正向循环，以实战成绩为燃机产业壮大、技术迭代升级赋能。

二是助力燃机市场化应用和新型电力系统建设。在实现“双碳”目标的进程中，重型燃气轮机将是构建新型电力系统的重点装备。G50燃机项目的投产应用，不仅意味着燃气轮机核心部件自主化，还能助推形成我国自主F级重型燃机的设计、施工、调试、试验、运行维护等方面的标准体系和规范，大幅提升燃机电厂自主检修能力，不断降低运维服务成本，将燃机国外长协和进口备件的价格“打下来”，有效提升燃气电厂盈利能力，为广泛推进国产燃机市场化应用打下坚实基础，为提升电力系统调节能力和灵活性提供自主可控的新选择，为推动经济社会发展、保障国家能源安全作出新的更大贡献。

三是助力上下游产业升级和全方位安全自主可控。华电清远G50燃机首台商业示范机即采用了华电自主研制的“华电睿蓝”全国产化TCS与DCS一体化控制系统，实现本体与控制系统双国产化自主可控，一举解决双重“卡脖子”难题。“华电睿蓝”掌握了燃机控制系统软硬件总体设计及安全保障与智能运维等核心技术，形成了我国首台F级自主燃机G50核心控制算法，实现了重型燃机高端控制系统掌握在自己手里的夙愿，为批量生产创造了安全自主可控前提条件。

四是助力打通重大装备技术领域创新链、产业链、人才链。推进科技创新“一室一中心”（清洁高效透平动力装备全国重点实验室华电分室、广东省工程技术研究中心）建设，有力推进创新链、产业链、人才链深度融合，深化创新联合工作机制，形成以华电为主导的产学研用合作模式，在压气机、燃烧器、透平等主要部件的关键核心技术上持续发力攻坚，在热端部件研制、工控系统自主等重点领域掌握更多核心技术，建立技术示范应用流程体系，畅通科技成果转化渠道，提升科技成果转化效率。

（由中国华电集团有限公司供稿）

勇攀科技新高峰　塑造新质生产力
创新驱动海上风电高质量发展之路

一、基本情况

中国长江三峡集团有限公司（以下简称中国三峡集团）因三峡工程而生，始终坚持生态优先、绿色发展，致力于提供清洁的电、干净的水、美丽的环境。党的十八大以来，习近平总书记对中国三峡集团作出一系列重要讲话指示批示，亲自批准中国三峡集团战略发展定位，赋予发挥“六大作用”的战略使命。在习近平总书记重要讲话指示批示精神指引下，中国三峡集团深入践行“四个革命、一个合作”能源安全新战略，在促进清洁能源产业升级中发挥带动作用，助力我国经济社会发展全面绿色转型。截至 2023 年末，全集团总装机 1.46 亿千瓦，其中清洁能源占比为 96%。

我国海上风电资源禀赋好、资源储量大，相对于陆上风电、太阳能，海上风电利用小时数高，出力更稳定，且靠近东部沿海用电负荷中心，电能消纳条件好，是最具开发潜力的可再生能源之一。风能资源普查结果显示，近海风能资源技术可开发量约为 5 亿千瓦、深远海风能资源储量超 12 亿千瓦，远海风资源占比超过 60%。中国三峡集团牢记习近平总书记的殷殷嘱托，坚定不移实施海上风电引领者战略，带领海上风电全产业链合力攻克超大容量海上风电机组、漂浮式基础和柔性直流输电等关键核心技术，为开发深远海海上风电、拓展海上风电开发空间提供有力技术支撑。目前，中国三峡集团海上风电累计装机 578 万千瓦，规模位居国内第一、全球前列。

二、实践经验

中国三峡集团传承创新基因，以重大工程项目为载体，以解决工程建设中的实际问题为导向，以产学研用一体化发展为纽带，以资金等要素投入为保障，聚焦关键核心技术，提供首台（套）丰富应用场景，推动重大装备和关键核心技术国产化替代，走出了一条具有三峡特色的海上风电高质量发展路径。

（一）坚持全要素保障，为海上风电高质量发展优化管理体系

早在21世纪初，中国三峡集团就以超前眼光布局海上风电业务，成为最早进入我国海上风电市场的中央企业之一，实现从长江到海洋的“试水”。2006年，中国三峡集团发挥水利工程建设和水下施工的优势，在江苏响水开展海上风电场建设的前期及施工技术研究实验工作，建成国内首个商业化运营的海上风电项目，成功打响进军海上风电领域的“第一枪”，为探索海上风电技术积累了宝贵经验。围绕海上风电引领者战略，不断优化完善创新体系，培育壮大上海院、科研院、三峡科技、武汉科创园等一系列自主科技创新主体，成立新能源与新型电力系统工程研究中心等研发机构，与清华大学、华北电力大学等高校共建多个协同创新平台，形成以需求为牵引和以问题为导向的科技创新驱动模式。打造国内最大的专业化海上风电运维公司，持续提升专业化、集约化、创新化管理水平，率先啃下远海、规模化、柔直系统、漂浮式风机等海上风电运维“硬骨头”。建立“揭榜挂帅”“赛马”机制和科技攻关重点专项实施机制，有力推动深远海风电技术开发等核心技术攻关，持续激发科技创新活力。通过股权投资进入海上风电开发最充分、技术最成熟的欧洲国家市场，依托德国梅尔海上风电项目培养一支具有海上风电融资、设计、建设、运营等完整经验的专业团队，推动我国海上风电实现“引进来”和“走出去”。

（二）开展原创性攻关，为海上风电高质量发展提供技术支撑

中国三峡集团坚持创新引领，通过海上风电开发为前瞻技术提供实证平台及应用场景，带动基础理论、实证技术、装备制造、施工水平全面进步。聚焦严寒条件施工，克服严寒、海冰、嵌岩等不利因素，在辽宁庄河建成我国东北区域首个海上风电项目，成功安装国内首批6.45兆瓦低温型、大直径直驱海上风电机组，应用国内首个抗冰锥设计风机基础型式，为高纬度地区海上风电设备制造和施工安装能力提供经验和示范。聚焦远距离输电难题，创新将柔性直流输电技术引入江苏如东海上风电项目，建成全球电压等级最高、亚洲首套 ±400千伏海上风电柔性直流输电工程，有效解决海上风电场大容量、远距离输电难题。聚焦复杂海域环境，提出适用于我国复杂海域环境的风电机组地基基础创新结构体系，解决台风、深厚软土、浅覆盖层等难题，为我国不同海域条件下的海上风电基础选型提供支撑。聚焦深远海建设运维效能，打造全球首艘新一代2000吨级海上风电安装平台“白鹤滩”号、

国内首艘“运输+起重”一体化深远海海上风电施工船“乌东德”号、国内首艘双模式高速风电运维船“三峡运维001”号、海上风电自升式勘探试验平台“中国三峡101”等船舶，大幅增强深远海风电施工安装能力。

（三）构建一体化格局，为海上风电高质量发展固链、补链、强链

中国三峡集团坚持以科技创新引领产业创新，着力构建全产业链融通、大中小企业协同、产学研用一体的发展格局，推动海上风电产业链融通发展。以规模开发推动基础固链，在1.8万千米海岸线上，打造五个百万千瓦级海上风电基地，带动国内风电制造企业成为全球领先的风机制造企业。以联合攻关加强技术补链，在福建兴化湾建成样机试验风场，引入世界知名装备制造企业“同台竞技”，推动海上风电核心技术和先进设备“国产化”。聚焦深远海风电开发，与怀柔国家实验室联合建设可再生能源研究中心，勇攀海上风电技术新高峰。以产业协同促进融合强链，发挥重大工程大平台、强引擎、硬支撑作用，与惠生重工、明阳智能、福船一帆、宁波东方、江苏亚星等企业共同打造我国首个漂浮式风机“三峡引领号”，共同开展平台、风机、塔筒、海缆、锚链等设备研发制造，有力推动漂浮式海上风电全产业链协同发展。以需求牵引推进优化塑链，建成福建三峡海上风电国际产业园，实现海上风电电机、叶片、整机封装、海上吊装等全产业链集聚，推动我国海上风电单机容量实现从3兆瓦到16兆瓦的跃升，产品不仅广泛应用于国内，而且出口至欧洲市场及“一带一路”沿线国家，引领我国海上风电行业向产业链价值链中高端迈进。面对海上风电发展新形势，牵头发起海上风电产业链合作组织建设行动，携手全产业链在更宽领域、更深层次实现供需匹配、协同创新、成果共享、生态共建，共同提升海上风电产业链供应链韧性和竞争力。

三、取得的成效

一是推动海上风电产业实现规模化发展。相较于欧洲等发达国家和地区，我国海上风电起步较晚，但近10年发展迅猛。中国三峡集团作为最早布局海上风电业务的中央企业之一，推动海上风电产业升级和创新发展，实现了以资源开发带动产业发展、以产业发展促进资源开发的良性循环，形成了“投产一批、建设一批、核准一批、储备一批”的滚动开发格局，项目遍布辽宁、山东、江苏、福建、广东等多个沿海省份，助力我国海上风电规模迈向世界领先。截至2023年底，我国海上风电累计装机3729万千瓦，约占全球装机的50%，连续4年保持世界第一，我国风电机组产能占全球市场的60%。

二是推动海上风电技术实现跨越式突破。海上风电是技术密集型产业，海洋特有的强风、盐雾、波浪等环境条件给机组设计、工程施工、电能输送、运维检修等方面都带来了巨大挑战。中国三峡集团打造了众多“国内首个”“全球首个”的标杆工程，创下了单机容量最大、单体项目最大、基础型式最多、离岸距离最远、电压等级最高、集约布局最广、产业带动最强等多项国内外海上风电纪录，提升了我国重大装备制造和关键核心技术高端化、国产化水平。

三是推动海上风电效益实现整体性提升。有力提升经济效益，规模化的海上风电场为沿海经济较发达地区输送清洁电能，助力地方经济增长。有力提升生态效益，推广“海上风电＋海洋牧场”等模式的应用，探索海洋生态与养殖效益协同融合新路径。有力提升产业协同效益，带动海洋环境监测、海况及气象预报、雷达预警海上交通等行业进步，为探索海上绿电制氢、绿电海水淡化、海上综合能源岛等融合发展模式打下基础。

（由中国长江三峡集团有限公司供稿）

构筑电力全谱系“华电睿”系列工控产品 推动高水平科技自立自强

一、基本情况

国电南京自动化股份有限公司（以下简称国电南自）是1999年在上海证券交易所上市的国家电力系统首家高科技上市公司，成立84年来在电力自动化领域相继研究生产出中国第一代、第二代静态继电保护产品，创造过多项全国第一，被誉为中国电力自动化产业的摇篮和孵化器，现为中国华电集团有限公司直属单位。作为国内电力行业二次设备的领军企业，国电南自以自动化、信息化为基础，致力于打造智能化、数字化、自主化、国际化的一流企业，在电力、工业、新能源等领域为客户提供配套自动化产品、信息化产品、集成设备及整体解决方案，形成了以电网自动化、电厂及工业自动化、轨道交通自动化、信息安全与技术、电力电子技术为核心产业，以生产制造中心、系统集成中心为重要支撑的“5+2”产业体系。

近年来，国电南自认真落实习近平总书记提出的“四个革命、一个合作”能源安全新战略，坚定不移推进能源革命，充分发挥科技创新第一动力作用，聚焦电力工控领域，开辟自主可控赛道，大力开展关键核心技术攻关、产品研制、工程示范和推广应用工作，在国内率先构筑起覆盖火电、燃机、水电、风电、新能源、电网等电力全谱系“华电睿”系列自主可控电力工控产品，解决了关键核心技术“卡脖子”难题，多项技术打破国外垄断，有力地保障了国家能源电力安全和产业链供应链安全，得到了国家相关部委和电力行业的高度认可。牵头完成的“自主可控发电分散控制系统研制与应用”项目荣获中国电力科学技术进步奖一等奖、“基于自主可控软硬件的水电站群智能一体化系统关键技术研究与应用”项目荣获水力发电科学技术奖一等奖，研制的“重型燃气轮机国产化控制系统”入选《2021年中央企业数字化转型十大成果》和《中央企业科技创新成果产品手册（2023年）》，“水电站自主可控计算机监控系统”“变电站自主可控成套保护装置”等3项科技成果入选国家能源局能源领域首台（套）重大技术装备项目清单。

二、实践经验

（一）观大势谋大局，推动电力工控关键技术全国产攻关

（1）找准攻关“主战场”。认真学习领会习近平总书记关于科技创新、能源转型的重要论述，充分认识新形势下科技自立自强的重要性，准确把握能源安全和保障这一“国之大者”的内在要求，在践行“四个革命、一个合作”能源安全新战略中找准角色定位，强化央企担当，引领攻关方向。瞄准电力工控产品核心软硬件依赖进口、关键技术受制于人的痛点，把解决“卡脖子”问题作为“主战场”，打好“主动仗”，于2017年打响攻关“第一枪”，在国内率先启动以火电机组分散控制系统（DCS）为代表的自主可控电力工控产品的研制和应用工作，积极开辟行业发展新赛道，推动能源领域重大装备自主化、高端化发展。

（2）科学规划“作战图”。把推动电力工控产品自主可控纳入公司科技创新“十四五”规划，精心规划部署技术攻关和应用路线，聚焦全国产替代和全场景应用两个维度制定攻关“作战图”。以软硬件全国产替代为总目标，以保证产品安全性、稳定性为前提，坚持“能替尽替、迭代优化”的原则，全面推进CPU、操作系统、数据库等核心软硬件的国产化替代。以产品全场景应用为总任务，围绕火电、燃机、水电、新能源、电网等应用场景，依托“1025”“补短板”“揭榜挂帅”“焕新行动”等重大攻关任务，推动构建全谱系“华电睿”系列电力工控产品，一体推进自主可控火电机组分散控制系统、燃机控制系统、水电控制系统、风机主控及风电场监控系统、新能源集控系统、变电站自动化装备6个主要产品的研制应用，为更大范围、更深层次保障能源电力安全提供完整解决方案。

（3）推动形成“一盘棋”。把关键核心技术攻关作为重大政治任务和中心工作，高站位组织推动，建立“上下联动、左右协同”的高效攻关体系。成立科技创新委员会，构建“宝塔型”科技创新体系，构筑“研究院+子公司”两级科技创新体系，加强对攻关任务的组织领导。自主构建系统自动化平台、数字化平台，形成“平台+应用”的技术架构，为打造全国产安全可控电力工控系统提供“底座”支撑。组建由党政“一把手”挂帅、专业研发团队协同、党员突击队攻坚的攻关团队，签订责任状，压实攻关责任，主要领导亲自指挥、分管领导靠前部署，相关部门提高流程优先级，在人才引进、设备采购、场地改造等方面“开绿灯”，各攻关主体加强协同作战，融入攻关“一

盘棋”，推动决策链、创新链、工程链深度融合，实现产品研制、测试、调试、应用各环节高效运转。

（二）建机制优配置，强化科技攻关核心资源全要素聚合

（1）强化研发多元投入。实施以自筹资金为基础、以政府支持为补充的研发投入方式，建立研发投入持续增长机制，加强对科技攻关的资金保障。近 3 年（2021—2023 年），公司累计投入研发经费 15.19 亿元，占营业总收入的 7.4%，研发投入强度年平均增长 13.5%。加大政府科技项目申报力度，完善申报机制，做好申报规划，为关键核心技术攻关积极争取资金支持。先后申报实施国资委、国家能源局、国家发展和改革委员会的“1025”“补短板”“LHT”“AK 揭榜挂帅”等项目，获批“江苏省工业和信息化产业转型升级关键核心技术（装备）攻关项目”“江苏省碳达峰碳中和科技创新专项资金”等，获得政府专项资金逾 3000 万元，为研发投入提供了有效补充。同时，用好研发费用“加计扣除”政策，利用减免税款增强研发再投入。

（2）打造一流人才队伍。以国企改革三年行动为有利契机，以重大攻关任务为牵引，加大高水平人才培养和引进，着力打造各类人才集聚的原创技术策源地。制定《特殊人才引进管理办法》，对攻关急需人才实行个性化引进，坚持“一事一议”“一人一策”，执行特殊待遇标准和工资额度单列管理，切实增强对高层次人才的吸引力，靶向引进急需人才 3 人、博士 7 人，涌现出一批具有行业影响力的科技人才。目前，公司拥有享受国务院特殊津贴专家 5 人，华电集团科技创新领军人才和青年领军人才 11 人，入选江苏省“333 高层次人才培养工程”8 人。全面梳理人才资源，探索建立四个“1+1”的人才应用机制，即一带头人一产品、一博士一课题、一团队一专项、一合作一突破，切实提升科技人才在科技攻关中的责任感和贡献度。“华电睿”系列攻关团队荣获国务院国资委“央企攻坚工程突出贡献团队”称号。

（3）加大正向激励力度。不断完善“激励工具包”，面向科研人员实施多元化激励，充分激发创新活力动力。对攻关团队实行奖励单列，加强及时激励、短期激励，累计实施科技攻关专项激励额度 7800 万元，激励科研人员 1800 人次。在做好短期绩效激励的同时，建立中长期激励机制，综合运用超额利润分享、股权激励、岗位分红等方式，实现员工与企业利润共享、风险共担，共计激励 207 人次、激励金额 258 万元、激励股份 1090 万股。除物质激励外，坚持精神激励并举，各类评优评先向攻关团队及人员倾斜，切实增强员工荣誉感，营造干事创业浓厚氛围，涌现出江苏省劳动模范、中央企业

劳动模范等一批先进典型。

（三）强协同促融通，实现产学研用全链条联动

（1）构建央企联合创新“朋友圈”。充分发挥央企产业链优势和科技创新“主力军”作用，用好央企创新联合体机制，与中国电子、中国电科、中国移动等央企所属企业开展联合创新，分别成立“电力自动化系统自主创新联合实验室”“电力自动化系统国产密码融合创新实验室”“数字能源 5G+ 物联网联合创新实验室”等，推动央企联合创新项目30项，共同推进设备研发、产品适配、系统测试、设备验证、终端场景适配等重要工作，通过“我攻他用”“他攻我用”合作模式相互赋能，实现共赢。例如，通过与中国电子旗下天津飞腾的务实合作，公司为 DCS 装上了安全可信的“中国芯”，并在联合攻关中协同天津飞腾解决了 CPU 自带千兆网卡丢包等 100 多项技术难题，有效打破产品属性壁垒，推动“中国芯”从“能用”到“好用”的迭代升级。

（2）探索校企同题共答机制。充分发挥高校、科研院所在基础理论研究方面的突出优势，深入开展校企合作，形成产学研深度融合的创新体系。积极扮演好“出题人”角色，定期梳理发布关键核心技术攻关中遇到的难点、卡点问题清单，通过“走出去”“请进来”推动校企同题共答。与清华大学、西安交通大学、东南大学等多所重点高校就多能源场景对象化建模、重型燃机控制等关键技术研究进行深入合作并取得积极成效，与南京大学等高校合作开展工程硕博士联合培养，通过联合育人促进同题共答。同时，公司下属企业在不同层面、不同领域均广泛开展校企合作，推动产学研用深度融合，提高科技成果产出效率和转化成效。

（3）推动成果全面转化应用。按照“既要攻出来，又要用起来”的要求，对每一项首创性成果都落实应用示范工程，并在成功示范的基础上积极布局一批推广应用项目，形成“攻关一批，示范一批，推广一批”的成果转化模式，累计安排部署示范项目 40 多个，装机容量合计超 2000 万千瓦，并实现国际市场重要突破。在示范和推广应用过程中，充分发挥国企党建的独特优势，各级党组织强引领、打头阵，与应用企业广泛开展党建联建共建活动，建立“业务联手、难题联解、队伍联建、价值联创”机制，搭建沟通桥梁，凝聚攻关合力，按期完成 200 多台（套）产品的示范及推广应用。

三、取得的成效

在国务院国资委、华电集团的正确领导和大力支持下，国电南自坚持科

技创新驱动，大力推动关键核心技术攻关，打造了全谱系“华电睿”系列自主可控电力工控产品，提升了能源安全保障能力，促进了产业链融合发展，塑造了公司竞争新优势，不折不扣把习近平总书记关于能源安全、产业链供应链安全、高水平科技自立自强、国有企业改革发展和党的建设等方面的重要讲话和指示批示精神落到了实处。

一是实现了电力工控产品自主可控，夯实了能源安全底座。成功研制基于国产软硬件的全谱系“华电睿”系列电力工控产品，实现核心软硬件国产化率达 100%、自主可控率达 100% 的攻关目标，解决了核心软硬件受制于人的“卡脖子”问题。聚焦系统安全防护需求，堵漏洞、关后门，构建了硬件、软件、集成“三位一体”的信息安全体系，在自主可控的基础上进一步实现了系统的安全可信，为实现能源领域关键基础设施本质安全提供了有力支撑。从 330 兆瓦、660 兆瓦、1000 兆瓦火电机组分散控制系统到 E 级、F 级燃气轮机控制系统，从 1.5 兆瓦、6.5 兆瓦陆上风电到 6.2 兆瓦海上风电风机主控系统，从 200 兆瓦、600 兆瓦水电计算机监控系统到跨流域水电新能源集控系统，再到新一代变电集控站设备监控系统，“华电睿”系列实现了 12 个“国内首次”，不断打破国外垄断，填补国内空白，广泛构筑了能源安全“护城河”。

二是推动了国产生态构建，促进了产业链融合发展。积极融入和推动国产生态构建，加强与产业链上游厂家的务实合作，在“华电睿”系列产品中广泛并持续迭代使用国产软硬件，打通了从核心芯片、元器件、基础软件到操作系统的自主可控产业链，有力带动了基础软硬件的国产化进程，提升了产业链供应链安全稳定水平。截至 2023 年底，“华电睿”系列累计应用飞腾、申威等国产安全可控芯片 16000 余片，华为、长城等国产服务器 350 余台，达梦等国产数据库 240 余套，麒麟等国产操作系统 800 余套，以及国产网络通信及网络安全设备 300 余台。率先将飞腾 CPU 引入电力工控应用场景，持续推动该 CPU 从 FT1500、FT2000 到 E2000 的多版次迭代升级，并实现在轨道交通、石油化工以及其他工控领域的广泛应用，为工控行业普遍用上“中国芯”起到了引领探路的作用，促进了全产业链融合发展。

三是塑造了竞争新优势，激发了公司高质量发展新动能。“华电睿”系列的成功研制应用，实现了技术和市场双突破，巩固了公司在电力自动化行业的传统优势和在自主可控赛道的领先地位，为公司高质量发展注入了强劲动能。近年来，公司经营业绩持续向好，收入、利润总额、归属于母公司所有者净利润实现大幅增长，主要经营指标创下历史新高；国企改革成效显著，全面超额完成既定目标任务，2020 年被纳入国资委“科改示范行动”企业，并蝉联 2021 年度、2022 年度“科改示范行动”标杆企业称号；科技创新能力不断提升，近 3 年（2021—2023 年），公司及所属企业共获得授权专利 850 项，主持及参与制（修）订国家标准、行业标准 81 项，通过省部级新产品新技术鉴定 82 项，获得国家级、省级科技奖励 79 项；培育打造了一批专精特新企业，目前已有 6 家基层企业入库江苏省专精特新中小企业，其中 1 家同时入选国家级专精特新“小巨人”企业和国资委创建世界一流专业领军示范企业；广大科技工作者“科技报国”的使命感进一步增强，积极投入推动高水平科技自立自强的火热实践中，展现出“敢闯、敢为、敢干、敢首创”的精气神。

（由中国华电集团有限公司供稿）

国内首个大型煤电机组大比例掺氨燃烧实验获重大突破

一、基本情况

2014年6月13日，习近平总书记在中央财经领导小组第六次会议上提出“四个革命、一个合作”能源安全新战略，为新时代中国能源发展指明了方向，开辟了中国特色能源发展新道路。中国坚持创新、协调、绿色、开放、共享的新发展理念，以推动高质量发展为主题，以深化供给侧结构性改革为主线，全面推进能源消费方式变革，构建多元清洁的能源供应体系，实施创新驱动发展战略，不断深化能源体制改革，持续推进能源领域国际合作，中国能源进入高质量发展新阶段。

安徽省能源集团有限公司与合肥综合性国家科学中心能源研究院落实能源技术革命，深化院企合作，推动产学研用一体化，落实创新驱动发展战略。双方根据国家产业政策及发展需求，积极开展可再生能源、氢能、氨能、储能、碳科技等领域的技术、装备联合研发。2022年3月，由安徽省皖能股份有限公司、能源研究院和安徽省皖能资本投资有限公司依法共同出资设立氨邦科技有限责任公司。

氨邦科技有限责任公司是一家专业从事新能源技术研发、储能技术服务、电力行业高效节能技术研发、碳减排、碳转化、碳捕捉技术研发、在线能源监测技术研发、软件开发、新能源原动设备生产制造的企业，注册资金6000万元。公司会集了一批国内重点大学毕业的优秀人才，专业涵盖热能工程、自动化技术、机械设计、等离子体物理、化学等领域，已形成一支具有强大开发能力的高素质人才队伍。

氨邦科技有限责任公司以氨能综合利用发电研究为基础践行“双碳”战略，其技术路径是“绿电→电解水制氢→合成氨→氨运输→火电厂掺氨燃烧”，主要是通过试验逐步提高火电掺氨燃烧比例，达到有效降低燃煤发电二氧化碳排放和能耗总量的目标。

氨邦科技有限责任公司所持有的掺氨燃烧成套技术及关键设备在能源技

术革命领域取得了一定的成果，作出了一定的贡献。

二、实践经验

（一）稳步推进掺氨燃烧项目建设

2022 年 4 月 27 日，全国首台纯氨燃烧器在燃煤机组内首次点火成功并验证氨可进行掺烧，随后继续增加 3 台燃烧器，于同年 9 月 13 日进行掺氨燃烧实验同时针对尾气进行监测，在相应指标均在合理范围内，后继续追加燃烧器安装，于同年 12 月底完成 8 台燃烧器、双加热回路液氨高效蒸发器的组装。2024 年春，进行了一系列的大比例掺氨燃烧实验，实现了 100~300 兆瓦并网功率下燃煤掺氨 10%~35% 多种工况的锅炉安全平稳运行，最大掺氨量大于 21 吨 / 小时，氨煤热量比超过 1 ： 2，氨燃烧率达到 99.9%，氨逃逸率低于 2ppm，排烟 NO_x 浓度可控可降，锅炉效率与优质燃煤工况相当。试验成果在燃烧技术、掺氨规模、稳定运行时间上均远超国内同行最高水平，取得了多项世界领先成果，并获取了第一手工程化技术资料，填补了多项技术空白。

该项目短时间内完成了集成等离子炬的氨燃烧器、大型蒸发器等新型设备开发，核心技术稳步推进。

1. 以掺氨燃烧技术为基础进行深化研究

以掺氨燃烧技术为基础，开展长距离输氨安全在线氨泄漏监测系统的研发，用于长距离输送氨中，进行在线的实施监测氨泄漏情况，监测到氨泄漏后进行对应的应急处理，从而保障氨的安全输送。在 300 兆瓦燃煤机组掺氨燃烧试验过程中，区分燃煤火焰和氨燃烧火焰始终是技术难点、痛点。经过多次市场寻找，德国火焰检测装置生产厂家所提供的装置实现了火焰的区分，但火焰检测装置价格昂贵且技术无法共享，只能购买成套设备。这对于国内掺氨燃烧火焰检测而言是“卡脖子”技术。为解决此难点、痛点，已掺氨燃烧系统为平台进行国产火焰检测装置的开发，目前已完成第一阶段数据采集，建立好数据模型，下一阶段将进行大量数据采集工作为数据模型建立有效支撑。氨邦科技有限责任公司打造的小型实验平台目前已实现等离子氨燃烧器冷态点火、热态点火。现已取得大量实验数据，对以后的科研开发起到支撑作用。

2. 构建新疆柔性变负荷“源网荷储化”示范园区模型

依托燃煤电厂掺氨燃烧成套技术及新疆现有光伏布局，以氢氨能综合利用技术为基础，皖能集团将在新疆构建“源网荷储化”示范园区模型。模型构想如下：首先通过风光形式的绿电电解水制氢，再用绿氢合成绿氨，整个过程完全清洁绿色，无碳排放。氨可以替代汽油或柴油，燃烧产物是氮气和水，氨可以与火电厂的燃煤一起掺烧，在新能源出力低或用电高峰期起到为电网调峰的作用，形成了整个园区的“动力源”。综合能源站相当于一座升级版的加油站，是面向社会的集“氢、氨、氧、氮、油、气、充换电”于一体的能源供应站，它是园区能源供给网络的一个灵活枢纽，也是园区中另一张网——工业互联网的关键节点。而燃煤机组在为负荷侧供电、供汽的同时也会获得企业用能的基础数据，丰富工业互联网的数据链。构建起能源流、碳流、数据流、信息流高度集成的工业能源互联网平台，可以对整个园区的用能网络进行统一调控。储能区也承担了辅助调峰作用，示范园区不仅存储电能，还存储氨能，绿电制氢合成氨一方面可以消纳过剩的光伏电量，实现长周期储能；另一方面合成的绿氨可以用于火电厂脱硫脱硝，产物硫酸铵和硝酸铵输送到化工园区合成氮肥，再送往植物工厂进行无土栽培。植物工厂利用了中国科大的“匀光互补”技术，高效利用土地资源。

此园区既可形成以氢氨为基础的自循环、自供销模式，也可为新型电力系统建设提供拓宽性路线。

（二）积极探索市场前沿需求

氨邦科技有限责任公司奔赴新疆、乌海、吉林、北京、南京、成都等地，参加绿电制氢氨一体化利用研究专班集中调研，掌握了政策和现状的第一手资料，探讨机组掺氨燃烧发电项目相关问题，考察西北地区氢氨能融合技术应用，推动实现东西部区域间能源高效流动和新能源高比率消纳；参加中国科协会议展示掺氨技术在解决国家能源安全问题、提供长周期储能和新能源消纳路径方面的优势；参与国家能源局关于掺氨规划的编制工作，将氨能综合利用的需求融入报告中，并获取掺氨项目的 7 个方向政策支持。

三、取得的成效

一是氨邦科技有限责任公司研发的“燃煤电厂掺氨燃烧成套技术及关键设备”入围国家能源局公示的《第三批能源领域首台（套）重大技术装备（项目）名单》。

二是氨邦科技有限责任公司受邀参加 2023 年 11 月 15—18 日在深圳国际会展中心举办的第 25 届中国国际高新技术成果交易会。

三是以氨邦科技有限责任公司掺氨燃烧技术为基础，实施主体为皖能铜陵发电有限公司的项目入围国家发展和改革委员会《绿色低碳先进技术示范项目清单（第一批）》。

四是打造原创技术策源地。通过打造氢氨能原创技术策源地孵化出氢氨能源的多样化思路并贯通相关技术路线，原创技术策源地所孵化的创新技术进行成果转换，并将核心技术掌握在自己手中，提升企业在科技创新及科研领域的竞争力。使各企业、科研单位与皖能集团进行深度合作，取长补短共同为国家能源安全以及国家“3060”双碳战略提供支持。

五是氨邦科技有限责任公司受邀参与国家能源局“氢能全产业链技术发展现状和趋势研究”的课题研究，同时参与国家科学技术部“国家重点研发计划”课题5子课题2的研究工作。为贯彻落实《氢能产业发展中长期规划（2021—2035年）》要求，推动“十五五”氢能领域重点问题和发展战略研究，支撑国家能源局相关政策制定工作贡献力量。

六是不断加强对外战略合作。掺氨成果发布后，华润国际、华电国际、华电新疆、京能涿州、申能、中海油、华电呼图壁能源公司等集团领导来现场交流，积极推广掺氨燃烧应用技术，增强共识与合作。氨邦科技有限责任公司现与国家电投吉林松花江热电有限公司达成初步合作意向，双方领导分别前往各自所在地进行实地考察，预计下一步将达成合作关系。并与南方电网国际公司对接越南海外合作意向，使合作场景更加广阔。

（由安徽省能源集团有限公司供稿）

百万火电机组灵活性改造典型示范案例

一、基本情况

内蒙古长城发电有限公司 2×1000 兆瓦高效超超临界燃煤发电机组是国务院《大气污染防治行动计划》12 条重点输电通道——上海庙至山东临沂 ±800 千伏特高压直流输电工程配套电源项目之一，项目位于鄂尔多斯市鄂托克前旗上海庙能源化工基地，是内蒙古自治区直属首座单机容量百万火力发电项目。项目由内蒙古能源集团控股投资建设，是集团首个由所属单位全链条自主建设、总包、设计、施工、物资、监理、调试、运维的智能示范煤电项目。随着全球能源结构的转型和电力市场的不断发展，电力系统的运行特性与需求也在发生深刻变化。火电机组作为当前电力系统的主要组成部分，其灵活性对于电力系统的稳定运行和可再生能源的消纳具有重要意义。在此背景下，火电机组灵活性改造成为提升电力系统灵活性、适应新能源发展和满足电力负荷多变需求的必要手段。本工程项目在建设初期综合考虑技术、经济、环保等多方面因素。改造策略包括明确的改造目标、技术路线和实施步骤。改造路径根据机组的具体情况和改造需求进行定制，包括燃烧系统优化、控制系统升级、热力系统改造、辅助设备改进等方面。

二、实践经验

本工程机组的原设计调峰能力是 40%BMCR～100%BMCR。机组的深度调峰是我国电力辅助服务政策的重要组成部分并得到国内许多地区的政策鼓励和支持。使机组具有更好的深度调峰能力和更灵活的运行能力的需求将越来越广泛，机组调峰深度越深、变负荷速率越快、低负荷发电效率越高，就越能在未来的发电市场具备更强的竞争力。内蒙古长城发电有限公司在原设计基础上对机组的调峰能力进行拓展。

（一）降低锅炉最低直流负荷

锅炉的最低直流负荷关系到水冷壁的安全性。按原有设计，本工程锅炉的最低直流负荷为 40%BMCR，即水冷壁的设计是按照 40%BMCR 时的水流量进行，若水冷壁中水流量低于此，则其受冷却能力即安全性将受到削弱。因此当最低不投油稳燃负荷低于 40%BMCR 时，需要增加启动循环泵系统来确保水冷壁中有足够冷却流量。

本工程基建初期要求最低不投等离子稳燃负荷降至 20%THA，进一步将冷灰斗以上至螺旋段出口的水冷壁管子由光管改为内螺纹管，以进一步增加水冷壁管子在低负荷下的安全性。

在原水冷壁设计方案中，螺旋段管子采用两种材料，即 15CrMoG 和 12Cr1MoVG，规格都为 Φ38×7 毫米。两种材料的用量各为 50%。为了使最低直流负荷与最低稳燃负荷相匹配，水冷壁螺旋段整体（不包括冷灰斗）由光管改为内螺纹管。按照 GB/T 20409—2018 高压锅炉用内螺纹无缝钢管，内螺纹管有标准规格，适用于本工程的规格为 Φ38×7.2 毫米，因此，管子规格由光管的 Φ38×7 毫米变为内螺纹 Φ38×7.2 毫米。管子规格变化后，管中介质质量流速也有轻微变化，由 2338kg/m^2s 变为 2418kg/m^2s，对换热或阻力等指标影响很小。

考虑到深度调峰给水冷壁高热负荷区域的寿命带来的不利影响，以及燃煤含硫量可能升高带来的高温腐蚀问题，将螺旋段 15CrMoG 的管子变为 12Cr1MoVG，以增加管子的壁厚余量。经计算，换为 12Cr1MoVG 管子后，壁厚余量增加 0.43 毫米，可明显增加管子运行寿命。而且内螺纹管能增强管子内壁面附近流体的扰动，强化传热，在较低的介质质量流速下即能抑制膜态沸腾、推迟传热恶化，抑制壁温的大幅波动。结合螺旋水冷壁的设计，使水冷壁中介质温度较为均匀，避免过高的峰值温度，可显著减少氧化皮的产生。管子材料的升级也进一步降低氧化皮产生的概率。

此外，按照原设计方案，水冷壁采用下部螺旋段和上部垂直段型式，分界位于标高 73.06 米。每面墙的下部螺旋段和上部垂直段之间通过一个过渡集箱连接，起到良好的结构过渡作用，但不具有混合和消除汽温偏差的作用。锅炉在低于 40%BMCR 负荷运行时，炉膛内烟气侧的流场和温度场不均匀性增加，使得炉膛水冷壁（螺旋段）中蒸汽温度偏差增加。为了消除螺旋段出口的蒸汽温度偏差，使进入上部垂直段的蒸汽温度均匀，保证垂直段的安全性，增设水冷壁中间混合集箱系统。

水冷壁中间混合集箱系统布置图见图 1，其具体流程：下部螺旋段出口引入螺旋段出口集箱，然后从四面墙的螺旋段出口集箱引出连接管道至炉膛四个角处的混合集箱，对螺旋段出口工质进一步混合，之后从混合集箱引出连接管道至垂直段入口集箱，最后通过垂直段入口集箱把工质引入垂直段。

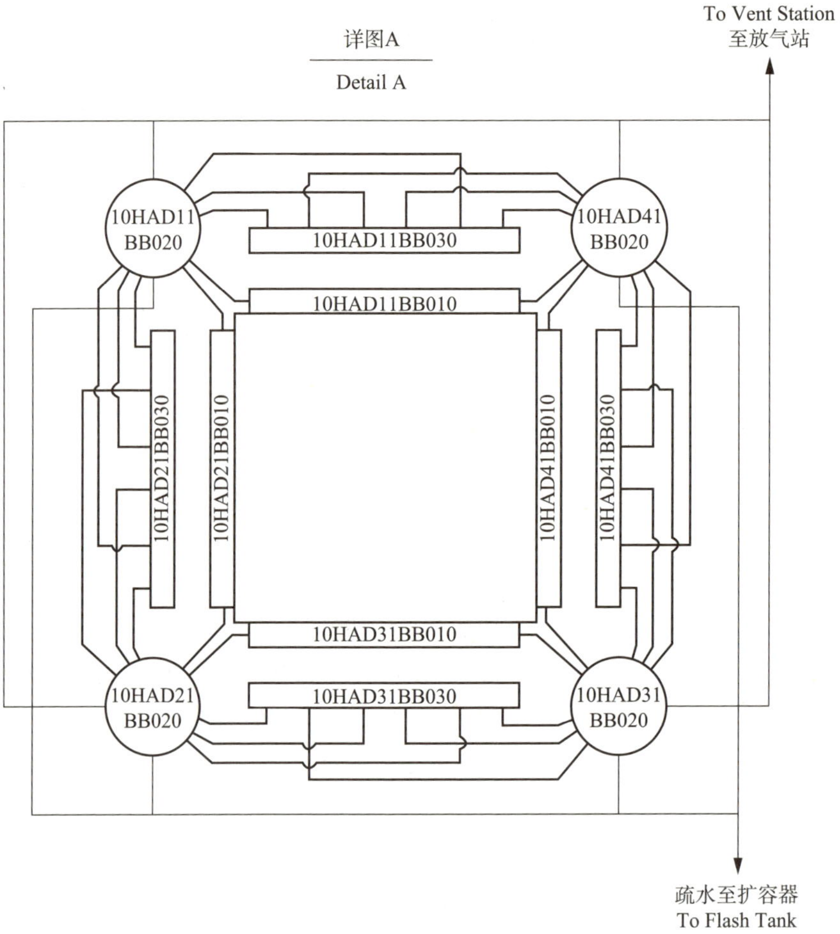

图 1　水冷壁中间混合集箱系统布置图

通过上述措施，不仅最低直流负荷得以下降，水冷壁的安全性也得到加强和保障，也基于此，锅炉的变负荷能力和速率得到进一步提升。

（二）辅助系统改进

按照本工程现有的启动系统，在锅炉的启动过程阶段，给水泵稳定运行在最低直流负荷，提供水冷壁最低所需的冷却流量。水冷壁吸热加热给水，再流入水冷壁出口的启动分离器经贮水箱进入大气扩容器，热水在大气扩容器中等焓减压，分离为蒸汽和饱和热水。蒸汽经排汽管道进入大气，此部分工质因此而损失。饱和热水进入凝汽器回收工质，但损失了工质含有的热量。

因此，在现有锅炉方案中，锅炉在启动过程中以及在低于30%BMCR（最低直流负荷）运行时，将一直伴随大量工质和热量的损失。增加启动循环泵则可以避免这些损失，提高启动时和低负荷时的运行经济性。

除此之外，带循环泵的启动系统由于不损失工质热量，可提高锅炉的启动速度，有利于更快速地并入电网。

（三）深度调峰的锅炉热应力控制

在深度调峰过程中，热应力的产生和变化受烟气侧和汽水侧的综合影响。在低负荷即负荷快速变化时，炉膛内烟气侧的动力场和温度场的偏差和变化幅度都会明显高于高负荷稳态运行时。在汽水侧，由于低负荷下汽水流量低，各受热面的压力低且压降很小，导致汽水侧流量分配偏差增大且无规律性，此刻可能前墙的管子流量小，下一刻可能后墙的管子流量小。而且在快速的变负荷时，炉膛热量（煤量）和给水量难以精确匹配，其比例也处于变化中，使受热面的受热情况处于变化中。上述原因会使受热面产生热应力，主要受影响的是处于高烟温区域的受热面，即水冷壁和高温受热面。高温受热面由于管材等级高，耐热性好，所受影响较小。水冷壁是受烟气侧和汽水侧偏差影响最大的受热面，且其存在热水段和蒸发段，对低负荷下水动力稳定性有不利影响，容易产生交变应力。

为了改善受热面的安全情况，降低管材因交变应力而产生疲劳失效现象的风险，本工程采用以下措施：

（1）水冷壁螺旋段采用内螺纹管，改善低负荷下水动力稳定性，使管子得到良好冷却并减少管间热偏差。

（2）水冷壁螺旋段出口处采用中间混合集箱，消除螺旋段出口蒸汽的温度偏差，从而降低水冷壁出口处（汽水分离器进口）的温度偏差，提高水冷壁垂直段的安全裕度，使其对热应力的承受能力更好。

（3）汽水分离器采用10Cr9Mo1VNbN材料，该材料性能相对12Cr1MoVG更好，且壁厚更薄，对变负荷速率和热应力的承受能力更强。

（4）燃烧系统采用小切圆及可摆动分离燃尽风设计，以改善炉膛中的烟气动力场，减少烟气侧的流场和温度场的偏差。

除了上述措施，在运行方面应适当控制在低负荷区间的变负荷速率，准确控制煤水比。低负荷运行时，炉内燃烧受煤质波动的影响很大，建议采取措施以确保入炉煤质和制粉系统的稳定。另外，在湿态与干态转换区域运行时，尽量缩短其运行时间，并应注意保持燃料控制与贮水箱水位的稳定，严格按升压曲线控制汽压的稳定，以减轻锅炉受热面金属温度的波动。

此外，为了使水冷壁集箱更好地适应深度调峰，水冷壁集箱在制造过程中会采取一些措施来降低及消除集箱应力。焊接生产制造时会避免强制装配，且对于型式复杂的焊缝，工艺部门会制定焊接顺序和方向，采取合理措施使得焊缝能在自由状态下提前释放应力：焊缝均采用圆滑过渡的形式，避免应力集中；全部焊接工作完成后，集箱整体进退火炉进行消应力热处理，消除焊后残余应力。

（四）燃烧系统深度调峰优化

本工程采用四角切圆燃烧系统，燃烧切圆及燃烧方式的设计，是在最初引进技术后，经过主机厂自主设计开发优化，形成针对不同煤质特点塔式炉设计不同的燃烧切圆形式，以达到更优的燃烧效率，更低的 NO_x 排放，同时避免结渣和高温腐蚀等问题。

针对本工程锅炉的燃烧器切圆，设计为大切角、小切圆的燃烧方式，即喷口工作点远离水冷壁，同时一次风切圆使用小切圆，另外二次风偏置角度为标准设计。

本工程方案是基于以往引进技术的优化，原引进技术为小切角、大切圆设计。在国内使用中，因其易结渣、易高温腐蚀的特点，在预防结渣与高温腐蚀中，需要将喷口火焰位置远离水冷壁，一次风切圆减小。本项目针对更换新的煤质后，有两个风险控制，一是高温腐蚀风险；二是结渣风险。本项目使用的一次风小切圆，可以有效减小切圆直径，使火焰远离水冷壁，同理，大切角的设计也为喷口火焰距离两侧的水冷壁有足够的距离，防止喷口附近产生挂渣、高温腐蚀等问题。另外，标准设计的偏置二次风，可有效在一次风与水冷壁之间，实现风包粉的燃烧效果。以上设计在锅炉高负荷燃烧中，可有效避免以上风险。

目前根据锅炉运行负荷要求，为实现 20%THA 的最低稳燃。结合锅炉及燃烧器，燃烧器设计宜进行部分变更，采用炉外浓淡分离技术。

为满足本工程 20%THA 负荷深度调峰需求，在上述切圆燃烧系统固有优异稳燃能力的基础上，对燃烧系统着重进行了以下优化：

将B、C磨对应的B、C煤粉管道，使用浓淡分离器一分二实现浓淡分离，最大分离比 8 ∶ 2，B 浓粉气流和 C 浓粉气流相邻布置，B 淡粉气流与 C 淡粉气流集中布置。此时，锅炉最低稳燃负荷 20BMCR 时，可投运 B、C 磨煤机，依靠 B、C 浓粉气流保证锅炉稳燃能力。

燃烧器布置对比如图 2 所示。

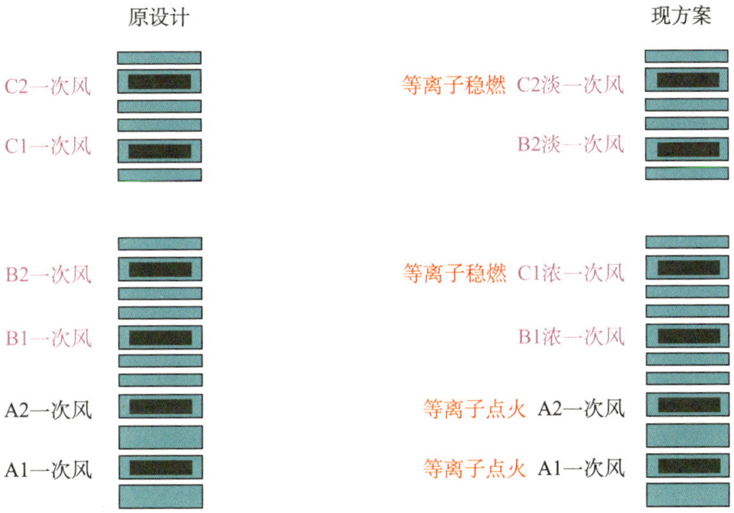

图 2　燃烧器布置对比

依据以上燃烧器设计，锅炉 20%THA 负荷工况下，使用 B、C 磨 2 台磨运行，投用 B1、C1、B2、C2 四层燃烧器。B1、C1 浓粉的火焰相互支持，保证稳燃能力。在其他 2 台磨投运时，可正常实现 20%BMCR 的稳燃能力。

对于等离子层的更改，一是等离子功率由 150 千瓦增加至 250 千瓦。二是等离子点火的配置，首先 A 磨配置等离子点火系统，锅炉使用 A 磨等离子实现点火功能，配置 A1、A12 层。另外一套等离子配置在 C 磨上，配置在 C1 浓燃烧器上，配置 1 层，实现锅炉的低负荷稳燃能力。

这样等离子点火取消备用层，锅炉冷态启动前对 A 磨等离子系统维护好即可，目前在很多电厂也是仅使用 1 台等离子点火。稳燃用等离子可以在锅炉运行稳定性差时提供稳燃支持，减小灭火或停炉风险，减小锅炉运行要求和运行压力。

（五）深度调峰时汽轮机末级叶片防水蚀优化

本工程考虑在 20% 低负荷工况下运行时间增加，汽轮机末级叶片可能出现严重水蚀现象，致使叶冠受损或脱落，威胁机组安全。

为了保证汽轮机末级叶片的运行安全，减少水蚀风险，本工程采用以下措施：

（1）末级叶片喷涂：提高了末级叶片强度、硬度、抗热疲劳性能，使其具有更加优异的耐磨及耐冲蚀性能。

（2）末叶片根轮槽喷丸：经过喷丸之后叶根表面发生塑性变形进而细化了组织结构。表层组织结构的细化可以使残余应力释放速度放缓，在叶根承受交变应力的情况下使得强化效果得到稳定。

（3）增加汽封电加热器：在深调 20% 时负荷，汽封系统无法满足自密封的要求，汽封电加热可以在低负荷时提高轴封供汽温度，保证了轴封供汽温度与汽缸温度的匹配，改善了汽封的工作条件。

（4）增加智能燃烧系统：由于在更低负荷运行中，煤质热值变低，着火能力变差，锅炉稳燃能力降低，需提高对稳燃及低负荷燃烧的监控能力，降低运行难度。

三、取得的成效

内蒙古长城发电有限公司两台机组灵活性改造为集团公司内电厂首次实现在无助燃设备辅助燃烧的条件下，20% 以下负荷稳定干态燃烧运行，该深度下的调峰能力位于全国前列。

一是安全环保性方面。机组在投产调试期进行了深调摸底试验，深调至 20%BMCR 工况后，受热面水动力良好，各壁温点偏差小于 15℃，达到优秀值。锅炉低负荷稳燃效果优秀，20%BMCR 工况下，稳燃效果良好，机组设计有启动循环泵，保证湿态工况下的水动力并实现节水效果，成功实现低负荷干态稳定运行，实现了机组低负荷工况下的安全经济运行。同时，锅炉设计有高温烟气旁路，旨在低负荷工况下，提高脱硝入口烟气温度，以保证催化剂的催化反应效果，此次项目中在未投用该辅助烟道的情况下，实现了脱硝入口烟气温度大于 310℃，保证了脱硝催化剂使用条件，避免了低负荷工况下投入烟气旁路而导致的锅炉效率降低及换热器积灰严重的情况。

二是经济效益方面。以西北网为例，深度调峰期间电价补贴为 0.5 元 / 千瓦时，按照深调期间平均负荷 200 兆瓦，深调期间每小时电价补贴为 10 万元。2020 年，我国火电机组平均利用小时数为 4216 小时，按照全年发电时长 1/10 为调峰时段，由于调峰所收到的补贴电价收益约为 4216 万元。按照试验期间数据，试验机组 50% 额定负荷降至 20% 额定负荷运行时，供电煤耗约增加 70g 克 / 千瓦时，按照标煤煤价 900 元 / 吨计算，全年因深度调峰导致的供电煤耗增加费用约为 531 万元，全年可实现正向盈利 3685 万元。

三是社会效益方面。随着新能源的大规模发展，电力系统的负荷和电压等参数的波动性增加。传统电源火电的发电方式难以满足需求，本次灵活性改造可以有效提高设备响应能力，更好地调节电力系统负荷和电压平衡，减少电力系统的负荷峰值，提高电网的可靠性和稳定性。内蒙古长城发电有限公司灵活性改造是实现能源转型、推动清洁能源发展消纳的重要举措。

（由内蒙古能源集团有限公司供稿）

建强重型发电装备制造企业 扛稳保障国家能源安全责任

能源安全事关国计民生和经济社会发展全局，对于以中国式现代化全面推进强国建设、民族复兴伟业具有重要意义。党的十八大以来，习近平总书记围绕能源安全发表了一系列重要讲话，作出了一系列重要指示批示，为推动能源高质量发展指明了前进方向、提供了根本遵循。哈尔滨电机厂有限责任公司坚持以习近平总书记重要讲话重要指示批示精神引领高质量发展，深入践行“四个革命、一个合作”能源安全新战略，在大力培育发展新质生产力中打造世界一流高端装备制造企业，坚决当好维护能源安全的重要基石，特别是2021年6月28日哈尔滨电机厂有限责任公司自主研制的世界首台百万千瓦白鹤滩水电站14号机组率先投产发电，习近平总书记在贺信中指出，白鹤滩水电站实现了我国高端装备制造的重大突破。

一、基本情况

哈尔滨电机厂有限责任公司始建于1951年，是由“一五”期间苏联援建的156项重点建设项目之一沿革发展而来。公司从诞生之日起就承担着服务国家能源战略、发展能源装备制造产业的重大责任。

公司始终坚持产业报国初心，坚守“承载民族工业希望、彰显中国动力风采”的初心使命，深入贯彻落实“四个革命、一个合作”能源安全新战略，累计生产发电设备超过5亿千瓦，在一系列国家重大发电装备研制任务中取得重大突破，占领行业制高点，有力维护国家的国防安全、能源安全和产业安全。公司研制的大型水电机组约占国内总装机容量的1/2、煤电主设备约占国内总装机容量的1/3、核电主设备约占国内总装机容量的1/3、重型燃气轮机约占国内总装机容量的1/3。

公司始终坚持服从服务国家战略，全力推动能源电力装备行业高质量发展，经过70余年的耕耘与发展，主营业务涵盖水轮发电机组、汽轮发电机、核能发电机、燃气轮发电机、水利工程大泵、特种电气、风力发电机等能源装备和配套控制设备，致力于提供系统性、一体化、全生命周期产品方案和服务，现已成为全球能源电力行业一流的设备制造商、运维服务商、系统集成商，形成了“水、火、核、气、风”协同发展的产业格局，在不断超越中实现了电力装备从中国制造到中国创造的蜕变。

公司始终坚持创新引领发展，是国家首批创建水电装备原创技术策源地单位，具有行业唯一的水力发电设备全国重点实验室和国家水力发电设备工程技术研究中心，建有黑龙江省高效电机实验室和大型高性能水泵装备重点实验室。作为中国发电装备制造业的“摇篮”，公司累计创造了70余项共和国“第一”和共和国“之最”，完成了百万汽轮发电机、百万核能发电机、百万水轮发电机组“三个百万”的研发制造。累计获得省部级以上奖项265项，先后荣获发电装备制造业第一枚国家质量奖金质奖章、水力发电装备制造业第一个国家科技进步特等奖等多个国家奖项。

二、实践经验

能源安全是国家安全战略的重要组成部分，是须臾不可忽视的“国之大者”。装备制造业是国之重器、制造业的脊梁。重型发电装备是能源产业的核心设备，对于推动能源结构优化升级、保障国家能源安全、促进经济社会全面绿色转型发展具有重要作用。作为我国发电装备制造业“长子”，公司坚定站在拥护“两个确立”、践行“两个维护”的政治高度，主动服务保障党和国家重大战略实施，以建强重型发电装备制造企业的实际成效保障能源安全。

（一）坚定不移以党的创新理论引领高质量发展

习近平总书记从国家发展和安全的战略高度，围绕生态文明建设、推进“双碳”工作、能源转型变革等发表了一系列重要论述，为做好能源工作提供了根本遵循和科学指引。公司坚持把习近平总书记重要讲话重要指示批示精神作为做好一切工作的根本遵循，深刻领会习近平生态文明思想，以及习近平总书记关于能源安全、制造强国、建设新型能源体系等重要论述的丰富内涵、精神实质和实践要求，紧紧围绕贯彻落实习近平总书记重要讲话重要指示批示精神优化发展战略、制定重要举措、开展各项工作，以服务“双碳”目标为引领，以绿色低碳理念融合、产业结构转型升级、研发制造节能降碳为重点，不断把党的创新理论转化为推动能源绿色低碳转型、维护能源安全的思路举措和生动实践。2023年，公司营业收入、利润总额、合同签约额较2019年分别增长69%、468%、191%，实现了质的有效提升和量的合理增长。

（二）坚持在服务国家战略中推动装备制造业绿色低碳转型

国有企业只有把自身发展融入服从服务党和国家工作大局中，才能更好地彰显使命、体现价值，才能实现更高质量、更有效率、更可持续、更为安全的发展。公司始终围绕中央所指、国家所需、行业所向坚定发力，聚焦保障国家生态安全、能源安全、产业安全，在服务新型电力系统、新型能源体系建设中研发制造清洁低碳、安全高效的发电装备，加快向设备制造商、运维服务商和系统集成商的“三商”商业模式转型，全力为能源保供提供一流的新型水力等发电装备、抽水蓄能等储能装备、清洁高效汽电装备、电能输送新装备、智能服务装备。准确把握推动制造业高质量发展的方向路径，以向价值链高端转移为牵引，持续提升产品附加值、增强发展“含金量”，以数字技术引领能源装备发展，全力推动发电装备数智化水平，着力建设绿色产业体系、绿色研发体系和绿色制造体系，推动电力装备向绿色、低碳、环保转型。积极推进产业链供应链建设，围绕提升产业链供应链韧性和安全水平，与行业上下游产业深度融合，建立采购体系完善、信息化建设、优质供应商培育、战略采购推进、风险防控深化“五位一体”供应链建设机制，提升全产业链资源整合及协同能力。

（三）坚持以科技自立自强发展新质生产力

关键核心技术是要不来、买不来、讨不来的。制造业的核心就是创新，只有靠自力更生奋斗、掌握关键核心技术，才能掌握行业话语权和发展主动权，才能从根本上保障国家经济安全、国防安全和其他安全。公司以国家级创新平台为依托抢占技术制高点，集中力量统筹建好全国重点实验室、工程技术研究中心和原创技术策源地，加强科研试验平台和中试平台建设，有效解决行业发展基础共性科学问题和工程技术应用难题，全力打造水能高效综合利用技术及装备、大型抽水蓄能技术及高端装备，更好地推动出技术、出人才、出成果，推动引领清洁能源发电装备转型发展。以提升机组效率引领水能高效利用，攻克全负荷运行水电机组关键技术，系统解决常规水电的功能定位将由传统的以“电量供应为主”转变为“电量供应与灵活调节并重”的现实难题，突破稳定运行范围更宽、功率调节范围更大、调节更为灵活的水力发电技术，特别是白鹤滩水电站项目攻克了20余项世界性技术难题，形成了百万千瓦水电机组宽负荷运行转轮技术方案，研制的世界首台百万千瓦长短叶片精品转轮，水轮机最优效率高达96.7%，在额定工况下，每台机组每年可节约水资源约2亿立方米。持续用力打造抽水蓄能“高低宽大变”技术优势，在水泵水轮机、发电电动机、控制系统装置及系统集成技术等方面创新、优化，历经20余年研发历程，形成了“超高水头、超低水头、宽水头变幅、大容量、大型可变速”抽水蓄能关键技术领先优势，机组可靠性行业第一，在丰宁、阳江、天台、中洞等国家重大工程中占领了行业制高点，填补了多项国内空白。

（四）在推动能源清洁高效利用中打造精品工程

创新是动力之源，质量是立身之本，服务是发展之要，制造业企业竞争的最底层逻辑是技术、质量和服务。公司坚持在推动能源技术革命中把准创新方向和着力点，紧紧围绕国家重大战略、行业科技前沿、市场用户需求、技术短板弱项，以新技术、新材料、新工艺、新设备突破技术“瓶颈”，实施“揭榜挂帅”、签订重大科研攻关合同、实行科研项目负责人制等科研机制，积极储备海水抽蓄、储能等战略性新兴产业技术。坚持质量第一，以市场认可和用户满意为出发点和落脚点，以设计为根本，以工艺为支撑，以制造为依托，以管理为抓手，针对重点工程项目产品制定实施创精品工作方案，建设以“一切以顾客为中心”为核心理念的质量文化。打造标准化规范化的服务管理体系，把服务贯穿到项目跟踪、设计制造、安装调试、运维服务等售前、售中、售后的全过程全链条，为用户提供产品全生命周期解决方案和数字化运维服务。优化项目管理，全面实施“1+3+N”项目制管理运营新模式，“1”是指一名专业总师，负责技术总把关、决策；“3”是指一名技术项目经理负责技术科研工作，一名科研管理经理负责跟踪项目信息、策划、立项、执行（包括科研、生产协调、采购等管理工作）、成果转化等，一名财务经理负责财务管理和成本管控；“N”是指多名团队参加人，负责参与技术、管理工作。公司白鹤滩项目合同履约率达100%、技术攻关完成率达100%、重大质量零事故、关键尺寸准确率达100%，保证了广西大藤峡水利枢纽工程、丰满重建工程、文登抽水蓄能电站，以及国内首批6台大型调相机、煤电、核电等精品机组的安全稳定运行。

（五）在国家重大工程建设中充分发挥党建引领保障作用

党建工作抓实了就是生产力，抓细了就是凝聚力，抓强了就是战斗力。企业解决难题、更好推动发展，必须找准党建服务生产经营中心工作的结合点，发挥党组织和党员作用。公司坚持和加强党的全面领导，充分发挥党委把方向、管大局、保落实的领导作用，多次召开公司党委会议专题研究推进项目，出台关于加快推进科技创新发展的决定等制度安排，统筹人力、资金等资源配置，开展党建载体活动以及“一支部一品牌”实践活动，大力弘扬精益求精、勇攀高峰、无私奉献精神，研发效率、生产效率逐年攀升，兑现合同能力稳步提升。开展党建共建载体活动，与项目单位强化上下联动、齐抓共管、资源共享、品牌联创，凝聚强大力量，高标准、高质量完成生产攻关、质量管控、安装调试、现场服务等工作。深入开展“三级书记抓质量”，通过分级负责、绩效联动等方式建立党组织书记“促”质量提升的工作机制，以三级书记清单为重点项目式推进，推动产品质量、服务质量、工作质量不断提升，产品关键部件优等品实现率达 99.64%，用户综合满意度达 98.3%。

三、取得的成效

公司始终牢记“国之大者”，聚焦能源安全保障、清洁低碳转型、科技自立自强，统筹高质量发展和高水平安全，为推动能源高质量发展作出了积极贡献。一是保障能源安全的责任担当不断彰显。水电投产产品共装备 300 余座电站，火电投产产品共装备近 600 座电厂，产品遍布中国所有省份，并出口 50 多个国家和地区。世界单机容量最大的白鹤滩水电站哈电 8 台机组全部按期投产发电，性能指标达到国际领先水平，以优质的装备助力白鹤滩水电站获评 2023 年度菲迪克卓越工程项目奖。参与国内 40 座抽水蓄能电站、147 台抽蓄机组的研发制造，总容量达 43570 兆瓦，市场占有率为国内第一。二是推动能源技术创新取得新突破。公司近 10 年在发电装备领域累计获得国家科技进步奖 4 项、省部级科技奖励 60 项。牵头和参与制定、修订国际标准、国家标准和行业标准 110 项。解决了高水头冲击式水轮机全射流区射流集束性“卡脖子”难题，完成 800 米水头段冲击式水力机组开发，达到国际先进水平。突破超高水头超大容量冲击式水电机组关键技术，全力开展扎拉水电站 500 兆瓦冲击式水轮发电机组自主研究及工程应用。自主研制的 1000 兆瓦等级汽轮发电机，综合性能达到国内领先、国际先进水平。三是促进能源绿色低碳转型作用充分发挥。积极服务高质量共建“一带一路”，水电产品出口至 30 多个国家和地区，装备近 80 座电站，总装机容量约 23000 兆瓦。积极助力水风光储一体化清洁能源基地建设，成功研制了春厂坝全功率恒频抽水蓄能机组，填补了国内空白。率先研制了世界首创的 300 兆乏大容量全空冷调相机、50 兆乏分布式调相机，有力保障电网运行安全稳定。四是能源电力行业影响力明显增强。公司参与建设的长江三峡枢纽工程，荣获国家科学技术进步奖特等奖。荣获中国水力发电科学技术进步奖一等奖、中国好设计金奖、“第五届中国质量奖提名奖”“2023 年全国质量标杆”等荣誉。成功入选“国家级制造业单项冠军”“国家技术创新示范企业”。入选国务院国资委创建世界一流专业领军示范企业。五是行业领军人才队伍不断壮大。依托国家重大工程，以“金手指”裴永斌等为代表的多人获得全国五一劳动奖章、全国劳动模范、中华技能大奖、全国技术能手等国家级荣誉，公司多人享受国务院、黑龙江省政府特殊津贴，特别是覃大清同志获得了党中央、国务院首次表彰的“国家卓越工程师”荣誉。

习近平总书记在致白鹤滩贺信中指出，社会主义是干出来的，新时代是奋斗出来的。公司将深入学习贯彻习近平总书记重要讲话重要指示批示精神，深入践行“四个革命、一个合作”能源安全新战略，不断增强核心功能、提高核心竞争力，更好发挥科技创新、产业控制、安全支撑作用，在服务能源高质量发展中跑出高质量发展加速度，坚决当好服务能源强国建设、保障能源安全的主力军、国家队、排头兵。

（由哈尔滨电气集团有限公司供稿）

大型新能源基地并网系统灵活性提升技术及示范

一、基本情况

内蒙古能源集团有限公司是按照自治区党委、政府决策部署，于 2021 年 9 月由原蒙能、能建重组整合而成，注册资本 130 亿元，现有员工 1 万余人，资产总额 940 亿元，是内蒙古自治区国有资本投资公司试点企业。目前在运装机 1212 万千瓦，在建装机 1129 万千瓦，成功进入千万千瓦级能源企业行列。现有新能源及运维、火电及供热、煤炭、建设服务四大主营产业板块。

内蒙古电力勘测设计院有限责任公司始建于 1958 年，隶属内蒙古能源集团有限公司，是国家甲级电力勘测设计企业。公司是自治区唯一一家能够独立且拥有丰富经验承担大型电源、电网、电力工业、电源基地、电力通信网络规划、设计的机构。

内蒙古阿鲁科尔沁旗蒙能新能源有限公司承担的 100 万千瓦风储基地项目是国家能源局下发的第三批大基地项目，对地区风电产业化有重要意义。

二、实践经验

（一）项目背景

内蒙古自治区坚定不移走生态优先、绿色低碳的高质量发展道路，实施可再生能源替代行动，加快规划建设沙戈荒大型风光基地项目，根据规划到 2024 年底全区新能源装机将达到 1.35 亿千瓦，占比超过火电。新能源通过电力电子设备高比例接入电力系统，同步机电源占比下降，电力系统的物理基础、功能形态深刻变化，安全稳定运行面临巨大挑战。大型新能源基地并网系统灵活性主要取决于设备的电压支撑能力，由于现有新能源机组电压支撑能力不及同步机，大型新能源基地的暂态过电压、宽频振荡等问题突出，新能源连锁脱网风险增加。同时，新能源基地存在大量异构化设备，同步机和变流器间、不同控制方式、不同厂商变流器间容易产生复杂的动态交互，可能引起同步机功角稳定问题、新能源同步稳定问题以及系统电压稳定问题并存的复杂情况，给电网运行控制造成极大困难。因此，深入研究新能源场站并网灵活性主动支撑技术，提升电力电子设备多运行条件下的涉网性能和多机协同响应能力至关重要。

（二）项目运作模式

该项目由内蒙古电力勘测设计院有限责任公司、全球能源互联网发展合作组织、哈尔滨工业大学、南京南瑞继保工程技术有限公司、内蒙古阿鲁科尔沁旗蒙能新能源有限公司、北京百灵天地环保科技股份有限公司等国内 6 家能源领域知名企业及单位组建创新联合体联合公关，各单位优势互补，业务覆盖理论研究、装备研发、项目推动、工程落地等各个环节，团队人员拥有丰富研究开发及实际工程经验。

（三）项目内容及技术路线

针对内蒙古地区沙戈荒新能源基地在同步电源低占比下暂态电压支撑能力差、电压稳定问题突出的问题，项目实现：

（1）分析强弱电网多运行场景下跟构网机组的动态特性，并以运行短路比为指标评估跟 / 构网运行适应性，研究了新能源并网优化配置方案，提升新能源大基地安全稳定运行能力。

（2）明确跟构网多控制模式、多构网主体协同运行机理，并提出相应的系统优化控制策略。

（3）根据新能源新型拓扑，提出基于机器学习的变流器跟构网自适应辨识方法，根据系统运行条件灵活切换运行模式。

（4）对不同跟构网机组配置方案下系统的电压故障机理进行分析，提出新型故障电压自适应控制方法。

（5）研制出适应于低短路比极弱系统运行并具备跟构网切换功能的多类型新能源及储能构网型变流器并工程应用。

（6）研制高适应性、高可拓展性的新能源基地场站级暂态无功协同控制装置并工程应用。

项目总体技术路线如图 1 所示。

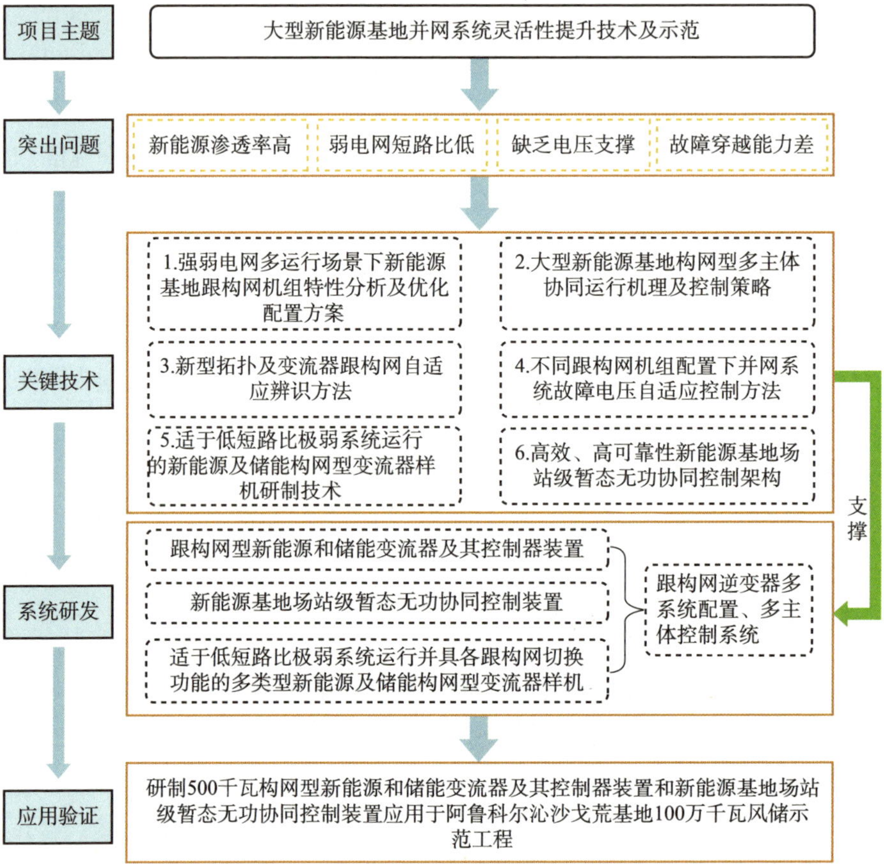

图 1　总体技术路线

（四）解决的关键科学技术问题

1. 强弱电网多运行场景下新能源基地跟构网机组特性分析及优化配置方案

根据实际工程中风机、光伏等新能源发电单元并网控制方式及特点建立具有跟 / 构网无扰切换功能的新能源发电单元并网模型；根据上述模型，揭示短路比和实际输出功率等指标对新能源跟 / 构网逆变单元控制系统振荡特性的影响机理，进而研究发电单元跟 / 构网切换中运行短路比指标的选取依据及确定方案；基于对跟 / 构网混合场站工作特性分析，结合切换边界，研究新能源场站跟 / 构网可切换单元的最优配置方法，对运行场站内跟 / 构网机组配置进行改造。

2. 新能源大规模并网下多主体构网系统协同运行机理

随着风电、光伏发电技术的迅速发展，可再生能源分布式发电获得广泛应用。以风、光发电为主的可再生能源发电单元与储能单元作为能量供给，结合相应的变换器组成了分布式发电的直流母线，再利用并网逆变器经由交流母线并入电网。因此，需要解决新能源系统中多个主体之间的协同运行问题。研究新能源发电动态随机特性，利用多能互补技术改善新能源发电的电能质量；优化储能单元的配置结构，探究基于惯性支撑的构网逆型控制策略。通过中心惯量或者邻近变流器的频率与本地变流器频率进行比较，实现虚拟惯量与阻抗相匹配，减小有功功率振荡的幅值；或通过增加系统阻尼，加快构网型变流器的功角稳定和有功功率振荡的衰减速度，以实现有功功率振荡抑制。通过频率反馈改变系统的虚拟惯量或阻尼，减小不同发电设备之间的交互影响，提升系统的暂态同步稳定性。对于构网型与跟网型变流器混联系统，通过调整跟网型变流器的电流相位，增大构网型变流器的等效电磁功率幅值，提升多机混联系统的稳定性。

3. 新能源电源新型拓扑及变流器跟构网自适应辨识方法

新能源电源主要包括太阳能和风能等不稳定的电能源输入，其新型拓扑主要为解决上述条件下实现高效的能源转换，并着力提高系统对能源波动的适应性。变流器跟网和构网的自适应切换方法旨在让新型新能源电源拓扑在不同工况下实现快速、准确的切换，以确保变流器在不同电网条件下的稳定运行。关键技术问题涉及开发适用于不同电网环境的辨识方法。

4. 构网机组故障电压暂态不稳定机理及限流策略

GFL 与 GFM 控制下的机组分别等效为受控电流源和受控电压源，二者对于故障电压的行为有本质区别。由于其受控电压源的特性，GFM 逆变器对电压故障十分敏感，故障期间面临着暂态失稳、与并网系统失去同步、故障过流等问题。尤其对于电力电子变换器而言，相较于传统发电机，其过流严重不足，因此需采取适当的故障电压自适应控制策略，提高电压故障期间的暂态稳定性，保持系统的同步运行和过流要求。

（五）项目创新性

创新点 1：基于运行短路比的新能源混合场站中跟 / 构网可切换单元的最优配置方法。目前国内外尚缺乏 GFL/GFM 可切换单元最优比例配置方面的研究。本研究拟建立了具有 GFL/GFM 无扰切换功能的新能源发电单元并网模型。然后基于该模型分析新能源经 GFL 和 GFM 控制逆变器并网的振荡特性，进而选取运行短路比 OSCR 指标以作为 GFL/GFM 切换依据。同时，提出了新能源场站跟 / 构网切换方案，并基于对 GFL/GFM 混合场站工作特性分析，结合切换边界，提出新能源场站跟 / 构网可切换单元的最优配置方法。

创新点 2：基于统一化电压控制和惯性功率同步的构网逆变器控制技术。构网逆变器存在电压控制和功率控制等多时间尺度控制环节，基于控制时间尺度上的解耦，分别提出了统一化电压控制策略和惯性功率同步控制策略。结合当前电压控制方法，利用系统建模，等效出含有多配置环路的电压控制器，通过配置不同控制环路即可等效出不同的控制效果。为解决新能源并网系统在弱电网下的电压支撑能力不足的问题，提出惯性功率同步控制，运行过程中无须额外锁相环节，实现功率控制相位同步。因此本技术在控制简洁度和电能质量提升上有明显创新。

创新点 3：构网变流器多机并联暂态稳定性增强技术。建立基于虚拟功角的构网变流器非线性大信号模型，通过绘制相轨迹对惯性与非惯性系统进行对比，进而分析构网控制类型与控制参数对暂态稳定性的影响。在此基础上提出基于自适应暂态阻尼的暂态稳定性增强策略，在并网电压出现跌落时，补偿系统阻尼减小惯性，使系统在暂态过程中重新恢复至稳定平衡点。

创新点 4：变流器跟构网自适应辨识方法。通过滑动模式观测器实时监测电网状态，从而估计电网参数。相比传统方法，这种观测器能够在电网状态变化频繁的情况下提供更准确的参数估计，从而动态调整控制策略。利用机器学习技术，分析历史数据和电网特性，实现对电网参数的智能识别和预测。这种方法能够自动适应电网状态的变化，优化控制算法，提高系统的鲁棒性和可靠性。采用基于模糊逻辑的控制方法，在实时辨识得到的电网状态信息和预设的切换条件的基础上，自适应地确定逆变器的工作模式。这种策略能够实现平稳、快速的切换过程，确保系统在跟网和构网模式下的稳定运行。

创新点 5：基于自适应虚拟阻抗和无功支撑的故障电压控制技术。构网控制在形成电压主动支撑的同时，对故障电压十分敏感，电压出现故障时容易出现失去同步、暂态过流、暂态失稳。为此，提出基于自适应虚拟阻抗和无功支撑的故障电压控制技术，在 GFM 模式下，自适应虚拟阻抗判断故障发生并产生限流效果，而通过无功电流的注入，维持系统的同步稳定性。因此，该技术在应对新能源机组的 GFM 运行过程中的电压故障问题具有明显的优势与创新性。

创新点 6：构网型新能源和储能变流器及其控制器装置。创新点在于具备跟网 / 构网切换功能且切换时间小于 20 毫秒，可适应不同电网强度的变流器接入需求，具备 3 倍 10 秒过流能力，构网模式下可在短路比 SCR=1.4 的极弱系统中稳定运行。

创新点 7：新能源基地场站级暂态无功协同控制装置。创新点在于系统通信延时低、同时暂态电压支撑能力更强，系统通信链路时延小于 10 毫秒，与现有国标相比故障暂态电压支撑能力提升 20%，无功协同控制装置可满足不少于 60 个控制单元接入。

创新点 8：阿鲁科尔沁沙戈荒基地示范工程。示范工程首次将构网型新能源和储能变流器及其控制器装置和新型新能源基地场站级暂态无功协调控制装置应用于百万千瓦级工程中。首次实现构网型新能源和储能变流器及其控制器装置和新型新能源基地场站级暂态无功协调控制装置在大型沙戈荒新能源基地中应用。首次实现构网型新能源和储能变流器及其控制器装置和新型新能源基地场站级暂态无功协调控制装置与常规新能源、储能设备协同运行，实现时、日、月多时间尺度的连续运行，使得各项参数得以验证，实现项目并网性能、灵活性及涉网参数更优，为下一步上述设备在接入弱电网区域的大型新能源基地的广泛应用起到工程实践作用。

三、取得的成效

项目形成 4 项控制技术、2 项样机、1 项示范工程。

一是理论研究方面，基于对跟 / 构网混合场站工作特性进行分析，分析发电单元跟 / 构网切换中运行短路比指标的选取依据，结合切换边界提出新能源场站跟 / 构网可切换单元的最优配置方法，形成跟构网机组优化配置方案；形成新能源储能构网逆变器多机协调运行方案，提出基于模型预测、储能支撑的构网多机协同控制策略，提高构网多机系统暂态稳定性；提出构网逆变器自适应辨识切换方案，系统自动辨识电网强弱等不同工况，依据系统工况切换跟构网控制模式；提出构网逆变器故障电压控制方案，在发生电压故障时降低故障电流以满足样机过流能力，并提供无功支撑，提升构网机组在故障期间的暂态稳定性，同时建立对应的稳定性分析模型。

二是在样机研发方面，研制容量不低于 500 千瓦的构网型新能源和储能变流器及其控制器装置，具备 3 倍 10 秒过流能力，实现跟网 / 构网自适应辨识且切换时间小于 20 毫秒，可在短路比 SCR=1.4 的极弱系统稳定运行；提出大型新能源基地并网系统场站级故障无功电压灵活控制方法，以消除系统功能冗余，降低信息、指令交互传递延迟为研发目标，综合考虑系统结构可靠性、可扩展性，研制新能源基地场站级暂态无功协同控制装置，系统通信链路时延小于 10 毫秒，与现有国标相比故障暂态电压支撑能力提升 20% 以上，无功协同控制装置可满足不少于 60 个控制单元接入。

三是在示范工程方面，将所研制的构网型新能源和储能变流器及其控制器装置和新型新能源基地场站级暂态无功协后控制装置应用于阿鲁科尔沁沙戈荒基地 100 万千瓦风储示范工程，实现更多现场运行参数的获取。通过电网的正常运行方式、大方式和小方式来实现强 / 弱电网场景的构建，提供不同短路比（包含 SCR=1.4 极弱系统）系统环境。按 800 万元工程示范预算，配置一套场站级电压协同控制设备，为 2 万千瓦储能及 1.5 万千瓦风电机组（实际工程示范风电变流器容量为 6~10 兆瓦）配置具备跟构网切换功能的变流器及控制装置，对设备在场站不同运行场景下的跟网 / 构网自适应辨识能力、切换时间进行实践验证，对暂态无功协后控制装置的各项技术参数进行现场实践验证。

项目的成功落地示范促进了适应性更强的构网型技术在源侧的进一步推广，推动更短通信延时、更强支撑能力的新能源场站无功协同控制技术的成熟，大幅提升大型新能源基地的电压频率支撑能力，提升新能源并网系统灵活性。新型构网技术的发展应用将有力促进低碳能源领域的科技创新和产业升级，推动相关技术和产业链的发展，也将加速产业间的技术融合创新与跨行业协同发展，为国家经济转型和可持续发展提供新动力。

（由内蒙古能源集团有限公司供稿）

水电领域技术创新领先世界，扎实推进雅砻江两河口等重大水电工程建设咨询

一、基本情况

水电水利规划设计总院（以下简称水电总院）受国家有关部门委托，承担行业规划、技术管理、工程验收、质量监督、标准制定和政策研究等工作，并受托管理可再生能源定额站，水电、风电安全设施竣工验收，国家可再生能源发电工程质量监督总站，国家可再生能源信息管理中心；受国家相关部委委托，管理国家可再生能源信息管理中心、可再生能源定额站、国家能源水电工程技术研发中心、可再生能源发电工程质量监督站，是国家能源局设立的首批16家能源研究咨询基地之一，也是国家能源领域15家行业标准化管理机构之一，负责我国能源行业6个水电标委会、6个水电分标委和2个风电分标委的管理工作。

水电总院坚决贯彻落实习近平总书记“四个革命、一个合作”能源安全新战略，坚决贯彻落实总书记关于可再生能源重要指示批示精神，坚定做好服务国家能源安全、服务可再生能源行业高质量发展的决心，在当前“碳达峰、碳中和”目标指引下，苦练内功，积极推动技术创新，发挥技术引领作用，做好重大水电工程建设咨询工作，助力能源技术革命。

二、实践经验

水电总院是目前国内唯一承担过大型水电工程施工阶段全过程技术咨询服务的单位，具有良好的业绩和丰富的经验，在业内具有良好的口碑和信誉。水电总院拥有雄厚的技术实力，具有全面把控工程建设技术及管理工作的专家团队，专业配套齐全，技术经验丰富，与国内两院院士、行业内知名专家有广泛密切的合作关系，能高效整合全国的水电行业顶级技术力量，高质量地开展技术咨询服务，做好重大水电工程建设咨询工作，顺利推动我国水电领域重大工程建设和技术难题解决，助力能源技术革命。以两河口水电站建设期咨询为例介绍实践经验。

（一）组织精兵强将，理论实践结合，坚持现场服务

2016年9月，水电总院正式成立两河口水电站施工阶段工程建设技术咨询项目部（以下称咨询项目部或项目部）。项目部以全国勘察设计大师杨泽艳担任项目经理，专业覆盖水工、施工、地质、机电，成员包括经验丰富的知名专家，也有理论扎实、敢打敢拼的青年博士，老中青结合形成梯队结构。

咨询项目部始终秉承“共建两河口、把好技术关、服务工程建设”的理念，密切关注工程建设过程中出现的技术难题，利用自身技术优势和平台优势，帮助协调和统一各方认识、促进处理措施的科学决策和顺利实施；同时提前分析研判制约工程建设的重大技术问题，急工程之所急，及时提出有效应对措施。

据统计，从2016年3月开始启动两河口工程现场咨询工作，7月开始派专家入驻现场，10月项目部正式入驻现场，共出勤天数2427人·天，提出咨询意见和建议约2000条，绝大多数意见得到业主采纳，整个工程投资做到全程可控。

（二）全程参与把控重大技术问题，支撑科学决策

大坝工程是两河口水电站最核心的建筑物，咨询项目部全程参与了大坝反滤料级配和接触黏土料压实标准以及心墙基础喷混凝土处理方案、大坝坝体填筑施工技术要求、大坝坝体堆石分区及石料场开采规划复核、无人驾驶碾压科研课题的等历次大坝料源与填筑质量控制方面的讨论会议，提出了很多有益的意见和建议，其中大部分已付诸实施。特别在填筑质量控制标准、堆石分区及料场开采规划复核等技术问题上给出了指导性意见，大幅提升了堆石料科学利用率，优化了两岸盖板混凝土浇筑方式，调优了防渗灌浆廊道布置，为科学决策提供了有力支撑。

再以大坝冬季施工技术和措施方面为例，项目部参加了历次冬季土料冻融机理理论体系研究、大坝土料冬季施工深化研究初步成果评审、大坝砾石土心墙冬季施工阶段性总结、冬季土料冻融机理与防控体系研究等，在整个过程中密切关注冬季施工科研工作进展、冬季施工措施效果，高度重视科研成果的实用性和及时转化，帮助提高了科研成果的转化效率和价值，填补了世界高心墙坝在高寒地区成功建设的空白。在两河口建管局和成都院的共同努力下，项目建设成果得到以马洪琪院士为首的特咨团高度认可。

图 1　两河口水电站大坝智能碾压施工

图 2　两河口水电站咨询项目部参加电站讨论会议

（三）做好咨询前期策划，扎实推进重点工作

提出“服务重点工程，打造高端品牌”的战略目标；明确“全过程重大技术问题的把关者，项目安全、经济、可靠的重要贡献者，技术交流融合的积极推动者”的战略定位；锤炼“项目策划、技术攻关、建设管理、科技创新、资源整合、风险管控”六种核心能力。

每年初，咨询项目部与项目业主密切沟通和协作，经反复研究和商议，对年度主要的咨询工作内容制订了详细的月度计划，初步拟定了咨询工作内容，部分项目根据工程进度计划、针对相应施工项目的主要技术问题开展工作，部分项目则根据工程建设进展和需要以及报告编制情况灵活安排。在两管局及参建各方大力支持和帮助下，历年各项重点工作均按计划完成，确保工程建设顺利开展发挥了突出的重要作用，成绩斐然。

在科技创新方面，咨询项目部结合两河口工程技术特点和建设需要，起草了《藏区巨型水电工程建设关键技术研究及应用科研工作大纲》。该大纲拟定的各项工作内容总体上得到了有效推进，为工程建设提前做好技术攻关工作，并为全面系统总结工程建设经验和成就奠定坚实基础。

咨询项目部结合两河口水电站工程特点开展了有针对性的已建、在建工程设计、施工经验教训交流活动，涉及地质灾害防治、岸边泄水建筑物、地下引水发电系统、工程边坡、安全监测、工程施工组织、混凝土工程施工等多个方面。这些讲座通过内容翔实的工程案例，结合演讲者丰富的工程经验和深厚的技术积累，大大加深了参建各方现场工作人员对相关工程技术问题和质量安全风险的认识，获得各参会单位领导专家的一致好评。

（四）党建与业务高度融合，坚定扎根水电建设决心

"红色"已成为两河口咨询项目部最鲜艳的特征，编织"红色纽带"，凝聚建设合力，是临时党支部的重要使命；经过10年探索，建立支委联络机制、党建学习共享机制，形成了现场各党支部之间的沟通和共享机制，打通了现场党建联建的工作渠道和信息通道。拓展形成了工程一线联合突击队机制或联合行动机制，以多支部党员突击队联合行动方式适时开展了多次现场检查活动，发挥了以党建促工程建设的实际效用，既是工程一线党建工作机制，也是很好的一线党建载体。

策划并完成了跨部门跨区域的"融入建设一线、服务重点工程"现场调研及党建交流活动，以推进实现两河口水电工程2020年蓄水目标为导向，采用现场查勘、主题报告、技术分享、一线党课等多种形式开展，首次融入重点工程一线探索了水电总院咨询服务新模式和跨区域跨部门联合党建新模式，既加强了各部门协同，切实履行了"全方位服务工程建设"的承诺，也为总院党建融合贡献了优秀的活动载体。

三、取得的成效

一是顺利推动我国水电领域重大工程建设和技术难题解决。水电总院先后承担了拉西瓦果卜变形体稳定分析、溪洛渡拱坝谷幅收缩、白鹤滩左岸坝

肩边坡卸荷松弛、拉哇堰塞湖相沉积围堰堰基处理、叶巴滩高寒高海拔地区拱坝温控等水电行业最复杂的技术专题咨询，并全过程负责了已建世界第一高拱坝锦屏一级、世界第一高土石坝两河口、世界最大规模引水隧洞锦屏二级、抗震烈度最高拱坝大岗山等水电工程建设期咨询，是我国水电领域技术从跟跑到领跑的全程参与者和推动者。通过把控重点问题，大大解决工程投资。例如，两河口水电站料场开采节约投资约 1 亿元，抗震措施节约投资约 2000 万元，拉哇水电站围堰堰基处理节约投资约 1 亿元。

二是铸造水电工程建设咨询品牌，积累良好口碑。匠心铸就品质，信誉成就梦想。在咨询会议上我们经常听到，"我们现场对这个方案争执不下好久了，咨询项目部定的方案就是我们各方执行的行动指南"，"咨询项目部定的就是最终方案了"，水电总院建设咨询品牌和权威已深入人心。近年来，水电总院已参与到全国几乎所有在建大型水电站和大部分抽水蓄能电站建设咨询工作，为我国水电建设保驾护航。

三是结合大型水电工程实践，加快人才梯队建设。大型水电工程实践是培养工程师最好的战场，充分利用好大型工程现场培养骨干力量，增加实践经验，提高解决问题能力。例如，两河口咨询项目部运行期间，项目经理获评全国勘察设计大师，多位项目副经理也成长为水电总院副总工程师、主任，甚至副总经理。一批新入职博士也借助咨询项目部平台，迅速弥补现场实践不足缺陷，结合理论特长，迅速成长为单位技术骨干。

四是打造一套管理体系，运行机制更加成熟。以强化职能、规范标准、优化流程为着力点，加快推进职能制度化、业务流程化、工作标准化，建立健全涵盖水工、施工、地质、机电专业等现场和后方管控体系，形成权责明确、运转高效的管理机制。建立了支委联络机制、党建学习共享机制。拓展了工程一线联合突击队机制或联合行动机制。

（由水电水利规划设计总院供稿）

低品位余热梯级利用技术应用

一、基本情况

内蒙古能源发电投资集团有限公司锡林浩特热电公司坐落于内蒙古锡林郭勒盟锡林浩特市，隶属内蒙古能源集团有限公司，主营业务为火力发电、热力的生产和供应，属于电力行业，建设4台燃煤机组、总装机容量为1300兆瓦。

一期工程建设2×300兆瓦亚临界直接空冷纯凝机组，2007年4月、8月相继投产，机组运行稳定。后经热电联产改造，实施机组打孔抽汽，可实现供热能力248兆瓦。2014年8月#1机组进行热泵改造，将空冷岛部分乏汽进行回收，建3组6台热泵机组共168兆瓦。热泵改造后，一期2台机组供热能力为320兆瓦。2016年#2机组进行高背压改造，热网循环水流量最大可达11000吨/小时，最大供热能力可达528兆瓦。

二期工程扩建2×350兆瓦超临界间接空冷供热机组，为锡盟煤电基地锡盟至山东特高压交流输电配套煤电项目，2018年11月和2019年1月相继投产，机组最大供热能力为634兆瓦。

锡林浩特热电公司目前供热面积为1640万平方米，占全市总供热面积的62%，年供热量1100万吉焦，是锡林浩特市最主要的供热热源。

1号机组热泵站配套装有6台热泵，每2台热泵为一组，共计3组热泵。由于运行年限较长，设备出力衰减严重，2016年对1号机组热泵进行了提质增效改造。改造后，每组热泵热网循环水流量设计为1433吨/小时，制热能力为30兆瓦，蒸汽耗用量为28吨/小时，乏汽耗用量为11.86吨/小时，进/出口水温为70℃/88℃。经过几年的运行后，热泵机组节能性已与设计值差距越来越大。实际运行中，乏汽供给压力约15千帕，1号机热泵现最大乏汽利用量仅为20吨/小时，热泵制热能力衰减至36%左右，最大制热量约32兆瓦，基本不具备余热供热能力，无节能效益。

节约资源是我国的基本国策。国家实施节约与开发并举、把节约放在首位的能源发展战略。国家在能源节约与资源综合利用规划中指出，应认真贯彻落实可持续发展战略，坚持“资源开发与节约并举，把节约放在首位，依法保护和合理使用资源，提高资源利用率，实现永续利用”的方针；规定了主要耗能产品单位综合能耗应大幅降低，“规划”确定的重点发展技术之一便是发电厂的多联供技术，即重点发展热电联产、集中供热及热能梯级利用技术。此外，国务院印发《“十四五”节能减排综合工作方案》，推进存量煤电机组节煤降耗改造、供热改造、灵活性改造，推进“三改联动”，加快电力系统清洁低碳转型步伐，在提升电力保供能力基础上促进可再生能源发展。同时出台多项政策鼓励火电厂采用热能梯级利用技术，以提高社会资源的综合利用效率。

在我国推动能源革命、努力建设“清洁低碳、安全高效”现代能源体系的大背景下，电厂面临较为严峻的经营形势。在这种情况下，向城市供热、向企业供工业用汽等，成为电力企业增加收入的重要手段，增大机组乏汽利用率，能很大程度降低机组的供热成本，为电厂争取更大的利益。

鉴于1号机组利用抽汽供热成本较高，经济性略差，为降低供热成本，拟对1号机进行增汽机乏汽余热回收节能改造。本工程恰好体现了集中供热及热能梯级利用的节能技术思路；符合能源节约与资源综合利用“规划”确定的重点发展技术范畴。

本工程改造后每年节约3.13万吨标准煤，减少SO_2排放量939吨，减少CO_2排放量7.95万吨，减少NO_x排放量445吨，减少烟尘排放量74.4吨，减排灰渣2.06万吨。

锡林浩特热电公司热网现阶段的主要供热方式为2号机高背压+抽汽供热，主要供热设备为热网凝汽器和热网加热器。供热时，2号机以35千帕高背压运行，一期和二期热网水回水先进入热网凝汽器，由高背压运行的2号机组乏汽进行初级加热至71℃，随后进入一期和二期首站的热网加热器，由4台机组供热抽汽进行尖峰加热，达到供水温度后送至外网供热。其中2号机余热承担了整个采暖季热网53.5%的供热量，一旦2号机处于检修或事故停运状态，2号机余热负荷需由其他机组承担，如其他机组受负荷限制，供热负荷及保障情况将不能保证。本工程改造后，1号机的余热得到有效利用，1号机和2号机的余热可互为备用，提高机组供热灵活性的同时，增加了机组的供热安全性和供热保障率。

二、实践经验

（一）改造主要方案

1. 利用增汽机技术回收汽轮机排汽余热

增汽机本质上是一种引射式压缩器，它可以利用一部分高压蒸汽引射低压蒸汽，混合而得较多的中压蒸汽。在 #2 机高背压乏汽利用的基础上引进增汽机供热技术，进一步回收 #1 机组的乏汽供热。为此，新建安装了 #1 机组高背压凝汽器一台、增汽机设备一台、增汽机凝汽器一台，配套蒸汽及循环水管路阀门一套，共同组成 #1 机组乏汽深度利用的系统。系统安装效果如图 1 所示。

图 1　#1 机组增汽机供热设备现场布置图

改造后，#2 机以 25 千帕运行，#1 机以 35 千帕运行。#2 机 25 千帕乏汽进入 #2 机高背压凝汽器作为热网循环水的初级加热热源，可将热网循环水加热至 62℃。#1 机 35 千帕乏汽一部分进入 #1 机高背压凝汽器作为热网循环水的二级加热热源，可将热网循环水加热至 71℃；另一部分乏汽进入增汽机，经 #1 机供热抽汽引射后，压力提高至 59.5 千帕，进入 #1 机增汽机凝汽器，作为循环水的三级加热热源，将热网循环水加热至 84℃；再分别送至一期和二期热网加热器进行四级加热至供水温度后供热，实现能量梯级利用。

实施后，#1 汽轮机通过增汽机设备多提取乏汽 152 吨 / 小时用于供热，达到节能降耗的目的，同时起到增加机组供热能力的作用。

2. 引进直接空冷防冻卷帘技术

防冻卷帘的工作原理是隔绝空冷凝汽器冷却单元的冷却介质，利用进入空冷凝汽器的乏汽热量解冻已发生冻结的区域。防冻卷帘主要包括卷帘主体、电动机、导向轨道、支撑轨道等部分。防冻卷帘的结构示意图、安装效果图分别如图 2、图 3 所示。

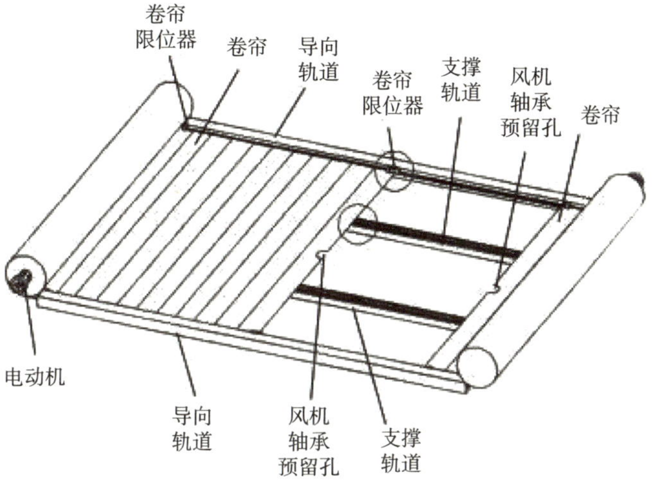

图 2　防冻卷帘结构示意图

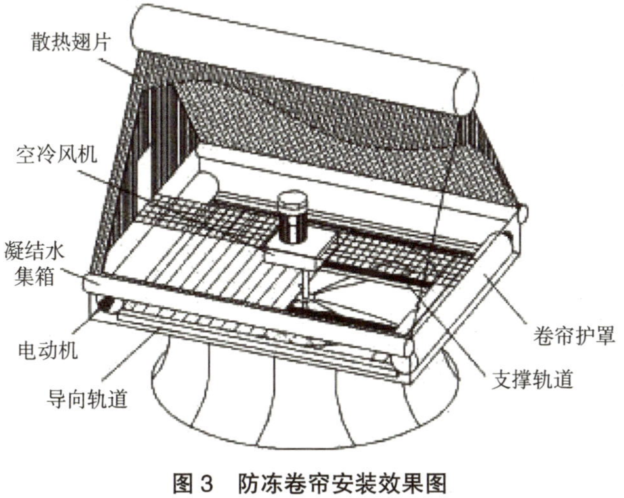

图 3　防冻卷帘安装效果图

对 #1 机组、#2 机组空冷岛 24 台冷却风机出口加装防冻卷帘，在每台风机的出口独立装设卷帘，卷帘闭合及开启电动机构采用就地手动操作控制。

改造后，空冷封堵面积达到 100%，且电动控制及时准确，较之前人力用苫布封堵方式更加便捷、更加到位，极大地提高了空冷设备运行安全可靠性。

3. 间接空冷系统为直接空冷系统提供尖峰冷却

1 号、2 号机组采用直接空冷方式，随着运行年限的增长，冷却能力衰减，夏季高温时机组背压持续偏高，有时在 40 千帕以上，严重限制机组带负荷能力，同时存在供电煤耗高、经济性差、末级叶片过负荷等问题。

3 号、4 号机组采用间冷空冷方式，系统设计有 5% 的富裕冷却能力，同时结合机组常处于未满发的运行状态，间接空冷系统的冷却能力有富裕。

1 号、2 号机组高背压及增汽机供热系统改造完成后，采暖季运行供热，非采暖季闲置。且 1 号、2 号机组由蒙西电网进行调度，3 号、4 号机组由华北电网进行调度，带负荷需求不同，同时高负荷出现概率小，为提高系统的利用率，经研究探讨，将 3 号、4 号机组主机循环水系统与 1 号、2 号机组高背压凝汽器连通，非采暖季利用 3 号、4 号机富裕的主机循环冷却水，通过 1 号、2 号机组高背压凝汽器冷却 1 号、2 号机组空冷排汽，降低 1 号、2 号机组运行背压，降低机组供电煤耗，提高运行经济性和安全可靠性。

3 号、4 号机组主机循环水系统与 1 号、2 号机组高背压凝汽器热网循环水系统互联，并通过管路阀门完成系统的切换及投退功能。改造示意图如图 4 所示。

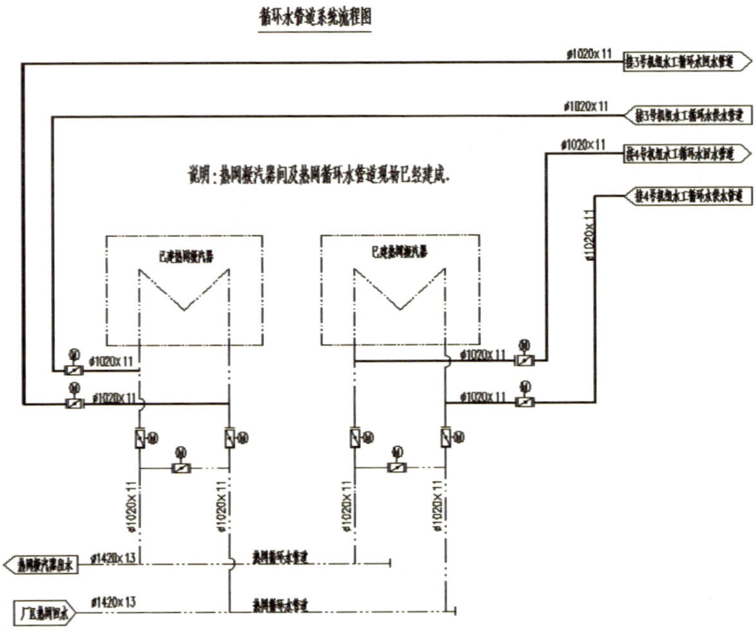

图 4　改造示意图

改造前，1 号、2 号机组夏季平均背压约为 20.5 千帕，最高达到 40 千帕以上。改造后，1 号、2 号机组降低背压约为 10 千帕，降低煤耗 15 克 / 千瓦时，节约标准煤约 11000 吨 / 年。减排二氧化碳约 13000 吨 / 年，二氧化硫及氮氧化物相应减少。同时避免了因背压高限电情况的发生。

4. 热网循环泵以大代小技术

锡林浩特热电公司最早设计安装的 #1~#5 热网循环泵与后续安装的 2 台热网循环泵相比设计容量小、空载耗电率高、运行效率低。根据 2021 年供热期运行数据分析，#1~#5 热网循环泵效率约 50%，提效空间很大。

将 #1~#5 热网循环泵拆除 2 台，改型定制 1 台流量 3600 立方米 / 小时的高效泵及一级能耗电机同时配套变频器。其余 3 台电机及变频器不变，将泵头升级更换为新型高效泵头。

改造后，新型高效离心泵参数匹配良好，运行效率高；以大代小改造后水泵数量减少，空载能耗低，每年可节电约 531 万千瓦时。

（二）本项目的主要创新点

（1）采用增汽机技术，利用少量的五抽蒸汽引射乏汽，最大限度利用乏汽余热，同时兼顾机组一定的调峰能力，起到节能降碳及增加供热能力的作用，在国际乏汽余热利用过程中处于技术领先地位。

（2）增加一级乏汽加热系统，使供热系统变为四级加热系统，提升乏汽供热能力及供热裕量。

（3）在非采暖季，通过高背压凝汽器系统实现 4 号机主机间冷塔富裕容量为 1 号机组尖峰冷却的功能，起到夏季降低 1 号机组运行背压增加发电能力的作用。

（4）热网循环水系统小泵改大泵，减少了空载耗电量，起到节能降耗的作用。

（5）空冷散热器采用了电动卷帘防冻装置，提高了设备运行效率和安全可靠性。

三、取得的成效

增汽机供热系统改造后，2 号机组背压降至 25 千帕，1 号机组背压提高至 35 千帕，机组平均发电按 200 兆瓦考虑，虽然 2 号机组部分时刻乏汽利用量减少，但其背压降低也降低了机组发电煤耗，同时 1 号机组高背压运行加之增汽机可提高乏汽利用率，一期机组乏汽供热占比大幅增加，提高机组背压对发电能力的影响远小于中排抽汽对发电能力的影响。

根据运行参数计算供热实际能耗指标如表 1 所示。

表 1　改造前供热能耗

序号	项目	单位	改造后
1	#2 机组最高背压	kPa	25
2	#2 平均负荷工况乏汽最大利用量	t/h	400
3	#2 采暖季平均乏汽利用量	t/h	349.6
4	进入 #2 高背压凝汽器最大热网循环水量	t/h	13200
5	#1 机组最高背压	kPa	35
6	#1 平均负荷工况乏汽最大利用量	t/h	407.2
7	#1 采暖季平均乏汽利用量	t/h	292.2
8	热网最高回水温度	℃	55
9	进入 #1 乏汽系统最大热网循环水量	t/h	15410
10	全厂最大供热负荷	MW	896
11	供热面积	万 m^2	1363.8
12	年供热量	万 GJ	986.45
13	其中中排供热量	万 GJ	253.61
14	其中 #1 乏汽供热量	万 GJ	308.10
15	其中 #2 乏汽供热量	万 GJ	424.75
16	中排供热煤耗	kg/GJ	23.63
17	#1 乏汽供热平均煤耗	kg/GJ	9.56
18	#2 乏汽供热平均煤耗	kg/GJ	12.24
19	改造后年供热燃煤量	万吨	11.41
20	改造后相同供热量下节煤	万吨	3.24
21	一期机组全年发电量	亿 kWh	32
22	一期机组全年供电煤耗下降值	g/kWh	10.113

改造前后供热成本分析如表 2 所示。

表 2　改造前后供热成本分析

名称	单位	改造前	改造后
年供热量	万 GJ	986.4	986.4
年蒸汽供热量	万 GJ	435.1	241.8

续表

名称	单位	改造前		改造后	
年乏汽供热量	万 GJ	#1 机	#2 机	#1 机	#2 机
		0	527.7	308.1	424.75
年乏汽余热供热率	%	53.5		74.1	
年供热标煤耗量	万吨	14.65		11.41	

改造后多利用乏汽量 191.7 万吉焦，实际供热综合燃煤量 11.41 万吨，比改造前节约标准煤 3.24 万吨，一期机组全年发电量按 32 亿千瓦时计算，一期机组改造后年供电煤耗下降 10.113 克 / 千瓦时。

在高背压供热系统改造基础上进行的 #3 机组、#4 机组主机间冷塔富裕容量为 #1 机组、#2 机组直接空冷提供尖峰冷却的改造，降背压节约标准煤约 11000 吨 / 年，直接收益约 500 万元 / 年，节能效果显著。

（由内蒙古能源集团有限公司供稿）

数智驱动的新能源发电设备预测性健康管理

一、基本情况

中国广核新能源控股有限公司（以下简称中广核新能源），是中国广核集团重要二级成员公司，于2007年正式开拓新能源业务，2014年10月在香港上市，定位为中广核开发、运营非核清洁及可再生能源发电项目的重要平台，全面负责中广核境内新能源产业的经营发展和改革创新。中广核新能源是国资委三项改革试点单位，在国务院国有企业改革领导小组2020年“双百企业”三项制度改革情况专项评估中获评A级。

历经十六年发展，中广核新能源已成为中广核“6+1”产业格局的重要支柱产业，业务范围覆盖风电、光伏、光热、抽蓄、储能、氢能、水电、燃气、热电联产等类型。直属管理29家区域分公司及3家专业化公司。截至2023年12月，中广核新能源累计控股在运装机达4524万千瓦，其中风电为3097万千瓦，太阳能为1368万千瓦，水电为6.9万千瓦，综合能源为31.45万千瓦，规模效益居行业前列。

近年来，中广核新能源深入贯彻“四个革命、一个合作”能源安全新战略，着力推动数字化、大数据、人工智能技术与新能源清洁高效开发利用技术的融合创新，深耕数智驱动的新能源发电设备预测性健康管理，实现新能源运维管理模式向集约化、数字化方式转变。中广核新能源“数智驱动的新能源发电设备预测性健康管理平台”入围2023全球数字经济大会产业创新成果。

GDEC
2023全球数字经济大会
2023 Global Digital Economy Conference

数字经济产业创新成果
Digital Economy Industrial Innovation Achievement

中广核风电有限公司
CGN Wind Energy Limited
数据驱动的新能源发电设备预测性健康管理平台
Nature+ PHM platform for wind and solar power

在2023全球数字经济大会"新品发布"活动中，经评议，获得"数字经济产业创新成果"荣誉称号，特颁此证。

Has won the honorary title of Digital Economy Industrial Innovation Achievement through evaluation in New Product Launch event of 2023 Global Digital Economy Conference and is hereby awarded this certification.

2023全球数字经济大会执委会办公室
Office of the Executive Committee of Global Digital Economy Conference 2023
2023年7月7日

图 1　2023 全球数字经济大会产业创新成果证书

二、实践经验

中广核新能源数智驱动的新能源发电设备预测性健康管理体系的内涵是通过新能源发电设备运行数据驱动，推动大数据、人工智能技术与新能源发电设备运维的融合创新，构建起集约化和数智化创新管理体系变革的总体思路，深化集约化管理模式，优化数字化业务模式，实现新能源发电设备预测性健康管理。典型经验做法总结如下：

（一）构建数智团队，提升新能源发电设备数字化运维专项能力

数字化技术加速了人与设备、设备与设备、人与人之间的连接，基于对海量工业数据的采集、分析、治理及共享，并综合大数据、数字孪生等技术积累的专家经验、建立的知识库、沉淀的机理模型，推动运维决策从"人智"向"数智"演进，提升资源优化配置效率。

中广核新能源通过加强人才内部培养和外部引进，着力培养满足新能源发电设备运维数字化转型需求的复合型人才团队，强化专业技术人才知识技能培训，提高创新和实践能力，充实业务与技术专家团队，优化人才梯队结构。同时，积极引进外部专业人才和行业创新机构作为外脑，为公司新能源发电设备运维数字化转型提供人才保障。

中广核新能源建立新能源发电设备预测性健康管理培训体系，涵盖风电机组动力学、风电机组振动测试与诊断、工业大数据分析、设备健康预

警建模技术、设备健康预警平台应用技术等关键课程，利用内外部专业知识，为人才团队提供再培训，帮助员工提升能力、获取指导及相关技能以适应不断变化的工作需求，打造符合自身转型需求的、可持续的数字化人才梯队。

（二）搭建数智平台，奠定新能源发电设备数字孪生服务基础

中广核新能源面向新能源发电设备预测性健康管理应用场景，构建新能源发电设备数字孪生体。充分利用精细化物理模型、智能传感器数据、运维历史数据等，集成多学科、多物理量、多尺度、多概率的仿真过程，在虚拟空间中完成对新能源发电设备的映射。基于数据采集、传输、分析和输出的全过程“数据链”设计，挖掘“数据链”与新能源发电设备运维的映射关系，建立实体与虚体的关联关系，利用数据库和机器学习智能算法，实现数据的纵向贯通和知识的闭环精准交互。

中广核新能源建立了一套基于云、雾、边协同框架的从总部到场站再到机组的纵向贯通式运维管控模式，实现总部云端、区域雾端、场站边端的三级健康管理应用，改变并优化了传统层级汇报与人工汇报的方式，各级管理部门均可通过系统获取查阅权限范围内的数据分析结果，使运维管控向数字化、可视化、透明化转变，实现快速决策、快速响应，降低管理成本，提升管理效率，实现了“区域管理、集中管控、运检分离、少人/无人值守，及智能化、专业化运维”的新能源创新运营模式。

中广核新能源建立面向新能源发电设备故障预警的一体化大数据分析应用平台，帮助新能源公司用户快速、便捷地洞察数据规律，有效使用数据分析方法辅助决策，加快实现从业务驱动到数据驱动的转型进程。平台基于大数据框架，覆盖数据接入、处理、建模、可视化的数据分析全过程。用户可利用平台进行交互式数据分析、深化数据探索、快速开发数据应用产品。

（三）构建闭环流程，建立线上线下闭环反馈一体化流程

从数据接入到数据处理、从模型构建到模型应用、从模型应用产生预警信息到预警信息处理反馈，系统涵盖整体线上线下业务流程。通过预警模型的应用对运行数据进行判断，研判新能源发电设备的运行情况，是否存在预警，并生成预警信息进行审核、反馈等流程操作，最终完成现场预警状况的检查及信息反馈。

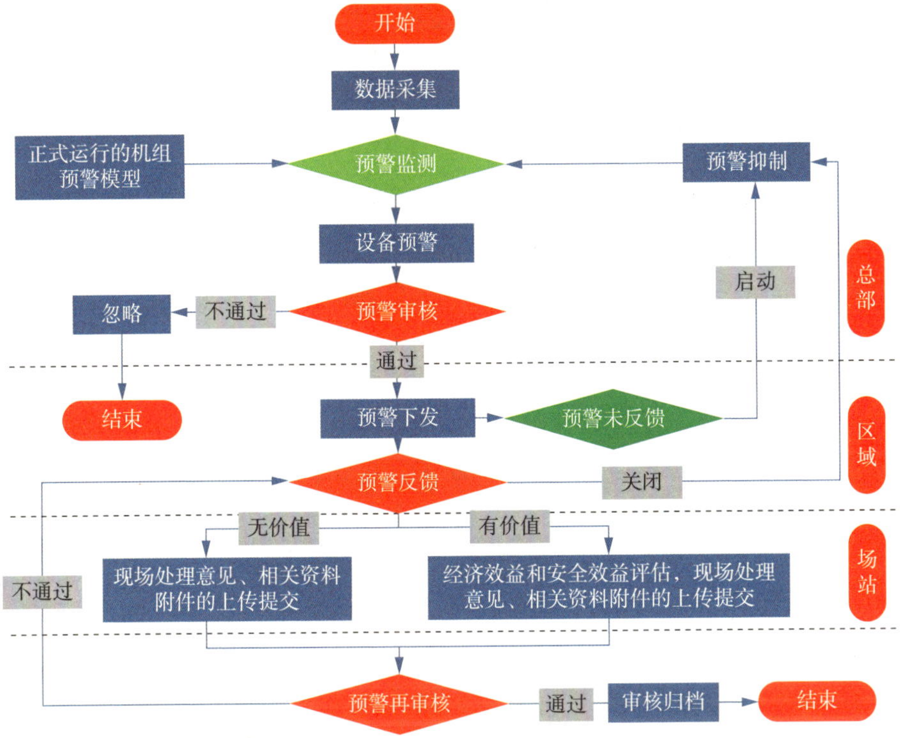

图 2　预警业务流程

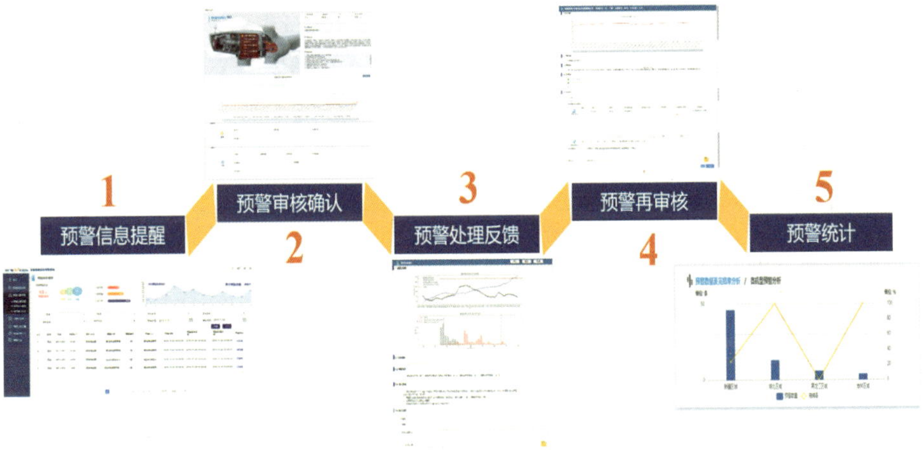

图 3　预警信息处理流程

数智驱动的新能源发电设备预测性健康管理系统业务架构重点涉及数据融合管理、数据分析、设备状态预警应用三大部分，满足新能源总部、区域/

省公司、场/站人员的不同需要，高效支撑运维检修业务，有效加快实现设备智能化、运维智能化和检修智能化管控的步伐。

（四）保障数据质量，夯实新能源发电设备预测性健康管理数字基座

根据国际数据管理协会（DAMA）数据管理体系指南并结合中广核新能源目前的数据质量现状，建立全公司范围内的数据管理组织机构和完善的数据质量长效治理机制，有序开展新能源生产设备数据质量治理。通过数据质量监控平台实现对数据接入、转换存储、计算、预警应用的全链路监测，通过业务规则梳理、质量规则定义、数据质量评估、数据质量分析等功能，实现对数据完整性、一致性、准确性、及时性的全方面监测，保证在发现异常的同时能够通过数据链路追根溯源，准确定位数据问题根因。针对数据质量监控发现的数据完整性、一致性、准确性和及时性等方面问题，通过配置质量规则，制定具体治理措施，保障数据质量，夯实新能源发电设备预测性健康管理数字基座。

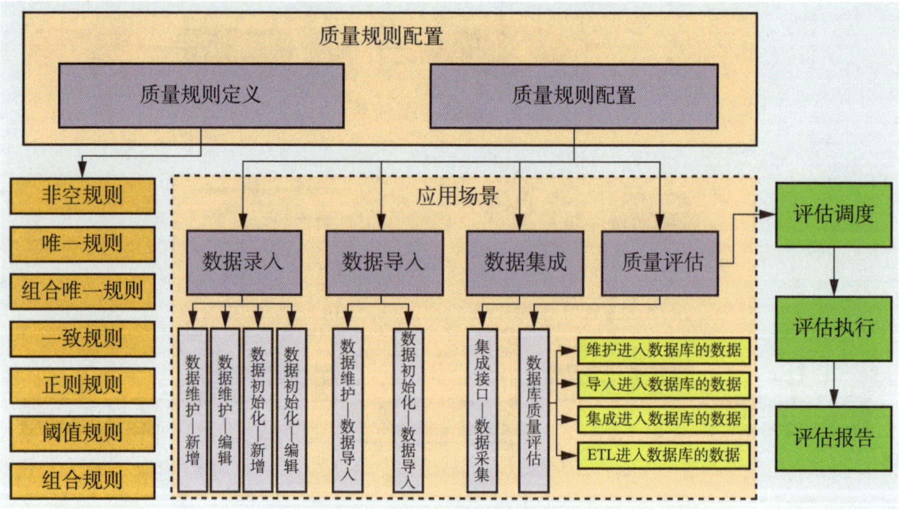

图4　数据质量治理机制

（五）优化资源调控，创建集约化数智运维组织结构

新能源发电企业的数字化、智慧化水平将成为发电系统能否高效运作的关键。中广核新能源联合优势单位，以“共享数据，共创价值，共赢未来”的总体思路，围绕提升新能源关键设备运行可靠性，加速激发数据应用价值，

整合产学研用资源，跨单位组建了新能源数据价值创新联合体这一虚拟集约化运维组织，建立内外部工作协同机制，强化新能源发电设备数智化运维专业服务支撑，促进设备数据价值挖掘，保障设备健康可靠运行。

三、取得的成效

中广核新能源构建的数智驱动新能源发电设备预测性健康管理平台基于数据采集、传输、分析和输出的全过程“数据链”设计，挖掘“数据链”与新能源发电设备运维的映射关系，利用数据库和机器学习智能算法，实现数据的纵向贯通和知识的闭环精准交互。截至目前，已在 200 余个新能源场站示范运行，覆盖 10000 台风电机组和近 20000 套光伏组件，年处理数据量超过 10 太字节，自主开发算法模型数量 70 个，准确率在 85% 以上，预防设备运行风险所规避的经济损失超过 9000 万元，避免安全事件 200 余起。基于预测性健康管理的新能源发电设备管理模式的实施有效促进了中广核新能源的高质量发展，取得了良好的社会效益。

一是科技赋能特色明显。充分发挥数智生产力作用，结合大数据、人工智能、图像识别、云雾边协同、NLP 技术等，研发了基于大数据分析平台的设备健康状态预警系统，构建了专业的故障运维专家知识库，使新能源设备的生产运维工作从事后检修转变为主动预警，大幅降低了新能源行业的资产运营成本和管理成本，系统性提高了生产运维的工作效率。

二是管理模式创新特色明显。建立了一套基于云、雾、边协同框架的从总部到场站再到机组的纵向贯通式运维管控模式，实现了“区域管理、集中管控、运检分离、少人 / 无人值守，智能化、专业化运维”的新能源创新运营模式。同时实现了从预警模型构建到模型验证、模型发布、模型部署、模型启停、模型评估以及模型迭代优化的全流程闭环管理，确保设备状态预警模型能够真正赋能产业，提高运维管理精益化水平。

三是推广复用价值特色明显。实现了从底层数据采集、数据传输、数据存储、数据治理、建模分析以及业务应用的全链条贯通，并在风电、光伏等新能源场站实现试点应用，完成了从方法论到产品技术、业务应用再到经营管理的一体化解决方案验证，沉淀了高价值、高复制、高可靠的新能源发电设备健康状态预警技术、产品和业务知识，对于整个新能源行业具有很好的通用性和推广价值。

（由中国广核集团有限公司供稿）

东方电气以海水制氢技术革命
快速开辟海洋氢能新时代

一、基本情况

东方电气（福建）创新研究院有限公司（以下简称东福研究院）是东方电气集团在海洋能和海工装备领域的顶层研发平台，由东方电气集团与福建省人民政府、福州市人民政府三方共建，位于福建省福州市高新区，成立于2022年8月。东福研究院定位为面向海洋能利用及高端装备设计制造的科技研发创新中心、科技成果转化中心、高端人才聚集高地，以科技创新助力绿色低碳发展，为经济社会高质量发展和“双碳”目标实现贡献力量。

东福研究院建有氢能研究所、海洋功能材料与器件研究所、海洋能研究所、综合能源研究所、智能制造研究所、海上风电研究所、节能环保研究所7个研究机构，目前主要开展全球首创海水无淡化原位制氢、海洋装备防腐材料、波浪能发电、大型漂浮式海上风电机组、综合能源解决方案、零碳智慧园区等重大项目科研攻关和成果转化。现有各类人才60余人，其中中国工程院院士2人，国家级人才3人，博士硕士占比超过80%。

服务国家海洋强国战略、进军海洋能开发利用领域、培育新质生产力是东方电气集团重大战略部署，也是东福研究院的战略使命。自东福研究院成立以来，聚焦战略使命，在全新的科研领域，一边建设公司、一边组建人才队伍、一边开展科研攻关。通过与国内行业学术泰斗和顶尖人才团队合作，东福研究院在较短的时间内取得了多项科研成果。通过与中国工程院谢和平院士团队合作，2023年5月成功完成全球首次海水无淡化原位直接电解制氢海上中试，开辟了海洋氢能新时代。项目海试成功，引起行业高度关注，国内主流媒体集中进行了报道。能源行业多家中央企业主动与东方电气集团和东福研究院联系，寻求深入合作。当前，东福研究院继续与谢和平院士团队合作，开展海水无淡化原位直接电解制氢技术工业示范和产品研制，并积极向油气田废水、电厂脱硫废水、盐湖提锂等领域拓展，努力打造海洋绿氢新质生产力，为国家能源安全和“双碳”战略作出积极贡献。

二、实践经验

（一）深耕氢能领域、密切跟踪行业最新科研成果

氢能产业作为引领产业升级和未来发展的新支柱、新赛道，战略性新兴产业和未来产业的效能更高，具有创新活跃、技术密集、价值高端、前景广阔等特点，为新质生产力发展壮大提供了巨大潜力空间。在全球低碳转型的进程中，清洁氢能将发挥重要的作用。目前全球氢能市场的总规模约为1250亿美元，预计到2030年在此基础上翻一番，到2050年达到万亿美元市场规模。

东方电气集团一直高度重视氢能等新能源产业发展，其自2010年开始进入氢能领域，经过多年耕耘，已掌握完全自主知识产权的氢燃料电池从膜电极到系统的关键技术，并且在氢气制储运用环节全产业链均有科研和产业布局。

东方电气集团密切跟踪氢能领域最新科研成果，在谢和平院士研制的全球首创海水无淡化原位直接电解制氢技术科研成果未正式发布前，就主动与谢和平院士团队对接，了解科研进展。组织专业团队论证技术和产业前景，形成初步结论。

（二）快速决策引进关键技术，进军新领域新赛道

谢和平院士团队于2022年11月30日在*Nature*正刊发表的海水制氢原创性成果被国家科技部评为2022年中国科学十大进展。该项成果实现了海水无淡化、直接电解制氢并可长时间稳定运行（实验室运行时间超过3000小时），是一项革命性颠覆性技术，破解了困扰半世纪的技术难题。东方电气集团通过前期研究，在成果发布后迅速决策决定引进该技术。2023年12月16日，东方电气股份公司、东福研究院、四川大学、深圳大学4家单位在深圳签订合作协议，由东方电气独家引进谢和平院士海水制氢技术原创成果，由东福研究院负责成果产业化。

从成果发布到签订协议仅用了半个月，创造了东方电气集团技术引进速度之最，这充分体现了东方电气集团进军新领域新赛道、培育新优势新动能、打造新质生产力的信心和决心。

（三）快速实现从实验室到海洋环境中试，创造中国速度

协议签订后，东福研究院与谢和平院士团队迅速组建联合团队，推进海上中试。

海上试验平台设计无资料可参考，东福研究院通过与有关高校和科研院所组建联合团队，形成创新联合体，经过3个月集中攻关，成功试制了全球第一个海水无淡化原位直接电解制氢海上试验平台“东福一号”，该平台集原位制氢、智慧能源转换管理、安全检测控制、装卸升降等系统于一体。

通过与政府有关部门及企业的密切沟通，成功解决了东福一号运输、下水、海上试验审批、供电等一系列难题。

2023年5月，“东福一号”在福建福清兴化湾海上风场，成功完成全球首次海水无淡化原位直接电解制氢海上试验，在3~8级大风、0.3~0.9米海浪干扰下，系统以1.2Nm^3 H_2/h规模、5kWh/Nm^3 H_2电解能耗，连续稳定运行10天，制氢纯度超过99.9%。2023年5月27日，中国工程院组织院士考察团对海水制氢现场进行了考察，通过考察，确认试验成功。

从实验室技术在*Nature*正刊发表开始，研究院仅用半年就实现全球首次独创的、具有革命性和颠覆性的海水直接电解制氢原理技术从实验室走向实际海况环境，并与海上风电耦合应用实验成功的重大突破，创造了中国速度。

（四）坚持加大投入，努力打造新质生产力

海试成功后，东福研究院继续加大投入，立即立项开展100Nm^3 H_2/h海水直接电解制氢系统的研制和示范工程建设。同时，在东方电气集团统筹下，积极与有关央企和地方企业合作，联合开展油田采油废水、工业废水、火电厂废水、城市生活废水、盐湖水、苦咸水等非淡水直接电解制氢技术研究，努力拓展该技术应用领域，使该项科研成果更好地服务国家能源安全和“双碳”战略。

通过该项技术，东方电气成功进入了海水制氢领域，将努力开辟海洋氢能新时代。

三、取得的成效

（一）海水无淡化原位直接电解制氢海试成功实现氢能技术革命

2023年5月底，通过东福研究院与谢和平院士团队的共同努力，成功完

成全球首次海上风电海水无淡化原位直接电解制氢海上中试，实现了海水制氢新技术革命。2023年6月初，国内主流媒体对该项成果进行了集中报道，产生重大影响。一是海水直接电解制氢技术实现原理、海试新突破，是中国工程院高水平科技自主创新的成功案例，具有典型的示范作用。二是该项技术具有革命性颠覆性的重大意义，引起了全行业对海水制氢的高度关注。

（二）掌握了海水直接制氢关键技术，将加速我国海洋氢能产业和海上风电产业发展

通过与谢和平院士团队的合作，东福研究院已掌握海水直接制氢关键技术，目前正积极推进示范工程建设。该项技术的掌握将加速我国海洋氢能产业及海上风电产业发展。一是开辟海洋能源及氢能产业新时代。该技术的推广应用将真正开辟集“海上风电等可再生能源利用—海水资源利用—氢能生产”于一体的全新海洋绿氢工业体系，有望形成无淡化、无额外催化剂工程、无海水输运、无污染处理的原位海水直接电解制氢全新模式。二是有望形成中国自主全新技术的氢能战略产业，构建与海上可再生能源相结合的一体化原位海水制氢工厂，成为近海、深远海可再生电力大规模开发的破局关键，加速推进形成多能互补的中国原创“海洋绿氢”全球新兴战略产业。

（三）形成了中央企业打造新质生产力的新模式

通过在海水制氢技术上与谢和平院士团队的成功合作，东方电气集团探索形成了快速进入战略新兴产业、打造新质生产力的成功范式。即密切关注院士团队等行业顶尖人才的科研成果，院士团队在潜力巨大的战略性新产业新领域取得重大原理突破后，迅速与院士团队合作，联合开展科研成果的应用研究，快速进入战略性新产业新领域，占领制高点，引领行业发展，形成新质生产力。

（由中国东方电气集团有限公司供稿）

“氢”装上阵，打造新质生产力

一、基本情况

中国华电科工集团有限公司，是中国华电集团有限公司（以下简称中国华电）科工产业的重要组成部分和发展平台。在中国华电总体发展战略统领下，华电科工积极探索节能高效、清洁环保的新技术、新业态，推动高端制造及系统工程、环保水务、电站投资建设、清洁能源四大板块协同发展，综合实力居国内同行业前列。2020年7月7日，华电氢能事业部正式成立，重点围绕氢能产业政策与动态研究，氢能材料、装备及系统开发，氢能应用技术研究以及数字化、智能化等方面开展研究工作。聚焦国家“碳达峰碳中和”重大战略目标以及构建新型能源体系要求，以自主创新和合作开发为抓手，以可再生能源资源、产业研发、制造、工程总包、系统集成、投资运营能力为依托，以科技开发、装备制造、工程服务、运营管理、检验检测服务为路径，打造成为氢能源产业链“链长”及核心材料原创技术策源地，树立华电特色氢能品牌。

中国华电依托国家重点科技项目开展氢能领域关键材料、核心装备及系统集成等方面的开发及应用，在天津、唐山、包头等地布局氢能材料及设备规模化生产线；依托可再生能源资源实现绿氢高效制备，同时解决可再生能源发电的波动性、间歇性问题；依托“绿氢”推进交通、冶金、化工、电力等更多领域的深度脱碳，打通氢能高效利用的产业链条，构建以氢能为核心的现代化、低碳化新型能源体系。目前，已在内蒙古、辽宁、青海、新疆、甘肃、宁夏等大型清洁能源基地与地方政府合作开展氢能产业布局，在当前国内外的氢能行业内已具备较强的影响力。

二、实践经验

氢能是未来国家新型能源体系的重要组成部分，是推动“四个革命、一个合作”的重要抓手，是加快中国新质生产力建设的重要方向。2024年《政府工作报告》将“大力推进现代化产业体系建设，加快发展新质生产力”列为十大工作任务之首，并首次提出："加快前沿新兴氢能、新材料、创新药等产业发展，积极打造生物制造、商业航天、低空经济等新增长引擎。"这是氢能作为发展新质生产力的主要产业阵地之一，首次被写入政府工作报告。中国华电紧扣国家"碳达峰碳中和"战略目标，围绕构建新型电力系统，加快培育壮大以风电光伏新能源为主的战略性新兴产业，构建延伸氢能顶层设计，积极参与电氢耦合关键技术及下游场景应用创新研究，制定氢能产业发展规划和技术创新、产品开发、工程示范的产业发展路线，努力打造成为产业链"链长"。致力于为氢能产业链的建设贡献力量、为国内氢能产业的发展注入活力。

（一）加快技术创新和产业化，打造标志性产品

目前，氢能相关技术尚不成熟，如氢气的制备、储存、运输、使用等环节仍存在一些技术难题。产业基础薄弱，部分基础材料和精密制造部件仍依赖国外技术，存在"卡脖子"现象。在产业规模、技术水平、材料研发、生产工艺等方面仍有待进一步发展。

在核心材料方面，华电氢能以自主创新和合作开发为抓手，成功研制多项制氢关键材料，并在天津北辰科技园区建设了多条生产线。气体扩散层和质子交换膜长期被国外材料商垄断，成为国内氢燃料电池和质子交换膜（PEM）电解槽发展的"卡脖子"问题。对此，中国华电已实现国内首个卷对卷批量生产的气体扩散层产线建设，年产能 100 万平方米，产品具有韧性好、高电导率、高传热性的优点，部分指标达到国际先进水平，并通过了国内外多家下游企业的检测，突破了国产气体扩散层产品化和规模化生产的"瓶颈"；华电氢能开发的短支链超薄质子交换膜也实现了产业化，设计产能 30 万平方米，产品具有更高的离子交换容量，提高了质子交换膜的保水能力及传输水能力，突破了质子交换膜性能的"瓶颈"。

华电氢能自主研发的碱性电解槽复合隔膜采用增强基底和高性能涂层的复合结构，具有高电流密度、高隔气性、高亲水性等特点，同时隔膜的机械强度高、稳定性好、寿命长。宽幅 2.5 米、年产 10 万平方米的碱性电解槽隔膜产线正在建设中（见图 2）。

图 1　气体扩散层和质子交换膜产线

图 2　碱性电解槽复合隔膜产品

在核心装备方面，中国华电自主研发的碱性电解水制氢装置“华臻”系列在单机产氢量、电解效率、电流密度等主要技术指标方面已经达到了国际先进水平，并在关键零部件，如离子膜、催化剂、隔垫、双极板和极框加工方面实现了完全自主可控，对可再生能源随机波动性大、发电不稳定的情况有较强的适应性。目前，已开发产品可覆盖 50~2000 标准立方米 / 小时碱性电解水制氢装置，并可生产对应配套气液分离装置、纯化装置等关键产品，后续也将继续研发生产更大氢气产量电解水制氢装置，满足市场各类需求（见图 3）。

图 3　碱性电解槽装置

PEM 电解水制氢是可以实现大规模可再生能源转化为绿色氢能的关键技术。华电氢能兆瓦级 PEM 电解水制氢装置“华瀚”系列实现了催化剂、质子交换膜等 PEM 电解水制氢关键核心材料及部件的自主可控，电解槽具有体积小、效率高、氢气纯度高、动态响应快、负荷范围宽等优势，具有完全自主知识产权。国家能源局综合根据科技创新原创性、技术先进性、经济效益与社会效益等维度，评选华电科工“低能耗兆瓦级质子交换膜电解水制氢装置”入选 2023 年度能源行业十大科技创新成果（见图 4）。

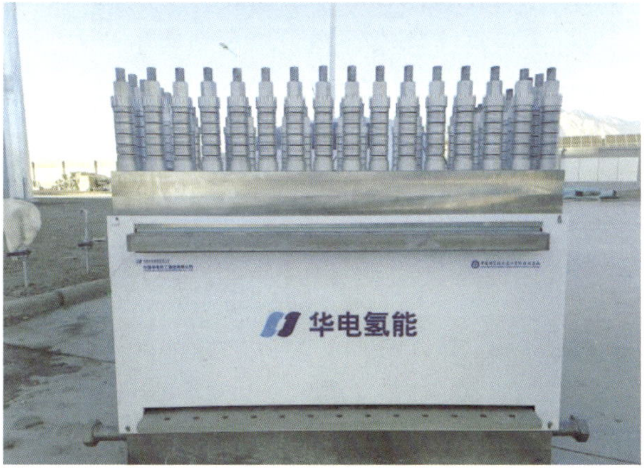

图 4　PEM 电解槽装置

（二）依托示范项目建设，实现产业落地实践

围绕华电氢能电解槽技术装备核心，各区域公司积极参与地方氢能发展。

在项目开发方面，结合制氢技术能力能够增加开发可再生能源项目的竞争力，确保配套可再生能源制氢项目的顺利开展。

1. 辽宁华电铁岭 25 兆瓦风电离网储能制氢一体化示范项目

可再生能源制氢有并网和离网两种形式。并网制氢能够明显降低制氢成本，同时可利用制氢系统的灵活性提高新能源并网友好性，是目前国内最常用的新能源耦合制氢技术，但存在电网运行的安全性得不到保障以及氢气绿色认证困难的问题。而离网制氢相较于并网制氢，省去了并网辅助设备，可以避免并网带来的问题，也无须缴纳输配电费用，降低了电力输送环节的成本。

辽宁华电铁岭 25 兆瓦风电离网储能制氢一体化示范项目是国内首个风储离网制氢项目，采用风电清洁能源配套碱性电解水制氢，建设了一座 25 兆瓦风电机组、5 千瓦时储能电站和 3000 标准立方米 / 小时碱性电解水制氢站（见图 5）。项目实现完全离网风电制绿氢，把风电转化为氢气储存起来，项目于 2022 年 11 月 30 日顺利产氢，实现了仅用 10 个月工期成功产出辽宁第一罐“绿氢”。项目设计年发电约 7300 万千瓦时，全部用于制取绿氢。年产绿氢约 1123 吨，每年可节约原煤 2.25 万吨、减少烟尘排放量约 2.2 吨，对新能源消纳转化和改善大气环境具有积极的示范作用。项目实现了一系列监测系统、通信系统、控制系统的国内首创实践，标志着我国首个贯通风力发电、绿电输送、绿电制氢、氢气储存全流程的绿电制绿氢一体化项目已经打通全流程进入生产阶段，也标志着辽宁探索开拓了培育新质生产力、保障国家能源安全供应、产业高质量发展和经济社会低碳转型的新路径。

图 5　辽宁华电铁岭 25 兆瓦风电离网储能制氢一体化示范项目

2. 内蒙古华电包头市达茂旗 20 万千瓦新能源制氢工程示范项目

内蒙古华电包头市达茂旗 20 万千瓦新能源制氢工程示范项目是全国首批大规模可再生能源制绿氢示范项目。项目共建设风电 12 万千瓦，光伏 8 万千瓦，电化学储能 2 万千瓦时，电解水制氢 12000 标准立方米 / 小时，实现 100% 绿电制氢。其中，制氢设备采用全国领先的 1000 标准立方米 / 小时碱性电解槽制氢设备 11 套和 200 标准立方米 / 小时 PEM 制氢设备 5 套。项目年发电量 5.52 亿千瓦时，每年将产绿氢 7800 吨，按替代标准煤耗计算，每年可以减少二氧化碳排放量约 43 万吨、二氧化硫约 60 吨、氮氧化物约 84 吨，可满足约 1000 辆燃料电池重型卡车需求，有力推动绿氢产业规模化发展（见图 6）。

内蒙古华电包头市达茂旗 20 万千瓦新能源制氢工程示范项目自 2023 年 3 月末开工建设，12 月 1 日顺利产氢，2024 年 2 月 1 日充装第一罐氢气，目前已实现商业化运营，建成全国规模最大的绿氢交通运输系统，成功打通氢能项目“制—储—运—用”全产业链，填补绿氢领域在交通运输系统的空白，为我国构建零碳、低成本、安全可靠的绿氢供给体系提供可借鉴、可推广的示范案例。

图 6　内蒙古华电包头市达茂旗 20 万千瓦新能源制氢工程示范项目

3. 华电德令哈 PEM 电解水制氢示范工程项目

华电德令哈 PEM 电解水制氢示范工程项目是青海华电德令哈 100 万千瓦光储及 3 兆瓦光伏制氢示范项目的一部分，也是我国首个高海拔光氢储项目，利用青海省丰富的太阳能资源发电直接电解水制氢。项目依托青海省能源大基地布局，采用“光伏发电 + 弃电制氢”模式，设置 3 套 200 标准立方米 / 小时的 PEM 电解水制氢系统，年制氢能力 153 吨，项目于 2023 年 9 月 27 日顺利产氢。项目通过光氢储一体化的技术路线和技术体系，有力推动了我国高性能质子交换膜电解水制氢装置商业化应用进程，有效解决了新能源的间歇性和波动性，降低制氢成本，推动氢能产业链延长、价值链提升，实现绿电、绿氢消纳（见图 7）。

图 7　华电德令哈 PEM 电解水制氢示范工程项目

三、取得的成效

氢能作为战略性、先导性新兴产业，能够在新产业、新业态、新模式方面起到创新引领作用，是新质生产力的典型代表。中国华电谋划布局清洁低碳的氢能产业，依托自身技术研发和装备制造优势，打通从核心材料、关键部件到系统装置产业化应用的链条，形成具有国际先进水平的材料研发能力、系统集成能力与生产能力，在氢能产业的发展中取得了显著成效。

一是推动创新链产业链融合，提升科技原创能力。华电氢能围绕产业链各环节的实际需求，把科技创新成果应用到产业发展中，针对产业链的痛点、卡点、堵点，集成各类创新资源，开展关键核心技术攻关，形成对产业链发展的有效支撑。作为牵头单位承担国家重大攻关任务；参与工信部氢能装备技术 GGGC；积极组织电氢耦合关键技术及产业链场景应用创新联合体。开展制氢核心材料和装备的研发和示范应用，对于华电集团的科技成果转化，具有重要的示范意义，既在氢能“制—储—运—用”全产业链发展积累了宝贵经验，也为后续的市场推广和华电氢能形象的树立打下了坚实基础。气体扩散层和质子交换膜产线、千标立级碱性电解水制氢装置和兆瓦级 PEM 电解水制氢装置分别通过了中电联组织的专家评审，该技术属国内领先水平。

二是依托新能源工程项目，推动开展氢能产业链科技攻关示范工程。依托集团公司现有可再生能源发电项目及规划，在四川泸定、辽宁铁岭、内蒙古达茂旗和青海德令哈等地的新能源项目开展技术路线国产化验证与新技术、新产品示范应用，加速科技成果产业化落地。积极配合地方政府和集团公司下属区域公司，在包括内蒙古、辽宁、新疆、青海、甘肃、宁夏在内的可再生能源资源区推动更多的可再生能源制氢项目及氢能高效利用的产业链示范。

氢能产业前景广阔、大有可为。华电氢能根据集团公司能源发展战略和氢能业务发展需要，全产业链系统谋划，科学准确定位，加速推进“双碳”背景下的华电绿色氢能产业发展，充分发挥能源集团可再生能源资源优势，抢抓能源低碳转型发展和氢能产业机遇期，深挖氢能下游应用领域的潜力，形成产业协作合力，坚持“以示范促应用、以应用拓市场、以市场促发展”，突破产业发展瓶颈，打造具有华电特色的绿色氢能产业链，构建国内领先的绿色氢能产业生态体系。

（由中国华电集团有限公司供稿）

大容量机组整机节能提效改造助推煤电绿色低碳发展

一、基本情况

中国华电集团有限公司山东分公司成立于2009年7月，负责华电集团在山东区域的发展规划、能源项目开发、生产运营管理、电力市场营销、统一对外协调等工作。现管理10家煤电企业、1家新能源企业、8家专业公司，发电装机规模达2330万千瓦（其中火电1996万千瓦、风光电334万千瓦），区域总供热面积2.4亿平方米。先后获得全国文明单位、全国安康杯竞赛优胜单位、全国群众体育先进单位、中央企业先进集体等多项荣誉称号。

华电国际邹县发电厂（以下简称邹县电厂）是中国华电集团有限公司山东分公司所属企业，位于孔孟故里——山东省邹城市，总装机容量464万千瓦，是中国华电装机容量最大的火力发电厂，也是华北电网和山东电网的骨干电厂。企业始建于1983年，现有8台机组。一期、二期工程安装4台国产335兆瓦机组，于1985—1989年相继建成投产。三期工程安装2台635兆瓦引进机组，于1997年实现“双投”。四期工程安装2台国产1000兆瓦机组（其中一台增容为1030兆瓦），是国内首批百万千瓦级超超临界火电机组引进技术国产化依托工程，分别于2006年、2007年投产，获得建筑行业工程质量最高荣誉——中国建设工程鲁班奖。企业2次荣获全国五一劳动奖状，且先后荣获全国文明单位、全国一流火力发电厂、全国首家“资源节约型、环境友好型”一流发电厂、全国企业文化示范基地等省部级及以上荣誉称号400余项。已累计发电5920亿千瓦时，企业近年年均发电量超200亿千瓦时。供热面积近2300万平方米，保障了邹城市、兖州区20万户居民的用热需求。截至2023年底，企业累计实现营业收入1980亿元，利税超440亿元，为国民经济社会发展作出了重要贡献。

党的二十大报告提出“加强煤炭清洁高效利用”。近年来，邹县电厂完整、准确、全面贯彻新发展理念，勇担央企职责使命，深入推进能源革命，强化与上级公司战略协同，超前研判、全面分析电力生产结构和市场变化给企业带来的机遇和挑战，“一机一策”推进大容量机组节能提效改造，改造后机组节能减排能力显著提升，对推动煤电绿色低碳发展、助力国家实现“双碳”战略目标、加快新型能源体系建设具有重要意义。

二、实践经验

邹县电厂2台60万等级亚临界燃煤发电机组（5号、6号），2台100万等级超超临界燃煤发电机组（7号、8号），均为引进型第一代机组，随着电力设备设计、制造、材料、信息化水平不断提高，机组各项指标与国内同容量、同参数燃煤机组差距越来越明显。2014年、2015年，我国先后出台《煤电节能减排升级与改造行动计划》《关于全面实施燃煤电厂超低排放和节能改造工作方案的通知》，邹县电厂第一时间成立专班，综合研判能源结构转变、电力市场改革形势，超前开展以汽轮机通流改造、锅炉燃烧器改造为代表的机组节能提效改造相关技术储备工作。2020—2023年，邹县电厂先后投资7.3亿元，以每年一台的速度完成8号、6号、7号、5号机组节能提效改造，改造后每年可节约标准煤30余万吨、减排二氧化碳超过80万吨，企业绿色低碳发展实现华丽转身。

（一）“领先技术”加持，推动关键设备全面升级

1. 国内首批应用第四代汽轮机通流改造技术

为提高机组能效水平，邹县电厂经过广泛调研、反复论证，决定采用最新一代“高中压缸反动式 + 低压缸冲动式”高效通流改造技术（第四代汽轮机通流改造技术），2020年，8号机组率先完成通流改造，是国内首批、华电集团首台百万千瓦机组节能提效改造项目。汽轮机改造为新一代高效冲动式和反动式组合方式，采用“全周进汽 + 双补汽阀”调节技术，增加高中压通流级数和低压末级叶片长度，有效提高低背压百万湿冷机组的运行效率。改造后，机组在额定工况和变负荷工况下（50%~100%负荷范围内）均具有较高的经济指标，能耗指标达到国内同类型机组先进水平。

2. 国内首次应用第四代 OPCC 高效低氮旋流燃烧系统

邹县电厂对7号、8号机组锅炉燃烧设备及烟风流场进行优化改造，更换新一代强卷吸高效超低氮燃烧器，一次风产生多重涡旋，形成一级回流，一级回流再与内二次风、外二次风环形二级回流重合，高温烟气持续卷吸加热高浓度煤粉，使煤粉在着火前形成“三高一低”（高温回流烟气、高煤粉浓度、高湍动度和低氧量）区，结合配套实施的烟风流场优化、磨煤机动态分离器

改造，达到低负荷稳燃能力强、燃烧稳定高效、氮氧化物排放低、煤种适应性广等效果。2020 年，邹县电厂 8 号机组完成改造，是国内首台应用此技术的百万千瓦机组。

3. 国内首批应用“华电睿蓝”自主可控 DCS 系统

邹县电厂 7 号机组主机 DCS 控制系统为 2006 年从美国进口，由于可靠性降低、功能不全、人机界面不友好、关键技术及操作授权由外国企业掌控等因素，在 2022 年改造为南自维美德自主可控 DCS 系统——华电睿蓝，系统核心软件代码自主可控，系统整体功能、性能和可靠性等优于国家、行业的标准要求，实现“核心芯片自主可控，外围芯片可控可替代”目标。

4. 国内首套 1000 兆瓦超超临界机组全国产化发变组成套保护

2021 年，邹县电厂 8 号机组成功应用国内首套 1000 兆瓦超超临界机组自主可控发变组保护装置，装置基于国产先进核心器件和操作系统开发，软硬件国产化率均为 100%，能够全面反映发变组各种类型故障和异常运行工况，在燃气机组、水轮机组、抽水蓄能机组、核电机组均可全覆盖应用。经过两年半现场应用，装置运行情况良好，各项技术指标均达到或超过国家、行业的相关标准要求。

（二）“科技创新”赋能，助力数字智能电厂建设

邹县电厂牢牢把握“科技是第一生产力、人才是第一资源、创新是第一动力”，把科技创新摆在高质量发展的核心位置，在燃煤发电领域全流程发力，推动大容量机组节能提效改造向高端化、信息化、智能化发展，依靠科技创新转换发展动能。

1.“智慧 + 锅炉”提升机组灵活性、设备可靠性

围绕提升机组改造后的灵活性、可靠性，深入研究数据融合及热力学镜像建模技术，将机组的相关数据、人工经验等进行多维度数据融合，实现核心参数故障诊断、关键参数预测和在线操作模拟，有效辅助运行人员监盘操作；开展基于煤质在线的自适应运行优化技术研究，实现制粉系统入炉煤煤质的在线分析与监测，自适应改善负荷调节灵活性和动态过程汽温与汽压的稳定性；开展高温受热面潜在风险的智能预警技术研究，建立金属壁温分布机理及数理模型，精准预测无测点监视的管段超温风险，提高受热面管理水平。

2.“数字 + 环保”确保参数全达标、碳排可监测

为确保改造后机组各项环保参数达标，创新实施智能精准喷氨技术，通

过实时监测、多点同步测量及智能喷氨格栅均衡控制算法，实现由单点粗放式喷氨转变为多点精准式喷氨；建设智能水务中心，动态监视来水、用水、排水情况及水质信息、水管网运行状态，智能报警与判断漏点位置，实现动态水平衡；开展二氧化碳排放量在线监测技术研究，研发碳排放监测数据分析平台，作为首批碳监测试点企业，为国家构建碳监测技术体系提供了直接数据支撑，实现大气污染物与二氧化碳协同管控。

3.“智能 + 燃料”推动过程无人化、管理规范化

聚焦煤炭全过程数字化、无人化、规范化管理，建立入厂煤智能验收系统，利用无线传感、定位、机器人等先进技术，行业内首次实现入厂煤计量、采样、封装、运输、制样、化验、样品传输、存取、清洗等采制化全过程的人机分离、人样分离、一体化操作；建设数字化煤场，集成燃料导航、自动激光盘煤、三维可视化、斗轮机无人值守、智能堆取料、煤场安全环保防护、温度监测等先进技术，实现煤场精细化、无人化、安全化管理；打造燃料智能管控平台，集设备管控、视频监控和数据分析与展示等功能于一体，实现了数据的在线集成、动态反馈、高效共享、互联互通。

（三）“扎实管理”保障，打造机组检修精品工程

建厂 39 年来，邹县电厂 3 类机型、8 台机组共经历了 49 台次大修，积累了丰富的检修经验，形成了具有企业特色的精品检修管理模式。

1. 牢固树立质量为先的“精品”意识

邹县电厂将设备质量作为立身之本，牢固树立“一次成优、一次做好”的精品检修意识。充分发挥精密诊断、状态诊断特色优势，科学评估设备健康状况，合理精准设置检修项目。充分发挥技术监督保障作用，“修前”加强指标监督，“修中”加强状态检测和问题分析，“修后”做好指标验证。按照“一项目、一标准、一措施、一文件包”标准，细化检修工序卡，明确质量标准，精准把控检修全过程。建立完善以“质监质保”两个体系、“质监、质检、质保”三类人员、“自检—班组—分场—质检组”四级验收流程为内容的“2+3+4”质量管控模式，质监点验收实行“收、审、找、告、认、评、关”七步法，严把检修质量关。4 台机组检修后均顺利实现锅炉水压试验、锅炉点火、汽轮机冲转、机组并网“四个一次成功”。

2. 始终坚持内部可控的“自主”模式

邹县电厂始终坚持“以我为主、我为主导”的自主检修运维模式，将技术牢牢掌握在自己手中。修前组织主机厂、施工单位提前进行全过程桌面推

演，对施工过程进行摸排演练，对每项工艺方案进行讨论、改进。建立健全质量管理体系，规范质量验收，监护人员全程见证，重要数据亲自复测，确保准确无误。设立项目现场指挥部，每日下发工作清单，工作进度闭环管控，“手把手”交接工作，实现无缝衔接。建立检修规范化平台，实现了检修原始数据存档、质量验收活动留痕、缺陷质量报告与项目联动、检修项目闭环管理等功能，推动机组检修组织、实施、验收规范管理，确保安全、质量、工期全过程可控在控。

3. 持续深化多方联合的“协作”理念

成立以主要领导为总指挥的改造工作组，明确小组成员责任，与项目各相关单位保持密切沟通联系。7 号机组改造前，高压转子在制造过程中因裂纹多而报废，经多方协调，改用海门电厂的高压转子毛坯；新冠疫情导致海运、航运熔断，中压转子毛坯无法回国，工作组全力协调商务部、大使馆、新郑集团等 9 个部门，历时 21 天，克服重重困难，调配专机从意大利运抵回国，确保了项目如期施工。坚持党建引领，深化与高校、科研院所、电科院、主机厂、施工单位的党建联建共建，加强关键核心技术协同攻关，解决技术路线、物资供应、现场施工的难点、断点、堵点问题，实现思想高度统一、资源充分整合、工作协调同步、力量广泛凝聚、成果相互共享。7 号机组改造中，邹县电厂与东方汽轮机有限公司、山东电建一公司共同组成三方联合党团攻坚队，彼此目标一致、通力协作，充分发挥党团员模范带头作用，确保了项目如期顺利完成。

三、取得的成效

一是机组各项指标迈入同类型机组第一方阵行列。通过改造，8 号、6 号、7 号、5 号机组供电煤耗较改造前分别降低 24 克 /（千瓦时）、16 克 /（千瓦时）、21 克 /（千瓦时）、18 克 /（千瓦时），每年可节约标准煤约 30 万吨，减排二氧化碳 80 余万吨。5 号、6 号机组调频 Kp 值（机组 AGC 功能的综合评判指标）均达到 3.5 以上，4 台机组的深度调峰能力均进一步增强，经济技术指标迈入同类型机组第一方阵行列。

二是企业综合竞争力、影响力大幅度提升。通过改造，机组能耗水平大幅度降低，发电成本明显降低，企业摆脱了高能耗带来的经营压力。改造后机组低负荷稳燃能力显著增强，灵活性明显改善，在电力现货市场、碳排放交易市场的模式下适应性更强，在激烈的市场竞争中底气更足。7 号机组 DCS 实现国家核心控制技术自主可控，8 号机组实现发变组保护装置软硬件全国产化，标志着一批“卡脖子”技术难题顺利解决。同步进行了工业供汽改造，机组对外供汽能力有了质的飞跃，能够为所在区域方圆 20 千米范围内大中型企业提供品质可靠、连续稳定的汽源，可替代下游 30 蒸吨及以下小型燃煤锅炉 18 台（套），企业影响力进一步提升。

三是为行业同类型机组提供了样板经验。邹县电厂大胆尝试新技术、新材料和新方法，走出了一条传统能源企业技术革新、绿色发展的新道路，带动火力发电上下游产业延伸发展升级，具有极强的代表性和可推广性。“适应机组宽负荷调整的节能安全自适应控制系统优化研究”课题荣获 2021 年电力行业设备管理与技术创新成果奖，“超超临界百万机组转型升级关键技术集成创新及示范应用”项目荣获华电集团科学技术一等奖、2022 年度第十一届中国技术市场协会金桥奖。5 号机组节能提效改造作为华电集团精品检修示范项目，在系统范围内广泛推广。节能提效改造的经验做法受到同行业广泛关注，被中央电视台、央视网、新华网、新华财经、经济参考、学习强国、国资小新、《中国电力报》、山东电视台等多家主流媒体广泛报道。

下一步，邹县电厂将以习近平新时代中国特色社会主义思想为指导，深入贯彻落实“碳达峰碳中和”战略和“四个革命、一个合作”能源安全新战略，全面贯彻落实党的二十大和二十届历次全会精神，坚定不移贯彻新发展理念，努力为加快新型能源体系建设作出新的更大贡献。

（由中国华电集团有限公司供稿）

需求侧响应的虚拟电厂功能研究开发

一、基本情况

深能智慧能源科技有限公司成立于 2017 年 12 月，由深圳能源集团股份有限公司全资控股。

公司主要从事园区综合智慧能源、储能等新业态能源项目的投资开发运营，致力于能源数字产品、储能产品开发，承接智慧能源项目及应用技术研究，提供综合智慧能源技术及产业咨询服务，打造智慧能源项目投资、数字产品、技术研究、咨询一体化的服务体系。公司将立足深圳，布局粤港澳大湾区，辐射全国，积极开拓智慧能源产业新局面，竭力打造成为全方位智慧能源服务商，全面助力深圳能源集团战略转型。

虚拟电厂是一种通过先进信息通信技术和软件系统，实现分布式电源 DG（Distributed Generator）、储能系统、可控负荷、电动汽车等分布式能源资源 DER（Distributed Energy Resource）的聚合和协调优化，以作为一个特殊电厂参与电力市场和电网运行的电源协调管理系统。虚拟电厂概念的核心可以总结为“通信”和“聚合”。虚拟电厂的关键技术主要包括协调控制技术、智能计量技术以及信息通信技术。虚拟电厂最具吸引力的功能在于能够聚合 DER 参与电力市场和辅助服务市场运行，为配电网和输电网提供管理和辅助服务。

二、实践经验

电力市场由日前市场和日内实时市场组成，本项目以虚拟电厂收益最大化为目标建立日前和日内实时优化调度模型，以风电、光伏、储能设备、需求侧响应以及可中断负荷为终端构成虚拟电厂。虚拟电厂基于日前电价根据风电、光伏出力预测，负荷侧响应策略、储能特性优化虚拟电厂日前出力计划使虚拟电厂的经济收益最大。

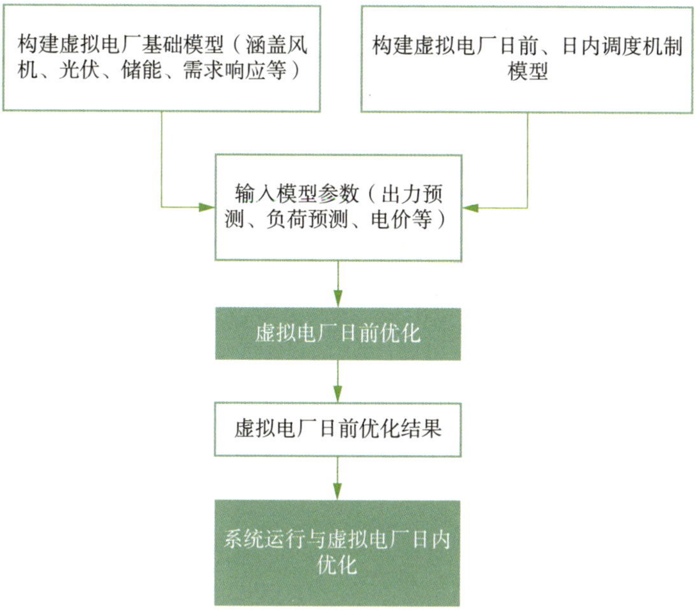

图 1　项目流程

本项目包含的可控源荷储资源设备为：屋顶光伏垂直风机、储能、V2G、冰蓄冷、水蓄冷、空调冷机、屋顶光热等设备，如表 1 所示。

表 1　项目设备列表

设备名称	技术指标	设备地址
屋顶光伏	40kWp	北塔 42 层顶
垂直风机	1.8kW	北塔 42 层顶
储能	125kW/340kW·h	地下四层
V2G	60kW	地下二层
冰蓄冷	2 台双工况冷水机组、冰水池 459m³，水温 -3.5/-0.23℃，蓄冷量 5500RT·h，2570kW　19250kW	地下二层蓄水池
水蓄冷	3 台离心式冷水机组，冷水池 742m³，水温 10/15℃，蓄冷量 1227RT·h，6564kW　4295kW	地下四层，消防水池
空调冷机	离心式冷水机组 3 台 625RT，螺杆式冷水机组 2 台 478RT/367RT，9520kW	地下一层，空调机房
屋顶光热	47 块，81.4m²	北塔 42 层顶

（一）光伏与风机模型

影响因素：光照强度 x_1，光照时间 x_2，温度 x_3，发电电压 x_4，额定功率

x_5 等 x_n。

风机设备发电功率历史数据：t_1，t_2，t_3，…，t_n。

预测模型：

光伏长短期循环神经网络算法模型——预测输出功率：

$$\sigma_1(x)=\varepsilon(x_1;\ x_2;\ x_3;\ x_4;\ x_5\cdots x_n)$$

风机基于指数平滑的多期时间序列预测模型——预测输出功率：

$$\sigma_2(t)=\tau(t_1;\ t_2;\ t_3;\ t_4;\ t_5\cdots t_n)$$

Logistic 回归模型判定：

$$\log\frac{p}{1-p}=\sigma(x),\qquad p=\frac{e^{\sigma(x)}}{1+e^{\sigma(x)}}$$

判定光伏是否参与响应：

$$p=\left(\frac{e^{\varepsilon(x_1;x_2;x_3;x_4;x_5\cdots x_n)}}{1+e^{\varepsilon(x_1;x_2;x_3;x_4;x_5\cdots x_n)}}\right)$$

判定风机是否参与响应：

$$p=\left(\frac{e^{\tau(t_1;t_2;t_3;t_4;t_5\cdots t_n)}}{1+e^{\tau(t_1;t_2;t_3;t_4;t_5\cdots t_n)}}\right)$$

置信水平 $\alpha=0.05$。

当且仅当 $p<0.05$ 时，在统计学上认定通过假设检验，可认为设备有能力参与当期需求响应，输出值为 $\sigma_1(x)$ 及 $\sigma_2(t)$。

（二）冷负荷模型

基于 PSO-BP 神经网络模型对深圳能源大厦建筑动态冷负荷预测，采用 3 层 BP 神经网络结构，输入层神经元数为 6，T 时刻空调冷负荷数据为输出层，故输出层神经元数为 1，隐含层因子数由经验式得出为 13。隐含层节点采用 tansig 转移函数，输出层节点采用 purelin 转移函数。

$$m=2n+1$$

式中：m 为隐含层神经元个数；n 为输入层神经元个数。

（1）由于神经网络训练函数的活性范围为［0，1］，采用下式离差标准化对输入数据进行处理：

$$X=\frac{X_i-X_{\min}}{X_{\max}-X_{\min}}$$

（2）初始化粒子群的规模，包括种群粒子个数 N、粒子个体长度 D、粒子的初始速度、位置。试验中粒子数 N 取值为 100，粒子个体长度 D 的计算式为：

$$D=S_1 \times S_2+S_2 \times S_3+S_2+S_3$$

式中：S_1、S_2、S_3 分别为 BP 神经网络输入层因子数、隐含层因子数、输出层因子数。计算可得 D=105。

（3）粒子适应度计算。以预测值和观测值的误差绝对值之和作为粒子适应度值 F，计算公式为：

$$F=\sum_{i=1}^{n} abs(y_i-O_i)$$

式中：n 为样本数；y_i 为样本 i 的观测值；O_i 为样本 i 的预测值。

（4）粒子适应度比较。比较规则为：

如果 sse<$P_{bestfitness}$，则 $P_{bestfitness}$=sse，$P_{best}=x_i$；否则 $P_{bestfitness}$ 和 P_{best} 不变。

如果 sse<$g_{bestfitness}$，则 $g_{bestfitness}$=sse，$g_{best}=x_i$；否则 $g_{bestfitness}$ 和 g_{best} 不变。

其中：sse 是粒子的当前适应值；$P_{bestfitness}$ 是粒子的个体最优适应值；$g_{bestfitness}$ 是种群全局最优适应值；P_{best} 是粒子个体最优值；g_{best} 是种群全局最优值；x_i 为当前计算粒子。

（5）粒子位置及速度的更新。采用下式进行粒子速度及位置的更新。

$$V_{id}^{(t+1)}=uv_{id}^{(t)}+c_1r_1\left(P_{id}^{(t)}-X_{id}^{(t)}\right)+c_2r_2\left(P_{gd}^{(t)}-x_{id}^{(t)}\right)$$

$$X_{id}^{(t+1)}=X_{id}^{(t)}+V_{id}^{(t+1)}$$

式中：$X_i=(X_{i1}, X_{i2}, \cdots, X_{iD})$，$V_i=(V_{i1}, V_{i2}, \cdots, V_{iD})$ 分别为每一代粒子的第 d 维（$1 \leqslant d \leqslant D$）位置和速度，$P_i=(P_{i1}, P_{i2}, \cdots, P_{iD})$ 是截至目前历史最好位置，$P_g=(P_{g1}, P_{g2}, \cdots, P_{gD})$ 是全局最优位置，i=1，2，…，N。在上式中，惯性权值 u 取值 0.7，加速因子 $c_1=c_2=1.93$，初始速度、位置采用 rand（ ）函数随机赋值，最大迭代次数设为 t_{max} 取 3000，最小误差 $e=10^{-3}$，并设置粒子位置及速度的最大区间，规则为：若 $X_{id}^{(t+1)}>x_{max}$，则 $X_{id}^{(t+1)}=x_{max}$；若 $X_{id}^{(t+1)}<-x_{max}$，则 $X_{id}^{(t+1)}=-x_{max}$。当前迭代次数 Epoch 与最大迭代次数 t_{max} 比较，若 Epoch>t_{max}，则终止算法，当前的 g_{best} 为 BP 神经网络优化的权值和阈值，否则跳至下一步骤，继续下一次迭代。通过上述 PSO-BP 神经网络算法得出最优权值 g_{best}，即是预期时间段大楼冷负荷 ω_{best}。

（三）冰蓄冷模型

目标函数为在整个供冷期内的总运行费用，主要指制冷主机、水泵、冷却塔等动力设备的运行电费，记为 SUM。优化控制目标函数就是在满足负荷需求的前提下使运行电费 SUM 最低。

$$\mathrm{SUM}=\mathrm{C}+\sum_{k=1}^{n}e_k p_k$$

式中：e_k 为 k 时段的电价；p_k 为 k 时段动力设备总耗电量；C 为基本电费。

根据动态规划的常规解法，状态方程为：

$$\begin{cases}\mathrm{SUM}_k=\min\left(e_k+\mathrm{SUM}_{k+1}\right) \quad k=n,\ n-1\cdots \\ \mathrm{SUM}_{n+1}=0\end{cases}$$

$$\begin{cases}x_k=x_{k+1}-u_k \\ x_{n+1}=0\end{cases}$$

式中：SUM_k 为从第 k 到 n 时段的总运行费用；u_k 为 k 时段蓄冰量；x_k 为第 k 时段余冰量。

（四）长短期记忆循环神经网络预测算法

本课题研究的光伏发电、风力发电和楼宇负荷所产生的数据都是具有时间序列的特点，历史数据的变化带有时间属性。因此适合采用长短期记忆的循环神经网络算法（LSTM RNN），长短期记忆（LSTM）单位是循环神经网络（RNN）的单位。由 LSTM 单元组成的 RNN 通常称为 LSTM 网络，LSTM 单元由单元、输入门、输出门和忘记门组成。该单元记住任意时间间隔内的值，并且三个门控制进出单元的信息流。LSTM 网络非常适合基于时间序列数据进行分类、处理和预测，它的本质就是能够记住很长时期内的信息。LSTM 模型如图 2 所示：

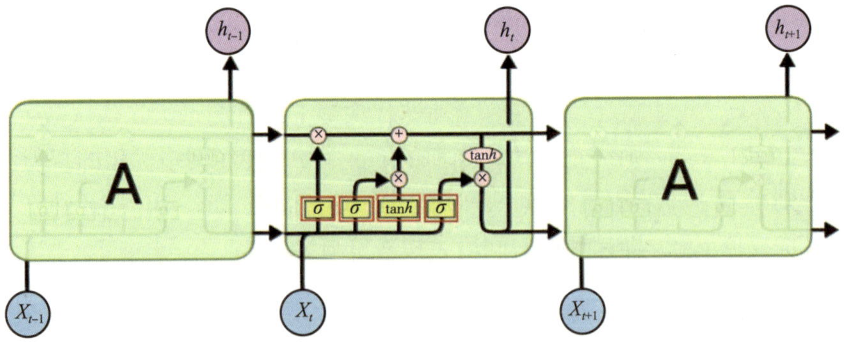

图 2　LSTM 模型

LSTM 模型中用到的主要激活函数为 tan*h* 和 sigmoid。两个函数的公式如下：

$$\text{sigmoid}: a=g(z)=\frac{1}{1+e^{-z}}$$

$$\tanh: a=g(z)=\frac{e^{z}-e^{-z}}{e^{z}+e^{-z}}$$

LSTM 模型预测的参数如表 2 所示：

表 2　LSTM 模型预测参数

预测目标	训练参数	预测输入参数	预测输出参数
光伏发电	时间、辐照度、风速、风向、温度、湿度、气压、发电功率	时间、辐照度、风速、风向、温度、湿度、气压	输出功率
风力发电	时间、温度、气压、风速、风向、发电功率	时间、温度、气压、风速、风向	输出功率
楼宇负荷	时间、温度、湿度、风速、负荷功率	时间、温度、湿度、风速	负荷功率

LSTM 模型中需要的天气数据采用多源数值天气预报（NWP），进行时间上精细化的数据清洗和空间上的多源数据修正，利用楼宇微型气象站以及楼宇四周部署的传感器形成网格布局，采集实时的精细化的时间和空间数据，利用该数据对多源数值天气预报进行修正，以达到减小预报结果的历史规律性误差和未来随机性误差，增强天气预测的整体适应性。通过采用数值天气预报多源融合技术，建立多源数值天气预报自订正、互校验双层修正模型，将数值大气预报时间分辨率从小时级提高至 10 分钟级，空间分辨率从千米级提高至百米级，从而实现了风光功率预测时间分比率提高到 10 分钟。常用数值天气预报的参数如表 3 所示。

表 3　常用数值天气预报产品及相关参数

数据源	水平分辨率	时间分辨率	更新频率
欧洲中期天气预报中心 ECMWF	9km × 9km	3 小时	6 小时 / 次
美国大气海洋局 NOAA-GFS	25km × 25km	3 小时	6 小时 / 次
德国气象局 DWD	10km × 10km	3 小时	6 小时 / 次
加拿大气象局 CMC	25km × 25km	3 小时	6 小时 / 次
IBM	3km × 3km	1 小时	3 小时 / 次
中国气象局 GRAPES	15km × 15km	1 小时	6 小时 / 次

通过多源精细化的天气预测模型和长短期循环神经网络的深度学习模型，我们的风光预测具有更精细的预测结果，对比行业标准如表 4 所示：

表 4　模型预测精度对比

标准或模型	时间分辨率	空间分辨率
风电功率预测系统功能规范（NB/T 31046—2013）	15 分钟	几千米
光伏发电站功率预测系统技术要求（NB/T 32011—2013）	15 分钟	几千米
本课题模型	10 分钟	100m

模型原理如图 3 所示：

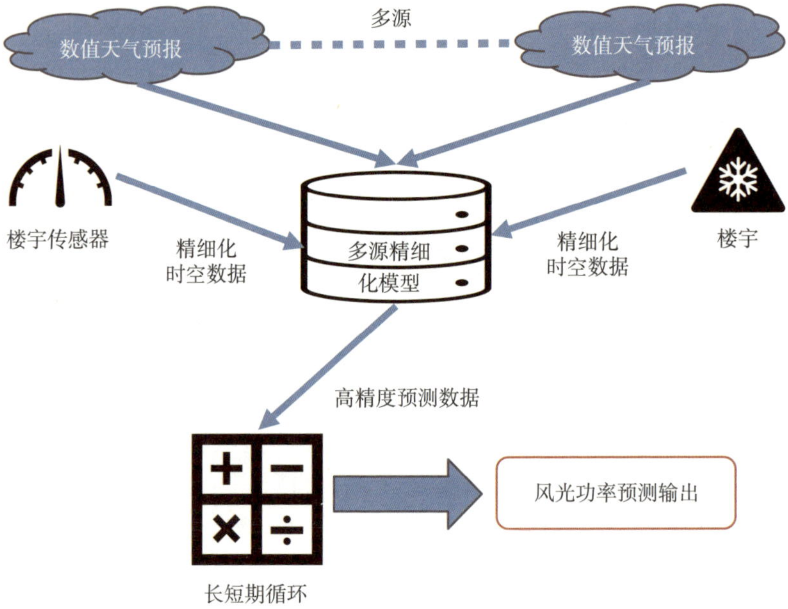

图 3　模型原理

以能源大厦光伏功率预测为例，对能源大厦数据分析挖掘特征相关性，根据数据分析结果特点进行特称工程，将处理后的特征数据放入搭建好的 LSTM 神经网络进行训练，训练数据为每分钟一条，持续训练 35 天，共计 5 万条数据，其中 3.5 万条作为训练集，1.5 万条作为验证集。

晴空条件下 15 分钟超短期光伏功率预测 mape 误差绝对百分比为 20% 左右，有功功率预测准确率为 80% 以上。算法模型训练结果如图 4 所示。

不同环境因素与发电功率的相关性热力图矩阵，如图 5 所示。可以发现，总辐照度、内部温度和外部温度对功率的正向影响较大。

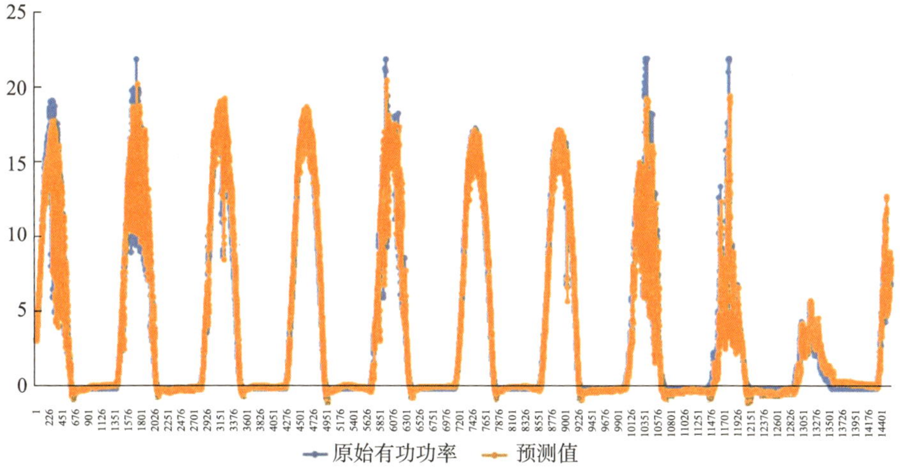

图 4　训练结果

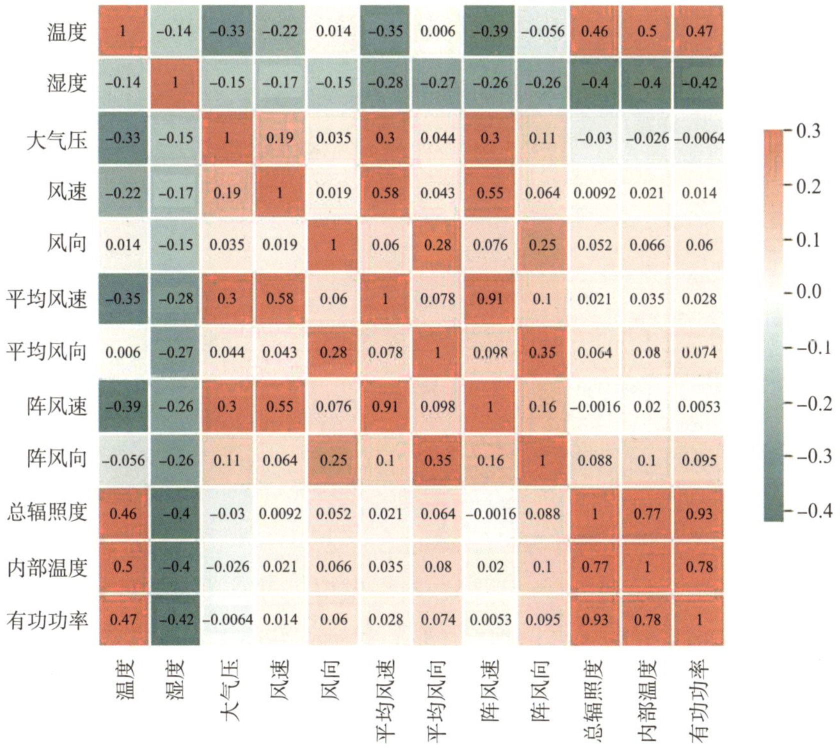

图 5　热力矩阵

（五）可调节灵活性计算模型

1. 可调节灵活性实时计算

可调节灵活性分为向上调节灵活性和向下调节灵活性，其中向上调节灵活性指的是可参与填谷的能力大小，向下调节灵活性指的是可参与削峰的能力大小。计算公式如下：

向上调节灵活性 = 楼宇聚合设备基线 – 楼宇最小电负荷

向下调节灵活性 = 楼宇最大电负荷 – 楼宇聚合设备基线

楼宇聚合设备基线：在满足环境温度为 22℃的情况下，聚合设备在每小时电费累加 24 小时后获得电费总价最低，这种状态下的 24 小时曲线为楼宇聚合设备基线。

暖通系统同时包括水冷机组和冰蓄冷。储能系统按照均匀充放策略计算，并支持最大功率充放电，与储能协同工作的可调节负荷大于等于储能放电功率，储能给电网供电无须考虑放电功率。

表 5　实时计算公式

<table>
<tr><th rowspan="2">灵活性计算</th><th colspan="2">可控负荷</th><th colspan="2">分布式电源</th><th colspan="2">储能类</th></tr>
<tr><th>暖通系统</th><th>可调节设备</th><th>光伏</th><th>风机</th><th>储能</th><th>V2G</th></tr>
<tr><td>楼宇聚合设备基线（当前负荷）</td><td>当前功耗</td><td>当前电负荷</td><td colspan="4">当前功率</td></tr>
<tr><td>楼宇最小电负荷</td><td>最省电功耗</td><td>最小电负荷</td><td colspan="2">当前功率</td><td colspan="2">放电最大功率</td></tr>
<tr><td>楼宇最大电负荷</td><td>最耗电功耗</td><td>最大电负荷</td><td>—</td><td>—</td><td colspan="2">充电最大功率</td></tr>
</table>

2. 可调节灵活性日前计算

根据建立的长短期记忆循环神经网络模型，对能源大厦负荷进行预测，得到可调节灵活性日前计算的预测基线，分别计算向上调节灵活性和向下调节灵活性，计算公式如下：

预测向上调节灵活性 = 预测基线 – 楼宇预测最小电负荷

预测向下调节灵活性 = 楼宇最大电负荷 – 预测基线

表 6　日前计算公式

灵活性计算	暖通系统	可调节设备	光伏发电	风机发电	储能　V2G
预测基线	楼宇预测负荷				
楼宇预测最小电负荷	最省电负荷	最小电负荷	预测功率		放电最大功率
楼宇最大电负荷	最耗电负荷	最大电负荷	—	—	充电最大功率

（六）线性组合协同聚合与优化算法

针对楼宇或者园区内多个资源设备的输出情况，通过指定策略的资源设备组合，进行线性累加，获得聚合输出。

$$\mathrm{P}_{\mathrm{out}}=\sum_{i=1}^{n}k_i p_i$$

式中：$\mathrm{P}_{\mathrm{out}}$ 为聚合输出，p_i 为本次组合设备的每个输出，k_i 为本次策略参与聚合的相关系数。

在输出控制方面采用 PID 控制算法，当产生偏差的时候，优先控制顺序为序号从低到高。

（七）需求响应策略

需求响应策略包括日前削峰响应策略和日前填谷响应策略。假设 22℃为最佳舒适度，26℃为舒适度上限，18℃为舒适度下限，实际数据由测量获得。

其中，日前削峰响应策略以收益最大为目标，满足最低舒适度（26℃）的条件下、实现资源组合在一天内收益最大；日前填谷响应策略以收益最大为目标，实现资源组合在一小时内收益最大。

第一步：根据响应时段计算日前响应量。

图 6　响应邀约参数

第二步：预估响应价格。

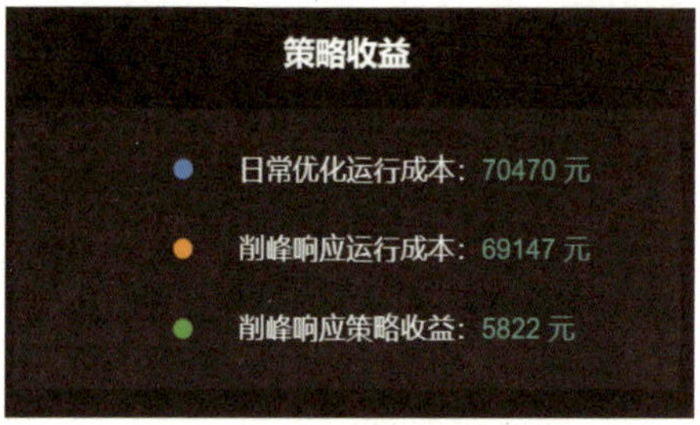

图 7　系统预估策略收益

第三步：确认响应策略。

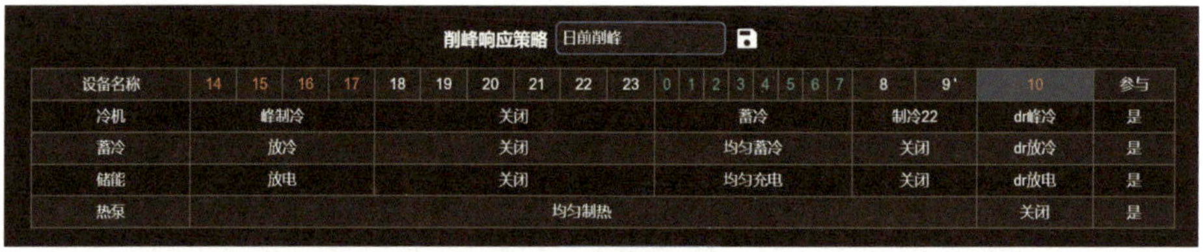

削峰响应策略　日前削峰

设备名称	14	15	16	17	18	19	20	21	22	23	0	1	2	3	4	5	6	7	8	9'	10	参与
冷机	峰制冷				关闭						蓄冷								制冷22		dr峰冷	是
蓄冷	放冷				关闭						均匀蓄冷								关闭		dr放冷	是
储能	放电				关闭						均匀充电								关闭		dr放电	是
热泵	均匀制热																				关闭	是

图 8　策略确认

三、取得的成效

本项目设计并完成了智慧楼宇资源聚合模型和削峰填谷响应策略。资源聚合模型和需求响应策略的关系如图 9 所示：

图 9　模型与策略关系

提出四种基于分时电价的运行策略，包含均匀充放聚合策略、集中充放聚合策略、储能充放策略和储能套利策略，如图 10～图 13 所示。

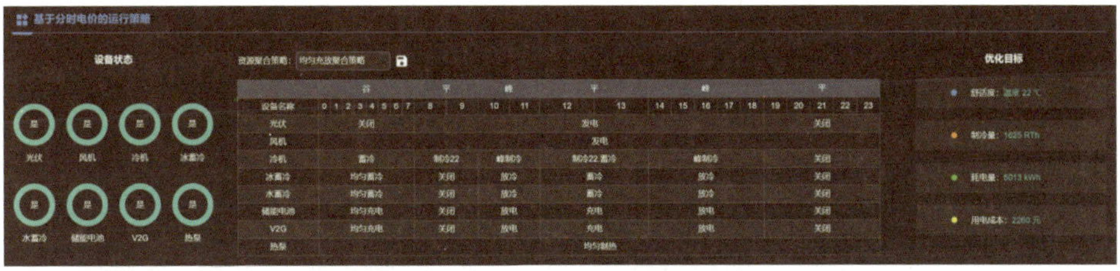

图 10　均匀充放聚和策略

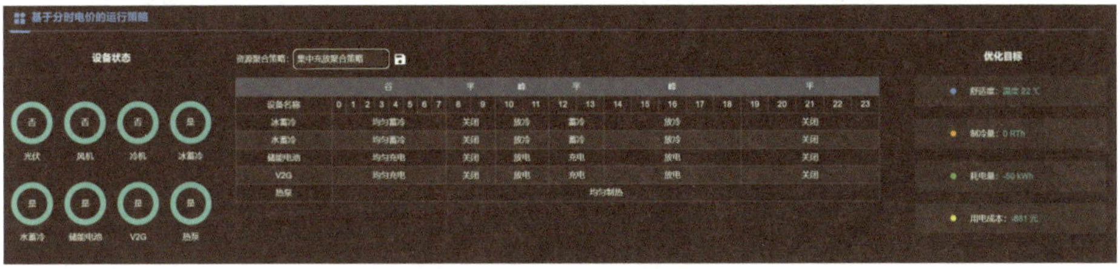

图 11　集中充放聚和策略

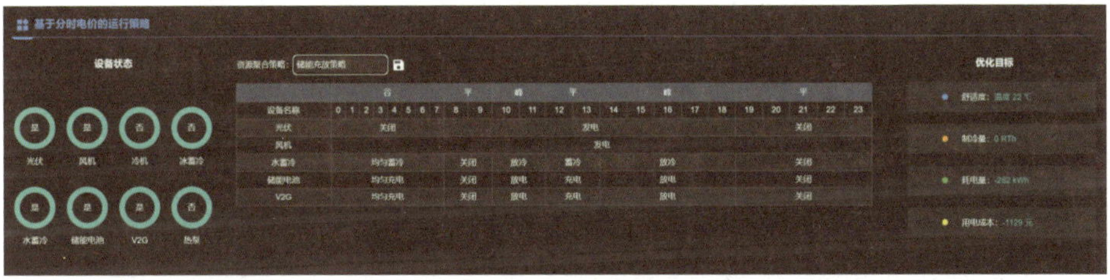

图 12　储能充放策略

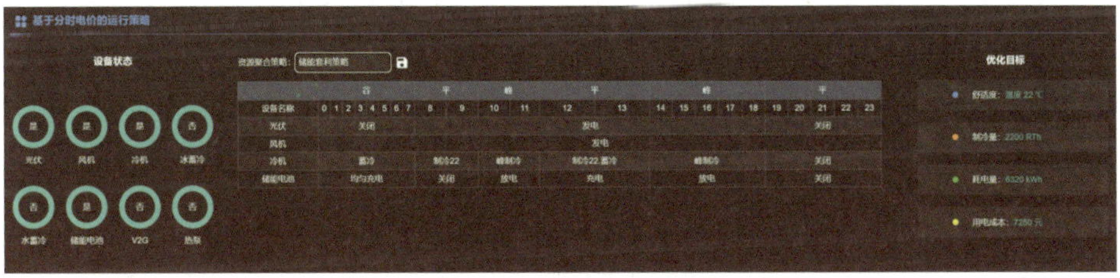

图 13　储能套利策略

设计在不同运行策略之下，参与日前削峰和日前填谷的需求响应策略。以图 14 为例，冷机、蓄冷、储能和热泵参与日前削峰响应调节，其中冷机采取谷时蓄的冷在峰时制冷，蓄冷设备放冷，储能设备将状态改为放冷，热泵设备关闭。

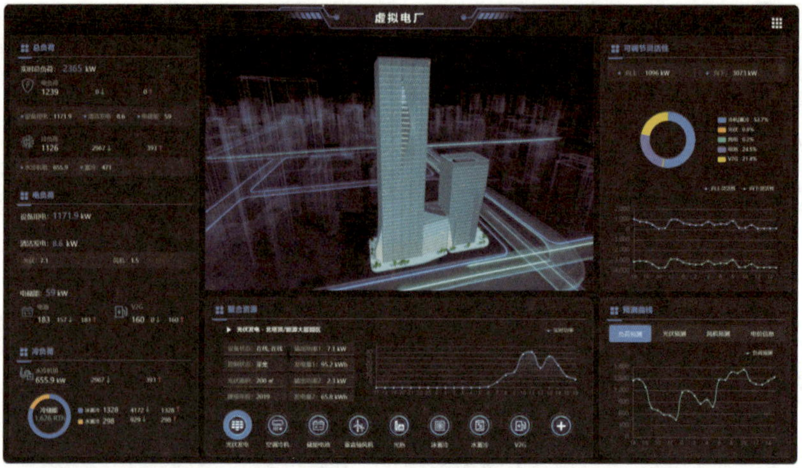

图 14　系统界面

虚拟电厂的策略模型页面分为上下两部分，上面为资源聚合与运行优化策略，属于日常运行的优化策略，对楼宇或者园区的负荷侧可控设备进行管理。下面是需求响应策略，包括日前削峰响应策略和日前填谷响应策略。内容如图 15 所示：

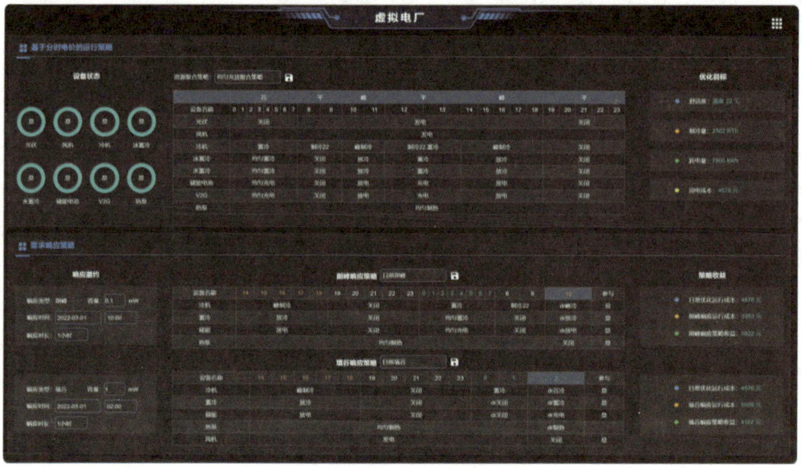

图 15　响应策略

需求响应页面展示了历史参与需求响应的数据和当前正在执行的需求响应的状态。页面右下方的列表是最近 7 次的参与需求响应的数据，选择某一条需求响应数据后会在上方显示需求响应状态。在左下侧显示需求响应邀约信息和响应策略信息。内容如图 16 所示：

图 16　响应邀约流程界面

系统设置界面包含用户管理、策略管理、报表统计、数据备份、灵活性参数设置、负荷集成商模拟及天气预报设置。

本项目通过对需求侧响应的虚拟电厂功能研究开发，完成城市楼宇场景中包含光伏、风机、储能、可中断负荷、需求响应机制等在内的虚拟电厂终端模型研究，并构建原型机；完成虚拟电厂日前、日内优化调度终端模型；完成一篇期刊论文的发表；获取一项软件著作权；完成一项实用新型专利授权。

（由深圳能源集团股份有限公司供稿）

复杂地质条件综采工作面智能开采技术研究与示范

一、基本情况

中国煤矿机械装备有限责任公司（以下简称装备公司）成立于1988年，是中国中煤能源集团有限公司（以下简称中国中煤）旗下面向国内外煤矿企业，专业从事煤矿工程机械装备“研制、供给、维修、租赁、服务”“五位一体”的二级企业。截至目前，拥有全资、控股、参股企业及分公司14家，企业资产总额近240亿元，员工7000多人。

中国中煤装备制造板块在产业规模实力、技术装备水平、产品成套服务能力、综合竞争实力等方面均居行业前列，在国内率先形成煤矿综采综掘装备高端化、成套化、智能化研发制造服务能力，技术水平和市场占有率国内领先，产品远销美国、英国、俄罗斯、澳大利亚、印度、越南、土耳其等国家和地区。先后参与了国家“863”“973”计划、国家重大科技支撑计划、国家火炬计划、国家重点研发计划、国家1025“卡脖子”专项等40余项重大专项计划，获得国家科技进步一等奖、国家科技进步二等奖、国家技术发明二等奖、省部级科技进步一等奖等科技奖项140余项，拥有国家专利2029件，发明专利663件。

中国中煤装备制造板块将牢牢抓住国家能源转型的战略机遇，致力引领煤炭工业现代化发展方向，紧紧围绕中国中煤“存量提效、增量转型”发展思路，立足“信息化、智能化、数字化”发展定位，加快能源综合服务产业转型升级，不断推进煤矿智能化系统集成和智慧矿山建设，打造以煤矿装备为主体，服务型制造和新能源产业多元发展的新业态新格局，努力建设成为责任型、价值型、创新型、示范型，具有国际竞争力的世界一流清洁能源技术装备供应服务商。

二、实践经验

（一）聚焦技术“瓶颈”，深化关键技术攻关

1. 采掘设备关键电气件、控制系统及操作系统国产化开发

针对刮板运输机、采煤机、掘进机、采掘工作面智能化控制系统和液压支架电液控制系统配套的关键电气件、控制器，开展自主可控关键技术攻关和应用研发，解决了关键电气件长期依赖进口产品，存在技术“卡脖子”风险的问题。加强与国内传感器制造企业协同对接，进一步明确核心传感器在煤矿复杂环境下应用的场景需求，通过技术攻关、错位替代和工艺优化等方式，实现了真空接触器、倾角传感器、轴编码器等核心感知、执行器件的国产化替代。充分利用央企资源优势，强强联合，主动开展国产化芯片的工控主机适配工作。开展了基于中国电子飞腾 D2000 芯片的工控主机、基于 E2000 芯片的 PLC 产品研发，完成麒麟操作系统、矿山鸿蒙操作系统等国产化操作系统的适配，实现从“芯”到“魂”的全部国产化替代，从底层芯片单元到整机装置、操作系统全面自主可控，保障煤炭开采装备的安全、可靠、稳定运行。

为推动煤矿数据的全量实时搜集及格式的统一，搭建煤矿智能化建设的技术底座，开展基于矿山鸿蒙（矿鸿）操作系统的工作面核心设备国产化开发。联合硬件电路生产企业、华为公司及煤机制造企业，组建项目专班，合作开发基于国产化芯片的底层电路板、煤机装备硬件控制单元，进行矿鸿操作系统适配并开发配套应用软件，构建一套芯片、电路、操作系统、应用软件全国产化的综采工作面成套控制系统，解决了设备交互间的信息孤岛问题和主动交互感知问题，实现综采工作面设备间数据主动采集、主动识别，设备姿态主动感知、主动调整，协同动作主动控制、主动保护。建立了基于矿鸿操作系统的设备联动模型，突破多主多从的工作面设备联动控制“瓶颈”，构建基于物联网架构的工作面设备控制体系，形成全新架构下设备主动感知、智能控制的新模式，保障工作面设备安全、稳定、可靠运行，支撑煤矿综采工作面智能化建设，为探索煤机设备的国产化、自主可控能力建设提供经验和模式借鉴。

2. 采掘工作面精准感知及可靠传输关键技术研究

近年来，全行业积极开展煤矿智能化建设，建成了一批多种类型、不同模式的智能化煤矿采掘系统，但智能化技术的常态化应用仍需进一步加强。

装备公司以问题为导向，开展技术攻关，解决现场常态化应用过程中的“瓶颈”问题。一是提高感知能力，开展关键结构件稳定性及精准性研究。整合装备板块力量，组建专家团队，对核心部件生产加工制造过程中的各个环节逐项优化，提升核心部件的稳定性，提高煤机装备本体可靠性，降低结构件质量问题给煤机装备带来的影响。优化整机装备感知器件安装的位置，更改传感器与通信线缆间连接方式，加强高精度传感器在煤机装备中的保护方式，增大新一代感知器件的替换力度，系统性加强煤机装备本体可靠性和感知精准性，为数据分析、逻辑判断提供基础性保障。二是提高可视化能力，开展低延时全景的拼接监控技术研究。针对煤矿井下看不清、看不准、看不全问题，开展多目摄像仪全景拼接技术研究。针对高湿、高粉尘、低光照环境下视频系统成像不稳定问题，与国内顶尖高校和企业合作，联合进行技术攻关。通过对多焦面视频大场景拼接技术研究，建立工作面全场景的视频拼接模型，形成可视化成像与设备数字孪生成像相结合的视频显示方案，操控人员能够以全景、局部多视角精准查看设备的状态和相互间位置关系，有效解决井下复杂环境下视频监控的痛点和难点问题。通过构建低延时数据通信体系，解决大规模图像数据在传输过程中的延时问题，保障地面监测人员在监测井下图像的实时性和稳定性，为远程地面控制提供视觉支撑。三是提高数据传输稳定性，开展复杂环境下一体化通信网络平台建设研究。针对工作面智能化建设过程中网络架构复杂，通信线缆较多，维护不便等现场痛点，开展基于有线、无线冗余式通信架构体系研究，构建工作面有线、无线一体化网络平台体系，结合煤矿井下实际工况，定制化开发一体化网络平台产品，实现移动设备数据通信无线化、近端设备连接有线化、远端设备连接网络化。构建多接口、多协议、多通道的一体化网络平台，解决复杂环境下通信线缆连接错综复杂、工作过程线缆连接易松易损，后期维护难查难换等问题。一体化网络平台的搭建为各设备数据交互提供稳定的网络保障。四是提高控制适应性，开展规划截割控制技术研究。组织攻关团队，针对传统记忆开采技术在煤层起伏变化大场景下造成的适应能力弱等难点，通过应用大数据技术和智能分析技术，建立基于灰色理论的规划截割模型，解决设备震动和感知精度低带来的控制误差问题，突破了规划开采、精准开采技术“瓶颈”，为推动智能开采技术常态化应用提供了新的控制模式和方法。

（二）面向应用需求，加速核心产品研发

1. 综采工作面集中控制系统

集中控制系统作为综采工作面群组设备的大脑，是协同控制各类设备的指挥官，是工作面智能化建设中最重要的环节。装备公司依托长期积累的设备配套经验及现场服务优势，组建专家技术团队，将专家经验和工程技术充分融合，开展成套化系统设计及研发。同时增加技术人员现场调研服务频次，深度挖掘现场应用痛点、难点，不断提升系统的适用性，通过不断地更新迭代，形成一套满足现场实际需求的综采工作面集中控制成套化系统。

2. 工作面直线度监控系统

随着近年来煤矿智能化建设的深入推进，综采工作面已逐步实现远程集中监测和控制功能，但在实际执行过程中仅能完成一次或两次的全自动化。智能化控制无法连续使用，其核心原因是无法精准调整设备的直线度，不能满足工作面工程实施过程中的“三平两直”要求。国外针对该项痛点，研发了基于陀螺仪导向定位的 LASC 系统，但其核心技术不对我国开放。对此，装备公司采取联合惯导设备生产商的方式协同攻关，先后完成进口产品的系统分析、原理性拆解、传感器选型和现场测试，逐个环节反复验证。在国家能源研发试验中心搭建模拟井下实际环境的试验场所，改进设备连接和部署方式，定制化开发测试软件用于监测各项环节数据，全面分析设备运行状态，总结查找问题数据出现的原因和影响环节，反复优化设备性能，最终成功完成与进口产品指标相匹配的工作面直线度监测装置，在此装置基础上结合井下实际开采工艺，定制化开发工作面直线度监控系统软件，搭建了具有完全自主知识产权的工作面直线度监控模型，成功实现了工作面设备直线度状态的实时绘制及设备调整策略下发，与工作面支架电液控制系统配合，解决了工作面直线度监测控制难题，形成了完善的解决方案，为工作面智能化连续开采提供了技术支撑。

3. 设备上窜下滑监控系统

针对长期困扰煤炭开采的设备上窜下滑的监测和控制难题，装备公司组织技术人员深入现场，与煤矿作业人员交流座谈，了解现场问题和处理方案，经过反复技术论证，形成了一套完整的技术解决方案，并同步开展产品研制和系统开发工作，克服了煤矿特殊环境下产品防爆化处理和测量精准度识别等难点，成功研制出具有精准监测能力的矿用产品，填补了行业空白。经过井下实际运行，该产品能够有效解决复杂断面距离精准识别问题，并将测量

数据实时传输至集中控制系统，从而实现上窜下滑监测设备与工作面其他设备的联动控制。同时依据现场操作习惯，定制化开发了上窜下滑调整控制工艺程序，采用模块化工艺组合式控制方法，可根据生产要求设定对应的组合式控制工艺，调控设备在工作面的位置，减少设备上下窜动带来的生产风险，提升操作环境的安全性，保障设备安全、稳定运行。

（三）立足增安提效，强化创新成果应用

装备公司以助力煤矿“安全、高效、智能、绿色”发展为目标，积极推动各项技术成果的落地应用。结合不同煤矿特点，因矿施策开展各种类型的智能化工作面建设，先后完成智能化开采工作面建设项目 40 余项，服务国家级示范煤矿建设 5 处。建成多处复杂地质条件下的智能化示范工作面，其中，大海则煤矿建设成为基于多元动态模型“地—边—端”三级垂直安全管控的智能化工作面，门克庆、葫芦素煤矿建设成为强冲富水煤层的智能化工作面，母杜柴登煤矿建设成为基于复杂环境下的 5G 通信智能化工作面，小塔山煤矿建设成为基于老旧设备智能化升级的低成本智能化工作面，大屯地区建设成为基于复杂地质环境深埋深的智能化工作面。通过智能化项目的推进和实施，形成了一套成熟、完善的监测控制体系，攻克了综采工作面设备、人员、环境精准定位、感知、控制等技术难题；解决了多系统融合、多坐标变换、多工艺互通、多参量判定问题，实现了智能化工作面安全、高效、绿色开采；满足了国家、地方政府对智能化工作面建设的各项要求，支撑了煤炭行业智能化矿井建设。

三、取得的成效

通过技术攻关、产品研发及工程示范，装备公司在多年的探索中构建了具有自主知识产权的智能开采技术体系，建立了四层三平台的智能化煤矿建设方案，形成了记忆开采、规划开采、精准开采三种开采模式，研发了工作面集中控制系统、直线度监控系统等多类软硬件产品。各项技术均在行业内起到引领示范作用，推动了行业技术进步和发展。一是创建了“人—机—环”一体化坐标体系的空间定位方法，解决了多元素、多参量精准感知和控制问题，实现了复杂环境的智能开采常态化应用。二是构建了“地—边—端”三级垂直安全管控体系，定制化研发了具有安全保护功能的软硬件，突破安全响应时间小于 50ms 的技术“瓶颈”，改变了传统的远程监控方式。三是首创了工作面少人巡检、顺槽集控无人值守、地面远程规划操控的智能开采管控

模式。四是研发了基于地质信息、工况信息及修正数据的融合平台，建立了精准动态地质模型，解决了多参数关联的地质模型动态更新技术难题，实现了采煤机与动态地质模型实时耦合联动，方便规划开采全过程。五是定制化设计了在复杂地质条件下的规划截割控制工艺及技术，提出了多刀粗单刀精、底板平缓过渡，顶板压采结合的规划开采控制模式。在蒙陕地区煤矿应用过程中，采煤机开采速度最快可达 15 米 / 分钟，正常自动开采速度为 6~10 米 / 分钟，自适应规划割煤误差小于 5%。单班最大割煤刀数为 9 刀，最大日产量达 3 万吨，最大周产量为 20 万吨。系统使用期间集控系统操作人员均可在地面生产指挥中心操作，取消井下集控操作岗位。大幅降低工作面巡检人员对采煤机和支架的干预率，采煤机自适应规划割煤率高达 80%，回采效率提高 3%。该套智能集控系统融合度高，能够实现对工作面生产现场工况的预判和安全管控，在智能化开采程度提高的同时，大幅降低了工人的劳动强度并明显提高了系统运行的安全性，为矿井安全生产和高效生产提供技术保障，为煤矿对综采工作面的管理提供了极大的帮助。综采工作面智能化技术的成功应用，解决了在复杂地质条件下综采工作面安全、高效、智能开采的核心问题，对减少井下危险区域的操作人员数量，降低恶劣环境下工人劳动强度，保障国家能源安全，推动产业技术升级，起到引领示范作用。

（由中国中煤能源集团有限公司供稿）

冻结法施工的技术革命与价值重塑

在习近平总书记“四个革命、一个合作”能源安全新战略指引下，中煤邯郸特殊凿井有限公司积极响应并落实，紧密结合自身实际，不断践行技术革命，持续带动产业升级，在能源矿产开采领域完成了冻结法施工从措施性辅助工法到支持性关键工法的跨越式变革，并在应用环境、场景上不断取得重要突破，实现了冻结技术应用的价值重塑。

一、基本情况

中煤邯郸特殊凿井有限公司（以下简称特凿公司）成立于1974年，是中煤建设集团有限公司全资子公司，中国中煤能源集团有限公司落实“专精特新”发展思路的专业化三级企业。该公司立足能源基础设施建设领域，以井工煤矿特殊凿井冻结施工为核心主业，辐射市政冻结工程、大口径钻孔施工、覆岩离层注浆运营等相关主营业务。在核心主业领域，贡献了诸多的原创技术，赢得了广泛的市场赞誉，是集科技引领和市场主导双重优势的头部企业。

在技术应用发展方面。我国冻结施工技术应用始于20世纪50年代井工煤矿特殊凿井施工，以冷媒定向循环和冷热交换控制为主要作业原理，通过持续人工干预，形成靶向地层冻结帷幕，达成建井路线应力及水文环境的支持条件，历经近70年发展，因其独有的技术优势，兼具绿色环保、安全稳定等特质，伴随项目实践应用与技术裂变优化，逐步发展为解决复杂地质条件下矿产资源开采、防治地下水害的专业优选工法，截至目前，实践冻深超过500米的其他国家共有7个，相应指标区间548~930米，我国以接近千米暂居首位。

在冻结技术业绩方面。累计参建井工煤矿300余座，完成矿井冻结工程400余项，获评省部级以上优质工程30余项。其中，东庞煤矿矿井工程获得建筑行业首个鲁班奖；程村煤矿冻结工程等10余项冻结工程获得全国煤炭行业工程质量“太阳杯”奖；郭屯煤矿主井井筒冻结工程获全国建筑业新技术应用示范工程称号。在全国范围内，先后6次刷新井工煤矿立井开拓冻结深度纪录，首次将冻结施工技术应用于井工煤矿斜井开拓，并4次刷新冻结斜长纪录。目前仍是立井冻结垂深 990 米、斜井冻结斜长 1109 米的相关纪录保持者。

在冻结技术科技成果方面。“600 米特厚表土层冻结法凿井关键技术”“人工冻土基本力学性能研究与应用”获得相应年度国家科学技术进步奖二等奖；“深厚黏土层冻结技术”“巨厚黏土层多圈非等强复合冻结壁关键技术研究”等多项国际领先科技成果获得省部级及以上科技成果专项奖励。设计研发国内首台（套）高精度测定一体冻结钻孔测斜设备、首座移动式冻结站、首座智能化冻结站及首个冻结站智能巡检机器人等一批尖端装备，应用效果良好。为冻结施工提供了有力的设备支持与技术保障。

二、实践经验

“富煤、贫油、少气”是我国能源资源赋存的基本国情，在国民经济持续增速发展阶段，煤炭能源在一次性能源生产和消费中占据主导地位，是落实能源安全新战略的必要基础保障。

然而，尽管我国煤炭自然赋存丰富，但经济可采储量仅占 30%，其中，千米以深赋存占比过半，侏罗系、白垩系水患，深井地热、地压侵害，深厚表土地层影响等都是矿井安全顺利建设的“瓶颈”。可喜的是，近年来伴随着冻结施工技术的不断创新发展，相关矛盾正在逐步化解，技术“瓶颈”正在逐个突破，冻结技术革命对煤炭资源从赋存、探明到最终可采的重要现实意义和保障能源安全的重大战略意义日趋凸显。尤其在最近 10 年，习近平总书记“四个革命、一个合作”能源安全新战略提出以来，为保障地下资源开发需求，资源勘探开采正向深地领域进军。特凿公司锚定“三深一土”攻坚方向，顺势而为、迎难而上，发挥了应有的战略支撑作用，取得了重要的实践经验成果。同时，还在其他关联领域实现了耦合拓展。

（一）冻结技术应用环境的“瓶颈”突破

1. 深厚黏土冻结技术理念与实践双突破

在我国东部地区，表土埋藏深、厚黏土层居多，因其自身抗压强度低，易流变，类似地层建井采用普通法、注浆法不能保证矿井安全，导致早期类似地层的矿产资源开采停滞不前。为解决上述难题，人工冻结技术应运而生并得以推广发展，该技术有效提高了含水层抗压强度，保障了深表土地层建井安全顺利。2000 年以前，冻结法凿井穿越深厚黏土层最大厚度只有 415 米。21 世纪以来，特凿公司经过 20 多年的工程实践与探索研究，成功研发分圈、分期、异步冻结技术，创新性提出“多圈非等强复合冻结壁”的设计理念，先后获得“人工冻土基本力学性能研究与应用”“600 米特厚表土层冻结法凿井关键技术”和“深厚黏土层多圈非等强复合冻结壁关键技术研究与应用”等成套深表土冻结关键技术，先后攻克 500~800 米穿越深厚黏土层冻结技术难关。典型工程案例有：山东新巨龙东副立井冻结工程，冻结深度 958 米、冻结表土厚度 631 米，是当时国内冻结深度最深、表土较厚的冻结井筒。依托深表土系列冻结技术，井帮温度精准控制在 -8~-6℃；井帮位移不大于 20 毫米，成功化解冻结管断裂风险，顺利穿过 631 米深表土层。冻结技术为解决东部地区能源开采问题提供了有力技术支持，为未来开采更深、更加复杂的矿产资源奠定坚实基础。

2. 千米深井冻结技术突破

我国西部地区表土较浅，普遍为 100 米左右，其余部分为基岩，地层主要由白垩系、侏罗系地层等组成。白垩系地层，因其成岩时间短，岩石抗压强度低，具有遇水泥化、见风风化的特点，孔隙裂隙发育，地下水丰富，采用冻结法施工可以很好地化解井筒片帮、坍塌和透水等风险，已成为白垩系地层矿井建设的主要工法，在我国西部地区富水白垩系地层下煤炭资源开发领域发挥了巨大作用。目前，特凿公司自主研发的“高地温、大流速千米深井冻结关键技术”已成功应用于西部地区冻结工程，解决了白垩系含水地层矿井建设难题，获得了白垩系地层冻结壁发展规律和高地温（43℃）大流速条件下深井冻结关键技术，为国家实施西部大开发战略、西部能源开发提供了关键性技术支持。其中，高家堡煤矿西区进风井冻结工程，以 990 米的冻结深度创下国内冻结深度最深纪录。

（二）冻结技术应用场景的延伸拓展

1. 非煤矿山应用初现成效

冻结技术在煤炭开采领域取得了成功应用，同时又积极向石膏矿、磷矿、铁矿等非煤矿山领域移植拓展，并取得良好成效。尤其是在河北唐山首钢滦南马城铁矿主斜坡道冻结工程中，利用分段、分区等斜井冻结工法，成功解决井筒穿厚卵砾石地层、滦河河漫滩地层和冻结斜长 1109 米的难题，形成“千米斜井长距离穿越厚卵砾石层冻结凿井施工关键技术”，经煤炭工业协会鉴定，该项目成果达到了国际领先水平。冻结技术为今后解决复杂地质条件下进行地下空间建设提供了一项更加安全可靠的技术。

2. 市政公共领域应用加快步伐

我国城市地层复杂多变，伴随着城市地下空间建设深度的不断延深，地下水对基建施工的影响越来越大。而冻结法在治水措施工程中被誉为绿色环保、安全稳定和最有效的方法，并经过不断的实践应用与技术裂变优化，已广泛应用于地基基础、水利、地下铁道以及河底隧道等工程中，成为国家用于城市地下空间建设防治复杂地层地下水害的重要手段，其中，具有代表性工程有珠港澳大桥拱北隧道顶管冻结工程——世界首座管幕冻结法施工的世界最大断面；云南抚仙湖出流改道工程——国内首例水利冻结法施工案例；润扬大桥工程——世界首例冻结排桩围护止水工程等，展现了良好的应用效果和社会价值。冻结技术经过不断的进步、优化，势必为我国城市化建设贡献出应有的力量。

（三）冻结技术智能智慧的融合升级

信息技术、智能技术的发展是未来技术的发展方向，冻结技术智能智慧化建设通过自主搭建“信息化、智能化、数字化、网络化”四个平台，创新融入机组及井壁实时监测、冻结数据智能分析、设备故障自动报警、冻结参数精准调控、冻结纵向温度采集、冻结壁发展自动分析系统等功能，集成信息化综合管控平台，通过对冻结站设备进行信息通信改造、自动化控制与调节，推动各独立系统深度融合，打破系统间信息“壁垒”，消除信息“孤岛”，使信息可以融合互通、数据共享、信息联动，实现冻结壁发展的精准控制与冻结站经济化运行。将此技术在陶忽图煤矿中央风井冻结工程、门克庆煤矿风井冻结工程和核桃峪煤矿冻结工程进行实际应用，据不完全统计，该技术直接推动设备运转效率提高15%、运行能耗降低6%，取得了显著效果。

（四）“产学研用”联动发力

特凿公司作为专业化冻结服务企业，深入贯彻“小内脑 + 大外脑”创新模式，注重目标规划引领，围绕“向内优化，外延发展”工作思路，聚焦冻结工程新旧动能转换迫切需求，以补齐冻结技术链断点和短板为重点，积极响应国家关于科技是第一生产力的号召，与中煤建设集团有限公司联合成立了“冻结技术研发分公司”，形成科技研发、专家顾问、项目应用的“产学研用”的“四位一体”、循环发展平台布局。组建了由中国工程院院士、中国矿业大学、北京科技大学等国内知名专家组成的顶尖专家顾问团队，积极提供冻结技术研发、技术服务、技术咨询。自主研发光纤陀螺测井仪、智能化冻结站、一体式冷冻机等一批原创性装备，有效促进了冻结技术的发展。近年来，特凿公司会同研发分公司累计参与8项科研项目，包含国家能源局“补短板”项目、中国中煤重点项目与原创性自选项目，科技成果转化率达90%以上。连续4年研发投入强度保持7%以上。每年开展冻结技术交流会，为能源行业不同客户超前定制个性化配套服务，参与技术可行性论证，推动传统矿井冻结技术向非煤领域转型，基本实现“产学研”向“产学研用”的闭环转化。

三、取得的成效

党的十八大以来，特凿公司积极践行国资央企责任担当，深入贯彻习近平总书记“四个革命、一个合作”能源安全新战略工作部署，聚焦“专精特新”发展方向，立足能源基础设施建设领域，大力开展冻结工程核心技术研发与推广，引领行业发展质量稳步提升。

一是推动冻结深度不断向纵深发展。冻结技术经近70年的长足发展，由百米冻深的井筒发展到千米冻深井筒；由不足百米的浅表土冻结到现在近800m深厚黏土层冻结；由立井冻结工程革命性跨越到斜井冻结工程；由-30℃左右常规冻结温度发展到-80℃极端复杂超深冷冻结。冻结工法随着国家各阶段发展，已深度厚植到矿山、市政、民建、路桥和隧道等诸多领域。特凿公司作为国内冻结行业领军企业，自觉承担发展重任，先后6次刷新国内立井冻结深度纪录、首次将冻结法引入斜井冻结，并4次刷新国内冻结斜长纪录。解决了穿越800m厚表土的深井冻结施工难题和冻结斜长1109m的冻结难题。同时解决了千米深井地层温度高达43℃和地下水流速达20m/d的冻结技术难题。

二是建成完整的冻结核心技术体系。作为国内唯一集打钻、冻结、研发于一体的专业化冻结施工企业，特凿公司强化顶层设计，专注研发战略前沿技术，成立冻结技术研发分公司，先后攻克千米超深立井、千米超长斜井、深厚黏土层井筒、高地温大流速矿井冻结核心技术，相继推出光纤陀螺测斜仪、智能化冻结站等尖端产品，获得省级“专精特新”企业、省级技术研发中心、高新技术企业等10多项权威认证，推动冻结技术“亮相央视”，在耦合冻结技术链、创新链方面做了大量有效工作。具有为国内外各类矿井提供先进可靠的冻结技术系统性服务的核心能力。

三是坚决扛起央企责任使命担当。特凿公司深入践行服务国家能源基建责任，切实履行冻结技术“国家队”的责任担当，始终以引领行业发展为己任，深度参与国家能源局“国家能源装备补强短板”行动，多次攻克超深立井、超长斜井、绿色高效冻结技术等“卡脖子”技术难题，保持在冻结领域绝对领先地位。主动牵头将冻结技术推广至煤矿治理、斜井施工、地铁建设领域，大力宣传冻结原态环保施工优势，引领冻结行业发展壮大。高标准完成多项世界级冻结工程，填补多项应用空白。主动践行人才强企发展战略，依托冻结技术研发公司，与国内科研院校合作，快速裂变冻结技术和技能队伍，为国家培育专业化冻结施工技术人才 500 余人，为行业高质量发展贡献智慧和力量。

四是推动节能降耗引领绿色发展。作为国内冻结行业的领军企业，特凿公司聚焦“机械化减人、自动化换人、智能化无人”目标，大力开展冻结工程核心技术研发，推动原创性、首创性装备开发与应用，不断提升智能化水平，努力构建“环节最简、系统最优、用人最少、成本最低、安全最好、效率最高、节能环保”的集约化高效冻结施工模式。2023 年建成国内首个智能化冻结站，高效应用于陶忽图中央回风井冻结工程，可精准分析冻结壁发展状况、科学调整冻结参数、合理调配制冷量，提前达到试挖条件，在确保安全施工的前提下，积极冻结天数较设计减少 10 天，综合节电约 500 万千瓦时，直接减少碳排放约 4800 吨，产生了良好的经济效益与社会效益。

五是不断提升中煤冻结品牌影响力。企业组建 50 年来，始终专注冻结施工行业，先后在全国 22 个省（区、市）承揽工程 400 余项，创省部级以上优质工程 38 项，占全国冻结井筒 50% 以上，高精尖冻结市场份额近 70%，市场占有率首屈一指。获得包括鲁班奖、国家银质奖、国家科学技术进步奖在内的各类荣誉 45 项。先后主编和参编 5 项国家规范及行业标准；获得国家级、省部级工法 15 项；拥有国家发明专利和实用型专利 44 项。

相信随着未来地下空间建设和深地能源开发的不断升级，冻结技术将不断创新、应用、发展，为国家深地建设和能源安全战略作出更大的贡献。

（由中国中煤能源集团有限公司供稿）

覆岩离层注浆充填技术在煤炭开采中的应用

一、基本情况

义煤集团前身为义马矿务局，1958 年 3 月成立，1997 年 12 月改制为义马煤业（集团）有限责任公司，2008 年 12 月改制为义马煤业集团股份有限公司。2013 年 9 月在河南省委、省政府的统一部署下，与河南煤业化工集团有限责任公司进行战略重组，成为河南能源化工集团下属骨干成员企业。2011 年 2 月，公司下属河南大有能源公司在上海证交所上市（股票代码：600403），是河南能源化工集团下属的唯一煤炭上市企业。公司产业主要涉及能源、现代物贸和有色金属等，在册职工 4 万余人，资产总额 512 亿元，下属法人单位 122 家，主要分布在河南、青海、山西、四川、新疆及澳大利亚，现有正常生产矿井 15 对（含河南省内 13 对，青海 1 对，澳大利亚 1 对）。煤炭资源储量 14.4 亿吨，可采储量 7.7 亿吨，核定生产能力 1785 万吨。煤种涵盖长焰煤、贫瘦煤、主焦煤等，现开发出动力电煤、化工煤、高炉喷吹煤、炼钢用精煤等多种产品，可满足电力、化工、钢铁等多个行业的需求。

河南新义矿业科技有限公司成立于 2022 年 9 月 9 日，注册资本 1000 万元，隶属义马煤业集团股份有限公司，为义煤集团全资子公司，公司发展前身为 2019 年 10 月成立的新义矿业注浆减沉工作专班，该公司目前现有职工 78 人，其中高级工程师 5 人，工程技术人员 5 人，技术骨干 20 余人。公司主要以促进煤炭“清洁生产、绿色开采、低碳发展”为发展方向，围绕“塌陷区治理、充填开采、煤矸石综合利用、矿井水综合利用、瓦斯综合利用”等方面开展业务。

二、实践经验

（一）技术原理与工艺流程

1. 技术原理

煤层作为一种典型的沉积岩层，其覆岩通常是层状岩体，在煤炭开采后将出现大面积的移动与变形破断，向上逐步发展形成地表沉陷，对建构筑物、土地和生态环境造成影响。

根据覆岩破坏形式，一般将破坏区划分为三带，即冒落带、裂隙带和弯曲下沉带，在弯曲下沉带内部软硬岩层之间，由于各分层的厚度、岩性等差异造成各分层的刚度不同。由于刚度不同，各分层的下沉速度有所差异。这种差异造成覆岩在不断垮落的过程中，在弯曲下层带刚度大的上分层和刚度小的下分层间产生“离层”。离层的存在时间不尽相同，大部分离层可能短时间内就闭合，上下分层刚度差异大的离层可能存续时间较长，差异特别大的可能长时间存在。

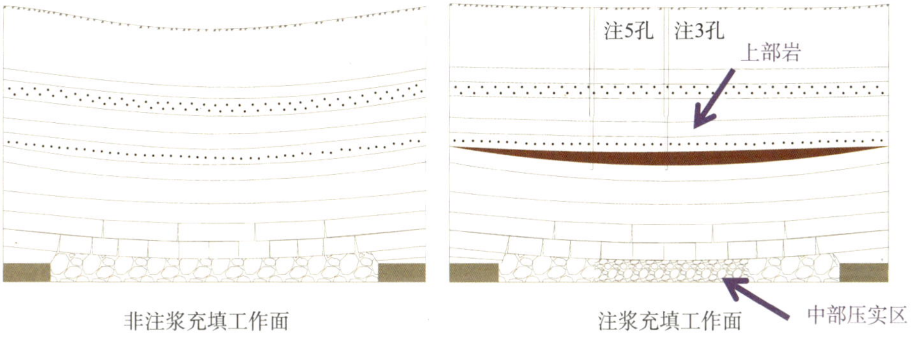

图 1　覆岩离层注浆充填控制地表沉降机理

离层注浆充填就是通过地面钻孔对采动覆岩离层区进行高压注浆充填，离层内因注浆产生的液压作用，向上托举离层的上部岩层，向下进一步压弯下覆岩层、压实冒落带，使其在工作面中部形成一定宽度的压实支撑区，类

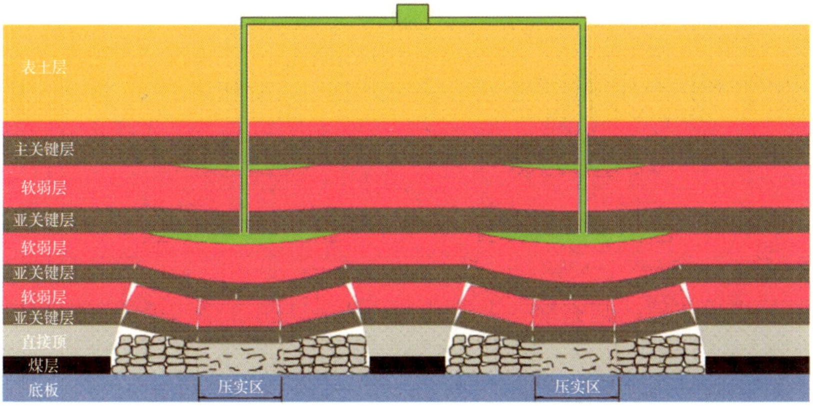

图 2　覆岩离层注浆充填开采技术原理

似于条带开采中的保留煤柱，从而支撑上覆岩层，控制地表沉陷，保护地表因采煤影响范围内农田及其建（构）筑物的破坏，阻断岩层断裂，防止地下水流失，属于绿色保水开采项目。

2. 工艺流程

首先将电厂粉煤灰或矿井煤矸石粉碎后，加水制成一定浓度的浆液，其次流入二级搅拌池进行二级搅拌，最后通过注浆泵将二级搅拌池内浆体经注浆管路压入钻孔，进行注浆充填。

（二）技术应用前景

建筑物下采煤一直是困扰我国煤矿企业的重大问题。据统计，我国生产矿井“三下”（建筑物下、铁路下、水体下）压煤约140亿吨，其中建筑物下压煤约90亿吨。由于部分矿区资源的逐渐枯竭，建筑物下采煤逐渐受到关注。建筑物下压煤的成功开采，对提高煤炭资源利用率、缓解矿井资源紧张局面具有重大意义。特别是对经济相对发达的华东、华北地区而言，随着土地资源的紧张和征迁费用的提高，不搬迁开采建筑物下压煤势在必行。

河南能源所属其他煤业公司均受到“三下”压煤的影响，其中永煤公司城郊煤矿压煤23285万吨，焦煤公司的赵固一矿、赵固二矿、古汉山矿、中马村矿、九里山矿合计压煤59054万吨，鹤煤公司的中泰矿业、华安煤业合计压煤3580万吨；义煤集团所属公司省内13对矿井“三下”压煤量约2.7亿吨，其中村庄压煤量大的矿井主要有孟津煤矿（5268万吨）、新义矿业（3620万吨）、义安矿业（1519万吨）。该技术为解决当前“三下”压煤问题提供了一种安全可靠、技术可行、经济合理的技术手段，具有广阔的市场前景。

（三）该技术优势对比分析

根据目前国内外建筑物下压煤开采现状，主要的开采方案有搬迁开采、条带开采、采空区充填开采、覆岩离层注浆充填开采，通过对四种开采方案的对比分析，覆岩离层注浆充填开采主要有以下优点：

（1）覆岩离层注浆充填开采技术有效解决了村庄下压煤搬迁开采所面临的“搬不动、无处搬、周期长、投入大”的问题。

（2）覆岩离层注浆充填开采技术与传统的条带开采相比，可以布置常规长壁工作面，且采出率明显提高，弥补了条带开采的不足。

（3）与井下采空区充填开采技术相比，覆岩离层注浆充填开采技术的优势在于不需要改变采煤工艺和专用支架，充填与采煤相互干扰小，增加的吨煤充填成本小，对村庄局部压煤采区等条件下的不迁村采煤具有独特优势。

（四）典型案例分析

新义矿业 12030 工作面位于矿井西翼 12 采区，为孤岛煤柱工作面，西侧为 12040~12050 工作面采空区，东侧为 12010~12020 工作面采空区，每个采空区约长 × 宽 =1000 米 ×260 米，相邻工作面均采用顶板垮落法控制顶板，未采取任何沉降控制措施，在 12030 孤岛煤柱回采前地表沉降已有显现，部分建构筑物已经受到损坏，在此情况下研发了大跨度采空孤岛煤柱覆岩离层注浆充填技术，详细情况介绍如下：

1. 技术难点

（1）传统的覆岩离层注浆充填技术仅仅针对单一工作面，在开采一定宽度（300~500 米）后需留设一定宽度的隔离条带（约 60 米宽），无法实现无煤柱连续开采。针对大跨度采空孤岛煤柱这一特征无法使用。此外，新义矿业为煤与瓦斯突出矿井，若频繁留设隔离条带，将导致工作面无法实现顺采，造成底板瓦斯抽放巷工程增加，灾害治理工程周期延长，影响矿井的正常接替，具有一定的局限性。

（2）在 12030 孤岛煤柱回采后，12010~12050 工作面将连成一片，实现无煤柱连续开采，两侧采空区岩层活动加剧，达到充分采动，不利于地表建构筑物安全回采；在 12030 孤岛工作面回采时如何保证相邻两侧采空区上覆岩层稳定性成为项目能否成功的关键；在 12030 孤岛工作面回采时，随着工作面的推进，上覆岩层活动加剧，稳定性遭到破坏，如何保证充足的注浆量及制定相对完备的工作面防渗浆措施成为项目的核心，确保在 12030 孤岛工作面回采时上覆岩层处于一种相对稳定状态。

2. 技术创新点

通过对覆岩离层注浆充填减沉开采技术的技术原理与工艺流程进行对比分析，结合大跨度采空孤岛煤柱的特征及技术难点，从以下几个方面进行创新：

（1）通过该工程的实施，研制出一种采空区覆岩离层可注性评价方法，分析评价采空区覆岩离层的可注性，为采空区上覆岩层加固提供技术支撑。

（2）分析制定出孤岛工作面相邻采空区关键层控制技术，在孤岛工作面回采时保证相邻采空区围岩的稳定性。

（3）开发了工作面连续回采覆岩离层注浆充填减沉开采技术，可实现无煤柱连续回采。

3. 工程实践

（1）大跨度采空孤岛煤柱相邻采空区可注性评判方法。

根据覆岩离层注浆充填减沉开采的技术原理，离层发育主要有以下特征：

①存在具有一定承载结构的关键层，以及存在岩层刚度互不相同的岩性组合，且刚度较大的岩层具有一定的承载能力；

②随着采煤工作面的推进，离层会随着工作面推进方向水平发育，水平连通性较好；

③采空区离层随着注浆量的提升，在注浆压力的作用下会产生劈裂作用，高压注浆的劈裂作用在注浆压力的反应上主要表现为注浆压力呈“高→低→高”的循环变化趋势。根据离层发育特征，选择针对性的技术手段进行工程设计，检验离层发育情况，对孤岛煤柱相邻采空区可注性进行评价。

12030 工作面为孤岛工作面，该工作面西侧为 12040~12050 工作面采空区，东侧为 12010~12020 工作面采空区，两侧采空区结构对称，为减少工程投入，节省时间，现对西侧 12040~12050 工作面采空区进行检验。在该区域施工两个检查钻孔，钻孔位置如表 1 所示。

表 1　钻孔位置及名称

钻孔名称	钻孔位置	与切眼距离（m）	与轨道顺槽距离（m）
检注 1# 孔	12040 工作面	50	47
检注 2# 孔	12050 工作面	76	73

（2）实施过程分析。

检注 1# 孔注浆：注浆实施初始阶段，随着粉煤灰浆液不断注入到裂隙或离层，孔口压力也在不断上升。将粉煤灰浆液浓度提高到 40% 时，孔口压力逐渐升高，达 4 兆帕以上后，调整为 1 台泵 4 档压水，孔口压力一直维持在 3.6 兆帕。在透孔至 460 米左右，并试压水注浆，但可能由于可注空间较小，压力逐渐增大导致暂停注浆。

随后继续透孔至孔底 503 米，2 台 390 泵浓度 30%~40% 开始试注浆，孔口压力逐渐上升，最终维持在 3~4 兆帕之间注浆。孔口压力呈低—高—低“M 形”循环变化规律，说明通过高压注浆对岩层产生劈裂贯通作用，浆液充实离层并使离层腔体不断扩大，下部岩层得到压实。

检注 2# 孔注浆：该孔开始采用 2 台 390 泵注浆，浓度为 30%~40%，随着粉煤灰浆液不断注入，孔口压力随之上升。在注浆 10 天后孔口压力突然上升到 8 兆帕以上，安全阀爆开，处理好后压水已压不动，后进行透孔注浆，孔口力呈低—高—低“M形”循环变化规律，此时注浆效果较好，通过高压注浆不断破碎岩石，增加可注空间，浆液扩散范围变大，充实离层并使离层腔体不断扩大，进而压实下部岩层，提高其承载力。

在12040工作面设计施工检注3#孔来检验水平裂隙及离层发育情况，最终检注3#孔注浆量为1.98万吨，通过检注3#孔注浆与检注1#孔和检注2#孔注浆形成注浆充填平面。后在检注1#、2#、3#注浆钻孔中央位置布置施工检查钻孔，检查钻孔无法大量注浆，且在钻探过程中取出粉煤灰充填物，说明在高压力注浆充填作用下，受前期采动影响形成的离层和冒落带已经被完全充填压实，形成沿已采工作面的条状支撑带，保证了后期孤岛工作面回采时围岩的稳定性。

通过该工程验证了采空区上覆岩层中，存在大量的离层空间，能够通过注浆充填的方法对采空区覆岩进行注浆加固，增强其稳定性，保证在孤岛工作面回采时两侧相邻采空区的围岩处于一种相对稳定的状态，为孤岛工作面实施覆岩离层注浆充填不迁村开采奠定基础。

通过对孤岛煤柱相邻采空区可注性进行评价，12030孤岛工作面相邻采空区未达到充分采动状态，采空区尚未达到压实稳定阶段，岩层存在着大量孔隙或离层，都可以实现大量注浆。因此，在12030孤岛工作面回采前须对相邻采空区进行注浆加固，确保在工作面回采时，该区域上覆岩层处于稳定状态。

该区域共设计注浆钻孔11个，累计完成钻探进尺5642.44米，该区域合计注浆量10.55万吨（其中12040~12050工作面采空区注浆量3.74万吨，12010~12020工作面采空区注浆量6.81万吨）。

在工作面回采时随着工作面开采进行注浆，共设计注浆钻孔6个，钻孔编号为检注14#孔、检注15#孔、检注16#孔、检注17#孔、检注18#孔、检注19#孔，设计钻探工程连3021米。该区域实施注浆完毕后，累计完成钻探进尺3019.66米，合计注浆量为41.54万吨。

三、取得的成效

（一）地面沉降效果分析

该工作面于2020年12月5日完成了基准测量，截至2022年6月24日累计测量21次，最大下沉量600毫米，通过对地表巡查，在回采影响范围内地表耕地及建（构）筑物破坏程度均无增加，说明通过该项目的实施对地面环境及建（构）筑物起到了良好的保护效果。

（二）经济及社会效益分析

（1）实现了无煤柱连续开采，保证了矿井正常采掘接替，提高了资源回收率，延长矿井服务年限。

（2）实施该技术后，可实现煤炭资源税减半征收，煤炭资源税征缴税率由2%调整为1%。

（3）实施该技术后根据国能煤炭〔2013〕19号、发改办能源〔2018〕1042号文件等规定：采用充填开采置换的产量可按30%比例折算置换产能指标，该产能指标可用于销售或矿井产能提升。

（4）该技术能够有效减少矿井采掘活动对地表耕地、建（构）筑物及地下水资源的影响，有效避免建（构）筑物破坏、地下水资源流失等一系列社会问题，对于构建和谐矿区具有重要的作用。

（5）该技术注浆材料可采用煤矸石替代，矿井产生的煤矸石全部用于内部消化，有利于推动矿井清洁生产、绿色开采、低碳发展，截至目前已处理粉煤灰160余万吨，矸石粉25万余吨，脱硫石膏9万余吨。

（由河南能源集团有限公司供稿）

以“强力一次支护”工艺革新 推动煤矿安全高效发展

一、基本情况

河南能源集团有限公司（以下简称河南能源）是经河南省委、省政府批准组建的大型能源集团。2008 年 12 月 5 日，由原永煤集团、焦煤集团、鹤煤集团、中原大化、河南省煤气集团战略重组成立河南煤化集团；2013 年 9 月 12 日与原义煤集团战略重组为河南能源化工集团；2022 年 7 月 8 日，经省政府同意正式更名为河南能源集团。注册资本金 210 亿元，拥有员工 15 万人。产业涉及能源、化工新材料、现代物贸、金融服务、智能制造等，主要分布在河南 14 个省辖市，以及新疆、贵州、内蒙古、陕西、青海等省份和澳大利亚。拥有煤炭资源储量 318 亿吨，产能近 1 亿吨 / 年。

焦作煤业（集团）有限责任公司（以下简称焦煤公司）原名焦作矿务局，隶属河南能源。矿区地处河南省西北部，横跨洛阳、焦作、新乡三个地市，是我国无烟煤生产基地之一，也是全国最早运用现代技术开采的四大煤矿之一。焦作矿区煤炭储量丰富，含煤面积 350 平方千米，地质储量 29 亿吨。煤炭属中灰、低硫、高发热量、高固定碳、机械强度大、热稳定性好的优质无烟煤。早年被英国皇宫享用，素有“香砟”之称。长年出口土耳其、日本、韩国等地，享誉海内外。1925 年 12 月 1 日，毛泽东同志在《中国社会各阶级的分析》一文中高度赞誉焦作煤矿工人“特别能战斗”。

焦煤公司开拓巷道传统的支护形式为“架棚 + 喷浆 + 注浆”，该支护形式能满足基本巷道支护要求，但存在工艺复杂、支护成本大、施工速度慢等缺点。为了解决大断面煤巷支护问题，有效控制围岩的变形，采用强力一次支护技术，实现大断面煤层大巷巷道一次控制到位，避免二次维护。

二、实践经验

（一）强力一次性支护材料

1. 锚杆

锚杆杆体为左旋无纵筋螺纹钢筋，钢号不低于500号，屈服力不小于157千牛，极限破断力不小于210千牛，最大力总延伸率不小于20%；锚杆杆尾螺纹长度应为80~150毫米。当围岩松软破碎或巷道成形条件不好时，螺纹长度宜取上限或适当加长。

2. 锚杆托盘

锚杆托盘规格为长150毫米、宽150毫米、厚10毫米的高强度拱形托盘，拱高不小于26毫米，托盘高度（从下端面至孔口最高位置的距离）不小于36毫米且应不小于拱形底部直径的1/3；托盘钢材屈服强度应不小于235兆帕，承载能力不小于210千牛。

3. 螺母

螺母规格、型号、尺寸应与锚杆杆尾螺纹匹配，其承载能力应不小于杆尾螺纹的承载能力；螺母应优先采用法兰式螺母，在螺母与球形垫圈之间应设置减摩垫圈，减摩垫圈建议使用1010尼龙材质，减摩垫圈两边不再增加金属垫片。

4. 锚固剂

锚固剂选择中速和快速搭配使用；锚固剂性能参数符合“MT 146.1—2011 树脂锚杆”中锚固剂的相关技术要求。

5. W 钢护板

W 钢护板长450毫米，宽280毫米，厚5毫米，高度不小于25毫米，钢护板拉伸屈服强度应不小于235兆帕。W 钢护板加工示意图如图1所示。

6. 强力锚索

锚索材料为17股高强度低松弛预应力钢绞线。锚索规格Φ21.6毫米，极限破断拉力不小于550千牛，长度为6300~12300毫米；锚索规格Φ17.8毫米，极限破断拉力不小于330千牛，长度为4300~6300毫米。锚索最大力总延伸率不小于4%。

7. 锚索托盘

锚索托盘采用长300毫米、宽300毫米、厚14毫米的拱形托盘，配合高强度调心球垫，力学性能与锚索强度配套。托盘厚度不小于14毫米，高度不小于60毫米，承载能力不小于550千牛。

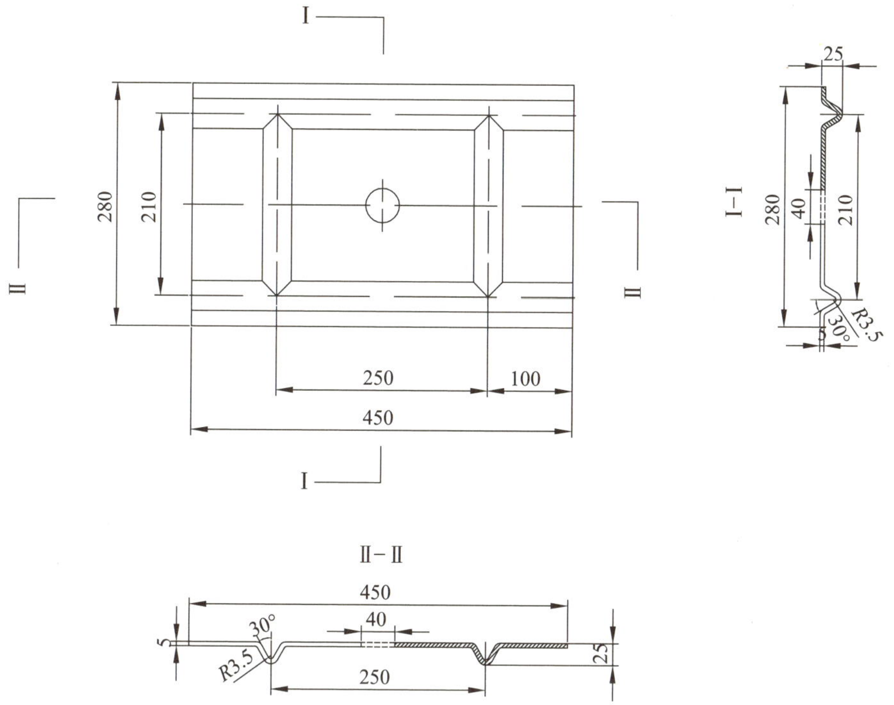

图 1　W 钢护板加工示意图（单位毫米）

8. 护网

采Ⅰ用 Φ6.0 毫米冷拔钢筋焊接，网格搭接不小于 150 毫米，相邻两片网之间要用 14# 电镀锌铁丝双股绑扎。

9. 鸟笼锚索

鸟笼锚索材料为 Φ21.6 毫米的 17 股高强度低松弛预应力钢绞线，锚索长度 4300～6300 毫米，最大力总延伸率不小于 4%，配合高强度锁具和槽钢梁使用。

鸟笼锚索的槽钢梁采用不小于 14# 槽钢加工而成，锚索梁垫板为长 200 毫米、宽 100 毫米、厚 16 毫米钢垫板。底板鸟笼锚索锚固段加工如图 2 所示。

10. 喷、注浆材料

（1）喷浆材料。

喷浆材料强度等级不小于 C20，采用标号不低于 P.O32.5 的普通硅酸盐水泥，配比为：水泥 ：砂子 ：石子 =1 ：2 ：2，水灰比 0.45～0.55，速凝剂添加量为水泥用量的 2%～4%。

（2）注浆材料。

注浆使用标号不低于 P.O32.5 的普通硅酸盐水泥，根据需要配合水泥注浆添加剂，漏浆时可采用间歇注浆或压注水泥水玻璃双液浆堵漏。水灰比 0.6~1。使用水泥—水玻璃双液浆时，水泥浆配比不变，水玻璃浓度 48~55Be'，模数 M=2.8~3.2，水泥浆和水玻璃的体积比 1 ∶ 0.4~0.6。

（3）高分子化学浆。

浆液黏度 25~50 厘泊；48 小时结石体抗压强度 40~55 兆帕，黏结强度大于 5 兆帕。固化速度 5~40 分钟。

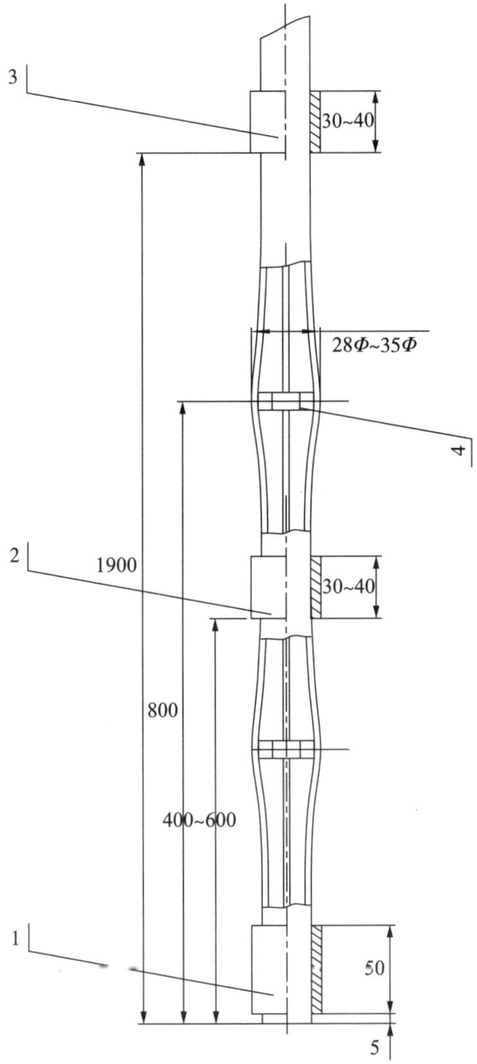

1——锚索搅拌头：外径 Φ30mm、壁厚 4mm 钢管或 1 寸钢管，长度 50mm，砸扁钉紧于锚索端部；2——限位套：外径 Φ30mm、壁厚 4mm 钢管或 1 寸钢管，长度 30~40mm，砸扁钉紧；3——限位套：外径 Φ30mm、壁厚 4mm 钢管或 1 寸钢管，长度 30~40mm，砸扁钉紧；4——螺母：M16。

图 2　底板鸟笼锚索锚固段加工（单位 mm）

（二）工艺流程

工艺流程：巷道按要求掘出（或扩修）→临时支护→锚网索支护→底板以上全断面喷浆→两帮及顶板注浆→底板预埋鸟笼锚索→鸟笼锚索注浆→上梁并预紧鸟笼锚索→回填成巷→顶帮打补强锚索。

（三）强力一次支护设计要求

1. 锚网索支护要求

锚杆、锚索可采用矩形、三花或五花等方式布置；锚杆间距、排距均不得超过 1000 毫米；锚杆预紧力矩应不小于 250 牛米，不大于 550 牛米；锚杆采用树脂锚固剂锚固，锚固长度 1000 毫米，锚固力不小于 157 千牛；若现场顶板岩性较差，锚杆不能有效控制围岩时，可以用 Φ17.8 毫米 ×4300 毫米或 Φ21.6 毫米 ×4300 毫米的锚索代替，锚索初始预紧力不小于 200 千牛，预紧力损失后不小于 150 千牛；Φ21.6 锚索预紧力不小于 300 千牛，预紧力损失后不小于 250 千牛；Φ17.8 锚索预紧力不小于 200 千牛，预紧力损失后不小于 150 千牛。

2. 喷浆技术要求

喷浆厚度为 60~100 毫米，强度等级不小于 C20。喷浆后严禁出现凹凸不平现象。喷浆后巷道表面平整度不大于 ±50 毫米；水泥标号不低于 P.O32.5，且应有产品质量合格证和质量检验报告；水泥、砂子、石子配比为 1 ∶ 2 ∶ 2。砂子为粒径 0.35~0.5 毫米的中粗沙，石子粒径为 5~15 毫米，速凝剂添加量为水泥用量的 2%~4%，水灰比为 0.45~0.55。

3. 注浆要求

注浆方式有注浆管注浆、注浆锚杆注浆、注浆锚索注浆，可根据巷道压力及支护需要采取不同的注浆方式；注浆顺序为沿巷道底板由低向高，先底角再两帮，最后顶板的顺序注浆；在涌水段，应从少水处到多水处顺序注浆；在倾斜巷道采用从下向上顺序注浆；在多水地段，应先两头后中间顺序注浆；不得采用隔排打孔注浆；注浆孔间排距不大于 1600 毫米 ×1600 毫米，顶板注浆孔深不小于 6000 毫米，两帮注浆孔深不小于 4000 毫米；终孔注浆压力不小于 3 兆帕。

4. 帮顶补强锚索要求

锚索采用 Φ21.6 毫米或 Φ17.8 毫米的 17 股高强度低松弛预应力钢绞线，顶锚索长度为 8300~12300 毫米，帮锚索长度为 4200~6300 毫米；锚索采用树脂锚固剂锚固，顶锚索锚固长度 2~3 米，帮锚索锚固长度 1.5~2 米；Φ21.6 毫米锚索初始预紧力不小于 300 千牛，预紧力损失后不小于 250 千牛。Φ17.8 毫米锚索初始预紧力不小于 200 千牛，预紧力损失后不小于 150 千牛。

5. 底板鸟笼锚索技术要求

锚索垂直底板打设；鸟笼锚索长度 4300~6300 毫米；底板锚索初次预紧达到 260 千牛，预紧力损失后不小于 200 千牛；鸟笼锚索间排距 1600 毫米 ×1600 毫米；鸟笼锚索锚固采用具有一定流动性的混凝土，混凝土锚固 7 天后，进行孔内注浆，注浆完毕 1 天后进行张拉；注浆方式采用预埋孔口注浆管，孔内下射浆管，射浆管长度 2.5 米，全长一次注浆；水泥标号不低于 P.O32.5，且应有产品质量合格证和质量检验报告。

三、取得的成效

强力一次支护技术为高应力巷道支护提供了一种新型的支护方式，是高应力巷道支护的技术革命，已经在焦煤公司所属矿井全面推广应用。强力一次支护技术中提到的底板鸟笼锚索施工工艺，在治理巷道底鼓中起到的关键性作用，彻底解决了巷道底鼓问题，将防底鼓彻底从被动支护转变为主动支护，特别是顺槽过断层、巷道交叉口等极易底鼓的地段得到了充分验证，巷道稳定性进一步得到了提高。

强力一次支护不但可以进行巷道支护，也在通风设施的稳固方面起到重要作用。原通风设施掏槽后，在槽坑内砌筑风门、风墙等通风设施，随着巷道压力的逐步显现，风门、风墙极易发生变形，使风门无法关闭，严重时风门、风墙墙体开裂，造成通风设施失效，通风设施返修率极高。为彻底改变这一局面，依据强力一次支护技术，风门、风墙掏槽后顶板、底板、帮部槽坑中及前后 5 米范围内均布置补强锚索锚索进行加固，可有效解决通风设施易受压损坏的问题，通风设施返修率降低了 80%以上。

（一）巷道围岩变形情况

采用强力一次支护技术后，巷道围岩变形破坏得到有效控制。采取综合控制技术后，两帮移近量降低 78%，顶板下沉量降低 8%，底鼓量降低 90%，同时显著减小帮锚索受力变化幅度。以赵固一矿北翼回风大巷（东）为例，对其进行巷道形变累计量统计，结果如图 3 所示。

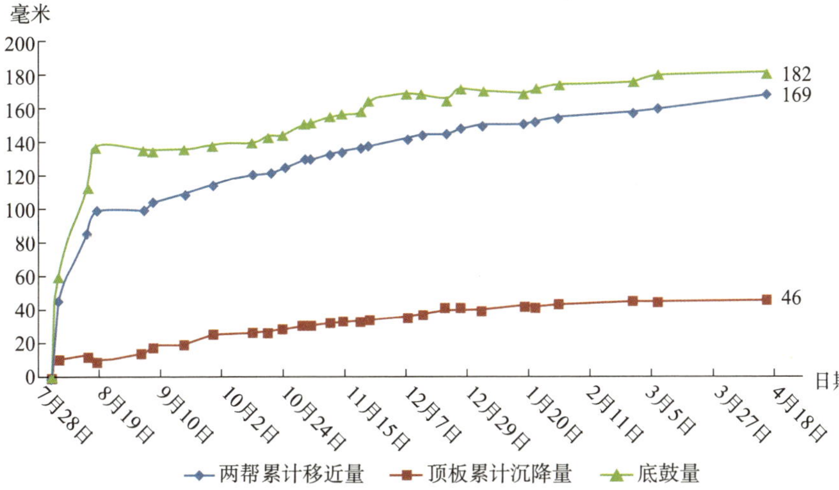

图3　赵固一矿北翼回风大巷（东）通尺60m处巷道变形累计量

（二）巷道施工进度

目前，强力一次支护巷道已施工1000米，根据施工情况，强力一次支护巷道施工进度为每月80米，传统架棚支护巷道施工进度为每月50米，与传统架棚支护巷道相比，多出30米/月。

（三）成本对比

新掘巷道架棚施工期间若不考虑挑顶及扩帮工程，只考虑人工卧底及卧底后补打赤脚锚索以及充填、回填工程及人工费用，传统架棚巷道每米单价13600元，强力支护巷道为6500元，采用强力一次支护技术巷道可节约成本为7100元/米。

（由河南能源集团有限公司供稿）

云南东源镇雄煤业有限公司瓦斯综合治理技术研究与应用

一、基本情况

云南东源镇雄煤业有限公司（以下简称镇雄煤业）隶属云南省煤炭产业集团有限公司，属国有控股公司，位于云南省昭通市镇雄县塘房镇大擢魁村。主要从事煤炭及与煤炭相关项目的开发、投资、建设、生产、销售，资产规模 14 亿元，下辖 2 对 60 万吨 / 年综采综掘矿井（长岭一号煤矿和朱家湾煤矿），1 座 120 吨 / 年选煤厂。

二、实践经验

镇雄煤业为防范遏制瓦斯事故，从源头强化矿井瓦斯治理。结合下属两个煤矿瓦斯赋存、煤层特性等实际情况，在朱家湾煤矿和长岭一号煤矿分别开展超高压水力割缝增透技术研究与应用、定向高位长钻孔治理工作面采空区瓦斯。通过瓦斯治理新技术的引进、研究与应用，两煤矿瓦斯治理综合能力得到显著提升。

（一）超高压水力割缝增透技术研究与应用

1. 超高压水力割缝增透试验背景

朱家湾煤矿现有开采区域瓦斯含量较高（13.48 立方米 / 吨），煤层透气性较差［0.867 平方米 /（平方兆帕・日）］，普通顺层钻孔预抽煤层瓦斯效率较低，为解决低透气性煤层瓦斯抽采难、抽采时间长的难题，提高低透气性煤层瓦斯抽采效率，缩短瓦斯抽采时间，提高煤矿瓦斯灾害治理能力及水平，煤矿引入超高压水力割缝增透高效抽采技术，在 152201 回采工作面回采区域进行试验、研究。

2. 超高压水力割缝增透试验效果考察

（1）检验钻孔（顺层钻孔）。

煤矿在 152201 回采工作面距边切眼 50~70 米段施工 8 个检验钻孔，钻孔平均深度为 114.3 米，检验钻孔采用压风排渣钻进，孔径为 113 毫米、钻孔间距为 4.0 米。

（2）试验钻孔（割缝钻孔）。

煤矿在距开切眼 70 米以外范围内施工 27 个水力割缝钻孔，累计钻孔进尺 3065 米，钻孔平均深度为 113.5 米。试验钻孔采用水排煤渣钻进，钻孔采用割缝后二次下钻工艺及钻割一体化操作工艺，割缝钻孔孔径为 113 毫米、钻孔间距为 4.0 米；试验钻孔按照 3.0 米间距进行切割，每刀割缝时间为 10~12 分钟。

割缝钻孔成孔示意图如图 1 所示。

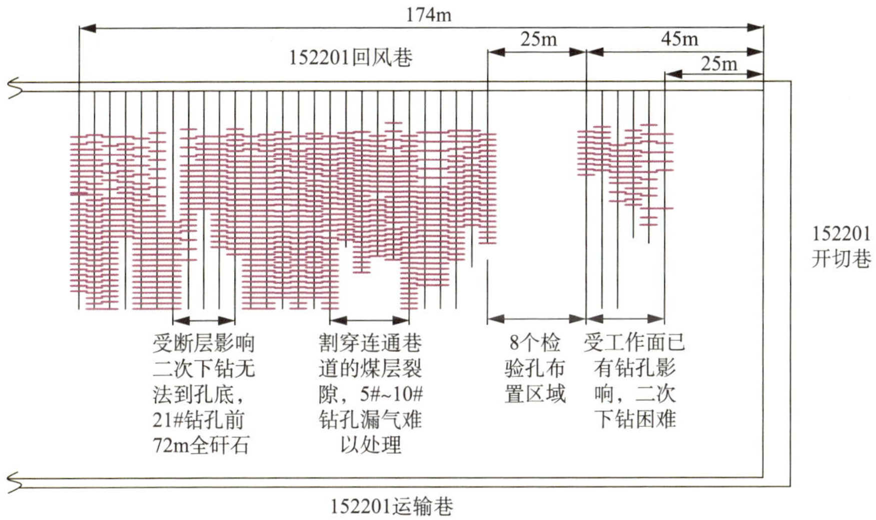

图 1　割缝钻孔成孔示意图

（3）瓦斯抽采效果考察。

①检验钻孔瓦斯抽采效果考察。

煤矿对已完成施工的 8 个检验钻孔定期使用 YZC-5 型瓦斯参数测定仪进行钻孔瓦斯抽采参数测定，检验孔单孔瓦斯抽采纯量如图 2 所示。

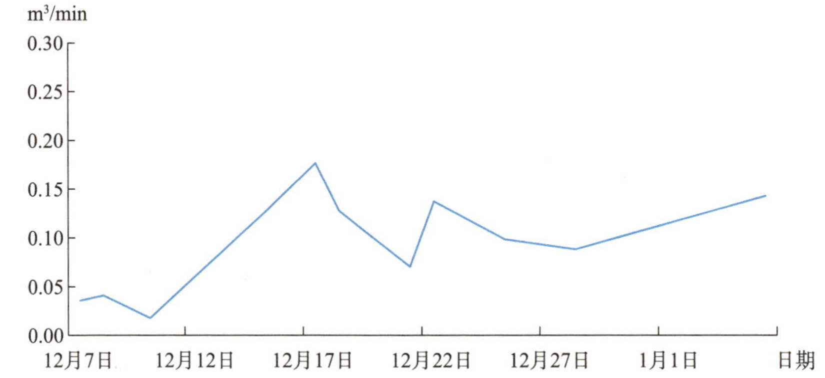

图 2　检验钻孔单孔瓦斯抽采纯量

②割缝钻孔瓦斯抽采效果考察。

煤矿对已完成施工的 1#~23# 割缝钻孔进行 12 次抽采参数测定，测得 1#~23# 割缝孔单孔平均瓦斯抽采纯量为 0.456 立方米 / 分钟，是检验孔单孔平均瓦斯抽采纯量 0.104 立方米 / 分钟的 4.4 倍，1#~23# 割缝钻孔单孔瓦斯抽采纯量如图 3 所示。

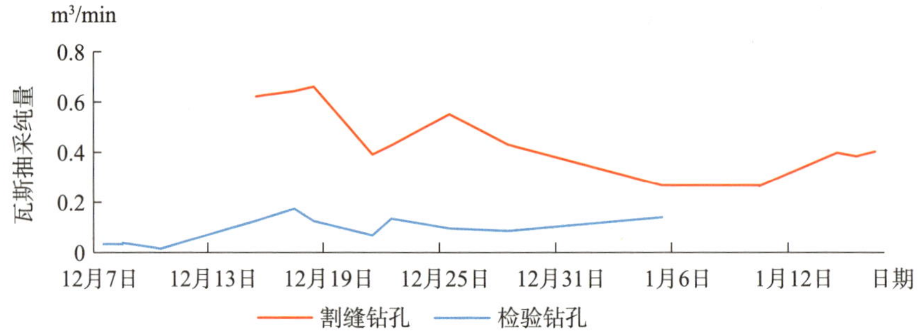

图 3　1#~23# 割缝钻孔单孔瓦斯抽采纯量

3. 超高压水力割缝增透试验考察结论

通过在 152201 回采工作面开展的超高压水力割缝增透技术试验，收集试验相关参数，分析后得出以下结论汇总：

（1）朱家湾煤矿 152201 回采工作面 27 个割缝钻孔的施工，累计钻进深度 3065m，钻孔平均出煤量 0.073 吨 / 秒。

（2）已施工完成的 8 个检验钻孔，检验孔平均孔深 114.3 米、钻径 113 米，平均单孔瓦斯抽采纯量为 0.104 立方米 / 分钟，单位进尺钻孔平均瓦斯抽采纯量为 0.000879 立方米 / 分钟 / 米。

（3）超高压水力割缝单孔平均瓦斯抽采纯量为 0.456 立方米 / 分钟，是检验孔单孔平均瓦斯抽采纯量的 4.4 倍；单位进尺钻孔平均瓦斯抽采纯量为 0.004275 立方米 / 分钟 / 米，是检验孔的 4.86 倍，瓦斯抽采时间缩短 30%。

（二）定向高位长钻孔实施

1. 实施基本情况

针对长岭一号煤矿采煤工作面在回采过程中上隅角及回风流瓦斯偏高的情况，依靠上隅角及采空区埋管抽采、上下隅角封堵、工作面风量调节等瓦斯治理方法均不能有效解决该问题。2019 年 7 月，长岭一号煤矿引进了 1 台中煤科工集团西安研究院有限公司生产的 ZDY6000LD（B）型煤矿用履带式全液压坑道钻机，在长岭一号煤矿 152106、152107 采煤工作面布置高位钻场，在钻场内施工定向高位长钻孔，分别在 152106 工作面施工 2 个高位钻场，施工定向高位长钻孔 9 个，进尺 4323m；在 152107 工作面施工三个高位钻场，施工定向高位长钻孔 19 个，进尺 7902m。利用定向高位长钻孔抽采工作面采空区裂隙带瓦斯，有效减少工作面采空区瓦斯涌出，降低上隅角及回风流瓦斯浓度，确保矿井安全生产。

2. 定向高位长钻孔主要特点

（1）ZDY6000LD（B）型煤矿用履带式全液压坑道钻机配套 BLK390/12 型煤矿井下定向钻机用全液压履带泵车及专用钻具（钻具从里到外分别由钻头、孔底马达、下无磁钻杆、测量探管、上无磁钻杆、中心通缆钻杆、送水器组成，送水器分别连接监控电脑和泵车）进行定向钻进。定向钻进工艺是使用泥浆泵提供的高压水作为传递动力介质驱动螺杆马达，通过采用 1.25° 造斜件螺杆钻具并配备随钻测斜仪器，进行定向钻进施工。

（2）经过长岭一号煤矿使用后，定向钻进通过对倾角和方位角的实时调节实现对钻孔轨迹的精确控制，在一定范围内能实现钻孔指哪儿打哪儿，保证钻孔轨迹在目的层中有效延伸；钻孔有效距离长；钻孔钻进效率高，实现集中抽采瓦斯。ZDY6000LD（B）型煤矿用履带式全液压坑道钻机在长岭一号煤矿主要用于高位定向长钻孔的施工，在一个长 × 深 × 高 =15 米 × 5 米 ×3 米的钻场施工钻孔，实现 6 个钻孔水平方向控制在 8~48 米的范围，垂直方向控制在 12~20 米的范围，最长孔深达 609 米、Φ120 毫米的终孔孔径，钻孔抽采流量大，最大混合流量可达 10 立方米 / 分钟，一定程度上实现了以孔代巷，大大节约了投入成本，可以满足长岭一号煤矿采空区的瓦斯治理要求。

（3）定向钻进技术具有以下特点：一是钻具结构较为复杂，价格昂贵，对操作人员的技术水平要求较高；二是对倾角、方位角控制调节能力强，可进行实时精确随钻测量，定向精度高、效果好，易于实现深孔以及多分支孔钻进；三是受螺杆马达及配套钻杆结构和能力的制约，对冲洗液的净化要求高，施工钻孔直径为120毫米；四是地层适应性较弱，抗孔内事故能力差，一般要求在硬而完整的煤层或稳定的岩层中施工（煤层条件下定向钻进技术适用于普氏系数$f \geq 1$的较完整煤层，避免在煤层破碎带或煤层陷落柱区域内布置定向钻孔。岩层条件下定向钻进技术适用于普氏系数$f \leq 6$的岩层，避免在裂隙发育带或炭质泥岩、铝质泥岩等遇水膨胀性岩层内布置定向钻孔）。

三、取得的成效

（一）超高压水力割缝增透技术实施取得成效

朱家湾煤矿通过对超高压水力割缝增透高效抽采技术进行试验及研究，取得以下成效：

1. 加强煤矿瓦斯灾害治理思路和方向

超高压水力割缝增透技术通过对煤体切割、剥离，增大煤体的暴露面积，改善煤层中的瓦斯流动状态，提高煤层的透气性和瓦斯释放能力。通过试验及试验数据收集，超高压水力割缝增透后，钻孔单孔瓦斯抽采量提高4.86倍，瓦斯抽采时间缩短30%，为煤矿针对低透气性煤层瓦斯灾害治理提供技术研究新思路、新方向。

2. 提高煤矿瓦斯灾害治理能力和水平

朱家湾煤矿此次对超高压水力割缝增透技术的研究和试验，煤矿工程技术人员全程参与，通过与科研单位技术交流、现场处置、数据收集和整理分析，开阔了工程技术人员思路，使煤矿工程技术人员瓦斯灾害治理能力和水平有了显著提高。

3. 促进煤矿安全、高效生产

朱家湾煤矿通过此次超高压水力割缝增透技术研究和试验，解决了困扰煤矿的低透气性煤层瓦斯抽采效率低下难题，提高了矿井瓦斯抽采浓度及抽采效率，降低了矿井瓦斯灾害治理成本，促进矿井的安全、高效生产。同时使矿井瓦斯治理体系更加完善，管理水平明显提升，瓦斯治理水平跃上一个新台阶，真正实现“科技兴矿、科技强矿”战略，促使矿井生产和瓦斯治理与综合利用步入良性循环。

（二）定向长钻孔实施取得成效

长岭一号煤矿在 152106、152107 工作面实施定向高位长钻孔，钻孔沿工作面走向布置，钻孔施工在 C_5^b 主采煤层上方 13~16 米层位，钻孔施工至采空区上方。通过两块工作面施工的 5 个钻场、28 个定向高位钻孔抽采情况及工作面回采后回风流瓦斯情况分析，取得的成效有以下三点：

（1）长岭一号煤矿在采用 ZDY6000LD（B）型钻机施工定向高位长钻孔进行 152106、152107 工作面瓦斯治理过程中，共在 5 个钻场施工了 28 个定向高位钻孔，其中最长钻孔深度为 609 米，最大单孔浓度达 59%，最大单孔瓦斯纯流量达 4.9 立方米 / 分钟。通过所有定向高位长钻孔抽采情况分析，定向高位长钻孔平均抽采瓦斯量为 0.7 立方米 / 分钟左右，钻场抽采瓦斯量约为 4.2 立方米 / 分钟。长岭一号煤矿通过实施定向高位长钻孔抽采工作面采空区瓦斯工程后，工作面正常生产期间，上隅角及回风流最大瓦斯浓度为 0.6%，有效遏制了工作面传统“U”形通风上隅角瓦斯容易积聚和偏高现象。

（2）采用定向钻机在工作面施工定向高位长钻孔，钻孔在很大意义上代替了传统的高位瓦斯抽采巷道，真正实现了“以孔代巷”。相比施工高位瓦斯抽采巷，钻孔施工无论从工程量、投入成本、物资人力消耗来说，都在很大程度上节约了成本。

（3）定向高位长钻孔代替传统高位钻场，安全系数显著提高。传统高位钻场需要施工一条大角度上山巷道至理想层位，再施工条带钻孔预抽或拦截工作面采空区瓦斯，高位钻场无法解决通风问题，一直采用局部通风。且钻机设备搬运危险，后期钻孔维护艰难。而定向高位长钻孔直接在工作面已经施工的巷道中刷扩钻场，相对于传统的高位钻场，工程量、设备搬运施工安全系数更高。

（由云南省能源投资集团有限公司供稿）

基于百万吨煤矸石覆岩离层注浆充填“五位一体”安全绿色开采工艺

一、基本情况

中煤天津设计工程有限责任公司（以下简称天津设计公司），系世界500强企业中国中煤能源集团有限公司重点骨干设计研发单位之一。前身是1975年由国务院、中央军委在河北省邯郸市部署成立的“煤炭工业部邯邢煤矿设计研究院”，2019年10月迁入天津，是行业资质最全的大型综合甲级设计研究单位之一。2018年成立地下工程智能研究院，形成“两院共建、融通赋能”的发展模式。2020年入选国务院国资委“科改示范行动”企业名录。

天津设计公司下设30个设计部所、研发部门、子公司和职能部门，现有员工1300余人，从业人员中本科以上学历人员593人（博士10人，硕士186人），技术及科研人员551人，涵盖40余个骨干专业。建企近50年来，先后荣获省部级以上技术奖励450多项，其中全国优秀工程设计金奖2项、银奖3项，省部级以上科技进步奖13项，监理项目获得6项鲁班奖和9项詹天佑奖。

近年来，天津设计公司围绕地下空间综合利用、地上空间立体开发，在业务转型上构筑了以勘察设计、工程总承包、工程技术咨询（监理）、科技研发为支撑的四大产业体系，正在逐步形成以升级煤炭核心业务保障为基础、以提升煤炭清洁高效利用为重点、以增强对新能源业务引领作用为关键、以拓展城市基础设施综合服务为突破的“四位一体”主业多元化发展格局。

二、实践经验

（一）坚持问题导向，找准业务发展方向

煤矸石是煤炭开采、洗选过程中产生的固体废物，也是我国存放量最大的工业固体废物之一。煤矸石的堆放、自燃对土壤、地下水、空气等造成了很大污染，尤其是对于生态环境脆弱的西部煤炭富集区，矸石合理处置和生态环境保护这个矛盾点一直很难协调。蒙陕地区的呼吉尔特矿区、纳林河

矿区、新街台格庙矿区、榆横矿区等大部分为千万吨现代化矿井，是国家重要产煤基地。该地区矿井矸石产量大，每年达2500万吨以上。例如，呼吉尔特矿区的葫芦素煤矿核定生产能力800万吨/年，矿井矸石量占矿井产量的17%左右，考虑周边化工用煤煤质要求，末煤洗选系统开启后矸石量最大达25%，矿井年产矸石量为150万~250万吨。如何解决煤矸石无害化处置问题，既是制约矿井生产的关键问题，又是绿色开采与科学采矿的必然要求。

葫芦素煤矿2020年矸石外排的处理费用约38元/吨，目前费用为57~68元/吨，其周边部分矿井矸石外排费用甚至已达100元/吨，随着土地复垦项目运距变远，外排费用将会持续增加。此外，矸石外排车辆容易产生扬尘、污染环境，造成矿井工业场地作业环境差，且易形成拥堵，雨雪天气影响下矸石运输不及时，易造成矸石仓满、矿井停产。可以说煤矸石的合理处置一直是困扰煤矿企业的“老大难”问题。

离层注浆技术最早使用粉煤灰为骨料应用于“三下”开采，固体废物处理量较少且鲜有涉及煤矸石处理领域。天津设计公司作为一家以煤炭市场为主、非煤和海外市场并进，工程勘察设计、工程总承包、工程技术咨询、科技研发等业务协同发展，为工程项目提供全生命周期服务的大型综合性甲级设计研究单位，凭借公司深耕煤炭行业多年的技术背景、敏锐的市场观察力、强大的执行能力，瞄准煤矸石处置这一行业痛点，组建专业团队，投入大量资源，迎难而上加快解决“卡脖子”难题，成功研发基于覆岩离层注浆充填技术的煤矸石处置技术，并在蒙陕地区多个矿区成功应用，解决了当地煤炭企业煤矸石处置的燃眉之急。

（二）坚持守正创新，打好业务发展基础

1. 坚持技术创新，积小胜为大胜

工程进步往往源自一个看似微不足道的细节上的技术创新，在离层注浆业务工程创新和业务发展的过程中，天津设计公司没有一味地、迅猛地追求全面领先或全面突破，而是坚持长期积累、稳步向前。针对百万吨级煤矸石覆岩离层注浆充填面临的超大量浆液制备、自流连续输送问题，天津设计公司步步为营，先是提出了台阶式自流型制浆输浆工艺，大幅减少了充填系统占地面积，实施了注浆充填工序有效衔接，突破了已投产矿井工业场地面积受限无法建设充填系统的困境。之后又不断总结提升，形成“五位一体”安全绿色开采工艺，拥有了湿式立磨机、综合管控平台、新型除铁技术等一系

列专有技术。

在项目落地之后，天津设计公司又将葫芦素煤矿、大海则煤矿、门克庆煤矿、石拉乌素煤矿、五阳煤矿、母杜柴登煤矿充填项目实施效果、运营反馈作为离层注浆项目积小胜为大胜的基础。不断创新阀门形式、流量计设置、设备固定方式、配件优化、工艺简化、设备选型、模块化设备、智能化控制……以点带线、以线带面，打造天津设计公司离层注浆领域拳头优势，形成自身特色，塑造专业化、差异化的品牌形象，通过不断复盘总结优化，实现离层注浆系统由 1.0 向 2.0 的升级，打造成为行业龙头。

2. 坚持模式创新，提升企业竞争力

模式创新涉及对整个项目运作方式、组织结构或商业模式的重新思考和设计。这种创新能够打破传统框架，为项目带来新的增长点和竞争优势。覆岩离层注浆充填业务的发展在天津设计公司模式创新浪潮中得到了实实在在的好处。

一是组织模式创新。天津设计公司打破了传统的设计业务框架和运作方式，通过“揭榜挂帅”、优化资源配置、打造“专精特新”产业链、拓展市场渠道等一系列措施一步一步实现了离层注浆业务“设计孵化—成立充填事业部—成立离层注浆公司”的团队打造，为离层注浆业务带来全新的发展机遇，大大提升了离层注浆业务的效率，丰富了离层注浆业务成果，使其在激烈的市场竞争中脱颖而出。

二是合作模式创新。离层注浆的联合运营模式也是天津设计公司的首次尝试。天津设计公司作为煤矸石覆岩离层注浆技术的发起者和牵头人，联合中煤邯郸特殊凿井有限责任公司、中国矿业大学，一起开展葫芦素离层注浆运营工作，联合运营在资源整合、风险分散、品牌协同方面有显著优势，填补了天津设计公司离层注浆业务起步初期的资金、人力、技术缺口，联合各方通过共享品牌资源，相互借势，形成合力，大大提升了品牌竞争力。

三是考核激励创新。天津设计公司针对离层注浆业务搭建了计划与考核激励有机衔接的管理体系，对离层注浆重点任务签订责任状，将离层注浆业务增加为年度重点任务的指标工程。各单位、各部门将指标层层分解、传递到基层员工，把考核结果与工资收入、薪酬兑现挂钩，形成“千斤重担人人挑，人人肩上有指标”的工作格局。

（三）坚持产业思维，发挥设计院产业链引领作用

在打造“专精特新”离层注浆产业链过程中，天津设计公司充分发挥了

设计院在产业链进步过程中的引领作用。

由于设计院的行业特性，天津设计公司不仅能够与上游的供应商、研发机构等保持紧密的合作关系，共同推动新技术的研发和应用，还能与下游的生产企业、用户等保持密切的沟通，了解市场需求和技术趋势。这些得天独厚的优势为天津设计公司在推动离层注浆业务“产学研用”深度融合、引领产业链的技术进步方面提供了有力的支撑。4 年来，离层注浆研发团队坚持“走出去、请进来”的方式，与各种设备厂家、施工单位、煤矿企业、科研院所进行交流学习，与中国矿业大学、飞翼、康格、恒驰、大地天津分院、山东泰山资源勘查公司以及球磨机、注浆泵、破碎机、搅拌机、制浆机等厂家调研交流百余次；走遍东曲、岱庄、五阳、高河、赵庄二矿、门克庆、金牛、麻黄梁、大社、母杜柴登、曹家滩等十几家国内膏体、固体、离层注浆等各种充填工艺应用先进矿井；取样测试研究不同地区煤矸石组分、粉磨功指数、相对可磨度，开展环管实验、浆液沉降实验、管路阻力测试等实验，指导工艺优化设计；为精准判定离层发育规律和注浆层位，联合中国矿业大学施工多个岩移监测孔，通过工业试验研究离层发育规律。

通过不断整合行业内的优势资源，不断交流总结、调研、实验、反馈、提升、调整，如今，天津设计公司设计、施工、总承包、运营的国内第一个百万吨级葫芦素煤矸石覆岩离层注浆示范工程项目已建成并运营一年有余。天津设计公司还承接了多个大规模覆岩离层注浆矸石处置项目，成功将该技术推广应用，达成了“设想—研发—设计—总包—运营”链条转化，完成了从无到有、从零到壹的产业链突破，实现了“设计孵化—成立充填事业部—成立离层注浆公司”的团队打造，引领了离层注浆产业链进步，掀起了离层注浆煤矸石固体废物处置的新浪潮。

三、取得的成效

天津设计公司立足离层注浆“设想—研发—设计—总包—运营”全链条，以专有技术打造“专精特新”产业链。目前，已形成“五位一体”安全绿色开采工艺，拥有了台阶立体布置、湿式立磨机、综合管控平台、新型除铁技术等一系列专有技术。

项目团队不断总结研发成果，及时申报专利和奖项。目前，已形成“一种基于覆岩离层注浆安全绿色开采装置”“一种台阶式自流型离层注浆充填处理矸石制浆输浆工艺系统”“离层注浆充填处理矸石二级站缓冲池及水池联合布置结构”等多项专利授权。其中“一种基于覆岩离层注浆安全绿色开采装置”专利创新性地提出百万吨煤矸石覆岩离层注浆“处废—防冲—减震—保水—减沉”“五位一体”安全绿色开采新理念，将覆岩离层注浆充填技术与矿井固体废物处置、冲击地压防治、减震开采、保水开采、减沉开采同步协调开展，在不影响井下安全开采及矿井产量前提下，解决了煤矸石大量处理难题，同时实现保水开采、地表控制、防止冲击地压和减少矿震等目的；“一种台阶式自流型离层注浆充填处理矸石制浆输浆工艺系统”专利对地面整个布置系统进行专利保护。煤矸石离层注浆充填安全绿色开采关键技术研究列为集团公司《煤矸石处置及综合利用技术研究与应用》重大专项子课题；《中天合创能源有限责任公司葫芦素煤矿煤矸石覆岩离层注浆充填绿色开采可行性研究报告》获得 2022 年度煤炭行业（部级）优秀工程咨询成果一等奖。

由天津设计公司设计、施工总承包、运营的葫芦素煤矿覆岩离层注浆充填示范工程在百万吨煤矸石离层注浆充填工艺上创造多项国内第一：煤矸石处理规模最大，处理能力达 150 万吨 / 年；首次采用两级泵站布置，输浆距离达 6.7 千米；首个注浆站台阶立体布置形式，工艺紧凑流畅；煤矸石处理领域最大球磨机和永磁电机，$\Phi 4500 \times 9000$ 毫米湿式溢流型球磨机，2400 千瓦永磁电机，高效节能；一级、二级站 15 台注浆泵实现流量、压力最佳匹配，确保注浆系统稳定运行；注浆系统全过程采用智能控制，实现有人巡视、无人值守。

目前，葫芦素煤矿覆岩离层注浆充填示范工程项目已处理煤矸石超 90 万吨，较煤矸石外排节省煤矸石处理费用约 3000 万元；节省水资源税约 300 万元，节省深度水处理费用约 1100 万元，自试运行以来经济效果显著。煤矿注浆充填区域地表下沉量降低 52.9%~53.2%；工作面平均涌水量降幅 17.7%~29.1%；冲击地压能量发生次数减少 774 次，降幅达 30.5%。百万吨级煤矸石覆岩离层注浆“处废—防冲—减震—保水—减沉”“五位一体”安全绿色开采效果明显。

此外，天津设计公司业务发展迅猛，百万吨级煤矸石覆岩离层注浆充填技术已在中煤集团大海则煤矿和兖矿集团石拉乌素煤矿、营盘壕煤矿落地应用，门克庆煤矿、纳林河二号井正在进行前期规划。随着多个离层注浆示范项目落地，该技术将成为蒙陕地区黄河流域生态治理重要手段，尤其在保水开采方面发挥了重要作用。

天津设计公司覆岩离层注浆充填业务立足产业的视角来思考发展模式的优化，坚持问题导向，坚持守正创新，成功打造了“专精特新”离层注浆产业链，达成了“设想—研发—设计—总包—运营”链条转化，实现了“设计孵化—成立充填事业部—成立离层注浆公司”的团队打造，项目实施效果斐然。未来天津设计公司离层注浆业务将从战略规划、品牌塑造、差异化资源投放、技术及模式创新多领域延伸，坚定对技术创新和绿色发展的追求，不断向高质量、高端化迈进。

（由中国中煤能源集团有限公司供稿）

中国海上风电运维技术革新：全寿命周期安全管理与可持续发展

一、基本情况

广东能源集团科学技术研究院有限公司（以下简称科技研究院）是广东省能源集团有限公司的全资子公司，是集团公司践行创新驱动发展战略，提升自主创新能力，着力组建的科技创新平台。

科技研究院代表集团公司负责科技创新专家委员会、博士工作站、科技情报中心、政策研究课题、中国电力企业联合会生物质发电标准化技术委员会等管理工作。

科技研究院的主要目标是通过研究和开发新的技术和解决方案，推动能源行业的创新和发展，重点围绕储能与氢能、碳减排与资源化利用、数字能源、新能源技术等开展重点技术攻关。

目前，科技研究院协助集团牵头承担国家重点研发计划课题 1 项，牵头承担国家重点研发计划课题 2 项，牵头承担省重点项目 7 项、集团重点及以上项目 15 项，已通过高新技术企业认定、科技型中小企业认定和知识产权管理体系认证。拥有已授权发明专利 20 件、实用新型专利 23 件、软件著作权 13 件，发表 SCI 论文 44 篇、EI 论文 4 篇、中文核心期刊论文 15 篇。

二、实践经验

当前，我国海上风电发展仍处于高速建设期，大量海上风机刚刚并网投入运行。与发展较早的欧洲相比，我国相关运维保障技术及经验欠缺，很多运维技术尚处于空白阶段。同时我国海域环境，特别是南海海域相较于欧洲北海及波罗的海海域更为恶劣复杂，台风多发、海洋水文复杂，海上风电机组长期处于高温度、高湿度、盐雾的恶劣海洋腐蚀环境中，导致海上风电基础及电气设备等腐蚀、潮湿、海洋生物污损、局部冲刷问题较其他海域更加严重，海上风电场的运营维护更为艰巨，影响海上风电在 25 年全生命周期内的安全可靠运行。针对这一情况，科技研究院围绕中国南海海上风电的特殊环境和运行条件，进行了深入的技术攻关和创新研究。

一是瞄准国家能源产业布局，聚焦海上风电“卡脖子”难题，加快打造海上风电原创技术策源地。围绕海上风电领域重点技术攻关梳理产业地图，如附件一所示。

根据产业地图完成重点研发项目清单、重点产品清单、研发机构清单、人才清单梳理。从重点研发项目清单出发有针对地组建研发队伍，建立技术创新平台，培育研发人才。在海上风电关键领域进行深入研究和技术开发，开展了海上风电基础和海底电缆的冲刷监控与防护技术研究、海上风机塔筒振动监测与阻尼减振技术研究、海上风电设备环境腐蚀老化监测与快速修补材料研究等，已规划投入超过 1 亿元。大部分项目已立项并按计划有序推进，总体进展顺利。

二是加速海上风电产学研用深度融合，推动大兵团联合作战。一方面，依托海上风电科研项目，加强与中科院广州能源所、湖南大学、中山大学等高水平研发机构的战略合作。研发与应用同步开展，促进前瞻性科学研究及关键性技术研究项目合作，已规划布置了多个重点及重大科技研发项目。另一方面，积极落实广东省科技创新决策部署，及时响应省委、省政府关于省属企业与省实验室对接交流会会议精神，联合先进能源科学与技术实验室（阳江海上风电实验室）组建创新联合体，开展海上风电运维技术研究和科研平台建设。承接广东省基础与应用基础研究基金海上风电联合基金重点项目 1 项。2022 年由科技研究院牵头，成功申报了广东省重点领域研发计划项目“海上风电场全寿命周期安全监测、预警、防控及保护措施系统等研究及应用”（项目编号：2022B0101100001）。项目所涉及的海上风电场全寿命周期安全监测、预警、防控及保护措施系统等研发及应用，可弥补我国海上风电在风场运维管理技术方面的不足，提升整体技术水平，促进我国海上风电产业的健康可持续发展。

三、取得的成效

科技研究院以服务海上风电市场竞争需要为工作重点，着力开展海上风电可靠性、经济性保障技术研究，取得了一系列成果。一是通过对海上风电防腐、防潮、冲刷、海洋生物附着等问题的深入研究，开展新技术开发、引进和消化吸收，有效解决了目前海上风电建设和运维存在的难题。二是项目相关研究成果先期在集团内海上风电产业推广应用，有助于提升海上风电整机可靠性，提高了广东海上风电工程投资效益，增强了海上资源开发利用能力。

目前，科技研究院在海上风电方面参与起草国家标准 2 项，获得中国电工技术学会科技进步二等奖 1 项，软件著作权 2 件，发表相关论文 13 篇。

（由广东省能源集团有限公司供稿）

附件一：海上风电产业链

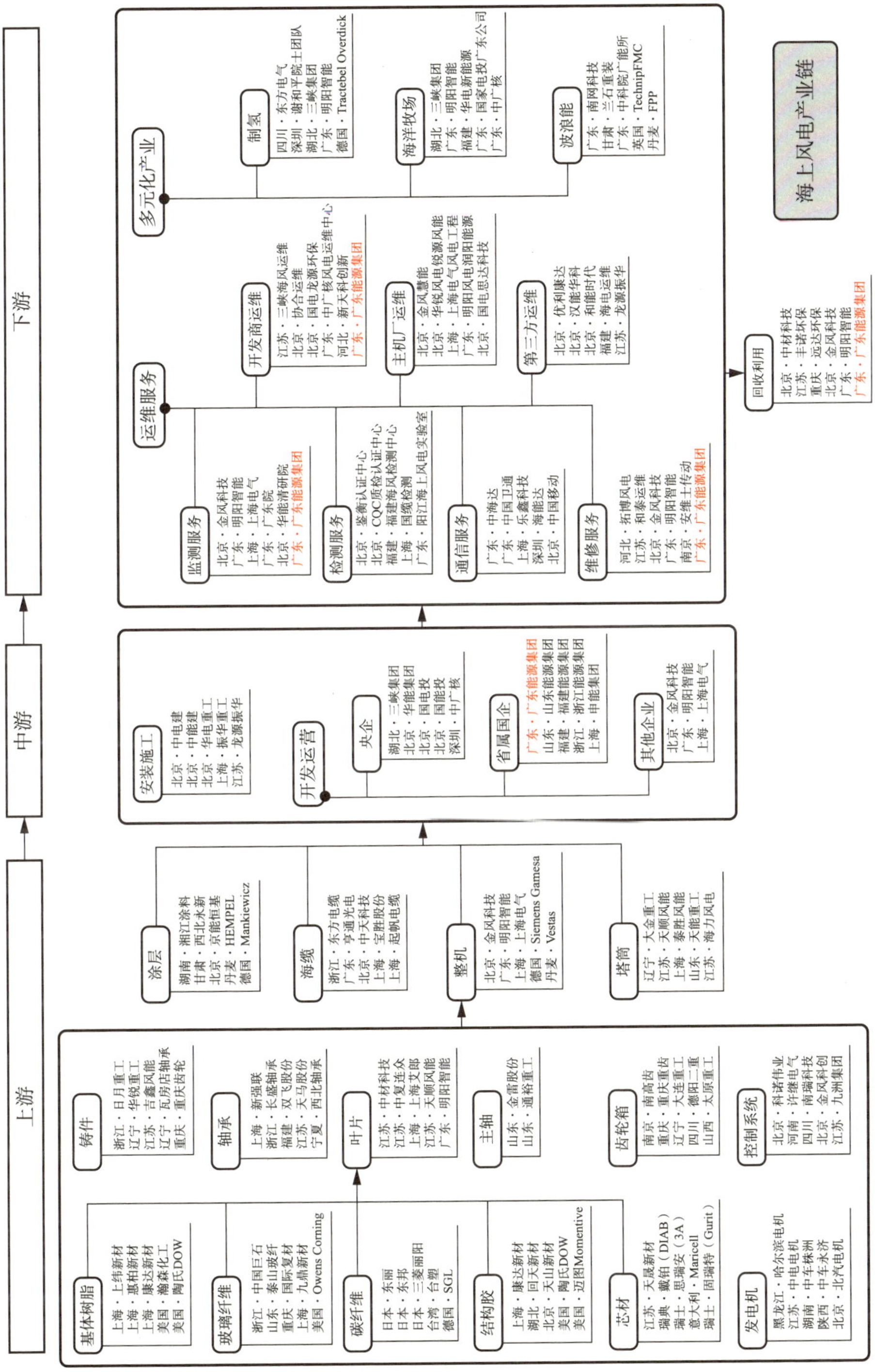
上游
中游
下游
基体树脂
上海・上纬新材
上海・惠柏新材
上海・康达新材
美国・瀚森化工
美国・陶氏DOW
铸件
浙江・日月重工
辽宁・华锐重工
江苏・吉鑫风能
辽宁・瓦房店轴承
重庆・重庆齿轮
玻璃纤维
浙江・中国巨石
山东・泰山玻纤
重庆・国际复材
上海・九鼎新材
美国・Owens Corning
轴承
上海・新强联
浙江・长盛轴承
福建・双飞股份
江苏・天马股份
宁夏・西北轴承
碳纤维
日本・东丽
日本・东邦
日本・三菱丽阳
台湾・台塑
德国・SGL
叶片
江苏・中材科技
江苏・中复连众
上海・上海艾郎
江苏・天顺风能
广东・明阳智能
结构胶
上海・康达新材
湖北・回天新材
北京・天山新材
美国・陶氏DOW
美国・迈图Momentive
主轴
山东・金雷股份
山东・通裕重工
芯材
江苏・天晟新材
瑞典・戴铂（DIAB）
瑞士・思瑞安（3A）
意大利・Maricell
瑞士・固瑞特（Gurit）
齿轮箱
南京・南高齿
重庆・重庆重齿
辽宁・大连重工
四川・德阳二重
山西・太原重工
发电机
黑龙江・哈尔滨电机
江苏・中电电机
湖南・中车株洲
陕西・中车永济
北京・北汽电机
控制系统
北京・科诺伟业
河南・许继电气
四川・南瑞科技
北京・金风科创
江苏・九洲集团
涂层
湖南・湘江涂料
甘肃・西北永新
北京・京能恒基
丹麦・HEMPEL
德国・Mankiewicz
海缆
浙江・东方电缆
广东・亨通光电
北京・中天科技
上海・宝胜股份
上海・起帆电缆
整机
北京・金风科技
广东・明阳智能
上海・上海电气
德国・Siemens Gamesa
丹麦・Vestas
塔筒
辽宁・大金重工
江苏・天顺风能
上海・泰胜风能
山东・天能重工
江苏・海力风电
安装施工
北京・中电建
北京・中能建
北京・华电重工
上海・振华重工
江苏・龙源振华
开发运营
央企
湖北・三峡集团
北京・华能集团
北京・国电投
北京・国能投
深圳・中广核
省属国企
广东・广东能源集团
山东・山东能源集团
福建・福建能源集团
浙江・浙江能源集团
上海・申能集团
其他企业
北京・金风科技
广东・明阳智能
上海・上海电气
运维服务
监测服务
北京・金风科技
广东・明阳智能
上海・上海电气
广东・广东院
北京・华能清研院
广东・广东能源集团
检测服务
北京・鉴衡认证中心
北京・CQC质检认证中心
福建・福建海风检测中心
上海・国缆检测
广东・阳江海上风电实验室
通信服务
广东・中海达
广东・中国卫通
上海・乐鑫科技
深圳・海能达
北京・中国移动
维修服务
河北・拓博风电
江苏・和泰运维
北京・金风科技
广东・明阳智能
南京・安维士传动
广东・广东能源集团
开发商运维
江苏・三峡海风运维
北京・协合运维
北京・国电龙源环保
广东・中广核风电运维中心
河北・新天科创新
广东・广东能源集团
主机厂运维
北京・金风慧能
北京・华锐风电锐源风能
上海・上海电气风电工程
广东・明阳风电润阳能源
北京・国电思达科技
第三方运维
北京・优利康达
北京・汉能华科
北京・和能时代
福建・海电运维
江苏・龙源振华
多元化产业
制氢
四川・东方电气
深圳・谢和平院士团队
湖北・三峡集团
广东・明阳智能
德国・Tractebel Overdick
海洋牧场
湖北・三峡集团
广东・明阳智能
福建・华电新能源
广东・国家电投广东公司
广东・中广核
波浪能
广东・南网科技
甘肃・兰石重装
广东・中科院广能所
美国・TechnipFMC
丹麦・FPP
回收利用
北京・中材科技
江苏・丰诺环保
重庆・远达环保
北京・金风科技
广东・明阳智能
广东・广东能源集团
海上风电产业链

国内首台套超超临界二次再热机组建设运营实践

一、基本情况

华能安源发电有限公司（简称华能安源电厂）始建于1958年，位于江西省萍乡市，是一座承载着历史与荣誉的“红色”电厂，见证了新中国电力工业的发展和变迁。

2008年，华能安源电厂迎来了新的历史机遇，正式加入中国华能集团有限公司（简称中国华能）大家庭。现有总装机容量为165千瓦（其中火电装机容量132万千瓦、新能源装机容量33万千瓦），同时具备每小时200吨的供汽能力，是江西西部的核心电源支撑点，为全省经济社会发展提供了坚实的能源保障。

2012年3月，根据国家“上大压小”政策要求，华能安源电厂以壮士断腕的勇气，将高能耗高污染的在役小机组全部淘汰关停，全厂退出电网调度运行，迎接新的挑战和机遇；同年7月华能安源电厂“上大压小”新建工程获得国家发改委核准，标志着华能安源电厂正式踏上二次创业新征程；同年9月中国华能以“敢为人先”的勇气和“当仁不让”的担当，决定在华能安源电厂建设国内首台套66万千瓦高参数超超临界二次再热机组。2013年6月，华能安源电厂“上大压小”新建工程正式开工建设，建设期间中国华能集中力量攻克了“二次再热机组动态响应分析、汽温调节和协调控制策略”“二次再热机组环保排放优化”等十多项关键技术难题，打破了国外知识产权壁垒制约。2015年6月和8月，两台机组先后经168小时一次试运行成功后正式投入商业运行，各项性能指标达到国际先进、国内领先水平，标志着一个有着58年历史的老厂在技术创新和产业升级方面取得了重大突破，再次焕发出勃勃生机和无限活力，为中国电力发展史增添了浓墨重彩的一笔。

近10年来，华能安源电厂站在新起点，踏上新征程，全面贯彻落实习近平总书记“四个革命、一个合作”能源安全新战略，不忘来时路，走好脚下路，坚定未来路，坚持以科技创新、管理创新双轮驱动，勇于创新，敢做高精尖技术开创者；应势而动，争做燃煤电厂“三改联动”和绿色转型的破局者；乐于求进，善做精益化、数字化、标准化的聚合者，为发展新质生产力蓄势赋能，探索出了传统发电企业加快高效、低碳、绿色、创新、智慧发展的新路径，成为电力行业高质量发展的标杆。

二、实践经验

（一）敢为人先，勇攀电力技术珠峰

1. 领跑——填补国内技术空白。提高蒸汽参数（压力和温度）、采用再热系统、增加再热次数都是提高燃煤发电机组效率的有效方法。二次再热技术是国际领先的发电技术，也是《国家能源科技“十二五”规划》重点攻关项目。在相同蒸汽压力温度条件下，二次再热机组的热效率比一次再热机组提高约 2%，可减排二氧化碳约 3.6%。但超超临界二次再热机组以系统、设备和运行控制复杂著称，在国内一直是一个没人敢吃的“螃蟹”。直到 2012 年，国内业界还在争论要不要推广应用二次再热技术之时，中国华能瞄准国际发电技术最前沿，先行一步，决定第一个吃下这只“螃蟹”，在华能安源电厂建设国内首台套 66 万千瓦高参数超超临界二次再热机组，机组锅炉出口主蒸汽压 32.45 兆帕、温度 605℃，一二次再热汽温均为 623℃，该参数已接近 P92 材料的极限，为当时世界参数最高的火电机组。

2. 创新——高效清洁低碳循环。华能安源电厂致力打造高效、清洁、低碳、循环的绿色工厂，设计之初就采用了中国华能自主研发、具有完整知识产权的烟气协同治理技术，通过增加烟气深度冷却器、采用高效除尘湿法烟气脱硫装置等关键设备，不但提高了除尘、脱硫效率，同时更多余热得以回收利用。在水系发达，水资源丰富的江西，该厂利用城市中水作为发电机组和循环水系统的补充水源，每天可减少自然界原水消耗 1 万多吨，同时，采用闭式循环供水方式和高浓缩倍率设计、废水全部回收利用等节水措施，年均百万千瓦耗水指标达到国内先进水平。

3. 突破——攻克关键技术难题。二次再热技术在国内首次应用，没有现成设计、制造、建设和运行经验可以借鉴。中国华能调集精兵强将和优势资源力量集中攻关，使十多项关键性技术难题得以快速实现成功突破：在国内首创“高温炉烟循环 + 摆角 + 烟气档板”再热汽温多重调节方式，成功解决了二次再热汽温难以调整这一关键技术难题，同时节省投资约 3400 万元、每

年还降低运行成本约500万元；通过建立严密的锅炉壁温监测系统，成功解决了当时国际上高参数锅炉普遍容易超温影响机组安全的问题；攻克了高温超壁厚P92马氏体钢焊接热处理这个世界级技术难题，4道当时国内最大壁厚P92焊口，6名技术人员经过不间断84小时的连续作业，一次焊接成功；成功研发出世界首台二次再热机组仿真机，实现了二次再热机组冷态启、停机、各种变负荷工况、常见事故设置和模拟功能。

（二）精益求精，树立电力行业标杆

1. 标本兼治，打造节能降耗新样板。作为“第一个吃螃蟹者”，投产初期华能安源电厂的两台二次再热机组，存在汽轮机超高压缸效率不够高、汽封漏汽量偏大、一二次再热汽温欠温等问题，技术经济指标不及预期。该厂组织锅炉和汽轮机厂家、中国华能系统内的专家进行多轮“会诊”，制定了包括超高压缸、汽封等在内的1300多项大小提效改造“综合治疗方案”。抓技改的同时，该厂成立节能降耗重点指标管控专项工作小组，以主汽温、再热汽温、飞灰含碳量、烟气含氧量等10项指标为重点，深挖掘设备潜力，不断摸索总结不同运行方式下的最佳运行方式。通过近两年的技改和运行优化，供电煤耗降低了7.87克每千瓦时，两台机组每年可减少煤炭消耗近5.2万多吨、减排二氧化碳近14万多吨。

2. 链条延伸，开拓能源供应新领域。华能安源电厂紧紧围绕国家能源安全战略和“双碳”目标，加快构建“煤电＋光储热”多能互补高质量发展新格局。2019年，再先行一步，率先在国内完成二次再热机组供热改造。2021年，提出了在“十四五”期间“再造一个绿色华能安源电厂”的发展战略目标，开启绿色转型新征程，并率先建成江西省首个光储一体电站。2023年，利用在厂内及周边自建的光伏电站，探索光伏发电替代部分火电的厂用电，实现火电与光伏的深度融合。实现了从单一燃煤电力供应商向综合能源供应商的转型。

3. 持续优化，提高机组调峰新能力。华能安源电厂为有效应对以新能源为主体的新型电力系统加快形成，火电正逐步转变为基础保障性和系统调节性电源的大势，近年来，积极推进燃煤机组灵活性改造。在国内率先应用智能多模型预测控制技术、神经网络自适应技术控制系统，提高机组超低负荷下的协调控制能力，并获得最佳调节品质，补齐了二次再热机组深度调峰能力差这块短板。

（三）数字赋能，打造精益智能管家

1. 价值引领，构建“1+N”精益管理体系。华能安源电厂坚持技术创新和管理创新双轮驱动高质量发展战略，创新提出“精细 + 成本 + 价值增长”精益管理理念，以追求企业管理“合理 + 极致”为目标，按全价值链划分管理系统，构建以党建引领提质增效为中心，由生产、营销、燃料、采购、财务、基建和企业治理等子体系组成的“1+N”一体化精益管理体系，通过“1+N”团体协同作战，打通部门之间的壁垒，消除价值链各环节中的浪费，提高企业效率效益。

2. 创新驱动，打造 24 小时精智管理平台。华能安源电厂根据全价值链各子系统之间的相互关系，运用先进的 ICT（信息和通信）技术，在电力行业首创“一体化集中管控、智能化高效协同、可视化高度融合”的一日经营核算管理平台，实现一日结算、实时决策，对生产、财务、采购、营销、物资等业务系统进行平台化整合，打通底层数据，异构系统实现数据同构，不同业务部门实现信息共享，利用数字化技术赋能精益管理，打造企业 24 小时在线精智管理新优势。

（四）标准先行，增强价值创造能力

1. 量身 + 融合，构建企业标准体系。华能安源电厂以业务需求为导向，将各项业务规范为流程，按照“技术标准全业务覆盖，管理标准全流程覆盖，工作标准全岗位覆盖”的原则，对原有的标准和制度进行全面识别、分类，同时导入质量、环境、职业健康、安全、能源管理体系，最终形成了由 431 项技术标准、287 项管理标准、260 项岗位标准组成的企业标准体系。解决了传统制度管理体系下，内容关联少、共享程度低、重复数据高、交接协作难的问题，企业获得基于流程的竞争优势，价值创造能力不断增强。

2. 传承 + 创新，巩固企业竞争优势。重视将职工在多年实际工作中形成的，并通过实践证明是成熟、可靠、科学的管理经验或技术转化成为标准，发挥标准“留技术、留智慧”的妙用；建立技术创新成果、管理创新成果、专利、标准协同推进机制，按照“简化、统一、协调、优化”的标准化原则，将创新成果转化为可复制可推广的企业标准，构建标准改进提升、创新成果固化双擎驱动企业生产、经营、发展竞争能力螺旋式提升新格局。

三、取得的成效

华能安源电厂深入贯彻落实习近平总书记“四个革命、一个合作”能源安全新战略，扛牢使命责任，传承红色安源精神，勇立能源技术革命潮头，改革创新不断突破，新质生产力加快形成，绿色转型态势良好，能源安全保供能力和价值创造能力持续提升，高质量发展不断迈上新台阶。

一是引领了国内发电技术的进步。华能安源电厂在国内自主研发并成功投产的世界首台 66 万千瓦高参数超超临界二次再热燃煤发电机组，创造了 3 项世界纪录、刷新了 13 项国内记录，关键主辅设备国产化率 100%，成功掌握了世界领先的二次再热发电关键技术。自 2015 年 8 月全面建成投产以来，机组运行安全稳定，连续保持了 2013 年开工以来安全生产事故“零”记录；各项能耗指标远优于一次再热机组，成为江西省首个通过超低排放验收的燃煤电厂、大规模利用城市中水的工业企业，消纳了当地污水处理厂 70% 以上的中水。以 2017 年为例，2 号机组以 272.53 克每千瓦时的煤耗荣获全国 60 万千瓦级机组供电煤耗最优奖，根据中国电力企业联合会提供的数据，该机组较当年同等级机组的平均供电煤耗低 15.39 克每千瓦时、比高一等级的百万千瓦级机组的平均供电煤耗低 10.69 克每千瓦时；全年单机较同等级一次再热机组减少煤炭消耗 5 万多吨，减排二氧化碳超 13.5 万吨，相当于近 740 万棵成年树木一年吸收的二氧化碳量。从 2017~2022 年连续 6 年获评代表全国火电机组最优能效的 5A 级优胜机组称号（2023 年对标结果尚未公布）。首创的高温炉烟循环 + 摆角 + 烟气档板的再热汽温多重调节方式，已成为哈尔滨锅炉厂二次再热锅炉的典型设计。项目先后荣获国家工业大奖提名奖、国家优质工程金奖、国家优质投资项目奖、国家级高新技术企业、中国电力创新大奖、全国工程建设项目优秀设计成果一等奖等省部级以上荣誉 70 多项，带动了二次再热技术在国内大规模推广应用，为中国发展新质生产力、先进发电技术、高端设备制造做出了突出贡献。

二是企业价值创造能力显著提升。创新打造的以“精益化管理、标准化建设、数字化落地”为核心的一日经营核算精智管理，在中国华能 200 多家单位推广后，经中国华能进一步凝练总结出的“五步三化”精智管理模式，2021 年被国资委选树为 10 大管理标杆模式。创新驱动了“具有比较优势的竞争资源 + 全要素的精益配置能力”的核心竞争力提升，设备利用小时、盈利能力区域对标领先。近 4 年，仅燃料成本就累计降低近 2.5 亿元，获得国内和国际专利 120 多项；近 3 年连续获评萍乡市纳税大户称号；2022 年获评中国华能先进单位、电力行业5A级标准化良好行为企业。燃煤机组“三改联动”效果显著，近两年，节约的碳排放配额通过交易获利超过1亿元；兑现“两个细则”和深度调峰收益7700万元；供热改造影响供电煤耗下降2.98克每千瓦时的同时，还吸引了9家总投资规模近百亿元的用热企业落户当地，成为当地政府招商引资的金字名片。

三是绿色转型发展获得显著突破。形成了“投产、建设、储备”滚动的绿色转型发展格局，截至2024年3月底，共有21个新能源项目获得核准（备案），总装机容量近102万千瓦；有6个光伏项目实现全容量投产、8个光伏项目在建、4个光伏项目即将开工，这18个光伏项目的总装机容量达66.5万千瓦，其中已并网投产容量超33万千瓦，所有全容量投产的项目实现“即投产、即盈利”。2023年，年度发展绩效考核名列所在区域公司首位。

（由中国华能集团有限公司供稿）

第五篇

能源国际合作

勇立潮头　示范引领
做新时代能源国际合作的一流践行者

一、基本情况

国能印尼爪哇公司（以下简称印尼爪哇公司）由神华国华（印尼）爪哇发电有限公司与神华国华（印尼）爪哇运维有限公司构成。神华国华（印尼）爪哇发电有限公司于2016年1月13日第一个通过印度尼西亚（以下简称印尼）政府投资协调委员会“（BKPM）3小时绿色通道”在印尼雅加达注册成立，由国家能源集团所属子公司中国神华能源股份有限公司与印尼国家电力公司所属子公司PLN NR按照70%∶30%的出资比例共同组建，作为爪哇7号2×1050兆瓦燃煤发电项目主体，全面负责项目开发、建设和运营。神华国华（印尼）爪哇运维有限公司负责爪哇7号项目基建期生产准备工作和机组投产后生产运行维护，鉴于项目公司与运维公司的企业属性和目标定位，在符合公司法人治理结构前提下，两个公司实行一体化管理模式。

爪哇7号项目为印尼政府在2014年底提出的《印尼中期发展规划（2015—2019年）》中35000兆瓦装机容量计划的重点项目，也是中国共建“一带一路”倡议和印尼“全球海洋支点”战略对接的示范项目之一。其1号机组于2019年12月13日投产发电，2号机组于2020年9月23日投产发电，项目投产后实现机组长周期安全稳定运行，对印尼爪哇—巴厘电网起到强有力的支撑作用，并给当地经济发展带来巨大效益。截至2023年底，公司已安全生产累计达1480天，项目按期投产和安全稳定运营为中国电力在海外发展树立了良好口碑和形象。

2023年，印尼爪哇公司安全生产与稳健经营态势良好，完成发电量132亿千瓦时，同比增长13.51亿千瓦时，超年度计划17.13亿千瓦时。净资产收益率13.81%，高于行业平均水平。市场占有率达112.14%，同比增长12.13%，显示了强大的市场竞争力。供电煤耗288.78克/千瓦时，同比降低3.21克/千瓦时，综合厂用电率4.82%，同比降低0.43个百分点。

在持续落实能源保供责任以及为印尼社会提供高品质安全稳定电力供应

的同时，印尼爪哇公司坚持一流品牌建设，坚定不移走企业绿色高质量发展之路，始终超前践行绿色环保发展理念，以环保促发电效益，环保排放指标优于印尼标准3~4倍，为印尼社会贡献清洁能源。同时，基于当地生态系统的整体性和环境影响的关联性，印尼爪哇公司以建设区域环境生态保护的共同利益与相互认同信任为契合点，与周边社区形成生态保护联合体，取得了良好的经济和社会效益。

二、实践经验

（一）高标准开工、高水平建设、高质量投产

1. 顶层设计引领开工标准

以“如期建成具有中印尼文化特色、同行认可、长期盈利的国际一流示范电站”为目标，爪哇7号项目坚持以“生态文明”为旗帜、“美丽电站”为纲领、“清洁高效”为路径，落实“低碳环保、技术领先、世界一流的数字化电站”基本要求。项目体现“发电厂创造价值、建筑物传承文化”和“建设现代工业艺术品”的文化理念。项目遵循“节能环保做加法、系统设计做减法”的技术创新思路，致力于打造“安全、清洁、高效、智能”的环保型美丽电站，人与自然和谐相处的爪哇7号项目。

2. 高效组织奠定建设水平

爪哇7号项目为EPC模式下的交钥匙工程，按照合同约束、权责一致、协同高效、制约制衡的原则，构建组织管理体系，按照专业化原则，合理配置工程建设的内外部资源。项目建设期间，项目公司、监理、EPC总承包商及其分包商、设备供应商等各司其职，协同合作，共商、共建、共享、共赢，将中国最先进的电力行业设计、设备、制造、安装相关技术应用于爪哇7号项目，项目的高质量、高水平建设和运营得到了中印尼政府及社会各界的好评。

3. 严格把关管控投产质量

基建期成立质量管理委员会，下设设计、设备、施工、调试四个专委会及质量监督检查工作组，有效地统揽了设计、设备、施工、调试等方面的质量管理工作，加强全过程质量的专业管理，严格把控工程建设的每一个环节的质量关，精益求精的工作态度让中国电力工程建设得到了印尼股东方以及印尼同行业的高度赞赏。2020年10月25日，首个《“一带一路”高质量发展案例报告》在北京发布，印尼驻华大使周浩黎接受采访时表示，中国国家能

源集团与印尼开展了广泛合作，为印尼的发展作出了巨大贡献。

（二）稳健运营，争创一流国际化发电企业

1. 科学应对，缓解供煤压力

坚定不移保障印尼能源安全稳定供应和助力印尼经济社会发展，持续为印尼电网输送安全、高效、经济、清洁的高品质电能，发电份额、机组可靠性及环保指标在印尼爪哇电网保持领先，充分发挥印尼能源供应“稳定器”和“压舱石”作用。

面对印尼煤炭供应短缺的市场形势，为了缓解供煤矛盾，避免断煤停机事件，公司综合研判煤炭供应形势，充分利用PPA（购电协议）合同中关于“照付不议”的电价结算机制，在确保电价结算仍按照购电协议86%负荷率结算的前提下，兼顾煤炭供应短缺现状，灵活调整两台机组实际负荷水平。通过优化供煤结构，大力拓展经济煤源、煤种，在保障长协供应量的基础上额外增加战略供煤，在2023年实现库存平均天数连续保持在15天以上，全年实际接收煤炭和平均库存天数均达到历史新高。

2. 降本增效，保障利润指标

面对美元加息等不利因素，印尼爪哇公司生产经营团队全方位开源节流，加强预算管理，挖潜增效，提高资金管理水平，最大限度实现经营效益最大化。2023年，印尼爪哇公司积极与中国国家开发银行和股东方协调，实现提前还款6347万美元，全年节省财务费用290万美元，为完成年度利润指标奠定基础。与国家开发银行进行多轮艰难协商，成功降低了贷款利率，有效压降了财务费用，在剩余贷款周期内节约财务费用约1717万美元，平均每年节省财务费用约172万美元。通过与PLN的沟通，提前收回电费，实现超额现金流总额1.15亿美元，为按时分红回馈股东和贷款提前还本付息创造了条件。

（三）积极履行社会责任赢得良好口碑

1. 以人为本，打造“社会友好型”企业

印尼爪哇公司以打造“社会友好型”能源发电企业为己任，持续为社会提供安全、经济、清洁、高效的高品质电力能源，积极履行社会责任，参加社会公益服务。

在社会价值创造方面，爪哇7号项目自建设初期便致力于助力印尼电力行业发展，拉动当地经济，在当地累计创造就业岗位约2000个，截至2023

年底，印尼爪哇公司本地化率达67%。2017年10月5日，印尼总统佐科·维多多出席并见证了项目开工，他强调项目的建设将极大缓解印尼电力紧缺状况，增加劳动就业机会，助力印尼经济发展。

印尼爪哇公司积极履行社会责任，融入当地社区建设，通过帮助周边社区打井、疏浚及绿化河道、建设清真寺、在传统节日慰问村民、帮助孤寡老人、帮助周边村民就业、参加社会公益服务、开展医疗帮扶、援助防疫物资、参与希望村建设、向地震灾区组织捐赠等工作，在中印尼两国人民之间建立起“民心相通”的深厚友谊，累计投入资金200多万元，开展社区帮扶超过20批次，社区慰问100余次。

2023年5月，印尼爪哇公司“安妮的心愿”助学基金会正式宣布成立，旨在为因病、伤、亡或意外灾害等原因导致生活陷入困境的印尼籍员工子女提供教育资助，基金会先后组织爱心志愿者共计5900余人参与募捐活动，收到捐款折合人民币近40万元。

2. 绿色发展，打造“环境友好型”企业

印尼爪哇公司秉承集团的“生态环保、绿色发展”理念，以建设“环境友好型”能源发电企业为己任，与周边社区共同治理、推进区域环境保护，形成生态环境所带来利益的有机联合体，共同打造海外建设的“绿色生态圈”。

在绿色运营方面，印尼爪哇公司所属的爪哇7号项目作为共建“一带一路”的旗舰项目、中国出口海外的首台百万机组、印尼的第一台超超临界机组，项目的建设和运营过程始终致力于煤电清洁高效利用、提高发电效率、降低碳排放，持续开展废水零排放治理、固废危废处理处置、生态修复攻坚力度，采用先进的发电技术和设备，如超超临界火力发电机组、四公里全封闭管带式煤炭输送机、外排海水泡沫自动打捞技术等，为提供安全清洁可靠的高品质电力能源保驾护航，连续取得蓝色“PROPER”认证，获得2023年印尼劳工部最高等级的SMK3金色认证。

在生态环境保护和治理方面，印尼爪哇公司坚持践行“绿水青山就是金山银山”理念，持续推进生态环境治理，策划实施生产期红树林及野生动植物自然生态保护工程，海域红树林面积达到近20公顷，生物多样性得到有效保护，通过对红树林保护品牌的推广和宣传，取得了巨大的社会价值。

（四）通过宣传途径塑造品牌形象

爪哇7号项目成功建设、运营实践的意义非同凡响，为中国企业进军海

外、开拓电力市场树立了一座丰碑，项目的成功建设和运营受到新华网、人民网、环球财经连线、央视网、《国际日报》、CNN Indonesia、Rambu Energy、《雅加达邮报》等多家国内外新闻媒体的长期持续跟踪报道。《人民日报》曾数次组织记者现场采访，“国家能源集团在印尼：16 载共生共赢”被印尼最大的报纸《罗盘报》官网、印尼最大的新闻门户网 Detik 网等 52 家外媒网站转载，覆盖人群 1.25 亿，总观看量达 248 万次。

印尼爪哇公司通过制作宣传片、组织挖掘撰写爪哇 7 号项目系列故事、在各大媒体刊载报道、在印尼国内组织媒体发布会，及时将项目的最新动态和成绩进行宣传展示，讲述项目建设的艰辛历程，诉说中印尼员工坚守岗位的敬业精神和家国情怀，阐述项目共生价值培育等。通过大力宣传和推广，印尼爪哇公司在环保及清洁发电方面所作出的巨大努力和取得的成绩得到了印尼社会的进一步赞扬和认可。

三、取得的成效

一是承担中国电力在海外高质量发展的责任与使命，服务于国家发展战略，树立国际品牌形象。通过高水平质量机组投产，机组综合治理，提高发电机组的安全稳定性，实现机组长周期安全稳定运行，持续保持高负荷发电，为印尼社会提供安全稳定的电力供应，为印尼经济发展提供了坚实的能源保障，用实际行动践行共建“一带一路”的责任与使命，有追求、负责任的企业精神也收获了行业内以及社会各界的高度好评。爪哇 7 号项目被印尼政府列为国家重点项目，项目荣获了包括 2017 年印尼工业部授予的“印尼最佳中资企业投资奖”、2021 年亚洲电力“煤电项目金奖”和“快发能源项目金奖”、2022 年亚洲电力“印尼环境和社会治理计划（ESG）奖”、2022 年“中国电力优质工程奖”和“中国国家优质工程金奖”、2023 年中国“燃煤发电标杆工程”奖、2023 年亚洲电力“印尼最佳 ESG 计划奖”和“印尼最佳 IPP（独立发电商）奖”等一系列国家级和国际级重大荣誉。

二是高品质安全生产运营为中国电力“走出去”积累了好声誉。机组投产以来，印尼爪哇公司全面加强精细化管理，坚决守住安全生产底线，始终确保机组零非停、零非降。健全完善法治合规管理体系，牢牢守住不发生重大风险的底线，密切关注市场动态，加强燃料全流程管理，采取科学有效的经营策略，着力深化降本增效，发挥大容量高效能机组优势，保持经营绩效连年稳定增长，售电市场占有率达 106.52%，等效可用系数 96.55%，在印尼电网的可靠性遥遥领先。截至 2023 年底，累计完成发电量达 402.6 亿千瓦时，平均净资产收益率达到 17.09%。

三是坚定不移走绿色能源发展道路，实现可持续发展。大力践行“绿水青山就是金山银山”的绿色发展理念，持续推进生态文明建设，开展生态环境治理。中央广播电视总台与文化和旅游部联合摄制大型国际文化交流节目《美美与共》将印尼爪哇公司红树林保护基地建设作为范例，于 2024 年 3 月 9 日在央视综合频道播出了《爪哇岛有片红树林》节目，讲述发生在印尼爪哇公司红树林保护中的中印尼文明互鉴故事，取得了巨大的社会效应。印尼爪哇公司还主动突破“煤电单一供电”的固式思维，从传统单一发电向“火电 +”转变，开展综合能源前期布局筹划，积极推进西冷 50 兆瓦光伏项目和 5 兆瓦屋顶分布式光伏及配套储能项目，配合开展卡朗卡德斯 100 兆瓦水上漂浮光伏发电项目的前期筹备，提升综合能源转型绿色发展品牌竞争力。

四是积极履行社会责任，成为印尼乃至东南亚践行 ESG 理念的先行者。印尼爪哇公司以“美好家园”核心文化引路，建立了企业、员工及社区和谐发展的人文环境，积极开展公益品牌建设，通过“安妮心愿基金会”“希望村工程”等品牌公益项目持续提高对社区的帮扶质量，获得了社会各界的认可。2020 年 10 月 25 日，依托中国提出共建“一带一路”倡议 7 周年、中国与印尼建交 70 周年的特殊契机，首个《“一带一路”高质量发展案例报告》在人民日报社发布，数家主流媒体到会，爪哇 7 号项目秉持国家能源集团深耕印尼十四载走出的基于共生价值理念的国际化发展之路被争相报道，进一步树立了国家能源集团推动共建“一带一路”高质量发展的品牌形象。“安妮心愿基金会”的建立，生动体现了国家能源集团在共建“一带一路”倡议下积极参与国际公益合作，推动民心相通这一精神的实践探索，展示了中印尼两国人民之间深厚的友谊和关爱，以及共同追求美好未来的信念。2023 年 12 月 24 日，《一切为了孩子！“安妮的心愿”助学基金会在印尼成立》作为优秀案例入围 2023 年度中国央企海外十大精彩瞬间评选活动。

（由国家能源投资集团有限责任公司供稿）

高质量服务共建“一带一路”打造国际合作“金字名片”

一、基本情况

国家电网有限公司（以下简称国家电网）是关系国民经济命脉和国家能源安全的特大型国有重点骨干企业，以投资建设运营电网为核心业务，经营区域覆盖我国26个省（区、市），供电范围占国土面积的88%，供电人口超过11亿人。公司位列2023年《财富》世界500强第3，连续19年获评中央企业业绩考核A级企业，连续11年获得三大国际评级机构国家主权级信用评级，连续8年获得中国500最具价值品牌第一名，是全球最大的公用事业企业。

近年来，国家电网公司坚持以习近平新时代中国特色社会主义思想为指导，深入贯彻“四个革命、一个合作”能源安全新战略，紧紧抓住“一带一路”建设带来的巨大机遇，明确“四突出一标杆”（突出服务大局、突出效益贡献、突出风险防控、突出规范运营，努力打造“一带一路”建设央企标杆）国际化战略思路，以市场为导向，以项目为依托，以高标准、可持续、惠民生为目标，大力推进国际化发展走深走实。国家电网坚持稳中求进工作总基调，持续加大境外能源电力基础设施项目投资力度，从2013年3个国家3个项目，拓展到目前在菲律宾、巴西、葡萄牙、意大利、希腊等10个国家和地区的13个能源网项目。业务布局实现了从发展中国家向新兴经济体、发达国家的全面覆盖，境外资产规模达到3800亿元，所有投资项目均保持稳健运营，对国家电网整体业绩的贡献度持续增强。在国资委2021年度中央企业国际化经营评价中，公司综合得分位列中央企业第1名。

二、实践经验

一是坚持战略引领，加强顶层设计统筹组织。国家电网成立了以主要负责人担任组长的“一带一路”建设工作领导小组，加强统筹管理，制定了《参与“一带一路”建设规划》《国际业务发展规划》《国际业务工作要点》等指导文件。充分发挥集团化优势，设立了境外投资运营、国际产能合作等国际业务专业公司，搭建了从集团总部到市场化国际单位和境外投资运营公司高效的国际业务组织和管理体系，不断加强对国际业务的集中统一管控和专业化管理。在集团总部和子企业均设立全面风险管理委员会（内部控制委员会）和合规管理委员会。按照统一领导、分工负责、分级管理的原则，建立了协同运转的风险合规管理组织体系。

二是坚持聚焦主责主业、强化创新驱动，打造核心国际竞争力。“走出去”参与国际竞争，根本上要靠自主创新，掌握核心高端技术。国家电网坚持自主创新，取得了一批具有自主知识产权、国际领先水平的创新成果。在国内累计建成“19 交 16 直”35 项特高压输电工程，跨区跨省输电能力超过 3 亿千瓦，全面掌握了处于世界领先水平的远距离、大容量特高压交直流输电的核心技术。在智能电网方面，掌握了柔性直流输电关键技术，攻克了风电场、光伏电站与电网协调配合的关键核心技术。在大电网控制方面，掌握了交、直流混联大电网运行控制技术，显著增强了大电网驾驭能力。国家电网聚焦电网核心业务，立足技术、管理、产业链综合优势，在国际市场上形成了核心竞争力，为参与国际竞争、拓展国际业务奠定了坚实基础。

图 1　中俄电力联网项目

三是创新投资并购模式，稳健开拓国际市场。国家电网全力支持境外公司的发展举措，在原则上进行指导，在流程上进行监督，在关键处给予支持。面对当地市场、政策收紧压力和行业地域限制等问题，为提高资产规模和投资收益水平，主要采取在存量资产并购基础上积极拓展绿地投资业务，在当地拓展上下游产业链、增强协同效应，进一步扩大原有行业的监管资产规模、继续投资当地输配电存量资产三种业务发展模式。以境外所属优势资产运营公司为投资平台，进一步拓展国际市场空间，开展优质资产投资并购和竞标，资产规模不断扩大，经营效益持续提升，实现了“借船出海”境外滚动发展。

四是牢固树立底线思维，全面防范境外风险。企业在“走出去”过程中面临着政治、法律、财务等各种风险。国家电网强化忧患意识、机遇意识、责任意识，认真落实国资委“集中管控、提级监管”要求，严格执行重大项目审核要求，超过5000万元人民币和列入负面清单特别监管类的投资项目，由集团总部统一决策。坚持聚焦主业、发挥优势、全面比选，所有项目均由集体研究决策、严格把关，不单纯追求中标，建立覆盖事前、事中、事后各环节的境外项目风险管控体系，切实落实“危地不往，乱地不去”，做到“有所为有所不为”。积极主动参与境外项目公司治理，所有投资项目均争取了与股比相对应的董事席位和管控权，派出高管团队参与项目运营管理，确保与股比对应的治理管控权。

五是坚持依法合规开展业务，确保国际化经营长治久安。国家电网在国际项目推进过程中，严格遵守国际规则和所在国法律法规。制定了30余项国际业务管理制度，以完善的制度体系保障境外业务规范操作、规范审批、行稳致远。加强对境外项目监测分析，实现对境外资产人员的实时监管，有效提升境外监管能力。着力强化境外财务资金管控，严格执行授权和“双签双控”机制，建成境外资金监控平台，实现全球资金账户可视在控。系统整合法律、审计、巡视、监察等多种专业监督手段，构建全方位协同监督机制。国家电网将廉洁合规作为境外经营的重点工作，深入开展跨境腐败治理，牢牢守住廉洁合规底线，有关工作和实践案例被中纪委、国资委向联合国推荐作为企业廉洁合规经营的典型案例。

六是依托高信用国际评级，实现境外低成本融资。国家电网自2013年至2023年已连续11年获得标普、穆迪、惠誉国际三大评级机构国家主权级信用评级。国家电网通过在香港设立子公司作为境外融资实施主体，充分利用国家电网在国际资本市场上的良好信誉优势，在境外发行债券融资开展境外投资。自2013年起，公司境外投资全部为利用境外低成本融资和境外项目投资收益进行内生式自我滚动发展，累计境外融资等值超过200亿美元，形成了境外低成本融资、投资境外优质资产的良性发展方式，且不占用国内电网投资建设能力，有力支持了公司在国内电网主业的建设和发展。

图 2　埃及 EETC500 千伏输电工程

图 3　默拉直流项目

七是坚持市场化、长期化、本土化经营，负责任地运营海外资产。国家电网公司在参与“一带一路”建设中，高度重视和珍惜企业的品牌形象，尊重当地文化、宗教和习俗，积极履行社会责任，服务当地经济社会发展。公司开展的菲律宾“光明乡村”公益项目为 1000 多名边远无电地区的原住民和两所无电学校送去光明。巴西马累贫民窟青少年交响乐团项目成功帮助 6000 多名贫困儿童通过教育改变了命运。在巴西北大河州建成的苦咸水淡化公益项目解决了 3000 余名居民的生活用水难题。国家电网巴西控股公司荣获

图 4　国家电网巴西控股公司资助的“明日之潮”马累交响乐团

联合国全球契约组织“社会责任管理最佳实践奖”，国家电网巴西 CPFL 公司获评联合国“可持续发展优秀案例”，巴基斯坦默拉直流项目荣获“中巴经济走廊”突出贡献奖，8 个海外社会公益项目入选联合国“全球最佳减贫案例”，赢得项目所在国政府和社会各界的信任和称赞。

三、取得的成效

一是境外投资项目运营稳健、全部盈利，经济社会效益贡献突出。目前，国家电网在 10 个国家和地区的 13 个能源网项目均为所在国的重要基础设施项目，关系当地经济社会发展和国计民生。国家电网通过投资运营境外能源电力项目，显著提升了项目所在国电网运行水平和供电可靠性，为当地经济社会发展提供强劲动能。国家电网国际业务管理规范、成效显著，多个项目在国际上成为“金字名片”，获得党和国家领导人的高度评价和充分肯定。国家电网积极践行人类命运共同体理念，努力推动形成更多接地气、聚人心的“心联通”合作成果，树立了责任央企的良好形象，厚植共建“一带一路”民意基础，为国际业务拓展和资产运营创造了良好的外部环境，成为央企“走出去”和共建“一带一路”标杆。

二是国际产能合作深入开展，打造参与“一带一路”建设成功典范。国家电网紧紧围绕服务助力构建双循环新发展格局，充分发挥自身电网建设、管理和技术优势，逐步建立了全产业链“走出去”的国际产能合作模式，承建了巴西、巴基斯坦、沙特、埃塞俄比亚、老挝等国家级重点电网项目，累计合同额超过 500 亿美元，带动中国装备技术、标准、服务"走出去"。国家电网投资建设运营的巴西美丽山特高压直流输电、巴基斯坦默拉直流输电等经习近平总书记见证见签项目，助力当地国家骨干电网跨越升级，提升了所在国家的电力工业水平和服务当地经济发展能力。国家电网积极拓展数字领域国际合作，承建全球单次规模最大的沙特高级计量系统项目，部署安装 500 万只我国自主研发制造的智能电表，中国用电信息采集系统软硬件首次实现大规模"走出去"。国家电网稳妥推进周边国家和地区电网互联互通，建成 10 个跨国输电项目，累计完成交易电量超过 450 亿千瓦时。

三是服务绿色"一带一路"建设，积极践行人类命运共同体理念。国家电网秉持可持续发展理念，依托特高压、智能电网、新能源接入等先进技术和丰富的电网建设运营经验，在共建"一带一路"国家和地区中开展绿色基础设施建设。巴西美丽山特高压输电项目将巴西北部亚马逊流域丰富的水电资源，通过特高压技术输送到 2000 千米之外的里约、圣保罗等东南部用电负荷中心，实现清洁水电"远距离、大容量、低损耗"的输送，满足巴西超过 2200 万人的用电需求，为巴西能源电力安全稳定绿色供应贡献了"中国方案"，荣获"中国工业大奖""能源国际合作最佳实践奖""巴西社会环境管理最佳实践奖"等多个重要奖项。2024 年 3 月 3 日，国家电网签下"巴西东北部新能源送出 ±800 千伏特高压直流输电项目"这一巴西史上最大输电特许权项目。该项目是继巴西美丽山特高压输电一期、二期项目之后，国家电网第三次在海外中标的特高压输电项目，可将巴西东北部和北部的风电、太阳能和水电等清洁能源打包汇集输送，计划于 2029 年投运。

图 5　巴西美丽山特高压输电项目

图 6　国家电网主导制定的部分国际标准

四是国际交流合作务实高效，主动参与全球能源治理并作出积极贡献。国家电网充分利用大型国际会议、高端对话、双多边合作机制等平台，积极参加国际可再生能源署（IRENA）、世界经济论坛（WEF）、国际电工委员会（IEC）、国际大电网委员会（CIGRE）等重要国际组织活动，讲好国网故事，传播中国声音，提供中国方案。连续 6 年举办“一带一路”能源电力高管专业研讨项目，促进公司与共建“一带一路”国家和地区电力技术交流互鉴。落实习近平总书记关于碳达峰和碳中和的国际承诺，连续 3 年高质量举办能源电力转型国际论坛，不断提升行业话语权和国际影响力。

图 7　2023 年“一带一路”国家和地区电力能源高管人才研讨项目

（由国家电网有限公司供稿）

加强“一带一路”能源国际合作，点亮“中巴经济走廊”

一、基本情况

2024年，是习近平总书记提出“四个革命、一个合作”能源安全新战略10周年。10年来，我国能源央企积极“走出去”，通过广泛加强国际合作，改善能源基础设施，对推动沿线国家经济起飞、提升地区联通水平、促进区域和平稳定意义重大。

作为共建“一带一路”重要先行先试、“中巴经济走廊”优先实施和第一个建成投产的大型煤电项目，华能集团萨希瓦尔电站（以下简称电站）位于巴基斯坦旁遮普省萨希瓦尔市（见图1），由中国国家主席习近平和时任巴基斯坦总理共同见签。

图1　希能集团萨希瓦尔电站

项目总投资17.82亿美元，建设运营2台中国产660兆瓦超临界燃煤发电机组，是巴基斯坦目前单机容量最大、技术最先进、环保指标最优、建设速度最快、最早投入商业运营的高效清洁燃煤电站，被誉为中巴经济走廊的“旗舰项目”。

10 年来，中国华能集团有限公司主动服务国家战略，推动电站于 2015 年 7 月 31 日正式开工建设，2017 年 5 月 24 日、6 月 8 日两台机组分别投产，2017 年 10 月 28 日正式实现商业运营，工程建设工期为 22 个月零 8 天，创造了“萨希瓦尔质量”“萨希瓦尔速度”和中国海外电力建设速度的新纪录。电站的建成投产，填补了巴基斯坦电网 1/4 电力缺口，满足了当地 400 万户家庭、2000 万人的用电需求，极大解决了巴基斯坦的缺电问题，被巴基斯坦政府赞誉为“巴基斯坦电力建设史上的奇迹”。

商运以来，电站坚持“示范争先、稳中求进，绿色发展、争创一流”的工作总基调，持续深化精细管理，大力推动提质增效，稳步推进国际化、本土化建设，积极履行社会责任，累计完成发电量 440 多亿千瓦时，指标对标保持中巴经济走廊同类型机组领先地位，生产经营、改革发展成果丰硕，先后荣获了巴基斯坦总理颁发的“国家杰出成就奖”“走廊共同繁荣突出贡献奖”和中国施工企业管理协会“国家优质工程金质奖”、国资委“中央企业先进集体”“山东五一劳动奖状”“华能集团先进企业”等荣誉称号 130 余项，并连续 5 次被授予巴基斯坦“可持续发展”“道德宣传”等 4 项社会责任大奖，连续 4 年荣获巴基斯坦“国家消防安全奖”，连续 5 年荣获巴基斯坦“环保卓越奖”和巴基斯坦国家电网“最稳定可靠电厂”等称号。

电站作为深化“一带一路”建设走深走实的重要载体和标志性工程，得到中巴两国主流媒体高度关注，在历次“一带一路”高峰论坛上都曾被高频次提及；被新华社、中央电视台、《人民日报》、《光明日报》和巴基斯坦国家电视台、“黎明报”等中巴主流媒体先后 260 余次报道电站事迹；在建党百年、世界政党领导人峰会、庆祝“一带一路”建设十周年等党和国家重要活动中频繁出镜，树立了海外央企良好的形象。

二、实践经验

电站是国资央企主动服务国家战略，助力中巴两国人民持续推进经济走廊建设，努力续写比山高、比海深、比蜜甜铁杆友谊的一个缩影。

（一）坚持勇立潮头敢为人先，点亮中巴经济走廊“第一盏灯”

2013 年，为构建人类命运共同体，中国提出了共建“一带一路”倡议和建设“中巴经济走廊”构想，掀起了国资央企进军海外的蓬勃浪潮。此时的巴基斯坦电力严重短缺，即便是首都伊斯兰堡，每天也不得不拉闸限电 8 小时以上，在巴基斯坦建设一座电站，是央企“走出去”实现国际化发展和解决巴基斯坦缺电燃眉之急的双赢之举，中国华能决定搭乘“第一列班车”积极参与。2014年4月，凭借自身雄厚实力，华能山东公司取得萨希瓦尔燃煤电站2台660兆瓦项目的开发建设权。在电站建设过程中，中国华能大力发扬“三千”精神，团结带领建设者们克服近50℃的持续高温、巴基斯坦物资短缺、长途物流运输等方面的重重困难，比合同工期提前200天完成建设任务。电站投产时，中外媒体纷纷以“‘走廊’上的第一盏灯亮了”为题进行了报道。

（二）坚持世界眼光高点定位，努力建设“花园式电站”

建设高效清洁环保型花园式电站，是电站在设计之初就确定的努力方向。建设以来，电站始终把“贯彻绿色发展理念，履行环保社会责任，注重保护生态环境”放在重要位置，打造一流环保设施，积极推动实现“超洁净发电”和废水回收利用。电站投产以来，各项排放指标远优于巴基斯坦、世界银行和欧美标准。电站还主动签约第三方环境监测公司，实时监控电站周边环保数据，并由旁遮普省环保局定期向社会公示。同时，电站不断扩大树木种植规模和园区绿化面积，目前整个厂区已种植各种树木8万余棵，品种达百余种，铺设草皮15.2万平方米，打造了舒适优美的厂区环境。

（三）坚持强基固本筑牢堡垒，为巴基斯坦电网提供坚强支撑

电站坚持境外工作安全为先，着力织密境外安保全防线，深入落实全员安全生产责任制，持续开展“三创+”“双提升”“降缺陷、控非停”等活动，不断提高本质安全水平，确保了电站长期安全稳定运行，实现连续3年机组无“非停”，对巴基斯坦电网起到强劲支撑作用。在2021年1月9日和2023年1月23日两次巴基斯坦国家电网崩溃事故中，均在全网煤电机组中率先并网发电，关键时刻发挥了“中流砥柱”作用。

（四）坚持争创标杆逐浪前行，经营业绩对标实现领先

近年来，面对全球新冠疫情和俄乌冲突叠加，以及煤价飙升、百年一遇的洪水等带来的空前压力，电站积极发扬中国华能“三千”精神，确保了经营业绩稳中向好。商运以来，顺利完成项目电价核准，成为巴基斯坦历史上第一个采用预设电价政策核准的煤电项目；大胆创新电价申请及开票逻辑架构，正向引导新电价政策落实，为后期商运的同类型项目树立了标杆；调动一切资源，千方百计加强电费回收，始终在中巴经济走廊同类型项目中保持最高的回收水平；积极与驻巴大使馆、当地政府部门等各方协调，获得首个

保险电价补偿、首个离境服务类销售税成功传导和首个采用预估燃料电价进行调度排名；积极应对俄乌冲突后国际煤价暴涨冲击，加快燃料多样化布局，探索实施以卢比采购阿富汗煤炭的结算方式，成为巴基斯坦首家采购阿富汗煤炭且采购量最大的发电企业，2022 年 9 月至今的全部煤炭都是使用卢比采购的。2023 年 12 月，取得巴基斯坦电监会许可，允许使用卢比采购南非等地的进口煤，保障了燃料供应，化解了汇兑风险。

（五）坚持“心怀大爱”同心共建，热情回报“第二故乡”

项目启动以来，电站始终坚持走“管理国际化、用工本土化”的道路，积极为当地民众创造就业机会。工程建设期间，电站吸收了 3000 多名巴籍员工参与工程建设，3000 多个家庭因此走上致富小康之路。运营阶段，积极推进项目属地化管理，大力培养使用巴籍员工，巴籍员工占比超过 60%，为当地创造就业岗位 900 余个，带动周边人员就业 4500 多人。电站始终把回报“第二故乡”作为自己的责任使命，坚持为当地民众办实事，先后出资 240 万元人民币，修筑了 2.3 千米长的混凝土马路和桥梁，方便附近民众出行；积极捐款帮助建设巴沙水坝、防范新冠疫情、应对百年洪灾，助力深化中巴友谊，赴拉合尔市 SOS 儿童村开展了“中巴携手心连心”筑梦丝路爱心活动，为孩子们送去了书包、文具、图书等学习生活用品，用行动助力中巴人民心更近、情更亲。为帮助改善当地社会面貌，电站坚持“授人以鱼，不如授人以渔”，投资建设了华能巴基斯坦培训学院，免费为当地青年提供焊工、电工等多项职业技术培训，帮助当地青年提升技术能力，助力就业实现人生梦想，使其成为中巴文化技术交流基地（见图 2）。

图 2　培训学院巴籍学员培训结业仪式

（六）坚持强化引领聚力赋能，积极探索海外党建新模式

自项目筹建以来，面对海外项目不同的政治体制、文化背景、社会环境，电站深入落实新时代党建工作总要求，坚持围绕中心、服务大局，抓党建促发展，团结带领广大干部职工奋战在“中巴经济走廊”，为实现境外项目安全稳定运营、助力“中巴经济走廊”建设、树立海外央企良好形象提供了坚强政治保证。特别是近年来，电站党委坚持党建引领思想方向，把学习贯彻习近平新时代中国特色社会主义思想作为重大政治任务，将秉承家国情怀、奉献海外事业、实现员工自身理想有机结合起来，团结带领职工努力在海外实践中实现报效国家、奉献企业、成就自我的初心使命。坚持党建引领重点任务攻坚，面对海外复杂形势和企业的重点任务，不断深化党员示范“区岗队组”创建，针对境外安全、资金保障、电费回收、煤炭保供、提质增效等重点任务，成立 4 支党员突击队、8 个党员攻坚组，担当实干促进各项难点任务攻坚突破。持续推动海外人才队伍建设，着眼于服务“一带一路”事业发展，坚持不懈打造高效国际化运营团队，先后有 102 名中方员工入选中国华能集团有限公司、华能山东公司国际化人才库；大力加强巴方员工培养使用，巴籍员工已超过总用工数的 60%，集控运行和外围辅助岗位已实现全巴籍员工值班。持续强化中巴跨文化融合，组织了“非凡十年”成就展、“中巴携手、共创未来”等文化活动，吸引了中巴员工积极参与；以“迎新春、向未来”为主题，举办了新年演唱会，开展了“包水饺、贴春联、挂灯笼、放礼花”“迎新春写福、送福、贴福”（见图 3）、棋牌比赛、春节观影和拔河比赛等

图 3　电站立足海外积极弘扬中华优秀传统文化

系列丰富多彩的文体趣味活动，用“文化大餐”增添中国年味。结合庆祝“一带一路”10周年，迎接了央视“丝路新征程”、巴基斯坦主流媒体团专访，广泛宣传电站的亮点业绩和走廊建设取得的成就，央视、《人民日报》、新华社和14家巴基斯坦主流媒体纷纷进行报道，提升了海外中国企业知名度、美誉度。

三、取得的成效

共建“一带一路”倡议提出10年来，电站坚持共商、共建、共享的原则，以架设中巴友谊之桥为己任，当好中巴经济走廊的“光明使者”，跨越国界传递“爱与温暖”，奋力书写了国资央企海外创业的华能答卷。

一是通过持续深化合作，极大解决了巴基斯坦缺电问题。电站投产后，具有每年90亿千瓦时发电能力，将巴基斯坦全国停电时间缩短了3小时。截至目前，实现连续安全生产累计2400多天，完成发电量440多亿千瓦时，为推动巴基斯坦电力产业升级、促进巴基斯坦经济发展作出了重要贡献，对促进发展中巴两国战略合作伙伴关系具有重大政治意义和战略意义，受到中巴两国政府的高度赞誉。2018年12月1日，电站荣获中国“2018~2019年度国家优质工程金质奖”，是当时唯一获此殊荣的境外项目；2021年荣获“全国电力行业生产运维管理标杆发电项目”称号；连续5年荣获巴基斯坦“最可靠电站奖”，在巴基斯坦国家电监局健康、安全、环境绩效评估中获评“杰出”，被授予“巴基斯坦独立发电机组最优调度奖”。

二是通过持续深化合作，为巴基斯坦培养了大批优秀人才。通过推进本土化属地化建设，大力培养雇用巴籍员工，为巴基斯坦培养了一批具有国际化视野、熟悉煤电管理的高技术人才，并积极为巴基斯坦国家电网、电监会、中央购电局等输送了近二十名高级管理人才，帮助越来越多的巴籍员工走向更高的岗位，实现了更高的人生目标。

三是通过持续深化合作，有力促进了双方合作发展。项目启动以来，累计向巴基斯坦缴纳税款7亿多美元，对改善当地社会民生贡献巨大；克服海外复杂形势环境，有力促进了各项目标任务完成，持续推动海外国有资产保值增值，项目资产负债率实现大幅下降，为助力中国华能创建世界一流企业、服务巴基斯坦经济社会发展、国家共建“一带一路”倡议持续推进和“中巴经济走廊”建设作出了积极贡献，推动双方实现了合作共赢。

四是通过持续深化合作，探索创新了海外工作模式。作为巴基斯坦新电价政策颁布后第一家实施的燃煤电站，电站坚持合规经营，定期开展风险专项评估和自查，境外风险管控能力持续增强，并积极协助巴基斯坦电力部门完善相关文件和模板，完成计算逻辑和申报流程的构建，为后续项目的电价申请和开票提供了参考和样板。工作典型做法在《新华社内参》刊载，工作案例被评为中国思想政治工作研究会、中国企业文化研究会、中国电力政研会典型案例，并相继荣获了中国华能、山东省直机关工委、华能山东公司“四强党组织”，山东省电力行业党建工作创新示范单位，驻巴中资企业协会、中国华能新闻宣传先进单位等荣誉称号。

五是通过持续深化合作，有力彰显了中国企业形象。项目通过“建设一座电站，带动一方经济，造福一方百姓，共建一方和谐”，促进了巴基斯坦基础设施建设和人口就业，广泛搭建了中巴员工文化交流平台，推动了境外项目文化融合，用心用力用情温暖了“中巴经济走廊”，树立了中国企业海外发展的良好形象。电站事迹多次被央视、《人民日报》、《光明日报》等主流媒体报道，新华社《万家灯火明　环保得人心——探访巴基斯坦萨希瓦尔电站》被翻译成几十种语言，在全球94家媒体进行了转载，在建党一百周年、世界政党领导人峰会、中巴元首会晤等党和国家重要活动中，电站多次出境，中国驻巴大使馆、外交部发言人多次对电站项目点赞表扬。

（由中国华能集团有限公司供稿）

依托基础研究"国际众筹"，助力集团老化管理技术提升

一、基本情况

苏州热工研究院有限公司（以下简称苏州院）前身为1978年成立的水利电力部苏州核电科学研究所，1995年开始接受国家电力公司和中国广核集团有限公司的双重领导；2000年根据国家统一部署整体划至中国广核集团，成为中国广核集团的下属成员企业。2003年7月，苏州院改制注册成为国有科研企业，现为中国广核集团全资二级子公司。

苏州院现有在职员工1500余人，注册资本5.1亿元，主要从事核电工程建设、生产运营中的技术研发并提供技术服务。自2011年定位为中广核核电运营技术支持平台以来，苏州院经过近几年以市场为导向的核心能力建设，全面打造核电运营技术平台，逐步形成了适应核电市场需求的专业架构和组织体系。在做好核电服务的同时，继续巩固传统火电市场，并成功向其他行业延伸，形成规模化、高端化、效益化的发展格局。

经过40多年的发展，苏州院造就了一支高素质的人才队伍，进入了国家核电科技创新体系，牵头负责了多项国家"863""973"科研项目、国家科技支撑计划项目、国家自然科学基金项目、国家核电重大专项课题的研究，承担了一大批包括国家核安全法规在内的国家核电标准的制定和修订任务。拥有国家核电厂安全及可靠性工程技术研究中心、国家能源核电运营和寿命管理技术研发中心、江苏省企业院士工作站等多个国家级、省部级技术研发平台及博士后工作站等人才培养平台；拥有建设项目环境影响评价（甲级）、特种设备检验检测机构核准证书、民用核安全设备无损检验单位等多项专业资质；建设多个实验平台，装备大型实验设备300多台（套）。

二、实践经验

（一）“国际众筹”模式实现材料老化研发集约化

1. 深耕国际合作，集约化发展老化基础研究

随着核电站运行堆龄的延长，如何有效处理核电材料老化问题已经成为核电站安全、可靠和经济性运行的一个主要目标。鉴于核电材料老化研究是全球核电站面临的共性问题，而其研究需要投入巨大的资源。因此，法国电力公司 EDF 于 2008 年联合了美国 EPRI、日本关西电力 KANSAI、东京电力 TEPCO、英国 EDF-Energy 等机构，共同发起成立材料老化研究院（Materials Ageing Institute，MAI），协调全球主要核电运营及研究机构的资源，为核材老化基础研究提供全球合作契机。

2011 年，苏州院代表中国广核集团有限公司正式加入 MAI，与国际核电企业联合研发，共同推动核电厂材料的老化基础研究工作。10 余年内，苏州院深耕国际合作，总会费累计投入 786.3 万欧元（见图 1）。通过会员众筹模式，MAI 累计投入超过 1 亿欧元，建立了一批高精尖、高投入的老化专用试验装置，包括 1 ∶ 3 等比例模拟核反应堆安全壳系统、模拟一回路环境疲劳及微动磨损试验系统、模拟二回路蒸汽发生器污染装置等。上述装备通过 MAI 协议与中国广核集团共享，并依托项目分享研究成果，实现集约化发展，从而在大幅降低企业研发成本的同时促进企业创新国际化。

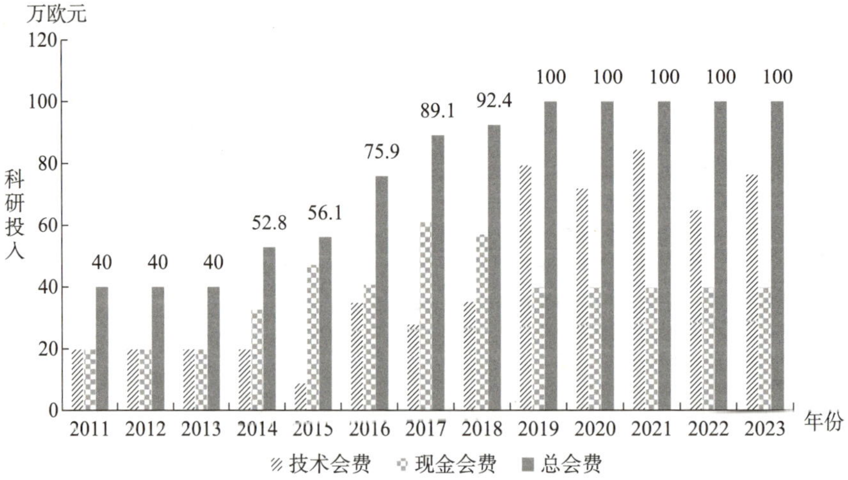

图 1　苏州院参与 MAI 国际合作经费投入统计

2. 成立“海外联合实验室”，深化合作

2020 年，为加强产学研深度合作和技术转移，加快科技成果向现实生产力转化，从而共享科研成果、先进科研条件和创新环境，经江苏省科技厅批准，苏州院和 MAI 联合成立“SNPI–EDF MAI 核材老化研究联合实验室”（见图 2）。利用海外实验室的技术优势，将老化基础研究中的部分先进成果进行工程化应用，促进企业技术转型。重点在新型老化评价方法（如四点式热电势无损检测设备研发）等方面开展深度合作，形成具备国际竞争力的产品或专用技术，加快科技成果应用于核电现场技术服务，促进企业技术转型。

图 2　海外联合实验室建设

（二）依托国际平台引智，交流培训扩大行业影响力

围绕“研发服务工程与运营”的思想，聚焦现场，关注老化热点难题，借助 MAI 技术平台充分将研发成果用于解决现场问题。每年度开展中法核级材料老化研究技术交流会议，研讨最新科研进展、工程应用实施情况以及经验反馈，开展国际对比，拓宽提升企业技术人员的科研与国际视野。同时，依托 MAI 的国际专家资源组织大型的专项技术研讨会，分别在 2017 年参加“运营事业部老化与寿命管理工作年会”、在 2018 年联合举办“CGN & EDF 延寿技术研讨会”，结合运行许可证延续论证及其他老化问题进行技术剖析，提供了相关领域最新的研究成果和工程实践经验，进一步助力集团老化管理工作更上一个台阶。

此外，苏州院联合 MAI 在国内开办“核工业材料老化培训”专业课程，分别于 2014 年 4 月、2019 年 11 月，邀请国外（包括 EDF、EPRI、CEA、REA、INSS 等机构）知名材料老化研究专家和培训师进行为期三天的专业材料老化培训，共有来自大亚湾、宁德、红沿河、台山、防城港等多家核电厂和核电科研、设备制造机构，以及匈牙利米什科尔茨大学、阿联酋核能公司、

韩国电力公司、中核、国电投、华能及中广核的 100 余名技术人员参加培训，扩大了集团在核电老化领域的行业影响力（见图 3）。

图 3　MAI 材料老化与技术交流

（三）参与重大国际合作项目，携手解决行业技术难题

2016 年度，法国核安全局（ASN）通报阿海珐克鲁索锻件厂（Areva Creusot Forge，CF）及日本铸锻钢株式会社（Japan Casting and Forging Corporation，JCFC）制造的某些封头锻件如蒸汽发生器（SG）和反应堆压力容器（RPV）封头存在碳偏析问题。我国广核及中核集团下属核电厂 CF、JCFC 锻件同样面临碳偏析和冲击韧性偏低的问题，这对核电厂长期安全运行产生了极大的挑战。

鉴于国际、国内学术领域和工程界严重缺乏关于大型锻件碳偏析的相关研究成果储备，而面临核安全监管当局的审查，迫切需要在技术层面给出分析论证结果。为此，MAI 于 2017 年启动了针对碳偏析研究的国际合作项目。该项目基于 JCFC、CF 等原锻件制造商生产工艺制造的 1 ∶ 1 全尺寸大型封头并展解剖性能研究，对于了解大型锻件中碳偏析的分布以及相关性能的变化有着重要的借鉴作用，相关的研究成果更有代表性。

鉴于苏州院与 MAI 深度合作历史，国家核安全局指定委派苏州院代表集团牵头国内所有涉碳偏析电厂参与国际合作，一方面技术统筹提升了我方的话语权，另一方面通过集约化避免了国内多个电厂的分散投入，节约了大量资金（项目总体投入 5000 万欧元，我方出资 400 万欧元即获得全尺寸封头的全部研究成果）。目前，相关成果已成功应用于岭澳核电厂，解决了 SG 封头碳偏析影响水压试验的核安全问题，协助电厂顺利完成 ASME 规范标准的切换工作（见图 4）。

图 4　MAI 碳偏析成果协助岭澳核电厂完成安全审评

三、取得的成效

（一）战略层面收益

1. 拓宽研究国际视野，提升企业国际竞争力

苏州院通过 MAI 国际合作平台参与到了国际同行的合作，苏州院所参与的项目从早期的 1 项 / 年逐步发展到约 10 项 / 年（见图 5），所参与的研究领域范围从早期的 10% 逐步发展到 80% 覆盖率，所参与的部门从早期的单中心拓展到多中心乃至现在集团内多成员公司竞相合作，逐步带动了集团各专业部门参与国际合作的热情，提升了集团的国际竞争力。

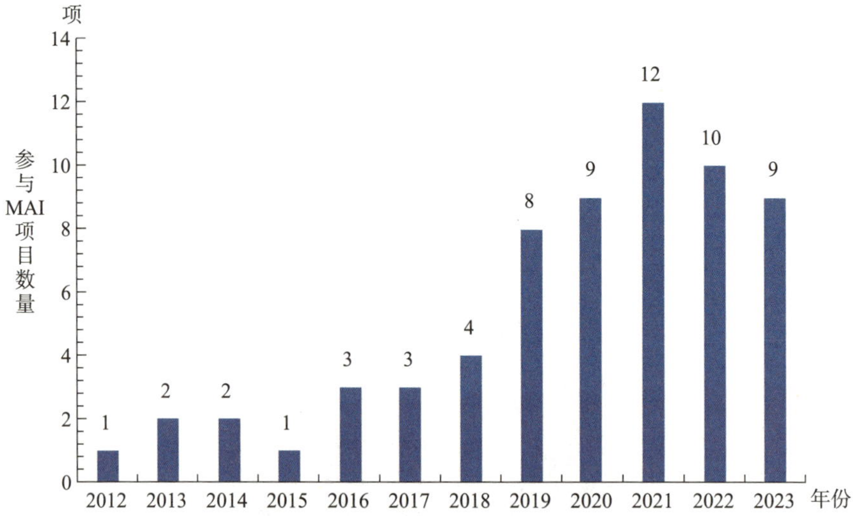

图 5　苏州院参与 MAI 课题数量统计

另外，通过 MAI 平台派遣人员前往 MAI 全程参与国际合作项目实施，直接利用国外先进科研条件和创新环境等在当地开展研发活动，拓宽了研究人员的国际视野，提升了技术人员的综合素质和科学素质，同时也促进了企业创新国际化。

2. 助推老化学科建设，扩大行业影响力

与 MAI 合作的 10 年间，苏州院的老化管理专业学科建设一直走在国内前列。先后在国内组织了多场有影响力的“核工业材料老化”国际化专业培训以及专题性质培训，建立了国内首个核材料老化研究海外联合实验室，并通过 MAI 平台逐步扩大其国际影响力。苏州院参与国际合作研究的深度、广度和力度都在不断扩大，通过一系列高层次的专业交流和科研合作，助推苏州院老化学科建设，也扩大了公司在业内的影响力。

（二）技术层面收益

1. 研究报告对技术提升的价值

MAI 通过连续滚动式投入，在十个老化专题技术方向上进行了持续且深入的研究，形成了系列研究成果。截至目前，已经形成技术报告 200 余份，并出版发布了行业内首本材料老化手册专著（见图 6），从而指导技术人员进行材料老化管理。现阶段，所有的 MAI 报告均在集团内实现了共享。

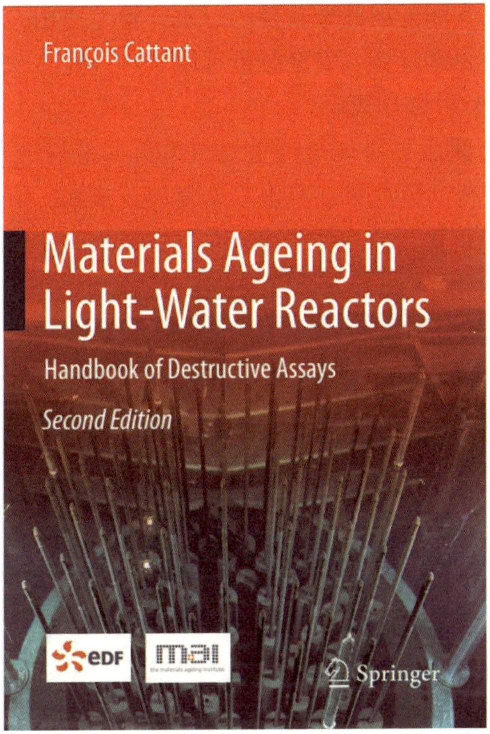

图 6 MAI 联合编制的材料老化手册

尽管 MAI 主要偏向于基础研究，其价值主要体现在对机组运行的中长期贡献。但在过往与 MAI 的合作中，通过吸收 MAI 的先发技术优势，部分项目成果，如热电势无损检测设备研发、电脉冲老化缓解技术研发等已经实现了从技术跟踪到技术创新的发展路径，促进了技术转型。而老化研究数据的积累，如 CSI 项目的材质裂纹扩展数据库、COFAT 项目的材质疲劳性能曲线未来将为核电厂长期安全运行提供支撑。在水化学领域，借鉴分散剂在国外 SG 应用的具体案例、工艺参数和注意事项，并作为国内分散剂实施的重要信息输入；在成膜胺应用以及新型联氨替代产品研究方面，通过跟踪 MAI 国际前沿动态参与最新工艺研究项目，消化吸收国外前期的研究经验，保证技术方向可靠性，推动国内成膜胺的应用推广以及未来联氨替代技术的落地。

2. 软件应对美国禁用风险

现阶段，MAI 已经在无损检测仿真、一回路应力腐蚀、构筑物老化、聚合物老化等技术领域中开发了近 6 款专业软件工具，部分软件可替代商用软件（如无损检测 C3D 可替换商用 Civa 软件）。同时，EDF 通过 MAI 与中广核共享了 EDF 的分析设计软件生态系统，并提供软件培训、技术人员交流指导等服务，双方正共同开展开源软件的二次开发与使用，通过加强前沿分析技术专项合作，在力学计算、安全分析等领域共同提升软件开发能力，可以应对部分美系商用软件禁用风险。

综上，MAI 的使命是协调全球主要核电运营及研究机构的资源投入到材料老化的研究工作，以此推动核电安全发展。未来，中国广核集团将依托 MAI 国际平台，以更加开放合作的姿态，进一步推动材料老化研究的创新与发展，也为全球范围内的核能安全贡献中国智慧和中国方案。

（由中国广核集团有限公司供稿）

中国煤炭企业跨国经营的开拓者

在国家“走出去”战略引领下，中国煤炭企业面临着国内、国外两种资源选择、两个市场发展的难得机遇。自20世纪90年代起，作为山东能源集团控股子公司——兖矿能源集团股份有限公司（以下简称兖矿能源）积极开展了海外投资研究和准备，开启海外扩张历程。在20多年的海外并购经营过程中，成功实施8次战略并购、4次资本运作，创造澳大利亚6个第一，实现了在澳大利亚、中国香港两地成功上市，丰富和活跃了澳大利亚资本市场。兖矿能源宏阔的国际视野、独特的海外资源开发方式对准备“走出去”的煤炭企业具有重要借鉴和指导意义。

一、基本情况

山东能源集团有限公司（以下简称山能集团）是山东省委、省政府于2020年7月联合原兖矿集团、原山东能源集团组建成立的能源产业国有资本投资公司。山能集团拥有境内外上市公司12家，居世界500强第72位，跨国经营指数排名在行业内领先，在澳大利亚拥有煤炭资源量达101亿吨；在北美拥有钾矿资源85亿吨，达到储量级别资源20亿吨；在南美厄瓜多尔拥有铜矿资源220平方千米，金矿资源300平方千米等，资产遍布澳大利亚、加拿大、新加坡等12个国家和地区。

兖矿能源控股股东为山能集团，成立于1997年，是中国唯一在上海、中国香港、纽约、澳大利亚四个境内外地区拥有上市平台的国际化大型能源企业。经过多年发展，兖矿能源获得世界能源行业以及国内外资本市场的普遍认可，是中国唯一荣获“亚洲质量卓越奖”和“全球卓越绩效奖”的能源企业。

兖煤澳大利亚有限公司（以下简称兖煤澳洲）是兖矿能源控股的澳大利亚上市公司，2004年在澳大利亚设立，2012年在澳交所借壳上市，2018年在香港联交所挂牌上市，成为首家在澳大利亚和中国香港两地主板上市的国有控股公司，是澳大利亚最大的专营煤炭生产商。

二、实践经验

兖矿能源以技术创新为先导、以资源开发为核心、以资本运营为手段、以科学管控为举措，大力实施国际化发展战略，先后实施 8 次战略并购、4 次资本运作、4 项断然措施，全面提升战略资源储备能力、全球产业布局能力、国际资源整合能力、多渠道融资能力，形成深度融合、互利共赢的合作发展格局，逐步成为煤炭行业国际化能源集团。

（一）实施 8 次战略并购

兖矿能源先后实施 8 次战略并购（见图 1）。这一国际化历程分为四步，每一步都有其特色。

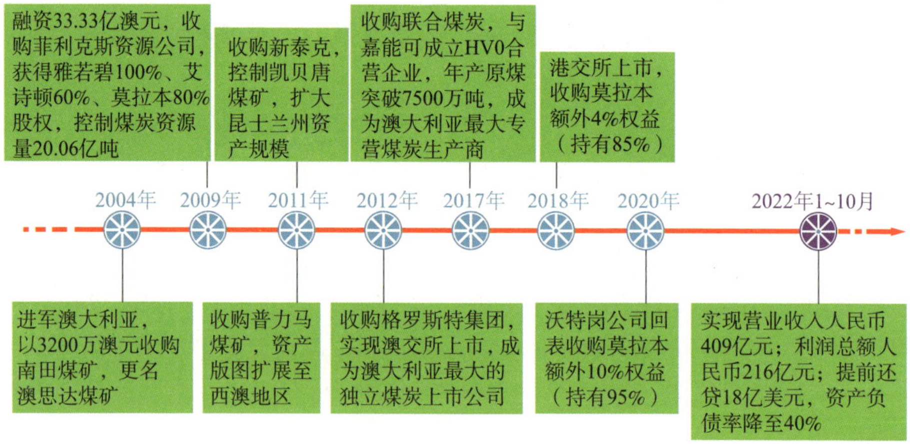

图 1　兖矿能源 8 次战略并购示意

1. 建立海外开发“桥头堡”

兖矿能源以核心技术为先导收购了澳思达煤矿，成为开发澳大利亚煤炭资源“桥头堡”。兖矿能源依托综采放顶煤技术，积极开展国际技术研究合作，在澳大利亚注册综采放顶煤技术专利，完成综采放顶煤技术在澳大利亚应用的预可行性报告和风险评估报告，为进入澳大利亚开发煤炭资源奠定基础。2003 年 12 月，澳大利亚南田煤矿因采空区出现自然发火被迫关闭停产并决定对外出售。兖矿能源依托成熟综放开采和防灭火技术，参与收购竞标。2004 年 10 月，成功收购因自然发火先后 5 次关闭停产、九易其主的南田煤矿，改名为澳思达煤矿。

2. 构建海外战略发展基地

兖矿能源成功收购菲利克斯 100% 股权，是中国企业在澳大利亚最大投资交易之一。2008 年下半年，全球金融危机与煤炭产业周期谷底叠加，菲利克斯陷入经营困境，主要股东急于转让股份、变现资金。兖矿能源两次组团赴澳大利亚现场考察其下属煤矿，对收购可行性初步调研并于 2009 年 8 月 7 日口头报价；8 月 13 日，与菲利克斯正式签署《安排执行协议》；12 月 10 日，安排方案正式生效；12 月 30 日，菲利克斯从澳交所退市，整个收购过程结束，为兖矿能源国际化发展战略奠定基础。

3. 海外基地规模化发展

兖矿能源收购艾诗顿、新泰克、普力马，为澳大利亚产业基地规模化发展奠定坚实基础。2010 年 6 月，新泰克所有人欲出售公司资产，兖矿能源与新泰克控股股东高盛控股商讨收购新泰克意向。2011 年 2 月，与高盛控股签署“独家谈判协议”，获得进行全面尽职调查的排他性权利，随即对新泰克进行全面尽职调查；7 月，完成收购新泰克 100% 股权工作；9 月，与澳思达签署交易协议，打包收购西农普力马煤矿公司和西农木炭私有公司 100% 股权。同年，收购新加坡万邦集团持有的艾诗顿煤矿 30% 股权，获取艾诗顿 90% 控制权。收购艾诗顿、新泰克、普力马，扩大了兖矿能源在昆士兰州的生产规模，成为西澳煤炭主要供应商，形成海外基地规模化发展模式。

4. 海外基地高质量发展

兖煤澳洲以“美元现金 + 股权置换”方式，合并格罗斯特煤炭公司，实现在澳交所借壳上市，成为澳大利亚最大独立上市煤炭公司。2011 年 12 月，兖矿能源、兖煤澳洲与格罗斯特签署《合并提案协议》，格罗斯特向其现有股东实施现金分配，兖煤澳洲换股合并格罗斯特全部股份。本次交易完成后，兖矿能源持有兖煤澳洲 78% 股份，取代格罗斯特在澳交所上市交易。兖煤澳洲成功上市，为澳大利亚产业基地高质量发展打开新局面。

（二）创新运用资本运营

兖矿能源在澳大利亚并购成功以及后续稳健运营，得益于充分利用国内外的多元化资本市场、灵活收购融资策略和先后实施“金帆”“凤凰”“大圣”“猎鹰”等一系列资本运作。

1.“安排方案”交易方式

兖煤澳洲收购菲利克斯时，采用“安排方案”交易方式，只要与主要股东达成一致，获得法院裁定后即可确保交易成功，提高交易成功率，同时为上市融资预留充足空间。采用安排方案实现100%收购，与原有资产重组整合后在澳大利亚实现再次上市，灵活控制了发行比例，完成融资还贷。安排交易直接锁定交易价格，降低收购成本。兖煤澳洲收购新泰克时，与高盛控股签署"独家谈判协议"，获得进行全面尽职调查的排他性权利，提高了并购效率和收购成功率。

2."换股替代"借壳上市

兖煤澳洲收购格罗斯特时，根据协议约定，格罗斯特要向其现有股东实施现金分配，兖煤澳洲将换股合并格罗斯特全部股份。交易完成后，取代格罗斯特在澳交所上市交易，兖煤澳洲成为澳大利亚最大独立上市煤炭公司。2018年11月，针对股东持股集中度高、股票流动性差、投资者关注度低、股价长期被低估、股东价值受到影响、制约公司战略发展等问题，兖煤澳洲在香港联交所上市，成为第一家同时在澳大利亚和中国香港两地上市的国有控股企业，推动了公司股价回归合理水平（见图2）。

图2　兖煤澳洲香港联交所上市

3."配股＋并购"组合融资

山能集团收购力拓联合煤炭公司时，以股权融资方式替代传统的高负债融资模式，以兖煤澳洲为收购主体，利用兖煤澳洲配股和兖矿能源A股非公开发行融资24.5亿美元。兖煤澳洲25亿美元配股中兖矿能源认购约为10亿美元，剩余15亿美元兖煤澳洲使用配股、定向发行股票以及永续混合债转股等股权融资方式进行融资。同时，变美元为记账本位币，通过收购溢价一次性抵销前期套保期间累积的汇兑浮亏，消除汇兑损失。通过"配股＋并购"，特别是实施配股后将兖矿能源持有的兖煤澳洲18亿美元可转债顺势转为普通股，使资产负债率降至50%以下，显著提升公司市场形象、股价流动性和交易活跃度，恢复兖煤澳洲在资本市场的独立融资能力。

4. “资产证券”筹措资金

为建设莫拉本二期项目，兖煤澳洲启动“凤凰项目”，将旗下拥有的艾诗顿、澳斯达及唐纳森3个亏损煤矿资产打包装入全资壳公司，在所有权不发生任何变化前提下，创造性地通过让渡其经营权实施资产证券化，融资9.5亿美元。本次以让渡控制权而不是转移所有权的资产证券化运作方式在澳大利亚仅此一例，堪属首创。“凤凰项目”把并非优质的不动产置换成“流动性”资产变现融资，参照了国际市场中长期债券收益与投资风险相配比，以基础资产为支撑，增加了债券浮动收益条款，实现投资方与资产利益捆绑、发行人与投资者双赢。

（三）持续加强经营管理

“走出去”不仅要获取国外优势资源，实现投资收益，还要注重学习借鉴国外先进企业管理理念、经营方式和生产技术，使“走出去”与“引进来”相互促进，形成经济全球化条件下参与国际经济合作和竞争新优势。在国际煤炭市场沉浮中，兖煤澳洲不断总结经验教训，调整管理理念，改革经营方式，逐步形成独具山能集团特色的“澳人治澳”管理模式。

1. 持续优化治理体系

兖煤澳洲的公司治理体系，是在总结国企在澳投资成功经验与惨重教训基础上逐渐建立起来的。其核心是遵照澳大利亚本土化公司运营理念和普遍模式实行属地化管理，确保董事会、专业委员会、执行委员会、管理层和员工人人都能行其权、尽其责。兖煤澳洲设置董事会及其下属委员会、执行委员会和高级管理人员为主体的治理架构，配套制定《公司章程》《执委会议事规则》《管理部门职能划分》等治理制度。兖煤澳洲董事会下设审计与风险管理委员会、提名与薪酬委员会、战略与发展委员会以及健康、安全、环境与社区委员会四个委员会，在《董事会及其下属委员会议事规则》中明确规定了董事会及各委员会职权范围和运行机制。兖煤澳洲的关键创新是在董事会和高管层之间设立执行委员会，作为公司日常运营决策权力机构，为高效决策和高质运营提供重要保障。执行委员会由董事会批准设立，由执行委员会主席、首席执行官、控股股东指定的1名董事、财务总监、首席运营官、首席营销官以及董事会确定的其他人员组成（见图3）。

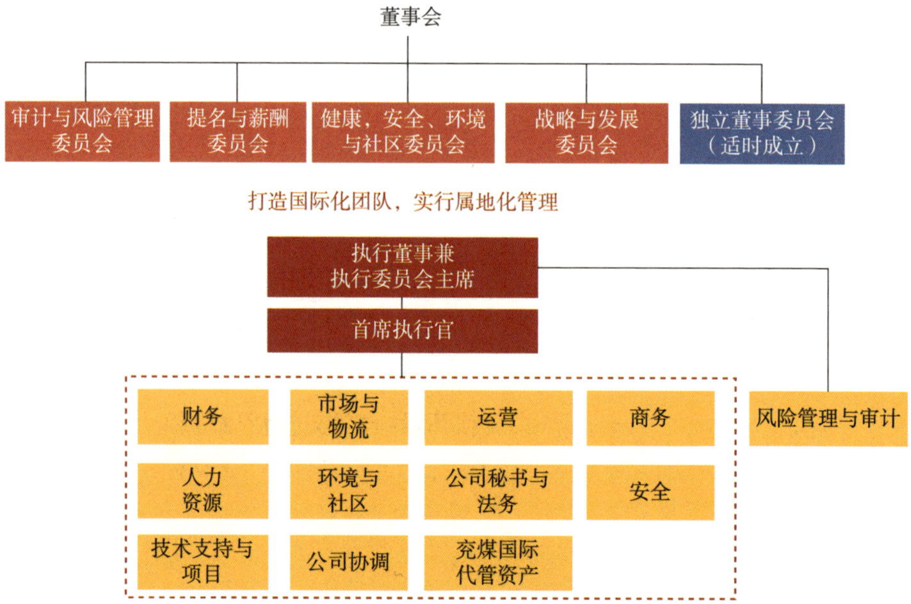

图 3　兖煤澳洲法人治理结构

2. 不断加强属地管理

在未上市前，兖煤澳洲作为兖矿能源海外独资公司，采取“以管代治”模式，导致外籍员工的不理解、不买账、不服气、不理会“四不”问题。兖矿能源以国际化视野和兼容性格局提出“变行政式管理为公司治理、变垂直管理为属地化管理”，实施属地化管理和“澳人治澳”，搭建精简高效的组织结构，实行现场执行官负责制，聘用澳大利亚籍现场执行官，由中澳两国管理人员共同组成决策班子，授权现场执行官全面负责安全和生产管理工作，其直接向总经理汇报，现场两国员工全部接受其领导。截至目前，兖煤澳洲全员人数 3500 多名，而大股东外派人员仅 10 人。兖煤澳洲矿景如图 4 所示。

3. 全程关注风险管控

兖矿能源在海外扩张中高度重视风险防控工作。主要是防范地缘政治风险，在目标国选择上充分考虑政治局面、社会稳定、经济发展等综合因素，审慎选择投资方向和投资项目；防范法律监管风险，针对境外企业在当地法律法规、财经制度、税收制度、安全环保等行业监管尚存风险敞口的实际，聘请当地专业机构进行培训；防范工会社区风险，与当地工会和社区组织搞好关系，积极参与公益活动；防范文化宗教风险，坚持“思维全球化和行动当地化”，尊重当地风土习俗，融合国内先进做法，雇佣当地员工，培

图 4　兖煤澳洲矿景

育中国文化与属地文化相互融合的企业文化；防范人才队伍风险，构建中西融合、沟通顺畅、运营高效的管理团队，培育具有国际视野、通晓国际语言、熟悉国际规则、具有国际竞争力的人才队伍。

4. 高度重视文化融合

针对东西方文化差异较大的实际，兖煤澳洲注重跨文化融合，吸收借鉴国内外企业文化精华，加强中国文化与属地文化融合，建立推广高效务实、独具特色的“卓越之道”企业文化，增强外籍员工的企业认同感、归属感。坚持入乡随俗、文化互融、属地管理，积极探索跨文化管理新模式，宣传“干一番事业、交一批朋友”理念，通过举办庆功晚会、品尝中国美食等多种形式，让外籍员工感受中国文化。加强中澳员工之间信息交流和感情沟通，邀请澳籍员工到兖矿能源本部考察学习，适当推广国内先进管理做法。融入当地社区，积极参与当地社会公益活动，出资抗震救灾重建家园，定期为学校捐赠资金、书籍文化用品，邀请地方政府等人员参加矿井大型活动，赢得了当地政府、社区、居民信任和支持。

三、取得的成效

兖矿能源在澳大利亚深耕 20 余年，业务规模和盈利能力快速提升，走出了一条高效资本运作和海外资产扩张之路。

一是资产规模效益持续攀升。兖煤澳洲 8 次重大并购累计投资 67 亿美元，目前已在新南威尔士州、昆士兰州、西澳大利亚州拥有 11 座煤矿、4 个勘探项目，拥有瓦拉塔港口煤炭服务公司港口30%股权、纽卡斯尔基础设施集团港口27%股权、威金斯岛港9.4%股权，控制煤炭资源量101亿吨，年生产能力9995万吨，市值突破500亿港元，2022年实现大股东全部债权投资“清零”。

二是资本运营成效显著。兖矿能源在20余年间实现4地5次上市，累计募资超过300亿元，成为中国资本市场利用效率最高的上市公司之一。“大圣项目”资本运作成为全球煤炭行业5年来规模最大、最经典的兼并重组案例，被业界称为“足以改变煤炭市场格局的并购案例”，被评为2017年度最具前瞻性跨境并购交易，列入国内外名校教学经典案例。

三是品牌形象持续提升。兖矿能源获得我国上市公司治理领域最高荣誉“中国公司治理专项奖——董事会奖”；入选英国《金融时报》2011年全球500强；入选“2011普氏全球能源企业250强”，位列亚洲区煤炭及消耗性燃油行业第4；居“2011全球成长最快能源企业50强”第22位；入选2011年《财富》中国500强，净利润居煤炭行业上市公司第2位。

（由山东能源集团有限公司供稿）

打造开放式创新生态　电亮“一带一路”

一、基本情况

中国南方电网有限责任公司（以下简称南方电网公司）负责投资、建设和经营管理广东、广西、云南、贵州、海南五省份的电网，参与投资、建设和经营相关的跨区域输变电和联网工程，为港澳地区提供电力供应服务保障。

南方电网科学研究院有限责任公司（以下简称南网科研院）是南方电网公司控股子公司①，是“国家认定企业技术中心”“国家火炬计划重点高新技术企业”“国家高新技术企业”“国家知识产权优势企业”。公司定位为南网中央研究院、国家战略科技力量、电力科技创新平台、创新成果转化平台；拥有3个国家级实验室，4个国家、行业级专业实验室平台，7个省级实验室；八大核心业务为：能源电力科技创新研究、新型电力系统技术研究、直流输电技术研究、直流工程系统集成成套设计、电力系统设备仿真试验、电力新设备研究开发、电力设备检验检测、数字化信息网络技术研究应用；是国际大电网委员会②、中国电机工程学会等31个国内外协会组织的重要成员单位，共有483人次加入了41个学术组织。

自2011年成立以来，南网科研院瞄准电力行业基础性、前瞻性、关键共性领域开展了一系列重大技术创新，在交直流互联电网安全稳定与控制、复杂大电网仿真、特高压直流输电、柔性直流输电等核心技术研发和工程实践方面，居于国际领先水平，获得国家科技进步特等奖、一等奖、二等奖各1项；获得中国专利金奖1项、中国专利银奖3项；累计获得省部级以上科技奖200余项；累计授权发明专利超2500件；累计发布国际标准29项，国家

---

① 南方电网公司占总股本的70%，广东电网占10%，广西电网、云南电网、贵州电网分别占6%，海南电网占2%。

② 国际大电网委员会（International Council on Large Electric Systems，CIGRE）是世界领先的电力系统组织之一，建立于1921年，总部设在法国巴黎。作为一个常设的、非营利性的国际组织，其宗旨是促进国际间发电、高压输电和大电网方面科技知识与情报的交流。

标准140项，行业标准144项，包括IEC[①]标准14项（主导2项，联合主导9项），ISO[②]标准4项，IEEE[③]标准11项（主导5项）。

南网科研院深入贯彻落实习近平总书记共建“一带一路”倡议，按照推进高水平对外开放的要求，积极践行“四个革命、一个合作”能源安全新战略，发挥科技创新主力军作用，以高质量创新促进高水平合作，以技术输出带动产业输出、品牌输出，推动共建“一带一路”高质量发展。

二、实践经验

（一）坚持人才是第一资源，积极搭建交流合作创新平台

聚焦人才核心竞争力打造，为人才搭建交流合作创新平台，为开放式创新生态带来新机遇，注入新活力。

1. 注重国际化人才自主培养

自2014年起实施“核心人才攀高计划”，10年间先后选派39名技术骨干赴加拿大RTDS公司、曼尼托巴研究中心、美国田纳西大学等国际知名企业及高校开展联合技术攻关，解决了特高压柔直混合拓扑模型升级开发及系统特性优化测试、风电机组电磁暂态精确建模等技术难题。首批培养的1名员工在外攻关期间争取到CIGRE工作组成立机会，助力南网科研院牵头成立南方电网公司的首个CIGRE工作组。

2. 针对性加大人才引进力度

实施“高层次人才引进计划”，聚焦战略目标，全球招募知名专家学者，为其组建新型研发PI（Principle Investigator）制团队。建立基于重大任务的团队培育机制，以核心攻关任务为核心，灵活组建柔性团队，让团队协作能力、创新能力、攻关能力在实战中得到锻炼。团队研究成果入选国家能源领域首台（套）重大技术装备（项目）认定名单。

---

① IEC（International Electrotechnical Commission）即国际电工委员会，于1906年正式成立于英国伦敦，总部设在瑞士日内瓦。IEC是制定和发布国际电工电子标准并制定相关合格评定程序的全球权威国际机构，与国际标准化组织（ISO）、国际电信联盟（ITU）并称为世界三大国际标准组织。

② 国际标准化组织（International Organization for Standardization，ISO）成立于1947年，是标准化领域中的一个国际组织

③ 国际电气和电子工程师协会电力与能源学会（Institute of Electrical and Electronics Engineers，IEEE）是一个国际性的电力和电子技术与信息科学工程师的协会，是目前全球最大的非营利性专业技术学会。

3. 发挥高层次专家人才影响力

依托院士、专家在国际合作和竞争中的资源和智力优势，开展前沿技术研讨。南网科研院饶宏院士团队与英国普利茅斯大学黛博拉·格里夫斯院士团队、中国国际人才交流协会紧密合作，聚焦中英工程技术合作脱碳技术专题，开展海上风能、二氧化碳捕集利用与封存（CCUS）、电力系统转型和韧性电网等研讨，建立定期交流互访机制，促进中英两国能源（电力）生态圈建设。由南方电网公司技术专家牵头，成功申报国家重点研发计划“战略性科技创新合作”首个港澳台项目，聚焦“智能输变电”与“人工智能”交叉学科领域，研究基于图像数据研究电网设备缺陷的自动识别技术开展。

4. 加强国际学术组织交流合作

定期举办专题培训与交流活动，开辟科研人员赴境外交流绿色通道，支持鼓励人才在国际组织、行业组织任高级职务和参与活动。内外互访交流频繁，每年近 50 人次赴境外参加国际会议活动；IEC 亚太区技术官、CIGRE 技术委员会主席等数十名技术专家赴南网科研院进行交流。

（二）技术输出带动产业输出，推动共建“一带一路”高质量发展

加强国际业务统筹和资源协同，大力推动技术、服务“走出去”，国际业务成果丰硕。

（1）凭借国内工程经验和技术优势，积极参与国际工程项目建设。累计参与境外项目前期策划、投标共计 26 项，成功中标 5 项。为南方电网公司首个境外直流工程——东南亚某直流输电 EPC 总包项目提供专业技术支持，并负责智利 KILO 高压直流输电项目系统研究与成套设计工作。开展中、缅、中越联网前期研究。助力南方电网公司中标菲律宾两个 STATCOM 项目，实现菲律宾电网业务再突破。

（2）立足交直流大电网运行经验，积极承接对外技术咨询服务。先后完成了印度北部电网 STATCOM 系统研究、韩国电科院技术咨询项目、巴西国家调度中心多直流馈入系统仿真分析培训、香港中华电力有限公司电力系统资产咨询服务、荷兰海上风电电缆试验项目 5 个项目。积极履行国家质检总局授权的职责，从 2018 年起已先后 10 批次派员赴越南、老挝、缅甸、中国香港、中国澳门等地开展跨境、跨区关口计量装置检定。在新冠疫情期间采用线上远程及线下实地相结合的模式，确保跨境电力交易不中断。

（三）建立优势海外传播矩阵，讲好南网故事

开展有针对性、有目的性的品牌对外传播工作，不断强化内部认同感及外部认可度，提高南网科研院品牌知名度与美誉度。

1. 积极参加国际高水平会展

自 2016 年起，南网科研院连续三届代表南方电网公司赴法国参加 CIGRE 会议及技术展，展示南方电网公司优势技术成果，展示南方电网公司技术品牌实力。2022 年作为中国能源电力企业唯一参会参展代表，南网科研院在李立浧院士带领下代表南方电网公司圆满完成参会和布展任务，推介特高压直流输电、远海洋风电送出、智能微型传感器等自主领先技术。核心优势技术成果受到意大利、德国、丹麦等多家国外电力企业及行业专家的广泛关注，积极跟踪响应外方技术交流需求。

2. 在高水平会议发出南网声音

在 CIGRE 年会、亚太能源监管论坛、东盟博览会、拉美能源峰会等大规模高水平国际会议发布主旨报告，展示南网科研院核心研究成果。成功申请主办 CIGRE 指导委员会会议等国际会议，进一步扩大了南网科研院技术影响力。

3. 自主策划优势技术涉外志愿培训项目

以线上线下相结合方式开展直流输电技术原理、电力系统建模仿真分析等电网技术培训及技术交流。先后为智利、越南、沙特等 8 个国家共 140 余名工程师提供技术培训。以培训为纽带，为南网技术声音传出去、技术实力“走出去”、品牌形象展出去贡献力量。培训结束后，沙特某公司主动提出合作意向，经过近一年沟通协商，成功与其签订合作谅解备忘录（MOU），为西亚电力市场合作打通新渠道。

（四）将优势技术转化为国际标准，南网技术得到国际认可

大力调动技术专家参与国际标准化工作的积极性，通过跟踪主导和参与国际标准的编制进度，凝练柔性直流、大电网仿真、机巡等先进技术与经验，积极申报国际标准提案，多措并举稳步提升国际标准研制能力，全球竞争力不断增强。

（1）国际标准实现零突破。积极参与国际标准化工作组各项工作，向各国专家宣传介绍南网科研院在特高压直流输电和柔性直流输电领域的先进技术经验，先后在瑞典、德国、美国等地进行多轮技术交流会议。2017 年国际标准《直流输电用变压器》由 IEC 和 IEEE 联合颁布实施，成为南网科研院参

与编制的第一项 IEC 标准。2020 年牵头的 IEC 国际标准《采用电网换相换流器的高压直流系统性能 第 1 部分：稳态条件》正式发布，成为南方电网公司首项主导完成的 IEC 标准。2021 年由南网科研院主持制定的 IEC 国际标准《电力电容器噪声测量方法》在 IEC 官网正式发布。该标准同年立项并正式发布，创造了南方电网公司国际标准制定时效的新纪录。

（2）成立澜湄区域电力技术标准促进会（以下简称促进会）。2023 年，由中国南方电网公司、柬埔寨电力公司、老挝国家电力公司共同发起成立的促进会。促进会旨在以标准推动澜湄区域电力产业升级，筑牢节能低碳的生态屏障，优化电力服务，增强电力供应保障能力，助力区域经济发展，推动共建"一带一路"高质量发展。逐步打造"澜湄区域国际标准"品牌，服务中国工程"走出去"，推动南网技术标准在海外工程中的推广应用。

（3）依托国家重大海外工程，推动中国标准在老挝等澜湄区域国家应用。累计翻译 40 项英文版标准，研究提出我国电力领域技术标准在海外应用中的合作策略、合作模式及实施路径等措施建议，建立海外电力工程技术标准体系，搭建澜湄区域电力技术标准促进会等技术标准化交流与合作平台，促进提升国际市场竞争力。

三、取得的成效

南网科研院着力打造"南网技术"品牌形象，依托技术输出带动产业输出、服务输出、标准输出，把特高压直流输电等优势技术与共建"一带一路"的国家和地区共享，为其发展增速赋能。这是南方电网践行"促进世界和平与发展，推动构建人类命运共同体"的具体实践，展现了央企的使命与担当。

一是凭借在能源电力行业领域的技术优势，先后助力南方电网公司中标东南亚某直流输电 EPC 总包项目、智利 KILO 直流输电项目等国际工程，与印度、韩国、菲律宾、巴西等国家和地区的能源电力企业建立起良好的商业合作伙伴关系，海外项目合同额达到 1.5 亿元。

二是积极分享科研成果，不断扩大南方电网优势技术影响力。承担履行 CIGRE B4 中国国家委员会、NGN（青年专家）委员会等职责，牵头成立了 CIGRE B4 的 3 个工作组（74 工作组、79 工作组及 102 工作组）。2022 年由 74 工作组牵头制定的直流输电实时仿真领域 CIGRE 国际技术报告正式发布，填补了直流输电技术领域缺乏科学、统一的仿真建模与试验技术方法的空白。

三是累计发布国际标准29项，包括IEC标准14项（主导2项，联合主导9项），ISO标准4项，IEEE标准11项（主导5项）。承担ISO机械储能技术标准委员会（ISO/TC 346）秘书处工作，实现南方电网公司国际标准化组织“零的突破”。支撑南方电网公司与柬埔寨电力公司、老挝国家电力公司共同成立澜湄区域电力技术标准促进会，标准合作正式进入实施阶段。

四是国际化人才队伍进一步加强。现有IEEE会士1人、IET会士2人，IEEE高级会员6人，拥有IEC青年专家3名，IEC优秀学员3名，IEC青年专家数量在能源电力行业排名第一。首批“核心人才攀高计划”牵头完成南方电网公司拥有完全自主知识产权的电力系统数字仿真平台DSP研发，解决了交直流复杂大电网的高效、精确数字仿真难题，实现利润达到近千万元。引进PI团队负责人荣获“中国侨届杰出人物”提名奖及“侨界贡献一等奖”，带领团队研发高压电缆料、开展输变电设备智能安全运行及资产全生命周期管理，相关成果入选国家能源领域首台（套）重大技术装备（项目）认定名单，工信部、国资委重点产品，工艺“一条龙”应用示范方向推进机构名单。

图1　李立浧院士在CIGRE大会技术展期间为来访专家介绍小微智能传感器

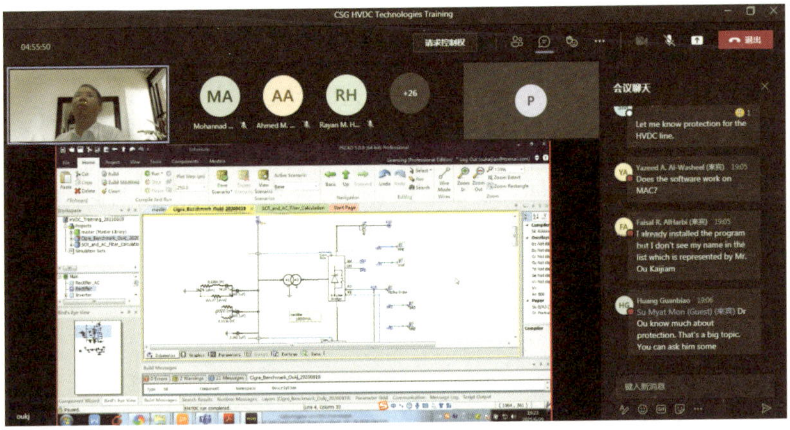

图 2　南网科研院技术专家通过远程方式为国外电力同行授课

图 3　澜湄区域电力技术标准促进会成立大会

（由中国南方电网有限责任公司供稿）

建设柬埔寨桑河二级水电站 促进中柬民心相通

一、基本情况

桑河二级水电站（以下简称电站）位于柬埔寨东北部上丁省西山区境内湄公河（国内段称澜沧江）支流的桑河干流上，北距柬埔寨—老挝边境线约70千米，东距越南—柬埔寨边境线约200千米，电站控制流域面积49200平方千米，坝址多年平均流量为1310立方米/秒。水库正常蓄水位75米，总库容27.15亿立方米，调节库容为3.33亿立方米，为日调节水库。大坝全长6.5千米，是亚洲第一水电长坝。电站安装8台5万千瓦灯泡贯流式机组，额定水头、单机容量在同类型机组中均居世界前列，总装机容量40万千瓦。全部机组投产后占柬埔寨全国总装机容量的近20%，是目前柬埔寨国内装机容量最大的清洁能源发电站。电站由中国华能控股，柬埔寨和越南公司分别参股，中国华能负责建设、运营和管理。电站于2013年10月开始进点建设，2017年12月9日首台机组投产发电，2018年10月21日全部机组投产发电，2018年12月17日宣布竣工投产。

中国华能始终秉持“建设一座电站，带动一方经济，保护一片环境，造福一方百姓，共建一方和谐，共享发展成果”的社会责任理念，将履行中央企业职责使命写进参与“一带一路”建设的进程中，做到主动融入、兼容并蓄、合作共赢，并取得了良好发展成绩，逐渐形成了与当地融合发展的工作模式，为央企海外可持续发展提供了有益借鉴，促进了中柬两国人民民心相通，生动诠释了人类命运共同体理念。电站建设运营实现“中国设备+中国技术+中国管理+中国标准”全链条“走出去”，完全采用中国华能生产运营标准管理电站。截至2024年3月31日，电站保持了安全生产“零事故”纪录，已连续安全稳定运行2305天，累计发电100亿千瓦时。

二、实践经验

（一）提供强大能源支撑，保障社会经济发展

电站以 BOT 方式进行投资开发和经营，计划投入商业运营 40 年后全部移交柬埔寨政府。电站法人主体是桑河二级水电有限公司，由中国、柬埔寨和越南三国公司合资成立，其中，华能澜沧江水电股份有限公司持股 51%。电站设计年发电量 19.7 亿千瓦时，投产后极大缓解了柬埔寨国内电力紧张局面，据测算每年可有效满足柬埔寨约 300 万人的用电需求。柬埔寨时任首相洪森出席电站竣工仪式时表示："电站的竣工投产，解决了柬埔寨发展的很多问题，进一步推动了柬埔寨工业、农业、制造业、旅游服务业的发展，为柬埔寨的能源安全、降低电价、减少贫困作出重要贡献。"

（二）引入"中国式扶贫"经验，建设中柬友好示范村

电站建设过程中，因水库建设促成了柬埔寨有史以来涉及人数最多、搬迁规模最大的水电移民项目，完成 840 户、3690 名村民的整体搬迁，中国华能引入"中国式扶贫"管理经验，极大改善库区居民的生产生活条件。根据移民规划方案，中国华能充分尊重当地移民生活习俗，设立三个移民村，提供三种移民方式，为每户配置 5 公顷种植地、1000 平方米宅基地、80 平方米住房。每个移民村建设全部配套基础设施，包括道路、学校、医院、警察局、乡政府等公共设施，家家通水通电，村民用上了稳定便宜的电力，现在村民家里已经用上了电视机、洗衣机等家用电器。通过搬迁安置项目实现水电移民和减贫事业的共同发展。

中国华能坚持减贫"输血"与"造血"相结合。电站投产运营后，中国华能持续关注和帮助村民生产生活，多次聘请国内农业专家传授村民种植技术。联合中国水利水电科学研究院在移民新村实施"澜湄甘泉"公益项目，已经累计为移民村完善安全饮水设施 17 处，较大地改善了移民村用水安全情况。持续帮扶解决移民村村民家禽、水产和蔬菜等农副产品市场销售难问题，电站食堂长期批量收购，把帮扶工作做到村民家里，将华能品牌植入村民心里。

（三）坚持绿色发展，保护湄公河流域生物多样性

中国华能主动投入约1000万元，建成了亚洲水电工程领域抬升高度最大、

长度最长（2900米）的仿自然洄游鱼道，减小工程建设对水生生物的影响，有效保障34种洄游鱼类生存繁衍环境，维持鱼类生物多样性、河流连通性和河流生态系统健康，实现资源开发与环境保护协调发展。鱼道建成后，中国华能联合柬埔寨渔业部门每年开展鱼类增殖放流活动，累计投放土著鱼苗超过12种20万尾。主动联系柬埔寨媒体对鱼道工程和鱼类增殖流放活动进行宣传报道，树立中国华能绿色环保良好社会形象。

（四）推行“本土化”带动就业，培养柬埔寨新一代电力工程师

根据中国华能“走出去”战略部署和海外项目“本土化”管理要求，电站建设高峰期直接提供2000余人就业岗位，间接带动周边就业超万人；在电站运营期，中国华能致力于培养柬埔寨新一代电力工程师，坚持高校和社会招聘相结合的方式引入本地人才，柬埔寨籍电力专业技术员工比例占到电站员工约20%。在推进电力企业专业技术人才“本土化”过程中，逐渐摸索出一套从招聘到培养使用的“稳得住、善融合、强技能”的管理机制，形成一套适应企业发展并在共建“一带一路”沿线国家和地区均具有较强的示范推广意义的管理模式。

（五）深度参与社会公益，树立央企海外责任担当形象

中国华能高度重视参与海外社会公益活动，自2014年起连续10年参与柬埔寨红十字协会捐款，截至目前累计捐款36.5万美元，帮助柬埔寨进行疫情防控、灾后重建和扶贫事业。建立爱心扶贫基金，发动广大职工进行爱心捐款，实施“华能助学金”计划，连续6年向电站移民新村学校发放“华能助学金”，合计180余名中小学生受益。2022年首次在柬埔寨皇家科学院实施“华能助学金”计划，10名品学兼优的中文系柬埔寨大学生受益。在新冠疫情期间，积极响应柬埔寨政府倡议，与当地政府建立联防联控机制，向医院、学校和相关单位捐赠口罩等防疫物资，助力柬埔寨疫情防控。

（六）多元化多渠道履行社会责任，践行中柬命运共同体理念

一是严格履行特殊时期保供电责任。中国华能积极响应柬埔寨政府和中国驻柬大使馆号召，在两国重大活动期间，如召开党的二十大、东盟运动会、柬埔寨大选、两国领导人会晤等，严格履行能源企业保供电责任，严格领导干部值班保供电责任，制定特殊时期保供电措施，确保重大活动期间电站安全稳定供电。二是严格履行防洪度汛责任。科学统筹发电和防洪两大任

务，制定防洪度汛应急预案，建立与柬埔寨政府防洪度汛联动机制。2021 年电站优化水库调度，与柬埔寨、老挝和越南三国联动，有效缓解桑河上下游洪涝灾害，体现中国企业责任与担当。三是常态化举办中柬文化交流活动。2020—2022 年，连续 3 年面向全球举办“云”开放日活动，拉近柬埔寨乃至各国民众与电站的距离。协同中央广播电视总台和柬埔寨主流媒体组织各类文化活动，2019 年在电站移民新村播放“露天”电影，2023 年组织柬埔寨仙女电视台在移民新村开展柬埔寨传统皮影戏活动，电站周边千余人围观参加。中国华能通过组织各类文化交流活动，彰显中柬“铁杆”友谊，促进中柬民心相通。

三、取得的成效

一是发挥了柬埔寨能源稳定器作用。电站投产运营不仅极大缓解柬埔寨国内电力紧张局面，还进一步减轻柬埔寨人民的生活负担。时任柬埔寨王国首相洪森在电站竣工仪式上宣布决定：下调 2019—2021 年工业和居民电价，对改善民生、促进工业发展发挥了重要作用。电站投产后有效扭转了柬埔寨高度依赖周边国家进口电力的局面，大幅提升本国清洁能源生产能力。柬埔寨主流媒体称电站是柬埔寨“能源独立”的象征。电站持续安全稳定运行对改善柬埔寨电网频率、电压及稳定柬埔寨国家电网起到重要作用，进一步提高了用电企业生产产品质量。

二是促进了柬埔寨电力事业的快速发展。电站是柬埔寨东北部广大地区的唯一电源设施，对柬埔寨东北部输电设施形成支撑，使得柬埔寨国家电网得以扩展至桔井省、上丁省、腊塔那基里省，并与老挝电网联结。电站常年招聘柬埔寨籍电力工程师，逐步提升本土化用工比例，为柬埔寨系统性培养电力技术人才，为柬埔寨电力行业发展奠定人力资源基础。电站积极接纳社会大众、学生团体参观访问，通过制作电站三维立体讲解视频，大力开展水力发电科普教育，建立民众对水力发电的正确认识。组织柬埔寨电力公司领导员工到中国参加电网技术管理培训、参观访问国内电网和电厂，展示国内电力行业先进技术和管理水平，助其树立发展导向，推广了中国技术标准和管理模式，促进了柬埔寨电力事业的发展。

三是树立了中国华能参与全球减贫的样板。通过搬迁安置项目，村民的生产生活得到了极大改善，中国华能修建学校、医院、警察局、寺庙、公路、排水系统、电网、水井等基础设施，让移民居有其屋，耕有其田，老有所养，幼有所依。近年来，在当地政府和中国华能的帮助下，当地村民持续增产增收，人口持续增长。项目被当地主流媒体称为“中柬友好示范村”，成为中国华能参与全球减贫事业的样板项目。2019—2023 年，电站连续 5 年荣获柬埔寨上丁省政府颁发的“社会责任”奖。

四是引领了水电绿色环保发展之路。中国华能建设的仿生鱼道不仅为途经电站的鱼类提供了洄游路线，还发挥了生态廊道功能。配合常态化增殖鱼类放流活动，有效保护了湄公河和桑河流域生物多样性，树立了中国企业重环保、负责任的良好形象，实现了清洁能源开发与环境保护协调发展。电站运用国内先进的“过鱼”在线监测系统，持续论证和研究鱼道项目效果，有关研究成果荣获 2022 年电力行业技术监督创新成果二等奖，鱼道工程被新华社和国资委新闻中心亲切地称为“鱼儿回家的路”。

五是树立了中国企业在柬责任与担当品牌形象。中国华能从 2020 年起已连续 3 年发布《中国华能在柬埔寨可持续发展报告（ESG）》。报告系统展示了中国华能桑河二级水电站在经济、环保和履行社会责任等方面所取得的成就。中国华能通过“5+N”海外履行社会责任有效做法，持续在环保、减贫助困、促进教育、增加就业、参与公益事业等方面积极作为，打造良好海外社会责任品牌形象，与柬埔寨百姓共享发展成果。中国华能也获得了较为丰厚的投资收益，用实际行动诠释了构建中柬命运共同体理念。

（由中国华能集团有限公司供稿）

深化“一带一路”合作 点亮“装备出海”梦想

一、基本情况

中国西电电气股份有限公司（下文简称中国西电）是我国最具规模的高压、超高压及特高压输配电成套设备研究开发、生产制造和试验检测的重要基地，是目前我国高压、超高压及特高压交直流成套输配电设备生产制造企业中产品电压等级最高、产品品种最多、工程成套能力最强的企业，也是国内唯一具有输配电一次设备成套生产制造能力的企业。公司主营业务为输配电及控制设备研发、设计、制造、销售、检测、相关设备成套、技术研究、服务与工程承包，核心业务为高压、超高压及特高压交直流输配电设备制造、研发和检测。公司产品曾先后用于我国第一条330千伏、550千伏高压交流输电工程，第一条750千伏超高压交流输电工程，第一条±100千伏直流输电工程，第一条±500千伏超高压直流输电工程，第一条±800千伏特高压直流输电工程，第一个西北至华北联网背靠背直流输电工程以及“三峡工程”“西电东送”等国家重点工程项目。

2013年以来，公司积极响应国家号召，投身前景广阔的“一带一路”建设，通过电力设备出口和电力技术输出，将“构建人类命运共同体”美好愿景转化为实际行动，从设备出海、技术出海，到标准出海、产业出海，以电气产业装备产品优势和技术优势，多维度、全方位推广中国产品、中国技术，推动共建“一带一路”国家和地区的经济社会发展，助力实现全球碳达峰碳中和目标（见图1）。截至2023年，公司电力装备产品和技术已出口至世界100余个国家和地区，形成了覆盖世界四大洲、五大区的市场框架，先后在海外范围承接了300多座变电站（所）和5000千米高压输电线路建设项目，出口主要大型输变电设备17000多台（套），打造了一个又一个“国家地标”和“合作丰碑”，在全球范围内展现出中国输配电装备产业强大的技术引领力、产品竞争力和品牌影响力。

二、实践经验

（一）加强海外产业投资建设

中国西电紧跟共建“一带一路”倡议，以“深耕亚洲市场、布局非洲市场、拓展美洲市场、跟进欧洲市场”为指导，始终坚持实现以资本输出为龙头、以技术输出为手段、以成本优化为先导、以本地化市场为基础的全球跨区域高、中、低档的生产制造体系，适应不同市场对产品与技术的不同需求。开展全球营销网络布局，助力高水平对外开放，截至目前，公司已设立了6个区域中心，商务部备案的海外分、子公司及办事处39处，另有9处海外常驻点，海外营销网络布局逻辑清晰明确，形成了“区域中心+国别市场+项目”的海外业务模式。通过技术输出、投资合作和授权装配的形式，公司已在印度尼西亚、马来西亚、埃及及俄罗斯部署海外生产基地，对产品、技术、标准和品牌全方位“走出去”起到了重要支撑作用。

（二）加速电力装备绿色创新

中国西电紧盯全面开展基础技术和核心设备研发，同时开展环保型新材料、新介质等核心技术研究，实现主要装备小型化、低污染、低损耗，由传统输配电装备向绿色节能环保装备转型。研制环保型 ±500千伏柔直工程用阀侧穿墙套管、直流线路侧穿墙套管和 ±50千伏中性线穿墙套管，形成了具有自主知识产权的胶浸纸电容式换流变阀侧套管高性能环氧复合材料配方体系、优化设计研究平台和制造工艺体系；研制新一代126千伏绿色开关设备，突破了126千伏大容量单断口真空断路器技术“瓶颈”；研制110千伏环保型电流互感器，绝缘水平达到126/230/550千伏，攻克了环保型电流互感器压力高、绝缘强度低等技术难题；研制的35千伏柔性低频输电成套装备，具有损耗低、局放低、温升低、噪声低、过负荷能力强、结构紧凑等特点，助力海上清洁能源降频直送。

（三）推动智能制造绿色升级

中国西电始终将绿色发展理念贯穿融通于企业发展的全过程，提升绿色制造管理水平，增强绿色精益制造能力，从技术端和管理端实施技术改进和管理提升，大力实施机器换人、设备换芯、生产换线，开展智能制造项目树典型、立标杆行动，深化智能制造推广应用，推进电力装备制造产线更新改造、扩能升级（见图 1）。按照《绿色工厂评价通则》，逐步打造厂房集约化、原料无害化、生产洁净化、废物资源化、能源低碳化的绿色工厂，达到节能、降耗、减污、增效的目的。拥有国家级“绿色工厂”企业 3 家，国家级数字化转型贯标试点企业 1 家，国家级智能制造“示范工厂”和“优秀场景”7 项，实现了公司智能制造由点及线、由线到面的系统性发展。

图 1　中国西电智能制造车间展示

（四）开放共享引领标准制定

中国西电坚持以标准引领为发展主轴，助力我国电气设备行业提高国际话语权。多年来，公司不断将我国最新的电气设备领域自主技术和成果写入国际标准。2020 年，中国西电发布的 3 项绝缘子技术领域的国际标准为绝缘子领域首次由中国主导制定的 IEC 标准，也是 IEC 绝缘子标准体系中的基础标准。公司现拥有 3 位 IEC 工作组召集人、46 位 IEC 注册专家，是国际大电网会议（CIGRE）的成员单位、国际短路试验联盟（STL）的观察员、亚洲大容量实验室会议组织的正式成员、中国大容量试验联盟（CHPTL）成员及秘书处承担单位。2023 年，中国西电成功创办全国首个电力装备领域英文期刊，成立 IEEE PES 直流变电站技术分委会，中国西电的国际话语权和影响力正不断攀升。

（五）积极承担海外社会责任

中国西电高举和平发展的旗帜，从履约第一、安全为先、技术创新、精细管理等方面，倡导全员参与、全过程控制、全方位推进，积极与共建“一带一路”国家和地区开创合作新机遇，以“示范工程”打造“中国名片”。承担社会责任，是央企担当，也是中国西电孕育机会、推动创新和创造竞争优势的重要来源。通过驻外机构及产业投资，中国西电努力为所在国创造就业机会，提升外籍员工技能水平，与当地共享发展成果，支持当地慈善事业发展，并在充分尊重外籍员工风俗的基础上加强企业文化建设，在推进海外业务发展的同时，主动履行海外社会责任，树立了中国企业的良好形象。公司不断加强对海外员工的关怀，在发生战争的海外地区，积极协调各方资源，保障我方人员安全，建立海外医疗保险制度，同时定期对海外员工进行慰问和座谈，切实为海外员工及家属排忧解难。

三、取得的成效

中国西电积极响应“一带一路”建设号召，推动设备、技术、标准、产业全方位“走出去”，在海外电力设备出口、技术输出、产业合作、社会责任履行等方面取得了显著成就，奋斗的足迹遍布全球。

一是“一带一路”春风点亮东南亚。从金沙江到伊洛瓦底江，从怒江到萨尔温江，从澜沧江到湄公河，从红河到香江，中国西电伴随着“一带一路”的春风用中国最先进电力装备点亮东南亚的夜空。中国西电在印度尼西亚合资设立的西电斯科印尼有限公司，是印度尼西亚本国生产制造 500 千伏级电力变压器能力最强、质量最优的制造企业，并创下印度尼西亚多个变压器容量纪录；中标建设菲律宾迄今为止最大的输变电工程项目——菲律宾 0352-MVIP 直流输电工程项目，实现菲律宾南部棉兰老地区与中部宿务地区的联网；在老挝、马来西亚、泰国、新加坡、中国香港、缅甸，更多的西电人坚守在岗位，为共建“一带一路”默默地奉献着。

二是助力欧洲中亚“碳达峰、碳中和”。中国西电为荷兰 IJmuiden Ver 海上柔直提供技术咨询，直流输电及海上风电技术得到高端市场认可。由中国西电参与建设的巴基斯坦国内第一条直流输电工程——巴基斯坦默蒂亚里—拉合尔 ±660 千伏直流输电工程创造了巴基斯坦电压等级最高、输电容量最大、输送距离最远的输电大通道纪录，对促进巴基斯坦经济社会发展和改善民生意义重大；为全球最大的“绿氢”项目沙特未来城NEOM电解水制氢提供55台整流变压器；签约乌兹别克斯坦500kV环网输电线路EPC项目，同时围绕输变电设施建设、电气装备产能合作等领域拓展更大合作空间。孟加拉、伊朗、印度、斯里兰卡……中国西电沿着千年陆上丝绸之路，正在驼铃古道上续写着新篇章。

三是让非洲共享中国发展成果。中部繁茂的热带雨林、东部广袤的稀树草原、北部的茫茫大漠，不同的自然景观中都闪耀着红色的“XD”标志。在非洲，中国西电与埃及EGEMAC共同组建的合资企业——西电EGEMAC，帮助埃及成为中东北非地区第一个能够制造500千伏超高压电力变压器和气体绝缘金属封闭开关设备的国家。这是中国西电在“一带一路”重要国家埃及开展产业合作的重要成果。刚果（金）、乌干达、苏丹、尼日利亚、坦桑尼亚、突尼斯、喀麦隆，中国西电的产品在高温干燥、高温高湿的环境下均有出色的表现。

四是构建中国拉美共同命运。从巍巍安第斯山脉到滔滔亚马逊河，这里有世界最长的科迪勒拉山系，也有最庞大的亚马逊热带雨林。在美洲，中国西电为巴西美丽山二期±800千伏特高压直流输电项目提供14台±800千伏高端换流变压器，将巴西北部亚马逊河流域的清洁水电，输送到东南部人口密集的里约热内卢负荷中心，打出第一张海外特高压名片；承接的厄瓜多尔BID2、BID3输变电总包项目顺利通电投运，有力满足厄瓜多尔沿海63万居民的用电需求，点亮了厄瓜多尔国民实现经济发展的梦想。

展望未来，中国西电将继续践行“一带一路”绿色发展伙伴关系倡议，以开放共享的心态，抓住新机遇、迎接新挑战，持续推动“一带一路”沿线国家和地区的电力建设，全方位、深层次、多维度加强绿色能源合作，打造深度互补、高度共赢的合作新格局，用更丰硕的务实合作成果促进“一带一路”沿线国家和地区经济发展和民生改善，推动绿色低碳创新成果在国内外“遍地生花”，使丝绸之路的精神薪火相传，与世界各国实现互利共赢，为全球发展持续输送中国绿色动力，为共同推动构建人类命运共同体作出新贡献！

（由中国电气装备集团有限公司供稿）

建设更紧密的全球能源伙伴关系，中国—非盟能源伙伴关系框架下首届能源合作项目推介

一、基本情况

水电水利规划设计总院（以下简称水电总院），是一家有着 70 多年历史的国内一流能源行业智库机构，隶属中国电建集团，是国家能源局确定的第一批研究咨询基地，也是国家能源领域行业标准化管理机构。在当前“碳达峰、碳中和”目标指引下，水电总院以“能源行业国际一流智库和咨询公司”为战略定位，主要面向政府、能源企业开展可再生能源行业政策研究、行业规划及各类技术服务。

国际业务方面，水电总院助力相关政府部门开展能源国际合作和国际能源治理，受托负责二十国集团、APEC、中国—非盟、中国—东盟、中国—阿盟、中欧能源技术创新合作、东亚峰会等多边能源合作机制，以及中巴经济走廊、中缅、中尼（波尔）、中英、中丹、中瑞（士）、中瑞（典）、中加（拿大）、中乌（乌拉圭）等双边合作机制的技术支撑工作，组织开展国际合作规划与各类课题研究 100 余项，对推动中国参与全球能源治理、深化与世界各国能源的合作发挥积极作用。

二、实践经验

在习近平总书记“四个革命、一个合作”能源安全新战略的指引下，为了持续构建更为紧密的全球能源伙伴关系，促进能源可持续发展的中国主张，深化区域能源治理，促进清洁能源项目务实合作，以中国—非盟能源伙伴关系（以下简称伙伴关系）为合作平台，秉承绿色发展理念，遵循互利共赢原则，在国家能源局和非洲联盟委员会的指导下，水电总院和非盟驻华代表处于 2023 年 8 月联合主办了“中国—非盟能源伙伴关系框架下首届能源合作项目推介会”。会议以“分享非洲能源发展机遇，推动中非项目务实合作”为主题，旨在帮助中国企业寻找非洲能源项目合作机遇，积极参与非洲基础设施发展规划（PIDA）项目及非洲国家能源项目投资建设。主要实践经验如下：

（一）依托中非合作机制，共筑紧密伙伴关系

2021 年 10 月，国家能源局和非盟委员会共同发起成立伙伴关系，旨在按照“共商共建共享”原则，推动中国与非盟成员国和非洲地区组织间在能源领域开展全面合作。中非合作论坛第八届部长级会议审议通过的《达喀尔宣言》和《达喀尔行动计划（2022—2024）》两个成果文件，均把伙伴关系作为中非能源领域务实合作的重要内容。本次会议是依托伙伴关系开展的首届能源领域项目推介会，由水电总院和非盟驻华代表处联合主办。基于伙伴关系合作机制，通过非盟与其成员国的协调和联络纽带，吸引非盟成员国积极参与，帮助中非快速搭建项目合作的交流平台。会上，与会代表回顾中非合作的历程，展望合作的前景、方向、路径和目标，分享了各国能源发展现状、能源规划和需求，展示了各国支持能源投资建设的意愿、决心和激励政策，提出有建设性意义的建议，并达成了重要合作共识。本次推介会不仅有助于推动中非能源合作深入发展，也为建设更加紧密的全球能源伙伴关系贡献了积极力量。

（二）深化中非外交网络，使馆对话促进合作

当今世界正处于百年未有之大变局，在全球地缘政治局势紧张和经济复苏缓慢的背景下，中非持续深化外交合作，对于推动经济和能源领域发展具有重要的现实意义。作为外交合作的重要环节，加强与非洲驻华使馆的联络有助于巩固和深化中非政治互信，共同解决应对合作挑战。会上，来自坦桑尼亚、纳米比亚、卢旺达、马拉维、埃及、塞内加尔、乍得、突尼斯、赞比亚共计 9 位使馆代表分享了各自国家的可再生能源资源优势、能源发展规划、项目合作机遇。通过非洲驻华使节的直接对话交流，不仅加深了中非间的合作互信，还有效促进了中国企业获取非洲合作信息，有力推动了能源领域共同发展。通过加强与驻华使馆的合作，对建设更加紧密的全球能源伙伴关系发挥了重要的沟通和协调作用。

（三）吸纳国际机构力量，互学互鉴形成合力

会议邀请了经济学人集团、世界资源研究所、Impact Hub（影响力工厂）等国际机构，结合自身开展的研究工作，从国际组织的视角，围绕中国对非洲投资合作现状与趋势展望以及中非能源创新项目合作等主题作了发言。通过国际机构的分享，会议提出了 4 点建议：①制定投资激励机制，完善相关政策与法律法规；②拓宽合作领域，深化合作层次，带动相邻产业共同发展；

③摒弃地缘政治偏见，促进多利益相关方合作；④关注小而美、惠民生项目，致力于为非洲居民解决用电困难问题。会议通过吸纳国际组织的研究成果和实践经验，拓宽了合作视角，促进了信息互通，丰富了合作资源，帮助各方加深了对能源领域国际合作的思考，也为深化第三方合作，共同推动形成开放透明、普惠共享、互利共赢的能源合作格局发挥了积极作用。

（四）聚焦对话四大领域，促进项目务实合作

本次推介会高端对话环节，围绕模式创新、金融服务、工程建设和装备制造四个领域展开深入讨论。来自赞比亚驻华使馆、纳米比亚驻华使馆、经济学人集团、北大能研院、中非发展基金、电建国际、三峡国际等代表在对话中达成以下 3 点共识：①应探索“新能源 + 农业”“新能源 + 制氢”“矿电联营”等创新模式；②充分考虑非洲国家目前所处的发展阶段，重点做好风险管控，推动市场改革，优化相关国家资本市场的融资环境；③中国企业对非能源合作要向“授之以渔”的方式转变，逐步推动产业链向属地化转移，帮助非洲不断完善自己的能源工业产业链，提升当地产业生产和制造能力。与会各方的对话交流，为相关企业在能源领域开展对非合作提供借鉴经验，引领合作模式创新，推进项目协同发展。通过第三方市场，与一些国家和大型跨国公司开展清洁能源领域合作，推动形成开放透明、普惠共享、互利共赢的能源合作格局，全方位加强能源国际合作。本次会议讨论内容务实深入、成果丰硕、反响热烈，受到非洲各国驻华使节一致好评，非盟驻华代表处拉赫曼塔拉·穆罕默德·奥斯曼大使对此次会议给予了高度评价，认为是参与主办的“最成功的会议”。

三、取得的成效

本次推介会是中国—非盟能源合作伙伴关系框架下一次具有里程碑意义的活动，来自非盟及 30 个非洲国家的 43 位驻华使节出席了本次会议，其中有 15 位为驻华大使。会议围绕能源转型、技术创新、项目合作、机遇分享等重点领域，宣传分享非洲重点国家的清洁能源项目合作潜力，为中非政府部门、国际组织、金融机构、能源企业提供对话和交流平台，展示了中非双方在能源领域的合作成果与经验，为未来的能源合作指明了方向与目标。会议取得的主要成效如下：

一是对接非洲重大规划，挖掘非洲清洁能源市场潜力。随着全球能源结构的转型和可持续发展目标的推进，非洲高度重视能源发展。为了促进非洲大陆的繁荣，非洲 2063 年议程、非洲基础设施发展计划（PIDA）均将能源

作为其优先事项与重要内容。本次推介会围绕 PIDA 的规划目标、主要内容及实施情况进行了详细阐述。其目标是实现非洲电网联通，建立以电力联通为基础的统一非洲市场，到 2040 年非洲电力普及率提升至 70%，为 8 亿人口提供电力。同时，会议分享了 PIDA 规划下的 71 个项目信息，目前 PIDA 项目已从规划阶段过渡到实施阶段，许多项目现已投入运营。非方希望与中国伙伴开展交流，共同扫除中国对非投资障碍，并欢迎中方伙伴积极参与 PIDA 合作。本次推介会推动了中非双方能源战略对接，助力中国企业参与非洲 PIDA 实施，促进中国企业对非能源项目进行投资建设。

二是开创中非能源项目新机遇，书写合作共赢新篇章。本次推介会为中非双方提供了一个对接能源合作机遇、挖掘项目合作潜力的平台，帮助非洲国家吸引更多关注和投资。此外，通过会议的交流和讨论，中非双方可以更加清晰地了解彼此的需求和优势，探讨合作模式和路径，推动具体项目的落地实施。这不仅有助于非洲国家提升能源产业的发展水平，也将为中国企业提供更广阔市场和合作机会，共同推动全球能源结构转型和可持续发展。

三是配合开展合作项目统计，助力能源合作走深走实。为进一步推动项目务实合作，推动项目推介会可持续发展，本次会上提出开展中非清洁能源项目信息库建设，并于会议次日启动中非清洁能源合作项目信息梳理工作。截至目前，共收集中国主要能源企业在 32 个非洲国家开展的 100 余个清洁能源项目，涵盖水电、光伏、光热、风电、储能、地热、电网、核电、海水淡化、生物质、水光互补、清洁能源一体化等项目类型，以及承包类、投资类、设备供货类等项目模式。该项工作可帮助深入了解中非能源合作的现状和发展趋势，全面掌握项目合作的整体情况，发挥政府部门的统筹协调作用，促进越来越多合作项目开展，推动中非清洁能源合作不断走深走实。

四是进一步巩固和深化中国—非盟能源伙伴关系机制。本次推介会上，各方围绕“非洲能源发展机遇”“中非项目务实合作”等方面展开深入的探讨。会议推动中国与非洲各国能源主管部门、能源企业、金融机构、研究机构间开展对话交流，及时了解彼此在能源领域的最新动态和需求，为双方的决策提供有力支持，促进中非项目领域开展合作。通过加强能源领域相关政策战略规划和项目信息等方面的全面沟通，中非双方达到了增信释疑、扩大共识、推进合作的目的，促进中国—非盟能源伙伴关系不断深化，推动建设更加紧密的全球能源伙伴关系。

（由水电水利规划设计总院供稿）

积极服务国家重大战略　深化澜湄电力能源合作

一、基本情况

南方电网公司服务区域与越南、老挝、缅甸接壤，具有独特区位优势，是国务院授权的大湄公河次区域（GMS）电力合作中方执行单位。南方电网云南国际有限责任公司（以下简称公司）成立于2013年，是南方电网公司的二级子企业，面向澜湄区域开展国际业务的平台，作为南方电网公司履行大湄公河次区域电力合作中方执行单位、贯彻高质量共建“一带一路”战略部署的实施主体，是推动中老命运共同体建设、服务畅通国内国际双循环、构建新发展格局、推动南方电网国际化进程的重要力量，履行公司作为南方电网跨境电网互联互通的主导者、跨境电网运营管理的引领者、跨境电力贸易平台的职责。公司立足周边、聚焦主业，以电网互联互通及跨境电力贸易业务为核心，带动境外项目投资、境外工程承包、技术管理及咨询等业务协调发展，积极推动澜湄电力能源合作，并取得了积极成果。

二、实践经验

公司坚持共商共建共享原则，积极参与高质量共建“一带一路”，通过加强基础设施“硬联通”、深化规则标准“软联通”、巩固人文交流“心联通”，持续推进澜湄区域电力能源合作。

（一）坚持互利共赢，以电网互联互通“硬联通”促能源互济

1. 发挥地缘优势，提升周边互联互通电网通道能力

公司充分发挥云南作为面向南亚、东南亚辐射中心的地缘优势和政策优势，助力云南打造面向南亚、东南亚的辐射中心，在区域双边和多边电网互联互通中发挥重要作用。

公司目前通过14回110千伏及以上输电线路分别与越南、缅甸、老挝电网互联（南方电网供电区域内另有1回广西至越南110千伏输电线路），其中，3回110千伏、3回220千伏线路与越南北部联网；1回115千伏线路与老挝

联网；1 回 500 千伏、2 回 220 千伏与缅甸局部电网和电源互联，4 回 110 千伏线路与缅北地区联网供电，联网线路境内段总长度 508 千米，通道能力 210 万千瓦。截至 2023 年底，累计完成国际贸易电量达 706 亿千瓦时（其中，出口电量约 460 亿千瓦时，90% 以上为清洁能源；进口电量约 246 亿千瓦时，100% 为清洁能源），累计出口创汇超过 25 亿美元，以实际行动推动了我国与澜湄国家电力贸易畅通，促进澜湄区域清洁能源优化配置。

同时，公司积极推动中老 500 千伏联网和中缅 230 千伏联网项目。中老 500 千伏联网项目建成后送电规模约 200 万千瓦，年回送电量约 32 亿千瓦时。中缅 230 千伏联网项目建成后送电规模约 20 万千瓦，对缅年回送电量为 3 亿～5 亿千瓦时。

2. 以 EDL–T 为平台，推动区域清洁能源枢纽建设

老挝拥有丰富水电资源、太阳能资源和风电资源，北邻中国，南接柬埔寨，东接越南，西北达缅甸，西南毗连泰国，是澜湄区域未来的电力输出国。但当前老挝输电网发展遇阻、电力送出受限。南方电网公司积极发挥央企国家队、主力军作用，通过与老挝国家电力公司合作开展了老挝国家输电网项目（根据老挝政府特许权授予，在特许期内，双方合资组建的项目公司对老挝现有资产运营项目、主干电网项目、电力联网项目和特定 115 千伏项目等享有特许经营权，以下简称 EDL–T 公司或项目）。EDL–T 项目将带动老挝国家输电网发展并推动建设跨境输电线路，远期实现西联泰国、缅甸，东联越南，南联柬埔寨的高电压、大容量互联互通网络。

在国家有关部委的统筹协调和云南省委、省政府的大力支持下，公司经过 6 年多的艰苦努力，在 2023 年完成了 EDL–T 项目投资决策并注资，取得老挝国会决议批准，于同年 12 月 27 日完成老挝 230 千伏及以上输电网资产 40 年运营权收购和资产运营权交割，EDL–T 公司正式进入实质运营阶段。

3. 以双向电力贸易促清洁能源余缺互济

近年来，老挝北部汛期富余水电逐步增加，通过电网互联互通项目实现枯汛余缺互济的需求和可能也在不断增加，老挝合作伙伴提出将汛期富余水电回送中国。对此，南方电网公司积极响应，提出了以年度电量置换为基础的余缺互济商业模式，即在汛期通过西电东送通道把老挝富余水电送至中国消纳，枯期再由中国对老挝北部地区进行补充供电。经过多轮研究和谈判，2022 年 3 月 9 日，公司与老挝国家电力公司在国家能源局和老挝国家能矿部共同召开的中国—老挝能源合作工作组第二次会议上，正式签署 115 千伏中老联网项目购售电协议。而后双方密切协作，完成了一系列商务和技术准备

工作，顺利促成115千伏东盟—那磨线实现带负荷试运行，正式开启中老两国双向电力贸易，促进清洁能源跨区域优化配置，助力实现“双碳”目标，服务构建“双循环”新发展格局。

（二）坚持共享发展成果，以技术标准“软联通”促产能合作

1. 加强技术标准合作，助推国际电力产能合作

技术标准是国际合作、互联互通的通用语言，是全球治理体系和经贸合作发展的重要技术基础。加快中国标准“走出去”、促进“五通”，对于推动“一带一路”建设意义重大。公司高度重视标准“走出去”，2023年1月，南方电网公司、柬埔寨电力公司、老挝国家电力公司共同发起成立澜湄区域电力技术标准促进会。各成员单位共同研究、编制、使用促进会标准，携手提升澜湄区域电力技术和装备的标准化水平，以标准引领区域内电力装备、工程建设、电网运行、供电服务水平的全面提升。同时，推动建立了中老电力技术标准委员会，与老挝国家电力公司签订《中老电力技术合作协议》，建立调度、设备、标准三个中老联合工作组，开展自动发电控制等八个领域的深度合作。充分发挥南方电网的管理、技术优势，圆满、高效实施的230千伏老挝北部电网EPC项目，是老挝第一个采用中国技术标准的电网项目，打造了老挝电力建设标杆项目，得到了老挝上下及国内外的广泛好评，带动了9.35亿元的国内电力建设产能“走出去”，助推了国际电力产能合作，提升了南方电网在周边国家的品牌知名度和美誉度。

2. 加强运维合作，确保跨境联网安全可靠

建立中越联网安全联席会机制，开展电力技术交流，协同南方电网系统内单位与越南电力集团解决跨境联网问题。组建中老联网运行管理委员会，建立协调机制解决联网线路运行问题。与缅甸电力公司签订《技术合作协议》，建立长期合作关系，助力解决跨境联网线路涉网安全问题，提升联网线路供电可靠性。2023年，老挝大面积停电事故次数从2022年的9次降为3次。公司参股的越中电力投资有限公司所有的小中河水电站总体运行良好，未发生重大安全责任事故，机组及各类水工设备运行稳定。公司控股的老中电力投资有限责任公司负责的中老铁路供电项目稳定运行，未发生过因供电设施及运维管理不到位导致的停电停运事件，以安全可靠的供电保障支撑起了联通中老的运行繁忙的“黄金动脉”。

3. 加强国际技术创新实验，带动科技创新推广应用

公司牵头组建了云南省澜湄国家电力技术国际合作联合实验室、南方电

网澜湄国家电力技术国际合作联合实验室等国际创新平台，构建联合实验室工作机制。2023 年，推动广域雷电定位系统、视频在线监测、无人机巡检、机网协调试验等中国先进技术、装备的国际应用，为中国装备“走出去”提供“南网方案”。

（三）坚持巩固人文交流“心联通”，为持续深化合作提供坚实支撑

1. 全面深化澜湄国家交流合作机制建设，促进电力项目协同合作

南方电网公司践行“亲诚惠容”理念，高度重视与周边国家能源主管部门和电力同行的交流往来，持续深化多边合作机制建设，于 2014 年倡议发起了澜湄国家电力企业高峰会机制，定期开展交流，探讨合作机会。2019 年倡议建立了澜湄区域中资企业沟通合作峰会机制，16 家中资企业签署《澜湄区域合作倡议》，促进国内中资企业、金融机构发挥协同作用，共同推进电力合作项目落地实施。2021 年，南方电网公司成立了澜湄国家能源电力合作研究中心，为进一步深化与周边国家开展电力研究合作搭建良好平台。公司通过与湄公学院等平台的广泛合作、商务部授权澜湄职业教育基地以及南方电网澜湄国家能源电力合作研究中心秘书处，全面深化澜湄国家交流合作机制建设，不断促进澜湄区域文化交流，整合南方电网大平台资源，提出南方电网公司澜湄能源合作的中国智慧、中国方案。

2. 与高校合作为澜湄各国提供在华留学生名额及电力技术培训，共促澜湄区域人才发展

公司持续深化留学生培养工作，进一步优化留学生培养管理，建立与校方、留学生选派单位和留学生家长有效的沟通交流渠道，定期反馈留学生在中国的思想、学习、生活等情况。积极为留学生创造更多实践机会，实现理论与实践相结合的学习，促进学习成效提升。持续加强留学生中国传统文化的教育，建立与留学生常态化的联谊、关怀和沟通交流机制，增强留学生的文化认同、价值认同，构建情感纽带、促进民心相通。同时，加大涉外培训和技术交流的力度。依托云南省商务厅授予公司为“商务部国际商务官员研修基地（云南）实训基地”平台和南方电网系统的优势资源，在广泛深入调研周边国家电力技术培训需求的基础上，精准制定培训方案，通过送教上门和请进来相结合、理论与实操相结合等方式，为老挝、缅甸、柬埔寨、越南等周边国家不同层级、不同专业人员提供有针对性的电力技术和经营管理培训，提供更多技术交流平台，进一步扩大公司的影响力，夯实人脉基础。

3. 实施“小而美”民生工程，讲好中国故事，传播中国声音

南方电网公司在开展电力基础设施建设的同时也积极履行社会责任，促进当地就业，推动当地医疗、教育等民生建设，注重环境治理，实施“小而美”工程。2016年，在南方电网公司和国家能源局的领导和驻缅大使馆的支持下，南方电网公司牵头负责，如期交付了3600万元、2100多吨电力物资，圆满完成了对缅电力物资援助，得到了国家能源局、缅甸电力能源部的高度肯定。2020年，南方电网公司投资了300多万元，在老挝南塔河1号水电站营地附近建设两所中老友好学校，为当地儿童提供教育机会。每年，水电站员工都定期前往学校开展“占芭花”爱心公益助学、“南网课堂进校园”活动。通过捐建小学、参与公益活动等，树立了负责任、惠民生的良好形象，建立了良好的当地关系。

三、取得的成效

一是为澜湄区域经济社会发展和人民生活水平提供安全、稳定和可持续的输电服务。南方电网秉持共享发展的理念，在澜湄国家投资开发了水电清洁能源、中老铁路外部供电线路等电力项目，以优质、可靠的电力基础设施建设为当地经济社会发展提供有力保障。同时，已正式投运的EDL–T项目将建立贯通老挝南北的输电网络并与周边国家联通，为老挝国内大型工业提供更为稳定可靠的电力供给，并有利于电源企业将电力出口至周边及次区域国家，直接推动电力经济发展，综合提高电网建设效益，形成高水平的输电网系统化管理。该项目在带来经济收益的同时，不断促进着老挝经济社会发展。

二是助力扩大两国能源优势互补和区域清洁能源优化配置。南方电网实现与澜湄区域国家电力贸易从单向送电发展为双向进出口贸易，累计贸易电量不断创新高，其中，清洁能源占比超90%，有效形成南方区域与澜湄区域电力余缺互济、优势互补新格局。通过首个跨国跨区电能双向交易模型、灵活的交易模式将境外富余的清洁水电输送至电力需求旺盛的粤港澳大湾区进行消纳，跨越国界和省界实现了澜湄区域资源的优化配置，在促进境外清洁能源进口，服务国家“双碳”目标方面初见成效。目前，南方电网公司与老挝合作伙伴正在推动与老挝500千伏电网联网项目，通过更高电压等级电力互联互通和更大规模电力贸易，加强两国能源优势互补，推动清洁能源跨区域优化配置。在助力老挝的资源优势转化为经济优势的同时，进一步助力“双碳”目标实现，以清洁能源促进区域经济协同发展，共同为全球碳减排做出贡献。

三是与周边国家政府能源主管部门、国家（地区）级电力企业建立了良好的互信合作关系。南方电网公司始终秉持“务实高效、项目为本、民生为先”的合作原则，充分发挥澜湄电力合作中方协调单位作用，深化澜湄区域电力能源战略合作，谱写“万家灯火，澜湄情深”合作篇章。通过电力能源项目合作为当地创造就业，增加税收，改善基础设施，提升技术标准，培养电力人才。在长期以来的深耕细作中，公司与澜湄区域电力企业、能源主管部门均建立了良好的合作关系，为未来扩大电力进口打下了良好的基础。

（由中国南方电网有限责任公司供稿）

云南能投燃气电厂点亮仰光新生活
谱写中缅共建“一带一路”新篇章

一、基本情况

云南省能源投资集团有限公司（以下简称能投集团或集团）成立于2012年，是以能源、现代物流、绿色能源新材料为三大主业的省属国有重要骨干企业。集团紧紧围绕“云南省绿色能源产业发展的主力军、现代物流产业的龙头企业、绿色新材行业领跑者和服务面向南亚东南亚辐射中心的国际能源合作骨干企业”四个战略定位，形成以风电、光伏、水电、火电、售电配网、天然气、煤炭等为代表的能源全产业链布局优势。集团主动服务融入国家“一带一路”和云南辐射中心建设，积极推进国际能源合作和能源互联互通，聚焦打造“小而美、精而优”境外能源投资项目，为云南省建设成为南亚东南亚辐射中心提供产业支撑。截至2023年末，集团参控股权已装机1982万千瓦，其中绿色电力装机80%，资产总额2596亿元，实现营收1222亿元，利润总额45亿元，经营性净现流103亿元，累计贡献利税超400亿元，位列中国企业500强第204、中国能源企业500强第40、中国物流企业50强第43，在全省率先获得主体信用AAA评级，获评国务院国资委2021年“双百行动”标杆企业。

缅甸仰光达克鞳燃气—蒸汽联合循环发电项目（以下简称达克鞳项目或电厂）是能投集团在缅甸投资建设运行的重要能源项目，同时也是中缅高访见签重要项目，由集团所属香港云能国际投资有限公司（以下简称香港公司）和云南能投联合外经股份有限公司合资开发。项目公司——联合能源达克鞳电力有限公司（以下简称达克鞳公司）于2016年1月15日设立，企业注册地为缅甸仰光，公司主要职能是投资建设运营达克鞳项目的平台公司。由联合能源国际有限公司（以下简称联合能源国际公司）持股97%，缅甸电力部电力规划司持股3%，注册资本2580万美元。达克鞳项目厂址为缅甸仰光市东郊达克鞳镇，总投资1.29亿美元，装机容量118兆瓦，采用BOT投资模式，特许经营期30年。项目于2013年与缅方签署谅解备忘录（MOU），2014年

11 月签署协议备忘录（MOA），2015 年签署合资协议（JVA），2016 年签署购电协议（PPA），并于同年 5 月开工建设，2018 年 2 月 28 日正式投产运行。

二、实践经验

（一）创新境外党建模式，引领境外企业高质量发展

能投集团自实施“走出去”战略以来，始终以加强党的政治建设为统领，坚持境外国有企业党的领导、加强党的建设是“根”和“魂”，是我国国有企业的光荣传统和独特优势。一是坚持党的领导，防范化解境外项目重大风险。在缅甸新冠疫情和政局变化期间，党支部提出“人员安全、财产安全、运行安全、疫情安全”安全原则，组织电厂有效应对缅甸区域疫情蔓延、政局变动等重大风险，在地区重大安全事件中未发生过安全事故，确保了项目人员安全、设备正常、供应稳定、生产平稳。二是抓好党建“融业”，坚持把境外党建工作纳入项目公司战略发展的整体布局，坚持把“党的领导、党的建设”融入到集团国际化发展战略和境外项目运营的全过程。制定集团党委《实施党建工作融入生产经营专项行动实施方案》，切实推动党建工作与境外企业生产经营有效融合走深走实。三是坚持党建引领企业文化建设。党支部引领企业文化宣传工作，积极宣传党的坚强领导，弘扬主旋律，传播正能量，结合党史学习教育活动，积极开展爱国主义宣传教育和警示教育，扎实开展意识形态宣传，倡导经济效益兼顾社会效益的企业价值追求，有效促进人员队伍融合，凝聚公司发展共识。

（二）理顺境外治理机制，发挥中国特色现代企业制度优势

一是着重融合国有企业和非公企业优势特长，坚持在解决企业发展重大问题中善用股东资源、整合股东优势，充分发挥集团香港公司境外融资平台的资金保障作用，配合混合所有制企业联合外经公司境外市场先行优势和项目实施经验，持续推进资金平台、市场经验、业务板块、专业技术、人才团队的深度融合，本着探索共同的市场“兴奋点”，互补各自发展的“痛点”，强化专业领域的“结合点”，实现取长补短、互相促进、共同发展。充分调动非公企业的市场敏锐性和灵活性，为电厂长期高效安全运行奠定组织基础。二是紧密结合现代化治理要求，在实践中不断完善公司治理体系，坚持以国企改革行动为路径，完善公司顶层设计，畅通治理体系，推动从完善治理结构向优化经营机制的改革，持续提升企业治理效能，推动股东相互协作，以

统筹兼顾经济效益和社会效益为出发点，有序推进企业治理机制改革。三是持续完善董事会议事规则，确保体现董事会中长期发展决策权、经理层成员选聘权、业绩考核权、薪酬管理权、职工工资分配管理权、重大财务事项管理权等6项董事会职权，严格落实董事会向经理层授权的管理制度，严格落实总经理对董事会负责、向董事会报告的工作机制，形成了目标一致、规则统一、权责明确、规范透明的公司管理机制。

（三）打造境外良好示范，多措并举勇创最短建设周期

达克辖项目从开工建设到投产工期仅21个月，创造了缅甸同类型电厂项目建设工期最短纪录，为公司长期经营创效打下坚实基础。一是因地制宜精准施策。针对仰光地区雨季长、雨量大的特点，制定《雨季施工应急预案》，优先进行厂房封顶和厂内排水沟施工，有效防止厂内积水，最大限度减少雨季对室内机电设备安装影响。二是多管齐下精准保供。打通中缅、泰缅物资备品供应链路，储备多条物资采供渠道，按照“并行作业、瓶颈优先”的方式，充分保障施工建设物资备品的按期稳定供应。三是因人施策精准保障。充分调研当地社情民情，在尊重国际化员工文化背景、宗教信仰、生活习俗的基础上，对中方和属地人员进行差异化精准保障，有效调动全体人员积极性，确保施工现场人员长期稳定性。

（四）心怀“国之大者”，积极履行国有企业社会责任

集团达克辖项目在取得良好商业价值的同时，积极履行中国国有企业社会责任，护航“一带一路”的建设。一是聚焦主责主业，扎实完成生产经营工作。持续向缅甸提供安全高效的清洁能源，以同类型电厂运行效率最高和最小能耗，累计向缅甸国家电网输送电量47.8亿千瓦时，达克辖项目供应仰光发电量占比仅20%，极大地缓解了仰光地区用电紧缺状况。连续多年超额完成生产经营任务，年运行平均小时数超过7600小时，自2018年2月投产以来，截至2024年2月累计实现营业收入超过10亿元，利润总额超2亿元。二是积极履行企业社会责任。项目遵循“办实事、重细节、见实效”的原则，积极参与社区活动，推广社区共同体理念，援助社区图书馆、居民运动场、地方小学等改造建设，与社区安全部门、村社组织建立社区联防联保机制。积极参与缅甸水灾援助和灾后重建电力保障、教育事业援助、社区建设和疫情防控等事业，被缅甸宣传部和缅甸官方媒体广泛报道，得到了缅甸民众和社会各阶层的广泛好评。

能投集团仰光达克鞜燃气—蒸汽联合循环发电项目内景如图 1 所示。

图 1　集团仰光达克鞜燃气—蒸汽联合循环发电项目内景

三、取得的成效

云南能投集团达克鞜项目得到中缅两国政府和社会的一致好评，实现经济、社会效益双赢，树立了中国能源企业海外发展的良好示范形象。

（一）经济效益显著

达克鞜电厂作为仰光电力保障最重要的基荷电厂，投入商业运行以来，通过专业化运营管理，项目累计上网电量超 47.8 亿千瓦时，每年均实现盈利，获得缅甸电力部授予的“优秀电厂奖”，以表彰电厂常年运行正常、低故障率。截至 2023 年末，达克鞜公司资产总额 7.6 亿元，净资产 4 亿元，2023 年度上网电量 8.73 亿千瓦时，实现营收 1.8 亿元、利润超 5000 万元（同比增长 26%）。

（二）社会效益突出

项目作为基荷电厂为仰光市供电，达克鞜项目供应电量占仰光发电量的近 20%，有效改变仰光地区电力供应紧张的局面。能投集团专业技术团队持续向当地输出先进管理经验和高效清洁能源解决方案，随着逐年提高属地化员工比例，项目已为当地社会创造直接就业岗位83个，为当地电力行业培养专业运行和维护人员上百名，有效提升当地电力行业整体发展水平。

（三）示范效应明显

达克鞳电厂是能投集团积极响应国家共建“一带一路”倡议、云南面向南亚东南亚辐射中心建设，推进国际能源合作的重点项目。2023年9月，达克鞳燃气电厂荣获公安部、国务院国资委授予的“2023年度海外安防优秀实践”，是获奖单位中两个地方国资系统优秀案例之一。同年10月，入选由国务院国资委和新华社共同出版的《中国企业共建“一带一路”项目研究案例》，在第三届“一带一路”国际合作高峰论坛上展示。在“一带一路”框架下，达克鞳电厂项目已成为中缅电力基础设施建设合作典范，充分体现我国推动构建“人类命运共同体”，实现互利共赢的发展理念，为中缅两国能源互联互通和国际能源合作奏响新篇章。

（由云南省能源投资集团有限公司供稿）

“一带一路”十周年把草原绿电送出国门

一、基本情况

内蒙古电力（集团）有限责任公司（以下简称内蒙古电力集团公司）作为内蒙古自治区能源行业的领军企业，历经数十年的稳健发展，已经成为集发电、输电、配电、售电及多种能源服务于一体的大型能源企业。内蒙古电力集团公司积极响应国家共建“一带一路”倡议，坚持“走出去”战略，不断拓宽国际视野，深化国际合作，努力将草原绿电送出国门，为全球能源合作与发展贡献力量。

内蒙古国合电力有限公司（以下简称内蒙古国合电力公司）作为践行内蒙古电力集团公司对外开放战略的子公司，专注于跨境电力管理等业务。依托集团强大的技术实力和资源优势，内蒙古国合电力公司充分发挥自身在电力行业的专业优势，积极开拓国际市场，与多个国家和地区建立了紧密的合作关系。

近年来，随着全球能源市场的不断变化和共建“一带一路”倡议深入推进，内蒙古国合电力公司将目光投向了蒙古国这一重要的战略合作伙伴。蒙古国作为中国北部邻国，拥有丰富的矿产资源和巨大的能源需求，特别是蒙古国奥尤陶勒盖铜金矿项目，作为亚洲乃至全球最大的铜金矿之一，其电力需求巨大，对稳定可靠的电力供应有着迫切的需求。针对这一市场需求，在内蒙古电力集团公司的坚强领导下，内蒙古国合电力公司与蒙古国相关部门、企业开展了深入接洽，通过不同轮次的商谈，先后签订 2 期《购售电协议》，共同实施蒙古国奥尤陶勒盖铜金矿供电项目。该项目旨在通过建设跨国电网，将内蒙古地区的电力资源输送到蒙古国奥尤陶勒盖铜金矿，满足其电力需求，并推动两国能源领域的深入合作。

在项目实施过程中，内蒙古国合电力公司充分发挥自身的专业优势和技术实力，由资深工程、技术人员组成的项目团队，全程参与项目的规划、设计、建设并持续安全稳定运行 2 条 220 千伏同塔双回线路及 110 千伏开闭站。与此同时，内蒙古国合电力公司还与蒙古国相关部门和企业建立了紧密的合作关系，共同协调解决项目实施过程中遇到的问题和挑战。内蒙古国合电力公司十分注重与国际先进企业和研究机构的交流合作，不仅获得了更多的市场机会和资源支持，还为项目的顺利实施提供了有力保障。

经过各方的努力和配合，供电项目于2012年正式送电，截至2023年底，已安全稳定运行4000余天。这一项目的成功实施不仅为蒙古国奥尤陶勒盖铜金矿提供了稳定可靠的电力支持，也推动了内蒙古电力集团公司在国际能源合作领域的进一步发展，为两国之间的经贸合作和人文交流搭建了重要平台，为深化两国全面战略伙伴关系注入了新的动力。

二、实践经验

在实施为蒙古国奥尤陶勒盖铜金矿供电项目的过程中，内蒙古电力集团公司积累了丰富的实践经验。这些经验不仅体现在项目的规划、设计、建设和运营等各个环节，还体现在公司与国际合作伙伴的沟通协作、技术创新以及风险管理和安全保障等方面。

（一）深入调研精细规划

1. 全面深入调研，洞悉需求

内蒙古电力集团公司深知市场调研对于项目成功的重要性，因此对蒙古国奥尤陶勒盖铜金矿进行了全面而深入的调研。通过实地考察、与用电方深度沟通、数据收集与分析等方式，详细了解了矿区的生产规模、用电设备、负荷特性及未来增长趋势。同时，还密切关注蒙古国电力市场的政策环境、竞争态势及发展趋势，确保项目决策能够紧跟市场步伐，满足矿区长远发展的电力需求。在调研过程中，团队不仅注重数据的准确性和完整性，更注重数据的深度分析和挖掘。通过对比分析、趋势预测等方法，公司对矿区的电力需求进行了精准预测，为项目规划提供了有力的数据支撑。此外，团队还积极与国内外同行进行交流学习，借鉴先进经验和技术，为项目的顺利实施提供了有力保障。

2. 精细布局，实现效益最大化

在充分掌握市场调研数据的基础上，结合蒙古国南部戈壁矿区的地理特点、气候条件及电力需求特性，团队制定了切实可行的项目实施方案。方案中充分考虑了电网建设的规模、技术选型、投资预算及建设周期等因素，确保项目能够在满足矿区电力需求的同时，实现经济效益和社会效益的最大化。

在规划过程中，内蒙古电力集团公司注重技术创新和绿色发展。通过引

进先进技术和设备，优化电网结构，提高能源利用效率，降低环境污染，同时，充分考虑了项目的长期效益和可持续发展性，通过合理规划资源配置、加强人才培养和团队建设等措施，为项目的长远发展奠定了坚实基础。

（二）完善安全保障体系

跨国能源合作项目面临着复杂的政治、经济和文化环境，安全保障工作至关重要。内蒙古电力集团公司在项目实施过程中，建立了完善的安全保障体系，确保项目的顺利推进和运营安全。

1. 境外方面

严格遵守蒙古国当地的法律法规，长期、定期学习蒙古国当地法律法规，确保项目的合法性和合规性。与当地政府部门保持密切联系，及时获取最新的政策法规信息。尊重蒙古国的文化传统和风俗习惯，与当地员工和合作伙伴建立良好的沟通机制。加强文化交流和互学互鉴，增进相互理解和信任。对境外项目进行全面的安全风险评估，识别潜在的安全风险和威胁。制定相应的防范措施和应急预案，确保项目在复杂多变的国际环境中安全运行。加强境外员工的安全教育和培训，提高他们的自我保护意识和能力。为境外员工提供必要的安全装备和保险保障，确保他们的生命安全和身体健康。

2. 境内部分

制定、完善安全管理制度，明确各级人员的安全职责和操作规程。设立专门的安全管理机构，负责全面监督和管理安全工作。定期开展安全培训和教育活动，提高员工的安全意识和操作技能。确保员工熟悉安全操作规程，掌握应急处理技能。建立定期安全检查制度，对电网设施、生产设备等进行全面检查。对发现的安全隐患及时整改，并进行安全评估，确保项目运行安全。制定应急预案和救援方案，明确应急处置程序和救援措施。建立应急响应机制，确保在突发事件发生时能够迅速、有效地进行处置和救援。

3. 跨国电网部分

跨国电网是项目实施的关键环节。充分发挥了自身的技术、地缘优势，以点带线，与蒙古国 OT 电网连接。在项目运营过程中，用科技手段织密跨境供电安全“防护网”，通过构建“一、二次设备巡检机器人—无人机—GPS 智能巡检端”互为补充的立体式智能巡检模式，将智能化技术运用到实际生产工作，最大限度保障供电稳定可靠性。主动跨境赴蒙古国提供电网线路巡检抢修服务。派遣专业的巡检团队，定期对蒙古国境内的电网线路进行巡查和维护，及时发现并消除潜在的安全隐患。同时，建立快速响应机制，发生紧急情况时，能够迅速组织抢修队伍赶赴现场进行抢修工作。这些措施有效提升了跨境供电的安全水平，确保了电力供应的连续性和稳定性。

（三）整合清洁能源，优化跨境供电服务

1. 整合利用清洁能源

在供电项目实施过程中，内蒙古电力集团公司积极整合利用清洁能源，依托内蒙古自治区与蒙古国相邻的地缘优势，汇集了乌拉特中旗的 4 个风电场的清洁电源，通过跨国电网将这些清洁电力输送到蒙古国奥尤陶勒盖铜金矿。这一举措不仅满足了矿区的电力需求，还促进了清洁能源的跨国利用，为蒙古国的能源转型和环境保护作出了积极贡献。

2. 优化跨境供电服务

在已完成的两个供电周期内，内蒙古国合电力公司自觉履行合同义务，确保国家与内蒙古自治区电价政策执行到位，在电价政策允许的范围内主动让利，赢得客户尊重与信任，有力保障了电费回收和上缴按期“双结零”；实时关注外部市场信息，分析电力市场交易规则，建立境外客户代理购电市场交易模式；建立多方协同机制，加强多维度购售电协议管理，培育复合型国际化人才；建立“一票一单一号”国际结算机制，实现报关零差错、提升履约便捷性、确保结算零失误；搭建智能营销平台，完善客户服务体系，提升企业跨境供电服务能力；积极探索对境外电力客户的安全监督与管理模式，坚持让服务走出国门，为 OT 项目进行免费安全评价，做好客户服务；开展以客户安全性评价和周期性现场检查为主的安全监督工作，协助客户处理设备故障，提供技术服务和业务咨询，不断提高 OT 用电设备的运行稳定性，从而确保供用电量稳步增长。围绕打造“开放蒙电”建设目标，建章立制，率先通过海关 AEO 高级认证，成为全国唯一电力进出口高级认证企业。这张“绿色通行证”为进一步开拓海外市场争取到了更多便利。

（四）强化国际合作协作，重视团队建设

1. 重视沟通协作

在项目实施过程中，通过跨境应急演练、双方技术人员互培、管理人员互学、电能计量装置校验、应急抢修等领域的合作，建立起了良好的合作关系，打下了深厚的合作基础。注重与蒙古国政府的沟通，了解当地最新的政策法规和市场发展趋势，确保项目符合当地的发展需求和利益。同时，与能源部门、贸易部门、外事部门建立了合作关系，共同开展经贸洽谈及技术交

流，参与国际能源合作论坛和会议，与国际同行分享经验和技术成果，提升公司的国际影响力。

2. 重视团队建设

综合性人才是国际能源合作发展的核心力量。在项目实施过程中，内蒙古电力集团公司注重各个专业综合性人才培养和团队建设。让一批具有丰富经验和专业技能的员工全程参与项目，通过深度参与项目全过程提升其业务能力和国际视野。同时，加强与国际先进企业和研究机构的合作，通过双方人才互培互学，为项目的实施、运营提供了有力的支持。

三、取得的成效

在实施为蒙古国奥尤陶勒盖铜金矿供电的项目中，内蒙古电力集团公司凭借深厚的技术积淀、丰富的国际合作经验及坚定的可持续发展理念，不仅圆满达成预定目标，更在多个层面取得了显著成效。这些成效不仅体现在技术创新与经济效益上，更在推动公司可持续发展、深化国际合作等方面起到了至关重要的作用。

（一）绿色电力照亮蒙古戈壁

积极推广清洁能源利用，整合风电资源，通过跨国电网将绿色电力输送到蒙古国戈壁，不仅满足了矿区的用电需求，更为蒙古国带来了清洁、可持续的能源解决方案。在实际操作中，公司克服了地理环境复杂、气候条件恶劣等困难，成功建立了稳定可靠的电力输送通道。同时，公司还积极探索新的技术路径，优化电力传输和分配方案，提高了能源利用效率，为蒙古国的能源转型和可持续发展贡献了力量。

（二）国际合作实现共赢新篇章

与蒙古国相关部门和企业建立了紧密的合作关系，共同商定电力交易的价格、数量和期限等条款，确保了交易的公平性和透明度。双方通过平等互利的原则开展跨国电力交易与合作，实现了电力资源的优化配置和高效利用。同时，公司还积极参与国际能源合作论坛和会议，与国际同行分享经验和技术成果，推动了国际能源合作与交流的不断深化。这些国际化合作经验的积累，为未来的跨国能源合作项目提供了宝贵的借鉴和参考。

（三）经济效益显著，市场竞争力增强

供电项目的成功实施为公司带来了显著的经济效益。通过跨国电力交易与合作，公司实现了电力资源的优化配置和高效利用，提高了经济效益。在实际运营中，公司精心组织生产运营，确保了电力的稳定供应和高效传输，为公司带来了稳定的收益。同时，积极拓展国际市场，开展多元化的能源业务，进一步提升了盈利能力和市场竞争力。这些经济效益的增长不仅为公司的可持续发展提供了坚实基础，也为公司的未来发展奠定了良好基础。

（四）社会效益凸显，促进区域发展

项目的成功实施为蒙古国奥尤陶勒盖铜金矿提供了稳定可靠的电力供应，有力支持了矿区的生产和发展。电力的稳定供应为矿区提供了良好的生产环境，促进了矿区的经济增长和就业增加。项目的实施还推动了清洁能源的跨国利用和能源转型，为蒙古国的环境保护和可持续发展作出了积极贡献。此外，项目还加强了中蒙两国的经贸合作和人文交流，促进了双方的友谊和互信。通过项目的实施，两国之间的经贸往来更加紧密，人文交流更加频繁，为深化两国全面战略伙伴关系注入了新的动力。

（五）可持续发展能力增强，为长远未来筑基

通过供电项目的实施，公司的可持续发展能力得到了显著提升。通过建立完善的风险管理体系和安全保障机制，确保了项目的顺利推进和运营安全。通过加强与国际先进企业和研究机构的合作与交流，引进先进的技术和管理经验，提升了自身的技术水平和创新能力。在人才培养和团队建设方面，也取得了显著成效，通过选拔和培养具有国际化视野和专业技能的人才，建立了一支高素质、专业化的国际项目团队。这个团队不仅拥有丰富的实践经验和专业技能，还具备强烈的创新意识和团队合作精神，为业务拓展和国际化发展提供了有力支持。

蒙古国奥尤陶勒盖铜金矿供电项目的成功实施不仅展现了内蒙古电力集团公司的专业能力和国际影响力，更为推动中蒙两国的能源合作与可持续发展作出了积极贡献。展望未来，公司将继续秉承可持续发展理念，深化国际合作，为国际能源合作与发展贡献更多力量。

（由内蒙古电力（集团）有限责任公司供稿）

中欧国际合作研发碳减排技术
全球最大化学链燃烧兆瓦级中试示范建成

一、基本情况

中国东方电气集团有限公司（以下简称东方电气集团）创立于1958年，是由中央管理的涉及国家安全和国民经济命脉的国有重要骨干企业，为我国提供了大约1/3的能源装备，是全球最大的能源装备制造企业集团之一。

东方电气集团东方锅炉股份有限公司（以下简称东方锅炉）创立于1966年，是东方电气集团下属核心企业。东方锅炉因“三线建设”诞生于四川省自贡市，始终坚持为党强企、产业强国，艰苦创业、励精图治，打造了获得国内外客户广泛认可的“东锅”品牌，现已成为中国一流的能源、节能环保、化工、核电、光热、氢能及综合能源领域设备供应商和综合服务提供商，是全球规模最大、系列最全、技术领先的清洁高效热电与热力动能锅炉的研发设计制造和工程总承包领军企业。“东锅”名片遍布全国29个省份，并出口至“一带一路”沿线30余个国家和地区。

东方锅炉拥有自贡、成都、德阳、嘉兴等多个产业基地，建成了机械工业“清洁高效燃烧技术工程试验中心”、四川省“清洁燃烧与烟气净化”重点实验室、四川省“长寿命燃料电池”重点实验室、四川省氢能制备及储运技术工程研究中心、四川省氢能创新联合体、国家市场监管技术创新中心（氢储运加注装备）、国家储能技术产教融合创新平台等一系列试验平台，设有院士（专家）工作站，获得10余项国家级科技进步奖，其中一等奖5项，获200余项省、部级及行业科技进步奖，拥有专利超1300项。作为清洁高效热电行业领跑。东方锅炉拥有全球领先的超临界、超超临界、高效超超临界等各种压力等级，多种燃料、多种燃烧方式的先进热电技术，大容量高参数循环流化床锅炉技术全球领先、市场占有率居世界第一，机组可靠性、度电煤耗全球领先。正在建设世界最高效率、最高参数、最先进的630℃二次再热超超临界国家电力示范项目，以及世界最大700兆瓦循环流化床锅炉。

碳排放导致全球变暖是世界共同的挑战。化石能源占一次能源消费的

80% 以上，燃烧产生的二氧化碳占碳排放的 80% 以上，是碳排放的最主要来源，也是减碳的主战场。在我国的能源资源禀赋下，丰富的煤炭资源是保障能源安全和稳定可靠供应的“压舱石”。煤炭资源利用中，如何实现低成本、高效率、大规模碳捕集，是极具挑战的重大前沿课题，对“双碳”目标的实现具有重要战略意义。化学链燃烧技术是实现煤炭等化石能源燃烧源头碳捕集的颠覆性创新，空气与燃料不直接接触，通过载氧体在空气反应器和燃料反应器之间进行氧化还原循环，将空气中的氧传递给燃料，实现二氧化碳在燃料转化源头的内在分离。碳捕集成本可降至 100 元 / 吨以内，不到传统的 1/3，对实现化石能源零碳排放具有重大意义。

东方锅炉始终致力于碳基能源的清洁高效零碳利用。在中欧政府间国际科技创新合作项目的支持下，联合清华大学、法国道达尔能源、法国石油与新能源研究院等单位，共同研发建成全球最大的 4 兆瓦化学链燃烧示范装置，这是我们对“双碳”目标和能源变革的坚定决心。世界最大化学链平台的建设运行及化学链燃烧技术的突破，打破化学链技术从实验室推向工业化应用的“瓶颈”，有力促进我国绿色低碳转型发展，提升我国在碳捕集领域的科技实力和地位。

中欧碳减排技术研究项目自 2016 年开始筹备，历时 7 年于德阳建成投运。主反应器由两个循环流化床和碳分离器组成，另有蒸汽系统、给料排渣系统等辅助系统。具有碳转化率高及捕集二氧化碳纯度高的特点。示范装置于 2023 年 3 月开展全系统调试，10 月实现自热运行，并于 2024 年 3 月实现世界首次兆瓦级化学链满负荷自热运行，碳捕集效率达到 95%，CO_2 浓度达到 93% 以上，率先掌握了化学链燃烧的核心技术，性能指标全球领先，为工程应用奠定了坚实基础。

二、实践经验

气候变化和环境问题已成为当今全球治理中的核心问题之一，解决温室气体的排放已经成为全人类的共同目标。2020 年 9 月 22 日，习近平主席在第七十五届联合国大会一般性辩论上发表重要讲话，指出应对气候变化《巴黎协定》代表了全球绿色低碳转型的大方向，是保护地球家园需要采取的最低限度行动，各国必须迈出决定性步伐。中国将提高国家自主贡献力度，采取更加有力的政策和措施，二氧化碳的排放量力争于 2030 年前达到峰值，努力争取到 2060 年前实现碳中和。在签订《巴黎协定》的前提下，中欧双方相继宣布了符合自身发展的碳中和目标。中国与欧盟进行更高水平国际合作成为中国参与全球气候治理的重要战略选择，欧盟成为中国绿色低碳技术合作首选，中欧碳减排技术研究 CHEERS（Chinese-European Emission-Reducing Solutions）项目应运而生。

中欧碳减排技术研究 CHEERS 是中国科技部支持的“政府间国际科技创新合作重点专项”项目（项目号：764697/2017YFE0112500），也是欧盟“地平线 2020”计划资助项目（项目号：764697）（见图 1）。项目围绕兆瓦级化学链燃烧的连续自热中试示范进行研究，通过中欧合作，重点解决化学链燃烧过程的共性关键技术问题，掌握化学链燃烧产业化过程关键核心技术，形成高效低能耗碳捕集技术工艺。本项目的目标是兆瓦级化学链燃烧装置的示范，在合作方团队的选择上，则以具有丰富工程设计和运行经验的工业研究院和国际大公司为主。中方团队由清华大学、东方锅炉以及浙江大学组成，在载氧体、反应器设计、数值模拟和工程设计建造方面具备扎实基础。欧方团队由法国石油与新能源研究院、道达尔能源、挪威科技工业研究院、西里西亚工业大学以及贝罗娜欧洲协会组成，在载氧体和化学链燃烧等领域拥有世界一流的科研水平。

项目借鉴吸收欧方载氧体技术和系统设计经验，结合中方的循环流化床技术，建设世界最大化学链燃烧示范装置，突破化学链技术从实验室走向商业化应用的“瓶颈”，有助于实现我国化石能源的低碳化、集约化利用，具有良好社会和环境效益，为中国能源创新力的提升以及传统装备制造业的升级注入活力。

图 1　中欧碳减排技术研究 CHEERS 项目合作方

CHEERS 项目采取中欧双方“共同研究、共同开发、共同示范、经费分摊、成果互享”的合作方式，双方共同完成成果由双方互享，单独取得成果由单方享有。在化学链燃烧示范方面，系统的设计由中欧双方共同完成，系统的建造、调试和运行由中方完成，示范场地在中国东方锅炉德阳试验中心进行，执行过程中做法如下：

（1）CHEERS 项目前期，清华大学、浙江大学、挪威科技工业研究院（SINTEF）和法国石油与新能源研究院（IFPEN），于 2006—2010 年共同承担了欧盟委员会第六框架计划（EC/FP6）与中国科技部联合资助的国际合作项目 COACH（COoperation Action within CCS China–EU）。在中欧 COACH 国际合作项目基础上，中欧双方团队深化合作，提出 CHEERS 项目的申请。在项目立项过程中，中欧双方团队通过邮件沟通、电话及视频会议、互访等多种交流方式，共同撰写申请书及编制预算、签订合作协议。中欧双方研究团队加强了相互联系与沟通，建立了稳固的合作渠道与沟通平台，增进了中方团队与欧盟团队的对话沟通，结合各自技术积累和优势，讨论形成 CHEERS 项目工作包，科学分解项目工作内容，积极有效推动低成本碳捕集原创技术的共同开发，CHEERS 项目顺利获得中国与欧盟的政府支持。

为了便于项目管理，项目组建设了 CHEERS 项目网站，项目中各类文档、协议、财务报表、技术进展、会议召开情况和交流结果、项目实施进程与结果等与项目相关的资料统一放在网站内进行存档，极大方便双方团队成员的查阅使用、沟通与交流。项目定期组织项目组成员进行学术交流会，不断提高综合科研素质，增强研究团队整体竞争力。同时聘请相关领域国内外专家举办专题讲座，派遣项目组成员出国进行与本项目研究相关的访问、调研和交流（见图 2）。

图 2　CHEERS 项目前期技术和管理交流会（2017 年 7 月，中国成都）

（2）中欧双方结合自身优势，共同开展兆瓦级化学链燃烧工艺包设计。东方锅炉、清华大学、法国石油与新能源研究院和道达尔能源，设计建设 1.5MWth 等级化学链燃烧冷态试验平台，联合开展了系统性实验研究，为兆瓦级化学链燃烧示范装置的工艺包设计提供了重要支撑。2019 年 11 月，由清华大学和法国石油与新能源研究院牵头，东方锅炉和道达尔能源参与，兆瓦级化学链燃烧示范装置工艺包设计（Process Design Package）完成。2021 年 5 月，由道达尔能源牵头，东方锅炉、清华大学、法国石油与新能源研究院参与，兆瓦级化学链燃烧示范装置前端工程设计 FEED（Front End Engineering Design）

完成。按照项目工作包，东方锅炉牵头，清华大学、法国石油与新能源研究院和道达尔能源参与，共同完成化学链燃烧示范装置项目备案、可行性研究报告、环境影响报告表、岩土工程勘察报告、安全生产条件和施工综合分析、安全设施设计专篇、工程详细设计、采购、安装和调试。2023 年 9 月，来自欧盟的挪威科技工业研究院（SINTEF）、法国石油与新能源研究院（IFPEN）、法国道达尔集团（TOTAL）、波兰西里西亚工业大学、比利时 BELLONA 协会、沃利设计院，以及中国的清华大学、浙江大学、东南大学、中南大学等企业和科研院所齐聚东方锅炉，召开中欧碳减排技术研究 CHEERS 年会，并成功举办世界最大化学链燃烧碳减排示范装置建成投运仪式。

（3）项目组成立化学链燃烧技术攻关小组，建立了机动灵活紧密的合作伙伴关系，克服新冠疫情等不利影响，完成了世界最大化学链燃烧碳捕集示范装置 EPCC 建设和调试。在项目组遇到意见分歧，或实验研究过程中遇到前所未有的挑战时，中欧国际合作团队始终坚持实事求是、诚实互信、合作共赢、友好协商的理念，发挥各方优势，积极沟通，求同存异，切实有效地推进项目。

三、取得的成效

本项目以兆瓦级化学链燃烧的连续自热中试示范为依托，通过中欧合作实施项目，重点解决化学链燃烧从实验室基础研究向实际工业应用的共性关键技术问题。在项目执行过程中，中欧双方紧密协作，共同推进化学链燃烧技术，取得了如下成效：

（1）中欧碳减排技术研究 CHEERS 项目，结合中欧双方技术优势，顺利建成了世界最大的化学链燃烧碳捕集示范装置，在国际上率先开展兆瓦级化学链燃烧工业装置长时间稳定运行，达到国际领先水平。化学链燃烧技术兼具高性能和低成本的特性，可应用于电力、供热、石化、化工、油气等高排放行业大规模碳捕集，有助于实现我国化石能源的低碳化、集约化利用，对我国实现固体燃料燃烧具有现实的经济和社会意义。

（2）在研究中，中欧双方共同完成的成果由双方互享，而单独取得成果由单方享有。在上述的合作机制下，中欧双方互相理解，以最大诚意和努力，共同克服语言差异、文化差异、任务差异等多方面不利因素，求同存异，经过反复协调和沟通后达成共识，共同完成项目设计建设调试和开展试验研究工作。中欧双方建立了高效的人员交流和成果共享渠道，在工程经验和技术研究方面建立起了有效的合作机制。

（3）化学链燃烧技术将改善其市场规模经济。将对工业市场中 CCS 技术的发展产生重要影响，尤其是石油炼制行业。这将创造新的市场机会，并加速 CCS 的大规模部署。

（4）在中国科学技术部和欧盟地平线的共同资助下，东方锅炉 2023 年初圆满完成装置的 EPCC 建设和系统调试任务（见图 3）。中欧双方在此基础上整合创新资源，团结一致、全面协同，加快能源技术创新合作步伐，积极开展化学链中试试验联合攻关，为全球能源安全、绿色低碳转型和环境保护提供更多可持续、低成本的解决方案。

（5）化学链燃烧技术的突破及成功验证，为低成本碳捕集应用提供了新思路，同时化学链也可以应用于生物质气化合成甲醇、制油等产业，不仅在“双碳”战略背景下为化石燃料利用提供兜底保证，也为国家能源安全提供了绿色解决方案。

图 3　CHEERS- 世界最大化学链燃烧示范装置 EPCC 建设完工（2023 年，中国德阳）

（由中国东方电气集团有限公司供稿）

践行“一带一路”倡议：一体化参与卡塔尔北部气田扩能项目

一、基本情况

卡塔尔天然气资源丰富，政治社会稳定，投资环境好，是中国“一带一路”九个主要能源合作国家之一，是中国石化拓展油气产业长期关注的重点国家。

卡塔尔天然气资源集中在北部气田，拥有原始地质储量 1153.2 万亿立方英尺，是世界上最大的整装气田。目前，在产 LNG 生产线有 14 条，合计产能 7700 万吨 / 年。卡塔尔能源公司（以下简称卡能源）于 2017 年提出的北部气田扩能项目一期（以下简称 NFE 项目），计划新建 4 条 LNG 生产线，每条 LNG 生产线 800 万吨 / 年，合计产能 3200 万吨 / 年。全部投产后，卡塔尔的 LNG 总产能将提高到 1.1 亿吨 / 年，该项目是迄今为止 LNG 行业史上最大的单一项目。

（一）LNG 长约签约主体基本情况

LNG 长约的签约主体为中国石油化工股份有限公司（以下简称中国石化）。

中国石化是中国最大的一体化能源化工公司之一，主要从事石油与天然气勘探开采、管道运输、销售；石油炼制、石油化工、煤化工、化纤及其他化工产品的生产与销售、储运；石油、天然气、石油产品、石油化工及其他化工产品和其他商品、技术的进出口、代理进出口业务；技术、信息的研究、开发、应用；氢气的制备、储存、运输和销售等氢能业务及相关服务；新能源汽车充换电，太阳能、风能等新能源发电业务及相关服务。

中国石化积极对接服务“一带一路”共建国家和地区的发展战略，与共建国家在油气投资、炼化仓储投资、成品油销售网络建设、石油和炼化工程技术服务、油气及一般产品贸易等领域开展互利合作，促进全球经济社会可持续发展。同时，中国石化严格遵守国际和业务运营地法律法规，充分尊重当地习俗文化，坚持本地化用工，大力支持当地公共事业发展，用心保护当地环境，积极履行全球企业公民责任。截至2023年底，中国石化在39个共建国家共设有292家境外机构。用工总量为3.11万人，其中雇用境外员工2.37万人，员工本地化率约为76.0%。目前，中国石化已在东南亚、俄罗斯—中亚、中东—北非等地区与多个国家的石油、石化公司建立了长期友好的合作关系，形成了较好的声誉和品牌影响力，正全力担当深化共建“一带一路”倡议的对接者、践行者和推动者，为构建人类命运共同体贡献力量。

（二）上游股权签约主体基本情况

卡塔尔北部气田扩能项目上游股权的签约主体为中石化国际能源投资有限公司（以下简称石化国投）。

石化国投是中国石油化工集团公司于2021年6月15日成立的专门负责海外油气投资与经营作业的子公司，与中国石化集团国际石油勘探开发有限公司（以下简称国勘公司，成立于2001年）是“一套人马、两块牌子”，是用于境外优质新项目收购的新平台。经营范围包括投资与资产管理；货物进出口、技术进出口、代理进出口；经济贸易咨询（不含中介服务）；技术开发、技术服务、技术交流；燃气经营。主营业务为投资与资产管理。

国勘公司以保障“国家能源安全”为目标，坚决贯彻“走出去”的方针，积极开拓海外油气业务。目前，员工超过4000人，其中外籍员工占78%以上。截至2023年底，在全球23个国家和地区实施44个油气勘探开发项目，累计生产权益油气5.4亿吨油气当量。技术方面，形成了物探、地质、钻完井、开发、采油、油气集输等系列的配套技术，在常规、非常规、浅海、陆上等各种作业条件下处理了多种复杂勘探开发情况。

二、实践经验

（一）持续开展行业研究，制定和不断完善公司LNG资源引进规划，锁定优质项目机会

中国石化根据我国天然气发展规划，持续开展LNG行业研究。一是邀请高层次专家交流、委托课题研究、定期召开研讨会，准确把握行业大势；二是主动参加国际行业会议，调研走访国际、国内企业，分析价格变化规律、重点项目产能及成本，及时预判市场变化趋势；三是密切跟踪全球新项目开发建设进展，结合自身发展需要滚动更新引进规划，逐步构建快速决策优势。

通过研究和实践，中国石化建立了 LNG 资源池项目库和综合评价指标体系。项目库涵盖了全球已建、待建、待 FID 的三类项目，实现了项目建设状态、气源、产能、签约合同量、成本等参数的数据可视化分析对比。建立了不同资源的可靠性评价指标体系，识别关键因素，通过层次分析法建立了评价矩阵，确定指标权重。构建了“资源—成本—风险”资源组合模型，实现多目标多约束组合筛选。基于项目库，考虑资源总量、合同规模、现货比例等约束，以成本最小和可靠性最大为决策目标，通过模型求解筛选出了一体化项目和贸易项目，作为 LNG 资源引进规划的基础。

其中，卡塔尔北部气田扩能项目（NFE 项目），以卡塔尔社会政局和财税政策稳定、天然气资源丰富、LNG 生产成本低、卡能源资金技术实力雄厚、有全球最大的 LNG 船队、重合同守信用等优势，进入中国石化重点关注和推进项目名单。

（二）积极向国家部委请示报告，在国家统筹指导下开展项目前期工作

中国石化自 2017 年获得 NFE 项目信息后，即向国家有关部委进行了汇报，并得到了国务院国资委、国家发展改革委、国家能源局、商务部、外交部及前方使馆的全力支持。2020 年 7 月，国家层面明确 NFE 项目由中国石化牵头，中国石油、中国海油配合推进。自此，中国石化坚决履行牵头责任，做好企业间沟通协调工作，重点节点及时请示汇报，并充分借助两国元首会见、政府高层互访等机会积极推进，获得了卡方政府和企业的高度认可。2022 年 11 月，中国石化与卡能源签署 NFE 项目 400 万吨、27 年长约，被列入首届中国阿拉伯国家峰会重要成果，在中卡能源务实合作方面实现了新突破。

（三）构建一体化工作机制和决策评价体系

由于 NFE 项目涉及合作规模大、合作链条长、合作协议多，对决策效率和前期工作质量要求较高。中国石化构建了总部牵头、专业公司为主体、研究院支持的一体化工作机制，组建了包括商务、法律、财务、技术等多专业人员共同参与的项目前期团队。团队分工明确、流程清晰、人员基本固定，保障了工作的高效性和延续性。在决策评价体系方面，探索构建了 LNG 长约一体化决策评价体系，既可满足上游投资、液化项目参股、运输、目标市场价格承受能力的局部决策需求，也可以支撑可行性研究对一体化效益的分析需求。关键指标如“盈亏平衡斜率”“盈亏平衡到岸价”“合同期净利润”“合

同期单位利润”等用于支撑合同评标、谈判报价、可行性论证，在瞬息万变的市场环境中，为公司快速决策提供了量化指标和科学依据。

（四）高度重视工作方法创新，高质量开展项目前期工作

一是公司领导亲自谋划、指导、推动项目前期工作。自中国石化与卡能源就本项目开展谈判以来，历任党组主要领导均高度关心、关注项目进展，多次与卡能源高层会见、互致信函，在关键环节听取工作团队汇报并予以指导，有力推进了项目进度。二是高度重视靠前工作。2021 年在卡塔尔设立了代表处专门推动工作，多次组织开展现场尽职调查，及时获取了大量“第一手”信息，有效支持开展项目的初步评价。三是多方获取资料信息。由于从卡能源直接获取的资料较为有限，工作团队积极通过第三方渠道获取项目的历史、周边区块信息等，为评估参数的确定及评估结论提供支持和佐证。四是严格防范项目风险。编制了风险专项评估报告，对风险要素逐一进行敏感性分析，提出了规避或降低风险的措施，组织各专业专家对评估层层把关、严格审查，确保评估质量。五是与外方建立高度互信。中国石化在谈判和报价的每个环节，都能充分尊重卡能源要求，及时提交我方反馈，获得了对方的信任和尊重，成为项目获得成功的关键因素之一。

三、取得的成效

2022 年 11 月 21 日，中国石化与卡能源签署北部气田扩能项目 LNG 长期购销协议。根据协议，从项目投入商业运营开始，中国石化将每年从项目采购 400 万吨 LNG 资源，合同期 27 年，全部供应中国国内市场。2023 年 4 月 12 日，中国石化与卡能源签署北部气田上游参股协议，中国石化获得北部气田扩能项目 1.25% 股权，进入了项目合资条件最优的一家合资公司。12 月 21 日，项目完成交割。

北部气田扩能项目是中国公司首次参与卡塔尔北部气田的开发投资，是中卡能源合作的重要里程碑，对于保障国家能源安全和高质量推进“一带一路”建设具有重大意义。

（一）深化了中卡战略伙伴关系

本项目是我国共建“一带一路”倡议与卡塔尔“2030 国家愿景”战略对接的重要成果，是贯彻落实习近平主席中阿、中海峰会重要讲话精神的实质性举措。中国石化不仅是首家参与卡塔尔 LNG 产业链上中下游合作的中国公

司，也是NFE项目首家亚洲合作伙伴。通过本项目，进一步以双边能源合作模式服务了中卡两国乃至中国—阿拉伯、中国—海外国家的政治外交大局。

（二）获得了长期稳定的LNG资源供应

目前，全球新增LNG资源主要来自卡塔尔和美国。乌克兰危机爆发以来，全球LNG供应趋紧，欧洲、亚洲主要经济体对优质LNG资源的争夺更加激烈。本项目签署的长期购销协议，将自2026年开始，每年向中国供应400万吨LNG资源，直至2052年，为保障中国长期用气需求贡献了力量。

（三）获得了境外权益油气新阵地

国勘公司面临储量规模小、产量递减快、效益压力大等重大挑战，亟待获取境外优质新项目。本项目参股协议的签署，是中国石化在中东开辟的权益油气投资新阵地，将为公司带来1536万吨油当量的累计权益产量，为中国石化境外上游增储上产、提质增效和现金流保障注入新活力。

（四）助力国家实现“双碳”目标

在全球碳减排的大势下，天然气以其清洁、低碳、高效等多方面的优势成为实现能源低碳转型的现实选择。参与NFE项目将对我国能源转型、清洁发展、做大做强天然气产业链发挥积极作用，助力国家实现“双碳”目标。

（五）为后续项目合作奠定了基础

中国石化进入NFE项目后，中国石油也在2023年6月，采用与中国石化相同的合作模式，一体化参与到NFE项目中，实现了“一家牵头、多家参与、各家受益”的良好局面。

（由中国石油化工集团有限公司供稿）

核电厂全生命周期腐蚀管理ISO标准体系建设与实践

一、实践经验

（一）核电机组大范围腐蚀问题带来的挑战

腐蚀是核电机组安全稳定运行面临的主要问题之一，因腐蚀带来的后果包括核安全屏障及压力边界结构完整性破坏或丧失，腐蚀产物在传热表面沉积造成能量损失，腐蚀产物辐照活化造成放射性产物增加等。随着机组运行时间延长，设备腐蚀问题将逐步凸显并呈现一定的系统性与突发性。目前全球共有32个国家使用核能发电，411台在运核电机组，超过2/3机组运行时间已超过30年，超过15%机组运行时间已超过40年。全球核电机组大范围进入“老龄化”，加大了设备腐蚀失效风险，因核电厂重要设备部件腐蚀失效导致的超过10%功率波动或非计划停机停堆事件时有发生，对核电厂腐蚀控制管理理念与科学技术提出了新的挑战与要求。

对国内核电机组而言，也面临类似的腐蚀风险与隐患，海水、消防、通风系统腐蚀成为群厂共性问题，一回路部件也出现过应力腐蚀裂纹等早期缺陷。此外，新旧机组、工程建造阶段机组的腐蚀问题也各自呈现不同的特征。如何有效管控核电机组不同阶段、不同类型的腐蚀问题，系统性降低设备发生腐蚀失效的风险与严重程度，成为一个亟待解决的问题，这其中技术标准化是一个行之有效的解决途径。技术标准化将有助于形成全行业共识，引导新的技术和管理理念在全过程链条上贯彻实施。

（二）苏州院在全生命周期腐蚀管理技术标准化领域的探索之路

在中国广核集团（以下简称集团）创新驱动发展战略的引领下，苏州热工研究院有限公司（以下简称苏州院）防腐专业围绕主责主业深耕能力建设，在科技研发和工程技术服务两条线同步发力，取得了丰硕的研发成果，也进一步提升了解决机组腐蚀问题、保驾机组安全生产的技术能力。在此基础上，乘着国家鼓励支持优势企业参与标准化活动、抢占产业发展制高点的春风，苏州院瞄准腐蚀控制标准化这一方向精心谋划、精准发力，积极参与国内外各项标准化活动，逐步从参与、联合主导到主导，从行业标准、国家标准再到ISO国际标准，在技术标准化领域勇敢踏出了一条从无到有、从弱到强的发展道路，在助力提升集团内核电机组设备腐蚀控制工作成效的同时进一步奠定了在核电行业防腐技术领域的领先地位与品牌影响力。

苏州院腐蚀专业于2010年主编发布了国内第一部防腐大纲国家标准GB/T 25314—2010（见图1），开启了核电厂全生命周期腐蚀管理标准体系建设之路，多年来累计主编及参编国家标准13项，行业标准7项，企业标准6项，引领了核电行业腐蚀防护技术领域高质量发展。

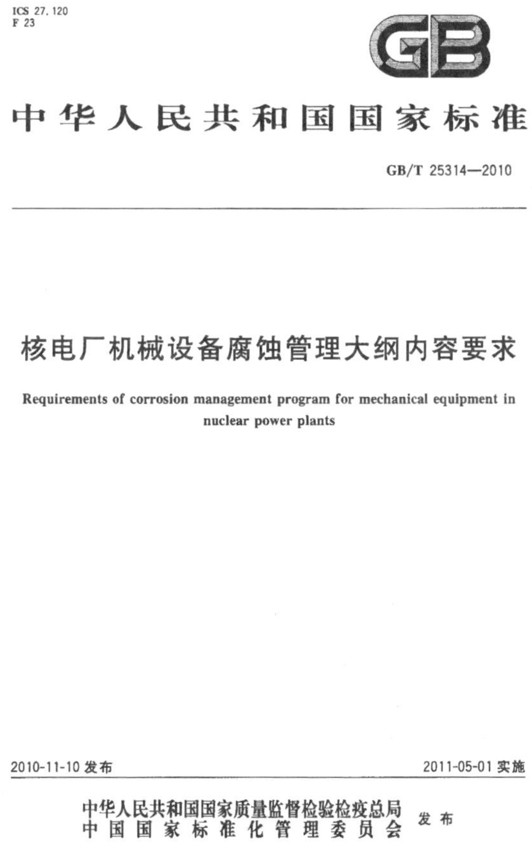
ICS 27.120
F 23

GB

中华人民共和国国家标准

GB/T 25314—2010

核电厂机械设备腐蚀管理大纲内容要求

Requirements of corrosion management program for mechanical equipment in nuclear power plants

2010-11-10 发布　　2011-05-01 实施

中华人民共和国国家质量监督检验检疫总局
中国国家标准化管理委员会　发布

图1　2010年11月由苏州院主编的国家标准GB/T 25314—2010发布

在此基础上，苏州院腐蚀专业苦练内功、不断探索，扎实推进各项工作，逐步实现从参与、联合主导到主导国际标准的不断提升和自我超越。截至当前，在国际标准领域已取得两项联合主导和两项参编发布、一项主导在编的丰硕成果。

2020 年 12 月 7 日，由苏州院联合主导制定的 ISO 23123：2020 Corrosion control engineering life cycle–General requirements 成功发布，实现了集团在联合主导国际标准方面零的突破。ISO 23123：2020 是中国在腐蚀控制工程生命周期领域主导制定的第一份国际标准，是腐蚀控制工程生命周期标准体系的顶层标准（见图 2、图 3）。

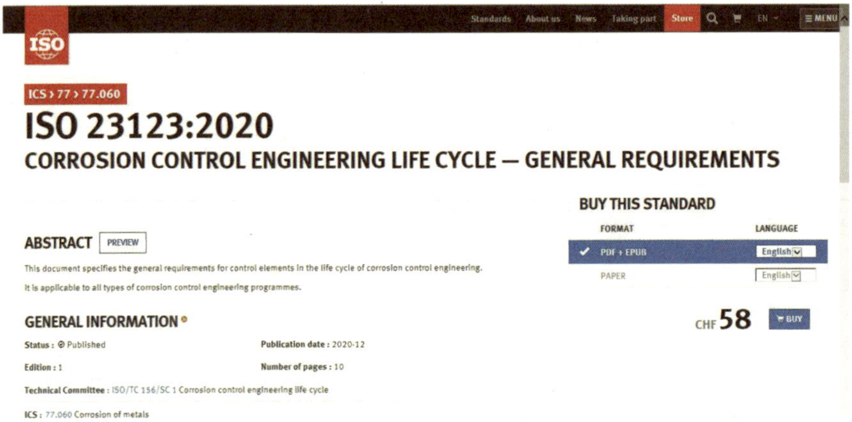

图 2　2020 年 12 月苏州院联合主导制定的国际标准 ISO 23123：2020 发布

图 3　苏州院获 ISO/TC156/SC1 秘书处颁发的重大贡献奖

2021 年 11 月 23 日，由苏州院主导申报的国际标准 ISO/AWI 23225.4 Nuclear Power Plants Corrosion Control Engineering Life Cycle—General Requirements 正式获批立项，该标准是集团在核电领域首个主导申报并成功立项的国际标准。ISO/AWI23225.4 聚焦集团核电主责主业，旨在提升全球核电厂腐蚀管理与腐蚀控制水平，确保核电厂长期安全可靠运行。本标准的制定将为全球核电厂应对日益严峻的腐蚀问题，在腐蚀控制管理理念与技术等方面提供重要支撑。标准研究周期 3 年，目前已进入 CD 委员会阶段，预计将于 2024 年底发布（见图 4）。

图 4　2021 年 11 月苏州院主导申报的国际标准 ISO/AWI 23225.4 正式获批立项

2022 年 11 月 2 日，经国际标准化组织（ISO）技术管理局（TMB）批准，苏州院联合主导的国际标准 ISO 24239：2022 Corrosion control engineering life cycle in fossil fuel power plants–General requirements 成功发布。ISO 24239：2022 是由中国倡议并主导构建的国际腐蚀控制工程全生命周期标准体系框架下的一项重要标准化成果，是“全生命周期管理”理念同腐蚀控制科学技术成果、优秀工程实践相融合，并首次在具体行业中实施技术标准化的成功探索。该标准对发电厂腐蚀控制工程全生命周期涉及的腐蚀源、设计、制造、运行等 18 个技术要素作出了标准化规定，为提升全世界范围内电力系统设备腐蚀控制成效提供了技术遵循。该标准的贯彻实施将有助于规范和提升发电厂设计、制造、工程建造、运营等各个阶段腐蚀控制工作成效，预防和改善发电厂生命周期不同阶段面临的多样性腐蚀问题与腐蚀风险，助力提升电厂安全生产水平。

（三）回顾苏州院联合主导国际标准 ISO 24239：2022 从诞生到发布的历程

新增 ISO 国际标准能否获得立项需要发起为期三个月的投票，立项获批的两个条件缺一不可：一是 2/3 以上的积极成员国（P 国）赞成提案；二是至少 4 个成员国提名专家参与标准编制。时间拉回到 2019 年初，在标准提案材料编制完成、与 ISO/TC156/SC1 技术委员会范围内各成员国沟通阶段，提案遭到了捷克、德国等国专家的反对，为此，苏州院腐蚀专业通过邮件一对一进行了提案背景和提案内容的介绍，希望专家能够充分了解和认识到发起该提案立项的必要性和提案内容的合理性；针对国外专家提出的疑问点，经中国代表团内部讨论审议，团队积极联络，进行技术澄清与沟通，努力寻求共识，希望得到捷克、德国的投票支持。在持续开展其他 9 个 P 成员国的多轮次沟通和游说工作，在团队的不懈努力和广泛争取下，2019 年 7 月 15 日，提案立项结果揭晓，标准提案得到了超过 2/3 比例 P 成员国的投票支持，同时美国、韩国、荷兰、中国四国提名专家参与标准编制，标准成功获得立项，并赋予项目编号 ISO/NP 24239。

标准获得立项无疑是至关重要的一步，随后标准的研究制定同样需要全身心投入。标准研究编制周期为 3 年，中间需要历经 WD（工作组）、CD（委员会）、DIS（询问）、FDIS（批准）和 IS（出版）五个阶段，除了 WD 阶段外，其余各阶段均需要技术委员会 P 成员国进行投票表决，反对票少于 1/4、赞成票多于 2/3 才能进入下一阶段。标准研究编制的 3 年里，苏州院腐蚀专业积极负责和参与了从各阶段草案编制、中国代表团多轮次专项研讨、ISO 技术委员会年度会议审议、投票直至发布的全过程。在标准制定的每个阶段，团队都积极组织沟通、认真回答各国专家提出的各类一般性意见、技术性意见和编辑性意见，澄清疑问不断修订完善。受新冠疫情影响，原计划一年一度的技术委员会会议无法在线下召开，彼此之间缺乏面对面交流的机会，给各国专家之间沟通交流、增进互信造成了不小的障碍，更多时候只能通过邮件和线上会议的形式开展。2021 年 6 月，在 ZSOTC156/SC1 技术委员会第五次视频年会期间，标准阶段草案内容再次得到日本、德国等国专家持有不同观点的疑问，最终在中国代表团合议答复、主席国美国的协调下，基本消除了分歧，达成了共识。三年磨一剑，过五关、斩六将，2022 年 11 月 2 日，标准得以如期发布。

（四）苏州院获颁 ISO 腐蚀控制工程全生命周期标准化体系建设和实施工程国际示范基地

2022 年 1 月 19 日，第十届全国人大常委会副委员长顾秀莲在中国腐蚀控制技术协会第八届第二次理事会议上授予苏州院首批“ISO 腐蚀控制工程全生命周期标准化体系建设和实施工程国际示范基地”，标志着该示范基地正式落户苏州院。

国际示范基地的设立及运作有助于进一步提升中国在全球核电行业腐蚀控制领域的影响力和话语权，承担着建设核电厂腐蚀控制领域标杆工程、示范工程的重大使命。这既是对公司在腐蚀控制标准化工作引领地位与品牌的高度认可，也为公司后续在腐蚀控制行业内以及聚焦核电厂腐蚀与防护主责主业各项工作开展奠定了基础，提供了更高平台。

此次示范基地授牌，是国际 ISO/TC156/SC1 委员会秘书处颁发认证的首批示范基地，秘书处寄希望依托苏州院在核电厂腐蚀控制领域数十年的深厚技术积累与行业影响力，发挥“核级”技术先发优势，为全行业依托国际标准 ISO 23123：2020、贯彻应用全生命周期管理理念、全面提升腐蚀控制工程总体水平，做好示范和样板。与此同时，苏州院以示范基地落户、牵头国际标准 ISO/AWI 23225.4Nuclear Power Plants Corrosion Control Engineering Life Cycle—General Requirements 研究两项工作为契机和重要抓手，加大科技投入与资源保障，建设形成具有中国特色、适用全球的核电厂腐蚀控制工程全生命周期管理体系这一“中国方案”，全面提升核电厂腐蚀管理与腐蚀控制水平，在平衡全生命周期内经济性的同时，最大限度降低重要设备腐蚀失效的概率、严重程度以及系统性腐蚀风险，确保机组长期安全可靠运行，力争为全球核电厂腐蚀管理工作提供标杆。

顾秀莲表示，腐蚀控制工程建设事关人民生命、生活、财产安全，是一项伟大的事业。我国在腐蚀控制工程全生命周期标准化领域创新性地提出了中国意见、中国方案，引起国际社会的关注，示范基地要按照标准化体系要求开展相关建设，全方位发挥示范基地的作用，做好腐蚀控制领域国际交流的窗口。

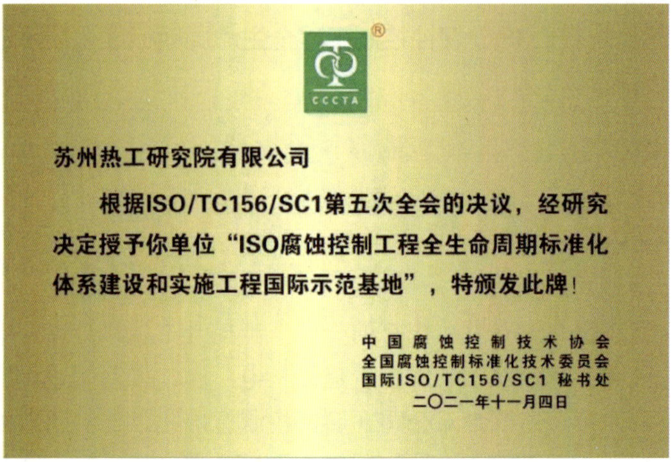

图 5　苏州院获颁 ISO 腐蚀控制工程全生命周期标准化体系建设和实施工程国际示范基地

二、取得的成效

苏州院作为核电厂全生命周期腐蚀管理 ISO 标准体系建设的重要参与者，不仅将多年来积累的实践经验数据进行总结，把实践经验提到了理论高度，而且这些经验能够应用于指导实践，为中国核电的高质量、安全发展作出重要贡献。此外，通过 ISO 标准体系的建立，推广到世界各地，为世界核电领域作出了贡献，践行核电作为世界范围内的清洁能源、绿色能源的理念，具体的成效如下：

一是推动我国核电腐蚀技术领域跨进世界先进水平。核电厂全生命周期腐蚀管理 ISO 标准体系的建设显著提高了我国核电腐蚀技术领域的研发能力、技术水平，推动了国内核电行业腐蚀管理专业的形成和发展，使我国核电在腐蚀技术领域跨入了世界先进行列。

二是促进了国内核电厂腐蚀领域专业化，技术输出到国内各电厂。系统建立了核电厂全生命周期腐蚀管理体系，研究的腐蚀技术成果，在国内核电厂设计中起到指导作用，推动国内各核电厂成立腐蚀专业部门，提升了国内各核电厂腐蚀管理水平。

三是培养腐蚀领域技术人才。苏州院作为中国核电腐蚀专业的“黄埔军校”，为全国各核电厂输出数位腐蚀专业技术带头人。

四是形成重要理论成果。构建了核电厂全生命周期腐蚀管理标准文件体系，为今后核电腐蚀专业开展工作提供了理论支撑，为后续华龙一号走出国门提供技术保障。

五是实现重大间接经济效益。核电厂全生命周期腐蚀管理ISO标准体系的实施，有效降低了国内各核电厂维修和事后补救的经济损失。根据腐蚀数据和评估结果，核电厂采取了防腐分级管理的模式，实施以来，国内核电领域间接经济效益达数百亿元。

六是实现重大社会效益。该项目保障了国内核电机组的安全稳定运行，避免因腐蚀导致的非计划停堆，减少了对电网的影响，以及对其他用电工业的影响。

展望未来，苏州院腐蚀专业技术团队将继续与全球同行专家一道，在国际标准化工作领域深耕，以应用为导向，推动在现有国际标准体系框架下衍生出分技术领域标准，丰富核电厂腐蚀控制技术领域标准体系内涵与技术覆盖面，以期持续引领该领域的技术标准化方向，为全球范围内核电厂的腐蚀控制成效提升贡献中国智慧，提供中国方案，为集团高质量发展、创建国际一流示范企业再立新功！

（由中国广核集团有限公司供稿）

坚持绿色清洁能源赛道
打造“一带一路”国际合作新典范

一、基本情况

中国三峡集团因三峡工程而生，始终坚持生态优先、绿色发展，致力于提供清洁的电、干净的水、美丽的环境。党的十八大以来，习近平总书记对中国三峡集团作出一系列重要讲话指示批示，亲自批准中国三峡集团战略发展定位，赋予发挥“六大作用”的战略使命。在习近平总书记重要讲话指示批示精神指引下，中国三峡集团深入践行“四个革命、一个合作”能源安全新战略，聚焦清洁能源主赛道，努力当好促进碳达峰碳中和的主力军，现已发展成为全球最大水电开发企业和我国领先的清洁能源集团。截至2023年末，全集团总装机1.46亿千瓦，其中清洁能源占比达96%。

当前，百年未有之大变局加速演进，面临着全球能源转型发展和应对气候变化等诸多新挑战，全球能源治理体系变革迫在眉睫。三峡国际能源投资集团有限公司（以下简称三峡国际）作为中国三峡集团子公司，充分发挥在带领中国水电“走出去”中的引领作用，聚焦境外清洁能源项目投资开发，成立亚非、欧洲、巴西、拉美四大区域公司，通过股权并购和绿地开发等形式，广泛参与海外清洁能源合作，经过10多年跨越式发展，业务分布在全球近20个国家（地区）。截至目前，三峡国际境外总装机达1909万千瓦，全部为清洁能源，每天为全球提供约1.1亿千瓦时绿色电能，减少二氧化碳排放约12万吨。三峡国际已成为巴西第二大私营发电商和最大私营水电公司、西班牙前五大独立新能源运营商，在国际清洁能源市场享有重要话语权和行业影响力。

二、实践经验

三峡国际积极对标世界一流企业，拓展与大型跨国公司开展清洁能源领多元化合作，探索建立中国特色现代企业制度、加快建设世界一流企业，发挥产业链链长优势，构建国际能源合作一体化供应链合作模式，推动形成开放透明、普惠共享、互利共赢的能源国际合作新格局，打造“一带一路”能源合作新典范。

（一）加强国际资本扭抱，打造现代企业治理典范

2019 年，按照“治理现代化、股权多元化、资产证券化、经营属地化”原则，三峡国际开展引入境内外投资者工作，整合做实香港投资平台。2021 年底，三峡国际在股份公司层面成功引入新加坡政府投资公司、香港金融管理局、国新国际等 5 家境内外具有丰富全球投资、资产管理经验的优质战略投资者，引入资金约 17.22 亿美元。通过引战，三峡国际获得了国际业务经营所需要的增量资本，实现了“引资”；优化了法人治理结构，提升了合规经营和风险管控能力，实现了“引治”；推动建立了适应国际化经营的体制机制，实现了“引制”；提升了国际视野和改革发展目标，实现了“引智”。三峡国际引战是中国三峡集团乃至中央企业国际业务板块在境外实施股权多元化的首次尝试，是国有企业参与国际市场资本运作的一次有益探索，开启了三峡国际与境外资本开展能源合作的新篇章。

（二）搭建国际合作平台，打造股权并购葡电模式

2011 年，中国三峡集团通过国际竞标方式，投资 26.9 亿欧元，收购了 EDP（葡萄牙电力公司）21.35% 股权，成为其第一大股东。三峡国际借助葡电在全球业务网络、资源和管理方面的优势，将其作为拓展国际业务的平台，联合开发第三方市场取得了丰硕成果：先后收购了葡萄牙风电资产、澳门电力股权；通过购买葡电在巴西的成熟资产和共同开发项目，快速进入全球第二大水电市场——巴西；通过与葡电公司签署战略合作框架协议，快速进入欧洲清洁能源市场，独立收购德国稳达海上风电，成为首家控股欧洲已投运海上风电项目的中国企业。以中国三峡集团、葡萄牙电力公司为代表的两国企业间的合作，带动了一批中国企业投资葡萄牙市场，成为加深中葡投资与经贸合作的里程碑，形成了“股权并购、搭建平台、借船出海”的葡电模式，树立了中葡、中欧合作、“一带一路”能源合作的新典范，得到了葡萄牙政府和民众、欧盟、国际货币基金组织等相关方面的肯定。

（三）推动标准模式输出，打造水电技改创新巴西模式

三峡国际在巴西运营管理着 14 座水电站，其中朱比亚和伊利亚两座水电站的机组运行时间最长已超 45 年，面临设备整体老化严重问题，亟须开展技

术改造。三峡国际将中国三峡集团多年改造积累的安装标准经验与本地标准、实践相结合，充分应用到两座大水电站改造中，在技术改造策划、招采、生产、安装、调试和运维等全流程过程中推广中国标准，大幅提高机组运行的安全稳定性和可靠性，甚至使机组投运各项指标达到三峡精品机组质量标准，探索出一条在巴西市场开展大型技改的新路径，形成了可复制、可推广的EPS（设计、制造外包、技术监护）模式。大水电技改实践中的技术管理和项目管理创新为巴西乃至世界水电行业项目管理提供了有价值的工程实践借鉴，促进了世界水电行业技术管理进步，提升了中国水电技术在国际水电行业中的话语权，也为发展中国家降低清洁能源设备更新改造成本、提高发电效率、保障能源供给贡献了智慧和方案。

（四）发挥产业链链长作用，打造编队出海巴基斯坦模式

三峡国际在充分研究巴基斯坦水电和新能源发展规划的基础上，确定了以吉拉姆河梯级水电开发为先导、积极参与新能源开发的投资策略，先后获得了总装机超260万千瓦的水电和风电项目资源，努力打造“规划先行、高端进入、三峡引领、国际参与”的中国企业“走出去”新路径。卡洛特水电站、科哈拉水电站和巴风二期项目均纳入中巴经济走廊框架，项目开发提升到中巴两国合作层面。2015年4月，在中巴两国领导人的共同见证下，卡洛特水电站破土动工。在建设过程中，通过联合中国国内水电行业上下游企业，带动超过30家国内水电装备企业、超2亿美元的机电设备出口，提升中国水电产业在巴基斯坦的整体竞争力，带动中国标准和技术装备“走出去”，成为中国三峡集团采用中国技术标准并整合中国水电设计、施工、装备与建设管理全产业链编队出海的示范项目。卡洛特水电站年平均发电32亿千瓦时，极大缓解当地能源严重短缺状况，助力绿色低碳发展、实现互利共赢、深化巴中友谊，成为中巴共建“一带一路”的典范。

三、取得的成效

在“四个革命、一个合作”能源安全新战略的指引下，三峡国际秉持共商共建共享原则，坚持开放、绿色和廉洁理念，推动“一带一路”能源国际合作高质量发展，在推动能源绿色低碳转型、生态环境治理、促进民心相通和国资央企跨国管控方面作出了重要贡献。

一是助力全球能源绿色低碳转型。三峡国际始终坚持绿色清洁能源赛道，境外装机全部为清洁能源，每年为全球输送近400亿千瓦时优质清洁能源，

可节约标准煤约1750万吨，减少二氧化碳排放约4800万吨。发挥中国水电“走出去”产业链链长作用，带动中国水电全产业链编队出海，推动我国先进水电、新能源技术设备惠及全球尤其是“一带一路”沿线国家和地区，为全球能源消费结构绿色低碳转型作出重要贡献。

二是推动“一带一路”沿线国家生态环境治理。三峡国际积极践行可持续发展理念，严格开展环境影响评价，注重生态环境和生物多样性保护，努力降低项目开发对生态环境的影响。在巴基斯坦，三峡国际“量身打造”环境保护专项规划，成立8个山谷保护委员会，对场区内珍稀植物或百年以上的树木进行原位保护。在巴西，三峡国际开展金贻贝治理、植树造林、鱼类增殖放流、水质监测等工作，有效保护了当地动植物和生态环境，受到国内外各界肯定。

三是增进“一带一路”沿线国家民心相通。三峡国际积极融入项目所在国，开展跨文化融合，切实履行社会责任，以改善民生促进民心相通。为巴基斯坦21个社区的项目投资近640万美元，建设高峰期为当地提供超过2200个就业岗位，有力地促进了当地经济社会高质量发展；积极参与西班牙社区志愿活动，开展弱势儿童扶贫项目；在墨西哥举办电站“公众开放日”活动，邀请近20名当地高校新能源专业师生到该电站参观交流学习。通过一系列履行社会责任和跨文化交流活动，为促进中外民心相通搭建起友谊之桥，有效提升了三峡国际品牌知名度和影响力。

四是打造国资央企跨国管控样板。三峡国际深耕国际清洁能源市场，受到全球顶尖投资人高度认可，首次实现中央企业国际平台吸引境外资本入股。引资完成后，探索总结出党的领导与公司治理“六个融合”模式，构建起国际化、现代化的公司治理体系。首次参评即获得惠誉、标普、穆迪三大评级机构相当于我国国家主权级信用评级，成为亚太地区最高独立信用评级电力企业；首次申请即获得ISO合规管理反贿赂管理国际双体系认证。推进ESG国际评级，首次开展碳盘查碳核查，指标优于EDP、IBE等欧洲同行；成功入选“双百企业”，持续完善“战略+矩阵”模式，加快打造可推广、可复制的跨国管控样板。

（由中国长江三峡集团有限公司供稿）

敢为人先推进国家能源合作
积极参与全球基础能源供应链布局

一、基本情况

中国化学工程集团有限公司所属中国成达工程有限公司（以下简称成达公司或公司）始建于1958年，前身为化工部西南化工设计研究院。2008年，公司随中国化学工程股份有限公司整体上市，更名为中国成达工程有限公司。成达公司是20世纪80年代全国首批试行以设计为主体的工程总承包单位，也是国内2008年首批获得工程设计综合资质甲级的9家企业之一。公司以设计为主体实行工程总承包，秉承"工程立业、技术领先、跨界发展、投融资支撑"的发展理念，坚持技术积累，深耕国内外两个市场工程业务。20世纪80年代末公司进入海外市场，是国内最早走向国际市场并与国际接轨的工程公司；公司在咨询服务、工程设计和项目总承包等传统建设模式的基础上，在工程公司中率先在海外尝试EPC+F、BOOT、BLT等多种新模式并取得成功。成达公司在海外经营30余年，在20余个国家累计承接了50余个项目，其中海外电站项目15个，投资项目3个，已完工及正在执行的项目合同总金额超100亿美元。

成达公司积极落实共建"一带一路"倡议，率先在东南亚进行能源基础设施的工程总承包与投资。1993年印度尼西亚（以下简称印尼）TONASA电站项目中，成达公司与中国银行总行进行融资合作，此项目也成为改革开放后第一笔出口买方信贷业务；2003年成达公司首次在海外以BOOT模式承建印尼AGP燃气蒸汽联合循环电站项目，该项目自2005年投产后稳定运行，已于2022年12月完成股权移交，项目投资分红为初始投资的55倍，同时得到印尼国电公司和当地政府民众的高度赞誉。2003年，公司总承包的印尼芝拉扎2×300兆瓦燃煤电站项目，是国产30万千瓦机组首次出口到被欧美承包商长期垄断的印尼电力市场，该项目的成功奠定了中国承包商在印尼电力市场以至东南亚市场的地位，为中国承包商大规模进入该区域市场打下良好基础；后续总承包的600兆瓦超临界机组、1000兆瓦超超临界机组，成了中国在当地承建项目中建设周期最短、最先投入运行、运行最平稳的电站项目，在印尼电力建设市场上，树立了品牌形象。

成达公司认真落实党中央、国务院决策部署，紧紧围绕统筹推进以基础设施建设和产能合作为重点的海外项目，加快形成国际经济合作和竞争新优势。2017 年，在中印尼两国宏观层面合作的背景下，公司开始投资建设印尼 Kaltim–2 2×125 兆瓦燃煤电站项目（以下简称 Kaltim–2 项目）。项目以 BOOT 模式开发投资，包含 2 台 125 兆瓦的超高压参数燃煤发电机组、约 20 千米的 150 千伏输电线路、卸煤码头及相关配套设施，商业运营期为 25 年。Kaltim–2 项目于 2017 年 2 月开工建设，于 2020 年 3 月投入商业运行，投运以来，一直安全稳定运行，创造了良好的经济与社会效益，成为海外投建运一体化的成功典范。

二、实践经验

（一）敢为人先，谋篇布局开拓国际市场

在海外市场开拓中，树立与国际接轨的管理理念，强化管理体系、国际化人才储备，大力推行国产化全套工程解决方案。

一是把握时代机遇，前瞻研究谋发展。20 世纪 80 年代，成达公司就意识到了工程公司走向国际市场的必然性与重要性，为此公司不断积储国际化力量。从 20 世纪 80 年代派出专业工程师到国外先进工程公司学习设计模式、工程管理、项目管理，再到在国际项目实战中培养国际化的项目管理人才通过研究国外工程公司的成功经验。组织公司专家撰写编制了包括 1500 多份标准文件构成的完整的国际化的工作手册和程序规定体系文件，成为我国第一批有关项目管理和工程总承包的规范和程序文件。公司一直注重项目管理体系的更新，与时俱进，形成了有自己核心竞争力的项目管理技术。二是注重国际型人才培养，助力参与全球布局。20 世纪 80 年代末进入海外市场后，公司很快意识到英语对于项目执行的重要性，从此开始每年选派 30 名骨干员工到四川大学出国人员培训中心进行脱产英语强化培训，持续至今已超过30年，为公司国际化提供了坚实的基础。公司在海外业务接洽、工程项目执行中，员工大多能以英语作为工作语言与外方的技术人员和管理人员直接交流，极大地提高了项目执行的效率和质量，赢得了海外合作方的信任与赞誉，也促进了公司的进一步国际化开拓。三是求实创新，大力推动中国技术、中国标准、中国制造进入国际市场。公司在技术、人才和管理等赢得合作方信任的

同时，大力推动国产化全套解决方案进入国际市场，在基础能源领域，将中国的电力技术及设备全面推向印尼市场；在纯碱领域，公司将自有技术、中国标准及中国设备全面带到沙特市场，这在中东工程领域属首次。在此过程中本着扎实进取、行稳致远的思路，大胆探索，稳妥推进。

（二）挑战自我，率先开展海外电力工程建设和电站投资

成达公司为原化工部设计院，因此以化工工程为主业，传统优势领域为天然气化工、盐化工、煤化工和石油化工。公司坚持国际化发展战略，在国际市场上不断挑战自我、开拓创新，率先进入国际电力能源基础建设市场领域，成功实施国际合作且创下多个第一，创造了工程领域的奇迹。

一是有经验的积累，大胆开拓而不冒进。在能源基础设施领域，公司敢为人先，于 1993 年与中国银行总行合作，在印尼 TONASA 电站项目上完成改革开放后第一笔出口买方信贷业务，积累电站项目执行经验，为后续的 60 兆瓦、125 兆瓦、300 兆瓦、600 兆瓦、1000 兆瓦级发电机组工程总承包及电站实业投资的发展和顺利执行打下了基础。在有效实施小机组电站项目的工程积累基础上，公司稳健顺利地实施了 1000 兆瓦级超超临界机组项目等大型国际能源合作项目。

二是实事求是技术分析，走合作共赢道路。公司具有较强的自主设计研发、工程转化能力，专业部室专业齐备，可以自主开展电力设计，如 TONASA 电站、AGP 150 兆瓦联合循环电站项目等。但在国内电力技术的发展上，电力为单独的行业，有区别于化工的标准规范、验收标准等，为有效防范技术风险，特别是大型机组风险，公司适时与电力设计院开展战略合作，进行项目管理，走联合设计道路，充分利用了优势资源，通过合作共赢、相互成就，也将国内电力设计院带到了国际市场。公司海外电站项目中，均提前或按合同工期完成项目建设，项目性能全部达标、一次达产。

三是积极研究国际市场电力基础设施需求，创先开展海外投资。海外投资是一项系统工程，公司深耕投资国别，系统研究了解其社会政治环境、人文特点、发展的方向、市场需求及保障措施等。计划要有针对性，在当地的建设计划中要配置资源清单、保障措施，还要有攻坚克难的强大决心和应变能力，以应对建设的各项突发情况，确保资产保值增值。

（三）“知行合一”抓落实，Kaltim-2 项目成果显著

Kaltim-2 项目是政策、技术、资源、市场等投资要素与项目管理相结合

的典型成功案例。公司在实施该项目时，最大的特点是敢于决策，勇于决策，抓住了稍纵即逝的机会。2016 年 11 月，公司获悉原项目公司因融资不能关闭，项目可能无法进行，获取股权转让信息后，仅用了不到一周，即完成了项目的可行性研究和收购股权立项的内部决策程序，开始启动股权收购谈判，进行项目开发。2017 年 2 月向国家发展和改革委员会备案，正式启动项目投资建设工作。2020 年 3 月项目投入商业运营。

1. 决策来源于“厚积薄发”、风险防范的落实

公司快速决策来源于对市场国别的深耕，基础信息及风险识别的长期积累。一是对投资事项快速的可行性分析。公司在印尼已成功实施多个项目，了解了当地的人文及社会环境，积累了大量的工程经验、融资经验。结合拟投资事项，公司对国资外投进行相关政策咨询后，能独立快速而充分地分析印尼当地产业政策、土地及征地政策、市场情况、项目建设及运营过程中可能遇到的问题，拟定应对措施，技术经济分析针对性强。主要结论：在政策方面，符合国内外投资及产业政策，符合中国政府提出的共建“一带一路”倡议，符合印尼在基础电力建设的规划。在市场方面，印尼市场电力缺口大，加里曼丹岛为独立电网，发电市场需求稳定，还存在加里曼丹岛工业发展的电力需求增量。项目公司与印尼国电公司已签订 PPA 购电协议，约定了电价调价机制、上网负荷，需求有保障。在技术方面，国内电站设备技术已非常成熟，技术风险可控。成达公司已有多个海外电站总承包成功实施业绩，对项目技术风险把控好，对项目管理经验丰富。在资源保障方面。此电站为燃煤发电，印尼最大的产煤地就在加里曼丹岛，印尼其他地区的用煤或煤炭出口也是大量来源于此岛，煤量充足，开采成本低。二是了解合作伙伴的资信及投资理念及管理能力。合作伙伴的选择要形成优势互补，在财税尽职调查、法律尽职调查等基础上，还通过合理设置股权占比及投票权，确保项目公司决策的快速有效决策。三是充分发挥工程公司项目管理能力，以风险防控为抓手，落实风险管理措施。在项目建设风险方面，从进度管理、融资资金管理、国际海运及多式联运过程风险、清关、当地社会环境、当地市场材料获得可行性进行全方面风险控制，落实风险防控措施。在投后运营管理上，制定了关注工厂长期稳定、安全、经济运行风险，从全生命周期分析设备材料的配置及选型；在项目开展设计、建设期间，充分利用中国国内已建成及投运机组的优势条件，组建起生产、管理、维修技术团队，同时对印尼籍员工进行必要的培训。

2. 充分发挥项目管理优势，投建营按计划落实

在项目投资建设期间，公司充分发挥了丰富的项目管理能力。通过严密的项目策划、过程执行及监控，形成完整的项目管理闭环。项目较合同工期提前80余天完成机组移交，在新冠疫情蔓延前成功实现商业运营。充分发挥了成达公司的技术及管理特长，尤其是150千伏输电线路建设工作。该线路总里程约20千米，始于Kaltim-2项目所在的邦坦市经济开发区，最终接入Gardu Induk变电站，共包含了64个铁塔点位，跨越海湾、种植园、矿山等复杂地形，其中约10千米的线路位于植被茂盛的红树林森林保护区内。过程中包括了线路勘察、向村民征地及征地赔偿、外线架设、并网等全部工作。公司攻坚克难，按期圆满完成了几近不可能的外线任务，为项目顺利投运创造了条件。项目投运后，公司以项目管理的控制理念，充分发挥公司工程设计的底蕴，实现了工厂“安稳长满优”运行目标。

3. 大力推动项目属地化运营，积极履行社会责任

公司特别注重属地化运营工作，目前Kaltim-2项目公司印尼籍员工接近80%，为当地创造了大量稳定优质的就业岗位。通过开展培训及一对一技术帮扶，培养了大批当地技术人才，带给他们先进的工程技术及管理技术。公司积极融入印尼当地社会，认真履行印尼企业社会责任（CSR）。在项目建设时，以实现利益共享、合作共赢，以民生工程造福于民为宗旨，设计并配置了加里曼丹岛第一个海水脱硫装置，有效降低排烟污染；尊重当地民众的信仰及风俗，向社区捐赠清真寺；关注当地居民生活，定期向附近居民赠送日常生活用品；改善当地居民出行条件，为附近居民修缮桥梁、翻新道路；为当地高校学生提供了实习机会，让他们在进入社会时能有更高的起点。项目建设和运营期间，公司与当地政府、人民深入沟通，形成良好的邻里关系，实现和谐发展。

三、取得的成效

成达公司认真践行国家能源国际合作精神，落实习近平总书记建设“人类命运共同体”和共建“一带一路”精神要求，坚持国有企业“走出去”，积极推动全球合作与发展。为构建起一个更加包容、互利共赢的国际体系，推动全球经济发展，实现共同繁荣作出自己的贡献。

一是培养了一大批国际化复合型人才。在推进国家能源合作、积极参与全球产业链供应链布局过程中，为公司培养并锻炼了一大批国际化人才。他们精通业务又熟谙管理，且具有财务、金融、法律等多方面知识，使公司整

体的人才素质提高到了一个新的水平，为公司进一步国际化发展奠定了坚实的基础。

二是取得了长期可观的经济效益。在 Kaltim–2 项目建设过程中，公司再次将中国技术、中国标准、中国制造带到了印尼，带动设备材料出口超过 10 亿元，创汇 3 亿多美元。成达公司在项目公司中持股 40%，相对控股，实现财务并表、主导运营，拥有一票否决权。经测算，成达公司该项目全周期财务收益将高达投资成本的约 40 倍。

三是获得了实业项目丰富的运营管理经验。Kaltim–2 项目机组投运以来，一直安全稳定运行，每年超过目标值圆满完成全年任务。2023 年，项目公司大力开展安全生产，积极推进“降本增效”工作，自主完成 11 项技改工作，变频器改造预计每年可节约成本 40 万美元；为了降低印尼煤炭价格上涨造成运行成本急剧上升的风险，通过高低热值煤炭掺烧，锁定价格较低的煤炭长期供货协议价，进一步确保为公司创造持续稳定的经济效益，初步测算掺烧方案每年可节约的燃煤费用为80万美元左右；为确保未来几年发电不受影响，完成了商运以来首次机组大修，大幅下降了厂用电率、机组补水率和二氧化碳排放量，有力保障了机组长期安全经济运行。

四是助力打造了中国化学工程良好的品牌形象。2023 年，成达公司印尼 Kaltim–2 项目公司获得印尼国电公司 PLN 的“BEST PERFORMANCE POWER PLANT”奖项，东加里曼丹省环保部颁发的“环保证书”，三马林达海关颁发的“优秀进口表现贡献奖”以及邦坦市税务局颁发的“纳税主体突出贡献奖”等多项殊荣，还取得加里曼丹岛所有 IPP 项目中唯一的一份线路工程 FAC 证书；充分体现了项目当地政府和印尼国家电网公司对项目公司运营管理能力和对当地社会发展作出突出贡献的充分肯定。

成达公司在国际化合作的道路上一如既往坚定不移地履行职责使命，扎根海外做好自身建设，以优质项目作为国际社会观察和认识中国化学的重要窗口，有效促进当地经济发展、带动社会就业、惠及当地民众，建立起人性化、有温度的正面形象，有效提高国际传播影响力和国际舆论引导力，以孜孜不倦的态度勇攀高峰，为推动全球经济共同繁荣不懈奋斗。

（由中国化学工程集团有限公司供稿）

启中英合作之“门”，为绿色未来“充电”

一、基本情况

中国华能集团香港有限公司（以下简称华能香港公司）成立于1988年9月，是中国华能集团有限公司（以下简称中国华能）在香港注册成立的境外全资子公司。2003年初，中国华能提出“以香港公司为载体，实施集团公司的‘走出去’战略”，并明确了华能香港公司“投资、建设、管理、开发、拥有电厂和其他相关产业”的发展定位。2018年4月来，中国华能对组织机构进行调整，设立海外事业部，海外事业部与香港公司实行“两块牌子、一个机构”管理，统筹管理中国华能海外业务，并受托管理中国华能驻澳大利亚和哈萨克斯坦代表处。

作为中国华能“一体两翼”国际化发展架构中的“一翼”，华能香港公司充分利用国内国外两个市场、两种资源。2003年底，华能香港公司以2.27亿美元成功竞标收购澳洲电力公司50%股权，成为首个在发达国家拥有电力资产的中国企业。2021年5月，华能香港公司全资设立的华能国际工程技术有限公司在河北雄安新区正式登记注册，致力于发挥投资、建设、运营一体化协同效应，以高技术、轻资产开拓国际市场，建成一批具有标志意义的精品国际工程。2021年7月，华能香港公司投资建设的英国门迪电池储能项目（装机容量99.8兆瓦）投入商业运营，成为建成时欧洲最大的电池储能项目。截至2023年，华能香港公司海外项目装机容量达186.98万千瓦。

与此同时，按照中国华能战略部署，华能香港公司积极参与境内发电及金融等产业的股权投资，目前华能香港公司持有部分国内电厂项目权益，包括北京热电、邯峰电厂、巢湖电厂、如东八角风电、铜山风电、盛东如东、烟台海上风电、重庆红椿风电、江西丰城光伏等。此外，华能香港公司还持有华能国际电力开发公司、华能国际电力股份有限公司、华能天成融资租赁有限公司、华能供应链平台科技公司、中国大唐集团新能源股份有限公司、大唐环境产业集团股份有限公司等的少数股权。

二、实践经验

华能英国门迪电池储能项目（以下简称门迪项目）装机容量99.8兆瓦/99.8兆瓦时，位于英国伦敦以西140千米的威尔特郡门迪镇附近，由华能香港公司和国新国际投资有限公司按51 ∶ 49的比例投资建设。项目主要设备均由中国企业制造和集成，主要参与英国电网调峰、快速频率响应、平衡机制、容量市场等服务，是目前欧洲装机规模最大的电网侧电池储能项目之一，也是中国电力企业在发达国家建设的首个大型电池储能项目。

（一）勇于创新，多管齐下务期必成

一是果断采用业主EPC建设模式。华能香港公司并未采用“一包了之”的管理方式，而是成立项目指挥部深入主导门迪项目的采购、土建、安装、调试和运维工作。采购阶段，为应对电池储能这一前沿领域技术复杂多变的特点，满足项目主设备采购实际需求，以及提高境外项目采购效率、完善境外采购体制机制的客观要求，采用“两阶段采购”（通过逆变器集成商一次招标、对电池供应商进行适度限制的方式）的方式为项目优选到一流电池厂商和系统集成商，同时造价比市场同类型节约至少20%。建设阶段，深入基建现场，按照设计要求每日与现场施工团队深度交流，核查土建施工进度和质量，协调国内加强设备监造和验收，制定设备运输和转运技术方案，监督主设备安装技术要求，落实英国现场施工安全规范，敦促施工单位针对现场管理漏洞及时整改，通过向施工单位施加压力先后解聘了4名工作不认真的项目经理。项目调试阶段，现场人员亲自上阵，一方面跟随设备厂家在一线参与设备调试，熟悉设备性能和控制系统特性，另一方面深入学习研究市场服务的具体要求，尤其是对英国电网刚刚推出的动态遏制技术要求，通过密集的深度学习和技术攻关，现场人员逐步从跟随学习过渡到牵头完成了门迪项目的调试工作。

二是优化组织结构提升管理效率。华能香港公司充分调动公司内部资源，整合利用北京、中国香港、英国三地人力资源配置，各有分工，形成“矩阵架构、三地管理”模式。除项目指挥部部分专职人员外（6名），其他岗位通过公司内部兼职、借用和挂职等方式（9名）履行相应职责。专职人员主要在英国伦敦和中国香港工作，发挥就地运营管理的作用；兼职、借用和挂职等员工在北京本部工作，主要负责公司事务性管理工作。此外，还积极发挥外部专业机构“外脑”作用，聘请当地专业工程公司作为监理监督管

理工程质量，专业律所作为合同谈判顾问把关商务风险，专业技术顾问保障项目合法合规有序推进等。门迪项目建设正值新冠疫情全球暴发期间，通过该组织模式，能够有效减少前线管理人员派出数量，大量的基建管理工作均通过公司本部进行指导推进，项目现场仅保留 1~2 名管理人员，同时灵活运用当地专业机构协助，既降低了新冠感染风险、减少境外管理成本，极大保障了项目有序建设，也实现了人员零感染，成功在英国圆满完成基建任务。

图 1　门迪项目全景

（二）国际合作，优势互补互利共赢

一是抱团出海防风险。为防范境外投资风险，华能香港公司与金融央企国新国际投资有限公司签署长期战略合作协议，充分利用双方资源优势，在新能源、传统能源高效清洁利用及海外投资、金融服务等领域开展战略合作，并成功抓住英国电力市场新兴电池储能项目机会，共同投资建设。为防范工程技术风险，华能香港公司在储能市场还未成熟时走访几乎所有国内主流电池厂商，实地了解调研电池性能，与专业设计院共同制定了切实可行的中国方案，并通过自主采购的方式确定了国内优质供应商，工程质量得到有效保障。

二是产业协作保收益。面对电池储能项目收益不确定，在市场上无法得到银行认可实现项目融资的问题，华能香港公司主动询问英国市场主流交易机构，探讨合作机会。虽然前期沟通过程中不少机构因为储能这一新型技术尚未得到商业验证，回答都是否定的，但功夫不负有心人，壳牌欧洲能源公司伸出了“橄榄枝”，有意愿与中国华能尝试开展新领域的合作。经过一年多的漫长谈判，双方最终于 2020 年 1 月成功签署英国市场上第一份具有保底性质的购售电协议。这份协议不仅开创了电池储能项目新的商业模式，也为项目后续得到新加坡新展银行的项目融资打下了坚实基础。

三是多方配合稳生产。储能电站作为能源存储和调度的重要组成部分，其运维管理对于确保电网的安全稳定运行至关重要。华能香港公司采取了“无人值守、有人监控”的生产模式，主要依赖先进的监控系统和自动化设备，实时监控电站的运行状态，及时发现并处理问题，大大提高了电站的运行效率和人员安全性。同时，在运维模式上采取“以我为主、外委为辅”的策略，建立清晰、高效的运维管理界面，电站运维主要工作由业主工程师团队负责，而一些特殊的、需要专业技能及资质的工作则外委给专业的服务商，真正实现有效的资源整合，加强合作商之间协同合作，打破专业壁垒，从而提高运维效率，降低运维成本。

（三）融入当地，展现央企责任担当

一是关怀项目所在社区，积极履行社会责任。自项目开工建设之日起，华能香港公司每年定期向所在区域两个社区进行公共福利费捐赠。公共福利费一般用于当地康体器械、公交站台、村务大厅、图书借阅室等基础设施维护修缮及居民福利保障。公共福利费捐赠是华能香港公司积极履行企业社会责任的实际体现，有助于在当地社区内塑造良好的品牌形象。

二是从专业领域出发，主动维护社区安全。针对储能电站这一新型电力设施，华能香港公司主动邀请距离项目最近的威尔特郡消防队、克里克莱德镇消防队、马姆斯伯里镇消防队赴现场进行储能消防技术交流，详细介绍了储能电站消防设备、措施、应急方案及应急演练内容（见图 2）。在与当地消防队踏勘交流过程中，华能香港公司既获得了专业部门在消防安全方面的指导，也增进了当地消防队对门迪项目和中国华能的了解，展现出项目公司对安全生产的高度重视和维护社区安全的责任感。

图 2　门迪项目公司与当地消防队进行消防安全交流演练

三、取得的成效

一是打造智造标杆讲好中国故事。门迪项目始终以创建“精品工程”为目标，追求质量的精品、科技的精品、管理的精品、效益的精品、形象的精品，致力于建设国际一流、示范性、窗口性的电池储能电站。电站各项指标均达到行业领先水平，较国际同期储能电站在能量和功率密度指标上提升了 20% 以上，展现了中国智造的最高水平，标志着中国智慧、中国方案、中国制造具备了参与发达国家电力市场的能力。自项目投产以来，稳定运行，未发生安全事件，系统可用率达到 98% 以上。在经营方面，项目成功抓住电网辅助服务市场改革契机，实现超预期收益，年投资收益率（ROE）超过 20%，预计 3~4 年可收回全部投资。门迪项目的成功点燃了欧洲储能市场，尤其是中国华能与壳牌在门迪项目上的电价保底合同成为英国储能市场争先效仿的模板，英国开发中的储能项目从 1 吉瓦时暴涨到 15 吉瓦时。

二是绿色引领促进全球能源转型。门迪项目的实施极大提升了英国电网的灵活性和安全性，能够在英国主电网发生事故时提供应急支撑电源，同时也为电网消纳更多可再生能源创造条件，助力英国实现“2050 零碳排放”计划，为全球共同应对气候变化提供有益借鉴。2021 年 7 月英国 BBC 官网及电视频道对门迪项目商业运营进行报道，介绍项目对英国绿色发展的重要意义。2021 年 10 月在英国全球投资峰会期间，门迪扩建项目作为外资投资案例被英国政府列入 18 个典型投资项目清单，是中国企业的唯一代表。2022 年 1 月在世界经济论坛年会中，门迪项目作为优秀案例入选《促进“一带一路”倡议绿色发展：发挥金融和技术的作用，推动低碳基础设施建设》洞察报告，详细阐释了电池储能技术对电网稳定性的意义。2023 年 10 月门迪项目作为典型案例成功入选《联合国全球契约十项原则在“一带一路”倡议下基础设施行业的应用—企业实践指导手册：环境原则》报告。

三是助力中国企业建立国际品牌。门迪项目的建设力推中国设备，率先大规模使用国内自主研发的磷酸铁锂储能技术，信任国产系统集成技术，打破三元锂电池传统主导地位。阳光电源作为系统集成商在门迪项目上一炮打响，其储能业务从英国拓展到欧洲、美国等发达国家和地区。在门迪项目投产后华能香港公司积极配合阳光电源对外宣传，先后数十次接待来自欧洲、美洲以及中东投资商的访问交流，成为阳光电源海外储能项目标志性项目。通过门迪项目的实施，阳光电源在海外储能市场的品牌形象逐步建立，2023 年凭借 16% 的全球电池储能系统市场份额位居全球第一，成功超越美国储能集成商 Fluence 和特斯拉，这是中国企业首次获此成绩。作为电池提供商的宁德时代，因其 280Ah 电池在门迪项目上的成功，成为第一代储能系统的标准设计，也坚定了宁德时代储能电池和动力电池分别研发、各自制造的决心，成功打破了储能电池领域被日韩企业垄断的局面。

（由中国华能集团有限公司供稿）

践行共建“一带一路”倡议，深耕中柬能源电力合作

——柬埔寨总装机最大发电项目正式商运

一、基本情况

华电海外投资有限公司是集团公司全资控股的直属单位，2006年6月在中国香港注册成立。主营业务为境内外发电厂的开发、建设、运营和管理，以及电力能源、煤炭、交通、海运、进出口及相关行业的投资和融资活动。公司资产总额178亿元。在建在运装机规模447.14兆瓦，其中境内在运159.44兆瓦，境外在运85.7兆瓦，境外在建202兆瓦。境外资产主要分布在印度尼西亚、柬埔寨、俄罗斯、越南、孟加拉等国家，先后投资建成印度尼西亚阿萨汉180兆瓦水电项目、柬埔寨额勒赛下游338兆瓦水电项目、俄罗斯捷宁斯卡娅470兆瓦热电项目、孟加拉迈门辛50兆瓦光伏项目，收购越南平顺涵剑49兆瓦光伏电站项目，正在建设印度尼西亚玻雅1320兆瓦煤电项目和柬埔寨西哈努克港700兆瓦煤电项目。先后获得中国企业海外形象建设优秀案例奖、责任沟通创新卓越企业奖、首都文明单位、集团公司先进企业、文明单位标兵、前期工作先进单位等荣誉。

华电西港发电有限公司（以下简称华电西港公司）于2019年10月8日注册成立，是华电海外投资有限公司下设的全资子公司——华电（柬埔寨）投资有限公司在柬埔寨注册的全资子公司，注册资本金1000万美元，主营业务为华电西港2×350兆瓦燃煤电站项目（以下简称华电西港项目）的开发、建设、运营管理。

华电西港项目位于柬埔寨西哈努克市东北约15千米处，北朝西哈努克磅逊湾，距离首都金边公路里程约220千米。项目采用BOO模式开发，采用中国标准、中国技术和中国设备，建设2台350兆瓦超临界燃煤发电机组，同步建设海水烟气脱硫系统，配套建设1个8000吨级煤炭泊位，1个2000吨级重件泊位。设计燃煤采用进口褐煤，电站通过230千伏双回 π 接入STUNG

HAV~CHAMKAR 的 230 千伏线路。2020 年 8 月 18 日华电西港项目主体工程开工，2022 年 11 月 1 日 #1 机投产发电，2022 年 12 月 16 日 #2 机投产发电，2023 年 4 月 1 日正式进入商业运营。2019 年项目入选国复咨询“最具影响力的 10 个海外工程”，2021 年、2022 年、2023 年连续获得中国华电集团“安全环保先进企业”荣誉称号，2023 年获得中国华电集团“‘三清’企业创建先进单位”荣誉称号和“争创一流标杆企业”荣誉称号，公司董事长冯英山荣获中国华电集团“2022 年度十大奋进者”荣誉称号。

二、实践经验

（一）人相融，整合强有力项目团队

1. 一体化管控模式凝聚合力

华电西港项目建设以来，立志于高质量投建营，打造成为“一带一路”能源示范项目，以项目投资为龙头带动中资企业工程建设、技术服务、国际贸易“联合出海”。项目实施过程中，组建“建设管理委员会”，把各参建单位融为一体，营造“合作共赢、和谐共进”氛围，推动项目优质高效建设。基建转运营过渡期，组建“运行维护管理委员会”，持续推进一体化深度融合，达到了团结各方、凝聚力量、专心运营的目标。

华电西港项目的 3 年建设期，正是新冠疫情在全球蔓延肆虐的 3 年。项目建设者们逆疫而行，义无反顾前往柬埔寨，积极应对各类风险挑战和超预期因素冲击，锚定目标拼搏实干，紧盯节点奋力攻坚，克服疫情反复、高温多雨、资源匮乏、物流滞后等诸多困难，从主体工程开工到机组“双投”仅用时 27 个月，比 PPA 协议提前 3.5 个月实现全面投产，以清洁高效的精品工程推动中国设计、标准、设备、技术、管理和服务的全面“走出去”。项目建设速度不仅创造了中国华电集团海外同类项目建设速度的新纪录，也再次证明了“中国速度”的实力和魅力，得到柬埔寨政府、柬埔寨矿产能源部、柬埔寨国家电力公司和社会各界的充分肯定和赞誉。

2. 关心关爱柬籍员工强化内生动力

华电西港项目以国内成熟的管理模式为基础结合现场情况进行深层的优化和改进，结合柬埔寨当地实际开展人力资源属地化管理，严格遵守柬埔寨法律法规合理化用工，坚持以人为本的理念，推行人性化和亲情化管理。公司严格履行用工合同，为柬籍员工购买保险、按期足额发放工资、发放劳动保护用品；组织柬籍员工参加公司举办的春节联欢会、五一拔河和跳绳、中

秋博饼等中国传统文化活动，为柬籍员工举办柬埔寨新年、泼水节等当地传统节日庆祝活动，推动跨文化融合；尊重柬籍员工的饮食文化，设立柬籍员工专用食堂，中柬籍员工可以自由选择在中柬食堂就餐，为柬籍员工配备同等住宿场所和室内设备设施；开展柬籍员工中文培训和专业技能培训，组织学习中国语言、了解中国文化和发展理念；在新冠疫情期间，千方百计为项目全体建设者提供食宿并开展定期消杀，发放足够的口罩等防护物资，充分保障全体建设者的生命安全，全体中柬籍员工认同“厂兴我兴”的主人翁精神，以在华电西港公司工作为荣，促进民心相通、文化相融。

（二）力相聚，推动高质量项目建设

1. 多措并举筑牢安全屏障

一是持续做好疫情防控常态化管理。疫情期间，柬埔寨较早放开管控，不再主动检测新冠病毒，驻地所在省政府新冠疫情防控政策要求属地员工正常上下班通勤，给项目的防疫封闭管理和外来输入带来较大的压力。华电西港项目积极主动应对，第一，克服松懈厌战情绪，压紧压实疫情防控责任，严格按照《中央企业境外机构（项目）新冠肺炎疫情防控手册》要求，根据现场疫情防控管理制度，严格落实“三环”层次区域管控、网格化管理以及“四早”“五关”等措施，动态开展施工现场2000~3000人封闭管理、常态化检测，持续做好疫情防控常态化和网格化管理工作，目标不变、力度不减；第二，督促各参建单位强化对项目不同功能区域的防控措施，加强对中、外方员工的个人防护及宣传教育，强化人员流动管理；第三，严格人员出入审批，严把新进人员入场关，属地新进场人员必须提供疫苗接种完成证明，进场前完成必要的场外封闭隔离，并进行抗原检测无异常方可进场；第四，对于返岗复工人员、有发热等疑似症状人员及密切接触人员尽早进行隔离观察，做到“五早”，将疫情影响降到最低。

二是强化反违章和“三外”管理。牢固树立“违章就是事故”的安全生产风险主动防控理念，深入开展反违章工作。针对项目建设过程现场点多面广，本地化用工多，安全意识及技能薄弱，语言交流不通，管理难度大等问题，每天召开安全站班会，开工前现场安全交底手指口述（安全双述），推行柬籍员工风险作业旁站监护制，设置流动安全监督员，在风险区域张贴中柬文风险及案例警示，切实提高现场安全管控能力。创新开展“三外”管理，在“两外”管理在基础上突出外籍员工安全管理，全面构建安全一体化管理机制，实施管理“四统一”（统一标准、统一要求、统一培训、统一奖惩），坚持“四不放过”原则，落实违章停工、约谈、清退、“说清楚”“三零反思”及违章待岗、违章摘牌制度，促进现场人员履职尽责，层层落实主体责任，形成整改闭环管理。

三是积极联系当地政府做好安全协防。与属地军警机关沟通联络，达成治安协作联动协议，并聘请一定数量警察、宪兵在营地昼夜轮流值守，开展巡逻，及时处理项目上发生的治安问题和事件。与属地医院、安保公司形成联动机制，全面做好交通、医疗、食品卫生、通信等基础工作，保障员工健康、生命财产安全。项目建设以来未发生公共安全事件。

2. 攻坚克难力保物资供应

新冠疫情持续期间，大量工厂间歇停工停产，国际物流资源紧张甚至停运，华电西港项目的设备建造、物资采购、物流运输因此受到严重影响。为了应对这种局面，华电西港公司转变思路、未雨绸缪、综合施策解决问题。

一是开展设备催交与质量监督“五比”活动。华电西港公司以“设备交付零延期”“设备出口零缺陷”为目标，组织了包括工程师 9 人和生产准备人员 24 人等共 502 人次，对监造单位未覆盖的 124 个设备厂家进行驻厂监督，监督设备质量的同时，督促设备生产厂家按期交货。

二是积极拓展境外采购渠道。柬埔寨当地工业基础薄弱、生产资料缺乏。为做好境外物资采购工作，华电西港项目深耕柬埔寨市场，通过网络信息媒介技术和当地媒体，先后开发了《柬华日报》信息公告版块和“中国华电西港火电项目采购微信群”。通过积极调研，开拓市场，从无到有，成功吸引了 100 多家合格供应商加入，提高了本地市场供应储备，顺利完成了调试用油、化学药品、通用物资和机组调试期间差缺件等紧急物资采购工作，为基建物资保供打下了坚实基础。

三是全方位协调物资供应。华电西港项目在国际航运资源紧缺的情况下，一方面积极协调中远海运尽量保证华电西港项目甲供设备的运输，另一方面努力拓展其他规模大、信誉度高的国际运输公司，在疫情严重时上海港口停运的情况下想方设法改道广州、宁波港口或改空运，先后办理物流运输 130 个批次、运输货量约 17 万立方米，空运紧急物资 10 个批次、补充供应 50 个批次，到达柬埔寨港口后加强与柬埔寨海关总局沟通，以最快速度办理通关手续，确保了大部分主要设备和辅助设备及时运抵施工现场，有效确保施工进度。

3. 优质高效完成项目建设

建设过程中，华电西港项目实施样板工程引路，施工首件样板验收合格后挂牌示范；打造工程亮点项目，先后形成圆形煤场钢网架和外护板安装、中低压小管道安装等亮点项目 78 项；紧抓质量监督，开展达标创优典型问题专项排查、质量隐患排查等质量专项检查活动94次；强化项目施工过程管控、旁站监督，邀请国内监检机构和专家进行线上线下相结合的监督指导；坚持全过程科技创新、技术创新，成立创新工作室，发动施工单位全面参与，项目累计获得省部级科技成果奖 2 项、省部级 QC 成果奖 9 项（其中一等奖 2 项），获得发明专利授权 2 项、实用新型专利授权 14 项，获得电建集团级工法 1 项，发表科技论文 20 余篇。

（三）心相通，打造中柬合作新名片

1. 绿色环保打造花园式厂区

华电西港项目贯彻新发展理念，遵循生态环保的发展原则，践行绿色低碳、安全高效的发展理念。项目以“双碳”目标为指引，足额投入环保建设资金，环保设施投入费用占工程总投资近 15%；采用封闭式输煤栈桥和圆形煤场，最大限度降低粉尘污染；采用海水直流供水系统，全海水淡化制取生产生活用水，降低淡水用水量；配置双室四电场静电除尘器，采用海水法脱硫工艺，全烟气脱硫，工业废水经处理后全部回用，最大限度减少烟气、废水、固体废物、噪声对环境的污染。机组投产发电后，生产环保指标大幅领先柬埔寨国家规定标准。积极参与当地生态文明建设，大量植树、植草、种花，提升全厂区域植被覆盖率，美化环境，促进生物多样性发展，努力打造好磅逊湾畔“后花园”。柬埔寨环保部对项目环保工作表示充分肯定，并授予了“环保荣誉证书”。

2. 主动担当履行社会责任

企业是社会中的企业，社会发展离不开企业的担当作为。华电西港项目积极融入社区，主动履行社会责任，坚持本土化用工，项目建设期间，三大标段的施工单位大量招聘柬籍工人，还辐射到越南、孟加拉等周边国家。据不完全统计，各参建单位施工现场使用柬籍工人近 7000 人次、越南籍工人不少于 3000 人次；向当地政府捐资修建道路、多次给红十字会捐款、为学校捐资建设校舍和学习用品；每年举办“5·20”公众开放日，邀请当地政府官员、师生到生产现场参观，了解能源生产流程和公司环保排放，传递中国华电“度度关爱”的社会责任理念，提升中国企业品牌形象，助力柬埔寨经济社会发展。

三、取得的成效

华电西港项目始终秉承共建“一带一路”“共商、共享、共建”原则，以“和谐包容、互利共赢”的姿态与柬埔寨政府共享机遇、共谋发展。

一是属地化深入融合，行业发展共享成果。同周边国家相比，柬埔寨社会经济发展水平较低，与能源相关的产业技术工人严重缺乏。为满足项目建设进度需求，华电西港项目着力加强属地化员工培训工作管理，根据项目周边国家技术优势，引入越南、印度尼西亚、孟加拉等国技术工人，利用东南亚地区居民生活习惯相似优势，促进柬籍员工与其相互学习、交流，加之中国工人开展“传帮带”工作，逐步提高属地化员工技术水平。项目投产后，华电西港公司属地化用工从翻译、司机、安保、保洁、食堂等后勤服务领域，逐渐提升到招聘当地大学生到生产一线工作，培育当地能源技术人才，每年公司为柬埔寨提供400~500个就业岗位。华电西港项目采用中国标准、中国技术、中国设备、中国管理模式，全面推行精益化管理、7S管理模式，通过对设备和机组运行质量以及经营成本控制等进行标准化、规范化、精益化管理，提升管理效能。推进科技创新，借助QC、创新工作室等有效管理手段，深入开展设备优化创新，将创新成果转化为企业发展的动力。这些成熟的管理理念和管理模式将有效带动柬埔寨当地能源、交通（码头）行业的建设，培养一批现代能源技术人才，与柬埔寨政府共同发展、共享成果。

二是安全稳定长期运行，能源保供彰显担当。柬埔寨电力缺口较为严重，柬埔寨电力委员会2020—2021年电力年报显示，2021年柬埔寨全国发电量为9640.49吉瓦时，从泰国、越南、老挝三个国家进口电量达4492.93吉瓦时。华电西港项目投产以来机组持续保持高负荷运行，2023年上网电量占柬埔寨全国用电量的28%，极大优化改善了柬埔寨电网结构，弥补了柬埔寨的电量缺口，有力保障了柬埔寨能源独立自主供应，为柬埔寨国家能源发展和电网稳定贡献了华电力量、中国力量。

三是精益管理夯实基础，合作共赢共促发展。华电西港项目建设期间，由于新冠疫情对经济的影响，柬埔寨电力需求增长不及预期，柬埔寨国家电力公司（EDC）面临严重的经营压力；同时由于柬埔寨电网与越南局部电网联网并受制于越南电网，华电西港项目并网调试需征得越南电网同意。为确保华电西港项目按PPA约定进入临时运行和商业运行，合理策划整体方案，推动EDC转变思路，主动协调越南电网同意华电西港项目按进度并网调试，使项目在2022年底提早3.5个月实现“机组双投”。华电西港公司与EDC分享华电集团煤炭采购经验，促使EDC调整煤炭计价模式，大幅降低煤炭采购价格。项目提早投产和燃料成本下降，有效缓解EDC经营压力，推动了柬埔寨国家电力公司良性发展。

习近平总书记强调，我们要有乱云飞渡仍从容的定力，本着对历史、对人民、对世界负责的态度，携手应对各种全球性风险和挑战，为子孙后代创造和平、发展、合作、共赢的美好未来。共建“一带一路”倡议，是习近平总书记深刻思考人类前途命运以及中国和世界发展大势作出的重大决策，是我们党关于对外开放理论和实践的重大创新。华电西港公司将持续深耕柬埔寨市场，进一步深化属地化用工和管理模式，推动创新合作，以高质量发展成效为中国华电加快建设世界一流能源企业，为构建开放共赢的能源电力国际合作新格局，为共建“一带一路”倡议走深走实作出新的更大贡献。

（由中国华电集团有限公司供稿）

云南能投集团助力中老柬能源合作实现新高度 奋力谱写面向南亚东南亚辐射中心新篇章

一直以来，云南省能源投资集团有限公司（以下简称云南能投集团）始终坚持以习近平新时代中国特色社会主义思想为指导，深入贯彻落实习近平总书记考察云南重要讲话和重要指示精神，牢牢秉承“建设我国面向南亚东南亚辐射中心”的政治使命，认真履行以习近平同志为核心的党中央赋予云南的历史使命和政治责任，紧紧抓住云南省推动高质量跨越式发展的重大机遇和重要平台，主动服务和融入国家重大发展战略，加快同周边国家互联互通国际大通道的建设步伐，尤其在助力中老柬能源合作领域刷新高度，谱写边疆省属国有企业能源国际合作的新篇章。

一、基本情况

（一）案例背景

2019 年 7 月，为了破解老挝债务困境，老挝政府致信中国相关银行，希望中国政府重启“班哈—班莱克 25—色空”500 千伏输电项目建设（由于老挝政府债务违约，融资困难加剧，该项目在建设 20% 后被迫停工）。2019 年 9 月，中国相关银行回函老挝政府，建议由中国企业以 BOT 的方式投资建设该项目，以减少老挝政府的主权债务。云南能投集团抢抓机遇，谋定快动，积极参与老挝政府竞标，准确响应 BOT 模式投资意向。2020 年 8 月，老挝总理府批复同意由云南能投集团以 BOT 模式作为该项目的总承包和筹资方，为了提升各电源点上网电量潜力，节约投资，结合项目实际实施情况，云南能投集团对原方案进行了优化，即在原方案已建设部分基础上，把原方案“班哈—班莱克 25—色空”调整为“班哈—班纳—阿速坡”，形成了本案例项目——老挝“班哈—班纳—阿速坡”输变电项目（以下简称项目或班哈项目）。

为使老挝政府与柬埔寨政府签署的电力购买协议（PPA）不发生违约，云南能投集团于 2021 年 3 月 1 日开始项目建设，2022 年 12 月 26 日完建。2023

年1月3日，班哈项目全线通电，3月3日获得老挝能矿部颁发的完工证书，3月24日老挝—柬埔寨边境输变电有限公司（以下简称公司）在万象正式注册成立，9月25日特许协议（CA）签署，10月13日输电协议（PTA）签署，自此班哈项目逐步进入正常商业运营阶段。

（二）项目情况

2020年12月28日，班哈项目可研报告获得老挝能矿部的批复，项目线路全长约203.4千米，双回路挂线，起于老挝阿速坡省普翁变电站，经占巴色省的班哈变电站直达柬埔寨边境。

考虑到老挝边境的东萨宏、色裴、色诺依、南宫1等电站已投产发电，南帕克电站正在施工，色贡3A、色贡3B水电站及拉曼火电站还未落地，故班哈项目分两期建设：一期按年输送电量32.71亿千瓦时考虑，主要解决东萨宏、南宫1、南帕克、色裴、色诺依部分电量（大部分直送泰国）的出口；二期项目包括新建阿速坡普翁230千伏变电站，扩建班哈230千伏变电站，普翁站—班哈站—边境约203千米的500千伏输电线路，同时普翁站至萨博通变电站及南宫1水电站各一回路115千伏线2千米。二期待拉曼火电站及后续水电站正式落地后启动，即把普翁变电站、班哈变电站升级为500千伏。

二、实践经验

（一）省属国企勇担责任，“大国重器”彰显担当

云南能投集团发挥省属国企的战略职能，长期参与和见证老挝能源产业布局，在老挝能源市场占有一定份额，肩负着国家能源高质量发展和国际能源合作的云南使命，扮演着辐射南亚东南亚的能源角色，在老挝政府面临债务危机的紧急关头，想到的不是问题而是机会，看到的不是利弊而是担当，班哈项目不仅服务保障国家大战略，更是患难与共中老传统友谊的真实写照。

挑战与机遇并存，云南能投集团充分考虑老挝自身体量及风险承担能力，认识到在老中资企业与老挝政府又属于共生关系，因此在项目合作中，特别是同老挝政府、EDL合作中，化风险为挑战，化挑战为机遇，坚决抵制西方国家“绞杀”式的合作模式，稳健投资并注重大国形象，在确保国有企业稳定收益的基础上全力促进老挝全方位发展。

（二）合作共赢累结硕果，“一带一路”助力老柬

作为共建“一带一路”倡议下的国际能源合作的项目，串接了中老柬三国的能源纽带，不仅支持了老挝南部骨干电网，更是打通了老挝电力出口的关键通道。班哈项目遵循中国标准设计，老挝政府标准复核，依托老挝国家输电网公司（EDL-T），有机会将中国能源标准带入项目运营环节，为中国标准走出国门，辐射南亚东南亚提供有力支撑。

在合作共赢的框架下，云南能投集团主导的班哈项目方案对老挝 EDL 原线路方案（班哈—班莱克 25—色空输送电线路）进行了优化，根据项目送电实际调减投资规模，提升送电效率，同时将投资额控制在 1.49 亿美元以内。该线路的运营，使得老挝国家电力公司 EDL 能够有效履行与柬埔寨电力公司 EDC 签署的两个购电协议，有效推进老柬两国的能源战略合作。此外项目计划年出口基础电量为 32 亿千瓦时，每年为老挝政府创造 2.39 亿美元的外汇。随着老挝南部水电、新能源项目逐步建设投运，老挝 EDL 未来将进一步整合电源，进一步提升线路的送电量，充分发挥南部主干电网的作用，为整个老挝南部电力调度和当地供电作出更大的贡献。

（三）能源安全投资防范，国有资产双管齐下

习近平总书记提出“四个革命、一个合作”能源安全新战略，为云南能投集团境外投资指明了方向。班哈项目以能源安全为主线，以国际能源合作为辅线，不仅打造了海外投资风险防范体系的初露端倪，也见证了国有资产监管体系的稳步完善。

在投资决策前，项目前期策划和可行性研究先行论证，不仅关注技术合理性和经济可行性，更加关注项目政策合规性、投资风险性，充分结合老挝法律政策、市场税收、投资环境及长远规划，以免造成老挝政府的无效投资，无法为老挝产生效益，徒增债务。在项目管理中，云南能投集团开展了项目立项发起、投资建设、设计施工、运营的全过程管理，牢固树立红线意识，强化企业境外合规管理，尤其是抓好境外廉洁风险防控，推动形成巡视监督、审计监督、财务监督等合力防范化解各种风险，尤其要从上到下，紧盯重大项目前期商务运作，招标、合同签订等关键环节，从整体上构建海外投资风险防范体系，从细节上完善国有资产监管体系。

（四）聚焦主业突出优势，培养队伍打造特色

云南能投集团把坚持高质量发展作为新时代的硬道理，聚焦主业做强做优省属国企，在班哈项目的投资决策过程中，充分发挥企业区位、行业优势，做好对老挝政治、经济形势的评估和前期投资决策评估论证，改变投资方式，实施海外企业本土化战略，由风险较大的全资控股模式转变为合资形式，并引入保险等第三方机构降低项目系统风险。在人才队伍的培养方面，班哈项目坚持外部引进和内部培养相结合、国内派驻和本地化招聘相结合的培养方式，为集团打造了属于自己的高水平境外能源专业梯队，为集团境外能源合作项目稳健高质量发展提供重要支撑。

图 1　云南能投集团班哈项目内景

三、取得的成效

（一）社会意义

1. 为国家“一带一路”建设贡献云南能投力量

中老两国山水相连，民心相通，电力作为老挝最重要的基础性、支柱性产业，班哈项目建设彰显了云南能投集团坚定融入服务国家“一带一路”建设，致力打造面向南亚东南亚辐射中心国际能源合作骨干企业的决心；项目

建设也符合能投集团聚焦绿色能源主业，特别是老挝政府对于发展电力的需求与云南能投集团国际化发展战略高度契合。事实证明，班哈项目的成功合作，标志着中老两国不断拓展能源领域务实合作取得丰硕成果，云南能投集团能源国际合作取得新进展。

2. 为中老国际能源合作远景蓝图谱写序章

班哈项目是老挝国家输电网发展计划中的重点项目，项目扼守老挝与柬埔寨售电大通道，具有较高的战略区位优势。老挝近期充分发挥水电资源优势，稳定向柬埔寨出口电力，远期通过海底电缆，进一步实现与新加坡电力互连互通，使东盟成员国之间共享老挝绿色电力，增加老挝外汇收入，对长期促进老挝社会经济发展具有重要意义。

（二）经济效益

1. 建设期经济效益积极向好

班哈项目在整个建设期，经济效益维持积极向好态势。一是统筹衔接、分段实施，在项目全线通电前就通过局部通电投产收取了 1700 万美元临时过网费，有效缩短项目回收期。二是通过实施 EPC 工程总承包获取工程收入，项目建设过程中累计实现项目工程总包利润 1300 万美元，为项目投资收益率达到国资监管要求提供有力支撑。

2. 项目运营期经济收益稳定可观

一是预期电量有保障，项目风险稳定可控。除现有电量外，2024 年底预计还将新增电量近 15 亿千瓦时（2024 年 10 月的东萨宏第五台机组投产发电，每年将增加 5 亿 ~6 亿千瓦时；南帕克水电站预计 2024 年底也将建设完成，按照设计年发电量在 7 亿 ~8 亿千瓦时）。整体输电量将远远超过 EDL 每年保底电量 32.71 亿千瓦时及每 5 年 2% 的增量要求，保障输电量这一关键影响因素整体可控。二是分红收益边界锁定，确保项目短期见利见效。班哈项目以协议方式明确过网费 0.49 美分 / 千瓦时，为项目分红的稳定性提供了坚实保障，在未来 30 年的特许经营期内，预计分红收益将超 2.05 亿美元。三是老柬送电增量潜力大，项目长期发展稳定可持续。远期独立电源点增量为项目长期发展提供空间。老挝独立光伏、风电等清洁电源点以及老挝色贡火电站（装机 1800 兆瓦，预计最高可达 90 亿千瓦时）等规划送柬埔寨重要电源点的建设，为班哈项目利用率提升及远期发展带来重要机遇，为项目长期稳定可持续发展提供有力支撑。

未来云南能投集团将以班哈项目为起点，继续走改革创新之路、扩大开放之路、共享共赢之路，步履坚定，努力做大做强国内市场与南亚东南亚国际市场，全力构筑对外开放、国际能源合作的新高地，不断支撑重塑国家能源板块云南边境国际合作的新优势，奋力谱写好中国式现代化的云南篇章，全力贡献“国家能源安全新战略”云南国企的坚实力量。

（由云南省能源投资集团有限公司供稿）

中国方案助力实现“零的突破”！孟加拉国首个集中式风电项目投产

一、基本情况

国家电力投资集团有限公司（以下简称国家电投）是中央直管的特大型国有重要骨干企业，肩负保障国家能源安全的重要使命，由中国电力投资集团公司与国家核电技术有限公司于2015年5月重组成立。国家电投是我国唯一同时牵头实施两个国家科技重大专项（大型先进压水堆核电站、重型燃气轮机）和一个国家专项任务（能源工业互联网）的央企；是我国第一家拥有光伏发电、风电、核电、水电、煤电、气电、生物质发电等全部发电类型的能源企业；是全球最大的光伏发电企业、新能源发电企业和清洁能源发电企业。截至2024年2月底，国家电投资产规模1.77万亿元，员工13万人，所属二级单位64家。总装机2.38亿千瓦，其中清洁能源装机占比69.98%。国家电投以“创造绿色价值”为使命，以“绿色、创新、融合，真信、真干、真诚”为核心价值观，大力实施“2035一流战略”，将在2035年全面建成具有全球竞争力的世界一流清洁能源企业，在中国式现代化进程中奏响“风光无限国家电投”的能源新乐章。

五凌电力有限公司（以下简称五凌电力）是国家电投旗下核心二级单位，注册资本金111.8亿元，同时拥有水电、火电、风电、光伏等多种能源类型，是湖南省最大的清洁能源开发经营企业。五凌电力坚持清洁低碳发展，强化创新驱动发展，立足湘黔，面向全国，走向国际，截至2024年2月，已建在建总装机1740万千瓦（在运装机1361万千瓦，在建装机379万千瓦），其中水电535万千瓦、火电120万千瓦、风电387万千瓦、光伏668万千瓦、储能30万千瓦。资产总额690亿元，遍布湖南、贵州、宁夏、山西等国内21个省份以及孟加拉国，全员劳动生产率在国内同行业保持领先水平。

五凌电力积极响应“一带一路”倡议，立足南亚、聚焦孟加拉，开发投资清洁能源项目，助力当地社会经济发展与清洁能源转型。科巴风电项目位于孟加拉国东南部城市科克斯巴扎尔，安装有22台风机，装机容量66兆瓦，2021年9月开工建设，2023年5月并网发电，2023年10月举行投产仪式。项目采用中国设备、中国技术、中国标准建造，其投产有效解决了当地电力紧缺问题，助力孟加拉国初步建立风电行业标准体系，有效提升孟加拉国对中国风电体系的认可度及我国新能源行业国际竞争力。

二、实践经验

（一）技术创新解决项目建设难题

孟加拉国位于南亚次大陆东北部的恒河和布拉马普特拉河冲积而成的三角洲上。科巴风电项目位于强热带气旋区域，面临年平均风速较低，冲积平原地质基础差等难题。孟加拉国投资方于2013年成立科巴风电项目公司，最初设计选用丹麦维斯塔斯风机，但因利用小时较低、设备造价较高经济性较差，项目推进缓慢。此后孟方多次与美国、中国企业洽谈合作盘活项目，均未有实质性进展。

五凌电力负责项目开发后，会同风机制造厂家整理汇总现场6年的气象资料，组织国内专家反复调研、论证，优化建设实施方案，进一步提高设备运行的安全可靠性。最终选定中国最新技术的低风速风力发电机组，在此基础上进行设计优化，将每台风机基础桩由22根增加至25根，长度由25米增至30米，提高基础承载力以提高风机的安全性；将塔筒直径从4.22米增加至4.58米；将轮毂高度从120米降至110米，有效提高风机抗台风能力确保长期安全稳定运行；将风机叶片长度从70.5米增加到78米，增大扫风面积；将单机容量由2.5兆瓦增至3兆瓦。

通过以上量身定制的中国技术方案，有效应对了孟加拉“强台风、软基础、低风速”的特点，使科巴风电项目技术经济指标最优，项目得以成功建设投产。

（二）有效助推中国标准海外应用

此前，孟加拉国尚无成熟的风电技术标准。科巴风电项目采用了中国设备、中国技术、中国标准建造，承担着树品牌、打基础、拓市场的使命。五凌电力致力于将科巴风电项目打造成企业的首项境外安全工程、精品工程、品牌工程，为孟加拉国经济社会发展和能源转型发展提供助力，也为风电项目的建设运营提供宝贵经验。

科巴风电项目的设计、施工和验收标准均采用中国标准体系。项目主设备和重要施工设备均从中国进口，技术方案均通过孟加拉国主管部门审批。项目并网前，五凌电力积极与孟加拉国电力主管部门协调并网验收标准。2023 年，科巴风电项目顺利投产，实现了孟加拉国集中式风电项目“零”的突破，也初步建立起孟加拉国风电行业标准体系。

（三）千方百计扫清土地征用障碍

孟加拉国地狭人稠、土地大多私有，五凌电力高度重视征地工作，在投资开发阶段委托专业征地公司征地。但该国土地法沿用多年，交易流程复杂，同一块土地同时享有多种物权造成产权不明晰的情况、土地权属登记不规范甚至未在地方土地局备案的情况并不鲜见，征地难度高、时间长。

在科巴风电项目投资实施阶段，成立征地攻坚小组，创新性地采取以地换地、以租代征、先租后征等做法，有效解决了部分土地问题；安排专人常驻现场随时协调土地纠纷，关键部位施工前主动召集土地主人开会，减少阻工情况；依托当地官员，协商解决了数次阻工问题。

政府土地征用流程复杂，有的甚至需上报至总理府审批，耗时长且存在不批准而须另行征地的情况。经主动与森林部沟通，并借总理能源顾问现场办公机会，协调解决科巴市政府与森林部就地块划分的纠纷，取得科巴风电项目北部临时码头用地许可，扫清了拦路虎。

（四）有效带动中国企业抱团出海

“走出去”过程中，面对地域文化差异和各种海外风险，国家倡导中国企业“抱团出海”，充分发挥大协同作用，增加抗风险能力。五凌电力在科巴风电项目实施伊始就寻求中国企业参股，前合作方因电力投资为非主业而中途退出，五凌电力通过先行保证资金供应，确保项目如期开工，并在 2022 年成功引入山西建投国际投资有限公司参股。

科巴风电项目选用的总包单位、主要分包方均为资质优良、经验丰富的中国企业，主设备制造商、项目监理、融资机构均来自中国。五凌电力整合发挥各方优势，联合打造了孟加拉国第一个优质风电项目，形成良好的辐射效应，为中国企业抱团在孟可持续发展奠定了坚实的基础。

（五）诚意架设中孟互信友谊桥梁

在项目前期和工程建设期间，五凌电力创新工作思路，实行共建共享，与孟加拉国政府、媒体建立深厚的互信关系。孟加拉国国家电力能源与矿产资源部部长参加了科巴风电项目奠基揭牌仪式；总理能源顾问亲自参加并网验收。2023 年 10 月，科巴风电投产仪式在北京和孟加拉国首都达卡两地连线举行，孟加拉国能矿部高级官员、中孟两国大使出席仪式并致辞。中孟几十家主流媒体聚焦仪式现场和项目投产情况，从多角度进行了报道，项目被孟加拉国当地媒体誉为“中孟能源合作的典范”。

项目实施过程中，五凌电力尊重当地法律法规与文化习惯，注重与孟加拉国利益相关方的文化融合。与当地股东友好协商，创新管理模式，实现管理权的顺利移交。

项目公司聘请当地员工参与项目建设，从项目开发，到征地协调、设备安装、生产运维，再到后勤服务等，孟籍人员为项目各环节作出贡献，已成为中国企业不可或缺的一部分，也成为中孟文化交流的桥梁。

（六）高度重视境外项目风险管控

五凌电力建立境外风险管理工作体系，设置首席合规官，对境外关键岗位人员实施提级管理，强化境外财务资金管理。境外项目公司在中国驻孟大使馆指导下开展工作，并加入中资企业协会，加强与在孟中资机构联系，参与联防联动机制，组织应急演练，加强境外风险防控与应急处理能力。

持续开展国别研究，动态研判东道国的宏观投资环境风险及电力行业风险并针对性地研究防控措施，另开展并购风险、境外投资风险、汇率风险、境外资金规划等专题研究并指导工作实践。

按照“尽早辨识、提前预防、动态控制”的风险管理工作思路，积极采取有效的应对措施进行风险防范与化解。项目立项和投资决策阶段均嵌入风险识别和防控手段，在投资决策前委托第三方完成法律、财税、风险等尽职调查，排查风险并提出应对措施；项目按要求办理企业内部、中国政府和东道国政府要求的相关审批或备案手续；尊重当地历史文化、重视当地生态环保要求、履行企业社会责任；购买工程一切险、中信保海外投资险、财产保险等，覆盖相应风险；动态更新境外项目风险台账，并采取对应防范措施。

（七）积极承担海外企业社会责任

科巴风电项目施工期为孟加拉国提供了 500 余个就业岗位。项目公司招聘 16 名孟加拉籍人员负责风场运维，部分人员上岗前在五凌电力境内风电场跟班培训 3 个月，熟悉国内新能源的安全运行规程，并将大部分规程翻译成英文直接用于本项目运维。项目公司内部开展形式多样的培训，还从五凌电力短期借调境内专业技术人员到孟加拉国，在指导解决个别关键技术问题的同时，培训提升当地团队专业技术水平。选拔优秀孟籍员工，到中国知名电力高校参加“校企联培”留学生项目升造学习，且得到学校好评。通过以上多种举措，培养了孟加拉国第一批风电产业人才。

五凌电力捐赠物资和资金用于孟加拉国当地抗疫救灾、抗洪救灾、基础公共设施建设，改善了当地生活条件，在境外树立了中国企业良好形象。

三、取得的成效

（一）实现孟加拉国风电“零”的突破

2023 年 5 月，科巴风电项目首投并网，刷新了孟加拉国新能源项目建设的纪录，实现并一次测试成功、一次反送电成功、一次冲击成功、一次并网成功。

2023 年 10 月，科巴风电投产仪式在北京和孟加拉国首都达卡两地连线举行，实现孟加拉国集中式风电项目“零”的突破。项目被孟加拉国当地媒体誉为“中孟能源合作的典范”。

（二）促进当地经济社会发展

项目施工阶段，带动当地材料制造、施工安装相关产业链的发展，为当地政府创造 450 万美元的税收。

随着项目的投产，每年可提供清洁电能 1.45 亿千瓦时，对促进孟加拉国经济发展、节能减排和环境保护发挥积极作用。项目可满足当地 10 万个家庭的用电需求，有效解决当地电力紧缺问题；每年减少煤炭消耗 4.46 万吨、二氧化碳排放量 10.92 万吨、二氧化硫排放量 25.15 吨；经营期可创造税收约 2700 万美元。

（三）推动孟加拉国能源结构转型

孟加拉国为实现“2041 愿景”和“金色孟加拉梦想”，正加快推进能源结构转型，提出了“可再生能源占比达到 40%”的目标。而当前可再生能源装机占比仅 2%。科巴风电项目作为孟加拉国第一个投运的大型风电项目，在孟加拉国可再生能源开发领域具有里程碑意义，有效推动孟加拉国能源结构转型。随着后续科巴Ⅱ期和Ⅲ期风电项目的开发，该大型可再生能源基地将在提高孟加拉国可再生能源比重、促进清洁能源消费和节能减排方面发挥更重要作用，从而持续推动孟加拉国清洁能源转型和社会、经济发展。

（四）培养孟加拉国专业技术人才

项目公司聘用当地员工参与风电建设，并选派优秀员工至中国知名大学深造，部分员工已成为业务骨干。运维人员以本地员工为主，已完成运维技能培训，具备独立上岗条件。项目不仅提供就业岗位，而且为孟加拉国培养了一批新能源产业的人才，助力孟加拉国后续新能源项目的建设发展。

（五）发挥可持续发展优势效应

孟加拉国是共建“一带一路”在南亚区域的重要节点，目前正处于能源结构转型的窗口期，新能源发展空间较大。科巴风电项目成功带动中国企业、中国品牌、中国标准共同“走出去”，提供先进、高效、可持续的中国方案，助力孟加拉国清洁能源转型和全球碳减排，在提升我国企业国际竞争力上起到了积极作用，有利于后续加强合作，进一步促进中孟两国的可持续发展。

（由国家电力投资集团有限公司供稿）

札纳塔斯风电点亮“一带一路”

一、基本情况

哈萨克斯坦札纳塔斯100兆瓦风电项目（以下简称札纳塔斯风电项目）是中哈产能合作清单重点能源项目之一，也是哈萨克斯坦首个100兆瓦以上的大型风电项目。2016年2月26日，札纳塔斯瓦风电项目列入中哈产能合作清单；2018年6月11日，中哈两国领导人见证了项目投资意向协议的签署；2019年7月15日，正式开工建设；2021年6月20日，实现全容量并网。

二、实践经验

（一）能源保供，激活绿色“动力源”

札纳塔斯瓦风电项目坚持以可靠电力供应支持哈萨克斯坦经济社会发展，以绿色能源供应助力哈萨克斯坦“碳中和”目标落实。充分发挥自身产业优势，以清洁能源为纽带，推动中哈产能合作阔步向前。

1. 可靠运维，稳定供电

保障项目稳定运行。公司编制运行、检修、安全三大规程、6个相关手册，形成100余份操作票、10余项安全运营管理制度，自商业运行以来，未发生过一般及以上设备事故、质量事故、责任事故。

确保电力可靠供应。札纳塔斯地区天气多变、风速变化较快，很大程度上影响着生产运维的方式和策略。根据各区域的风速、风向、气温、空气湿度等参数变化规律，40台风机的坐落位置被划分为6个区域。综合应用天气预测、参数监控、故障预警、动态管理等手段，公司建立了“弹性设备维护计划”。在风小时“见缝插针”开展设备维护，确保不因设备停机维护而影响风机发电，为争发电量起到了关键作用。

克服覆冰期困难，高效争发电量。2022年1月，札纳塔斯风电遭遇投产以来最严重的覆冰期。为争发电量，需要缩短风机覆冰时间。通过对天气情况的观察，工作人员发现每天上午十点左右，随着气温升高，冰块冻结强度开始降低。因此，可以通过提前试启风机，让转动瞬间带来的振动将冰块振下。

因安全需要，试启动风机需要在现场监视。札纳塔斯风电 40 台风机分布在周边不同的山头，最远距离驻点 30 千米。工作人员为了将每台风机试启动一遍，冒着 -8℃的低温，迈过 30 厘米厚的积雪，驱车驾驶 100 千米巡查每台风机，几乎每天超过 5 小时都在风雪中度过。在 1 月超过 15 天覆冰的情况下，通过不懈努力，“抢”出了 2500 万的月度电量，大大提高了风力资源的利用效率。

2. 绿色能源，低碳生活

在生态环境友好方面，作为可再生能源，风能的大量利用可极大地减少一次能源（如煤、石油、天然气）的利用，从而减少因开发一次能源而造成的污染物排放、毁坏植被、影响海洋生态等环境问题。

在居民健康友好方面，确保风电场 300 米范围内无居住区，避免机组运行噪声及施工噪声对周围环境产生不利影响；确保风机运行频率在正常工作频率内（50 赫兹），对电磁环境影响较小；项目建成后，确保升压站四周和风力发电机附近电场强度、磁感应强度对人体和环境不会造成危害。

（二）电力工程，铸就发展“稳定器”

札纳塔斯瓦风电项目从生产建设到运营管理，始终坚持质量与安全并重，注重打造可靠的电力能源基础设施，为绿色能源的供应筑牢工程根基，为共建“一带一路”倡议的落实提供来自电力工程负责任的经验。

1. 聚焦优质，严控质量

过程控制，质量把控。明确计划，对照《札纳塔斯 100 兆瓦风电项目生产准备大纲》，列出生产准备计划 100 余项，推动有序生产；制定细则，严格遵循施工规范和方案，制定《质量管理实施细则》，持续实施质量互查、关键节点督查、施工图纸会审、设备到货验收、安装和调试质量验评等过程控制措施；专人监督，派遣工程部经理常驻项目现场，紧盯工程质量和进度。

技术融合，满足标准。项目引入国际业主工程师，发挥国际业主工程师的专业管理提高项目执行效率；由中国一流设计院进行设计，通过当地设计院结合当地规范转化工程设计，推动中哈技术融合，确保工程质量同时满足哈萨克斯坦建设标准和中国标准。

经验总结，有序管理。项目部将建设过程中遇到的安全、设计、用工、资源调配、承包商管理等问题进行梳理；分析处理方法和措施的采取，形成一套符合当地实际的管理方法，为后续项目建设提供有力的支持。

2019 年底，突如其来的新冠肺炎疫情影响了项目进展。疫情爆发后，中哈边境关闭。在项目建设的关键时刻，风电设备物流通关受到严重的影响。为保证项目建设有序进行，札纳塔斯风电项目部安排专人常驻物流口岸，同时在中哈关口两侧寻求各方资源，股东方积极协调中哈两国高层政府，推进设备通关工作。经过一个多月的努力，札纳塔斯风电项目第一个打通了中哈大件设备清关的全流程渠道，确保了项目物资及时到位。

2. 有序管理，时刻安全

强化安全管理。一是深化制度保障。深入推进安健环体系建设，发布“三大责任体系”文件，并逐级分解落实安全、质量和环保等专项措施，共修编安全生产责任管理、“两票”管理等 22 项制度。二是强化机制建设。形成常态化施工现场安全巡检机制，开展综合性以及设备专项等日常、周度、月度、季节性安全检查，并编写检查表和检查报告，真实记录检查结果。三是实现“零事故”目标。持续加强安全管理，未发生一般及以上质量、人身安全、交通、环境、网络信息安全责任等事故，完成全年安全生产目标。

加强应急管理。一是提升应急能力。为预防突发紧急性事件发生，强化升级应急预案，开展境外紧急撤离应急演练，并全员参与完成集团公司境外安全应急知识线上培训，全面保障员工人身安全。二是加强安防保障。根据集团公司境外高风险地区安防建设指引，加强各类物防、技防布置，推动应急管理再升级。三是保障员工安全。在新冠疫情暴发初期，项目结合属地疫情政策，对生产现场实施网格化管理；多举措鼓励属地化员工积极接种防疫疫苗，切实保障员工生命健康安全。

（三）多元合作，打造共赢“朋友圈”

札纳塔斯瓦风电项目坚持平等互利、合作共赢的理念，密切关注产业链上下游利益相关方的诉求与期望，推动形成更广泛的“朋友圈”，力争在多方共赢的合作生态中，全面实现综合价值最大化。

1. 携手伙伴，价值共创

合作伙伴，打通产业链。与工程设计、设备供货、周边交叉作业等产业链合作伙伴积极协调解决问题，有效保障项目建设的稳步推进；加强和供电公司的沟通和交流，在提升送出电能质量品质的同时，进一步提高电量计划申报的准确性。

政府机构，提供官方支持。与中国驻哈使领馆、哈国各级政府机构等多层面开展沟通协调工作；及时了解各项政策的变动，做到提前预警、合理规避，项目现场秩序平稳，避免群体事件的发生。

解决融资难题，打造合作典范。亚洲基础设施投资银行、欧洲复兴开发银行等国际多边金融机构主要支持经济、民生、环保相关项目，且成本和年限都更为优惠，适合作为札纳塔斯风电项目的融资渠道。然而国际多边金融机构对项目的技术、合规、环保、风险担保和社会责任履行都有更高的要求，审查和把关极为严格。

2. 以人为本，成长与共

保障员工权益与福利。一是落实员工福利。开展哈国员工英语培训，扩大属地化项目经理参培人员范围，落实中方员工俄语培训、回国体检等员工福利。二是关注员工诉求。开展“合理化建议”征集活动，了解员工对公司、职业发展、生活等各方面意见和建议，并及时回应员工诉求。三是开展员工关爱活动。给予长期奋战一线和无法回国探亲员工及时关爱，优先安排一线员工回国探亲，让员工在海外也能感受到公司大家庭的温暖。

提升员工专业技能。一是培养属地化团队。根据工程建设实际需求，制订各类系统的培训计划共计 20 大项、100 余小项，通过视频学习、资料学习等方式，注重属地团队技术水平的持续提升，为项目建设和运行培养本地力量。二是提升员工专业技能。在“零基础”“弱语言”的工作情况中，打造专项培训方案，高效提升属地员工技能水平。截至目前，项目运行中未发生因人为操作失误引发安全事故和电量损失。

考虑到属地化员工技术水平和专业知识相对薄弱，难以应对稳定运营所需要的技术水平和综合能力，培训过程中也存在语言翻译不精准的情况。札纳塔斯风电采用“结对子”方式，选择了一批学习能力相对出众的哈方学员，为他们量身打造专项培训方案，教授电力系统基本概念和风电日常操作维护技巧。结合视频教学和肢体语言，通过重复演示，帮助哈方学员加深记忆，并通过他们带动其他学员共同学习，系统提高哈方员工的整体技能水平。经过长时间的技能培训，哈方员工为札纳塔斯风电项目实现全年平稳运行的目标贡献了不可缺少的力量，中哈员工也在“结对子”中培养了深厚的友谊。

（四）真情凝聚，深植友谊“常青树”

札纳塔斯瓦风电项目主动融入当地人文环境，与地方政府、社区共建基础设施和公共服务设施，巩固两国人民的友好基础。两国跨文化沟通交流的深入，也持续增进着扎纳塔斯风电与当地居民之间的友谊之桥的巩固，凝聚同心发展的共识与合力。

1. 社区建设，共享美好

帮扶困难群体。联系市政府，逐户走访贫困家庭，捐助基本生活物资与防疫物资；为 5 处涉及 59 位居民的残障妇幼家庭修缮住房，协助提高生活质量；严冬来临前，完成所有保障性住房修缮，保障了特困及多子女家庭的基本生活，确保困难家庭平安度过寒冬。

改善基础设施。联合市政府为民众修建占地 5000 平方米林荫公园，并计划在邻近处修建儿童设施。目前，林荫公园已建成投用，成为札纳塔斯市新地标，为当地 20000 余名居民开辟更舒适的休闲新环境；2021 年春季施工重建阿克布拉克泉游泳池，在夏季前完工并投入使用，为居民健康生活再增新福利；2022 年，助力建设阿克布拉克泉游泳池二期；2023 年，捐赠建成萨雷苏区政府楼前文化舞台。

2. 沟通互动，文化交融

连线孔子学院，低碳未来可期。2022 年 7 月 8 日，札纳塔斯风电项目视频连线阿里法拉比哈萨克民族大学孔子学院，联合举办“携手绿色能源 · 共创低碳未来”专题座谈活动庆祝中哈建交 30 周年，公司员工、孔子学院师生代表 20 余人参加座谈。活动中，札纳塔斯风电向孔子学院师生分别介绍了发展清洁能源的意义、哈萨克斯坦清洁能源发展潜力、当前公司发展情况等内容，并围绕“低碳未来”话题进行互动交流。此次活动不仅传播了低碳发展理念，增进了中哈青年的友谊，更在思想碰撞与交流中，激发了两国青年们对美好未来生活的憧憬。

首届企业开放日，开放低碳美好生活。2022 年 5 月 15 日，札纳塔斯风电以“低碳赋能美好生活”为主题，举办了首届企业开放日。活动邀请了江布尔州萨雷苏区区长、札纳塔斯市市长、部族首领、札纳塔斯市中学师生代表、新华社、《札纳塔斯报》、公司员工和家属代表共 55 人参加。札纳塔斯风电通过中文和哈萨克语，向各界代表来宾展示了企业发展历程、国家电投企业文化、员工风采和社会责任履行情况等内容，加强社会各界对项目的理解和认同。

此次活动还促进了新项目开发工作，实现储备超过 500 兆瓦待签容量。公司希望以札纳塔斯风电项目为起点，继续携手哈方伙伴共建绿色“丝绸之路”。

三、取得的成效

（一）促进国际能源合作

在共建“一带一路”倡议同哈萨克斯坦“光明之路”新经济政策深度对接下，该项目是中哈产能合作加速推进的一个典范。

（二）缓解地方电力压力

哈萨克斯坦南部的江布尔州和奇姆肯特地区尚没有大型发电厂，札纳塔斯风电每年发电量可达约 3.5 亿千瓦时，可以满足当地 20 万家庭的用电需求，有效缓解哈萨克斯坦南部电力供应压力，推动哈萨克斯坦电力供应格局的优化。

（三）推动绿色低碳发展

预计每年可节约标准煤 10.95 万吨，减少二氧化硫排放量 1031 吨、氮氧化物 934 吨，减少二氧化碳排放量 28.9 万吨，对哈萨克斯坦能源体系“去碳化”目标发挥示范引领作用。

（四）助力区域能源转型

哈萨克斯坦是欧亚地区商品物流的要道和周转地，也是中欧的能源枢纽。项目的投运使得哈萨克斯坦逐步成为风电、光伏等可再生能源的大通道，对于中亚地区能源转型的实现有着深刻影响。

（五）提高当地就业水平

项目建设期，通过招聘当地技术工人提高当地就业率，项目建设高峰期用工 500 多人。进入运营期后，能够为当地提供数十个长期稳定就业岗位。随着公司可再生能源项目的快速发展，就业岗位数量将在未来进一步增加。

（由国家电力投资集团有限公司供稿）

中加能源融通点亮黄金海岸，跨国合作共绘加纳电力新蓝图

一、基本情况

深能安所固电力（加纳）有限公司由深圳能源集团股份有限公司（持股60%）与中非发展基金有限公司（持股40%）于2007年共同投资建设。公司位于加纳共和国（以下简称加纳）大阿克拉省的特马重工业区，是一家清洁环保的电力能源公司。2010年10月一期装机容量2×100兆瓦发电机组建成投产。电厂一期项目的建设和投产，对缓解加纳乃至整个西非电力供应紧张的局面起着至关重要的作用，为加纳经济起飞与发展提供了强有力的保障。2015年，投资约6亿美元装机容量360兆瓦的二期4台机组装机开工建设；2017年二期项目全部竣工投产，比加纳同类电厂相同机组提前2~3年完成，当时电厂总装机容量超过加纳全国总装机容量15%，发电量接近加纳全国20%，为加纳经济发展作出了巨大贡献。

深能安所固电力（加纳）有限公司是第一家中国国有企业在非洲投资运营的火力发电企业，是加纳第一家独立发电商，也是目前加纳装机容量最大的火力发电企业。

二、实践经验

（一）探索非洲，镌刻时代烙印

随着加纳的经济增长，电力需求供应日趋紧张，拉闸限电现象频繁发生，为保证能源安全，加纳政府确定了引入独立发电商的能源产业政策，鼓励非洲加纳国有资本进入能源领域。此时，在中国“走出去”国际化经营战略的指导下，深圳能源也在积极探索集团产能转移，充分发挥国有资产优势，实现国有资产的保值增值。

2005年8月26日，加纳时任国家酋长院院长、加纳沃尔特区域最高酋长阿菲迪带领一支由22人组成的团队来到中国进行为期两周的考察，寻求中加

投资与合作机会。在此期间，经时任中非民间商会会长胡德平的引荐，深圳能源与阿菲迪酋长就加纳能源领域投资进行了沟通并达成了初步合作意向。

2006年8月阿菲迪大酋长第二次访问中国，并与深圳能源集团进一步沟通，讨论在加纳投资建立发电厂的可能性和可行性。

2006年11月，深圳能源考察团首赴加纳实际考察，通过调研，深圳能源发现加纳拥有很好的电力投资市场，结合国际油价不断攀升、集团燃机电厂实际情况等因素，认为在加纳投资燃机项目对能源集团发展是个很好机遇。

2006年12月6日，深圳能源集团时任董事长高自民带队应邀赴京，向时任中共中央统战部副部长、中非民间商会会长胡德平汇报了能源集团对加纳燃机投资项目考察情况及下一步工作打算。加纳投资项目得到了国家统战部、中非民间商会的大力支持，同时胡德平副部长希望能源集团在追求企业发展的同时，要把这一项目作为两个国家合作的开拓性项目，为中非友谊作出贡献。

2007年2月1日深圳能源代表团再次抵达加纳，就电厂项目投资的详细事宜展开深入洽谈，开展多轮商业谈判。

电厂投资千万条，购售电协议是第一条。当时两眼一抹黑，首要的任务是生存下来，只能是“摸着石头过河”，摸清当地条件和物资供应，对电厂建设造价进行预算编制，依此与配电公司进行一轮又一轮的谈判，经常从早上谈到半夜，中午饭是顾不上的，因此代表团笑称这个PPA是在一天只管一顿饭的情况下谈成的，也叫“一顿饭合同”。

2007年5月深圳能源集团时任董事长高自民率团访问加纳，与加纳电力公司（ECG）签署了200兆瓦的购电协议（PPA），确定在特马工业区Kpone地区投资建立燃气轮机联合循环发电厂。

2008年4月17日，在中非民间商会时任会长胡德平、中国驻加纳时任大使于文哲、深圳能源时任董事长高自民、中非发展基金时任总裁迟建新的共同见证下，深能安所固电力（加纳）有限公司举行了揭牌成立仪式，并在加纳特马工业区Kpone地区隆重举行了项目一期开工仪式。

（二）开拓基业，践行深圳精神

深圳能源加纳公司的建设历程，和国内完全不一样，困难和挑战一个接一个，深圳能源加纳公司发扬敢闯敢试、敢为人先的精神，不断迎接新挑战，想方设法克服各种困难，在曲折中前行。

1. 基础建设阶段，原始方式打桩

国内一般使用打桩机对地基进行打桩处理，以便提供更好的支撑力，保证建筑物的安全性和稳定性。然而，在加纳竟然找不到打桩机，当时又恰逢雨季，10 米深的大坑常常变成烂泥潭。公司因地治宜，通过认真研究采用雨季特殊处理方式，用大开挖和 6.8 米高素砼换填的施工方式进行，科学合理配置工、机具，有效化解矛盾，最终攻克主机岛基础换填难关，按期实现工程目标。

2. 自己动手，建造取水堤坝

2008 年，在建造取水堤坝的时候，深圳能源加纳公司又遇到了新的难题。由于要从海外调动施工船舶，成本增加太多，在加纳的中资企业无意接手，而当地的施工公司又承接不了该工程，堤坝工程面临工程包不出去的尴尬局面。深圳能源加纳公司从深圳盐田港集团请来两名专业的港口施工监理做技术指导，自己买材料，自己施工，最终保证了机组的发电用水。

3. 叹为观止，深能速度的体现

“Incredible！！”这是加纳工程监管人员对深圳能源加纳公司二期燃油罐建设速度之快发出的感慨。2017 年，二期燃机建成投产后，由于尼日利亚的天然气供应不足，公司积极拓展燃料渠道，轻质原油成为继天然气之后的一个最佳选择，于是建设 3 个 3000 立方米的原油储罐项目应运而生，早一天建成储罐，就可以早一天让发电机组启动发电，生产紧迫性不言而喻。确定了设计方案后，油罐建设正式动工，随着储油罐基础的建成，接着便是油罐本体的安装，整个储油罐是由设计好的不同的钢板分段、分层焊接而成的，平均每一个油罐的焊缝长度约 1 千米，5 个焊工同时焊接加工，焊完一层吊车配合吊上第二层钢板继续焊接，如此反复。为了争取早日投用，施工人员起早贪黑，中午不休息顶着毒辣的太阳连续工作，最终取得了 7 天完成一个油罐的佳绩，赢得了加纳兄弟的赞不绝口。要知道，这样的建设速度在加纳人看来是不可能完成的，当地一个油罐正常的建设周期为一个月，而在中国工人的辛勤劳动下，仅仅一周就完成一个油罐的安装，创造了另一个“不可能”。

（三）团结合作，携手勇创佳绩

1. 突破容量限制，提高经济效益

随着加纳本地天然气的发现，塔克拉底电厂装机容量成倍增加、新增机组均通过 330 千伏输电系统直接向外送出。受加纳境外相关线路工程进度滞后，配套 A4 变电站未建设等因素影响，深能安所固电厂二期机组的输出容量

被限制到 240 兆瓦，出于机组经济性考虑，实际输出仅为 180 兆瓦。

因此，为尽快投入二期两套机组同时运行，解除二期出线容量限制，提高经济效益，现有 330 千伏系统急需增加向 161 千伏系统的送电容量。

为了缓解 330 千伏系统窝电现象，增强电力系统稳定性，提高公司的经济效益，深圳能源加纳公司多方探索，积极行动。在集团领导的大力支持下，在加纳能源部部长 John Peter Amewu 的号召下，深能和加纳电网公司（GRIDCo）展开了围绕解决 330kV 系统窝电问题的合作。

经过研究讨论及不同方案的技术和经济性比较，双方决定在 Collector 变电站共同建设一台联络变压器用于连接现有 330 千伏输电系统和 161 千伏输电系统。根据协商，加纳电网公司提供一台价值 2000 余万元人民币的移相自耦变压器，负责项目的具体实施工作。

在项目实施阶段，由于项目技术含量高，施工周期短，项目所在地位于非洲加纳，经调研，具有相关施工资质的公司不愿意进行本项目的施工总承包工作。为此，公司组织相关工作人员，同步推进项目设计、采购、施工各项工作，以期本项目快速投入使用。

经过将近一年的共同努力，由公司和加纳电网公司（GRIDCo）共同建造的 330 千伏 /161 千伏移相自耦变压器于 2020 年 4 月 18 日正式投入运行，项目总投资约 600 万美元。项目的顺利运行使得 330 千伏输电系统与 161 千伏输电系统联系更加紧密，输电能力提高了 200 兆伏安。本项目的投入增强了加纳电力系统的稳定性和可靠性，进一步提高了供电质量，为加纳向周边各国输出电力赢取良好口碑。

2. 设立本地值，加强本地化队伍建设

深能安所固公司立足加纳，放眼非洲，始终在探索“如何加强海外公司人力资源管理属地化，并建立良好和谐的劳资关系”的道路上前行。公司中方员工从 2009 年投产运行以来，每年都有不少员工因远离家乡、职业发展、个人家庭等原因陆续离职，加上很多国内人员对加纳存在着“脏乱差”的偏见，招聘中方员工也面临着困难。人员的流失和不足不仅影响着机组和设备的安全稳定运行，也给公司长期发展战略带来挑战。而加纳本土高等教育资源丰富，大类专业分类清晰，人员充足，能够满足公司生产运行的需要，此外员工本地化也拥有降低公司人力成本，减少中加员工沟通障碍，降低公司员工流失率及稳固公司生产人员结构的强大优势。

在此背景下，深圳能源加纳公司大胆创新，推进本地化策略，实现企业经营降本增效可持续发展的战略目标。在不影响各班组正常生产工作的前提

下从四个班组中精心选拔技能过硬、工作认真负责、态度端正的本地员工，在前期阶段由中方员工进行操作指导、技能培训、沟通协调，以本地员工为主、中方员工为辅的运行思路保障本地班组安全稳定运转。制定岗位技能培训制度，组织仿真机比赛、岗位练兵、技术交流、一师一徒、驻外培训、每日一课等业余活动，加大优秀课程开发力度，加快搭建交流展示平台，加强技能提升。

自本地班组成立到现在，中方员工陆续退出，直至本地员工占比100%，本地班组独自完成启、停机操作180余次，正确处理出线跳闸、天然气中断等重大事故10余次，非停次数为0，机组安全运行小时数14200小时，公司每年节省人力成本支出420万元，同时为西非办、安健环输送技术型人才5人。本地化创新改革的成功，不仅为公司新项目提供了指导思想，更为公司可持续发展奠定了坚实的基础。

3. 酋长主持下的合作

在加纳，部落文化贯穿其整个历史发展历程并沿袭至今，部落的首领通常就是酋长。酋长被视为“天然的统治者”，一个地区或一个部落的酋长仅代表着本部落的利益。Reinbee公司作为一家加纳本地劳务服务公司，在一定程度上缓解公司本地员工管理压力。Togbe Agbelom是Reinbee公司的主席，同时也是当地的大区酋长，安所固公司很早就开始了与Reinbee公司的合作，负责安所固公司加纳本地劳务人员的派遣和管理等工作，并一直保持良好的合作关系。

三、取得的成效

目前，整个非洲仍是全球人均电力供应水平最低的地区，长期严重缺电制约着非洲工商业的发展和人民的日常生活。深能安所固电力（加纳）有限公司作为深圳能源集团在非洲的第一个项目，也是中非合作论坛示范项目，必会将其成功经验从加纳带到整个非洲，为非洲的发展赋能。

自2020年开始，因新冠肺炎疫情影响，国内项目开发人员出国受阻，深圳能源加纳公司西非能源开发办公室充分利用地处加纳的优势，主动开展周边国家电力项目的开发工作，集团积极落实“十四五”海外战略装机目标。2021年深圳能源加纳公司西非能源开发办公室实地考察塞拉利昂、利比里亚、刚果（金）等国的能源项目，并跟进当地相关项目的发展情况；赴贝宁拜访西非电力池（WAPP）总秘书长。以集团“能源国际”的战略目标为指引，不断拓展非洲电力市场。

同时深圳能源加纳公司在加纳也不断推动新项目的进展：塔马利 50 兆瓦光伏项目、加纳 50 兆瓦风电项目、深能安所固三期项目均取得阶段性成果。

西非黄金海岸上，深能人扎根于此、奉献于此，更在此传播中国文化，弘扬新时代中国企业精神，成为加纳人认可的朋友。加纳安所固电厂为投资非洲提供了新思路，也为我国装备制造业“走出去”提供了新方向。深能安所固电力项目在运作过程中“科学决策、过程严谨、管理精细、成果卓越”，取得了很大的成功，不仅代表了深圳能源集团，还代表了深圳乃至中国企业的良好形象。自投产以来，公司为加纳工业发展和民生生活提供可靠优质的能源，不仅极大缓解了加纳电力供应紧张局面，更促进了加纳能源行业发展。公司扎根加纳，眼望非洲，大力拓展非洲能源项目，致力于向非洲提供可靠、稳定、清洁、低碳的能源，助力非洲经济发展，为构建更加紧密的中非命运共同体贡献力量。

（由深圳能源集团股份有限公司供稿）

“一带一路”旗舰工程

——中巴经济走廊能源合作十周年成果丰硕

一、基本情况

水电水利规划设计总院（以下简称水电总院），是一家有着70多年历史的国内一流能源行业智库机构，隶属中国电建集团，是国家能源局确定的第一批研究咨询基地，也是国家能源领域行业标准化管理机构。在当前“碳达峰、碳中和”目标指引下，水电总院以“能源行业国际一流智库和咨询公司”为战略定位，主要面向政府、能源企业开展可再生能源行业政策研究、行业规划及各类技术服务。国际业务方面，水电总院助力相关政府部门开展能源国际合作和国际能源治理，受托负责中—巴（基斯坦）、中—缅、中—尼（泊尔）等10余项双边机制，中国—阿盟、中国—非盟、中国—东盟以及金砖国家能源部长会等近10项多边机制下的能源技术合作，以及运行国际可再生能源署（IRENA）等国际能源组织的中国合作办公室。

中巴经济走廊是习近平总书记亲自推动打造的共建“一带一路”重要先行先试项目，北起中国喀什，南至巴基斯坦瓜达尔港，纵贯3000余千米，涵盖数十亿人口，是连接“丝绸之路经济带”“21世纪海上丝绸之路”的关键枢纽。能源合作是中巴经济走廊“1+4”合作布局中的重要组成部分，是中巴经济走廊的建设重点和优先方向，对巩固和发展中巴全天候战略合作伙伴关系，全方位推动中巴经济走廊建设，着力解决巴基斯坦国内电力供应短缺等关键问题，具有重大意义。

2013年以来，在国家能源局指导下，作为中巴经济走廊能源规划专家组中方牵头单位，水电总院组织编制完成和推动签署了《中巴经济走廊能源规划报告》《中华人民共和国政府和巴基斯坦伊斯兰共和国政府关于中巴经济走廊能源项目合作的协议》《中巴经济走廊电力市场联合研究》《中巴经济走廊能源合作项目实施指引》等多项顶层规划、政府间合作协议和专题研究，协助搭建了委员会—工作组—专家组能源合作架构、中巴经济走廊能源信息平台等数项快速响应合作机制，开展了合作项目年度评估、项目滚动调整等专项重点工作，在奋力保障中巴经济走廊能源项目顺利建设和运营上做出卓越贡献。10 年来，在两国政府及民众的鼎力支持下，能源合作全面开花，卡西姆燃煤电站（132 万千瓦）、卡洛特水电站（72 万千瓦）、大沃风电场（5 万千瓦）以及 Quaid-Azam 光伏园（100 万千瓦）等一个个高标准、高质量项目并网投运，发展成果广泛惠及巴基斯坦全体人民，已成为“一带一路”合作典范、中巴经济走廊建设的引航标杆。

二、实践经验

2024 年，是习近平总书记提出“四个革命、一个合作”能源安全新战略的 10 周年，也是《中巴经济走廊能源规划报告》编制完成 10 周年。10 年前，以习近平同志为核心的党中央高瞻远瞩、审时度势，创造性提出“四个革命、一个合作”能源安全新战略，为新时代能源国际合作指明了方向，开辟了道路。10 年来，在“四个革命、一个合作”能源安全新战略指引下，在国家能源局的指导下，水电总院积极贯彻落实两国元首共识，遵循开放包容、互利共赢、市场运作、普惠共享、绿色和可持续的合作原则，坚持战略引领、规划先行、远近结合、产融协同，探索开创了中巴经济走廊能源合作新范式。

（一）坚持战略引领，积极贯彻落实两国元首共识

一是推动签署政府间“一揽子”合作协议。根据两国元首共识，陆续推动签署了《中华人民共和国政府和巴基斯坦伊斯兰共和国政府关于中巴经济走廊能源项目合作的协议》等政府间“一揽子”合作协议，为走廊项目审议机制、汇兑保障措施、优惠待遇、电费支付、清单项目调整等重大事项做好顶层设计，提供纲领性指导。

二是协助搭建走廊能源合作组织架构。自上而下构建了中巴经济走廊联合合作委员会（国家发展和改革委员会牵头）、中巴经济走廊能源工作组（国家能源局牵头）和能源规划专家组（水电总院牵头）三级能源合作组织架构，保持高层密切交往、工作层务实合作的定期对话与协商机制。

三是务实开展战略对话和谈判磋商。在三级能源合作组织架构下，水电总院积极协助组织联合中方有关政府部门、企业、研究机构等相关单位，与巴基斯坦计划发展部、水电部、私营电力和基础设施局、可再生能源局、国家输电公司、中央购电署、国家电监会等政府部门和核心企业，就双方具体诉求，开展磋商会谈，形成数十份会议纪要文件，开创了一个“政府搭台、

企业唱戏”的良好格局。

（二）坚持规划先行，着力构建综合性能源合作规划

一是联合开展规划研究和报告编制。在能源工作组指导下，联合巴方能源规划专家组，按照“统筹兼顾、相互协调，科学规划、合理布局，远近结合、有序开发”的规划原则，从技术规划和商务规划两个方面，围绕能源发展总体规划、电源结构及布局、电网规划布局、合作项目清单等核心内容，编制综合能源规划和电力发展规划，为巴基斯坦逐步构建清洁环保、安全高效的现代能源体系。

二是推动构建项目保障机制。针对电力三角债风险、电费拖欠、土地租赁困难、项目审批烦琐等问题，协同国家开发银行、中国进出口银行等中方金融机构以及巴方有关单位，联合推动建立项目实施快速通道模式、循环账户、项目收益保障及风险管控措施，以畅通融资渠道、缩减项目审批流程、保证电费结算、降低汇兑风险。

（三）坚持远近结合，有序推动走廊项目梯次建设

一是全力推动走廊内优先实施项目建设。针对巴基斯坦电力严重短缺情况，以解决近期急需、提高安全供电能力为重点，同时兼顾中长期发展需要，综合考虑《规划》《中巴经济走廊电力市场联合研究》《中巴经济走廊能源合作项目实施指引》的结论和指导意见，筛选了具有一定前期工作基础、技术经济可行、建设条件落实、社会及环境风险较小等具备优先开发条件的项目，纳入优先实施项目清单，配套落实送出方案，全力保障投产发电。

二是持续推进走廊内积极推动项目落地。统筹兼顾巴基斯坦能源电力长期发展方向、能源总体规划和远期发展愿景，结合电力消纳和投资风险，筛选技术与商务基本可行、开发建设周期与回报周期长、远期内可推动形成多元化电力供应的次优先开发项目，列入积极推动项目清单，并视项目开发情况，持续跟踪推动，待条件成熟时适时推动落地。

三是强化全流程动态管理。定期召开能源合作规划专家组会议，针对项目推进过程中出现的各种问题，中巴双方友好协商务实提出可操作的解决方案，确保走廊能源合作行稳致远。首先，第一时间解决项目税收、通关、港口配套、建设期供电供水、安保等具体问题，确保项目按时推进；其次，密切关注已投产项目运维情况，高度关注巴基斯坦电力三角债和外汇情况，定期统计“走廊内”已投产项目电费拖欠数据，协助企业做好电费结算和结汇

事项；最后，建立中长期调整和评估机制，联合巴方共同对巴基斯坦电力市场进行动态跟踪和复核分析，配合国家能源局滚动调整项目清单。

（四）坚持产融协同，筑牢走廊项目市场化运作体系

一是夯实市场经济运行微观基础。一方面，遵循平等竞争原则，推动项目业主严格按照“走廊内”项目审批流程，充分发挥市场资源的配置作用，落实项目资金、建设用地、技术设备、配套设施等相关建设条件，推动资源在企业间、部门间的优化配置；另一方面，适度发挥政府间接引导作用，弥补市场在应对外部性及信息不对称等方面的缺陷，建立公平、公正、透明的市场环境。

二是助力搭建融资协商平台。在国家能源局指导下，推动搭建了政府、金融机构和企业多方协商平台，密切联系中国驻巴大使馆经济商务参赞处、驻卡拉奇总领事馆经济商务室，使中国工商银行、丝路基金、中国出口信用保险等中方金融机构及时参与项目融资阶段各项讨论，结合项目实际，按照月度、季度收集报送项目信息，协商解决重大融资问题。

三、取得的成效

10 年来，随着一个个项目开工建设，一座座电站投产发电，一股股电流源源送出，一家家灯火燃燃点亮，中巴经济走廊能源合作取得了丰硕成果，为中巴两国乃至地区发展做出了显著贡献。

一是开创“一带一路”能源合作新典范。在中巴经济走廊协议中，能源项目占据了半壁江山，成为走廊建设投入最大、进展最快、成果最显著的领域之一。在能源项目的带动下，巴基斯坦邻近阿拉伯海、波斯湾、霍尔木兹海峡的地缘优势进一步显现，成为提升地区互联互通水平的重要枢纽，对地区联通发展的辐射带动作用进一步增强，自身投资环境的持续改善，得到国际著名评级机构认可，展现出“一带一路”倡议强大生命力与感召力，为南亚等其他地区的能源国际合作，提供了重要的示范和推动作用。

二是推动中巴命运共同体构建更加紧密。在外交方面，以能源合作助力能源外交。在中巴经济走廊联合合作委员会等相关机制推动下，中巴全天候战略合作伙伴关系持续巩固，中巴能源务实合作显著增强，巴中关系已成为巴基斯坦外交政策的基石，中巴关系已成为中国外交的优先方向。在政策方面，作为巴方经济发展的宏观指导性文件和参与走廊建设的规划纲要，《巴基斯坦 2025》列出的驱动发展七大支柱中，基础设施、能源项目、人力资源三

大支柱与中巴经济走廊直接相关，与中方的相关规划形成良性对接。在贸易方面，以投资拉动双边贸易，两国经贸往来进一步密切。自 2014 年以来，中国已连续 8 年成为巴基斯坦第一大贸易伙伴和最大投资来源国。

三是助推巴基斯坦电力跨越式发展。在装机容量方面，能源安全和保障能力大幅改善。截至 2023 年底，走廊已投运项目 14 项，总装机容量 802 万千瓦，约占巴基斯坦总装机的 1/5。巴总装机由 2013 年的 2366 万千瓦上升至 2023 年的 4588 万千瓦，提升近一倍，显著缓解了能源供应紧张的局面。在电力供应方面，巴基斯坦电力综合供应能力明显提升。随着走廊内及其他电站陆续并网发电，巴基斯坦发电量已由 2013 年的 1024 亿千瓦时跃升至 2023 年的 1380 亿千瓦时，增长了近 35%。默拉直流输电项目（输电能力 400 万千瓦），作为南北输送电动脉，有效提升巴基斯坦长距离资源配置能力。能源绿色低碳转型方面，能源结构持续优化，清洁能源占比不断提高。随着走廊内卡洛特水电站、苏克阿瑞水电站（87 万千瓦）、Quaid-Azam 光伏园以及大沃风电站等可再生能源电站的陆续投产，推动巴基斯坦实现风电、光伏电站从无到有，可再生能源发电量由 2013 年的 300 亿千瓦时提升至 2023 年的 416 亿千瓦时，累计减少二氧化碳排放约 910 万吨。

四是推动巴基斯坦经济社会环境发展成效显著。在经济效益方面，走廊内项目工程建设及运营期间材料、办公及生活物资优先在当地采购，有效推动当地煤炭、建材、交通、建筑等行业的发展，累计贡献财政收入数十亿美元。在社会效益方面，满足了数亿家庭的日常用电需求，将拉合尔市等重点城市每天停电时间由 6 小时缩减至 3 小时，累计创造 23.6 万个就业岗位，并通过分享先进技术、开展技能培训、资助赴华学习等方式，为巴培育数万名卓越工程师、教师和医护人员。在环境效益方面，开发建设的一系列水电、风电和光伏等环境友好项目，显著降低电力碳排放水平，煤电采用世界先进的超临界机组和低氮燃烧技术，通过静电除尘、湿式脱硫、污水处理、海水二次淡化等环保设施，实现废水零排放，有效保护周边陆地和海洋环境。

五是带动中国装备、标准、资金“走出去”取得重大突破。在装备方面，按照相关协定，走廊内相关项目建设优先选用中国装备，带动锅炉、汽轮机、发电机、换流变压器等相关动力及电气设备全面“走出去”。在标准规范方面，根据《规划》及相关协议，在巴基斯坦管理机构及购电方的认同下，走廊内能源项目原则上采用中国标准进行设计和建设，带动我国勘察设计、施工建设、验收等标准“走出去”。在投融资方面，中巴双方协商同意，支持中方金融机构按照商业化原则为走廊内能源合作项目提供融资支持，拉动国家开发银行、中国银行、中国工商银行、中国进出口银行以及中国出口信用保险公司等相关金融机构“走出去”，截至2023年底，走廊已投产的14个电源或输变电项目已累计完成总投资约175亿美元。

（由水电水利规划设计总院供稿）

中国电力规划智库支撑发展中国家绿色低碳发展

一、基本情况

2023年10月以来，受乌兹别克斯坦能源部委托，中国能建电力规划设计总院（简称电规总院）作为技术牵头单位，与乌能源部、国家电网公司、国家电力调度中心等成立多方联合工作组，系统性开展了乌兹别克斯坦国家电力系统规划研究工作。项目工作组将中国能源电力转型发展的“中国经验”与乌电力系统发展需求相结合，综合兼顾绿色转型、经济可持续、安全稳定等关键要素，为乌电力系统提出了客观、全面、可行的规划发展方案，获得乌总理、内阁、能源部、相关企业以及专业机构的高度认可，打造了中国方案支撑发展中国家能源绿色低碳发展的样板工程。

二、实践经验

（一）乌能源电力市场具有广阔前景

乌兹别克斯坦是中亚重要的新兴市场，政治局势稳定，营商环境良好。乌政府近年来逐步放松管制，减少行政干预，积极推动经济改革，实行对外开放政策，经济增长潜力较大，是我国周边未来重要的能源电力可开拓市场。在两国元首高端对接形成的良好合作氛围中，中乌目前已建立了新时代全天候全面战略伙伴关系，双边关系处于历史最佳时期，各领域合作潜力巨大，特别是能源电力领域的合作前景无限。

近年来，乌兹别克斯坦经济快速增长，电力需求增长势头强劲，传统电源发展空间受限，能源供应问题日益凸显。乌目前全国电源装机1940万千瓦，其中化石能源装机占比3/4，主要为服役超过30年的老旧机组，调节能力和可靠性不足，同时面临燃料供应短缺问题，部分时期需要从周边国家进口天然气进行弥补，现阶段亟须对现有电力基础设施进行大规模投资开发。规划到2030年，乌新增各类装机达到3600万千瓦，新增500千伏输电线路超过

5000 千米，500 千伏变电站容量超过 1500 万千伏安，初步估算总投资可达 300 亿美元。特别是新能源开发方面，乌风光资源开发潜力巨大，政府希望通过新能源规模化开发缓解乌电力短缺压力，保障电力供应安全和能源转型。为满足日益增长的能源需求，自 2019 年以来，乌已经签署购电协议（PPA）、框架协议、谅解备忘录（MOU）的新能源项目超过 2000 万千瓦，已成为中亚乃至全球能源转型发展的热点地区。

（二）“中国方案”为乌电力稳定供应和绿色转型提供重要支撑

乌既有电网结构较为薄弱，由于设备老化、自动化程度较低、调度运控手段落后等原因，电网可靠性相对较低，近年来发生多次停电事件。2022 年，乌 500 千伏主干线路故障引发乌部分地区的大规模停电，4 天后乌电网才逐步恢复，暴露出其电力系统的脆弱和抗风险能力较差。乌骨干电网电压等级为 220 千伏，500 千伏线路较少且多为单回路链式结构，整体结构较为单薄。同时，全国新能源资源主要分布在距离负荷中心较远的西部和南部，随着新能源的大规模快速部署，电力系统的安全稳定运行面临巨大风险和挑战。

与此同时，我国已建成全球规模最大的电力供应系统和清洁发电体系，以相对低廉的技术经济成本实现了清洁能源的大规模开发消纳和大电网安全稳定运行，获得了国际社会的广泛关注。不同于西方发达国家具有成熟电网建设基础和较强的经济承受能力，以乌兹别克斯坦为代表的发展中国家电力系统普遍处于加速发展建设中，中国被视为可学习、可复制的重要参考。乌方将“中国方案”视为乌保障电力系统稳定供应和绿色转型的首选，对中国能源电力转型发展经验和技术方案认可度前所未有，希望与中方在电力规划、行业发展战略、政策标准等领域加强合作，为乌电力系统转型发展提供技术支撑。

（三）规划先行为乌电力系统发展指路引航

系统要发展，规划需先行，这是中国电力系统多年来发展建设过程中始终遵循的一项基本原则，也是值得推广应用的成功经验。电力系统的物理特性决定了需要对系统中的负荷需求进行准确的预测，合理有序地规划不同类型电源的建设规模和开发时序，保障系统内供给侧和需求侧的实时平衡，达到经济社会效益的最大化。特别是在新能源规模化发展过程中，系统的不确定性将大大增强，更需要一套完善的规划方法体系提供支撑。2023 年以来，中国电规总院与乌能源部、国家电网公司、国调中心等进行了长期多轮次的对接交流，重点向乌方介绍中国能源电力转型发展的经验，特别是多次向乌方强调在电力系统发展过程中要关注电源和电网之间的协调，通过规划先行对系统发展进行统筹指导。

近期，欧洲、中东等国的大型能源类企业纷纷加速进入乌电力市场，不同参与方基于各自诉求，为乌能源主管部门描绘了缤纷复杂的发展路径，但相互间缺乏协调整合，引发许多连锁性问题，带来不必要的损失。乌方也逐渐深刻认识到需要通过系统性规划对电源电网开发方案进行管理统筹。在乌能源主管部门和国家电力公司交流沟通过程中，乌方对于中方团队丰富技术经验和国际化咨询水准给予了高度肯定，明确表示将以“中国方案”作为乌未来电力系统发展的重要参考依据。2023 年 10 月，乌能源部正式委托电规总院作为技术牵头单位，系统性开展乌兹别克斯坦国家电力系统规划研究工作，综合兼顾绿色转型、经济可持续、安全稳定等关键要素，为乌电力系统提出客观、全面、可行的规划发展方案。同时，乌方还主动建议电规总院持续深耕乌国市场，探索属地化发展，更好地服务好规划后续的更新和项目落地工作。

三、取得的成效

一是“中国方案”得到乌能源电力行业政企学研各领域的一致认可。在规划研究过程中，我们充分借鉴国内新能源大规模系统性开发的成熟经验，与乌电力系统发展的实际条件相结合，综合兼顾绿色转型、经济可持续、安全稳定等关键要素，重点聚焦乌电源装机结构优化、适应高比例可再生能源消纳的电网升级规划、多类型储能规划、高压直流输电技术适应性研究等关键问题，为乌电力系统发展提供了兼顾安全供应保障和绿色转型需要的规划方案。2024 年 1 月，乌总理邀请电规总院专家参加了乌内阁关于能源电力发展的专题会议。在内阁会议上，电规总院向乌总理、内阁成员以及能源电力行业的顶尖智库专家学者详细介绍了乌国家电力系统规划研究的全部成果，提出了近期和中长期乌电源和电网建设的推荐方案。乌总理和内阁对项目研究成果给予了高度评价，乌国家电力公司、各研究机构和专业院校的专家学者也对规划方案表示一致肯定。

二是为牵引带动中资企业在乌电力市场深耕带来重要机遇。电规总院牵头对乌未来电力系统发展进行了顶层设计，从源头上获取了乌项目开发的第一手信息。乌能源部主动提出与能建集团和电规总院在投资和建设合作基础上进一步拓展高端咨询合作，提议由本国工程咨询公司乌兹别克斯坦电力工程股份公司（UEE）与电规总院共同出资成立新的合资机构，定位为乌国家级电力规划咨询机构，在乌未来电力规划、发展战略、政策标准、市场机制等方面发挥主导作用，并在中资投资建设项目中发挥枢纽、桥梁作用。同时，合资机构业务领域还将涉及乌能源电力发展上下游多个环节，包括国家能源电力战略性研究、中长期电源和电网规划、电力发展政策研究、电网接入系统研究等战略性研究业务，以及技术尽职调查、工程设计咨询、业主工程师、项目监理等工程咨询业务，电力系统技术人员培训和资格认证业务等。在规划引领下，未来中资企业在乌开展电力领域投资将由被动接受项目过渡到主动孵化和创造项目，中方可以充分发挥一体化和全产业链优势，为乌方提供“一揽子”能源电力解决方案。

三是为其他发展中国家开展电力系统总体规划提出重要示范案例。在共同应对气候变化和能源低碳转型目标驱使下，全球各国都在积极寻找能源转型发展的可行路径，特别是发展中国家电力需求快速增长，普遍面临电力供应短缺的现实问题。新能源的大规模接入使得系统中变量增加，由于缺少稳定性和调节性电源，电网基础设施建设也严重滞后，加剧了系统安全稳定风险。作为“中国方案”应用于发展中国家电力系统发展规划的一次重要尝试，打造乌兹别克斯坦这一“样板工程”，对于促进其他发展中国家绿色低碳转型具有极强的借鉴意义。乌兹别克斯坦电力系统发展规划将“中国方案”与海外实际相结合，建立起一套可学习、可复制的海外电力系统规划方法体系，促进中国工程方案、产能装备、技术标准的对外输出和推广应用，让“中国方案”真正帮助到广大发展中国家，实现国际合作的“美美与共”。

（由中国能源建设集团有限公司供稿）

积极发挥一体化优势　中国能建勇当国际能源合作的引领者和主力军

一、基本情况

为实现战略发展目标，中国能源建设集团有限公司（以下简称中国能建）加快适应性组织建设，适时成立国际集团公司，承担“四全五大六中心”职能（“四全”为全面组织实施海外优先发展战略、全面统筹国际业务和市场布局、全面协调海外品牌建设和高端市场营销、全面强化海外风险管控和合规体系建设；“五大”为大发展、大管理、大创效、大监督、大保障；“六中心”为战略管控中心、资源整合中心、绩效评价中心、运营控制中心、风险管控中心、价值创造中心），在全球设置美大区、东南亚区、南亚区、欧亚区、东南非区和西北非区六大区域总部，在 140 多个国家和地区设立 160 个市场开发机构，系统建立“中国能建统一领导、‘一体’引领统筹、‘两翼’协同推进、龙头和骨干企业联动出海”的“1+2+N+X”新型海外业务管理体制。近年来公司承揽了一批重点能源电力项目，在阿根廷承建了中阿最大合作项目——阿根廷吉塞水电站（1310 兆瓦）；在迪拜，参与勘测、设计、建设的 950 兆瓦光热光伏电厂项目是目前世界上投资规模最大、装机容量最大、熔盐罐储热量最大的“光热 + 光伏”混合发电项目；在乌兹别克斯坦，承建了中亚在建规模最大的燃气联合循环电站——锡尔河 1500 兆瓦燃气联合循环独立发电项目和中亚单体规模最大风电项目——布哈拉 1 吉瓦风电项目。高质量完成巴基斯坦 NJ 水电工程（969 兆瓦）、巴基斯坦 SK 水电项目（884 兆瓦）、新加坡腾格漂浮式光伏项目、孟加拉帕亚拉超超临界燃煤电站一期项目（2×660 兆瓦）等。这一批项目成为当地标志性能源电力工程，在海外形成了以能源电力规划、投建营一体化、多要素多产业融合为特点的完整能源电力产业链，为高质量建设“一带一路”做到贡献智慧、贡献方案、贡献技术、贡献资源，在构建以绿色清洁能源为主导的国际能源电力合作中发挥了引领者和主力军作用。

截至 2023 年底，公司境外资产总额 1072 亿元，国际业务中方从业人员1.2万余人，正在执行项目560个，分布在74个国家和地区，合同总额约4517亿元。2023年，公司国际业务经营业绩再创新高，增幅在同类央企中位居前列，全年完成签约2807亿元，营收543亿元，利润总额33亿元，投资42亿元。

二、实践经验

（一）发挥高端规划及咨询研究优势，积极贡献能建之智

中国能建作为国家级智库，在国家发展和改革委员会和国家能源局的指导下，积极服务于我国与东南亚国家的能源合作事业，先后受国家能源局委托，开展了中国—越南能源合作规划研究、中国—菲律宾能源合作规划研究、老挝电力规划研究等，开展了澜湄国家电力互联互通及电力合作总体规划研究、老挝北部清洁能源开发及电力回送规划研究、中缅电力互联及缅甸清洁电力回送方案研究等。受国家能源局委托，自2019年以来，电规总院分别在广州、昆明、南宁及通过线上形式举办5期澜湄电力互联互通培训班，累计培训澜湄国家学员超过150名，为老挝、缅甸、柬埔寨、泰国、越南等加快绿色低碳转型培养了众多专业技术人才。

中国能建利用自身在海上风电的规划和建设优势，在推动东盟对海上风能的开发方面，与东盟多国积极开展合作研讨。2022年8月，由中国能建主办、越南IPC集团与VATEC公司承办的越南海上风电发展研讨会在河内成功举行。2023年6月，中国能建主办的2023菲律宾海上风电论坛在菲律宾首都马尼拉举行。这是首个由中国企业牵头组织的海上风电专业研讨会，是中国能建积极响应共建“一带一路”倡议，推动中国技术、标准和装备“走出去”的盛会。

乌兹别克斯坦市场空间广阔，基础设施建设处于快速发展阶段，预计2030年前新增各类电源装机3600万千瓦，新增500千伏输电线路超过5000千米，500千伏变电站容量超过1500万千伏安，同时存在大量配套设施和升级改造需求，初步估算总投资可达300亿美元。当前中乌关系处于历史最佳时期，互信程度高、合作潜力大。受乌兹别克斯坦能源部委托，中国能建作为技术牵头单位，与乌能源部、乌国家电网公司、乌国调中心等成立联合工作组，开展乌兹别克斯坦国家电力系统规划研究工作。在此背景下，中国能建在研究中充分立足乌兹别克斯坦发展实际和需求，兼顾绿色转型、经济可持续、安全稳定等因素，提出了客观、全面、可行的规划方案。乌方对中方

团队在能源电力转型方面的丰富技术经验和国际化咨询水准给予了高度评价，将“中国方案”视为乌保障电力系统稳定供应和绿色转型的首选。

在高水平规划引领下，中国能建投资建设了乌兹别克斯坦1吉瓦光伏项目。项目地处中亚可再生能源十分丰富的乌兹别克斯坦腹地，由卡什卡达里亚州500兆瓦和布哈拉州500兆瓦两部分组成，总投资金额6.67亿美元，每年可发电24亿千瓦时。项目采用国际领先的高转化率光伏组件，在绿色环保、清洁高效、降低碳排放等方面具有显著优势，每年实现减排二氧化碳约240万吨，减少天然气年消耗约5.88亿立方米，是2023年5月中国—中亚峰会后中资企业在中亚地区投资的首个大型新能源项目，也是目前海外最大N型光伏电站项目。

（二）发挥能源电力领域领先优势，积极提供能建方案

中国能建积极发挥能源电力业务领域领先优势，为“一带一路”共建国家提供新能源全生命周期服务，大力推动能源电力低碳转型。在全球成功推动一系列项目［如迪拜950兆瓦世界装机容量最大的“光热＋光伏”混合发电项目、阿联酋海水淡化项目、新加坡漂浮式光伏项目、乌兹别克斯坦1700兆瓦光伏项目（总投资额13.52亿美元）、埃及氢能项目（总投资额60亿美元）、乌兹别克斯坦塔什干400兆瓦光伏500兆瓦储能项目（合同额5亿美元）、沙特1000兆瓦光伏项目（合同额20亿美元）］。与此同时，充分发挥中国能建一体化优势，在阿联酋、沙特、墨西哥、乌兹别克斯坦、纳米比亚、埃及等国别孵化开发了一批“风光水火储一体化”“源网荷储一体化”综合能源基地项目。中国能建建设的乌兹别克斯坦巴什和赞克尔迪风电项目总装机1吉瓦，是中亚在建总装机容量最大的风力发电项目，是推动中国大型设备“走出去”的范例。

沙特阿尔舒巴赫2.6吉瓦光伏电站项目作为沙特“2030愿景”新能源计划的重要组成部分，是目前全球在建的单体规模最大光伏发电工程，合同总额19.73亿美元，是利用中国新能源技术和绿色产能助力沙特实现减碳目标、加快绿色转型的重要支撑项目。项目自筹建以来，多个里程碑节点超前实现，特别是81万余根桩基施工在不到8个月的时间全部完成，在中东刷新了中国速度，擦亮了能建品牌。项目开工建设13个月，实现营收超8亿元，连续安全施工超1000万人工时，安全质量管控得到了业主的高度认可，各项经营指标超预期，建成后每年可减排二氧化碳2.45亿吨。

墨西哥佩尼亚斯科港光伏项目是墨西哥政府主导的首个国家级太阳能项

目，项目将有效解决墨西哥北部下加州区域和周边地区的电力缺口问题。项目总规划容量 1 吉瓦，是整个拉美区域最大的光伏项目，建成后也将成为全球十大光伏项目之一。该项目集光伏发电、储能和调相机于一体，不仅仅是墨西哥最大的光伏项目，也是墨西哥门类最齐全、最复杂的光伏项目。

（三）发挥科技创新与数据集成优势，积极提供技术支撑

中国能建积极发挥科技创新与数据集成优势，持续培育“能源 +”“数字 +”多维发展模式，支撑全球能源高端化、数字化发展。

中国能建承建的新加坡裕廊岛储能项目位于新加坡裕廊岛，总规划容量为 200 兆瓦 /200 兆瓦时，是新加坡乃至东南亚目前容量最大的储能项目。在设计阶段，选择磷酸铁锂电化学储能技术作为首推方案，不仅考虑技术综合稳定性和工程造价，还考虑磷酸铁锂电池不含任何重金属与稀有金属（镍氢电池需稀有金属）、无毒（SGS 认证通过）、无污染，符合欧洲 RoHS 规定，为绝对的绿色环保电池。在站址选择方面，利用新加坡填海造陆的后生土地进行项目建设，选择对植被及生物影响最小的新加坡裕廊岛作为项目建设用地。在设备选择方面，除规模最大的电化学储能部分要满足绿色发展要求外，在电气设备的绝缘气体选择方面，电池材料的可回收性以及电池冷却系统的制冷剂选择均需考虑绿色发展及可持续性。施工期间的噪声监测、施工建设地周围的环境监测，均严格遵守新加坡建筑施工业的相关要求。

2022 年 12 月，新加坡裕廊岛储能项目正式投运，标志着新加坡提前完成了 2025 年的储能目标。项目的投产运行，在增强新加坡电网稳定性和能源供应安全、支持光伏及风电等新能源项目应用等方面发挥显著示范作用。

（四）发挥国际交流合作平台优势，积极开展多方合作

中国能建秉持“高端、紧密、共享、共赢”的发展理念，在国家能源局的指导下，牵头发起成立新能源国际投资联盟，致力于打造新能源行业国际顶级战略联盟，优质高效产业链与合作共赢生态圈，全面构建国际能源合作生命共同体。作为中国新能源对外投资合作领域，首个涵盖项目投资孵化、咨询设计、工程建设、融资保险和运营管理全产业链的平台组织，新能源国际投资联盟自 2018 年 8 月成立以来，作为我国新能源对外合作领域的先行者，始终秉持“高端、紧密、共享、共赢”理念，持续强化新能源产业优势资源整合，积极响应共建“一带一路”发展倡议，促进全球能源电力结构转型升级，打造新能源行业国际顶级战略联盟。作为联盟组织方，中国能建以联盟

为依托，联合成员单位，持续推进新能源业务体系规则、金融业态、投资建设等关键环节的系统研究，在海外成功推动一批重大新能源项目落地，打造了一批绿色低碳示范工程、精品工程，为全球能源绿色发展、融合发展贡献了智慧和力量。

截至目前，联盟会员单位包括华为、晶澳、金风、宁德时代、维斯塔斯、阿特斯、比亚迪等新能源领域头部企业；中国信保、工商银行、中非基金、德意志银行、渣打银行等作为融资顾问；三峡国际和亚洲基础设施投资银行作为观察员组织。联盟已签约海外新能源项目 49 个，总装机规模超过 10 吉瓦，储备海外新能源项目装机规模达 13.2 吉瓦，营造了良好的合作生态。

（由中国能源建设集团有限公司供稿）

加快能源央企跨境人民币结算渠道建设
全力保障能源国际合作资金结算安全

一、基本情况

能源安全是关系国家经济社会发展的全局性、战略性问题，对国家繁荣发展、人民生活改善、社会长治久安至关重要。党的十八大以来，以习近平同志为核心的党中央统筹两个大局、统筹发展与安全，提出“四个革命、一个合作”能源安全新战略，推动我国能源安全保障能力持续增强。面对新形势新任务，加快构建现代能源体系，必须坚持以习近平新时代中国特色社会主义思想为指导，深入贯彻落实“四个革命、一个合作”能源安全新战略。

国际结算是能源国际合作可持续开展的基石，保障结算安全是保障能源安全的基本条件。俄乌危机爆发后，以美国为首的西方国家挥舞着“制裁大棒”，不惜冻结俄罗斯中央银行3000亿美元的外汇储备，并把俄罗斯金融机构踢出国际报文系统环球同业银行金融电讯协会（SWIFT），使得相关机构无法开展任何美元交易和结算。以美元货币和SWIFT为核心的国际清算体系潜在政治风险进一步暴露。党的二十大报告提出，要有序推进人民币国际化。因此，规避跨境资金结算风险、提高在国际能源领域的话语权需要加快构建以人民币计价和结算的石油及天然气交易体系。

中国海洋石油集团有限公司（以下简称中国海油或集团）是中国主要的海上油气生产运营商，作为央企出海排头兵，同样面临被制裁风险。2020年7月4日，美国政府无端将中国海油列入制裁名单，对中国海油境外资金安全造成极大风险隐患。在美元作为主要国际结算货币，以及境外业务涉及敏感和高风险地区的情况下，境外资金安全和结算业务风险越发凸显，包括账户资金被冻结、资金结算无法正常办理、贸易合同违约等。为切实防范风险，构建跨境人民币自主清算主渠道，大力推进人民币在国际贸易中的使用刻不容缓。

中海石油财务有限责任公司（以下简称海油财务）是中国海油旗下唯一的存款类金融机构。作为集团内部“财务中枢”，海油财务坚持“本币优先、服务实体经济需要”原则，成立跨境金融攻坚团队，克服重重困难，为集团成员企业提供即时、完整、便捷的跨境金融服务，构建国际化、多元化、线上化的国际结算服务体系，成功以国产化标准搭建了集团跨境人民币清算主渠道，跨境资金结算韧性全面提升，业务处理能力显著扩容，实现业内首家国际结算业务在集团司库系统与财务公司核心系统、人民银行清算系统一体贯通，跨境业务支付成本显著降低，国际合作结算能力实现了“质”的飞跃，成为集团公司国际资金清算主渠道和应对境外资金风险的有力武器，保障了集团国际能源合作的安全开展。

二、实践经验

海油财务通过不断提升业务数智化水平和构建安全可靠的跨境人民币结算体系，推动人民币国际化稳中有进，为集团搭建了更加优质、高效、安全的跨境金融服务通道，为成员单位海外业务拓展在资金使用方面创造更加便利的条件，使集团“走出去”通道更快、“国际化”环境更优，为保障国家能源安全作出积极贡献。

（一）聚焦“卡脖子”难点，部署跨境结算业务核心系统与 CIPS① 直联

近年来，中国海油在资金支付过程的制裁风险警报屡屡发生，采用美元进行跨境结算受到的延迟支付、拒绝支付、支付退回等情况显著增加。据统计，2022 年中国海油通过海油财务开展美元跨境结算受到拒绝支付、支付退汇的业务笔数较 2019 年增加 100% 以上。为保障集团海外油田开发、技术攻关、装备建造的跨境资金支付安全、顺畅，海油财务打造集团跨境资金划拨安全通道的需求迫在眉睫。聚焦应对美元支付“卡脖子”风险，海油财务提出打造集团跨境人民币主结算渠道目标，科技引领着力构建安全可靠的内部跨境结算体系。

1. 党建引领，攻坚抢通 CIPS 系统清算通道

2022 年，海油财务主动作为，成立党支部“红帆突击队”攻坚小队，加

① CIPS（Cross-border Interbank Payment System）是我国自主建设的跨境货币清算系统，可独立完成跨境人民币清算，代替美元清算体系中纽约的 CHIPS（Clearing House Interbank Payment System）。

快推进 CIPS 部署上线。在项目实施过程中，克服服务器遭防火墙禁用、新冠疫情封控等困难，整合银行资源，联合 CIPS 公司技术专家、银行业务专家，从测试环境网络连通、确认数字签名器、安装调通测试系统、反复讨论业务细节、报文测试、产业沟通、资料准备，到安装数字证书并联调试，每一个节点都紧密咬合，抢抓到疫情缓解窗口期，用一个月完成了 CIPS 及服务器硬件入场部署、系统环境搭建和软件通路测试的全部工作，投产上线 CIPS GUI（网页版）。

攻坚抢通 CIPS 通道，海油财务实现了跨境人民币支付统一接口、统一标准通路，可以在极端条件下保障人民币跨境收付的正常进行，改变了跨境清算仅有 SWIFT 单一渠道的“卡脖子”现状，成功打造跨境人民币“绿色通道”，成为中国海油保障海外资金安全的坚实堡垒。

2. 多维重构，流程优化保障业务高效处理

接入 CIPS 后，海油财务对跨境资金结算流程进行全面梳理和多维重构，进一步提高支付效率、降低支付成本，保障了跨境人民币资金收付安全和成员单位的资金支付体验。

一是优化同业支付指令模式，由线下纸质单据资料传递模式，优化为线上指令传递模式。在上线 CIPS 前，海油财务跨境清算业务需要企业提供纸质资料，海油财务用印后到银行柜台办理，全流程通过线下模式操作，流程长、清算时效性低，海油财务无法及时确认资金节点状态。通过流程优化，海油财务借助 CIPS 将付款指令及资料影像传送银行，银行通过 CIPS 发起报文，进行资金的清算，同时根据报文处理情况返回确认报文，有效提高了支付清算效率。全流程监控款项的动态，与原来的跨境人民币支付流程相比效率提升了 80%，充分体现了 CIPS 的价值赋能（见图 1）。

二是优化应急支付场景流程，在疫情期间充分发挥兜底保障作用。海油财务利用 CIPS 探索特殊场景网银指令流程优化。2022 年 11~12 月，在多家银行受新冠疫情管控影响暂停营业的情况下，海油财务积极履行金融企业使命责任，充分发挥金融服务和保障功能。尤其是在集团办公楼宇封控管理期间，海油财务运用 CIPS 优化特殊场景支付流程，实现外汇业务“疫情影响无感化”服务，为成员单位办理跨境人民币收付超过 7000 万元，全力保障了集团跨境人民币结算平稳运行，构筑集团跨境人民币收付快捷高效的“绿色通道”，确保成员单位人民币跨境收付及时准确到位。

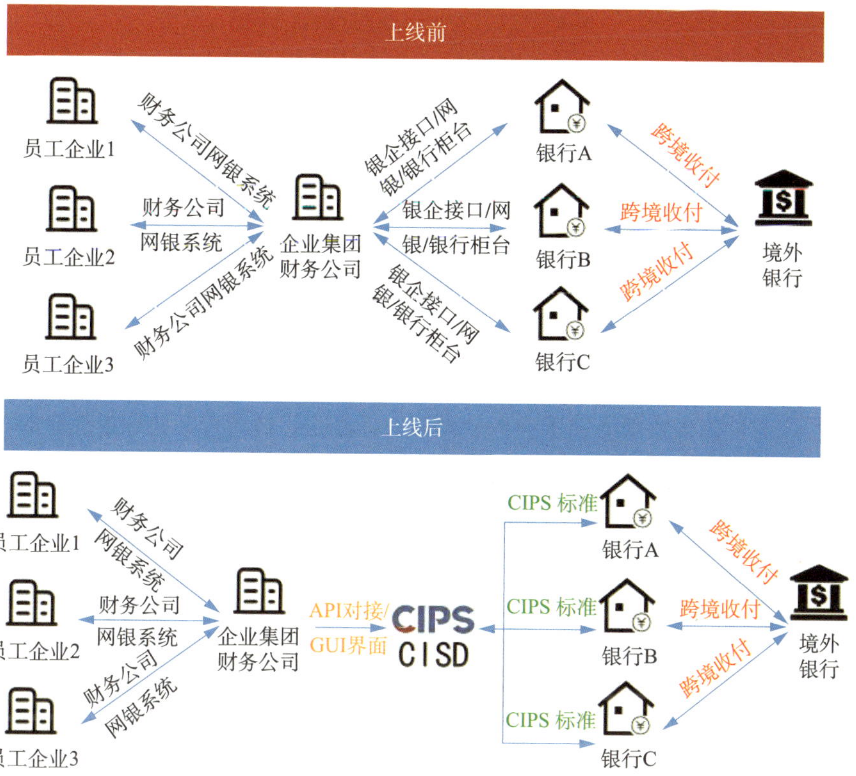

图 1　CIPS 上线前后业务流程对比

（二）迭代升级，跨境业务全面提速增效

先期建设的 CIPS GUI（网页版）模式虽然在屡受拦截、制裁的背景下，实现快速上线并承担起集团跨境人民币支付功能，但仍需要将成员单位传递的纸质汇款信息手工录入 GUI，容易出现操作误差，需要多次复核，方可发起处理，过程相对较长，效率较低。2023 年，海油财务聚焦用户痛点，针对前期上线的CIPS GUI（网页版）支付需人工操作转录、效率相对较低等问题，查找业务中存在的偏差、盲点，寻找业务清算处理效率“瓶颈”突破点。通过整合 CIPS 及合作银行资源，根据产业实际业务需求进行了深入调研论证，制定了直连升级方案。经过多方并联协同，充分发挥自主研发能力优势，海油财务 CIPS 直联版本（API）正式投产使用，成为首批上线直连版 CIPS 的海油财务之一，实现跨境人民币业务全流程无断点一站式直通处理，标志着海油集团跨境人民币清算主渠道再升级，深度融入人民币跨境清算全球网络“高速公路”，进一步增强集团跨境人民币支付安全性和便利性，大幅提升跨

境人民币结算效率。

CIPS 直联版本（API）极大地便利了产业客户跨境清算业务，客户一键发送跨境业务指令，提升了跨境支付清算效率，降低了业务处理成本，而且更加安全、稳定、可靠。

API 模式上线后，集团成员单位在集团司库系统一键发送跨境付款业务指令，经海油财务核心系统，并通过 CIPS 传送至账户行进行清算，无须人工手工转录、多次复核。据测算，清算时间由原来的半天缩短至 15 分钟内，全流程效率大幅提升。由 GUI 版到 API 版系统直连升级，实现了内部结算系统与 CIPS 直连对接，数据自动传输，支付效率提升 60%，极大降低操作风险的同时，有效扩容海油财务跨境人民币业务处理能力，直联后日均业务处理量提升 64%。

（三）主动对接集团资金管理要求，科技赋能实现集团资金跨境支付一体贯通、一键触达

传统跨境业务均需审核线下纸质单据后进行付款，即成员单位填制纸质单据并盖章传递至海油财务，海油财务审核审批后，将纸质单据传递至商业银行，绝大部分跨境业务清算指令传递仍处于“线下跑”的模式，极大影响跨境业务清算效率。CIPS 直连模式的上线，打通了由海油财务向商业银行纸质传递的痛点，极大规避了操作风险，提升业务实效。但成员单位向海油财务提单，仍然存在信息化断点。海油财务密切关注业务信息化程度，主动对接集团资金管理要求，不断践行行业创新，着力在中央企业司库管理体系内打通跨境业务一体贯通的愿景上寻求突破。通过自主创新研究打通跨境业务清算指令由集团司库与海油财务核心系统发送可行性，积极部署完成海油财务外汇核心系统与集团司库管理系统的业务指令接口对接，成功实现成员单位跨境结算需求在集团司库管理系统向海油财务一键触达的支付新模式，进一步完善了海油财务作为集团跨境人民币业务主结算渠道的信息化基础设施建设，提升业务处理效率及风险防控能力，使海油财务跨境结算信息化金融服务平台成为集团司库体系外币资金支付管理的有效延伸，以系统融合进一步带动和巩固服务融合、管理融合。中国海油成为行业内首家实现海油财务外汇业务与集团司库信息系统“一体贯通”式直付的创新实践，为集团国际化经营和资金安全提供了有力保障。

（四）解放思想，深化合作，深挖 CIPS 应用，赋能企业资金管理

海油财务先后联合跨境清算公司开发上线了多个 CIPS 在清算功能之外的

支付体验优化功能（支付透镜功能、全额汇划功能），不断强化跨境资金结算安全保障。

1. 一面“透镜”破堵点，支付透镜服务确保跨境资金收付可追踪

跨境收付款业务中，资金清算到哪一步、交易对手客户是否收到汇款、中间手续费多少、收款何时到账等问题是长期困扰集团成员单位的痛点。以往跨境资金付出后，在抵达收款账户前，资金在途、滞留状态无法跟踪获取，只能被动等待处理行通知。海油财务积极探索研究 CIPS 服务功能拓展，成功上线支付透镜功能①，经过多轮协调部署，于 2023 年 3 月 10 日成功上线跨

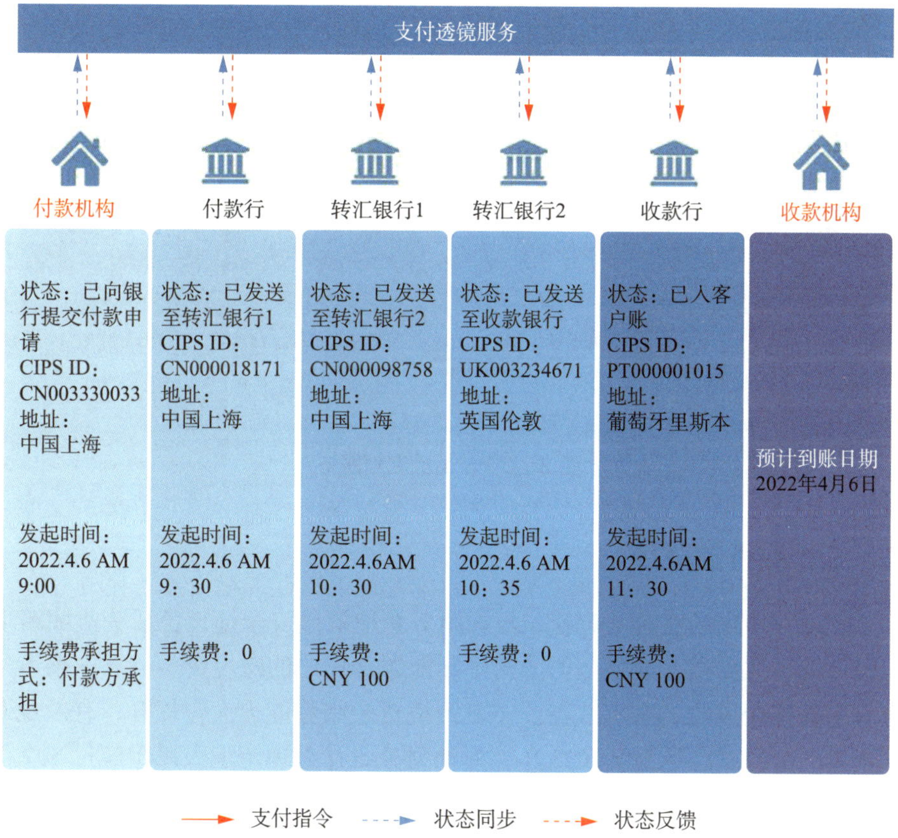

图 2　CIPS 支付透镜服务

---

① 支付透镜可为全球人民币用户提供即时、完整、便捷的穿透式支付状态查询服务，及时跟踪支付状态变化，使每一笔跨境人民币资金在途过程像使用透视镜一样穿透式展现，满足支付主体对跨境支付状态的可视需求（见图 2）。

境人民币支付透镜功能，实现海油财务跨境人民币业务支付在途可视化管理。可借助该功能实时动态了解支付信息、预测支付进程，有效提高跨境人民币支付在途的风险管控能力，优化成员单位在海油财务开展人民币跨境支付的业务体验，助力跨境人民币结算的进一步推广使用（见图 2）。

2. 全额汇划[1]实现费用锁定，保障跨境支付全额汇达

2023 年 4 月，海油财务上线全额汇划功能，即付款行收到收款行手续费索费报文，并转发至海油财务。海油财务据此收取成员单位手续费，实现了收款单位全额到账、款项与费用分离、索费路径清晰的效果（见图 3）。

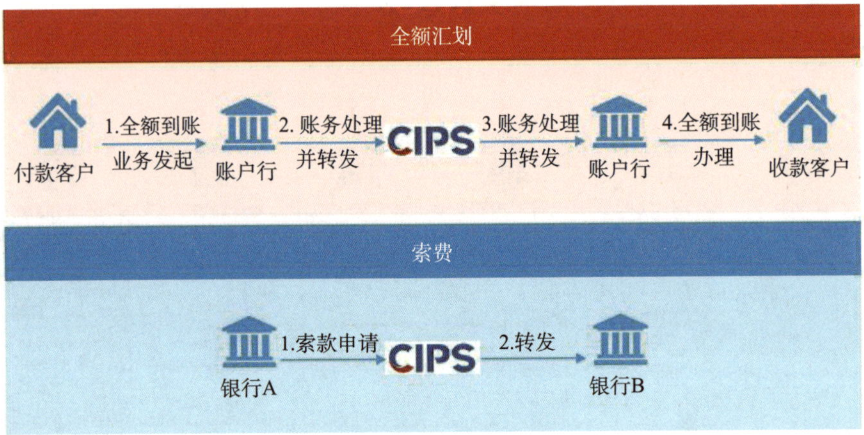

图 3 CIPS 全额汇划服务

三、取得的成效

经过一年半的实施与深化，海油财务跨境资金安全通道已成为集团跨境人民币清算主渠道，成为集团公司国际能源合作中的跨境资金清算主渠道和应对境外资金风险的有力武器。一是跨境资金结算能力大幅提升，有效规避了资金“卡脖子”风险。2023 年，海油财务累计办理跨境人民币超过 507 亿元[2]，跨境资金结算韧性全面提升，为保障国家能源安全作出积极贡献。二是打破系统支付“瓶颈”，扩容承接集团全部跨境人民币收支任务。海油财务搭建的多维跨境结算通道有效提升了跨境人民币业务承载能力，直联打通后

① 全额汇划服务是指跨境汇款中汇款路径上，各银行根据约定的业务规则要求进行汇款业务办理，实现费用锁定、全额汇达。

② 其中涉俄原油和天然气结算 169 亿元，涉及制裁的境外项目筹款 13.64 亿元，还承担了大量国家战略结算任务。

每日业务处理量提升64%，单笔跨境人民币付款时间同比提升50%，业务处理能力显著扩容，2023年跨境人民币结算规模同比提升32倍（见图4）。在集团跨境贸易结算中，人民币使用已超过欧元，成为美元之后第二大结算货币，有力推进人民币国际化进程。三是科技赋能跨境业务全节点线上闭环处理，为集团跨境资金安全保驾护航。CIPS采用国产技术，可以更好地保护交易主体的信息安全和资金安全。海油财务充分利用CIPS独立自主和安全可控优势，基于API接口，完成集团资金管理系统、海油财务核心业务系统和人民银行CIPS清算系统“一体贯通”，跨境支付效率从线下单据传递迭代为线上一键支付，整个流程实现无纸化操作，减少成员单位80%字段的重复录入，业务办理效率大幅提升，数据安全和境外资金安全均得到有力保障。

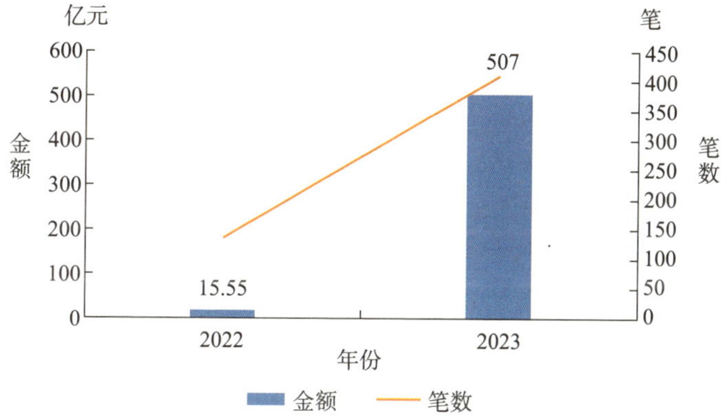

图4　海油财务跨境人民币结算量

作为我国首个“海上特区”和全方位对外开放的“工业特行”，中国海油深耕能源国际合作，未来将坚持世界一流的使命担当和自主创新的引领作用，提升国际能源合作中的核心竞争力和抗风险能力，增强企业价值创造力，夯实培育世界一流企业的管理基础。海油财务将立足主责主业，紧密融入国内国际双循环，持续完善以人民币计价的能源交易体系，全力保障集团国际合作资金结算安全，为能源合作构建稳健高效的结算平台贡献力量。

（由中国海洋石油集团有限公司供稿）